China's Industrial Development Report 2019

2019

中国工业发展报告

——新中国工业70年

中国社会科学院工业经济研究所

经济管理出版社
ECONOMY & MANAGEMENT PUBLISHING HOUSE

图书在版编目（CIP）数据

中国工业发展报告．2019/中国社会科学院工业经济研究所．—北京：经济管理出版社，2019.10
ISBN 978－7－5096－6916－7

Ⅰ.①中…　Ⅱ.①中…　Ⅲ.①工业发展—研究报告—中国—2019　Ⅳ.①F424

中国版本图书馆 CIP 数据核字(2019)第 195754 号

责任编辑：勇　生　胡　茜　等
责任印制：黄章平
责任校对：赵天宇　董杉珊

出版发行：经济管理出版社
（北京市海淀区北蜂窝 8 号中雅大厦 A 座 11 层　100038）
网　　址：www. E－mp. com. cn
电　　话：(010) 51915602
印　　刷：三河市延风印装有限公司
经　　销：新华书店
开　　本：880mm×1230mm/16
印　　张：48.5
字　　数：1369 千字
版　　次：2019 年 10 月第 1 版　　2019 年 10 月第 1 次印刷
书　　号：ISBN 978－7－5096－6916－7
定　　价：198.00 元

学术顾问： 蔡　昉　高培勇　李　扬　吕　政　金　碚

主　　编： 史　丹

副 主 编： 李雪松　李海舰　张其仔

编 审 组： 史　丹　李雪松　李海舰　张其仔　刘戒骄　刘　勇　杨丹辉
朱　彤　李晓华　肖红军　贺　俊　张金昌　王燕梅　刘建丽
李　钢　邓　洲　江飞涛　郭朝先　李鹏飞　白　玫　叶振宇
周民良　杨世伟

编务主任： 李海舰

撰 稿 人（按姓氏笔画排序）：

丁　毅　于　畅　王　欣　王　钦　王燕梅　王　蕾　王　涛
王秀丽　王海兵　王文娜　方晓霞　邓　洲　史　丹　石碧华
叶振宇　白　玫　朱　彤　吕　铁　刘　勇　刘　楷　刘戒骄
刘湘丽　刘建丽　刘佳骏　刘　丹　江飞涛　江　鸿　孙承平
孙亚红　许　明　李晓华　李海舰　李鹏飞　李　伟　李先军
李　燕　张其仔　张金昌　张艳芳　张航燕　张小筠　肖红军
杨丹辉　杨世伟　杨　雪　时　杰　周民良　周维富　胡文龙
邵婧婷　陈素梅　赵剑波　贺　俊　郭朝先　姚　鹏　袁惊柱
秦　宇　梁泳梅　渠慎宁　曹建海　陶思宇　彭绍仲　覃　毅

资 料 组： 王　磊　陈凤娟

英文翻译： 蒙　娃

震古烁今七十年　朝乾夕惕写华章
（代序）

今年是新中国70华诞，值此伟大的时刻，中国社会科学院工业经济研究所（以下简称工经所）集全所之力以“新中国工业70年”为主题推出《中国工业发展报告2019》。光阴荏苒，工经所已经连续24年编写和出版《中国工业发展报告》。本报告分为总论、综合篇、产业篇、区域篇和企业篇，正文共55章，百万余字。与新中国成立70年来翻天覆地的巨大变化相比，报告所反映的成就只是其中一隅，寥寥可数，但是报告作者们砥志研思，以其特有的学者视角，倾力描绘新中国成立70年来工业经济发展的伟大成就，向读者展现了他们眼中、心中的新中国。

一、运用产业经济学方法概括和剖析新中国成立70年来工业发展的成就及其学理

报告的总论和综合篇中的各章以产业经济学的思维方法，从战略、结构、组织、技术、制度、要素、市场、投资、贸易、政策等方面，刻画新中国成立以来工业发展的阶段与不同时期的发展战略、发展质量、存在的主要问题和政策措施，总结了新中国成立以来工业发展取得的伟大成就和对国民经济、社会发展所做出的贡献，从不同侧面反映和分析了新中国工业取得伟大成就的学理和原因，凸显了研究机构行业报告的学术特色。

作者们对新中国工业70年来的发展历程进行了理论概括和经验总结。梳理了中国工业发展战略、产业政策、产业结构、产业组织、管理体制等方面的演进和变革，对工业发展质量、工业劳动生产率、产业竞争力、生产要素与工业产出的供需关系，以及对外开放与贸易投资等进行了深入的分析，得出了“中国工业发展进入全面提升发展质量，再造国际竞争优势新阶段”的结论和判断。面对国际贸易与国际投资环境的深刻变化，建议中国产业政策进行调整与创新，进一步深化体制机制改革，坚定维护开放型世界经济，深化与“一带一路”国家经贸关系，尽快实现由要素驱动向创新驱动的转变，实现中国工业的绿色低碳发展等。

二、力求以专业的视角准确描绘重点行业的发展轨迹

产业篇各章分别分析了十八个工业行业的发展过程、取得的成就、存在的问题与未来前景。产业篇的作者们深入具体行业，基于长期跟踪研究，对不同产业的不同发展阶段、技术水平、体制改革、供需关系等方面进行深入分析，向读者展现了我国不同产业发展的历程、特点，以及与国外同类产业的对比。十八个工业行业包括能源、矿产资源、家电、纺织、钢铁、汽车、机械、电子、医药、军工行业等，涵盖了基础产业、轻重工业、装备工业和高技术产业等大类。70年来，我国建立健全了工业生产体系，一些行业从无到有、从小到大，一些行业由技术水平落后达到世界先进水平，还有一些行业由满足不了国内市场需求转变到走向海外、开展国际产能合作，这些变化显示了中国工业对经济发展的带动作用，也反映了各工业行业面临的主要矛盾、竞争对象、市场需求正在发生的变化。

产业分析要求作者对产业特征，尤其是技术特征和生产规律有更深入的了解。多年来，工经所始终要求研究人员要坚持对某个行业进行长期跟踪研究，在成为经济学专家之前，首先成为行业专家，

懂某项行业技术，掌握行业的发展规律。应该说，这是一条行之有效的带队伍、培养人才的好办法。深入产业调查研究，结合产业发展具体实践，运用经济理论分析原因、总结经验，提炼出促进产业发展的政策，是工经所不同于高校、行业研究机构的研究特色。

三、基于协调发展理论论证区域发展战略与产业布局

区域篇包括七章，前三章从区域发展战略、老工业基地振兴、产业空间布局等方面反映我国区域经济 70 年的变化，后四章则分别对东部、中部、西部和东北四个地区工业发展状况与变迁进行了历史性回顾，反映了我国工业在空间布局、产业迁移和区位优势等方面的变化。区域篇的内容反映了我国作为一个大国，区域差异的客观存在及其对产业发展水平的影响。地区工业的发展既要服从于国家总体布局，也要发挥区域优势，制定区域发展战略。新中国成立 70 年来，我国区域差异与矛盾由内地与边疆的差异逐步演化为东、中、西三大地区的差距和南部与北部的差距，城乡差距演变为中心城市与小城镇的差距。这种变化也反映了我国区域经济增长极的形成和变迁。

区域经济是工经所的重要研究领域，其研究特色是认识与分析不同区域工业发展规律及其主要影响因素。本报告通过对不同地区工业发展过程的描述与分析，进一步帮助读者认识我国工业 70 年来的发展过程与规律，理解东部振兴、中部崛起、西部大开发等区域政策的重大意义。

四、从企业视角研究中国工业的内部结构与发展规律

企业篇共有十三章，分别对企业战略、企业组织、企业治理结构、国有与非国有企业、企业家及企业与社会的关系等方面进行了分析与描述，展示了新中国成立以来我国企业的发展历程，以及随着经济体制改革和产业发展，不同所有制企业和大、中、小企业发展现状与特点，需要解决的问题与解决途径等。

企业是产业最基本的组成单位，企业活力直接影响到产业竞争力。企业篇对新中国的企业家、企业扶贫、国有企业治理等这些中国特有问题进行了专门分析。此外，还描述了企业会计制度、企业经济效益、企业技术创新及管理模式的变化及其影响因素。

作为管理学科下的企业问题研究，其研究范式不同于产业经济学，其所反映的问题和研究对象更加具体，也更具特色。企业篇向读者描述了国有企业、民营企业、三资企业、中小企业的发展特点及新中国成立 70 年来这些企业的地位与作用。

五、以专栏和新闻报道的形式真实地记录国内外工业发展的现状和实况

本报告设有数十篇专栏和 1 篇大事记。专栏反映的是重大政策、重大事件和产业发展重要节点以及需要学习借鉴的国际经验等。大事记则是从 2019 年新闻报道中选出的对产业发展具有重大影响的十件大事。专栏和大事记以写实的手法记录了中国工业发展现状与产生重大影响的重大事件，便于读者及时掌握当期中国工业发展动态。

同舟共济扬帆起，乘风破浪万里航。本报告是工经所的集体成果，主要体现在篇章结构和报告主题方面。在组稿和编辑过程中，尽量保持每章作者的个人研究观点，文责自负。在本报告出版前，允许作者发表其独立完成的章节。在本报告即将付梓之际，我代表工经所感谢本书的作者、编者和所有为之付出劳动的同事们。

史　丹

2019 年 10 月 7 日于北京

目 录

产 业 篇

区 域 篇

企 业 篇

专 栏

表目录

图目录

总论　新中国70年工业发展战略与发展质量

提　要

新中国成立后，中国工业开始了跨越式发展，建立健全了工业生产体系，不仅为国内外市场提供了丰富的物质产品，增强了基础设施建设能力，提升了国民经济技术装备水平，而且还促进了区域经济协调和非国有经济的发展，增强了经济发展动力。为了推动中国工业的发展，从新中国成立之初到现在，中国工业发展战略可以概括为七大战略：实施工业立国的长期战略；坚持部分行业、部分地区先行发展战略；实施市场化改革推动战略；以创新促发展战略；开放发展战略；信息化与工业化融合发展战略；以生态文明建设为指向的绿色发展战略。随着中国经济的发展，工业发展质量不断改进和提升。在计划经济时期，工业品短缺问题突出，工业发展质量的重点是健全工业生产体系，解决“有没有”的问题。改革开放后，随着短缺的结束和市场竞争加剧，工业质量发展的重点由“有没有”转向“好不好”。加入世界贸易组织后，建设工业品品牌、提升产品质量成为工业发展的重要组成部分。党的十八大以来，绿色发展理念和生态文明建设对工业发展质量的内涵与外延产生深刻影响，工业发展质量的内涵与水平也随之不断丰富和提高，工业发展质量进入全面提升阶段。报告总论从效率目标及其政策措施、技术进步目标及政策措施、产品质量发展目标及政策措施三个方面分析了改革开放以来提升工业发展质量的政策效果，在此基础上提出进一步提升中国工业发展质量的政策建议，并对中国工业未来发展前景进行了展望。

*　　　　*　　　　*

新中国成立70年，工业发展取得令人骄傲的成就，建立了全球唯一的、门类齐全的工业生产体系，生产能力大幅度提升，主要产品产量跃居世界前列，国际竞争力不断增强，出口贸易规模多年创世界第一，工业结构逐步优化，技术水平和创新能力稳步提升，质量和效率稳中有进。工业的发展，奠定了我国强国之基、富国之路。

一、工业发展为中华民族复兴做出重大贡献

1. 建立健全了工业生产体系，为全球市场提供了丰富的物质产品

新中国的前身是以小农经济为主、只能生产品种有限的日用生活消费品和少量矿产品的落后国家，工业基础极其薄弱，技术手段以手工作业为主，无法满足人们的日常生活需要和经济发展

与建设的需要。新中国成立后，党和政府高度重视工业建设，新中国成立伊始就将经济工作重点放在工业建设上，经过70年特别是改革开放以来的高速发展，钢铁、有色金属、电力、煤炭、石油加工、化工、机械、建材、轻纺、食品、医药等工业行业不断由小到大，一些新兴的工业行业，如航空航天工业、汽车工业、电子通信工业等也从无到有，产业结构逐步升级。2018年，高技术制造业增加值占规模以上工业增加值的比重为13.9%，比1995年提高6.9个百分点。改革开放以来，通过建立健全工业生产体系和发挥劳动力比较优势，人民群众的衣食住行得到极大保障，生活质量得到极大提高，出口商品结构由原来以农副产品和资源性产品为主转变为95%以上的工业制成品，工业国际竞争力显著增强。1978~2018年，我国货物出口额增长900多倍。2009年起，中国建成由原材料能源工业、装备工业、消费品工业、国防科技工业、电子信息产业等产业组成的门类齐全的工业体系和丰富的配套链条，2018年成为全球第一的工业品出口国。工业品产量居世界第1位的达到210余种，全球工业品市场因中国工业的发展及价廉物美产品的出口而极大丰富。中国工业化水平的提高不仅为中国人民造福，而且也是其他国家人民的福音。

2. 基础设施建设和生产制造能力大幅度提高，为提升综合国力发挥了重要作用

改革开放以来，制约经济发展的能源与原材料供应瓶颈问题得到了缓解，与新中国成立初期相比，能源与原材料产业增长了上百倍，部分产品产量步入世界前列。例如，粗钢、煤产量和发电量分别跃居2017年世界第1位；水泥、化肥产量跃居2017年世界第1位；原油产量居世界第5位。能源原材料工业的发展，为基础设施建设奠定了基础，促进了我国的基础设施突飞猛进的进步。到2018年末，我国铁路营业里程达到13.1万公里，比1949年末增长5倍，其中高速铁路达到2.9万公里，占世界高铁总里程的2/3，居世界第1位，以"四纵四横"为主骨架的高铁网基本形成。公路里程485万公里，增长59倍，其中高速公路从无到有，2018年末达到14.3万公里，位列世界第1位。内河航道里程12.7万公里，增长72.7%。光缆线路总长度达4358万公里。2018年移动宽带用户达13.1亿户，已基本建成全球最大的移动宽带网，高速、移动、安全、泛在的新一代信息基础设施加快建设。基础设施建设与加强，使我国的综合国力得到极大提升，经济发展水平迈入中上等收入国家行列。医疗、教育、文化、社会等事业蓬勃发展，国防、外交等实力大幅度提升。2001年，中国加入WTO后，制造业的国际竞争力进一步提高，工业品在国际市场上的占有率2004年位居第三，自2009年起，我国已连续多年稳居全球货物贸易第一大出口国地位。

3. 从技术引进消化吸收到自主创新，不断提升国民经济的技术装备水平

人类社会几次大的飞跃都是源于工业革命，技术创新和技术进步赋予了工业推动人类历史进步的力量。旧中国因无缘工业革命而落后，新中国因工业发展而复兴。在中国，技术进步与工业发展几乎如影相随。新中国成立初期，引进苏联156项技术，迈开了新中国工业发展的第一步，改革开放后，更大范围地学习引进国外先进技术，形成了"引进—消化吸收—再创新"的良性循环，加速了中国工业化的进程。1978~2012年，工业增长持续保持10%以上的增长，对经济增长的贡献率达到50%以上。中国工业的发展壮大，尤其是改革开放后的快速发展，极大地提升了国民经济的技术装备水平，为其他产业发展创造了条件，对我国产业结构和要素的优化配置发挥了重要作用。以交通运输业和运输装备制造业的关系为例，到2018年末，全国铁路拥有机车2.1万台，全国铁路营业总里程达到13.2万公里，分别较1949年增长5.3倍、5.0倍，两者呈现显著的正相关关系。目前，工业增速虽然略低于服务业，但工业劳动生产率仍大大地领先其他行业。

党的十八大以来，我国自主创新能力进一步增强，部分工业的技术水平接近或达到国际先进行业，部分行业技术领先国际先进水平，以互联网、大数据、智能制造、新能源等为代表的技术革命，为中国经济高质量发展、由工业大国向工业强国提升增添了新的动力。在新一轮工业革命作用下，工业发展展现的新态势、新经济、新业态、新模式，拉动工业经济不断向高端迈进，在

国际产业链中的分工地位逐步上升，新的竞争优势正在形成，其他产业融合发展越发紧密，对经济发展的支撑作用进一步增强。

4. 发展和调整非国有经济和工业布局，促进不同所有制企业和地区经济的协调发展

新中国成立后，我国对非公有制经济的认识及相关政策的制定经历了一个从探索到完善的过程。改革开放后，中国共产党明确非公有经济是社会主义经济的重要组成部分，毫不动摇地鼓励、支持和引导非公有经济的发展。民营经济、外商投资大量进入工业领域，到2018年，私营企业在规模以上工业企业中，数量已超过一半，资产总计、主营业务收入和利润总额占比均超过20%。工业成为非国有经济进入最多、发展最快的行业之一，随着经济发展，一些民营企业成为该行业的骨干企业，甚至在全球市场上具有较高市场声誉，对优化我国企业所有制结构发挥了重要促进作用。

再看对区域协调发展的作用，20世纪60年代中期，以大小三线建设为中心的地区工业布局，为中西部地区工业发展奠定了基础。改革开放后，工业布局的调整成为我国培育经济增长极的重要途径，“东部率先发展”“西部大开发”等均以制造业为主实施。制造业具有劳动生产率高、带动性强、能创造出更多的市场需求的特点，制造业布局的调整对地区经济发展发挥了重要作用。

二、新中国成立70年来工业发展战略的演变

新中国成立是中国历史上最为广泛而深刻的社会变革，改革开放和新时代中国特色社会主义建设是人类历史上最为宏大而独特的实践创新。习近平总书记2016年5月17日在哲学社会科学座谈会上的讲话指出，“人类社会每一次重大跃进，人类文明每一次重大发展，都离不开哲学社会科学的知识变革和思想先导”，他还指出，“问题是创新的起点，也是创新的动力源。只有聆听时代的声音，回应时代的呼唤，认真研究解决重大而紧迫的问题，才能真正把握住历史脉络，找到发展规律，推动理论创新”。回顾新中国成立70年工业发展的历程，每一阶段都面临着那一阶段的特殊问题，每一阶段的特殊问题引导的理论探索和战略方针又反过来指导中国工业发展战略。新中国工业70年的发展战略与理论创新，是在解决问题中不断创新、修正、再创新、再修正的循环中形成和发展起来的。

1. 实施工业立国的长期战略

在抗日战争时期，毛泽东就指出，日本帝国主义为什么敢于这样欺负中国，就是因为中国没有强大的工业，它欺负我们的落后，因此消灭这种落后，是我们全民族的任务。新中国成立后，党和政府就把发展工业作为经济建设中的重中之重，并把工业建设、生产力发展放在了稳固政权的高度。毛泽东进一步指出，“没有工业，便没有巩固的国防，便没有人民的福利，便没有国家的富强”。如果工业不发展，已经独立的国家还有可能变成人家的附庸国。“在新民主主义的政治条件获得以后，中国人民及其政府必须采取切实的步骤，在若干年内逐步地建立重工业和轻工业，使中国由农业国变为工业国。”毛泽东发展工业、富民强国这一思想在新中国后来几十年的建设中得到了坚持和落实，几代领导人始终把发展工业作为富民强国的重要途径。改革开放40多年来，党的工作重点转到经济建设上，通过采取一系列政策措施，极大地增强了经济活力，工业发展规划目标基本实现，工业化水平进入中等收入国家行列。但是在工业化进程中，出现了工业单方面推进，生态环境保护、科技创新相对滞后的问题。针对这些问题，党的十五大报告结合国内外工业化经验和中国国情，提出了新型工业化道路。党的十九大报告中，习近平总书记提出了从2020年到21世纪中叶新的发展目标，即到2035年，基本实现社会主义现代化，到2050年，把中国建成富强民主文明和谐美丽的社会主义现代化强国。与毛泽东新中国成立初期发展工业的

指导思想一脉相承，习总书记在党的十九大报告中提出，我国经济已经由高速增长阶段转向高质量发展阶段，正处在转变发展方式、优化经济结构、转换增长动力的攻关期，建设现代化经济体系是跨越关口的迫切要求和我国发展的战略目标。经济发展实践经验表明，工业化水平的提高不仅是工业在 GDP 中占比的提高，而且是要形成实体经济、科技创新、现代金融、人力资源协同发展的产业体系。建设现代产业体系是对工业化本质与内涵认识的升华。《中国制造 2025》提出坚持“创新驱动、质量为先、绿色发展、结构优化、人才为本”的发展制造业的基本方针，通过“三步走”实现制造强国的战略目标：到 2025 年，迈入制造强国行列；到 2035 年，中国制造业整体达到世界制造强国阵营中等水平；到新中国成立一百年时，综合实力进入世界制造强国前列。

2. 坚持部分行业、部分地区先行发展战略

新中国成立初期，我国经济十分落后，加之西方国家对新中国实行经济封锁，迫切需要探索在落后经济基础上建设社会主义的理论与道路。当时在工业化道路和产业发展次序上有两种选择：一种是按照西方资本主义国家工业化的经验和理论，先发展轻工业，待积累了大量资本后再发展重工业；另一种是苏联的工业化战略，即实行计划经济，集中资源优先发展重工业。由于重工业对保障国家安全具有重要作用，在当时的国际环境下，中央做出了优先发展重工业的战略决策。重工业建设首先是建设钢铁、煤、电力、石油、机械制造、军事工业、有色金属及基本化学工业。重工业优先方针，在实际执行中出现了较大偏差，即轻工业发展受到严重忽视，导致经济结构失衡，人民生活受到一定的影响。但是，重工业优先发展奠定了中国工业化的基础，为后来工业化加速推进，建成完整的工业体系，培养训练科技人才以及产业工人队伍发挥了重要作用。集中资源办大事，是社会主义制度的一大优势，这一优势，在中国的经济建设中一直加以运用。改革开放后，工业发展布局也采取倾斜式发展思路，建立了沿海经济特区，开放沿海港口城市，把工业发展的重点向基础好的沿海地区倾斜，使一部分地区先富起来，完成了在计划经济时期没有完成的工业资本积累。改革开放后，虽然不再强调重工业优先发展，但在产业选择上仍坚持了支持重点产业发展的政策。在理论界，曾对发展战略方式的类型选择进行过讨论，即按照劳动力比较，选择优先发展劳动密集型产业还是资本密集型产业战略以赶超发达国家。但几十年的经济发展实践表明，作为一个大国，低工资与高技术的结合，形成了中国产品在国际市场上的独特竞争优势。区域经济发展水平落差大，延长了工业行业的成熟期，增加了经济韧性，国内新兴产业与传统行业并存，其技术进步速度远超国家间的传播速度。以先进行业、发达地区示范、带动传统行业和落后地区发展，有利于加快技术进步和要素流动，从而增加增长的潜力，这也是我国多年坚持部分行业、部分地区优先发展的重要原因。

3. 实施市场化改革推动战略

新中国成立后建立的社会主义制度为中国工业发展提供了基本制度保障。“一五”时期，为保障工业发展，把社会主义工业化和对个体农业、手工业、资本主义工商业改造写入了宪法。但是高度集中统一的计划经济体制，否定了市场经济规律，影响了生产力的发展，尤其是“文化大革命”极“左”思想对经济发展产生极大的破坏。邓小平同志创新地提出的改革开放，一是建立社会主义市场经济体制，二是对西方国家开放，二者相辅相成。只有遵循价值规律、竞争机制，我国工业才能够走向世界，参与国际分工和国际竞争。1992 年，邓小平同志在南方谈话中明确指出，计划多一点还是市场多一点，不是社会主义与资本主义的本质区别，计划和市场都是经济手段。然而，与苏联“休克性疗法”改革方式具有显著的差别，我国经济体制改革走的是渐进的改革路线。党的十五大提出“使市场在国家宏观调控下对资源配置起基础性作用”；党的十六大进一步提出“在更大程度上发挥市场在资源配置中的基础性作用”；党的十七大指出“从制度上更好发挥市场在资源配置中的基础性作用”；党的十八大指出“更大程度更广范围发挥市场在资源配置中的基础性作用”；党的十九大全面总结改革开放以来的历程和经验，明确指出“使市场在资源配置中起决定性作用和更好发挥政府作

用”。这是我们党对中国特色社会主义建设规律认识的一个新突破，标志着社会主义市场经济发展进入了一个新阶段。实践证明，市场配置资源是最有效率的形式。改革开放以来，中国工业最先取消了行业行政管理部门，实行政企分开，改变原来的“人、财、物、供、产、销”六统一的管理体制，放松了投资管制和市场准入门槛。与此同时，对国有企业进行了现代企业制度改革，扩大企业自主权，对垄断性行业和市场经营环境加强监管，国有企业逐步从竞争性行业中退出。完善市场竞争机制，产业政策逐渐向竞争政策转变，对外资企业实行负面清单管理。深化垄断产业和国有垄断企业的改革。上述一系列市场化改革措施，完善了社会主义市场经济制度，促进了中国的工业化水平和工业发展质量的提高。

4. 以创新促发展战略

中国的改革开放极大地解除了发展生产力的束缚，但是，工业发展的内生动力在哪里？邓小平同志根据世界范围内科技发展趋势，及时提出了“科学技术是第一生产力”的论断，他指出：“四个现代化，关键是科学技术的现代化。没有现代科学技术，就不可能建设现代农业、现代工业、现代国防。”科技创新拉动经济发展的根本动力，“高科技领域，中国也要在世界上占有一席之地”。在邓小平这一思想的指导下，我国先后实施了“863计划”“火炬计划”等一系列高科技研发计划，推行一系列科研体制改革，调动科研人员的积极性和创新力，推行产学研一体发展的联动机制。党的十八大报告进一步明确提出：“科技创新是提高社会生产力和综合国力的战略支撑，必须摆在国家发展全局的核心位置。”提出中国未来的发展要靠科技创新驱动，是我们党放眼世界、立足全局、面向未来做出的重大决策，也是对中国新型工业化道路的进一步阐述。改革开放以来，经济快速发展主要源于发挥了劳动力和资源环境的低成本优势。但这种传统比较优势正在逐渐消失，需要寻找新动力、培育新优势。习近平总书记在党的十九大报告中指出，创新是引领发展的第一动力，是建设现代化经济体系的战略支撑，要坚定实施创新驱动发展战略。科技创新具有乘数效应，不仅可以直接转化为现实生产力，而且可以通过科技的渗透作用放大各生产要素的生产力，提高社会整体生产力水平。实施创新驱动发展战略，可以全面提升我国经济增长的质量和效益，有力地推动经济发展方式转变。我国实施创新驱动发展战略，面向世界科技前沿、面向经济主战场、面向国家重大需求，对应对国际经济发展形势的变化，加快实现由低成本优势向技术优势的转换发挥了重要作用。美国对我国发动贸易战，利用各种手段打击我国高科技企业，从反面证明了我国推行创新驱动发展战略选择的正确性和有效性。

5. 开放发展战略

新中国成立之初，我国对外经贸关系主要集中在苏联等国家，中苏关系破裂后，中国工业基本进入封闭发展阶段，对外经贸活动十分有限。特别是“文化大革命”期间，受极“左”思想影响，关闭国门，同世界隔绝，丧失了工业大发展的机遇。1978年，中国实施对外开放政策，40多年来，中国经济发展的实践证明“对外开放”是中国经济腾飞的重要经验，也是中国工业化进程加速推进的重要法宝。邓小平同志1984年明确指出：关起门来搞建设是不能成功的，中国的发展离不开世界。但是，中国对外开放也是渐进的，中国工业是率先开放的行业。开放领域从竞争性较强的劳动密集型制造业开始，从发展“三来一补”加工贸易、促进劳动密集型产品出口开始，到交通能源等原材料重化工工业以及研究设计等领域。改革开放初期对外开放的成功经验，促进了对外开放的深入发展。1996年后，中国再一次提出了“引进来”与“走出去”相结合的对外开放战略，提出建立“完善内外联动、互利共赢、安全高效的开放型经济体系”。中国工业对外开放水平进一步提高。2001年中国正式加入世贸组织，按照“入世”承诺和世贸组织规则修订了2300多条法律法规，清理了数十万份政府相关文件，进一步增强了中国对全球投资的吸引力。党的十八大以来，习近平同志总揽战略全局，顺应中国与世界深度融合、命运与共的发展大趋势，以及中国成为世界经济第二大国和对外投资大国的现实，提出开放发展新理念和建设“一带一路”倡议，拓展开放型经济发展新空间，中国对外开放进入一个新的发展阶段。习近平在十八届五中全会上讲发展理念问题时说：“现在的问题不是要不要对外开放，而是如何提高对外开放的质量和发展的内外联动性。”针对西方逆全球化民粹主义浪潮兴起，中国高举自由贸易、合作共赢旗帜，坚定维护世贸组织规则，支持开放、透明、包容、非歧视性的多边贸易体制，构建开放型世界经济。习近平指出：过去十年，中国全面履行“入世”承诺，商业环境更加开放和规范。今后中国将在更大范围、更宽领域、更深层次上提高开放型经济水平。中国开放的大门永远不会关上。2013 年 9 月我国设立第一个自贸区——上海自贸试验区，2019 年 8 月，我国已设立 18 个自贸试验区，形成了“沿海 + 沿边”开放新版图，18 个自贸区实行差异化发展，各有侧重，形成了区域互动、产业互助的发展形态。

6. 信息化与工业化融合发展战略

西方发达国家的工业化以第一次工业革命为起点，比新中国的工业化早一百多年。因此，发达国家工业化进程是先工业化后信息化。新中国工业化错失了前两次工业革命的机遇，但在第三次以信息化为特点的工业革命中开启了工业化进程，因此，以信息化带动工业化，以工业化促进信息化，工业化与信息化同步发展既是中国工业发展的一个重要特征，也是重大战略选择。继机械化、电气化、自动化等产业革命浪潮后，以网络化、数字化为核心特征的新一轮工业革命正处于快速发展阶段，数字经济正在成为全球经济增长的新动力，制造业加速向数字化、网络化、智能化方向发展。党的十七大提出“大力推进信息化与工业化融合，促进工业由大变强”，有效地促进了产业转型升级和发展方式转变。信息化与工业化融合发展，重点围绕改造提升传统产业，推动制造业信息技术的集成应用，用信息技术促进生产性服务业发展，提高信息产业支撑融合发展的能力，加快走新型工业化道路步伐，促进工业结构整体优化升级，推动“中国制造”转向“中国智造”。党的十八大报告中进一步提出：“坚持走中国特色新型工业化、信息化、城镇化、农业现代化道路，推动信息化和工业化深度融合、工业化和城镇化良性互动、城镇化和农业现代化相互协调，促进工业化、信息化、城镇化、农业现代化同步发展”。党的十八大报告中对两化融合提出的新目标，促进了信息化与工业化在更大的范围、更细的行业、更广的领域、更高的层次、更深的应用、更多的智能方面实现彼此交融。新工业革命与我国制造强国战略形成历史性交汇，促进信息化与工业化的深度融合是培育我国工业竞争新优势的着力点。

7. 以生态文明建设为指向的绿色发展战略

新中国成立以来，我国一直在探索走符合我国国情的工业化道路，也积累了丰富的经验。但是，在相当长一个时期内，受历史条件、经济技术发展水平和经济体制的制约，工业化在使社会生产力获得了极大发展的同时，也付出了资源的过量消耗、环境生态恶化的代价。党的十五大提出走新型工业化道路，解决好经济效益、人力资源、科技进步与生态环境保护的关系。党的十八大把生态文明建设作为统筹推进“五位一体”总体布局和协调推进“四个全面”战略布局的重要内容，提出建设美丽中国的目标任务。习总书记关于绿水青山就是金山银山、像对待生命一样对待生态环境、山水林田湖是一个生命共同体、实现最严格的生态环境保护制度等生态文明理念已成为共识。中央出台的《生态文明体制改革总体方案》和《关于加快生态文明建设的意见》为生态文明制度建设、资源节约、生态保护、环境保护提供了行动纲领。生态兴则文明兴，生态衰则文明衰。工业发展既要创造更多物质财富和精神财富以满足人民日益增长的美好生活需要，也要提供更多优质生态产品以满足人民日益增长的优美生态环境需要。人与自然是生命共同体，经济发展必须要尊重自然、顺应自然、保护自然，否则就失去了社会主义生产的目的。工业绿色发展是从工业文明转向生态文明建设的具体体现。《中国制造 2025》对工业绿色发展制定了明确目标规划和路线图，党的十八大以来，中国工业绿色发展成就显著，中国是世界上单位 GDP 能耗下降最快的国家。

三、新中国成立以来工业发展质量的内涵及其深化

根据不同时期的主要特征，本文把自中华人民共和国成立以来经济发展分为四个阶段：改革开放前的数量短缺阶段；改革开放初期产业结构调整初期阶段；加入世界贸易组织、深度参与国际竞争阶段；党的十八大以来由高速度转向高质量发展阶段。经历这四个发展阶段的积累和历练，工业发展质量的内涵越来越丰富，质量水平越来越高，为我国经济由高速度转向高质量发展奠定了重要基础。

1. 计划经济时期的数量短缺与工业发展质量的表现

数量与质量是一个问题的两个方面，没有数量就谈不上质量，没有质量的数量就要大打折扣。计划经济时期，工业发展面临的主要矛盾是工业生产体系不健全，生产能力低下，供给不足，工业消费品和生产资料处于严重短缺状态，甚至连最普通的螺丝钉都需从国外进口。“有没有”是这一时期工业发展质量的主要矛盾。当时解决这一矛盾采取的主要措施是，集全国之力，实行计划经济体制，大力进行工业项目建设，建立健全工业生产体系。

在新中国成立的前三年，中国工业以恢复生产为重点，同时以有限的资金保障工业的重点建设。经过三年的恢复与调整，形成了正常的工业生产秩序，工业生产增长迅速。以当年价计算，1949～1952年，工业总产值由140亿元增至343亿元，年均增长34.86%，同期增速远高于发达国家[①]。工业生产品种也有了较大增长，如1952年钢产品由原来的不到100种增加到超过400种。

为了尽快恢复和发展国民经济，在20世纪50年代初，中国全面向苏联学习，除了引进苏联与东欧社会主义国家的技术援助，与苏联签订了156项工业项目合同外，也包括实行计划经济，编制国民经济发展的五年计划以及工业企业管理制度等。“一五”时期，生产资料优先发展的方针对建立健全工业生产体系发挥了重要作用。“一五”时期，工业总产值年均增长18%，增速高于同时期的发达国家[②]，重工业比重提高至45%。其中生产资料与消费资料生产年均分别增长17.8%与12.4%。46种主要工业品中有27种按时或超额完成了计划指令性指标，钢材种类已经超过4000种，多项工业品如飞机、发电设备、汽车、无缝钢管等实现了从无到有。“一五”时期大规模的工业建设，为改变中国工业门类不全的落后状况奠定了基础。尽管后来中苏关系破裂，中国开始走自力更生的工业发展道路，但是计划经济管理体制和管理方法一直沿用到中国改革开放前。

1958～1960年，中国经济发展出现严重不顾客观规律、提出不切合实际的发展目标的问题，过分强调“大干快上”，过分强调重工业优先发展，工业生产简单粗放，其中最为典型的是全民大炼钢铁，社区、街道也建炼钢队伍，甚至把家里铁锅也用来作为炼钢的原料，结果全是废品。片面追求高速度增长，违反了工业增速与质量效益的相互依存关系，不仅没有发展反而造成较大的资源浪费。由于轻工业发展受到抑制，人民群众的正常生活也受到影响，盲目追求数量目标的发展方式给经济发展带来了严重损害。为了纠正经济发展的错误路线，1961年前后中央通过了《关于当前工业问题的指示》与《工业七十条》，提出了“调整、巩固、充实、提高”的八字方针，相对放慢了工业增速，工业生产各项指标均平稳增长，钢计划产量大幅压减，轻工业年均增速达到21.2%，轻重工业比例严重失衡的问题有所好转，工业产品品种进一步增长。但这向好的发展趋势又遭遇“文化大革命”冲击，工业生产再次出现频繁波动，农轻重等一系列比例关系失

① 根据《中国工业经济年鉴1984》，同时期美国、日本、英国工业生产年均增长分别为9.2%、23.8%、2.7%。

② 根据《中国工业经济年鉴1984》，1953～1957年，美国、日本、英国年均增长分别为3.6%、15%、3.8%。

调，能源、交通、通信等基础设施建设滞后，能源、原料材和交通运输能力严重短缺，在一些严重缺电地区，工业生产“停三开四”，产品运输积压严重，拖了工业发展的后腿。计划经济时期，集全国之力，中国搞成了“两弹一星”，但由于发展比例失调，工业增长速度大起大落（见表总 -1），工业整体水平不高，工业发展效益较低，短缺问题一直没有得到解决，工业发展质量问题突出表现为工业品供给能力不足。

表总 -1 改革开放以前工业增长以及结构变动情况

单位：%

时期	工业总产值计划增速	工业总产值增速	轻工业比重	重工业比重
“恢复”时期	—	34.9	66.9	33.1
“一五”时期	14.7	18	56.9	43.1
“二五”时期	22.9	3.8	40.8	59.2
1963～1965 年	11.4	17.9	46.3	53.7
“三五”时期	9.7～11.2	11.7	47.8	52.2
“四五”时期	7.7	9.1	43.2	56.8
“五五”时期	1976 年计划 8.2～9；1977～1980 年计划 10	9.2	44.1	55.9

资料来源：《中国工业经济统计年鉴 1949～1984 年》、各阶段国民经济计划草案。1963～1965 年“调整”时期的计划增速是根据 1963 年的中共中央工作会议提出 1963～1965 年相对于 1957 年增长 50%，利用 1962 年的实际工业总产值进行推算。

2. 产业结构调整与工业发展质量的改进

1978 年党的十一届三中全会的召开，通过了《中共中央关于经济体制改革的决定》，标志着党和国家的工作重点转移到社会主义现代化建设上。改革经济管理体制，实行社会主义公有制为主体、多种所有制共同发展的制度，经济活力得到极大释放，工业经济发展进入了新的发展阶段。强调重工业优先发展的发展模式逐渐被抛弃，工业发展逐步转向以提高经济效益为中心，并更加注重工业内部重工业与轻工业的协调发展以及产品结构的优化。改革开放初期，通过引进一大批国外先进设备，首先补齐了轻工业发展的“短板”，尤其是家电等耐用消费品供给增长较快，满足了改革开放初期人民群众对家电等生活日用品的排浪式的需求，同时也带动了我国轻工业生产设备的更新换代，轻重工业发展呈现良性协调，改善了经济的效率与效益。与此同时，加强了能源、交通等基础设施建设，能源供应和公路、铁路运力稳定增长，为工业发展创造了有利条件，产品供应不断增长[①]，钢、煤、水泥等一些工业品产量跃居世界第一，短缺问题得到初步缓解。“六五”时期至“九五”时期，工业总产值由 4237 亿元增至 8.57 万亿元，年均增长 15.7%；工业内部结构逐步优化，重工业产值占比由 56.9%降为 51%。[②] 该阶段内制造业增加值由 599.69 亿美元增至 3849.37 亿美元，增长 5.4 倍，在全球制造业的比重由 0.03%提升至 6.3%，年均增长率达 9.2%。工业产品持续增加，买方市场初步形成。工业发展质量的主要矛盾开始由“有没有”向“好不好”方面转换。但这一时期，工业发展存在着重复技术引进、企业生产效益不高等问题，货款相互拖欠，企业三角债问题严重，企业亏损率和亏损面较高，日用品和家电市场国产产品和品牌式微，占有率逐步下降。沿海地区加工贸易发展迅速，但我国企业大部分为国外品牌代工。值得一提的是，我国平稳地渡过了 1998 年亚洲金融危机，实现了“软着陆”，2000 年经济总量跃居世界前 6 位，为我国进一步加快经济发展、提高工业发展质量奠定了基础。

① 笔者结合世界银行数据计算。

② 参见 https：//www.indexmundi.com/facts/china/manufacturing#NV.IND.MANF.ZS。

3. 深度参加国际竞争与中国工业发展质量的提升

中国于 2001 年加入世界贸易组织，通过深度参与国际竞争，引入先进技术和生产能力，国民经济呈现出增长速度较快、经济效益较好、物价水平较低的态势。但中国经济仍未摆脱粗放型发展的特征，经济增长主要依靠投资拉动，进出口不平衡、对外贸易摩擦日增，经济发展与能源、资源、环境制约等矛盾凸显。2002 年党的十六大针对中国工业过去发展的经验与教训，进一步提出走科技含量高、经济效益好、资源消耗低、环境污染少、人力资源优势得到充分发挥的新型工业化道路。由过去强调“又快又好”转向“又好又快”，重视速度、质量、效益相协调，消费、投资、出口相协调，人口、资源、环境相协调。经济工作指导思想的重大转变，进一步促进了工业发展质量的提升。

加入世界贸易组织之后，中国工业深度参与国际产业分工，市场竞争加剧，使中国劳动力成本优势得到充分发挥，工业持续高速增长，工业发展开始注重产品品牌、企业品牌建设以及效率与效益的改进。经过几十年的高速发展，中国拥有联合国工业体系中所有的工业门类，形成了完整的生产体系，制造业规模居全球第一位，220 种工业品产量居世界首位。工业结构进一步优化，制造业产业价值链逐步向中高端延伸。据测算，该阶段内高技术产业产值占工业总产值的比重由 10.17% 上升至 18.18%①。

4. 高质量发展与中国工业发展质量内涵的拓展

2012 年以来，中国经济总量持续保持在世界第二位，中国经济发展的国际环境发生较大的变化。一些发达国家提出“再工业化”，由过去推行全球化转向去全球化，在高技术领域围堵我国的发展，发展中国家利用劳动力比较优势，与我国争夺劳动密集型产业的市场。在国际环境变化和产业转型升级的双重影响下，中国工业增速放缓，部分行业出现产能过剩，对经济增长的贡献率落后于服务业。与此同时，新工业革命对工业生产和消费方式的影响日益显现。面对新问题、新挑战，继党的十八大提出的五大发展理念之后，党的十九大进一步提出中国经济由高速度发展转入高质量发展，工业发展质量的内涵因此进一步深化与拓展。

根据发达国家的经济发展规律，随着经济发展水平的提高，制造业在 GDP 中的占比会有一个由低到高，再由高到低的变化过程，与此同时，制造业也完成了从小到大、从大到强的转变。然而，并不是所有的国家都能顺利地同时完成这两个转变，“由高到低”易，“从大到强”难。目前世界上只有美国、德国、日本等几个国家，制造业在 GDP 中的占比降为 25% 左右时为世界制造强国，而制造强国无一例外地成为发达国家。此外有相当多的国家，要么制造业的占比没有实现“由低到高”的发展，要么在“由高到低”的调整中，没有实现“从大到强”的转变。前者多以欠发达国家为主，后者则以陷入“中等收入陷阱”的国家为主。从产业结构来看，工业发达国家服务业在 GDP 中的比重无一例外远远高于工业，但一些欠发达国家服务业的占比也高于工业。两者的区别在于工业内部和工业对其他产业发展的支撑。近年来，我国工业的占比虽然有所下降，但创新驱动力有所增长，技术密集型产业的比较优势进一步增强。2019 年上半年，通用设备制造业、专用设备制造业、化学纤维制造业、电气机械制造业、仪器仪表制造业等出口交货值的增速比劳动密集型产业高 3 个百分点以上，有的增速近 10%。规模以上工业战略性新兴产业增加值同比增长 7.7%，规模以上高技术制造业增加值同比增长 9.0%，分别高于全部规模以上工业增加值增速 1.7 个和 3.0 个百分点。高技术制造业投资同比增长 10.4%，增速比全部投资快 4.6 个百分点。与此同时，随着我国劳动报酬的提高，我国劳动密集型产业逐步向海外转移。其中，纺织服装业、皮革、毛皮、羽毛制品、木材加工和家具制造业转移速度较快。

党的十八大提出的生态文明建设和五大发展理念极大地拓展了中国工业发展质量的内涵。工业是为其他生产部门提供生产手段的行业，单独以工业结构和在 GDP 中的占比难以判别工业发展

① 由于直接数据缺失，该数值综合了 Wind 数据库、《中国高技术产业统计年鉴》以及《中国城市统计年鉴》。

的好与坏、强与弱。工业是否强大，最终是要看工业对其他产业发展速度的支撑、对能源资源利用率的改善、对生态环境的保护。2012 年以来，随着工业化和信息化两化融和的深入发展以及工业分工及布局的进一步细化与优化，我国生产性服务业呈现快速发展态势。2019 年上半年，我国高技术服务业投资增长 13.5%，增速比全部投资快 7.7 个百分点。2019 年上半年，信息传输、软件和信息技术服务业，租赁和商务服务业，交通运输、仓储和邮政业，金融业增加值同比分别增长 20.6%、7.8%、7.3% 和 7.3%，增速分别快于第三产业 13.6 个、0.8 个、0.3 个和 0.3 个百分点。2012 ~ 2017 年，单位工业增加值能耗、单位工业增加值电耗、单位工业增加值用水量分别下降 33.23%、6.6%、27%，工业固体废弃物利用率年均超过 60%，工业污染治理累计完成投资额 4622 亿元。

综上所述，中华人民共和国成立以来，为了满足经济社会发展的需要，工业发展质量在克服一系列问题过程中得到提升，质量发展的内涵由解决短缺的工业体系建立到满足更高水平需求的质量与效率的提升，由工业内部的协调扩展到工业与其他部门、环境发展的协调，发展质量涉及的范围也越来越广，高质量发展的标准越来越完善、基础越来越雄厚。

四、改革开放以来影响中国工业发展质量的主要政策措施及效果

综合不同时期五年规划的目标，改革开放以来提升工业发展质量的主要政策措施，可归纳为三大类：效率目标及其改进措施、技术进步目标及政策措施、产品质量发展目标及措施。

1. 提升工业经济效率的政策措施及效果

改革开放以来，中央工作重点转向了经济工作，提出以经济效益为中心开展工作。为了适应新的发展要求，改革开放初期由原国家计委、国家统计局等六个部门联合制定的 16 项工业经济效益指标，主要包括工业总产值与增长率、工业产品产量计划完成情况、工业产品质量稳定提高率、主要工业品原材料等消耗降低率、工业产品优质品率、万元产值能耗与降低率、工业企业全员劳动生产率与增长率等。以后对上述指标又做了进一步修订。

在政策引导下，中国工业经济运行效率和效益不断提高。2001 ~ 2012 年，按 1978 年可比价格计，工业全员劳动生产率由 1.34 万元/人增至 4.86 万元/人（按名义值计，由 6.16 万元/人迅速提高至 21.48 万元/人）。同时，工业总资产贡献率、成本费用利润率、产品销售率、资产利润率、流动资产周转次数均呈现稳步上升趋势，分别由 8.9%、5.4%、97.6%、3.5%、1.66 次/年提升至 15.1%、7.1%、98%、8.1%、2.57 次/年，分别提高了 6.2 个百分点、1.7 个百分点、0.4 个百分点、4.6 个百分点、0.91 次/年。① 其中，多项指标在 2008 年国际金融危机时期受到了冲击，但随后均呈现回升趋势。但是在经济效率指标提升过程中，我国能源资源消耗过多、过快，生态环境问题却越来越突出，有学者指出，中国过去的高速增长其中有一部分得益于环境红利（袁富华，2010）。党的十七大提出了依靠科技进步、管理创新以及劳动者素质提高资源利用率，提出建设资源节约型、环境友好型社会，把节约资源与保护环境上升为基本国策。“十一五”规划中首次将单位 GDP 能耗约束指标、工业固体废物综合利用率等作为各地政府经济工作的重要考核指标。站在新的历史起点上，党的十八大提出大力推进生态文明建设的重大战略决策，要求全面促进资源节约和生态环境保护，以节约优先、保护优先、自然恢复为主要发展方针，着力推进绿色发展。2015 年在巴黎气候大会上，我国宣布碳排放至 2030 年左右达峰、碳排放强度相对于 2005 年下降 60% ~65% 的目标。2017 年，党的十九大进一步强调，“建设生态文明是中华民族永续发展的千年大计”，“中国要成为全球生态文明建设

① 资料来源于《中国统计年鉴》《中国工业经济年鉴》。

的参与者、贡献者和引领者”。2018年，国务院颁布了《关于全面加强生态环境保护解决打好污染防治攻坚战的意见》，进一步加强了生态环境保护力度。党的十八大以来，中国工业发展进入了以节约能源和生态环境保护为重、走新型工业化道路的绿色发展期，摒弃粗放式发展方式，更加注重构建绿色低碳可持续的工业经济体系，绿色发展是工业发展质量提升的重要标志。2012～2017年，单位工业增加值能耗、单位工业增加值电耗、单位工业增加值用水量分别下降了33.23%、6.6%、27%，工业固体废弃物利用率年均超过60%，工业污染治理累计完成投资额4622亿元。

改革开放以来，中国的节能工作处于全球领先地位，工业单位产出的能耗下降大大超过了其他行业和其他国家，对提升工业发展质量做出重要贡献。但与发达经济体相比，节能潜力仍有提升空间。根据世界银行数据，2014年中国的单位GDP能耗为17.53千克油当量/万美元，与美国的13.37千克油当量/万美元存在一定差距。

2. 技术引进与技术创新政策

科技创新是引领发展的第一动力。通过技术创新，能够有效地提升资源利用效率，促进自身发展，同时也会对其他产业产生正向溢出效应。改革开放后，我国通过了《1978～1985年全国科学技术发展规划纲要》，对自然资源、农业、工业等领域的科学技术研究任务做出了全面安排。1995年中央提出了科教兴国战略，颁布了《中共中央国务院关于加速科学技术进步的决定》《关于鼓励外商投资的规定》等。2006年，我国进一步提出建设创新型国家和“自主创新”的理念。受此影响，工业引进技术的方式发生了明显变化，由购买成套设备为主变为生产合作、服务咨询等多样化方式。引进技术来源国逐渐增多，如表总－2所示，外商直接投资额由19.56亿美元稳步增至603.25亿美元，增长了29.8倍。技术创新能力大幅提升，科技进步贡献率达到43.2%，研发经费支出由102.59亿元增加到2450亿元，增长了22.9倍；研发投入强度由1.14%提升到1.32%，总体提高了0.18个百分点。从创新成效来看，专利申请总量与发明专利申请量分别由1.44万件、0.86万件增加到47.63万件和17.33万件，年均分别增长19.7%和17.1%；技术市场成交额快速增长，由1990年的75.10亿元增加到2005年的1551亿元。

表总－2　全国技术创新情况

年份	外商直接投资（亿美元）	研发投入（亿元）	研发投入强度（%）	技术市场成交额（亿元）	专利申请受理数（万件）	发明专利申请受理数（万件）
1985	19.56	102.59	1.14	—	1.44	0.86
1990	34.87	139.12	0.75	75.10	4.15	1.01
1995	375.21	348.69	0.52	268.30	8.30	2.16
2000	407.15	895.70	1.00	651.00	17.07	5.17
2005	603.25	2450.00	1.32	1551.00	47.63	17.33

资料来源：《中国统计年鉴》和《中国科技统计年鉴》。

2012年党的十八大报告明确提出将“科技创新摆在国家发展全局的核心位置”，2017年，党的十九大报告中更加突出自主创新的作用，强调“创新是构建现代化经济体系的战略支撑”。在自主创新政策的推动下，中国的技术创新实力不断迈向新台阶。2013～2017年，科技进步的贡献率由53.1%提高到57.8%（见表总－3）。具有研发活动的规模以上工业企业数由5.48万家增加至10.22万家，占比由14.83%扩大为27.4%。研发人员全时当量由249.4万人年提高至273.6万人年；研发经费占主营业务收入的比重由0.8%提高到1.06%。规模以上工业企业专利申请量增长了45.7%，其中，有效发明专利增长1.8倍；技术市场成交额增长了5倍多；科技论文数发表数量由154.46万篇增加到170.09万篇，增长了49.2%。尽管技术创新已取得了长足进步，与发达国家的差距明显缩小（见表总-4），但中国在国际上仍然面临着技术"卡脖子"问题，在核心零部件等关键领域仍存在诸多"短板"，技术创新对提升发展质量的作用有待提升。世界银行数据显示，就绝对数量而言，中国已成为名副其实的专利申请大国，2017年专利申请受理量达138.16万件。但从质量来看，相对于发达国家，有效发明专利占比较低，表明中国的专利质量有待提升。

表总-3 党的十八大以来的科技创新

指标	2013年	2014年	2015年	2016年	2017年
科技进步贡献率（%）	53.1	54.2	55.3	56.4	57.8
有研发活动企业数（万个）	5.48	6.37	7.36	8.69	10.22
有研发活动企业所占比重（%）	14.83	16.90	19.20	22.95	27.40
研发人员全时当量（万人年）	249.40	264.20	263.80	270.25	273.60
研发经费内部支出（万亿元）	0.83	0.93	1.00	1.09	1.20
研发经费内部支出与主营业务收入之比（%）	0.80	0.84	0.90	0.94	1.06
专利申请数（万件）	56.09	63.06	63.85	71.54	81.70
有效发明专利数（万件）	33.54	44.89	57.38	76.98	93.40
技术市场成交额（亿元）	7469	8577	9836	11407	13424
发表科技论文（万篇）	154.46	157.00	164.00	165.00	170.09

资料来源：《中国科技统计年鉴》。

表总-4 技术创新国际比较

	国家	2000年	2005年	2010年	2015年	2016年
研发投入强度（%）	中国	0.89	1.31	1.71	2.06	2.11
	日本	2.62	2.51	2.74	2.74	2.74
	美国	3.00	3.31	3.25	3.28	3.14
PCT专利申请量（件）	中国	782	2503	12301	29839	43091
	日本	9569	24870	32216	44053	45209
	美国	38015	46884	45093	57123	56591
高技术产业占制造业比重（%）	中国	42.88	42.44	41.38	41.38	—
	日本	52.02	55.02	55.64	55.34	—
	美国	51.01	49.31	47.69	41.17	—

资料来源：《中国科技统计年鉴》以及高技术产业占制造业比重来源于世界银行。

3. 产品质量监管措施与效果

改革开放前，由于产品极度短缺，企业缺乏竞争力和利润激励，产品质量意识相对滞后，产品质量提升缓慢，个别时期甚至出现下降的情况。例如，在"大跃进"时期和"文化大革命"时期，受急于求成的"左"倾错误影响，大规模的粗放式生产导致一些主要工业产品质量下降，企业长期亏损。改革开放后，中央通过了《关于加快工业发展若干问题的决定（草案）》，工业产品质量开始全面回升。尤其是短缺经济结束后，由卖方市场转变为买方市场，市场竞争日益增强。我国先后放开了一些主要工业消费品价格，为产业质量提升创造了市场条件。1993年，第七届全国人大常务委员会第三十次会议通过了《中华人民共和国产品质量法》，正式将产品质量监督制度上升至法律层面。该法案对各级质量监管部门的职责进行了明确分工，形成了国务院质量监督部门与地方质量监督部门共同管理的制度，建立了一整套质量监督规范体系。随后，2000年第九届全国人大常务委员会第十六次会议、2009年第十一届全国人大常务委员会第十次会议、2018年第十三届全国人大常务委员会第七次会议，对《产品质量法》进行了三次主要修订。截至2017年，地方产品质量标准累计达4.12万个。通过实施《标准化法》《计量法》等一系列质量监管配套政策，产品质量修订标准逐步完善，产品质量合格率与优等品率不断上升①。1988～2017年，国家和地方监督部门抽查的产业合格率分别由76.2%、71%上升至93.9%、92.5%（见图总-1）。

产品质量的提升促进了工业品的出口，1980～2016年工业制成品出口比重由不足50%增加到94.8%，工业制成品贸易竞争力指数实现由负转正（见图总-2）。

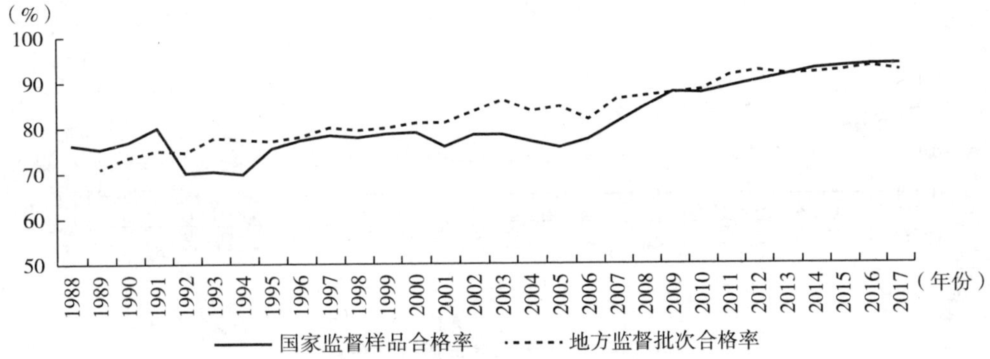

图总-1　产品合格率变化趋势

资料来源：根据历年《中国统计年鉴》，及国家质量监督检验检疫官网质量公报整理。

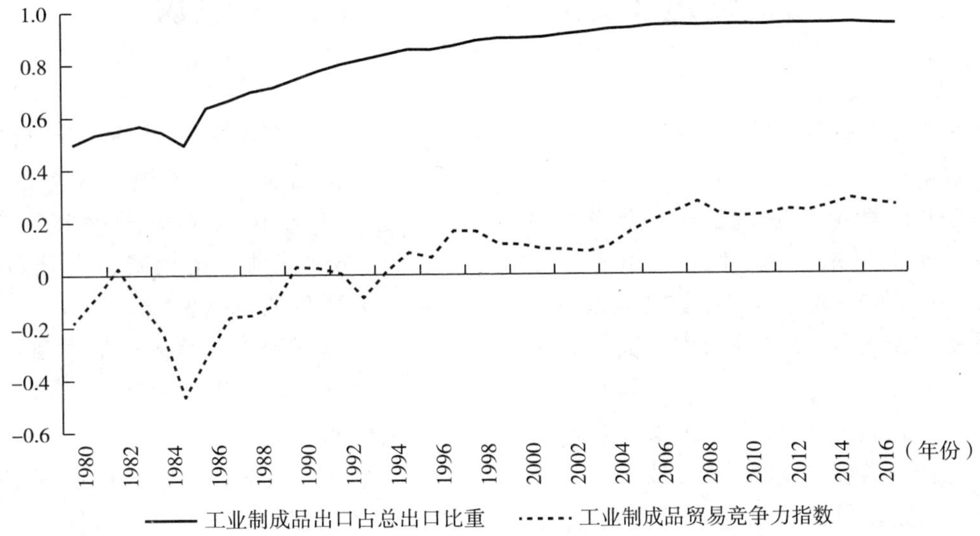

图总-2　工业制成品比重与其贸易竞争力指数

注：贸易竞争力指数计算公式为：（出口额-进口额）/（出口额+进口额）。

资料来源：根据历年《中国统计年鉴》整理。

① 产品质量合格率是根据统计抽样方法，符合检验标准的产品占产品总量的比重。产品质量等级品率依据产品标准进行划分，分为优等品、一等品、合格品。

分具体工业产品来看，根据国家质量监督检验检疫总局2017年发布的抽查产品质量公报，机械及安防产品、轻工产品的抽查合格率较高，分别达95.7%、91.8%；而电子电器相对最低，仅为83.4%。2018年，国家统计局首次将“制造业产品质量合格率”纳入国民统计公报，以此作为反映制造业质量发展状况的重要参考。从图总-3可见，我国工业产品的优等品率整体是上升的，但近年来优等品率有所波动，表明工业发展质量还不够稳定。

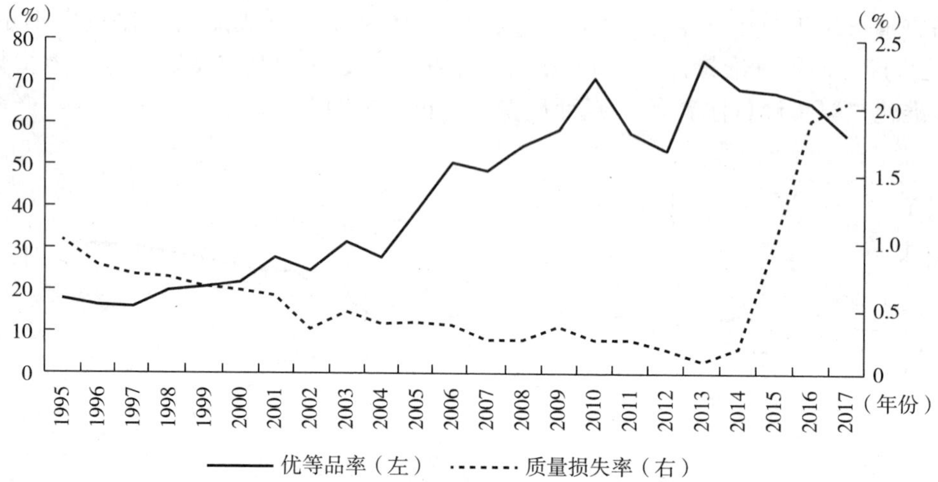

图总-3 优等品率与质量损失率

资料来源：根据历年《中国统计年鉴》，及国家质量监督检验检疫官网质量公报整理。

五、促进工业高质量发展的政策建议

1. 大力推进技术创新，提升技术创新对工业发展质量的贡献度

我国的技术创新虽然取得了一些进步，在某些领域甚至处于领先水平，但工业高质量发展评价结果显示，技术创新在大多数地区并没有成为引领高质量发展的主要动力，其中既有创新投入不足的因素，也有创新产出较低的因素。当前，新一轮科技革命方兴未艾，各国都在大力发展高技术产业，以抢占科技领域的制高点。我国要抓住新科技革命带来的战略机遇，推动工业高质量发展。要进一步完善创新激励体制，加大对基础研究的投入力度，加强知识产权保护力度，提升工业企业的自主创新主动性。健全科技创新和成果转化体系，积极推动以企业为主体的开放式协同创新。鼓励一流院校以企业技术创新为基本导向来调整专业设置，充分发挥大学在加大工业尖端技术人才和实用人才培养方面的作用。当前，要充分发挥我国在数字经济方面的市场规模优势，大力发展数字制造、工业机器人等关键技术领域，打造“数字经济+工业”的模式，提升高技术产业对工业发展质量的贡献份额。

2. 以市场经济手段促进结构调整，以结构优化促进工业发展质量的提升

结构调整是伴随着经济发展的一项长期任务。改革开放以来，我国一直强调结构调整，但是从评价的结果来看，结构调整对改善工业发展质量的贡献度较低。这说明我国过去结构调整的产业有待完善。改革开放初期，借鉴其他国家的产业政策经验，较好地纠正了我国结构失衡问题，但是随着市场经济体系的逐步完善，以政府干预为主导的产业政策使市场竞争有所弱化，资源配置不合理，优胜劣汰市场机制无法充分发挥作用，在一定程度上形成产能过剩。为了适应高质量发展要求，产业结构政策也必须实现由选择性产业政策向功能型产业政策的转型（江飞涛和李晓萍，2018）。功能型产业政策强调市场的主导性地位，即市场在资源配置中起决定性作用，可以有效弥补政府在工业经济领域中的“市场失灵”，而政府仅充当为了保障市场机制有效运行、降低企业交易成本的制度设计者。政府继续简政放权、放松管制，健全市场机制体制，大幅减少对工业领域微观经济活动的直接干预，为工业企业营造一个公平竞争的市场环境，提高资源配置效率。

3. 坚持高水平对外开放，提升工业满足高水平需求的能力

工业是我国最有竞争优势的产业。在发达国家推行“逆全球化”的环境下，我国更加坚持对外开放，深化对外开放程度。一方面，抓好“放管服”，应进一步改善营商环境，促进贸易便利化，引进资金、技术实力雄厚的外商企业来华投资，促进商品贸易。另一方面，推进“一带一路”建设，扩大“六廊六路多国多港”合作空间，在有效防范外在风险的基础上，坚持以互利共赢协商共建为原则，加强与“一带一路”沿线国家与周边国家的经贸合作，提升产能合作水平。

我国“入世”以来的发展经验表明，开放度越高，竞争越激烈，越有利于增加企业的活力，全方位提高工业国际竞争力和生产水平，促使工业价值链逐渐向高端、绿色、智能的方向延伸。只有这样，才能解决我国工业不能充分满足对高水平需求的问题。应继续积极推进供给侧结构性改革，构建以高质量生产为导向的绩效考核体系，削减无效供给，提高产能利用率，为优质高效的供给产品腾挪更多的市场空间。

4. 大力促进区域工业协调发展，实现工业经济绿色发展

我国工业发展不平衡不充分的现象依然突出。为了提高区域工业协调对工业高质量发展的带动能力，需深入贯彻落实区域协调发展战略，大力推进京津冀、长江经济带、粤港澳大湾区协同发展。积极推动中部地区崛起、西部大开发，发挥中西部地区的工业特色优势。在确保遵循生态优先、绿色发展先进理念的前提下，加快东部地区中低端制造业向中西部地区的合理有序转移，助力中西部落后地区加快新型工业化进程。2001年以来，我国产业协同对工业发展质量的贡献呈上升趋势，但贡献度还有较大提升空间。为此，要借助新一轮科技革命兴起的契机，促进互联网、大数据技术、云计算等与实体经济深度融合。促进现代金融服务业和制造业的融合，促进商贸流通产业与制造业的融合，促进生产端与消费端、供给侧与需求侧的融合，促进物质财富创新与生态环境保护的融合，促进国内市场与国际市场的融合。

需要指出的是，绿色发展是工业高质量发展的重要标准。工业发展要深入贯彻“绿水青山就是金山银山”的发展理念，构建科技含量高、资源消耗与环境污染少的现代绿色、低碳工业体系。重点建设一批绿色生态示范园区，发展低碳循环经济，从源头上把控企业污染关，对工业企业无法消化的“三废”实行集中式处理，注重在区域内实现工业循环生产。提升节能与环保门槛，全面推动传统产业节能改造，大力推广清洁技术生产，不断完善工业生产流程，加大对污染超标企业的资金处罚力度。充分发挥绿色金融对工业绿色化的长效机制支撑作用，重点围绕工业“三废”领域设立绿色技术改造等专项财政基金，并鼓励地方政府出台相应的绿色信贷配套政策。

六、中国工业发展展望

中国工业70年发展成就斐然，令人骄傲。但是，我们也要看到发展不充分、不平衡等方面的问题。进入新时代，要面对新问题、新挑战。未来五到十年，中国工业发展环境将面临一些变

化：一是进入全面建成小康社会后，消费升级对中国工业发展质量提出更高的要求；二是国际环境发生重大变化，但战略机遇期仍存在；三是新技术、新经济对中国工业发展将愈加深刻，中国工业将进入结构调整、动力转换、需求升级、竞争加剧的裂变期。

1. 主动作为，发展战略机遇期仍然存在

未来5~10年，由于新技术的广泛应用和各国经济实力对比的变化，将对现有国际政治经济格局产生冲击，其中既有我们想看到、希望有的国际环境变化，也有我们不想看到但却在发生的改变。但无论如何变化，我国的国际地位和影响力都将进一步提升，因为中国已不再是处于世界体系边缘的旁观者，也不再是国际秩序的被动接受者，而是重要的参与者与建设者。在新的历史起点上，把握好新一轮科技革命和产业革命机遇，高举人类命运共同体旗帜，坚持经济全球化和多边主义，积极倡导互利共赢的合作理念，大力推进“一带一路”建设，共同应对传统安全、非传统安全威胁和全球性挑战，我国经济发展机遇期将会得到保持和延长。

2. 高质量发展是应对内外市场变化的不二法宝

随着小康社会的全面建成和我国城乡居民收入水平的进一步提高，我国巨大的市场潜力将被进一步挖掘，加之“一带一路”建设深化，中国工业走出去的力度进一步加大，中国工业面临的市场需求将呈现多样化和高品质化，工业将进入需求导向型的发展模式。贸易争端、保护主义等将给全球经济带来负面影响。如果全球经济因此陷入新一轮衰退之中，中国工业出口外部需求萎缩的风险将不可避免。面对国内外市场环境的变化，实现高质量发展，可以有效地满足国内市场需求的变化，同时，提升中国的国际竞争力，有效地应对发达国家和发展中国家双重的挤压。中国工业高质量发展，一是提升工业产品的品质，培育和打造一批质量可靠的国家自主品牌；二是要加快完善消费产品和服务标准体系，定期制定和修订产品质量监管法律和标准，加强质量政策引导和质量环境建设。

3. 产业融合是未来工业发展的大趋势

产业融合是指不同产业或同一产业不同行业相互渗透、相互交叉，最终融为一体，逐步形成新产业的动态发展过程。当前，产业融合已是产业发展的基本趋势，它是在经济全球化、新技术革命的背景下进行的产业组织变革。产业融合包括渗透融合、延伸融合和重组融合等方式。生物芯片、纳米电子等是信息和生物技术对传统工业的渗透融合；制造业服务化是延伸融合；以信息技术为纽带的、产业链的上下游产业的重组融合，融合后生产的新产品表现出数字化、智能化和网络化的发展趋势，如智能家电。产业融合本质上也是满足消费者更加个性化、更高品质的要求，它的基础是新技术革命，因此，以市场需求为导向、以新技术革命为支撑是产业融合的基本条件。

4. 创新成为驱动发展的主要力量

新一轮科技革命兴起，特别是信息技术、生物技术、智能制造技术、新材料技术、新能源技术等广泛渗透到各个领域，大数据、云计算和移动互联网等新一代信息技术同机器人和智能制造技术融合发展，正在改变国际产业分工、国际竞争格局，对新技术的应用，将成为决定国家力量对比的关键因素，也是影响和决定工业发展的根本动力。未来工业领域的竞争主要表现为科技的竞争，随着我国人口红利的消失和资源环境因素日益紧缺，工业竞争力的来源只有科技创新。

5. 产业转移与产业升级更为紧密地互动

中国已是世界第二大经济体、第一工业大国。虽然中国仍处在社会主义发展的初级阶段，但经济发展已进入产业转移和产业升级的重要时期。一是随着对外开放的深入，中国产业国际化发展阶段已进入由商品贸易转向对外投资的阶段，企业“走出去”步伐加大，同时加快产业转移步伐。二是随着市场化程度的提高，要素流动更加顺畅，区域间的产能转移会更加频繁。需指出的是，产业转移与产业升级联系是否密切，关系到产业是否会空心化的问题。未来5年，中国的产业转移更多的是源于产业转型升级的需要，中美贸易战虽然对中国产业布局形成一定的影响，但是，据我们调研，中国企业“走出去”，向海外转移，更多的是产业升级的需求，而不是避税转移。实际上，在中美贸易之前，那些低附加值、劳动密集型产业就已开始向海外转移。随着全面小康社会的建成，中国产业转移与产业升级的步伐会进一步加快，两者的关系也会更为紧密。

参考文献

[1] 汪海波、刘立峰：《新中国工业经济史》（第三版），经济管理出版社 2017 年版。

[2] 袁富华：《低碳经济约束下的中国潜在经济增长》，《经济研究》2010 年第 8 期。

[3] 江飞涛、李晓萍：《改革开放四十年中国产业政策演进与发展——兼论中国产业政策体系的转型》，《管理世界》2018 年第 10 期。

综 合 篇

第一章　新中国工业 70 年国际竞争力的变化

提　要

国际竞争力存在多种评价维度，本章从国际市场占有率的角度对70年以来，中国工业国际竞争力的变化进行了回顾。新中国成立至1978年，受体制机制和国际环境的制约，中国工业产品的国际市场占有率低。改革开放后，中国的工业产品的国际市场占有率不断提升，特别是加入世界贸易组织之后，提升速度明显加快，即便是国际金融危机也没有打断这一进程。截至2015年，中国的工业国际竞争力提升开始进入一个新的阶段，以国际市场占有率为指标衡量的工业国际竞争力普遍下降，中国工业国际竞争力进入一个质的提升阶段，进入一个国际竞争新优势的重新培育阶段。总结70年以来中国工业国际竞争力的变化历程，其对新时期国际竞争新优势培育的重要启示是，要不断扩大开放，通过融入全球产业链、创新链和价值链提升竞争力；要不断释放企业创造潜力，充分发挥企业的主体地位，让企业有更高的积极性、更大的主动性参与国际竞争；要充分发挥好大国优势，增强产业发展的韧性和多样性。

*　　　　*　　　　*

对竞争力存在不同的定义，因而也存在多种评价维度，本章仅从国际市场占有率角度分析中国工业国际竞争力的变化，这个指标虽然有局限性，但比较简便，而且从长期看，数据上也有可获得性。分析中国工业国际竞争力的70年变化，大致可将其分为新中国成立至1978年、1978年至国际金融危机、国际金融危机至2012年，以及2012年后等几个时期加以考察。总体趋势是，中国工业的国际竞争力逐步提升。2001年中国加入世界贸易组织后，中国工业国际竞争力提升的速度进一步加快。从结构上看，其变化趋势是，从劳动密集、资源密集型产业的竞争优势向资本和技术密集型具有竞争优势的方向转变，但这种转变仍没有完成，中国的工业国际竞争力仍处于从成本优势型向技术优势型的转变过程中，工业国际竞争力的转型虽然取得了巨大成就，但从2015年开始，以国际市场占有率为衡量标准的工业国际竞争力出现下降，中国工业国际竞争力进入到一个新的阶段。

一、不同时期的工业国际竞争力

新中国成立以来70年的国际产业竞争力变化，可分三个时期加以分析：一是新中国成立到1978年改革开放；二是改革开放到国际金融危机爆发前；三是国际金融危机爆发后的一段时期。

1. 新中国成立到1978年改革开放

中国较长时间内处于计划经济时期，中国企业没有参与国际竞争的自主性，中国的对外出口规模不大，国际市场的占有率不高。图1-1描述了中国产品的国际贸易平衡状况及国际市场占有率，左轴表示前者，右轴表示后者。由于数据的原因，难以用各类竞争力指标计算改革开放前中国工业的竞争力，所以，图1-1基于所有产品进出口数据计算的，既包括了工业制成品，也包括了农产品出品。由于这些指标表现并不优秀，以此指标判断，中国的工业国际竞争力从20世纪50年代到改革开放前其变化十分有限。但这个数据，并不是中国工业国际竞争力的真实体现，原因在于国际环境以及经济体制严重约束了中国工业企业参与国际市场的程度和范围。从工业产值占国民经济的比重不断提升加以推断，这个时期如果没有体制机制的束缚和国际环境的不公平因素的约束，中国工业的国际竞争力应是明显提高的。所以，总体判断是，改革开放前，中国工业的国际竞争优势并没有得到充分发挥。

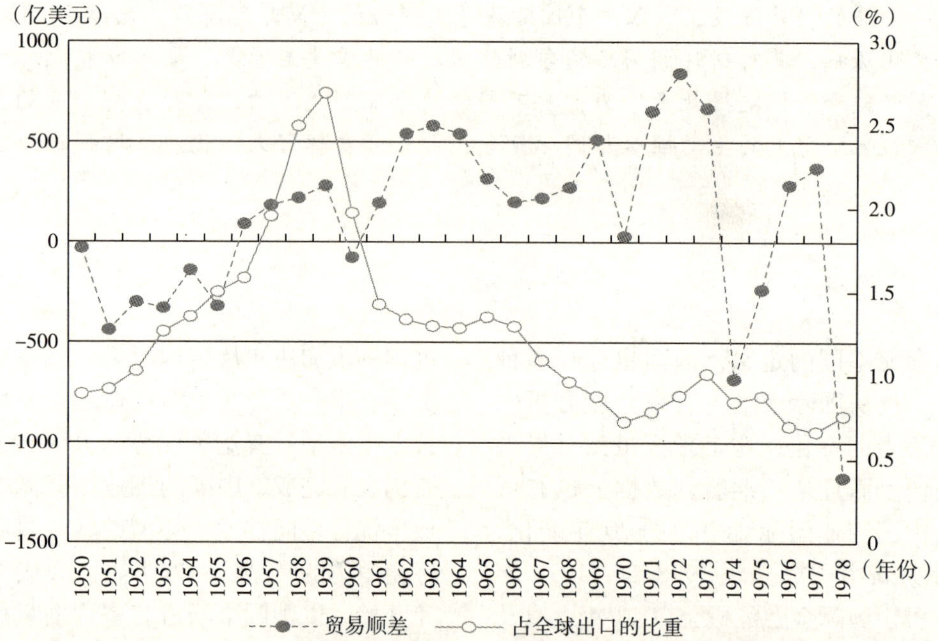

图1-1 中国产品的国际市场占有率及贸易顺差的变化

2. 改革开放到国际金融危机爆发前

中国制成品的国际竞争力已位居世界前列。改革开放后到2008年国际金融危机爆发，对于此时期的工业国际竞争力变化，可以分两个阶段加以分析，一个阶段是中国加入世界贸易组织前的阶段，另一个阶段是中国加入世界贸易组织后的阶段。加入世界贸易组织前的阶段，是中国不断破除约束中国企业参与国际竞争力的国内体制机制约束的阶段，是中国工业竞争潜力不断释放的过程。加入世界贸易组织后，既推动了国内体制的进一步变革，也使各种约束中国企业参与国际市场的外部障碍得到进一步消除。尽管这两个阶段，看起来有上述差别，但两个阶段都没有推动决定中国工业竞争力源泉的实质性变化，其本质特征都是不断释放出中国既有的潜在竞争优势。

改革开放后到2008年国际金融危机爆发这一段时期，与初级产品的竞争力相比较，中国的制成品竞争力不断提升，且比较优势提升得十分显著。从国际市场占有率（中国出口的产品占全球出品产品的比重）指标看，以1980年为起始点至1993年，中国制成品的国际市场占有率一直低于农产品，1994年后，中国制成品的国际市场占有率开始超过农产品，且呈稳步上升趋势（见图1-2）。2007年，中国产品的国际市场占有率约8.7%，与1980年相比提高了近8个百分点，制成品的国际市场占有率接近12%，与1980年相比，提高了11个多百分点（见图1-2）。

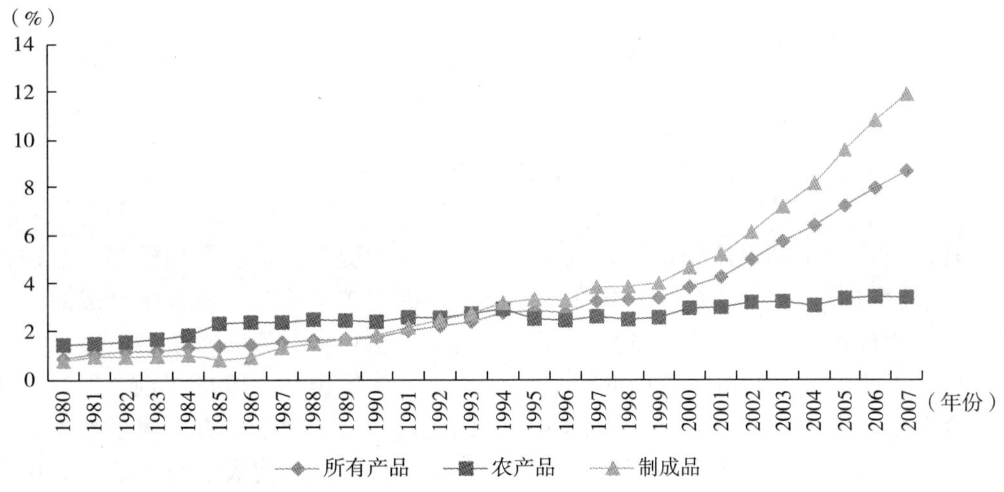

图1-2　中国产品国际市场占有率的变化

我国部分工业产品在全球出口市场的占有率已居世界前列。2009年，中国粗钢产量达56800万吨，居世界第一，是排名前五的日本、俄罗斯、美国和印度粗钢产品之和的2.2倍。从1994年到2000年，中国造船业排名一直位列世界第三，占世界份额与排名前两位的差距比较大，近年来我国造船工业占世界的产量达到17%左右，2008年达到了2880万载重吨。日本、德国、美国是世界传统电子产品的生产和出口大国，但2003年以后，中国电子信息产品在国际市场上的占有率提高得非常快，2003年，中国已经超过德国成为世界第二，2004年又超过美国和日本，成为世界第一。2008年，中国电子信息产品在国际上的市场占有率处于世界第一。

一个国家的经济发展进入良性轨道的表现之一是农业的比重下降、工业的比重上升，在开放经济条件上，这个过程表现为工业相对于农业的国际竞争力的提高，因为无论工业比重的提升是源于何种原因，相对于农业而言，在资源配置市场上，工业具有更强的竞争力，因而具有明显的比较优势。图1-3展示了中国的农产品与制成品显示比较优势指数的变化，1989年中国制成品的显示比较优势指数就超过了1，跨过了不具比较优势到具有比较优势的临界点，1993年之后，中国制成品的比较优势开始超过农产品，此后两者的差距不断扩大。中国制成品国际市场占有率的变化，也是比较优势变化的体现。

国际金融危机爆发前，中国制成品的国际竞争力虽然已进入全球靠前行业，但部分行业与世界先进水平差距较大。我国虽然不少行业的国际市场占有率位居世界前列，但一些行业与强国相比差距非常明显。如化学工业产品市场占有率约为美国一半。航空航天器材国际市场占有率更低，不到1%，而美国大体稳定在30%以上，法国占20%左右，德国占15%左右，差距非常巨大。如果用国际贸易竞争力指数计算，中国在这一领域的国际贸易竞争力指数是负的，航空航天主要是进口。医药工业产品国际市场占有率这几

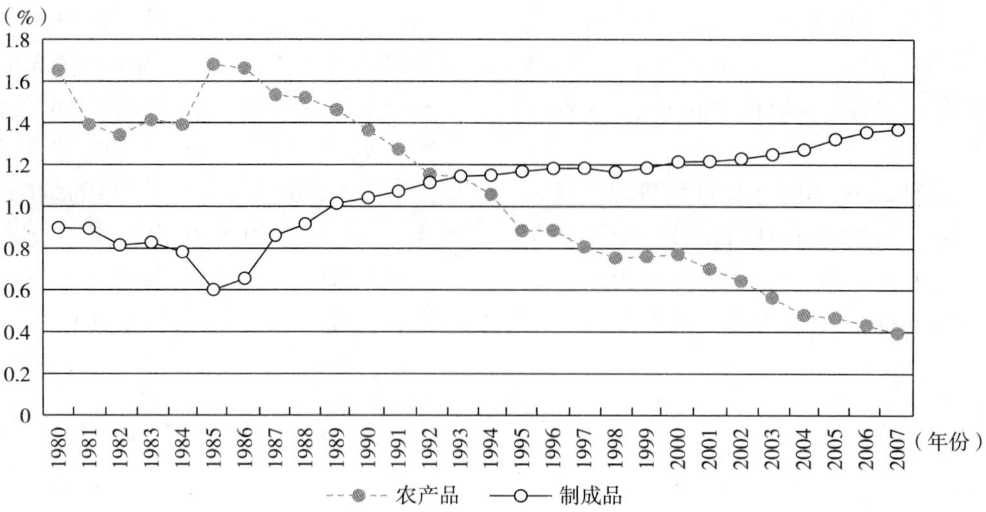

图1－3 农产品和制成品显示性比较优势指数

年虽然有所提升，但这个比例仍然很低，大致在1%左右，德国、比利时、美国基本上在10%左右，如果仅用这个指标衡量的话，中国的医药工业的竞争力仅相当于德国、比利时、美国的1/10左右。我国是汽车生产大国、消费大国，但汽车工业产品国际市场占有率不足3%，1990年仅0.08%，到2008年是2.3%左右，和德国、日本、美国相比差距非常大，即使与法国、韩国比差距也很大，法国相当于我国的2倍、韩国相当于我国的6倍。

在制成品内部，资源密集型和劳动密集型产品竞争力提升较快。在分析制成品内部各种类型产品的比较优势时，通常将制成品的各类产品分为资源密集型、劳动密集型、低技术、中等技术和高技术等类型。1995年前，对这些类型制成品的比较优势和市场占有率由于数据原因难以进行系统估计，但从代表性行业的计算中可以发现一些基本规律。图1－4列出了一些典型产品类型的市场占有率，从中可以看到，纺织、服装、钢铁等劳动密集型产品的国际市场占有率增长很快，化工、汽车等技术要求相对较高的行业，其国际市场的占有率提升较慢。

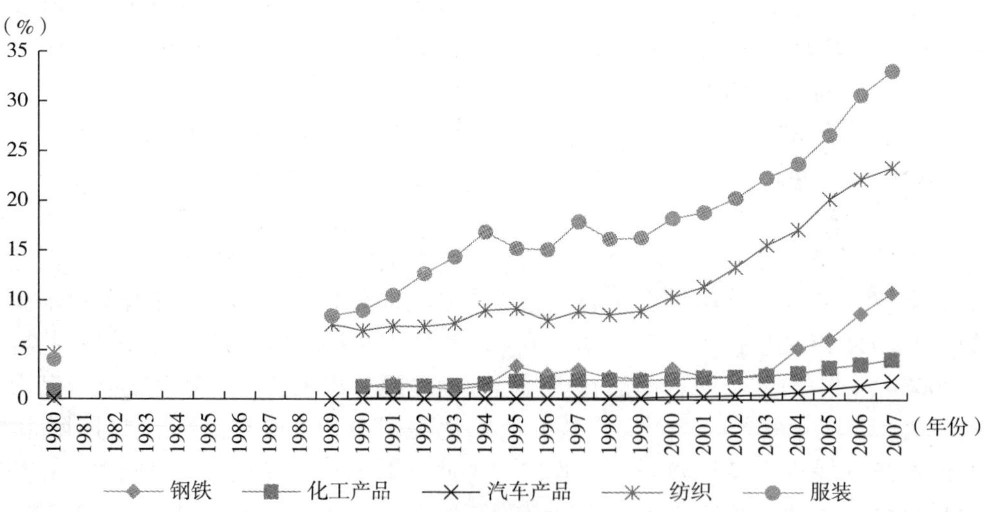

图1－4 部分行业的国际市场占有率变化

1995年之后，国际组织对进出口产品开始进行分技术水平的统计，将进出口产品分为劳动与资源密集型、低技能与技术型产品、中等技能与技术产品、高技能与高技术产品等的分类统计；对中等技能与技术产品又分中等技术与技能的非零部件电子产品、电子零部件电子产品类等进行了统计。图1－4表示了中国在各分组产品中的国际市场占有率变化。从图1－5不难看出，改革开放以来，中国的劳动与资源密集型产品经历过一个逐渐上升至逐渐下降的过程；低技能与技术型产品的国际市场占有率，在初期低于劳动与资源密集型产品，起始的增长快于劳动与资源密集型，1999年后开始反超，经过一段时期的上升之后，于2003年开始下降；中等技能与技术产品的市场占有率缓慢增长，高技能与技术产品的市场占有率增长很快。

3. 国际金融危机爆发后

国际金融危机对中国制成品的国际竞争力的影响是短暂的，中国通过各种政策调整较快地化解了这种冲击，制成品的国际市场占有率也没有出现明显下降，而是继续延续了不断增长的势头，这个势头一直延续到了2015年（见图1－6）。

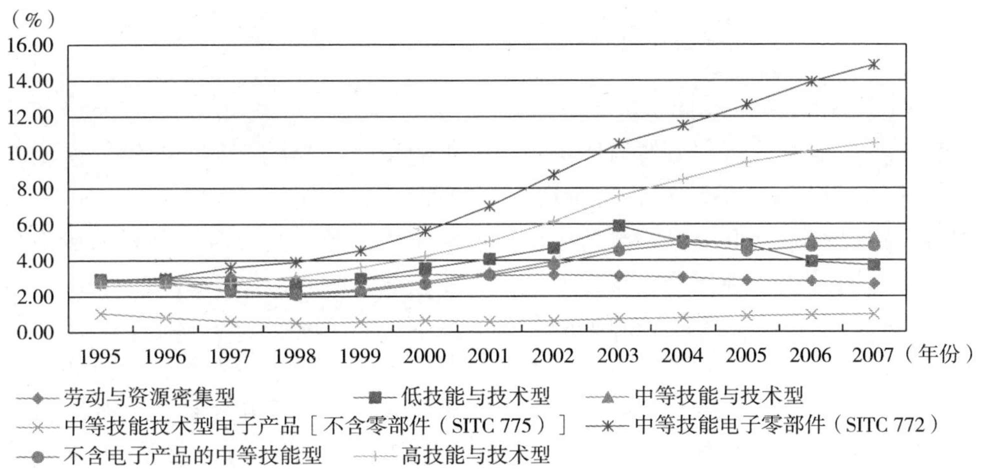

图1－5 分组的制成品国际市场占有率的变化

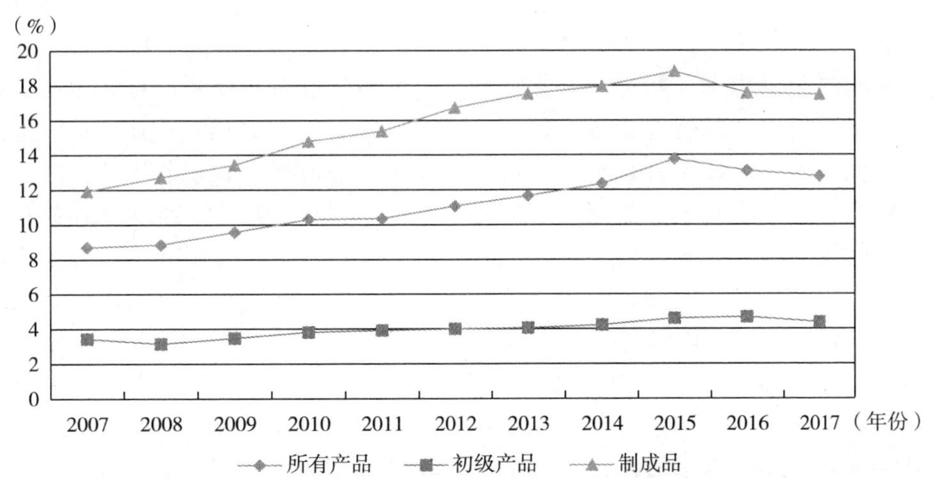

图1－6 国际金融危机之后产品的国际市场占有率的变化

2008年全球性国际金融危机爆发，国际金融危机对中国产业力的短期影响表现为出口下降。国际金融危机对劳动密集型产品和质量竞争力较高产品影响较小，2009年我国的家具、服装、塑料制品、鞋类、玩具与上年同期相比有所下降，但都低于出口总额的下降幅度。机械和运输设备是我国质量竞争力较高的产品，出口下降幅度也比较小。国际金融危机对东部地区的冲击大于中西部地区，东部地区出口占全国出口的比重有所下降，2006 年是 89.9%，2007 年是 89.8%，到 2008 年下降到 86.8%。国际金融危机对中国出口目的地有一些影响。我国传统出口目的地是亚洲、欧洲和北美，对非洲、拉美、大洋洲的出口相对较低。金融危机发生后对不同经济体的影响不同，对发达国家的影响和美国、欧洲的市场影响幅度较大，中国对非洲与拉美的出口占总数的比重有所提升。虽然，国际金融危机对中国的产业竞争力产生了短期影响，但短期影响通过政府的积极应对得到了有效克服。2010 年，我国出口再次呈现较强势头。制成品的国际市场占有率由 2007 年的 11.91% 提升到了 2017 年的 17.47%。10 年提升了 5.56 个百分点。这期间，2015 年中国制成品的国际市场占有率达到了 18.8%，与 2007 年相比，提升了近 7 个百分点。

二、工业国际竞争力不断提升的基本经验

中国的经济发展已经进入到一个新的历史阶段，进入由中高速增长转向高质量发展的阶段。新阶段，需要培育新的国际竞争优势。对新中国成立 70 年以来中国不断提升工业国际竞争力的基本经验进行总结，有利于中国把握好新的国际竞争优势培育的方向和大局。对 70 年来中国不断提升工业国际竞争力的经验进行总结，有助于国际社会正确认识中国经验，驳斥美国政府和部分学者对中国的无端指责。

1. 充分发挥不断扩大对外开放的作用

中国工业不断提高国际竞争力的过程，也是一个不断扩大开放的过程。不断地扩大开放，使中国能利用好国际国内两个市场、两种资源促进工业的发展，提升中国的工业国际竞争力，锤炼企业的竞争意识和竞争能力。改革开放前，中国工业的竞争力比较低，其原因在于，受国际环境的影响，不能利用好国内国外两种资源、国内国外两个市场。中华人民共和国成立后，经过三年的经济恢复，工业得到了发展，1952 年的主要工业品产量大大超过了 1949 年，有的年份还超过了历史上的最高年产量。1953 ~ 1957 年是新中国成立后的第一个五年计划时期，这个时期由于经济基础薄弱，及受到西方国家的封锁，这个时期的出口额很小。为了打破西方国家的封锁，中国虽然积极发展对苏联和东欧等社会主义国家贸易，出口额逐年增长，但到 1959 年仍仅为 22.6 亿美元。“一五”时期，中国就已经出现了重工业过重的倾向，“大跃进”三年，重工业过重的倾向更加明显，加上 1959 年和 1960 年两年农业的全面减产，轻工业所需原材料来源不足，很多轻工业企业生产能力得不到充分利用，出口货源大大减少。自 1961 年起，国民经济实行调整，其后农、轻、重之间的关系趋于协调，工业品出口开始回升。但持续几年后又开始下降。1967 ~ 1969 年，中国对外贸易大幅度下降。其原因，除受“大跃进”和“文化大革命”的影响外，国际环境的变化也是其重要因素。在这个时期，中苏关系破裂，中国对苏联、东欧国家贸易急剧缩减，与欧美和亚洲、非洲、拉丁美洲等第三世界国家的贸易渠道尚未开通，对外贸易进入了徘徊的局面，1971 年出口额只有 26.4 亿美元，1960 ~ 1970 年每年平均仅增长 1.3%。

20 世纪 70 年代到改革开放初。这期间，由于中国石油工业的崛起，打开了与西方发达国家与第三世界国家发展贸易的大门，出口额有了较大增长。1978 年达 97.5 亿美元，1972 ~ 1978 年每年平均增长 20.5%。70 年代重工业的发展使其产品出口额占出口总额的比重由 1969 年的 21.4% 上升到 1978 年的 25.5%。

1979 年，中国颁布和实施《中华人民共和国中外合资经营企业法》，大量外国公司纷纷到中国进行投资，2018 年规模以上外商投资工业企业已达 2.5 万家，吸纳就业人数达 931 万人，主营业务收入 14 万亿元。

从全球化的历史看，全球产业分工经历了几次大的变革。第一次是工业和农业的大分工，就是比较先进的工业品由发达国家生产，发达国家将生产的比较先进工业品出口到发展中国家，发展中国家主要生产初级产品，发展中国家将初级产品出口到发达国家，在这次全球化的过程中，中国是一个被动的参与者。第二次大的分工是发达国家将一些工业转移到发展中国家，由发展中国家生产。在这次全球产业分工中，比较先进工业生产仍保留在发达国家。一些发展中国家通过承接发达国家的产业转移，实现较快的经济增长。因为西方国家对中国采取封锁政策，中国也并没有充分参与到这次全球产业分工的转变过程中去。第三次全球化，其产业上的表现是产业内分工或者说是产业链分工。产业内分工或者说产业链分工就是发达国家将产业链中缺乏优势的产业转移到发展中国家进行生产。中国通过扩大开放抓住了这次机遇，通过改革开放，企业有积极性和能动性融入全球产业链、创新链与价值链中。

坚持不断扩大对外开放，对中国工业竞争力的提升作用是毋庸置疑的，但对中国在不断扩大开放中提升工业的国际竞争力，西方的学者或政府，特别是美国的一些学者有错误认知。美国政府认为，是美国重建了中国，中美之间贸易不平衡问题是因为中国与美国相比，没有实行对等开放，是中国采取了不公平竞争的手段、通过不公平竞争的方式获得的。这类指责是完全站不住脚的。中国的不断扩大开放过程是一个不断营造公平竞争的过程，是一个不断扩大开放度的过程，当前中国的经济开放度、竞争的公平性，相比以前不仅有极大的提升，而且有质的提升，中国工业国际竞争力提升完全是伴随着不断扩大开放的过程而不断提升的。

2. 充分发挥企业的主体作用

改革开放以前，中国企业的自主权较少、主动性较低，缺乏自主参与国际竞争力体制机制基础。周叔莲、吴敬琏、汪海波在《经济研究》上发文，把企业比作算盘珠，就是企业要靠行政机关从外部推动，推一推，就动一动，不推就不动。改革开放一开始，理论界对国有企业的性质和地位开展了讨论，在对工业管理体制进行的讨论中，蒋一苇提出了著名的“企业本位论”，指出，过去的经济体制是按“国家本位”建立起来的，把全国当成了一个经济组织。蒋一苇的企业本位论是要把企业当作一个能动的主体，当作现代经济的基本单位，有独立的经济利益。在新的认识的推动下，中国进行了一系列的国有企业改革，初期的国有企业改革，主要是放权让利、探索两权分离，次期是以建立以现代企业制度为方向进行的改革，国有企业中开始引入民营资本。政府对国有企业的管理也开始转向管资产。在对国有企业进行改革的同时，中国确立了以公有制为主体、多种经济成分共同发展的基本方针，个体企业、私有企业、外资企业、中外合资企业等都得到了不断发展。企业参与国际竞争的自主性、能动性不断扩大，创造性不断提高。民营经济和私营企业逐渐成为社会主义市场经济的重要组成部分。2018 年，私营企业在规模以上工业企业中，数量已超过一半，资产总计、主营业务收入和利润总额占比均超过 20%。

3. 充分发挥大国优势，发挥中国经济回旋余地大、韧性强的优势

中国与很多发展国家的一个很大不同是中国是一个大国。张培刚在谈到建立新型发展经济学时认为，中国是一个大国，大国经济发展有不同于小国经济发展的特色，最主要的特色是区域发展不平衡。中国经济发展虽然需要处理好区域发展不平衡的问题，但在中国参与国际竞争中需要考虑到这个特点。林重庚在《亲历中国经济思想的对外开放》中提到，改革开放之初，中国的学者就认识到，中国不可能完全照搬东欧的改革模式。他提到，参加莫干山会议的东欧学者，在会后对中国几个城市进行了考察，考察途中，改变了想法，中国各地情况差别很大，综合改革所需的人才、物资匮乏，进行“一揽子”改革的条件不足。经济发展区域与区域之间差距大、发展不平衡决定了中国不可能整齐划一地参与国际竞争。中国也正是基于这样的现实条件，逐步推进了对外开放，从沿海、沿边到实行全面开放，走了一条让部分地区先富起来，用先富地区带动后富地区，实现共同富裕的发展道路。

中国因为地区与地区之间有差距，其人力资源、自然资源和发展阶段都有所不同，这极大地

增强了经济发展的韧性和回旋余地。

一是国内产业体系可更加多样化。地区间存在各类差异，虽然并不意味着中国应走一条建立一个完全封闭的产业体系之路，但客观上有利于建立比较完整的工业体系。

二是地区间发展阶段的差异，使中国可以在内部实现产业的梯度化转移和承接。发达地区在经济发展到一定水平后，可将其不具优势的产业转移到相对落后地区，在国内实现雁阵式产业升级，这在很大程度上延长了各类产业的生命周期，阻止了各类产业比较优势的快速丧失。

三是地区间的各类差异，提高了中国经济抗风险的能力。2008 年全球性国际金融危机爆发后，中国经济能较快地克服冲击，实现较快增长，这固与中国采取的一系列政策有关，同时也与中国地区间差异大、政策调整的空间和余地大有关系。

三、工业国际竞争力提升面临的挑战

中国工业竞争力的提升在未来面临两大挑战，一是新的比较优势塑造的挑战，二是国际竞争秩序面临重塑的挑战。

1. 工业的传统比较优势有弱化趋势，在新的发展阶段，面临塑造新优势的挑战

改革开放后，中国通过扩大开放迅速融入全球产业分工体系，实现了中国制造业在全球的国际市场的占有率迅速提升，这种提升虽然表现在各个层次上，但这种提升并不均衡，总体态势是低端产品的竞争力最强，资源与劳动密集型产品的市场占有率最高，其次为低技能与技术密集型产品；在中等技能与技术密集型产品及高技能与技术密集型产品中，电子信息产品的国际市场占有率是很高的，都超过了 30%。超过 30% 的国际市场占有率，反映的主要是中国在全球产业链分工中在劳动密集型的加工环节上的优势，而不是整个产业链的优势。电子信息产品是全球产业链分工较发达的行业，中国在这个领域的市场占有率超过 30%，并不反映中国在整个产业链上都具有竞争力，在一些关键领域或环节上中国并不能完全做到自主、可控，还存在大量的“卡脖子”的技术。如果抛开电子信息产品，中国在其他中、高端领域的产品市场占有率并不高，分别占 12.7% 和 7.91%（见表 1-1）。

表 1-1 制成品分组的市场占有率

单位：%

年份	2007	2008	2009	2010	2011	2012	2013	2014	2015	2016	2017
劳动密集与资源密集型产品	21.51	22.56	24.16	26.74	27.73	30.13	30.81	31.26	32.55	30.39	29.32
低技能与技术密集型产品	13.40	14.30	13.58	15.93	16.82	17.80	17.77	19.36	21.71	19.62	18.73
中等技能与技术密集型产品	7.62	8.68	9.60	10.24	10.70	11.72	12.37	13.00	13.88	13.29	13.45
中等技能电子产品（不含电子零部件）	24.17	26.25	27.60	30.40	31.30	33.63	34.85	35.57	37.06	35.87	35.54
中等技能电子零部件	10.95	11.66	12.28	13.25	13.56	14.69	14.61	15.43	16.60	15.91	15.75
其他中等技能产品	6.97	8.07	8.89	9.48	10.00	10.95	11.61	12.20	13.10	12.47	12.70
高技能与技术产品	11.97	12.54	13.04	14.40	14.92	16.27	17.03	17.10	17.36	16.20	16.34

续表

年份	2007	2008	2009	2010	2011	2012	2013	2014	2015	2016	2017
高技能电子产品（不含电子零部件）	32.33	33.89	35.85	38.70	39.37	40.41	41.59	41.01	39.81	38.19	38.39
高技能电子零部件	16.39	17.93	18.89	19.92	21.43	23.75	25.83	25.07	27.04	25.18	24.94
高技能其他产品	5.07	5.61	5.49	6.45	7.27	8.24	8.45	9.07	8.57	7.90	7.91

资料来源；根据 UNstat 的数据计算。

随着中国经济发展阶段的不断演进，中国传统上有优势的产业，其优势正在弱化。一是中国的劳动力成本优势在弱化。刚刚实行改革开放的时候，中国的劳动力严重过剩，家庭联产承包责任制后释放出来的大量农村劳动力，以较低的工资支撑了中国制造业的发展。这个状况到2004年有所改变，这一年局部地区开始出现“民工荒”，此后“民工荒”现象开始从珠三角，扩大到长三角，逐渐扩大到大中城市，甚至在东北地区也出现了“民工荒”，农民工的工资不断上涨。[①] 截至目前，中国的劳动力成本与很多发达国家相比，虽然仍有优势，但与很多发展中国家相比，已无明显优势。未来制造业竞争力将很难再通过低的劳动力成本支撑。二是中国的资源环境成本也在不断增加。一段时期内，由于中国对资源环境和可持续发展问题认识不足，对资源环境管理失之于宽松，其结果是在经济高速增长的同时也付出了较大的资源环境代价。随着中国对资源环境问题认识的深化、人民对保护环境的要求越来越高，中央明确提出了绿色发展的要求，中国的制造业难以通过压低资源环境成本的方式去获得高的竞争力。

2. 面临国际竞争秩序重塑的挑战

自20世纪90年代以来，由于信息技术的发展、国际贸易壁垒的下降，全球化的深度不断加深。在全球化深度不断加深过程中，一些发达国家出现了竞争力下降、结构性矛盾加剧、经济增长不稳的问题，部分国家将这些问题归结为全球化所致，一些国家力图通过采取贸易保护主义、单边主义的措施，解决国内面临的经济问题。在全球经济版图中处于重要地位的美国，打着所谓公平贸易的旗号，力图在以美国优先的原则下重塑全球国际竞争规则，重新建立起美国对其他国家的绝对优势。2019 年 7 月 26 日，美国总统特朗普签署备忘录，要求世界贸易组织对发展中国家的地位及有差别的最惠国待遇进行改革，且必须在 90 天内完成。

为了有效应对上述挑战，中国可通过加强传统产业与新经济的融合、加强与发达国家合作与发展中国家的合作，在此基础上，推动全球治理体系的变革来加以应对。

（1）通过传统产业与新经济融合发展，塑造新的比较优势。全球正处于一场新的产业与技术变革之中，数字化、网络化、绿色化、智能化等一系列新的趋势正在改变传统产业结构，催生出新的产业、新的业态、新的模式。这一巨大的潮流为中国提供了历史性机遇。中国应抓住这一历史机遇，实现技术和产业发展上的突破，不断扩大新兴产业的规模，以抵消传统产业比较优势弱化的影响。同时，应通过对传统产业实现网络化、数字化、绿色化、智能化改造，提升传统产业的竞争优势。

（2）坚持人类命运共同体的理念，推动全球经济秩序和治理体系向更具包容性的方向转变。无论是发达国家，还是发展中国家都认为，应对全球经济治理体系进行变革。但一些国家仍从旧有的思维出发，坚持以零和博弈思维推动全球治理体系的变革。按这一思路进行变革，既不符合新时代的特征，也无助于全球经济问题的解决。中国倡导的人类命运共同体理念，推动全球经济治理体系向更具包容性的方向发展，既符合新产业和新技术革命的发展要求，也最终有助于推动全球经济的发展。中国要旗帜鲜明地反对单边主

① 蔡昉：《中国人口红利正在消失》，《中国报道》2008 年第 4 期，第 46—48 页。

义、贸易保护主义，反对美国提出的对发展中国家实行无差别化的错误言论；反对通过单方施压的方式，谋求只有利于自身利益的推动变革的方式，要坚持通过协商、对话的方式推动全球治理体系的变革。

专栏1－1

中国关于世贸组织改革的五点主张

第一，世贸组织改革应维护多边贸易体制的主渠道地位。中方反对个别成员以新概念和新表述"偷换概念""另起炉灶"，混淆并否定多边贸易体制的权威性。改革应维护多边贸易体制在全球贸易自由化、便利化进程中的主渠道地位。

第二，世贸组织改革应优先处理危及世贸组织生存的关键问题。目前，个别成员阻挠启动上诉机构成员遴选程序，滥用国家安全例外条款采取征税措施，并以国内法为由采取单边主义措施，冲击多边贸易体制的规则基础。中方认为，改革应尽快解决上诉机构成员遴选问题，并将违反世贸组织规则的单边主义和保护主义做法关进制度的"笼子"，确保世贸组织各项功能的正常运转。

第三，世贸组织改革应解决贸易规则的公平问题并回应时代需要。中方反对有些成员滥用现有规则漏洞行贸易保护主义之实。改革应解决发达成员过度农业补贴对国际农产品贸易造成的长期严重扭曲，纠正贸易救济措施滥用特别是反倾销调查中的"替代国"做法对正常国际贸易秩序的严重干扰。同时，改革应推动世贸组织规则与时俱进，涵盖反映21世纪经济现实的议题，例如投资便利化、中小微企业等议题。

第四，世贸组织改革应保证发展中成员的特殊与差别待遇。发展中成员在经济社会发展阶段、产业结构和竞争力、区域发展层次、教育文化水平、社会保障体系、参与国际治理能力等方面与发达成员存在全方位差距，不能简单地用经济总量来衡量。中方反对有些成员借世贸组织改革质疑甚至剥夺一些发展中成员享受特殊与差别待遇的权利。中国是世界上最大的发展中国家，愿意在世贸组织中承担与自身发展水平和能力相适应的义务，但绝不允许任何成员剥夺中国理应享受的发展中成员特殊与差别待遇。

第五，世贸组织改革应尊重成员各自的发展模式。目前，有些成员否认发展模式的多样性，一方面指责其他成员的国有企业、产业补贴等正常的发展模式和政策措施，另一方面限制正常的科技创新成果交流，实际上就是希望维护自身的垄断地位，限制其他成员的发展空间，中方对此坚决反对。改革应取消一些成员在投资安全审查和反垄断审查中对特定国家企业的歧视，纠正发达成员滥用出口管制措施、阻挠正常技术合作的做法。中方反对借世贸组织改革对国有企业设立特殊的、歧视性纪律，也不同意将没有事实依据的指责列为世贸组织改革议题。

资料来源：中国关于世贸组织改革的立场文件。

参考文献

［1］张其仔、伍业君：《中国产业竞争力的结构与"中等收入陷阱"》，载《中国产业竞争力报告（2012）No.2》，社会科学文献出版社2012年版。

［2］周叔莲、吴敬琏、汪海波：《价值规律和社会主义企业自动调节》，《经济研究》1979年第9期。

［3］林重庚：《亲历中国经济思想的对外开放》，《比较》2018年第11期。

［4］蔡昉：《中国人口红利正在消失》，《中国报道》2008年第4期。

第二章　新中国 70 年工业化政策的演进和发展

提　要

中华人民共和国成立后，在中国共产党的领导下开始了社会主义工业化道路的艰难探索。新中国成立初期，经过新民主主义时期工业恢复阶段，开始借鉴和模仿苏联工业化的模式，逐渐转到探索中国自主的工业化模式，整体上逐渐建立起了相对完整的工业体系，为我国进一步的工业化奠定了初步基础。1966～1978 年，中国工业化政策持续性遭到破坏，工业化建设遭受巨大挫折。1978 年，中国拉开了改革开放的序幕，中国工业化进程开始加速。改革开放初期，党中央调整了工业化政策，更加注重消费品工业的发展，并开始推行开放发展的工业化战略，在微观层面向国有大中型工业企业放权，推行承包责任制。1993 年 11 月，中国开始全面推进社会主义经济体制改革，开始在坚持以公有制为主体、多种所有制成分共同发展的方针下，推进我国的工业建设。1992～2001 年，我国工业高速增长，基础设施与基础工业发展滞后所产生的“瓶颈”制约得到有效缓解。2001 年中国加入世界贸易组织以后，中国工业化进程嵌入全球价值产业链，对外贸易额的增长以及外商投资的上升推动了我国工业结构快速升级。而“中国特色新型工业化道路”的提出，使中国更为注重工业发展方式的转变，推动工业结构的转型。党的十八大以来，中国已经逐渐成为世界第一工业大国，中国的工业化政策的侧重点逐渐转变为推动中国从工业大国向工业强国的转变，以创新推动工业的高质量发展。

*　　　　*　　　　*

实现工业化是实现中华民族伟大复兴的必由之路，是 100 多年以来中国民族奋力以求的梦想。中华人民共和国成立后，开始了社会主义工业化道路的艰难探索，逐渐探索出具有中国特色的工业化道路。筚路蓝缕，以启山林。新中国成立 70 年来，中国工业化进程取得巨大成就。经过前 30 年的艰苦奋斗，中国建立起了比较完整的工业体系；改革开放以后，中国工业化进程加速，经过 40 年的高速发展，中国已经成为第一工业大国、第一制造大国（黄群慧，2018）。现阶段，中国更为重视工业的高质量发展，力图实现从工业大国向工业强国的转变。

一、计划经济时期的工业化政策引入和调整（1949～1978 年）

1. 新中国成立初期的工业化政策与国家工业体系的建立（1949～1965 年）

1949 年 10 月，中华人民共和国成立，自此我国拉开了独立自主进行社会主义改造和工业化建设的历史序幕。新中国成立初期，正值美苏争霸的冷战时期，国内经济经历长期的战争耗损后百废待兴，以毛泽东为核心的党的第一代中央领导集体在新民主主义时期就高度重视工业化政策的推行，在为新中国制定的建国纲领中，从一开始就将实现工业化和现代化作为非常重要的目标。在 1949 年通过的《中国人民政治协商会议共同纲领》中，明确提出我国要“发展新民主主义的人民经济，稳步地变农业国为工业国”的任务，而关于恢复和发展工业生产问题，则强调“应有计划有步骤地恢复和发展重工业为重点，例如矿业、钢铁业、动力工业、机器制造业、电器工业和主要化学工业等，以创立国家工业化的基础。同时，应恢复和增加纺织业及其他有利于国计民生的轻工业的生产，以供应人民日常消费的需要”①。

经过三年的初步调整，1952 年，当我国基本完成国民经济的恢复任务之后，党中央针对大规模经济建设时期如何进行工业化建设这个具体问题②进行多方论证，出于对国际国内形势的综合考虑，我国在工业化路径上选择模仿苏联工业化模式，致力于发展完备的重化工业体系，确定走优先发展重工业的工业化道路。1953 年，在党和国家规定的第一个五年计划中，提出的基本任务就是要集中主要力量进行以苏联帮助我国设计的 156 个建设单位为中心的、由限额以上的 694 个建设单位组成的重工业和国防工业建设，从而建立我国社会主义工业化的初步基础③。在将重工业发展作为首要任务的“一五”计划（1953～1957 年）中，重工业优先发展的工业化思想得到充分体现，在苏联援建的这些项目中，由能源工业、原材料工业和机器制造工业组成的重工业就占到 147 项，而轻工业只占到 3 项。在各部门基本建设投资的 427.4 亿元中，工业投资为 248.5 亿元，占 58.2%；在工业基本建设投资中，重工业占 88.8%④。从计划的执行效果看，1953～1957 年，社会总产值中第一产业所占比重由 41.1% 下降至 33.5%，第二产业比重由 43.1% 上升到 51.2%，第三产业比重由 15.8% 下降为 14.3%。其中，重工业的发展最快，对第二产业增长的带动也最为明显，重工业产值从 168 亿元增加到 317 亿元，增长了 88%，占整个工业的比重从 37.3% 上升至 45%；轻工业产值从 282 亿元增加到 387 亿元，增长 37%，占整个工业的比重下降至 55%。⑤ “一五”计划期间，重工业的快速增长初步扭转了我国长期以来重工业比重过低、基础薄弱的情况。然而，也存在不少缺陷，首先，优先发展重工业占用了大量的人力和物力资源，造成轻工业发展缓慢，轻重工业比例失衡越来越严重；其次，对农业的有所忽视，导致工农业比例也开始失调。在 1956 年党的八大前后，毛泽东对我国在“一五”计划期间执行苏联工业化模式中暴露的缺陷进行思考，提出要寻找一条

① 王海波著：《中国人民政治协商会议共同纲领》的《总纲》部分，《新中国工业经济史（1949.10—1957）》，经济管理出版社 1990 年版。

② 新中国成立初期，党中央内部针对工业化途径曾经存在一定分歧，毛泽东主张优先发展重工业，加强国防的同时提高效益；刘少奇则主张优先发展农业和轻工业，利用积累下来的资金进行重工业建设。佟雨晴：《过渡时期中国共产党工业化思想研究》，渤海大学硕士学位论文，2018 年。

③ 王思华：《关于我国过渡时期国家工业化与农业合作化的相互适应问题》，《经济研究》1956 年第 1 期。

④ 汪海波：《新中国工业经济史》（1949.10—1957），经济管理出版社 1990 年版，又见《中华人民共和国发展国民经济的第一个五年计划》（1953—1957 年），人民出版社 1955 年版。

⑤ 宁昆君：《中国社会主义工业化思想的历史考察》，首都贸易经济大学硕士学位论文，2012 年；又见武力：《中华人民共和国经济史（上册）》，中国经济出版社 1999 年版。

适合中国国情又能避免苏联弯路的工业化道路（武力，1996）①。自此，我国开启了一段对工业化道路进行自主探索的时期。

1958年，进入第二个五年计划（1958～1962年）时期，受“左”倾思想的影响，我国并没有坚持落实党的八大对“二五”计划基本任务的切实设定，即继续进行以重工业为中心的工业建设，推进国民经济的技术改造，建立我国社会主义工业化的巩固基础，而是急于求成、夸大主观意志和主观努力的作用，错误地发动了以钢为纲的工业“大跃进”（1958～1960年），这使我国刚刚恢复起步的国民经济遭遇重创。长期来看，这给我国的工业生产建设造成了严重的后果，具体表现在：

第一，工业与国民经济其他部门比例严重失调。工业生产建设“大跃进”对资金、产品和人力的高指标超过了国家财力的合理范畴，破坏了财政应有的平衡，挤占了农业和交通运输业的发展空间，造成了国民经济各部门之间的比例失衡，特别是工农业比例严重失衡，农业产值急剧下降，农业部门无法继续为工业建设提供应有的产品和人力支持。

第二，工业部门内部各种比例关系失衡。①在以钢为纲方针指导下，着重发展钢铁、电力、机械等部门，轻工业所需原料供给不足，导致其产值严重下降，发展过分落后于重工业生产，重工业与轻工业比例严重失衡②。②重工业内部投资大、周期长的采掘工业严重落后于冶炼等加工工业，表现为采掘工业和加工工业比例关系严重失调。③加工工业内部各环节之间也存在各种矛盾，表现为配套设备转产主机，不能成套供应，维修跟不上生产需要等。

第三，工业生产建设经济效益极其低下。“大跃进”中片面追求多、快、高指标，工业生产秩序混乱，企业管理制度废弛，不仅导致工业产品（如当时生产出来的大部分钢材和生铁不合格）的质量低下。此外，各项工程建设使用劣质材料，存在严重的质量和安全隐患，经济效益大幅度下降。

三年“大跃进”严重破坏了国民经济以及工业部门内的各种比例关系，导致国家经济秩序紊乱，工农业生产大幅下降。为了扭转这种混乱局面，党中央在1961年初的八届九中全会中提出“调整、巩固、充实、提高”的八字方针，对于整个国民经济来说，“调整”的中心在于努力加强农业战线，坚决缩短工业生产建设路线。1962年9月召开的党的八届十中全会最终将“以农业为基础、以中央为主导”确立为发展国民经济的总方针。1963～1965年是国民经济的恢复和发展阶段，到1965年，工业生产建设基本完成了八字方针的任务，走上正轨。工业生产能力有了新的增长，得到较为全面的发展，不仅包括石油、化工、电子、原子能、导弹工业在内的重工业和国防工业有了突出增长，而且如棉纺等轻工业也有了较快的发展。工业产品质量普遍提高，1965年生铁合格率达到99.85%，钢材合格率达到98.39%，棉布一等品率达到97.4%③。工农业比例和工业部门内部比例得到改善，如工业总产值与农业总产值的比例关系从1960年的78.2∶21.8调整为1965年的62.7∶37.3；工业部门内部轻工业与重工业的占比从1957年的53.1∶46.9，下降为1960年的33.3∶66.7，恢复到1965年的50.4∶49.6，基本达到可以适应客观需要的比例关系水平。

这一时期，以毛泽东同志为核心的党的第一代领导集体领导我国在工业化道路上经历了从一开始的新民主主义时期工业恢复阶段，到借鉴和模仿苏联工业化模式，再到进行中国自主的工业化模式探索，虽然走了一些弯路，但整体上建立起了相对完整的独立的工业体系和国民经济体系，为我国进一步的工业化奠定了初步的基础。

2. 工业化政策的艰难探索（1966～1978年）

1966年，周恩来总理在中华人民共和国第三届人民代表大会第一次会议工作报告中，确定我国发展国民经济的主要任务就是要在不太长的历史时期内，把我国建设成为一个具有现代农业、

① 吕政：《论我国传统工业化道路的经验与教训》，《中国工业经济》2003年第1期。

② 据统计，轻工业总产值与重工业总产值比例，从1957年的55∶45，变化成1960年的33.4∶66.6，轻工业生产发展过分落后于重工业生产发展。汪海波：《新中国工业经济史》，经济管理出版社1986年版。

③ 汪海波：《新中国工业经济史》，经济管理出版社1986年版。

现代工业、现代国防和现代科学技术的社会主义强国，赶上和超过世界先进水平。从第三个五年计划开始分两步走实现目标：第一步，建立一个独立的、比较完整的工业体系和国民经济体系；第二步，全面实现农业、工业、国防和科学技术的现代化，使我国经济走在世界的前列。[①] 但是，自 1966 年 8 月的党的八届十一中全会召开以后，我国进入了特殊的十年政治动荡时期，国家在工业方面的政策持续性遭到破坏，对于工业化建设的目标比较混乱，这期间我国的工业化建设再次遭受巨大的挫折，国家经济秩序相当紊乱，我国的工业化在曲折中前进。

1977 年，我国开始着手对工业企业进行恢复性整顿。1978 年 4 月，中共中央颁布《关于加快工业发展若干问题的决定（草案）》，1978 年 12 月召开的党的十一届三中全会上，邓小平在中央工作会议闭幕式上发表主题报告《解放思想，实事求是，团结一致向前看》，做出了把工作重点转移到社会主义现代化建设中的历史性决策，将党和国家的工作重心转移到经济建设中，实行改革开放。随后，中国开始逐步在社会经济活动中引入市场机制，投资主体与经济决策呈现多元化的局面。传统高度集中的计划经济管理模式不能适应新的形势，急需提出一种新的经济管理体制。[②] 这是我国工业化政策史上的一个具有深远意义的重大转折，自此我国工业化进程在尊重市场经济秩序的前提下开启了一段新的探索。

二、改革开放初期工业化政策的调整（1979 ~ 1993 年）

1979 年 4 月，党中央召开中央工作会议，确定对国民经济进行“调整、改革、整顿、提高”的方针，着手对工业经济进行调整：降低工业生产的发展速度；压缩削减国家预算中的基本建设项目；加快发展轻工业，调整轻工业和重工业之间的比重，轻工业产值在工业总产值中的比重从 1978 年的 42.2% 上升到 1980 年的 46.9%；调整重工业内部结构，减少一些消耗高、质量差的产品，增产一些适销对路的产品，这些产品多为人民生活急需的产品。在 1982 年 12 月召开的第五届全国人民代表大会第五次会议上，我国明确“六五”计划（1981 ~ 1985 年）的基本任务，是在继续贯彻执行八字方针的前提下，保持工业生产适当的发展速度，严格控制固定资产投资的总规模，把发展消费品生产放在重要地位，注重轻纺工业增长，在调整重工业结构的同时，使重工业生产从下降转为上升。

20 世纪 70 年代末至 80 年代初，伴随着开放发展的工业化战略，中国采取一系列引入市场机制的改革开放举措，使国民经济迅速活跃起来，对传统的计划管理体制也带来挑战。如何调节体制之外的经济活动，成为当时经济管理部门重点考虑的问题。三资企业的快速发展布局促使我国提出逐步放开的外贸管理方案，如外贸进出口经营权从中央下放到地方，再逐步向非外贸系统的制造业企业开放。公有制经济相比非公有制经济的比重也有所下降，逐渐形成以公有制为主体，多种所有制共同发展的所有制结构。

1984 年，党的十二届三中全会提出，中国要建立有计划的商品经济。1987 年，国家计委提出的“国家调控市场、市场引导企业”意见为当时的中央领导人接受，在当年党的十三大报告中提出“新的经济运行机制，总体上来说应当是‘国家调节市场，市场引导企业’的机制”“国家运用经济手段、法律手段和必要的行政手段，调节市场供求关系，创造适宜的经济和社会环境，以此引导企业正确地进行经营决策。实现这个目标

① 汪海波：《新中国工业经济史》，经济管理出版社 1986 年版。

② 江飞涛、李晓萍：《改革开放四十年中国产业政策演进与发展——兼论中国产业政策体系的转型》，《管理世界》2018 年第 10 期。

是一个渐进过程，必须为此积极创造条件”。[①] 中国开始进入以市场经济体制改革为取向的工业经济建设起步和全面展开阶段。

然而，在1984～1988年，处于体制转轨初期的我国政府由于经验缺乏，经历了一段放权过度导致经济发展过热失控的阶段。1984年国务院授予银行信贷自主权，银行为了扩大1985年的信贷限额，在1984年年末过度发放固定资产贷款，造成投资失控。作为应对，1986年我国执行了财政、金融双收紧政策，因而国民经济和工业建设发展过热状况有所缓解，但1987年我国对经济调整工作估计过于乐观，工业建设在1988年再次出现高速增长，进而国民经济发展过热导致工业结构的失衡以及经济秩序的混乱。

1989年11月召开党的十三届五中全会，做出《关于进一步治理整顿和深化改革的决定》，开始对工业经济相关总量进行控制，并且对工业经济内部结构进行调整。首先大幅压缩投资的需求，进而削减投资规模；其次通过调整投资结构，进而调整改善国民经济的产业结构，具体表现为加快农业、能源、原材料和交通运输的增长速度，抑制加工工业的增长速度，对工业及相关产业的比例结构进行调整[②]。1992年，我国工业经济建设调整初见成效，工业增加值和主要产品量高速增长，轻重工业比例保持相对协调的发展趋势，职工生活水平有所提高，消费品市场得到发展。

这个阶段的市场化改革，不仅在宏观经济上有助于工业化进程的推进，而且在微观层面上促进了工业企业的健康发展。为了提高国营大中型工业企业的市场活力，1985～1992年，我国出台了一系列突破传统的承包经营责任制，让企业能够自主经营、自负盈亏的政策措施。1985年9月，国务院批准了《关于增强大中型国营工业活力若干问题的暂行规定》；1986年12月，国务院做出了《关于深化企业改革、增强企业活力的若干规定》；1991年，国务院提出增强国营大中型企业活力的11条政策措施；1992年7月，国务院发布《全民所有制工业企业转换经营机制条例》。[③] 这些文件为工业企业等微观主体营造了良好的市场营商环境，有助于工业企业进一步改进经营管理机制，增强市场活力。

三、基于市场经济体制工业化政策的形成与发展（1994～2001年）

1992年10月，党的十四大做出建立社会主义市场经济体制的决定。1993年11月，党的十四届三中全会通过《中共中央关于建立社会主义市场经济体制若干问题的决定》，中国开始全面推进社会主义市场经济体制改革，决定明确指出，“建立社会主义市场经济体制，就是要使市场在国家宏观调控下对资源配置起基础性作用”，在坚持以公有制为主体、多种所有制成分共同发展的方针下，推动我国的工业经济建设。1994年4月，国务院发布《90年代国家产业政策纲要》（以下简称《纲要》），这是中国颁布的第一部基于市场机制的产业政策。《纲要》明确提出，制定国家产业政策必须遵循“符合建立社会主义市场经济体制的要求，充分发挥市场在国家宏观调控下对资源配置的基础性作用”的原则。《纲要》中对于工业经济发展的措施重点包括：切实加强基础设施和基础工业；积极振兴支柱产业，特别是机械电子、石油化工、汽车制造和建筑业等；积极发展对外经济贸易，调整贸易结构，大力提高出口效益，鼓励进口新技术和相关的关键设

① 江飞涛、李晓萍：《改革开放四十年中国产业政策演进与发展——兼论中国产业政策体系的转型》，《管理世界》2008年第10期。

② 1990年，基础工业比1989年增长6.5%，加工工业增长4.1%，基础工业占工业总产值的比重从1989年的21.2%上升到21.5%，加工工业占工业总产值的比重从46.9%下降到46.4%。汪海波：《新中国工业经济史》，经济管理出版社1986年版；《中国统计年鉴》（1991），经济管理出版社1992年版。

③ 汪海波等：《新中国工业经济史》（第三版），经济管理出版社1986年版。

备、关键零部件；产业组织政策旨在促进企业合理竞争、实现规模经济和专业化协作，产业技术政策方面旨在促进应用技术开发、鼓励科研与生产相结合、加速科技成果的推广、推动引进和消化国外的先进技术，产业布局政策旨在逐步缩小经济发达地区与欠发达地区的差距、形成地区间专业化分工协作。①

这一阶段，我国社会主义市场经济体制初步确立，总体开放的格局形成。从国际上来看，对外贸易迅速增长，1992～1997 年，我国进出口总额超过 1 万亿美元，实际利用外资超过 1600 亿美元②。开放格局下对外经济的增长成为我国工业结构优化升级的新动力，这不仅促使我国更多地利用外部资源，推动要素结构升级，而且通过出口规模的提高，拉动社会需求结构的升级，为我国进一步的对外开放、加入世界贸易组织奠定了初步的基础。从国内看，我国工业经济持续高速增长，成功实现"软着陆"，1992～2000 年，我国的工业增加值从 10284.5 亿元增加到 40033.6 亿元，增长 2.65 倍。③ 投资品和消费品都出现了供求平衡或供大于求的结构，这是我国工业发展史上的重大转折点。产业结构升级取得进展，一方面，重工业得到较快发展，早期由于基础设施和基础工业发展滞后所产生的"瓶颈"制约④得以缓解。2000 年重工业产值占工业总产值比重从 1993 年的 53.4% 上升到 60.2%，轻工业占比从 46.6% 下降到 39.8%；⑤ 另一方面，工业政策对高新技术开发的重视，使高技术产业有了较快发展，比重上升，2000 年高技术产业增长值占制造业产值比重从 1992 年的 1% 上升到约 9%。⑥ 这期间，在微观机制层面，我国开始在市场经济体制下加强对国有工业企业的技术改造，力图扭转我国工业企业技术水平低、技术升级乏力的局面，此外还开始着手改变我国工业企业在计划经济体制下形成并遗留下来的"大而全""小而全"、生产和销售集中度低等组织缺陷问题。

四、新型工业化道路的提出与实践（2002～2011 年）

在 2002～2012 年的 10 年内，在国际国内经济形势发生重大变化的背景下，我国进入了以小康社会为目标的社会主义工业经济建设新时期。国际上，2001 年，中国加入世界贸易组织，对外开放进程加速，工业企业开始越来越多地参与国际分工，逐渐融入制造业全球生产体系。中国企业在引进国外资源和技术的同时，在国内市场上也面临着越来越多的国外企业或产品的竞争。国内看，我国在这个时期继续推进市场经济体制改革，肯定了市场在资源配置中的基础性作用，在工业政策上，提出了走新型工业化道路的战略方针，在理论层面上，针对是否选择重型工业化发展等问题展开学界探讨。

2002 年，党的十六大召开，党的十六大报告明确提出"在更大程度上发挥市场在资源配置中的基础性作用，健全统一、开放、竞争、有序的现代市场体系"，要"加强和完善宏观调控"。2003 年 10 月，党的十六届三中全会通过《中共中央关于完善社会主义市场经济体制若干问题的决定》，其中明确提出"更大程度地发挥市场在资源配置中的基础性作用，增强企业活力和竞争

---

① 江飞涛、李晓萍：《改革开放四十年中国产业政策演进与发展——兼论中国产业政策体系的转型》，《管理世界》2018 年第 10 期。

② 李博：《工业结构变迁的动因和类型：新中国 60 年工业化历程回顾》，《经济评论》2010 年第 1 期。

③ 汪海波等：《新中国工业经济史》（第三版），经济管理出版社 1986 年版，又见《新中国六十年统计资料汇编》，中国统计出版社 2010 年版。

④ 1993 年 6 月，工业增幅达到 30.2%，交通运输只能满足 30%～40% 的运力，钢材、水泥、木材等建筑材料供需矛盾突出，价格上涨过猛。汪海波等：《新中国工业经济史》（第三版），经济管理出版社 1986 年版。

⑤⑥ 汪海波等：《新中国工业经济史》（第三版），第 458 页。

力”[①]，对完善社会主义市场经济体制的目标进行了系统规划。中国正式加入世界贸易组织以后，我国对外经济的快速发展使我国工业化以及工业结构变迁的路径发生重大变化，对外贸易额的增长以及外商投资的上升促使我国新一轮工业结构快速升级，出口工业产品中制成品和资本技术密集型产品比例显著上升，工业经济内部重工业比重大幅提升。[②]

20世纪末，随着改革开放的深入，在世界信息技术快速发展的国际背景下，我国确立了信息化和工业化并举的发展方针[③]，加快城镇化建设进程。1997年9月，在党中央召开的十五大会议上，报告中提出坚持科教兴国和可持续发展战略，表明我国已经开始重视科技创新在工业经济建设中的重要作用。2002年的党的十六大报告提出了我国要走中国特色的新型工业化道路，“坚持以信息化带动工业化，以工业化促进信息化，走出一条科技含量高、经济效益好、资源消耗低、环境污染少、人力资源优势得到充分发挥的新型工业化路子”“促进经济增长由主要依靠投资、出口拉动向依靠消费、投资、出口协调拉动转变，由主要依靠第二产业带动向依靠第一、第二、第三产业协同带动转变，由主要依靠增加物质资源消耗向主要依靠科技进步、劳动者素质提高、管理创新转变”。我国在加强新型工业化和现代化建设的过程中，注重经济发展方式的转变，致力于从以劳动密集型为主向以资本密集型、技术密集型为主进行转型。

进入21世纪以后，我国各地兴起一阵大规模兴建重工业化的热潮。2003年，理论界爆发了一场以吴敬琏和厉以宁为代表的学者围绕“重化工业”是否为中国经济发展必经阶段而展开的讨论。吴敬琏认为，当时中国的地方政府过度推行向重型化转型的工业结构调整，将会导致资源短缺，我国在工业化后期应该选择依靠第三产业和小企业发展，走高新技术产业发展的道路。而厉以宁认为，我国应该借鉴发达国家工业化路径，从轻工业转入重工业，再转入高新技术发展阶段。他表示，出于建设独立工业体系以及国防安全方面的需要，重化工阶段仍然是当前我国工业建设的必经阶段，我国需要在加强重工业企业发展的基础上，考虑更多地引进并采用国外先进技术[④]。可以说，“吴厉之争”为我国新型工业化道路的实践提供了扎实的理论基础和宽阔的政策视野，是我国工业史上有关路径选择的一次重要争论。

2008年国际金融危机以后，我国在加强和改善宏观调控、促进经济平稳发展的方针下，继续推进经济结构调整和经济发展方式的转变。此外，为构筑我国在新一轮科技革命中的国际竞争优势，开始加大在战略性新兴产业领域的规划和投入。2009年1月14日，国务院会议首先审议通过了汽车、钢铁产业调整振兴规划，随后国务院又先后通过了纺织、装备制造、船舶、电子信息、石化、轻工业、有色金属和物流业八个产业的调整振兴规划，与之配套的实施细则多达160余项，涉及产业活动的各个方面。2010年9月，国务院颁布《国务院关于加快培育和发展战略性新兴产业的决定》，对战略性新兴产业的概念进行了界定并选择了节能环保、新一代信息技术等七个产业作为战略性新兴产业。2012年7月，国务院又发布了《“十二五”国家战略性新兴产业发展规划》，对重点发展领域及其重点发展方向、主要任务、重大工程进行了部署[⑤]。这个阶段，我国产业结构优化升级速度整体加快，工业化与信息化融合进一步加深，高技术产业产值占工业总产值的比重从2002年的不到9%上升到2011年的10.5%[⑥]。

①⑤　江飞涛、李晓萍：《改革开放四十年中国产业政策演进与发展——兼论中国产业政策体系的转型》，《管理世界》2018年第10期。

②　李博：《工业结构变迁的动因和类型——新中国60年工业化历程回顾》，《经济评论》2010年第1期。

③　肖健：《党对工业化现代化的认识历程及其启示——访中央党校科学社会主义教研部主任严书瀚教授》，《西安政治学院报》2010年第1期。

④　《“吴厉之争”中的主要观点》，http：//www. doc88. com/p－1873466649580. html。

⑥　汪海波等：《新中国工业经济史》（第三版），经济管理出版社1986年版。

五、党的十八大以来的工业化政策的发展（2012～2019年）

近年来，我国在坚持经济体制深化改革的主线下，强调要处理好政府与市场的关系，产业政策上更多地注重创新驱动发展、新兴技术在工业中的应用。2012年11月，党的十八大报告指出，要在全面建设小康社会目标的基础上努力实现新的要求，使“经济持续健康发展”“转变经济发展方式取得重大进展”“科技进步对经济增长的贡献率大幅上升，进入创新型国家行列”“工业化基本实现，信息化水平大幅提升，城镇化质量明显提高，农业现代化和社会主义新农村建设成效显著，区域协调发展机制基本形成。对外开放水平进一步提高，国际竞争力明显增强”①。

2013年，党的十八届三中全会通过《中共中央关于全面深化改革若干重大问题的决定》，其中明确提出，“经济体制改革是全面深化改革的重点，核心问题是处理好政府和市场的关系，使市场在资源配置中起决定性作用和更好发挥政府作用”。自此，中国进入以经济体制改革为重点的全面深化改革阶段。党的十八大以后，我国的产业政策致力于提高工业经济中高新技术产业的比重，围绕先进制造业的发展，政府出台了一系列重要政策包括《中国制造2025》《国务院关于积极推进“互联网+”行动的指导意见》《关于大力推进大众创业万众创新若干政策措施的意见》《国家创新驱动发展战略纲要》《国务院关于印发新一代人工智能发展规划的通知》《国务院关于强化实施创新驱动发展战略进一步推进大众创业万众创新深入发展的意见》等。

2015年中国出台的《中国制造2025》以“创新驱动，质量为先，绿色发展，结构优化，人才为本”为基本方针，将创新置于重要位置，明确了需要扶持的重点领域为新一代信息技术产业、高档数控机床和机器人、航空航天装备、海洋工程装备及高技术船舶、先进轨道交通装备、节能与新能源汽车、电力装备、新材料、生物医药及高性能医疗器械10个领域。

这个阶段，我国进入了经济增长速度趋缓、产业结构升级、新旧动能转换的经济新常态。在经济结构方面，我国产业结构优化升级速度加快，一方面，三大产业之间的比重发生变化，2013年，第三产业占比46.7%，首次超过第二产业的占比44%，到2015年第三产业占比达到50.2%，2016年和2017年占比为51.6%②；另一方面，高技术产业增长加快，2013～2015年，高技术产业增加值年均增长11.4%，增速高出全部规模以上工业3.4个百分点，这三年间，高技术产业增加值占全部规模以上工业的比重依次为9.9%、10.6%和11.8%③。在产业升级驱动要素方面，我国开始逐渐从以资本要素为主导向知识要素为主导转型，在战略中开始注重人才和知识要素的培育，如在《中国制造2025》中提出要健全多层次人才培养体系，并将其作为战略支撑。在工业化进程方面，我国从2011年左右开始进入工业化后期，2014年中国的工业化综合指数为83.49，已经位于工业化后期的中段④。在知识经济时代，信息技术的应用以及智能制造的发展，促使我国工业化和信息化实现深度融合，在新一轮科技革命的驱动下，我国工业经济建设还将提高智能化水平。

① 《中国共产党第十八次全国代表大会文件汇编》，人民出版社2012年版。

② 黄群慧：《改革开放40年中国的产业发展与工业化进程》，《中国工业经济》2018年第1期。

③④ 汪海波等：《新中国工业经济史》（第三版），经济管理出版社1986年版。

六、新时代工业化政策调整的方向与思路

1. 中国新时代工业化进程面临的难点与挑战

进入新时代后，中国的工业化进程面临着两个方面的重要任务：一方面，要完成工业化进程，推进工业化从工业化后期向后工业化转变；另一方面，要推动工业化和信息化、智能化融合发展（黄群慧、贺俊，2019）①。当前，推动工业化进程正面临几个主要方面的困难和挑战。

第一，工业发展的效率正在恶化，传统的低成本优势逐渐减弱，中国面临“过早去工业化”的危险。近十年来，中国工业的全要素生产率增长率以及资本的产出效率都在迅速恶化（江飞涛等，2014②；白重恩、张琼，2015③），同时，由于劳动成本与环境成本快速上升，中国制造业在国际市场上的传统的低成本竞争优势正在逐渐减弱，“过早去工业化”或“恶性去工业化”的风险显著加大，并且对于中国跨越“中等收入陷阱”带来了不利影响（黄群慧等，2017）④。

第二，相对美、德、日等制造强国，中国精益制造能力与技术能力方面仍有不小差距。精益制造能力、高品质产品生产能力与质量管控能力不足。个性化、高复杂性、高附加值产品的生产能力不足，在制造加工的精密性、极端制造能力、产品的可靠性、质量的稳定性等方面与世界先进水平仍有相仿差距。技术能力与创新能力不足，关键技术与核心技术受制于人。近年来，中国与美国、欧盟的贸易摩擦加剧，对于中国在高新技术领域旨在获取技术的跨国并购、技术购买均保持高度的警惕，中国从外部获取先进技术的难度显著增加。

第三，工业体系中创新生态欠佳，创新能力亟待提升。制造业创新生态欠佳，主要体现在两个主要方面：一是知识产权保护制度体系不完善，知识产权保护不力，严重影响企业创新的积极性，并严重制约“以企业为主体”科技成果转移转化的创新体系的完善（贺俊，2018）⑤；二是制造业技术创新与扩散体系还很不完备，尤其是基础技术、共性技术的公共研发与扩散主体相对缺失，基础研究与共性技术研发投入不足，不利于制造业创新能力与技术水平进一步提升。

第四，产业政策的模式不符合新时代进一步推动工业高质量发展与工业化进程的内在需求。现阶段，中国产业政策模式是以选择性产业政策为主体的政策框架体系。在这种政策模式中，政府居于主导地位，政府“驾驭”市场、干预市场与替代市场。近年来，这种产业政策模式的缺陷和不良效应日益凸显，不利于工业高质量发展和工业化进程的进一步推进。一是这种模式的产业政策与竞争政策存在冲突，带来不公平竞争问题，进而对于工业效率的提升、产业创新等产生较为严重的不利影响。二是随着整体技术水平向技术前沿逼近，在新兴技术和产业领域已经没有可供借鉴的发达国家成熟经验，面临着与发达国家同样的高度不确定性。新工业革命会给未来产业和经济发展在新产业、技术、市场、业态、生产方式与组织方式等方面进一步带来高度的不确定性，这使基于传统产业发展经验的选择性产业政策完全失去了作用的基本前提（江飞涛、李晓萍，2015）。

2. 新时代工业化政策的调整方向

新时代推动工业化进程，需要促进全要素生产率的不断提升，促进制造业的创新能力、技术能力、精益制造能力持续提升，提升产品质量与品质，推动工业绿色可持续发展，推动新一代信

① 黄群慧、贺俊：《未来30年中国工业化进程与产业变革的重大趋势》，《学习探索》2019年第8期。

② 江飞涛、武鹏、李晓萍：《中国工业经济增长动力机制转换》，《中国工业经济》，2014年第5期。

③ 白重恩、张琼：《中国生产率估计及其波动分解》，《世界经济》2015年第12期。

④ 黄群慧、黄阳华、贺俊、江飞涛：《面向中上等收入阶段的中国工业化战略研究》，《中国社会科学》2017年第12期。

⑤ 贺俊：《破解我国科技成果转化关键障碍的思路与对策》，《中国社会科学院工业经济研究所研究报告》，2018年。

息技术、大数据技术在工业领域的广泛应用，以智能制造为先导构造现代产业体系（黄群慧、贺俊，2019）。这需要发挥健全市场制度，构建公平竞争的市场环境，让市场机制在优胜劣汰淘汰落后产能、协调供需平衡化解过剩产能、激励企业不断提升效率与积极创新、不断揭示未来产业发展方向进而推动经济结构调整与转型发展方面的决定性作用。与此同时，迫切需要建立健全有利于促进技术创新及新技术扩散创造良好的制度基础与市场环境，支持工业领域基础科学、通用技术或者共性技术的研究与扩散。

功能性产业政策正符合以上两个方面的内在需要。功能型产业政策的重点在于为市场机制充分发挥其决定性作用提供完善的制度基础，强化保持市场良好运转的各项制度，建立开放、公平的竞争市场体系，培养人力资本以适应产业结构升级与经济发展对于高技能劳动力的需求，支持科学研究与技术创新、技术扩散等方面。功能型产业政策尤为注重促进企业创新与能力建设，强调完善有利于创新的市场制度与市场环境，构建科技信息交流与共享平台、技术转移平台、科技成果评估与交易平台、产学研合作创新平台等科技服务公共平台，对于创新活动的普遍性支持，促进工业乃至整个国民经济的质量、效率与国际竞争力。因而，推动工业高质量发展与工业化进程应转为实施以功能性产业政策为主体的产业政策体系。

新时代进一步推动工业化进程的功能性政策体系，有以下四个方面的特点①。

第一，产业政策应与竞争政策是相容、互补与协同的关系。竞争政策与产业政策均是促进工业发展与竞争力提升进而促进工业高质量发展的重要政策工具。其中，竞争政策居于基础性地位，产业政策必须服从竞争政策，遵循公平竞争的基本原则，政策工具方面主要采用功能性、服务性的政策工具。

第二，激励与促进技术创新和扩散的政策居于核心地位。创新是工业发展的原动力，是工业结构调整、转型升级与高质量发展的关键所在。必须加快构建有利于创新发展的市场制度体系，构建完善的公共科技研发与服务体系，支持科学研究、通用技术与共性技术研究与扩散，等等。

第三，重视包容性发展，让各阶层的人们可以凭借自身努力，相对公平而充分地参与到制造业发展中来，并分享发展成果。

第四，高度重视促进产业绿色发展，协调产业发展与环境可持续之间的矛盾，促进两者之间的协同（江飞涛、李晓萍，2018）。

专栏 2－1

制造业高质量发展

2018 年 12 月 19 日至 21 日，中央经济工作会议召开，会议确定将推动制造业高质量发展作为 2019 年的一项重要工作。在会议公报中明确提出：

“推动制造业高质量发展。要推动先进制造业和现代服务业深度融合，坚定不移建设制造强国。要稳步推进企业优胜劣汰，加快处置‘僵尸企业’，制定退出实施办法，促进新技术、新组织形式、新产业集群形成和发展。要增强制造业技术创新能力，构建开放、协同、高效的共性技术研发平台，健全需求为导向、企业为主体的产学研一体化创新机制，抓紧布局国家实验室，重组国家重点实验室体系，加大对中小企业创新支持力度，加强知识产权，保护和运用，形成有效的创新激励机制。”

① 江飞涛、李晓萍：《改革开放四十年中国产业政策演进与发展——兼论中国产业政策体系的转型》，《管理世界》2018 年第 10 期。

2019年国务院政府报告中，将制造业高质量发展作为2019年的一项重要工作。2019年国务院政府报告中明确提出：

"推动传统产业改造提升。围绕推动制造业高质量发展，强化工业基础和技术创新能力，促进先进制造业和现代服务业融合发展，加快建设制造强国。打造工业互联网平台，拓展'智能+'，为制造业转型升级赋能。支持企业加快技术改造和设备更新，将固定资产加速折旧优惠政策扩大至全部制造业领域。强化质量基础支撑，推动标准与国际先进水平对接，提升产品和服务品质，让更多国内外用户选择中国制造、中国服务。"

第三章　新中国70年产业组织政策

提　要

新中国70年先后实行了计划经济体制和社会主义市场经济体制，这两种经济体制都面临产业组织问题。新中国成立至1956年资本主义工商业完成全行业公私合营的7年，采取制止垄断、投机和促进经济竞争等产业组织政策，发展有益于国计民生的私营工商业，实行五种经济成分统筹兼顾，实现了经济稳定。1957～1978年，实施部门分工和专业化协作，采取试办托拉斯、在工业和交通部门建立专业公司、建立大企业带动行业发展等产业组织政策，积极探索调整政企关系和解决条块分割问题，建成了一个基本完整的工业体系。改革开放40年间，大力培育发展各类市场主体，市场竞争逐步发育成长，产业组织政策从改革初期的支持横向经济联合和提高市场集中度转变为遏制垄断和促进竞争。未来我国产业组织政策应以公平竞争制度建设为主线，将政策着力点从市场准入和市场结构监管转变到进入后企业的行为及其对市场绩效的影响，鼓励新兴产业成长，形成有利于突破核心技术的产业生态系统，使竞争政策在培育世界一流企业、促进新兴产业成长和攻克核心技术方面发挥积极作用。

*　　　　*　　　　*

产业组织政策是调整产业内企业之间关系，特别是企业间分工协作关系、交易关系和利益关系的政策，其目的是协调垄断和竞争关系，建立兼有竞争效率和规模经济的产业组织方式。无论计划经济体制还是市场经济体制，经济发展都面临产业组织问题，需要找到解决问题的办法并制定相应的政策。现有文献缺乏对改革开放前后两种经济体制解决产业组织问题的研究，一些文献甚至认为产业组织政策是市场经济和西方经济学的专利，改革开放前的计划经济时期不存在产业组织政策。总结分析新中国70年改革开放前后两种经济体制面临的产业组织问题和实施的产业组织政策，展望我国产业组织政策的调整完善方向，有助于正确认识产业组织政策的内涵和作用，更好地处理政府和市场关系。

一、计划经济体制时期的产业组织政策

新中国成立至改革开放前（1949～1977年），我国实行计划经济体制，政府为促进经济发展实施了一系列经济政策。虽然这些政策并非直接针对产业组织制定，且当时西方产业组织理论并未正式引入我国，我国也未明确使用过产业组织这一概念，但在客观上存在如何处理产业内企业之

间分工协作关系这个产业组织问题。因此，可以将计划经济时期解决产业组织问题的措施归结为产业组织政策的历史实践。

（一）历史实践

1. 1949～1957年：经济恢复和统筹发展五种经济成分

1949年新中国成立后，中央制定了一系列经济恢复政策，建立了集中统一的管理体制，对不同经济成分进行了社会主义改造，采取了不同的管理方式：没收官僚资本并在此基础上发展国有工业企业，实行指令性计划，财政上统收统支，物资按计划调拨；利用经济手段扶持有利于国计民生的资本主义工商业和个体经济等经济成分发展，同时，对危害国计民生的投机、暴利和垄断行为进行打击，将商业投机资本引向生产型的工业企业，这些政策取得了较好效果。

1952年底经济恢复任务完成后，我国提出了过渡时期"一化三改"的总路线，开始向工业化迈进，以优先发展重工业为主要任务。相应地，中央逐步加强了集中统一管理，依靠行政手段来支配产业组织发展。"一五"计划（1953～1957年）中，工业投资额占基本建设投资总额的58.2%，而制造生产资料的工业投资占工业投资总额的88.8%。通过各种倾斜政策，我国重工业发展的落后状况迅速扭转，重工业比重由1952年的37.3%上升至1957年的45%，奠定了我国工业化的初步基础①。这种集中管理体制在当时物资紧缺、市场秩序混乱的情况下，对于恢复经济和稳定市场发挥了一定作用，但这种管理体制忽视了商品生产、价值规律和市场主体的自主性，无法实现资源的合理配置和生产要素的有效利用。

2. 1958～1977年：促进部门分工和专业化协作

1957年第一个五年计划的胜利完成使我国建立了社会主义工业化的初步基础，但由于对经济发展规律和中国经济基本情况认识不足，在1958年开始的"大跃进"时期，将企业和管理权限下放地方，造成了地区间、部门间的相互分割和行政壁垒以及严重的地方保护主义，向"大而全""小而全"方向发展，无法有效地展开专业化分工和协作。同时，为实现超高速经济增长，国家一味追求"以钢为纲"，不顾经济技术条件，大力开展全国性炼钢、全民办工业运动，在全国各地采用土法炼钢技术，盲目建设了一大批中小型钢铁厂、小高炉，结果造成了严重的规模不经济和资源的巨大浪费。为此，1961～1965年，国家对国民经济进行了重大调整：中央加强了集中统一管理，上收了一批下放不当的企业，针对"大跃进"时期形成的高成本、低效率小企业，实施了关、停、并、转等调整措施，缓解了企业规模结构偏低的问题。针对各地条块分割、分散化经营和分工协作不足等问题，国家在工业、交通部门试办了一些托拉斯性质的工业公司，将全国工业组织起来，以专业化和协作为原则，统一规划、合理生产，使供、产、销紧密衔接起来，形成专业化生产、大中小型企业相结合的生产体系，使企业规模经济效应得以发挥，有力地促进了这一时期的产业组织合理化②。1966年开始的"文化大革命"虽然打乱了经济发展的正常进程，国民经济调整时期提出的托拉斯产业组织形式也被迫中断，但这一时期的经济发展政策突出了以备战为基点的"三线"建设，即在"三线"地区进行大规模的、以军工为主体的战略后方建设。这一政策支持我国在"三线"地区先后建立了一大批航空、航天、电子、兵器、核工业等军工和电力、煤炭、钢铁、机械等民用大中型骨干企业，通过这些骨干企业的辐射带动作用，促进了协作配套企业发展，一定程度上带动了西部地区的经济发展和全国工业体系的完善。

（二）特点及效果

新中国成立到改革开放前的计划经济时期，我国产业组织政策的实践主要集中于以促进社会化大生产为需求，国家为主体，运用行政手段，对工业经济领域实行分工与协作，自上而下地组

① 周叔莲、裴叔平、陈树勋：《中国产业政策研究》，经济管理出版社1990年版。

② 方甲、沈霖、董守财、周彦彬：《产业组织理论与政策研究》，中国人民大学出版社1993年版。

织和实现工业生产的集中化、专业化和联合化问题[①]。从计划经济不同时期的产业组织实践看，我国产业组织状况的好坏几乎完全取决于政府计划的正确程度。计划经济体制下，政府全权支配企业活动，企业没有自主权，产业组织发育缺乏市场协调和修正机制。因此，促进产业组织的协调发展，必须深入推进体制机制改革，发挥市场资源配置作用，打破产业组织中的行政垄断，给企业经营自主权，促进市场公平竞争。

专栏 3 - 1

毛泽东试办托拉斯的探索

社会主义三大改造顺利完成后，面对外受帝国主义经济技术封锁、内部改革呼声双重挤压的大经济社会环境，毛泽东着重思考怎样才能较好地走出一条有中国特色社会主义工业化道路的重大问题。为此，他认真研读马克思列宁主义经济著作，深入全国各地调查研究，20 世纪 60 年代提出代试办托拉斯，并主持制定了试办托拉斯的一系列方针、政策、原则和措施，大胆地求是践行，取得瞩目共仰的成绩。

新中国成立后，我国在组织社会生产问题上，要不要采取托拉斯的组织形式，众说纷纭，意见不一。毛泽东从按照经济规律组织生产和管理经济的战略思想出发，率先在全党提出了试办企业行业间的专业公司（即托拉斯）的主张，并试图在此基础上改革社会主义经济管理体制。1962 年 11 月中旬至 12 月上旬，在广州召开全国工业书记会议，针对当时国有企业普遍存在管理混乱、制度松弛、设备损坏严重、企业之间协作关系紧张等问题，毛泽东提议在实行国有企业关、停、并、转的基础上，再用三年时间继续认真有效地进行经济调整工作，正式提出组建托拉斯的设想。在毛泽东看来，围绕中国尽快走好工业化发展道路问题，试办托拉斯，借鉴资本主义企业先进管理经验和技术优势，把资本主义企业管理形式与社会主义制度结合起来，是一条很好的出路。

在毛泽东提议下，20 世纪 60 年代初，中央决定借鉴西方工业发达国家管理企业的组织形式，在工业、交通部门试办托拉斯（产品相同的企业或与生产有密切联系的企业组成联合经营公司），以改善我国的工业组织管理工作，提高企业的经营效益，加快国民经济的发展。1963 年 3 月，创办我国第一个托拉斯公司即中国烟草工业公司，主管全国卷烟原料收购和产品销售，取得显著成效，获得一定经验。1964 年 8 月 17 日，毛泽东审批国家经委党组的报告，决定在工业、交通运输的部分行业扩大试点范围，试办 12 个托拉斯公司，这就是中国烟草工业公司、中国盐业公司、中国华东煤炭公司、中国纺织机械工业公司、中国制铝工业公司、中国橡胶工业公司、中国医药工业公司、中国汽车工业公司、中国拖拉机和内燃机配件公司、中国地质机械和仪器公司、中国京津唐电力公司、中国长江航运公司，要求这些托拉斯公司在当年底组建完毕，并以托拉斯为单位编制 1965 年经济工作计划，把生产和经营同类产品的许多企业联合组成专业性大公司。1965 年 5 月，经毛泽东同意，中共中央、国务院批转了《全国专业化和协作会议纪要》，提出要按照工业化和协作原则，逐步改组我国现有加工工业，特别是机械工业，有计划地发展交通运输业、轻工业托拉斯，这是我国试办托拉斯的第一个正式重要文献。

资料来源：笔者根据贺全胜的《论毛泽东试办托拉斯经济思想》（《毛泽东思想研究》2006 年第 2 期，第 64—67 页）整理。

① 卫志民：《近 70 年来产业组织理论的演进》，《经济评论》2003 年第 1 期。

二、社会主义市场经济体制建立时期的产业组织政策

1978年党的十一届三中全会至1992年党的十四大召开之前，是我国社会主义市场经济体制的孕育时期，对政府、市场和企业之间关系的讨论和认识不断深入，依靠国家行政计划指令组织生产的经营管理方式有步骤地放开，产业组织问题的研究也在这些领域逐步展开。1992年党的十四大召开标志着正式开启社会主义市场经济体制建立征程，市场在资源配置中的作用逐步加强，统一开放、竞争有序的现代市场体系逐步健全，垄断行业和监管体制改革深入推进，产业组织政策逐步受到重视。2001年底加入世界贸易组织后，我国加快了市场开放，外资以更广的领域、更快的速度进入我国，产生了大型跨国公司利用其规模和技术等优势垄断市场的问题，产业组织政策面临如何解决行政性垄断、经济性垄断和自然垄断相互交织的新挑战。

（一）努力推动社会主义市场竞争

1. 探索横向经济联合和社会主义市场竞争

改革开放初期，在行政性垄断和地方保护主义影响下，各地重复建设问题十分严重，“多、小、散、乱”现象在各个行业普遍存在，大中小企业之间无法有效地开展专业化分工和协作。为解决我国产业组织结构松散，集中度低的问题，这一时期实施了促进横向经济联合的政策措施。例如，1980年《关于推动经济联合的暂行规定》鼓励各种形式的经济联合体，并规定了经济联合体内部可以实行原料的直拨供应和超计划产品自销等优惠政策；1986年《关于进一步推动横向经济联合若干问题的规定》对企业间的横向联合给予资金、项目审批等方面的政策支持。历年政府工作报告也提出了许多政策要点，在促进横向经济联合方面多次强调各地区、各部门要打破行政分割和市场壁垒，通过联合投资、相互参股等多种方式，发展各种形式的经济联合，鼓励企业与科研单位之间进行横向联合，以解决科技与生产相脱节问题，同时要确保联合的决策权交由企业，坚决抵制各地方、部门出于局部利益对联合进行干扰，防止采取行政办法组建联合公司。在发展企业集团方面，为防止形成一家独大的垄断局面，国家鼓励在同一行业内积极发展几个规模不等、各有特点的企业集团，充分发挥企业集团的骨干作用，在资金、物资和权力分配上给予政策倾斜。

针对长期存在的行政垄断和阻碍、破坏竞争的行为，国家开始思考如何在社会主义有计划的商品经济下保护市场竞争。由于受传统计划经济思维的影响，一直以来“竞争”被认为带有资本主义色彩而没有出现在政府文件中。当时普遍认为，社会主义经济体制下不存在竞争，但可以竞赛，社会主义竞赛体现了社会主义公有制经济下的人民当家做主与相互合作①。因此，早期主要通过鼓励各行各业开展社会主义竞赛的方式提高产品质量和劳动生产率、降低消耗和成本，从而增加盈利。随着经济体制改革的逐步深入，1980年的政府工作报告突破了这一思想禁区，首次用“竞争”一词代替“竞赛”，提出要在国家计划指导下广泛开展竞争，并对利用行政手段保护落后、封锁市场、妨碍商品正常流通的做法予以制止。同年我国颁布了《关于开展和保护社会主义竞争的暂行规定》，这是我国最早的关于保护竞争的政策文件，对在国家计划指导下打破地区封锁和行业垄断、采取合法手段开展社会主义竞争等问题做了原则性规定。之后，国家和地方政府陆续颁布了一系列政策法规对当时经济发展中的行政垄断和不正当竞争行为进行规制，如《关于在工业品购销中禁止封锁的通知》（1982年）、《关于认真解决商品搭售问题的通知》（1986年）、《价格

① 白树强：《全球竞争论》，中国社会科学出版社2000年版。

管理条例》（1987 年）、《关于打破地区间市场封锁进一步搞活商品流通的通知》（1990 年）等[①]；在地方层面发布了制止不正当竞争行为的政策规定。

2. 鼓励优势企业强强联合和多渠道扶持中小企业发展

以 1994 年国务院颁布的《90 年代国家产业政策纲要》（以下简称《纲要》）为标志，国家正式开始制定产业组织政策。《纲要》对产业组织结构合理化做了原则性规定，即在规模经济效益显著的产业发展大企业（集团），形成以少数大规模企业为竞争主体的市场结构；在规模经济不显著的产业鼓励小企业发展，形成大、中、小企业并存的竞争性市场结构；在产品需要大量零部件组成的产业促进大、中、小企业的专业化分工协作，形成规模适当的产业组织结构。依据《纲要》，为促进产业组织合理化，主要从鼓励优势企业强强联合和多渠道扶持中小企业发展两个方面着手。

国家在推动企业横向联合、组建企业集团等方面出台了很多政策，做出了很多努力，我国企业集团在短期内得以迅速发展壮大。但其中很多企业和企业集团仅仅实现了规模扩大，企业集团内部的管理机制并没有发生根本变化，在面临激烈的国际市场竞争时没有形成自己的核心竞争力，很容易败下阵来[②]。这一时期对我国来说，缺的不是大企业，而是具有核心竞争力的大企业的形成机制。为此，这一时期产业组织政策更加注重引导优势企业的强强联合、大力支持企业跨地区兼并重组和跨国并购，目的不仅要实现规模化、集约化经营，更要形成一批具有自主知识产权、知名品牌、主业突出、核心能力强的大公司和企业集团。为实现这一目标，国务院先后颁布了《关于推进国有资本调整和国有企业重组指导意见的通知》（2006 年）和《国务院关于促进企业兼并重组的意见》（2010 年）等政策文件，在钢铁、汽车、船舶、装备制造、有色金属等诸多产业发展政策和产业调整振兴计划中也都能发现推动企业跨地区或跨国联合重组，形成大规模企业集团的政策措施[③]。

产业组织结构的合理化，不仅需要培育大企业和企业集团以提高产业集中度，也要促进中小企业的健康发展，充分发挥中小企业在扩大城乡就业与国民经济和社会发展中的重要作用[④]。在不损害市场竞争秩序的前提下，这一时期国家从信贷、培训、技术、信用担保和服务体系等方面颁布了一系列政策支持中小企业发展，如《关于进一步改善对中小企业金融服务的意见》（1998 年）、《关于加强中小企业管理人员培训的意见》（1999 年）、《关于科技型中小企业技术创新基金的暂行规定》（1999 年）、《关于建立中小企业信用担保体系试点的指导意见》（1999 年）、《关于培育中小企业社会服务体系若干问题的意见》（2000 年）、《关于鼓励和促进中小企业发展的若干政策意见》（2000 年）等。综合来看，这些政策主要采取了财政金融支持和服务体系建设等措施。财政支持方面，扩大财政预算内技术改造专项投资对中小企业的覆盖。金融支持方面，建立中小企业贷款风险补偿基金和贷款税前全额拨备损失准备金，对中小企业信用担保机构实行税收优惠政策。服务体系建设方面，支持中小企业公共服务平台建设，从简化行政审批、清理各种不合理收费发展到实施创业扶持、技术创新、市场开拓、社会服务等方面。

3. 反不正当竞争与保护合法经营

在市场竞争发育和企业竞争意识逐渐提高过程中，由于市场制度还很不完善，企业的失信成本很低，商业贿赂、虚假宣传、违背商业诚信等不正当竞争和恶性竞争随处可见，极大遏制了企业间的平等竞争，这些问题迫切需要得到政府解决。这一时期的产业组织政策重点转向市场制度和法规建设，规范企业市场行为，营造合法经营和公平竞争的市场环境。为制止不正当竞争，国家于 1993 年颁布了《中华人民共和国反不正当

① 中国世界贸易组织研究会竞争政策与法律专业委员会：《中国竞争法律与政策研究报告（2010 年）》，法律出版社 2010 年版。

② 何晓英、王飞：《加入 WTO 后中国产业组织政策面临的挑战及对策》，《南方经济》2003 年第 5 期。

③ 江飞涛：《中国产业组织政策的缺陷与调整》，《学习与探索》2017 年第 8 期。

④ 工业和信息化部产业政策司、中国社会科学院工业经济研究所：《中国产业发展和产业政策研究报告（2011）——调整与升级》，中信出版社 2011 年版。

竞争法》。作为我国第一部正式的反不正当竞争法律，该法律认定了诸如商业贿赂、虚假宣传等 6 种不正当交易行为和诸如公共企业滥用市场支配地位、政府滥用行政权力等 5 种限制竞争行为，为保障社会主义市场经济下的公平竞争，保护生产者和消费者权益做出了重要贡献。在此基础上，这一时期国家还颁布了《消费者权益保护法》（1993 年）、《中华人民共和国价格法》（1997 年）、《中华人民共和国招标投标法》（1999 年）等，旨在通过立法手段理顺价格体系，规范企业竞争行为。为打破地区封锁和行业垄断，2001 年颁布了《关于禁止在市场经济活动中实行地区封锁的规定》和《关于整顿和规范市场经济秩序的决定》两项政策，对妨碍公平竞争、阻挠外地产品或服务进入本地市场的行为制定了处罚措施。

4. 垄断行业竞争性改造和反垄断立法

随着垄断弊端日益突出，反垄断问题受到国家高度关注，垄断行业改革和反垄断立法协同推进。20 世纪 90 年代中后期对垄断行业进行了竞争性改造，通过设立新的市场主体、分解在位垄断企业、分离可竞争环节和资本多元化改造等举措，促进了垄断行业市场竞争。为促进非公有制经济发展，2005 年国务院颁布的《关于鼓励支持和引导个体私营等非公有制经济发展的若干意见》（又称“36 条”）对非公有资本进入电力、电信、铁路、民航、石油等垄断行业，供水、供气、供热、公共交通、污水处理等市政公用事业和基础设施领域及社会事业、金融服务、国防科技等领域提供了政策支持。在经历长达 13 年的讨论和起草后，《中华人民共和国反垄断法》于 2007 年正式通过并于 2008 年 8 月 1 日起正式实施。该法不仅规定了滥用市场支配地位、经营者集中和垄断协议三大垄断行为，更从中国国情出发，专门对行政垄断做了规定，明确了各级部门不得滥用行政权力排除、限制市场竞争，显示出中国反垄断政策的目标多元性，对保护市场公平竞争，促进社会主义市场经济健康发展具有重大意义。

（二）特点及效果

这一时期的产业组织政策不仅着眼于提高产业集中度以应对日益激烈的国际竞争，初步形成了以《反不正当竞争法》和《反垄断法》为基础的竞争法律，使竞争政策更具权威性和系统性，更加着眼于构建公平竞争的市场环境。加入世界贸易组织后，一方面加速了我国产业组织政策的发展，另一方面也使我国产业组织政策具有更宽泛的国际视野，垄断行业的改革以及国有企业的改革丰富了我国产业组织政策的内容。从政策手段看，行政手段仍十分普遍，如在行业规制政策的实施中，政府侧重采取目录指导、市场准入标准、项目审批、供地审批、贷款行政核准等行政干预措施。同时，经济手段日益受到重视，各部门综合使用财税、信贷、价格等手段引导产业发展，并注重强化约束与完善激励机制的配合。在约束机制方面，强化了安全、环保、能耗、物耗、质量、土地等指标的约束作用，对未按期完成任务的地区和企业制定了处罚措施。在完善激励机制方面，强化了对财政资金的引导和支持。此外，国家还加强了法律手段的运用，如《反不正当竞争法》《反垄断法》《中小企业促进法》的颁布和实施说明政府干预逐渐进入法制化轨道，政府干预的主观随意性渐渐减弱，有利于更好地促进产业组织优化。在竞争政策地位方面，确立了竞争政策的基础性地位，形成了以引入市场竞争、保护市场竞争为核心的具有中国特色的竞争政策体系，竞争政策统领其他经济政策的作用逐渐显现。从实施效果看，促进产业集中的政策取得了显著效果，跨行业、跨地区、跨所有制的企业间联合方式大大增加，企业兼并重组步伐明显加快，大规模趋势明显增强，企业竞争力明显提升。行业规制政策的实施也取得了较大成效，低水平投资和企业盲目扩张被有效抑制，防止新增产能和淘汰落后产能任务较好完成，一些严重浪费资源、污染环境、安全隐患突出和布局不合理的企业予以关闭破产。但公平竞争制度建设滞后的问题越来越突出，各地政府采取行政手段干预资源配置、滥用行政权力限制市场竞争的问题没有得到根本解决，对本地企业和辖区外企业实施差别待遇的行为仍不断发生，企业兼并重组仍存在较大的体制机制性障碍。《反垄断法》对行政垄断的规制在实践中遭遇阻力，规制效果并不明显。随着我国市场经济体制的不断完善和改革开放的进一步深入，这些问题有待从体制机制上得到根本解决。

三、全面深化改革新时期的产业组织政策

党的十八大以来，我国开启了全面深化改革的新时期。2013 年，党的十八届三中全会提出"使市场在资源配置中起决定性作用和更好发挥政府作用""坚持权利平等、机会平等、规则平等""加快形成企业自主经营、公平竞争，消费者自由选择、自主消费，商品和要素自由流动、平等交换的现代市场体系""建立公平开放透明的市场规则"等任务举措。这一时期的产业组织政策更加强调从制度上实现统一开放和竞争有序的现代市场体系建设。

（一）全面优化政府和市场的关系

1. 放宽垄断行业市场准入

针对过去垄断行业改革不到位的情况，这一时期国家制定了行业准入的负面清单制度，在更大范围、更深层次上放宽了垄断行业的市场准入，在金融、石油、电力、铁路、电信、资源开发、公用事业等更多领域放开了竞争性业务，在项目核准、融资服务、财税政策、土地使用等方面一视同仁，严惩各类违法实行优惠政策行为，确保非公有制企业能够自由、平等地进入垄断性行业，公平参与市场竞争。为充分撬动社会资本，2014 年颁布了《关于创新重点领域投融资机制鼓励社会投资的指导意见》，涉及生态环保、农业水利、市政、交通、能源、信息和民用空间设施、社会事业 7 个重点领域，从放宽市场准入与创新投融资方式方面提出了吸引社会投资的政策措施。

2. 建立公平竞争审查制度

为消除有碍公平竞争的各种制度性障碍，国家加大了对公平竞争的监管和审查力度。在市场监管方面，2014 年颁布的《关于促进市场公平竞争维护市场正常秩序的若干意见》基于保障公平竞争和维护市场秩序，明确提出到 2020 年建成体制较为成熟、制度更加定型的市场监管体系。为防止和治理政府出台排除、限制竞争的政策措施，清理废除妨碍全国统一市场和公平竞争的规定和做法，2016 年国务院印发了《关于在市场体系建设中建立公平竞争审查制度的意见》。该意见专门将政府部门作为审查对象，以事前监管方式规范滥用行政权力排除、限制竞争的政府行为，确保今后政府出台的有关产业发展、市场准入、政府采购、招商引资等涉及市场主体经济活动的规章等各类措施，都不得破坏统一市场和公平竞争规则。随后国家发改委联合有关部门制定了实施细则，各地方政府也陆续颁布了建立公平竞争审查制度的具体实施意见。

3. 消除企业兼并重组的制度障碍

产业集中度低、恶性竞争现象是我国多数行业一直以来的通病，虽然我国在促进这些行业内的企业兼并重组，提升产业集中度方面颁布并实施了一系列政策，但企业兼并重组在实践中多为行政"拉郎配"式的合并，非但没有消除恶性竞争，反而导致好企业被差企业拖垮，且企业兼并重组在税收、土地、融资、人员安置等方面障碍重重，阻碍了企业重组的积极性。为此，这一时期的政策重点在于切实消除跨区域、跨所有制兼并重组的制度性障碍，如 2012 年颁布的《关于进一步加强企业兼并重组工作的通知》和 2013 年颁布的《关于加快推进重点行业企业兼并重组的指导意见》，清理废除了各地限制外地企业兼并本地企业的做法和规定，并提出在汽车、钢铁、水泥、船舶、电子信息、医药等行业通过兼并重组培育一批具有国际竞争力的大型企业集团，这一意见在这些具体行业的"十三五"发展规划中得到了进一步的落实和细化①。在环境营造方面颁布了《国务院关于进一步优化企业兼并重组市场环境的意见》（2014 年 3 月）等。

4. 鼓励创新创业和为小微企业减负降费

随着"大众创业、万众创新"的深入推进，

① 张小筠、刘戒骄：《改革开放 40 年产业结构政策回顾与展望》，《改革》2018 年第 9 期。

小微企业在稳定增长、扩大就业、促进创新和推动产业转型升级等方面的作用受到重视，对小微企业的政策扶持得到加强。国家对小微企业实施了普遍性降费政策，大幅度取消了各种行政事业性收费和政府性基金项目，并在财税、金融、商事制度、服务体系等方面提供了更多的政策支持。2015年颁布的《关于大力推进大众创业万众创新政策若干政策措施的意见》从完善体制机制、构建普惠性政策扶持体系入手，制定了推动小微创新创业的具体措施①；2016年工信部发布的《促进中小企业发展规划（2016～2020年）》又提出了“互联网+”小微企业专项行动、“专精特新”中小企业培育工程等关键工程和专项行动。

（二）特点及效果

这一时期随着市场化改革在各个领域的全面推进，市场和政府关系更加清晰，竞争机制得到加强。从政策手段看，政府综合运用经济、法律和必要的行政手段，实现了传统较为单一的政策手段向多样化的规范政策手段的转换。尤其是国家大幅减少了政府直接行政干预范围，改革清理了有碍企业发展的各种行政审批事项，强调依法行政，行政干预不能违反法律规定且必须具有法律依据，加强了对地方政府和行业主管部门行政权力行使的监督和约束。建立了较为完善的竞争政策执法体系，竞争执法水平不断增强。从实施效果看，产业组织政策的执行力度大大增强，降低了企业跨区域、跨所有制兼并重组的障碍，企业重组取得了实质性进展。反垄断的监管广度、深度和处罚力度也进一步加大。但仍存在过度强调静态市场结构和在位企业之间的实际竞争，公平竞争制度建设滞后和激发企业活力受阻等深层次问题，改革之路依然任重道远。

四、未来我国产业组织政策展望

中国现行产业组织政策主要形成于改革开放以来培育市场竞争和遏制垄断的实践，也继承了改革开放前分工协作、大企业带动协作企业和发挥政府作用等做法。新中国成立至1956年资本主义工商业完成全行业公私合营的7年，采取制止垄断、投机和促进经济竞争等产业组织政策，发展有益于国计民生的私营工商业，实行五种经济成分统筹兼顾，实现了经济稳定。1957～1978年，实施部门分工和专业化协作，采取试办托拉斯、在工业和交通部门建立专业公司、建立大企业带动行业发展等产业组织政策，积极探索调整政企关系和解决条块分割问题，建成了一个基本完整的工业体系。改革开放40年，大力培育发展各类市场主体，市场竞争逐步发育成长，产业组织政策从改革初期的支持横向经济联合和提高市场集中度转变为遏制垄断和促进竞争。

随着市场的开放和完善，经济发展迫切要求加强公平竞争制度建设，通过公平竞争提高资本、土地和劳动力等生产要素的配置效率，增强企业和整个经济体系的创新能力。未来，我国产业组织政策应以公平竞争制度建设为主线，将政策着力点从市场准入和市场结构监管转变到企业的行为及其对市场绩效的影响方面，鼓励新兴产业成长，形成有利于突破核心技术的产业生态系统，使竞争政策在培育世界一流企业、促进新兴产业成长和攻克核心技术方面发挥积极作用。

（一）使公平竞争成为产业组织政策的基本支点，以开放竞争遏制垄断

我国企业规模实力不断壮大，在国际竞争中涌现出一批具有一流技术水准的企业。但总体来看，在全球产业链分工中，多数企业仍然处于产业链中低端，核心技术掌控能力弱，与世界一流

① 林汉川、秦志晖、池仁勇：《中国中小企业发展报告》，北京大学出版社2016年版。

企业差距较远。党的十九大报告强调“做强做优做大国有资本”“培育具有全球竞争力的世界一流企业”。在世界一流企业成长过程中，即使有一批优质企业形成很强的行业垄断力，成为创造性资产和能力的生产者、组织者和使用者，但只要降低准入壁垒保持足够强的竞争压力，仍然可能改进产业绩效。为此，要实施以开放遏制垄断的战略，放宽国内市场准入，引进更多国内外竞争者，使更多企业受到竞争洗礼。还要进一步压缩利用公共资源和官商关系寻租的空间，提高市场竞争创造财富的作用，使公平竞争成为产业组织政策的基本支点。压缩寻租空间和机会，逼迫企业专注于通过创新提升竞争力，在公平竞争中采取自我发展、兼并重组与跨界融合等方式，做大做强，形成他人难以复制的技术能力和组织能力，推动企业向产业链中高端攀升。这就造就一种环境，企业兼并重组做大做强与反垄断并行不悖，反垄断执法的重点不再针对市场结构，而是聚焦损害竞争的垄断行为。在兼并重组和市场集中度提高的同时，减少削弱市场竞争的管制，降低市场进入壁垒，简化市场准入手续，放宽市场准入条件，通过增强竞争者的进入威胁和实际进入机会制约在位企业实施垄断行为。政府政策和作用遵循竞争中立原则，以负面清单为指引，疏通行业的进入和退出壁垒，特别是消除外资企业和民营企业进入服务业的制度性壁垒和投资模式限制，确保不同地区、不同产权性质、不同规模的企业平等参与，公平竞争。不论是参与国际竞争还是国内竞争，对于企业来说，都要以合法、合规为底线。要推动公平竞争的法治化与制度化，严格执行知识产权保护法，切实保护创新者的合法权益，使企业在竞争中能树立正确的“义利观”，秉承构建“人类命运共同体”与“责任共同体”的价值观，正确履行对相关利益主体的责任，与当地社会、经济、环境共促、协调发展，做有担当、信誉良好的一流创新企业。

（二）促进新兴产业形成与发展，预防和治理新型垄断行为

互联网、物联网、云计算和大数据为标志的新业态的快速成长，及其引致的数字化、智能化、网络化和共享化制造技术的广泛应用，是全要素生产率提高的主要动力之一。基于信息化和工业化交叉融合发展的新兴产业将演化为主导产业，是持续推动我国产业结构优化升级和高质量发展的关键。新兴产业形成和发展需要预防及治理平台垄断，使各类企业能够创造、发现和利用商业机会，确保市场竞争有效运行。作为一种新型产业组织形态，互联网平台具有联系消费者和生产者并促成其交易的功能，兼有竞争性和垄断性。对平台垄断可以采取包容审慎的监管方式，弱管制、少限制，鼓励其创新发展，重点管制其垄断行为。对新产业应基于动态原则，根据产业生命周期制定相应的产业组织政策。在新产业的萌发期和导入期，未知大于已知，过严的监管必然束缚其发展。只要不触及法律底线、安全底线和公众利益底线，这一阶段应本着鼓励创新的宗旨，营造勇于试错、敢于创新、崇尚合作的社会生态文化系统，引导风险投资基金和政府基金注入新产业，鼓励其发展壮大；在新产业的快速发展期，高效率的企业已从激烈竞争中脱颖而出，这时的产业组织政策应聚焦于预防和制止实施反竞争行为，如平台垄断、数字垄断和知识产权垄断等。重点防治互联网平台企业实施强制独家交易等新型垄断，针对共享单车、滴滴打车、互联网巨头、P2P 平台发展过程中出现的隐性垄断、强制经营者接受不合理条件等反竞争行为，要及时追踪研究其对消费者福利的影响，探索保护平台两端消费者和经营者利益的方法，破解新经济和平台垄断的手段及方法，进一步完善新产业革命下的产业组织政策。

（三）构建开放式协同创新体系，为突破核心技术提供组织保障

核心技术创新要求改变单向、封闭的线性创新系统，调动更多社会主体和资源积极开展创新活动，集聚各方在基础研究、科技成果产业化和产品开发等方面的专长，构建开放式协同创新体系，使企业、高校科研机构、供应商、用户、投资方和政府通过开放协同的交互作用，形成攻克核心技术的组织和能力。产业组织政策要鼓励政企产学研拓展协作的广度和深度，激发企业创新

主体地位，支持核心企业整合产业链各类企业和资源，形成突破关键基础材料、核心基础零部件的工程化、产业化“瓶颈”的合力①。对于研发周期长、市场纠错成本高、网络效应强的关键零部件，加强基础研究和竞争前技术研发投入，支持行业骨干企业组织相关企业和机构，建立产业战略技术联盟，提高研发能力和效率。中小企业是产业链各节点的连接者，产业链的有效运行需要通过长期契约和股权关联，搭建大、中、小企业有效分工协作的产业组织体系，形成以核心企业为中心、中小企业为模块节点的产业链系统，为突破核心技术提供组织保障。

参考文献

[1] 周叔莲、裴叔平、陈树勋：《中国产业政策研究》，经济管理出版社1990年版。

[2] 方甲、沈霖、董守财、周彦彬：《产业组织理论与政策研究》，中国人民大学出版社1993年版。

[3] 卫志民：《近70年来产业组织理论的演进》，《经济评论》2003年第1期。

[4] 白树强：《全球竞争论》，中国社会科学出版社2000年版。

[5] 中国世界贸易组织研究会竞争政策与法律专业委员会：《中国竞争法律与政策研究报告（2010年）》，法律出版社2010年版。

[6] 何晓英、王飞：《加入WTO后中国产业组织政策面临的挑战及对策》，《南方经济》2003年第5期。

[7] 江飞涛：《中国产业组织政策的缺陷与调整》，《学习与探索》2017年第8期。

[8] 工业和信息化部产业政策司、中国社会科学院工业经济研究所：《中国产业发展和产业政策研究报告（2011）——调整与升级》，中信出版社2011年版。

[9] 张小筠、刘戒骄：《改革开放40年产业结构政策回顾与展望》，《改革》2018年第9期。

[10] 林汉川、秦志晖、池仁勇：《中国中小企业发展报告》，北京大学出版社2016年版。

[11] 刘戒骄、张小筠：《改革开放40年我国产业技术政策回顾与创新》，《经济问题》2018年第12期。

① 刘戒骄、张小筠：《改革开放40年我国产业技术政策回顾与创新》，《经济问题》2018年第12期。

第四章　新中国工业经济结构的调整

提　要

新中国成立70年来，伴随着工业化的推进和工业产业的发展，形成了不同发展阶段的工业结构特征，这既符合工业化的一般规律，也与不同时期的国情世情相关，更受我国政府和工业企业不断探索社会主义市场经济体制改革的影响。70年的工业结构变迁史表明，坚持经济体制改革、遵循要素结构和需求结构变动规律、保持技术创新的高投入和自主性、充分利用全球资源和市场、制定符合工业化阶段的发展政策是推动工业结构优化升级的重要经验。当前，尽管工业结构还存在一些突出的问题，但向创新驱动、多元动力、深化开放和区域协调方向演进的基本趋势已经确立，工业结构将沿着工业强国的方向继续演进。

*　　　*　　　*

1949年新中国成立至今，我国的工业化之路已经走过了70个春秋，工业建设取得了举世瞩目的成就。2018年工业增加值是1952年的2500余倍，年均增长率高达12.6%，占GDP的比重为33.9%，工业化进程总体上从初期阶段发展到工业化后期阶段（黄群慧，2018），伴随着工业化进程的深入，工业结构也发生了翻天覆地的变化，出现了新的趋势，也面临着转型升级的巨大压力。

图4-1　1952~2018年我国工业增加值占GDP比重

资料来源：根据《新中国60年统计资料汇编》《中国统计年鉴（2009~2018）》计算。

一、工业结构变迁的历程

1. 重工业优先发展阶段（1949～1978 年）

新中国成立之初，工业结构偏向轻型化，1952 年纺织工业和食品工业是绝对的主导行业，合计占工业总产值的 51.6%。紧随其后的是机械工业、森林工业和冶金工业，5 个行业合计占工业总产值的 75.4%。1953 年，随着大规模经济建设的展开和重工业优先发展战略的实施，工业行业结构发生了巨大变化（见表 4－1）。第一，轻工业部门的行业占比全面萎缩。纺织工业、食品工业、森林工业[①]、缝纫工业等轻工业部门的行业占比大幅下滑，相对于 1952 年，1960 年纺织工业和食品工业占比分别下滑 15.2 个和 13.6 个百分点，四大行业合计占比下滑 33.9 个百分点。随着 1960～1965 年国民经济结构的调整，这些轻工业部门的行业占比有了短暂提升，1965 年四大行业合计占比相对于 1960 年提高 5.4 个百分点。1966 年后，这些工业部门的投资再次被压缩，到 1978 年，四大行业合计占比为 27.5%，较新中国成立之初下降约 35 个百分点。第二，冶金工业占比从急剧扩张到缓慢下降。1952 年冶金工业占工业总产值的比重仅为 5.9%，在“一五”期间冶金工业快速扩张，1957 年占工业总产值的比重已经提高到 9.3%。“大跃进”运动中冶金工业成为投资的重中之重，1960 年我国生铁、粗钢和成品钢材产量分别是 1957 年的 4.6 倍、3.5 倍和 2.7 倍，三年年均增长率分别为 66.0%、51.7%、38.9%，冶金工业占工业总产值的比重也达到历史峰值水平 12.4%，此后冶金工业占比缓慢下滑，1978 年占工业总产值的比重为 8.7%。第三，机械工业快速上升为工业主导行业。1952 年机械工业已经是工业中的第三大行业，但是发展水平很低，“一辆汽车、一架飞机、一辆坦克、一辆拖拉机都不能造”。为了建立独立、完整的工业体系和快速推进工业发展，机械工业得到中央最高程度的重视。“一五”计划期间 156 项重大建设项目中有 24 个机械项目，43 个军工项目中绝大多数也属于机械工业，1957 年机械工业占工业总产值的比重已经提高到 18.2%，平均每年提高 1.36 个百分点。在“大跃进”运动中，机械工业跃升幅度甚至超过冶金工业和煤炭工业，短短三年占工业总产值的比重提高了 11.7 个百分点，一跃成为工业中的第一大行业，并一直保持了下去，到 1978 年机械工业占工业总产值的比重为 27.3%。第四，电力、石油和化学工业占比稳步提高。1952 年电力、石油和化学工业在工业总产值中的比重分别为 1.3%、0.5% 和 4.8%，在工业中的地位并不突出。此后，3 个行业都保持了比较稳定的增长态势，电力工业占工业总产值的比重从 20 世纪 50 年代的 1%～2% 提高到 70 年代的 3%～4%；在几个大油田的拉动下，20 世纪 60 年代石油工业占工业增加值的比重快速提高；化学工业比重在 50 至 70 年代大幅提升，成为与纺织工业并驾齐驱的工业支柱。

整体来看，经过近 30 年的工业化建设，我国形成了行业门类比较齐全的工业体系，机械、化学、冶金等工业行业进步显著，部分工业产品产量大幅增长，工业化取得了初步成效。

2. 轻重工业均衡发展阶段（1979～1998 年）

改革开放之初轻工业补充发展，表现在行业结构上是纺织工业占比快速上升，1978～1985 年纺织工业占工业总产值的比重上升了 2.9 个百分点，同时文教艺术用品工业、食品工业、缝纫工业等占比也有显著提高。该时期化学工业、石油工业、冶金工业、电力工业等行业占比下降幅度较大，重工业中只有建筑材料工业占工业总产值的比重上升了 0.6 个百分点，轻工业行业的发展势头全面超过重工业（见表 4－2）。

---

① 森林工业中木材采运工业和部分木材加工工业属于重工业。

表4-1 1952～1978年主要年份我国工业总产值行业结构变化

单位:%

	1952年	1957年	1960年	1965年	1970年	1975年	1978年	变化
冶金工业	5.9	9.3	12.4	10.7	9.4	9	8.7	2.8
电力工业	1.3	1.4	2.3	3.1	3.1	3.9	3.8	2.5
煤炭及炼焦工业	2.4	2.3	3.9	2.6	2.3	2.8	2.8	0.4
石油工业	0.5	0.9	1.4	3.2	4.3	5.6	5.5	5
化学工业	4.8	8.2	8.6	12.9	16.5	11.3	12.4	7.6
机械工业	11.4	18.2	29.9	22.3	26.8	27.7	27.3	15.9
建筑材料工业	3	3.3	4.7	2.8	2.6	3.1	3.6	0.6
森林工业	6.5	5.4	3.7	2.9	1.5	1.9	1.8	-4.7
食品工业	24.1	19.6	10.5	12.6	8.2	12	11.1	-13
纺织工业	27.5	18.2	12.3	15.8	13.4	12.3	12.5	-15
缝纫工业	4.4	3.9	2.1	2.7	2.4	2.3	2.1	-2.3
皮革工业	1.4	1.1	1.1	0.7	0.8	0.8	0.8	-0.6
造纸工业	2.2	2.3	1.8	1.8	1.2	1.3	1.3	-0.9
文教艺术用品工业	2	2.2	2.1	2.1	1.8	1.9	2	0
其他工业	2.6	3.7	3.2	3.8	5.7	4.1	4.3	1.7

资料来源：《中国工业经济统计资料（1949～1984）》。

表4-2 1978～1985年主要年份我国工业总产值行业结构变化

单位:%

	1978年	1980年	1983年	1985年	变化
冶金工业	8.7	8.6	8.5	8	-0.7
电力工业	3.8	3.8	3.6	3.3	-0.5
煤炭及炼焦工业	2.8	2.3	2.9	2.5	-0.3
石油工业	5.5	5.1	5	4.5	-1
化学工业	12.4	12.5	12	11.2	-1.2
机械工业	27.3	25.5	23.4	27.1	-0.2
建筑材料工业	3.6	3.6	4	4.2	0.6
森林工业	1.8	1.7	1.9	1.6	-0.2
食品工业	11.1	11.4	12.9	11.5	0.4
纺织工业	12.5	14.7	15.5	15.4	2.9
缝纫工业	2.1	2.7	2.5	2.4	0.3
皮革工业	0.8	1	0.9	0.9	0.1
造纸工业	1.3	1.3	1.3	1.3	0
文教艺术用品工业	2	2.2	2.2	2.6	0.6
其他工业	4.3	3.6	3.4	3.5	-0.8

资料来源：《中国工业经济统计年鉴（1986）》。

1986~1992年①工业行业结构整体变化不大（见表4-3），纺织业、食品制造业的占工业总产值的比重开始回调，该时期分别下降1.9个和1.45个百分点。这一时期机械工业占比也下降了1.15个百分点。同时，交通运输设备制造业、电子及通信设备制造业占比增幅较大，占比分别上升了1.9个和0.79个百分点。这一时期工业总产值中占比最高的5个行业保持稳定，分别是纺织业、机械工业、食品制造业、黑色金属冶炼及压延加工业和化学工业，合计占工业总产值的40%以上。

表4-3 1986~1992年主要年份我国工业总产值行业结构变化

单位:%

	1986年	1988年	1990年	1992年	变化
采掘业合计	7.27	6.47	6.93	6.42	-0.86
食品制造业	7.51	7.15	6.80	6.06	-1.45
饮料制造业	1.79	2.11	2.07	2.06	0.27
烟草加工业	2.39	2.53	2.75	2.34	-0.05
饲料工业	0.39	0.61	0.66	0.72	0.33
纺织业	12.40	11.90	12.31	10.50	-1.90
缝纫业	1.99	1.97	2.23	2.47	0.48
皮革、毛皮及其制品业	1.07	1.03	1.07	1.18	0.11
木材加工及竹、藤、棕、草制品业	0.68	0.69	0.55	0.57	-0.11
家具制造业	0.54	0.53	0.44	0.41	-0.13
造纸及纸制品业	1.89	2.13	2.09	1.79	-0.10
印刷业	1.00	0.95	0.93	0.95	-0.05
文教体育用品制造业	0.47	0.46	0.48	0.53	0.07
工艺美术品制造业	0.86	0.95	1.03	1.03	0.17
电力、蒸汽、热水生产和供应业	3.30	2.97	3.63	3.70	0.40
石油加工业	3.18	2.70	2.70	3.26	0.08
炼焦、煤气及煤制品业	0.29	0.29	0.38	0.34	0.04
化学工业	6.81	7.52	8.01	6.92	0.11
医药工业	1.65	1.99	1.91	2.06	0.41
化学纤维工业	1.06	1.18	1.46	1.35	0.29
橡胶制品业	1.58	1.43	1.53	1.38	-0.20
塑料制品业	1.73	2.23	1.88	2.05	0.32
建筑材料及其他非金属矿物制品业	5.51	5.18	4.78	5.15	-0.36
黑色金属冶炼及压延加工业	7.04	6.41	6.98	7.54	0.49
有色金属冶炼及压延加工业	2.48	2.43	2.74	2.57	0.09
金属制品业	2.92	2.83	2.81	2.90	-0.02

① 由于不同时期行业分类标准变化较大，本文不得不对行业结构采取分时段论述的方式。改革开放后，国民经济行业分类发生了5次变化，每次国民经济行业分类标准修订都对行业类别进行补充和细化。1984年，《国民经济行业分类和代码》（GB4574—84）正式作为国家标准发布，1986~1992年使用该行业分类标准；1994年，《国民经济行业分类和代码》（GB4574—94）发布，1993~2002年使用该行业分类标准；2002年，《国民经济行业分类》（GB/T 4574—2002）发布，2003~2011年使用该行业分类标准；2011年，《国民经济行业分类》（GB/T 4574—2011）发布，2012~2017年使用该行业分类标准；2017年，《国民经济行业分类》（GB/T 4574—2017）发布。

续表

	1986 年	1988 年	1990 年	1992 年	变化
机械工业	10. 83	10. 70	8. 99	9. 68	-1. 15
交通运输设备制造业	3. 70	3. 95	3. 83	5. 59	1. 90
电气机械及器材制造业	4. 34	4. 58	4. 28	4. 48	0. 14
电子及通信设备制造业	2. 58	3. 42	3. 14	3. 36	0. 79
仪器仪表及其他计量器具制造业	0. 76	0. 70	0. 59	0. 66	-0. 10

资料来源：《中国工业经济统计年鉴（1987～1993）》。

1993～1998 年工业总产值行业结构最大的变化是电子及通信设备制造业占比大幅上升，5 年间上升了 3. 94 个百分点，1998 年较 1986 年上升了 4. 65 个百分点，1998 年占工业总产值的比重达到 7. 22%，跃升为总产值占比最大的大类行业。黑色金属冶炼及压延加工业占比经历了 20 世纪 90 年代初的快速扩张后，在这一时期又快速萎缩，5 年间下降了 4. 21 个百分点。其他行业中，电力、蒸汽、热水的生产供应业、食品加工业、化学原料及制品制造业占比增幅较大，纺织业、非金属矿物制品业、普通机械制造业占比明显萎缩（见表 4－4）。

表 4－4 1993～1998 年主要年份我国工业总产值行业结构变化

单位:%

	1993 年	1995 年	1998 年	变化
采掘业合计	6. 35	6. 50	6. 02	-0. 33
食品加工业	4. 37	5. 57	5. 19	0. 82
食品制造业	1. 59	1. 82	1. 79	0. 20
饮料制造业	1. 94	2. 11	2. 33	0. 39
烟草加工业	1. 96	1. 84	2. 03	0. 07
纺织业	8. 91	8. 42	6. 46	-2. 45
服装及其他纤维制品制造	2. 51	2. 69	2. 98	0. 47
皮革毛皮羽绒及其制品业	1. 44	1. 78	1. 76	0. 32
木材加工及竹藤棕草制品业	0. 70	0. 74	0. 73	0. 02
家具制造业	0. 39	0. 41	0. 44	0. 05
造纸及纸制品业	1. 55	1. 86	1. 84	0. 29
印刷业记录媒介的复制	0. 86	0. 75	0. 80	-0. 05
文教体育用品制造业	0. 53	0. 68	0. 82	0. 29
石油加工及炼焦业	3. 66	3. 71	3. 44	-0. 22
化学原料及制品制造业	6. 01	6. 99	6. 83	0. 82
医药制造业	1. 75	1. 76	2. 03	0. 28
化学纤维制造业	1. 15	1. 48	1. 22	0. 07
橡胶制品业	1. 13	1. 13	1. 13	0. 00
塑料制品业	1. 80	2. 06	2. 21	0. 41
非金属矿物制品业	5. 90	5. 52	4. 73	-1. 17
黑色金属冶炼及压延加工业	9. 95	6. 69	5. 73	-4. 21
有色金属冶炼及压延加工业	2. 47	2. 51	2. 40	-0. 06

续表

	1993 年	1995 年	1998 年	变化
金属制品业	3.29	3.02	3.18	-0.12
普通机械制造业	4.97	4.33	3.81	-1.16
专用设备制造业	3.79	3.21	2.83	-0.96
交通运输设备制造业	6.58	6.04	6.22	-0.36
电气机械及器材制造业	4.68	4.75	5.36	0.67
电子及通信设备制造业	3.29	4.63	7.22	3.94
仪器仪表文化办公用机械	0.93	0.78	1.02	0.10
其他制造业	1.47	1.28	1.56	0.09
电力、蒸汽、热水的生产供应业	3.66	4.46	5.34	1.68
煤气的生产和供应业	0.13	0.14	0.15	0.02
自来水的生产和供应业	0.29	0.33	0.40	0.11

资料来源：《中国工业经济统计年鉴（1994～1999）》。

3. 基础工业扩张发展阶段（1999～2011 年）

这一阶段工业行业结构变化体现出显著的重型化倾向（见表 4-5）。第一，金属冶炼和加工行业快速扩张，黑色金属冶炼及压延加工业、有色金属冶炼及压延加工业占比上升最快，占规模以上工业企业主营业务收入的比重分别上升 2.19 个和 1.91 个百分点，2008 年黑色金属冶炼及压延加工业占比高达 9.13%，成为主营业务收入最高的大类工业行业。虽然 2011 年其占比已经下降至 7.83%，但占比依然排行第一。第二，采矿业占比上升显著，2007 年后采矿业进入行业扩张周期，行业高度景气，但是采矿业内部结构发生分化。这一时期煤炭开采和洗选业占比提高了 2.03 个百分点，但石油和天然气开采业下降了 1.34 个百分点。第三，轻纺、烟草等工业占比大幅萎缩，纺织业占比下降了 2.39 个百分点，纺织服装、鞋、帽制造业和烟草制品业占比分别下降了 1.23 个和 1.12 个百分点。第四，交通运输设备制造业和通用设备制造业占比也呈现上升趋势，比重上升都在 1 个百分点以上。通信设备、计算机及其他电子设备制造占比则经历了先上升后下降的过程，导致整个阶段前后变化并不大。2011 年主营业务收入占比最高的 5 个行业依次为黑色金属冶炼及压延加工业、通信设备计算机及其他电子设备制造、交通运输设备制造业、化学原料及化学制品制造业和电气机械及器材制造业，合计占比约为 36%。

表 4-5 1999～2011 年主要年份我国规模以上工业企业主营业务收入行业结构变化

单位：%

	1999 年	2000 年	2002 年	2005 年	2007 年	2010 年	2011 年	变化
采矿业合计	5.92	6.37	5.38	6.00	5.93	6.77	7.26	1.33
煤炭开采和洗选业	1.70	1.49	1.79	2.38	2.40	3.38	3.73	2.03
石油和天然气开采业	2.87	3.65	2.49	2.47	2.13	1.52	1.53	-1.34
黑色金属矿采选业	0.20	0.19	0.20	0.40	0.52	0.88	0.96	0.76
有色金属矿采选业	0.50	0.47	0.42	0.45	0.56	0.55	0.59	0.09
非金属矿采选业	0.47	0.42	0.38	0.30	0.32	0.43	0.44	-0.03
其他采矿业	0.19	0.14	0.10	0.00	0.00	0.00	0.00	-0.19
制造业合计	87.96	87.67	88.76	86.04	87.03	86.89	86.63	-1.34

续表

	1999 年	2000 年	2002 年	2005 年	2007 年	2010 年	2011 年	变化
农副食品加工业	4.84	4.35	4.31	4.17	4.29	4.97	5.21	0.37
食品制造业	1.74	1.68	1.78	1.47	1.46	1.60	1.65	-0.09
饮料制造业	2.28	2.05	1.80	1.23	1.25	1.31	1.40	-0.88
烟草制品业	1.91	1.69	1.84	1.15	0.94	0.81	0.79	-1.12
纺织业	6.23	6.01	5.75	4.98	4.54	4.03	3.84	-2.39
纺织服装、鞋、帽制造业	2.80	2.67	2.63	1.92	1.84	1.72	1.57	-1.23
皮革、毛皮、羽毛（绒）及其制品业	1.65	1.57	1.63	1.33	1.24	1.11	1.04	-0.61
木材加工及木、竹、藤、棕、草制品业	0.77	0.77	0.75	0.70	0.84	1.03	1.05	0.27
家具制造业	0.44	0.43	0.47	0.56	0.59	0.62	0.59	0.15
造纸及纸制品业	1.83	1.86	1.88	1.62	1.54	1.46	1.40	-0.42
印刷业和记录媒介的复制	0.80	0.72	0.75	0.56	0.51	0.50	0.45	-0.35
文教体育用品制造业	0.76	0.72	0.71	0.58	0.51	0.44	0.37	-0.39
石油加工、炼焦及核燃料加工业	3.72	5.17	4.32	4.84	4.49	4.20	4.43	0.71
化学原料及化学制品制造业	6.77	6.71	6.52	6.50	6.63	6.80	7.14	0.37
医药制造业	2.06	2.08	2.15	1.62	1.49	1.64	1.72	-0.34
化学纤维制造业	1.34	1.45	1.01	1.03	1.00	0.72	0.79	-0.55
橡胶制品业	1.07	0.95	0.96	0.86	0.85	0.84	0.86	-0.21
塑料制品业	2.23	2.22	2.25	1.99	1.98	1.94	1.82	-0.42
非金属矿物制品业	4.67	4.31	4.11	3.56	3.75	4.48	4.67	0.00
黑色金属冶炼及压延加工业	5.64	5.52	5.86	8.69	8.74	7.81	7.83	2.19
有色金属冶炼及压延加工业	2.47	2.54	2.35	3.16	4.48	4.18	4.38	1.91
金属制品业	3.05	2.96	2.97	2.57	2.78	2.82	2.73	-0.32
通用设备制造业	3.71	3.56	3.83	4.10	4.46	4.93	4.77	1.07
专用设备制造业	2.72	2.56	2.54	2.39	2.57	3.05	3.10	0.37
交通运输设备制造业	6.41	6.26	7.55	6.26	6.66	7.89	7.50	1.09
电气机械及器材制造业	5.53	5.64	5.54	5.38	5.81	6.04	5.96	0.43
通信设备、计算机及其他电子设备制造	8.02	8.81	10.19	10.80	9.76	7.91	7.54	-0.48
仪器仪表及文化、办公用机械制造业	0.97	1.01	0.98	1.10	1.05	0.91	0.89	-0.08
工艺品及其他制造业	1.54	1.39	1.33	0.79	0.83	0.82	0.85	-0.69
废弃资源和废旧材料回收加工业	0.00	0.00	0.00	0.11	0.17	0.34	0.31	0.31
电力、热力的生产和供应业	5.50	5.38	5.32	7.48	6.56	5.81	5.59	0.10
燃气生产和供应业	0.18	0.20	0.20	0.27	0.28	0.36	0.38	0.20
水的生产和供应业	0.43	0.38	0.34	0.22	0.19	0.16	0.14	-0.29

注：1999 ~ 2002 年的行业分类根据《国民经济行业分类》（GB/T 4574—2002）做了重新调整，前后具有可比性。

资料来源：《中国统计年鉴（2000 ~ 2012）》。

4. 工业结构不断优化发展阶段（2012 年至今）

这一阶段工业行业结构显著优化升级，装备制造行业获得快速发展。第一，从行业门类看，采矿业、电力燃气及水的生产和供应业占比下降，制造业占比上升。自 2012 年起，采矿业进入行业下行周期，主营业务收入绝对值和占比均快速下降，5 年间绝对值萎缩了 28.36%，占比则下降了 2.94 个百分点，而制造业占比上升了 3.28

个百分点。第二，从采矿业内部看，各行业占比全面萎缩，尤其是煤炭开采和洗选业占比下降最多，5年间下降了1.47个百分点。第三，汽车制造业、计算机通信和其他电子设备制造业占比有了大幅上升，5年间分别提高了1.96个和1.8个百分点，成为工业中占比最高的两个大类行业。这5年间汽车、手机、集成电路等产品产量都大幅增长，尤其是集成电路产量年均增长率高达14.3%。第四，黑色金属冶炼和压延加工业占比在经历了2000～2008年的快速拉升后，2009年起开始下滑，2012年后加速下降，5年间下降了2个百分点，主营业务收入占比跌落至大类行业的第五位。2017年主营业务收入占比最高的5个行业依次为计算机通信和其他电子设备制造业、汽车制造业、化学原料和化学制品制造业、电气机械和器材制造业及黑色金属冶炼和压延加工业，合计占比仍然约为36%，相对于2011年前五位工业行业的集中度并没有发生明显变化（见表4－6）。

表4－6　2012～2017年我国规模以上工业企业主营业务收入行业结构变化

单位：%

	2012年	2013年	2014年	2015年	2016年	2017年	变化
采矿业合计	7.13	6.50	5.85	4.71	4.15	4.19	－2.94
农副食品加工业	5.61	5.79	5.75	5.89	5.94	5.29	－0.33
食品制造业	1.70	1.79	1.84	1.98	2.07	1.95	0.25
酒、饮料和精制茶制造业	1.46	1.48	1.48	1.57	1.60	1.51	0.05
烟草制品业	0.81	0.80	0.81	0.84	0.75	0.78	－0.03
纺织业	3.47	3.47	3.46	3.60	3.52	3.19	－0.28
纺织服装、服饰业	1.86	1.87	1.90	2.00	2.05	1.84	－0.02
皮革、毛皮、羽毛及其制品和制鞋业	1.21	1.22	1.26	1.32	1.31	1.24	0.03
木材加工和木、竹、藤、棕、草制品业	1.11	1.16	1.20	1.25	1.28	1.14	0.04
家具制造业	0.61	0.64	0.66	0.71	0.76	0.78	0.17
造纸和纸制品业	1.35	1.24	1.22	1.26	1.26	1.31	－0.04
印刷和记录媒介复制业	0.49	0.58	0.61	0.67	0.70	0.69	0.21
文教、工美、体育和娱乐用品制造业	1.11	1.25	1.35	1.43	1.47	1.41	0.30
石油加工、炼焦和核燃料加工业	4.24	3.95	3.71	3.12	2.98	3.56	－0.68
化学原料和化学制品制造业	7.29	7.38	7.51	7.53	7.53	7.23	－0.06
医药制造业	1.87	1.97	2.11	2.32	2.43	2.39	0.53
化学纤维制造业	0.73	0.68	0.65	0.65	0.67	0.70	－0.03
橡胶和塑料制品业	2.60	2.68	2.70	2.79	2.80	2.69	0.09
非金属矿物制品业	4.73	5.00	5.19	5.30	5.35	5.22	0.49
黑色金属冶炼和压延加工业	7.70	7.33	6.71	5.68	5.35	5.70	－2.00
有色金属冶炼和压延加工业	4.44	4.54	4.64	4.63	4.61	4.77	0.33
金属制品业	3.13	3.20	3.29	3.36	3.44	3.17	0.04
通用设备制造业	4.09	4.20	4.25	4.24	4.16	4.03	－0.07
专用设备制造业	3.09	3.15	3.15	3.23	3.23	3.16	0.07
汽车制造业	5.51	5.75	6.13	6.40	7.02	7.47	1.96
铁路、船舶、航空航天和其他运输设备	1.69	1.58	1.64	1.72	1.67	1.49	－0.20
电气机械和器材制造业	5.87	5.93	6.05	6.23	6.35	6.33	0.46

续表

	2012 年	2013 年	2014 年	2015 年	2016 年	2017 年	变化
计算机、通信和其他电子设备制造业	7.58	7.59	7.72	8.25	8.60	9.37	1.80
仪器仪表制造业	0.72	0.73	0.75	0.79	0.82	0.88	0.17
其他制造业	0.22	0.23	0.23	0.25	0.24	0.23	0.01
废弃资源综合利用业	0.31	0.33	0.33	0.34	0.35	0.34	0.03
金属制品、机械和设备修理业	0.10	0.09	0.08	0.09	0.10	0.10	0.00
电力、热力生产和供应业	5.67	5.40	5.15	5.10	4.75	5.07	-0.61
燃气生产和供应业	0.36	0.39	0.47	0.57	0.52	0.56	0.20
水的生产和供应业	0.14	0.14	0.15	0.17	0.18	0.21	0.07

资料来源：《中国统计年鉴（2013～2018）》。

二、工业结构变迁的重要经验

1. *始终坚持经济体制改革和社会主义市场经济道路不动摇*

新中国成立初期，我国实施了以单一公有制和计划经济体制为核心的工业发展模式，依靠强大的政治动员能力和资源配置能力主导工业发展和工业结构调整，这一时期工业结构相对稳定，但也压制了各种要素、资源的活力。改革开放以后，我国开始循序渐进地对经济体制进行改革，推动了工业高速增长和工业结构持续升级。首先，经济体制的改革促成了以公有制为主体、多种所有制共同发展的多元动力格局，形成了工业结构升级的微观动力。各种类型市场主体诞生为工业发展注入了源源不断的活力，乡镇企业、外资企业、民营企业先后成为我国工业发展的主力军，同时形成了各具地方特色的工业发展模式，近年来，双创还创造了更多新兴的工业经济微观主体。第二，人口制度改革将“人口红利”转变为发展动力。农村经济体制改革释放了大量的农村剩余劳动力，最初直接推动了乡镇企业的兴起，对劳动力流动限制的不断放松使劳动力涌向生产效率更高的地区和产业，因而，沿海地区劳动密集型出口加工业高速发展，我国用20余年时间成为世界工厂，也形成了我国梯度发展的工业地区结构特征。第三，体制改革使政府和市场的关系趋于合理化。在推行市场化导向的经济体制改革进程中，市场配置资源的地位和作用不断得到肯定，工业结构变迁由政府主导向由市场主导过渡。但是，政府依然掌握着大量经济资源和政策工具，有强烈的动机去干预市场和刺激投资，违背市场规律的情况时有发生，磨合规范政府和市场关系还是一个长期的工作。

2. *要素结构和需求结构是决定工业结构调整的基础因素*

新中国成立初期实施的重工业优先发展战略为建立独立完整的工业体系打下了坚实的基础（姚洋、郑东雅，2008；邓宏图等，2018），但由于严重偏离当时资本稀缺的要素结构和基本生活品需求旺盛的需求结构，重工业化付出了产业结构失衡、资源浪费严重、人民生活水平低下的沉重代价（林毅夫等，1994）。改革开放之后，我国工业结构演进逐步调整到了遵循要素结构和市场结构变化的轨道上。改革开放初期，逐步放松对日用品消费管制，加之居民收入大幅提高，消费品工业迅速成长，而这些行业大多属于劳动密集型行业，符合当时要素结构特征，这一时期轻工业比重提高了，工业结构与要素结构、市场结构间矛盾缩小了，带来了工业的高速增长和生产率的不断提高（张军等，2009）。随着外资的涌入、短缺经济的结束以及城市化的加速推进，20世纪90年代后期资本要素不再稀缺而劳动力供给依然充足，生活水平提高和基础设施建设对重工业产品需求增长，要素结构和需求结构变动共同推进了这一时期工业部门的资本深化和重化工业化（陈诗一，2011）。受国际金融危机和我国工业化进入后期的影响，中国经济在2010年后逐步进入"新常态"，这一时期，人口红利在达到顶峰后开始衰减，长期高积累、高消费发展模式又使资本回报率大幅下跌，土地、资源、能源等传统要素成本也急剧上升，同时，长期"引进消化吸收再创新"不仅积累了大量技术能力，还培育了技术创新队伍。另外，居民消费能力大幅提高，对高端工业品需求持续增长，包括汽车、手机等部分产品进入存量替代阶段，国内市场竞争激烈。在新的发展阶段，供给和需求结构变化继续推动我国工业结构的调整优化，高技术行业快速成长，资源型工业萎缩，工业结构向更加符合工业强国标准的方向调整升级。

3. 技术创新是驱动工业结构优化升级的根本动力

改革开放前，我国通过集中攻关的自主创新打破了国外技术封锁，在"一穷二白"的基础上建立起了独立完整的工业体系，并为此后的工业发展积累了技术储备。改革开放初期，技术引进成为我国技术创新的主要途径，外商直接投资的大量涌入快速缩小了我国与发达国家的技术差距，推动了我国外向型工业的发展。但技术引进并不能形成工业结构优化升级的持续动力，强化技术创新的自主性才能避免陷入"低端陷阱"，从引进模仿到自主创新只能依靠内资企业的努力（郭熙保、文礼朋，2008）。2006年，全国科技大会提出自主创新、建设创新型国家战略，工业企业的自主创新活动开始活跃。国际金融危机后，有R&D活动的企业比重开始显著上升，工业企业科技活动支出开始向自主创新倾斜。R&D经费内部支出主要反映企业在自主创新方面的投入，而引进国外技术经费支出、引进技术消化吸收经费支出、购买国内技术经费支出主要反映企业在引进模仿方面的投入。2011年自主创新方面的投入首次超过了引进模仿方面的投入，并快速拉开了与后者的差距。党的十八大进一步提出创新驱动发展战略，自主创新的技术积累成果逐渐显现，工业结构加速调整。保持技术创新的高投入和自主性，将构成今后我国工业结构优化升级的根本动力。

4. 充分利用全球资源和市场促进工业结构调整升级

改革开放之前，我国工业经济对外联系不多，主要是少量出口初级产品，以及使用有限外汇进口重工业发展所需的装备和原材料。改革开放初期，我国把握住了全球劳动密集型行业重新布局的历史机遇，大量承接国际产业转移，凭借低劳动力成本优势迅速融入世界工业经济分工体系。这一时期，国外资本、技术和管理经验大量涌入，打破了我国工业结构调整的要素结构约束，服装、家电、电子等劳动密集型行业规模迅速扩大，并带动了上游能源、冶金、化工等基础工业的发展。2001年，中国复关并加入世界贸易组织，工业对外开放进入新的发展阶段，呈现"引进来"和"走出去"相结合的战略趋势：一方面，继续积极引进外资，发挥外资企业在人才、技术、管理、产品研发、市场开拓等多方面的示范效应和溢出效应；另一方面，积极开拓海外工业产品市场，巩固"世界工厂"地位。近年来，中国政府不断放宽外资市场准入条件，鼓励外资在中国设立全球或区域研发中心、运营中心，构建更加公平的市场环境，提高外资引入的质量。2013年，中国提出"一带一路"倡议，积极推进国际产能合作，在调整优化本国工业结构的同时，更是将中国工业化的经验推广到了沿线国家，并帮助广大发展中国家争取更好地融入世界工业分工体系。

5. 根据工业化的阶段性特征，制定适宜的工业发展政策

新中国成立初期的计划经济时期，通过五年规划、三线建设、"两弹一星"等重大战略规划和工程培育和壮大了工业，虽然计划经济的各种弊端不断显现，但客观上政府主导构建了较为完整的工业结构。改革开放之后，我国政府积极推进转变经济发展方式，党的十二大提出要转到以经济效益为中心的轨道上来，党的十三大提出要转到依靠科技进步和劳动者素质提高的集约经营轨道上来，党的十四大再次提出促进经济发展方式从粗放型向集约型根本性转变，等等。直到工业化后期阶段转变经济发展方式的努力才取得显著成效。党的十八大以来，工业发展的传统动能大大减弱，传统产业面临转型升级的迫切压力。

政府顺应工业结构升级的趋势，大力扶持战略性新兴产业成长，先后提出“互联网+”、《中国制造2025》、供给侧结构性改革、高质量发展等发展战略或举措，积极推动工业领域的减税降费，工业在增速趋缓的同时结构升级加速，创新驱动的支撑显著增强，技术密集型行业获得了快速发展。

三、当前工业结构存在的突出问题

1. 产能过剩现象依然突出

虽然近年来我国积极调控过剩产能，在钢铁、煤炭、水泥等重点行业推行以“去产能”为主的供给侧结构性改革取得明显成效，从2016年开始，各工业行业的产能利用率有明显回升，但产能过剩依然具有领域广、程度深、易于复发等特点。2018年第四季度大部分工业行业产能利用率在70%～80%，全部工业产能利用率为76%，资本密集型行业产能利用率明显低于技术密集型行业。值得注意的是，不仅传统行业存在产能过剩，一些新兴行业也因大量资本短时间进入低端环节出现了产能过剩问题，即所谓“先进产能”而非“落后产能”的过剩（郭朝先，2019），地方政府不恰当的市场干预行为，在产业选择时不考察经济规律，不结合自身特点和优劣势，盲目地选择高增长行业的短期行为是造成产能过剩的重要原因之一，打破地区竞争下的体制扭曲才能从根本上缓解产能过剩问题（江飞涛等，2012）。

2. 原始创新对结构升级支撑有限

改革开放后我国从技术引进开启了工业技术追赶的时代，“引进消化吸收再创新”的模式在初期无疑是成功的，我国与发达国家的技术差距大大缩小，综合创新能力位列中等收入国家第一名，部分领域正在逐步向世界技术前沿逼近。但是，随着我国向全球价值链中高端跨越，我国在全球技术创新分工中的角色发生了变化，原始创新不足的弊端逐渐暴露并成为工业结构继续升级的重要桎梏。一些关键性核心技术受制于人，产业安全经常受到威胁，发达国家实施更加保守的贸易和技术转让政策不仅使我国技术引进的机会减少，甚至一些本来具有优势的产业环节也会受到打击，例如近期有中国企业被限制进口核心零件。原始创新不足还使我国工业开辟全新技术路线的能力减弱，从而容易被锁定在中低端的加工组装环节。传统的跟随式创新，是在国外已有技术路线基础上进行的渐进式创新，虽然成本低、进步快，但适应新技术路线的能力较弱。例如，我国显像管产业曾经是全球第一，液晶显示替代显像管成为显示主流技术路线之后，我国显示产业不得不经历重大调整后重新逐渐形成竞争力，当前，OLED可能成为新的主流显示技术，我国显示产业再次面临巨大挑战。

3. 高技术产业徘徊于低水平发展

我国大力扶持的战略性新兴产业发展已经取得了明显成效，高端装备制造、生物医药等高技术密集型行业规模增长迅速，占工业比重不断提高。但是，国内企业主要投资高技术行业附加值较低的下游环节，“高端产业低端化”的结构性矛盾长期存在。例如，我国已经是全球最大的机器人应用市场和生产基地，但国内机器人企业集中在产业链下游，承担二次开发、定制部件、售后服务等业务，而下游系统集成只能占机器人全产业链价值创造的6%左右。如果以资本劳动比来度量资本深化程度，以研发强度来度量技术密集程度，2016年我国高技术密集型行业普遍属于轻资产行业，技术密集程度甚至与资本深化程度负相关。由于高技术产业的低水平发展，高端工业品的供需矛盾依然存在，在同一产品上表现出“大进大出”但进出口单价差距大的特征。例如，2018年我国进口汽车113万辆，出口汽车115万辆，进出口数量大致相当，但出口汽车的单价是进口汽车的3.48倍；同样，进口集成电路单价是出口的1.91倍；进口医药品单价是出口的11.52倍；即便是在产量上占有绝对优势的钢铁行业，我国进口钢铁单价也是出口的1.43倍。

4. “两端挤压”使工业结构升级压力陡增

改革开放初期，我国凭借比发达国家更低的要素成本，以及比其他发展中国家更完善的工业配套体系、更优的发展环境参与国际工业分工，但这种情况正在发生改变。从自身看：2010 年前后我国的刘易斯拐点来临（蔡昉，2007），人口红利趋于衰竭，劳动力、土地、资源、能源要素成本不断推高，环境保护力度不断增强，以前支撑工业经济高速发展的政策措施效果减弱，有的传统政策甚至适得其反，粗放式的工业发展方式难以为继。从外部环境看：一方面，金融危机以后，发达国家开始调整经济战略，促进以制造业为重点的实体经济部门发展。新工业革命中，信息技术的应用大幅降低了工业对劳动力的需求，发达国家高劳动力成本劣势被减弱。为了保护本土工业和限制中国高技术产业发展，贸易保护主义抬头，美国挑起针对中国的贸易摩擦，我国需要重新审视和调整与发达国家工业分工和贸易关系。另一方面，新兴经济体快速崛起，工业基础设施明显改善，经济制度不断改善，以明显低于中国的劳动力成本和更优的财税政策吸引国外投资，服装产业已经率先呈现了向东南亚国家转移的趋势。受国内外发展环境和条件变化，我国工业在全球价值链中处于“两端挤压”的窘境，相对发达国家尚未形成质量效益优势，相对新兴国家也不再具有劳动成本优势，工业结构升级迫切而艰难。

四、工业结构变动的基本趋势

党的十九大报告指出中国特色社会主义进入新时代，同时指出“我国经济已由高速增长阶段转向高质量发展阶段，正处在转变发展方式、优化经济结构、转换增长动力的攻关期”。工业发展的环境、条件、方式、目标正在发生深刻变化，工业结构变动趋势正是基于这些变化产生的。

1. 创新驱动先进制造业占比持续提高，产业融合发展成为常态

当今国际产业竞争的高地是争夺知识、技术、标准等创新驱动的高端产业主导权，各国为迎接新科技革命和产业变革而制定了新的工业战略。2015 年发布的《中国制造 2025》计划正是顺应世界工业发展的大趋势而推出的国家战略，规划了高端产业发展和技术进步的路线图。新一代信息技术、高端装备、生物医药、新材料、新能源汽车等先进制造业成为我国重点支持发展的工业部门，先进制造业在工业中的比重将持续提高，成为工业结构升级的主要方向。新工业革命浪潮中，产业融合发展是重要特征。一方面，物联网、大数据、人工智能、5G 通信等新一代信息技术不仅自身发展形成规模庞大新兴产业，还将改造升级传统工业部门，推动工业结构的优化和高级化；另一方面，工业与服务业深度融合，在传统产业分工的边缘催生新业态，成为工业新的增长动力来源。

2. 民营经济重要性提高，混合所有制成为主要的工业企业所有制形式

随着全面深化改革的推进，民营工业企业营商环境持续改善。2018 年习近平总书记在民营企业座谈会上提出从六个方面保障民营企业的健康发展，相关部委陆续下发了《关于实施进一步支持和服务民营经济发展若干措施的通知》《金融支持民营经济发展的实施意见》等相关文件，落实相关政策。近年来，民营企业大量投资半导体、新能源汽车、生物医药等新兴高技术工业行业，在高增长行业投资的增长将使民营经济占工业经济比重提高，并成为突破关键技术、构筑中国工业竞争力的重要力量。积极发展混合所有制是深化国有企业改革的“突破口”，我国大力推动“管资产”转向“管资本”的国有资本管理体制创新。在进一步完善国有企业现代企业制度和内部治理机制的过程中，混合所有制向更深层次发展。国有资本、集体资本、私营资本、外商资本等各种所有制资本交叉持股、相互融合的混合所有制经济将继续强化，成为我国基本经济制度的主要实现形式（刘艳红、郭朝先，2018）。

3. “走出去”步伐加快，提升中国工业开放程度并促进结构优化

2014 年，我国对外直接投资金额首次超过实

际利用外商直接投资金额，成为资本净流出国，且净流出金额有扩大的趋势。虽然工业对外直接投资金额尚未超过工业实际利用外商直接投资金额，但两者差距在快速缩小。2017 年我国对外投资存量规模升至全球第二，但与美国差距悬殊，仅相当于美国的 23.2%，与德国、荷兰、英国比较接近。在对外投资存量中，制造业占比仅为 7.76%，制造业对外投资存量仅相当于美国的 12.44%。同时，对外投资方式比较简单，投资领域比较局限，总体上看工业企业"走出去"还处于初级发展阶段，无论是对外投资规模还是投资水平都还有巨大的上升空间。"一带一路"倡议下的国际产能合作为我国工业企业"走出去"提供了新的载体和机遇，在一定程度上缓解了当前贸易保护主义抬头导致的国际投资准入形势恶化。2017 年以来，国务院相关部委相继出台了《关于进一步引导和规范境外投资方向的指导意见》《民营企业境外投资经营行为规范》《关于引导对外投融资基金健康发展的意见》，规范和引导了我国工业企业对外投资行为。"走出去"已经成为我国顺应全球化新形势和深化国际分工参与的主要途径，成为工业结构优化的一大动力。

4. 中西部欠发达地区比重提高，工业地区结构更加合理

"十四五"规划期间发达地区的工业结构继续向依赖高水平人力资本的知识和技术密集型行业升级，引领我国向制造强国迈进，计算机通信和其他电子设备制造业、仪器仪表制造业等高技术密集型行业的东部地区集中度将维持在 3/4 以上。不过，在政策红利的推动下，欠发达地区迎来了更多的发展机遇。第一，我国积极实施京津冀一体化、长江经济带、粤港澳大湾区、雄安新区建设等区域协同发展的国家战略，推动区域合作和一体化发展，"十四五"规划期间这些区域协同发展将发挥更大的作用，推动发达地区的各种要素和信息向欠发达地区流动；第二，"一带一路"倡议和国际产能合作将广大中西部地区纳入我国"走出去"的战略版图，增强中西部与东部地区的经济联通，同时深化中西部地区的对外开放，东西双向开放战略逐步落地，有望重塑国内经济地理格局（吴福象、段巍，2017）；第三，随着我国重大基础设施建设向中西部地区倾斜，中西部地区的基础设施"短板"不再是发展的重大限制，城镇化和工业化加速推进，对人才和劳动密集型行业的"拉力"增强，拉动承接东部地区"挤出"的劳动密集型产业。与此同时，中西部地区新兴产业布局也有了突破，部分地区形成新兴产业集群，强化了工业结构升级的动力，在全国工业空间格局中将扮演更重要的角色。

专栏 4－1

央地合力谋划，人工智能、集成电路等新兴产业成重点

我国对先进制造业集群高度重视，2019 年 5 月国务院印发的《关于推进国家级经济技术开发区创新提升打造改革开放新高地的意见》，明确实施先进制造业集群培育行动，支持国家级经开区创建国家新型工业化产业示范基地，培育先进制造业集群。多部门近期正在密集落实支持政策。商务部表示，将积极支持国家级经开区集聚、集约、集群发展先进制造业，会同有关部门共同实施先进制造业集群培育行动。发改委表示将培育世界级先进制造业集群，加大关键基础材料、核心基础零部件、产业技术基础等研发的力度。工信部正在会同有关部门研究制定培育发展先进制造业集群的政策文件，围绕先进制造业领域，推动各类产业集聚区向集群发展转型提升，着力培育一批先进制造业集群，使其成为制造业高质量发展的典范。

值得关注的是，新兴产业正在成为地方培育产业集群的重要领域。例如，广东省日前提出，到 2022 年，基本培育形成电子信息、汽车、智能家电、机器人、绿色石化五大世界级先进制造

业集群。浙江省今年将重点培育发展数字安防、新能源汽车等一批先进制造业集群，争创人工智能、集成电路、新材料等产业新优势。山东省大力推进“现代优势产业集群＋人工智能”，培育形成一批标志性产业集群，成为全国重要的人工智能产业集聚地。

按照相关部署，培育发展先进制造业集群将坚持市场化运作、内外资企业一视同仁。多位受访专家表示，《鼓励外商投资产业目录（2019年版）》的发布将有力促进外资参与先进制造业集群的培育发展。根据2019年版鼓励目录，将重点鼓励外资企业参与制造业高质量发展，在电子信息、装备制造、生物医药、现代医药和新材料等先进制造业领域新增或修改了多项条目。地方层面，如广东明确到2022年电子信息、智能家电、机器人等五大集群更加开放，集聚和配置全球智慧和资源，全面参与全球产业分工合作。

资料来源：《经济参考报》2019年7月4日。

参考文献

［1］蔡昉、王德文、曲玥：《中国产业升级的大国雁阵模型分析》，《经济研究》2009年第9期。

［2］蔡昉：《中国劳动力市场发育与就业变化》，《经济研究》2007年第7期。

［3］陈诗一：《中国工业分行业统计数据估算：1980—2008》，《经济学》（季刊）2011年第3期。

［4］邓宏图、徐宝亮、邹洋：《中国工业化的经济逻辑：从重工业优先到比较优势战略》，《经济研究》2018年第11期。

［5］郭熙保、文礼朋：《从技术模仿到自主创新——后发国家的技术成长之路》，《南京大学学报》（哲学·人文科学·社会科学版）2008年第1期。

［6］郭朝先：《当前中国工业发展问题与未来高质量发展对策》，《北京工业大学学报》（社会科学版）2019年第2期。

［7］黄群慧：《改革开放40年中国的产业发展与工业化进程》，《中国工业经济》2018年第9期。

［8］黄群慧：《论中国工业的供给侧结构性改革》，《中国工业经济》2016第9期。

［9］江飞涛、耿强、吕大国、李晓萍：《地区竞争、体制扭曲与产能过剩的形成机理》，《中国工业经济》2012年第6期。

［10］金碚、吕铁、邓洲：《中国工业结构转型升级：进展、问题与趋势》，《中国工业经济》2011年第2期。

［11］林毅夫、蔡昉、李周：《中国的奇迹：发展战略与经济改革》，上海人民出版社1994年版。

［12］刘艳红、郭朝先：《改革开放四十年工业发展的“中国经验”》，《经济与管理》2018年第3期。

［13］吴福象、段巍：《国际产能合作与重塑中国经济地理》，《中国社会科学》2017年第2期。

［14］武力、温锐：《1949年以来中国工业化的“轻、重”之辨》，《经济研究》2006年第9期。

［15］姚洋、郑东雅：《重工业与经济发展：计划经济时代再考察》，《经济研究》2008年第4期。

［16］张军、陈诗一、Gary H. Jefferson：《结构改革与中国工业增长》，《经济研究》2009年第7期。

第五章　新中国工业所有制结构的变动

提　要

自新中国成立以来，中国所有制结构发生了巨大变化，经历了从以国营经济为主导、五种经济成分并存向单一公有制的变迁，再到以公有制为主体多种所有制经济共同发展的所有制结构转变。一系列所有制结构调整，有效地推动了各种所有制参与国民经济活动，优化了产业结构，解放和发展了生产力，取得了令人瞩目的成就。工业所有制结构调整极大地推进了中国工业生产力的发展，为中国特色社会主义的进一步发展奠定了坚实的基础。当前，工业所有制调整中仍然存在着国有经济区域结构不尽合理、国有经济产业分布仍然过宽过散等问题。除自然垄断产业、关系国民经济命脉的产业外，一般竞争性行业国有经济的比重仍然过高。今后中国工业所有制结构调整方向：一是借鉴国内外所有制结构调整经验教训，探寻与国情匹配的所有制结构。二是健全多种所有制经济共同发展的法治基础，营造非公有制经济发展良好环境。三是立足国情，重新审视，进一步优化国有经济的布局。四是防范所有制调整中存在的各类风险，统筹所有制结构调整与社保体系完善。

*　　　　*　　　　*

所有制反映了人们在生产活动中对生产资料的分配情况，是一切社会经济关系的基础。新中国成立以来，党对社会主义所有制结构探索的历程表明：中国共产党一直在努力探索适合中国国情的社会主义所有制结构。党的十五大最终建立起了以公有制为主体、多种所有制经济共同发展的社会主义初级阶段的所有制结构。党的十六大进一步指出必须毫不动摇地巩固和发展公有制经济，同时，必须毫不动摇地鼓励、支持和引导非公有制经济发展。这是所有制结构理论取得的重大突破。所有制分为公有制经济和非公有制经济两大类，具体又分为五种形式。公有经济是指资产归国家或公民集体所有的经济成分，包括国有经济和集体经济，国有经济是指资产归国家所有的经济成分，集体经济是指资产归公民集体所有的经济成分；非公有经济是指资产归我国内地公民私人所有或归外商、港澳台商所有的经济成分，包括私有经济、港澳台经济和外商经济，私有经济是指资产归我国内地公民私人所有的经济成分，港澳台经济是指资产归港澳台商所有的经济成分，外商经济是指资产归外商所有的经济成分。

一、问题提出

新中国成立70年，中国所有制调整从新中国成立头三年，我们党在“一穷二白”的国情上确立了国营经济为主导、五种经济成分并存的新民主主义所有制结构。到不顾生产力十分落后的国情，以教条化的苏联模式为标准，建立起“一大二公三纯”的单一公有制结构，搞所有制的过渡、升级。再到党的十一届三中全会后，解放思想、实事求是思想路线的确立，党在总结过去的经验教训的基础上，提出了社会主义初级阶段的理论，认为中国最大的实际是处于并将长期处于社会主义初级阶段，制定的政策、方针必须要对社会主义初级阶段的国情有统一的认识和准确的把握。1997年党的十五大第一次提出了：“公有制为主体、多种所有制经济共同发展，是我国社会主义初级阶段的一个基本经济制度。”并提出“非公有制经济是我国社会主义市场经济的重要组成部分。”1999年3月，全国人大九届二次会议又将这项社会主义初级阶段的基本经济制度正式写入了宪法。2002年党的十六大报告进一步指出：“必须毫不动摇地巩固和发展公有制经济，同时，必须毫不动摇地鼓励、支持和引导非公有制经济发展。”在新的形势下，2013年11月，党的十八届三中全会通过《中共中央关于全面深化改革若干重大问题的决定》，指出“国有资本、集体资本、非公有资本等交叉持股、相互融合的混合所有制经济，是基本经济制度的重要实现形式，有利于国有资本放大功能、保值增值、提高经济力，有利于各种所有制资本取长补短、相互促进、共同发展”。所有制结构的这种变迁是符合中国经济发展内在规律的。但是，所有制调整中仍然存在着国有经济区域结构不尽合理、国有经济产业分布仍然过宽过散等问题。除自然垄断产业、关系国民经济命脉的产业外，一般竞争性行业国有经济的比重仍然过高。但是与外资和港澳台资相比，关系国民经济发展的装备制造业比重降低较快，已经基本失去了有效的控制。因此，需要在未来深化工业所有制结构改革中正确解决这些问题。

二、中国工业所有制结构调整的历程

1949年以来，我国工业经济所有制调整走过了艰难曲折的发展之路。历经了改革开放前和改革开放后两个完全不同的经济发展阶段。改革开放前，中国工业经济长期处于成长和探索阶段，国家通过没收官僚资本、改造民族资本和大规模经济建设，逐步形成了在国民经济发展中占主体地位国有工业体系，加速推进了国家工业化进程，同时也积累了很多矛盾。改革开放后，国家加快了所有制改革，逐步形成了国有资本、法人资本、个人资本、外商资本、港澳台商资本等多种所有制并存的工业体系。

1. 新中国成立初期社会主义改造阶段（1949~1957年）

中华人民共和国成立，标志着新民主主义革命的完成，中国随即进入社会主义社会，受社会主义理论指导，生产资料私有制向生产资料公有制加快转变。原有的多种经济成分企业通过改造，转换成为国有企业（当时称为国营企业，以下统一称为国有企业）的雏形，构成了中国工业经济的主体。这一阶段，中国工业经济呈现高速发展的态势。中国全部工业总产值由1949年的140亿元增加至1957年的704亿元，年均增长22.4%。

新中国成立初期国有化改造阶段，这一阶段，所有制调整体现在国有工业企业和集体工业企业数量增加，其他成分工业企业数量减少，我国工业经济中国有比重由新中国成立初期不足三成跃升至七成以上。1949 年，我国全部工业实现了 140 亿元的工业总产值，国有企业、集体企业和其他经济类型企业分别实现了 36.8 亿元、0.7 亿元和 102.5 亿元工业总产值，占全国工业总产值的比重分别为 26.3%、0.5% 和 73.2%，公有制经济在工业领域中的占比不足三成，七成以上是非国有工业企业实现的。经过一系列国有化改造，至 1957 年，中国全部工业实现工业总产值 704 亿元，国有企业、集体企业和其他经济类型企业分别实现了 378.5 亿元、134 亿元和 191.5 亿元，占全国工业总产值的比重分别为 53.8%、19% 和 27.2%，公有制经济在工业领域中的占比超过七成。

这一阶段，工业领域的所有制改造主要通过四个途径实现。一是将解放区公营企业直接转换为国有企业。1949 年前，由于紧迫的战争形势发展需要，中国共产党在解放区创办了一批公营企业，以兵工厂、机械厂、棉纺厂、煤油厂、钢铁厂等工矿企业为主。这些公营企业随之解放战争形势的发展而不断壮大，新中国成立后，解放区的公营企业成为工业经济的重要组成部分。二是将官僚资本主义企业通过民主改革方式转变为国有企业。新中国成立时，人民政府没收的官僚资本主义工业企业共 2858 家，产业工人 75 万人。三是将敌伪工业企业转变为国有企业。敌伪政权创办的工厂、矿山在当时就有相当的规模和基础，随着人们解放战争的胜利推进，敌伪工业企业逐一被没收成为国有企业。四是将民族资本主义工商业企业改造为国有企业。人民政府对民族资本主义工商企业的态度与官僚资本主义企业和敌伪企业的态度不同，政府先是允许民族资本工商企业与国有企业共同发展，这当然是一个短暂的时期，从 1953 年起，国家通过和平赎买的方式，逐步对民族资本主义工商业进行社会主义改革，其实质是将私有制转化为国有制①。

1952 年，中国共产党提出了过渡时期的总路线，明确了从新民主主义向社会主义过渡的具体途径和步骤。在过渡时期总路线的指引下，中国工业经济进入了大规模的社会主义改造和建设时期。一方面，国家大力投资建设国有工业企业，壮大国有经济；另一方面，将资本主义工商企业改革成为国有企业。这一期间以 156 项重点工程为主干、由 694 家建设单位组成的工业化建设项目，加快了我国重工业发展的历史进程，奠定了我国工业化的初步基础。“一五”计划时期，我国工业建设投资达 250 亿元，其中用于重工业投资 213 亿元，建成了一批重点国有工业企业。同时，我国三大改造积极推进，对民族资本主义经济采取利用、限制、改造和赎买政策。截至 1957 年底，全国工业企业 16.95 万个，其中国有企业 4.96 万个，集体企业 11.99 万个，这时已经完全实现了全部工业企业公私合营，民族资本主义工业经济完全转变为国有经济。

表 5－1　1949～1957 年工业总产值所有制构成

单位：亿元，%

年份	全部工业	国有企业		集体企业		其他经济类型	
		产值	占比	产值	占比	产值	占比
1949	140	36.8	26.3	0.7	0.5	102.5	73.2
1950	191	62.4	32.7	1.5	0.8	127.1	66.5
1951	264	91.0	34.5	3.4	1.3	169.6	64.2
1952	349	145.0	41.5	11.4	3.3	192.6	55.2
1953	450	193.7	43.0	17.4	3.9	238.9	53.1

① 陈鸿：《国有经济布局》，中国经济出版社 2012 年版。

续表

年份	全部工业	国有企业		集体企业		其他经济类型	
		产值	占比	产值	占比	产值	占比
1954	515	242.7	47.1	27.5	5.3	244.8	47.5
1955	534	273.9	51.3	40.5	7.6	219.6	41.1
1956	642	350.2	54.5	109.6	17.1	182.2	28.4
1957	704	378.5	53.8	134.0	19.0	191.5	27.2

资料来源：根据《新中国六十年统计资料汇编》整理。

2. 高度集中的所有制阶段（1958～1978年）

经过前期社会主义改造，这一阶段，中国工业经济呈现出公有制经济一统天下格局，即高度集中的单一公有制的所有制结构。中国工业所有制调整仅在公有制内部实现，集中体现为国有企业和集体企业两种形式。由于这个阶段包含了两个特殊时期即“大跃进”（1958～1960年）和“文化大革命”（1966～1976年），中国工业经济呈现显著放缓的发展状态。全部工业总产值由1958年的1083亿元增加至1965年的1402亿元，年均增长仅为3.8%；由1966年的1624亿元增加至1978年的4237亿元，年均增长8.3%。

从企业数量上看，1958～1965年，国有工业企业户数由11.9万个逐步减少至4.59万个，集体工业企业由14.4万个减少至11.18万个。国有工业企业数量占比由45.2%减少至29.1%，集体工业企业数量由54.8%上升至70.9%。1970～1978年，国有工业企业由5.74万个逐步增加至8.37万个，集体工业企业则由13.77万个增加至26.47万个，国有工业企业数量占比由29.4%减少至24%，集体工业企业数量占比由70.6%上升至76%（见表5－2）。从工业总产值来看，1958～1978年，国有工业企业都是绝对中坚力量，产值占比均在77%以上，个别年份甚至高达90%。从趋势上来看，国有工业企业占比呈现下降的态势，由1958年的89.2%减少至1978年的77.6%（见表5－3）。总体来看，中国工业经济体现在数量不足三成的国有工业企业实现了超过七成的工业总产值，国有经济在中国工业经济中占据主导地位。

表5－2　1958～1978年工业企业数量所有制构成

单位：万个，%

年份	全部工业	国有企业		集体企业	
		数量	占比	数量	占比
1958	26.30	11.90	45.2	14.40	54.8
1959	31.84	9.88	31.0	21.96	69.0
1960	25.40	9.60	37.8	15.80	62.2
1961	21.71	7.06	32.5	14.65	67.5
1962	19.74	5.30	26.8	14.44	73.2
1963	17.02	4.73	27.8	12.29	72.2
1964	16.11	4.51	28.0	11.60	72.0
1965	15.77	4.59	29.1	11.18	70.9
1966	—	—	—	—	—
1967	—	—	—	—	—
1968	—	—	—	—	—
1969	—	—	—	—	—

续表

年份	全部工业	国有企业		集体企业	
		数量	占比	数量	占比
1970	19.51	5.74	29.4	13.77	70.6
1971	21.04	6.42	30.5	14.62	69.5
1972	21.96	6.80	31.0	15.16	69.0
1973	23.08	6.94	30.1	16.14	69.9
1974	24.11	7.16	29.7	16.95	70.3
1975	26.29	7.50	28.5	18.79	71.5
1976	29.36	7.83	26.7	21.53	73.3
1977	32.27	8.21	25.4	24.06	54.8
1978	34.84	8.37	24.0	26.47	76.0

资料来源：根据《新中国六十年统计资料汇编》整理。

表 5－3 1958～1977 年工业总产值所有制构成

单位：亿元,%

年份	全部工业	国有企业		集体企业	
		数量	占比	数量	占比
1958	1083.0	965.7	89.2	117.3	10.8
1959	1483.0	1313.2	88.6	169.8	11.4
1960	1637.0	1483.1	90.6	153.9	9.4
1961	1062.0	940.0	88.5	122.0	11.5
1962	920.0	807.8	87.8	112.2	12.2
1963	993.0	887.1	89.3	106.0	10.7
1964	1164.0	1042.3	89.5	121.8	10.5
1965	1402.0	1262.8	90.1	139.2	9.9
1966	1624.0	1461.5	90.0	159.5	9.8
1967	1382.0	1222.5	88.5	159.5	11.5
1968	1285.0	1136.2	88.4	148.8	11.6
1969	1665.0	1477.0	88.7	188.0	11.3
1970	2117.0	1854.7	87.6	262.3	12.4
1971	2414.0	2073.9	85.9	340.1	14.1
1972	2565.0	2177.2	84.9	387.8	15.1
1973	2794.0	2347.5	84.0	446.5	16.0
1974	2792.0	2300.9	82.4	491.1	17.6
1975	3207.0	2600.6	81.1	606.4	18.9
1976	3278.0	2567.7	78.3	710.3	21.7
1977	3725.0	2869.4	77.0	855.6	23.0
1978	4237.0	3289.2	77.6	947.8	22.4

资料来源：根据《新中国六十年统计资料汇编》整理。

3. 以公有制为主体，多种所有制经济共同发展阶段（1979 年至今）

1978 年，我国开始推行改革开放政策。随着市场经济体制改革的不断深化，高度集中的计划经济体制被逐步打破，中国工业经济所有制改革不断推进，逐步形成了多种所有制成分共同发展的局面。

改革开放以来，在工业所有制结构调整过程中，呈现出了国有经济不断减少而非公有制经济不断壮大的局面，并且非公经济已在数量上占了绝对优势的过程。20 世纪 80 年代初期，除公有制经济外，其他所有制经济成分开始出现。1979 年，中国工业企业仍然为国有工业企业和集体工业企业这两种形式，国有企业和集体企业数量占比分别为 23.6% 和 76.4%。1980 年，非公有制工业企业开始出现，大致有 400 家，之后逐年增加，至 1992 年，非公有制企业增加至 1.43 万个，至 1997 年[①]，达到了 7.79 万个。非公有制工业企业数量占比由 1980 年的 0.1% 逐步扩大到 1992 年的 2.8%、1997 年的 14.6%。这一阶段非公经济的快速发展的重要因素是中央出台相关文件对加速非公经济的发展起到了积极推动作用。1992 年党的十四大报告指出“在所有制结构上，以公有制包括全民所有制和集体所有制经济为主体，个体经济、私营经济、外资经济为补充，多种经济成分长期共同发展”，1993 年十四届三中全会通过《中共中央关于建立社会主义市场经济体制若干问题的决定》，提出随着产权的流动和重组，财产混合所有的经济单位越来越多，将会形成新的财产所有结构。党的十五大政治报告“以公有制为主体，多种所有制经济共同发展，是我国社会主义初级阶段的一项基本经济制度”载入史册，1999 年，这一制度规定被明确写入宪法。党的十六大报告进一步指出，必须毫不动摇地巩固和发展公有制经济，同时，必须毫不动摇地鼓励、支持和引导非公有制经济发展。非公有制工业企业数量占比从 1998 年的 31.9% 跃升至 2017 年的 94.4%；其中，私营工业企业数量占比从 1999 年的 9.0% 增长至 2017 年的 57.7%。从产值来看，非公有制工业企业实现工业总产值占全部工业产值的比重由 1980 年的 0.1% 上升至 2016 年的 79.7%。

改革开放以来，伴随着非公有制经济的发展，国有工业经济的绝对数量优势已经失去。1979 ~ 1996 年，国有工业企业数量总体呈现不断增加态势，由 1979 年的 8.38 万个增加至 1996 年的 11.38 万个，但是国有工业企业数量占比小幅下降由 1979 年的 23.6% 减少至 1996 年的 19.7%。特别是国有工业企业产值占比大幅减少，由 1979 年的 78.5% 缩减至 1996 年的 36.3%。1997 年党的十五大和 1999 年党的十五届四中全会通过《中国中央关于国企改革和发展若干重大问题的决定》进一步明确了国有工业企业所有制改革方向。党的十五大提出国有企业改革同改组、改造、加强管理结合起来，抓大放小，对国有企业实施战略性改造，同时提出要实行鼓励兼并、规范破产、下岗分流、减员增效和再就业工程，建立企业优胜劣汰的竞争机制。党的十五届四中全会阐明了国有企业改革的基本方向、主要目标和基本方针，明确了国有经济战略性调整的方向。调整和完善所有制结构，积极探索公有制多种实现形式，增强国有经济在国民经济中的控制力，促进各种所有制经济平等竞争和共同发展。国有工业企业数量由 1998 年的 6.47 万个，波动减少至 2017 年的 1.9 万个；数量占比由 1998 年的 39.2%，波动减少至 2017 年的 5.1%（见表 5 - 4）。产值占比由 1998 年的 49.6%，减少至 2016 年的 19.8%。

改革开放以来，集体所有制企业经历了从推动工业企业所有制结构调整的主要力量到渐渐显露疲态发展过程。改革开放之初到 20 世纪 90 年代初，集体所有制企业发展迅速，构成了这一时期推动工业企业所有制结构调整的主要力量。从企业数量看，国有工业企业数量总体保持了稳步的小幅增长，从 1979 年的 8.38 万家增长至 1989 年的 10.23 万家，而同期的集体所有制企业数量增长明显更快，从 27.12 万家增长至 39.59 万家。从工业总产值占比情况看，国有企业占比从 1979 年

① 这里选择 1997 年作为一个时间节点主要是 1998 年工业统计口径变化，由之前包含村及村以下工业改为全部国有及年产品销售收入 500 万元以上非国有企业。这次统计口径的调整使集体工业企业数量大幅减少，共计减少 31 万个，占减少企业数量的 84%。

表5－4 1979～2017年工业企业数量所有制构成

单位：万个,%

年份	全部工业	国有企业		集体企业		私营企业		外商及港澳台企业	
		数量	占比	数量	占比	数量	占比	数量	占比
1979	35.50	8.38	23.6	27.12	76.4	—	—	—	—
1980	37.73	8.34	22.1	29.35	77.8	—	—	—	—
1981	38.15	8.42	22.1	29.68	77.8	—	—	—	—
1982	38.86	8.60	22.1	30.19	77.7	—	—	—	—
1983	39.25	8.71	22.2	30.46	77.6	—	—	—	—
1984	43.72	8.41	19.2	35.21	80.6	—	—	—	—
1985	46.32	9.37	20.2	36.78	79.4	—	—	—	—
1986	49.93	9.68	19.4	40.04	80.1	—	—	—	—
1987	49.36	9.76	19.8	39.21	79.4	—	—	—	—
1988	50.00	9.91	19.8	39.54	79.1	—	—	—	—
1989	50.54	10.23	20.2	39.59	78.3	—	—	—	—
1990	50.44	10.44	20.7	39.11	77.5	—	—	—	—
1991	50.48	10.48	20.8	38.92	77.1	—	—	—	—
1992	50.21	10.33	20.6	38.45	76.6	—	—	—	—
1993	52.01	10.47	20.2	38.33	73.7	—	—	—	—
1994	53.18	10.22	19.2	38.51	72.4	—	—	—	—
1995	59.21	11.80	19.9	41.36	69.9	—	—	—	—
1996	57.88	11.38	19.7	39.48	68.2	—	—	—	—
1997	53.44	9.86	18.4	35.79	67.0	—	—	—	—
1998	16.51	6.47	39.2	4.77	28.9	—	—	—	—
1999	16.20	5.07	37.8	4.26	26.3	1.46	9.0	2.68	16.5
2000	16.29	5.35	32.8	3.78	23.2	2.21	13.6	2.84	17.4
2001	17.13	4.68	27.3	3.10	18.1	3.62	21.1	3.14	18.3
2002	18.16	4.11	22.6	2.75	15.2	4.92	27.1	3.45	19.0
2003	19.62	3.43	17.5	2.25	11.5	6.76	34.5	3.86	19.7
2004	21.95	3.18	12.9	2.11	6.5	11.94	43.2	5.72	20.7
2005	27.18	2.75	10.1	1.59	5.8	12.38	45.5	5.64	20.8
2006	30.20	2.50	8.3	1.42	4.7	14.97	49.6	6.09	20.2
2007	33.68	2.07	6.2	1.30	3.9	17.71	52.6	6.75	20.0
2008	42.61	2.13	4.9	1.17	2.3	24.59	57.7	7.78	18.3
2009	43.44	2.05	4.7	1.02	2.4	25.60	58.9	7.54	17.4
2010	45.29	2.03	4.5	0.92	2.0	27.33	60.3	7.41	16.4
2011	32.56	1.71	5.3	0.54	1.7	18.06	55.5	5.72	17.6
2012	34.38	1.79	5.2	0.48	1.4	18.93	55.1	5.69	16.6
2013	36.98	1.86	5.0	0.48	1.3	20.84	56.4	5.74	15.5
2014	37.79	1.88	5.0	0.31	0.8	21.38	56.6	5.52	14.6
2015	38.31	1.93	5.0	0.26	0.7	21.65	56.5	5.28	13.8

续表

年份	全部工业	国有企业		集体企业		私营企业		外商及港澳台企业	
		数量	占比	数量	占比	数量	占比	数量	占比
2016	37.86	1.90	5.0	0.21	0.6	21.43	56.6	4.96	13.1
2017	37.27	1.90	5.1	0.17	0.5	21.51	57.7	4.75	12.7

资料来源：根据《新中国六十年统计资料汇编》《中国工业经济统计年鉴》数据整理。1985～1997年工业统计单位包含村及村以下工业；1998～2006年工业企业单位统计范围为全部国有及年产品销售收入500万元以上非国有企业；2007～2010年工业企业单位统计范围为年主营业务收入在500万元及以上的工业企业；2011年及以后为年主营业务收入在2000万元及以上的工业企业。

的78.8%降至1989年的56.1%，而同期的集体企业占比却从21.5%上升至35.7%。20世纪90年代，集体企业在推动我国工业增长中所起的作用，经历了一个由盛转衰的变化过程。90年代中期之前，集体企业数量基本稳定在38万余家的水平，1995年，集体工业企业数量一度超过41万家，随即回落至1997年的35万余家的水平，此后，呈现出持续下降的态势。1994年，集体企业创造的工业总产值首次超过国有企业创造的工业总产值，这一状况持续到了90年代末。不过，在20世纪90年代后期，集体所有制企业工业总产值的年均增速，已经开始落后于全国工业增长的总体水平。进入21世纪，集体所有制企业比重迅速下降，其影响与作用日渐式微，已经退出历史舞台的中心地带。2010年集体所有制工业企业数量占比和工业产值占比减少至2%和1.5%，2017年，两项占比均为0.5%（见图5－1）。

实收资本是指投资者作为资本投入企业的各种财产，它表明所有者对企业的基本产权关系，其构成比例是企业据以向投资者进行利润或股利分配的主要依据。实收资本是目前所有公开数据中最能全面准确反映工业所有制结构的指标。图5－2列示了国家统计局公布的2003～2016年工业企业实收资本的构成比例。从图5－2可知，2016年，六类投资主体的排序为法人资本、国有资本、个人资本、外商资本、港澳台资本和集体资本，分别为34.0%、24.7%、24.2%、10.0%、5.5%和1.7%。从变动趋势来看，2016年与2003年相比，六类投资主体所占比重除了法人资本和个人资本比例增加外（分别增加4.8个和12.0个百分点），其他四类投资占比是减少的。2016年国有资本、集体资本、港澳台资本和外商资本占比较2003年分别减少了6.5个、2.7个、3.6个和4.0个百分点。值得一提的是，2003年以来，国有资本占比呈现出"V"形走势，国有资本的比重由2003年的31.2%，减至2011年的15.6%，之后增加至2016年的24.7%。

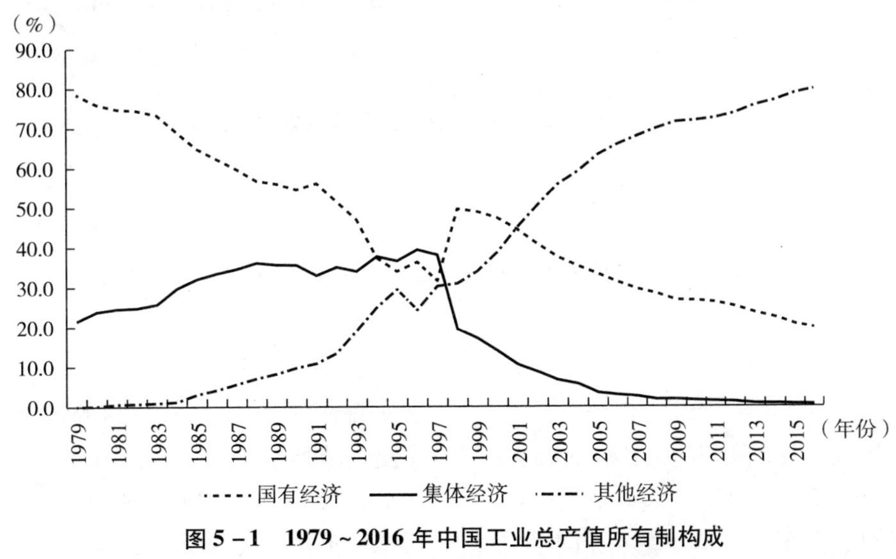

图5－1　1979～2016年中国工业总产值所有制构成

资料来源：根据《新中国六十年统计资料汇编》《中国工业经济统计年鉴》数据整理。

表 5-5 2003~2016 年工业企业实收资本所有制结构

单位：亿元

年份	全部工业	国有资本	集体资本	法人资本	个人资本	港澳台资本	外商资本
2003	43479.56	13561.12	1894.01	12696.73	5262.75	3972.39	6092.56
2004	58050.19	16946.87	1817.48	17557.94	7869.57	5186.69	8671.64
2005	61966.27	15551.84	1550.73	20082.72	9014.01	5774.30	9992.67
2006	71312.93	16933.51	1723.82	22978.67	11042.12	6775.41	11859.40
2007	82729.65	17588.92	1941.29	27150.61	13496.05	8036.49	14516.29
2008	104072.76	22859.27	1890.72	33851.08	18574.12	9619.30	17278.27
2009	111236.01	21321.02	1862.96	39146.85	20503.82	10170.83	18230.53
2010	122494.82	20404.37	1968.22	46337.12	23389.56	10739.49	19656.06
2011	144644.30	22601.38	2080.47	53035.07	36429.18	10742.32	19755.88
2012	160849.89	29227.93	3118.13	58093.87	30627.46	18857.45	20925.05
2013	172449.31	34694.96	3383.92	61044.70	38806.07	12366.09	22153.57
2014	187814.59	39470.22	3360.39	67101.55	42257.57	12408.18	23216.68
2015	213283.04	53076.32	4101.08	73321.76	47459.19	13090.64	22234.05
2016	239815.93	59163.10	3970.20	81531.30	57920.80	13252.84	23977.69

资料来源：Wind。

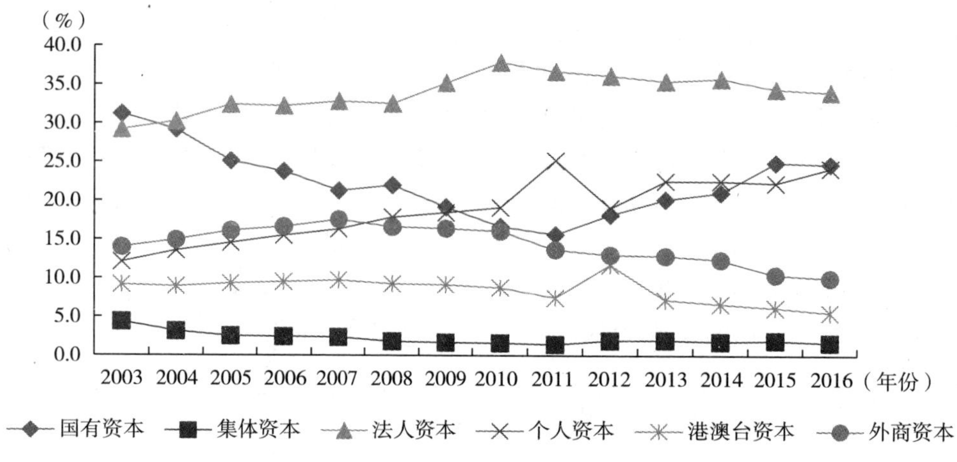

图 5-2 2003~2016 年工业企业实收资本构成比重

资料来源：Wind。

三、中国工业所有制调整地区和行业特征

1. 地区分布

新中国成立初期，我国处于社会主义改造阶段，各地区改造进度各不相同。1952 年，山西、吉林、浙江、安徽、广东、广西、海南和贵州全部实现了工业企业公有制的改造，河北、福建、宁夏、陕西、天津、北京和上海公有制改造相对滞后，公有制（国有工业企业和集体工业企业）比重分别为 9.5%、7.6%、5.0%、4.5%、

3.5%、1.6%和1.0%①。到1957年，除天津和北京两市公有制改造程度较低（公有制比重分别为55.1%和46.9%）外，其他省市均实现了90%以上的改造比例。到1960年，全国各省市均完成了工业企业公有制改造。这种纯粹公有制状态一直持续到20世纪70年代末。随着改革开放进程推进，工业企业所有制加快调整。事实上，即便是在公有制形态下，各地区国有工业企业和集体工业企业的比例相差也是悬殊的。1978年，除了海南和新疆国有工业企业数量占比超过50%以外，湖南、江苏、四川、重庆和浙江5个省市国有工业企业比重还不足20%，换言之，这些地方集体经济至少在企业数量上是占有绝对优势的。

改革开放后，工业经济所有制调整出现明显地区分化特征。2000年，有15个省市的国有企业数量占比超过50%，分别是青海、新疆、江西、海南、贵州、云南、广西、西藏、陕西、吉林、黑龙江、内蒙古、山西、北京和宁夏。2000年国有企业数量占比与1978年相比，有16个省份的国有企业数量比重增加超过20%，分别是青海、西藏、贵州、江西、陕西、吉林、广西、湖南、重庆、云南、山西、内蒙古、北京、黑龙江、新疆和四川，分别增加了81.3个、64.1个、43.6个、43.5个、37.7个、36.9个、32.9个、30.8个、30.1个、29.8个、27.5个、27.5个、27.3个、26.7个、25.1个和23.0个百分点。只有江苏、浙江、福建、广东和上海5个省市国有企业数量占比是减少的，分别减少3.4个、5.0个、5.3个、8.9个和13.6个百分点。2016年与2000年相比，更多表现为全国范围内的工业去国有化。2016年仅有5个省市的国有企业数量占比超过20%，分别是新疆、西藏、青海、山西和北京，占比分别为27.2%、24.1%、23.3%、22.6%和20.9%。而福建、山东、广东、江苏和浙江国有企业数量占比不足3%，分别为2.9%、2.8%、2.5%、2.1%和1.9%。2016年与2000年相比，全国31个省市均出现了国有企业数量占比减少的情况，其中有13个省市国有企业数量占比减少了40%以上（见表5-6）。

表5-6　新中国成立以来主要年份②各省国有企业数量占比

单位:%

地区	1952年		1957年		1978年		2000年	2016年
	国有	集体	国有	集体	国有	集体	国有	国有
北京	0.8	0.9	28.5	18.4	25.8	74.2	53.1	20.9
天津	2.2	1.2	10.1	45.1	30.7	69.3	33.9	10.2
河北	6.4	3.1	50.7	49.3	28.3	71.7	37.3	4.8
山西	11.2	88.8	16.0	84.0	27.2	72.8	54.7	22.6
内蒙古	12.4	12.1	26.2	73.6	27.6	72.4	55.1	15.7
辽宁	16.9	4.6	24.4	70.8	25.5	74.5	40.8	7.3
吉林	81.7	18.3	29.3	70.7	24.2	75.8	61.1	6.2
黑龙江	19.4	5.5	36.8	61.8	32.9	67.1	59.6	11.3
上海	0.9	0.1	90.0	10.0	42.4	57.6	28.8	8.1
江苏	—	—	—	—	17.3	82.7	13.9	2.1
浙江	22.5	77.5	22.1	77.9	14.7	85.3	9.7	1.9
安徽	14.6	85.4	98.7	1.3	20.9	79.1	30.7	3.3
福建	7.6	0.0	29.0	70.4	28.0	72.0	22.7	2.9

① 主要是统计数据限制，国家统计局主要公布了各地区国有和集体工业企业数量，缺少国有和集体工业总产值数据。

② 这里主要选择了1952年、1957年、1978年、2000年和2016年5个年份。

续表

地区	1952年		1957年		1978年		2000年	2016年
	国有	集体	国有	集体	国有	集体	国有	国有
江西	19.0	2.4	17.8	76.4	27.2	72.8	70.7	4.0
山东	—	—	—	—	19.1	80.9	23.8	2.8
河南	9.4	9.9	15.0	80.8	25.6	74.4	30.9	3.4
湖北	19.4	3.7	22.1	77.8	29.1	70.9	47.2	4.7
湖南	23.5	4.6	12.7	80.4	17.8	82.2	48.6	5.2
广东	4.9	95.1	5.0	95.0	25.8	74.2	16.9	2.5
广西	1.5	98.5	6.8	93.2	31.3	68.7	64.2	10.5
海南	100.0	0.0	100.0	0.0	54.3	45.7	67.3	15.7
重庆	35.4	57.8	59.3	38.0	15.5	84.5	45.6	7.5
四川	—	—	—	—	15.7	84.3	38.7	7.1
贵州	100.0	0.0	23.2	76.8	23.3	76.7	66.9	10.8
云南	15.5	2.7	24.8	71.0	35.5	64.5	65.3	15.7
西藏	—	—	—	—	—	—	64.1	24.1
陕西	4.2	0.3	8.0	85.1	26.3	73.7	64.0	13.5
甘肃	8.3	1.9	21.4	78.2	23.6	76.4	33.7	19.9
青海	—	—	—	—	—	—	81.3	23.3
宁夏	5.0	0.0	18.7	78.7	34.9	65.1	51.1	12.3
新疆	12.3	23.3	18.6	78.9	50.3	49.7	75.4	27.2

资料来源：根据《新中国六十年统计资料汇编》《中国工业经济统计年鉴》数据整理。

从全国一盘棋来看，新中国成立以来，国有经济呈现出前期向重点区域集中、中后期分散化分布的特征。1952年，国有经济比重排名前五的地区分别为吉林、重庆、辽宁、广西和黑龙江，地域上分布主要集中在东北地区和西南地区，其国有企业占全国的比重分别为16.8%、12.1%、10.5%、7.7%和6.5%，这五个省市比重合计达到了53.6%。经过新中国成立初期国有化改造，到了1957年，国有经济集中在沿海沿江地区，国有经济比重排名前五的地区分别为上海、浙江、湖北、福建和重庆，其国有企业占全国的比重分别为37.0%、7.0%、4.7%、4.5%和4.3%，这五个省市比重合计为57.5%。相比新中国成立初期国有经济向重点区域集中，1978年国有经济呈现分散化分布的特点并且这一特征在改革开放四十年持续存在。1978年国有经济比重排名前五的地区分别四川、广东、江苏、湖北和黑龙江，其国有企业占全国的比重分别为6.1%、6.0%、5.7%、5.6%和5.4%，这五个省比重合计为28.8%。2000年，国有经济比重排名前五的地区分别广东、河南、湖北、山东和河北，其国有企业占全国的比重分别为6.2%、5.7%、5.5%、5.2%和5.1%，这五个省比重合计为27.7%。2016年，国有经济比重排名前五的地区分别山东、广东、江苏、四川和山西，其国有企业占全国的比重分别为5.9%、5.7%、5.3%、5.1%和4.2%，这五个省市比重合计为26.2%（见表5-7）。

表5-7　新中国成立以来主要年份①各省国有企业数量占全国比重

单位：%

地区	1952年	1957年	1978年	2000年	2016年
北京	1.6	3.0	1.3	4.5	3.7
天津	1.1	0.6	1.5	3.4	2.8
河北	2.8	1.4	4.8	5.1	3.8
山西	2.2	1.8	3.1	3.3	4.2
内蒙古	1.0	1.4	2.4	1.4	3.5
辽宁	10.5	3.5	4.2	4.6	3.1
吉林	16.8	2.3	2.9	3.1	1.9
黑龙江	6.5	3.9	5.4	3.0	2.3
上海	1.3	37.0	4.1	4.6	3.6
江苏	—	—	5.7	4.8	5.3
浙江	4.3	7.0	3.8	2.7	4.0
安徽	3.8	4.0	3.4	2.1	3.5
福建	2.7	4.5	2.9	2.6	2.6
江西	4.7	2.6	3.7	4.7	2.3
山东	—	—	4.3	5.2	5.9
河南	2.3	1.7	4.5	5.7	4.2
湖北	5.7	4.7	5.6	5.5	4.1
湖南	4.3	2.6	4.2	4.4	3.9
广东	3.5	3.2	6.0	6.2	5.7
广西	7.7	2.3	3.8	3.8	3.0
海南	0.2	0.6	1.1	0.7	0.3
重庆	12.1	4.3	2.1	1.7	2.7
四川	—	—	6.1	3.2	5.1
贵州	0.3	2.2	2.5	2.6	2.9
云南	2.0	2.4	3.1	2.6	3.5
西藏	—	—	0.0	0.4	0.1
陕西	1.3	1.1	3.1	3.1	4.2
甘肃	0.7	0.9	1.7	1.8	2.2
青海	—	—	0.0	0.7	0.7
宁夏	0.2	0.1	0.5	0.4	0.8
新疆	0.6	0.7	2.3	2.1	4.1

资料来源：根据《新中国六十年统计资料汇编》《中国工业经济统计年鉴》数据整理。

2. 行业分布

2000年以来，绝大部分工业行业出现了去国有化的特征②。从国有资本占比来看，2000年，有10个行业的国有企业数量比重超过了50%，分别是烟草制品业、燃气生产和供应业、石油和天然气开采业、水的生产和供应业、煤炭开采和

① 这里主要选择了1952年、1957年、1978年、2000年和2016年五个年份。

② 由于行业统计口径变化较大，这里选取了2000年以来工业具体行业实收资本反映所有制变动。

洗选业、黑色金属矿采选业、黑色金属冶炼和压延加工业、非金属矿采选业、有色金属矿采选业、电力及热力的生产和供应业，其国有资本占比分别为93.8%、85.9%、83.1%、82.2%、80.7%、78.2%、70.2%、69.7%、55.2%和50.6%。这些行业有垄断行业如烟草制品业、水的生产和供应业、电力、热力的生产和供应业、燃气生产和供应业，也有竞争性行业煤炭开采和洗选业、黑色金属矿采选业、黑色金属冶炼和压延加工业、非金属矿采选业、有色金属矿采选业。2016年，有三个行业的国有资本比重超过50%，分别是电力及热力的生产和供应业、石油和天然气开采业、烟草制品业，其国有资本比重分别为70.2%、64.8%和57.9%，主要集中在垄断行业。2016年与2000年比较，表5－8所列示35个行业中，有两个行业国有资本比重增加，其余33个行业国有资本比重减少，分别是电力及热力的生产和供应业，石油加工、炼焦和核燃料加工业，分别增加了19.6个和8.5个百分点。在33个国有资本减少的行业中，有8个行业更是减少了30%以上比重，分别是非金属矿采选业、黑色金属冶炼和压延加工业、燃气生产和供应业、烟草制品业、水的生产和供应业、煤炭开采和洗选业、黑色金属矿采选业、有色金属矿采选业。自2010年以来，许多行业出现了再国有化的特征。2016年相比2010年，表5－8所列示的35个行业中，有27个行业国有资本比重增加，1个维持不变，7个行业减少。这27个行业中有10个行业增加的比重超过5.0%，其中烟草制品业、电力及热力的生产和供应业、燃气生产和供应业、煤炭开采和洗选业、石油和天然气开采业、有色金属矿采选业国有资本比重更是分别增加了40.5个、28.5个、23.2个、17.4个、16.6个和12.2个百分点。

从外商、港澳台商资本来看，外商、港澳台商资本在所列示的35个行业均有投入，并且较多地集中在制造业，采矿业、电力、燃气和水的生产和供应业占比不大。2000年共有20个行业的外商、港澳台商资本占比超过20%，其中有7个行业超过了40%，分别是文教、工美、体育和娱乐用品制造业，计算机、通信和其他电子设备制造业，皮革、毛皮、羽毛及其制品和制鞋业，食品制造业，橡胶和塑料制品业，纺织服装、服饰业，金属制品业，其外商、港澳台商资本占比分别为61.2%、50.8%、48.6%、47.7%、43.9%、42.8%和40.1%。2016年共有15个行业的外商、港澳台商资本占比超过20%，只有1个行业即计算机、通信和其他电子设备制造业的外商、港澳台商资本占比超过40%（为43.1%）。2000年以来，外商、港澳台商资本占比总体呈现下降的态势。2016年与2000年相比，有10个行业的外商、港澳台商资本占比增加，其中，黑色金属冶炼和压延加工业，酒、饮料和精制茶制造业，水的生产和供应业，非金属矿采选业，燃气生产和供应业这5个行业比重增加较多，分别增加了35.1个、8个、7.1个、6.1个和3.1个百分点。1个行业持平，24个行业减少，其中，仪器仪表制造业、有色金属矿采选业、非金属矿物制品业、家具制造业、橡胶和塑料制品业5个行业外商、港澳台商资本占比减少幅度超过20%，分别减少了20.3个、23.2个、24.5个、25.7个和34.9个百分点。

表5－8　国有资本比重行业分布

单位:%

行业	2000年		2005年		2010年		2016年			
	国有资本	外商、港澳台商资本	国有资本	外商、港澳台商资本	国有资本	外商、港澳台商资本	国有资本	法人资本	个人资本	外商、港澳台商资本
煤炭开采和洗选业	80.7	0.4	61.1	0.3	30.5	1.4	47.9	34.2	10.8	2.1
石油和天然气开采业	83.1	5.1	50.0	2.8	48.2	1.1	64.8	35.4	13.9	1.0
黑色金属矿采选业	78.2	0.3	34.5	0.5	37.4	1.3	46.8	31.7	0.1	3.4
有色金属矿采选业	55.2	0.9	25.7	2.0	13.0	2.3	25.2	27.1	23.6	0.9

续表

行业	2000年		2005年		2010年		2016年			
	国有资本	外商、港澳台商资本	国有资本	外商、港澳台商资本	国有资本	外商、港澳台商资本	国有资本	法人资本	个人资本	外商、港澳台商资本
非金属矿采选业	69.7	3.9	26.2	8.2	17.9	6.1	14.0	38.0	27.6	2.3
农副食品加工业	29.0	24.5	8.1	26.5	3.9	20.6	4.8	37.1	42.7	12.8
食品制造业	15.6	47.7	6.2	44.5	3.3	37.6	3.7	39.4	29.9	24.5
酒、饮料和精制茶制造业	29.3	37.5	12.6	39.0	6.3	34.6	6.2	44.4	23.7	23.7
烟草制品业	93.8	1.0	85.7	0.3	17.4	0.1	57.9	40.2	0.2	0.3
纺织业	23.7	27.3	7.1	33.5	2.9	33.8	2.5	32.4	42.7	20.2
纺织服装、服饰业	7.3	42.8	2.0	49.9	0.8	41.7	1.0	35.7	37.9	24.6
皮革、毛皮、羽毛及其制品和制鞋业	6.4	48.6	1.3	59.2	0.3	50.5	0.8	30.7	35.1	30.4
木材加工和木、竹、藤、棕、草制品业	19.3	32.7	10.2	29.7	2.0	17.8	1.9	32.7	56.1	8.2
家具制造业	7.2	38.7	3.1	51.4	0.2	43.8	0.4	29.4	50.9	18.4
造纸和纸制品业	27.0	36.3	11.3	44.2	6.6	43.3	8.9	33.5	19.3	36.9
印刷和记录媒介复制业	35.7	27.2	21.2	28.2	10.2	26.4	9.7	35.0	32.2	21.1
文教、工美、体育和娱乐用品制造业	6.0	61.2	2.6	67.1	1.7	62.0	2.2	33.8	36.8	26.3
石油加工、炼焦和核燃料加工业	37.0	7.5	30.7	5.8	39.4	6.8	45.5	35.5	12.6	5.3
化学原料和化学制品制造业	34.2	19.5	19.6	25.3	9.2	29.8	16.1	38.8	21.0	21.4
医药制造业	24.8	17.7	14.0	21.7	6.3	25.2	3.2	20.6	67.4	8.0
化学纤维制造业	25.6	27.5	15.1	28.3	8.0	33.9	8.2	40.8	27.6	22.5
橡胶和塑料制品业	16.3	43.9	5.3	49.1	1.7	44.3	3.6	39.5	30.5	24.9
非金属矿物制品业	26.0	22.7	11.5	22.8	6.0	19.5	9.9	40.2	36.1	11.4
黑色金属冶炼和压延加工业	70.2	4.8	38.1	11.6	26.0	10.1	26.0	43.9	18.8	6.9
有色金属冶炼和压延加工业	44.1	10.1	30.1	14.4	19.3	17.0	21.2	33.1	34.2	9.4
金属制品业	11.8	40.1	5.3	39.1	4.2	32.2	5.5	38.2	40.6	14.4
通用设备制造业	27.8	25.9	11.4	30.8	5.9	27.0	8.8	36.3	32.1	21.6
专用设备制造业	36.0	15.3	18.3	26.9	9.9	29.0	11.1	35.5	36.2	15.7
交通运输设备制造业	29.5	20.4	14.6	25.7	13.3	30.5	22.2	33.1	15.3	28.4
电气机械和器材制造业	16.4	35.0	7.0	39.6	3.7	32.4	5.4	37.5	39.0	15.7
计算机、通信和其他电子设备制造业	16.9	50.8	5.7	67.7	3.1	63.6	8.0	36.0	11.9	43.1
仪器仪表制造业	21.9	38.3	8.7	47.4	4.7	41.3	8.1	31.7	36.8	22.4

续表

行业	2000 年		2005 年		2010 年		2016 年			
	国有资本	外商、港澳台商资本	国有资本	外商、港澳台商资本	国有资本	外商、港澳台商资本	国有资本	法人资本	个人资本	外商、港澳台商资本
电力及热力的生产和供应业	50.6	8.7	52.4	6.5	41.7	5.5	70.2	24.0	1.9	2.9
燃气生产和供应业	85.9	6.4	42.6	10.5	23.0	22.5	46.2	30.7	8.9	12.5
水的生产和供应业	82.2	1.7	73.6	5.2	59.3	12.4	48.5	38.7	3.1	8.8

资料来源：根据《新中国六十年统计资料汇编》《中国工业经济统计年鉴》数据整理。

总体上来看，我国工业所有制结构调整取得了一定成效。但也存在着国有经济区域结构不尽合理、国有经济产业分布仍然过宽等问题。国有资本投资过度集中在山东、广东、江苏、四川和山西等地。除自然垄断产业、关系国民经济命脉的产业外，竞争性行业国有经济的比重仍然过高。与外资和港澳台资相比，制造业中除了烟草制造业外，其他行业国有经济的比重都存在较大幅度的下降，尤其是装备制造业比重下降较快，已经基本失去了有效的控制。

四、中国工业所有制结构调整趋向及政策建议

当前，我国经济环境发生了重大变化，必然对工业所有制调整提出新要求。为此，在借鉴国内外所有制结构调整经验教训的基础上，探寻与国情相匹配的所有制改革，坚持和完善我国社会主义初级阶段的基本经济制度。

1. 借鉴国内外所有制结构调整经验教训，探寻与国情匹配的所有制结构

就我国现实情境而言，如何调整所有制结构主要还是看如何布局和调整国有经济。从国有经济存在的必要性看，第一，我国的社会主义性质决定了以公有制为核心制度。虽然人们在不同时期对社会主义基本经济制度的认识存在差异，但有一点始终不变，那就是公有制是其核心制度。第二，国有企业提供公共品或准公共品，可以降低生活必需品的价格，以实现社会的公平。第三，国有企业是有效实现国家经济发展战略促进社会经济发展的工具。通过公共投资来促进具有自然垄断性质的基础设施产业（例如电信、铁路、公路等）和具有战略意义的关键产业（例如能源、电力、航空、某些高新产业等）的发展。从国外国有经济布局实践来看，始于 20 世纪 70 年代末的私有化运动之后，除英国之外，欧洲国家国有企业的分布仍然较广泛。例如，目前在德国，中央政府国有企业分布在广播、邮政、电信、铁路、机场、高速公路、银行、电力、天然气生产等行业，地方政府仍然控制着区域性银行、公共信用机构、保险公司、公用事业、建筑和地产类企业，并在部分制造业企业中持有主要股份。与多数欧洲国家不同的是，美国的国有经济比重一直维持在较低水平。原来由政府提供的公共物品正在逐渐地被市场所取代，包括监狱、城市卫生等，甚至军事服务都已开始私有化，国企仅在邮政领域占据统治地位，电力和铁路占比不超过 25%，其他领域中虽然存在国家参股的企业，但基本上都是采用承包给私人企业经营的形式。多数欧洲国家和美国迥异的国有经济分布和规模表明，所有制结构并不存在最佳模式，相反，各国应根据本国国情决定其最适合的所有制结构和最优的公有制经济规模。国有企业的规模是一个动态演变的过程，决定这一过程的因素非常复杂，不仅包括纯经济学的因素（即把企业内部的盈利等财务指标作为唯一的效率标准），还包括政党与意识形态、社会公平目标、自然垄断产业的特性、特定阶段社会经济发展的需要等因

素（杨春学、杨新铭，2015）。

2. 健全多种所有制经济共同发展的法治基础，营造非公有制经济发展的良好环境

健全多种所有制经济共同发展的法治基础。市场经济的本质是法治经济，当前中国经济中面临的诸多问题，主要源于市场制度的基本法律及其执行机制不健全，中国迫切地需要完善规范市场行为相应的法律体系。加快修订《合同法》《公司法》《破产法》《劳动法》《反不正当竞争法》《产品质量法》《消费者权益保护法》和《环境保护法》等法律法规，并加快完善相应的执法体制。完善知识产权保护相关法律体系及其执行机制，以法治建立起严格保护知识产权的长效机制。明确界定各类新形态产权中的各种权利，有效保障使用权、受益权、索取权、处置权等的权属。强化执法，避免政府以权压法、以政代法，斩断政府与企业之间的不正当关系，使非公有制企业能够依赖司法系统抵制政府的不当甚至非法行为。制定完善的公平竞争法。切实保障各种所有制企业依法平等使用生产要素、公平参与市场竞争、同等地受到法律保护，并将地方政府为本地企业提供损害公平竞争的各类补贴及优惠政策与其他地方保护主义行为列入可诉范围；公平税负与社会责任，让不同所有制企业在税负、社会责任要求方面能得到同等对待。

建立公平竞争的市场环境。公平的市场竞争能通过优胜劣汰机制不断地改进市场的配置效率。调整产业政策取向，放弃“扶大限小”以及挑选特定产业、特定企业、甚至特定技术、特定产品进行扶持的产业政策模式，将政策重点转为“放松管制与维护公平竞争”。消除各种限制和障碍，放宽非公有制经济市场准入条件。放松并逐渐取消不必要的审批、核准与准入，让不同所有制、不同规模的企业具有公平进入市场的权利。准入管理应仅局限在生态与环境保护、产品与生产安全、劳工权益保护方面。消除一些行业或领域存在的隐性市场进入壁垒，例如政策影响力、指定采购、资源和要素的原始占有、在位企业战略性阻止行为等。缓解非公有制经济融资困难。创新直接融资方式、完善间接融资服务体系，以满足不同所有制企业的融资需求。完善为非公有制企业提供金融服务相配套的保证体系，为金融机构发放贷款和金融服务提供依据和保障。

3. 立足国情，进一步优化国有经济战略布局

针对国有经济分布仍然较为广泛的问题，应坚持中央“有进有退，有所为有所不为”的指导精神。2012 年，国务院批转《关于 2012 年深化经济体制改革重点工作的意见》，指出要“深入推进国有经济战略性调整，健全国有资本有进有退、合理流动机制，优化国有资本战略布局”。根据近些年社会经济的发展形势和新的改革要求，重新审视，调整思路，进一步优化国有经济的布局。

推动国有企业分类改革。当前国有经济战略性调整需要结合国有企业的功能定位，推动国有企业分类改革，进而优化国有经济战略布局。按照国有企业使命和承担目标责任性质的不同，将国有企业分为公共政策性、特定功能性和一般商业性三类企业，并在此基础上，推进国有企业分类治理和改革。通过分类改革，国有经济应削减一般商业性国有企业的数量和比重，控制特定功能性国有企业的数量和比重，进一步向公共政策性国有企业集中靠拢；在追求国有经济的高质量和可持续性发展上体现国有经济的控制力和影响力，进而实现国有经济动态优化与平衡。

加快垄断行业改革。垄断行业是国有企业集中的领域，垄断行业改革已经进入改革的“深水区”，加快垄断行业改革需要坚持“整体渐进式改革”的大思路（戚聿东、柳学信，2008）。垄断行业改革是一个系统工程，需要在竞争模式、运营模式、产权模式、治理模式、价格模式和监管模式六个方面整体设计，逐步推进。引入竞争机制将是垄断行业改革的基本主题，为了塑造真正的有效竞争格局，需要设计好运营模式；吸取金融、电信和电力等行业改革之初过于强调分业经营的教训，有必要在那些必须打破垄断的行业采取五家以上综合运营商的竞争模式。一旦形成有效竞争，就可倒逼垄断行业产权和治理模式改革，进而推动价格和监管改革。

建立混合所有制，重塑国有企业的产权模式。戚聿东和张航燕（2013）指出，在多种产权形式之间，国有企业的综合绩效最低；在不同产权程度之间，独资企业的综合绩效最低。国有独资公司恰恰是两种最无效率的产权形式组合叠

加。鉴于中央企业及省级以下各级政府国资委直属的国有企业绝大多数为国有独资公司，特别是中国垄断行业中的企业几乎都是国有企业，而且几乎是清一色的国有独资公司，因此，有必要重塑国有企业的产权模式，按照国际经验和绩效导向在国有企业母公司层面实现投资主体多元化，建立混合所有制。可从国有企业母公司改制入手，从整体上看，将现有的母公司（总公司）的国有独资公司先改制为国家绝对控股公司（国家持股50%以上），再逐步改制为国家相对控股公司。国有相对控股公司作为混合所有制形式，并不代表国有制性质的改变，仅仅意味着国有制实现形式的转变，而且转变后有助于增强国有经济控制力和提高国有经济运行效率。

4. 防范各类风险，统筹所有制结构调整与社保体系

防范所有制调整中存在的各类风险。一是防范国有资产流失风险。完善企业内部监督机制，强化审计、纪检监察等部门以及社会舆论的监督作用，加强国有资产损失和监督工作责任追究，防止国企改制过程中的国有资产流失。二是防范职工权益受损风险。充分保证广大职工的知情权、参与权、选择权，严格按照规定实现职工身份置换，合理足额地支付补偿金额，还清拖欠职工的各项债务，做好养老、医疗等社会保障方面的制度安排。三是防范群体、突发性事件风险。加快建立国有经济布局调整重大事项社会稳定风险评估和预警机制，有效地预防群体性事件的发生。

统筹所有制调整与社保体系完善。社会保障体系建设事关人民群众的切身利益，是构建社会主义和谐社会的重要保证，也是推动所有制调整的重要保证。考虑到国有企业在退出过程中面临较高的社会成本，有效的退出机制设计应将问题集中在现有职工的安置工作与退休人员的社会保障上。发挥支撑企业退出的“保底”功能，以城镇居民基本医疗、养老、失业保险与最低生活保障为基本参照标准，通过民生工程建设转移退出企业的政策性负担；将属于退出范畴的国有企业部分或全部国有资产通过产权交易市场或公开拍卖转让给其他所有制类型的投资者时，将国有资产变现的部分资金划拨进入社保基金。以土地置换方式重组中小型国有企业过程中所获得的土地增值收益，应优先用于退出企业职工的各项安置工作，进一步降低企业退出的社会成本。此外，还可以通过适当提高国有企业收益向社保资金分红比例，以充实社保基金。

参考文献

［1］杨春学、杨新铭：《深化所有制改革，完善社会主义初级阶段基本经济制度》，《天津社会科学》2015 年第 6 期。

［2］陈鸿：《国有经济布局》，中国经济出版社 2012 年版。

［3］戚聿东、张航燕：《所有制、产权程度及其财务绩效——兼论国有企业产权改革的方向》，《经济与管理研究》2013 年第 12 期。

［4］黄群慧、余菁：《新时期的新思路：国有企业分类改革与治理》，《中国工业经济》2013 年第 11 期。

［5］戚聿东、柳学信：《深化垄断行业改革的模式与路径》，《中国工业经济》2008 年第 6 期。

［6］张航燕：《中国国有经济现状及改革的方向》，《经济与管理研究》2014 年第 12 期。

［7］余菁：《中国工业企业所有制结构变化及趋势展望》，载《中国工业发展报告 2008：中国工业改革开放 30 年》，经济管理出版社 2008 年版。

第六章　新中国 70 年产业组织的演变

提　要

无论是从产业组织结构演变的趋势来看，还是从产业组织结构演变的内生动力来看，新中国成立 70 年来我国工业产业组织结构演变都可以以改革开放为节点，划分为前后两个阶段。在改革开放以前，我国实行计划经济体制，产业组织结构的演变主要是政府行政手段干预的结果，这一时期的产业组织结构变化也随着政府经济政策的变化呈现出“两集中—两分散”的波浪形变化趋势。而且这一时期产业组织结构整体较为分散，“大而全”“小而全”的一体化情况较为严重，产业组织效率较低。在改革开放以后，社会主义市场经济体制逐步被引入，市场准入壁垒逐渐被破除，跨国公司也大举进入我国市场，产业组织结构演变的内生动力逐渐由政府主导转变为市场竞争驱动。改革开放以后产业组织结构演变的趋势经历了改革开放到 20 世纪 90 年代的分散化，以及集中化，整体呈现出 U 形变化特征。但是随着开放水平的提高以及市场规模的扩大，近年来我国工业产业集中度略有下降的趋势。从产业组织效率角度来看，改革开放以来的产业组织结构向着集中化、专业化、高效化的方向演进。展望未来工业产业组织演进方向可以发现，随着数字化、智能化等新一轮科技革命的推进以及竞争政策基础性地位的增强，我国工业产业组织结构将在技术和竞争双轮的驱动下，向着集中化水平更高、效率更优、效率水平更高的方向演进。

*　　　　*　　　　*

产业组织结构是指一个产业内企业数量、规模分布以及产业内企业竞争状况等，它反映了生产要素以及产出结构在产业内的分布情况，同时也在一定程度上衡量了产业内竞争效率和规模效率。产业组织结构演变是从微观层面研究产业结构变化、经济发展水平和效率的重要理论。新中国成立 70 周年以来，随着我国经济体制由传统计划经济体制转向社会主义市场经济体制，产业组织结构演变的内生动力也逐渐从政府主导向市场竞争驱动演进，相应的产业组织结构表现出了不同的变化特征。

一、计划经济体制时期产业组织结构演变

1. 国民经济恢复和“一五”时期的产业组织结构（1949～1957年）

1949年中华人民共和国成立，拉开了社会主义工业化建设的伟大序幕。从1949年到1952年是国民经济的恢复时期，这一时期经济恢复和发展的主要任务是没收官僚资本主义企业、清除帝国主义经济侵略势力，建立社会主义国家所有制工业；同时，保护并限制地发展民族资本主义工业和个体手工业。这一时期奠定新中国工业发展和产业演变的基础。1949年没收官僚资本的工业企业2858家，外国资本的企业从1192家减少到563家；民资资本主义工业户数由1949年的12.32万户增加到1952年的14.96万户（汪海波，2017）。从所有制结构来看，国有企业数量快速增加，到1952年国有企业总数达到9518家，其中地方国有企业数7272家，占国有企业总数的76.4%①。1949年社会主义全民所有制工业和集体所有制工业企业数占全国企业总数的比例分别为26.2%和0.5%，1952年这一比例分别上升到41.5%和3.3%；产值由37.5亿元上升到153.8亿元。从产业内部的组织结构来看，这一时期的产业结构较为分散，企业规模较小，1953年员工人数在50人以下的私有企业占企业总数的比例达到96%以上（杨魁和董雅丽，2000）。此外，工业在经济中的占比也相对较低，1952年工业总产值占工农业总产值的比重仅为26.7%（杨魁和董雅丽，2000）。为了解决工业发展水平低、产业结构不合理、产业组织结构分散的问题，“一五”期间我国以苏联援建的156个大型项目为抓手，大力加强工业化建设，尤其是重工业建设。“一五”期间施工建设了921个大中型项目，建立了一大批大中型企业，大中型建设项目的投资为302.79亿元，占总投资的51.5%。此外，这一时期还大力推行公私合营和个体工商业改造，通过合并改组的方式提升企业规模，充分利用现有工业产能，提高工业生产效率。比如，上海就将2.6万个中小型工厂合并成8个专业公司，1.6万个企业（王慧炯，1991）。

总结来看，在整个国民经济恢复以及“一五”计划时期，我国形成了高度集中的计划经济体制，同时以重工化为导向，加强了大型项目的建设及企业合并重组，产业组织结构出现了新中国成立以来的第一次集中化趋势，企业规模和生产规模在一定程度上得到了提升。以棉纺织业为例，1949年全国棉纺织工厂的平均规模为20200支纱锭，1957年增加到43600支，平均规模增长1.56倍。

2. “大跃进”和经济调整时期的产业组织结构（1958～1965年）

虽然“一五”期间高度集中的计划经济体制和重工业建设对于工业化的推进和发展具有一定的促进作用，但高度集中的计划经济体制弊端也十分明显，尤其是在“一五”后期，这种弊端不断表现出来：从企业的角度来说，企业丧失了自主决策权，经营效率低下；从地方政府的角度来说，高度集中的计划经济体制使地方政府丧失了自身利润，地区内不同经济部门之间的联系割裂。为了解决计划经济体制的弊端，探索工业化建设的正确道路，党中央积极听取部委及各地方的汇报，出台了《关于改进工业管理体制的规定》等文件，尝试进行以扩大地方政府的工业管理权限和企业的内部管理权限为主的经济体制改革（汪海波，2017）。不幸的是这一改革过了头，出现了盲目下放管理权、盲目发展等问题，造成了工业生产建设的“大跃进”。在“大跃进”时期，中央各工业部将80%的企业交给地方政府管理，1957年中央直属企业9300多家，到1958年这一数量就减少到1200多家（汪海波，2017）。此外，在“大跃进”时期，还大搞以“小土群”“小洋群”为特征的群众运动，盲目发展地方工

① 《1949～1952中华人民共和国经济档案资料选编》（工商体制卷）。

业，特别是小规模企业建设，导致小规模企业严重超生，超过了大规模企业的发展势头。此外，在“大跃进”时期还大力扩张基建规模，1958年到1960年，工业基础建设投资611.5亿元，比“一五”期间的总和还要高1.5倍（王慧炯，1991）。在这一时期，我国产业组织结构出现了小企业发展过快、大企业发展慢、产业组织结构分散化的趋势，这也是新中国成立以来产业组织结构出现的第一次分散化趋势。

大规模的权力下放和群众运动使我国经济发展出现极其困难的局面，为此中央又提出重新统一集中管理、狠压基础建设等改革措施，并对企业实行“关、停、并、转”的改革策略。1960年全民所有制企业9.6万个，到1962年压缩到5.3万个；集中所有制企业也从1959年的21.96万个下降到1965年的11.2万个；三年净减职工1750万人（王慧炯，1991）。这一时期也加大了工业建设投资，特别是大型工业项目的建设，从1961~1965年，工业建设投资总额达到327.1亿元，比“一五”时期的工业投资高30.7%，其中施工建设的大中型工业项目有1097个（汪海波，2017）。此外，为了解决企业规模小、分散经营、效率较低的问题，中央还提出了试办托拉斯的尝试。1964年国务院决定以工业和交通部门为试点，试办12个托拉斯，将产品相同和具有密切生产关系的企业联合起来形成联合经营公司，以优化产业组织结构，提高企业经营效率。

3.“文化大革命”时期的产业组织结构（1966~1977年）

在国民经济调整时期，通过“关、停、并、转”等手段使“小、土、群”等小型企业纷纷下马，产业组织结构得到一定程度的优化，规模经济得到了进一步提升。但是，随着“文化大革命”的到来，这些优化产业组织结构的措施被迫停止，试办托拉斯等提升产业组织结构效率的活动也被迫终断，已经趋于成熟的计划经济管理体制也受到冲击，“大跃进”时期的分权管理和大中小企业并举的现象开始重新上演。“三五”计划实施期间，地方性“五小”企业又得到了发展。“五小”企业是指为了支援农业建设，各省、自治区、直辖市、县城等地方政府所建立的小煤矿、小钢铁厂、小机械厂、小水泥厂、小化肥厂。1970~1974年，中央财政划拨出80亿元专项资金用于发展地方“五小”工业。与此同时，地方财政也积极支持“五小”企业的建设，地方财政预算外资金用于发展“五小”的投资从1970年的100万元增加到1975年的2.79亿元。在以上多种因素的推动下，“五小”企业快速发展，1975年“五小”工业中的钢、原煤、水泥和化肥产量在全国总产量中的比重分别是6.8%、37.1%、58.5%和69%。从企业产值规模来看，1971年大中型企业的产值占总产值的比重为51.2%，到1980年这一比重下降到40.7%。

除了“五小”工业以外，“文化大革命”时期的“三线”建设也对“文化大革命”时期的产业组织结构产生了影响。1964年在国内外局势严重，党中央做出加快“三线”建设的战略决策。从1966年到1976年，在西南地区和“三西”（豫西、鄂西、湘西）地区开展了大规模的基础建设和工业建设，形成了一大批大型企业群。虽然“三线”建设形成了一批重要项目和新的工业中心，但是由于建设不配套、选址不合理、厂区布置不当、成本过高等因素，使“三线”建设的经济效率较低，无法带动整个工业的发展以及产业组织结构的优化。相反，由于大量的资金和人力用于“三线”建设，使沿海工业的发展和骨干企业的扩展无法得到充足的资源，从而在一定程度上损害了整体工业的发展和阻碍了产业组织效率的提升。

1976年后，我国对工业发展进行了恢复性整顿，对工业管理体制进行了调整，收回了“文化大革命”时期下放的一批大型骨干企业。但是，这一时期仍盲目地引进一大批技术设备，加剧了国民经济的失调。同时，由于在技术设备的引入管理和使用、消化吸收方面存在一定的问题，这一时期的产业组织结构以及技术效率仍然较低。

4.计划经济体制时期产业组织结构的特征

通过总结计划经济时期我国产业组织结构演变过程可以发现，在计划经济时期我国产业组织结构表现出如下特征：

第一，产业组织结构整体较为分散，市场集中度较低，存在难以逾越的行政进入壁垒。表6-1反映了1978年我国大中小型工业企业的构成，从中可以看出，小型企业数量占企业总数量的98.7%，具有绝对优势地位。但是，小企业固定资产比重仅占30%，这也说明这一时期我国小企业的平均规模较小。此外，由于这一时期我国实行高度集中的计划经济体制，各工业产业都由国有企业进行生产，私营企业存在严格的行政进入壁垒，几乎没有生存空间。

表6－1 1978年全民独立核算企业构成

单位:%

	企业数比重	工业总产值比重	工业净产值比重	固定资产（原值）比重
大型企业	0.4	25.1	32.6	46.5
中小企业	0.9	18.3	19.7	23.5
小型企业	98.7	56.6	47.7	30.0

资料来源：马洪、孙尚清：《中国经济结构问题研究》，人民出版社1981年版。

第二，从产业组织结构纵向演变的角度来看，计划经济时期我国产业组织结构呈现出集中—分散的周期性变化特征：在“一五”期间，随着计划经济体制的形成和大项目的开工建设，我国产业组织结构表现出集中化的趋势，市场集中度有所提高；“大跃进”时期，由于行政权力的过度下放，各地方政府大力发展小规模企业，从而使产业集中度不断降低，产业效率也相应降低；在随后的经济调整时期，我国通过试办托拉斯等方式试图提高产业集中度，增强企业规模经济效应；但是“文化大革命”阻断了这一尝试，这一时期企业规模又出现了分散化的趋势，小规模、低效率的企业大量增加，降低了产业组织效率。综上，计划经济时期我国产业组织结构的演变过程可以概括为“两集中—两分散”的波浪型演变趋势。

第三，专业化水平和生产效率都较低。在计划经济时期，我国工业出现“大而全”“小而全”的发展模式，专业化水平较低。以机械工业为例，1976年县级以上机械企业有6100个，其中全能厂占80%，这些厂都是从铸锻毛坯、机械加工到成品配装，从机修、电修到运输仓储的全能型企业。在生产效率方面，由于企业规模较低、组织结构不合理，从而导致企业效率较低。在钢铁、煤炭、汽车等本应采用大规模生产方式的行业中存在一大批效率低下的小型企业，规模经济水平明显降低。以水泥行业为例，1957年水泥平均生产规模为20.18万吨，1975年降低到了1.08万吨。白慈生和黄开亮（1988）对中国机械工业的规模经济水平和国外企业进行了比较，1985年中国机械工业企业平均人数为202人，而美国和日本分别为70.4人和31人（1983年）；从企业人均产值来看，美国机械企业人均产值达到612万美元，而中国只有99.1万美元。

第四，产业技术水平低下。在计划经济时期，由于严格限制私营企业的进入和发展，市场竞争机制被人为消除，使企业进行技术创新的激励较低。加之企业规模水平和专业化水平都较低，从而使这一时期的产业技术水平极其低下。以机械工业为例，直到20世纪70年代末期，我国机械制造工业仍然采用国外基本淘汰的沙型铸造、自有锻造等传统工艺（王慧炯，1991）。

二、改革开放以来的产业组织结构演变

1. 改革开放至20世纪90年代中期的产业组织结构演变

在20世纪90年代和21世纪初，国内一些学者对改革开放初期的产业组织结构进行了大量研究，发现从改革开放到20世纪90年代，我国的产业组织结构出现了逆集中化的趋势。王慧炯

（1991）比较了 1980 年和 1985 年我国工业企业 CR4 和 CR8 的变化以及矿产品、原材料、中间品、投资品、非耐用消费品、耐用消费品的市场集中度变化。从图 6－1a 和图 6－1b 中可以看出，不管是全部产业还是细分产业，不管是 CR4 还是 CR8 都在下降，其中全部产品的 CR4 由 1980 年的 22.6% 下降到 1985 年的 18.8%，下降 3.8 个百分点，CR8 由 1980 年的 32.3% 下降到 1985 年的 27.4%，下降 4.9 个百分点。从细分行业来看，从 1980 年到 1985 年矿产品的 CR4 和 CR8 分别由 41.0% 和 52.7% 下降到 36.1% 和 47.3%，下降了 4.9 个百分点和 5.4 个百分点。耐用消费品的 CR4 和 CR8 则由 1980 年的 27.8% 和 40.5% 下降到 1985 年的 20.7% 和 32.1%，下降趋势较为明显。

大中小型企业数量和平均规模的变化也可以反映这一时期产业组织结构的分散化趋势。1980 年大型和中型制造业企业的产值占总产值比重为 56%，1985 年这一比重下降到 49%，降幅达 7 个百分点；小型企业产值占总产值的比重则由 1980 年的 44% 上升到 1985 年的 51%。从行业细分来看，在 35 个制造业大类行业中有 31 个行业的大中型企业比重在下降（刘小玄，2003）。到 1990 年，大型企业在产值、销售收入和工业增加值三个方面占总量的比重分别为 34.8%、43% 和 49.8%，相比于 1980 年分别下降了 2.9 个、0.8 个和 1.3 个。殷醒民（1997）按照劳动力数量对企业进行分类，并考察了不同类型企业 1980 年和 1990 年固定资产和工业产出比例的变化，结果如表 6－2 所示。

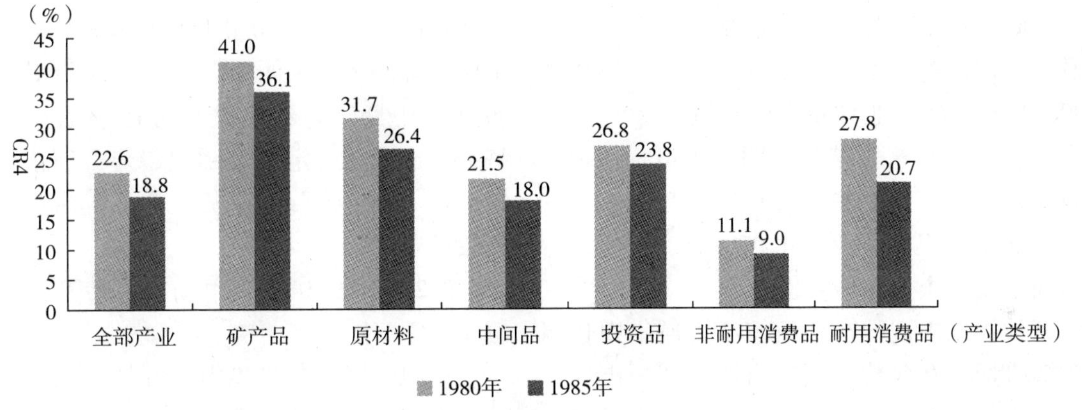

图 6－1a　1980 年和 1985 年 CR4 比较

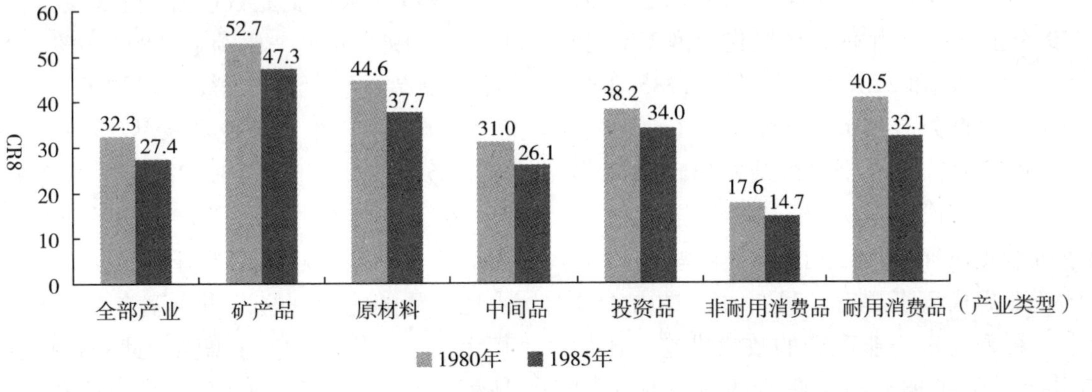

图 6－1b　1980 年和 1985 年 CR8 比较

资料来源：王慧炯：《产业组织及有效竞争——中国产业组织的初步研究》，中国经济出版社 1991 年版。

表 6－2　按劳动力分类的工业企业集中度变化（1980～1990 年）

单位:%

	劳动力			比例变化	固定资产		比例变化	工业产出			比例变化
	1980 年	1985 年	1990 年		1980 年	1990 年		1980 年	1985 年	1990 年	
10000 人以上	13.6	12.2	12.0	－1.6	36.0	26.7	－9.3	17.5	16.1	13.9	－3.6
5000～10000 人	6.0	5.7	5.9	－0.1	9.7	7.7	－2.0	8.9	7.9	6.9	－2.0
3000～5000 人	5.1	4.8	5.2	+0.1	7.3	7.0	－0.3	6.7	6.6	7.3	+0.6
1000～3000 人	16.4	16.4	18.1	+1.7	17.5	21.7	+4.2	21.5	21.1	22.1	+0.6
500～1000 人	14.5	14.5	14.7	+0.2	10.5	12.6	+2.1	15.1	15.0	14.9	－0.2
100～500 人	33.1	33.2	30.8	－2.3	15.0	18.1	+3.1	23.9	25.8	25.5	+1.6
1～100 人	13.2	13.2	13.3	+2.0	4.0	6.1	+2.1	6.4	7.5	9.5	+3.1

资料来源：《中国工业普查资料全部工业企业》，第 1020～1115 页。《中国工业经济统计年鉴》，1991 年，第 363～393 页。转引自殷醒民：《中国工业企业规模的变动趋势研究》。

从表 6－2 中可以看出。从 1980 年到 1990 年，企业劳动力人数在 5000 人以上的大型企业，无论是固定资产比例，还是工业产出比例都在下降；但是 100 人以下小型企业的数量、固定资产比例以及工业产出都在上升。而且劳动力人数在 500～3000 人的中型企业数量、固定资产和工业产出也多是在增加。这一结论说明，1980～1990 年这一时期，大规模企业的数量和工业产出占比都在下降，而中小规模企业数量在增加，产业结构呈现出向小规模企业转移的趋势。

改革开放初期出现的产业组织结构逆集中化的趋势到 20 世纪 80 年代中后期有所缓解，市场集中度出现稳中略升的变化趋势，但整体来看依然处于低集中度水平。以工业产值计算，1985 年 523 个工业小类行业的加权集中度 CR4 和 CR8 分别为 18.8% 和 27.4%。1995 年，按照销售收入计算，579 个工业小类行业的加权集中度 CR4 和 CR8 分别为 20.1% 和 27.7%，相比于 1985 年分别上升了 1.3 个百分点和 0.3 个百分点（魏后凯，2003）。80 年代中后期产业组织结构出现略微集中的趋势，一方面是由于市场竞争逐渐发挥作用，市场机制促使低效率的小型企业退出市场，高效率的企业规模逐渐提升；另一方面是由于政府出台了一系列促进企业联合的政策措施，比如 1980 年出台《关于推动经济联合的暂行规定》，1986 年又出台《关于进一步推动横向经济联合若干问题的规定》，对于企业之间横向联合，提高规模给予资金和行政审批的政策支持（刘戒骄等，2019）。

整体来看，从改革开放到 20 世纪 90 年代中期，我国产业组织结构表现出分散化的趋势，尤其是在改革开放到 80 年代中期这段时期，产业集中度下降趋势较为明显。虽然从 80 年代中后期到 90 年代中期产业组织结构分散化的趋势得到缓解，并出现了一定的集中化趋势，但依然没有扭转产业集中度下降的趋势，产业集中度还仍然处于较低水平。

2. 20 世纪 90 年代中期以来的产业组织结构演变

从 20 世纪 90 年代中期开始，我国产业组织结构表现出一定的集中化趋势，市场集中度有所提升，但是近几年来出现了稳中略降的趋势。

首先，从不同规模企业的数量和产值变动来看，1995 年大型企业数量占企业总数的比例只有 1.3%，1999 年这一比例上升到 4.9%，产值比例也从 39.7% 上升到 43.4%，增加了 3.7 个百分点（见表 6－3）。小型企业数量从 1995 年的 487374 家下降到 1999 年的 139798 家，下降幅度达到 71.3%，小型企业工业总产值占比下降了 0.7 个百分点。小型企业数量下降的比例远远超过产值占比下降的比例，这说明小型企业的平均规模在扩大，市场集中趋势在增强。此外，从表 6－3 中还可以看出，直到 2002 年，大企业和中型企业的数量都基础处于上升的趋势。但是，从 2003 年开始，大型企业数量占比和产值占比都有明显的下降，中小型企业数量和产值都有明显的增加。比如，2002 年大型企业的数量占比和产值占比分别为 4.8% 和 44.9%。2003 年这一比例分别下降到 1.0% 和 34.6%。中型企业数量占比和产值占比则分别由 8.0% 和 13.2% 上升到 11.0% 和 33.1%。然而，2002 年和 2003 年大型企业和中型企业数量的变化并不能说明市场集中度下降，出现这一现象的原因在于大中小型企业划分标准的改变。2003 年开始，我国采用了新的大中小型企业划分标准，将职工人数 2000 人及以上，年销售额 3 亿元及以上，资产总额 4 亿元及以上的企业界定为大型企业。相比之前的标准提高了大型企业的界定标准，从而降低了大型企业的数量。同样地，从 2011 年开始，国家统计局新修订了大中小微型企业划分标准。所以，从 2003 年到 2010 年，大中小型企业划分标准是一样的，从这几年不同类型企业数量比例可以看出，大中型企业数量和产值相对比较稳定，略有下降趋势。同样地，观察 2011 年到 2016 年不同类型企业变化情况也可以得到类似的结论。

其次，从行业集中度来看，CR4 和 HHI 分别反映了行业前 4 家企业市场份额和行业所有企业市场份额分布情况。郭树龙和李启航（2014）利用中国工业企业数据库的数据计算了 1998 ~ 2007 年的 CR4 变化情况，结果如表 6 – 4 所示。

表 6 – 3　不同规模企业分布情况变化

单位：家，%

年份	大型企业			中型企业			小型企业		
	企业数	数量占比	产值占比	企业数	数量占比	产值占比	企业数	数量占比	产值占比
1995	6416	1.3	39.7	16591	3	16.6	487374	95.7	43.7
1999	7864	4.9	43.4	14371	8.9	13.6	139798	86.3	43.0
2000	7983	4.9	44.7	13741	8.4	12.5	141161	86.7	42.8
2001	8589	5.0	47.5	14398	8.4	13.1	148269	86.6	39.4
2002	8752	4.8	44.9	14571	8.0	13.2	158234	87.2	41.9
2003	1984	1.0	34.6	21647	11.0	33.1	172591	88.0	32.3
2005	2503	0.9	36.3	27271	10.0	30.4	242061	89.0	33.4
2006	2685	0.9	35.5	30245	10.0	30.1	269031	89.1	34.4
2007	2910	0.9	34.8	33596	10.0	30.0	300262	89.2	35.2
2008	3188	0.7	33.4	37204	8.7	29.5	385721	90.5	37.1
2009	3254	0.7	32.1	38036	8.8	29.1	393074	90.5	38.9
2010	3742	0.8	32.9	42906	9.5	29.2	406224	89.7	37.9
2011	9111	2.9	41.9	52236	16.4	23.8	256319	80.7	34.3
2012	9448	2.7	40.4	53866	15.7	24.0	280455	81.6	35.6
2013	9806	2.7	39.1	55708	15.1	24.2	304299	82.3	36.6
2014	9893	2.6	38.1	55408	14.7	24.7	312587	82.7	37.2
2015	9633	2.5	36.7	54070	14.1	24.9	319445	83.4	38.4
2016	9631	2.5	36.4	52681	13.9	25.1	316287	83.5	38.5

资料来源：历年《中国工业统计年鉴》。

表 6 – 4　1998 ~ 2007 年 CR4 变化情况

单位：个，%

年份	80≤CR4 < 100		60≤CR4 < 80		40≤CR4 < 60		20≤CR4 < 40		CR4 < 20	
	产业数	占比	产业数	占比	产业数	占比	产业数	占比	产业数	占比
1998	16	4.22	31	8.18	65	17.15	144	37.99	123	32.45
1999	18	4.75	22	5.80	68	17.94	149	39.31	122	32.19

续表

年份	80≤CR4<100		60≤CR4<80		40≤CR4<60		20≤CR4<40		CR4<20	
	产业数	占比	产业数	占比	产业数	占比	产业数	占比	产业数	占比
2000	17	4.49	23	6.07	75	19.79	151	39.84	113	29.82
2001	17	4.49	26	6.86	65	17.15	163	43.01	108	28.50
2002	12	3.17	30	7.92	63	16.62	150	39.58	124	32.72
2003	12	3.17	20	5.28	55	14.51	157	42.42	135	35.62
2004	16	4.22	25	6.60	52	13.72	155	40.90	131	34.56
2005	7	1.85	20	5.28	57	15.04	145	38.26	150	39.58
2006	7	1.85	21	5.54	49	12.93	142	37.47	160	42.22
2007	6	1.58	24	6.33	48	12.66	122	32.19	179	47.23

资料来源：郭树龙和李启航：《中国制造业市场集中度动态变化及其影响因素研究》，载《经济学家》2014 年第 3 期，第 28 页。

从表 6－4 可以看出，1998 年到 2007 年，我国制造业市场 CR4 整体呈现出上升的趋势，但是也表现出一定的结构性差异。从 1998 年到 2004 年，CR4 大于 80% 的产业数量处于上升状态：1998 年 CR4 大于 80% 的产业数为 16 个，占比为 4.22%；1999 年上升到 18 个，占比上升到 4.75%；2004 年相对于 1999 年略有下降，CR4 大于 80% 的产业数 16 个，占总产业数的 4.22%。这说明越来越多的行业向着集中度提升的方向演变。但是，从 2005 年开始，CR4 大于 80% 的企业数量明显减少，2005 年 CR4 大于 80% 的产业数降低为 7 个，占总产业数的比例下降到 1.85%，分别下降了 56% 和 2.37 个百分点。CR4 小于 20% 的行业呈现出增加的趋势，1998 年 CR4 小于 20% 的产业数为 123 个，占总产业数的比例为 32.45%；2004 年 CR4 小于 20% 产业数以及占总产业数的比例分别上升为 131 个和 34.56%；2007 年相应数据又上升到 179 个和 47.23%。CR4 小于 20% 的产业数量的增加体现了我国制造业产业组织结构又呈现出分散化的趋势。笔者利用中国工业企业数据库最新的数据计算了 2008 年到 2013 年工业行业 CR4 的变化情况，结果见表 6－5。从表中也可以看出，CR4 小于 20% 的产业数量以及占总产业数量的比例也有上升的趋势，这说明市场集中度有略微下降的趋势。

表 6－5　2008～2013 年 CR4 变化情况

单位：个，%

年份	80≤CR4<100		60≤CR4<80		40≤CR4<60		20≤CR4<40		CR4<20	
	产业数	占比	产业数	占比	产业数	占比	产业数	占比	产业数	占比
2008	10	2.0	21	4.2	51	10.3	154	31.1	259	52.3
2009	12	2.3	21	4.0	63	12.1	163	31.3	262	50.3
2010	15	2.9	24	4.6	51	9.7	173	33.0	262	49.9
2011	16	3.1	18	3.5	58	11.2	151	29.0	277	53.3
2012	14	2.7	27	5.2	49	9.4	152	29.2	279	53.6
2013	20	3.6	20	3.6	64	11.5	160	28.8	292	52.5

资料来源：根据中国工业企业数据库（2008～2013）的数据测算。

CR4 只衡量了行业前 4 家企业的整体集中状况，没有考虑行业内企业的总数量以及企业相对低位的变化情况。因此，目前学术界多倾向于采用 HHI 指数来衡量产业组织结构状况及其变化。

根据HHI指数可以将产业分为高度寡占型、低度寡占型、低集中竞争型、一般分散竞争型和高度分散竞争型五种类型。表6－6给出了1998年到2007年这五种类型市场结构变化情况。从表6－6中可以看出，高度寡占型行业数量呈现出下降的趋势，而低度寡占型行业数量稳中有降。这也从另一个层面说明了自20世纪90年代中期以来，我国产业组织结构整体上处于集中度稳步提高的状态，但稳中也有略降的趋势。

表6－6　1998～2007年市场结构类型变化情况

年份	高度寡占型 HHI≥1800		低度寡占型 1800＞HHI≥1000		低集中竞争型 1000＞HHI≥500		一般分散竞争型 500＞HHI≥200		高度分散竞争型 HHI＜200	
	产业数	占比	产业数	占比	产业数	占比	产业数	占比	产业数	占比
1998	32	8.44	28	7.39	79	20.84	112	29.55	128	33.77
1999	32	8.44	27	7.12	77	20.32	119	31.40	124	32.72
2000	32	8.44	30	7.92	78	20.58	120	31.66	119	31.40
2001	27	7.12	38	10.03	67	17.68	135	35.62	112	29.55
2002	23	6.07	40	10.55	71	18.73	117	30.87	128	33.77
2003	24	6.33	29	7.65	55	14.51	134	35.36	137	36.15
2004	27	7.12	32	8.44	63	16.62	117	30.87	140	36.94
2005	19	5.01	26	6.86	67	17.68	105	27.70	162	42.74
2006	21	5.54	24	6.33	61	16.09	107	28.23	166	43.80
2007	21	5.54	25	6.60	50	13.19	103	27.18	180	47.49

资料来源：郭树龙、李启航：《中国制造业市场集中度动态变化及其影响因素研究》，《经济学家》2014年第3期，第27页。

3. 改革开放以来我国产业组织结构演变的基本特征

总结来看，改革开放以来，我国产业组织结构的演变表现出如下特征：

第一，改革开放以来，我国产业组织结构呈现出先分散、后集中的U形变化趋势。在改革开放初期，我国产业组织结构呈现出集中度下降的趋势，这是因为传统高度集中的计划经济体制被打破，企业自主权增大、行政进入壁垒逐渐降低，从而导致市场进入增加，市场集中度呈现下降的趋势。此外，改革开放以后市场总量迅速增大，从1978年到1990年，GDP由3624亿元增长到18548亿元，按可比价格计算增长了1.8倍。市场容量的扩大也加速了市场集中度下降的趋势。从20世纪90年代开始，经济体制改革取得较大进展，在市场机制作用下，企业规模扩张加速，加之政府集中化导向产业政策的作用，我国产业组织结构分散化的趋势逐渐得到抑制，并出现了集中化的趋势。

第二，从纵向角度来看，改革开放以来我国产业组织结构集中度不断增强，产业组织效率提升；但是，从横向的角度来看，我国市场的产业组织结构仍然较为分散。图6－2反映了我国制造业和美国制造业不同类型市场类型的产业数量对比，从中可以看出在高度寡占型、低度寡占型市场结构中，我国产业数量远远低于美国；而在高度分散型和低端分散型的市场结构中，我国的产业数量远远高于美国。

第三，从产业组织结构演化的内在动力来看，我国产业组织结构演变动力逐渐由政府主导转变为市场主导。在传统计划经济时期，产业组织结构演变主要驱动力是政府行政垄断，但是在改革开放以后，市场机制发挥着越来越重要的作用，市场竞争取代了政府行政干预，成为驱动产业组织结构演化的主要因素。

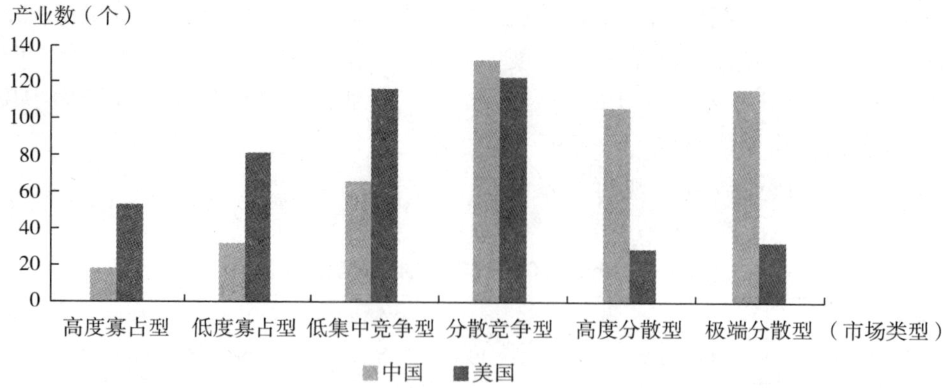

图 6－2 2007 年中国和美国制造业产业组织结构比较

注：数据来源于郭树龙和李启航（2014）。

三、我国产业组织结构演变的启示和未来展望

按照传统产业组织理论的观点，在工业化初期，工业发展水平较低，企业规模相对较小，所以市场集中度往往较低。但是随着经济的发展和工业化进程的推进，大规模生产和规模经济逐渐凸显，大企业数量增加，产业市场集中度提高，并逐渐稳定。即产业组织结构一般呈现出集中—稳定—缓慢分散的变化趋势。新中国成立 70 年来，我国已经进入工业化后期阶段（黄群慧，2013）。然而在这一过程中，我国工业产业组织结构的演变却没有出现发达国家的变化特征，而是表现出独特的中国特色。很显然其中的原因在于我国经济体制的特殊性。改革开放之前，我国实行高度集中的计划经济体制，政府取代了市场，成为产业组织结构演变背后的驱动力。由于政府行政政策的变化导致了产业组织结构出现了集中—分散—再集中—再分散的周期性变化特征。更为重要的是，高度计划的经济体制构筑了不可逾越的行政进入壁垒，遏制了私营企业的进入，人为消除了市场竞争，从而导致企业生产效率、专业化水平和技术水平十分低下。改革开放以后，市场机制逐渐引入，市场竞争逐渐取代政府成为工业产业组织结构演变的主要驱动力，产业组织结构也向着集中化、规模化、高效化、专业化的方向演变，产业组织结构效率得到了显著提升。产业组织结构的这一演变历程启示我们，只有坚持市场化的改革方向，让市场和竞争在资源配置和经济发展中起到决定性作用，才能让产业组织结构向着高效化的方向演进。

此外，技术变革也在产业组织结构演变过程中起到了重要的作用。技术变革和产业组织结构演变具有双向关系，一方面产业组织结构的演变会影响产业内部竞争状态和企业技术创新水平，从而导致技术变革的变化；另一方面技术变革又对已有的生产方式产生颠覆式影响，从而导致新的生产方式和产业组织模式的出现，进而导致产业组织结构出现变化。当前，以数字化、网络化、智能化为特征的新一代科技革命和产业革命正在加速推进，5G、人工智能、3D 打印等新型技术正在改变企业之间的关系和产业组织结构（李晓华，2017）。展望未来我国产业组织结构演变趋势，市场竞争和技术变革将成为驱动产业组织结构演变的双轮，使产业组织结构朝着集中化水平更高、效率更优、效率水平更高的方向演进。

专栏6－1

中国制造企业500强

中国企业500强是由中国企业联合会、中国企业家协会按国际惯例组织评选、发布的中国企业排行榜。自2002年起，每年向社会公布一次中国企业500强年度排行榜。由于500强企业是行业企业规模、技术水平、发展情况的代表，所以制造企业500强是反映产业组织结构的一个重要指标，通过制造业企业500强的指标可以对产业整体发展情况和产业组织结构情况有一个整体了解。

2018年9月2日，在中国500强企业高峰论坛上，中国企业联合会、中国企业家协会连续第14次向社会发布了“中国制造业企业500强”名单。2018中国制造业企业500强共实现营业收入31.84万亿元，与2017年相比，营业收入增加12.71%，增速提高了6.17个百分点。

2018中国制造业企业500强的入围门槛为86.4亿元，较上年涨幅高达24.98%。此外，2018中国制造业企业500强共实现利润8176.93亿元，较上年增长了19.18%。亏损企业的数量从上年的40家下降到了22家，其中一半为冶金企业。2018中国制造业企业500强的净资产利润率为9.23%，较上年增长了0.65个百分点，净资产利润率从2016年开始已经连续两年回升。

从2018中国制造业企业500强榜单情况看，重化工行业依然扮演了重要角色，榜单前10位企业除华为投资控股有限公司之外，其余均为重化工企业；制造业500强榜单中黑色冶金企业占据了76席。对营业收入贡献最大的前两个行业分别是黑色冶金和汽车及零配件制造，分别贡献了制造业500强整体14.42%和13.56%的营业收入；而对利润贡献最大的依然是这两个行业，只是两者位置互换，31家汽车及零配件制造企业创造了榜单企业14.70%的总利润，而76家黑色冶金企业则是创造了榜单企业14.14%的总利润。

表6－7　近三年中国制造企业500强前十名企业情况

年份	排名	企业名称	营业收入（万元）
2018	1	中国石油化工集团公司	220974455
	2	上海汽车集团股份有限公司	87063943
	3	东风汽车集团有限公司	63053613
	4	华为投资控股有限公司	60362100
	5	中国五矿集团有限公司	49336087
	6	正威国际集团有限公司	49179850
	7	北京汽车集团有限公司	47034067
	8	中国第一汽车集团有限公司	46988810
	9	中国兵器工业集团有限公司	43691880
	10	中国航空工业集团有限公司	40481588
2017	1	中国石油化工集团公司	196921982
	2	上海汽车集团股份有限公司	75641617
	3	东风汽车公司	57261266
	4	华为投资控股有限公司	52157400
	5	中国兵器装备集团公司	47267719
	6	中国五矿集团公司	43545005

年份	排名	企业名称	营业收入（万元）
2017	7	中国第一汽车集团公司	43038158
	8	中国兵器工业集团公司	40740610
	9	北京汽车集团有限公司	40610384
	10	山东魏桥创业集团有限公司	37318332
2016	1	中国石油化工集团公司	184977795
	2	上海汽车集团股份有限公司	67044822
	3	东风汽车公司	52045396
	4	中国兵器装备集团公司	44041718
	5	华为技术有限公司	39500900
	6	中国第一汽车集团公司	39499035
	7	中国兵器工业集团公司	38725293
	8	中国航空工业集团公司	37862420
	9	北京汽车集团有限公司	34522067
	10	山东魏桥创业集团有限公司	33323772

资料来源：2018 年中国制造业企业 500 强榜单出炉：500 强企业共实现营收 31. 84 万亿元，中商情报网。

参考文献

[1] 汪海波：《新中国工业经济史》，经济管理出版社 2017 年版。

[2] 杨魁、董雅丽：《论我国产业组织结构的历史演变及当前的政策取向》，《兰州大学学报》2000 年第 2 期。

[3] 王慧炯：《产业组织及有效竞争——中国产业组织的初步研究》，中国经济出版社 1991 年版。

[4] 白慈生、黄开亮：《中国机械工业产业政策研究》，《经济研究参考资料》1988 年第 11 期。

[5] 刘小玄：《中国转轨过程中的产权与市场——关于市场、产权、行为和绩效的分析》，上海三联书店 2003 年版。

[6] 殷醒民：《中国工业企业规模的变动趋势研究》，《管理世界》1997 年第 3 期。

[7] 魏后凯：《市场竞争、经济绩效和产业集中》，经济管理出版社 2003 年版。

[8] 刘戒骄、张小筠、王文娜：《新中国 70 年产业组织政策变革及展望》，《经济体制改革》2019 年第 3 期。

[9] 郭树龙、李启航：《中国制造业市场集中度动态变化及其影响因素研究》，《经济学家》2014 年第 3 期。

[10] 黄群慧：《中国的工业化进程：阶段、特征与前景》，《经济与管理》2013 年第 7 期。

[11] 李晓华：《产业组织结构演变趋势与产业转型升级》，《开发研究》2017 年第 6 期。

第七章　新中国工业管理体制的变迁与展望

提　要

新中国成立以来，我国工业管理体制经历了巨大变化，有力地适应和推动了工业经济的迅速发展。本章从工业经济管理与调节的手段、政府与企业的关系与权力的划分、政府经济与工业管理部门的演化与调整等方面梳理了工业管理体制在新中国成立后70年来的演进历程。中国以渐进试点的方式来推进工业管理体制的不断完善，而党的核心领导始终存在并产生着关键作用，这都是我国工业管理体制改革成功的重要经验。最后，对未来中国工业管理体制变迁的基本趋势进行了展望。

*　　　　*　　　　*

1949年新中国成立以来，我国的工业经济发展迅速，工业建设取得举世瞩目的成就。在这个过程中，工业管理体制也发生了巨大变化，并对工业的发展产生了巨大的作用。

本章所涉及的工业管理体制，主要是指宏观层面的工业管理制度与方法，包括以下几个方面：第一，工业经济管理与调节的手段，如行政手段、指令计划、市场手段；政府对工业行业的管理政策及产业政策；等等。第二，政府与企业的关系、权力的划分等。第三，政府经济与工业管理部门的演化与调整等。工业管理体制的这种变化本质上是中国共产党以及中国政府对于宏观经济管理认识和手段的进步，同时也是中国经济发展的一个重要推动力量。时至今日，工业管理体制仍在不断完善和适应经济发展的过程中。

一、70年工业管理体制的变迁历程

1. 工业经济管理手段、行业管理和产业政策的变迁

工业经济管理与调节的手段，以及工业产业政策的引导和对行业的管理是工业管理体制最核心和最重要的内容之一。

（1）工业经济管理与调节手段的变化：从计划到市场。管理与调节工业经济的手段是工业管理体制最主要的内容之一，也是中国70年来工业管理体制变化最大的方面之一。中国的工业经济管理与调节手段，经历了从高度集中的、通过行政手段以指令性计划来对工业经济进行管理，到"计划为主、市场为辅"，到"有计划的商品经济"，到"使市场在国家宏观调控下对资源配置起基础性作用"，再到"使市场在资源配置中起

决定性作用和更好发挥政府作用”的历程。期间大体可划分为以下几个阶段：

从1949年到1978年的计划经济时期，对工业经济的管理主要是通过高度集中的计划来实现的。计划管理包括了若干方面的内容，既包括了对工业生产的管理，也包括对物资调配、劳动力和市场物价的管理等。这里单独阐述对工业生产的管理。对于工业生产计划方案的制订分为长期和短期发展计划。长期的发展计划通常是通过编制“五年计划”来进行的。例如，“一五”计划（1953～1957年）的基本任务是集中主要力量进行工业建设，建立我国社会主义工业化的初步基础，对私营工业进行社会主义改造。“一五”计划基本成功完成，工业总产值的年平均增长率达18%。党中央关于“二五”计划（1958～1962年）基本任务的建议是继续推行以重工业为中心的工业建设，巩固和扩大集体所有制和全民所有制。“三五”计划（1967～1970年）的主要任务是加强国防建设，加强基础工业建设。“四五”计划（草案）（1971～1975年）的主要任务是狠抓战备，集中力量建设大三线；狠抓钢铁、军工、基础工业和交通运输的建设。在这些长期阶段目标的基础上，政府再制定每年的生产计划目标。流程通常是由各部门先提出各部门的发展和生产目标，然后通过每年的全国计划会议，讨论并拟定年度的国民经济计划，包括工农业总产值和工农业主要产品产量等内容。在生产计划确定下来后，政府以行政手段直接给企业下达生产计划指令，国营企业严格按照生产计划来进行生产和销售。当工业需要调整、产业结构需要变化时，也是通过调整计划快速地调整产业结构和发展速度。工业生产的计划管理不仅包括生产的数量，同时还包括对生产质量的管理。我国还制定了质量检验制度和设立了质量检验机构。

从1979～1991年是一个中间探索阶段，对工业经济管理与调节的手段如何在计划和市场两者中选择、取舍和平衡进行了摸索。党的第十一届三中全会认识到“现在我国经济管理体制的一个严重缺点是权力过于集中，应该有领导地大胆下放，让地方和工农业企业在国家统一计划的指导下有更多的经营管理自主权”。从此，对计划和市场关系的探索开始加快进行。在随后一个阶段中，对工业经济的管理手段从“计划经济为主、市场调节为辅”，逐步推进至“有计划的商品经济”，力图使计划手段与市场经济手段相统一。例如，对关系国计民生的重要产品，仍由国家统一计划生产、确定价格并统一调配；其余产品则由企业根据市场状况自行生产与销售。

从1992年至今，对工业经济的管理开始逐渐、全面转向通过市场来起决定性作用。1993年党的十四届三中全会明确指出“要使市场在国家宏观调控下对资源配置起基础性作用”，“转变政府管理经济的职能，建立以间接手段为主的完善的宏观调控体系”。党的十八届三中全会更是提出要“使市场在资源配置中起决定性作用和更好发挥政府作用”。在此阶段，工业经济管理机制更多地依靠市场的决定性作用，而政府的作用不再是否定或取代市场。在这个时期，企业的市场主体地位得到确认，企业自行决定其生产活动。政府在工业经济管理方面的职能转变为如何更好地建立公平开放透明的市场规则、如何加强对市场活动的监管以及如何更好地推进国有企业的改革，使其更具市场竞争力与活力。

（2）工业经济所有制的管理。对工业经济所有制的管理，以及对国有企业、集体企业、私营企业的准入、调整和管理，是中国工业管理体制的重要内容。对工业经济所有制的管理也与中国经济制度的探索一样，经历了从“单一公有制”到“公有制为主体、多种所有制经济共同发展”的历程。大体可划分为以下几个阶段：

从1949～1978年，工业经济所有制的管理是以建立单一公有制、发展国有企业为主要目的的。新中国成立后，政府便开始着手进行公私合营和资本主义工业的社会主义改造。1949～1954年基本上是个别企业的公私合营；从1954年开始进行全行业公私合营，有计划地扩展国家资本主义高级形式；到1956年3月末，除西藏等少数民族地区外，全国资本主义工商业基本上实现了全行业公私合营。1956年初，全国原有资本主义工业88000余户，到年度已有99%实现了社会主义改造。这种单一的公有制（基本上是国营经济）状态，一直持续到1978年。

从1979～1996年，在对工业经济所有制的管理上，以国营经济和集体经济作为基本的经济形式，同时也把个体经济、私营经济、中外合资合作经济、外商独资经济等作为必要的、有益的补充。

从1997年至今，在对工业经济所有制的管理上，对应于“公有制为主体、多种所有制经济共同发展，是我国社会主义初级阶段的一项基本经济制度”的认识，不仅国有工业企业、集体工业企业、股份制工业企业发展，还包括私营工业企业也得到了鼓励发展。对于非公有的工业企业，政府也“毫不动摇鼓励、支持、引导”。到2017年，规模以上工业企业中，按总资产来衡量，内资企业占80.7%，港、澳、台商投资企业占8.3%，外商投资企业占10.9%；而在内资企业中，有限责任公司占47.0%，私营企业占26.8%，股份有限公司占18.4%，国有企业占7.0%，集体企业占0.1%。

（3）行业管理及产业政策的选择。对工业行业的管理以及产业政策是工业管理体制的重要内容。产业政策的支持和引导方向对国家的工业结构起着举足轻重的作用。70年来，我国的行业管理从无到有，产业政策也经历了以重工业为主到大力发展轻工业、促进产业结构均衡再到优化现代产业体系的过程。行业管理与产业政策互相交叉，在产业政策体系中，又包含了对具体行业管理的内容。为了回顾发展方面的清晰，这里分开来阐述两者的变迁历程。

1）行业管理从无到有。在行业管理方面，我国经历了从无到有的过程，在改革开放以前，我国在工业管理领域基本上只有部门管理而没有行业管理。主要工业企业都由中央各工业部直接管理，而工业管理部门又划分得很细，例如，改革前工交系统一度设有煤炭、石油、水电、冶金、化工、机械、电子、纺织、轻工、核工业、航空、航天、兵器等17个专业部。有的部门所管理的业务和产品较单一，例如煤炭、纺织等，这些部门的管理基本上可等同于行业管理。而另一些部门如轻工、化工、机械等，涉及的行业非常多，部门管理难以起到行业管理的作用。[①]

改革开放后，政府逐渐意识到只有部门管理，而没有行业管理的弊端，开始逐步建立行业管理的系统。1982年的五届人大五次会议提出要“制定行业规划”，开始建立进行行业管理的尝试。建立工业行业管理系统，包括制定具体行业的发展规划、政策、法规、标准，对行业的技术结构和企业组织结构进行引导，以及建立行业协会等。

从20世纪80年代初期到90年代中后期，经历了从部门管理向行业管理的过渡。首先从政府机构改革入手，裁并了部分的专业局和管理部门，同时建立行业协会。将一部分的行业管理职能转移至行业协会。例如，1993年，国务院撤销了轻工业部和纺织工业部，组建了中国轻工总会和纺织总会。2001年，撤销了煤炭工业局、机械工业局、冶金工业局、石油和化学工业局、轻工业局、纺织工业局、建筑材料工业局、有色金属工业局和国内贸易局九个国家经贸委管国家局，成立了机械工业联合会、钢铁工业协会、煤炭工业协会、有色金属工业协会、纺织工业协会、轻工业联合会、建材工业协会、石油化工工业协会等十大行业协会，并赋予这些协会部分政府职能。

这些行业协会承担了部分的行业管理职能，包括制定行规行约，规范行业行为；调查研究国内外相关行业的发展趋势，提出经济技术等方面的建议；协助开展制定行业发展战略、规划、政策等方面的工作；进行行业统计，收集、分析；组织培训本行业的专业人才；协助本行业的企业进行品牌建设、市场开拓等工作等。

从行业管理方面来看，虽然工业管理体制不断提从部门管理向行业管理推进，但是改革实践总体上还落后于现实要求，仍然存在着政府部门多口管理或者是管理错位和缺位的问题，部分行业协会的作用也仍然有待提升。

2）产业政策的选择：从重工业为主到优化现代产业体系。从1949～1978年的计划经济时期，产业政策最突出的特点是优先发展重工业。1953年的《过渡时期的总路线》就明确指出要“首先集中主要力量发展重工业，建立国家工业化和国防现代化的基础”。重工业中又尤其重视钢铁业的发展，甚至提出了“以钢为纲”的口号。从1958年开始的“大跃进”时期，主要资

① 郛义钧：《行业管理的理论和实践》，中国财政经济出版社1987年版。

源与劳动力都投入到大炼钢铁的运动中，导致国民经济比例严重失衡。从1960年开始，中央不得不对产业政策进行调整，适当降低重工业发展速度，加强农业和轻工业的发展；在人力、物力、财力分配方面，将优先次序调整为农业、轻工业和手工业、重工业；努力增产日用品和农业生产资料。在重工业内部，逐步加强采掘和采伐工业，使重工业的生产适合支援农业、轻工业和国防。从1970年开始，受以战备为中心的战略影响，“四五”时期再次强调建设重工业，狠抓钢铁、军工、基础工业和交通运输，导致国民经济主要比例再次出现失调。

从1979年到1991年的经济转型时期，产业政策的主要任务是对失衡的产业结构进行全面调整。在工业方面，“六五”时期主要是大力发展以轻纺为代表的轻工业，加强煤炭、石油、电力、交通运输和建筑材料工业等国民经济中的这些薄弱环节。1982年党的十二大将能源、邮电通信和交通运输三大产业作为战略重点产业来发展。“七五”计划中产业结构的调整方向是着重改善轻工业和重工业各自的内部结构，加快能源、原材料工业的发展，同时适当控制一般加工工业生产的增长，使两者的比例关系逐步趋向协调。1987年在第十三次全国代表大会的报告上明确提出了要依靠国家制定正确的产业政策来实现产业结构合理化。在1989年《国务院关于当前产业政策要点的决定》中，生产领域重点支持的工业产业是轻工、纺织业、基础设施和基础工业，机械电子工业，高技术产业等。

从1992年至今，随着社会主义市场经济的建立，产业政策在工业管理体制中的作用越来越重要，产业政策体系也越来越丰富，形成了包括顶层纲领规划、具体产业发展规划、产业结构调整指导目录、市场准入负面清单等在内的一体化产业政策体系。该阶段产业政策的重点是发展高新技术产业和优化现代产业体系。“八五”计划提出将发展电子工业放在突出位置，拟使之成为促进整个国民经济现代化的带头产业；“九五”计划提出在工业方面重点加强能源、交通、通信，振兴以机械工业、电子工业为代表的支柱产业，调整提高轻纺工业。“十五”计划提出重点强化对传统产业的改造升级，进一步发挥劳动密集型产业的比较优势；积极发展高新技术产业和新兴产业；加速发展信息产业，以信息化带动工业化。“十一五”规划提出加快发展高技术产业、振兴装备制造业、优化发展能源工业、调整原材料工业结构和布局、提升轻纺工业水平、积极推进信息化。“十二五”规划提出发展结构优化、技术先进、清洁安全、附加值高、吸纳就业能力强的现代产业体系，着力点在改造提升制造业、培育发展战略性新兴产业。“十三五”规划提出构建创新能力强、品质服务优、协作紧密、环境友好的现代产业新体系，实施制造强国战略，支持战略性新兴产业发展。党的十九大报告进一步提出“建设实体经济、科技创新、现代金融、人力资源协同发展的产业体系”。

2. *政府与企业的关系及权力划分*

政府与企业的关系及权力在这70年内经历了非常大的变化。企业从位于政府的从属单位逐渐发展成为独立自主的市场主体，这是工业管理体制大变革的重要体现。

（1）从1949～1978年，建立了国营企业开始，政府与企业关系的基本特征是决定生产的权力高度集中在政府手中。在计划经济时期，生产的决定权主要是由政府来掌握，但是，为了激发企业的积极性，政府也在尝试着在小范围内给予企业一定的自主权。

1952年，国有工业企业进行生产改革，推行经济核算制，开始实行计划管理。由政务院财政经济委员会制定国营工业生产控制数字，并责成中央各工业部及各大行政区工业部，根据此数字分配给所属各企业。对于私营企业，也要求其遵照执行政府所制定的某些重要商品的产销计划。①1953～1954年，对私营工业进行了社会主义改造，将原来的私营工业企业也纳入政府的计划管理之中。在生产权力集中于政府的基础上，不断尝试在不同程度上给予企业自主经营权力，采取的主要方式是给企业一定的利润留成以激发企业的积极性。例如，1958年开始，在国营企业中实行利润留成制度。企业留成比例以主管部门为单

① 参见1950年12月政务院第六十五次政务会议通过的《私营企业暂行条例》。

位计算。主管部门可在本系统企业留成所得总额的范围内，自行确定各企业的留成比例，并可提取部分利润进行集中掌握和调剂使用。1965 年，政府在财务管理方面给予国营工业、交通企业一定的权力：将技术组织措施费、零星固定资产购置费、劳动安全保护措施费中的一部分划分给企业，由企业自己掌握使用。企业可在完成国家计划后提取一定比例的资金。1978 年，开始对国营企业试行企业基金制度，根据企业完成计划指标的情况来提取企业基金，用于举办职工集体福利事业。

（2）从 1979 ~ 1992 年，国有工业企业的自主权不断扩大。1979 年开始对国有工业企业实行“放权让利”，给予企业管理层一定的自主生产、自主招收劳动力的权利。“让利”主要是指利润留成。先是 1981 年实行“利润包干制”，即企业按核定利润目标向国家承包，超出的部分为企业留用。后来为了减小政府与企业在分配利润留成上的随意性，1983 年又开始对国营大中型企业实行两步走的“利改税”，先是对有盈利的国营企业征收所得税，然后将国营企业原来上交国家的财政收入改为分别按 11 个税种交税，税后利润全归企业留用。1986 年，开始按照“包死基数，保证上交、超收自留、歉收自补”的原则对国有工业企业推行承包经营责任制。可见在这个阶段，企业已经获得了较大的生产经营自主权。

（3）从 1993 年至今，政府与企业的关系基本上是朝着“产权清晰、权责明确、政企分开”的方向来推进的。这是一个渐进的过程。首先是在 1998 年政府机构改革中将政府部门与所属企业脱钩，企业不再隶属于政府部门。国家不再直接干预企业经营，不直接管理企业，也不再承担企业投资项目的立项、审批等职能，而是对国有重点企业派出稽察特派员对企业进行监督。同时转变政府职能，把政府具体的工业管理部门改为宏观调控部门。经过一系列的探索后，2003 年，党的十六届三中全会提出了明确的现代企业制度要求，即“归属清晰，权责明确，保护严格，流转顺畅”。从产权关系上看，企业中的国有资产所有权属于国家，企业拥有包括国家在内的出资者投资形成的全部法人财产权；从生产经营的权利上看，企业按照市场需求组织生产经营，政府不直接干预企业的生产经营活动。政府从“管企业”为主向“管资本”为主转变，主要是“促进国有资产保值增值，推动国有资本做强做优做大，有效防止国有资产流失”。至此，工业管理体制也包含了国有资产监管体制的内容，把对工业领域国有资产的管理包含在工业管理中，坚持政企分开，坚持权利、义务和责任相统一，坚持所有权和经营权分离，维护企业经营自主权和法人财产权。

3. 政府工业管理部门的演化

新中国政府工业管理部门的演化主要是随着管理的定位、手段的变化以及管理内容的增减而发生变化的，70 年来经历了一个从简单到不断庞大再到不断精减的过程。

（1）从 1949 年到 1952 年的国民经济恢复时期，由于新中国刚成立，对工业的管理还处于摸索阶段，工业管理的主要任务是工业经济的社会主义改造与国有化，管理内容相对来说比较统一与大而化之，因此，工业管理部门较为简单与小型。这期间，最重要的工业管理部门是 1952 年成立的国家计划委员会，主要任务是编制年度的和长期的生产、基本建设、事业、财务等各个方面的计划并检查计划的情况。

（2）从 1953 ~ 1981 年的计划经济时期，由于要对工业经济进行高度集中统一的、指令式的计划管理，而工业内部不同的行业部门性质差异较大，导致该时期的工业管理部门不断扩大，国务院不断设立新的工业管理部门对不同的产业分别进行生产建设的管理。在总体计划制订方面，1956 年增设了国家经济委员会，由其负责年度计划草案，国家计划委员会则主要负责中长期经济发展计划的编制。

在对工业具体部门的管理方面，1954 年为更好地实现国家对私营工业的业务管理，中央成立了地方工业部。同年，成立重工业部和燃料工业部。由于私营工业行业众多，管理不过来，随后又成立了第三机械工业部，负责对私营工业的管理。1955 年，燃料工业部被撤销，另以煤炭管理总局、电业管理总局和石油管理总局为基础，分别设立煤炭工业部、电力工业部和石油工业部。1956 年，地方工业部撤销，有关地方轻工业划归轻工业部管理。同时将轻工业部管理的食品行业划出，重新成立食品工业部，重工业部也于同年被撤销。

1954 年，成立中央手工业管理局；1958 年，中央手工业管理局与轻工业部合并；1959 年，在轻工业部内重新设立手工业管理总局；1961 年，恢复中央手工业管理局，并从轻工业部划出，作为国务院的直属机构；1965 年，再次撤销中央手工业管理局，成立第二轻工业部。

在此期间，政府先后成立了第一、二、三、四、五、六、七、八共八个机械工业部，分别管理不同的工业行业。其中，第一机械工业部成立于 1952 年 8 月；1958 年 2 月，第一机械工业部、第二机械工业部和电机制造工业部合并为新的第一机械工业部。1970 年 4 月，第八机械工业部与第一机械工业部合并为第一机械工业部。第二机械工业部成立于 1956 年，以重工业部中分离出的兵工总局和航空工业总局为基础，主要负责兵器、坦克、航空工业生产。1963 年 9 月，从第二机械工业部中分离出第三机械工业部（航空工业）、第五机械工业部（兵器工业）；第二机械工业部负责核工业，第三机械工业部主要负责航空工业，第五机械工业部主要负责兵器工业。同年，从第一机械工业部中分离出第四机械工业部，主要负责电子工业。从第一机械工业部中分离出第九工业管理总局，组建第六机械工业部，主要负责船舶工业。1964 年，国防部第五研究院（成立于 1956 年）改组为第七机械工业部，负责洲际导弹（航天）工业。1965 年，农业机械部（成立于 1959 年）改名第八机械工业部。

1961 年，成立国务院国防工业办公室。1970 年，第八机械工业部并入第一机械工业部，称为农业机械总局。1973 年，调整了国防工业领导体制。军委国防工业领导小组被撤销，国务院国防工业办公室成立，第三、四、五、六机械工业部由军口领导改为由国务院直接领导。

除了负责具体产业的工业管理部门之外，为了实现中央对工业的集中统一管理，还须加强物资统一分配、生产计划管理以及价格调控管理的工作，于是设立了各种与之相匹配的经济管理部门。例如，在物资管理方面，1963 年在国家经委内设立物资管理总局，设立全国物价委员会。1964 年，国家物资管理总局改为物资管理部，与各省、自治区、直辖市物资厅建立领导关系，实行资金、物资、人员垂直管理。在基本建设方面，1965 年成立国家基本建设委员会，并将建筑工程部门分为建筑工程部与建筑材料工业部。

（3）从 1982 年至今，随着市场经济的逐步建立，工业管理部门的职能也发生了很大转变，国务院进行了多次行政体制改革，相关的工业管理机构也不断调整。总的趋势是朝着简政放权、推动政府机构职能转型、优化政府的机构设置和职能配置的方向进行。

1982 年，与工业管理相关的部门机构改革主要有几个方面：第一，将有关的经济结合机构合并，例如撤销了包括第六机械部在内的多个部委，重组了国家经济委员会，成立国家经济体制改革委员会。第二，将第一机械工业部与农业机械部、国家仪器仪表工业总局、国家机械设备成套总局合并为机械工业部。第三，由中国人民解放军国防科学技术委员会、国务院国防工业办公室和中央军委科学技术装备委员会合并成立国防科学技术工业委员会。第四，第三机械工业部改称航空工业部；第四机械工业部改称电子工业部；第五机械工业部改称兵器工业部；以第六机械工业部为主，组建中国船舶工业总公司；第七机械工业部改称航天工业部。1986 年，兵器工业部与机械工业部（原第一机械工业部）合并组建国家机械工业委员会。

1988 年，淡化了经济管理部门的微观管理职能，合并裁减了专业管理部门，涉及的工业相关的国务院机构包括计委、经委、机械委、电子部、航天部、石油部、煤炭部、核工业部等多个部委。例如，撤销国家机械工业委员会（1986 年由机械工业部和兵器工业部合并而成）和电子工业部，成立机械电子工业部；同时成立中国北方工业（集团）总公司（负责兵器工业），隶属机械电子工业部。航空工业部与航天工业部（原第七机械工业部）合并组建航空航天工业部。

1993 年，围绕建立社会主义市场经济体制的目标，以政企分开为中心，大幅压缩甚至撤销了包括能源部、机械电子工业部、航空航天工业部、轻工业部、纺织工业部等在内的工业专业经济部门，对这些专业经济部门，或者改为经济实体，或者改为行业总协会，或者新设精干的行政部门。同年，机械电子工业部被拆成机械工业部和电子工业部，中国兵器工业总公司隶属机械工业部。航空航天工业部被撤销，同时分别组建航空工业总公司、航天工业总公司。

1998 年，进一步精简了工业经济部门，撤销机械工业部和电子工业部，将煤炭、冶金、机械等 9 个工业部先改成由国家经贸委管理的国家局，至 2000 年则全部撤销。把电子工业部和邮电部合并组建信息产业部。将国防科学技术工业委员会改组为总装备部，另成立一个属政府部门的国防科工委。将原国防科工委管理国防工业的职能、国家计委国防司的职能以及各军工总公司承担的政府职能，统归新组建的国防科学技术工业委员会管理；同时，将各军工总公司改组为若干企业集团；并保留了国家航天局和国家原子能机构。1999 年 7 月，航空工业总公司被拆分为中国航空工业第一集团公司、中国航空工业第二集团公司。

2003 年，成立了国务院国有资产监督管理委员会，把国家发展计划委员会改组为国家发展和改革委员会，进一步推进政企分开，政府部门不再承担直接管理国有企业的职能。

2008 年、2013 年继续围绕转变政府职能这个核心，探索建立大部门体制。实行大部制改革，对国务院机构的设置和职能配置实行大重组和大整合，使一类事项原则上只由一个部门统筹，有利于提高政府部门的管理效率，避免政出多门、责任不明。2008 年组建的工业和信息化部就是大部制改革在工业管理部门上的重要探索。工业和信息化部主要负责拟订实施行业规划、产业政策和标准；监测工业行业日常运行；推动重大技术装备发展和自主创新；管理通信业；指导推进信息化建设；协调维护国家信息安全等。组建国家国防科技工业局，由工业和信息化部管理。国家烟草专卖局改由工业和信息化部管理。2018 年改革则以推进党和国家机构职能优化协同高效为着力点，涉及工业管理相关的机构调整包括组建国家市场监督管理总局。

二、70 年工业管理体制的重要经验

新中国成立 70 年来工业管理体制的变革促进了工业经济的快速发展。工业管理体制改革取得成功的最大经验有两点。第一，中国共产党的领导始终存在并对工业管理体制产生深刻影响，这一点既是经验，也是中国区别于其他国家工业管理体制变化历程的最突出特点。第二，我们选择了以渐进、试点的方式来推进工业管理体制的改革，既保持了工业经济的稳定，又实现了管理体制的优化。

1. *党的核心领导始终存在并对工业管理体制产生核心作用*

中国共产党尤其是党中央的核心领导作用，是我国工业管理体制不断完善的最关键因素之一。新中国成立 70 年来的工业管理体制变革，党的领导作用始终存在，并从以下几方面产生深远影响。

第一，确保了工业管理体制能够按照一个内在统一的发展方向始终向前推进。我们党在建国之初，就确定了把中国建立成工业强国的长期目标。由于中国共产党的领导始终存在，因此这个大目标始终得到认可和不断地向前推进。要实现这个长期目标，在不同的阶段需要实行不同的战略，因此，工业管理体制也根据不同的情况进行改革。虽然党的中央领导集体也在经历了替换，但是由于党的基本路线等具有的长期一致性，使党中央的各代领导集体都能够保持对长期发展目标的认可，从而使几十年的工业管理体制能够有稳定的、坚实的政治保证；使得工业管理体制改革也能够一以贯之地朝内在统一的发展方向始终向前推进；使工业管理体制在改革的不同阶段中，保持政策的一贯性和延续性，保持较为稳定的制度框架。

第二，确保了工业管理体制的改革能够按照一定的节奏有序进行。由于共产党在长期和中期工业发展目标上的一致性，使工业管理体制的改革能够在长期的框架下按照一定的节奏和步骤来有序进行，不必担心由于政府的任期等问题而使改革中断，因此既不必急于求成，也不容易

产生改革的反复摇摆和倒退。例如，在对价格管理制度的改革上，在由计划向市场过渡的过程中，按照生活资料价格到生产资料价格、从轻工业品价格到重工业品价格的步骤来推进。虽然在这个过程中遇到了一些困难和阻碍，如价格闯关的失败，以及价格双轨制实行过程中产出的种种问题，但这些问题都没有影响改革的继续推进。

第三，确保了工业管理体制改革的高效性。由于共产党所具有的强大组织动员能力，使改革的措施能够有效推行下去。共产党代表了中国最广大人民的根本利益，这使其在推进工业管理体制改革的过程中，在面对利益调整与利益重组时，能够果断处置利益纠结，有效破除妨碍发展的利益固化障碍。由于党中央所享有的高度权威性，使党对改革路径和方案所进行的顶层设计能够被广泛接受，对重大问题和重大决策的决定具有很高的效率。

2. 以渐进、试点的方式来推进工业管理体制的不断完善

从我国工业管理体制变迁的历程来看，70 年来的变化是非常大的，但这种变化是以渐进的、“摸着石头过河”的方式来不断积累下来的。我国工业管理体制最大的变化始于 1978 年改革开放之际。但是，这种变化并不是一蹴而就，一夜之间就能完成的。在 1978 年之前就进行了多次的改革尝试，之后也经历了多个阶段而且每个阶段都有不同的改革侧重点。每个阶段内部也都是为了适应实际情况的发展而通过多次的小调整不断试行来推进的。例如，对依靠市场作为管理和调节手段的变化，早在 20 世纪六七十年代的时候就开始了思想上的准备和在某些行业和领域的小范围尝试。关于如何在计划和市场两者中选择、取舍和平衡，从 1979 年开始也经过了十几年的中间探索阶段。在 1992 年做出建立市场经济体制的决定后，还经历了长期的探索，例如党的十五大提出“使市场在国家宏观调控下对资源配置起基础性作用”，党的十六大提出“在更大程度上发挥市场在资源配置中的基础性作用”，党的十七大提出“从制度上更好发挥市场在资源配置中的基础性作用”，党的十八大提出“在更大程度更广范围发挥市场在资源配置中的基础性作用”，都是不断探索和逐步推进的表现。

坚持试点的方式也是工业管理体制改革取得成功的重要原因。工业管理体制各个方面的变革都基本遵循了这样一种路径：为了解决现实中出现的新问题和新情况，先在小范围的领域进行试点实验，或者是在某些具体行业，或者是在某些地区先行先试。在总结了成功经验和教训后，再根据条件的变化不断地把这种试点模式推广和扩大到全国范围和全领域。例如，对价格的管理就是通过试点方式来推进的样本。在商品的定价由计划确定向市场确定过渡的过程中，先是从轻工业品中的小商品逐步分批放开，再推广到重工业产品。这种试点的方式，有利于在把负面和不可控影响控制在最小范围内的前提下，以最快的速度来积累经验。

三、工业管理体制变迁的政策方向

目前，我国经济已由高速增长阶段转向高质量发展阶段，正处在转变发展方式、优化经济结构、转换增长动力的攻关期，工业管理体制也需要持续进行改革以适应新发展阶段的要求，更好地推动工业经济发展。近期内，工业管理体制的变迁离不开政府与企业的边界进一步明晰、要素价格进一步市场化、从管企业为主到更好地管资本为主等转变。

1. 政府与企业的边界进一步明晰，政府进一步简政放权，减少微观管理事务和具体审批事项

政府与企业的关系将进一步深度调整，政府与企业的边界进一步明晰，投资更加自由化。党的十九大报告明确提出，要“全面实行准入前国民待遇加负面清单管理制度，大幅度放宽市场准

入”。当前，我国的清单管理制度还存在一定的“碎片化”，不同地区的权责清单在模式、覆盖范围、权力细分标准等方面不统一，上下级政府部门在清单制定中缺乏协调从而导致事权划分不清晰等问题（王湘军、李雪茹，2019）①，是未来管理制度建设的着力点。未来，政府会更聚焦于优化营商环境，激发企业的活力，包括继续推进简政放权、放管结合、优化服务改革，创新和完善事中事后监管，提高政府服务效能等。例如，李克强总理在 2018 年的全国深化“放管服”改革转变政府职能电视电话会议中指出，5 年内企业开办时间将压缩到 5 个工作日内、工程建设项目全流程审批时间和进出口通关时间均压减一半，实行全国统一市场准入负面清单制度。

2. 要素价格的市场化改革持续推进，要素市场化配置进一步完善，政府对资源配置的直接干预进一步减少

未来会从广度和深度上进一步推进市场化改革，尤其是要素价格的市场化改革，会进一步深化资源性产品、垄断行业、适宜由市场配置的公共资源等领域要素价格形成机制改革。

对于资源性的以及适宜由市场配置的公共资源，加快整合各类公共资源交易平台，通过市场机制来进行资源的配置，并使其更高效。例如，推进城镇供水价格改革，建立城镇供水动态调价机制，进一步拉大特种用水与非居民用水的价差。逐步完善电力市场运行机制，创新交易方式，有序放开发用电计划，建立“基准电价 + 浮动机制”的市场化价格形成机制，理顺天然气价格机制等。

3. 对国有资产的监督从以管企业为主向以管资本为主转变，国有资产管理体制更一步完善

党的十九大报告明确指出，要完善各类国有资产管理体制，改革国有资本授权经营体制，加快国有经济布局优化、结构调整、战略性重组，促进国有资产保值增值，推动国有资本做强做优做大，有效防止国有资产流失。

改组组建国有资本投资公司和国有资本运营公司，既是完善国有资产管理体制的重要内容，也是改革国有资本授权经营体制的重要途径。国有资本投资公司和国有资本运营公司均为在国家授权范围内履行国有资本出资人职责的国有独资公司，是国有资本市场化运作的专业平台。其中，国有资本投资公司主要以服务国家战略、优化国有资本布局、提升产业竞争力为目标；国有资本运营公司主要以提升国有资本运营效率、提高国有资本回报为目标。至 2019 年 1 月，已经有三批共 21 家中央企业被确定为国有资本投资公司的试点企业，国有资本投资运营公司试点达到了 132 家。国有资本投资公司和运营公司的试点改革将会进一步推进。未来还会加大授权放权力度，开展落实董事会职权、推行职业经理人制度等多项改革。

建立和完善国有企业资产负债约束机制是推动国有资本做强做优做大的重要保障。通过全面覆盖与分类管理相结合的原则，将所有行业、所有类型国有企业均纳入资产负债约束管理体制中，根据不同行业的资产负债特征，分行业设置国有企业资产负债约束指标标准并进行动态调整，完善国有企业资产负债的自我约束机制和外部约束机制，也是国有资产管理体制的重要方向。

专栏 7 - 1

大部制改革中的工业与信息部

中国当前工业管理领域的主要国务院直属部门为工业和信息化部，该部门是根据 2008 年 3 月 11 日公布的国务院机构改革方案组建的行业管理部门，是大部制改革的重要产物。

① 王湘军、李雪茹：《从“碎片化”到“整体化”：清单管理制度健全路径探论》，《行政论坛》2019 年第 26 期。

部制即为大部门体制，即为推进政府事务综合管理与协调，按政府综合管理职能合并政府部门，组成超级大部的政府组织体制。特点是扩大一个部所管理的业务范围，把多种内容有联系的事务交由一个部管辖，从而最大限度地避免政府职能交叉、政出多门、多头管理，从而提高行政效率，降低行政成本。

之前，工业行业管理由国家发展和改革委员会、国防科学技术工业委员会、信息产业部分别负责，管理分散，不利于工业的协调发展。为加强整体规划和统筹协调，有必要对相关职责进行整合，并组建工业和信息化部。将国家发展和改革委员会的工业行业管理有关职责，国防科学技术工业委员会核电管理以外的职责，信息产业部和国务院信息化工作办公室的职责，整合划入该部。同时，组建国家国防科技工业局，由工业和信息化部管理。国家烟草专卖局改由工业和信息化部管理。不再保留国防科学技术工业委员会、信息产业部、国务院信息化工作办公室。

工业和信息化部的主要职责包括：①提出新型工业化发展战略和政策，协调解决新型工业化进程中的重大问题，拟订并组织实施工业、通信业、信息化的发展规划，推进产业结构战略性调整和优化升级，推进信息化和工业化融合，推进军民结合、寓军于民的武器装备科研生产体系建设。②制定并组织实施工业、通信业的行业规划、计划和产业政策，提出优化产业布局、结构的政策建议，起草相关法律法规草案，制定规章，拟订行业技术规范和标准并组织实施，指导行业质量管理工作。③监测分析工业、通信业运行态势，统计并发布相关信息，进行预测预警和信息引导，协调解决行业运行发展中的有关问题并提出政策建议，负责工业、通信业应急管理、产业安全和国防动员有关工作。④负责提出工业、通信业和信息化固定资产投资规模和方向（含利用外资和境外投资）、中央财政性建设资金安排的意见，按国务院规定权限审批、核准国家规划内和年度计划规模内固定资产投资项目。⑤拟订高技术产业中涉及生物医药、新材料、航空航天、信息产业等的规划、政策和标准并组织实施，指导行业技术创新和技术进步，以先进适用技术改造提升传统产业，组织实施有关国家科技重大专项，推进相关科研成果产业化，推动软件业、信息服务业和新兴产业发展。⑥承担振兴装备制造业组织协调的责任，组织拟订重大技术装备发展和自主创新规划、政策，依托国家重点工程建设协调有关重大专项的实施，推进重大技术装备国产化，指导引进重大技术装备的消化创新。⑦拟订并组织实施工业、通信业的能源节约和资源综合利用、清洁生产促进政策，参与拟订能源节约和资源综合利用、清洁生产促进规划，组织协调相关重大示范工程和新产品、新技术、新设备、新材料的推广应用。⑧推进工业、通信业体制改革和管理创新，提高行业综合素质和核心竞争力，指导相关行业加强安全生产管理。⑨负责中小企业发展的宏观指导，会同有关部门拟订促进中小企业发展和非国有经济发展的相关政策和措施，协调解决有关重大问题。⑩加快推进信息化和工业化融合发展，大力促进电信、广播电视和计算机网络融合，着力推动军民融合深度发展，寓军于民，促进工业由大变强。⑪负责网络强国建设相关工作，负责互联网行业管理，协调电信网、互联网、专用通信网的建设等。⑫负责电信网、互联网网络与信息安全技术平台的建设和使用管理等。⑬承办国务院交办的其他事项。

工业和信息化部的内设机构2008年有24个，2015年进行调整后有22个，包括办公厅、政策法规司、规划司、财务司、产业政策司、科技司、运行监测协调局、中小企业局、节能与综合利用司、安全生产司（原材料工业司并入该司）、装备工业司、消费品工业司、军民结合推进司、电子信息司、信息化和软件服务业司（原软件服务业司、原信息化推进司、原信息安全协调司）、信息通信发展司（原通信发展司）、信息通信管理局（原电信管理局）、网络安全管理局（通信保障局）、无线电管理局（国家无线电办公室）、国际合作司（港澳台办公室）、人事教育司。

参考文献

［1］武力、肖翔：《略论新中国 60 年商品价格形成机制的演变》，《财贸经济》2009 年第 9 期。

［2］王湘军、李雪茹：《从“碎片化”到“整体化”：清单管理制度健全路径探论》，《行政论坛》2019 年第 26 期。

［3］房维中：《中华人民共和国经济大事记（1949—1980 年）》，中国社会科学出版社 1984 年版。

［4］张文明等：《精简·统一·效能中国政府机构及行政管理体制改革》，广西师范大学出版社 1998 年版。

［5］邬义钧：《行业管理的理论和实践》，中国财政经济出版社 1987 年版。

第八章　新中国工业劳动力供给的变化

提　要

中国工业劳动力的规模与结构在新中国成立以来的70年里发生了显著变化。劳动力总量总体增长，工业劳动力占社会劳动力比重显著提升，劳动需求引擎在重轻工业、重化工业、轻纺工业、重化工业和计算机等高技术产业间循序交替，劳动力结构由资源、原料生产加工行业主导向装备生产加工行业主导转变，劳动力素质显著改善，劳动生产率总体提升。所有这些为中国成为世界工业大国、继续迈向世界工业强国奠定了坚实基础。

*　　　　*　　　　*

1949年新中国成立以来，中国工业取得了巨大发展，工业规模显著增大，工业体系逐渐完备，现代化水平大为提高，国际竞争力明显增强。工业之所以如此发展，离不开数量充足、相应的高素质的劳动力投入。70年来，中国工业劳动需求快速增长，劳动力结构不断调整，劳动力素质显著改善，劳动生产率总体提升。这是中国成为世界工业大国、继续迈向世界工业强国的坚实基础。本章将在工业发展背景下考察新中国成立70年以来工业劳动力的演进轨迹，分析工业发展中人力资源数量、行业分布结构以及素质的变化特征。

一、工业劳动力总量变化

1949年新中国成立以来，在战乱废墟上开始了工业生产建设进程。虽然在这期间经历了“大跃进”“文化大革命”等政治波折，工业生产建设遭受了严重的挫折，但在1978年实行改革开放政策后，工业现代化建设的步伐前所未有地加快，从而推动了工业劳动需求的快速增长。纵观新中国成立70年以来的工业劳动力总量变化过程，其显著特点是，工业就业人数总体增长，占社会劳动力的比重显著上升。

1. 工业劳动力总体增长

新中国成立初期，工业基础非常薄弱，工业就业人数比较少。1952年工业劳动者仅有1246万人，而农业劳动者有17317万人，工业劳动者只相当于农业劳动者的1/14[①]。但是，后来随着

① 参见国家统计局社会统计司编：《中国劳动工资统计资料（1949～1985）》，中国统计出版社1987年版，第9页。

工业生产建设的铺开，工业劳动需求迅速增长，就业人数不断跃上新台阶。中国统计出版社出版的《中国劳动工资统计资料（1949～1985）》显示，1958年工业劳动者突破4000万人，之后连续3年下降，1962年回落到1000多万人，1967年大幅度增加且突破2000万人，1971年突破3000万人，1975年突破4000万人，1978年继续突破5000万人。1978年较1952年增长3倍。另据《中国劳动统计年鉴》（中国统计出版社2015年版）显示，工业就业人数在1978年突破6000万人，在1985年突破8000万人，在1987年突破9000万人，在1992年突破10000万人，但在1998～2002年回落到9000万人左右。尽管工业就业人数并不是平稳直线增长，但2002年比1978年增长0.5倍，总体上呈现增长态势。从2003年开始，中国统计出版社出版的《中国劳动统计年鉴》中不再公布"全国工业就业人数"数据，而只有"工业城镇单位就业人数"数据。用2002年的数据计算，2002年工业城镇单位就业人数3813万人，约占全国工业就业人数9155万人的41.7%。由于数据的制约，以下仅用"工业城镇单位就业人数"来展开分析。从城镇单位来看，工业就业人数在2003年以后继续增长，但增长幅度近年有所下降（见图8－1）。2003年工业城镇单位就业人数为3766万人，2006年突破4000万人，2011年突破5000万人，2013年突破6000万人，但在2016年后回落到5000多万人。2016年比2003年增长0.5倍。

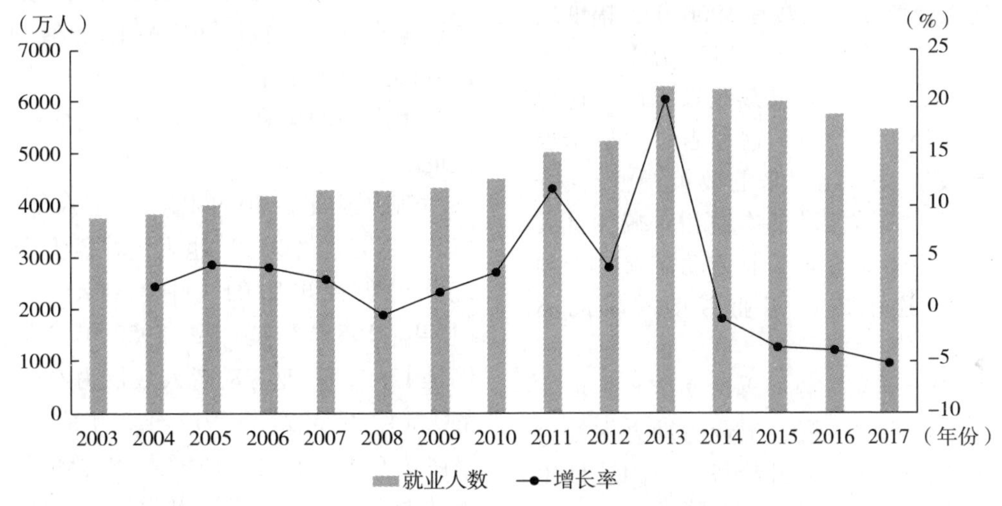

图8－1　2003～2017年工业城镇单位就业人员年末人数与增长率

资料来源：根据中国统计出版社出版的《中国劳动统计年鉴》2018年版数据计算绘制。

纵观近70年来中国工业劳动力的演变进程，有两个明显的特征。一是在工业现代化进程中，劳动需求有了显著增加，但增长幅度呈逐步下降趋势。工业现代化初期，由于需要建设的项目比较多，投入的劳动力数量较大，工业就业人数的增长幅度就大，但随着工业项目的逐步完成，以及机械化、自动化水平的提高，对劳动力的需求逐步减少，工业就业人数的增长幅度就小。工业劳动力总量的如此走向，是工业发展由初期阶段向成熟阶段过渡的反映，表明了工业现代化的水平的提升。二是在工业发展的进程中，劳动需求呈现出明显的波动。主要表现是工业就业人数曾数次出现增减交替的现象。中国统计出版社出版的《中国劳动工资统计资料（1949～1985）》、《中国劳动统计年鉴》2015年版中记载，全国工业就业人数（或劳动者）1954年比上年增加9.3%，但1955年比上年减少6.7%；1958年比上年增加215.2%，但1959年比上年减少34.8%；1960年比上年增加3.4%，但1961年比上年减少25.3%；1988年比上年增加3.4%，但1989年比上年减少1%；1995年比上年增加2%，但1996年比上年减少0.5%。从城镇单位数据看，2007 年比上年增加 2.9%，但 2008 年比上年减少 0.5%；2013 年比上年增加 20.3%，但 2014 年比上年减少 0.9%。工业就业人数出现如此波动，很多场合并不源于企业需求驱动，而和政策调整、政治动乱等因素密切相关。例如，1958 年的巨大波动，就和当时实施的“大跃进”运动有关。在这场运动中，中国提出“超英赶美”的目标，对以钢铁为中心的重工业进行大规模投资，造成了工业劳动需求的急剧增长。仅 1958 年与 1957 年比较，工业劳动者人数就由 1401 万人增加到 4416 万人，增长 2.2 倍①。但是，工业就业人数增加过多，使农村劳动力减少，加大了国家工资基金开支和市场消费物质的压力，超出了国家财力、市场商品供应能力所能承受的范围②。因此政府不得不做出精简职工、停止从农村招工的决定，致使工业劳动者人数在 1960 年大幅度减少到 2979 万人，比 1958 年还少 1437 万人。总体来看，1978 年中国实施改革开放政策以前，这样的大起大落情况相对较严重，这和当时“急于求成”的冒进政策以及由此带来的政策调整有关。1978 年以后，劳动需求波动的次数相对减少且波动幅度缩小。这说明政策对工业劳动需求的干预减少，企业需求逐渐成为工业劳动需求的驱动力。

2. 工业劳动力占社会劳动力比重显著上升

随着中国工业化的进展，工业劳动力占社会劳动力的比重总体呈现了上升趋势。中国统计出版社出版的《中国劳动工资统计资料（1949～1985）》中记载③，1952 年工业劳动者仅占社会劳动者的 6%，但是到 1958 年却攀升到了 16.6%，之后连续 3 年下降，1962 年回落到 6.6%，之后 6 年一直徘徊在 6% 左右，但是 1969 年突破 7%，1970 年突破 8%，1971 年突破 9%，1973 年突破 10%，1975 年突破 11%，1976 年突破 12%。总体来看，1977 年比 1952 年提高了 6.2 个百分点。中国统计出版社出版的《中国劳动统计年鉴》2015 年版还显示④，1978～2002 年，工业就业人数占全国就业人数比重呈现出先上升后下降的趋势。1978～1990 年上升，1990～2002 年下降。总体来看，工业就业人数占全国就业人数比重由 1978 年的 15.2% 下降到 2002 年的 12.4%，下降了 2.8 个百分点。从城镇单位看⑤，工业就业人数占全国就业人数比重在 2003 年之后总体仍有提升。2003 年该比重为 5.1%，2017 年为 7%，提升了 1.9 个百分点。综上而言，工业劳动力占全社会劳动力的比重虽然在 1978 年改革开放前有些政策性波动且 20 世纪 90 年代后有所下降，但在新中国成立 70 年里总体上是上升趋势，这表明中国的工业化程度总体提高。尤其是近年工业城镇单位就业人数占全国就业人数的比重稳定在 8% 左右，而工业附加值却持续增加，这从侧面反映了中国工业生产模式中技术投入和劳动生产率的提高，是中国工业化高质量发展的佐证。

新中国成立 70 年以来，工农业劳动者比例（以工业劳动者为 1）也发生了巨大变化。据中国统计出版社出版的《中国劳动工资统计资料（1949～1985）》统计⑥，1952 年工农业劳动者比例是 13.9，工业劳动者人数仅为农业劳动者人数的 1/14。但是到了 1977 年，工农业劳动者比例已降为 6.1，工业劳动者人数达到了农业劳动者人数的 1/6。中国统计出版社出版的《中国劳动统计年鉴》2015 年版还显示⑦，1978 年工农业就业者比例（以工业就业者为 1）为 4.6，工业就业人数相当于农业就业人数的 1/5，但到 2002 年该比例降低为 3.5，工业就业人数达到农业就业人数的 1/4。从城镇单位看，2003 年工业就业人数与农业就业人数的比例，2003 年为 9.6，2017 年为 3.8；2003 年工业就业人数仅相当于农业就

① 参见国家统计局社会统计司编：《中国劳动工资统计资料（1949～1985）》，中国统计出版社 1987 年版，第 9 页。

② 参见《当代中国的计划工作》办公室编：《中华人民共和国国民经济和社会发展计划大事辑要（1949～1985）》，红旗出版社 1986 年版，第 135 页、第 156～157 页。

③ 根据中国统计出版社出版的《中国劳动工资统计资料（1949～1985）》数据计算得出。

④ 根据中国统计出版社出版的《中国劳动统计年鉴》2015 年版数据计算得出。

⑤ 由于 2003 年后中国统计出版社出版的《中国劳动统计年鉴》中不再公布“全国工业就业人数”数据，仅剩下“工业城镇单位就业人数”数据，所以这里仅从工业城镇单位就业人数展开分析。

⑥ 参见国家统计局社会统计司编：《中国劳动工资统计资料（1949～1985）》，中国统计出版社 1987 年版，第 9 页。

⑦ 根据中国统计出版社出版的《中国劳动统计年鉴》2015 年版数据计算得出。

业人数的1/10，而2017年工业达到了农业的1/4。工农业劳动者比例的变化显示了中国从农业国家向工业国家的转变过程。

在新中国成立以来70年的劳动力分布的产业结构变化中，可以看到中国向“后工业化”转变的特征。后工业化是指在工业发达经济体中出现的第三产业高度发展的局面。由于工业和农业生产技术提高，劳动就业逐渐向需求多样化、机械化及自动化程度较低的服务行业转移。按三次产业划分①，1952年全国就业人员中，第一产业占83.5%，第二产业占7.4%，第三产业占9.1%。之后，第一产业不断下降，第二产业、第三产业不断上升。第二产业占比在2014年超过第一产业，在1994年被第三产业反超。2017年，第一产业占27%，第二产业占28.1%，第三产业占44.9%。中国就业结构逐渐显现“后工业化”特征，一方面反映了工业化进程中劳动生产率的提高，另一方面也反映了整个社会消费结构的变化和生活质量的提高。中国在今后的发展中，后工业化的特征将会越来越明显。

二、工业劳动力结构变化

新中国成立以来，中国先后实施了优先发展重化工业、优先发展轻纺工业、重点加强基础产业、大力振兴支柱产业、积极发展高技术产业和战略性新兴产业等政策，产业结构不断得到调整优化②。而随着产业结构的转型升级，工业劳动力也呈现出不同行业牵引增长、行业结构不断高端化的特征。

1. 不同行业牵引劳动力增长

新中国成立以来，工业劳动力在不同阶段呈现出了不同的行业结构特征。行业间劳动力的分布与增减体现出了产业政策指导下的工业劳动力的需求趋势以及劳动力供给的基本状况。通过对新中国成立以来70年的资料分析，可清晰地看到劳动力增长引擎在不同阶段呈现出了从重轻工业—重化工业—轻纺工业—重化工业—计算机等高技术产业的移动的路径。

表8-1显示，1952~1956年，主要工业部门职工由445.6万人增加到642.5万人，增长44.2%。用“贡献度”法解析③，可得出各行业对主要工业部门劳动力总体增长幅度的贡献程度。按贡献程度高低排序，机械、纺织、食品、冶金、建材工业的贡献度分别为13.8个、7.0个、5.2个、4.5个、4.3个百分点，合计为34.8个百分点。这相当于主要工业部门职工增长率44.2%的78.7%，意味着这5个行业劳动力的增长是工业劳动力总体增长的主要引擎。机械、冶金、建材工业属于重工业范畴，纺织、食品属于轻工业范畴。可以说，重工业和轻工业劳动力在这一阶段都有较大幅度增长。1956~1966年，主要工业部门职工人数由642.5万人增加到1188.8万人，增长85%。其中，机械、煤炭、冶金、化学、森林工业对工业职工人数增长率贡献较大，分别贡献29.9个、15.5个、9.7个、8.5个、5.3个百分点，合计占主要工业部门职工增长率的81.1%。重化工业劳动力配置显著增加，轻工业劳动力配置相对减少。1966~1976年，主要工业部门职工人数由1188.8万人增加到2691.4万人，增长126.4%。其中，机械、煤炭、冶金、化学、建材工业增长较快，分别贡献46.0个、15.9个、15.0个、14.9个、8.3个百分点，合计占主要工业部门职工增长率的79.2%。重化工业劳动力增长仍然快于轻工业，工业劳动力中重化工业比重超过轻工业，1976年仅机械、煤炭、冶金、化学、建材工业就占到主要工业部门职工人

① 参见国家统计局人口和就业统计司、人力资源和社会保障部规划财务司编：《中国劳动统计年鉴》，中国统计出版社2019年版，第8~9页，第434页。

② 国家统计局：《改革开放铸就工业辉煌　创新转型做强制造大国——改革开放40年经济社会发展成就系列报告之六》，(2018-09-04)，[2019-05-01]，http://www.stats.gov.cn/ztjc/ztfx/ggkf40n/201809/t20180904_1620676.html.

③ 贡献度=特定行业某年就业人数增减/上年工业整体就业人数×100（%）。

数的64.7%①。1976～1984年，主要工业部门职工由2691.4万人增加到3380.6万人，增长25.6%。其中，纺织、机械、食品、煤炭、化学工业职工增长较快，分别贡献5.9个、5.4个、3.6个、2.5个、2.3个百分点，合计占主要工业部门职工增长率的77%。在这一阶段里，重工业劳动力增长速度放缓，轻工业劳动力增长速度加快，工业劳动力在轻重工业的分布上差距缩小。

1952～1984年，中国经历了计划经济时代和改革开放初期时代。在新中国成立至改革开放以前的期间，中国采取了优先发展机械以及钢铁、煤炭和石油行业等的政策，这些部门是工业的基础，也是国民经济的基础。有了充分的能源和生产能力，才有可能为国民提供充分生活所需。因此，此期间的劳动就业也反映出了这个政策趋向，重化工业部门劳动力的比重显著上升，而轻工业劳动力比重相对下降。然而到20世纪70年代后期，生活物资极度匮乏，轻工业开始受到重视，工业劳动力在轻工业的配置中也开始增加，纠正了轻重工业结构严重失衡问题。

表8－1　主要工业部门职工人数增长率与贡献度

单位:%

	1952～1956年		1956～1966年		1966～1976年		1976～1984年	
	增长率	贡献度	增长率	贡献度	增长率	贡献度	增长率	贡献度
冶金工业	57.3	4.5	114.5	9.7	152.0	15.0	13.0	1.4
电力工业	46.3	0.8	163.2	3.0	119.5	3.1	52.2	1.4
煤炭工业	32.4	3.5	154.6	15.5	114.7	15.9	19.3	2.5
石油工业	118.2	0.6	268.8	2.0	170.1	2.5	40.8	0.7
化学工业	80.9	3.2	168.9	8.5	205.1	14.9	23.7	2.3
机械工业	65.6	13.8	123.9	29.9	157.8	46.0	16.2	5.4
建材工业	48.1	4.3	24.9	2.3	133.6	8.3	19.2	1.2
森林工业	11.8	0.9	87.7	5.3	60.3	3.7	13.5	0.6
食品工业	41.4	5.2	31.3	3.9	83.8	7.4	49.9	3.6
纺织工业	30.8	7.0	18.5	3.8	60.4	8.0	63.3	5.9
造纸工业	16.9	0.3	77.3	1.2	113.4	1.6	38.7	0.5
工业总体	44.2[1]	44.2[2]	85.0	85.0	126.4	126.4	25.6	25.6

注：该数字是工业劳动力总体的增长率。该数字是各行业贡献度的合计。统计对象为全民所有制单位。

资料来源：根据中国统计出版社出版的《中国劳动工资统计资料（1949～1985）》第37～38页数据计算得出。

表8－2显示，20世纪80年代后期至90年代，工业劳动力总体上呈现出先增加后减少的态势。1985～1990年，工业职工人数（全民所有制单位）由3814.5万人增加到4364万人，增长14.4%。其中，对工业职工人数增长贡献度排名前5的行业（含并列排名行业）是纺织业、矿业、机械电气电子设备制造业、化学工业、电力蒸汽热水生产和供应业、食品饮料烟草制品业，分别贡献2.2个、2.0个、1.9个、1.4个、1.1个、1.1个百分点。这一阶段的劳动力配置在各行业仍然保持了平衡格局，轻重工业均有所增长。1993～1997年，工业劳动力转为负增长。工业职工人数由6591.1万人减少为6004.4万人，负增长3.1%。其中，对工业职工人数负增长率贡献度排名前5位的行业（含并列排名的行业）有纺织业、采掘业、专用设备制造业、黑色金属冶炼及压延加工业、金属制品业、食品制造业，分别贡献－1.4个、－0.6个、－0.5个、－0.3

① 根据中国统计出版社出版的《中国劳动工资统计资料（1949～1985）》第9页数据计算得出。

个、-0.3个、-0.2个、-0.2个百分点。但是，电子及通信设备制造业、医药制造业、交通运输设备制造业、化学纤维制造业、石油加工及炼焦业等行业在同期有所增长。

表8-2　分行业职工人数增长率与贡献度

单位:%

行业	1985~1990年		行业	1993~1997年	
	增长率	贡献度		增长率	贡献度
矿业	12.7	2.0	采掘业	-4.6	-0.6
木材及竹采运业	4.1	0.1	食品加工业	1.7	0.1
自来水生产和供应业	41.3	0.2	食品制造业	-9.3	-0.2
食品饮料烟草制造业	14.1	1.1	饮料制造业	8.4	0.2
饲料工业	175.0	0.2	烟草加工业	13.6	0.1
纺织业	19.7	2.2	纺织业	-12.9	-1.4
缝纫业	25.7	0.1	服装及其他纤维制品制造业	-1.6	0.0
皮革毛皮及其制品业	13.2	0.1	皮革毛皮羽绒及其制品业	-0.6	0.0
木材加工业[1]	0.8	0.0	木材加工业[1]	-8.2	-0.1
家具制造业	11.1	0.0	家具制造业	-12.9	-0.1
造纸及纸制品业	25.0	0.4	造纸及纸制品业	-0.6	0.0
印刷业	10.7	0.1	印刷业、记录媒介的复制	-3.6	-0.1
文教体育用品制造业	12.2	0.0	文教体育用品制造业	5.3	0.0
工艺美术品制造业	52.5	0.1	石油加工及炼焦业	9.2	0.1
电力蒸汽热水生产和供应业	34.9	1.1	化学原料及化学制品制造业	0.8	0.0
石油加工业	48.1	0.4	医药制造业	11.7	0.2
炼焦煤气和煤制品业	50.0	0.2	化学纤维制造业	18.1	0.1
化学工业	20.0	1.4	橡胶制品业	-9.2	-0.1
医药工业	40.7	0.5	塑料制品业	0.1	0.0
化学纤维工业	26.6	0.2	非金属矿制品业	-2.3	-0.1
橡胶制品业	22.6	0.2	黑色金属冶炼及压延加工业	-5.6	-0.3
塑料制品业	26.4	0.1	有色金属冶炼及压延加工业	7.3	0.1
建筑材料工业[2]	8.1	0.5	金属制品业	-9.2	-0.3
黑色金属冶炼及压延加工业	12.2	0.7	普通机械制造业	-3.6	-0.2
有色金属冶炼及压延加工业	32.7	0.4	专用设备制造业	-10.0	-0.5
金属制品业	6.7	0.1	交通运输设备制造业	2.4	0.1
机械电气电子设备制造业	7.3	1.9	电气机械及器材制造业	0.3	0.0
其他工业	4.9	0.0	电子及通信设备制造业	9.1	0.2
工业总体	14.4	14.4	仪器仪表制造业[3]	-8.4	-0.1
			其他制造业	-4.7	-0.1
			电力煤气及水生产和供应业	-0.5	0.0
			工业总体	-3.1	-3.1

注：木材加工业指木材加工及竹藤棕草制品业。建筑材料工业指建筑材料及其他非金属矿物制品业。仪器仪表制造业指仪器仪表及文化、办公用机械制造业。1985~1990年数据的统计对象为全民所有制单位，1993~1997年数据的统计对象为全部工业单位。

资料来源：根据中国统计出版社出版的《中国劳动工资统计年鉴（1949~1985)》、《中国劳动统计年鉴》1991年版、1998年版数据计算得出。

表8-3显示，20世纪90年代末至2017年，工业城镇单位从业人员人数先减少后增加。1998~2008年，工业城镇单位从业人员人数由4786万人减少到4281万人，减少10.6%。主要是因为采矿业、纺织业、非金属矿制品业、通用设备制造业和黑色金属冶炼及压延加工业大量减少人员所造成的。但是同期计算机、通信和其他电子设备制造业，电气机械和器材制造业，仪器仪表制造业、医药制造业的劳动需求有所增长。2008~2017年，工业城镇单位从业人员人数由4281万人增加到5817.9万人，增长35.9%。其中，计算机、通信和其他电子设备制造业，交通运输设备制造业，电气机械和器材制造业的增长态势格外突出，分别对工业城镇单位从业人员人数增长率贡献9.7个、4.1个和3.9个百分点，三者合计占工业城镇单位从业人员人数增长率的49.3%。总体来看，以前多次牵引工业劳动力增长的纺织业、采矿业、黑色金属冶炼及压延加工业、通用设备制造业等行业在此阶段不断缩小劳动力规模，而计算机、通信和其他电子设备制造业，交通运输设备制造业，电气机械和器材制造业成为牵引工业劳动力增长的新生力量。其中，采矿业、黑色金属冶炼及压延加工业等行业在2008年以后的变化与压缩过剩产能政策的实施有着密切关系。

表8-3　分行业城镇单位从业人员人数增长率与贡献度

单位:%

行业	1998~2008年		2008~2017年	
	增长率	贡献度	增长率	贡献度
采矿业	-25.1	-3.8	-15.7	-2.0
电力、热力、燃气及水生产和供应业	8.3	0.5	23.0	1.6
农副食品加工业	-19.5	-0.6	46.0	1.2
食品制造业	-2.9	0.0	49.3	0.9
酒、饮料和精制茶制造业	-18.9	-0.4	16.9	0.3
烟草加工业	-33.4	-0.2	-3.0	0.0
纺织业	-36.3	-3.0	-32.5	-1.9
服装及其他纤维制品制造业	58.1	1.6	0.6	0.0
皮革、毛皮、羽绒及其制品业和制鞋业	49.4	0.6	43.5	0.9
木材加工及竹藤棕草制品业	-23.6	-0.2	12.8	0.1
家具制造业	68.2	0.3	64.6	0.5
造纸及纸制品业	-27.9	-0.5	-0.5	0.0
印刷业、记录媒体的复制	-42.1	-0.6	36.8	0.4
文教、工美、体育和娱乐用品制造业	43.8	0.3	162.9	1.7
石油加工炼焦和核燃料加工业	-10.8	-0.2	2.8	0.0
化学原料和化学制品制造业	-29.8	-1.9	13.4	0.7
医药制造业	10.3	0.2	61.6	1.4
化学纤维制造业	-47.1	-0.4	17.1	0.1
塑料和橡胶制品业	-11.9	-0.1	39.0	1.1
非金属矿物制品业	-32.8	-2.0	13.5	0.6
黑色金属冶炼及压延加工业	-26.5	-1.4	-8.1	-0.4
有色金属冶炼及压延加工业	8.1	0.1	27.5	0.6
金属制品业	-12.0	-0.3	53.9	1.3

续表

行业	1998～2008 年		2008～2017 年	
	增长率	贡献度	增长率	贡献度
通用设备制造业	-26.8	-1.6	19.0	0.9
专用设备制造业	-11.3	-0.5	7.9	0.3
交通运输设备制造业	-3.2	-0.2	63.2	4.1
电气机械和器材制造业	14.2	0.5	85.0	3.9
计算机、通信和其他电子设备制造业	120.8	3.5	136.2	9.7
仪器仪表制造业	19.3	0.2	7.8	0.1
其他制造业	-30.7	-0.6	533.6	7.7
工业总体	-10.6	-10.6	35.9	35.9

注：2017 年交通运输设备制造业为汽车制造业、铁路船舶航天航空和其他运输设备制造业的合计。2017 年其他制造业为其他制造业、废弃资源综合利用业和金属制品、机械和设备修理业的合计。2008 年采掘业和 2017 年采矿业归为一类，2008 年食品加工业和 2017 年农副食品加工业归为一类，2008 年饮料制造业和 2017 年酒、饮料和精制茶制造业归为一类，2008 年文教体育用品制造业和 2017 年文教、工美、体育和娱乐用品制造业归为一类，2008 年石油加工及炼焦业和 2017 年石油加工炼焦和核燃料加工业归为一类，2008 年化学原料制造业和 2017 年化学原料和化学制品制造业归为一类，2008 年普通机械制造业和 2017 年通用设备制造业归为一类，2008 年电子及通信设备制造业和 2017 年计算机通信和其他电子设备制造业归为一类。

资料来源：根据中国统计出版社出版的《中国劳动统计年鉴》1999 年版、2009 年版、2018 年版数据计算得出。

2. 工业劳动力结构迈向高端化

随着行业间劳动力分布与增减的变化，工业劳动力结构表现出了由资源、原料生产加工行业主导向装备生产加工行业主导的转变特征。在工业中，与资源、原料生产加工行业相比，装备生产及加工行业的产出多属于终端产品，附加价值高，并且这些行业的技术更新速度快，对提升工业整体水平有着重要作用。因此，装备生产及加工行业在工业中的比重提高，且被称为工业结构的高端化。在中国工业化进程中，工业劳动力分布也与工业结构升级一样经历了向高端化过渡的过程。按照国家统计局的分类标准，工业行业可以划分为采矿业、消费品工业、高耗能工业和装备工业四个类型①。根据这个标准对以往的工业劳动力数据进行追溯整合，得出了以下分析结果。

1952～1984 年，采矿业、高耗能工业和装备工业职工人数占工业职工人数比重都有所上升（见图 8－2）②。特别是装备工业和高耗能工业的表现突出，分别上升 9.7 个和 7.7 个百分点。但同期消费品工业的比重却下降了 18.9 个百分点。从四类工业所占比重看，新中国成立初期的 1952 年，工业劳动力结构以消费品工业为主导，但到了改革开放初期的 1984 年，工业劳动力结构已显现出了以装备工业和高耗能工业为主导的特征。

20 世纪 80 年代后期到 90 年代，工业劳动力结构出现了消费品工业比重提升的变化。1985～1990 年，消费品工业比重超过其他类型工业，再次成为主导力量（见图 8－3）③。1993～1997 年，

① 消费品工业指农副食品加工业，食品制造业，酒、饮料和精制茶制造业，烟草制品业，纺织业，纺织服装、服饰业，皮革、毛皮、羽毛及其制品和制鞋业，木材加工和木、竹、藤、棕、草制品业，家具制造业，造纸及纸制品业，印刷和记录媒介复制业，文教、工美、体育和娱乐用品制造业，医药制造业，化学纤维制造业，橡胶和塑料制品业。高耗能工业指石油加工、炼焦和核燃料加工业，化学原料和化学制品制造业，非金属矿物制品业，黑色金属冶炼和压延加工业，有色金属冶炼和压延加工业，电力、燃气及水生产和供应业。装备工业指金属制品业，通用设备制造业，专用设备制造业，汽车制造业，铁路、船舶、航空航天和其他运输设备制造业，电气机械和器材制造业，计算机、通信和其他电子设备制造业，仪器仪表制造业。由于部分年份统计口径不同，因此消费品工业、高耗能工业和装备工业的具体行业略有差别。

② 此两年的采矿业指煤炭工业，消费品工业指食品、纺织、造纸、森林工业；高耗能工业指冶金、电力、石油、化学、建材工业；装备工业指机械工业。统计对象为全民所有制单位。

③ 此两年数据对应于 27 个中分类行业。统计对象为全民所有制单位。

消费品工业比重虽然出现下降，但是仍然超过其他类型工业，占据着第一位置（见图 8－4）[①]。可以说，工业劳动力结构在这一阶段表现出了以消费品工业为主导的特征。

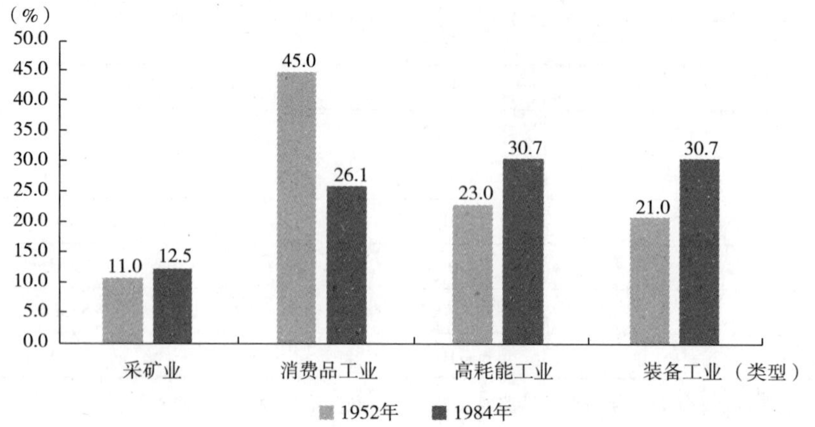

图 8－2 1952～1984 年分类型工业职工人数占工业职工人数比重

资料来源：根据中国统计出版社出版的《中国劳动工资统计资料（1949～1985）》数据计算得出。

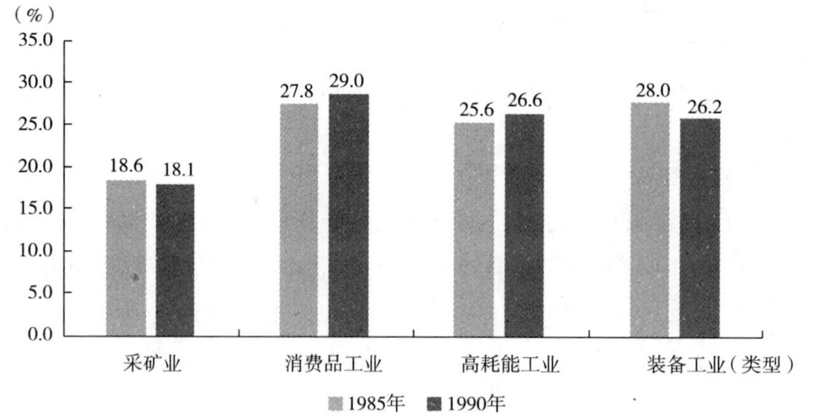

图 8－3 1985～1990 年分类型工业职工人数占工业职工人数比重

资料来源：根据中国统计出版社出版的《中国劳动工资统计资料（1949～1985）》、《中国劳动统计年鉴》1991 年版数据计算得出。

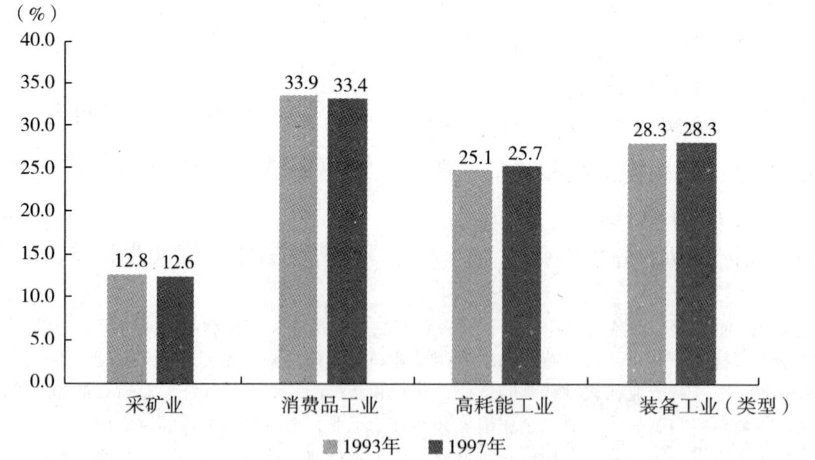

图 8－4 1993～1997 年分类型工业职工人数占工业职工人数比重

资料来源：根据中国统计出版社出版的《中国劳动统计年鉴》1998 年版数据计算得出。

---

① 此两年数据对应于 30 个中分类行业。统计对象为全部单位。

进入21世纪以后，工业劳动力结构的重心被以计算机通信设备等高技术行业所取代。采矿业、消费品工业、高耗能工业的比重均不断下降，但装备工业不断上升（见图8－5）[①]。2017年与1998年相比，采矿业、消费品工业和高耗能工业的比重分别下降了7个、1.6个和5.4个百分点，而装备工业上升了14个百分点。计算机、通信和其他电子设备制造业，交通运输设备制造业，以及电气机械和器材制造业等高技术行业劳动力规模的快速扩大，是装备工业比重迅速提升的主要原因。

总体来看，新中国成立以来的70年里，工业劳动力结构发生了显著变化，经历了消费品工业为主导—装备工业与高耗能工业为主导—消费品工业为主导—计算机通信设备为代表的装备工业为主导的演变进程。工业劳动力结构由资源、原料生产加工行业主导向装备生产加工行业主导的转变，是中国工业终端产品生产能力增强的反映，表明了中国工业体系更加充实与完善。

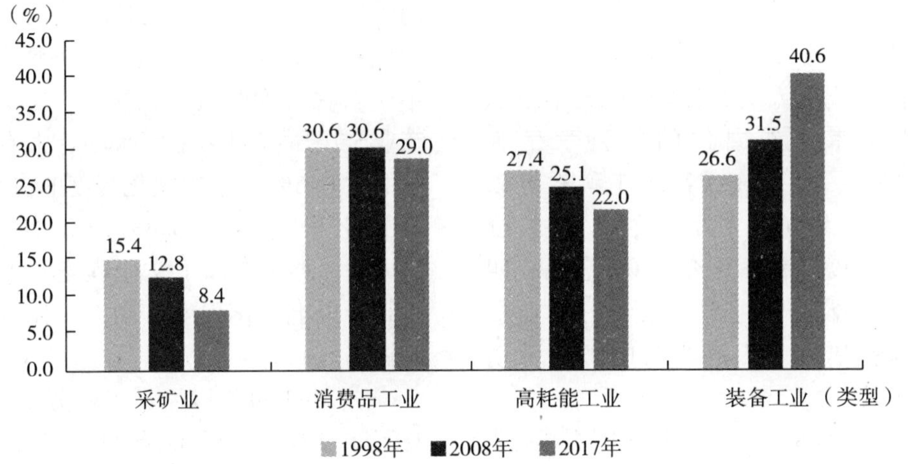

图8－5　1998～2017年分类型工业城镇从业人数占工业城镇从业人数比重

资料来源：根据中国统计出版社出版的《中国劳动统计年鉴》1999年版、2009年版、2018年版数据计算得出。

三、工业劳动力素质变化

工业发展所需要的劳动力不仅要在数量上得到充分的供应，还需要在素质上具有相对应的水平。考察劳动力的素质，有技术人员比例、学历构成、从业经验、专业资格等多种指标。新中国成立以来的70年，国家统计部门从不同的角度对工业劳动力素质做了记载。通过对这些材料的解析，可以看到，中国工业劳动力的素质水平在不断提高，为工业化的发展奠定了坚实的人力资源基础。

在新中国成立初始的20世纪50年代，国家已经开始重视工业劳动力的素质问题。1953年4月28日，国家计委向中共中央报告《关于工业、运输技术人员的现状和培养办法》[②]，文中称1952年全国国营工业、运输及地质、建筑工程系统的职工总数为330万人，其中见习技术人员为148200人，占职工人数的4.5%，由此得出“技术人员不足的状况很严重”的结论。文中还称据

① 此三年数据对应于29个中分类行业。统计对象为城镇单位。

② 《当代中国的计划工作》办公室：《中华人民共和国国民经济和社会发展计划大事辑要（1949～1985）》，红旗出版社1987年版，第38页。

国民党政府教育部统计，我国自1932年至1947年只培养大学、专科毕业的工科学生29600人，且大部分未参加技术工作。新中国成立后3年本科、专修科毕业学生21000人。并指出，“特别是工业方面高级技术人员不仅数量不多，且技术水平不高，实际操作能力也差。”该报告称，第一个五年计划建设共需工业、运输、地质及建筑方面各级技术人员约30万人。为此，该报告提出了以学校培养为主的计划方案。一是通过现有高等学校5年培养本科生6万人、专科生5.5万人，通过现有中等技术学校5年培养19.5万人，三者合计有27万人可供分配，可大致满足经济建设需求。二是从现有技术工人中提拔2.5万名初级技术人员，比如1953年组织分散在各种非技术工作岗位的工科学生为6000~8000人归队。三是充实高等工科教育以培养技术干部，5年增加1.2万名教师，建筑校舍280万平方米，投入教学设备1.06亿元。四是5年间派遣1万名留学生到苏联学习工业技术。可以说，这些措施对提高当时的工业劳动力素质起到了重要作用。

20世纪60年代至80年代中期，中国的工业劳动力统计资料逐渐完善，从中可看到工业技术人员的数量和比例均有显著改进。根据中国统计出版社出版的《中国劳动工资统计资料（1949~1985）》计算，工业全民所有制单位工程技术人员由1960年的37.9万人增加到1984年的165.7万人，增长337.2%，同期工业全民所有制单位职工人数由1960年2144.4万人增加到1984年的3592万人，增长67.5%。工程技术人员的增长幅度大大超过职工总数的增长。冶金、电力、煤炭、石油、化学、机械、建材、森林、食品、纺织、造纸11个主要工业部门的工程技术人员数，从1957年的16.7万人增加到1984年142.8万人，增长755.1%。每千名工人中配备的工程技术人员数由1957年的31人增加到1984年的58人，增长87.9%。

20世纪80年代以后，有了工业劳动力的学历构成、技术职称方面的统计[①]。1985年，在中国全部工业企业职工中，中专及高中以上文化程度的占26.6%，初中及以下文化程度的占73.4%。全国99.7万名企业领导成员中，大专以上程度的占11.5%，有技术职称的干部占12.9%，有高、中级职称的干部占5.8%。在县以上工业企业基本生产车间直接生产的工人中，自动控制作业的工人占1.4%，机械化操作的工人占20.1%，半机械化操作的工人占37.6%，手工操作的工人占40.9%。应该说，这个时期的工业劳动力的学历构成还是比较低的。但是随着国家对劳动力素质的重视以及教育的发展，这种情况在20世纪90年代以后大为改观。据统计[②]，1990年工业、建筑业全民所有制单位职工中，大专及以上文化程度的占8.6%，中专文化程度的占6.6%，技工学校文化程度的占6.8%，高中文化程度的占20.1%，初中及以下文化程度的占57.9%。中专及高中以上文化程度劳动力的比例有了相当程度的提高。

进入21世纪以后，工业劳动力的学历构成也有了明显改善。图8-6显示了2005~2017年全国制造业就业人员受教育程度构成的变化情况。2005年全国制造业就业人员中，初中及以下文化程度的占72.8%，高中及中等职业教育程度的占19.8%，高等职业教育及大学专科程度的占4.5%，大学本科及以上程度的占1.9%。2017年初中及以下文化程度的占59.9%，高中及中等职业教育程度的占23.4%，高等职业教育及大学专科程度的占10.7%，大学本科及以上程度的占6%。初中及以下程度的比例大幅度减少，高中及中等职业教育以上程度的比例费大幅度提升。特别是高等职业教育及大学专科程度、大学本科程度的比例大幅度上升。这表明制造业中兼有较高知识水平和职业技能的劳动者的比例大幅度提升，对产业结构迈向高端化提供了坚实的保障。

---

① 祝慈寿：《中国现代工业史》，重庆出版社1990年版，第972页。

② 根据中国统计出版社出版的《中国劳动统计年鉴》1991年版数据整理得出。

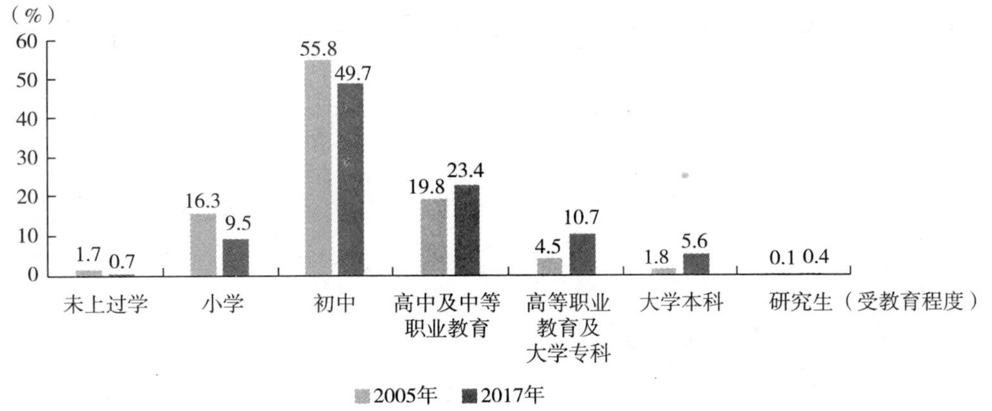

图 8－6　2005～2017 年全国制造就业人员受教育程度构成

资料来源：根据中国统计出版社出版的《中国劳动统计年鉴》2006 年版、2018 年版数据计算得出。

四、工业劳动力效率变化

工业劳动力的效率一般用单位劳动力（人）的产值、增加值等来衡量，称为劳动生产率。新中国成立以来的70 年，劳动生产率虽然不是直线上升的，但总体上呈现了上升趋势。由此可以得出工业人力资源的数量、素质的提升，为工业的发展起到了积极的作用。但是必须指出，在现实的生产过程中，劳动力是与其他生产要素，如技术、资本等融合在一起进行生产、销售活动和创造价值的。理论上的劳动生产率的测定必须有包括劳动投入在内的所有生产要素的、连续时间序列的投入数据，使用生产函数方程组的统计手法才能较为合理地计算出来。由于数据的局限，以下仅使用单位劳动力（人）的产值进行分析。

图 8－7 显示了 1952～1985 年工业全员劳动生产率的变化状况[①]。新中国成立初期的 1952 年，按 1980 年不变价格计算，工业全员劳动生产率只有 4200 元/人・年，但是在之后的“一五”计划期间（1953～1957 年），国家加快了工业建设，一些新工业部门从无到有地建立起来，工业全员劳动生产率快速提升，1956 年达到了 6672 元/人・年。但是 1958 年开始的“大跃进”政策造成了工业结构失衡，工业产值下降。1961 年全员劳动生产率跌至 4188 元/人・年，比 1952 年还低。1962 年以后随着国家进行经济调整，工业建设又逐步进入正常快速发展阶段，工业全员劳动生产率不断提高，到 1966 年突破了万元大关。但是从 1966 年下半年至 1976 年中国开始了“文化大革命”运动，其间工业生产活动被打断，工业发展陷入了停滞状况，工业全员劳动生产率明显下降，增长停滞。1976 年中国实施改革开放政策以后，工业建设逐步恢复，并且随着经济体制改革的推进，使工业企业的活力得到了空前释放，工业产值不断增长，工业全员劳动生产率不断提高。

20 世纪 90 年代以后，中国经济进入稳定、高速发展阶段，工业投资大幅度增长，各行业产品、生产技术不断更新换代，劳动力的素质也不断提高，因此工业企业的劳动生产率呈现了持续、均衡上升的趋势（见图 8－8）[②]。按 1990 年不变价格计算，1990 年工业全员劳动生产率由

① 工业全员劳动生产率 = 工业总产值/全部工业就业人员年平均人数。

② 这里的全部工业就业人员年平均人数按照以下公式计算得出。某年全部工业就业人员年平均人数 =（上年全部工业就业人员年末人数 + 该年全部工业就业人员年末人数）/2。

7167 元/人 · 年增加到 2000 年的 28061 元/人 · 年，增幅竟达 291.5%。

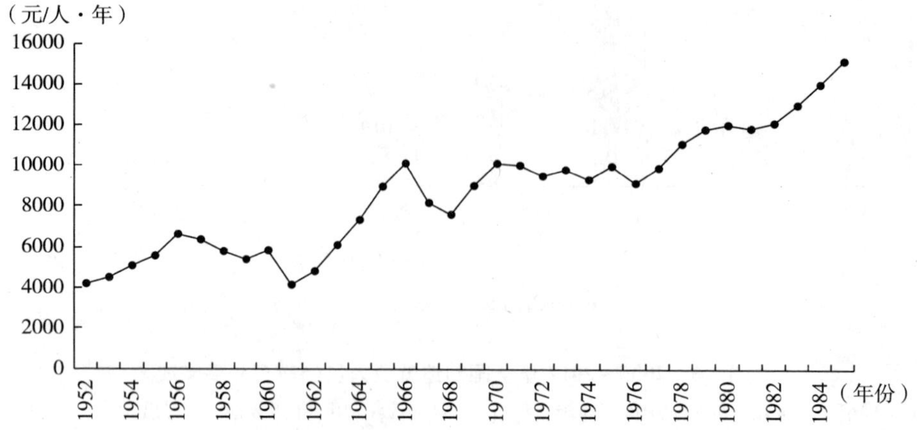

图 8-7 1952～1985 年工业全员劳动生产率

注：统计对象为全民所有制单位，按 1990 年不变价格计算。

资料来源：根据中国统计出版社的《中国劳动工资统计资料（1949～1985）》数据绘制。

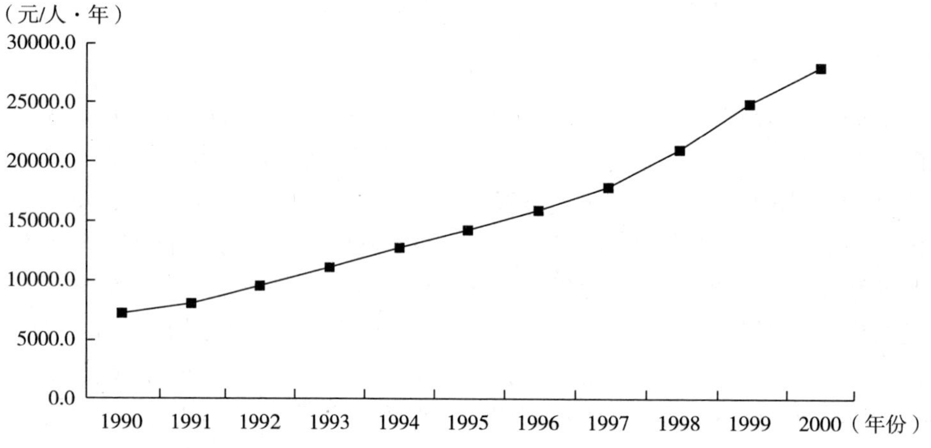

图 8-8 1990～2000 年工业全员劳动生产率

注：统计对象为全部工业企业，按 1990 年不变价格计算。

资料来源：根据中国统计出版社出版的《中国统计年鉴》2018 年版、《中国劳动统计年鉴》2015 年版数据计算绘制。

2003 年以后，国家统计局公布的劳动统计指标和工业产值指标出现了较大变化。一是与原来口径一致的工业就业人员年末人数指标没有了，只有工业城镇单位职工年末人数、规模以上工业企业平均用工人数。二是规模以上工业企业的界定出现了数次变化：1998～2006 年为全部国有和年主营业务收入 500 万元及以上的非国有工业法人单位；2007～2010 年为年主营业务收入 500 万元及以上的工业法人单位；从 2011 年开始，为年主营业务收入 2000 万元及以上的工业法人单位。如此频繁的变动使不同时期规模以上工业企业的数据之间失去了可比性。三是没有公布工业城镇单位的产值数据，2012 年以后也不再公布规模以上工业企业的产值数据。由于这些原因，就没有办法像原来那样用工业总产值除以全部工业就业人员年平均人数来计算工业全员劳动生产率。但是为了继续劳动生产率的分析，本章拟用第二产业作为工业的代理指标来进行考察①。第二产业

① 由于缺乏全部建筑业就业人员数据，故无法从第二产业就业人员数据中减去全部建筑业就业人员数据得出全部工业就业人员人数。

中包括工业和建筑业。因此，计算出来的劳动生产率数值是包括工业在内的、略大于工业的数值。尽管如此，我们仍可以从走向上对工业劳动生产率做出基本的评估。表8－4显示，按2000年不变价格计算，包括工业在内的第二产业全员劳动生产率2000年为27981元/人·年，2005年为44349元/人·年，五年间增长58.5%。按2005年不变价格计算，全员劳动生产率2005年为51100元/人·年，2010年为73132元/人·年，五年间增长43.1%。按2010年不变价格计算，全员劳动生产率2010年为89292元/人·年，2015年为123640元/人·年，五年间增长38.5%。按2015年不变价格计算，全员劳动生产率2015年为123183元/人·年，2017年为143980元/人·年，两年间增长16.9%。总体来看，2000年至2017年，包括工业在内的第二产业全员劳动生产率保持了持续增长的态势。

表8－4 2000～2017年第二产业全员劳动生产率

年份	总产值（亿元）	年平均人数（万人）	全员劳动生产率（元/人·年）
按2000年不变价格计算			
2000	45665	16320	27981
2001	49542	16227	30532
2002	54445	15958	34117
2003	61341	15805	38812
2004	68178	16318	41781
2005	76447	17238	44349
按2005年不变价格计算			
2005	88084	17238	51100
2006	99932	18330	54518
2007	114973	19540	58840
2008	126285	20370	61997
2009	139282	20817	66910
2010	156948	21461	73132
按2010年不变价格计算			
2010	191630	21461	89292
2011	212112	22193	95576
2012	229853	22893	100405
2013	248211	23206	106962
2014	266564	23135	115224
2015	283086	22896	123640
按2015年不变价格计算			
2015	282040	22896	123183
2016	299706	22522	133076
2017	318009	22087	143980

注：某年平均人数＝（上年年末人数＋该年年末人数）/2

资料来源：根据《中国统计年鉴》2018年版、《中国劳动统计年鉴》2018年版数据计算得出。

五、展望与建议

回顾昔日，中国工业取得了长足发展，工业劳动力在各行业基本均衡配置，劳动力素质显著改善，劳动生产率稳步上升，为中国成为世界工业大国和继续迈向世界工业强国奠定了坚实的基础。展望未来，虽然中国已经跻身于世界工业国之林，但是随着新技术的不断涌现、国际竞争格局不断变化，支撑工业发展的环境条件已经发生变化，因此，要维持工业的持续发展，保持足够的竞争力，尚需要创新出系统的应对策略。

以互联网、人工智能、大数据、云计算为代表的新一代信息技术的发展，对工业生产模式带来了深刻影响。企业大力引进高水平的信息技术，可以更加灵活地应对市场需求量及品种的变化，并产生更多的附加价值。虽然新一代信息技术的应用会减少生产线上的简单劳动，但是对劳动者的技能提出了更高的要求，这有利于增加劳动的价值和提升一线工人的收入。同时，从社会整体来看，企业信息技术的需求增加会带来与此相关的行业发展，如装备制造业、软件生产业、通信业等将会扩大生产，增加雇用，对提升社会整体的收入水平产生积极效果。因此，政府应该鼓励企业引进高水平的信息技术，系统研究各工业部门的信息技术水平，设定信息技术标准，制定具体的激励政策。

未来的工业发展需要大量适应新一代信息技术的高素质劳动者。达沃斯世界经济论坛指出，信息技术基本知识、信息处理技能、社会沟通能力（情感控制、人际沟通能力）是劳动者在未来必须具备的核心能力。从中国工业结构不断高端高新化的趋势看，未来劳动者的工作将会集中于非程序化领域，多数会与新一代信息技术的研发、应用和管理，以及个性化的服务有关。所以，扎实掌握信息技术知识，将有助于理解和应用人工智能技术，提高生产率和进行技术创新。熟练操作和维护智能化设备，就能够充分发挥人的创造性，带来更高的劳动价值。拥有跨文化、跨领域与跨职业沟通能力，就能够为社会提供更高质量的个性化服务，建立机器无法替代的优势。然而，目前具备这些能力的人才还十分欠缺。因此，我们必须加大人才培养力度，构建新型教育培训体系，加快教育系统与数字技术对接，提高全民数字技术素养，培养掌握数字技术的高素质劳动后备军。同时，采取产学研相结合方式，通过产学合作研究、中长期研究实习等形式，培养紧缺技术人才。

信息技术产业将继续牵引工业部门的劳动增长，原有传统产业通过信息化技术改造后将减少劳动需求，从而引发信息技术产业与传统产业间的劳动力转移。为了顺利进行劳动力转移，政府必须完善人才培训与服务支撑。一是增加信息技术职业的培训种类，将在职员工纳入培训补贴适用范围，针对各地产业的特点，开设计算机、人工智能等新一代信息技术的相关课程，为在职员工提供集中、脱产学习的机会，促使提早进行技能转型升级。二是加强人才服务与产业需求对接，促进劳动力合理配置与高效利用。利用互联网平台，整合求职者、大学、用人单位及人才服务机构等各种资源，推动线上线下信息共享、资源互通，构建统一的劳动市场，促进劳动力有效流动与合理配置。

国际经济形势的不确定性在增加，中美贸易摩擦日益激烈，国外市场有缩小的可能性。但是随着中国收入水平的提高，基于高质量产品的庞大国内市场正在形成，这为中国工业的进一步发展提供了绝好的机遇。工业部门应该深入改革，进一步减少过剩产能，优化产品结构，提高技术含量，更有效地满足国内市场的消费升级需求。企业应该借助改革进一步优化员工结构，提高员工整体素质，为创新发展提供人力资源支撑。

专栏 8－1

杭州市着力培育技能人才

近年来，杭州市实施《培育杭州工匠行动计划》，着力培育技能人才。截至 2017 年底，高技能人才总量已达 44.3 万人，并涌现出了一批世界技能大赛冠军选手。

杭州市是全国率先开始运行公共自行车的城市。租借公共自行车时，卡一刷取车，再一刷“咔嗒”锁止，非常方便。研发这种“锁止器”的技术大师，是杭州公交集团金通修理公司普通职工姚国方。没有任何图纸资料和可借鉴经验，经历无数次失败，2008 年 3 月 22 日，首批“姚国方锁止器”面世。目前，“杭州制造”的锁止器以及管理系统已有国内 30 多个城市前来“取经”。

姚国方钣金技术精湛，可列在职业资格认定中，这一项技能的考证人数少之又少。此时，杭州市为他送来了“人才红包”：企业高技能人才可直接认定。2015 年，他被杭州市人社局直接认定为冷作钣金工技师，30 多年的职业生涯有了一个闪光的印记。

杭州市围绕先进装备制造业、战略性新兴产业、高新技术产业和传统优势产业等重点，选择具有绝技绝活的技能大师作为领衔人，全面推进技能大师工作室建设工作。截至 2018 年，杭州市共有国家级技能大师工作室 5 家、省级技能大师工作室 41 家、市级技能大师工作室 115 家，区、县（市）级技能大师工作室 242 家。以技能大师工作室为平台，杭州市还实施了名师带徒、项目攻关、技艺交流、成果推广等一系列计划。截至 2017 年底，仅市级工作室就累计带徒 4000 余人，培训职工 4 万余人次，完成技术攻关和革新项目近 1200 项。

职业技能竞赛是广大职工开展技能交流的重要平台。2013 年以来，杭州市连续开展两轮职业技能竞赛“三年行动计划”，5 年时间共组织市级技能竞赛 150 多场，涉及职业（工种）60 余个，推动各区、县（市）开展竞赛 700 余场，带动岗位练兵超过百万人次。技能竞赛为广大劳动者提供了人生出彩的机会。全市有 11 人获得“杭州市首席技师”称号、319 人获得“杭州市技术能手”称号，并频频斩获国际国内大奖。

养老护理师戴玮英积极钻研护理技能，比如她为灌注热水袋确定了高标准：水温保持在 50℃左右，冲好以后用柔软的布包好，放置时最好离人体 10 厘米左右，还要不定时检查袋子的温度，以此确认舒适度。

凭借专业技能，戴玮英参加了国家、省、市级的养老护理员技能大赛，取得优异成绩，先后荣获全国五一劳动奖章、全国五一巾帼奖章、全国五一巾帼标兵等。

为让优秀技能人才“名利双收”，近年来，杭州市人社局完善了技能人才评价体系，探索出了劳动者培养、评价和成长的新途径。同时，杭州市投资 3 亿元，建成了杭州市公共实训基地，向社会提供技能实训、技能鉴定、师资培训、技能竞赛等服务，并被确定为国家级高技能人才培训基地。

技工院校是培养高技能人才的“摇篮”。近 3 年来，杭州市 15 所相关院校累计招生超 1.2 万人，开设电气自动化设备与安装、模具制造、数控加工等 40 余个专业，毕业生就业率一直保持在 98% 以上。

资料来源：根据王俊禄《让人才出彩促双创升级——浙江省杭州市着力培育技能人才弘扬工匠精神》改编，原文载中国就业网，2018 年 11 月 23 日，http：//www.chinajob.gov.cn/c/2018－11－23/80671.shtml。

参考文献

［1］祝慈寿：《中国现代工业史》，重庆出版社 1990 年版。

［2］《当代中国的计划工作》办公室：《中华人民共和国国民经济和社会发展计划大事辑要（1949～1985）》，红旗出版社 1986 年版。

［3］国家统计局：《改革开放铸就工业辉煌　创新转型做强制造大国——改革开放 40 年经济社会发展成就系列报告之六》，（2018－09－04）［2019－05－01］，http：//www.stats.gov.cn/ztjc/ztfx/ggkf40n/201809/t20180904_1620676.html。

［4］国家统计局社会统计司：《中国劳动工资统计资料（1949～1985）》，中国统计出版社 1987 年版。

［5］国家统计局人口和就业统计司、人力资源和社会保障部规划财务司：《中国劳动统计年鉴》，中国统计出版社历年版。

第九章　新中国制造业劳动生产率的变化与特征

提　要

新中国成立以来，我国开始了以工业化为核心的经济发展征程。纵览新中国工业发展史，制造业劳动生产率的持续提升始终支撑着我国制造业体系的历次重大转型。以“劳动生产率增速和增量表征”为标准，可以将新中国成立以来制造业劳动生产率的变动趋势划分为“增速波动、增量不足”“增速上升、增量扩张”和“增速下滑、增量释放”三个阶段。具体而言，新中国成立70年推动制造业劳动生产率提升的过程中，从行业支撑能力看，劳动密集型行业突出“基础”支撑力，资本密集型行业强调“平稳”支撑力，技术密集型行业展现“升级”支撑力。从区域格局变动趋势看，我国制造业劳动生产率高地由“点”集聚向“跨区域”集聚升级，由“大而全”区域转向“专而精”区域。与典型国家相比，典型发达国家始终全力以赴确保制造业劳动生产率的持续增长，我国与发达国家在制造业劳动生产率上的差距虽在逐步缩小，但巨大的差距仍待跨越。当前我国进一步提升制造业劳动生产率的难度持续加大，中高端劳动力匮乏、技术创新能力不足、能源和资源约束趋紧等问题日益加剧，必须通过深化体制机制改革，营造良好的营商环境；构建多层次人才体系，完善劳动力市场；强化技术创新政策，加大自主创新投入；优化投资结构，大力发展战略新兴产业，进而推动实现新旧动能转换，形成更高效的制造业运转模式和发展方式。

*　　　　*　　　　*

制造业劳动生产率是客观反映制造业实际发展水平和体系运行效率的核心指标，也是制造业企业资本水平、技术水平、管理水平、员工生产熟练水平和劳动积极性的综合展现。从不同角度剖析劳动生产率，能够全面展现制造业体系转型升级的整体脉络，并深入探索各类生产要素相互作用的运转机理。因此，本章从制造业劳动生产率变迁视角，审视新中国成立70年我国工业的发展过程，明晰我国制造业体系升级和各区域制造业转型的发展特征，并结合制造业发展阶段和发展形式的变化，提出在高质量建设现代化制造业体系过程中持续提升制造业劳动生产率的对策建议。

一、新中国成立以来我国制造业劳动生产率变动的总体趋势分析

新中国成立以来，我国开始了以工业化为核心的经济发展征程。以改革开放为分界点，我国的工业发展历程大致上可以划分为两个阶段：一是社会主义传统工业发展道路阶段（1949～1978年），我国工业主要采取的是封闭式、粗放型、优先发展重工业的发展战略，其间，历经基础工业体系初步形成时期（1949～1957年）、工业发展的波折和调整时期（1958～1965年）、工业经济的大起大落时期（1966～1978年）。二是中国特色社会主义工业发展道路阶段（1979年至今），1978年，我国确立了“以经济建设为中心”的基本路线，进入了中国特色社会主义事业发展的新时期，工业经济也进入了“快车道”，其间，历经轻、重工业结构调整时期（1979～1988年）、基础工业迅速发展时期（1989～2000年）、重工业快速发展时期（2001～2016年）、制造业体系转型期（2017年至今）。

纵览新中国工业发展史，制造业劳动生产率的持续提升始终支撑着我国制造业体系历次重大转型，即便是在工业发展跌宕的各个历史阶段，制造业劳动生产率的持续提升能力均基本保持稳定。1952年我国制造业劳动生产率仅为862.50元/人，经过67年的发展，2018年我国制造业劳动生产率已经达到157514.43元/人，是1952年的182.63倍，年均增速达到8.21%。与工业发展历程两大阶段相结合，1952～1978年，我国制造业劳动生产率从862.50元/人提升至2577.79元/人，增长了1.99倍，年均增速为4.30%；1979～2018年，我国制造业劳动生产率从2734.20元/人提升至157514.43元/人，增长了56.61倍，年均增速为10.95%。

为进一步从制造业劳动生产率视角剖析我国工业发展脉络，以“劳动生产率增速和增量表征”为标准，将新中国成立以来制造业劳动生产率变动趋势划分为三个阶段，如图9－1所示：

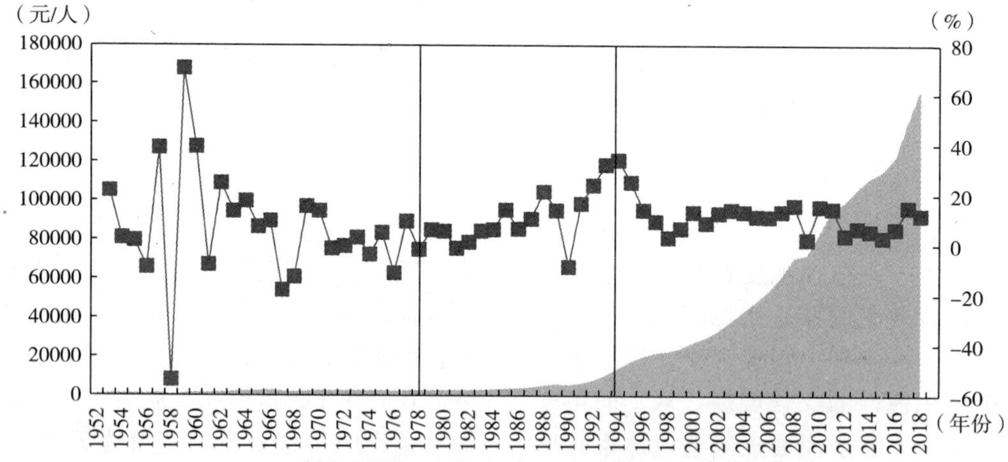

图9－1 新中国成立以来制造业劳动生产率的发展变化与阶段划分

资料来源：国家统计局。

第一阶段：“增速波动、增量不足”阶段（1952～1978年）。与新中国工业“一穷二白”的初始状态相对应，制造业体系的不完善造成了生产效率的极不稳定，制造业劳动生产率起步极低、波动极大、增长艰难。从增速波动幅度看，1958年达到－53.65%的历史最低增速，而1959

年跃升至70.48%的历史最高增速，1962年以后虽波动幅度趋于平稳，但在各种工业发展波折和调整的影响下，总体呈缓慢下滑态势。从总体增量看，该阶段制造业劳动生产率的增量提升能力最弱，1952～1962年始终徘徊于1000元/人以下，1963～1978年始终没能突破2500元/人，制造业体系生产效率一直陷入低水平状态。从总体上看，经过1949～1978年近30年的大规模工业建设，我国的综合国力已经有了较大的提高，工业占国民经济的比例由1949年的19.5%提升到1978年的46.7%，初步建立起了比较独立、完整、门类齐全的工业体系。但由于长期推行重工业优先发展战略，我国制造业形成了重工业比例过大、轻工业产品长期匮乏、制造业生产效率较低的基本局面。

第二阶段："增速上升、增量扩张"阶段（1979～1994年）。针对改革开放前30年重工业优先发展带来的产业结构畸形等问题，我国开始了对工业经济结构的全面调整，1979～1988年重点调整轻、重工业结构，有计划地放慢了重工业的发展速度，采取了积极发展轻工业的政策措施。1989～1994年重点发展基础工业，解决轻工业等加工制造业快速发展与能源、原材料等基础工业严重不足的矛盾。制造业体系结构的优化带来了制造业劳动生产率增速与增量的同向明显提速。从增速提升情况看，1979～1994年平均增速为11.55%，比上一阶段基本提升了1倍，且波动幅度明显降低，1988年以后基本稳定在15%以上，1994年达到改革开放后的最高增速34.07%，总体呈平稳上升态势。从总体增量看，该阶段制造业劳动生产率的增量提升能力由弱转强，1979年仅为2734.20元/人，到1994年增长到14094.22元/人，基本实现翻两番，制造业体系生产效率水平持续提升。从总体上看，经过10余年制造业结构的战略调整，基本扭转了各类型制造业比例失调的局面，消费品生产迅速增长，有效地消除了基础工业的"瓶颈"约束，工业结构逐步实现合理化，制造业生产效率取得质的跃升。

第三阶段："增速下滑、增量释放"阶段（1995年至今）。由基础工业发展、居民消费结构升级、城市化进程加快、交通和基础设施投资加大等驱动力量及多重因素带动，我国制造业发展进入以市场化为基础、技术含量和附加值逐步提高、可持续性增强的全新重化工业发展阶段。制造业体系的升级过程既带来生产力的迅速释放，也造成增长能力的续接乏力，导致制造业劳动生产率增速和增量反向发展。从增速提升情况看，1995～2018年制造业劳动生产率平均增速为9.98%，低于上一阶段1.57个百分点；其中，1995～2001年波动较大，2001～2011年基本稳定在12%左右，2012～2016年明显降至5%左右，2017～2018年恢复到10%以上，但后续增长支撑依然薄弱，总体呈持续下降态势。从增量看，该阶段制造业劳动生产率的增量大幅提升，1995年仅为17648.45元/人，到2018年增长到157514.43元/人，提升8.93倍，生产能力得到前所未有的释放。总体上看，这23年已经将既有制造业体系所能提供的生产潜力基本释放完毕，我国重化工业的快速增长还在逐步加强，通过提升技术水平实现制造业体系产业链和价值链的整体升级迫在眉睫。我国通过走高质量发展道路建设现代化制造业体系，既是形势所迫，更是大势所趋。

专栏9-1

重化工业结构的阶段变化

就轻重工业结构变动比例看，霍夫曼定理给出了经典描述。1931年霍夫曼在《工业化的阶段和类型》一书中指出，在工业化进程中，霍夫曼比例呈下降趋势：在工业化的第一阶段，消费资料工业的生产在制造业中占主导地位，资本资料工业生产不发达；第二阶段，资本资料工业的发展速度比消费资料工业快，但在规模上仍比消费资料工业小得多；第三阶段，消费资料工业和资本资料工业的规模大体相当；第四阶段，资本资料工业的规模超过了消费资料工业的规模。从世界典型国家和地区重化工业占制造业增加值的比重看，重化工业都有一个持续上升，然后保持基本稳定的发展过程。比如美国重化工业的比重由1932年的36%持续上升到1944年的69%，以后保持在60%左右，20世纪90年代后由于新经济的兴起，重化工业的比重略有降低。日本的重化工业比重由1919年的27%上升到1974年的61%，之后大体上保持在60%左右的水平上。韩国重化工业的比例则在过去的30年持续上升，由25%上升到了63%。其他发达国家在工业化和完成工业化以后，重化工业的比重也维持在60%左右。如果将重化工业的比重和经济发展水平对应起来可以看出，随着经济发展，重化工业占制造业增加值的比例呈现出逐步上升最后趋于稳定的形态，其稳定值在60%左右。

就重化工业内部结构变动进程看，重化工业在制造业体系中的发展呈阶段性结构变化特征。其基本路径是从以原材料和基础工业为主逐步升级到以高加工度和技术密集型行业为主的变化过程。其中钢铁、金属加工业等原材料和基础工业占工业的比重是先上升后下降的过程，钢铁占工业的比重在人均GDP达到1万美元之前就开始出现下降，然后是大幅度下降。而机械、交通、电气等技术密集制造业占工业比重则在人均GDP达到2万美元前持续上升，之后基本保持稳定。

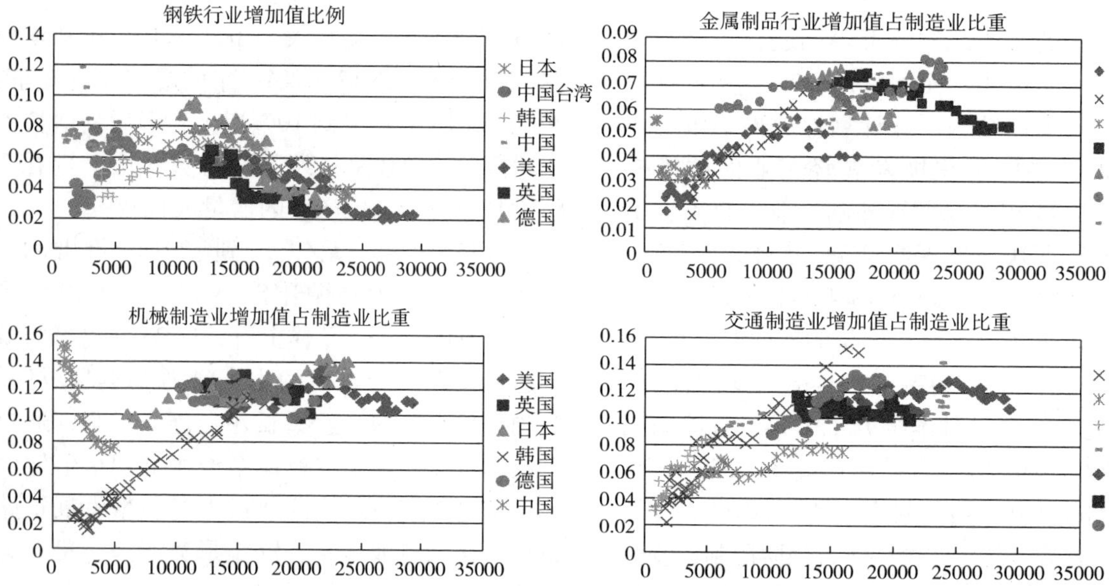

图9-2 典型国家和地区不同发展阶段重工业内部结构变迁（横轴为2000年国际元）

注：尽管霍夫曼定律是在1931年提出，但仍然较好地概括了轻重工业比例变动以及重化工业内部结构的变化趋势。

资料来源：笔者根据相关资料整理。

二、新中国成立以来我国制造业劳动生产率的发展特征总结

在分析展现新中国成立以来我国制造业劳动生产率变动总体趋势的基础上，为进一步明晰我国制造业劳动生产率的结构特征和变动内因，以下从行业、区域、典型国家比较三个维度，讨论

我国制造业劳动生产率的发展特征。

1. 行业特征

从制造业劳动生产率的行业构成看，制造业各行业劳动生产率的内部驱动力由本行业发展的生产要素偏好决定。这里依据各类行业生产要素偏好，按照劳动密集型、资本密集型和技术密集型对制造业细分行业开展制造业劳动生产率类型行业特征分析。

在新中国成立以来推动我国制造业劳动生产率提升的过程中，各类行业的支撑能力总体呈现突出的“阶段转换”特征，与我国制造业体系“从无到有、从小到大、从大到强”的发展进程基本匹配。

表 9－1　各类型行业的所属细分行业

类型行业	所属细分行业
劳动密集型行业	农副食品加工业；食品制造业；纺织业；纺织服装、服饰业；皮革、毛皮、羽毛及其制品和制鞋业；木材加工和木、竹、藤、棕、草制品业；家具制造业；造纸和纸制品业；印刷和记录媒介复制业；文教、工美、体育和娱乐用品制造业；橡胶和塑料制品业；非金属矿物制品业；金属制品业
资本密集型行业	酒、饮料和精制茶制造业；烟草制品业；石油加工、炼焦和核燃料加工业；化学原料和化学制品制造业；医药制造业；化学纤维制造业；黑色金属冶炼和压延加工业；有色金属冶炼和压延加工业
技术密集型行业	通用设备制造业；专用设备制造业；汽车制造业；铁路、船舶、航空航天和其他运输设备制造业；电气机械和器材制造业；计算机、通信和其他电子设备制造业；仪器仪表制造业

资料来源：国家统计局。

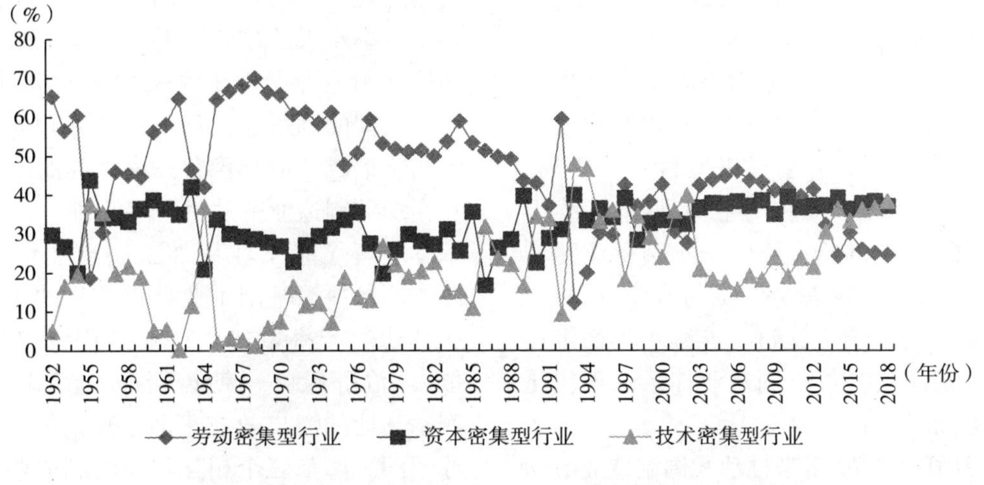

图 9－3　各类型行业对制造业劳动生产率的增长贡献率

资料来源：国家统计局。

1952～1978 年，各类型行业对制造业劳动生产率增长的贡献率呈现清晰且稳定的“劳动密集型行业 > 资本密集型行业 > 技术密集型行业”格局。劳动密集型行业的平均增长贡献率高达 55%，最高达到 70.01%（1968 年），最低也达到 42.03%（1964 年）；资本密集型行业的平均增长贡献率基本稳定于 30%；技术密集型行业的增长贡献率波动幅度最大，但始终难以突破 15%。

1979～2002 年，各类型行业对制造业劳动生产率增长的贡献率呈现“基本相当、胶着调整”格局。劳动密集型行业的增长贡献率快速下降，但仍然是制造业劳动生产率提升的主要支柱，平均增长贡献率为 42.28%，但 1991 年以后基本处于 40% 以下的贡献率水平。资本密集型行业依然保持了基本平稳的发展态势，平均增长贡献率为 30.91%。技术密集型行业持续发力，平均增长贡献率高达 26.81%，最高达到 47.80%（1993

年）。值得注意的是，1991～2002 年，三种类型行业的增长贡献率基本相当，呈现制造业体系结构调整过程中的短暂“均衡”态势。

2003～2014 年，各类型行业对制造业劳动生产率增长的贡献率再次呈现清晰且稳定的“劳动密集型行业＞资本密集型行业＞技术密集型行业”格局。劳动密集型行业的增长贡献率历经近 40 年的下滑调整后，在全行业转型升级取得明显成效的推动下，增长贡献率再次提升，最高达到 46.08%（2006 年）。资本密集型行业的增长贡献率稳中略胜，平均为 37.57%。技术密集型行业在全球科技发展加快、国内制造业体系技术水平亟待提升和技术成长时间成本增加的三重压力下，对劳动生产率的实际贡献程度明显下滑，平均增长贡献率仅为 22.08%，最低降至 15.67%（2006 年）。然而应该看到，与 1952～1978 年出现类似格局的成因不同，1952～1978 年的格局是工业实力弱小的偏“被动”格局，而 2003～2014 年的格局是工业体系升级转强的偏“主动”格局。

2015 年至今，各类型行业对制造业劳动生产率增长的贡献率呈现前景可期的“技术密集型行业＞资本密集型行业＞劳动密集型行业”格局。劳动密集型行业的增长贡献率再次明显持续下滑，2018 年降至 24.54%；资本密集型行业的增长贡献率依然保持稳定态势，维持在 37% 的水平；技术密集型行业突飞猛进，连续 4 年稳定在平均 36.11% 的历史高位，制造业体系的现代化转型步伐明显加快。

总结新中国成立 70 年来推动我国制造业劳动生产率提升的行业支撑能力，可以看到，劳动密集型行业突出“基础”支撑力，资本密集型行业强调“平稳”支撑力，技术密集型行业展现“升级”支撑力。其中，劳动密集型行业增长贡献率虽然持续降低，但支撑能力长期处于主导地位；资本密集型行业增长贡献率变动最为平稳，起到了长期稳定制造业体系的重要作用；技术密集型行业增长贡献率整体呈上升态势，但短期波动最为频繁，技术密集型行业自身升级难度最大，在行业成长期难以有效支撑制造业劳动生产率提升，但随着行业转入成熟期，对制造业劳动生产率具有极强的支撑潜力。

2. 区域特征

我国各地区的制造业现代化发展均始于 1949 年，而且各自的制造业发展基础差异显著，但在制造业的区域布局调整下，改革开放以来我国各地区制造业劳动生产率水平呈现“由点带面、梯度集聚”的区域变动特征。

从四个典型年份看，1978 年，我国尚处在社会主义传统工业发展道路阶段的末期，全国制造业劳动生产率变化居于“增速波动、增量不足”阶段，各地区制造业行业布局由国家统一安排，从而导致各省域之间制造业劳动生产率差别不大，均处于较低水平。1990 年，我国已经基本完成制造业体系的轻、重结构调整，全国制造业劳动生产率步入“增速上升、增量扩张”阶段，在各地区制造业劳动生产率均快速提升的前提下，省域之间的制造业劳动生产率差距明显增大，我国初步形成“渝鄂豫鲁—京津苏浙沪粤”两个相互交织的制造业劳动生产率高地。2000 年，我国基本缓解了轻工业等加工制造业快速发展与能源、原材料等基础工业严重不足的矛盾，但制造业劳动生产率增速受产业结构调整影响处于低位，“渝鄂豫鲁—京津苏浙沪粤”制造业劳动生产率高地的溢出效应逐渐显现的同时，“京津—苏浙沪—粤”三个相互呼应的制造业劳动生产率高地加紧集聚，并以此为中心向其他内陆地区梯度辐射。2018 年，我国开启高质量发展现代化制造业体系的新征程，制造业劳动生产率的产业技术体系支撑能力亟待加强，初步形成由“东部与中部互动升级、中部向四周区域辐射”的制造业劳动生产率区域格局。

表 9－2　2018 年我国省域制造业劳动生产率比较优势

	具有突出比较优势	具有一定比较优势	尚未具备比较优势
东部地区	北京、上海、天津、浙江	山东、广东、福建、江苏	辽宁
中部地区	河南、湖北、河北	安徽、湖南、江西、吉林	山西、黑龙江
西部地区	四川、重庆	陕西、广西、贵州、云南、甘肃	内蒙古、宁夏、海南、青海、新疆、西藏

从区域格局变动趋势看，一方面，我国制造业劳动生产率高地由“点”集聚向“跨区域”集聚升级。2000年以前，我国制造业劳动生产率较高的地区主要集中在3~5个制造业资源禀赋和产业结构相对集中的省、市，且各地区之间制造业劳动生产率的差距较大，优势地区的辐射带动能力较为低下。2000年以后，在制造业体系整体升级的推动下，随着地区间生产要素跨区域转移的步伐加快，省域间制造业技术水平差距持续减小，省域间制造业劳动生产率的溢出带动效应逐渐显现，以跨省制造业集聚区为核心的制造业劳动生产率高地崛起。另一方面，我国制造业劳动生产率高地由“大而全”区域转向“专而精”区域。2000年以前，我国制造业劳动生产率较高的地区均具有较为完整的制造业体系，“大而全”的制造业体系有效缓和了各类型行业劳动生产率的差距，在市场需求释放的推动下，能够实现最大规模行业中低端量产的地区，往往具有较高的劳动生产率。2000年以后，市场需求和制造业体系的同步升级对制造业的技术水平和分工深化提出了更高的要求，以中高端产品为代表的“专、精、特”行业市场空间迅速扩大，具有“专而精”行业集聚区优势地区的制造业劳动生产率快速提升，“以高端制造为中心，综合制造与特色制造周边环绕开展”的省域/区域制造业劳动生产率高地迅速崛起。

三、典型国家制造业劳动生产率变动趋势比较

虽然新中国成立以来我国制造业劳动生产率保持了较快增长，但放眼全球，我们必须清醒地认识到，我国与典型发达国家的制造业劳动生产率相比仍有较大差距，且差距还在扩大。为清晰地展现这种差距，考虑到数据的可比性和可得性，这里选取1970~2018年数据，动态比较中国与美国、德国、日本、韩国等制造业强国的制造业劳动生产率差距。

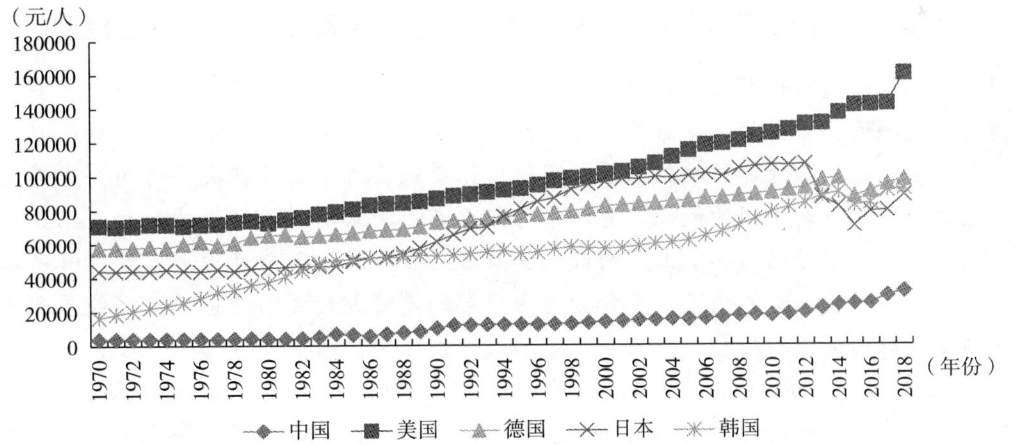

图9-4 1970~2018年中国与典型国家制造业劳动生产率的比较

资料来源：世界银行、联合国工业发展组织、各国统计局。

从增速水平看，在我国大力提升制造业劳动生产率增长能力的同时，发达国家也在全力以赴确保制造业劳动生产率的持续增长。1970~2018年，中国制造业劳动生产率年均增速为4.52%，而美国、德国、日本、韩国的年均增速分别为1.71%、1.11%、1.46%和3.65%，虽然我国的增速水平明显高于典型国家，但这些国家制造业体系的产业链和价值链却优于我国，制造业劳动

生产率提升的可持续性、持久性和后劲均明显高于我国。具体而言，1970～2018年，我国制造业劳动生产率增速呈“先升后降”的变动态势；而同期美国、德国、日本三国基本保持了制造业劳动生产率增速的持续稳定；作为后发国家的韩国，2000年以前制造业劳动生产率增速明显高于我国，2000年以后出现工业化完成后的合理结构性回落。

从增量水平看，我国与发达国家的差距虽在逐步缩小，但巨大的差距仍待跨越。1970年我国制造业劳动生产率仅分别为美国、德国、日本、韩国的5.34%、6.59%、8.60%和22.93%，2018年我国制造业劳动生产率提升至美国、德国、日本、韩国的19.78%、32.39%、35.81%、34.29%，仅仅只能维持在全球制造业产业链和价值链的中低端，向中高端突破所需的制造业生产效率与水平仍待全力建设。反观韩国，1970年韩国制造业劳动生产率仅分别为美国、德国、日本的23.30%、28.73%、37.52%，2018年韩国制造业劳动生产率提升至美国、德国、日本的57.67%、94.44%、104.42%，韩国通过积极抢占第三次全球科技浪潮的尖端产业，快速提升了全球话语权，成长为与美国、德国、日本并立的后发制造业强国。

可见，提升制造业劳动生产率是提升我国制造业国际竞争力的关键。在现代化制造业体系中，制造业劳动生产率增长的核心是质量和效益，根本在于推动发展方式转变，实现新旧动能转换，形成更高效的制造业运转模式和发展方式。必须清醒地认识到，推动制造业劳动生产率持续提升是一个艰巨的历史过程，要全力建设劳动密集型行业、资本密集型行业和技术密集型行业协同发展的现代化制造业体系。当前，我国这三种类型行业的升级均处于关键时期，亟待通过加强全局谋划和顶层设计加强各行业间协同发展能力。近年来我国技术密集型行业的高增长有效地带动了产业转型升级步伐，但在拉动制造业整体增长水平、结构升级能力、国际竞争力等方面仍有待于加大培育力度。同时，亟待提升技术密集型行业增长点与制造业转型升级要点的结合能力，力促这三种类型行业形成发展合力。

专栏9－2

典型国家通过“现代学徒制”提升制造业劳动生产率的先进经验

我国作为正在崛起的世界工业大国，西方发达国家的再工业化以及由此带来的工业格局变化对我国的影响是深远、多方面的。后危机时期全球产业的一些环节正在空间转移到新兴国家和地区，由于制造活动往往与资源禀赋相联系，国际舆论普遍认为中国正在失去作为全世界最廉价制造品生产地的地位。当前中国的最低工资水平已经比南亚和东南亚地区高出4倍，而印度尼西亚和孟加拉国正成为中国劳动力成本上升的最大受益者。然而，我国劳动力成本的上升并未与劳动生产率同步提升，劳动成本的快速上升和劳动生产率的平稳上升之间的差异，已经严重影响了我国制造业转型升级的进程和质量。在较高的劳动成本条件下如何提升劳动生产率，工业化先行国家通过“现代学徒制”的实施推广，取得了较为突出的成效。现代学徒制被公认是企业获得所需技能人才的重要方式，是提升国家制造业竞争力的重要手段。欧美国家早在几十年前就已陆续开展现代学徒制，并在不断改革中积累了不少好的经验。欧美国家已在立法、教育、技能资格认证、经济激励措施等方面建立了较为完善的现代学徒制体系。

大多数国家现代学徒制是在专门法律框架下开展的。如德国的《职业教育法》（2005年修订）、奥地利的《职业教育法》（2006年修订）、英国的《学徒制、技能、儿童和学习法案》（2009年）、意大利的《学徒制巩固法》（2011年）等。这些法案确立了学徒制的法律地位，并对学徒培训的开展条件、开展方式、资金保障等做了相关规定。

通过与高等教育衔接的方式让青年未来有更多的选择。现代学徒制实施效果好的国家，其学徒制体系与普通中等教育和高等教育是相互衔接的，典型代表国家是德国和瑞士。德国、瑞士学生在进入非全日制的职业学校接受职业教育后，还可以进入更高层次的高等专科学校、综合大学、行业与技术学校等学习。近年来，德国有越来越多的人先接受学徒制教育，再进入高校学习“双资格持有者”。

学徒在完成培训后需接受评估以获得相应的职业技能资格认证。欧美国家普遍通过职业技能资格认证制度对学徒技能水平进行评估，其评估方式既包括实践也包括理论，形式主要有现场操作、书面考试和口试。部分国家的第三方机构深度参与甚至主导着对学徒的评估与认证。比如德国是由行业协会负责组建考试委员会并实施考试的，这个考试委员会由同等数量的雇主与雇员代表组成，并至少包含 1 名职业学校教师。荷兰的学徒考试同样有行业协会组织，但受到教育部的全程监督。部分国家以经常性的工作现场评估取代了一次性的终结考试，如英国。通过评估后，学徒可以获得全国认可的资格认证甚至学位。颁发资格证方面，一些国家的认证和学历由教育部颁发，如法国。一些国家则由行业协会或职业资格认证中心颁发，如德国、荷兰、英国。

经济激励措施是鼓励企业和学生参与学徒制的重要手段。主要包括：一是征税—拨款制度。即向未完成培训任务的企业征收培训税，由专门的基金委员会管理，再按比例拨款给额外完成了培训任务的企业。典型国家是法国、丹麦、爱尔兰。二是培训奖励。这是由政府向提供了特定学徒培训的企业支付的直接经济奖励。如德国政府会向招聘了残疾人、长期失业者为学徒或接收了破产企业原学徒的企业支付培训奖励；英国向招收 16 岁或 17 岁失业青年为学徒的企业支付每人 2500 英镑的特别奖励。三是税费减免。比如荷兰，提供学徒培训的企业可以减免部分税收以及学徒的社会保险金。

资料来源：笔者根据相关资料整理。

四、存在的问题与对策

1. 阻滞我国制造业劳动生产率提升的关键问题分析

第一，中高端劳动力严重匮乏导致劳动力整体水平与产业升级需求割裂。2018 年我国制造业从业人员中，掌握中高级技术职称的中高端从业人员仅占 11.33%，绝大多数从业人员仅具备从事简单重复工作的能力。一是我国制造业职业教育与技术培训体系亟待完善。高等院校的学科专业设置与制造业企业需求严重脱节，远远滞后于制造业转型升级的实际需要。以拥有大量技能熟练的工人队伍的德国为例，德国的职业教育是学校和企业紧密结合的“双元制”，学校重在理论指导而企业负责培训实践技能，德国 2/3 的初中毕业生会选择进入德国职业教育体系。二是制造业对中高端人才的吸引力不足。随着制造业综合成本的持续上升，其利润空间受到严重挤压，从业人员的工资和福利水平普遍低于新兴服务业，制造业劳动力环境日益恶劣，难以吸引中高端人才，进而造成制约劳动生产率提高的恶性循环。

第二，传统认知的偏见导致技术工人职业境遇不佳。我国“重文化、轻技术”的文化传统使社会对技术工人普遍存在就业偏见，认为“白领”优于“蓝领”，优秀蓝领工人的就业地位不被认可，技术劳动的社会含金量被严重低估，进而使优质劳动力资源难以真正进入企业生产一线。在一般情况下，我国优秀高中毕业生普遍选择进入普通本科院校深造，而主动选择进入职业院校学习的微乎其微，在人力基础上我国就远远落后于发达国家，德国、日本、美国等工业强国在完成基础教育后进入企业或者职业院校深造的学生数量均超过当年总毕业人数的70%。同时，在这一传统认知下，包括工人在内的一线劳动者不能获得社会的认可与尊重，直接导致技术工人面临不佳的职业境遇，具体表现为以下三点：一是技术工人的薪酬待遇整体偏低。2018年，生产制造人员的平均工资为51205元，低于全部就业人员平均工资10631元，而制造业承担着引领国家产业体系技术升级和稳定社会就业的双重重任，技术工人的技术要求与收入水平、社会地位形成鲜明的反差，严重制约了优质劳动力资源向制造业流动的积极性。二是技术工人的职业上升空间尚不明朗，由于我国企业内部的职业上升空间向管理层倾斜，车间一线生产技术工人在职称评定、职务晋升、技术培训、知识产权保护、家属安置等方面均受到各种不公平待遇，技术工人难以长期稳定在生产一线，大量高水平技术工人向企业管理人员转型，在一定程度上造成技术流失和浪费。三是技术工人的社会福利保障不到位，由于我国严格的城乡“二元制”户籍制度，大量从农村到城市打工成长起来的制造业技术工人无法享受到所在城市市民所享有的社会福利，近年来随着国家社会保障体系的逐渐完善，此现象虽有好转，但来自农村的制造业技术工人仍然受到各种城市社会福利歧视，无法长期安定于企业生产一线。

第三，职业教育体系不健全导致制造业劳动力素质偏低且数量短缺。作为培养能工巧匠主阵地，我国职业教育并没有完全担当起“大国工匠”强有力的“输出器”责任，原因就在于不健全的职业教育体系。一是我国普通高等教育和职业高等教育分开的双元制，导致职业教育体系升学通道出现断层，中职、高职和本科教育不能有效衔接。二是校企合作不深，缺乏有效推动校企合作的法律法规和政策措施，当前我国尚无管理部门对校企合作进行严格规范，校企合作始终处于自发自愿的被动局面，甚至在一些地方出现“走形式”的应付现象。三是校企之间对于人才的培养方向存在根本性偏差，企业更注重生产实操，学校更注重理论学习，导致企业管理层与高校教师交流不畅，且企业用人需求与高校毕业生能力严重脱节，而我国当前尚无专门管理机构建立全国性的校企对接平台，学校无法有效指导学生进行就业选择，企业无法招到合适的技术工人，甚至企业也没有合适的渠道委托学校进行技术工人培训，从而使职业技术教育的高水平技术人才培养能力与水平始终不高。这种不健全的职业教育体系导致我国技工素质偏低且数量短缺。一方面，产业工人素质偏低，不能满足产业发展需求。数据显示，我国60%以上的制造业从业人员仅具有初中以下文化程度，具有高中文化程度的从业人员数约为20%，而具有大专及以上文化程度的从业人员数量不到10%。另一方面，高级技术工人数量短缺限制制造业升级步伐。数据显示，我国高级工以上人才约占技术工人总量的3.5%，中级工占比为35%，远低于西方国家30%和50%的比例。

第四，技术创新支撑持续不足导致人才培育后劲乏力。当前制造业科技创新模式已经产生了质的飞跃，原有线性技术创新路径亟待更新，对于高技能产业人才的培育方式亟待升级。随着制造业整体跨入产业生命周期后半段，产业链向前端快速延伸，产业延伸本身就是技术研发过程，一方面，产业发展已经延伸到基础研究领域，新兴产业的兴起直接与技术创新挂钩，如算法的迭代造就了人工智能产业的快速升级。另一方面，协同创新高效运转，应用基础研究、试验发展研究和产品开发研究不再是由先而后的线性技术转化路径，而是一体化、系统化的集成技术转化路径。如工业互联网平台开发呈现基础代码研究和功能开发研究同步转化的明朗态势。因此，产业部门对科技的实际需求已经超过了国家科技创新体系的供给能力，打破原有线性技术创新路径之下的科研组织体系势在必行，与之匹配的高技能产业人才必须由以“产业技能人才”为主的培育体系向以“产业技术人才”为主的培育体系升级。

第五，能源和环境约束日益突出导致制造业从业环境趋紧。一方面，重化工业化过程中的中低端产能使我国工业生产的能源效率难以提高。2010年以来，制造业领域天然气、电力、煤炭和液体燃料等主要能源产品的总用量持续攀升，石化、冶金等高耗能行业仍然是我国制造业体系的支柱，随着供给侧改革进入攻坚期，其结构调整难度明显增大。另一方面，重化工业对非清洁能源的依赖性有增无减，2000 年以来历年重化工业增长率与传统能源消耗增速均呈相关系数高于 90% 以上的强相关关系，制造业能源态势并未得到显著扭转，能源和环境问题依然是困扰我国制造业体系升级的关键。因此，产业外部约束持续增强和产业升级压力不断增大的“叠加”困境直接影响了产业升级实效，金融危机以后我国制造业长期景气不高，大大降低了劳动力作为核心生产要素向制造业的流动动力。

2. 推动中国制造业劳动生产率持续提升的对策建议

第一，深化体制机制改革，营造良好营商环境。一是深化制造业要素市场改革。规范土地、劳动力、资源品等各类生产要素市场价格机制，加快清除造成价格扭曲的制度壁垒，通过价格对资源配置起到引导作用。二是转变政府管理职能，将政府职能由规则制定者和准入审批者转变到服务者，降低企业经营的制度性成本，弱化审批准入职能，简化并合并现有对企业行政审批手续。三是要加快国有企业改革、调整国有经济布局。加大基础产业开放力度，积极破除国有企业行政性垄断，将国有经济布局重点转向公共服务领域。四是全面深化财税体制改革。理顺中央和地方政府财政分配制度，尤其加强市县级制造业发展财力保障，提高增值税和所得税分成比例，降低制造企业的整体税收负担，构建有利于制造业传统产业转型升级和新兴产业快速发展的税收体系。

第二，构建多层次人才体系，完善劳动力市场。一是大力支持职业教育，深化产教融合，积极开展订单式合作培养机制，为制造业培育高素质技术工人队伍。二是加强高校重点学科建设，培育制造业发展相匹配的中高端人才。三是完善在职培训，引导企业重视人力资本积累，对企业的教育培训投入给予政策支持。四是实行全球产业人才战略，加强对国外先进人才的引进保障工作，吸引世界各地的高端人才。

第三，强化技术创新政策，优化企业自主创新能力培育。一是完善技术创新投融资体系，引导技术创新资金来源多元化、社会化，为制造业建立技术研发风险投资担保制度和体系。二是强化产学研政合作机制，鼓励学术界与产业界开展多层次交流，拓宽产学研链接渠道。三是加快建设以企业为主体的技术创新机制，对创新企业给予资金、税收等方面的政策支持。支持地方政府和大型企业建立技术中心和研发中心，培养大型企业对所在地制造业技术研发能力升级的引领和支撑能力，引导中小企业其形成技术创新网络体系，重在对应用性技术进行创新改造。四是完善知识产权保护制度，通过加强监管和执法力度保护创新者的利益，形成高效创新激励机制，确保技术研发成果开放度和创造者利益回报之间的平衡，同时注重完善知识产权交易市场，促进技术成果的流通和转化。五是利用全球资源提高制造业技术创新能力和管理能力，积极搭建国内外企业沟通平台，鼓励本土企业在吸收学习的基础上进行二次创新。

第四，加大投入力度，健全制造业人才培养和评价体系。一是确立以企业为核心的产业技术人才培养机制，推广企业“下订单”的产学研政合作方式，科研院所根据对口支撑企业的实际需求，设置专业和培训计划，将产业技术标准要求前置于人力培训的技术内容，形成教学与生产一线“一体化”的实际效果，在具体技术项目的对接过程中，形成“点对点”的精准结合，进而形成以企业为核心，以科研院所为主体支撑，以政府为桥梁和保障，以推进生产一线技术升级为根本宗旨的现代化制造业人才培养体系。二是支持企业制订执行人才培训长期培训计划，通过产业补贴等扶持政策的推动，对形成 5 年以上中长期人才培训计划的企业进行奖励，并通过建设一批高水平人才培养基地等公共基础设施，有效监督企业中长期人才培养计划的落地实施，从而在提升工人技术水平的同时，在一定程度上防止企业人才流失。三是打通职业教育与普通高等教育的平等流通渠道，通过资质互认、学历互通、职称互评，有效提升职业教育的社会认可度和含金量，实现同水平人才的同待遇。

第五，关注新生代劳动者就业特点，培养积极向上的从业观念和职业精神。基于群体心理学，加强对青年就业群体的研究，加强心理辅导和社会关怀，既要支持制造业劳动力身心健康的殷切希冀，又要通过教育部门、共青团组织等，增强对技能工人群体的社会抚慰，引导年轻人为实现理想和目标而奋斗。产业龙头企业要切实履行社会责任，加强企业员工技能培训，化解职业危机感，引导树立正确的就业观，鼓励员工通过自身努力实现人生梦想。

第六，加强就业环境建设，形成保障有力的产业就业体系。一是有效保护劳动者权益。完善相关法律法规，为劳动者提供充分对话机制。做好就业市场监测预警工作，支持创业创新和再就业，引导劳动力有序流动。二是定期发布职业需求指南。深入研究未来职业需求，帮助从业人员制订科学的职业规划，完善技术工人终身学习制度，引导教育部门适时修订和完善教育规划。三是支持再就业技能培训。为失业人员、转岗职工、退役军人等群体提供智能化技术技能培训，增强再就业和职业转换能力。四是鼓励发展新型创业就业模式。鼓励发展电子商务、零工经济、共享经济等新模式新业态，提供更加灵活、有效的就业渠道。五是做好社会保障工作。建立健全失业保险、社会救助与就业联动机制。完善基本收入保障、基本医疗、退休金、带薪休假等制度。

参考文献

［1］钱纳里：《工业化与经济增长的比较研究》，上海三联书店 1996 年版。

［2］张培刚：《发展经济学通论》（第一卷），湖南人民出版社 1991 年版。

［3］刘易斯：《二元经济论》，北京经济学院出版社 1989 年版。

［4］周叔莲：《中国工业增长与结构变动研究》，经济管理出版社 2000 年版。

［5］林毅夫：《中国的奇迹：战略发展与经济改革》，三联书店 1994 年版。

［6］吴敬琏：《中国增长模式抉择》，远东出版社 2009 年版。

［7］冯飞：《迈向工业大国：30 年工业改革与发展回顾》，中国发展出版社 2008 年版。

第十章 新中国工业技术进步

提 要

回顾过去70年中国工业技术创新的辉煌历程，中国从最初几乎全部依赖国外技术支援到依靠归国科学家和自力更生建立起相对独立的工业创新体系；由改革开放初期的技术引进到本土企业通过技术引进消化吸收在市场应用过程中不断形成再创新能力和正向设计能力，再到自主创新战略驱动下企业原始创新能力的形成，中国工业走出了一条独特的后发国家技术赶超路径。中国工业企业技术创新能力不断提升的背后是中国工业技术创新体系的日臻完善，由改革开放前的高校和科研院所主导到企业主体地位逐步提升，由中华人民共和国成立初期的国有企业主导到改革开放初期的跨国公司技术转移成为主要的技术来源，再到后来不同所有制企业开展多元化的创新竞争，特别是民营企业前沿技术和基础研究能力的显著提升，中国逐渐形成了内生、自主的创新体系和创新能力。当然，与世界科技强国相比，中国工业技术创新仍然任重道远，其中技术标准、基础软件、核心零部件和复杂生产装备受制于人，不仅制约了中国产业竞争力提升，甚至影响到了国家安全。

* * *

工业化进程是理解过去70年中国经济社会发展的主线，而工业技术能力提升和工业创新体系建设则是理解中国工业化进程的核心。中国本土企业技术吸收能力、正向设计能力和原始创新能力的逐步形成和不断提升，既是中国产业竞争力增强和经济发展水平提高的基础，也是未来驱动中国跨越“中等收入陷阱”的根本动力。

一、1949～1978年：中国工业技术创新的艰难起步

1. 自力更生导向工业创新体系的艰难探索

中华人民共和国成立到改革开放40年的时间里，中国工业化特别是重工业化进程艰难前行，在国际技术援助和归国科学家两种力量的支持下，中国开始了自力更生导向的工业创新体系建设的艰苦探索，初步建立起来的工业体系和创新体系为改革开放后的技术加速发展奠定了重要的组织和能力基础。中华人民共和国成立后三十年间中国的工业技术发展，在经过战争的严重破坏后，无论是技术能力还是创新体系都实现了从无到有的重大突破。由于备战和冷战的原因，在“集中力量办大事”战略的主导下，军工以及与

恢复工业体制直接相关的重工业领域的技术能力提升最快。虽然与当时的美国、欧洲、苏联等国家和地区相比，中国的军工和重工业技术水平还有很大的差距，但为中国的政治稳定和经济发展提供了重要的技术保障。

从中国的工业技术创新历史看，改革开放前中国在军工、机械、精密仪器、半导体、轨道交通、化工等各个领域建立起来的初步技术能力，以及较为完备的产业创新体系和学科体系，既是市场化改革以后中国通过技术吸收快速提升技术能力的重要基础，也是中国技术赶超绩效超越多数发展中国家的重要原因。相比拉美、东南亚国家，中国与这些国家和地区相比，改革开放后之所以技术能力能够持续提升，并推动经济发展水平和产业竞争力持续提升，一个重要的原因就是中国在改革开放之初就存在一大批创新主体（技术学习主体），而这些创新主体正是改革开放前培育发展起来的国有企业或科研院所，或者是这些国有企业或科研院所通过改制、分裂出来的民营企业或研究机构。由于在改革开放之初中国就存在一批具有技术能力的国有企业和科研院所，因此相比拉美和东南亚等后发国家，中国在承接国际技术转移过程中的技术学习强度和技术学习效率跟高，因而也表现出更佳的技术赶超绩效。缺乏本土的技术吸收主体，单纯依赖跨国公司技术引进，是拉美国家被长期锁定在“中等收入陷阱”的根本原因。

2. 技术援助和人才回溯作为主要的技术来源

中华人民共和国成立初期到改革开放之前，中国工业面临创新基础薄弱、创新机制缺乏、创新主体单一等问题。由于实行高度集中的科技管理体制，缺乏知识产权的认证和保护体系，也没有建立科研成果的有偿转让机制，科研部门和企业之间处于割裂的状态，国家对科研机构采取行政手段进行直接管理，科研部门积极性缺乏，主动创新性不足。企业创新主体的地位没有凸显出来，政府行政指令是科技资源配置的主要方式。企业主要承担生产职能，绝大多数企业没有独立的研发机构，科学和技术能力都高度集中于科研院所和高校。科研院所和高校的研究具有很强的应用导向，在行业管理部门的协作下，与企业开展合作研发，为企业提供技术和人才支持，在创新体系中发挥着主导作用。

中华人民共和国成立初期，中国工业技术主要源于以苏联和部分东欧国家的技术援助项目。1950年，中苏签订了《中苏友好同盟互助条约》，开始了苏联对中国的大规模技术援助，这些援助项目主要体现在“一五”计划（1953～1957年）当中。苏联对中国工业领域的156个项目进行了援助，德意志民主共和国、捷克斯洛伐克、波兰等6个东欧社会主义国家也对中国提供了68项技术援助（宋正，2010），不仅对中国提供大量资金支持，引进了相对先进的生产设备，还派遣专业技术人员到中国提供技术指导。例如，投资总额6.5亿元的长春第一汽车制造厂，1953年7月动工兴建，1956年7月，长春第一汽车制造厂建成并试制成功第一批国产载重汽车，为中国近乎空白的汽车制造产业的发展打下了坚实的基础；再如，沈阳飞机制造公司（原名112厂），1953年在苏联的援助下开始扩建，1956年内建成了年产1000架喷气式歼击机的制造厂，1956年9月，中国第一家喷气式歼击机——歼5试制成功，开创了中国自主制造喷气式歼击机的历史。20世纪60年代初中苏关系恶化，苏联停止了对中国的一切技术援助，为了谋求工业技术的持续发展，1962年9月，中国从日本引进了第一套维尼龙设备，开启了向西方发达资本主义国家引进技术和设备的新道路（陈栋，2011）。

除从国外获得资金援助、引进先进的设备、技术外，一大批爱国留学生归国，是这个时期中国工业技术创新能力和创新体系形成的重要来源。钱学森、钱伟长、钱三强、华罗庚、朱光亚、师昌绪等一大批科学家的回归，为推动中国科学技术发展、中国工业技术和国防事业的进步，起到了至关重要的作用。被誉为“中国现代火箭之父”钱学森艰难回国之后，带回了当时中国科学家所欠缺的应用力学、物理力学、航天喷气学方面的理论知识，于1956年初向中央、国务院提出《建立我国国防航空工业的意见书》，组建了中国第一个火箭、导弹研究所，主持完成了“喷气和火箭技术的”规划，参与了近程导弹、中近程导弹和中国第一颗人造卫星的研制，在其带领下，中国发展建立了工程控制论和系统学。“核弹之父”钱三强于1948年回国后，带回了赴法留学研究的原子理论，为发展中国原子能事业做出了巨大贡献。“两弹”元勋邓稼先，回国后为从原子弹和氢弹原理的突破、试验和武器化，以及新的核武器的重大原理突破和研制，都做出了突出贡献。在科学家们的共同努力下，1964 年 10 月中国第一颗原子弹爆炸成功，1967 年 6 月中国第一颗氢弹爆炸成功，1970 年 4 月中国第一颗人造卫星发射成功，纵然面对严峻的国际形势，中国开启了“两弹一星”的新时代，借助回国科学家的力量，在国防工业上凝聚了初步的技术能力。

中国工业发展前三十年，尽管受到计划体制的限制，具备大量引进外资和外国技术的基本特征，但仍然表现出从技术引进和仿制向自主开发转变的特征。中国的油泵油嘴工业的先驱——无锡威孚诞生于 20 世纪 50 年代，在改革开放之前一直通过仿制苏联及东欧国家的产品而生产。但到 20 世纪六七十年代，无锡威孚以仿制为主、自行设计为辅开始了第一代重型柴油卡车的研发。中国汽车工业在改革开放前三十年中，主要还是以自主开发为主。虽然在初期得到过苏联的援助，但之后几乎再也没有系统地从国外引进技术，独立的技术引进取代系统的技术引进成为中国汽车企业技术发展的主要动力。在 50 年代末 60 年代初的开发浪潮后，老厂援建新厂成为国内技术扩散的主要方式。地方汽车工业在研发出一个主导产品后，再围绕着整个车厂发展起一批零部件企业，再按照行政区划体制形成自给自足的工业体系（路风，2006）。比较著名的汽车品牌如红旗、上海轿车，都是改革开放前中国自主研发出的品牌。

经过中华人民共和国成立初期到改革开放前夕近三十年的技术引进、积累和自主研发，中国的工业体系初步建立起来，虽然在技术水平上同发达国家相比存在巨大差距，但是也基本实现了产品与技术的自力更生、自给自足。值得注意的是，在严密的经济封锁和严峻的国际政治格局下，中国通过举国体制在高技术复杂产业（如国防军工、汽车产业）上建立起了初步的技术能力，为改革开放后的技术发展奠定了重要的能力基础。

二、1978～1991 年：在开放中加快技术引进和吸收

（一）技术引进和消化吸收加速工业技术发展

党的十一届三中全会拉开了中国改革开放大幕，快速发展起来的国际投资和国际贸易促进了国外技术向中国的转移。在“市场换技术”战略的指导下，技术引进和外商直接投资逐渐成为中国技术进步的主要来源。1979～1989 年，中国实际使用外商直接投资额总计 172 亿美元，居全球第四位，在流入发展中国家的外国投资总量中占到了 10% 的比重。直接投资除了带来先进的技术、设备，还带来了先进的管理经验，提升了产品的工艺水平，推动了工业技术的整体进步。在市场化改革的背景下，国家的技术引进管理机制和模式发生了变化，由过去管理权限高度集中于中央的模式逐步转变为向地方和企业放权的分级管理模式，逐步实现以法律法规的方式对技术引进进行管理（王钦，2018）。企业创新主体的地位慢慢开始凸显出来。中国本土企业综合运用成套设备引进、许可证贸易、合作生产、购买顾问咨询和技术服务等方式，开展技术吸收和学习，极大地促进了中国工业技术能力的提升，并开始逐步打破单方面技术引进的局面，技术出口实现“零”的突破。

改革开放以后，中国的技术引进规模较改革开放前显著扩大。技术引进合同数由 1979 年的 95 项到 1985 年的 826 项达到了顶峰，合同金额也从 1979 年的 24.85 亿美元上升到了 1986 年的 44.83 亿美元达到最高值。无论是引进合同数还是总金额都有明显的增加。1975～1990 年，中国共引进软技术 2027 项，其中 11668 项，技术服务咨询 359 项（见表 10－1）。随着中国本土企业技术能力的逐步提升，在所有技术引进项目中，关

键和成套设备的合同金额比重逐步下降，由1979年的97.7%下降到1990年的39.1%。技术许可、顾问咨询和技术服务、合作生产的合同金额比重从1979年的2.4%上升到了1990年的61.0%。同改革开放前单一的成套设备和关键设备占合同总金额90%以上的情况相比，主动的技术吸收在技术引进中的重要性提升。国家通过产业政策促进技术的消化吸收。从技术来源看，技术引进从改革开放前较为单一地从以苏联以及部分东欧国家为主的局面，逐渐形成建立更加广泛合作关系的局面，开始大量从欧美引进先进技术和设备（见表10-2）。

表10-1 技术引进合同及成交额按引进方式分（1979~1990年）

单位：项，万美元

年份	关键和成套设备引进		技术许可		顾问咨询和技术服务		合作生产		总计	
	合同	金额	合同	金额	合同	金额	合同	金额	合同	金额
1979	60	242647	26	2064	8	3554	1	220	95	248485
1982	46	24599	34	2777	10	7877	4	915	102	36232
1985	419	243762	314	24176	54	2248	38	49669	826	319855
1986	312	352108	306	42021	77	24836	34	13640	748	448312
1987	261	209733	235	35087	54	2619	25	50994	581	298489
1988	208	301928	169	47658	46	4175	10	1005	437	354826
1989	190	271534	96	14845	27	4463	11	658	328	292320
1990	103	49765	100	22636	11	795	10	53822	232	127399

资料来源：《中国科技统计年鉴》（1991）。

表10-2 技术引进合同及成交金额按引进国别和地区划分（1979~1990年）

单位：项，万美元

国别	1979年		1985年		1987年		1989年		1990年	
	合同	金额	合同	金额	合同	金额	合同	金额	合同	金额
美国	5	1833	157	71077	119	67345	59	14438	34	32268
日本	42	147766	217	63818	138	70612	52	20347	43	9183
德国	15	35011	144	87346	109	28862	46	42990	40	13287
英国	10	989	45	8602	30	11650	9	1008	14	4341
法国	7	15187	35	32671	31	29558	15	37362	9	2334
意大利	0	0	45	14464	17	21282	20	68708	17	6144
加拿大	1	6	2	624	8	1995	52	30592	7	10316
瑞典	2	2000	16	3698	10	2053	4	3448	6	2322
瑞士	2	86	40	12548	9	1768	6	12020	7	1691
奥地利	3	35	13	1738	9	2131	6	1967	5	3414
苏联	0	0	1	164	6	3169	6	46801	5	501
中国香港	3	231	50	2185	20	1660	20	1626	16	2034

资料来源：《中国科技统计年鉴》（1991）。

（二）企业在创新体系中的主体地位逐步提升

在改革开放前近三十年的时间内，中国工业的技术创新主要由政府主导，政府通过行政力量推动高校和科研院所的科研活动，企业作为工业生产的主体主要承担生产职能，在创新体系中的创新功能较弱。改革开放后，在新中国成立前积累的技术能力的基础上，国有企业在重化工业和高技术行业领域的技术水平进一步提升，而民营企业则逐步进入纺织服装等劳动密集型行业，并在吸收外资企业和国有企业技术的基础上形成了初步的技术能力。政府推动的重点电子工业和机械行业的技术改造，大大提升了彩电、收录机、装备等行业国有企业的技术能力。同时，一些大中型国有企业开始自主培养技术人员，同时在市场机制的驱动下开始主动寻求与科研院所和高校的合作。由于技术创新的重要性提升，大中型企业开始建立内部的独立技术研发机构。到1991年，中国具备独立技术开发机构的企业数量由1987年的1633个增加到7899个（见表10－3），具有独立开发机构的大中型工业企业在所有大中型工业企业中的比重由1987年的16.9%增加到了52.9%，超过半数的大中型工业企业在改革开放后的十年间设立了独立的技术开发机构。大中型工业企业中工程技术人员、技术开发人员以及科学家工程师的数量在这个阶段中稳步增长。三类技术人员在企业总员工数的比重由1987年的9.3%上升到了1991年的10.2%。以国有企业为主的大中型工业企业不断加大研发投入力度，1987年到1991年短短几年间，技术研发和开发经费都翻了1倍。

但总体上看，改革开放初期的十年间，科研机构和高等院校依然是技术进步的中坚力量，其科技成果占有量显著高于企业（见表10－4）。1989年，企业自主研发的科技成果占全部国家级科技成果的比重仅为21.3%，到1990年占全部国家级科技成果比重也仅为28.6%，虽有一定程度的提高，但与科研机构和高等院校相比仍有明显的差距。由于高等院校和科研院所相比于企业具有更强的技术能力，在市场化改革的过程中涌现出了一批具有很强创新能力的校办企业。1985年颁布的《中共中央关于科学技术体制改革的决定》，明确提出要推动科研机构转制，促进科研人员向企业的流动。联想、清华同方、北大方正、中兴通讯等一批高技术校办企业的涌现，成为推动中国高新技术产业和自主创新能力提升的重要力量。

表10－3　大中型工业企业历年基本情况（1987～1991年）

单位：家，人，万元

	1987年	1988年	1989年	1990年	1991年
企业数	9681	10738	12222	13475	14935
有技术开发机构的企业数	1633	5119	6424	7289	7899
年末职工人数	24949175	26469246	28413694	30038843	31950252
工程技术人员	1414770	1584586	1774872	1943238	2101679
技术开发人员	700441	797111	779074	770518	828861
科学家工程师	197523	268846	306999	313663	334207
技术开发经费筹集额	948270	1244068	1305934	1459539	1931089
技术开发经费使用额	879762	1160446	1237719	1330632	1659934

资料来源：《中国科技统计年鉴》（1991）。

表 10－4 国家级科技成果分布情况（1981～1990 年）

单位：项

	总计	1981～1985 年	1988 年	1989 年	1990 年
合计	23506	9367	3297	2936	2914
1. 按完成单位类型分					
科研机构				1112	1321
高等院校				789	778
企业				624	378
其他				411	348
2. 按应用行业分					
工业				2103	1835
农业				320	358
医药卫生				153	241
其他				360	477

资料来源：《中国科技统计年鉴》（1991）。

三、1992～2005 年：市场竞争推进形成正向设计能力

1. 技术吸收和正向设计能力协同提升

1992 年邓小平同志南方谈话后，中国改革开放的步伐进一步加快，科技政策和科技创新体系加速完善。1995 年中国提出科教兴国战略，1996 年颁布了《促进科技成果转化法》，1999 年颁布了《中共中央、国务院关于加强技术创新、发展高科技、实现产业化的决定》。一系列法律法规和政策文件的发布，为改革开放新时期的工业技术进步创造了良好的制度环境。2001 年，中国正式加入世界贸易组织（WTO），中国加快融入全球创新网络，加速利用全球科技资源提升自主创新能力。

在这一阶段，虽然技术引进仍然是企业技术进步的重要来源，但已经不同于 20 世纪 90 年代的纯粹技术模仿，企业开始掌握正向设计能力，即在技术引进的基础上逐步形成了独立的产品开发平台，并利用从国外学习的成熟技术针对中国国内市场需求特点进行适应性的产品开发。1992 年，中国技术引进的总额约为 66 亿美元，并且在之后的年份中总体呈现逐年增长的趋势，到 2005 年时，技术引进合同的签约总金额已经达到了 190 亿美元，比起 1992 年几乎增长了 3 倍。关键设备和成套设备引进作为技术学习的重要性进一步下降，技术许可类、技术咨询和技术服务类引进合同不论是在数量还是在比重上都显现上升态势。加入世界经济贸易组织之后，中国用于关键设备和成套设备的引进合同金额比重从 1992 年的 71.3% 下降到了 2005 年的 28.0%，体现了中国企业的技术学习方式逐步由设备引进为主转向技术引进为主。2005 年，技术许可和转让、技术咨询和服务在技术引进总额中的比重分别达到了 33.5% 和 24.8%，与 1992 年相比有了大幅的提升，中国企业的技术吸收能力和正向设计能力在市场需求和市场竞争的驱动下稳步提升（见图 10－1）。

随着企业技术能力的提升，企业的研发投入强度显著增强。大中型工业企业研发经费支出由 1995 年的 141.7 亿元增长到了 2004 年的 954.4 亿元，增长幅度高达 6.7 倍，年均增速达到了 21.0%，远远高于科研院所和高校的 R&D 经费增长速度。但值得注意的是，大中型工业企业虽然加大了研究与实验经费（R&D）支出，规模仍远远小于技术改造经费支出和技术引进经费支出，如 2004 年大中型工业企业 R&D 经费支出为 954

亿元，同年技术改造经费支出和技术引进经费支出分别高达2589亿元和368亿元。这表明这个时期中国企业的技术能力仍然主要是建立在技术引进的基础上。

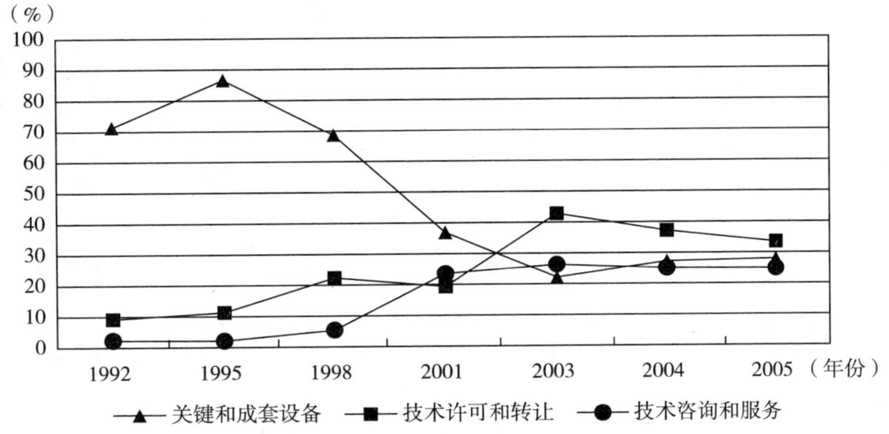

图10-1　三种类型的技术引进合同金额比重情况（1992~2005年）

资料来源：《中国科技统计年鉴》（2001~2006）。

与此同时，随着中国工业技术水平的进步和自主创新能力的进一步提高，工业企业改变了以往单方面技术引进的局面，国内的技术合作和技术市场交易也开始活跃起来。1998年，工业企业作为卖方在全国技术市场的成交合同数为43022项，到2004年增长到89398项。随着技术水平，主要是对引进技术进行适应性改进能力的提升，企业的专利意识和专利运用能力逐步形成和发展。

2. *多元创新主体格局初步形成*

相对于高校和科研院所，企业在工业创新体系中的主体地位进一步突出。1999年，中共中央国务院发布《关于加强技术创新、发展高科技、实现产业化的决定》，针对科研院所改制动力不强、与企业联合效果不佳的情况，国家开始加大对科研机构转制改革的推进力度，促进技术资源更多向企业集中。1995~2004年，工矿专业的专利申请数量由11856件增加到90148件，年均增速达到25.3%，高于全国专业申请受理的平均增速。工矿企业的专利申请占所有国内、外三种专利的比重从1995年的14.3%上升到了2004年的25.4%。与此同时，国家出台政策推动之前隶属于国家部委的科研院所的企业化转制。到2005年，近六成的科研院所转制成为企业，三成左右的科研院所并入大企业和企业集团。此后，有学者批判这样的改革破坏了中国的产业创新体系，导致共性技术供给主体的缺失。但是从中国市场化改革的大潮来看，这样的改革有利于企业创新主体地位的强化。而且即便保留当时行业性科研院所的共性技术功能，由于管理体制和人员知识结构老化的问题，其能力也很难满足技术能力已经显著提升的工业企业对共性技术的需求。因此，期间中国工业创新体系的问题不是传统科研院所的转制，而是没有建立起符合共性技术研发规律、符合共性技术研发机构治理和管理体制要求的新型研发机构。

随着市场开放和市场化改革的深化，以及中国本土企业技术能力的显著提升，外资企业为了适应消费升级和中国本土企业的竞争力提升，也加速向中国转移更加先进的成熟技术。总体上看，国有企业和外资企业的技术引进活动更加活跃。到2005年，国有企业技术引进合同金额为92.2亿美元，占比48.4%，外资企业技术引进合同金额为82.7亿美元，占比43.4%，民营企业和集体企业占全部引进合同金额仅分别为1.8%和1.3%。整体上看，国有企业在高技术产业具有更强的技术能力，而民营企业则在传统的劳动密集型行业快速积累技术能力。大量跨国公司通过合资、设立子公司的形式进入中国的汽车制造、家电、通信设备等技术和资金密集型产业。

越来越多的跨国公司在这个时期开始在中国建立研发机构，通过将更先进的技术引进中国以满足中国不断提升的消费水平，同时也更好地应对与中国本土企业的竞争。

表 10－5 全国及不同执行部门的研究与试验发展（R&D）经费支出（1995～2004 年）

单位：亿元

年份	全国 R&D 经费支出	占国内生产总值比重（%）	研究与开发机构	大中型工业企业	高等院校
1995	348.7	0.57	146.4	141.7	42.3
1998	551.1	0.65	234.3	197.1	57.3
2001	1042.5	0.95	288.5	442.3	102.4
2002	1287.6	1.07	351.3	562.0	130.5
2003	1539.6	1.31	399.0	720.8	162.3
2004	1966.3	1.23	431.7	954.4	200.9

资料来源：《中国科技统计年鉴》（2005）。

四、2006 年以来：全球化与自主创新能力提升

（一）战略调整与企业自主创新能力提升

20 世纪 90 年代至 21 世纪初的十年间，中国工业技术引进发生了由设备引进为主到技术引进为主的重要转变，并且“软技术”引进在所有技术引进中所占比重逐步提高，中国本土企业的正向设计能力不断增强，中国工业走向自主创新的条件逐渐成熟：首先，中国本土企业在改革开放大规模技术学习的基础上，形成了较为完善的企业研发体系和产业创新体系，为自主创新奠定了必要的能力基础；其次，国内的消费水平和装备水平的提升，对产品功能和性能提出了更高的要求，消费升级和装备升级为本土企业的技术能力发展提供了市场机会；最后，随着过去几十年跨国公司向中国大规模的技术转移，跨国公司愿意而且能够为中国市场转移的非核心成熟技术逐渐耗竭，跨国公司技术供给与中国市场需求日益严峻的技术不匹配为中国企业的技术赶超提供了技术机会。

在这样的背景下，2006 年，国务院正式颁布《国家中长期科学和技术发展规划纲要（2006～2020 年）》，确定了“自主创新、重点跨越、支撑发展、引领未来”的指导方针，明确自主创新就是从增强国家创新能力出发，加强原始创新、集成创新和在引进先进技术基础上的消化吸收再创新。《国家中长期科学和技术发展规划纲要（2006～2020 年）》提出加强自主创新是我国科学技术发展的战略基点，并强调“必须把提高自主创新能力作为国家战略，贯彻到现代化建设的各个方面，贯彻到各个产业、行业和地区，大幅度提高国家竞争力”。2016 年 2 月，国务院进一步印发实施《国家中长期科学和技术发展规划纲要（2006～2020 年）若干配套政策的通知》，对自主创新战略进行了系统的政策部署。《国家中长期科学和技术发展规划纲要（2006～2020 年）》及其配套政策的出台，标志着中国科技创新战略由技术引进向自主创新的重大转变。党的十八大以来，《中共中央国务院关于深化体制机制改革和加快实施创新驱动发展战略的若干意见》（2015）、《中国制造 2025》（2015 年 5 月）、《国家创新驱动发展纲要》（2016）等一系列相关政策文件相继发布，是国家根据不断变化的国内外竞争环境对自主创新战略的深化。

专栏 10 -1

自主创新内涵解读

2006 年 2 月 9 日，国务院发布了《国家中长期科学和技术发展规划纲要（2006 ~ 2020 年）》（以下简称《规划纲要》）。这份中国科技发展新蓝图，明确提出了“自主创新，重点跨越，支撑发展，引领未来”的新时期科技工作指导方针，对中国未来 15 年科学和技术发展作出了全面规划与部署。《规划纲要》全文 27 次提到“自主创新”，强调“必须把提高自主创新能力作为国家战略，贯彻到现代化建设的各个方面，贯彻到各个产业、行业和地区，大幅度提高国家竞争力”。

《规划纲要》明确指出：“自主创新，就是从增强国家创新能力出发，加强原始创新、集成创新和引进消化吸收再创新。”其中，原始创新是指科学发现和技术发明，是最根本的创新，不仅能带来科学技术的重大突破，而且能带动新兴产业的崛起和经济结构的变革，是决定国际产业分工地位的基础条件之一。

21 世纪之初，我国的原始创新能力相对薄弱，1998 ~ 2003 年代表着原始创新能力的国家技术发明奖一等奖已连续 6 年空缺，期间国家自然科学奖一等奖也只颁发了两项，这反映出我国在揭示科学和技术原理、方法上缺乏具有突破性的成就，更说明原始创新不是一蹴而就的事。

集成创新是指通过对各种现有技术的有效集成，形成有市场竞争力的产品或者新兴产业。在市场经济条件下，任何企业都不可能独占所有技术，只需要掌握一两项关键技术，并按照市场最优的原则，选择国内外最合适的技术，为我所用，形成有市场竞争力的产品和产业。实际上，单项技术很容易掌握，但要把若干项技术集成起来形成一个系统，却不是一件容易的事。没有人认为美国的阿波罗登月计划不是自主创新，但该计划的首席科学家就曾明确指出，阿波罗计划没有一项技术是新的突破，都是对原有技术的集成。集成创新的难度和价值，由此可见一斑。

引进消化吸收再创新也是自主创新不可或缺的重要方面。我们强调自主创新，绝不是排斥技术引进，而是要把重点放在技术引进基础上的学习和再创新，使其成为增强自主创新能力的重要路径。第二次世界大战后的日本和 20 世纪 80 年代的韩国，都是在充分消化吸收国外先进技术的基础上取得了巨大成功。日韩在很多领域的技术引进和消化吸收投入之比达到了 1:5 到 1:8，使其自主创新能力迅速提升。相比之下，当时中国引进技术和消化吸收可以说严重脱节，2004 年引进技术和消化吸收投入之比仅仅为 1:0.15。作为一个发展中国家，我们肯定还需要从国外引进先进技术，但必须在消化吸收上多做文章、做足文章，否则将很难走出“引进—落后—再引进—再落后”的被动局面。

资料来源：《〈国家中长期科学和技术发展规划纲要（2006 ~ 2020 年）〉出台始末》，《经济日报》，中国经济网，2019 年 1 月，http：//www. gxst. gov. cn/gxkjt/dtxx/20190121/001002_ a5ca6521 - 8dbc - 4517 - b99c - 0a54cc568139. htm。

此后，中国工业企业的自主创新能力显著提升。自 2008 年以来，中国规模以上工业企业专利申请数、发明专利数以及有效发明专利数都在逐年增加。2017 年的专利申请数是 2008 年专利申请数的 4.7 倍。其中发明专利数增长速度较快，2017 年较 2008 年增长 5.4 倍（见表 10 - 6）。2008 年来，中国规模以上工业企业新产品开发项目、新产品销售收入都呈现上升趋势，值得注意的是，其中新产品的出口销售额也逐年增加，由 2008 年的 14082 亿元增加到了 2017 年的 34945 亿元，年均增幅为 10.6%。这表明，在中国工业企业技术依存度逐步下降的背景下，越来越多的中国企业能通过提升自己的创新效率，开发出更多的新技术，生产更多的新产品，不仅在激烈的国内竞争中存活下来，还积极拓展全球市场，越来越多地凭借自主知识产权产品占领国际市场。

表10－6 规模以上工业企业专利发明情况（2008～2017年）

单位：件

年份	专利申请数	发明专利	有效发明专利数
2008	173573	59254	80252
2009	265808	92450	118245
2011	386075	134843	201089
2012	489945	176167	277196
2013	560918	205146	335401
2014	630561	239925	448885
2015	639513	245688	573765
2016	715397	286987	769847
2017	817037	320626	933990

资料来源：《中国科技统计年鉴》(2018)。

(二) 更加多元化的技术来源

企业自主创新能力提升的背后，是企业技术来源的日趋多元化和创新体系的更趋完善。在技术引进消化吸收的基础上，中国企业通过设立海外研发中心、逆向收购海外的高技术企业等方式更加积极地整合和利用全球科技资源，在强化应用开放能力的基础上，企业积极通过加强基础研究和产学研合作等逐步提升原始创新能力。

首先，企业的自主创新激励增强，研发强度加速提升。在产业转型升级和技术创新政策的引导和鼓励下，2006年以来，全国R&D经费支出和工业企业的研发投入都呈现持续增加的趋势。全国R&D经费支出由2006年的3003.1亿元，到2016年增长到了15676.7亿元（见表10－7），总额度增长了5.22倍，年均增长幅度高达17.97%。同时，R&D经费占GDP的比重也逐年增加，由2006年的1.37%上升到2016年的2.11%，研发强度逐渐接近美国2.8%的水平。值得注意的是，在所有全国R&D经费支出中，规模以上工业企业R&D经费支出逐年增加，从2006年的1630.2亿元，到2015年首次打破了万亿元规模，增长到了2016年的10944.7亿元，年均增长幅度达到了21.0%，高于全国总体R&D经费支出增长幅度。规模以上工业企业R&D经费占全国R&D经费总支出的比例不断增加，在2016年达到了69.8%。同时，我国企业在科研人员的投入上也出现了较大幅度的增长。2017年，规模以上工业企业R&D人员全时当量达到273.6万人，相比于2004年54.2万人增长了近5倍。研发经费投入和研发人员增长是企业原始创新能力提升的必要条件。研发投入的大幅增长，表明创新能力越来越成为工业企业的核心竞争力。

表10－7 规模以上工业企业R&D支出比重情况（2006～2016年）

单位：亿元

年份	全国R&D支出	R&D支出占GDP比重（%）	规模以上工业企业R&D支出	规模以上工业企业R&D支出比重（%）
2006	3003.1	1.37	1630.2	54.3
2007	3710.2	1.37	2112.5	56.9
2008	4616.0	1.44	2681.3	58.1

续表

年份	全国 R&D 支出	R&D 支出占 GDP 比重（%）	规模以上工业企业 R&D 支出	规模以上工业企业 R&D 支出比重（%）
2009	5802. 1	1. 66	3210. 2	55. 3
2010	7062. 6	1. 71	4015. 4	56. 9
2011	8687. 0	1. 78	5030. 7	57. 9
2012	10298. 4	1. 91	7200. 6	69. 9
2013	11846. 6	1. 99	8318. 4	70. 2
2014	13015. 6	2. 02	9254. 3	71. 1
2015	14169. 9	2. 06	10013. 9	70. 7
2016	15676. 7	2. 11	10944. 7	69. 8

资料来源：《中国科技统计年鉴》（2017、2018）。

其次，随着企业内部研发能力的提升，技术消化吸收能力显著提升。2006 年以来中国在技术引进结构的变化，关键和成套设备的引进总额总体上呈下降趋势，并且比重由 2006 年的 13. 1% 下降到了 2011 年的 2. 8%；相反，技术许可和转让、技术咨询和服务等“软技术”的引进总额在此期间呈增长趋势，并且在总技术引进合同额的总比重由 2006 年的 62. 9% 上升到了 2011 年的 77. 9%。在这一阶段的技术获取和技术引进的过程中，引进外国技术经费支出逐年减少，而购买国内技术经费支出总体上呈现增长态势。2008 年，中国规模以上工业企业购买国内技术与引进国外技术经费支出比为 0. 39%，而到 2017 年这一比例达到了 0. 50（见表 10 – 8），这体现了随着国内技术水平的不断提升，国内企业间的技术交流更加活跃；引进技术消化吸收与引进外国技术经费支出比由 2008 年的 0. 26% 上升到了 2017 年的 0. 29%，这意味着企业不再单纯地从国外引进技术，而是把更多资源集中在加强对引进技术的吸收和再创新上。另外，技术改造经费支出成为主要的企业技术获取类经费支出，远远高于其他三种类型的经费支出，反映了中国工业企业技术发展的重要能力转变，即从技术引进到技术吸收改进和再创新，进而形成自主创新能力。

表 10 – 8　规模以上工业企业技术获取情况（2008 ~ 2017 年）

单位：亿元

年份	引进国外技术经费支出	引进技术消化吸收经费支出	购买国内技术经费支出	技术改造经费支出
2008	466. 9	122. 7	184. 2	4672. 7
2009	422. 2	182. 0	203. 4	4344. 7
2011	449. 0	202. 2	220. 5	4293. 7
2012	393. 9	156. 8	201. 7	4161. 8
2013	393. 9	150. 6	214. 4	4072. 1
2014	387. 5	143. 2	213. 5	3798. 0
2015	414. 1	108. 4	229. 9	3147. 6
2016	475. 4	109. 2	208. 0	3016. 6
2017	399. 3	118. 5	200. 9	3103. 4

资料来源：《中国科技统计年鉴》（2018）。

最后，更加专业和全球化的企业创新体系。2008 ~ 2017 年，中国有 R&D 活动的企业个数增长了 3. 75 倍，在所有规模以上工业企业中的比重由 2008 年的 6. 5% 大幅上升到 27. 4%（见表 10 – 9）。

在此期间，不少企业相继开办起了自己的 R&D 机构，2008 年，有 26177 家规模以上工业企业具有自己的 R&D 机构，在 2017 年，具有自己 R&D 机构的企业数上升到了 82667 家。例如，华为不仅在中国深圳、上海、北京、南京等地设立了研究所，还在俄罗斯、德国、瑞典、印度等地设立了海外分支研究机构。华为设置在德国慕尼黑的研究所拥有将近 400 名专家，研发团队本地化率接近 80%。又如，海尔集团从 21 世纪初开始，陆续在全球建立德国纽伦堡、美国埃文斯维尔等 10 大研发中心，分别于 2012 年和 2016 年收购了新西兰斐雪派克和美国通用电气的家电部门，构建起“研发中心—创新中心—创新社群”的新型研发体系。中国企业不断提升的原始创新能力和全球竞争力的背后，是不断发展和完善的研发体系和实验体系。

表 10 -9 规模以上工业企业科技活动情况（2008 ~2017 年）

年份	有 R&D 活动企业个数	有 R&D 活动企业所占比重（%）	R&D 项目经费内部支出（亿元）	企业办 R&D 机构数
2008	27278	6.5	3037.1	26177
2009	36387	8.5	3775.7	29879
2011	37467	11.5	5993.8	31320
2012	47204	13.7	7200.6	45937
2013	54832	14.8	8318.4	51625
2014	63676	16.9	9254.3	57199
2015	73570	19.2	10013.9	62954
2016	86891	23.0	10944.7	72963
2017	102218	27.4	12013.0	82667

资料来源：《中国科技统计年鉴》（2018）。

五、结 语

回顾过去 70 年中国工业技术创新的辉煌历程，中国从最初几乎全部依赖国外技术支援到依赖归国科学家建立起相对独立的工业创新体系，由改革开放初期的技术引进到本土企业通过技术引进消化吸收在市场应用过程中不断形成再创新能力和正向设计能力，再到自主创新战略驱动下企业原始创新能力的提升，中国工业走出了一条独特的后发国家技术赶超路径。中国工业企业技术创新能力不断提升的背后是中国工业技术创新体系的日臻完善，由改革开放前的高校和科研院所主导到企业主体地位逐步提升，由中华人民共和国成立初期的国有企业主导到改革开放初期的跨国公司技术转移成为主要的技术来源，再到后来的多种所有制企业开展多元化的创新竞争，特别是民营企业前沿技术和基础研究能力的显著提升，中国逐渐形成了内生、自主的创新能力。当然，与世界科技强国相比，中国工业在技术创新方面仍然存在不少问题，如科技投入中基础研究的比重过低——2017 年，我国基础研究占全部研发投入的比重仅为 8.4%，远远低于发达工业国家 10% 以上的水平；基础软件、核心零部件和复杂生产装备严重依赖美国、日本、德国等国家，不仅制约了产业竞争力提升，甚至影响到国家安全。

针对中国工业核心技术和基础零部件的“卡脖子”问题，未来应加快推进我国科技体制改革和创新体系建设。一是将优化调整产业政策作为提升工业自主创新能力的重要突破口，产业资源配置转向创新为指向；针对各类产业技术创新活动，设计不同政策工具，提高政策效率；针对国际技术竞争新趋势，制定激励原创性产业技术创新的新政策、新措施。二是支持和引导大型和中型企业建立研发机构，引导行业领军企业构建面向“卡脖子”技术和世界前沿技术突破的高水平中央研究院和全球研发体系。三是完善产业创新体系，吸收海外高层次人才高起点建设中国工业技术研究院，建设主要面向中小企业的、旨在促进先进适用技术扩散和有效推广应用的科技项目和服务机构。四是通过体制创新大幅提升中国科技成果转移转化效率。包括进一步向高校和科研院所下放知识产权归属和处置权力，切实消除制约科研人员在履行岗位职责、完成本职工作前提下的创新创业障碍。

参考文献

[1] 宋正：《中国工业化历史经验研究》，东北财经大学 2010 年博士学位论文。

[2] 陈栋：《自主创新与中国工业结构升级研究》，华中科技大学 2011 年博士学位论文。

[3] 路风：《走向自主创新　寻求中国力量的源泉》，广西师范大学出版社 2006 年版。

[4] 王钦、张隺：《中国工业企业技术创新 40 年：制度环境与企业行为的共同演进》，《经济管理》2018 年第 11 期。

[5] 吴奇志：《改革开放后的中国技术引进—回顾与前瞻》，《上海市经济学会学术年刊》2019 年。

[6] 甘雅军：《高校校办企业管理及发展问题研究》，《产业与科技论坛》2012 年第 9 期。

[7] 中国社会科学院工业经济研究所：《中国工业发展报告 2017——面向新时代的实体经济》，经济管理出版社 2017 年版。

[8] 杨智峰、汪伟、吴化斌：《技术进步与中国工业结构升级》，《财经研究》2006 年第 11 期。

第十一章　新中国工业碳减排的发展

提　　要

中华人民共和国成立70年来，碳排放量经历了从微乎其微到世界第一的演变过程。其中，工业的高速增长因其高能耗、高排放特征而成为我国碳排放的最主要贡献者。从历史角度来看，我国工业经历了从“放任碳排放”“引入节能理念”“引入碳减排理念”到“重视低碳发展”的演变过程。经过多年的不懈努力，我国工业碳减排取得了积极成效，完善碳减排相关的制度和法律法规体系建设；工业二氧化碳排放强度（2015年不变价格）总体上一直呈快速下降的趋势，工业碳排放总量自2014年起呈现下降态势。归纳起来，我国工业碳减排经验包括优化能源结构、积极推进工业碳减排技术创新与应用、淘汰落后产能及发展新兴高新技术产业实现工业结构低碳化、建立碳排放交易市场。不过，我国工业碳减排仍面临着诸如契合经济增长与社会稳定、改变以煤炭为主的能源结构任务艰巨、碳减排技术水平不高等无法回避的问题，未来应继续加快传统产业低碳技术改造，重视新增产业低碳发展规划；加大能源结构优化力度，不断加强低碳技术的研发与推广；灵活运用市场机制控制工业温室气体排放，建立健全碳税和碳排放权交易市场机制。

*　　　*　　　*

如何处理工业发展与应对气候变化的关系一直是世界各国政府高度重视的难题。中华人民共和国成立70年来，从最初经济体“一穷二白”到完成了工业发达国家近百年才能完成的工业化进程，碳排放总量也跃居到世界第一。尽管如此，作为世界上最大的发展中国家，我国仍为这项碳减排事业付诸了许多努力，取得了较为显著的成就。其中，工业作为化石能源消耗及温室气体排放主要领域，其碳减排实践表明，工业发展与应对气候变化并非完全矛盾的，是可以协同推进的。为此，本章通过回顾中华人民共和国成立70年来工业低碳发展的历程，总结出主要成就及经验，并从未来可能面对的问题出发，提出进一步推进工业碳减排的对策建议。

一、70 年来工业碳减排的历程[①]

中华人民共和国成立70 年来，工业发展取得了举世瞩目的成就，按照当年价格计算，工业总产值从 1952 年的 119.8 亿元，增加到 2017 年的 279996.9 亿元，2017 年的工业规模比 1952 年的扩大了 2337 倍。与此同时，我国碳排放量经历了从微乎其微到世界第一的演变过程，其中，工业的高速增长因其高能耗、高排放特征而成为碳排放的最主要贡献者。从历史角度来看，我国工业经历了从“放任碳排放”“引入节能理念”“引入碳减排理念”到“重视低碳发展”的演变过程。

1. 放任碳排放阶段：1949～1977 年

中华人民共和国成立初期，工业发展与碳排放的冲突并不明显。总体来讲，全球气候变化现象并不严重，尚未引起社会公众的关注。控制温室气体排放并没有成为社会经济发展中的重大问题，而恢复发展国民经济、解决人们生活温饱问题才是重中之重。因此，在一切活动以生产建设为中心的背景下，把重工业发展放在首位，工业碳排放基本处于放任自流、无人监管的阶段。以巨大的化石能源消耗为依托，集中力量支持工业发展，而未经任何工序处理的废气直接排放到空气中，碳排放量迅速增长。实际上，这一阶段又可以细分为两个时期。

（1）1949～1957 年，工业碳排放量微小。70 年前，中华人民共和国经历了一系列的战乱和社会动荡，在人口众多、贫困落后的基础上开启了波澜壮阔的中国社会主义建设伟大征程。国民经济处于恢复时期，投资趋于枯竭，工业生产力水平极其低下，1949 年原煤、原油、发电量、钢、生铁、水泥等主要工业产品量仅为原本极低的最高产量的 51.6%、37.5%、71.7%、17.1%、13.9%、28.8%（国家统计局，1984）。而且，这一阶段工业发展缓慢，1952～1957 年，工业生产总值仅从 119.8 亿元增长到 271.0 亿元，生产规模较小，相应的碳排放量也并不大，全球气候变暖趋势也并没有非常明显。因此，工业低碳发展也并没有受到政府部门和社会公众应有的重视。

（2）1958～1977 年，碳减排观念的缺失使工业碳排放量突增。随着工业的大规模发展，经历了第一个五年计划胜利完成，特别是 1958 年的“大炼钢铁”，主要工业产品产量大幅度提高，全国工业总产值达到 414.5 亿元，同比上一年增长了 72.87%。尽管经历了“大跃进”“人民公社化运动”“国民经济调整”和“文化大革命”的艰难时期，但经济综合实力已有显著提高，工业占国内生产总值的比例由 1952 年的 31.71% 提高至 1977 年的 44.34%，具有一定规模的基础工业体系已经初步形成。然而，正是由于长期推行重工业优先发展战略，加之碳减排观念的缺失，工业碳排放量明显增加，对生态环境与全球气候变化的影响也开始显现。

2. 引入节能理念阶段：1978～1997 年

改革开放以来，我国进入了快速工业化时期，按照当年价格计算工业生产总值从 1978 年的 1607 亿元增长到 1997 年的 32412.1 亿元，年均增长速度达 95.84%；按照 1978 年价格计算，年均增长速度为 38.09%。其中，1985 年全国能源消费量达 76682 万吨标准煤，其中占全国 28.35% 的工业生产值的取得却消耗了全国 66.60% 的能源，具有明显高能耗的粗放式增长特征。在此背景下，中国政府已经意识到了粗放式发展的工业经济效益较低，亟须开展节能工作，实现工业的可持续发展。

因此，为了提高能源利用率，降低企业成本，提高经济效益，我国政府采取了一系列节能降本和节能增效措施，开始着手关闭大量的小煤矿、小火电等企业，淘汰水泥、钢铁等行业的落后产能；引入现代企业制度改革促使工业企业采

① 资料来源：国家统计局网站。

用节能减排技术，节约能源消耗，降低生产成本；此外，煤炭、石油等化石能源价格市场化改革也使稀缺资源在行业间的配置更有效率，进一步降低工业的能源消耗强度，实现节能的基本目标（陈诗一，2009）。其中，就煤炭而言，1992年徐州和枣庄两个矿务局开展试点煤炭价格放开工作，1994年国家宣布取消全国统一的煤炭计划价格，明确电煤仍执行指导价格。就石油而言，1978~1988年，我国石油价格改革以放权让利为核心，石油工业通过率先采取产量包干政策和多种形式的承包经营责任制；在海洋石油领域打破禁锢，开启对外合作先河；先后成立三大总公司，实现了石油工业从计划经济管理体制向市场经济管理体制的重大转变；从1989年开始，石油行业通过实施以价格为中心的流通体制改革、石油石化两大公司大重组、企业全面推广承包经营责任制和探索公司改革试点，进入了以市场经济管理体系为核心的改革新阶段。

尽管这一阶段我国对气候变化问题尚未受到重视，但节能理念的引入在一定程度上有助于遏制工业碳排放量的过快增长。更为重要的是，节能理念深入人心，为后续的工业碳减排工作顺利开展奠定了扎实的思想基础和实践准备，进而在我国工业碳减排历程中发挥着不可忽视的重要作用。

3. 引入碳减排理念阶段：1998~2006年

这一阶段，我国开始引入碳减排理念，积极参与国际碳减排合作，共同应对气候变化。国际层面上，1992年在巴西里约热内卢举行的联合国环境与发展大会上通过了《联合国气候变化框架公约》，这是国际上第一个为全面控制温室气体排放而缔结的国家公约。它确立了“共同而有区别的责任”原则，并根据不同国家经济社会发展程度将参加国分为工业化国家、发达国家和发展中国家三类，要求不同类型的国家承担不同的减排义务。国际社会开始共同进行温室气体减排行动的里程碑式标志是1997年日本京都第三次缔约方大会的召开，而我国政府于1998年5月29日签署了《京都议定书》，于2002年9月3日核准，2005年2月16日正式生效，之后积极参与议定书中唯一与发展中国家有关的灵活履约机制——清洁发展机制（Clean Development Mechanism，CDM）① 的实施，于2005年10月12日出台了修订的《清洁发展机制项目运行管理办法》，促进和规范CDM项目的开展和交易活动。联合国签发的核证减排量中，有超过半数来自中国（王毅刚等，2011）。

国内层面上，随着工业规模的扩大及重工业化的发展，环境自净化的能力远远低于工业污染排放量的增长速度，工业温室气体排放不断累积，工业发展与环境保护、应对气候变化的矛盾日益突出，环境问题成为中国经济和社会发展的重要难题。于是，这一时期，我国政府高度重视工业发展中的环境保护问题。党的十六大报告明确将环境保护列入全面建成小康社会的总体目标；2003年中共中央总书记胡锦涛提出“坚持以人为本，树立全面、协调、可持续的发展观，促进经济社会和人的全面发展”，明确科学发展观也是中国共产党的重大战略思想。在实践上，我国政府开始高度重视生态环境问题，逐步淘汰落后产能，1990年《国务院关于进一步加强环境保护工作的决定》要求各级政府对经济效益差、严重污染环境、影响附近居民正常生活的企业，必须停产治理，凡产生环境污染和其他公害的企事业单位，必须把消除污染、改善环境、节约资源和综合利用作为技术改造和经营管理的重要内容，建立环境保护责任制度和考核制度；积极推动清洁生产，从原料、生产工艺到产品使用全过程控制温室气体排放，我国政府颁布了一系列法律法规（如《中华人民共和国清洁生产促进法》《国务院办公厅转发发展改革委等部门关于加快推进清洁生产意见的通知》《国家重点行业清洁生产技术导向目录》等）。实际上，由于我国是条约控制框架以外的国家，所以没有强制性减排的义务。作为全球最大的发展中国家，这一阶段我国尽管暂时不用承担国际量化的碳减排义务，但仍自觉减排，充分展现了负责任大国的形象，这也是我国统筹国内可持续发展和应对全球气候

① 清洁发展机制是《京都议定书》下发达国家和发展中国家基于项目的合作减排机制，由发达国家提供部分资金，在发展中国家内实施减排项目，项目所产生的减排信用可抵消发达国家国内的减排指标，这既可帮助发达国家降低减排成本，又有助于促进发展中国家的可持续发展。

变化所做出的战略选择。

4. 重视低碳发展阶段：2007 年至今

这一阶段，我国高度重视应对气候变化工作，把推进绿色低碳发展作为生态文明建设的重要内容，积极采取强有力的工业碳减排政策行动，倒逼国内企业转型升级。自 2007 年以来，我国二氧化碳排放量位居世界第一。同年，我国政府公布了第一部应对气候变化的综合政策性文件《中国应对气候变化国家方案》，明确了到 2010 年中国应对气候变化的具体目标、基本原则、重点领域及政策措施，提出我国的气候政策坚持可持续发展框架、共同但有区别责任原则以及减缓与适应并重；并且成立了由温家宝总理任组长的“国家应对气候变化领导小组”。2008 年 10 月，我国政府正式对外发布了《中国应对气候变化的政策与行动》白皮书，白皮书内容显示，我国政府高度重视气候变化问题，也充分认识到积极应对气候变化挑战的重要性与紧迫性。2009 年 11 月，在哥本哈根气候峰会上，我国政府公布量化减排目标，承诺 2020 年单位国内生产总值温室气体排放量要比 2005 年下降 40% ~50%，并作为约束性指标纳入“十二五”规划及其后的国民经济和社会发展中长期规划。这是中国政府向国际社会做出的无条件、自愿减排温室气体的郑重承诺。2010 年 8 月，国家发改委正式公布在广东、辽宁、湖北、陕西、云南五省和天津、重庆、深圳、厦门、南昌、杭州、贵阳以及保定八市开展低碳省（市）试点，要求试点省（市）将应对气候变化工作纳入当地“十二五”规划，明确提出控制温室气体排放的行动目标、重点任务和具体措施，研究运用市场机制推动实现减排目标。2015 年 6 月 30 日，我国政府正式宣布作为《联合国气候变化框架公约》缔约方的“中国国家自主贡献”，计划 2030 年左右二氧化碳排放达到峰值并争取尽早达峰，单位国内生产总值二氧化碳排放比 2005 年下降 60% ~65%，从而使我国成为全球生态文明建设的重要参与者和贡献者，为推动气候变化国际合作作出表率、展现我国良好形象的同时，对倒逼国内产业转型、促进经济增长方式转变、协同治理雾霾污染发挥着积极作用。

二、工业碳减排取得的成就和经验

1. 工业碳减排的成就

近 70 年来，无论在国际声明、国际气候谈判，还是在国内工业发展规划中，我国高度重视温室气体排放控制，采取了一系列重大政策措施。经过多年的努力，尤其是改革开放以来，我国工业碳减排、应对气候变化工作取得了比较显著的成效。具体而言。

（1）完善碳减排制度建设。2012 年 11 月，党的十八大报告将生态文明纳入国策，提出建设“美丽中国”战略，并官方报告首次提出“要推进绿色发展、循环发展、低碳发展”，这是我国官方正式公开提出要走“低碳发展”模式，为中国应对气候变化制定政策提供了制度保障和进行顶层设计的指导思想。2017 年党的十九大报告指出，我国社会主要矛盾已经转化为人民日益增长的美好生活需要和不平衡不充分的发展之间的矛盾，是中国共产党对当今中国社会发展阶段性特征的科学判断。绿色青山就是金山银山，绝不能以环境的破坏、资源的浪费为代价来实现经济社会快速发展，这为积极应对全球变暖、冰川消融等严峻气候问题提供了理念指导。此外，为了有效控制工业碳排放，按照国际通行规则，我国政府制定了一系列与节能、能效、环境保护等有关的具体认证管理办法，包括“中国绿色照明工程”实施方案、中国节能产品认证管理办法、能源效率标识管理办法、关于建立政府强制采购节能产品制度的通知、低碳产品认证管理暂行办法、能源管理体系认证规则等。通过开展一系列节能低碳认证认可，我国显著提升了相关企业及产品的能效和减排效率，激发了工业企业应用节能减排先进技术的积极性，引导了绿色低碳生产和消费模式。仅节能产品认证一项，2010 ~2014

年获证产品累计实现节能量折合标准煤 1.83 亿吨，减少二氧化碳排放 4.57 亿吨，为我国应对气候变化、实现绿色低碳发展提供了有力支撑。①

（2）完善碳减排法律法规体系建设。初步建立了一套应对气候变化的法律体系，为其良好稳定的碳减排进程提供了重要的法律保障。中国现行法律与气候保护、改善环境相关的法律已有多部，如《中华人民共和国环境保护法》《中华人民共和国节约能源法》《中华人民共和国大气污染防治法》《中华人民共和国可再生能源法》《中华人民共和国循环经济促进法》《中华人民共和国清洁生产促进法》等。需要指出的是，第一部关于“应对气候变化”主题的单独立法已提上日程。2012 年 3 月 18 日，中国社会科学院就《中华人民共和国气候变化应对法》（中国社会科学院建议稿）在网上征求意见，内容包括气候变化应对的职责、权利和义务、气候变化的减缓措施等；2014 年 7 月 21 日，国家发展改革委员会曾就研究制定《应对气候变化法》草案召开研讨会；目前，该项法律草案的制定仍在紧锣密鼓进行，旨在控制和减少温室气体排放，促进可持续发展。

（3）工业碳排放量出现下降态势。工业部门是我国的碳排放大户。根据 IEA（2018）统计，我国工业生产部门碳排量在所有排放源排放量的比例从 1990 年的 71% 上升至 2016 年的 83%。由于我国工业化进程的加速，尤其是石油和金属加工业、建材及非金融矿物制品业、化工和机械设备制造等重化工业行业的急剧膨胀，使 70 年来我国工业碳排放量增长迅速。如图 11－1 所示，我国年度工业碳排放量从 1971 年的接近 9 亿吨增长到 2016 年的 75 亿吨，增长了 8 倍。其中，2003 年前后，工业二氧化碳排放量年均增速显著上升，由原来的 5.6% 增长到 8.3%。尽管如此，作为世界上最大的发展中国家，随着近年来我国经济发展进入新常态以及工业节能减排力度的不断加大，2014 年我国工业碳排放量达到峰值，约 76.70 亿吨；工业碳排放量自 2015 年开始出现显著的下降态势，2016 年约 75.21 亿吨，相比 2014 年峰值减少了 1.49 亿吨。这一情形说明我国工业碳减排、应对气候变化工作取得了较为显著的成效，扭转了多年以来工业二氧化碳排放快速增长的局面。

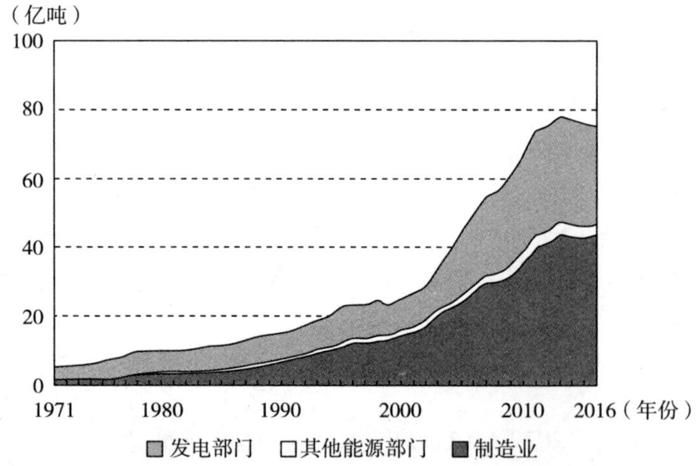

图 11－1　我国工业二氧化碳排放量

资料来源：IEA（2018）。

从主要工业行业碳排放量来看，如图 11－1 所示，我国发电部门碳排放量在整个工业体系中占据重要位置，1990 年二氧化碳排放量占整个社会排放量的 31.27%，2016 年达到 48.19%。这

① 资料来源：国家能源局官网，http：//www.nea.gov.cn/2015－12/04/c_134885808.htm。

主要受我国以火电为主的发电结构影响，单位标准煤炭燃烧所产生二氧化碳排放均高于等标量石油及天然气，分别是后两者的 1.3 倍及 1.7 倍（金三林，2010）。正因如此，我国发电行业一直致力于碳减排努力，采用先进的燃煤技术、鼓励风能太阳能等新能源推广等措施使发电行业碳排放强度近年来出现显著降低的趋势。从图11－2 可以看出，根据 IEA（2018）及国家统计局（2017）数据可知，尽管我国发电量从 1990 年的 0.62 亿万千瓦时增长至 2016 年的 6.14 亿万千瓦时，但发电行业碳排放强度却从 1990 年的 909 克/千瓦时下降到 2016 年的 627 克/千瓦时。也就是说，增长了 89.88% 的发电量的同时，其碳排放强度下降了 31.02%。

（4）工业碳排放强度显著降低。工业碳排放强度是衡量工业发展与碳排放相联系的一个重要指标，其计算公式：工业碳排放强度 = 工业年碳排放量/工业总产值。强度值越低，表明随着工业发展水平越高，单位工业产值的污染派发量就越低。如表 11－1 所示，我国工业二氧化碳排放强度（2015 年不变价格）总体上呈快速下降的趋势，由 1990 年的 9.99 吨二氧化碳/万元（2015 年不变价）下降到 2016 年的 2.99 吨二氧化碳/万元（2015 年不变价），下降了 70.70%。

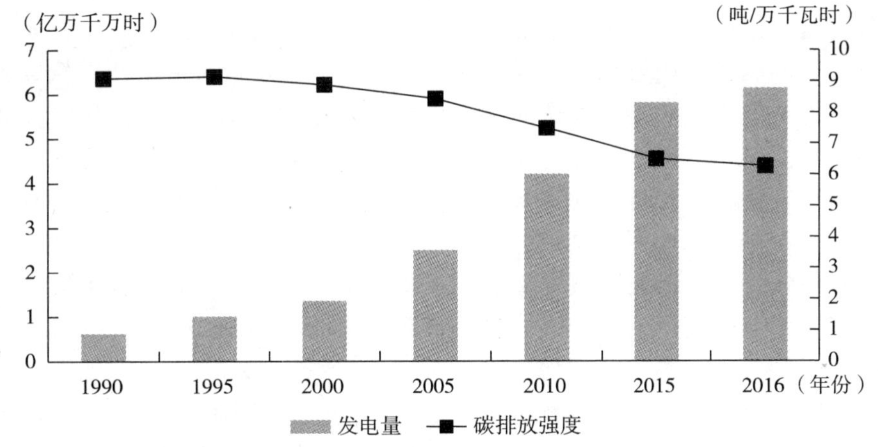

图 11－2　我国电力行业发电量和碳排放强度

资料来源：IEA（2018）、国家统计局（2017）。

表 11－1　中国工业低碳化的主要成就

年份	工业碳排放（亿吨）	碳排放强度（吨/万元，2015 年不变价）
1990	14.97	9.99
2008	55.80	4.25
2016	75.21	2.99

资料来源：IEA（2018）、国家统计局（2017）。

2. 工业碳减排的经验

工业是大多数国家碳排放最重要的领域，也是减排潜力最大、持续时间最长的领域。中华人民共和国成立 70 年来工业碳减排的经验值得总结，主要归纳为以下四点：

（1）优化能源结构，大力发展风电、光伏发电、水电、地热能和天然气等清洁能源。中国出台的大量强有力的财政补助、扶持举措和政策指导有力地推动了清洁能源的发展，从而为工业直接碳排放和间接碳排放的减少起到十分重要的作用。2017 年，我国光伏发电新增装机连续 5 年位居世界第一，累计装机规模连续 3 年居全球首位；全国累计风电装机容量在全球占比上升为 35%；水电的总装机容量和发电量均已超过了全球水电开发量和发电量的 1/4。据 IEA（2017）推测，中国能源结构将逐步转换到清洁发电，以水力、风能和太阳能光伏引领的低碳装机容量将迅速增长，到 2040 年将占总装机容量的 60%。

（2）积极推进工业碳减排技术创新与应用，提高能源使用效率。实际上，通过碳减排技术创新重点控制石油加工、炼焦和核燃料加工业、化学原料和化学制品制造业、非金属矿物制品业、黑色金属冶炼和压延加工业、有色金属冶炼和压延加工业、电力、热力生产和供应业等高耗能产业的直接碳排放，为我国碳减排目标的实现发挥着至关重要的作用。具体而言，其一是高效锅炉领域，推进清洁高效燃烧与余热余压利用技术突破，积极研发蓄热式低氮燃烧装备、新型高效锅炉系统设备，加大应用推广力度；其二是能量系统优化领域，加大工业领域的系统节能技术研发力度，鼓励先进节能技术、信息控制技术与传统生产工艺的集成优化运用，推广系统节能综合解决方案，聚焦供暖、空调制冷、用电和围护系统等建筑节能领域，发展智能控制和能量回收等新型技术；其三是节能电机领域。提高高效电机设计、匹配和关键材料、装备，以及特大功率高压变频、无功补偿控制系统的技术水平，推广应用软启动装置、无功补偿装置、自动控制系统等。[①]据统计，2017 年与 2012 年相比，通过改进工艺技术、更新改造用能设备和加快技术进步等，按照统计的 25 个重点耗能产品、108 项单耗指标测算，2012～2017 年内累计直接节能约 1 亿吨标准煤，占全社会节能量的近 10%，碳减排效果显著。

（3）工业结构低碳化是从源头减少碳排放、实现绿色可持续发展的重要路径，也是我国供给侧结构性改革避不开的话题。一方面，钢铁、水泥、电解铝等行业以淘汰落后产能为主要途径实现碳减排。据统计，2012～2015 年，全国在电力、煤炭、炼铁、炼钢等 16 个行业大力淘汰落后过剩产能，共淘汰电力产能 2108.4 万千瓦，煤炭 5.2 亿吨，炼铁 5897 万吨，炼钢 6640 万吨，水泥 5 亿吨，平板玻璃 1.4 亿重量箱，焦炭 7694 万亿吨，铁合金 925 万吨，电石 454 万吨，电解铝 141.2 万吨，铜冶炼 245.7 万吨，铅冶炼 315.3 万吨，造纸 2602 万吨。另一方面，新动能持续发展壮大，以计算机、电子与通信设备制造业为代表的新兴高新技术行业快速发展，推动工业价值链向中高端、低碳化发展。2013～2017 年，工业高技术产业增加值年均增长 11.7%，高于全部工业年均增速 5.1 个百分点。[②] 2018 年，规模以上工业中战略性新兴产业增加值比上年增长 8.9%，高技术制造业增加值增长 11.7%；新能源汽车产量 115 万辆，比上年增长 66.2%。[③]

（4）通过市场机制推动实现控制温室气体排放行动目标。其中，碳交易市场机制是常用的手段之一，将企业二氧化碳排放的社会成本内部化，有利于激励企业进行技术创新，发展先进低碳技术，并将引导企业投资的行业和项目选择，有利于促进低碳新兴产业的发展。2011 年 10 月，国家发改委发布《关于开展低碳省区和低碳城市试点工作的通知》，确定首先在北京、天津、上海、重庆、湖北、广东及深圳 7 个省市开展碳排放交易试点，这标志着中国的碳排放权交易试点工作进入实质化阶段。2012 年 4 月，国家发改委下发了《关于组织推荐申报第二批低碳试点省区和城市的通知》，确立了包括北京、上海、海南和石家庄等 29 个省份和城市成为第二批低碳试点，推动运用市场机制以较低成本实现 2020 年控制温室气体排放行动目标。2012 年 6 月，国家发展改革委员会出台了我国首部碳交易管理法规——《温室气体自愿减排交易活动管理暂行办法》，既有助于经发改部门审批自愿减排份额的扩增，也有助于激励企业或个人购买减排量，进而提高自愿减排工作的规范化和常态化，为碳交易市场的培育做准备。2013 年 11 月建设全国碳市场被列入全面深化改革的重点任务之一；2014 年 12 月国家发改委发布《碳排放权交易管理暂行方法》，确立了全国碳市场总体框架；2015 年《中美元首气候变化联合声明》提出，中国于 2017 年启动全国碳排放交易体系；2017 年 12 月国家发改委发布《全国碳排放权交易市场建设方案（发电行业）》，这标志着全国碳市场完成总体设计，正式启动（钱浩祺等，2019）。

---

① 资料来源：资料整理自《国务院关于加快发展节能环保产业的意见》。

② 资料来源：http：//finance. sina. com. cn/stock/t/2018－04－13/doc－ifyteqtq9337771. shtml。

③ 资料来源：https：//baijiahao. baidu. com/s？ id＝1626679262024035080&wfr＝spider&for＝pc。

三、当前工业碳减排面临的问题及对策建议

1. 问题

尽管中华人民共和国成立70年来我国工业碳减排取得了一些显著成效，但仍然任重而道远，在未来一段时间仍将面临许多无法回避的挑战，主要表现在如下三个方面：

（1）亟须实现经济增长、社会稳定和工业低碳发展的协同。一方面，我国是世界上最大的发展中国家，仍处于并长期处于社会主义初级阶段，发展不平衡不充分的一些突出问题尚未解决，城乡区域发展和收入分配差距依然较大，脱贫攻坚任务艰巨。发展是硬道理，是解决一切问题的基础和关键；跨越“中等收入陷阱”，实现现代化，根本要靠发展。因此，工业低碳发展不仅仅是简单地控制碳排放，还需要考虑与经济增长的协同性，警惕因工业低碳发展阻碍中国经济增长和产业竞争力提升的发生。另一方面，我国经济发展进入新常态，正处于爬坡过坎的关口，过于粗放型增长所积累的系统性风险和矛盾逐步显性化，金融风险、债务风险以及产能过剩风险等都需要时时敲响警钟。而工业低碳发展必然伴随着工业结构调整，可能会导致煤炭和冶金等传统高耗能产业短期的结构性失业、银行还贷与其他债务违约风险。这也是需要工业低碳发展进程中需要高度注意的，事关经济社会的健康可持续发展。

（2）改变以煤炭为主的能源结构任务艰巨。为了实现工业低碳发展，优化能源结构，提高能源效率是重要一环。然而，在现实操作中，短期内提高低碳密度甚至零碳密度能源比重存在着一系列自然资源禀赋、资金等因素的制约。据统计，2016年我国火电在发电结构中占比达73%，工业生产消耗煤炭所产生的二氧化碳占我国工业排放量的比例高达92%，占整个社会排放量的76%（IEA，2018）。正如上文提到的，单位标准煤炭燃烧所产生二氧化碳排放远远高于其他化石能源，因此，以煤炭为主的能源消费结构势必会使我国碳排放量远远高于其他排放国家。也就是说，改变原有以煤炭为主的能源消费结构成为我国工业低碳发展的内在要求。然而，我国自然资源禀赋概况是“富煤、缺油、少气”，替代煤炭的天然气储量和可获得进口供应量受到严重的制约，而清洁能源使用面临“性价比”困境，前期资金投入巨大，离开政府补贴难以为继。因此，以煤炭为主的能源结构短期内难以发生改变，清洁能源路长道远，这对于我国工业低碳发展而言仍是一项不可忽视的艰巨挑战。

（3）工业碳减排技术水平不高。低碳技术的研发和应用被广泛认为是各国尤其是发展中国家降低碳排放量和碳排放强度的关键途径（顾高翔、王铮，2018）。然而，我国在鼓励科技创新和成果产业化的配套政策不健全，工业减碳技术水平总体上较为薄弱且并没有真正实现市场化应用，与发达国家相比仍存在较大差距。以汽车交通行业为例，尽管近些年我国单车燃料经济性水平持续提升，但乘用车销售量加权平均燃料消耗量比欧洲和日本约高20%，传统内燃机对外依赖度较大，大多关键设备仍需进口（温宗国、李会芳，2018）。在全球经济增长疲软、国际竞争日趋激烈的背景下，低碳技术已成为世界各国竞相追逐的焦点，以抢占先机和产业制高点，增强国际竞争力。为此，低碳技术创新也是我国工业碳减排进程中需要认真对待的问题。

2. 对策建议

为进一步促进我国工业碳减排，特提出如下政策建议：

（1）加快传统产业低碳技术改造，重视新增产业低碳发展规划。一方面针对已有的工业企业，既要不断提高淘汰落后产能标准和行业节能减排标准，也要充分运用“互联网+”、人工智能、大数据等新时代创新手段，积极推进新旧动能的融合，积极引导企业从原有的资源密集型向技术密集型转变。尤其是对于中小企业而言，尽管碳减排空间巨大，但因其研发实力与资金实力较为薄弱难以自愿开展碳减排工作，这亟须政府结合财税激励、人才、适度约束、减碳技术推广

等方面进一步推进传统产业转型升级。另一方面，对于新上工业项目，从资金、税收、人才、知识产权、项目审批等方面支持新兴高技术产业发展，重视以信息化促进工业化低碳发展；并且需要基于全国层面通盘评估，既要严格控制高碳产业的重复建设，又要避免东部高碳产业向中西部地区的空间转移。这些举措在打造中国经济发展新引擎、增强国际竞争力的同时，有利于增进就业，并从源头上控制工业温室气体排放，促进工业发展低碳化，具有促进经济增长、社会稳定和工业低碳化的多重成效。

（2）加大能源结构优化力度，不断加强低碳技术的研发与推广。一方面，深化能源体制改革，积极推动能源转型，通过体制改革、政策引导与资金支持等手段鼓励因地制宜发展风电、水电、光电、核电等清洁能源，提高清洁能源在能源消费中的比重。另一方面，加大低碳技术研发投入，更高效地引进学习国外先进技术；完善支持企业自主创新的优惠政策，强化企业低碳技术创新的主体地位；运用政府补贴、税收优惠政策、碳金融等多元化手段解决清洁煤技术、页岩气开发、电解铝、碳捕捉技术等低碳技术研发成本与前期市场推广成本；加大基础研究支持力度，加强关键核心技术攻坚，健全以企业为主体的产学研一体化创新机制；全面加强低碳技术的知识产权保护，健全知识产权侵权惩罚性赔偿制度；此外，除了重视低碳技术的发明创造外，还要注意低碳技术转化运用渠道及商品化后的规模效益，才能真正实现工业发展的低碳化。

（3）灵活运用市场机制控制温室气体排放，建立健全碳税和碳排放权交易市场机制。一方面，借鉴发达国家碳税机制的成功经验，选择合适时机积极开展碳税征收试点，逐步推进碳税机制的建立与完善。尽管这种碳税手段会加重传统高耗能高排放型工业的生产成本，但会倒逼企业转型升级，进而有效降低温室气体排放。另一方面，借鉴发达国家碳交易机制与我国发电行业碳交易试点的经验，加快推进覆盖所有行业的全国性碳交易市场建立，实现碳排放数据的可监测与可核查，让企业自愿参与到温室气体减排活动中；综合考虑产出、历史排放以及技术效率等因素的影响，科学合理制定区域间、产业间的碳排放配额（钱浩祺等，2018）。实际上，运用这些市场手段进行资源配置，使碳排放的外部成本内部化，进而在利益驱动机制与优胜劣汰竞争机制作用下，企业自加压力，积极采用先进低碳技术以保持市场地位，从而以较低的成本实现政府碳排放总量的控制目标，同时也将迫使企业超前部署打造低碳核心竞争力，掌握低碳关键技术，以适应全球应对气候变化形势下国际竞争格局的新趋势。

专栏 11 -1

大数据引领的新型低碳工业园

——贵阳国家高新技术产业开发区

（一）园区概况

贵州贵阳国家高新区（以下简称贵阳高新区）于 1992 年经国务院批准设立。总规划面积为 31.02 平方千米，是贵州省首家国家级高新区和唯一的人才特区。近年来，园区始终坚守生态和发展“两条底线”，大力发展以大数据产业为龙头，大健康产业和现代制造业为主体，现代服务业为支撑的创新型产业集群。

（二）低碳发展的战略与举措

1. 大力培育园区的高附加值产业

贵阳高新区积极把握发展机遇，目前已培育大数据及关联产业企业 503 家，把大数据作为园区产业绿色低碳转型的重要抓手；同时，园区建立了中航工业贵阳航空发动机产业基地，初步形成了以航空发动机研发生产、节能环保成套设备制造为核心的高端制造产业集群。

2. 着力打造产业低碳化重点工程

贵州高新区重点打造一批掌握核心技术的企业，带动园区的绿色低碳发展。例如：园区建设的高新翼云绿色数据中心，拥有1200台服务器机架的大型云计算机中心。云计算资源利用率可以达到80%左右，比传统的IDC（互联网数据中心）高5~7倍。同时，可实现低能耗，低PUE（PUE≤1.4），碳排放小于53000吨/年，年用水量控制在12.4万立方米。

3. 大力推进可再生能源利用

贵阳高新区遵循“发展”“减碳”并举的思路，加快发展新能源，引导扩大输入电力、天然气消费，探索利用地热、生物质能等可再生能源，实现能源消费结构的多样化，降低能源消费的碳排放水平。园区考虑气候、地质、资源及应用条件，以太阳能、浅层地热能建筑和清洁能源建筑应用为重点，因地制宜推广可再生能源建筑应用。

（三）经验总结与启示

1. 建立低碳发展的组织保障

成立以贵阳高新区管委主要领导为组长的高新区低碳工业园区试点工作领导小组，通过聘请专家团队，建立高新区、规模以上企业、环保等政府部门的低碳工作联席会议制度。

2. 积极争取低碳发展的资金

对重点企业在重大项目、技术研发、低碳发展的基础设施建设方面加大支持力度，引导和推动低碳园区发展。

3. 强化低碳重点项目建设

以国家工信部国家绿色数据中心为核心，通过打造“贵阳云计算中心产业园项目”，引领云计算中心、呼叫中心及相关产业低碳化的建设；以现代工业4.0示范基地为重点，实现工业领域数据流与硬、软件的智能交互，推动智能制造技术变革；以神奇药业生产研发基地项目、汉方药业中药现代化生产基地扩建项目为依托打造集绿色、健康、低碳、养生于一体、生产和服务共存的“大健康产业园项目”。

资料来源：根据中华人民共和国工业和信息化部节能与综合利用司网站资料整理。

参考文献

［1］陈诗一：《能源消耗、二氧化碳排放与中国工业的可持续发展》，《经济研究》2009年第4期。

［2］顾高翔、王铮：《巴黎协定背景下国际低碳技术转移的碳减排研究》，《中国软科学》2018年第12期。

［3］国家统计局：《中国统计年鉴1984》，中国统计出版社1984年版。

［4］国家统计局：《中国统计年鉴2017》，中国统计出版社2017年版。

［5］金三林：《我国二氧化碳排放的特点、趋势及政策取向》，《中外能源》2010年第6期。

［6］钱浩祺、吴力波、任飞州：《从“鞭打快牛”到效率驱动：中国区域间碳排放权分配机制研究》，《经济研究》2019年第3期。

［7］王毅刚、葛兴安、邵诗洋、李亚冬：《碳排放交易制度的中国道路——国际实践与中国应用》，经济管理出版社2011年版。

［8］温宗国、李会芳：《中国工业节能减碳潜力与路线图》，《财经智库》2018年第6期。

［9］IEA：CO_2 emissions from fuel combustion - highlights 2017. Paris：International Energy Agency，2017.

［10］IEA：CO_2 emissions from fuel combustion - highlights 2018. Paris：International Energy Agency，2018.

第十二章　新中国工业品供求格局的巨大变化

提　要

中华人民共和国成立70年来，我国工业品市场经历了前30年的极度短缺到当前供给极为充裕的巨变。推动这种巨变的根本原因，在于国家发展总的战略方针，由前30年的“以阶级斗争为纲”转变为“以经济建设为中心”。在此基础上，通过推进改革开放、引进国外先进技术，特别是利用加入世界贸易组织和20世纪90年代国际产业转移的契机，推动国内工业化和城市化的协调共振，实现了由工业弱国变为工业大国，再变为工业强国的嬗变。然而，工业产能迅猛扩张过程中的产能过剩，特别是2012年以来中国工业品出厂价格指数连续54个月负增长，成为困扰我国经济长期增长的一个重大问题。2016年国家通过推进“去产能”等供给侧结构性改革措施，工业品产能利用率、商品价格及大宗商品盈利都出现显著恢复，行业供给的质量和效率都得到了提升，产业结构得到了积极调整。但是，消费结构升级下一些重大消费品的过剩问题仍然十分严峻，反映了我国工业的品牌能力建设和价值链升级任重道远。解决工业品市场重大不平衡问题，需要通过进一步推进改革开放措施来实现，包括放松要素市场规制、转变地方政府职能、降低企业进入和退出行业的成本、加大国有企业改革、发展科学技术、提高经济发展的质量等措施。

*　　　　*　　　　*

一、中华人民共和国成立70年来我国工业品供求格局的巨变

1. 1949～1978年工业生产能力从无到有

中华人民共和国成立后，中国迅速进入了经济的恢复和以工业为重心的经济建设当中。从1950年起，特别是朝鲜战争之后的第一个五年计划（1953～1957年），我国集中主要资源，启动以苏联帮助我国设计的156个大型建设项目（以下简称“156项”）为中心、由694个大中型建设项目组成的工业建设。期间经历了苏联援助（1950～1960年）和自主建设（1961～1969年）两个阶段，期间由于受到“大跃进”“三年大灾荒”以及“文化大革命”的影响，到1969年才全部建设完成，整整历时19年。156项重点工程建设的意义，在于将中国工业技术水平从落后发达国家一个世纪，迅速提高到20世纪40年代的水平，

由此也打下了此后20多年最重要的工业化基础。

1964～1978年，基于国防战备及工业均衡分布要求，我国开始了史无前例的三线建设。1966～1975年的“三五”“四五”期间，我国累计向三线地区投资1173.41亿元，分别占到了“三五”“四五”期间全国基本建设投资比重的52.7%和41.1%，涉及600多家企、事业单位的重建、搬迁、合并，整个工程规模堪称浩大。三线建设从经济效益角度存在许多问题，理论界和史学界对其争议非常大，但从国防建设和西部地区工业化角度看，仍然有着一定的意义。

总体来看，1949～1978年是中国工业填补空白、奠定工业化基础的30年，改变了中国几千年来农业国家的基本面貌。然而，由于长期坚持“以阶级斗争为纲”的总路线，经济建设和工业生产长期处于大起大落状态，工业产品产量虽然有明显增长，但工业产品总量，特别是人均产品产量均处于极低的状态（见表12－1和表12－2）。从表12－2可以看出，除卷烟在1978年达到人均122.8支、布匹达到人均11.5米稍显宽裕外，我国绝大多数工业产出与需求相比，处于极为短缺的状态。以发电为例，到1978年我国人均发电量仅有266千瓦小时/人，全国绝大部分农村依靠油灯照明，家用电器工业完全处于空白阶段。

表12－1 1949～1978年我国主要工业品产量

工业产品	单位	1949年	1955年	1960年	1965年	1970年	1975年	1978年
原　煤	（亿吨）	—	1	4	2	4	5	6
原　油	（万吨）	12	97	520	1131	3065	7706	10405
天然气	（亿立方米）	—	—	10	11	29	89	137
原　盐	（万吨）	299	754	1287	1147	1109	1481	1953
成品糖	（万吨）	20	72	44	146	135	174	227
啤　酒	（万千升）	—	—	15	9	16	27	40
卷　烟	（亿支）	160	357	449	478	783	992	1182
布	（亿米）	19	44	55	63	92	94	110
机制纸及纸板	（万吨）	11	58	180	173	241	341	439
焦　炭	（万吨）	54	548	5647	1333	2330	3680	4690
硫　酸	（万吨）	4	38	133	234	291	485	661
烧　碱	（万吨）	2	14	41	56	89	129	164
纯　碱	（万吨）	9	41	82	88	108	124	133
乙　烯	（万吨）	—	—	—	—	2	6	38
农用氮、磷、钾化肥	（万吨）	1	8	41	173	244	525	869
化学农药原药	（万吨）	—	3	16	19	32	42	53
初级形态的塑料	（万吨）	—	1	5	10	18	33	68
化学纤维	（万吨）	—	—	1	5	10	15	28
水　泥	（万吨）	66	450	1565	1634	2575	4626	6524
平板玻璃	（万重量箱）	91	313	567	599	928	1262	1784
生　铁	（万吨）	25	387	2716	1077	1706	2449	3479
粗　钢	（万吨）	16	285	1866	1223	1779	2390	3178
钢　材	（万吨）	13	216	1111	881	1188	1622	2208
金属切削机床	（万台）	—	1	15	4	14	17	18
大中型拖拉机	（万台）	—	—	1	1	3	8	11
汽　车	（万辆）	—	—	2	4	9	14	15
家用电冰箱	（万台）	—	—	—	—	1	2	3
发电量	（亿千瓦小时）	43	123	594	676	1159	1958	2566

资料来源：根据国家统计局发布各年数据整理。

表 12－2 1949～1978 年我国人均主要工业品产量

工业产品	单位	1949 年	1955 年	1960 年	1965 年	1970 年	1975 年	1978 年
原 煤	（千克/人）	59	151	599	319	426	521	642
原 油	（千克/人）	—	1	7	15	36	83	108
天然气	（立方米/人）	—	—	1	1	3	9	14
原 盐	（千克/人）	5	12	19	15	13	16	20
成品糖	（千克/人）	—	1	—	2	1	1	2
啤 酒	（升/人）	—	—	—	—	—	—	—
卷 烟	（支/人）	29	58	67	65	94	107	122
布	（米/人）	3	7	8	8	11	10	11
机制纸及纸板	（千克/人）	—	—	2	2	2	3	4
焦 炭	（千克/人）	—	8	85	18	28	39	48
硫 酸	（千克/人）	—	—	2	3	3	5	6
烧 碱	（千克/人）	—	—	—	—	1	1	1
纯 碱	（千克/人）	—	—	1	1	1	1	1
乙 烯	（千克/人）	—	—	—	—	—	—	—
农用氮、磷、钾化肥	（千克/人）	—	—	—	2	2	5	9
化学农药原药	（千克/人）	—	—	—	—	—	—	—
初级形态的塑料	（千克/人）	—	—	—	—	—	—	—
化学纤维	（千克/人）	—	—	—	—	—	—	—
水 泥	（千克/人）	1	7	23	22	31	50	67
平板玻璃	（重量箱/千人）	1	5	8	8	11	13	18
生 铁	（千克/人）	—	6	41	14	20	26	36
粗 钢	（千克/人）	—	4	28	16	21	25	33
钢 材	（千克/人）	—	3	16	12	14	17	22
金属切削机床	（台/千人）	—	—	—	—	—	—	—
大中型拖拉机	（台/千人）	—	—	—	—	—	—	—
汽 车	（辆/千人）	—	—	—	—	—	—	—
家用电冰箱	（台/千人）	—	—	—	—	—	—	—
发电量	（千瓦小时/人）	7	20	89	93	139	211	266

资料来源：根据国家统计局发布各年数据整理。

2. 改革开放 40 年以来我国工业生产能力的巨大飞跃

虽然前 30 年为中国工业的发展奠定了基础，但直到改革开放初期，我国工业生产能力仍然极为有限。表 12－1 显示，1978 年我国原煤产量仅为 6 亿吨，天然气产量为 137 亿平方米，发电量为 2566 亿千瓦小时，粗钢产量为 3178 万吨，汽车产量为 15 万辆。经过 40 年的发展，特别是改革开放政策的巨大推动，很多工业品生产从无到有、从小到大，实现了生产能力的巨大飞跃（见表 12－3）。到 2018 年，我国原煤产量达到了 36 亿吨，比 1978 年增加了 5 倍，天然气产量达到了 1610 亿立方米，比 1978 年增加了 10.8 倍，发电量达到了 71118 亿千瓦小时，比 1978 年增加了

26.7 倍，粗钢产量达到了 92801 万吨，比 1978 年增加了 29.2 倍，汽车产量达到 2782 万辆，比 1978 年增加了 184.5 倍。从 1966 年的不到 1 万辆到 2009 年成为世界第一至今，我国汽车产量已经连续 10 年蝉联世界第一宝座。此外，空调、冰箱、彩色电视机、洗衣机、微型计算机、平板电脑和智能手机等一大批在新中国前 30 年处于生产空白阶段的家电通信产品，目前产量和产能均跃居世界第一位。

表 12－3　改革开放以来 40 年中国工业生产能力的变化

工业产品	单位	1979 年	1990 年	2000 年	2010 年	2018 年
原　煤	（亿吨）	6	11	13	34	36
原　油	（万吨）	10615	13831	16300	20241	18911
天然气	（亿立方米）	145	153	272	958	1610
成品糖	（万吨）	250	582	700	1118	15243
卷　烟	（亿支）	1303	3298	3397	23753	23359
布	（亿米）	122	189	277	800	657
硫　酸	（万吨）	700	1197	2427	7090	9130
烧　碱	（万吨）	183	335	668	2228	3420
乙　烯	（万吨）	43	157	470	1421	1841
农用氮、磷、钾化肥	（万吨）	1065	1880	3186	6338	5424
水　泥	（万吨）	7390	20971	59700	188191	220000
粗　钢	（万吨）	3448	6635	12850	63723	92801
钢　材	（万吨）	2497	5153	13146	80277	110552
大中型拖拉机	（万台）	13	4	4	34	24
汽　车	（万辆）	19	51	207	1827	2782
家用电冰箱	（万台）	3	463	1279	7296	7993
房间空气调节器	（万台）	—	24	1827	10887	20486
移动通信手持机	（万台）	—	—	5248	99827	179846
微型电子计算机	（万台）	—	8	672	24584	30700
集成电路	（万块）	—	1	59	653	1740
彩色电视机	（万台）	1	1033	3936	11830	18835
发电量	（亿千瓦小时）	2820	6212	13556	42072	71118

资料来源：根据国家统计局发布历年数据整理。

值得注意的是，与 2017 年的数据相比，我国原油、卷烟、布、硫酸、化肥、水泥、拖拉机、汽车、电冰箱、移动电话等工业品产量出现了一定程度的下降，但仍然居世界产量的第一位，验证了中国工业发展的巨大潜力和成就。部分工业品产量下降的原因，有需求结构变化推动的产业升级的因素，更重要的是 2016 年以来我国对重化工业实行去产能、提升经济质量的政策效果。当前，我国大部分工业产品的生产能力处于世界首位，但与工业产品产量相比，除天然原油存在严重产能不足、主要需要从国外引进因而产能利用率较高外，多数工业产品的生产能力存在利用不足问题。可以看出，在现代经济增长阶段，现代服务业、数字经济、知识产品需求开始占据主导局面的情况下，主要依靠工业产品数量增长推动经济增长，不仅无助于经济效益的提高，而且由此导致的产能过剩和生态环境问题，将成为未来经济增长的负担。

专栏 12 - 1

我国工业生产能力建立的三个阶段

我国的工业生产能力是大规模技术引进和自主研发同步进行和交织形成的。大致可以分为三个阶段。

第一阶段：1952 年，我国制订了第一个五年计划，确定了优先发展重工业的战略方针，开展大规模的经济建设，把“引进技术”作为发展科技能力的方向。在苏联的帮助下，中苏签订了 156 项工业建设工程，从国防、机械、电子和能源工业方面弥补了中国工业的空白，形成了第一批大型现代化企业，增强了重工业和国防军事工业能力，填补了一批生产技术领域里的空白。到 1957 年，我国先后建成了以大中城市为核心的 8 大工业区：以沈阳、鞍山为中心的东北工业基地；以京、津、唐为中心的华北工业区；以太原为中心的山西工业区；以武汉为中心的湖北工业区；以郑州为中心的郑洛汴工业区；以西安为中心的陕西工业区；以兰州为中心的甘肃工业区和以重庆为中心的川南工业区。156 项工业建设工程为中国工业打下了奠基石，形成了独立自主的工业体系雏形，也为中国工程设计、技术、施工人才的培养创造了条件。《1956 ~ 1967 年科学技术发展远景规划纲要》实行期间是科技发展的重大转折期，这一时期的科技发展的标志性三大成就有核技术、航天技术和人工合成胰岛素。1964 年，中央决定建设第二套完整的国防工业和重工业体系，将国防、科技、工业、交通等生产资源逐步迁入三线地区，建起了 1100 多个大中型工矿企业、科研单位和大专院校。

第二阶段：20 世纪 70 年代，世界经济形势发生了较大变化，西方国家纷纷和我国建交，我国重返联合国。改革开放之前尽管建立了门类齐全的工业体系，但是由于重工业优先发展战略，形成了重工业比例过大的产业结构，工业生产效率低下，轻工业产品长期匮乏，人民生活短缺现象严重，迫切需要进行改革。1978 年，国家明确改革开放政策，开始第二次大规模引进国外先进技术。中国利用“四三方案”引进的一批 20 世纪 60 年代开发的国际先进技术设备，结合国产设备配套，兴建了化学纤维、石化等 26 个大型工业项目，总投资约 200 亿元人民币，成为 20 世纪 80 年代中国经济发展的重要基础。其中用于解决吃穿用问题的化肥、化纤和烷基苯项目，占了全部引进项目 26 个中的 18 个，总投资 136.8 亿元，占 63.84%。电力、钢材、塑料、合成橡胶、洗衣粉等多种基础能源、原材料和化工产品的产量也都得到了大幅度提高。这次大规模引进，是中国第一次同日本、联邦德国、法国等西方发达国家进行大规模的交流与合作，极大地促进了经济发展和科技进步。随着经济体制改革的逐步深入，我国的生产形势好转。国家确定“六五”后三年引进“3000 项”技术，截至 1985 年末，已签约成交约 4000 项，成交额 36 亿美元。但是由于宏观管理跟不上，出现了不必要的重复引进和多头对外的问题。另外由于一些技术对于精度、规模和复杂程度的要求较高，但是当时的经营环境和人力资源的素质达不到，致使某些项目出现亏损和设备闲置。1985 年，在重工业领域，市场短缺的线材、薄钢板、硅钢片、无缝钢管、十种有色金属、人造板、水泥、平板玻璃等产品的生产持续高速增长，汽车、拖拉机等机械产品则出现滞销。进入 20 世纪 90 年代，据国家商务部统计，1991 ~ 1995 年，我国签订技术和设备进口合同 5429 项，合同总金额 333 亿美元。1996 年之后硬件技术引进份额逐年下降，技术咨询和技术服务的比例大幅上升。这一个阶段的特点是从引进技术设备发展到吸引外资到中国开办合资企业，由借贷发展到境外发债，由开展对外贸易到设立特区。随着国企改制重组、民营经济的崛起和外资制造业进入中国，中国的制造业得到了迅速发展。

第三阶段：进入 21 世纪，我国加入世界贸易组织，我国技术引进规模继续扩大的同时结构发生了根本性转变，关键成套设备进口开始不断减少，进口技术许可、技术咨询和服务迅速增加。2012 年技术引进合同成交金额为 442 亿美元。2012 年以来，技术引进的规模相对减缓，技术引进方式发生了结构性的变化，技术服务费占比从 2003 年的 70% 增加到 2017 年的 97%。2014 年以来，中国的研发费用占 GDP 的比重也突破了 2%，接近西方发达国家水平，自主研发能力进一步增强，自主创新与技术引进协同发展。

资料来源：笔者整理。

二、工业品从短缺到充裕的成因分析

分析中国工业品从极度短缺到充裕的成因，我们认为最根本的原因在于国家发展总的战略方针的调整，由前 30 年的"以阶级斗争为纲"转变为"以经济建设为中心"，在此基础上通过推进改革开放、引进国外先进技术，特别是利用加入世界贸易组织和 20 世纪 90 年代国际产业转移的契机，推动国内工业化和城市化的协调共振，实现了由工业弱国变为工业大国，再变为工业强国的嬗变。

1. *改革是推进工业生产能力扩张的最大动力*

1978 年开始的经济体制改革，主要通过两种方式实现：一是打破了农业资源向工业转移的枷锁，实现了农村劳动力、土地资源由低效率的农业部门向更高效率的工业部门转移；二是经济资源从低效率的国有部门（包括政府财政部门）向更高效率的民营部门配置。通过改革打破计划经济体制，资源在市场价格信号的指导下进行配置，经济效率大幅度提高。这种典型的由市场配置资源的改革，一直延续到 1994 年推行中央地方的分税制改革，极大地调动了全社会参与经济建设和生产的积极性。此后随着中央财政所占比例逐年提高，中央政府的宏观经济政策在社会资源配置中开始发挥越来越重要的作用，经济体制由市场主导逐步转向政府宏观经济政策与市场机制并行的阶段。

改革的最重要作用在于激活了微观经济机制。在计划经济时期，国有企业作为工业经济活动的微观经济单位，生产什么、生产多少、如何定价等决策都由并不掌握社会需求信息的中央政府部门做出，由此造成的亏损也多由财政补贴弥补，客观上形成了企业挥霍浪费和软预算约束的弊端。软预算约束进一步延伸到投资领域，企业投资盲目追求规模，导致全社会投资规模失控，挤压生活领域的建设和生产，导致传统体制下建设性物资、设备及生活中的消费品均处于短缺状态。而市场配置资源体制下，企业依据市场信号安排投资和生产，并以最低成本生产必要产出，或者以固定成本生产最大产出，有效地避免了各种资源浪费。

从 20 世纪 80 年代开始兴起的乡镇企业办工业的热潮，在巨大的市场缺口引导下，乡镇企业打破所有制形式和经营行业的行政限制，逐步取代了原有国有企业，成为改革开放初期中国工业生气蓬勃的新生力量。在乡镇企业的冲击下，国有企业改革也由承包制、公司制、股份制发展到国有控股上市公司，与乡镇企业改制或后期创业而成的民营公司、上市公司，共同构成了市场竞争主体，国有经济主要主导基础设施和基础材料产业，以民营经济为主导的非国有经济则在之外的消费品、竞争性投资品、高新技术、互联网等领域投资和发展，共同推动了中国工业生产能力跃居世界第一、成为工业强国的进程。

2. *对外开放拓展了工业资源和市场的范围*

对外开放包括市场开放和外商投资准入两个方面。贸易理论说明，即使不存在技术进步，只要企业、个人或国家专注于自身拥有比较优势产品的生产，并与贸易伙伴进行交换，获得自己没有或生产效率相对优势不足的产品，就可以实现“来自贸易的收益”，进而促进经济增长。中国过去40年所获得经济快速增长，其主要源泉在于伴随市场规模的扩大而获得的“来自贸易的收益”。随着中国追赶发达国家的“后发优势”的发挥，市场规模扩张的同时必然伴随着技术进步，体现在更加专业的分工和更快的专业化水平提升，进一步带动了市场规模扩大的速度和边界。其次，随着市场化过程中叠加市场交易规则的制度改善，中国奇迹得以三位一体地实现“来自贸易的收益”“来自技术进步的收益”和“来自制度创新的收益”。其中“来自贸易的收益”是入口和出发点，是另外两种收益获得的必要条件。

市场开放的第二重意义在于，可以通过市场开放促进或倒逼国内改革。与旨在消除大锅饭、懒惰习惯的承包制等“内源性”改革不同，“外源性”改革，即以市场开放倒逼的改革，一直是我国进行经济改革的主要动力。从1978年起，决策层一直尝试通过对外开放来瓦解僵化的体制，从20世纪80年代初期深圳特区的率先开放，到90年代初期中央决定开放浦东新区，到2001年我国加入世界贸易组织达到高潮。按照世界贸易组织规则要求，我国修改了3000多条法律法规，带动了不少实际性的改革举措，经济、政治、文化、社会等领域有了很大变化。

对我国工业推动、示范和技术外溢作用最强，当属通过对外开放引进国际知名公司建立的外商投资企业。外商投资企业作为雄厚资本、先进技术和管理经验的综合体，通过举办中外合资、中外合作及外商独资企业，在四个方面推动了我国工业发展：首先，外商投资为我国经济建设提供资金，弥补我国工业发展过程中的资金缺口；其次，外商投资企业进入国内企业既有市场，可以强化竞争效应，增强国内企业危机意识和采取先进技术、先进管理经验的动能；再次，外商投资企业进入之后，通过上下游供应链关系，也带动了相关产业和企业按照国际规范经营发展；最后，外商投资企业经营过程中的人才流动，特别是在外商投资企业中掌握先进技术和管理经验的人才流出，有效地实现了先进技术和管理经验由外资向内资的扩散。

3. 工业技术引进及其创新推动工业产能形成

中华人民共和国成立后的工业技术水平提高，基本上是建立在技术引进的基础上的。从“一五”时期的156项重点工程，到改革开放后的“四三方案”“六五”引进3000项技术，再到20世纪90年代持续进行，以硬件设备为主导的技术引进。中国加入世界贸易组织以来，技术许可、咨询和服务迅速增加。尤其是2014年以来，中国的自主研发能力进一步增强，自主创新与技术引进协同发展。

随着技术和关键设备引进，外商直接投资也蓬勃发展，成为引进先进技术的重要环节。美国国家经济研究局的《中外合资企业与技术转让：来自中国的证据》发现：①与国外企业合作的中国企业比其他中国企业规模大、生产能力强、更能获得国家补助；②外资企业的技术不仅转让给了合资企业本身，也转向了参与投资的中国企业；③技术转让的溢出效应超过了同行业竞争带来的负面效果，因此合资企业给同行业其他中国公司带来了正外部效应。20世纪80年代以来，中国通过设立深圳和上海浦东经济特区，在全国各地兴建工业园区、高新技术开发区、经济技术开发区、自由贸易区等方式，吸引了全世界最多的外商投资进入中国市场。

4. 城镇化和重化工业的相互推动

1998年以来，中国推行住宅商品化改革，加上住房消费金融的兴起，推动了21世纪初期我国房地产市场的繁荣。2003年8月12日国务院颁布《关于促进房地产市场持续健康发展的通知》，提出完善住房供应政策，调整住房供应结构，逐步实现多数家庭购买或承租普通商品住房，将之前作为供给主体的经济适用房纳入保障房范畴。这个政策促进了国内房地产市场的大繁荣，我国城市房价自此节节上涨，买房和房价成为全社会关注的热点。

随着房地产市场的繁荣，我国城镇化加速发展，进而推动我国重化工业快速发展。2008年美国爆发金融危机影响了我国出口经济，为扩大内需，中国出台新增4万亿元投资计划，房地产市场也加大了救治力度，房地产和基建市场拉动下的钢铁、水泥、电解铝、平板玻璃、造船等产业再次步入供销两旺、供不应求的局面。2002

~2018年，我国粗钢产量由1.8亿吨增加到9.28亿吨，年均增长率为9.96%。我国粗钢产量占全球产量的比重，从2002年的20.1%上升到2018年的51.3%。根据世界钢铁协会数据，钢铁第二名大生产国印度2018年粗钢产量为1.065亿吨，在世界粗钢总产量18.1亿吨中占比仅为5.9%。

至少在中央政府强调绿水青山、绿色发展之前，城镇化与工业化之间的这种互动存在着城镇过度开发、空置率高和基建材料生产导致的严重环境污染问题。这决定了依靠房地产市场拉动的这种重化工业化只能存在于历史的一个时段，不具有长期的可持续性。

5. 地方政府竞争发挥重要作用

在中国工业生产能力形成的进程中，地方政府及其之间的竞争发挥着非常重要的作用。中国地方政府加入GDP竞争始于1994年的分税制，中央政府在财政收入中的比重逐渐提高，地方政府为增加税收源头，通过打造工业园区，与相邻城市竞争投资资源。这不仅事关地方的GDP和税收问题，更是长时期以来地方官员业绩考评获取锦标的依据。

具体而言，地方政府通过给予进驻企业各种补贴和优惠政策，作为招商引资、集聚工业企业的主要手段，由此形成迄今为止仍然长盛不衰的、以工业园区为主流的产业园区热。2017年，我国城市建设用地面积约55155.5平方千米，比1981年增长7.3倍，年平均增长率为6.04%。在全部城市建设用地中，工业用地占到20%左右，而国际平均水平在8%~10%。城市工业用地增长事实上也成为推动工业增长的一个因素。在注重GDP增长的政绩考核体系下，政府官员倾向于利用土地产权模糊和金融体系软预算约束的制度漏洞，对土地资源进行强有力的控制，以实现招商引资的目的。

不同于商业住宅用地价高者得的土地出让逻辑，地方政府为获得未来的税收，通常在土地征用及基础设施开发之后，以很低的协议价格甚至“零地价”提供给工业投资者，诱使大量投资进入工业领域。此外，由于土地使用权的购置成本不属于沉没成本，土地使用权的转让能为投资方提供额外巨额收益，形成对企业投资的实质性补贴，产能投资额越大，企业获取的投资补贴越多。显然，巨额的投资补贴会使企业在产品市场之外获取额外的投资收益，进而显著地扭曲企业的投资行为，增加企业利润最大化时的产能投资和产量。

从以上分析看出，我国工业品从短缺到充裕甚至过剩的主要动因，既有体制改革、市场开放、技术引进和创新等普适性经济增长因素，也有体制改革不彻底的、处于转轨下房地产体制和政府体制推动的重化工业和以工业园区为特征的工业集群的迅猛扩张。

三、产能过剩问题及治理成效

产能过剩指的是建成的生产能力总量超过实际需求总量。在市场经济条件下，在经济增长、产业结构调整升级、淘汰落后产能的过程中，实际生产能力在一定时期内和合理区间内落后于或者高于投资、消费水平和出口需求是一种正常的经济现象；超过一定界限，如国际上一般认为正常的产能利用率在80%~85%，则可以认为发生了产能过剩问题。超过合理限度的生产能力过剩，不仅导致设备闲置、产能利用率过低和大量浪费建设投资，而且还会使市场供过于求、产品积压、价格下滑，出现行业整体亏损，对区域、产业和企业的持续发展十分不利。

1. 20世纪90年代以来我国产能过剩的几个阶段

（1）20世纪90年代中国工业品首次进入相对过剩时代。改革开放初期，我国工业品供给处于全面短缺阶段。20世纪90年代后期，我国经济尤其是工业经济告别了短缺经济，进入了相对过剩的时代。这一时期的过剩经济主要集中于轻工业和日用消费品行业。1995 年统计的 88 个一级工业产品和消费品的产能利用率显示，低于 80% 产能利用率的达到 63 个，占比 72%；低于 50% 产能利用率的达到 23 个，占比 26%。一方面，大众消费品相对需求量过剩，黑白电视机和彩色电视机产能利用率在 47.8% 和 46.1%，印染布 23.6%，奶粉 44.1%，肥皂 42.2%，中成药 34.3%，家用洗衣机、家用空调、吸尘器、排油烟机和摄像机分别达到 43.4%、33.5%、43.2%、40.2% 和 12.3%。另一方面，工业产品内部出现明显的结构性过剩。石油加工类的焦化设备产能利用率为 83.3%，而加氢精制设备产能利用率为 59.4%；炼钢整体产能利用率为 81.6%，而电炉钢为 56.4%；钢材中中厚钢板和薄钢板利用率达到 83.3% 和 92%，而热轧钢材、冷加工钢材、线材和无缝刚管则分别为 63.7%、53%、75.1% 和 68%；化学纤维中粘胶纤维产能利用率为 94.7%，而合成纤维为 74.1%。汽车总体产能利用率为 44.3%，其中轿车为 64.9%，载货汽车为 35.9%。这一时期工业品、生产资料和生活资料出现销售困难和价格下跌，主要是因为采取了紧缩性财政和货币政策，抑制了有效的投资和消费需求，出现有效需求没有充分释放下的供给过剩。

（2）重化工业迅猛增长时期的产能过剩。这一时期的经济运行的一大特点是，一方面重化工业的投资和生产在市场需求引力下迅猛发展，产品市场几乎处于供不应求局面；另一方面由于生产能力、投资资源、环境承受能力失调，中央政府相关部门突出提出产能过剩及其治理政策。

2006 年 3 月《国务院关于加快推进产能过剩行业结构调整的通知》（国发〔2006〕11 号）文件颁布，指出钢铁、电解铝、电石、铁合金、焦炭、汽车等行业盲目投资、低水平扩张导致生产能力过剩，已经成为经济运行的一个突出问题。即使在这种情况下，一些地方和企业仍在这些领域继续上新的项目，生产能力大于需求的矛盾进一步加剧。

此期间的经济增长已经严重依赖投资的增长。2004 年国民生产总值增长 9.8%，2005 年 9.9%，而全社会固定资产投资增长从 2004 年的 26% 增加到 2005 年的 27.2%。据发展改革委的统计分析，全社会投资对经济增长的贡献度由 1998 年的 26.5% 上升到 2004 年的 78.2%。主要原因是企业的竞争主要依靠资源的投入、产品数量的扩张和价格的低廉，而不是企业本身自主创新能力的提高和产品质量的改善。这个时期的经济快速发展是建立在高投资率驱动下、大量的低水平重复建设上的，消耗了大量的能源、矿藏、土地和水，加大了我国经济结构调整和转变经济增长方式的难度，也加大了资源保护和环境治理的难度。

（3）“四万亿”投资计划后重化工业严重的产能过剩。为了应对国际金融危机，避免中国经济硬着陆的风险。政府推出了“四万亿”的投资刺激计划，给国民经济带来了强烈的投资拉动效应。由于产业投资利润率下降，而房地产市场价格攀升，很多中央企业开始进入房地产市场，推动了房产地的新一轮暴涨，向市场释放出了错误的价格信号，导致钢铁、水泥、玻璃等行业纷纷加大投资力度，扩张生产规模，导致原本就存在的产能过剩情况进一步加重，而我国常年对一些行业的倾向性政策以及地方政府的政绩竞争都进一步加重了产能过剩的程度。本轮产能过剩具有范围广、更加严重的特征，从传统产业过剩蔓延到造船、机械，甚至光伏、多晶硅和风电等战略新兴产业。

1993 年 1 月至 2019 年 4 月工业生产者出厂价格指数（PPI）显示，自 1995 年 4 月到 1998 年 1 月，PPI 出现比较明显的连续 44 个月下滑；自 2008 年 11 月至 2009 年 8 月，由于金融危机影响，PPI 出现快速下滑；自 2011 年 11 月至 2015 年底，PPI 一直徘徊向下，尤其是 2012 年 3 月至 2016 年 8 月连续 54 个月出现负增长，说明了我国工业产品产能过剩、库存积压和价格下跌，实体经济整体不景气的状况更加严重。

2. 供给侧产能过剩治理取得一定成效，但形势仍然严峻

当前我国从工业大国向工业强国转变的过程，产能过剩的性质已经转化为绝对的过剩，并且属于低水平、粗放式的经济发展方式。之所以产能过剩一直存在、屡禁不止，和我国的经济体制和激励制度密切相关。2015 年 12 月，中央经

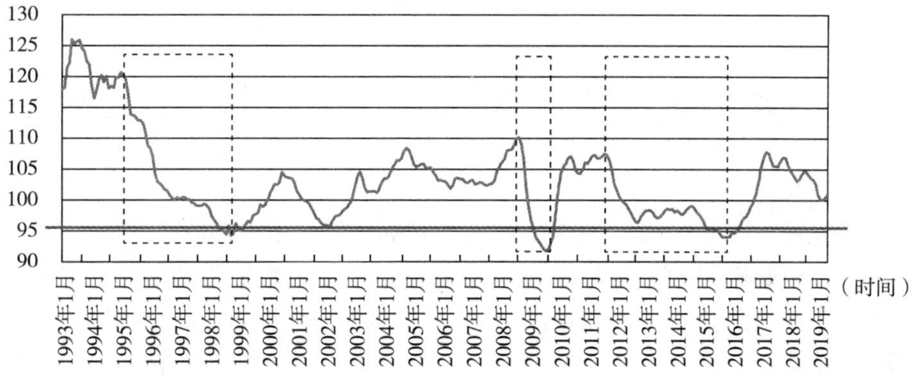

图 12－1　1993 年 1 月至 2019 年 4 月工业生产者出厂价格指数

资料来源：根据国家统计局数据整理。

济工作会议提出“去产能、去库存、去杠杆、降成本、补短板”五大任务。2016 年 2 月，国务院印发《关于钢铁行业化解过剩产能实现脱困发展的意见》，提出了五年时间化解 1 亿～1.5 亿吨的去产能目标。2016 年和 2017 年分别退出产能超过 6500 万吨、5000 万吨，彻底清除了 1.4 亿吨的条钢，完成“十三五”去产能的底线目标，钢铁行业产能利用率也从 2016 年中的 72% 上升至 2017 年底的 77%。《煤炭工业发展“十三五”规划》规定“十三五”期间必须化解淘汰过剩落后产能 8 亿吨。2016 年和 2017 年累计共去除产能超 4 亿吨。煤炭行业产能利用率已从 2016 年的 58% 上升至 2017 年的 70%。与此同时，利用资金和技术支持职工再就业，职工安置问题得到缓解，推动建立了中长期合同制度、增减挂钩、减量置换指标交易制度等长效机制。

统计局数据显示，自实施供给侧结构性改革以来，工业产能利用率呈现一路攀升，从 2016 年第一季度的 72.9% 已提升到 2019 年第一季度的 75.9%。受益于产能出清及环保趋严带来的供需格局改善，商品价格及大宗商品盈利都出现显著恢复，行业供给的质量和效率都得到了提升，产业结构得到了积极的调整。

当前我国一些消费品领域由于消费结构升级，一些传统消费品出现了较为严重的产能过剩问题。以乘用车为例，据统计，22 个主流品牌的汽车中，8 家理论产能利用率均超过 100%，2 家产能利用率大于 80%，7 家为 50% ～80%，5 家小于 50%。前 10 家包括 5 家日本、3 家德国、1 家美国合资品牌，仅有 1 家国产品牌上榜。数据表明我国的汽车行业的品牌能力建设和价值链升级任重而道远。

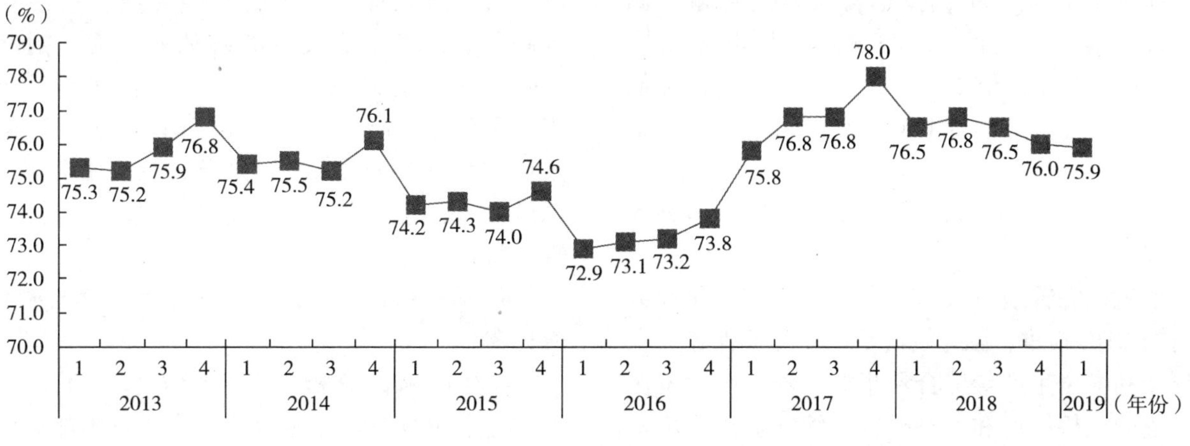

图 12－2　2013 年第一季度至 2019 年第一季度工业品产能利用率

资料来源：根据国家统计局数据整理。

四、通过进一步推进改革开放解决工业品市场重大不平衡问题

实践证明，无论是解决产品短缺还是产能过剩产能首先要尊重经济规律，放松要素市场规制，转变地方政府职能，降低企业进入和退出行业的成本；激发微观经济自身的动能，加快调整经济结构，加大国有企业改革力度，发展科学技术，提高经济发展的质量，建立长效防范产能过剩的机制。

1. 理顺要素的价格，充分发挥市场配置资源的能力

深化土地、金融等要素市场的改革，充分发挥市场在资源配置中的决定性作用。土地市场改革要求打通国有和农村集体所有制土地市场界限，加快建立权利平等、增值共享的土地交易制度。各级政府更应主动作为，把好土地关口，管好环保门槛，用好信贷闸门，对遏制产能过剩、推动转型发展负起历史责任。真实反映土地、资本和环境的价格，增加环境污染的罚款等措施，将不符合标准的企业和产能挤出市场。

金融市场应该妥善推进利率市场化，完善多层次资本市场体系，促进经济脱虚向实，推动经济结构调整，提高实体经济效率，将过剩产能化解在市场竞争之中。同时，去产能和去杠杆是相互联系的。我国的杠杆率偏高，社会总债务率偏高，其中相当大部分表现在工业企业债务融资偏高，即工业企业股本偏少、贷款和债券融资偏多。杠杆偏高，债权、债务人之间协调难度更大。因此，如果能够更好地发展直接融资、降低债务杠杆，在一定程度上也便利了未来结构调整和企业重组变革。

2. 深化财税体制改革，促使地方政府向公共服务型政府转变

首先，完善地方政府的考核机制。弱化地方政府的 GDP 权重，强化资源消耗、环境保护、科技创新和安全生产等综合性指标，健全自然资源和环境的产权制度和保护措施。编制资源环境资产负债表，明确承载能力的测度和计算，设置生态保护红线，将环境评价加入离任审计，建立损害责任终身追究制度。

其次，深化“放管服”改革。简政放权，以“负面清单”为原则，提高为企业的办事效率，减少企业的制度性交易成本；强化地方政府融资风险责任制，实行“谁审批，谁投资，谁决策，谁承担风险”的原则。坚持放管结合，确保监管公平、公正、提高透明度；推进政府服务体系建设，提高服务的能力和效率。

3. 深化国有经济改革，推动产能过剩行业和领域兼并重组

国有企业改革是供给侧结构性改革的重要方面，也是国家产能过剩治理的重要领域。当前，我国国有企业虽然基本完成了公司制改造和法人治理结构改革，但国有企业借助国家政策进行行业专营，以及利用政策优势获得社会绝大部分融资，而在投资、就业、环境保护等方面仍存在不少问题。例如，钢铁、电解铝、造船等产能过剩严重的领域，国有控股企业盲目的、不计代价的投资起了关键作用。在承担政府委托业务与企业亏损补贴之间，国有控股公司仍然存在着较为严重的软预算约束问题。改革国有企业，必须从根本上解决上述弊端，这就不是简单通过兼并重组、实行混合所有制所能解决的。建议借鉴欧美国家经验，对真正国家需要的国有全资企业，可以专门立法管理。对于所有多元股份的混合所有制企业，统称私人经济或私人企业，割断其与政府的行政关联，由国有资产管理部门通过资本管理，以出资人身份进行管理监督，促进企业按照市场化原则进行经营，有望激活这个全球最大的国有经济体，为我国新时期的经济增长带来新的动能。

4. 通过强化工业技术创新能力化解低水平产能过剩

从生产函数分析，生产能力包含了资本能力、技术能力和管理能力的结合。技术能力包含了人的能力和生产设备的能力。改革开放初期，我国整体技术水平偏低，主要通过技术引进和模

仿创新建立了世界工厂的地位。然而，技术可以通过购买和合资等形式实现转移，而技术能力是有目的主动学习的结果。技术创新能力是无法脱离开管理、组织和劳动者本身独立存在的，更无法转移，必须经由自身刻苦学习得来。实践证明，技术引进和模仿在技术差距比较大的情况下对后进者能力提高是有效的。当技术差距不断缩小，引进和模仿的弊端不断显现。特别是国产化配套投资加重了技术路径依赖，容易被锁定在全球分工价值链的低端无法形成有效持续的技术积累。

目前，国内企业最稀缺的生产要素是核心制造技术。发达国家作为先进的技术创新来源国，占据着全球产业竞争的制高点。我国虽然在部分技术上有所突破，整体上仍然落后于发达国家。随着我国经济的快速增长和规模的扩张，技术引进、模仿创新政策和投资驱动型增长模式结合造成低水平技术的重复建设、过分依赖国外技术、自主创新不足和国际贸易摩擦等问题越来越严重，加快自主研发和建立技术积累的创新平台迫在眉睫。

5. 推进直接投资、贸易政策改革，包括加强全球政策协调

从全球分工来讲，任何国家都有自己的比较优势，在有比较优势的环节，一国的产能是可以过剩的，出口可以化解过剩，关键在于行业和企业要有国际竞争力。大规模的产能过剩，必然推动企业寻找海外市场，在一定程度上会影响国际贸易收支平衡，引发贸易争端。近年来，我国通过“一带一路”倡议，支持国产装备“走出去”，推进产能合作，取得了一定成效。今后需要进一步在知识产权保护、直接投资、技术转让和贸易平衡等方面，积极开展政策研究和国际合作。

6. 产业政策从选择具体行业转变为支持基础研发和重视教育

转变目前导向型的产业政策为无歧视的间接手段为主，维护市场的竞争机制和优胜劣汰，推动产业发展和产业结构的调整。进一步完善环境保护的法律和制度；加强知识产权的保护；支持基础性研究，对具有较强外部性的应用型研究及具有重大影响的应用型研究提供资助；开展教育和专业人才的培养；提供行业信息和技术发展趋势的专业咨询；经济信息的收集、整理、研究与发布，促进行业内部和外部的交流等。

参考文献

［1］刘伯英、李匡：《中国工业发展三个重要历史时期回顾》，《北京规划建设》2011 年第 1 期。

［2］Kun Jiang, Wolfgang Keller, Larry D. Qiu, William Ridley. International Joint Ventures and Internal vs. External Technology Transfer: Evidence from China. CESifo Working Paper Series, No. 7065, 50 Pages Posted: 21 Jul., 2018.

［3］许小年：《中国模式其实是不存在的》，《中国企业家》2012 年 12 月 5 日。

［4］曹建海、王帆：《贸易战、市场开放与中国的国有企业改革》，《经济纵横》2019 年第 6 期。

［5］曹建海：《重在完善产能过剩的防范机制》，《求是》2015 年第 8 期。

［6］张宇燕：《探源开放理论逻辑　理解互利共赢战略》，《经济日报》2019 年 5 月 14 日。

［7］华生：《非公经济也是社会主义和共产党执政的重要基础》，《董事会》2018 年第 11 期。

［8］纪志宏、纪敏等：《中国式产能过剩——风险·症结·治理》，中国金融出版社 2018 年版。

［9］路风：《走向自主创新：寻求中国力量的源泉》，中国人民大学出版社 2019 年版。

第十三章　新中国工业投资的变迁与发展

提　要

新中国70年工业领域的惊天成就，离不开工业投资的强有力支持。改革开放以前，全国人民集中力量、自力更生，建立了完整的工业体系，为工业化进程奠定了基础。党的十一届三中全会以后，以市场化改革和对外开放为动力，工业投资的规模、结构都发生了巨大的改变，有力助推了中国经济的高速崛起。在供给侧结构性改革进程中，工业投资的结构优化特征进一步凸显，对产业转型升级的支撑作用不断加强。总体来看，当前我国工业投资呈现以下一些特点：投资增速企稳回升；投资结构持续优化；产能利用率有待提高，但部分产业产能过剩情况仍然严峻；投资区域结构分化加剧；投资的体制政策环境进一步改善等。同时，也面临企业投资意愿不高、技术创新能力普遍不足、市场主体投资能力不强、要素市场化配置改革滞后等问题和挑战。在新时代，促进工业投资的关键应当紧紧抓住供给侧结构性改革这一主线，围绕投资主体最关心、最希望解决的问题，从进一步发挥市场在资源配置中的决定性作用、提升企业投资能力、加大金融对工业转型升级的支持力度、改善投资和市场环境、加大基础研究支撑和共性技术供给等方面入手，激发投资主体特别是民间投资的活力与潜力，引导社会投资更多投向工业发展的重点领域和薄弱环节，以高质量、高效率的投资推动高质量、高效益的工业发展。

*　　　　*　　　　*

在新中国70年史无前例、波澜壮阔的工业化进程中，工业投资不仅是工业领域体制变化和增长过程的一个缩影，更是作为工业发展的物质基础和技术条件，对工业实力和竞争力天翻地覆的变化发挥了举足轻重的作用。

一、新中国工业投资的变迁

1949年以来工业投资的变迁与发展清晰地折射了新中国工业经济发展的脉络和历程。计划经济体制下，国家高度主导工业投资，依靠集中力量办大事的举国体制，迅速建立起完善的工业体系，为后来的工业化进程奠定了坚实的基础。党的十一届三中全会以后，以市场化改革和对外开放为动力，工业领域的物质投入呈现出惊人的高速增长，强有力地推动了中国经济的高速崛起。进入新常态以来，在供给侧结构性改革进程中，工业投资经历了深刻的转型与变革，对产业结构优化升级的支撑作用进一步凸显。

1. 国家主导工业投资，集中力量、自力更生，建立起完善的工业体系（1949～1978 年）

1949 年 9 月 21～30 日，中国人民政治协商会议第一届全体会议于北平通过的《共同纲领》，确立了“应以有计划、有步骤地恢复和发展重工业为重点，例如矿业、钢铁业、动力工业、机器制造业、电器工业和主要化学工业等，以创立国家工业化的基础”。此后，在国民经济恢复的基础上，我国选择建立集中统一的经济体制，以有效调动有限的人力、财力、物力，集中进行大规模的经济建设①。

计划经济时期的投资体制主要有以下三个特征：一是企业投资全部纳入国家统一计划，国家是唯一的投资主体，投资权与行政权合一。所有的投资活动，包括资金筹集、投资分配、项目确定、建设实施、竣工验收等，都由国家主导控制。二是国有资产投资所有权与资产经营权合一。全国投资形成的资产，由国家行使管理职能，并且用指令性计划管理。企业的产供销由国家计划下达，盈亏由国家统负，财产由国家处置，收益由国家分配。企业没有独立自主的经营权力，只是指令性计划的作业单位。三是以中央财政为主导纵向筹资。中央财政拨款是基本建设资金的唯一来源，通过抑制市场机制的作用和人为控制资源价格，把经济剩余尽可能多地转化为资本积累，实现低消费、高积累，并对重工业高度倾斜②③。

在国民经济恢复时期，工业基本建设投资只有 26.89 亿元，仅占全社会基本建设投资的 34.3%。从第一个五年计划（1953～1957 年）开始，在优先发展重工业的政策导向下，投资迅速向工业尤其是重工业倾斜。“一五”时期，工业在全社会基本建设投资中的占比升至 42.5%，其中以能源、原材料、机械为代表的重工业占工业投资的 73.0%。“二五”时期，工业占国民经济基本建设投资的比重进一步升至 60.4%，重工业占工业投资的比重也升至 80.2%。到以后的“三五”“四五”“五五”时期，工业在全社会基本建设投资的占比基本保持在 52%～56%，重工业占工业投资的比重大多保持在 86% 以上。1953～1978年，工业在全社会基本建设投资中所占比重平均为 54.8%，重工业在全部工业投资中所占比重平均为 83.1%，纺织、食品等轻工业平均为 16.9%（见表 13－1）。国民经济的基本建设投资呈现出浓重的重工业化特征。

表 13－1　改革以前的工业基本建设投资

时期	工业占全社会基本建设投资比重（%）	重工业占工业基本建设投资比重（%）
恢复时期	34.3	—
“一五”时期	42.5	73.0
“二五”时期	60.4	80.2
1963～1965 年	49.8	79.4
“三五”时期	55.5	77.4
“四五”时期	55.4	86.9
“五五”时期	52.6	88.6
1953～1978 年	54.8	83.1

注：本章的重工业包括冶金、电力、煤炭、化工、机械、森林、建材等部门。

资料来源：根据《中国固定资产投资统计年鉴》（1950～1995）计算。

① 中华人民共和国成立初期，落后的社会生产力水平是我国选择计划经济的根本原因，苏联模式产生了重要的理论影响，帝国主义的阻挠和封锁则是这一选择的外部因素。

② 中华人民共和国成立伊始，我国居民收入水平低（相当于英国和法国工业化起步时人均 GDP 的 1/4 和 1/6），个体私营经济规模小、资金少，又分散，个别资本短期内无法实现大规模的资本积累，工业投资缺少雄厚的资金支持。而在朝鲜战争爆发后，美国等西方主要资本主义国家加紧对我国经济封锁，中国与西方国家进行经济合作、获得外资援助已经没有可能。

③ 这些筹资体制包括：实行长期统一的工资制度，严格控制工资总额、工资标准以及调整办法；压低农副产品价格，保持一定的工农业产品价格“剪刀差”，牺牲农民消费，使农业资金流入工业部门；实行高度集中的金融垄断机制，长期保持低利率和低汇率；实行对外贸易和外汇的严格控制和统一管理。

1949～1978年，在计划经济体制的强力支持下，我国进行了大规模的工业化原始积累，仅在“一五”期间取得的经济成就，就超过了之前一百年。这30年间，先后兴建了一系列工业项目，形成了以鞍钢为中心的东北工业基地，沿海地区原有的工业基地得到加强，华北和西北也建立了一批新的工业基地，建立了种类齐全、完整、独立的工业体系和发达的科技体系，成功地发射了“两弹一星”。1950～1977年，工业增加值年均增长11.2%，仅次于日本12.4%，远高于美国、苏联、德国、英国等世界强国。短短30年，中国走完了西方发达国家上百年才能走完的工业化道路，工业发展格局发生了举世瞩目的巨大变化，鸦片战争后中国被动挨打的落后面貌被彻底扫入历史，并为以后的进一步发展奠定了坚实的基础①。

2. 工业投资领域积极探索引入市场机制，各类非公有制投资快速增长（1978～1992年）

党的十一届三中全会以后，工业领域投资规模不断扩大，传统计划经济体制下依靠行政手段筹集和管理工业投资的思路与做法越来越无法适应实践的要求。

1979年以后，国家陆续采取了拨款改贷款制度、基本建设合同制、经济责任制、从实行利润留成到利改税、实施建筑工程安装招标制度、工程设计单位实行设计取费制度等措施，以提高投资建设效益。总体上，这些改革举措具有打破“全包全统”，初步简政放权、缩小计划指令范围等特点。投资管理方式开始从传统的计划指令转向采用经济办法管理，中央政府作为唯一投资主体和中央财政资金作为唯一投资资金来源的体制禁锢受到挑战和突破。

自1984年开始，经济体制改革的重心由农村转向城市。在投资领域，政府逐步缩小指令性计划范围，扩大指导性计划和市场调节的范围；进一步下放审批权限，简化审批手续；全面实行拨改贷，成立上海交易所和深圳交易所，实行全方位对外开放和鼓励外商投资，完善建设资金来源；投资建设领域建立和承包责任制，施行项目咨询评估和建设监理。政府从投资活动的直接控制者进一步转向宏观管理者，投资体制的市场取向改革得到有力的推进和深化。

在改革的推动下，非公有制投资快速增长。1980～1992年，非公有制投资年均增长21.4%，高于同期国有投资3.3个百分点，占全社会固定资产投资比重从1980年的13.1%升至15.1%②。从企业形态看，乡镇企业和三资企业异军突起。在消费品市场短缺、自身资本和技术能力束缚以及体制制约等影响下，乡镇企业基本选择进入农产品加工业和轻工业，成为促进轻工业快速发展、推动轻重工业比例由失调转向协调的至关重要的力量。据统计，1980～1988年，乡镇企业对全国轻工产品市场供给能力的贡献率达到32%；在1988年主要消费品产量中，乡镇企业占电风扇的45.5%、丝织品的68.7%、呢绒的52.1%③。东南沿海地区发挥毗邻港澳的区位优势和传统的人脉文化联系纽带，以“两头在外、三来一补”为模式，发展了一大批三资企业，吸引大量内地劳动力的流入，使国际市场需求与国内廉价劳动力优势充分对接，有力推动了深圳、东莞等新兴开放城市的崛起。

3. 结构和效益发生矛盾，工业投资转向资本品及耐用消费品领域（1992～2001年）

1992年邓小平同志南方谈话，破除了“姓‘资’姓‘社’”和“计划与市场”关系的困扰。

① 邓小平同志曾讲道，“建国以来，我们做了一些事情，基本上解决了吃饭穿衣问题，粮食达到自给。这是很了不起的事情，旧中国长期没有解决这个问题。在工业方面，我们已经建立了一个比较好的基础，尽管还很落后，但比过去好多了”［《邓小平文选》（第2卷），人民出版社1993年版，第405页］。他还说，“如果20世纪60年代以来中国没有原子弹、氢弹，没有发射卫星，中国就不能叫有重要影响的大国，就没有现在这样的国际地位。这些东西反映一个民族的能力，也是一个民族、一个国家兴旺发达的标志。”［《邓小平文选》（第3卷），人民出版社1993年版，第279页］

② 相比之下，集体投资增长更快，年均增速达到32.6%，在全社会固定资产投资中的占比由5.0%升至16.8%。其中，名为集体而实为个体、私营和合伙的“红帽子”企业发挥了举足轻重的作用。1989年，中国社会科学院经济研究所承担世界银行委托的中国乡镇工业课题时，曾对江苏、浙江、广东等乡镇企业发展快的省市进行访问调查，即发现调查户中1/3以上的企业是挂乡镇企业牌子的私人企业。中国社会科学院民营经济研究中心联合零点市场调查与分析公司及全国工商联信息中心进行问卷调查，1993年时被调查的私营企业主认为“红帽子”企业占集体企业的比例为50%～80%（张羽：《红帽子企业：时代变迁的后遗症》，《方圆法治》2013年第14期）。

③ 刘斌、张兆刚、霍功：《中国三农问题报告》，中国发展出版社2004年版，第281页。

党的十四大决定建立社会主义市场经济体制。在投资领域，企业成为投资主体这一改革方向得到深化和明确，在很大程度上改变了政府直接管理投资的方式，初步形成了投资主体多元化、资金来源多渠道、投资方式多样化、建设实施市场化的格局。同时，财税、金融、外贸等与投资体制相关的改革也取得了重要进展，投资建设领域的市场化运作机制显著加强。

党的十四大有力地刺激了本已旺盛的投资热情，使20世纪90年代前几年的工业投资保持了较高的增长速度。到20世纪90年代中期，主要工业产品的生产能力均有极大提高，供不应求的矛盾显著缓解。"九五"期间，在主要工业品种，钢、煤、水泥、化肥、电视机等产量跃居世界第一位，发电量、棉布、化学纤维等产量居世界第二位。此时，结构和效益之间的冲突和不适应也在加剧。以纺织、家电为代表，部分轻工业领域出现了开工不足、产品库存积压等状况，过剩现象开始显现①。在产能过剩和企业盈利水平下滑的抑制下，工业投资速度明显地持续降低，1999年增速降至－1.1%。工业投资占全社会固定资产投资的比重和工业投资率（工业投资/工业增加值）逐年走低（见表13－2）。在国有单位投资中，工业投资比重由1990年的58.5%下降到2000年的27.7%。其中，制造业投资比重则由30.1%降至9.5%，降幅最为明显。

表13－2　1992～2000年工业投资占全社会固定资产投资比重和工业投资率

年份	工业投资占全社会固定资产投资比重（%）	工业投资率（%）
1992	46.5	36.3
1993	43.0	39.4
1994	40.5	35.3
1995	39.6	31.7
1996	39.0	30.3
1997	37.5	28.3
1998	33.3	27.7
1999	31.3	25.9
2000	31.2	25.5

资料来源：根据《中国固定资产投资统计数典》（1995～2000）计算。

工业投资主要流向基础产业、基础设施、新一代家电等高增长行业。1992～2000年，按当年价计算，国有经济在电力、煤气及水生产和供应业中的投资年均增长18.8%，是全部国有经济工业投资平均增速（6.5%）的近3倍，占国有经济工业投资的比重也由1992年的19.4%一路升至2000年的46.5%（见图13－1）。资本品及耐用消费品工业发展速度加快，资本劳动比大幅上升，资本深化程度明显提高，成为传统产业的主导部门②。

① 根据1995年第三次工业普查结果，在900多种主要工业产品中，全国有半数产品的生产能力利用率在60%以下。如照相胶卷的产能利用率仅13.3%，电影胶片为25.5%，电话单机为51.4%，彩色电视机为46.1%，家用洗衣机为43.4%，自行车为54.5%（国家统计局：《关于第三次全国工业普查主要数据的公报》，2008年9月）。到1999年，在34个工业行业大类中，共有25个行业的销售利润率低于4%，其中有18个行业更小于3%。

② 其原因有二：一是为了加快生产设备和工艺技术的更新了，以增强竞争优势；二是用资本替代劳动以抑制劳动成本上升（吕铁：《90年代我国制造业增长的来源分析》，《中国工业经济》2000年第12期）。

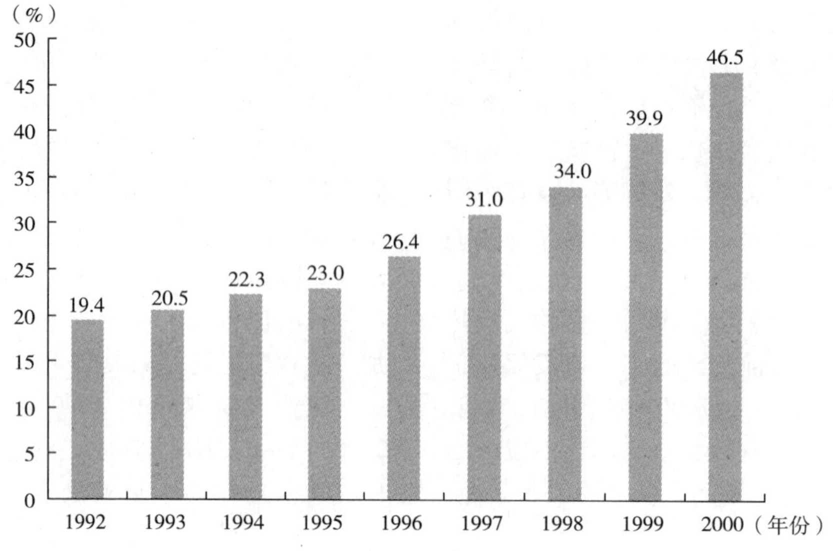

图 13-1 电力、煤气及水生产和供应业占国有经济工业投资比重

资料来源：国家统计局：《中国固定资产投资统计数典》（1992~2000），中国统计出版社 2002 年版。

4. 在全球化和重化工业化带动下，工业投资连续高速增长（2002~2012 年）

2001 年，中国加入了世界贸易组织（WTO），工业化进程进入面向全球化的发展新阶段。国际贸易环境的改善使中国工业的资本、劳动、技术和管理体制创新等优势在国际市场上获得了更大的释放空间，特别是劳动力、土地、环境等低成本要素的比较优势，在粗放式数量扩张中得到了极致的发挥。中国迅速融入新的国际价值链分工体系，形成了以完全竞争一般工业制成品出口和垄断竞争资源性原料进口不断增加为特征的贸易结构①。

从 2002 年开始，中国经济开始了高速增长和快速发展的时期。2010 年中国 GDP 达到 58786 亿美元，成为世界第二大经济体。2011 年，中国工业增加值超越美国。据统计，世界 500 种主要工业品当中，中国有 220 种工业品产品排名世界第一，成为名副其实的“世界工厂”。2012 年，中国的对外贸易总额也超过美国，成为世界货物贸易第一大出口国和第二大进口国，服务贸易第三大进口国和第四大出口国。

从 2002 年下半年开始，国民经济中出现了一批新的高增长行业，主要是住宅、汽车、电子通信和基础设施建设等，这些行业拉动了一批中间投资性质的产业，主要是钢铁、有色金属、建材、机械、化工等，而以上两方面的增长又拉动了电力、煤炭、石油等能源行业的增长。中国经济表现出明显的重化工业化特征。

民间投资大量激活，外资大规模进入，工业投资迅速走出低谷，呈现强劲的增长走势。2002~2012 年，工业投资年均增长 27.2%，比 1992~2002 年高出 13.2 个百分点；对全社会固定资产投资增长的贡献率达到 42.4%，比 1992~2002 年高出 13.6 个百分点。工业投资率持续不断走高，2012 年达到 74%，几乎是 2002 年的 2.5 倍（见图 13-2）。20 世纪 90 年代中期开始全社会投资重心移向服务业的结构转换过程出现逆向变动趋势。

① 章昌裕：《中国入世十年成就回顾与前景展望》，《对外经贸》2012 年第 1 期。

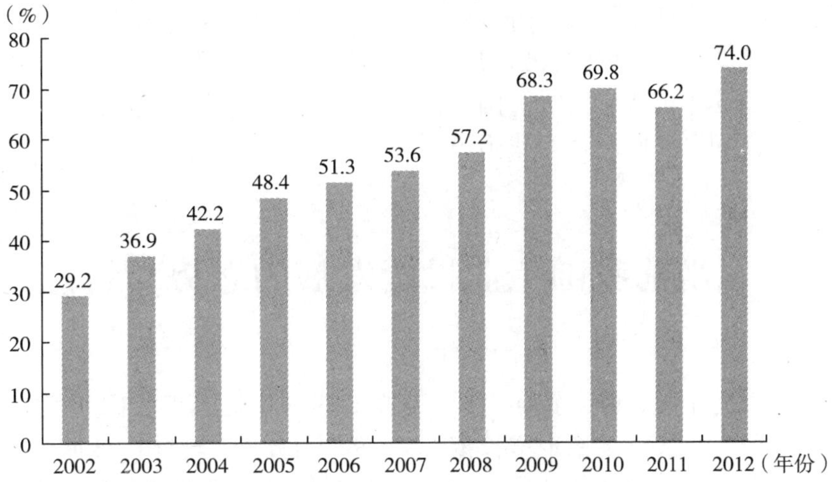

图 13－2　2002～2012 年工业投资率

资料来源：根据《中国统计年鉴》（各年）计算获得。

5. 供给侧结构性改革下，结构优化成为工业投资的发展主线（2012 年至今）

2013 年以来，受外需大幅萎缩、国内重化工业化进程趋缓等影响，新一轮产能过剩不期而至，工业投资增速也随之呈现明显的持续下滑。到 2016 年，工业投资增速降至 3.6%，比 2012 年下降 16.1 个百分点（见图 13－3）。其中，民间工业投资和民间制造业投资增速降幅更甚，分别从 2012 年的 26.6% 和 27.2%，降到 2016 年的 3.2% 和 3.6%。这种增长动力的迅速消失本质上是经济下行时期市场化投资主体基于产能过剩严重、市场环境偏紧的谨慎反应和选择，从供给侧构成了新常态下的结构性变化。

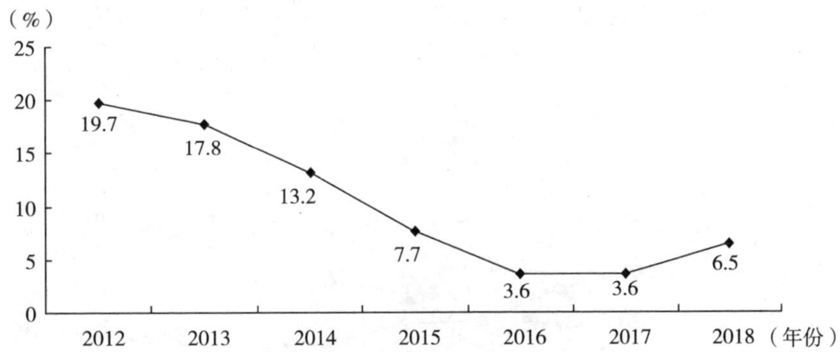

图 13－3　2012～2018 年工业投资增速（按当年价计算）

资料来源：国家统计局网站。

随着供给侧结构性改革深入推进，“短板”领域投资不断加大，工业投资对优化供给结构、提升供给质量支撑作用明显增强。2013～2017 年，高技术制造业投资年均增长 14.6%。2017 年，高技术制造业投资占全部制造业投资比重为 13.5%，比 2012 年提高 2.8 个百分点。2013～2017 年，工业技术改造投资年均增长 17.0%，快于同期工业投资 6 个百分点。2017 年，工业技改投资占工业投资比重为 44%，比 2012 年提高 11 个百分点。

这一时期，投资体制向投融资体制改变，与供给侧结构改革协同推进。2013 年党的十八届三中全会通过《中共中央关于全面深化改革若干重大问题的决定》，提出“建立统一开放、竞争有序的市场体系”，“使市场在资源配置中起决定作用”；2015 年首次提出“加强供给侧结构性改革”，显示出国内经济调控思路的重大转折，后续改革重点开始围绕优化供给体系以激发新的经济新增长点和驱动力；2016 年《中共中央、国务院关于深化投融资体制改革的意见》作为我国历史上第一份由党中央国务院印发实施的投融资体制改革文件，确定了投融资体制改革的顶层设计，新一轮投融资体制改革全面展开。

二、当前我国工业投资发展的态势与特点

当前，我国经济已由高速增长阶段转向高质量发展阶段。在这一阶段，经济持续稳定增长依靠的不是投资强刺激，而是知识创新及其推动的技术进步。总体来看，支持工业投资回稳向好的积极因素持续积累，政策效果逐渐显现，投资结构不断优化，新动能和转型升级投资活跃。

1. 工业投资增速企稳回升

2018 年，在全国固定资产投资增速延续下行的态势下，工业投资和制造业投资分别增长 6.5% 和 9.5%，增速较年内低点回升 4.5 个和 5.7 个百分点，较 2017 年回升 2.9 个和 4.7 个百分点，增速创近两年新高。其中，制造业投资增速达到 2015 年 7 月以来最高水平，连续 9 个月实现回升。此外，制造业民间投资增速也呈现明显的回升态势，2018 年比上年增长 10.3%，较年内低点回升 5.9 个百分点，较 2017 年回升 5.5 个百分点；高出全部制造业投资 0.8 个百分点，高出民间投资增速 1.6 个百分点。工业投资增速企稳回升有以下几个原因：一是营商环境持续改善，特别是一系列鼓励民间投资、支持民营企业政策的落地实施，吸引国内外更多企业和项目投资；二是“去产能”工作的推进提高了相关行业产能利用率，结合需求因素带动 PPI 恢复性走高，改善了企业盈利水平；三是降本增效强化了企业转型升级的动力；四是对外开放实现新突破，吸引外资大量进入制造业[①]。2018 年，全国实际使用外资 1350 亿美元，同比增长 3%；其中，制造业实际利用外资达到 412 亿美元，比上年增长 22.9%，占比达到 30.5%。

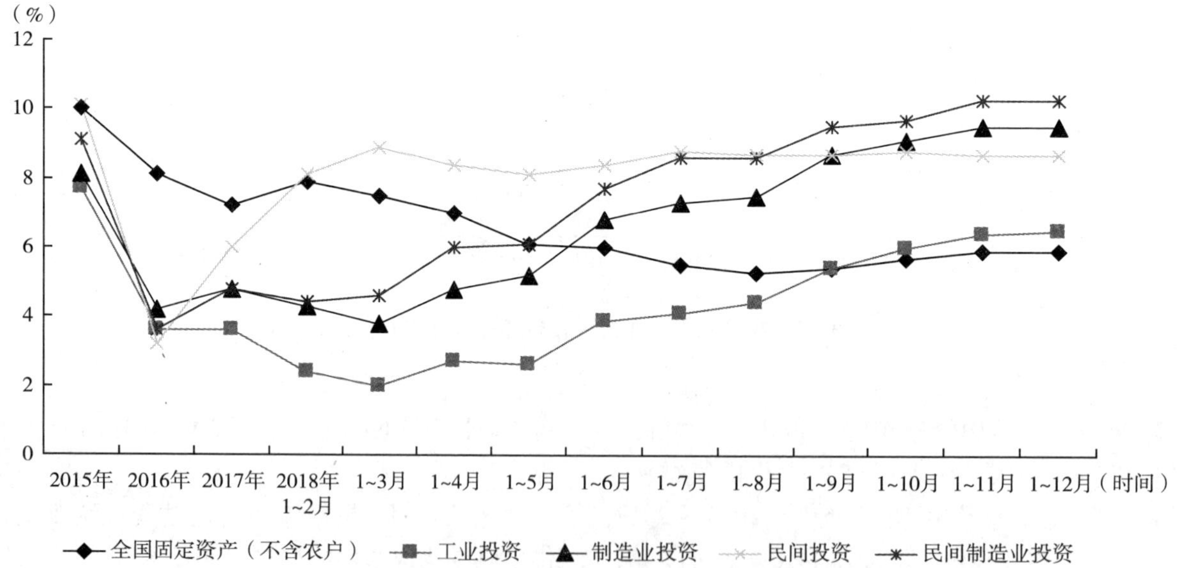

图 13-4 2015~2018 年工业和制造业投资增长速度（按当年价计算）

资料来源：国家统计局网站。

① 2018 年，我国取消了船舶建造、飞机制造外商准入限制，以及专用车和新能源汽车外商股比投资限制，同时明确了其他类汽车开放时间表和路线图。至此，一般制造业已基本上实现对外资全部开放。

2. 工业投资结构持续优化

2018 年，工业投资占全社会固定资产投资的比重达到 38.6%，比上年提高 2.3 个百分点。这也是自 2008 年国际金融危机以来持续下降后的首次回升。在工业投资中，技术改造投资增长 12.8%，占比达 45.1%，比上年提高 1.1 个百分点。这部分投资不是扩大产能、扩大规模等外延式的投资增长，而是改善产品结构、产业结构、转换升级向价值链的中高端迈进方面的投资[①]。2018 年，制造业投资增速高出工业投资 3 个百分点，占工业投资的比重也进一步升至 85.0%，比上年提高 1.6 个百分点，延续了近几年的上升态势（见图 13-5）；而在全部制造业投资中，民间投资占 87.8%，制造业投资的市场化程度不断提高。从行业看，增长较快的除非金属矿物制品业（19.7%）外，还有计算机、通信和其他电子设备制造业（16.6%），金属制品制造业（15.4%），专用设备制造业（15.4%），电气机械和器材制造业（13.4%）（见表 13-3）。总体上，高技术制造业投资增长 16.1%，高于制造业平均水平 6.6 个百分点，占制造业投资比重升至 14.5%，比 2017 年提高 1 个百分点；装备制造业投资增长 11.6%，增速比 2017 年提高 1.2 个百分点。转型升级、创新驱动等结构调整所带来的成效逐步显现，新动能对工业经济的支撑作用不断加大。2018 年，高技术制造业增加值增长 11.7%，装备制造业增加值增速达到 8.1%，均明显高于 6.2% 的整体工业增速。

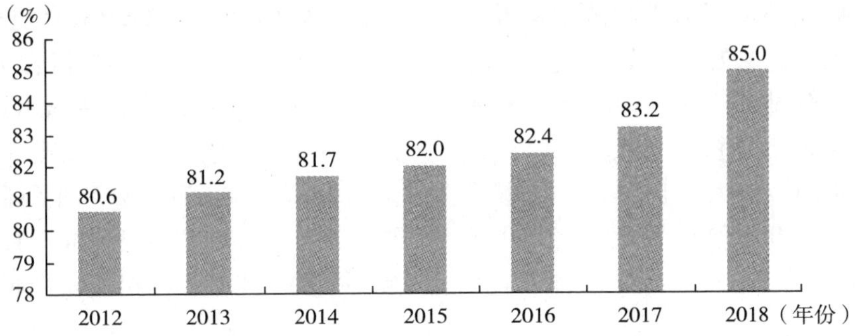

图 13-5　2012～2018 年制造业投资占工业投资比重

资料来源：国家统计局网站。

表 13-3　2013～2018 年主要制造业投资增速

单位:%

行业类别＼年份	2013	2014	2015	2016	2017	2018
制造业	18.5	13.5	8.1	4.2	4.8	9.5
农副食品加工业	26.5	18.7	7.7	9.5	3.6	0.0
食品制造业	20.7	22.0	14.4	14.5	1.7	3.8
纺织业	18.3	12.4	12.8	10.7	5.9	5.1
化学原料和化学制品制造业	17.1	10.5	3.3	-1.6	-4.0	6.0
医药制造业	26.5	15.1	11.9	8.4	-3.0	4.0
橡胶和塑料制品业	20.6	13.2	10.1	7.4	1.2	5.4
非金属矿物制品业	14.8	15.6	6.1	0.7	1.6	19.7
黑色金属冶炼和压延加工业	-2.1	-5.9	-11.0	-2.2	-7.1	13.8
有色金属冶炼和压延加工业	20.6	4.1	-4.0	-5.8	-3.0	3.2

① 刘坤：《工业经济运行总体呈现“稳”“进”态势》，《光明日报》2019 年 1 月 30 日。

续表

行业类别 \ 年份	2013	2014	2015	2016	2017	2018
金属制品业	20.9	21.4	10.0	6.5	4.7	15.4
通用设备制造业	23.5	16.4	10.1	-2.3	3.9	8.6
专用设备制造业	18.5	14.1	8.5	-2.6	4.7	15.4
汽车制造业	15	8.3	14.2	4.5	10.2	3.5
铁路、船舶、航空航天和其他运输设备制造业	16.4	16.1	2.2	-9.2	2.9	-4.1
电气机械和器材制造业	10.7	12.9	8.7	13.0	6.0	13.4
计算机、通信和其他电子设备制造业	20.2	10.7	13.3	15.8	25.3	16.6

资料来源：国家统计局网站。

3. 产能利用率有提高，但部分产业产能过剩情况仍然严峻

2017年底召开的中央经济工作会议明确提出，围绕高质量发展，必须深化供给侧结构性改革，大力破除无效供给，把处置“僵尸企业”作为重要抓手，推动化解过剩产能。2018年，有关部门加快推进压减和退出钢铁、煤炭产能，淘汰关停不达标的煤电机组；加大“僵尸企业”破产清算和重整力度。2018年，全国工业产能利用率为76.5%，比2016年提高3.2个百分点，工业整体供给的质量和效率进一步提高。但是，部分行业产能过剩的情况仍然比较严峻，煤炭产能利用率70.6%、化学原料和化学制品制造业74.2%、非金属矿物制品业69.9%（见表13-4）。此外，部分新能源汽车、LED、机器人等战略性新兴产业由于缺乏核心技术，盲目低端化扩张，也出现产能过剩的现象。上百个城市有新能源汽车项目落地，20多个城市有芯片产业项目布局，共有65个机器人产业园在建或已建成，有些欠发达、产业基础不强的县也在布局机器人产业园①。

表13-4　2018年工业产能利用率

单位:%

行业类别	产能利用率	比上年增减
工业	76.5	-0.5
其中：采矿业	71.9	0.8
制造业	76.9	-0.6
电力、热力、燃气及水生产和供应业	73.4	0.6
其中：煤炭开采和洗选业	70.6	2.4
石油和天然气开采业	88.3	-0.1
食品制造业	75.3	-0.3
纺织业	79.8	-0.4
化学原料和化学制品制造业	74.2	-2.8
医药制造业	77.6	-1.5
化学纤维制造业	81.8	-1.9
非金属矿物制品业	69.9	-1.1
黑色金属冶炼和压延加工业	78.0	2.2
有色金属冶炼和压延加工业	78.8	0.3

① 刘立峰：《2018年投资形势分析及未来前景展望》，http://www.sohu.com/a/285009456_692693。

续表

行业类别	产能利用率	比上年增减
通用设备制造业	77.3	0.6
专用设备制造业	79.1	2.8
汽车制造业	79.8	-2.4
电气机械和器材制造业	78.0	-1.6
计算机、通信和其他电子设备制造业	79.4	-0.7

资料来源：国家统计局网站。

4. 工业投资的区域分化更加凸显

2013~2017年，东部和中部地区工业投资年均增速分别为11.4%和11.3%，各高于全国平均水平2.8个和2.7个百分点；西部地区年均增长6.1%，东北三省负增长7.5%，各低于全国平均水平2.5个和16.1个百分点；四大区域的投资增长差异十分明显（见表13-5）。东部和中部占全国工业投资比重分别由2012年的39.5%和26.6%升至44.9%和30.1%，西部则由22.0%降至19.6%，东北三省降幅更大，由11.9%降至5.3%（见图13-6）。从主要行业看，东部和中部地区在制造业和基础设施投资上，与西部和东北三省的分化更为显著；东中部占全国制造业投资的比重由2012年的70.5%升至2017年的78.3%，占电热水气生产和供应业投资的比重由49.3%升至53.4%。不同地区间工业投资增速差距持续扩大的原因在于：一是在工业投资越来越转向转型升级和创新驱动的背景下，地区间创新要素集聚以及创新能力差异对工业投资特别是制造业投资的影响趋于显著，这也是导致区域新旧动能转换不平衡的深层次原因；二是营商环境对市场化程度不断提高的工业投资的重要性日渐突出；三是已有产业结构的牵制和拖累，特别是各地区产能过剩情况的差异，也在客观上加剧了投资增速的分化。

表13-5 2013~2017年各地区工业投资增长速度

单位：%

地区	工业	采矿业	制造业	电力、热力、燃气及水生产供应业
全国平均	8.6	-7.2	9.2	12.2
东部	11.4	-2.9	11.2	16.5
中部	11.3	-10.6	12.0	20.7
西部	6.1	-4.5	7.9	6.7
东北三省	-7.5	-14.1	-7.5	-2.3

资料来源：根据《中国固定资产投资统计年鉴》（各年）计算获得。

5. 工业投资的体制政策环境进一步改善

2018年11月初，习近平总书记在民营企业座谈会上发表重要讲话，充分肯定了民营经济的重要地位和作用，让民营企业吃下“定心丸”、安心谋发展。随后，国务院常务会提出，加大金融支持缓解民营企业融资难融资贵。中央各部委从融资、税负、营商、准入等环节相继出台一大批政策，扶持企业投资与发展。地方省级政府也纷纷出台激发民营经济活力政策措施。同时，围绕营造公平竞争环境、加快审批流程和进度等内容，投资体制改革也得以深入推进。2018年5月，国务院常务会议提出，采取措施将企业开办时间和工程建设项目审批时间压减一半以上，并在北京、天津、沈阳等16个地区开展试点，精简工程建设项目审批全过程和所有类型审批事项。之后，国务院提出持续推进外资领域“放管服”改革，进一步下放外资审批权限。2018年9月26日，国务院又提出要深化“放管服”改革，在负面清单之外，外资与内资一视同仁，实行各类所有制企业一致的市场准入标准。这些实质性的改革进展给企业和社会投资者带来了便利。

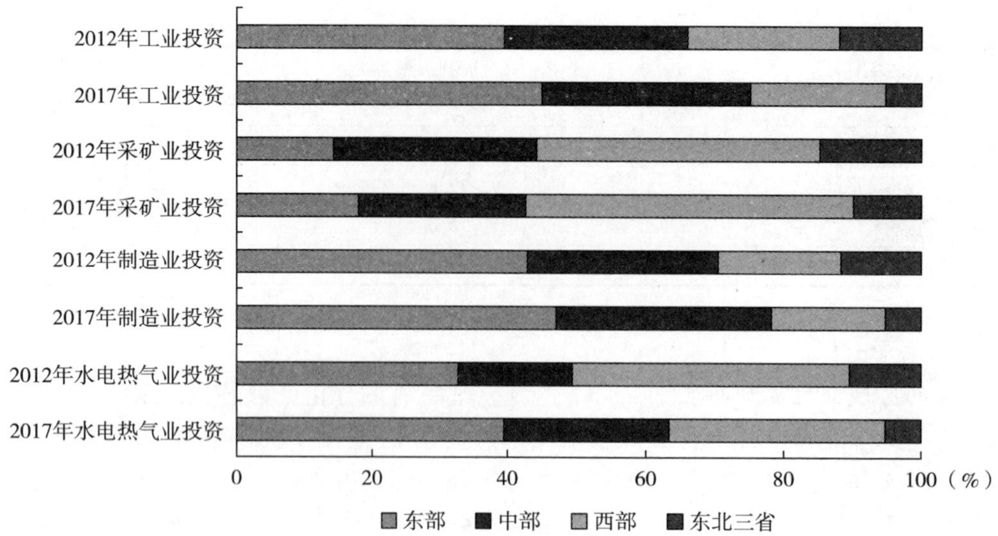

图 13-6 工业投资的区域构成

资料来源：根据《中国固定资产投资统计年鉴》（各年）计算获得。

三、工业投资面临的问题和挑战

当前，全球经济增势减弱，外部不确定性增多，中国经济面临下行压力，结构性矛盾仍然突出。从工业领域看，加快工业转型升级需要有适度的投资强度，但是工业投资仍将面临多方面的问题和挑战。

1. *复杂多变的外部环境和经济下行压力抑制企业投资意愿*

当前，保护主义、单边主义持续蔓延，贸易和投资争端加剧，全球产业格局和供应链配置面临调整，金融稳定受到冲击，国际经济运行风险和不确定性显著上升。受到全球经济放缓、中美贸易战和上年高基数的影响，出口贸易增速面临较大的回调压力。从国内看，我国经济发展面临新的风险挑战，经济下行压力加大。受居民部门高杠杆对消费挤出作用制约，加之房地产和汽车等消费需求受到基数和政策调控影响，尽管有通信设备、智能化产品、个性化产品、网络消费等新兴需求，消费增长仍将稳中趋缓；此外，服务消费占居民消费的比重已接近一半且有继续升高之势。这对工业特别是制造业来讲，无论是总量还是结构，都意味着与需求之间存在严峻的不协调、不适应。实际上，目前淘汰落后产能的任务依旧艰巨，不仅煤炭、钢铁等传统产业部分落后产能没有出清，特别是“僵尸企业”出清仍面临债务处置、人员安置等约束条件，而且在一些战略性新兴产业（如新能源汽车、LED、机器人等）也出现产能过剩的现象。在这种情况下，国内外市场需求遭遇多重变化和限制，能源原材料成本上升，生产经营面临困难增多，必然对企业的投资意愿构成较大抑制。

2. *企业技术创新能力普遍不足，难以适应转型升级的需要*

长期以来，受产权保护、竞争秩序和产业链分工等因素的影响，我国企业普遍重生产轻研究开发，重引进轻消化吸收，重模仿轻创新，导致技术创新水平较低，许多企业停留在跟进模仿阶段，多限于仿制或低水平开发、自主创新能力明显不足。一方面，随着市场需求结构升级，企业加快产品更新换代、提高产品质量和工艺水平、增强企业创新能力和核心竞争力的任务更加紧迫。中美贸易摩擦向科技领域延伸，也使企业关键核心技术“卡脖子”问题进一步凸显。另一方面，现有的产业共性技术支撑体系远不能满足企业转型升级对共性技术的巨大需求。特别是中小企业集中的行业，大部分企业自身研发能力薄弱，行业共性技术供给缺失无疑让这部分企业技术改造异常艰难。从劳动力要素看，高素质人才尤其是技术型人才短缺对企业转型升级已构成明显的羁绊。

3. 市场主体活力不强，企业投资能力有待提升

新常态以来，在推动经济转型过程中，政府陆续实施的“去杠杆”、控债务、严监管、强环保等举措，对习惯于原有发展方式和盈利模式的企业冲击较大；而由于这些措施对不同类型企业的非对称性效应，民营企业和中小企业受到的影响更为显著。据统计，我国民营企业的平均寿命只有3.7年，中小企业只有2.5年，如此短的平均寿命反映了部分企业投资和运营能力的脆弱。实际上，改革开放以来国民经济的高速增长在相当程度上掩盖了企业投资能力的不足。从微观看，相当数量的企业决策权集中于创始人一人手中，决策缺乏集体性和制衡性①。在经济上行期往往会出现投资冲动，进行大量的跨界投资和过度扩张，而进入下行期则会因草率投资而拖累企业资金链绷紧、断裂以致陷入困境。例如，浙江庄吉一度是国内服装界的巨头，巨资投入陌生的房地产业和造船业，一味追求高额利润而忽略风险控制的疯狂扩张，最终酿成苦果：在全球航运业、造船业入冬后，造船业务跌至冰点，又逢信贷收缩，不堪资金重压，轰然倒下。所以，对于大多数企业来说，从以往依赖劳动力和资源的粗放发展转向依赖技术和创新的集约发展绝非易事，它本身就是对企业战略理念、治理结构、管理规范等的巨大挑战。

4. 要素市场化配置改革滞后，制约企业投资效率

经济循环不畅是制约工业投资的又一个深层次结构性矛盾。由于资金、土地、技术等要素市场化配置改革滞后，导致生产要素流动不畅，配置不合理，要素价格形成机制不健全，市场配置资源功能难以有效发挥。以金融为例，以价格形成为主要形式的市场运行动力生成机制不健全，特别是纵向信号传导渠道的断裂，导致投融资信号失真、运行功能紊乱、运行机制失灵。市场化配置改革滞后的结果是形成了事实上的“信用双轨制”，一部分企业融资难、融资贵，尤其是中小企业申请信贷不仅要有实物抵押、办理审批时间长、贷款基准利率普遍上浮，贷后管理还要按资金使用情况逐项审批、程序烦琐；另一部分企业能够以明显低价获得稀缺要素，不可避免地带来投资软约束问题，助推企业的盲目过度投资。解决这些问题的根本出路在于深化市场化改革，使用市场手段而非采取行政命令方式，否则不仅不能矫正金融机制不健全，反而会进一步加剧金融市场的扭曲②。

四、以高质量投资促进高质量发展的思路与对策

新时代促进工业投资发展的关键，应当是紧紧抓住供给侧结构性改革这一主线，围绕投资主体最关心、最希望解决的问题，下大气力解决存在的突出矛盾和问题，激发投资主体特别是民间投资的活力与潜力，引导社会投资更多投向工业发展的重点领域和薄弱环节，以高质量、高效率的投资推动高质量、高效益的工业发展。

1. 进一步发挥市场在资源配置中的决定性作用

处理好政府和市场的关系，使市场在资源配置中起决定性作用和更好发挥政府作用，是推进

① 例如，竺素娥等（2015）曾发现，企业实际控制人会对企业过度扩张产生重要影响，并且发现当实际控制人是男性、学历越低、风险偏好、持股比例越低时企业过度扩张、盲目投资的可能性就越大。

② 例如，郭娜（2013）的研究表明，通过推动担保机构发展、完善信用评级机制等市场手段，比政府手段更能解决中小企业的融资困境。

供给侧结构性改革的重大原则。目前，民间投资已分别占工业投资和制造业投资的80%和87%，投资主体的市场化程度已经达到较高水平。为此，有必要进一步划清政府和市场的边界，阻断政府对工业投资行为的直接介入，让市场机制的优胜劣汰功能在更大程度上引导、激励投资活动的优化升级[①]。一方面，不仅要完善政府的经济调节、市场监管、社会管理和公共服务的职能，还要设计科学的政绩评价体系，改革干部政绩考核和提拔任用体制，并对政府机构的职能、权限以及对市场运行的管制和干预，给予明确的法律监督和规范。另一方面，还要积极利用市场约束和资源约束增强的“倒逼”机制，调整和理顺土地、能源、矿产资源价格关系，放宽基础性产品和服务的价格浮动幅度，建立以市场定价为主的价格形成机制，完善生态补偿责任机制，建立统一、开放、竞争、有序的资源市场体系，构建依靠市场机制促进和优化工业投资的制度基础。

2. *努力提升企业投资能力*

企业投资能力的实质是企业发展战略的选择和执行能力。在微观上，工业投资主要是在企业家的带领下实现的。企业家以什么理念办企业，以什么方式获取利润，决定了产业发展的方向[②]。企业家的视野和思维决定了企业和投资项目的战略远见，乃至企业技术水平、管理能力和产品质量等都由此所决定。企业能否通过创新以获得领先优势，与企业家的战略抱负及领导素质紧密相连。新常态以来，很多民间投资遭遇滑铁卢式的失败，与以企业家战略思维为主的投资能力不足有很大的关系。所以，要通过不断优化有效投资来促进工业转型升级，就要特别重视企业创新文化和企业家精神的培养与激励。从本质上讲，没有真正落后的产业，只有落后的观念、标准、技术和管理。为此，可建立以政府资金为引导、多方投入为主的企业家选拔与继续教育机制，以培养企业家精神为重点，突出抓好诚信经营、战略思维、资本运作、风险决策、国际视野和自主创新能力的培训，帮助企业家提升自主创新与主动升级的战略能力、现代企业管理水平以及市场开拓能力。此外，鼓励企业参与组建多种形式的产业联盟，以资本为纽带、以项目为载体、以技术为平台、以上下游企业为链条，加强产业联盟成员的资源整合与协同，提升整体的投资能力。

3. *加大金融对工业转型升级的支持力度*

虚拟投资从资产价格泡沫中获得高额回报，是实体经济在信贷市场上遭遇“挤出效应”，甚至实业资本也“脱实向虚”的直接诱因。国有企业和中小民营企业的“信用双轨制”，又催生了非正式金融的野蛮生长。解决实体经济融资难融资贵的问题，根本路径是深化金融供给侧结构性改革。正如习近平总书记所指出的，要以金融体系结构调整优化为重点，优化融资结构和金融机构体系、市场体系、产品体系，为实体经济发展提供更高质量、更有效率的金融服务。首先，立足实体经济需求加快金融创新。通过精准解析客户需求、创新融资产品和服务手段、构建有效的金融体系来降低隐性交易成本和风险，提高融资效率。充分运用网络信用体系，整合金融资源，优化、完善金融机构内部创新机制和管理理念。其次，提升对中小微企业的金融服务水平。建立完善中小微企业贷款风险补偿机制，引导信贷投放向中小微企业倾斜。支持小额贷款公司开展信贷资产证券化业务，促进中小微企业与社会资本有效对接。推动银行机构大力发展产业链融资、商业圈融资和企业群融资，开办商业保理、金融租赁和定向信托等融资服务。最后，优化金融生态环境。完善重大产业、重大项目、重点企业的产融对接机制。深化政策性担保体系改革，规范发展融资性担保公司，发展多层次中小企业信用担保体系。建立企业数据共建共享平台，构建企业信用档案，完善中小企业信用评价体系。加大对恶意逃废债行为的打击力度，对恶意逃废债企业实施联合惩戒。

4. *大力改善投资和市场环境，激发创新活力*

营商环境是经济发展重要的基础。企业的壮大，创新创业的活跃，离不开良好的营商环境。世界银行《2019年营商环境报告》指出，2018

① 事实上，最近一轮产能过剩中部分战略性新兴产业也深陷低水平重复建设的泥潭，与一些地方政府的投资冲动有很大关系。

② 金碚：《中国产业转型升级要有哪些新思维》，《经济日报》2017年6月23日。

年中国在全球营商环境排名从2017年的第78位跃升至第46位。进入新时代，建设现代化经济体系、推动高质量发展，加快推进工业转型升级，对进一步优化营商环境更是提出了新要求。为此，一是破除制约民间投资的各种障碍。深化“放管服”改革，构建民间投资增长的体制机制和政策环境，消除因行政干预和审批所形成的“政策机会”，引导企业依靠技术进步和创新而不是“寻租”获利，使民营企业在市场准入、资源配置和政府服务等方面享受与国企同等待遇，真正激发民间投资活力。二是加大对知识产权的保护。拓宽知识产权保护范围，推进商业机密、商业标识等立法进程。充分发挥司法保护知识产权的主导作用，加大司法惩处力度，提高侵权代价，降低维权成本，有效遏制侵权行为。三是规制不正当竞争。对符合不正当竞争特征而法律又未明确规定的不正当竞争行为，采用列举示例法与概括相结合的方法，以利于执法部门结合社会具体情况予以制裁。对恶性严重的不正当竞争行为，应从法律上规定其承担“加重民事责任”或“惩罚性民事责任”，并明确加重或惩罚赔偿的幅度。

5. 加快建设共性技术供给体系

随着新一轮科技革命和产业变革的展开，创新载体正在从单个企业向跨领域多主体协同创新网络转变，创新载体的跨界、融合、协同特征越发显著。在我国，加快建设符合企业需要的行业共性技术供给体系，是促进工业有效投资、推动企业转型升级的重要保障和支撑。首先，要做好行业关键共性技术的统筹规划。通过编制关键共性技术目录，建立相关项目计划，形成共性技术布局，集中资金、人才、设施等资源开展协同创新，注重将应用技术作为主攻方向，坚持市场化主体运作以提高创新资源的配置效率。其次，加强产业共性技术创新组织建设。这类创新组织的主要任务是突破制约行业发展的共性和关键技术；促进行业新型通用技术的转移扩散和首次商业化应用；开展行业前沿基础性技术的研发与储备；做好行业共性技术输出和人才培养。最后，在中小企业比较集中的区域，结合区域产业基础和产业规划以及产业集群的特点，由市场主导和政府引导相结合，搭建区域共性技术服务平台，发展质量检测、设计服务和市场信息等生产性服务业，提高产业集群的整体创新效率。

专栏13－1

创新、投资“双轮驱动”推进转型升级的江苏实践

改革开放以来，以制造业为主体的实体经济始终是江苏发展的根基所在。2018年，江苏省围绕建设制造强省的目标，把推进制造业高质量发展摆在突出位置，重点培育13个先进制造业集群，以创新驱动拉开产业转型新序幕，不断加大工业投资，既实现了工业经济稳中有进，又促进了产业转型升级，加快推动产业迈向全球价值链的中高端。

新医药是江苏在2018年重点培育的13个先进制造业集群之一。在错综复杂的国内外环境下，江苏在全国率先出台《关于加快培育先进制造业集群的指导意见》，围绕13个先进制造业集群，制定科技与产业深度融合的政策措施，推动以企业为主体的科技创新，新认定国家高新技术企业超过8000家，开展核心技术攻关131项，重大科技成果转化124项。

以江苏康缘药业为例，多年来该公司的R&D投入始终占销售收入的10%以上。2018年，江苏康缘荣获国家技术发明奖，而且是其中唯一的药物研究项目。他们研发的“银杏二萜内酯注射液”，一改以往治疗脑卒中的西药在抗血小板打通脑血管的同时，常常带来损害脑神经副作用的问题，一跃成为脑卒中治疗的新药。2018年，康缘仅这一药品销售就突破10亿元。在康缘，像这样的创新中药有48个，带动企业2018年销售增长30%。

在加快企业技术创新的同时，江苏继续加大工业投资。2018 年工业固定资产投资增长 8%，其中工业技改投资增长 10.7%，高新技术产业投资增长 15.2%。全省亿元以上工业项目有 4746 个，总投资达 2.8 万亿元，为工业增长提供了原动力。在盐城射阳江苏骏益光电科技有限公司，投资 10 亿元建设的大尺寸触摸显示屏已经投产，这种显示屏达 30 寸，采用物理钢化替代传统的化学钢化，性能和环保性大幅提高，成为三星电器显示屏的主力供应商，还开辟了智能黑板等新领域。

在先进制造业做"加法"的同时，江苏对落后生产力做"减法"，煤炭、水泥、平板玻璃、船舶四大重点行业的新一轮去产能任务全部提前完成，规模以上工业万元增加值能耗下降 7.3%，绿色转型步伐越来越快。

2018 年，江苏省规模以上工业增加值增长 5.1%，工业增长的速度在趋缓，但工业运行的质态在改善、在提升，工业增长的支撑力量更加巩固。其中，重点产业、重点地区特别是广大民营企业保持了较好的增长趋势，在培育新动能、转换增长动力方面取得了长足进展，新技术新产品广泛应用，全省战略性新兴产业、高新技术产业产值分别增长 8.8% 和 11%，占工业比重分别提高到 32% 和 43.8%，支撑利润增长高于工业增速，江苏省工业高质量增长呈现加速态势。

资料来源：根据江苏广电融媒体新闻中心有关报道整理，http：//news. jstv. com/a/20190204/1549278581713. shtml。

参考文献

［1］王一鸣：《在应对复杂变局中保持经济持续健康发展：2018 年经济形势和 2019 年展望》，http：//www. drc. gov. cn/zxxw/20190401/1－223－2898285. htm。

［2］金碚：《中国产业转型升级要有哪些新思维》，《经济日报》2017 年 6 月 23 日。

［3］刘立峰：《投资低迷掣肘〈中国制造 2025〉》，http：//www. sohu. com/a/234568062_ 485176。

［4］刘勇：《以制度建设为突破口，推动传统产业转型升级》，《经济日报》2019 年 3 月 27 日。

［5］刘以雷：《改革 40 年我国投资体制的历史变迁》，http：//www. sohu. com/a/284295897_ 828724。

［6］吕铁：《90 年代我国制造业增长的来源分析》，《中国工业经济》2000 年第 12 期

［7］刘坤：《工业经济运行总体呈现"稳""进"态势》，《光明日报》2019 年 1 月 30 日。

［8］章昌裕：《中国入世十年成就回顾与前景展望》，《对外经贸》2012 年第 1 期。

［9］郭娜：《政府？市场？谁更有效——中小企业融资难解决机制有效性研究》，《金融研究》2013 年第 3 期。

［10］竺素娥、胡瑛、郑晓婧：《实际控制人特征与企业过度扩张研究》，《商业研究》2015 年第 4 期。

第十四章　新中国工业利用外资70年

提　要

笔者认为，中华人民共和国成立以后，我国工业利用外资历程可分为八个阶段：一是1949～1957年的艰难起步期，二是1958～1965年的自主探索期，三是1966～1977年的曲折前进期，四是1978～1991年的重整旗鼓期，五是1992～2000年的渐进改革期，六是2001～2007年的加速增长期，七是2008～2012年的调整优化期，八是2013年至今的转型升级期。我国工业利用外资的主要特征包括：利用外资规模呈波动升降趋势，利用方式以直接投资为主，外资来源以亚洲地区为主，投资方式以外资企业为主，投资行业以加工制造为主，投资区域以东部地区为主。我国工业利用外资的主要成就与问题包括：在促进经济增长方面，工业利用外资能弥补资金缺口，但比重越来越低；在优化产业结构方面，工业利用外资能带来溢出效应，但挤出效应加剧；在扩大对外贸易方面，工业利用外资能参与国际分工，但作用有所减小；在增加劳动就业方面，工业利用外资能雇用本地员工，但比重开始下降；在提升创新能力方面，工业利用外资能促进研发活动，但核心技术在外。未来要从加快完善法律体系、提升对外开放水平、深化"放管服"改革、打造一流营商环境、强化重要平台作用、优化区域开放布局等方面展开进一步突破。

*　　　　*　　　　*

利用外资是推动我国工业化进程的重要力量。在我国工业经济的发展过程中，外资通过技术溢出效应、人员流动效应、经营示范效应和市场竞争效应等机制发挥了积极作用。然而，据《2018世界投资报告》数据显示，2017年我国吸引了1360亿美元的外国直接投资，尽管在全球经济体中排名第二，仅次于美国的2750亿美元，但增量放缓和低迷趋势凸显，导致存量的下降和退出压力骤增。如何在全球经济增长乏力、政策不确定性增加、投资保护主义盛行的背景下进一步有效利用外资，扬长避短，推动我国从工业大国向工业强国迈进，是迫切需要解决的难题。本章通过回顾我国工业利用外资发展历程，总结经验教训，能够为解决工业"大而不强"的难题提供客观依据和历史借鉴。

一、我国工业利用外资历程

我国工业利用外资早在中华人民共和国成立前就已存在，但其发展历程并非一帆风顺。概括而言，中华人民共和国成立以后，我国工业利用外资历程可分为八个阶段：一是1949～1957年的艰难起步期，二是1958～1965年的自主探索期，三是1966～1977年的曲折前进期，四是1978～1991年的重整旗鼓期，五是1992～2000年的渐进改革期，六是2001～2007年的加速增长期，七是2008～2012年的调整优化期，八是2013年至今的转型升级期。

1. 艰难起步期：1949～1957年

中华人民共和国成立初期，在饱受战乱创伤后，我国面临着十分困难的经济形势。这一时期，我国工业利用外资最典型的案例是引进苏联的“156项工程”，即1950年毛泽东率团访苏期间签订的50个工业企业项目、1952～1953年周恩来率团访苏期间签订的91个工业企业项目和1954年赫鲁晓夫率团访华期间签订的15个工业企业项目。在“156项工程”中，实际建设的150个项目分布在能源、军事、机械加工、冶金、化工、轻工与医药等行业，相关企业分别有52个、44个、24个、20个、7个、3个[①]。其中，大型工业企业和重点交通工程包括长春第一汽车制造厂、沈阳第一机床厂、武汉长江大桥等。1955年，一届全国人大二次会议审议通过的“一五”计划明确指出，要“集中主要力量，进行以苏联帮助我国设计的156个大型建设项目为中心、由694个大中型建设项目组成的工业建设”。而这些项目的建成与运营，在扭转我国薄弱工业基础、建立完备工业体系、提升工业生产能力、完善工业区域布局等方面发挥了重要作用。到1957年，以现价计我国工业国内生产总值（GDP）为271.6亿元，在第二产业GDP、整体GDP中的比重分别为85.79%、25.35%，分别比1952年高出152亿元、1.02个百分点、7.74个百分点[②]。

2. 自主探索期：1958～1965年

尽管“一五”计划取得超预期成效，但在错误估计实际困难和刻意夸大主观能动性的作用下，早期急躁冒进的苗头再次显现。这一时期，受苏联政府于1960年突然单方面终止援建合同并撤回全部专家和技术人员，以及以美国为首的多数西方国家仍对我国采取敌视态度等因素的影响，我国工业利用外资在曲折中发展：一方面，通过民间贸易的方式利用外资，如与日本实业界代表团于1962年签订长期综合贸易备忘录，并以之为基础，引进钢铁、化纤、机器等技术设备，进而缓解工农业发展所需的生产物资困难等问题；另一方面，通过出口信贷、延期付款等方式利用外资，如分别从日本、法国、英国、瑞典、比利时、奥地利、荷兰等国家于1962～1965年引进与化工、石油、矿山、精密仪器、汽车等行业相关的成套机器和技术设备，进而开展技术改造和填补国内相关生产部门的关键技术。到1965年，以现价计我国工业GDP为554.2亿元，在第二产业GDP、整体GDP中的比重分别为91.08%、31.96%，分别比1958年高出138.3亿元、5.08个百分点、0.27个百分点。

3. 曲折前进期：1966～1977年

1966年，“文化大革命”爆发，我国工业化进程受到严重冲击。这一时期，在极“左”思潮的冲击下，我国工业利用外资受到了极大影响，连正常的对外交往和引进行为都往往被批判为“洋奴哲学”“爬行主义”。然而，国际形势开始发生有利变化，如我国于1971年10月恢复了联合国合法席位、我国与美国于1972年7月在上海发表《中美联合公报》、我国与日本于1972年10月决定建立外交关系并在北京发表联合声明等，使我国工业利用外资出现了历史性机遇。因此，即使是在林彪、“四人帮”集团的阻挠和破坏下，

---

①② 资料来源：《商务历史》，http：//history. mofcom. gov. cn。

我国工业利用外资也并未完全陷入停顿状态。其中，最典型的案例是“四三方案”，即中华人民共和国（以下简称国家计委）在1972年提出《关于进口成套化纤、化肥技术设备的报告》《关于进口一米七连续轧板机的报告》《关于进口成套化工设备的请示报告》的基础上，于1973年在《关于增加进口、扩大经济交流的请示报告》中建议，“拟在今后三五年内，集中进口一批成套设备和单机设备……初步提出进口43亿美元的方案……”。客观来看，尽管“四三方案”在执行过程中也存在较多问题，如受“批林批孔”运动阻挠只完成了原计划的77.04%、注重机器设备而非专利技术的引入、重复引进成套设备造成外汇资源浪费、忽视引进过程中经验知识的消化与吸收等，但它开启了我国从西方国家大规模引进现代工业技术的大门，包括轧机成套设备、氯化球团烧结成套设备、大型化肥成套设备、大型电站成套设备、大型化纤成套设备等在内的引进项目确实对当时我国相关工业产品生产能力的提高、技术改造与研发能力的提升起到了较大的促进作用。到1977年，以现价计我国工业GDP为1385亿元，尽管在第二产业GDP中的比重为91.25%，比1966年下降了0.49个百分点，但在整体GDP中的比重为42.62%，比1966年上升7.87个百分点。

4. 重整旗鼓期：1978～1991年

1978年12月，党的十一届三中全会召开，党和国家工作中心转移到经济建设上来，由此打开了我国改革开放之路。这一时期，我国工业利用外资在延续前期大规模引进的基础上不断调整，并随着改革开放逐步完善。如国家计委在1977年提出要通过分三阶段、几大战役的方式实现接近、赶上和超过发达资本主义国家的目标，而在1978年陆续出访、考察、汇报、讨论的基础上，国务院决定扩大对外引进。1978年，国家计委、建委下发《1978年引进新技术和成套设备计划》，批准各部门用汇扩大对外引进。由于实际协议金额达到78亿美元，因此被称为“78亿计划”。大规模的技术和成套设备引进推动了重工业的发展，但在引进过程中急于求成、新建过程中一拥而上等问题使我国国民经济陷入“新跃进”困境。随着党的十一届三中全会的召开，我国开始走上改革开放之路。1979年，尽管国民经济仍处于治理整顿期间，邓小平在多次讲话中提到“可以利用外国的资金和技术”“充分研究一下怎样利用外资的问题”“充分利用、善于利用外资”等内容。在党中央、国务院于1979年决定在深圳、珠海、汕头和厦门建立经济特区，将其作为我国对外开放的“试验田”和“窗口”，以及包括《中华人民共和国外资企业法》《中华人民共和国中外合资经营企业法》《关于鼓励外商投资的规定》《中华人民共和国中外合资经营企业所得税法》《关于扩大沿海经济开放区范围的通知》《中华人民共和国中外合作经营企业法》等一系列法律法规出台之后，我国工业利用外资也开始重整旗鼓走上新征程。到1991年，以现价计我国工业GDP为8138.2亿元，比1978年高出6516.7亿元，在第二产业GDP、整体GDP中的比重分别为89.14%、36.98%，分别比1978年降低3.24个百分点、7.1个百分点。当年，我国合同利用外资项目数和金额分别为13086个、195.83亿美元，实际利用外资金额为115.54亿美元，分别是1983年的18.97倍、5.41倍、5.11倍。

5. 渐进改革期：1992～2000年

1991年底，随着苏联解体，世界政治经济格局迅速朝着多元化方向发展。这一时期，我国工业利用外资也在渐进改革过程中不断发展。如1992年，邓小平的南方谈话在意识形态上结束了当时姓“社”姓“资”的争论，为利用外资创造了良好的政治环境；同年，党的十四大提出“进一步扩大对外开放，更多更好地利用国外资金、资源、技术和管理经验”，从而坚定了外资进入我国的信心。1993年，党的十四届三中全会指出，要“鼓励个体、私营、外资经济发展”。1994年，国务院作出《关于进一步深化对外贸易体制改革的决定》，指出要“充分利用国际国内两个市场、两种资源，优化资源配置”。1995年党的十四届五中全会和1996年八届全国人大四次会议都指出，要“积极合理有效地利用外资”，“逐步统一内外资企业政策，实行国民待遇”。1997年，江泽民在讲话中指出，“引进来”和“走出去”，是我国对外开放的基本国策，“缺一不可”。2000年，国务院在《关于实施西部大开发若干政策措施的通知》中提出，“一些领域的对外开放，允许在西部地区先行试点”，“对外商投资西部地区基础设施和优势产业项目，适当放宽外商投资的股比限制”等。其间，包括《外商投资企业控股公司法》《外商投资产业指导目录》《关于外商投资举办投资性公司的暂行规定》《关于外商投资设立研发中心有关问题的通知》《关于进一步鼓励外商投资有关进口税收政策的通知》《中西部地区外商投资优势产业目录》《关于外商投资企业境内投资的暂行规定》等一系列法律法规也相继出台，有效保障并促进了我国工业利用外资的发展。到2000年，以现价计我国工业GDP为4.03万亿元，比1992年高出3万亿元，在第二产业GDP、整体GDP中的比重分别为88.16%、40.15%，分别比1992年降低0.03个百分点、高出2.12个百分点。当年，我国合同利用外资项目数和金额分别为22347个、711.3亿美元，实际利用外资金额为593.56亿美元，分别是1992年的0.46倍、1.02倍、3.09倍。其中，工业合同利用外商直接投资项目数和实际利用外商直接投资金额分别16265个、286.72亿美元，所占比重分别为84.73%、77.56%[①]。

6. 加速增长期：2001～2007年

2001年，我国正式加入世界贸易组织。这一时期，我国工业利用外资进入加速增长期。2002年，党的十六大提出，要坚持“引进来”和“走出去”相结合，“全面提高对外开放水平”，从而标志着我国工业利用外资的战略发生了重大转变。2003年，党的十六届三中全会指出，要通过扩大利用外资规模、更多引进高素质人才、注重消化吸收创新、引导加工贸易转型升级等方式，更好地发挥外资的作用。2005年，国务院批准实行“以市场供求为基础、参考‘一篮子’货币进行调节、有管理的浮动汇率制度”，能够有效改善对外经贸关系，并倒逼我国利用外资结构的优化升级。2006年，中央经济工作会议强调，要在坚持互利共赢的基础上，完善对外经济发展模式，要通过重点“引进先进技术、先进管理和海外智力”的方式提高利用外资质量。2007年，党的十七大提出，要创新利用外资方式，发挥其在“自主创新、产业升级、区域协调发展等方面的积极作用”。其间，包括《指导外商投资方向规定》《对外贸易壁垒调查暂行规定》《关于进一步实施科技兴贸战略的若干意见》《中华人民共和国对外贸易法》《科技兴贸“十一五”规划》《关于鼓励技术引进和创新，促进转变外贸增长方式的若干意见》《外商投资产业指导目录》等一系列法律法规的出台、修订，推动了我国工业利用外资的加速增长。到2007年，以现价计我国工业GDP为11.17万亿元，比2001年高出6.8万亿元，在第二产业GDP、整体GDP中的比重分别为88.2%、41.35%，分别比2001年降低0.11个百分点、高出1.8个百分点。当年，我国合同利用外资项目数为37871个，实际利用外资金额为783.39亿美元，分别是2001年的1.45倍、1.58倍。其中，工业合同利用外商直接投资项目数和实际利用外商直接投资金额分别为19779个、424.27亿美元，所占比重分别为52.23%、57.33%。

7. 调整优化期：2008～2012年

2007年，美国爆发了次贷危机，在很短时间内波及全球，使世界经济增长前景陷入困境。这一时期，我国工业利用外资增长缓慢，处于调整优化阶段。2008年，国务院批复《珠江三角洲地区改革发展规划纲要（2008～2020年）》，明确指出要“积极吸引世界500强企业和全球行业龙头企业投资，严格限制低水平、高污染、高能耗的外资项目进入”，“实现利用外资从资金为主向以先进技术、管理经验和高素质人才为主”的转变。2010年，国务院作出《关于进一步做好利用外资工作的若干意见》，从优化利用外资结构、引导向中西部地区投资、多样化引进和利用方式、深化管理体制改革等方面提出了21条政策措施。2011年，国务院印发《工业转型升级规划（2011～2015）》，指出要通过“加强外资政策与产业政策的协调”、鼓励外资投向战略性新兴产业领域、加强引进消化吸收再创新、鼓励跨国公司设立功能性机构等方式“提高工业领域利用外资水平”。2012年，党的十八大指出，在全面提高开放型经济水平的过程中，要“提高利用外资综合优势和总体效益，推动引资、引技、引智有机结合”。其间，包括《外国企业或个人在中国境内设立合伙企业管理办法》《关于跨境人民币

① 所占比重数据以Wind公布的按行业分外商直接投资分类为基础进行计算，下同。

直接投资有关问题的通知》《关于建立外国投资者并购境内企业安全审查制度的通知》《关于继续执行研发机构采购设备税收政策的通知》《外商投资产业指导目录》等一系列法规的出台、修订，对我国工业利用外资的调整优化也起到了积极作用。到2012年，以现价计我国工业GDP为20.89万亿元，比2008年高出7.7万亿元，在第二产业GDP、整体GDP中的比重分别为85.39%、38.79%，分别比2008年降低2.45个百分点、2.47个百分点。当年，我国合同利用外资项目数为24925个，实际利用外资金额为1132.94亿美元，分别是2008年的0.91倍、1.19倍。其中，工业合同利用外商直接投资项目数和实际利用外商直接投资金额分别为9210个、512.76亿美元，所占比重分别为36.95%、45.9%。

8. 转型升级期：2013年至今

2013年以来，在国际秩序改革兴起、大国力量此消彼长、地区摩擦纠纷不断、世界经济整体低迷的背景下，发达国家试图通过加速“再工业化”政策和采取单边主义、贸易保护主义等措施阻碍甚至遏制我国工业化进程。这一时期，我国工业利用外资呈现下降趋势，迫切需要转型升级。2013年，党的十八届三中全会通过《关于全面深化改革若干重大问题的决定》，指出要“统一内外资法律法规，保持外资政策稳定、透明、可预期”，并在进一步放开一般制造业的同时，放开部分服务业领域外资准入限制。2014年，习近平在召开外国专家座谈会时指出，“中国要永远做一个学习大国”，中国的对外开放首先是人的对外开放，未来会“更加积极主动地引进国外人才”。2015年，国务院印发《关于深化体制机制改革加快实施创新驱动发展战略的若干意见》《关于大力推进大众创业万众创新若干政策措施的意见》，提出“完善外商投资创业投资企业规定，有效利用境外资本投向创新领域”，“逐步放宽外商投资人才中介服务机构的外资持股比例和最低注册资本金要求”等内容。2016年，习近平在二十国集团工商峰会开幕式上的主旨演讲中指出，我国的“一带一路”倡议不是另起炉灶、不要唱独角戏、不去谋求势力范围、不是营造私人花园，我国“对外开放不会停滞，更不会走回头路”，未来将“全力营造优良营商环境”并加快同相关经济体签订自由贸易协定和双边投资协定。2017~2018年，国务院相继发出《关于扩大对外开放积极利用外资若干措施的通知》《关于促进外资增长若干措施的通知》《关于积极有效利用外资推动经济高质量发展若干措施的通知》等，从进一步扩大对外开放、创造公平竞争环境、制定财税支持政策、便利人才出境、提升投资保护水平、优化区域开放布局、完善国家级开发区综合投资环境等角度提出了众多政策措施。2019年，十三届全国人大二次会议审议通过《中华人民共和国外商投资法》，从而开启了我国推动形成全面开放新格局和高质量利用外资新阶段的序幕。2018年，以现价计我国工业GDP为30.52万亿元，比2013年高出8.3万亿元，在第二产业GDP、整体GDP中的比重分别为83.38%、33.9%，分别比2013年降低1.5个百分点、3.6个百分点。当年，我国合同利用外资项目数为60533个，实际利用外资金额为1350亿美元，分别是2013年的2.66倍、1.14倍。其中，2017年工业合同利用外商直接投资项目数和实际利用外商直接投资金额分别为5383个、383.29亿美元，所占比重分别为15.1%、29.25%。

二、我国工业利用外资的主要特征

我国工业利用外资在发展过程中，在利用规模、利用方式、外资来源、投资方式、投资行业、投资区域等方面存在显著的特征。

1. 利用规模呈波动升降趋势

我国工业利用外资规模受工业化进程中发展战略、引进政策、开放水平、产业结构以及母国政治、经济、社会发展情况等众多因素的影响，金额和项目数在不同阶段会差异化。

在实际使用金额方面，尽管1997年以前没有详细的数据统计，但可以从不同时期最为典型的案例进行考察，如艰难起步期最为典型的是引进苏联的“156项工程”，曲折前进期最为典型的是“四三方案”，重整旗鼓期早期最为典型的是“78计划”。到渐进改革期，尽管我国确立了经济体制改革的目标，且各领域改革开始逐步深入推进，但后期受亚洲金融危机的冲击，因此，工业利用外资规模呈现先上升后下降的趋势。在加速增长期，由于加入世界贸易组织，我国对外开放水平不断提高，因此，工业利用外资规模开始呈现上升趋势。在调整优化期，尽管受美国次贷危机冲击，但我国经济在全球范围内率先走出低谷，成为外资青睐的“高地”，因此，工业利用外资规模不断创造新高。到转型升级期，在发达国家“再工业化”政策引导和对中国工业科技的不断“围剿”下，工业利用外资规模不断下降。从占比的角度看，在2002年以前，我国工业利用外资规模在利用外资总规模中的比例呈现上升趋势，但在2003年以后，则始终处于下降中。到2017年，我国工业利用外资实际使用金额为383.29亿美元，在利用外资总规模中的比重仅为29.25%。

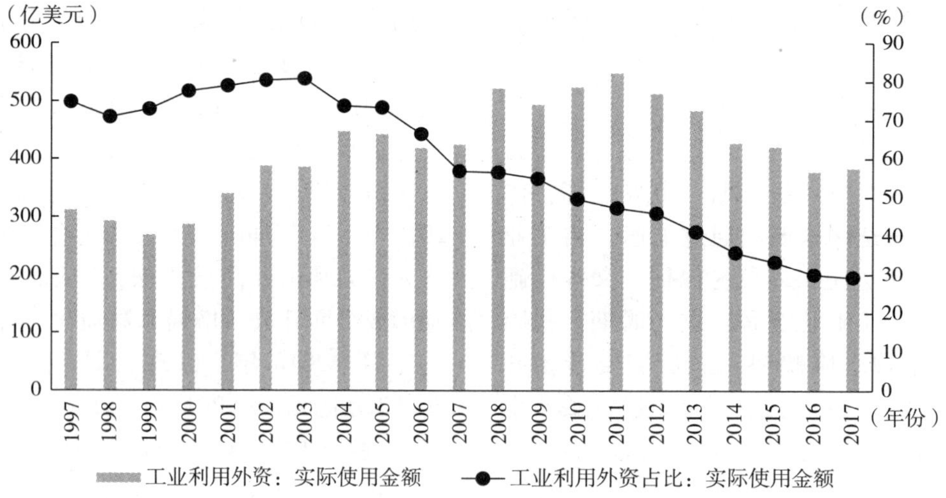

图14-1 1997~2017年工业利用外资的实际使用金额情况

资料来源：根据国家统计局数据计算得到。

在合同项目数方面，在渐进改革末期，受亚洲金融危机影响，我国工业利用外资合同项目数呈现下降趋势。在加速增长期，受加入世界贸易组织的利好影响，我国工业利用外资合同项目数开始加速上升。然而，2004年开始针对固定资产投资项目、违法用地等清理整顿工作，使我国工业利用外资合同项目数不断下降。在调整优化期，受“一揽子”计划的刺激和影响，我国工业利用外资合同项目数有短暂上升趋势，但很快又开始逐渐下降。2017年，在我国“放管服”改革持续推进、整体营商环境明显改善的情况下，我国工业利用外资合同项目数开始企稳回升。从占比的角度看，在2000年以前，我国工业利用外资合同项目数在利用外资总项目数中的比例呈现缓慢上升趋势，但在2001年以后，则开始缓慢下降。到2003年，我国工业利用外资合同项目数占比开始大幅下降，直到2017年，才有企稳趋势出现。2017年，我国工业利用外资合同项目数为5384个，在利用外资总项目数中的比重仅为15.1%。

2. 利用方式以直接投资为主

我国工业利用外资有多种形式，总体来说包括国际直接投资和国际间接投资。前者即为外商直接投资，后者包括对外借款、外商其他投资等方式。在早期，尽管有签订创办合资企业的案例，但我国工业利用外资仍以对外借款为主。如在艰难起步期，我国引进苏联“156项工程”的

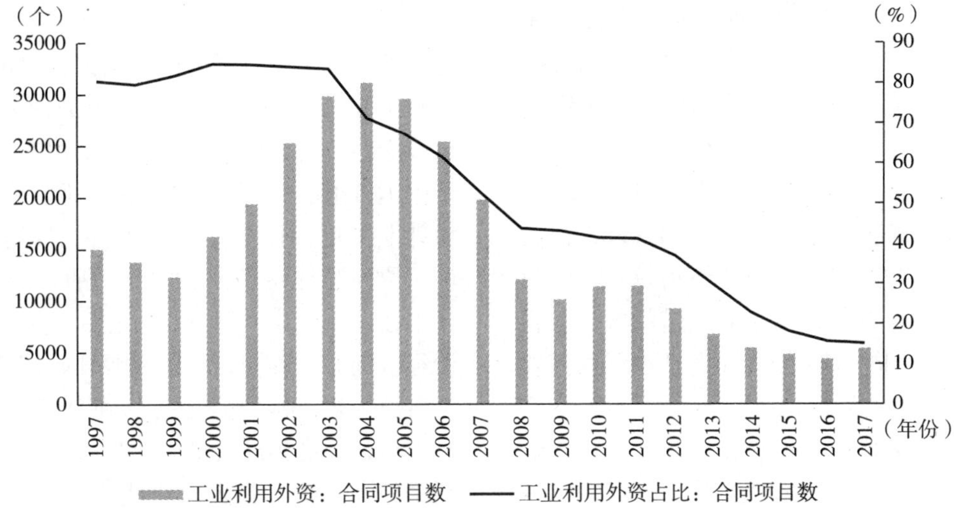

图 14-2　1997~2017 年工业利用外资的合同项目数情况

资料来源：根据国家统计局数据计算得到。

方式，就是通过以低利率的优惠条件向苏联借贷实现的。到改革开放以后，我国开始大力发展加工贸易，使外商其他投资得到了较快发展。随之而来的，是以出口信贷为基础的对外借款的增加。到1992年，我国确立了经济体制改革的目标，外商直接投资开始大规模进入我国，从而促进了国际直接投资在工业利用外资中占比的提升。尽管相比于外商直接投资，对外借款、外商其他投资等方式具有更多的自主性和灵活性，但在产业培育、结构调整、区域均衡、市场竞争等综合因素的考量下，外商直接投资的作用更加显著，因此，在我国相关政策的鼓励和引导下，外商直接投资成为我国工业利用外资的主要方式。

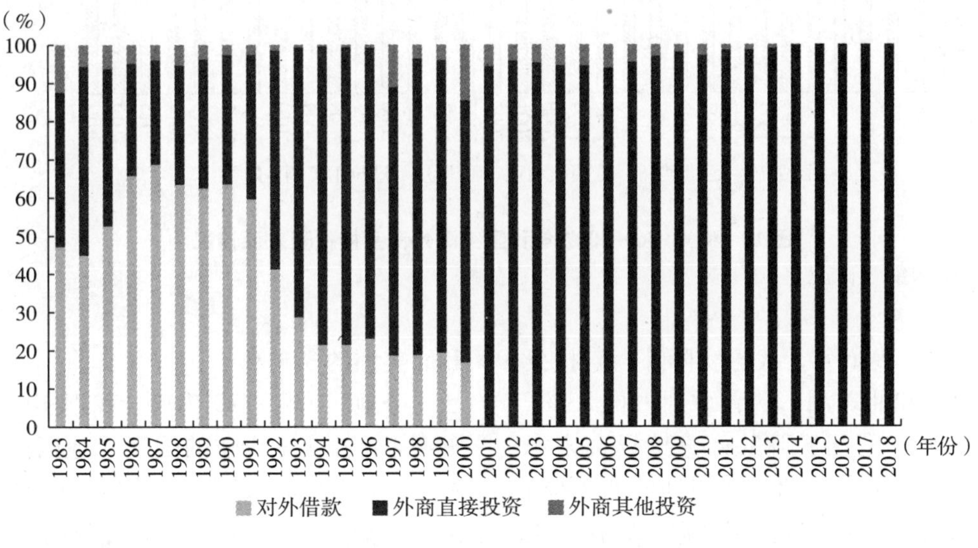

图 14-3　1983~2018 年我国利用外资的利用方式情况

注：2000 年及以前，外商投资合同金额和实际使用外资额均含对外借款，之后不再计入。

资料来源：根据中国统计年鉴数据计算得到。

从数据来看①，1983年，我国实际利用外资金额为22.61亿美元，当年对外借款、外商直接投资、外商其他投资的实际利用金额分别为10.65亿美元、9.16亿美元、2.8亿美元，占比分别为47.1%、40.51%、12.38%；到1992年，我国外商直接投资实际利用金额为110.08亿美元，占比为57.32%，超过了对外借款的79.11亿美元。从2001年开始，由于对外借款数据不再统计在外商投资合同框架内，因此，外商直接投资的占比始终保持在94%以上。

3. 外资来源以亚洲地区为主

外资来源的多元化可以增强卖方市场的竞争程度、提高买方市场的议价能力，从而使我国能更好地消化吸收利用外资带来的益处。在我国工业利用外资过程中，在改革开放之前，受意识形态、制度差异、国际阵营等因素的影响，尽管我国利用外资来源中有部分西方国家，但仍以社会主义阵营国家（地区）为主。改革开放初期，我国通过设立经济特区的方式拉开了利用外资的试点。由于中国香港、中国澳门和东南亚国家（地区）在地理上接近，且在文化、语言、环境等方面与深圳、厦门等有较多的相似性，所以，外资来源主要集中在这些国家（地区）。之后，受国内和国际政治经济局势的影响，外资来源开始扩散到韩国、中国台湾等东亚国家和地区。到1997年亚洲金融危机以后，考虑到外资集中化带来的金融风险，我国利用外资开始实施多元化战略。直到2007年美国次贷危机发生后，受全球经济低迷、世界贸易萎缩、区域摩擦纠纷增加等因素的影响，我国利用外资的多元化程度呈现降低趋势。

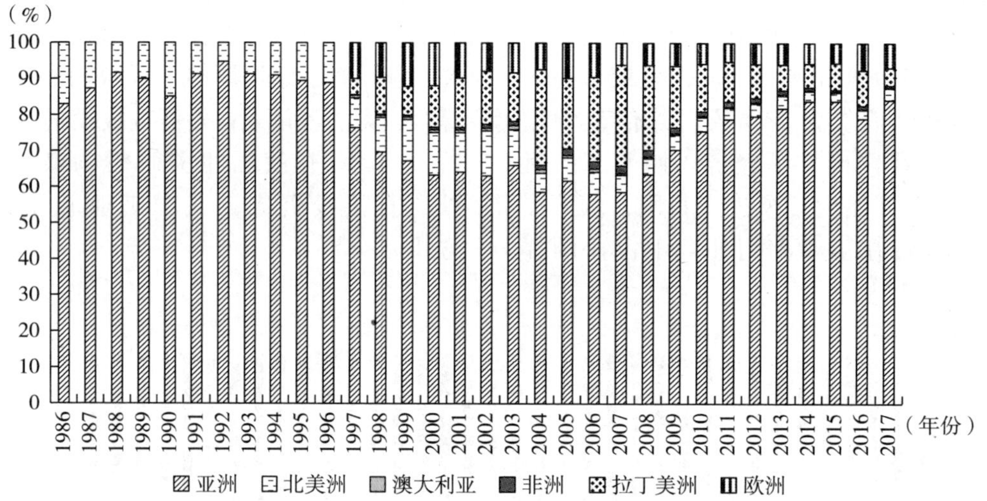

图14-4 1986~2017年我国实际外商直接投资来源情况

资料来源：根据国家统计局数据计算得到。

从数据来看，1986年，我国实际外商直接投资来源包括亚洲和北美洲，两者分别占比83%、17%；到1997年，我国实际外商直接投资来源中，欧洲占比为9.91%，超过北美洲的8.24%；2001年，我国实际外商直接投资来源中，拉丁美洲占比为13.67%，超过北美洲的11.04%和欧洲的9.71%；2017年，我国实际外商直接投资来源中，欧洲占比为6.82%，超过拉丁美洲的4.91%和北美洲的3.31%。

分地区来看，2017年，我国实际外商直接投资额来源排名前十位的国家（地区）分别为中国香港、新加坡、维尔京群岛、韩国、日本、美国、开曼群岛、荷兰、中国台湾、德国。对比2016年而言，其他国家（地区）仍在前十位内，而荷兰在我国实际外商直接投资额从5.56亿美元增至21.74亿美元，排名上升了9个位次，从第

① 由于难以找到我国工业利用外资的详细分类数据，本节多数数据均为整体层面利用外资的数据。

17位上升至第8位。值得注意的是，2017年，前十位国家（地区）在我国实际外商直接投资额的占比为91.97%，比2016年上升了0.81个百分点。

表14-1　2017年实际外商直接投资额来源排名前十位的国家（地区）

	2017年		2016年	
	实际外商直接投资额（亿美元）	排名（位）	实际外商直接投资额（亿美元）	排名（位）
中国香港	945.09	1	814.65	1
新加坡	47.63	2	60.47	3
维尔京群岛	39.91	3	67.40	2
韩国	36.73	4	47.51	5
日本	32.61	5	30.96	6
美国	26.49	6	23.86	8
开曼群岛	21.77	7	51.51	4
荷兰	21.74	8	5.56	17
中国台湾	17.72	9	19.63	9
德国	15.42	10	27.10	7

资料来源：国家统计局。

4. 投资方式以外资企业为主

外商直接投资有多种方式，包括中外合作经营企业、中外合资经营企业、外商独资企业、外商投资股份制企业等。不同的投资方式在企业股权结构、控制力度、经营方式、经营效益等方面存在显著的差异。如从股权结构看，外商直接投资中的外方股权比例一般按照独资企业、合资企业、外商投资股份制企业、合作企业递减。在我国工业用外资过程中，早期主要采用合资企业的方式，包括中苏石油股份公司、中苏有色金属股份公司等都是典型案例。在改革开放初期，由于具有风险低、见效快等特点，合作企业开始迅速发展并占据了主导地位。然而，随着投资环境的不断改善，合资企业又逐渐取代合作企业，成为外商直接投资的主要方式。之后，在我国对外开放水平不断提升的背景下，外商独资企业发展迅速，并逐渐取代合作企业、合资企业，成为我国外商直接投资的主要方式。

在项目数分布方面，1994年，合资经营企业、合作经营企业、外资企业、外商投资股份制企业在我国外商直接投资中的项目数分别为27890个、6634个、13007个、0个；到1997年，外资企业在我国外商直接投资中的项目数为9602个，超过了合资经营企业的9001个和合作经营企业2378个；到2017年，外商投资股份制企业在我国外商直接投资中的项目数为125个，超过合作经营企业的124个，当年，外资企业、合资经营企业在我国外商直接投资中的项目数分别为27007个、8364个。

在实际使用金额分布方面，1997年，合资经营企业、合作经营企业、外资企业、外商投资股份制企业在我国外商直接投资中的实际使用金额分别为194.95亿美元、89.3亿美元、161.88亿美元、2.88亿美元；到2000年，外资企业在我国外商直接投资中的实际使用金额为192.64亿美元，超过了合资经营企业的143.43亿美元；到2013年，外商投资股份制企业在我国外商直接投资中的实际使用金额为22.81亿美元，超过合作经营企业的19.44亿美元；到2017年，外资企业、合资经营企业、外商投资股份制企业、合作经营企业在我国外商直接投资中的实际使用金额分别为913.44亿美元、297.41亿美元、64.75亿美元、8.05亿美元。

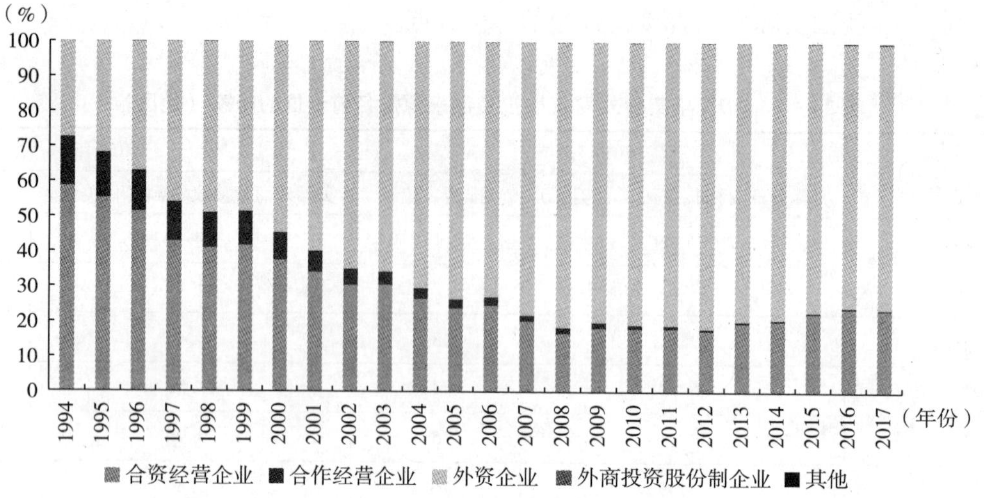

图 14-5 1994~2017 年我国外商直接投资不同投资方式下的项目数分布情况

资料来源：根据国家统计局数据计算得到。

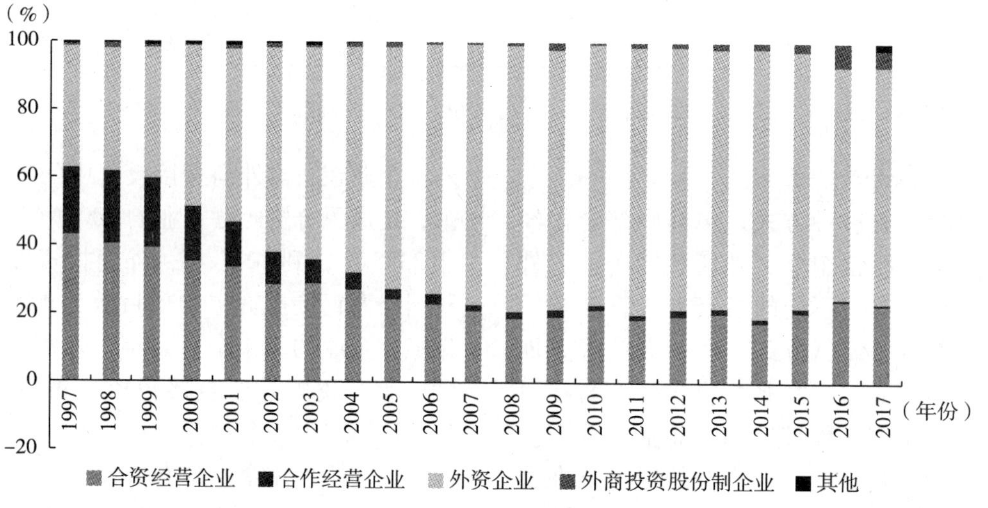

图 14-6 1997~2017 年我国外商直接投资不同投资方式下的实际使用金额分布情况

资料来源：根据国家统计局数据计算得到。

5. 投资行业以加工制造为主

外资在进入一国进行直接投资时，必须要考虑该国产业发展基础与现状。只有选择与该国产业发展相适宜的投资领域，才能获得较好的投资收益。对我国而言，中国特色工业化道路在本质上就是发展制造业。因此，外商直接投资的行业选择也主要以加工制造业为主。

从数据来看，2008 年我国工业利用外资的实际使用金额中，采矿业，电力、燃气及水的生产和供应业，制造业的累计值分别为 5.73 亿美元、16.96 亿美元、498.95 亿美元，占比分别为 1.1%、3.25%、95.65%；到 2018 年，三个行业利用外资的实际使用金额累计值分别变为 12.28 亿美元、44.24 亿美元、411.74 亿美元，占比分别变为 2.62%、9.45%、87.93%。由此可知，尽管制造业利用外资规模呈现降低趋势，但其利用外资的主体地位仍然存在。

在制造业细分行业分布中，部分行业也具有一定的代表性。如在 2008 年，纺织业，化学原料及化学制品制造业，医药制造业，通用设备制造业，专用设备制造业，通信设备、计算机及其他电子设备制造业利用外资的实际使用金额累计值分别为18.23亿美元、41.23亿美元、6.58亿美元、35.08亿美元、28.16亿美元、84.51亿美元，占比分别为3.65%、8.26%、1.32%、7.03%、5.64%、16.94%；到2018年，六个行业利用外资的实际使用金额累计值分别变为5.14亿美元、32.87亿美元、13.12亿美元、28.5亿美元、44.42亿美元、84.08亿美元，占比分别变为1.25%、7.98%、3.19%、6.92%、10.79%、20.42%。由此可见，不同行业利用外资的变化趋势不尽相同，如纺织业、通用设备制造业等行业利用外资规模呈现出下降的趋势，而医药制造业、专用设备制造业等则呈现出上升趋势。

表14－2　2008～2018年我国工业利用外资实际使用金额累计值的行业分布

单位：亿美元

年份	采矿业	电力、燃气及水的生产和供应业	制造业
2008	5.73	16.96	498.95
2009	5.01	21.12	467.71
2010	6.84	21.25	495.91
2011	6.13	21.18	521.01
2012	7.70	16.39	488.66
2013	3.65	24.29	455.55
2014	5.62	22.03	399.39
2015	2.43	22.50	395.43
2016	0.96	21.47	354.92
2017	13.02	35.21	335.06
2018	12.28	44.24	411.74

资料来源：国家统计局。

表14－3　2008～2018年我国部分制造业利用外资实际使用金额累计值的行业分布

单位：亿美元

年份	纺织业	化学原料及化学制品制造业	医药制造业	通用设备制造业	专用设备制造业	通信设备、计算机及其他电子设备制造业
2008	18.23	41.23	6.58	35.08	28.16	84.51
2009	13.92	39.92	9.45	29.87	25.79	71.74
2010	16.03	34.37	10.28	34.58	31.29	84.32
2011	15.39	37.37	11.77	31.99	38.10	73.08
2012	12.70	39.03	9.41	42.17	34.63	65.85
2013	12.28	39.30	10.36	35.35	34.89	64.06
2014	8.27	31.79	9.56	29.22	23.02	61.48
2015	7.92	26.34	13.87	28.49	25.02	68.55
2016	4.82	22.38	21.04	29.05	25.27	57.47
2017	4.90	23.84	21.42	28.87	24.43	58.98
2018	5.14	32.87	13.12	28.50	44.42	84.08

资料来源：国家统计局。

6. 投资区域以东部地区为主

外商直接投资的区域选择会受到区位因素、经济水平、市场环境、地区政策等众多因素的影响，因此，会在地区分布上呈现出显著的不均衡现象。改革开放以来，由于有着较为便利的地理优势以及国家层面的倾斜性政策优势，我国外商直接投资主要分布在东部地区，并沿着中部、西部地区递减。这一投资区域格局至今仍未发生变化。

在外商投资企业数的区域分布方面，1994年，我国东部地区、中部地区、西部地区的外商投资企业数分别为164420个、24936个、16751个，前者分别是后两者的6.59倍、9.82倍；到2017年，我国东部地区、中部地区、西部地区的外商投资企业数分别为446312个、50641个、42392个，前者分别是后两者的8.81倍、10.53倍。当年，我国外商投资企业数排名前十位的地区分别为广东（135869个）、上海（84007个）、江苏（58577个）、浙江（37422个）、北京

（31442 个）、山东（29512 个）、福建（28264 个）、辽宁（16883 个）、天津（13938 个）、四川（11462 个）。

在外商投资企业投资总额的区域分布方面，1994 年，我国东部地区、中部地区、西部地区的外商投资企业投资总额分别为 4083.57 亿美元、466.67 亿美元、357.06 亿美元，前者分别是后两者的 8.75 倍、11.44 倍；到 2017 年，我国东部地区、中部地区、西部地区的外商投资企业数分别为 56936.26 亿美元、6727.37 亿美元、5328.79 亿美元，前者分别是后两者的 8.46 倍、10.68 倍。当年，我国外商投资企业投资总额排名前十位的地区分别为广东（17622.27 亿美元）、江苏（9658.19 亿美元）、上海（7982.39 亿美元）、北京（4864.09 亿美元）、浙江（3734.15 亿美元）、辽宁（3158.5 亿美元）、山东（3042.18 亿美元）、福建（2607.21 亿美元）、天津（2548.23 亿美元）、湖南（1633.92 亿美元）。

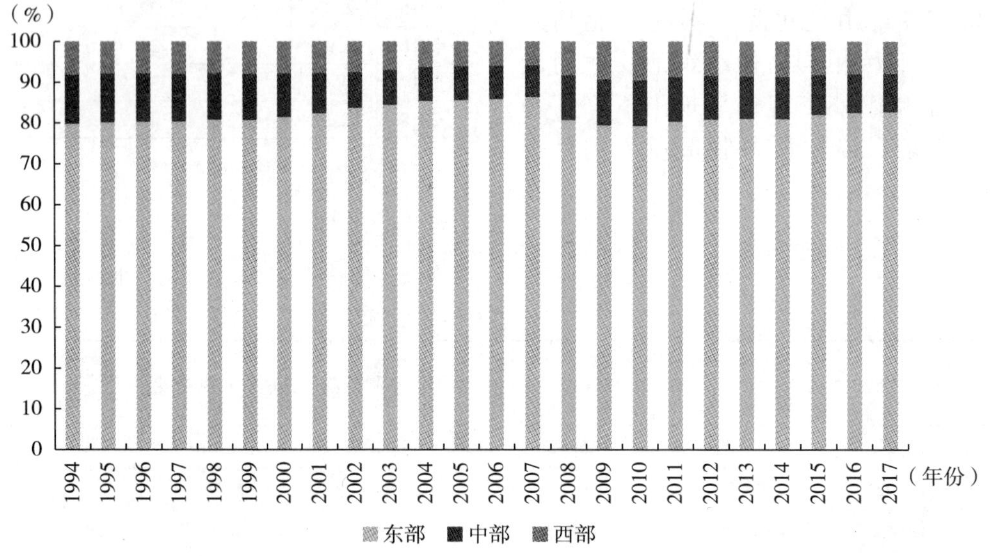

图 14－7 1994～2017 年我国外商投资企业数的区域分布情况

资料来源：根据国家统计局数据计算得到。

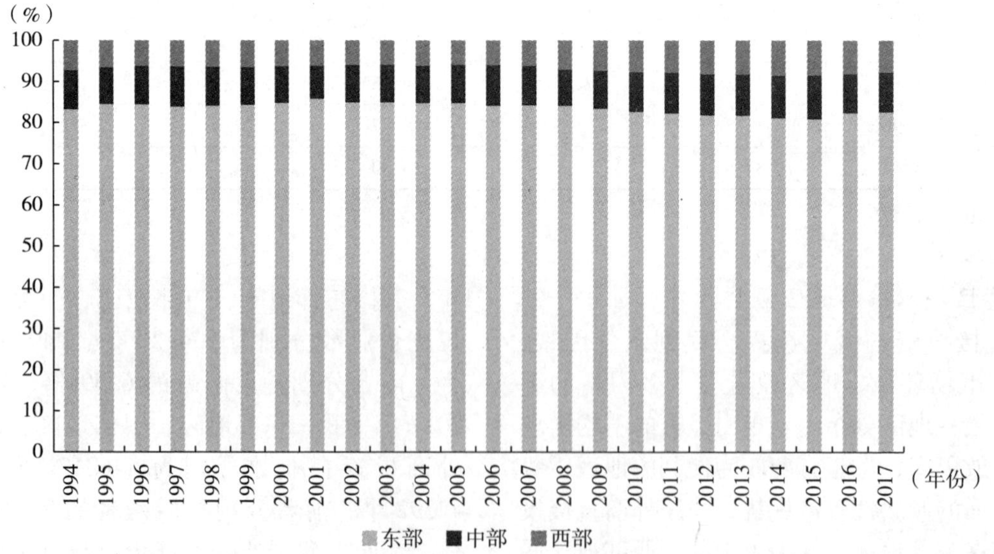

图 14－8 1994～2017 年我国外商投资企业投资总额的区域分布情况

资料来源：根据国家统计局数据计算得到。

表14-4　2017年外商投资企业数和投资总额排名前十位的地区

地区	外商投资企业：企业数				地区	外商投资企业：投资总额			
	2017年		2016年			2017年		2016年	
	企业数（个）	排名	企业数（个）	排名		投资总额（亿美元）	排名	投资总额（亿美元）	排名
广东	135869	1	119688	1	广东	17622.27	1	7815.71	2
上海	84007	2	79410	2	江苏	9658.19	2	8798.68	1
江苏	58577	3	55938	3	上海	7982.39	3	7342.46	3
浙江	37422	4	34442	4	北京	4864.09	4	4273.71	4
北京	31442	5	30401	5	浙江	3734.15	5	3198.70	5
山东	29512	6	28527	6	辽宁	3158.50	6	2132.78	9
福建	28264	7	28351	7	山东	3042.18	7	2518.74	6
辽宁	16883	8	16949	8	福建	2607.21	8	2263.16	7
天津	13938	9	13339	9	天津	2548.23	9	2225.94	8
四川	11462	10	10370	10	湖南	1633.92	10	580.00	18

资料来源：国家统计局。

三、我国工业利用外资的主要成就与问题

利用外资能够促进我国工业经济增长、优化工业产业结构、扩大对外贸易、增加劳动就业、提升创新能力，但近年来的现实表明，利用外资也存在补资金缺口的比重越来越低、挤出效应比溢出效应更加显著、外资企业的核心技术在外等问题。

1. 弥补了资金缺口，但比重越来越低

投资规模大、建设周期长、技术要求高是工业化的内在典型特征。在我国工业化发展过程中，资本稀缺始终是一大制约因素，而通过利用外资弥补我国资金缺口，是促进工业经济增长的重要途径。改革开放前，尽管我国工业基础薄弱，但在引进苏联“156项工程”、实施“四三方案”等利用外资之后，工业生产能力得到了显著提升，对完善工业体系起到了巨大作用。改革开放后，在我国持续几十年工业经济高速增长过程中，利用外资同样发挥了重要作用。如2003年，在我国工业城镇固定资产投资完成额中，利用外资额仅为2947.75亿元，到2017年，上升为1.45万亿元，增加了3.92倍，呈现出明显的上升趋势。

然而，如果从比重的角度看，利用外资额在我国工业城镇固定资产投资完成额中的占比却越来越低。如2003年，利用外资额在我国工业城镇固定资产投资完成额中的占比为18.31%，但到2017年，则降为6.24%。如果再从全社会固定资产投资资金来源的角度看，1996年，我国利用外资完成全社会固定资产投资额为2764.6亿元，占比为11.8%，但到2017年，两者分别降为2146.32亿元、0.34%，可见降幅之大。

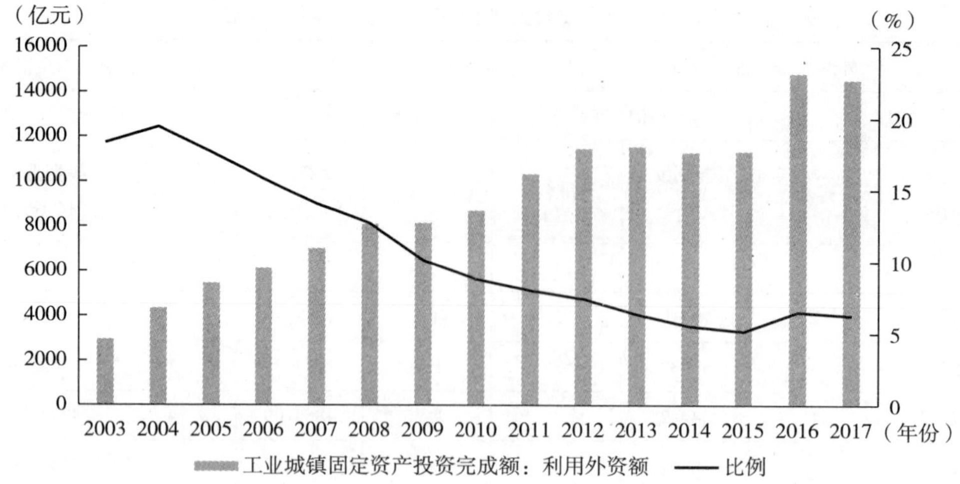

图 14－9 工业城镇固定资产投资完成额中的利用外资情况

资料来源：根据国家统计局数据计算得到。

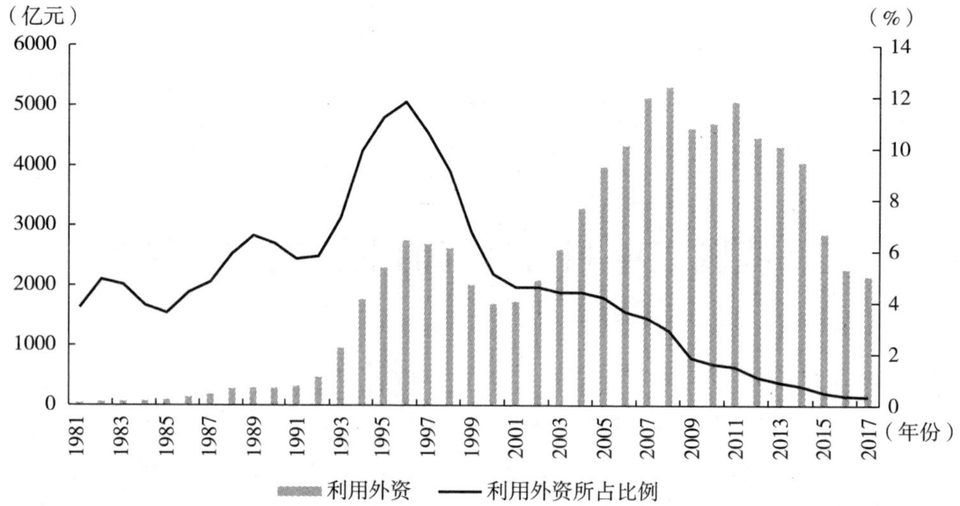

图 14－10 全社会固定资产投资资金来源中的利用外资情况

资料来源：根据国家统计局数据计算得到。

2. 带来了溢出效应，但挤出效应加剧

引进外资在很大程度上能够带来先进的技术基础、管理经验、高层次人才等，不仅能够直接显著地推动产业创新，进而优化产业结构，还能够提供高质量的产业发展要素资源，提升产业竞争力，最终优化产业结构。以电子及通信设备制造业为例，2017 年，我国电子及通信设备制造业新设立外商投资企业 623 家，实际利用外商直接投资金额 64 亿美元，同比分别上升了 27.9 个百分点、4.5 个百分点，在高技术制造业中的所占比重分别为 60.4%、64.7%。再以医药制造业为例，2017 年，我国医药制造业新设立外商投资企业 231 家，实际利用外商直接投资金额 8.7 亿美元，同比分别上升了 36.7 个百分点、23.1 个百分点，在高技术制造业中的比重分别为 22.4%、8.8%。

然而，必须要清醒地认识到，引进外资也存在挤出效应，包括资源要素的挤占、优惠政策的挤占以及市场竞争的挤占等越来越严重。以市场竞争的挤占为例，2017 年，我国化妆品市场占有率前十位的公司分别是宝洁、欧莱雅、资生堂、上海上美、联合利华、雅诗兰黛、太平洋爱茉莉、百雀羚、伽蓝、玫琳凯，其中只有三家内资企业，三家企业市场份额加起来为7.1%，比排名第二的8.4%还低1.3个百分点。

表14-5　2015～2017年高技术制造业吸引外资占比情况

行业	占比		
高技术制造业	2015年	2016年	2017年
医药制造业	14.9	22.9	21.6
航空、航天器及设备制造业	1.0	0.4	0.8
电子及通信设备制造业	75.5	66.7	64.7
计算机及办公设备制造业	4.9	2.5	3.8
医疗仪器设备及仪器仪表制造业	3.5	7.5	8.8
信息化学品制造业	0.2	0.1	0.4

资料来源：中国外商投资报告。

3. 参与了国际分工，但作用有所降低

我国工业利用外资高度集中于制造业，后者又主要集中在加工企业。一方面，这些企业中有很大一部分生产面向国际市场，下游相关产品的销售市场主要在"外"；另一方面，这些企业需要进口大量机器设备、中间产品和引进先进生产工艺等，上游相关原材料市场也主要在"外"，因此，深度嵌入了国际生产网络中。而通过进口与出口，不仅加速了我国企业参与国际分工的广度和深度，也不断扩大了我国对外贸易力量。如表14-6所示，近年来，受全球经济低迷、贸易保护主义抬头等因素的影响，我国外商投资企业的进出口贸易在很大程度上受到了影响，但在2017年、2018年，外商投资企业的进出口贸易实现了恢复性增长，当年以美元计进出口总额分别增长了9%、7%。

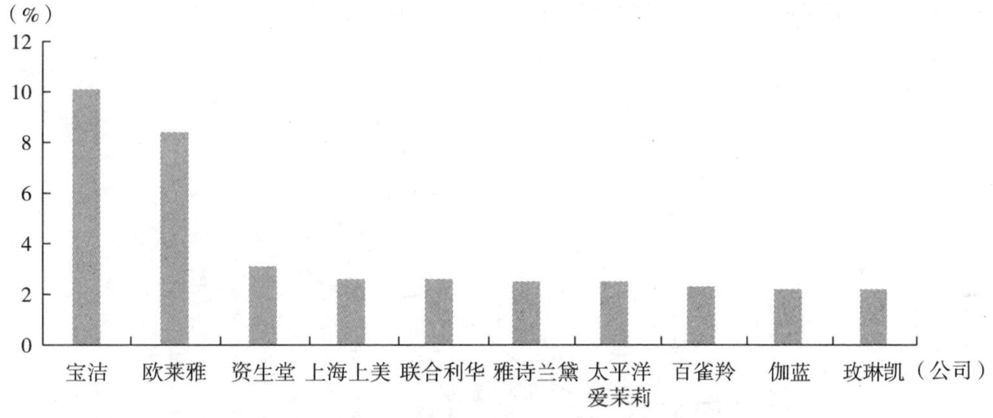

图14-11　2017年我国化妆品市场占有率前十位的公司

资料来源：根据网络资料整理形成。

表14-6　2014～2018年外商投资企业进出口情况

年份	进出口总额			出口			进口		
	金额（亿美元）	增速（%）	比重（%）	金额（亿美元）	增速（%）	比重（%）	金额（亿美元）	增速（%）	比重（%）
2014	19840.46	3.4	46.12	10747.35	3.0	45.88	9093.11	3.9	46.41
2015	18346.15	-7.5	46.41	10047.27	-6.5	44.19	8298.87	-8.7	49.41
2016	16874.13	-8.0	45.78	9169.48	-8.7	43.71	7704.65	-7.0	48.52
2017	18391.35	9.0	44.78	9775.59	6.6	43.19	8615.76	11.8	46.73
2018	19680.71	7.0	42.57	10360.16	6.0	41.65	9320.55	8.1	43.64

资料来源：海关总署。

然而，必须要看到，一方面，我国工业利用外资实际使用金额在利用外资总规模中的比重呈现下降趋势，如1997年，尽管当年工业利用外资实际使用金额为311.33亿美元，但占比却高达74.8%，到2017年，尽管实际使用金额变为383.29亿美元，但占比却降至29.25%。另一方面，我国外商投资企业的进出口贸易在整体进出口贸易中的比重也在逐步下降，如2015年，尽管当年我国外商投资企业的进出口贸易的增速为负，但在整体进出口贸易中的比重却为46.41%，但到2018年，尽管进出口贸易的增速为正，但比重却降至42.57%。

4. *雇用了本地员工，但比重开始下降*

相对于内资企业而言，外商直接投资企业的薪酬水平一般都较高，也具有较为规范的管理制度、明确的培训机制、独特的企业文化、高效的流程管控等，因此，往往能够吸引更多的人才加入。对外商投资企业而言，雇用本地员工不仅能降低生产成本，还能发挥本地员工的独特优势；而对东道国而言，利用外资办厂设店，能够显著增加本地劳动就业水平。以富士康为例，早在其要搬迁到郑州之际，河南省政府就召开动员协调会，不仅分配给各级地方政府相应的招工指标，还围绕补贴、服务、培训等制定了一系列政策措施，到如今，有近40万工人在郑州科技园内的生产基地内，在郑州市第二产业就业人数中的占比约为20%。

然而，在全球经济持续低迷、发达国家实施“再工业化”政策、人工智能领域不断取得突破等一系列因素的影响下，随着我国工业利用外资企业数量的减少，就业人员数量也开始有所下降。如图14－12所示，1991年，在我国城镇就业人员中，外资企业雇用人员的数量为165万人，占比为0.94%；到2013年，外资企业雇用的城镇就业人员数量为2963万人，占比为7.75%；到2017年，外资企业雇用的城镇就业人员数量为2581万人，占比为6.08%。

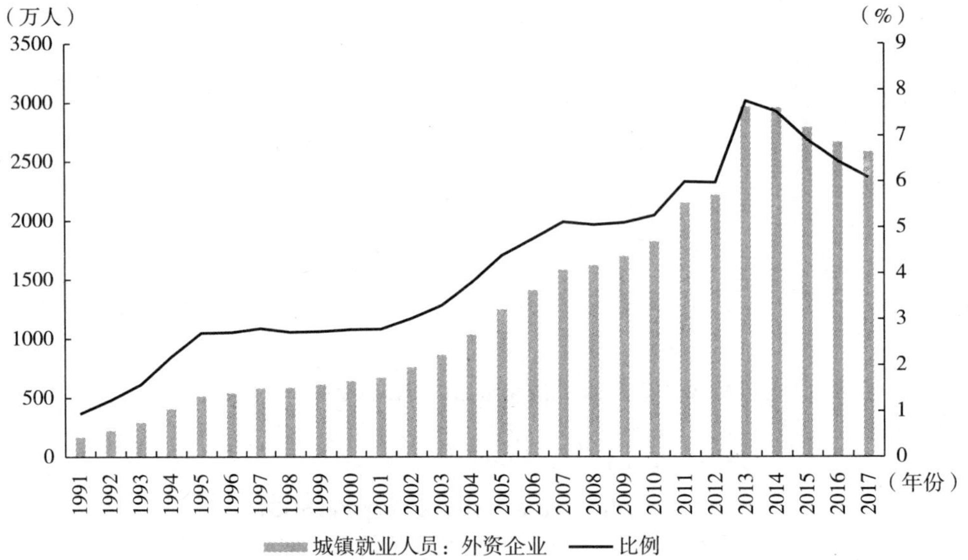

图14－12 1991～2017年城镇就业人员中的外资企业就业人员

资料来源：根据国家统计局数据计算得到。

5. *促进了研发活动，但核心技术在外*

相对于内资企业而言，外商直接投资企业一般在研发经费、高端人才、研发模式等方面都有较强的竞争优势，从而使其具有较强的创新能力。以研发经费支出规模为例，据国家知识产权局数据显示，尽管外商直接投资企业的研发支出规模在500万元以下区间占比低于内资企业，但在500万～1000万元、1000万～5000万元、5000万元及以上各区间的占比远远超过内资企业，其中，外商投资企业分别高出内资企业6.8个百分点、9.5个百分点、3.2个百分点。外商直接投资企业在被引进的过程中，不仅能够直接通过技术交易提升我国企业的创新能力，还能够通过人员流动、业务合作等方式间接增强我国企业的创新能力。以技术交易为例，2007～2017年，在高技术企业中，外商直接投资企业的技术总收入比国有企业的技术总收入高，且呈现出不断上升的趋势，已从947.44亿元提高至5471.93亿元。

然而，值得注意的是，以美国为首的发达国家一方面大力鼓励非本土企业加速回撤，另一方面也在加大跨国公司对我国技术输出的封锁力度。如2017年，外商投资企业的技术总收入仅为837.92亿元，比2013年降低了500.77亿元，降幅达37.41%。近年来，以“中兴事件”“华为事件”为代表的典型案例已经充分说明，发达国家外商直接投资企业尽管会有一定的技术输出，但所输出的技术质量仍然不高，核心技术仍然在发达国家本土。

表14-7　不同类型企业研发经费支出占比

金额区间（万元）	内资企业（%）	港澳台商投资企业（%）	外商投资企业（%）	总体（%）
<10	25.4	15.4	17.2	24.9
[10，100)	33.9	19.6	15.3	33.0
[100，500)	25.5	31.7	32.8	25.8
[500，1000)	6.8	11.0	13.6	7.1
[1000，5000)	5.7	13.8	15.2	6.2
>5000	2.7	8.4	5.9	3.0
合计	100	100	100	100

注：外商直接投资企业包括港澳台商投资企业和外商投资企业。

资料来源：国家知识产权局。

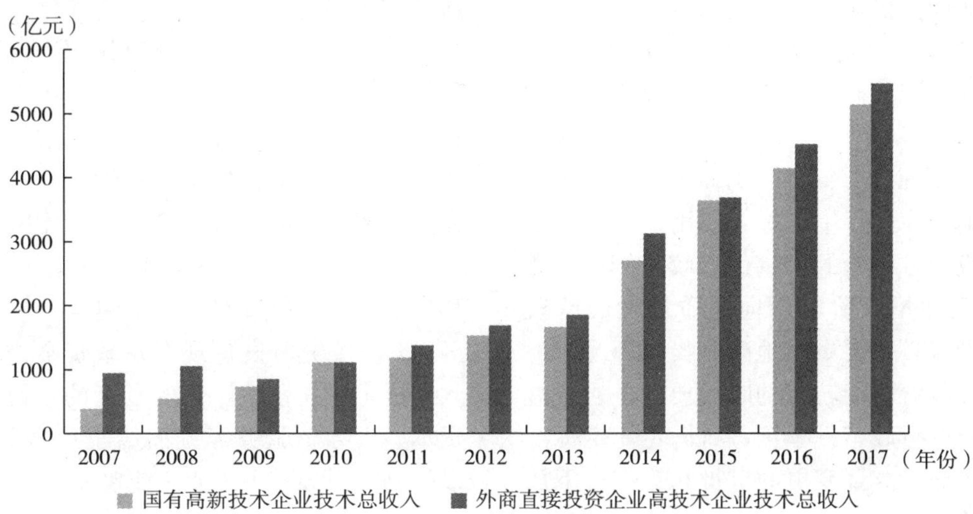

图14-13　2007～2017年城镇不同类型高技术企业技术总收入情况

资料来源：根据科技部数据计算得到。

四、提升我国工业利用外资质量的对策建议

当前，我国经济已由高速增长阶段转向高质量发展阶段，而利用外资，也要从单纯依靠量的引进向质的引进转变。针对当前我国工业利用外资存在的问题，建议从加快完善法律体系、提升

对外开放水平、深化“放管服”改革、打造一流营商环境、强化重要平台作用、优化区域等方面展开进一步突破。

1. 加快完善法律体系，提升对外开放水平

利用外资是我国对外开放的基本国策，在我国过去、现在以及未来很长一段时期的工业化进程中，加大利用外资力度以弥补资金缺口、带来溢出效应、参与国际分工，都将是十分重要且艰巨的任务。面对当前工业利用外资存在的问题，一方面，要进一步明确对外开放的时间表、路线图，通过修订、出台外资准入负面清单，逐步减少、取消外资准入的多重限制，加大在以煤炭、非金属矿等为代表的采矿业领域和以汽车、船舶、飞机等为代表的制造业领域的对外开放力度，鼓励外商投资企业参与包括国有企业在内的国内企业优化重组，实行内资与外资一视同仁的统筹规划政策，推动形成全面开放新格局；另一方面，要以《中华人民共和国外商投资法》的出台为契机，通过清理外资领域的法律、法规、规章和政策性文件，推动限期废止或修订与国家对外开放大方向和大原则不符的法律法规或条款，加快制定新的外资基础性法律，保护外商投资的合法权益。

2. 深化“放管服”改革，打造一流营商环境

在我国工业化进程中，过去利用外资主要依靠国家和各级地方政府的大量优惠政策，但当我国经济已由高速增长阶段转向高质量发展阶段时，利用外资就必须要更多地改善投资环境。一方面，要适应政府职能转变的时代要求，通过减少外商投资企业行政审批事项、将满足一定标准的外商投资企业设立及变更的审批和管理权下放至省级人民政府、加大商务部门与其他部门间的信息互联互通力度、开展相对集中行政许可权改革试点、完善“双随机、一公开”的监管机制等方式，进一步深化“放管服”改革；另一方面，要以中国经济发展方式转变的大势为基础，倾力打造一流营商环境，通过建立国家层面部级联席会议制度以解决包括知识产权保护、利润自由汇出、人才出入境便利等在内的政策性、制度性、普遍性问题，健全各级地方政府有关外商投资企业投诉工作流程、应对机制、督导办法以解决其在发展过程中遇到的不公平待遇、行政性限制、非连续性政策等问题。

3. 强化重要平台作用，优化区域开放布局

区域不均衡是我国工业利用外资的典型特征，这既有历史因素作用，也受不同区域区位因素的影响。对区位优势较为明显的区域来说，它不仅能直接吸引大量外资，还能通过示范效应带动其他地区吸引外资。因此，在全面深化改革和扩大开放的时代背景下，党中央、国务院赋予了包括国家自主创新示范区、经济开发区、自由贸易区等在内的重要平台以更大的改革自主权。未来不仅要复制推广在现有重要平台已经取得的较为成功的改革经验，还要在重要平台所在区域更新、改造、调整、扩充的过程中，给予包括规划审批、土地利用、融资担保、人才交流、政策创新等方面的进一步支持，从而强化重要平台在利用外资中的先锋作用、示范作用。对具有先天区位优势但在其他方面尚存不足的沿边地区而言，在统筹加大地方自有财力和适当增加国家层面转移支付的基础上，鼓励政策性、开放性金融机构在业务范围内加大对边境经济合作区和跨境经济合作区的支持力度，从而引导外资向这些区域转移。对区位优势较弱、基础建设欠缺的中西部地区而言，要充分发挥现有财政资金作用，探索引入外资企业联合整体开发园区的建设模式，并在资本、人才、服务等方面给予更多的政策支持，以鼓励、引导相关工业企业也向中西部转移。

参考文献

［1］国家知识产权总局：《2018 年中国专利调查报告》2019 年 1 月 15 日，http：//www. sipo. gov. cn/。

［2］中华人民共和国商务部：《中国外商投资报告 2018》2018 年 10 月 9 日，http：//www. mofcom. gov. cn/。

第十五章　新中国对外直接投资的发展

提　要

中国真正意义上的对外直接投资始于改革开放。中华人民共和国成立至改革开放前夕，中国的国际经济联系主要是国际贸易和利用外资外援。中国依据国际环境和自身发展情况，对兄弟国家和民族主义国家开展了对外援助，为中国获得国际社会支持及后来的对外投资创造了有利条件。改革开放之后，中国企业对外投资逐渐展开。与中国对外投资政策和企业组织能力演化相适应，中国对外直接投资从无到有、由少到多，中国逐渐成长为世界对外投资大国。按照投资流量和历史事件法，中国对外投资发展历程可以划分为五个阶段。当前，对外投资由高速增长转变为高质量发展；高技术产业“走出去”取得新进展，技术优势输出型投资逐渐增多；对“一带一路”沿线国家的投资升温。同时，由于非经济因素导致的投资风险正在显现，对外投资将出现局部降温。建议通过完善规制和政策体系，加强国际交流与合作，建立完备的对外投资服务体系，进一步提高中国企业对外投资质量和效益，推动中国对外直接投资稳步健康发展。

*　　　　*　　　　*

一、中国对外直接投资 70 年的发展历程

改革开放是中国对外直接投资的制度起点。改革开放之前，无论是中国的经济体制、经济发展程度还是国际环境，都制约着企业对外投资。中华人民共和国成立至改革开放前夕，中国的对外资本输出仅限于国际援助。改革开放之后，中国企业对外投资逐渐展开。按照投资流量和历史事件法，中国对外投资发展历程可以划分为五个阶段。

1. 1949～1977 年，封闭状态下以对外援助为主的投资前准备阶段

中华人民共和国成立到改革开放前夕，中国对外经济联系仅限于进出口和对外援助。对外投资是一国在开放环境下，经济发展到一定阶段的产物。中华人民共和国成立至改革开放前，中国在统计意义上的对外投资为零，这是由当时的政治经济体制、经济发展程度和国际政治环境所决定的。

中华民族近代以来救亡图存的历史充分表明，只有社会主义才能救中国，只有共产党领导的社会主义才能带领中国人民走上复兴之路。走中国特色社会主义道路，是中国人民的历史选

择，是世界政治经济格局演化的必然结果。中国共产党领导中国人民经过28年艰苦卓绝的英勇斗争，终于推翻了帝国主义、封建主义和官僚资本主义这三座大山，取得了新民主主义革命的伟大胜利，建立了中华人民共和国。中国的革命过程和道路选择，很大程度上受苏联的影响。从1917年十月革命胜利后俄罗斯苏维埃社会主义联邦共和国建立，到1945年“二战”结束，苏联取得了社会主义建设的巨大成就，工业生产总值位居欧洲第一，成为仅次于美国的超级大国。此后世界上建立的社会主义国家，纷纷效仿苏联的计划经济体制。由于当时冷战格局的形成，计划经济体制从发端之初就是封闭的。

从工业基础和工业文明的传承来看，中国在新民主主义革命胜利之前，经历过2000多年封建专制统治和半殖民地半封建社会的战乱，统治者长期以来固守重农抑商的统治思想，文化传统不利于商业企业的发展，加之长期故步自封的封建统治，使中国在两次工业革命中逐渐落后于西方而陷入被动挨打的境地。19世纪，在西方国家忙于全球殖民通商的时期，认为自己“无所不有”的清政府关闭了所有国际贸易通道，只留下广州一个口岸。由于有官方许可，以伍秉鉴为代表的“广州十三行”垄断了当时中国的外贸业务，迅速积累了惊人的财富，伍秉鉴的怡和行成为世界级的跨国财团，更是东印度公司的最大债权人。虽然这种特许制度下诞生的“官商”在形式上“创造”了巨大的财富，但其运作基础是封建官僚荫蔽下的特权资本，在治理体制上与现代意义上的商业文明相去甚远。

中华人民共和国成立之初，百废待兴，所有经济活动都以满足国内需求为目标。1978年改革开放前夕，中国人均GDP只有156美元，离邓宁理论意义上开始有对外直接投资的发展阶段还有较大差距。在计划经济体制下，所有经济活动都是在中央计划指令下进行的，真正意义上的商业投资还未出现，因而更不可能有跨越国界的投资活动。

中华人民共和国成立至改革开放前夕，中国在国际社会受到西方国家的政治孤立与经济封锁，对外资本输出方式以对外援助为主。中华人民共和国成立伊始，对外援助往往出于意识形态和国家安全的考虑。1949~1955年，中国对外援助局限于对朝鲜、越南的军事援助和经济援助。1955年万隆会议之后，对外援助的范围有所扩大，从周边社会主义国家扩展到其他社会主义国家和亚非民族主义国家。从1954年开始，中国以成套项目援助方式为越南、朝鲜两国修复被战争破坏的铁路、公路、市政交通等设施，并援建一批基础工业。改革开放前，中国对外援助基本上以政治目的为主，与受援国是“同志+兄弟”的关系，中国帮助兄弟国家反对帝国主义和殖民主义的奴役和压迫，兄弟国家帮助中国打破西方国家的围堵和孤立（周弘，2010）。这种援助是在冷战两极格局下世界政治力量出现重组背景下的现实选择，没有早期的政治导向的对外援助，就不会有中国重返联合国并“入常”。1971年前，有64个国家与中国建交。正是因为中国政府广泛援助亚非拉国家，中国才得以很快“入常”，中国建交的国家也因此一跃达到164个，为改革开放后获得相对平等有利的国际环境创造了条件。同时，一些研究表明，社会基础设施类型的援助促进了东道国教育水平的提高和人口素质的提升，对外资流入具有积极的长效作用。而经济基础设施类援助也能对外资流入起到短期的促进效应（董艳、樊此君，2016）。在亚非拉国家的经济援助，为改革开放后中国企业的对外投资起到了良好的环境改善和信息先导作用。

2. 1978~1991年，改革开放后外资进入与非制造型对外投资起步

中国企业对外投资的发展历程是中国对外开放从“引进来”到“走出去”过程的一个缩影，它是中国企业不断向外寻求资源、向外拓展市场、在更大范围内融入国际产业分工的直接表现，也是中国企业自身能力不断提升的客观反映。

改革开放初期，民营企业仍然非常弱小，未经市场经济历练的孱弱的工业企业还不具备对外投资的能力。初期中国对外直接投资的主体是清一色的国有企业，最初的投资目的局限于“开发国内国外两种资源”。这一时期，在原经济体制下成长起来的大企业都是国有企业，这些企业大胆的海外投资行为在很大意义上是国家资源战略的反映，企业本身并没有跨国经营经验，因而表现出跃进性、非连续性和非系统性的特征（刘建丽，2009）。在这一时期，国有企业就是中国企业的代表，它们肩负着探索海外市场、寻求外部资源的重任。当时，我国对外开放的重点是扩大出口和利用外资，少数外经贸公司从自身经营发展的需要出发，开始在国外设立窗口企业，主要目的是为对外贸易服务。20 世纪 80 年代初，一些大型国有外贸企业开始探索对外直接投资。总的来看，这一时期参与对外直接投资活动的企业为数不多。1979～1984 年，我国企业在国外投资兴办非贸易性企业 113 家，总投资额 2 亿多美元。对外投资主体是中央和地方外贸专业公司、省市国际经济合作公司，如中国化工进出口总公司、中国五金矿产进出口总公司等；投资领域主要集中在餐饮、承包建筑工程、咨询服务、贸易等服务行业；投资主要分布在中国香港和中国澳门以及周边发展中国家。1985 年之后，一些资源加工类的大型国有企业开始尝试对外投资，如中信集团公司（制造业务）1986 年 9 月与加拿大鲍尔公司合资购买并经营塞尔加纸浆厂。这一时期对外投资的国有企业，是中国企业"走出去"的先锋队，承载了经济主体对外主动探索和融入世界市场的使命。它们的对外投资，更大意义上是为了"试水"和探索国际市场，积累跨国经营经验。

3. 1992～2000 年，市场化驱动制造业企业对外投资起步

1992 年是中国的市场经济体制元年，也是中国的企业家元年。邓小平南方谈话以后，改革的春风使中国市场快速觉醒，也使刚刚形成的企业家群体开始体会到市场竞争的真正内涵。直面市场的国有企业，一方面面临制度创新的压力，另一方面在市场化驱动下也开启了市场拓展意义上的国际化。

进入 20 世纪 90 年代，中国企业对外投资逐渐从贸易和能源行业扩展到制造业，投资动因也从单一的市场获取型或资源寻求型过渡到资源、市场获取和优势对外转移的复合动因。1992 年邓小平南方谈话是一次解放思想的宣言，是改革开放的再动员，坚定了各领域推进改革的信心。从对外直接投资数据来看，1992 年对外直接投资流量较 1991 年增长了 3 倍（见图 15－1），是改革开放以来的第一次明显的跃升。

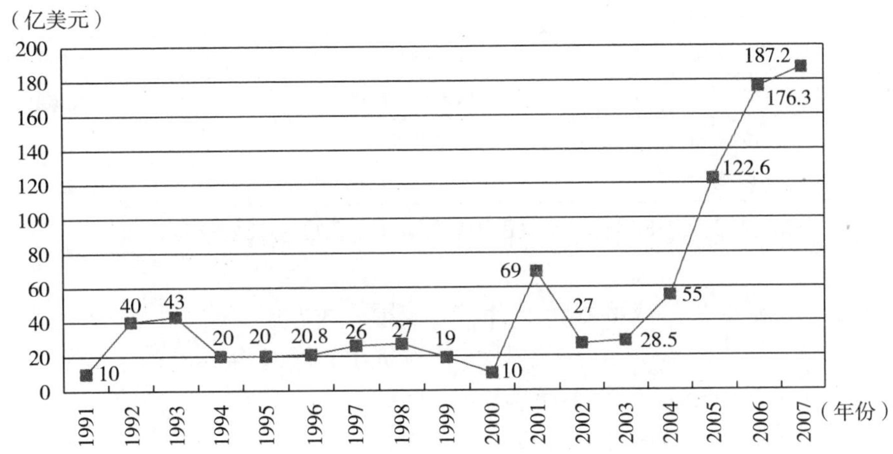

图 15－1　1991～2007 年中国非金融类对外直接投资流量

资料来源：商务部对外直接投资统计。

这一时期，能源矿产类企业对外投资仍占据投资流量的绝大部分。1992 年，首钢集团斥资 1.2 亿美元收购了秘鲁铁矿公司，成为成功并购外国公司的第一家中国国有企业。1993 年，中石油在泰国获得石油开发作业权，迈出了中国石油企业"走出去"的步伐。1995 年，中石油苏丹项目启动，公司陆续投入勘探、开发和管道运输等环节，成为第一次真正战略意义上的对外投资，中石油的跨国经营也由此开始。由于国际经营经验匮乏，企业普遍对海外经营风险的考量不足，

这一阶段国有企业为国际化支付了昂贵的“学费”。

这一阶段，除了能源企业的国际化经营逐渐展开之外，更具有标志性的是生产制造类企业开启了对外投资之旅。随着中国市场经济的逐步发展，中国企业包括国有企业增强了市场竞争意识，企业管理能力大幅提升，逐渐有意识、有能力向国外拓展市场。随着经济体制转轨的逐步推进，中国经济也逐渐从短缺经济时期过渡到过剩经济时代。这一时期的国有制造业企业，确立了市场意识，具备了市场化的管理方式和营销理念，一些电子类制造业企业开始将它们的目光投向海外市场，不仅复制自己的生产模式，而且进一步向海外拓展市场，转移产能。1997 年亚洲金融危机后，为了扩大出口，国家出台了《关于鼓励企业开展境外带料加工装配业务的意见》，提出了支持企业以境外加工贸易方式“走出去”的具体政策措施，也在一定程度上促进了加工装配业务的对外投资。

从表 15－1 可以看出，这一时期对外投资的主角是家电制造企业和摩托车制造企业。这些企业在技术上都有引进、消化、吸收的过程，经过国内市场的培育，生产技术快速发展，生产能力在满足国内市场的基础上还有剩余，因此，产生了向外发展的动力。这些国有企业成为中国最早的“市场寻求型”海外投资主体。从投资地的选择看，这些企业基本上都选了劳动力成本比较低的欠发达国家，有助于企业在国际化初期较好地控制成本和投资风险。当然，与能源类企业的投资相比，这些企业的投资额并不大。

表 15－1　1995～2000 年中国制造业企业首次海外投资项目

年份	公司	地点	内容
1995	小天鹅公司	马来西亚	建家电厂
1996	海信集团	南非	建家电厂
1996	金城集团	哥伦比亚	建摩托车厂
1996	TCL 集团	越南	收购港资彩电生产企业 DONACO
1997	华源集团	尼日尔	收购纺织厂
1998	康佳集团	印度尼西亚	合资建家电厂
1999	春兰集团	西班牙、伊朗	建摩托车厂
1999	格力集团	巴西	建电器厂
2000	长虹集团	印度尼西亚	建家电装配厂

资料来源：刘建丽：《中国制造业企业海外市场进入模式选择研究》，经济管理出版社 2009 年版。

4. 2001～2007 年，“走出去”战略推动多行业对外投资加速

2001 年，党的十五届五中全会正式明确提出实施“走出去”战略，这是中国鼓励性对外投资政策形成的标志。在此之前，政府对企业对外投资一直持有限制性或保留性的态度。同样在 2001 年底，中国正式加入世界贸易组织，这是中国企业经营面临的重大制度环境变迁，企业面临的竞争环境发生了质的变化，也直接促进了企业“走出去”。

在“九五”时期，中国提出要“有计划地发展境外投资”。“十五”时期，国家明确提出了“走出去”的重大外向发展战略。2000 年 3 月的全国人大九届三次会议期间，“走出去”战略初次提出；2001 年，党的十五届五中全会上，首次明确提出“走出去”战略，并将“走出去”战略正式写入我国“十五”计划纲要。“鼓励能够发挥我国比较优势的对外投资，扩大国际经济技术合作的领域、途径和方式”。2001 年，中国加入世界贸易组织，这一重大制度环境变化导致国内竞争加剧，中国企业外向国际化的进程开始加快。由图 15－1 可以看出，2001 年，中国对外投资流量出现了突飞猛进的增长。2002～2007 年，中国非金融类对外直接投资的年均增长速度高达 47%，2007 年对外投资流量达到 187.2 亿美元。

这一时期，是中国企业对外投资第一次加速期，也是中国企业多行业海外布局的突破期。在总体对外直接投资迅速增长的背后，是中国企业日益频繁地进行大规模海外投资的身影。仅2006年一年，国有企业就完成了数宗金额较大的并购交易。不过，这些大规模并购仍然集中在能源领域，例如，中石化对俄罗斯乌德穆尔特石油公司96.86%股份的收购，总交易额为35亿美元；中国石油天然气集团通过其全资子公司中油国际与哈萨克斯坦国家石油公司签订股份转让交割协议，向后者出让中石油持有的33%的哈萨克斯坦PK石油公司股权；中石油以41.8亿美元成功收购哈萨克斯坦PK石油公司；中国有机硅行业的排头兵中国蓝星（集团）总公司全资收购法国罗地亚（Rhodia）公司有机硅及硫化物业务项目。不过，随着民营企业的发展壮大和海外战略的兴起，国有企业对外投资比重呈下降趋势。2004年，国有企业占整个境内投资主体的比重由2003年的43%降至35%，2006年，则继续下降为26%，但投资额仍然占据主导地位。相应地，民营企业占对外投资主体的比重不断上升。这一时期，一些制造业企业开始尝试技术寻求型跨国并购，如2003年，京东方以3.5亿美元成功收购韩国现代旗下的TFT－LCD业务；2004年，上汽集团以5亿美元正式收购双龙汽车48.92%的股权，同年底，联想以12.5亿美元收购IBM的全球PC业务。在这一阶段，中国企业对外投资已从过去以贸易窗口为主，逐步拓宽到以工业制造、建筑、石油化工、资源开发、交通运输、水利电力、电子通信、商业服务、农业等行业领域，并广泛涉及国民经济其他领域，如环保、航空航天、核能和平利用以及医疗卫生等。

5. 2008～2016年，国际金融危机以来对外直接投资进入战略机遇期

2008年国际金融危机给世界各国经济带来了不同程度的冲击，大量企业陷入融资困境，国有企业依靠融资方面的优势，获得了一些海外逆势抄底的机会。虽然世界范围内的对外直接投资进入了一个震荡期和低谷期，但中国企业尤其是国有企业在金融危机之后迎来了对外跨国经营的机遇期，跨国投资额逆势持稳，在2010年、2014年和2016年屡次创出新高。

国际金融危机以来，中国企业对外投资在世界投资舞台上表现优异。根据联合国贸发会议统计，2016年全球对外直接投资流量下降了13%，约为1.52万亿美元，中国非金融对外直接投资规模达到1701.7亿美元（见图15－2），增长44.2%，占全球投资总额的11%左右，相当于美国对外投资的1/2。虽然中国对外投资规模与美国的差距仍然较大，但从投资增长率的角度分析，美国企业自2008年金融危机发生以来，除2011年外，对外投资增长率均为负值，呈明显的负增长趋势。而中国企业对外投资在2007～2016年以年均28%的速度持续大幅增长。民营企业对外投资十分活跃，根据中国与全球化智库的统计数据，从海外投资主体来看，2015年中国民营企业海外并购案例达到397宗，占当年总投资案例数的53%；披露的并购总金额达到3963.19亿美元，同比增长280%，占总投资金额的66%。在混合所有制改革的背景下，国有企业对外投资额保持了基本稳定。值得关注的是，2016年国有企业重新成为对外投资的主导力量，贡献了当年对外投资流量的72%。从双向投资情况看，中国对外直接投资流量从2015年开始连续高于吸引外资，成为资本净流出国，与美国、日本一起成为世界对外投资的主要输出国。

最近几年，中国企业大规模海外并购助推了海外直接投资额的增长。其中，国有企业的海外并购占了较大份额。尽管总体情况有所波动，但国有企业海外并购的步伐并未减缓。2011年，国有企业海外并购多有斩获。中石化以35.4亿美元收购葡萄牙能源公司30%股权，海航集团以3.29亿欧元获得西班牙NH酒店连锁集团20%的股权，中国蓝星（集团）股份有限公司以20亿美元并购挪威埃肯（Elkem）公司等交易，都是年度海外并购的大手笔。中化集团通过香港子公司以30.7亿美元收购挪威国家石油公司巴西Peregrino油田40%股权，是2011年我国企业最大的境外收购项目。从并购案例数来看，能源及矿产行业的并购仍是行业之首，无论是并购的案例数还是并购金额均占行业第一。根据普华永道会计师事务所的统计，2011年共披露了16宗交易金额大于10亿美元的海外并购交易，其中包含了14宗资源和能源领域交易。国有企业主导的资源

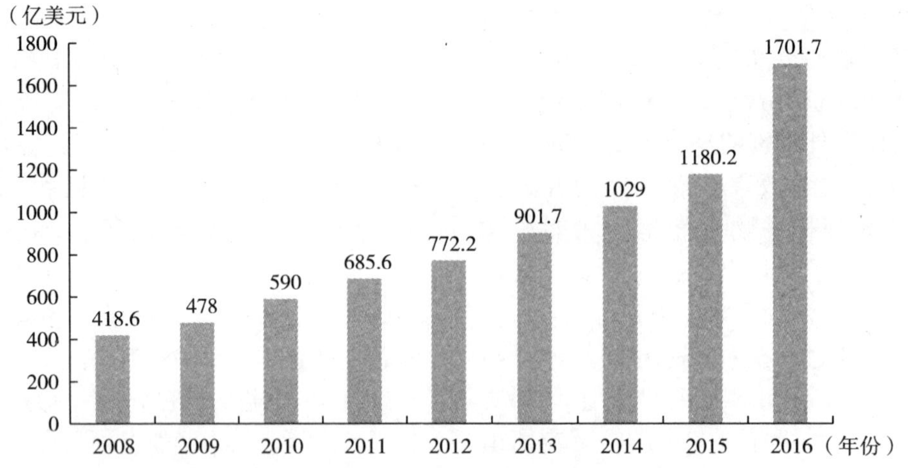

图 15－2 2008～2016 年中国非金融类对外直接投资流量

资料来源：商务部对外直接投资统计数据。

和能源领域的海外并购仍占主导地位。2012 年，中国对外投资的重头仍是国有资金大幅注入能源和原材料领域，当年，中国国家主权基金和国有企业在能源领域投资额达 362 亿美元，对原材料领域投资 16 亿美元。2013 年，中国海洋石油总公司以 148 亿美元收购加拿大尼克森公司 100% 的股权项目，创迄今中国企业海外并购金额之最。2014 年，中粮集团与总部位于荷兰的全球农产品及大宗商品贸易集团 Nidera 签署协议，收购其 51% 的股权，成为这家年销售额超过 170 亿美元的国际农产品主要贸易商的控股股东。控股 Nidera 是中粮向全球布局迈出的重要一步，是公司为“打造具有国际水准的全产业链粮油食品企业”所采取的重要战略举措。随着国家战略支持和国有企业自身能力的提升，国有企业在“一带一路”沿线国家的投资额增长较快。根据中国与全球化智库的数据分析，截至 2015 年，中国企业在“一带一路”沿线国家的投资规模在 1 亿～10 亿美元的投资案例数高达 407 起，其次是 10 亿～100 亿美元的大规模投资，达到 121 起。在“一带一路”沿线国家的投资集中在采矿业、交通运输业及制造业领域。

二、对外直接投资的新特点与新趋势

2017 年以来，中国企业对外投资进入了新的发展阶段，那就是从追求投资规模转向追求投资质量和经营效益，由粗放投资转向高质量投资，由盲目经营转向依法合规经营。受国内政策和国际政治经济形势影响，中国企业对外直接投资出现了“局部升温、局部降温”的趋势。

1. 对外投资由高速增长转为高质量发展

中国对外直接投资正在从高速增长阶段进入高质量发展阶段。中国企业对外投资的前 30 年，是相对粗放、激进和轻约束的。这种特征与国内持续高增长背景下向外寻求资源与市场的目标相适应。2009 年底，中央企业境外资产总额就已超过 4 万亿元，占中央企业总资产规模的 20%。在国资委提出的中央企业“十二五”发展思路中，国际化经营成为五大战略之一。国有企业跨国经营不仅是企业自身成长的内在需要，更是我国打造更高水平、更高质量对外开放格局的必然要求。习近平总书记在十九大报告中首次提出，中国经济已由“高速增长阶段”转向“高质量发展阶段”。相应地，国家对国有企业海外投资的要求也由重视投资规模转向重视投资效益。2017 年中国对外直接投资 1582.9 亿美元，同比下降

19.3%，其中，非金融类对外直接投资流量1395.0亿美元，减少18%。自2003年中国发布年度对外直接投资统计数据以来，对外投资流量首次出现负增长。2018年全年，我国全行业对外直接投资1298.3亿美元，同比增长4.2%。应该说，在国内严防金融风险的背景下，中国企业对外投资也更趋理性。从外部因素来看，一方面，在防范金融风险背景下，各部委齐发力加强监管。在推动对外投资便利化的同时，加强了对外投资的真实性、合规性审查，挤压了大部分的非理性投资和虚假投资，使投资结构明显优化，质量效益有所提升；另一方面，一些发达国家以"国家安全"为由继续加强对能源和高技术领域并购的审查，抑制了一部分正常的海外投资（刘建丽，2018）。应该说，对外投资额回落是政府理性、企业理性和外部约束综合作用的结果。

2. 投资区域出现新热点，流向"一带一路"沿线国家的投资将持续增长

最近两年来，国际形势风谲云诡，经济全球化出现了局部倒退的现象。美国保护主义抬头，对中国企业投资设置了重重障碍。同时，中国提出的"一带一路"倡议得到了亚洲、非洲和部分欧洲国家的积极响应。在此背景下，中国企业对欧洲、非洲的投资快速增长，流向"一带一路"沿线国家的投资增长迅速。2017年，1582.9亿美元的对外直接投资中，流向欧洲的投资额达184.6亿美元，创历史最高值，同比增长72.7%；流向非洲的直接投资额为41亿美元，同比增长70.8%。对"一带一路"沿线国家的直接投资流量为201.7亿美元，同比增长31.5%，占同期中国对外直接投资流量的12.7%。2018年，我国企业在"一带一路"沿线56个国家的非金融类直接投资达156.4亿美元，同比增长8.9%，占同期总额的13%。随着"一带一路"沿线国家建设的深入推进，我国对"一带一路"国家的直接投资有望持续增长。

3. 非经济因素导致的投资风险正在显现，对外投资将出现局部降温

随着世界范围内新一轮技术革命的兴起和国际竞争的加剧，主要发达国家纷纷提高了战略性行业的投资准入标准，加强了对外资的国家安全审查力度，收紧了外资准入政策，使中国企业海外投资难度增加。当前，世界各国对外资都提出了更高的环保标准、劳工用人标准和企业社会责任标准。国有企业因投资规模大，受到的审查会更加严格。同时，国有企业还面临"竞争中立"原则的限制。该原则要求消除政府对所有国有企业竞争优势的非市场性影响，得到了OECD和美国的积极推广和传播。值得警惕的是，近期，美国针对中国企业采取了一系列违反市场经济规则的打压和封锁行为，使中国企业对美国及其紧密盟国的进入风险和进入障碍陡增。中国对美国直接投资2016年达到峰值，为169.8亿美元，2017年下降到64.3亿美元，同比下降62.1%，2018年对美国投资额继续下降。显然，这一下滑是美国加强对外国投资审查以及中美贸易摩擦带来的双边关系紧张所致。2015年，不乏中国企业大手笔并购美国企业。例如，复星集团以近25亿美元收购美国保险巨头Ironshore Inc.，安邦保险以19.5亿美元收购纽约华尔道夫地标性酒店等。进入2016年，中国企业在美国投资依然热情高涨：1月，万达以35亿美元收购传奇影业公司；2月，阿里巴巴入股美国团购鼻祖Groupon；6月，海尔以55.8亿美元并购美国通用电器公司等。但2017年以来，中国企业并购美国企业的案例明显减少。今后较长一段时期，由于国家之间的相互角力及博弈，一些连锁反应很可能以不可预期的形式出现，这将加大中国企业对外投资及海外经营的风险。

4. 高技术产业"走出去"取得新进展，技术优势输出型投资将逐渐增多

中国早期的对外投资以能源获取为主，及至后来制造业企业的跨国并购，以技术获取为主要动因，对外优势输出完全是发达国家跨国公司的专利。改革开放40年来，中国高技术产业不断成长壮大，技术能力和核心竞争力不断提升，一些产业在世界范围内已具备相对竞争优势。如我国高铁已拥有世界上最完整的技术体系，设备和技术正在被越来越多的国家所购买。尤其是"一带一路"倡议提出以来，中国高铁"走出去"的步伐逐步加快，海外市场份额不断拓展，其海外版图已扩展至亚、欧、非、美等五大洲数十个国家。在通信设备领域，以华为为代表的中国企业正在全面布局5G，在5G标准数量和专利技术方

面，华为已处于世界领先地位。尽管受到美国打压，华为也已经凭实力拿到全球40个5G订单。此外，中国的机械、电子产业已经由简单的产品“走出去”转向“技术+品牌”“走出去”，开始在全球布局产业链，提升产品在国际市场的附加值。可以预见，随着中国优势产业的不断成长，技术优势输出型投资在整体投资额中的比重将不断提高。

专栏15-1

雅万高铁助推中国高铁“走出去”迈向新台阶

2019年5月14日，印度尼西亚雅加达至万隆高速铁路（雅万高铁）瓦利尼隧道贯通仪式在印度尼西亚西爪哇省瓦利尼举行。瓦利尼隧道是雅万高铁全线首条贯通的隧道，标志着雅万高铁建设取得阶段性重要进展，为雅万高铁全线加速建设奠定了重要基础。作为中国高铁出口的“海外第一单”，从签署合资公司协议到如今全线首条隧道贯通，雅万高铁项目是在中印两国领导人的直接推动和两国政府有关部门的大力支持下，一个问题一个问题解决，一步一个脚印扎实推进，整个项目建设可谓是历经波折。如今，中印两国建设者克服千难万阻，雅万高铁建设不断取得新突破，并迎来阶段性的胜利，这将为两国建设者注入更多的信心和动力，对雅万高铁全线加速建设具有重要意义。

雅万高铁是连接印度尼西亚首都雅加达和旅游名城万隆的高速铁路，全长142千米，设计时速350千米。作为中国“一带一路”倡议和印度尼西亚海洋支点战略对接的重大项目，雅万高铁全部采用中国高铁技术和装备，借鉴了中国高铁丰富的建设和运营管理经验，并按照当地的气候、线路条件、沿线群众文化传统和生活习惯量身打造，是推动印度尼西亚经济社会发展的重大建设工程，建成后势必对当地经济发展和社会进步产生巨大的推动作用，同时还有助于带动印度尼西亚铁路技术进步和产业升级。

作为中国高铁全系统、全要素、全生产链走出国门的“第一单”，雅万高铁是新时代中国和印度尼西亚发展战略对接和务实合作的旗舰项目，它的建成将有助于缓解雅加达和万隆这两座人口密集城市通勤的交通压力，优化当地投资环境，推动印度尼西亚经济快速发展，增进广大印度尼西亚民众福祉。在为印度尼西亚带来诸多红利的同时，雅万高铁成功建成后，也将让世界各国再次见证中国高铁的强劲实力，中国高铁在国际上将赢得更好的口碑，中国高铁这张名片将擦得更亮、打得更响，为中国高铁出口提供强劲加速度，进而推动中国高铁“走出去”迈向更高的台阶。

资料来源：节选自青年网同名文章，http：//news. gaotie. cn/pinglun/2019-05-17/501540. html。

三、新时期促进中国企业对外投资的政策建议

1. 加快制度创新，进一步推动高技术产业和战略性新兴产业“走出去”

加强国际沟通和交流，在双边和多边投资协议框架内，积极推动战略性新兴产业出口和对外投资，优先支持高铁、无人机、电子通信这些中国已经具备相当竞争优势和战略成长性的产业对外投资，发挥规模效应，降低企业平均成本。对于智能机械等中国具备强大生产能力，但技术上

还需要进一步提升的成长性产业，要为企业开展海外并购创造有利条件。如在政策性银行成立海外并购基金，加大对创新型中小企业海外投资的融资支持。

2. 加强对境外经贸合作区的宏观指导，提高企业“抱团出海”的成功率

规划境外经贸合作区是当前促进中国企业抱团出海的有效途径。多数“一带一路”沿线国家的市场环境和制度环境迥异于我国，对我国企业而言，在这些国家进行直接投资面临巨大的制度风险，而境外经贸合作区则是直接“移植”国内的制度环境，能够有效降低异国经营风险和成本。当前，需重点加强区域布局指导和国别风险指导，避免重复投资和盲目投资；结合中国与“一带一路”沿线国家的合作协议及规划，谋划跨境经贸合作区及产能合作的主导产业；重点支持龙头带动型和集群支撑型产业集聚区项目，为中国企业尤其是中小企业营造海外投资的产业支撑环境。

3. 针对某些国家的贸易保护主义和投资保护主义，采取必要的应对措施

美国等国家动辄以国家安全为由对中国企业进入美国肆意干涉，以各种贸易壁垒为由对中国产品进入美国市场设置种种障碍。现实情况表明，所谓的“国家安全”“双反”都只不不过是一个幌子，其本意在于通过各种手段保护本国产业和核心技术，遏制中国相关产业的成长壮大。面对不断增强的贸易壁垒和投资保护主义，我国需要尽早研究应对措施，在不断开放本国市场的同时，细化对不同行业市场准入的解释。引导企业结合不同国家的政策取向，及时调整对外投资优先区域。除了政治交涉、谈判磋商、法律抗辩等手段以外，必要时启动反制措施，如反补贴调查、产业损害调查等，充分应用《反垄断法》，保护本国企业在本土的合理利益和对外投资的合法权益。

4. 进一步加强规制和引导，促进企业合法合规经营

为提高对外投资质量和效益，塑造中国跨国公司负责任的企业形象，确保对外投资企业对内对外合规，2017 年以来，国资委、发改委、商务部纷纷表态，要加强企业对外投资的真实性、合规性审查，控制非理性投资，要求中国对外投资企业遵守东道国的法律法规，履行社会责任，塑造中国企业海外投资的良好形象。2017 年 6 月 12 日，财政部印发《国有企业境外投资财务管理办法》，并于 2017 年 8 月 1 日起开始实施，旨在加强国有企业境外投资财务管理，防范境外投资财务风险，提高投资效益。可以看到，国家相关监管部门的政策导向，就是顺应国际投资领域的规范要求，正视外部制度压力，通过改革为国有企业对外投资创造合法合规的制度环境。随着我国经济发展迈入新时代，国有企业对外投资面临更加波诡云谲的外部经济环境，当前亟须通过深化改革和加强监管解决两大问题：一是通过加强监管，改善国有企业在产权代理主体意义上的对外投资合规性；二是通过深化改革，强化国有企业在外部市场经济环境中的投资主体合法性，从追求“实体跨境”逐步转向追求“海外权益获取”。

5. 推动国家品牌形象提升和产品品牌国际化，促进企业海外市场拓展

尽管我国一些行业的领军企业已经成功进入国际市场，产品也占据了相当大的国际市场份额，但国际知名品牌仍寥寥无几。这些企业在面对个别发达国家市场时，仍然存在品牌弱势和相当大的进入障碍。因此，这些企业要成长为世界一流企业，亟须提升品牌国际化程度。从国家层面而言，通过多种形式、多层次的国际交流展现良好国家形象，输出国家软实力，有助于国家品牌形象的塑造。引导民族品牌实施国际品牌提升计划，鼓励有条件的企业积极实施品牌并购战略，促进民族品牌发展壮大。引导优势资源向沉睡的民族品牌集聚，支持具有发展潜力和市场优势的民族品牌“走出去”进行全球产业布局。

6. 建立完备的对外直接投资风险保障体系

对外直接投资存在巨大风险，有些风险是企业自身难以抵御和承担的。因此，国外政府纷纷建立境外投资风险保障机制，以政府的力量为企业跨国经营解除后顾之忧。对我国企业而言，一些发展中国家和地区为它们“走出去”提供了广阔的市场，但同时巨大的发展空间往往伴随着很高的风险。最近几年，我国企业在“一带一路”沿线国家的投资不断增加，但有些国家由于政权更迭频繁、市场不完善、腐败频发等原因，投资

风险巨大，不可否认一些投资项目遇到中途搁浅、投资无法收回的情况。因此，借鉴国际经验，尽早完善海外直接投资风险防范与保障体系至关重要。一方面，引导企业尤其是国有企业在对外投资前加强实事求是的尽职调查，遵循投资的商业规律，强化海外投资的风险意识。另一方面，以官方委托的方式，依托社会力量定期编制和更新海外投资风险评级报告，并建立基金形式的风险保证金，并制定引导政策，鼓励商业性保险公司开展海外投资保险业务。

7. 完善对外投资服务体系，推动企业有序“走出去”

建设统一的政府海外投资信息平台，为企业提供海外投资环境的相关信息。通过驻外使馆设立经济商业情报中心，为企业对外投资提供信息情报等服务。同时帮助企业交流海外直接投资经验，协助进行投资分析，把握投资机会以及提供咨询等服务。鼓励企业参加国际会议，开展海外技术交流活动，扩大国际交流的范围。与政府相比，商会组织在促进海外投资活动方面往往更有效率。因为这类组织熟悉本行业情况，能比较快捷地掌握投资地的信息，可以协调行业内不同企业出现的利益冲突。此外，商会在与投资地政府交涉、沟通、谈判方面也具有优势。为此，在推动国家“走出去”的战略时，要充分发挥商会等民间组织的力量，将其作为公共服务体系的一个重要组成部分，鼓励和支持其积极发挥作用，引导、协调和帮助企业有组织、有秩序地“走出去”，发挥产业协同聚集效应，消除内部恶性竞争。

参考文献

［1］刘建丽：《中国制造业企业海外市场进入模式选择研究》，经济管理出版社 2009 年版。

［2］刘建丽：《国有企业国际化 40 年：发展历程及其制度逻辑》，《经济与管理研究》2018 年第 10 期。

［3］周弘：《中国援外六十年的回顾与展望》，《外交评论》2010 年第 5 期。

［4］董艳、樊此君：《援助会促进投资吗？——基于中国对非洲援助及直接投资的实证研究》，《国际贸易问题》2016 年第 3 期。

第十六章　新中国对外贸易70年

提　要

中华人民共和国成立70年来，我国始终坚持独立自主、互利共赢的原则，不断探索有中国特色的对外开放之路，实现了由传统封闭社会向现代开放社会的重大转变。在特定历史条件下，1978年之前的对外贸易受限多、规模小、发展慢，对外贸易在国民经济中的作用存在认识上的局限性。1978年之后，在由渐进推进到全面升级的开放模式引领下，中国外经贸体制改革不断深化，对外贸易发展取得了举世瞩目的成就，成为人类历史上首个发展中国家的世界第一货物贸易大国。进入新时代，面对复杂的外部环境以及国内主要矛盾变化，要着力推动商品和要素流动型开放向规则等制度型开放转变，提升全球治理能力，坚定维护开放型世界经济，营造有利于对外贸易高质量可持续发展的政策环境，形成全面开放新格局，加快由贸易大国迈向贸易强国。

*　　*　　*

中华人民共和国成立后，人民政府接管海关，在很短时间内结束了中华人民共和国成立前由外国资本和官僚买办垄断对外贸易的局面，开始独立自主开展对外经贸活动。70年来，中国对外贸易发展的国际环境和制度条件发生了历史性的变化，外经贸管理体制经历了数轮重大变革，对外经济贸易在国民经济中的作用和地位显著提高，对外贸易发展取得了举世瞩目的成就。目前，中国已成为世界第一货物贸易大国，并加快迈向贸易强国。

一、新中国对外贸易发展的历史轨迹

中国的对外贸易发展历程以1978年为转折点，可划分为两大阶段。以这一转折点为界，外贸政策导向形成了鲜明对比。1978年之前，对外经贸活动有较大的局限性，中国对待开放的态度相对保守，进出口规模小，长期处于逆差状态。1978年之后，中国顺应技术变革加快、产业结构调整、国际分工深化的世界发展潮流，把对外开放确立为长期国策，外经贸体制改革逐步深化，外贸政策体系不断完善，对外开放成为推动中国经济增长和体制变革最重要的动力之一。

1. 1978年之前的对外经贸活动及外经贸管理体制：计划、统制和保护

中华人民共和国成立之初，各项事业百废待兴。国家取消了外国资本在海关、金融、航运、

保险、商检、仲裁等领域的垄断和特权，但外贸发展却面临着官僚资本掌控的境内外汇资产严重流失、外国在华贸易企业经营停滞、国内民族资本主义外贸企业规模小实力弱等一系列严峻的问题和挑战。为促使进出口贸易尽快走上正轨，中央政府确立了国家统制对外经贸活动的指导思想。早在1949年3月召开的中共七届二次全会上，毛泽东同志就明确提出："对内的节制资本和对外的统制贸易，是这个国家在经济斗争中的两个基本政策①"。1949年9月通过的《中国人民政治协商会议共同纲领》规定："实行对外贸易的管制，并采用保护贸易政策。"② 在这一指导思想下，中国逐步建立起集外贸经营与管理为一体、政企不分、统负盈亏的外贸管理体制，由中央下达指令性计划直接管理少数国有专业外贸公司开展进出口业务。新中国设立的第一批外贸经营主体是由分布在东北、华北、华东等解放区的外贸企业重新组建的国营外贸企业，而对于旧中国的私营外贸企业，国家则采取委托经营和公私联营方式，将其进出口业务纳入国家计划管理体系下。1955年，民族私营外贸企业的经营比重下降到0.8%。1956年，国家对私营外贸企业实行全行业公私合营，全国共成立了54家公私合营对外贸易公司，自此中国外贸部门基本形成了单一的全民所有制③。这种外贸体制既是中华人民共和国建立初期国家经济建设的需要，也是当时政治形势和国际环境的产物，同时反映出特定历史条件下对外贸在经济发展中作用和角色认识的局限性。

中华人民共和国成立后相当长的时期内，我国外贸发展的基本原则是"调剂余缺、出口换汇"。由于西方国家对华实行"封锁禁运"，20世纪50年代，我国贸易伙伴主要集中在苏联和东欧等社会主义阵营。20世纪60年代初，中苏关系恶化，我国将贸易对象转向中国香港、中国澳门、日本、东南亚、非洲等国家和地区，定期举行出口商品交易会，扩大贸易范围。在贸易方式方面，20世纪五六十年代，为克服现汇短缺，我国与苏联、东欧以及亚非拉国家和地区签订政府协议，开展记账结算的易货贸易。从1957年开始，我国有计划地实施"以出养进"，即进口部分原材料在国内加工再出口，以解决出口货源紧张，增加出口创汇，这可以算是中国加工贸易发展的"雏形"。20世纪70年代，中国"进口替代"的政策导向更加鲜明，中苏关系破裂以及"文化大革命"期间中断了的技术引进工作得以恢复。为加快国内现代化建设，我国相继与日本、德国、美国等西方国家建立外交关系。1973～1978年，我国与上述国家签订设备进口和技术引进合同，重点引进了轧钢、化肥、化纤、发电、石化联产等26个大型成套设备项目，用汇约30亿美元。引进这些生产线和技术设备促进了工业整体技术水平提高。然而，这一时期的技术引进和设备进口工作也存在一定的盲目性，片面追求"大、多、全"，部分项目对国内消化吸收和配套能力考虑不足，出现了"抢外汇、乱布点、重复建设"等问题，一些进口设备因适配性差而长期闲置，造成严重的外汇浪费，影响了技术引进的实际效果。

总体来看，从中华人民共和国成立到1978年之前的30年，对外经济领域带有浓厚的计划色彩，无论是政府还是学术界对外贸在国民经济发展中的作用都存在认识偏差，仅将外贸企业的经营利润作为工业化的资金来源和辅助支撑，片面强调社会主义对外贸易要在国家垄断下进行，服从有计划按比例发展法则。中国外贸政策行"进口替代"之实，经济发展处于半封闭、内向型的状态。虽然通过有限的进出口和技术引进在一定程度上弥补了国内短缺，为工业化和经济建设积累了资金，而且创汇导向的外贸政策有利于国际收支平衡，但高度集中的外贸管理体制明显缺乏活力，割裂了国内外两个市场的有机联系，阻碍了商品和要素的流动。同时，由于当时我国没有加入关贸总协定等主要国际经济组织，对外经贸活动受到诸多限制。

2. 1978年之后的对外贸易：从渐进推进到全方位发展

20世纪70年代中后期，国内外形势发生了

① 《毛泽东选集》（一卷本），人民出版社1964年版，第1434页。

② 转引自傅自应主编：《中国对外贸易三十年》，中国财政经济出版社2008年版，第5页。

③ 转引自裴长洪：《中国对外贸易60年演进轨迹与前瞻》，《改革》2009年第7期，第5～6页。

根本性转折。一方面，国际政治关系趋向缓和，全球产业转移加快，而周边的“亚洲四小龙”通过实施出口导向战略，承接国际产业转移，发展外向型产业，实现了经济腾飞，对我国形成了较强的借鉴示范效应；另一方面，“文化大革命”结束后，国家工作重心转向经济建设，迫切需要打开国门，引进技术和资金。以邓小平为核心的党中央抓住了这一历史机遇，做出了中国经济走向开放、走向世界的重大决策。

1978年之后的40年中，我国对外开放和外经贸发展表现出鲜明的阶段性特点。1978～1992年，我国外贸体制改革的出发点是“开放搞活”，主要采取以点带面的方式，设立经济特区，形成试点示范效应，逐步摸索外经贸发展的市场化方向；1992～2001年，以邓小平同志南方谈话为契机，我国对外开放由试验探索转为加快推进。在对外贸易领域，逐步打破单一的计划管理体制，不断下放贸易经营权，外经贸经营主体多元化迈出了实质性步伐。获得自营进出口权之后，更多生产企业绕过国营外贸公司，直接与国外进出口商对接业务，使外贸规模扩张明显提速，并有效降低了进出口成本。然而，由于经营主体快速分散化，这一时期外贸体制改革措施在打破外贸渠道垄断格局、不断激发外贸发展活力的同时，导致部分中国传统出口产品和优势矿产资源价格竞争加剧。20世纪90年代，出口市场上“猪鬃大战”“蚕丝大战”此起彼伏，严重干扰了正常的外贸秩序，激烈的出口价格战主导了行业竞争模式，造成中国对部分大宗商品出口定价权的丧失；加入世界贸易组织后，对外开放则进入全方位、多层次、宽领域、有重点的新阶段。在争取“复关”和加入世界贸易组织的过程中，中国政府对关税政策以及贸易管理体制进行了卓有成效的改革，将市场化的政策工具进一步应用到对外贸易经营管理之中。加入世界贸易组织后，通过履行相关承诺，中国贸易政策的透明度显著提高，贸易政策在引导产业升级方面的作用更为突出，逐步形成内需和外贸均衡发展的大国贸易政策体系。同时，市场多元化战略、大经贸战略、加工贸易升级、贸易便利化等战略措施相继实施，有效地促进了进出口规模的扩大和外贸增长方式的转变。

国际金融危机爆发后，我国积极采取有效应对措施，以“稳增长、调结构”为主线，推动对外贸易发展方式加快转变。党的十八大坚持将对外开放作为基本国策。党的十八大以来，我国加大开放领域制度创新力度，推出“一带一路”倡议、成立亚洲投资银行、加快自贸试验区试点、实行负面清单管理等一系列开放新战略新措施。党的十八届三中全会通过《中共中央关于全面深化改革若干重大问题的决定》，明确提出构建开放型经济新体制，“放宽投资准入、加快自由贸易区建设、扩大内陆沿边开放”，掀起了深化外贸体制改革、创新外经贸管理方式的新高潮。党的十八届五中全会将“开放”列为五大发展理念之一，开启主动、双向、公平、全面、共赢、高质量的新一轮对外开放。面对国际金融危机后世界经济持续低迷导致外需下滑的严峻形势以及贸易保护主义带来的挑战，通过深化外经贸领域供给侧结构性改革，大力发展外贸新业态，促进贸易便利化，我国进出口逐步回稳向好。党的十九大强调“推动形成全面开放新格局”。在全球化进程遭遇挫折的复杂国际环境下，中国坚持维护多边贸易体制，主动担负起推动全球化发展的大国历史重任。充分利用G20、APEC、中非论坛等国际平台，增强自身制度性话语权，倡导构建人类命运共同体，打造创新、活力、联动、包容的世界经济体系，为促使全球贸易走出阴霾做出了积极而富有建设性的努力，使中国对全球经济增长继续发挥“稳定之锚”的重要作用。2018年4月，习近平主席在博鳌亚洲论坛上宣布了中国将实施大幅度放宽市场准入、创造更有吸引力的投资环境、加强知识产权保护、主动扩大进口等扩大对外开放新的重大举措，向世界传递出清晰有力的声音：“中国开放的大门不会关闭，只会越开越大。这是中国基于发展需要做出的重大战略抉择，也是在以实际行动推动经济全球化造福世界各国人民。”① 为加快新一轮全面开放，中央政

① 《习近平出席博鳌亚洲论坛2018年年会开幕式并发表主旨演讲》，http：//www.gov.cn/xinwen/2018－04/10/content_5281320.htm。

府决定2018年11月在上海举办首届中国国际进口博览会，在海南全岛建设自由贸易试验区和中国特色自由贸易港，促使中国由“卖世界”的“世界工厂”转向“买世界”的“世界市场”，敞开大门，为世界各国提供多样化、潜力巨大的商机。在主动开放市场的同时，树立共商共建共享的全球治理观，不断推动经济全球化朝着更加开放、包容、普惠、平衡、共赢的方向发展①。

40年的发展历程昭示出清晰的开放脉络：1978年之后的对外开放是中国历史上真正意义的主动对外开放，而采取由渐进推进到全面升级的开放模式，则是由对外开放的初始条件及目标方向共同决定的。实践证明，这种开放模式很好地利用了“两个市场、两种资源”，降低了开放成本，开放领域获得的成果减弱了经济转轨和体制改革带来的震荡和冲击。这种独具特色的开放模式丰富了人类对外开放的实践，为对外开放的理论创新发展做出了重要贡献。需要强调的是，中国开放模式具有鲜明的自主性和一定的独特性，但这种独特性在更大程度上仅是改革开放所处的国内外环境及其阶段性特点决定的。归根结底，中国在开放领域取得巨大成功的关键在于科学把握全球化演进的大势，尊重市场规律和国际规则，始终坚持改革开放的市场化方向，逐步使市场机制在外贸部门的资源配置中发挥决定性作用，这才是中国经验的真谛，也是不容辩驳的客观事实。

二、对外贸易发展成就

1. 货物进出口规模持续扩大，服务贸易加快发展

（1）成为世界第一货物贸易大国。进出口规模扩大是新中国外经贸发展取得的最突出的成就之一。1950年，中国进出口总额仅为11.3亿美元，到1978年增至206.4亿美元，2018年扩大到44354.3亿美元②。但应该看到，1978年前，我国对外贸易虽有发展，但总体水平比较落后。从中华人民共和国成立后到1978年，我国对外贸易额占世界贸易总额的比重始终未超过1%，这一比值不仅低于发达国家，甚至落后于很多发展中国家。1977年和1978年，我国出口商品总额不及日本汽车一个产品的出口额③。中国对外贸易的发展实绩主要是在1978年之后实现的，40年来进出口规模扩张带动我国国际贸易的地位不断提高。2007年，中国出口跃居世界第二位，扣除汇率等因素，出口当年实际排名世界第一。另据世界贸易组织统计，2013年中国超过美国跃升为世界第一货物贸易大国④。成为世界第一货物贸易大国是中国对外贸易发展的历史性标志和里程碑，也是坚持对外开放、不断融入全球分工体系的重大成果。再从贸易差额的变动情况看，中华人民共和国成立后相当长时期内，由于出口创汇能力有限，外汇储备家底薄，难以满足商品进口和技术引进的需要。改革开放以来特别是加入世界贸易组织之后出口规模持续快速扩大促使贸易顺差大幅增加，我国贸易顺差由1950年的-0.3亿美元升至2018年的3388.2亿美元（见表16-1和图16-1）。规模庞大的贸易顺差一方面为中国经济增长提供了有力的资金支撑，1978年我国外汇储备仅为1.67亿美元，到2018年末已达30727亿美元，从根本上缓解了中华人民共和国成立后近半个世纪国际收支的压力，是中国综合国力提升的重要标志之一；另一方面，巨额贸易顺差也加剧了进出口发展不平衡的矛盾，引发了与部分贸易伙伴的经贸摩擦。

① 钟山：《开放的中国与世界共赢——写在〈中国与世界贸易组织〉白皮书发表之际》，《人民日报》2018年7月2日。

② 2018年进出口数据来自《2018年国民经济和社会发展统计公报》，已折算为美元。

③ 王昭熙：《当前我国对外贸易发展的几个问题》，《国际贸易》1979年第4期，第7页。

④ 据世界贸易组织统计，2013~2017年，除了2016年居第二位之外，其余年份中国均是世界第一货物贸易大国。

表16－1　1950～2018年中国进出口规模及贸易差额的变化

单位：亿美元

年份	进出口总额	出口额	进口额	贸易差额
1950	11.3	5.5	5.8	－0.3
1960	38.1	18.6	19.5	－0.9
1970	45.9	22.6	23.3	－0.7
1980	381.4	181.2	200.2	－19.0
1990	1154.4	620.9	533.5	87.4
2000	4742.9	2492.0	2250.9	241.1
2010	29740.0	15777.5	13962.4	1815.0
2018	44354.3	23871.3	20483.1	3388.2

资料来源：1950～2017年的数据来自《中国统计年鉴》相关年份，2018年的数据来自统计公报。

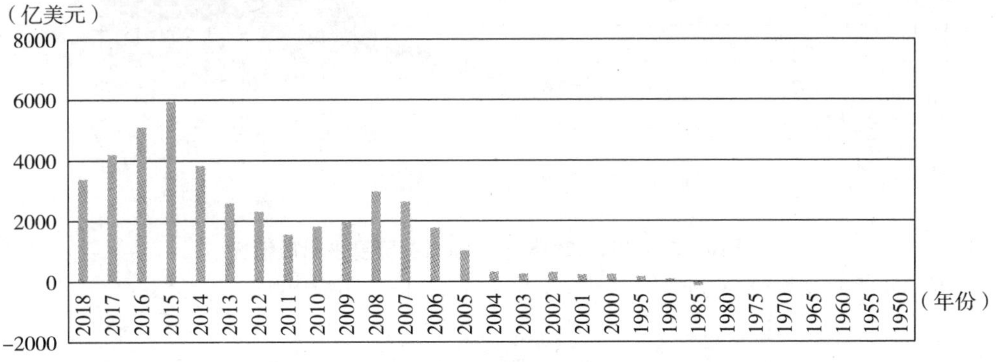

图16－1　1950～2018年中国贸易差额的变化

资料来源：1950～2017年的数据来自《中国统计年鉴》（2008），2018年的数据来自统计公报。

（2）服务贸易发展提速。相比制造业，我国服务业开放起步较晚，整体发展和开放水平有待提高。但随着中国经济结构转型升级加快，服务领域对外开放进程明显加快，带动中国服务贸易进入发展新阶段。近年来，在第四次工业革命推动下，数字经济引领制造业与服务业深度融合，服务的可贸易性大大增强，服务在全球价值链上的占比不断提高，服务贸易发展迎来前所未有的发展机遇。“十三五”以来，在国家连续出台促进服务贸易发展政策措施的作用下，中国服务贸易平均增速高于全球同期水平。2018年，我国服务贸易进出口额达到5.24万亿元，同比增长11.5%，已连续5年位居世界第二位。服务贸易不仅正在成为推动中国对外贸易高质量发展的新引擎，而且为全球贸易结构转型和世界经济发展注入了新活力。值得注意的是，我国服务贸易发展初期，进出口规模均比较小，多个年份保持小幅顺差，但过去10年来，逐步开放的国内服务市场释放出大量进口需求，金融、物流、专业服务、文化影视等服务进口快速增长，使服务进口增速持续快于出口，进而导致服务贸易逆差不断扩大（见图16－2）。这既真实地表现了我国服务业的国际竞争力，也在很大程度上反映出中国服务领域扩大开放的积极进展。

2. 外贸结构不断优化，出口竞争优势逐步确立

（1）外贸结构优化取得积极成效。中华人民共和国成立初期，国内工业基础薄弱，主要工业品生产能力严重不足，这一时期我国出口产品以农副产品为主，农副产品约占出口总额的70%，

而进口则以生产资料为主。1953～1978 年，生产资料进口额占进口总额的比重约为 80%，这种外贸结构是较长时期实行进口替代的必然结果。工业化发展带动了轻纺产品的出口，轻纺产品的出口比重逐步提高，由 1953 年的 26.9% 上升到 1978 年的 46.9%。1980 年，我国初级产品的出口比重为 50.3%，仍超过工业制成品。为缓解国内市场供给长期短缺的局面，1978 年之前，我国主要从国外采购机械设备、工业原材料以及农用物资（见表 16－2）。这种发展状况实际上与“二战”后世界上其他采取进口替代策略的国家和地区颇具相似性，再次验证了长期封闭市场、实行计划经济会阻碍工业化进程，唯有坚持开放和分工，才能真正推动工业化和现代化发展。

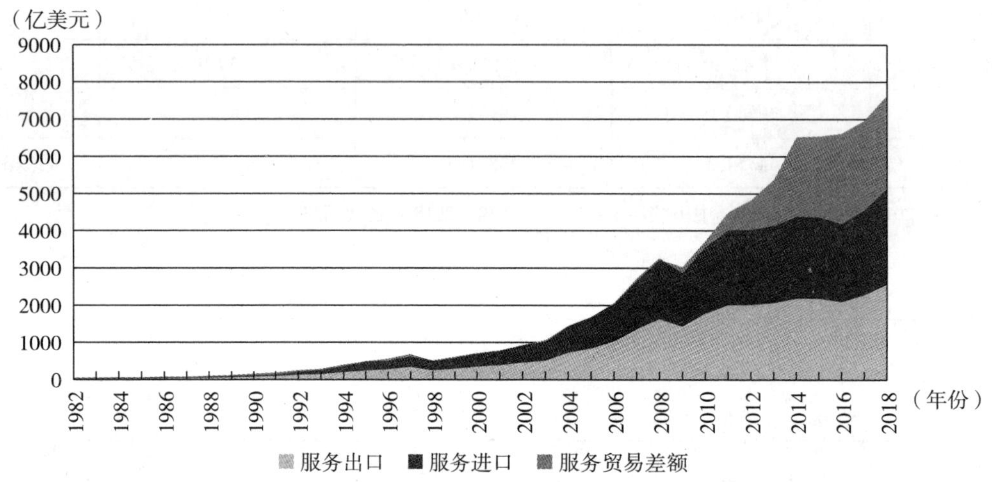

图 16－2 1982～2018 年中国服务贸易进出口情况

资料来源：1950～2017 年的数据来自《中国统计年鉴》，2018 年的数据来自统计公报。

表 16－2 1953～1979 年中国进口商品结构

时间	机械设备（百万美元，%）		工业原料（百万美元，%）		农用物资（百万美元，%）		消费品（百万美元，%）	
	进出口值	占比	进出口值	占比	进出口值	占比	进出口值	占比
1953～1957 年	36.74	49.4	23.63	31.8	2.84	3.8	5.64	7.6
1958～1962 年	34.42	40.1	33.19	38.7	4.35	5.1	5.25	6.1
1963～1966 年	11.51	16.3	27.93	39.4	5.89	8.3	25.45	36.0
1967～1970 年	12.95	16.0	42.57	52.5	9.15	11.3	16.46	20.2
1971～1975 年	58.20	23.4	121.63	49.0	17.36	7.0	51.07	20.0
1976～1979 年	91.74	23.0	211.0	52.3	24.8	6.1	75.04	18.7

资料来源：转引自裴长洪：《中国对外贸易 60 年演进轨迹与前瞻》，《改革》2009 年第 7 期，第 7 页。

改革开放后，随着工业部门加快开放，大量外资进入第二产业，带动我国工业制成品生产和出口能力快速跃升。2017 年，初级产品出口仅占我国出口总额的 5.2%，工业制成品出口额占出口总额的比重则提高到 94.8%，远高于制成品出口占比 69.6%（当年世界平均水平）①。目前，中国不仅仍是劳动密集型产品重要出口国，而且已经成为全球机电产品和高技术产品的主要生产和提供者。值得注意的是，近年来高技术产品出口占比虽然“稳中略降”，但在工业结构转型加快、战略性新兴产业快速发展的拉动下，无人

① 中国数据来自《中国统计年鉴》，世界数据来自世界贸易组织，*World Trade Statistical Review* 2018。

机、航空航天器、光通信设备等一批具有国际竞争力的高技术产品成为出口新亮点。在优化贸易结构的同时，中国制造的质量和国际形象不断提升。2018 年，我国高附加值机电产品和装备制造产品出口继续保持良好增势，如金属加工机床增长 19.2%，手机增长 9.8%，汽车增长 8.3%，增长速度均超过当年出口增速；部分重要设备和关键零部件优质消费品进口也实现较快增长，如集成电路增长 16.9%，消费品增长 10.9%，进出口质量和效益进一步改善。另据世界银行统计，我国高技术产品出口占比不仅超过世界平均水平，而且超过高收入国家水平（见图 16－3）。当然，这一比值更多地反映出中国在高技术产业全球价值链上处在终端制造环节的总体分工地位，但也体现了中国急剧扩张的高技术产品的加工和出口能力。

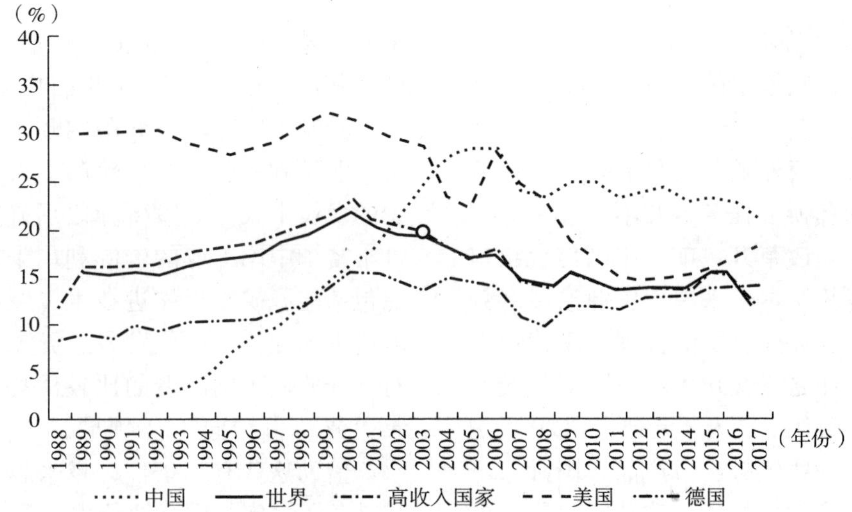

图 16－3　1988～2017 年高技术产品出口额占出口总额的比重

资料来源：https：//data. worldbank. org/indicator。

从贸易主体结构变化看，民营企业地位进一步提升，对出口增长的贡献不断增大，成为对外贸易发展中的生力军。随着国内企业转型升级加快，民营企业进出口占比由 2012 年的 30.5% 上升至 2018 年的 39.7%。2018 年，民营企业出口额在出口总额中所占比重首次超过 50%，已取代外商投资企业，跃居货物出口第一位的经营主体。同时，民营企业高附加值产品出口增长较快，2018 年民营企业机电产品出口占民营企业出口值的四成以上，其中集成电路、手机、液晶显示板出口分别增长 51%、16.8% 和 34.1%。

再从进出口市场结构看，70 年来，我国主要贸易伙伴发生了根本性变化，由社会主义阵营国家扩展到东南亚国家和地区再到全球市场（见表 16－3），目前中国已成为 190 多个国家的最大贸易伙伴。近年来，随着“一带一路”倡议深入推进，“一带一路”沿线国家在我国对外贸易市场格局中的地位不断提升，成为进出口新的增长点和对外开放新亮点。2018 年，我国对“一带一路”沿线国家进出口总额 83657 亿元，比上年增长 13.3%。其中，出口 46478 亿元，增长 7.9%；进口 37179 亿元，增长 20.9%。

表 16－3　2018 年对主要国家和地区货物进出口金额、增长速度及比重

国家和地区	出口额（亿元）	比上年增长（%）	占全部出口比重（%）	进口额（亿元）	比上年增长（%）	占全部进口比重（%）
欧盟	26974	7.0	16.4	18067	9.2	12.8
美国	31603	8.6	19.2	10195	－2.3	7.2
东盟	21066	11.3	12.8	17722	11.0	12.6
日本	9709	4.4	5.9	11906	6.2	8.5
韩国	7174	3.1	4.4	13495	12.3	9.6

续表

国家和地区	出口额（亿元）	比上年增长（%）	占全部出口比重（%）	进口额（亿元）	比上年增长（%）	占全部进口比重（%）
中国香港	19966	5.7	12.2	564	13.8	0.4
中国台湾	3212	7.9	2.0	11714	11.0	8.3
巴西	2214	12.9	1.3	5119	28.2	3.6
俄罗斯	3167	9.1	1.9	3909	39.4	2.8
印度	5054	9.5	3.1	1242	12.2	0.9
南非	1072	6.9	0.7	1799	8.9	1.3

资料来源：《2018 年统计公报》。

（2）出口竞争优势巩固提升。1978 年之前，我国在国际市场上比较抢手的出口产品主要是特色农副产品、传统工艺品、部分优势矿产原料及初加工产品。当时国营外贸公司只需要完成国家下达的进出口计划和换汇任务，并不真正关心交易条件和外贸效益。改革开放前，中国传统出口产品有限的竞争优势基本上来源于资源禀赋和独特的工艺，而技术、标准、质量管理等现代产业竞争力长期缺位，加之“文化大革命”对传统工艺传承造成破坏，致使工匠人才断档，到20 世纪七八十年代，我国一些优势出口产品在国际市场上逐渐沦为质次价廉的低档货。改革开放带来的市场化激励为中国企业和出口产品参与国际竞争提供了有力支撑。首先，国际国内两个市场的需求共同推动中国工业生产和出口在较短时间内实现飞跃式的发展，由此带来的规模效应成为中国工业从小到大、由弱转强、形成竞争优势的基础。其次，中华人民共和国成立后相当长时间内，受制于国际环境和国内政策导向，中国一直是工业基础薄弱、技术落后、人均资源占有量较少的发展中大国。1978 年之后确立的对外开放国策丰富了中国工业的资源利用渠道，这种外部资源包括能源矿产、先进技术以及制度等，有效缓解了中国加快工业化发展的资源“瓶颈”。最后，对外开放使中国制造的比较优势充分释放，大量农业劳动力转向工业领域，分享了工业化的成果。借助这些有利条件，越来越多的工业部门逐步具备了一定的国际竞争力。从 1980 ~ 2017 年中国工业的国际市场占有率和显示性比较优势指数（RCA）变动情况可以看出，中国工业制成品出口竞争力总体上保持上升态势，国际竞争优势逐步显现（见表 16 – 4）。

表 16 – 4 1980 ~ 2017 年中国工业制成品出口竞争力的变化

商品类别	1980 年		1990 年		2000 年		2010 年		2017 年	
	出口占比	RCA 指数	出口占比	RCA 指数	出口占比	RCA 指数	出口占比	RCA 指数	出口占比	RCA 指数
钢铁	—	—	1.2%	0.632	3.1%	0.775	9.4%	0.870	13.6%	1.062
化学制品	0.8%	0.800	1.3%	0.619	2.1%	0.525	5.2%	0.481	7.1%	0.555
办公及通信设备	—	—	—	—	4.5%	1.125	27.8%	2.574	32.2%	2.515
汽车及相关产品	—	—	—	—	0.3%	0.075	2.6%	0.241	3.7%	0.289
纺织品	4.6%	4.600	6.9%	3.286	10.4%	2.600	30.3%	2.806	37.1%	2.898
服装	4.0%	4.000	9.0%	4.285	18.2%	4.550	36.7%	3.998	34.9%	2.727

注：RCA 指数为显示性比较优势指数。

资料来源：世界贸易组织，World Trade Statistical 相关年份。

3. 关税水平大幅下降，贸易便利化程度显著提高

中华人民共和国成立后，彻底扭转了中国百余年在各种不平等条约下被迫接受“协定关税”的不平等局面，中国实现了真正意义上的关税政策独立自主。然而，中华人民共和国成立初期，由于全国未制定统一的税收法规，各地关税税则并不相同。1951 年，开始实行《中华人民共和国出口税则》和《中华人民共和国进出口海关税则暂行条例》。总体来看，1950 ~ 1995 年，我国关

税政策的保护色彩比较浓厚，关税水平偏高。这种关税政策导向既有通过对进口商品征收关税、扩大财政收入的考虑，也有以高关税抑制外国竞争、保护国内产业、实现自主工业化的“进口替代”目的。其中，1951～1978年，我国关税总税率高达52.9%，此间虽有所调整，但总体水平未降。20世纪90年代中期以来，顺应全球贸易自由化趋势，并为“复关”和“入世”创造条件，我国主动大幅降低关税，关税减让驶入快车道。2017年，我国关税平均水平由加入世界贸易组织前的15.3%降至9.8%。2018年以来，为扩大进口，促进对外贸易平衡发展，我国先后四次实施自主降税，关税总水平进一步降至7.5%（见图16－4）。调整后的中国关税总水平在世界范围内处于中等偏低的水平，低于多数发展中国家，与我国发展中国家的地位及经济发展阶段基本匹配，但与美日欧等发达国家相比，仍有一定的降税空间。2016年，中、美、欧、日的实际加权关税税率分别为3.54%、1.67%、1.96%、2.55%。同时，由于我国实行间接税制，为避免重复计税，1985年国家决定实行出口退税政策，这标志着我国开始运用关税手段促进出口、调节出口结构。在关税减让和出口退税政策的共同作用下，我国关税收入虽然在较长时期内保持增长，并于2017年达到峰值，但关税收入占各项税收的比重却自20世纪80年代中期之后（1988年占比为10.88%）持续下降，2018年这一比值仅为1.82%（见图16－5）。在大幅度调低关税的基础上，我国通过扩大开放领域、实施负面清单管理、落实“放管服”、加快海关电子化信息化建设等政策措施，不断拆除非关税壁垒。这些政策实践不仅在改善通关效率、降低外贸企业经营成本等方面成效显著，而且推动我国成为全球贸易便利化措施等世界贸易组织议题的主要倡导者和推动方，促使我国贸易便利化水平显著提高，营商环境逐步优化。

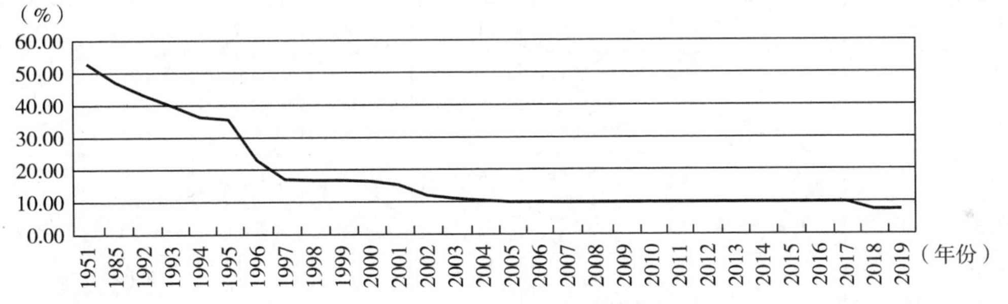

图16－4　1951～2019年中国关税总水平

资料来源：国务院关税税则委员会。

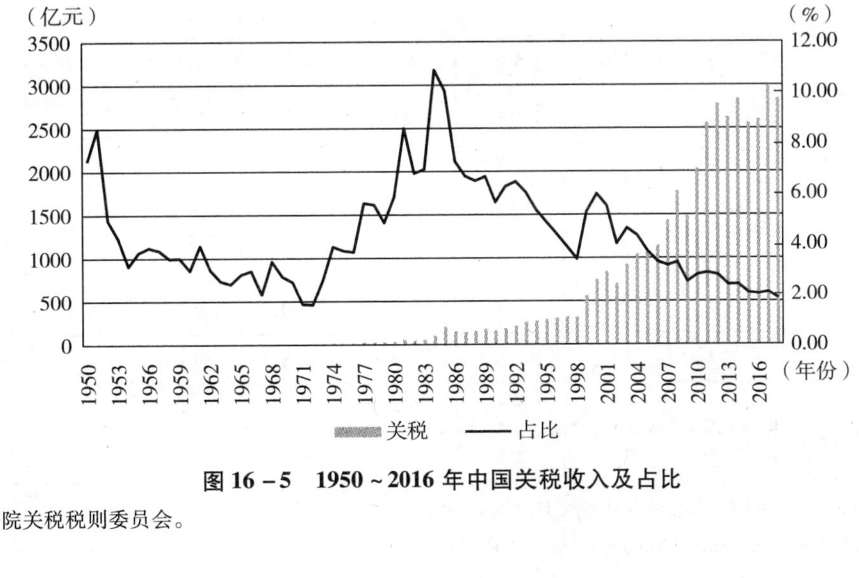

图16－5　1950～2016年中国关税收入及占比

资料来源：国务院关税税则委员会。

4. 国际分工地位日益增强，引领全球贸易格局变迁

中华人民共和国成立以来，我国对外贸易增长速度远远超过世界平均水平。1950～2018 年，中国进出口总额增长了3890 倍，而据世界贸易组织统计，1950～2017 年世界贸易总额增长了 245 倍。尤其是改革开放后的40 余年，中国不仅对全球贸易增量的贡献十分突出，而且伴随着世界市场份额的此消彼长直接改变了世界贸易格局。来自世界贸易组织的数据显示，1979 年，中国占世界出口总额的比重仅为 0.75%，美国、日本和德国所占比重分别为 11%、10.8% 和 7.4%；2009 年，中国出口份额上升为 8.7%，美、日、德三国的比重分别为 8.3%、5.1% 和 9.5%。自 2004 年起，中国贸易额的世界排名已连续 4 年居于第 3 位，2007 年出口跃居世界第 2 位，扣除欧元对美元升值等因素，中国出口当年实际排名世界第一，中国作为世界贸易大国的地位日益巩固提高。2017 年，我国占世界货物贸易出口比重达到 13.6%，进一步巩固了世界第一货物贸易大国的地位（见表 16－5）。

表 16－5 1948～2017 年世界贸易格局的变化

年份	1948	1953	1963	1973	1983	1993	2003	2016	2017
世界	100.0	100.0	100.0	100.0	100.0	100.0	100.0	100.0	100.0
北美	28.1	24.8	19.9	17.3	16.8	17.9	15.8	14.3	14.2
美国	21.6	14.6	14.3	12.2	11.2	12.6	9.8	9.4	9.2
加拿大	5.5	5.2	4.3	4.6	4.2	3.9	3.7	2.5	2.4
墨西哥	0.9	0.7	0.6	0.4	1.4	1.4	2.2	2.4	2.6
中南美地区	11.3	9.7	6.4	4.3	4.5	3.0	3.0	3.3	3.4
巴西	2.0	1.8	0.9	1.1	1.2	1.0	1.0	1.2	1.2
欧洲	35.1	39.4	47.8	50.9	43.5	45.3	45.9	38.4	38.2
德国	1.4	5.3	9.3	11.7	9.2	10.3	10.2	8.7	8.6
荷兰	2.0	3.0	3.6	4.7	3.5	3.8	4.0	3.7	3.6
法国	3.4	4.8	5.2	6.3	5.2	6.0	5.3	3.2	3.7
英国	11.3	9.0	7.8	5.1	5.0	4.9	4.1	2.6	2.6
独联体	—	—	—	—	—	1.7	2.6	2.7	2.5
非洲	7.3	6.5	5.7	4.8	4.5	2.5	2.4	2.2	2.6
南非	2.0	1.6	1.5	1.0	1.0	0.7	0.5	0.5	0.5
中东	2.0	2.7	3.2	4.1	6.7	3.5	4.1	5.0	4.8
亚太地区	14.0	13.4	12.5	14.9	19.1	26.0	26.1	34.0	34.5
中国	0.9	1.2	1.3	1.0	1.2	2.5	5.9	13.6	13.6
日本	0.4	1.5	3.5	6.4	8.0	9.8	6.4	4.2	4.1
印度	2.2	1.3	1.0	0.5	0.5	0.6	0.8	1.7	1.9
澳大利亚和新西兰	3.7	3.2	2.4	2.1	1.4	1.4	1.2	1.4	1.3
东亚 6 国（地区）	3.4	3.0	2.5	3.6	5.8	9.6	9.6	9.9	10.1

注：东亚 6 国（地区）包括韩国、新加坡、马来西亚、泰国、中国香港、中国台湾。

资料来源：世界贸易组织，International Trade Statistics（2017）。

三、外部环境的新变化

随着中国在国际分工地位的不断提高和国际竞争日趋激烈，我国对外贸易发展面临的外部环境发生了重大变化。特别是全球化动力机制的切换给我国传统贸易发展方式带来了严峻挑战。

1. 世界经济增长放缓，结构性矛盾加剧

尽管国际金融危机已经过去十余年，但其影响仍未完全消除。不仅发达国家迟迟未能整体性走出危机的阴霾，新兴经济体也相继遭遇结构性转型困境，导致世界经济复苏一波三折（见表16－6）。2019年4月春季会议上，世界银行调低了全球经济增速预测，并与国际货币基金组织共同警示全球经济增长面临三大不确定性：一是增长前景不确定。全球经济增速慢于早先预期，70%的经济体2019年或出现增长减缓。IMF预计2019年全球经济增速降至3.3%，相对于此前1月的预测下调0.2个百分点，这也是自2009年以来的最低年增长率。二是贸易环境不确定。基于近几年持续恶化的国际贸易环境，世界贸易组织近期大幅下调2019年全球贸易增长预期。保护主义引发的贸易紧张局势是当前世界经济增长存在的最大下行风险。值得高度关注的是，中美之间不断升级的大国竞争和愈演愈烈的贸易战，开始从贸易层面向实体部门、科技创新、国际规则、全球治理等领域渗透蔓延，并将影响更多国家和全球供应链。三是金融风险不确定。自2008年国际金融危机以来，金融稳定性一直是各国关注的焦点话题。虽然目前全球性警报尚未被触发，但金融领域的脆弱性继续积累，有可能放大对全球经济的冲击。从地区情况来看，亚太地区作为全球经济领跑者的角色进一步凸显。IMF预计亚太地区在2019年和2020年的经济增速均为5.4%，对全球经济增长的贡献率超过60%。其中，中国的贡献率仍将超过30%。应该看到，世界经济形势不稳定、长期复苏乏力是由于新科技革命和产业变革对增长率的影响及其“创造效应”尚未充分显现，这既是全球增长动力不足的结果，也暴露出新动能未能到位的重大风险和隐患。

表16－6　世界经济增长预测

国家/地区	经济增速（%）		
	估计值	预测值	
	2018年	2019年	2020年
发达经济体	3.7	3.5	3.5
美国	2.9	2.5	1.8
欧元区	1.8	1.6	1.7
德国	1.5	1.5	1.6
法国	1.5	1.3	1.6
英国	1.4	1.5	1.6
日本	0.9	1.1	0.5
新兴市场和发展中经济体	4.6	4.5	4.9
俄罗斯	1.7	1.6	1.7
中国	6.5	6.3	6.4
印度	7.3	7.5	7.7
巴西	1.3	2.5	2.2
东盟五国	5.2	5.1	5.2
南非	0.8	1.4	1.7
低收入发展中国家和地区	4.6	5.1	5.1

资料来源：国际货币基金组织，2019年1月。

2. 新科技革命改变全球化演进的动力机制，全球价值链面临重大结构性调整

由于现阶段人工智能等高科技领域的颠覆性创新投入巨大，加之规模经济尚未形成，新兴产业扩张的成本导向不显著，因此，无论是企业还是国家，势必强化重大研发及其产业化成果的知识产权保护，意欲将高附加值、最前沿的创新活动控制在本土。在这种情况下，世界范围内以劳动力成本为核心的传统比较优势对全球化的推动作用有所弱化，以往资本主导、成本驱动全球化

的动力机制正在加速切换，知识积累和创新成果扩散将改变全球化的方向和演进范式。不可否认，在新工业革命初期，发达国家实行保守主义在一定程度上为其促进制造业回流、打牢新经济的国际竞争优势赢得了战略时机，并为其构建符合自身利益的国际贸易新规则营造了舆论氛围，但这势必侵蚀全球化时代贸易投资自由化的重要成果。

基于全球价值链的国际分工是过去30年来经济全球化最重要的特征之一，但近年来全球价值链扩张势头出现明显停滞，集中表现为：虽然全球贸易规模仍在扩大，越来越多产业价值链的贸易强度（贸易在产出中所占的比重）却在逐步下降，这种现象在分工环节多的复杂价值链中尤为突出。2017年，全球价值链上的国外增值（FDA）幅度自1990年以来首降，而2010～2017年，无论发达国家还是发展中国家，全球价值链参与度的平均增速都有较大幅度的下降。2007年，贸易占全球产出的比重为28.1%，2017年降至22.5%。导致全球价值链发展放缓的原因是多方面的，其中来自科技创新对全球化进程的“反作用”不可忽视。随着全球价值链构成中知识含量不断增加，人工智能、工业互联网、高端机器人等新科技的应用带动制造业智能化、服务化发展，不仅催生了新产业群，而且推动纺织服装、机械加工、化工建材等传统产业的部分环节被重新布局到发达国家的可能性增大，更多的制造业新增投资流向发达国家。此外，由于自身配套能力不断提升，中国参与全球分工的方式不再局限于国际承接产业转移，而是凭借更加完善的产业体系和活跃的创新活动向价值链更高端环节攀升，未来供应链整合和消费升级将促使更多产品在中国制造、中国销售，从而有可能进一步拉低全球贸易强度。与全球价值链收缩态势形成鲜明对比的是区域价值链崛起，这既是全球价值链深化的结果，又将加剧全球化发展不平衡。在亚太地区和欧盟内部，基于区域分工的供应链体系显现出较高的效率和活跃度，这使我国参与进而主导亚太区域价值链的战略紧迫性不断凸显。

3. 大国在新兴战略领域展开激烈竞争，新“数字鸿沟”加大

从科技活动的一般规律来看，科技创新始终是大国角力的竞技场。虽然中国等新兴经济体的科技实力增强，但全球科技创新格局并未发生根本性改变，世界范围内研发集中度不断提高。目前，美日欧等传统科技强国的研发投入占世界创新总投入的比重仍然超过80%。近年来，发达国家集中对大数据、云技术、人工智能、新生命科学、先进材料等领域进行战略布局，通过实施功能性产业政策，巩固先进制造的竞争优势。无论是近期发达国家制定的大数据、人工智能等专项规划，还是2019年最新发布的《面向二十一世纪欧洲工业政策之法德宣言》《德国工业战略2030》等综合性战略，都传递出清晰的政策信号：工业大国将进一步强化前沿技术和新兴产业等领域的政府作用，确保赢得新工业革命的产业竞争。因此，必须清醒地认识到，发达国家对关键技术和战略性领域的扶持政策以及防御性工具不会完全退出。

当前，发展中国家面临的挑战同样来自新科技革命和新工业革命，科技创新对智能化基础设施和高端人才供给提出了更高要求，而这些恰恰是发展中国家普遍存在的“短板”。新工业革命下，发展中国家凭借低成本资源、环境和劳动力获得的传统比较优势不断弱化。可以预见，新“数字鸿沟”将加剧科技革命的分化效应，致使发展中国家在新一轮贸易规则制定中处于更加被动的局面。对于发展中国家而言，发达国家极力推动的“对等贸易”意味着取消世界贸易组织为其设定的特殊身份和差别化待遇，使其凭借传统比较优势进入国际分工体系的通道越来越窄。

4. 发达国家主导国际贸易规则的破与立，加剧多边贸易体制的改革困局

近年来，面对日益复杂多变的国际竞争形势，各成员方利益分化导致世界贸易组织的一些在谈议题推进困难，久拖不决，新议题难以凝聚共识，严重损害了世界贸易组织的效率和权威性。尽管世界贸易组织在改革组织架构、加快多边判断进程等方面做出了积极努力，但其体制机制与国际竞争格局嬗变趋势之间不适应、不契合的矛盾凸显。面对世界贸易组织的困境，发达国家以“零关税零壁垒零补贴”的所谓“三零”原则为导向，试图建立彰显自身利益诉求的新规则，挑战世界贸易组织对发展中成员的特殊和差

别待遇。实际上，早在2002年，美国贸易代表就曾提出“2015年左右在世界贸易组织成员之间实现零关税”，这一动议当时未得到多数成员的呼应。特朗普执政以来，通过贸易制裁施压使发达国家之间高标准、高层级的FTA谈判开始破局。依托欧盟和日本签下的世界最大自贸协议（EPA协议）以及美国和欧盟达成的初步贸易协定，发达国家重塑国际贸易规则迈出了实质性步伐。2016年，全球三大经济体中，美国、日本关税整体水平分别为1.30%和1.20%。因此，整体而言，“零关税”对主要工业国的冲击和压力并不大。但需要高度警惕的是，主推“三零”的美、日、欧，人口接近10亿，其GDP约占全球GDP的六成，一旦全球最发达的三个经济体建成新型贸易组织，并为全球治理“立规树矩”，势必进一步削弱世界贸易组织在多边贸易体系中的主体地位。再从近期三方部长级会谈的内容来看，美、日、欧加紧协调在非市场政策和做法、市场导向条件、产业补贴和国有企业、强制技术转让、世界贸易组织改革以及数字贸易和电子商务等方面的立场。这表明美、日、欧实施新贸易规则的目标已经锁定中国，意在挑战中国的发展中国家身份。2019年1月，美国在世界贸易组织散发题为《一个无差别的世贸组织：自我认定的发展地位威胁体制相关性》的文件，针对现行“南—北”构架，要求对发展中成员的地位及划分标准进行重新界定，并以此作为全面改革世界贸易组织规则的依据之一，对现行发展中成员待遇以及中国的角色提出直接挑战。无独有偶，2019年3月12日欧盟发布的《中欧—战略展望》中，更是直白地指出：中国再也不能被视为发展中国家。它要求作为全球重要行动者和领先技术力量的中国以更大的责任在世界和欧洲坚持以规则为基础的国际秩序，坚持更大的互惠，不歧视其制度的开放。

基于以上分析，长期来看，贸易投资自由化是全球化的主基调，但全球化的历史演进是螺旋式上升的过程，保护主义不时会在一些国家和地区的外交政策取向中占据上风，导致全球贸易发展环境出现恶化和倒退。随着新科技革命和工业革命下全球化动力机制加快转换，世界范围内各种“反全球化”的保守势力此起彼伏，未来10～20年国际竞争格局剧烈变动，全球治理难度日趋增大。

四、加快迈向贸易强国

回顾70年来曲折的发展历程，在开放的自主性和连续性方面，中国总结了丰富的经验和行之有效的做法。当前，我国外贸形势严峻复杂，以往拼资源、拼环境、低水平扩张、粗放型的外贸发展方式难以为继。随着我国经济发展进入从高速增长期转为中高速平稳增长期的新时代，我国对外贸易增速将趋于放缓，速度数量型增长转向创新驱动型发展，实现外贸高质量发展的动力和压力增强。为此，应科学研判全球化新趋势、新方向，推动对外贸易发展的动力机制由政策红利转向更加扎实的制度型开放。面对贸易大国走向贸易强国这一伟大而艰巨的重任，必须兼顾当前和长远，全面提升全球治理能力，促进中国经济与世界经济深度融合，引领对外贸易驶入绿色、低碳、高质量、可持续的发展道路。

1. 坚持创新驱动和市场多元化，加快实现外贸高质量发展

强化外贸创新驱动战略，以企业为创新主体，在加强自主创新的同时，不断增强优势产业整合全球科技要素的能力，鼓励引导外贸企业全面把握新兴产业的竞争新模式，以产业优化升级带动外贸转型发展，着力培育以本土市场需求为基础的国家价值链，扩大“自有品牌、自主知识产权和自主营销”的高品质货物和服务产品出口，加快形成以“技术、质量、品牌、服务、生态、文化”为核心的出口竞争新优势。立足传统市场，加大对非洲、拉美等新兴市场的开拓力度，缓冲中美贸易战对外贸企业的冲击，带动对新兴市场技术、要素、商品、服务、文化全方位输出，全面提升整合全球资源的能力。加强高技

术产品出口研发投入和信用保险支持，加大对品牌产品、小微企业等的支持力度。加快质量基础设施建设的国际化步伐，推进内外销产品“同线同标同质”工程，促进与“一带一路”相关国家和地区、主要贸易国家和地区的质量合作，推动中国品牌的国际化进程。

2. 分行业完善关税结构，形成有梯度的关税动态调整机制

立足重大技术突破的需求，加大关键税目的减让力度，促进核心零部件和先进技术引进。重点优化中间品的关税水平，对于升值幅度大的中间品，要避免与下游关税税率倒挂，平衡产业链条的关税安排。同时，中期内以结构性减税逐步取代出口退税政策。力求在中期（3～8年）内，大幅度收缩出口退税的范围。一方面，通过动态评估，精简出口退税的行业和产品目录；另一方面，在首期降低增值税的基础上，逐步实施力度更大的结构性减税，从而惠及更多市场主体，切实减轻企业和个人税收负担。结构性减税符合党的十九大精神，有助于更好地发挥市场在资源配置中的决定性作用。有关部门应继续推进增值税改革，适当简化税率，调整消费税征收范围、环节、税率，把高耗能、高污染产品及部分高档消费品纳入征收范围。对于不同行业，实行不同的减税标准。在重点扶持产业中，对企业利润转投资部分减免所得税，以此鼓励企业再投资。同时，对于行政性收费，低压电网维护管理费、教育附加、城市建设费等附加费用，应有选择地对重点行业进行减免，吸引企业进入新经济领域和高技术产业，为企业提高国际竞争力提供更有针对性的政策支持。

3. 进一步优化营商环境，降低外贸企业成本负担

在逐步调整出口退税的过程中，深入推进外贸领域供给侧结构性改革，进一步推动贸易便利化，促进外贸企业优化成本结构，分类有序降低外贸企业负担和进出口环节收费。尽快取消涉及政府基本公共服务的第一类收费，由于该项收费属于政府职责且有财政经费保障，故不应再额外征收。对于涉及保障居民身体健康和生命安全的第二类收费，应将其逐步纳入公共财政保障范围，在实践中大幅降低此类费用。而对于由市场主体收取的第三类收费，如停泊费、装卸费、堆存费等，应通过市场竞标等方式推动服务主体提升工作效率、改善服务质量，开展公开听证，制定合理收费标准，切实减轻企业负担。

4. 调整FTA策略，加紧优化提升区域价值链

顺应全球价值链发展的新趋势，加强国内各部门协同，在区域全面经济伙伴关系（RCEP）等亚太地区自贸协定谈判中，做出更加灵活的安排，积极回应印度、印度尼西亚等国家的一些关键诉求，争取尽早促进RCEP协议达成，不断夯实亚太区域价值链的制度基础。以RCEP为突破口，加大汽车等重点领域的开放力度，推动更高水平的中日韩自贸区建设，引领亚洲供应体系的再造和优化。深入研判新型自由贸易区（FTA）的规则特征、谈判模式及其对国际贸易规则的影响，全面提升我国FTA战略设计和实施能力。完善情景分析，本着先易后难的原则，分领域、分步骤、有条件、有重点地在国内开放和双边FTA谈判中探索实行更加开放出价要价的安排，倒逼产业政策、市场规范和国有企业改革。

5. 参与主导多边贸易体系改革，抵制贸易保护主义

一方面，充分调动国内外的智力资源，进一步明确我国推动世界贸易组织改革的战略战术和实施方案，积极作为，下好“先手棋”，推进更加开放、包容、协调的全球治理机制和规则体系，切实维护多边体制的地位，避免世界贸易组织陷入“碎片化”的困局；另一方面，主动回应主要贸易伙伴的合理诉求，本着合规、透明的原则，围绕结构改革以及确立国有企业竞争中性，尽快启动对各级政府产业补贴及其合规性的全面评估和审查，明确时间表，用3～5年的时间，完成不合规补贴的清理和退出，形成积极的市场和国际预期。合理界定补贴范围，减少财政直补，优化补贴结构，推进补贴申请审批评估全过程公平、公开、透明，促使产业政策惠及更多消费者和中小企业。

6. 加强跟踪研究，及时掌握世界范围内贸易规则演变的新动向

准确识别不同国家、各类利益群体支持或反对多边贸易体制改革的立场，盯住发达国家新贸易规则的禁区。中国作为一个高度开放的大国，

需要准确把握时代特征和国际秩序的主要矛盾，积极主动作为，制定全球性和地区性策略，娴熟、灵活运用各种国际规则，积极参与全球治理，获取特定范围内的代表权和充分的倡导机会，为完善全球治理贡献具有包容性、国际向心力和凝聚力的中国方案。

专栏16－1

怎样把握制度型开放新机遇

我国对外开放采取了渐进式模式，从商品和要素领域开放逐步延伸到制度型开放。一方面，现行的一些法律及制度无法满足对接国际经贸新规则要求。一段时期以来，国际经贸新规则已逐渐将内容扩展至知识产权、竞争、投资、环保、劳工、消费者保护、资本流动、财政支持、税收、农业支持、采矿权、视听、能源、经济政策对话等领域。另一方面，世界贸易组织变革及中美贸易摩擦的博弈，要求以高水平开放带动改革全面深化。在继续推动商品和要素流动型开放的同时，要更加注重规则等制度型开放。这就要进一步推进上层建筑改革，改掉那些束缚经济社会的旧办法和旧机制。中国开放的大门不会关闭，只会越开越大。经验表明，越深度融入全球化、越参与国际竞争，越需要用市场化和法治化手段推进对外开放，越需要以规则、制度型开放为基础。

首先，以自贸试验区为平台，积极推动规则对接和开放。2018年，上海贯彻落实习近平总书记的重要讲话精神，制定实施“扩大开放100条”，如今已有93条落地实施。在一系列改革措施的催化下，特斯拉新能源车项目成功签约落户临港地区，摩根大通证券、野村东方国际证券、工银安盛资产管理、韦莱保险经纪等金融外资项目率先落地。同时，以自贸试验区为重要平台，持续深化外商投资管理改革和服务创新，完善重大外资项目推进机制，营造亲商、安商、留商、富商的外商投资环境。自贸试验区承担促进开放升级与体制改革深化的平台功能，核心任务是制度创新。要聚焦商事制度、贸易监管制度、金融开放创新制度、事中事后监管制度等，率先形成法治化、国际化、便利化的营商环境。下一步，要不断放宽市场准入，缩减外资准入负面清单，减少对外商投资准入限制，允许更多领域实行外资独资经营；须推进承诺模式、最惠国待遇全面无例外，落实政府采购、国企改革、竞争性中立原则与实质性承诺，推动自由贸易走向公平贸易、对等贸易。

其次，促进以竞争性政策为基础的高水平开放。作为负责任的大国，中国要不断顺应时代发展需求，进一步释放制度型开放红利，促进贸易和投资便利化。比如，《外商投资法》出台，不仅确立了外资“准入前国民待遇＋负面清单”的制度，而且有力提升了政策的透明度与执行的一致性，营造内外资企业一视同仁、公平竞争的市场环境。下一步，要把“凡是对内资企业适用的所有优惠政策，外资企业全部能够享受”真正落到实处，让外资企业和内资企业具有完全相同的参与标准制定的权利。

最后，把提高供给体系质量作为主攻方向。以高水平开放带动改革全面深化，需要加快形成推动高质量发展的指标体系、政策体系、标准体系、统计体系、绩效评价、政绩考核，创建和完善制度环境。要围绕质量变革，推动从理念、目标、制度到具体领域的多维度变革。例如，建立质量分级制度，开展高端品质认证，由追求“合格率”向“满意度”跃升。又如，完善第三方质量评价制度，实施商品质量惩罚性赔偿机制等，加强对质量发展的统筹规划与领导，构建新型质量统计评价体系。

资料来源：根据何立胜同名文章编写，光明网，http：//www.gmw.cn/xueshu/2019－04/23/content_ 32766738.htm。

参考文献

［1］马乃庶：《工业化与对外贸易》，《教学与研究》1953年第3期。

［2］黄礼先：《价值规律在社会主义国家对外贸易中的作用》，《理论战线》1959年第4期。

［3］王昭熙：《当前我国对外贸易的几个问题》，《国际贸易问题》1979年第4期。

［4］江小涓主编：《中国开放30年：增长、结构与体制变迁》，人民出版社2008年版。

［5］傅自应主编：《中国对外贸易三十年》，中国财政经济出版社2008年版。

［6］薛荣久：《50年的探索：对建国以来中国外贸理论的回顾与思考》，《国际贸易》1999年第10期。

［7］萧冬连：《中国对外开放的决策过程》，《中共党史研究》2007年第2期。

［8］裴长洪：《中国对外贸易60年演进轨迹与前瞻》，《改革》2009年第7期。

［9］裴长洪、刘洪槐：《习近平新时代对外开放思想的经济学分析》，《经济研究》2018年第2期。

［10］杨丹辉：《中国对外开放四十年：经验、模式及成就》，*China Economist* 2018年第7期。

［11］余淼杰：《改革开放四十年中国对外贸易奇迹：成就与路径》，《国际贸易》2018年第12期。

产 业 篇

第十七章 煤炭工业

提 要

中华人民共和国成立以来，我国煤炭生产、消费发生了巨大变化，推动了煤炭工业改革。在生产方面，煤炭工业已经由扩张发展期进入转型发展期；在消费方面，煤炭工业已经从以经济增长速度为主导的粗放型消费阶段进入以效率和绿色发展为主导的新型消费阶段。进入新时代，回顾煤炭工业的发展，中国已经取得了很多不凡的成就，如煤炭原料化和清洁化利用的能力不断增强、煤炭产业链条的延展性和系统性不断增强、煤炭价格市场化改革不断深化以及煤炭安全保障能力不断增强等。在五大发展理念的引导下，我国煤炭工业在新时代的发展中迎来了很多机遇，如“一带一路”国际产能合作、清洁高效转型、供给侧结构性改革发展机遇和数字化转型发展机遇等。同时，也存在资源回采率低、价格体系混乱、煤炭清洁化利用水平低、保障煤炭跨区调运平衡的运输能力不足以及市场集中度低等挑战。展望煤炭工业未来的发展趋势，本报告认为我国应该：改革煤炭矿权使用收费制度，保障国家的煤炭矿权所有者权益收益；提高煤炭清洁化利用水平，促进煤炭工业绿色发展；促使煤炭工业与电力行业配套进行全产业链市场化改革，形成能合理反映市场供需变化的价格机制；提高煤炭工业的市场集中度，整合和淘汰小煤矿，促进煤炭工业高效发展，提升国际竞争力。

* * *

自中华人民共和国成立以来，煤炭一直是我国重要的基础能源和原料，煤炭工业也一直是关系我国国家经济命脉和能源安全的重要基础产业。在“创新、协调、绿色、开放、共享”五大发展理念和“四个革命、一个合作”的能源发展战略思想的指导下，我国煤炭工业正面临着加快供给侧结构性改革和转型发展，建设集约、安全、高效和绿色的现代煤炭工业体系的阶段性使命。因此，梳理清楚中华人民共和国成立以来我国煤炭工业发展的历史演变，对于查清煤炭工业发展中存在的“旧病新伤”，疏通煤炭工业的经脉，促使煤炭工业走上绿色高效的高质量发展之路，具有重大的研究意义。

一、煤炭工业70年发展历程

中华人民共和国成立以来，煤炭生产在我国一次能源生产中一直占2/3以上，有力地保障了国家能源安全稳定供应；煤炭消费在我国一次能源消费中的比例呈现出明显的递减趋势，到2018年已经突破60%，但煤炭作为主体能源的地位一直没有改变。

1. 煤炭生产总量趋稳，在一次能源生产中的占比逐渐降低，但仍高于世界平均水平

中华人民共和国成立以来，我国煤炭产能增长迅速，全国煤炭产量由1949年的3243万吨增长到2018年的36.8亿吨，国有重点煤炭产量由1949年的2353万吨增长到2018年的19.6亿吨，分别增长了112倍和82倍，具体如图17－1所示。煤炭在一次能源生产中的比例一直处于2/3以上，远高于世界平均水平。从煤炭生产的时间维度看，1949年至今，煤炭工业发展主要可以分为两个大的阶段：扩张发展时期（1949～1977年）和改革转型时期（1978年至今）。

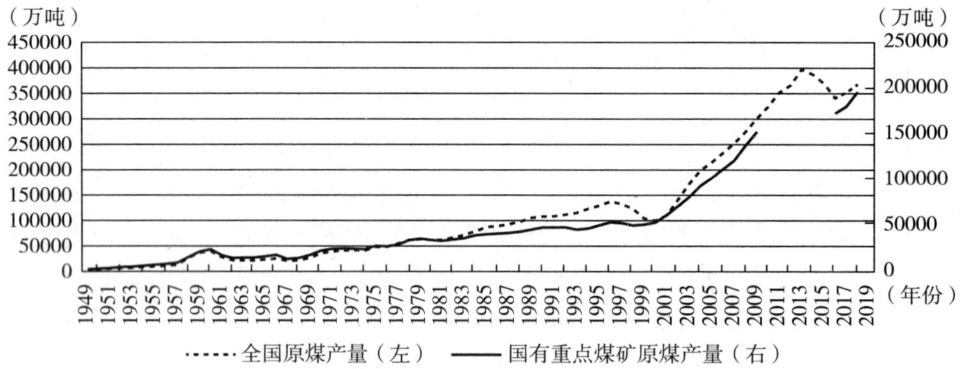

图17－1 我国煤炭产量变化历程（1949～2019）

资料来源：《中国煤炭工业统计资料汇编（1949～2009）》《国民经济和社会发展统计公报（2010～2018）》。

（1）扩张发展时期：1949～1977年。中华人民共和国成立之前，我国煤矿主要分为两部分：产量占全国80%以上的近代煤矿；近代小煤矿与土法开采的小煤窑。中华人民共和国成立之后，人民政府对全国煤矿进行了改造：将近代煤矿改造为全民所有制的国营企业；对民营资本家控制的煤矿，在承认民营资本家的所有权基础上，按照“四马分肥”“私股定息”的原则进行利益分配；对土法开采的小煤窑，大部分被关停淘汰，小部分改造成集体煤矿或公私合营小煤矿。到1952年，我国煤矿按所有制划分，可以分为5种经济类型：国营（80.7%）、公私合营（3.5%）、私营（11.2%）、个体手工业（4.5%）和合作社经营（0.1%）。全国煤炭生产能力从4295万吨增长到7161万吨，产量由3243万吨增长到6649万吨。1953年，为了促进国民经济的发展，煤炭工业部门编制了煤炭工业的“一五”计划。通过建立统一的煤炭工业行政管理体制和统一协调的经营管理体制，我国煤炭工业体系初步建立，到1957年，我国煤炭总产量已增至9433万吨。1958～1960年的“大跃进”时期，我国煤炭工业发展曲折，综合生产能力遭到严重破坏，三年间共生产煤炭10亿多吨。从1961年开始，我国煤炭工业在“调整、巩固、充实、提高”八字方针的指导下进行调整，生产能力得到了恢复。但在接下来的十年“文革”运动中，煤炭工业遭到了严重破坏。为了应对这一时期存在的“北煤南运”、煤炭供需矛盾突出等问题，国家对煤炭工

业进行了调整，一方面进行煤炭工业的区域调整，另一方面进行煤炭生产能力扩张（建设新矿井和改造老矿井）。“文革”之后，我国加大了煤炭机械化开采工艺和技术的研发、推广和应用，引进了国外各种先进的回采设备和大型综采机械化装备。到1977年，煤炭工业机械化水平、固定资产投资和产量都有了巨大进步，如图17－1所示，全国原煤产量已达到55068万吨。

（2）改革转型时期：1978年至今。从1978年开始，为了缓解煤炭供求矛盾，国家开始对我国煤炭工业进行行业调整。特别是党的十二大以后，为了探索煤炭工业发展的新路子，政府从基本建设、生产经营、劳动用工、工资分配、煤炭销售等方面开始进行改革。一方面，国家推进了乡镇煤矿建设，促进了煤炭产量的快速增加；另一方面，国家在主要煤省区挑选了一批骨干煤炭企业，实施了六年投入产出总承包，并赋予了企业部分自主经营权。到1989年，我国煤炭产量已突破10亿吨。1992年，国家实施了煤炭价格机制改革，取消了计划外煤价限制，放开了定向煤、超产煤以及指导性计划煤炭的价格限制，对出口煤、集资煤和协作煤进行市场调节。党的十四大以后，随着社会主义市场经济体制的建设，煤炭工业开始进行现代企业制度建设，实施“以产定人、减员增效、下岗分流”的转换企业经营体制改革。1998年，国务院开始在煤炭工业中推进政企分开，加快煤炭行业改革和结构调整。到2001年，煤炭市场严重的供大于求的不平衡问题得到缓解，小煤矿数量从1998年的8万多减至2001年的2.2万左右。从2002年开始，国家改革了煤矿审批制度、煤炭订货会制度等，对煤炭投资体制进行了深入改革，推进煤炭经济发展转变方式，促进煤炭工业体系由传统转变成现代。到2005年，我国煤炭产量已突破20亿吨。截至2008年底，全国产量超过千万吨的煤炭企业有43家，煤炭产量总计15.01亿吨，占全国煤炭总产量的53.84%；调整后的全国大中小煤矿产量比重为50∶12∶38；大中型煤炭企业不断优化产业结构，积极发展煤电、煤化工、煤电铝、煤气化等优势产业。由于钢铁、建材等高耗能行业能源消费达到峰值，我国重工业比重在2012年达到峰值，再加上为了减少环境污染和碳排放而出台的限制性政策，我国煤炭产量也随之在2013年达到39.74亿吨的峰值，煤炭工业也进入了结构优化的发展期（朱彤，2019）。2015年，煤炭工业开始进行供给侧结构性改革，在国家“三去一降一补”的供给侧结构性改革任务中，煤炭工业主要是完成“去产能”任务。据统计，我国煤炭工业的“去产能”效果明显，如2017年全年共淘汰煤矿1072处，退出煤炭产能18300万吨。煤炭工业产业结构也得到优化，2017年，全国年产120万吨以上的大型煤矿产量占全国煤炭总产量的比重已经提高到80%以上，年产千万吨级的特大型现代化煤矿达到59处，14个大型基地产量占总产量的比例已经超过90%。煤炭绿色发展也取得较大进展，据统计，全国已完成燃煤电厂超低污染物排放改造5.8×10^8千瓦，超过燃煤电厂总装机的71%（贺佑国，2018）。在能源供给侧结构性改革的不断深化和能源转型的发展驱动下，煤炭工业正在走上绿色、高效的高质量发展道路。

2. 煤炭消费总量已达到峰值，在一次能源消费中的占比逐渐被可再生能源和其他化石能源替代，煤炭贸易由顺差变为超额逆差

中华人民共和国成立之初，我国能源消费主要以煤炭为主，数据显示，1953年全国能源消费构成为：原煤∶原油∶天然气∶水电、核电、风电＝94.33∶3.81∶0.02∶1.84，原煤占比在90%的消费结构一直持续到1961年。煤炭的国内消费总量从1953年的7149万吨增长到2018年的380596万吨（见图17－2），是1953年的53倍。煤炭进出口贸易顺差从1949年一直延续到2008年，2009年开始形成超额逆差。煤炭在能源消费中的占比逐渐降低，1971年突破了80%；1976年突破了70%，但直到2012年才真正突破了70%；2018年，煤炭消费结构占比进一步降低，降至59%。从发展历程看，主要可以分为两个阶段：以经济增长速度为主导的粗放型消费阶段（1949～2013年）、以效率和绿色发展为主导的新型消费阶段（2014年至今）。

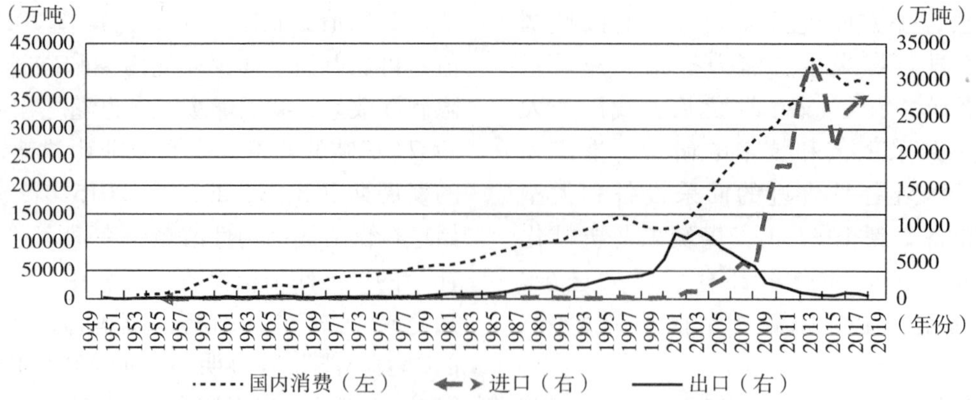

图17-2　我国煤炭消费总量与煤炭贸易变化趋势

资料来源：《中国煤炭工业统计资料汇编（1949~2009）》、国家统计局。

（1）以经济增长速度为主导的粗放型消费阶段：1949~2013年。中华人民共和国成立以后，在计划经济体制下，我国煤炭消费主要受计划内分配指标约束，长期处于供不应求的短缺状态，成为限制经济增长的一大“瓶颈”。在优先发展重工业以及“赶超英美”口号的号召下，煤炭供应能力逐渐提高。为了解决供需矛盾，国家一方面控制过旺需求，另一方面不断增强供给。特别是改革开放以后，煤炭的供应能力明显增强。但由于各地区煤炭资源禀赋不同，生产与消费之间容易出现不平衡，从而导致地区间出现不平衡的问题。加之煤炭运输能力有限，煤炭的地区失衡问题长期存在。改革开放后，随着市场机制的逐渐建立和运输能力的逐渐增强，我国煤炭供不应求的问题逐渐消失。特别是到1996年，基本已经消除了煤炭的短缺问题。但在工业化发展初期和中期阶段，我国一直采取的是粗放型资源利用、高增长模式主导的经济发展方式，重点发展的是重工业，对生态环境的保护意识很薄弱。在这种背景下，煤炭消费具有高耗能、高污染、利用率低等粗放型消费特征。

（2）以效率和绿色发展为主导的新型消费阶段：2014年至今。随着重工业发展达峰及经济发展方式的调整，我国开始走向环境友好型的科学发展之路，并通过供给侧结构性改革逐渐走向高质量发展之路。在这种背景下，煤炭工业体制面临着一系列改革安排。在经济下行的压力下，为了解决雾霾等环境污染问题，实现中国在国际上的碳减排承诺，以煤炭为代表的化石能源进行改革和转型发展的需求巨大。一方面，在我国一次能源消费结构中，煤炭仍占约60%的比例。这表明，煤炭作为我国主体能源的现实在未来很长一段发展时间里是不会改变的。在治理污染、降低碳排放等多目标约束下，煤炭只能改革消费模式，实现更加清洁、高效的绿色发展。另一方面，在我国电力结构中，火电占比71.79%，其中绝大多数为煤电。而煤电之间一直存在“市场煤、计划电”的矛盾，煤电价格联动机制无法发挥良好的市场调节作用。随着电力体制改革，绿色电力会成为煤炭绿色消费的牵引器。特别是从2015年实施供给侧结构性改革以来，煤炭工业在不断深化改革中逐渐步入了以效率和绿色发展为主导的新型消费阶段。

二、煤炭工业70年发展成就

作为一种重要的能源资源，煤炭是我国工业生产中一种重要的投入要素。自中华人民共和国成立以来，随着经济发展进入不同阶段和工业体系不断完善，煤炭不仅作为炼焦、发电等工业生产的重要投入要素，而且利用方式更加原料化和清洁化，产业链越发完整，市场化改革不断深化，煤炭安全保障能力不断提升。

1. 煤炭原料化和清洁化利用能力不断提高

中华人民共和国成立之初，煤炭的主要产品为原煤、炼焦用精煤、煤矿机械、油页岩、发电、炸药和雷管。随着我国工业体系初步建立，煤炭工业开始在钢、焦炭、导火索、水泥、炭黑和自营木材方面投入利用。到1976年，煤炭发电量达到73821万度，钢产量为117609吨，水泥产量为981358吨。从1977年开始，用于电力、钢、铁、焦炭、水泥、煤焦油等方面的煤炭快速增长。除此之外，利用煤炭生产的工业产品品种更加多样化，如轧钢材、钢丝绳、硫铁矿、水泥支架、液压支架、单体液压支柱、金属支架、金属顶梁、金属支柱、输送带、煤矸石制砖。总体看来，煤炭的利用主要在第二产业（主要是工业），其用量一般占煤炭利用总量的94%以上，且形成了几个主要的耗煤行业——电力、钢铁、建材和化工。以电力为例，煤电一直保持着较高比例。近几年，在可再生能源和清洁能源发展的倒逼下，煤电比例有所下降，到2017年，煤电比例下降为55.21%。但从以煤炭作为原料的产品生产上来看，煤炭作为工业原料的功能更加凸显。

从2015年开始，我国实行了供给侧结构性改革。因煤炭行业存在大量的过剩产能，且一直是环境污染和碳排放的主要原因，因此成为供给侧结构性改革的重点领域。经过了几年的改革，煤炭行业去除了大量过剩产能，但煤炭利用方式粗放、能效低和污染重等问题没有得到根本解决，主要原因是煤炭燃烧技术不过关和对燃烧过程治理无效。我国从2015年开始也出台了一些政策文件来指导煤炭清洁利用，如2015年，国家能源局公布了《煤炭清洁高效利用行动计划》（2015～2020年），从煤炭提质加工、燃煤发电、煤化工、燃煤锅炉、煤炭分质分级利用、民用散煤治理和减少污染物排放七个方面制定了煤炭清洁利用的工作目标。2016年，国家发展和改革委员会、国家能源局印发了《能源生产和消费革命战略（2016～2030）》，对大力推进煤炭清洁利用也提出了一系列措施。在经济发展方式进入转型升级阶段，煤炭利用的政策环境逐渐向高效化和清洁化转变，进而促进煤炭利用方式向高效化和清洁化转变。

2. 产业链条的延展性和系统性不断增强

自中华人民共和国成立以来，煤炭工业产业链条不断延展，各产业环节之间的联系不断增强，煤炭工业已经逐渐形成了一个系统性产业体系，包括煤田地质勘探、基建投资、综合生产和运销调配、煤化工等。

在煤田地质勘探方面，数据显示，2016年，我国煤炭勘查新增查明资源储量达到15980亿吨。机械岩心钻探和平均开动钻机指标呈现明显的倒“U”形曲线。在基建投资方面，我国煤炭工业已经达峰，如煤炭开采和洗选业新增固定资产投资从2013年的峰值3344.09亿元下降为2017年的1876.32亿元。按用途分，煤炭工业基本建设投资主要用于矿区建设、基地建设、煤矿机制厂、设计、地质、科研和院校等，其中，矿区建设包括矿井（露天）、选煤厂、矿区附属工厂、矿区公用工程、生活福利文教的建设等。从各个用途的投资比例来看，煤炭工业基本建设投资主要用于矿区建设，其他部分的投资呈现出明显的降低趋势。在综合生产方面，煤炭工业总产值（现价）增长迅速，从1985年的2528739.4万元增长到2009年的140580254万元。2016年，煤炭工业规模以上企业主营业务收入达到23178.50亿元，煤炭企业的盈利能力不断增强。

在运销调配方面，基本形成了以“三西”、蒙东（包括东北）、新疆等14个煤炭基地为核心，“三西”、东北、华东、中南、西北和西南六大铁路煤炭外运通道为主骨架，以及海上煤炭通道的煤炭运输网络。其中，“三西”地区煤炭主要以铁路运输为主，辅以下水港口，承担神东、陕北、晋北、晋中、晋东、冀中、黄陇、宁东8个基地的煤炭外运。东北地区煤炭铁路运输线路主要承担黑龙江、蒙东煤炭外运，关内煤炭调入和沿海港口集港运输。华东地区煤炭铁路运输线路主要承担鲁西和两淮煤炭基地的煤炭调运，“三西”地区煤炭调入及港口煤炭运输。中南地区煤炭铁路运输线路主要承担河南基地煤炭调运，“三西”地区和云贵地区煤炭的调入。西北地区煤炭铁路线路主要承担新疆煤炭外运功能。西南地区煤炭铁路运输线路主要承担云、贵、川、渝地区煤炭向外省的运输和部分煤炭的调入。

在煤化工等煤炭利用方面，煤化工产业已经

由传统产业向现代产业转变，以煤化工为例，现已形成了较为完善的产业体系（见图17-3）。截至2018年12月，中国煤制油投产产能1188万吨/年；中国已建成28套CTO/MTO（煤制烯烃/甲醇制烯烃）装置，总计产能达到1210万吨/年。其中，煤制烯烃一体化项目共10套装置，合计产能648万吨/年。中国已投入运行和试车成功的煤（甲醇）制烯烃装置共29套，合计烯烃产能1300万吨/年（不含未投入运行的MTP装置产能）。煤制油、煤制气、煤制烯烃和煤制乙二醇四大类已投产项目的累计投资约5260亿元，生产主要产品1828.3万吨，年转化煤炭约9560万吨。具体到各项数据，2018年煤制油与煤制气没有新增产能，煤制烯烃和煤制乙二醇2018年新增产能分别为60万吨/年和174万吨/年。煤制烯烃产能利用率相对最高，达到83.3%。已投产项目13个。煤制乙二醇产能利用率最低为55.6%。

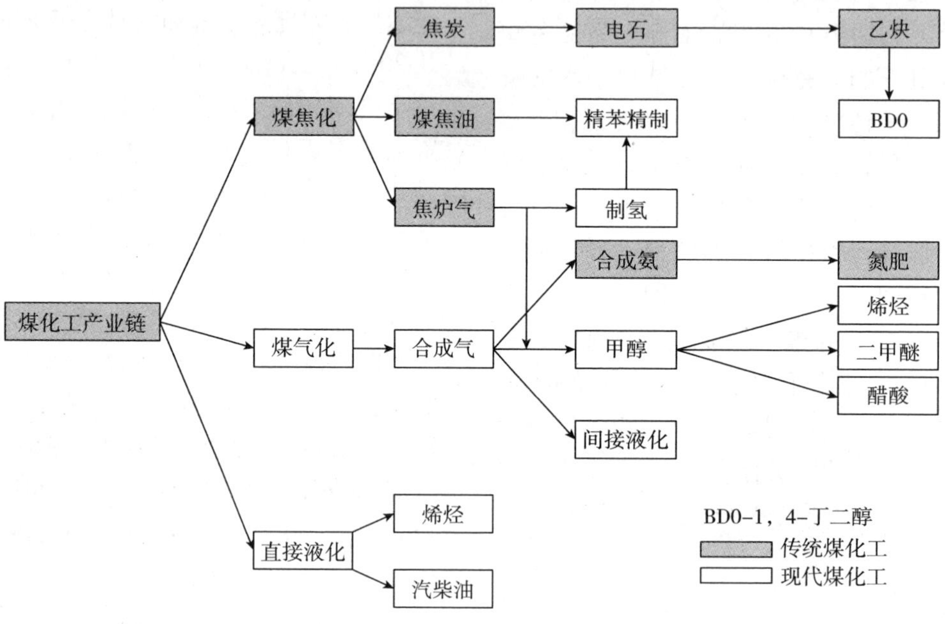

图17-3 煤化工产业链

资料来源：http：//www.coalchina.org.cn/page/mhg/index.html。

3. 煤炭价格市场化改革不断深化

从中华人民共和国成立到20世纪80年代之前，我国煤炭工业一直在计划经济环境中运行，所有的煤炭生产任务都由国有企业承担，煤炭定价完全遵从政府计划。自1979年5月1日起，国务院决定在全国范围内调整煤炭价格，煤炭价格逐步从计划定价转向计划定价和企业自主定价并存的“双轨”制阶段。在价格“双轨”制时期，煤炭价格有三种基本形式：统配价（中央制定价格）、地方价（地方制定价格）、供需双方协议价（中央、地方国营矿“超计划”部分煤炭及非国有煤矿煤炭）。从1983年1月起，国家对全国22个部属统配矿试行超产煤炭加价办法，打破了煤炭价格长期不变的僵局。1984年10月，经国务院批准，凡是没有纳入计划的乡镇煤矿都可以自行销售。随后，政策环境更加开放，自销煤矿可以随行就市，自定价格，价格双轨制在局部地区出现。[①] 1986年，又将各种加价按统配矿计划销售平均分摊，即原煤每吨加价2.9元，褐煤每吨

① 在煤炭价格上，具体变化是：1985年以前，以国家统一调价为主，煤炭出矿价格由15.91元/吨提高到28.05元/吨。从1985年起，国家对统配煤矿实行行业总承包，以上年统配矿产量3.83亿吨为包干基数，其中3.57亿吨执行计划价格；超过包干基数的加价50%，超过递增计划的加价100%；不纳入国家分配的，价格不受限制。煤炭平均价格由每吨27.78元调到32.44元，其中，原煤售价由每吨23.81元调到26.86元。

加价5.8元，块煤每吨加价4.4元。1987年，又由全国平均加价改为分区核定加价，即在1985年国家计划价格的基础上，华北区加价11%，东北区加价14%，华东区加价12%，中南区加价11%，西南区加价13%，西北区加价8%（周维富，1998）。到1992年7月，全国形成多种煤炭价格体系。[①] 1992年底，国家做出了“三年放开煤价，三年抽回补贴”的重大决策。与放开煤炭价格配套的改革举措是建立煤炭交易市场。[②] 从1993年起，国家决定放开国有重点煤矿的指令性煤炭价格。到1994年1月1日，煤炭价格已基本全部放开。[③] 1996年，国家开始对电煤实行指导价格，即在1995年煤炭实际结算价格的基础上，全年平均电煤每吨最多提价8元，1997年电煤价格在1995年9月末的基础上，每吨煤上浮12元。

2002年，国家停止发布电煤政府指导价格，但仍有政策干预。直到2005年，国家对电煤价格才不再直接干预。同年，《国务院关于促进煤炭工业健康发展的若干意见》（国发〔2005〕18号）发布，指出进一步完善矿业权有偿取得制度，规范煤炭矿业权价款评估办法，逐步形成矿业权价款市场发现机制，实现矿业权资产化管理。2006年以后，国家开始大力实行煤炭资源探矿权、采矿权有偿取得制度，并在矿山环境治理、生态恢复方面建立责任机制。虽然煤炭在各个区域内部已经实现了市场化定价，但在不同行政区域之间，仍不能实现市场化定价。2007年，国家发改委下发了《关于做好2007年跨省区煤炭产运需衔接工作的通知》，这一政策文件的实施标志着煤炭进入市场化定价的初步发展阶段（史丹，2008；中国煤炭工业协会，2010）。“十一五”时期，在科学发展观的指引下，煤炭工业更加注重环境治理，煤炭工业价格改革因此也考虑了环境治理成本。“十二五”时期，煤炭工业价格改革不断深化，2012年，《国务院办公厅关于深化电煤市场化改革的指导意见》（国办发〔2012〕57号）文件出台。2013年，国家取消了重点电煤合同和电煤价格双轨制，煤炭市场化改革取得实质性进展，实现了电煤价格并轨。同期，还实施了煤炭资源税从价计征改革，扩大煤炭企业增值税抵扣范围，清理了涉煤收费基金。“十三五”时期，煤炭工业价格改革主要集中在推动煤电联动机制和改革税费体系上，其中，税费体系改革主要是针对重复税费、不合理收费以及违规设立的各项收费基金。

4. 煤炭安全保障能力不断增强

煤炭安全不仅包括煤炭安全生产，还包括煤炭的安全供应和运输。自中华人民共和国成立至今，我国煤炭安全生产能力大幅增高，煤炭供应能力和运输能力也不断增强。

在煤炭安全生产方面，“十二五”期间，在我国加大安全投入、推进安全基础建设、完善安全监管监察体制机制、强化安全生产责任落实的情况下，我国煤炭安全生产能力不断增强，煤矿事故从2010年的1402起降为2015年的352起，死亡人数从2433人降为598人，百万吨死亡率从0.749%降为0.162%。“十三五”期间，我国制定了煤矿事故死亡人数小于510人、百万吨死亡率小于0.14的安全发展目标，着力于健全煤矿安全生产长效机制，安全保障能力显著提高，重特大事故得到有效遏制。

在煤炭供应方面，自中华人民共和国成立以来，我国煤炭供应能力一直保持在较高水平。1949～1991年，我国原煤生产规模一直高于国内消费规模。从1992年开始，尽管煤炭消费规模开始高于原煤生产规模，但这并不是由生产能力不足造成的。相反，煤炭生产出现了质的提升，不

---

① 其中包括指令性价格；指导性价格；超包干基数加价50%；超递增计划加价100%；地方煤出省加价20元；保钢、保电定向煤补贴价；生活用煤补贴价；保化肥出省煤加价30%；市场价格。

② 1992年10月建立了第一家煤炭交易市场——天津煤炭交易市场。到目前为止，我国共有全国性或区域性的大型煤炭交易市场8家：上海煤炭交易所、东北煤炭交易所、秦皇岛煤炭交易市场、天津煤炭交易市场、郑州煤炭交易市场、太原煤炭交易市场、重庆煤炭交易市场和北京煤炭交易市场。1997年，通过8家煤炭交易市场配置的煤炭资源占煤炭总产量的20%。与此相应，通过一年一度的国家煤炭订货会这种计划分配煤炭资源的比重大为降低，由原来的几乎100%降到1997年的40%。

③ 1994年1月，国家放开了除电煤以外的市场煤价格，同时取消中央财政对统配煤矿的补贴。1994年7月，国家又取消了统一的煤炭计划价格，除电力煤实行政府指导定价外，炼焦用煤、建材用煤和化工用煤等电煤以外的煤炭价格全部放开，由煤炭生产企业根据市场需求状况自主销售、自主定价。

仅向绿色清洁发展，而且还提高了生产效率，煤炭生产结构得到不断优化。煤炭生产开发进一步向大型煤炭基地集中，煤矿数量和煤炭企业数量进一步缩减，产业集中度进一步提高，“十三五”末，大型煤炭基地产量将占95%以上，5000万吨级以上大型企业产量将占60%以上，这将进一步地增强我国煤炭供应安全保障能力。

在煤炭运输方面，随着我国铁路、公路和水路运输网络的不断延伸和完善，我国煤炭运输能力大幅提高。在铁路方面，我国已经形成了以晋陕蒙煤炭外运为主的“九纵六横”的煤炭物流通道网络；在水路方面，以锦州、秦皇岛、天津、唐山、黄骅、青岛、日照、连云港等为北方下水港，以江苏、上海、浙江、福建、广东、广西、海南等为南方接卸港，以沿长江、京杭大运河的煤炭下水港为主体，组成了北煤南运水上运输系统。到2020年，铁路规划煤炭运力将达到36亿吨，可以满足“北煤南运、西煤东调”的煤炭运输需求；北方八港下水能力将达到8.7亿～9.3亿吨，可适应煤炭下水需要。

三、新时代煤炭工业发展面临的机遇与挑战

自中华人民共和国成立至今，我国煤炭工业随着供给侧结构性改革的不断深化，产业结构得到进一步优化，转型升级发展已取得一些成效。但在工业化进程加快，能源供应多元化，煤炭需求减量升级和转型发展的背景下，煤炭工业不仅存在“一带一路”国际产能合作、清洁高效转型发展、供给侧结构性改革、数字化发展等机遇，也存在煤炭资源回采率低、煤炭价格体系混乱、煤电矛盾、煤炭利用的环境问题、运输问题、市场集中度问题等挑战。

1. 机遇

进入新时代，新战略、新技术和新模式的出现使煤炭工业面临新的发展机遇。

（1）“一带一路”国际产能合作机遇。“一带一路”倡议的提出为我国煤电及相关产业进行国际合作提供了新的空间和平台。目前，我国煤电企业已经与“一带一路”沿线国家的许多企业建立了良好的合作关系，合作方式从单一的技术、装备和劳务输出延伸为全产业链合作，包括勘察设计、工程建设、资源开发、装备生产、技术服务、煤炭运输、现代煤化工、煤电一体化建设等。我国很多煤电企业抓住了“一带一路”国际产能合作的机遇，在国外开展了大量合作项目，如华能集团的巴基斯坦萨希瓦尔燃煤电站、华电集团印度尼西亚巴淡燃煤电站及巴厘岛燃煤电站等。

（2）清洁高效转型发展机遇。经济发展进入新时代以后，五大发展理念促使煤炭工业转型发展。其中，绿色发展理念促使煤炭工业坚持绿色开发与清洁利用相结合，走绿色发展之路。在煤炭的开发、转化、利用各环节都存在新的发展机遇，助推煤炭安全绿色开发、清洁高效利用，并加快煤炭由单一燃料向原料和燃料并重转变。同时，我国的国际碳减排承诺和国内环境保护的双向约束会倒逼我国能源体系向清洁能源转型，但煤炭作为我国主体能源的定位在未来很长一段时间内都不会改变。因此，煤炭工业的清洁高效发展才是能源转型真正成功的核心内容，在这方面我国存在很大的发展空间。

（3）供给侧结构性改革机遇。随着重工业需求达峰和消费者市场需求升级，需求侧的刺激政策不能解决经济增长速度下行的问题，还产生了产能过剩等供需错配问题。为了解决这些问题，促使经济进入高质量发展阶段，必须推进供给侧结构性改革。煤炭工业作为我国工业体系的基础产业，也必须深化供给侧结构性改革，化解淘汰过剩落后产能，减量置换和优化布局增加先进产能，这为我国煤炭工业的发展提供了很多发展机遇。

（4）数字化转型发展机遇。互联网技术和传统产业的融合不仅能促使传统产业创新升级，还可以提高传统产业的生产能力和管理能力。随着5G信息通信技术的发展，互联网技术促使产业发展进入了数字化和智能化阶段。对于煤炭工业，数字化转型不仅可以提高安全性，还可以提高能源效率。如矿井的数字化发展可以减少井下生产人员，

提高矿井的安全水平和煤矿的生产效率；煤化工的数字化转型可以融入全产业链各环节中，不仅可以实现智能制造，还可以实现精益管理。

2. 挑战

新时代我国煤炭工业不仅迎来了许多发展机遇，也面临着煤炭资源回采率低、价格体系混乱、市场集中度低等挑战。

（1）煤炭资源回采率低，资源浪费严重。在中华人民共和国成立后的很长一段时间里，我国煤炭资源回采率一直处于较低水平，平均在30%左右，其中，国有大型煤矿的资源回采率低于50%，乡镇煤矿的资源回收率在20%左右。经过了几十年的发展，煤炭资源回采率得到了较大提升，但总体看来，仍低于发达国家。2016年，我国煤炭井工煤矿薄煤层、中厚煤层、厚煤层和特厚煤层采区回采率分别达到85%、80%以上、75%和80%以上，露天煤矿薄煤层、中厚煤层、厚煤层和特厚煤层采区回采率分别达到70%以上、80%以上、85%以上和95%以上（王伊杰等，2018）。同时，我国在煤炭利用过程中的洗选损耗也很高，煤炭资源浪费严重，2015年，我国洗选损耗煤达到18337.7万吨。

（2）煤炭价格体系混乱，煤电矛盾突出。煤炭价格经历了几十年的改革，逐渐从计划经济体制下的政府统一定价到市场经济体制完善中的企业自主定价转变，但由于国家没有及时根据煤炭市场发展形势颁发新的质量标准，使不同质量、不同品牌的煤价缺乏统一的对标标准，造成各地区、各企业出现了多种价格，如挂牌价、下水煤价、电煤价、优惠价、一票价、两票价等。同时，煤企、电厂和电网之间的利益博弈使各方价格博弈较为激烈。2005年，国家出台了“煤电价格联动”的政策，由于存在“市场煤、计划电”的体制问题，煤电联动机制难以发挥作用，低电煤价格使煤炭价格总体偏低，难以反映市场的正常供需情况。

（3）煤炭清洁利用水平低，环境问题紧迫。煤带来的环境问题主要体现在煤炭开采和利用两方面。在开采方面，会引发土地沉陷、瓦斯排放、水资源破坏、煤矸石堆存等一系列破坏矿区生态环境的问题；在利用方面，会产生二氧化硫等大气污染物、化学需氧量和氮氧化物排放等水污染物、粉煤灰等固体废物。1957年，我国原煤入选率约为16%，长期以来，煤炭入洗率都处于较低水平。煤炭不经选洗直接燃烧，不仅效率低，还会产生大量的环境污染物。从1997年底开始，我国煤炭选洗业发展迅速，煤炭企业都在提高煤质和产品回收率上下功夫进行技术改造。到2000年，我国煤炭入选率达到35%。随着煤炭生产达峰，以及政策对环境保护的强化，煤炭入选率已达到了70%，但这与发达国家90%的水平相比，仍相去甚远。近几年来，雾霾等环境问题异常严峻，为了打赢“蓝天保卫战”，解决煤炭工业发展中诸多环境问题的任务非常紧迫。

（4）煤炭市场集中度低，落后产能尚存。长期以来，我国煤炭工业存在煤矿中小规模居多、产能小而分散的问题。1998年，全国小煤矿数量达到8万多个，2001年减少到2.2万个左右。截至2008年底，全国建成年产120万吨以上的大型煤矿469处，其中，建成千万吨大型现代化煤矿24处，在建千万吨煤矿24处。煤炭市场集中度较低。2014年，国家虽然出台了加快煤炭行业集中度的一系列政策措施，到2016年底，全国还有7866处煤矿，煤炭行业仍存在大量落后产能。2017年，全国各地淘汰退出煤矿1072处、产能18300万吨。亿吨级企业产量占全国比重仅为32.61%，千万吨级企业产量占全国比重为68.23%。与发达国家相比，煤炭市场集中度仍较低。到2020年前，煤炭工业还存在落后产能。

（5）煤炭运输能力不足，保障跨区调运平衡难度大。我国煤炭资源、煤炭工业和主要耗煤工业布局的错位，加之煤炭资源地区分布不平衡，呈现“北富南贫、西多东少”的基本格局，造成了我国煤炭运输北煤南运、西煤东运的基本格局。在运输方式上，我国煤炭运输以铁路直达、铁路+沿海水运为主，以公路、内河水运为补充。总体说来，目前我国煤炭运输能力基本能适应煤炭消费需求。但在煤炭运输网络向重载化和系统化推进的同时，煤炭生产和消费规划的布局也发生了变化。煤炭资源丰富的西部地区因交通设施基础相对薄弱，相对于未来规划的生产能力，运输能力将不足，因此难以保障煤炭跨区调运平衡。

四、煤炭工业高质量发展的政策建议

自中华人民共和国成立至今，煤炭工业发展迅速，已从总量扩张阶段进入高质量发展阶段，煤炭利用方式也更加高效和清洁。展望未来，在供给侧结构性改革的不断深化下，煤炭工业会进一步淘汰落后产能，提高市场集中度，提高煤炭跨区域调运平衡能力，成为我国加快工业化进程和建设制造强国的强大动能。

1. 改革煤矿资源矿权使用收费制度，保障国家的资源矿权所有者权益

目前我国现存的煤炭资源收益分成机制普遍存在轻国家所有者权益的问题，主要原因是现存的煤炭矿权收费和税费机制低估了国家煤炭资源的所有者权益价值。内在原因是存在极强的行政干预，脱离了煤炭市场发展的现实需要。特别是煤炭矿权收费存在明显的“权力寻租”，导致煤炭矿权被少数群体以较便宜的成本获得，造成国家煤炭资源所有者权益收益流失。针对这个问题，应该借鉴国外的矿权出让采取“竞争性出让”方式，并与开采企业签订分成合同或服务合同，尽可能多地获取煤炭资源的所有者权益收益。同时，在煤炭使用的税费设计上，应建立随煤炭市场价格变动的税费机制，辅助调节煤炭市场的供需平衡。

2. 建设绿色矿山，提高煤炭清洁化利用水平，促进煤炭工业绿色发展

在煤炭矿区积极推进生态文明建设，最大限度地减轻煤炭生产开采对矿区环境的影响，建设绿色矿山。具体而言，需要做到：提高煤层气（煤矿瓦斯）的利用率；提高煤矸石综合利用率；提高矿井水利用率；提高土地复垦率。在煤炭利用方面，一方面要提高原煤入选率，提升煤炭产品质量；另一方面要提高煤炭清洁化利用水平，大力发展清洁煤电和煤炭深加工产业。

3. 进行全产业链市场化改革，疏通煤炭价格机制

由于煤炭、电力、电网产业链之间的博弈非常激烈，煤电联动机制由于“市场煤、计划电”的矛盾难以反映市场供需情况。因此，应该深化电力体制改革，使之与煤炭市场化改革配套，才能疏通煤炭上下游环节之间的堵塞，形成反映市场真实供需的价格。具体而言：首先，要区分垄断环节与竞争环节；其次，对于具有自然垄断性质的管网环节，制定具体的接入管网条件和标准；对于具有垄断竞争性质的发电和配售电环节，应放开进行市场化改革；对于竞争环节，应该进行合理的规制，建立维护市场公平和秩序的管理机制。

4. 提高煤炭工业市场集中度，淘汰落后产能

在煤炭工业领域继续深化供给侧结构性改革，淘汰落后产能，进一步缩减煤矿数量，整合分散的小煤矿资源，提升煤炭工业市场集中度，增加先进产能。在实操方面：提升亿吨级煤矿和千万吨煤矿占比；促进煤炭生产开发进一步向大型煤炭基地集中；提升大型煤炭企业数量占比；提高煤矿采煤机械化程度和掘进机械化程度。

专栏 17－1

创新能源工业新机制　促进煤炭火电水电均衡发展

贵州省能源工业运行新机制通过实施煤炭火电水电利益联结机制、政府调控机制和预测预警机制，保证煤炭保持均衡生产、电煤价格控制在合理区间、用电价格保持竞争力、增强能源工业政府调控力与煤炭火电水电三方协同发展，从而实现“企业利益共同化、全省利益最大化”。

新机制重点采取了六项措施。

一是科学建立了水火发电权交易机制。以枯水期水电发电量作为水电发电基数，超基数部分作为水火发电权交易电量。在天然来水较好时，水电通过向火电购买发电权，弥补火电权益损失，火电获得发电权收益用于汛期增加电煤储备和降低企业用电成本，支持煤炭企业生产和工业企业降低成本。

二是建立完善电煤中长期合同制度。抓住国家完善改革电煤合同制度的契机，建立了符合贵州实际的电煤中长期合同制度。组织煤电双方按照电煤需求量的100%签订中长期合同，合同价格实行每大卡7~9分的政府指导价，具体价格由煤电双方根据市场机制协商确定，稳定煤电双方市场预期，防止市场大起大落。

三是建立完善电煤储备制度。实行基础存煤+季节存煤+应急存煤，按照基础存煤不低于300万吨并长期保持、季节存煤400万吨、到11月底存煤不低于700万吨进行储备，起到了电煤市场稳压器、蓄水池的功能。火电企业利用发电权交易收益，在汛期多收储电煤，在消费旺季多释放，解决了贵州省煤炭生产供应波动问题，实现季节发电量有序有效调节、全年发电量均衡充足供给。

四是完善电力市场化交易机制。抢抓电力体制改革机遇，不断完善电力市场化交易机制，基本实现大工业用电均衡直接交易。2018年全年市场化交易电量470亿千瓦时，同比增长7.7%，降低企业用电成本36亿元，加快形成电力成本"洼地"，增强了招商引资吸引力。

五是强化政府对能源工业的调控能力。理顺关系、科学调度，将"看得见的手"和"看不见的手"并用，推动能源领域国有资本做强做优做大，组建贵州盘江煤电集团、贵州乌江能源集团，增强对煤炭、水电、火电的政府调控能力。到2020年，两个集团控制的煤炭产能、电力装机将达到全省的1/3和1/4，以后占比还将继续提高。

六是加快煤炭工业转型升级。推动出台了《贵州省人民政府关于煤炭工业淘汰落后产能加快转型升级的意见》(黔府发〔2017〕9号)、《贵州省人民政府关于进一步落实能源工业运行新机制加强煤电要素保障促进经济健康运行的意见》(黔府发〔2018〕9号)等文件，明确了煤炭工业转型升级的目标、重点任务和攻坚路径。加快培育释放先进产能，深入推进煤矿智能化机械化改造，大力实施煤矿瓦斯、矿井水、煤矸石三利用工程，加快淘汰落后产能，煤炭工业转型升级"四项攻坚"取得阶段性成效。

资料来源：中国日报网，2019-04-10。

参考文献

［1］朱彤：《中国能源工业七十年回顾与展望》，《中国经济学人》2019年第1期。

［2］贺佑国：《2018中国煤炭发展报告》，煤炭工业出版社2018年版。

［3］周维富：《我国煤炭工业体制改革和政策调整的回顾与展望》，《煤炭经济研究》1998年第5期。

［4］史丹：《能源工业改革开放30年回顾与述评》，《中国能源》2008年第6期。

［5］中国煤炭工业协会：《2009中国煤炭工业发展研究报告》，中国矿业大学出版社2010年版。

［6］王伊杰等：《我国重要矿产资源采选水平及综合利用产值分析》，《中国国土资源经济》2018年第4期。

［7］中国社会科学院工业经济研究所：《中国工业发展报告2018》，经济管理出版社2019年版。

［8］《2019年中国煤化工行业现状及转型发展方向》［EB/OL］. http://war.chinairn.com/news/20190428/101816990.shtml。

［9］1993年1月，先放开东北地区的1.6亿吨统配煤价格，实行市场调节，并先后放开华北地区和湖南省国有重点煤矿的指令性煤炭价格；同时放开其他地区指令性洗精煤和发电用煤价格；地方煤矿上调的指令性经济煤，在取消补贴后也随行就市。

第十八章　石油天然气工业

提　　要

我国石油天然气工业70年间，经历了从原油净进口国、原油净出口国再到原油净进口国的转换，油气体制也经历了政企不分的计划体制、国有企业承包经营责任制、油气央企行政性垄断和“政监合一”的油气体制的演变。经过70年的发展，我国石油天然气生产能力实现了跨越式发展，成为世界重要的油气生产国，石油天然气对外合作取得了丰硕成果，技术创新从点的突破向系统性开发转变。尽管如此，但也存在着一些阻碍油气工业可持续发展的问题，包括油气市场仍未真正实现有效竞争、行业产权结构单一、有效监管的体制机制仍未完全建立、油气对外依存度上升过快等。要解决上述问题，推动我国油气工业高质量发展，必须加快推动油气存量改革、国企改革和健全油气监管机制。同时，考虑到我国体制改革与能源转型叠加的现实情况，需要充分重视油气体制改革与能源转型政策的协调。

*　　　　*　　　　*

一、我国石油天然气工业发展历程

1949年至今，我国石油天然气工业经历70年的发展，石油天然气产量实现了快速增长。从石油天然气供需特点看，我国石油天然气工业大体可以分为三个阶段：第一阶段是中华人民共和国成立到1965年的石油净进口阶段；第二阶段是1966～1992年中国石油实现自给到净出口转化阶段；第三阶段是1993年中国再次成为石油净进口国（见图18－1和图18－2）。

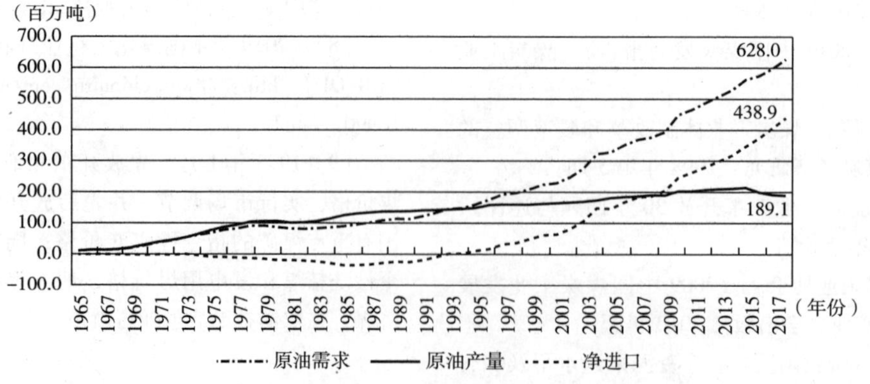

图18－1　中国原油产量、消费量与净进口（1965～2017）

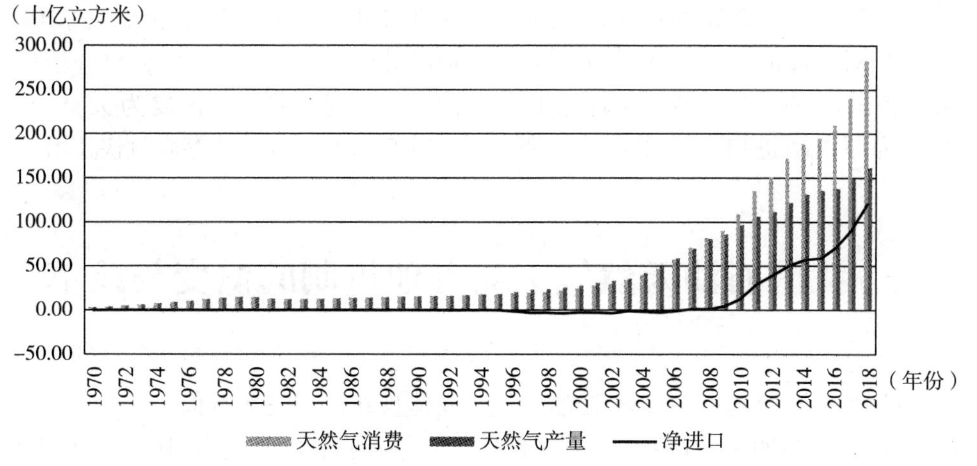

图 18－2　中国天然气产量、消费量与净进口量（1970～2018）

1. 原油净进口阶段（1949～1965 年）

中华人民共和国成立后，我国石油工业逐步恢复。在 1959 年大庆油田投产之前，石油产量从 1949 年的 12 万吨快速增加到 373 万吨，但这远不能满足经济发展对原油的需求。因此，这一时期需要大量进口石油。1950 年，我国原油进口依存度达到这一阶段的最高水平，为 70.4%，此后随着国内石油产量的恢复生产进口依存度逐年下降，到 1959 年减少到 45%。随着大庆油田的发现和投产，我国石油产量从 1960 年的 520 万吨很快增加到 1965 年的 1132 万吨，结束了对石油进口的依赖。1965 年，我国原油进口依存度仅为 0.07%。①

这一时期，我国从四川盆地，到陕甘宁、塔里木盆地和沿海地区，都进行了大规模的天然气勘探活动，天然气工业开始起步。我国天然气产量从 1949 年仅 700 万立方米增加到 1965 年的 11 亿立方米，并且在四川盆地铺设了第一条长达 20 千米的输气管道。

2. 原油从自给到净出口的转变（1966～1992 年）

1966 年后，我国利用勘探开发大庆油田积累的技术和经验，相继建成了胜利油田、大港油田、长庆油田等一批较大型油气田，石油产量连上新台阶：1969 年突破 2000 万吨，1972 年突破 4000 万吨，1976 年突破 8000 万吨。1978 年，我国石油产量突破 1 亿吨大关，进入世界主要产油大国行列。

我国石油实现了从自给到成为石油进出口国的转变。1966～1974 年，我国石油有“进”有“出”，处于小规模进出口波动阶段。1975 年，我国原油出口首次突破 800 万吨，石油工业进入持续净出口阶段，并于 1986 年达到原油净出口量峰值 3530 万吨后缓慢下降，直到 1993 年再次变成原油净进口国。

同期，我国天然气产量先经历了一个快速增长阶段，即 1967 年威远震旦系整装大气田投产和威远—成都输气管线建成后，天然气产量从 1968 年的 14 亿立方米快速增加到 1979 年的 145 亿立方米。然后进入一个缓慢下降和回升阶段，到 1992 年，我国天然气产量仅为 158 亿立方米，产量仅比 1979 年增加了 9%。

3. 原油和天然气净进口且对外依存度快速提升（1993 年至今）

我国石油产量突破 1 亿吨之后，进入稳定发展时期。在此期间，大部分油田进入高含水期，没有发现新的大型油田，产量增长主要依靠大油田的挖潜和技术创新，以及塔里木盆地和海上油气田开发。这一时期，我国石油产量从 1 亿吨稳步增加到 2010 年 2 亿吨后，一直在 2 亿吨上下波动。特别是 2015 年后，我们原油产量已经连续三年下降。2018 年石油产量已经下降到 1.89 亿吨。

① 原油进口依存度数据引自李昕（2014）。

20 世纪 90 年代开始，我国原油产量增长远远难以满足经济增长对石油的需求。1993 年，我国从 1992 年原油净出口 980 万吨转变为净进口 190 万吨，再次成为原油净进口国。此后，原油净进口量一直保持上升趋势，到 2018 年，我国原油净进口量达到 4.4 亿吨，对外依存度高达 70%。同时，我国 2007 年起成为天然气净进口国后，2018 年天然气对外依存度就快速增加到 43%。[①]

二、我国石油天然气工业管理体制的演变与改革

从政府与市场的关系角度考察，我国石油天然气体制演进大致可以分为四个阶段：一是政府决定油气资源配置且政企合一阶段；二是承包经营责任制与专业化公司管理阶段；三是国有油气企业行政性垄断与局部市场化改革推进阶段；四是“政监合一”趋势下逐渐打破油气行政垄断阶段。

1. 政府决定油气资源配置且政企合一阶段（1949～1978 年）

中华人民共和国成立后，中央人民政府政务院在 1950 年成立燃料工业部，并设立石油管理总局。此后，中央政府经历了多次机构膨胀和机构精简的轮回，石油工业管理部门也经历了多次撤销、合并和重新设立的过程。1955 年，燃料工业部被分拆为石油工业部、煤炭工业部和电力工业部。1970 年，国务院撤并部分机构，石油工业部与化学工业部、煤炭工业部合并为燃料化学工业部。1975 年，国务院重新恢复、建立部分部委机构。燃料化学工业部被分拆为石油化学工业部和煤炭工业部。1978 年，石油化学工业部被进一步拆分为石油工业部和化学工业部，以适应“文化大革命”后国民经济调整的需要。

这一时期，我国石油天然气的勘探、开发、运输、销售等不同环节的生产经营活动由政府管理部门在全国范围内统一配置，油气企业缺乏生产经营自主权。

2. 承包经营责任制与专业化公司管理阶段（1979～1997 年）

党的十一届三中全会后，我国工作重点转移到了经济建设方面，石油天然气管理体制变革主要体现在以下三个方面：

一是石油天然气中央管理机构反复变动。1980 年，中央成立了国家能源委员会，希望通过加强能源综合管理来加快推动能源工业发展，改善能源供应。由余秋里担任时任国家能源委员会主任，石油工业部与煤炭工业部、水利电力部等能源行业管理机构部长担任副主任。国家能源委员会成立后，发挥作用非常有限，1982 年被撤销。1985 年，国务院提出政企分开，要求政府机构减少直接干预企业经营活动的职能，加强宏观调控职能。1988 年 6 月国务院机构改革，石油工业部与煤炭工业部、核工业部一起被撤销，成立了能源部。能源部不再直接管理企业，主要职能是制定并实施能源发展战略和政策、法令和计划的执行。1993 年新一届政府撤销能源部，恢复煤炭工业部和电力部，但石油工业部没有同步恢复。

二是先后成立了具有行业管理职能的专业化公司。国务院为加快推动石油天然气工业发展先后成立了几大专业化公司，即 1982 年 2 月成立专门负责我国海上油气勘探、开发和对外合作业务的中国海洋石油总公司；1983 年成立中国石油化工总公司，专门负责管理石油工业部的炼油企业、化学工业部的石化与化纤企业；1988 年 9 月成立中国石油天然气总公司，负责原石油工业部在国家陆地全境石油、天然气的生产建设和经营管理职能。加上 1961 年成立的专门负责石油石化产品进出口的中国化工进出口公司，构成了这一时期我国石油天然气体制上下游分割、海陆分家、内外贸分治管理的体制格局。

---

① 根据 BP 世界能源统计数据计算。

三是石油行业全面推行承包责任制。1979 年之后，我国石油产量徘徊不前，同时国家对石油工业投资严重不足。国务院借鉴农村家庭联产承包责任制的成功经验，对原石油工业部实行原油产量亿吨包干的政策。[①]1984 年 1 月，国务院决定在“七五”期间，对石油工业部实行原油产量递增包干，即在 1 亿吨的基础上，每年递增 200 万吨包干指标。此外，5 年内再向国家多提供平价油 4000 万吨。1988 年，中国石油天然气总公司成立，国家重新调整了递增包干的增长幅度，要求总公司在后几年内保证年递增原油产量 300 万吨。20 世纪 90 年代，国家对中国石油天然气总公司实行了“四包两定”承包办法，总公司对油气田则实行了“四包三定两保一挂钩”承包责任制。[②]后来又调整为“两定两自一挂钩”生产经营责任制。[③]直到 1998 年，石油石化大重组后，原油大包干和油田承包经营责任制退出历史舞台。

3. *国有油气企业行政性垄断与局部市场化改革推进阶段（1998～2012 年）*

这一时期，我国石油天然气管理体制改革的基本思路是政企分离，逐步建立适应社会主义市场经济体制的石油工业管理体制。主要变化体现在以下三个方面：

一是能源管理从专业化向综合化转变。1998 年 3 月，国务院进行新一轮大规模机构改革，新设立国家经济贸易委员会。石油天然气工业行业管理职能由国家经济贸易委员会代为管理的国家石油化工总局行使，但这一机构在 2001 年 2 月被国务院撤销。2003 年 3 月，国家经济贸易委员会撤销后，石油天然气工业的管理职能被合并到同月成立的国家发展和改革委员会（以下简称国家发改委）能源局石油天然气处。2008 年，新的能源综合管理机构——国家能源局成立，包括石油天然气在内的能源行业管理职能并入国家能源局，但与能源有关的投资审批和价格管理职能仍然保留在国家发改委。

二是我国石油天然气工业逐渐形成了以中石油集团和中石化集团在油气勘探、开采、加工、进出口和成品油销售领域“寡头垄断”加“行政垄断”的产业结构。1998 年，我国将中国石油天然气总公司与中国石油化工总公司重组为从勘探、采油、炼油到销售的上下游一体化的石油石化集团公司，即中石油集团和中石化集团。这次重组奠定了陆上石油石化行业双寡头竞争的基础。此后，我国出台的两个文件将石油天然气产业链的垄断经营权赋予了中石油和中石化集团，正式确立了中石油和中石化在原油流向、原油加工和成品油批发与零售各个环节的行政垄断地位。[④]

三是同步推进了一些局部市场化改革，其中比较重要的改革主要包括：①1998 年以来，国家发展改革委至少进行了 6 次成品油价格调整机制改革，实现了原油价格与国际接轨，国内成品油价格对国际原油价格波动的反应更加灵活，尽管其反映国际油价的程度依然要受到政府的“指导”。②2012 年 5 月原国土资源部的页岩气矿权招标首次对民营企业开放。

4. *“政监合一”趋势与打破油气行政垄断阶段（2013 年至今）*

2013 年中央推行“大部制”改革，原电力监管委员会被撤销，其职责并入国家能源局。原来的国家能源局也因此而重新组建。原电力监管委员会作为我国唯一的能源专业监管机构的撤销，标志着我国能源工业管理体制从“政监分离”转向“政监合一”。不过，能源管理体制的“政监

---

① 具体内容是：原石油工业部承包生产原油 1 亿吨，超产原油可按国际市场价格出售，价差收入由原石油工业部留用。同时，原石油工业部对下属油田企业实行再包干，对企业超产和节约原油的价差收入按二八分成。油田分成所得收入的 85% 作为勘探开发基金，其余 15% 作为企业的集体福利和奖励基金。

② “四包”是包分年新增探明石油储量、包分年新增天然气储量、包分年原油产量和商品量、包分年天然气产量和商品量；“三定”是定分年投资规模、定生产盈亏、定建设资金来源；“两保”是保石油专用管材，保原油、天然气外输销售；“一挂钩”是工资总额与承包任务完成情况和经济效益挂钩。

③ “两定”是核定油气配置量、核定上缴利润和储量有偿使用费；“两自”是在完成“两定”指标的前提下，企业以效益为中心，增收节支，做到生产经营自负盈亏、建设资金自求平衡；“一挂钩”即继续实行工资总额与企业增加值和实现利润挂钩，坚持严考核、硬兑现，逐步形成正常的工资增长机制。

④ 分别是 1999 年 5 月国务院办公厅发布的原国家经济贸易委员会等八部委《关于清理整顿小炼油厂和规范原油成品油流通秩序的意见》与 2001 年 8 月国务院办公厅转发原国家经济贸易委员会等五部门《关于进一步整顿和规范成品油市场秩序意见的通知》。

合一”主要影响的是我国电力管理体制，石油天然气管理体制与前一阶段相比没有实质变化。

与此同时，油气市场化改革进一步推进，石油天然气的行政垄断逐渐被打破。主要表现在：

第一，上游探矿权开放试点继续深化。一是2013年以来，我国页岩气探矿权公开招标在前两轮基础上，又进行了两轮公开招标。二是原国土资源部于2015年和2017年在新疆开展了两轮常规油气勘察区块招标出让试点。

第二，加快石油天然气价格形成机制改革，积极推动交易中心建设。实行最高上限价格管理，并将定价方法由“成本加成”定价改为“市场净回值”定价，建立起天然气与燃料油、液化石油气等可替代能源价格挂钩的动态调整机制。经过近几年的改革，国内天然气价格市场化程度显著提高。改革前，国内天然气价格基本由政府管理。改革后，占国内消费总量80%以上的非居民用气价格实现由市场主导形成，其中50%以上完全由市场形成，30%左右实行“上浮20%、下浮不限”的弹性机制。

近年来，国家积极推动天然气市场建设，组建了上海和重庆两个石油天然气交易中心。

上海石油天然气交易中心已实现沿海地区12个省市的LNG竞价交易，积极推动国内管道天然气竞价交易。此外，我国积极筹备原油期货交易。2018年3月26日，我国原油期货在上海国际能源交易中心成功挂牌交易。

第三，改革天然气管输定价机制，初步建立输配价格监管体系。2016年10月，国家发展和改革委员会颁布了《天然气管道运输价格管理办法（试行）》和《天然气管道运输定价成本监审办法（试行）》，把过去“一线一价”的定价办法改变为基于政府公开的成本核定和定价公式核定管道运输价格。2017年6月，国家发展和改革委员会又印发了《关于加强配气价格监管的指导意见》，明确了配气价格的制定方法和重要指标参数选取范围。上述政策文件的发布和实施，初步建立了我国天然气输配领域全环节价格监管体系。

第四，获得原油进口权的企业范围进一步扩大。我国原油进口分为国营贸易和非国营贸易，国营贸易企业资质由国务院批准，进口不受数量限制；非国营贸易实行配额管理，企业进口资质条件和数量由商务部管理。2012年之前，我国原油国营贸易主要由中石化、中石油、中海油、中化等大型国企经营，拥有非国营贸易经营权的企业仅有20余家，进口原油量占国内进口原油总量的10%左右。2012年，中国化工集团获得原油进口权。2014年，民营企业新疆广汇石油公司获得原油进口权开放。2015年2月，国家发展和改革委员会发布了《关于进口原油使用管理有关问题的通知》，允许符合能耗、质量、环保和安全等基本条件的原油加工企业，在淘汰一定规模落后产能或建设一定规模储气设施的前提下使用进口原油。2015年7月，商务部发布《关于原油加工企业申请非国营贸易进口资格有关工作的通知》，规定拥有进出口经营资质和成品油批发经营资格的原油进口企业，符合能耗、质量、环保、安全、仓储等资质条件，可以申请获得原油非国营贸易进口资质。这两个文件的发布标志着原油进口权正式有条件开放，油气改革“破除垄断”开始提速。此后，国内先后有26家地炼获得进口原油使用权配额，16家企业获得原油非国营贸易经营权。

三、我国石油天然气工业的发展成就

我国石油天然气工业经过发展70年，特别是1978年改革开放后的四十多年间，为我国经济快速增长提供能源支撑。

1. 石油天然气生产供应能力实现跨越式发展

经过70年的发展，我国石油天然气生产供应能力快速增长，实现了跨越式发展。主要表现在如下三个方面：

一是石油天然气产量大幅增长，我国已经发展成为世界第五大产油国和第六大天然气生产国。1949～2018年，石油产量从12万吨增长到

1.89亿吨，天然气产量从700万立方米增加到1573亿立方米。特别是1978～2018年我国石油产量实现年均增长2%以上，而同期全球原油产量年均增速仅为0.8%。天然气产量年均增长6%以上，为同期全球平均增速的2.2倍。

二是炼油能力不断提升，炼油行业向装置大型化、炼化一体化、产业集群化和园区基地化方向发展。目前，我国炼厂装置平均规模为413万吨/年，其中中国石油、中国石化炼厂平均规模为552万吨/年。截至2018年，我国建成了千万吨级大型炼油基地26个，炼油能力达到7.7亿吨/年，成为仅次于美国的全球第二大炼油国。

三是石油天然气管网体系基本形成。我国已建成原油管道2.38万千米，成品油管道2.6万千米，天然气长输管道总里程近7.4万千米，初步形成了横跨东西、纵贯南北、覆盖全国、连通海外的油气管网。

2. 石油天然气企业对外合作取得丰硕成果

70年来，我国石油天然气企业在国际油气行业的参与度和竞争力不断提升，对外合作取得丰硕成果。一是利用外国资金与技术加快我国油气资源开采。自1982年颁布《海上石油对外合作条例》和1993年颁布《陆上石油对外合作条例》以来，我国累计与12个国家和地区的59家石油公司签订陆上对外合作合同69个，累计与21个国家和地区的78家国际石油公司签订海上对外合作合作200余个。二是积极参与国家"走出去"和"一带一路"倡议，初步形成海外五大油气合作区。

到2017年底，中国石油企业在全球近60个国家，管理和运作着超过200个油气合作项目，海外油气权益产量达1.9亿吨。海外原油加工能力达到3000万吨/年，海外工程技术服务合同额达到52亿美元，在"一带一路"沿线国家累计投资超过2000亿美元，原油进口量超过4亿吨，成为全球原油贸易的重要参与者和最大进口商。

3. 石油天然气工业技术创新从点的突破向系统性开发转变

技术创新是石油天然气工业发展的根本动力。我国石油天然气工业通过多年深化改革、对外开放，技术创新已经实现了点的突破向系统性开发的转变。不仅实现连续型油气聚集等地质理论的创新，还发展完善了低渗及稠油高效开发、三次采油等世界领先的技术系列，大型成套压裂机组、近钻头端地质导向系统等核心技术装备国产化取得突破。

目前，我国已掌握了页岩气地球物理、钻完井、压裂改造等技术，具备了3500米以浅（部分地区已达4000米）水平井钻井及分段压裂能力，初步形成了适合中国地质条件的页岩气勘探开发技术体系。水平井钻井周期从最开始的150天减少到60天左右，最短46天，水平井单井成本从1亿元下降到5000万元左右；形成了比较完备的石油装备制造体系，大部分装备产品实现了国产化。12000米特深井钻机、大口径高钢级油气输送管、海洋981和982钻井平台、百万吨级海上浮式生产储油系统等已达到国际先进水平；千万吨级炼油装置设备国产化率达到90%以上，百万吨级乙烯装置设备国产化率也已达到85%以上。

4. 石油天然气体制改革进入到全面深化阶段

自1998年以来，我国油气体制的特点是"两桶油"依托政策文件赋予的行政垄断地位控制了石油天然气产业链各个环节，市场机制作用范围非常有限。2017年7月，中共中央、国务院发布的《关于深化石油天然气体制改革的若干意见》，标志着油气领域全面推进深化改革的开始。

这次改革以党的十八届三中全会精神为指南，在2017年之前已有改革的基础上，推动全产业链改革。一是上游常规油气和非常规油气勘探权开放进一步推进。2019年拟放开油气勘查开采准入限制，积极吸引社会资本加大油气勘查开采力度；二是从2018年7月开始，我国成品油终端市场全面向外资放开，油气下游领域市场化改革迈出实质性步伐；三是天然气价格改革快速推进，天然气价格基本实现由市场主导而形成；四是2018年4月，国家发改委发布《关于加快储气设施建设和完善储气调峰辅助服务市场机制的意见》，建立天然气调峰设施建设和运营机制；五是2019年3月，中央全面深化改革委员会第七次会议审议通过《石油天然气管网运营机制改革实施意见》，标志着中游改革取得实质性进展。会议强调要推动石油天然气管网运营机制改革，组建国有资本控股、投资主体多元化的石油天然气管网公司。新成立的国家管网公司将顺应我国现行国企改革思路，由管资产向管资本转变。新管网公司将三大石油公司剥离的管道资产转入后，将谋求资本化、证券化，通过上市广泛引入社会资本，加大管网投资建设力度。

四、我国石油天然气工业存在的问题

从我国石油天然气工业的演变和能源行业未来发展趋势看，我国石油天然气工业存在如下几个突出问题：

1. 垄断产业结构抑制市场有效竞争

石油天然气行业本质上属于垄断竞争的市场结构，但这里的“垄断竞争”是充分、自由的市场竞争的结果，而非政策保护下的产物。我国石油天然气工业发展至今，市场作为资源配置机制所起到作用一直很小。前三十年计划体制时期的石油天然气工业全国大一统，没有竞争可言；1978 年以“一亿桶原油”产量包干为起点开始了油气企业承包经营责任制，激发了企业经营的积极性，但石油天然气行业依然是上下游分割、内外贸分离的垄断体制；1998 年石油天然气产业重组，形成中石油和中石化两大上下游一体化的企业集团，本意是希望通过竞争提高石油企业的竞争力，以应对加入世界贸易组织后的国际竞争。然而，1999 年以清理整顿小炼厂和原油流通领域的名义出台的国务院办公厅 38 号文和 2001 年 72 号文原油进口、原油加工、成品油批发与零售的垄断经营权赋予中石油和中石化两大集团，我国进入了长达十多年的“行政性垄断”时期。因此，我国石油天然气行业基本处于“两桶油”行政垄断下的有限竞争状态。

党的十八届三中全会文件提出要“让市场在资源配置中起决定作用”后，石油天然气工业开始大力推动市场化改革。但到目前为止，石油天然气产业链各环节市场开放进展缓慢，有效的市场竞争格局还并未形成。

2. 国有产权为主导产权结构不利提升企业竞争力

我国石油天然气行业长期政策保护的另一个直接后果是产权结构单一，长期保持国有产权为主导的产权结构。这种长期单一的产权结构使企业在无竞争的舒适环境中发展，创新动力不足，不利于企业竞争力提升和行业绩效的改善。

石油作为重要的战略资源，自中华人民共和国成立起就处于政府的严格管控之下。通过将原来的石油公司收归国有，以及成立新的石油天然气勘探开发和炼油大型国有企业，构成了我国最初的石油天然气行业的产权结构。在计划经济时期和改革开放初期，这种大型国有企业主导的石油天然气工业的产权结构对稳定油气产量起到了积极作用，但几家大型国企主导行业结构显然难以满足经济快速增长对油气及其加工产品的多元化需求。

在改革开放的大背景下，20 世纪 80 年代开始了我国原油加工和成品油销售环节的开放竞争，大量民营资本进入，增强了行业发展活力，同时也给国有企业带来了竞争压力。1998 年开始国家启动了清理整顿小炼厂和流通秩序后，小炼厂被关闭，大量民营加油站被中石油和中石化“收编”。石油天然气行业的国有企业比重再次上升，行业竞争转变为石油央企和部分外资的竞争，炼油厂除了山东保留一些民营炼油企业外，主要市场份额均由国有企业和部分外资分享。总体上，石油天然气行业依然是受到政策保护的国有石油企业为主导的产权结构。

党的十八届三中全会后，混合所有制改革作为国企改革的一个突破口受到重视，一些石油天然气国有企业开始尝试推动“混改”。比如，中石化于 2014 年开始在下游销售环节引入民营资本，2015 年中石油在部分地区上游勘探开采环节引入民营资本。但在这些“混改”试点中，民营资本几乎没有话语权，不能对企业经营和决策机制产生实质影响。这种小范围、小规模的“混改”并没有改变国有资本单一产权结构的现状。

3. 监管部门难以对市场主导企业实施有效监管

对石油天然气行业来说，政府有效监管与市场有效竞争是确保市场效率的不可或缺的条件。因为石油天然气管网具有自然垄断性质，对管网实施有效监管是确保石油天然气上下游有效竞争的关键。

长期以来，我国石油天然气行业采取的是纵向一体化的中央国有企业主导的市场结构。中石油、中石化、中海油在上游、中游、下游都有业务。特别是石油天然气管道运输环节，中石油一家独大，截至2018年底，我国油气长输管道总里程累计达到13.6万千米，其中中石油油气管道占85%以上。这种竞争环节与自然垄断环节没有实施有效分离、上下游纵向一体化的市场结构，不利于其他市场主体公平接入油气管网。同时拥有管网资源的企业利用其管道优势地位向上下游延伸垄断势力，而监管部门对此难以实施有效监管。

为解决上述问题，一方面，国家发改委和国家能源局先后制定了油气管网成本监审、油气管网第三方公平接入等管理规定；另一方面，从2019年开始我国积极推动自然垄断环节的油气管网与上下游分离，推动成立国家油气管道公司。

4. 近年来油气对外依存度增加过快

我国原油和天然气对外依存度近年来增加太快是一个突出的问题。自1993年我国再次成为原油净进口国以来，到2003年对外依存度达到了38%，2009年突破50%，2018年达到了70%。天然气对外依存度增长速度更加惊人：2007年我国成为天然气净进口国，2010年天然气对外依存度突破10%，2011年突破20%，2014年突破30%，2018年对外依存度进一步增加到43%。

油气替代煤炭是能源结构变化的一个自然过程。近年来我国油气消费快速增长，国内油气产量增长远不能满足需求，导致油气进口大幅上升，也与能源转型和治理雾霾的政策导向有密切关系。能源转型的最终目标是要减少能源利用过程中二氧化碳的排放量，抑制全球气候变暖的趋势。大力发展无碳或碳中性的可再生能源替代高碳的化石能源，才是根本解决之道。当然，这种替代是一个长期过程。由于化石能源利用中排放的常规污染物（颗粒物、氮氧化物、二氧化硫等）导致的空气污染已经成为我国当前迫切要解决的问题，近期我国实施了减少煤炭消费、鼓励天然气消费的政策，已成为我国能源清洁低碳转型的一个近期策略。在可再生能源短期难以大规模替代煤炭的情况下，这种基于化石能源内部品种结构优化的短期策略将持续一段时间。可以预见，在这样的政策趋势下，我国油气对外依存度，特别是天然气对外依存度将进一步提升，短期难以看到峰值。

五、推动我国石油天然气工业高质量发展的政策建议

长期以来，在我国石油天然气政策优先序列中，保障“供应安全”的重要程度远远高于“效率”目标，这是市场机制难以在我国油气领域发挥作用的深层原因。进入21世纪后，能源低碳转型在我国能源政策优先序列中占据日益重要的位置，并对石油天然气行业未来发展产生重要影响。因此，为推动我国石油天然气工业高质量发展，“效率”与“能源转型”将成为未来政策的两个关键词。

1. 加快推进油气领域存量改革，提升油气配置效率

从我国实际情况看，存量改革进展缓慢已经成为影响当前油气资源配置效率的关键因素。党的十八届三中全会以来，剥离油气管道资产，成立国家油气管网公司，推动油气管网第三方公平进入的改革是油气改革最重要的内容。随着国家油气管网公司挂牌成立，管网成本监审和第三方公平准入制度的完善，对改善油气领域竞争状况，提升效率起到非常关键的作用。

然而，油气领域竞争环节与自然垄断环节的分离只是确保油气上下游有效竞争的必要条件，而非充分条件。国家油气管网公司成立，以及相关管网第三方公平准入的相关制度得以完善和实施后，影响油气领域资源配置效率的首要因素就

转变为上游勘探开发领域的改革开放力度。

自2015年以来，我国也在逐步放开上游勘探开发领域限制，推动勘探开发环节竞争。2019年6月30日，国家发改委、商务部发布了《外商投资准入特别管理措施（负面清单）（2019年版）》和《自由贸易试验区外商投资准入特别管理措施（负面清单）（2019年版）》，取消了外资进入石油天然气勘探开发领域的限制。然而，目前我国90%以上的陆上石油天然气区块都掌握在中石油和中石化手中。到目前为止，我国也没有出台任何针对现有三大石油央企已登记存量区块“清理”办法，因而取消限制对上游环节竞争绩效的改善效果有限。

2. 全面深化石油天然气国企改革，提升企业竞争力

国企改革是油气体制改革不可或缺的内容，甚至关系到我国油气体制改革成败的关键。不过，目前仅仅把混合所有制改革作为油气国有企业改革的重点显然是不够的。油气行业由于商业目标与非商业目标交织，政企关系有待规范、有待稳定、有待透明，油气国有企业长期以来定位与实现机制有待匹配，竞争力较为低下问题突出，必须通过全面深化改革来加以解决。

从油气资源特点和国际经验看，全面深化石油天然气国企改革，至少需要处理好以下几个方面的问题：一是治理上的政企关系，即正确处理好国家作为资源所有者与国有企业作为资源开发者之间的治理关系，分离国有企业的商业性目标与非商业性目标，并采取不同的实现机制；二是利益分配上的政府、国有企业与国民福利的关系，即国家并不是国有资源的最终所有者，最终所有者是一国的国民，三者之间围绕油气资源开发利用所产生的利益关系，涉及产业链各环节收益、税费与社会保障等机制的设计。

3. 健全油气监管体制机制、提升监管能力

要实现“有效竞争”，通过产业重构构建有效竞争的市场结构只是第一步。石化市场的有效竞争能否变成现实，离不开政府的有效监管。对于改革和转型中的油气监管体制来说，有效的政府监管主要包括两个方面：

一是政府油气监管体制要有不对称监管的制度安排。市场开放之初，在位企业面对进入市场与其“争利”的新进入者，采取各种措施打压，直至将进入者赶出市场。竞争者消失了，有效竞争也就无从谈起。因此，政府监管必须针对在位者制定相关监管制度，如不允许在位者从事某些经营活动，不允许在位者采用价格倾销方式“驱赶”市场进入者，等等。只有市场基本形成旗鼓相当的企业之间的竞争，不对称监管制度方可取消。

二是健全和完善油气监管方面的法律规章。我国与油气直接相关的法律仅有《中华人民共和国矿产资源法》和《中华人民共和国石油天然气管道保护法》，石油资源开发与环境保护，利益分配，以及石油安全政策等方面的法律基本处于空白。

加快推动油气监管方面的立法，对于规范行政部门的政策制定、监管职责与行为有着非常重要的意义。健全的法律框架是实施有效监管的依据，是确保监管的独立、透明和公平的基础。而且，切实保障投资者的利益法律环境是外部资本，特别是民间资本愿意投资于石油产业的前提。制定石油产业相关法律，可以参照世界上大多数国家的标准做法，制定包括总法律、配套法规、样本合同和一系列财税条件在内的石油法规组合。

4. 加强油气体制改革与能源转型政策的协调

欧洲和美国油气行业以效率为导向的体制改革是在20世纪90年代完成的，油气对煤炭的替代成为主导能源也是市场自然选择的结果。进入21世纪欧美国家为应对气候变化逐步开始了以政策为主要驱动力、以可再生能源替代化石能源为主导内容的能源转型。

我国目前处于油气体制改革与能源转型的叠加期，这就带来了体制改革与能源转型政策的协调问题。油气体制改革是以效率为导向，尽可能地发挥市场机制在油气资源配置中的作用；而能源转型则是通过补贴和强制手段推动可再生能源替代化石能源。在实践中，存在利用能源转型的补贴和强制政策手段来解决非能源能源转型问题的情况。例如，近几年全国大力推动的“煤改气”，本质上是通过实现化石能源内部结构优化降低常规污染物排放来缓解我国空气污染问题，而不是以减少二氧化碳排放为最终目标的能源转型问题。这类问题应该主要以效率原则来推动，

而以补贴和强制方式来推动“煤改气”的问题和不可持续是显而易见的。

加强油气体制改革与能源转型政策的协调，首先，要区分这是两类完全不同的问题，实现的机制也完全不同，防止目标与实现手段的错位；其次，油气体制改革不能完全单兵突进，必须要充分考虑能源转型的新要求和产生的新影响；最后，能源转型的顺利推进需要以油气体制改革的推进为前提，因此必须加快油气体制改革，尽快实现市场在油气资源配置中的决定性作用。

专栏 18－1

国家油气管网公司即将挂牌

2019 年 3 月 19 日，中央全面深化改革委员会第七次正式会议通过了《石油天然气管网运营机制改革实施意见》，提出组建国有资本控股、投资主体多元化的国家石油天然气管道公司，推动油气管线独立，实现“输配分离”。

国家油气管网公司的主要资产是油气管道。截至 2018 年底，中石油、中石化和中海油共有油气主干管道 9.6 万千米，分别占 63%、31%和 6%。全国省级干线管网 2.5 万千米，三大石油公司与其他主体各占 50%。

综合各家媒体报道，国家油气管网公司或将在 2019 年 8 月挂牌。国家油气管网公司属性与电网企业类似，定位为副部级央企，由国有资产监督管理委员会（以下简称国资委）直接管理。在管理模式上，预计与电网企业“管住中间、放开两头”的思路相似，国家发改委对油气管网输配电价进行核定，并对管网运营公司进行监管。在股权结构上，国资委控股 50% 以上，中石油、中石化和中海油的持股比例约为 7∶2∶1。

按照目前的设想，管网公司预计将引入社会资本，并谋求运作上市，借助资本市场助力国家油气管网建设。根据中石化经济技术研究院《2019 中国能源化工产业发展报告》的预测，国家油气管网公司将从管资产向管资本转变，预计分三阶段进行：第一步，中国石油、中国石化及中国海油将旗下管道资产及员工剥离，并转移至新公司，再按各自管道资产的估值厘定新公司的股权比例；第二步，新管网公司获注入资产后，拟引入约 50% 社会资本，包括国家投资基金及民营资本，新资金将用于扩建管网；第三步，新管网公司将寻求上市。

资料来源：综合媒体报道。

参考文献

［1］朱彤：《我国石油天然气体制的演进逻辑、问题与改革建议》，《北京行政学院学报》2014 年第 6 期。

［2］中国油气田开发志编纂委员会：《中国油气田开发志（综合卷）》，石油工业出版社 2011 年版。

［3］吕建中：《一亿吨原油包干的历史性选择及启示》，《中国石油报》2018 年 11 月 30 日第 4 版。

［4］刘小丽：《党的十八大以来我国石油天然气行业改革回顾与评价》，《中国能源》2018 年第 2 期。

［5］李昕：《1949 年以来中国石油进出口地位演变》，《西南石油大学学报》（社会科学版）2014 年第 1 期。

第十九章　矿产资源产业

提　要

中华人民共和国成立以来，我国矿产资源勘查开发取得巨大成就，为中国经济的持续快速、协调健康发展提供了重要保障。矿产资源的开发力度不断加大，主要矿产储量明显增长，供应能力持续提升，矿产资源开发利用水平不断提高，为中国经济社会发展和现代工业体系的建立做出了重要贡献。但是，我国矿产资源开发利用中也出现一些问题，如大宗矿产贫矿、伴生矿多，优势资源过度开发，资源损失浪费严重，环境影响日益严重。针对这些问题，需要站在战略高度，以适应经济发展新常态为出发点，结合“一带一路”倡议等，重视和推动我国矿产资源可持续开发利用和对外开放：第一，建立国家矿产资源战略储备体系；第二，重视资源勘查工作，增加国内有效供给；第三，推广先进适用技术，提高综合利用水平；第四，适度利用国际矿产资源，建立国外矿产资源供应基地；第五，坚定市场化改革方向，推进资源性产品价格改革。

*　　　　*　　　　*

矿产资源是人类生存和经济社会可持续发展的重要物质基础。90%以上的一次能源、80%以上的工业原料、60%以上的农业生产资料、30%的生活用水都来源于矿产资源，而矿产资源的稀缺性又使矿产资源成为经济社会发展中必不可少的生产、生活要素。不同的经济社会发展阶段和科学技术水平，决定了矿产资源需求内容和利用方式的不同。农业社会时期，煤炭是最好的燃料；工业化中后期，石油和其他大宗矿产扮演着重要的角色；进入后工业化阶段，战略性新兴产业所需矿产和清洁能源矿产将是最紧缺的矿产资源。

中华人民共和国成立以后，我国大力加强地质工作，提出了“开发矿业”的战略方针，并在每个五年计划期间，都对矿产资源勘查开发做出部署。矿产资源勘查开发取得巨大成就，为中国经济的持续快速、协调健康发展提供了重要保障。随着我国由社会主义计划经济体制转为社会主义市场经济体制，矿产资源的开发利用也经历了一系列重大变化，取得了巨大成就。

一、我国矿产资源产业发展历程

矿产资源产业是提供生产资料和生活资料的产业，矿业发展趋势受矿产资源需求趋势影响，而矿产资源需求趋势又与国家经济发展速度、结构、强度等有关。中华人民共和国成立以来，中国矿产资源产业走过了长达 70 多年的风雨历程，实现了从计划经济到市场经济，从以政府为主导到以企业为主导，从以国内为主到国内外并举，从保障资源安全到保障市场安全的转变，为国民经济发展做出了卓越的贡献。

1. *矿产资源管理体制发生了重大变化*

为了不断适应经济体制改革的要求，我国对矿产资源管理体制进行了改革，转变并加强政府职能，实行政企分开、政事分开。

矿产资源产业的管理机构——中华人民共和国原地质矿产部，可以追溯到 1950 年的全国地质工作计划指导委员会和财政经济委员会矿产地质勘探局。1952 年，中央人民政府第十七次会议决定成立地质部，1954 年改名为“中华人民共和国地质部”。1954 年国务院根据国家社会主义建设，特别是管理矿产资源的需要，决定成立全国矿产储量委员会，统一审批矿产储量的地质勘探报告，以保证矿山建设的需要。后又决定建立矿产储量动态的填报管理制度。1963 年，国务院批准了《全国地质资料汇交办法》，统一管理全国地质资料。1970 年，国家撤销地质部，改设“国家计划委员会地质总局”。1979 年，国家计划委员会地质总局改为“中华人民共和国地质部”。这一时期矿产资源的管理职能由原地质部和相关工业管理部门共同承担，地质部门主要承担组织开展全国地质勘查、矿产资源储量管理和地址资料汇交管理的职能，相关工业管理部门负责矿产资源开采活动的管理职能。

1982 年，地质部改为“地质矿产部”，除了地质找矿外，增加了矿产资源管理的职能。1988 年和 1993 年政府机构改革时，进一步明确地质矿产部对地质矿产资源进行综合管理，对地质勘查工作进行行业管理，对地质矿产资源的合理开发利用和保护进行监督管理，以及对地质环境进行监测、评价和监督管理四项基本职能。

1996 年 1 月，成立了全国矿产资源委员会，加强中央政府对矿产资源的统一管理，维护矿产资源国家所有权益。1998 年第四次机构改革的大规模部委撤并中，除地质矿产部与国家土地局、国家测绘局和国家海洋局合并组成国土资源部负责矿产勘查开发监督管理外，其余与矿业有关的各工业部，有的转变为全国性大集团公司和区域性、专业性公司。其间为了加强对基础性、战略性、公益性地质工作的管理，还成立了由国土资源部归口管理的中国地质调查局。2008 年的国土资源管理体制基本沿袭了 1998 年国务院机构改革确定的体制，其间虽经历了 2003 年机构改革，但国土资源部的管理职能基本没有调整和变化。

2008 年 3 月，国土资源部实行新的三定方案，将矿业权评估、矿产资源储量评审机构和人员资质认定职责交给行业协会。2013 年，国土资源部相关职能经历过微调，重新组建了国家海洋局。2018 年 3 月 17 日上午，党的十三届全国人大一次会议表决通过了国务院机构改革方案，决定组建新的自然资源部，矿产资源管理体制改革步入新的阶段。

2. *矿山企业所有制结构发生了明显变化*

中华人民共和国成立以来，我国矿业经济所有制结构发生了重大变化，由计划经济时期的公有制为主，转变为全民、集体、股份、民营、个体、中外合资、外资等多种所有制成分并存与共同发展的格局。其中，国有矿山企业的改革是矿业体制改革的重要内容。矿业企业积极推进经济体制和经济增长方式的根本转变，通过改革、改组、改造和加强管理，建立现代企业制度，走公司化、集团化、集约化经营发展之路。通过政府机构改革转变政府职能，实行政企分开，为国有企业深化改革，进入市场，实现自主经营、自负盈亏、自我发展的市场主体创造有利条件。

同时，随着科技进步、管理加强、现代化水平提高和劳动生产率的提高，矿业内部出现了大量富余劳动力。面对这种情况，矿山企业按照社会主义市场经济体制的要求，逐步建立现代企业制度，进行公司化改造，大力发展非矿产业，由单一矿业生产向“以矿为主，矿与非矿并举，实行多种经营”转变，开展多种经营。

3. *矿业从封闭走向开放*

中华人民共和国成立以来，我国矿业政策和实践在不断学习研究新规则中不断完善，通过拓展多边科技合作领域、举行中国国际矿业大会、铸造全球矿业对话平台等手段，不断提高对外开放程度和水平。

一方面“引进来”。一是引进国外先进的矿业技术、先进仪器设备与管理经验，为我国所用；二是引进外资参与合作勘查开发国内矿产资源。20 世纪 90 年代，中国矿业引进外资主要集中在能源领域。随后，能源领域的对外开放之风，也吹到固体矿产领域。20 世纪 90 年代末和 21 世纪初，我国政府加大了矿业对外引资力度，在改善矿业引资环境上采取了很多措施。进入 21 世纪后，进一步推动矿业开放，如国务院发布了《指导外商投资方向规定》，国家发改委、商务部新修订了《外商投资产业指导目录（2007 修订版）》等，开始用政策法规来规范外商到中国投资矿业行为。目前，矿业已成为外商投资的重要领域，有 100 多家外国公司投资矿产勘查，主要分布在我国西部地区，涉及石油、天然气、煤炭、铁、铜、铅、锌、金矿等 400 多个勘查开采项目。国外一些从事勘查技术服务、咨询服务和信息服务的公司进入中国市场，外商及港澳台商设立的矿业企业达到 600 多家。

另一方面“走出去”。从改革开放初期的 20 世纪 80 年代中期起，我国石油、地矿、冶金、有色、化工等部门的不少企业先后在非洲、拉丁美洲和周边地区的 20 多个国家进行过矿产资源勘查开发活动，在 50 多个国家进行过洽谈和寻找矿业开发项目的活动，涉及石油、金、铜、铁、钾盐、铬铁矿、钴、金刚石等矿产。但当时由于竞争实力不够，成功的项目很少。原国土资源部成立后，积极组织专家学者开展“走出去”战略的调查研究。目前，除三大石油公司外，中国有色集团、五矿集团、中信集团、中国铝业公司、首都钢铁集团、紫金矿业公司、云南锡业集团等企业签订了一批境外合同，实施了一批金属矿产项目。中国矿业“走出去”，逐渐从石油发展到金属矿，从采矿发展到风险勘探，从国有企业发展到多种所有制企业。

4. *矿业活动步入法制化轨道*

中华人民共和国成立 70 年来，我国制定并逐步完善矿产资源管理的法律、法规，已建立了以《中华人民共和国宪法》为基础、由《中华人民共和国矿产资源法》和相关法律法规构成的矿产资源法律体系。

1950 年 12 月 22 日，中央人民政府政务院第 64 次政务会议通过了《中华人民共和国矿业暂行条例》，并于 1951 年 4 月 18 日公布。条例共 34 条，分为总则、整理旧矿区、探采新矿区、探矿及采矿人之责任、附则等五章。该条例在经济恢复时期起到了积极的作用。

1965 年 12 月 17 日，国务院批准了《矿产资源保护试行条例》。条例的第一条提出，矿产资源是采后不能再生的资源。条例要求在勘查与开发利用矿产资源的每一个环节，加强保护矿产资源。这一条例共有 27 条，分为总则、地质勘探、矿山设计、矿山开采、选矿—冶炼—矿产加工和使用、地下水资源管理、其他共七章。条例中没有规定执行监督条例的行政部门。

1986 年 3 月 19 日，党的第六届全国人大常委会第十五次会议审议通过了《中华人民共和国矿产资源法》，明确重申矿产资源为国家所有，并实行探矿、采矿登记许可证制度，以及变矿产资源无偿使用为矿产资源有偿开采制度等一系列有关矿产勘查开发监督与管理的方针政策。随着国家经济社会的发展，我国对《中华人民共和国矿产资源法》进行了几次修订，法律体系基本形成。此外，国务院还发布了一系列与之相匹配的法规条例，从而使中国矿产资源开发走上了有法可依的轨道。

二、我国矿产资源产业的主要成就

我国地质勘查力度不断加大，地质找矿不断实现重大突破，主要矿产储量明显增长，矿产资源管理体制机制不断完善，矿产勘查开发技术进步显著，综合利用水平有所提高，矿产勘查开发取得巨大成就。目前，我国已发现矿产 173 种，其中有探明储量的 159 种，铅锌、钨、锡、锑、稀土、菱镁矿、石膏、石墨、重晶石等储量居世界第一位。我国已探明的矿产资源总量位居世界前列，矿产资源开采总量居世界第二位，是世界矿产资源大国之一；已建成一大批重要矿山，形成比较完善的矿产品生产和供应体系，为中国现代工业体系的建立做出了重要贡献，为经济社会的持续健康发展提供了资源保障。

1. *地质勘查力度不断加大*

我国经济高速发展，对矿产资源需求旺盛，地质勘查投入持续增长。但近几年来，世界经济形势错综复杂，发达国家经济艰难复苏，新兴市场国家增速放缓，随着我国经济发展步入新常态，经济增速放缓。受国内外环境的影响，国际、国内矿产品需求不足，世界矿业延续调整趋势，我国地质勘查投入的连年增长趋势在 2012 年后遭到逆转，已连续 4 年持续下滑。2017 年，全国地质勘查投资 782. 85 亿元，较 2016 年增长 1. 0%，连续四年下降后首次回升如图 19 – 1 所示。

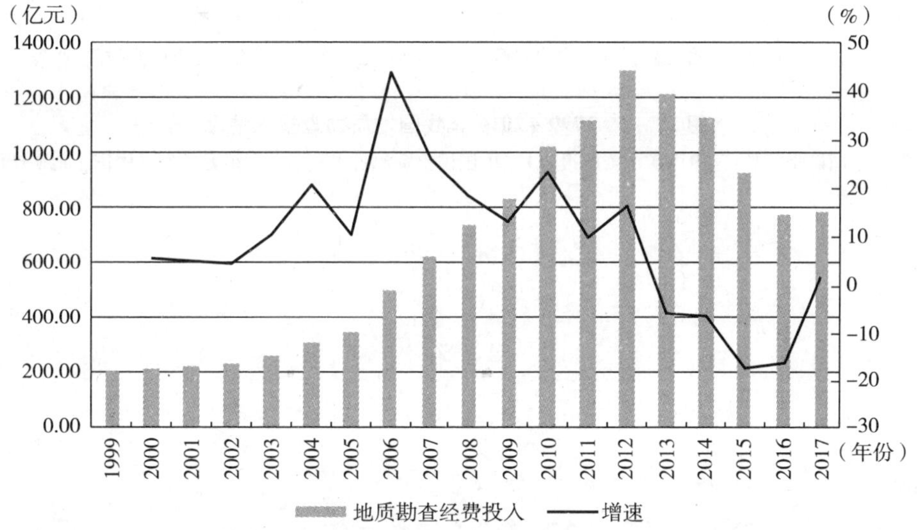

图 19 – 1　1999 ~ 2017 年我国地质勘查投入情况

注：由于矿产资源领域管理机构经历数次改革，原地质矿产部统计数据、《中国矿业年鉴》、《中国国土资源公报（2001 ~ 2017）》、《中国矿产资源报告（2011 ~ 2018）》等关于矿产资源相关数据无论在统计口径、数据连续性方面均存在难以衔接的问题，因此，本书在进行数据分析时，各指标均采用能够获得的最长时间序列数据，可能存在数据起始时间点不一的情况，下同。

资料来源：历年《中国矿业年鉴》《中国矿产资源报告》《中国国土资源公报》（2017 年更名为《中国土地矿产海洋公报资源》）。

从地质勘查经费来源来看，2005 年后地方财政投入开始超过中央财政投入，但是这种趋势在 2015 年后有所改变，地质勘查经费中中央财政投入大于地方财政投入，1999 ~ 2016 年我国地质勘查投入情况如图 19 – 2 所示。

2. *主要矿产储量明显增长*

中华人民共和国成立之初，全国发现的矿产资源仅有 20 多种，探明储量的矿产资源仅有 2 种。到 2018 年，全国已发现矿产资源 173 种，已查明资源储量的矿产资源就有 162 种，地质找矿工作取得了重大突破。特别是 21 世纪以来，我国大部分主要矿产资源查明资源储量保持了较长时间的增长态势。

从资源基础储量来看，2002 ~ 2016 年，黑色金属矿产查明资源储量普遍增长，锰矿增长明显，2016 年基础储量 3. 1 亿吨，比 2002 年增长 54. 07%；有色金属矿产多数增长，其中，锌矿增幅为 18. 19%，铅矿、铝土矿增幅超过 40%，分别为 44. 57%、41. 08%，钼矿增长幅度达到 151. 66%；贵金属矿产中，金矿略有增长，增幅 1. 91%，银矿增长 18. 83%；多数非金属矿产查明资源储量有所增长，其中钾盐增长明显，增幅达 104. 09%（见图 19 – 3）。

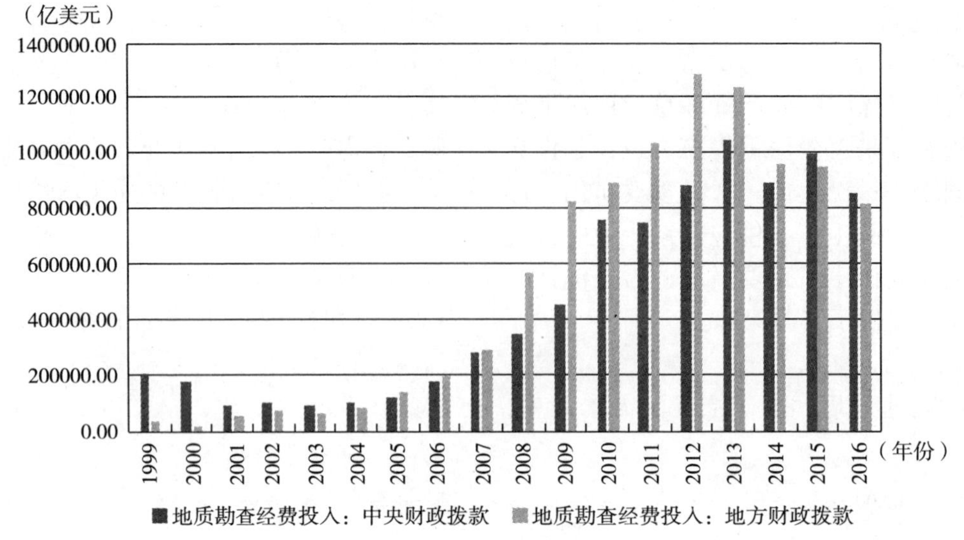

图 19－2 1999～2016 年我国地质勘查投入情况

资料来源：历年《中国矿业年鉴》《中国矿产资源报告》《中国国土资源公报》（2017 年更名为《中国土地矿产海洋公报资源》）。

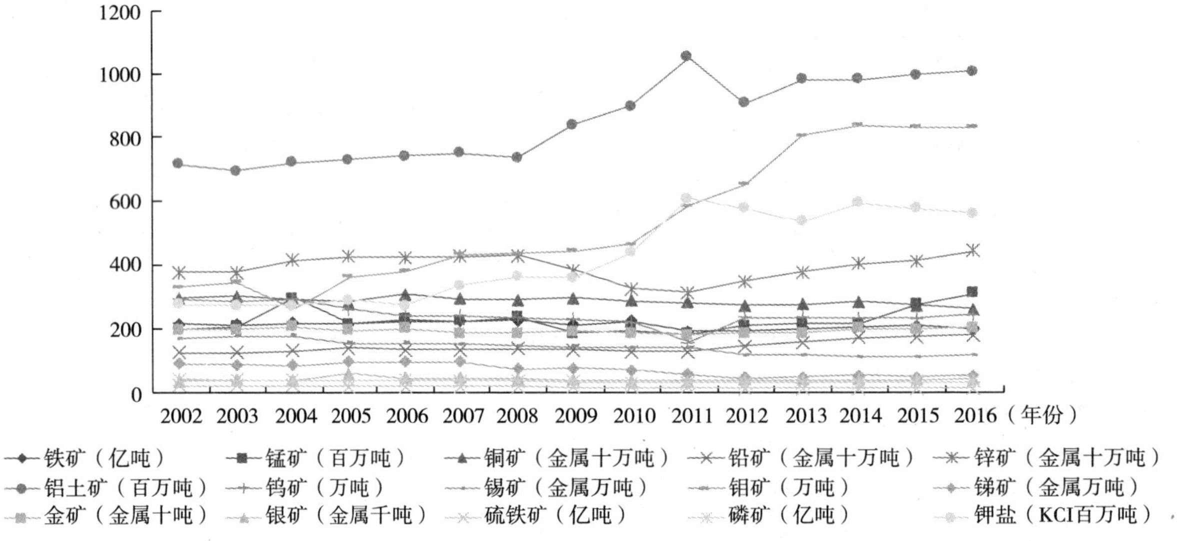

图 19－3 主要矿产基础储量变化情况

资料来源：Wind 数据库。

从勘查新增查明资源储量来看，主要金属和非金属矿产勘查新增查明资源储量均取得重要进展。2017 年铁矿新增查明资源储量 14.51 亿吨，锰矿 2.82 亿吨，铜矿 418.11 万吨，铅矿 612.43 万吨，锌矿 1087.4 万吨，铝土矿 2.92 亿吨，钨矿 16.01 万吨，金矿 1104.35 吨，硫铁矿 1.06 亿吨，磷矿 9.92 亿吨（见表 19－1）。

表 19－1 我国主要矿产勘查新增查明资源储量

矿种	单位	2016 年	2017 年
铁矿	矿石亿吨	5.18	14.51
锰矿	矿石亿吨	1.72	2.82
铜矿	金属万吨	362.97	418.11
铅矿	金属万吨	630.79	612.43
锌矿	金属万吨	2240.4	1087.40
铝土矿	矿石万吨	1.56	2.92

续表

矿种	单位	2016 年	2017 年
金矿	金属吨	824.50	1104.35
银矿	金属吨	1.62	5.16
钨矿	WO_3 万吨	60.31	16.01
锡矿	金属万吨	4.10	8.6
钼矿	金属万吨	22.56	107.00
锑矿	金属万吨	5.15	14.04
硫铁矿	矿石亿吨	1.90	1.06
磷矿	矿石亿吨	13.41	9.92

资料来源：《中国矿产资源报告（2018）》。

为立足国内增强能源资源保障能力，原国土资源部、国家发改委、科技部和财政部自 2011 年起，按照国务院批准的《找矿突破战略行动纲要（2011～2020 年）》（以下简称《纲要》），开始组织实施找矿突破战略行动。行动分三个阶段组织实施，自 2011 年起，努力实现“3 年有重大进展，5 年有重大突破，8 年到 10 年重塑矿产勘查开发格局”三个阶段性目标。《纲要》实施以来，全国能源和重要矿产资源找矿成果非常显著，资源保障能力进一步提升。

3. *矿产品供应能力持续增强*

从矿产品产量来看，我国金属矿产品产量与非金属矿产品产量稳步增长，矿产品供应能力持续增强。但是随着工业化进程的推进，经济社会发展对部分矿产品的需求已基本达到峰值。

一方面，我国基础设施建设日趋完善，传统领域粗钢需求已经基本到位，铁矿石消费强度减弱，市场竞争进入相持阶段。2018 年，铁矿石产量为 7.63 亿吨，同比下降 38.0%（见图 19－4）；粗钢产量 9.3 亿吨，同比增长 11.6%。今后，一方面国内下游用钢行业对铁矿石需求的拉动作用有限，另一方面在国际四大低成本矿山产量持续扩张的背景下，加剧了铁矿石供应过剩的趋势，必将使国内与国外铁矿山企业进入竞争的相持阶段。

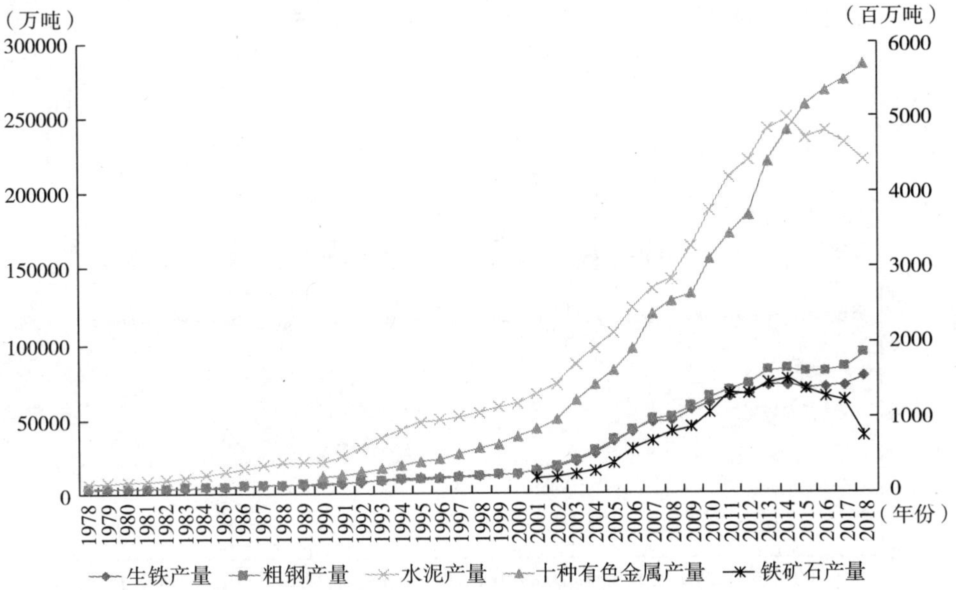

图 19－4　主要矿产品产量变化情况

注：铁矿石产量单位为百万吨，其余矿产品产量为万吨。

资料来源：Wind 数据库。

另一方面，主要有色金属矿产基本需求增长速度放缓，与此同时，环境问题使部分污染严重的矿山关停，主要有色金属矿产产量将陆续回落。2017 年，全国十种有色金属产量达 5687.9 万吨，同比增加 3.4%。

非金属矿产方面，水泥等产量继续居世界首

位。2018 年我国水泥产量 22.1 亿吨，同比下降 5.2%。

4. 开发利用水平不断提高

新中国成立成立尤其是改革开放以来，我国矿产资源开采、选冶加工、综合利用等水平大幅提升。“十二五”期间，黑色金属矿开采回采率提高了 5.7%，有色金属矿提高了 1% ~2%。近年来，原国土资源部已经发布了 39 个重要矿种的最低“三率”指标，对矿山企业提高资源利用水平起到了积极的促进作用[①]。

目前，我国黑色金属和有色金属等矿产资源的开采回采率能够达到 90% 左右，选矿回收率大多高于 85% 的水平，整体上接近或高于国际水平。2017 年，我国井工煤矿薄煤层采区回采率一般达到 85%、中厚煤层采区回采率一般达到 80% 以上、厚煤层采区回采率一般达到 75%，露天煤矿薄煤层厚度采区回采率达到 70% 以上、中厚煤层采区回采率达到 80% 以上、厚煤层采区回采率达到 85% 以上；原油采收率可达到 24% ~28%；铁矿地下开采回采率达到 87.6%，露天开采回采率总体稳定在 96% 以上；有色金属主要矿种开采回采率和选矿回收率均超过 85%，其中铜、铅、锌、钨、锡、锑、钼等开采回采率接近或超过 90%；非金属采矿回采率保持稳定，其中磷矿露天开采回采率维持在 95% 左右、地下开采回采率提高到 79%[②]。例如金矿，国外典型矿山的金矿平均入选品位约为 3.70 克/吨，选矿回收率约为 82.64%；我国金矿平均入选品位为 2.39 克/吨，而选矿回收率达到了 83.38%[③]。另外，我国废石、尾矿等固体废弃物利用率不断提高，其中废石、尾矿的利用率分别由“十二五”初期的 11.76%、11.18% 提高到“十二五”期末的 17.77%、18.97%，许多砂石矿山资源实现从骨料到机砂直至石粉的全利用。随着我国矿产资源开发利用水平的不断提升，有效地缓解了我国面临的资源环境压力。

以矿产资源“三率”之一的“选矿回收率”为例进行说明，2017 年铜矿、铅矿、锌矿、镍矿、锑矿、钼矿的选矿回收率均在 80% ~90%，且有缓慢上升趋势；钨矿选矿回收率近几年有下降趋势，锡矿的选矿回收率相对较低，不到 70%（见图 19 -5）。

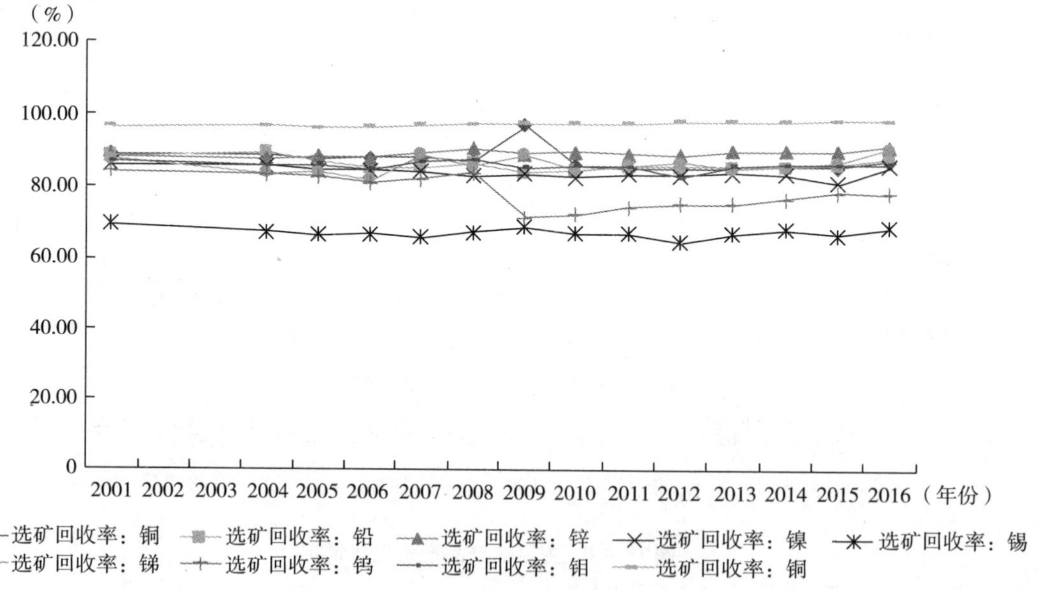

图 19 -5 部分矿产选矿回收率变化情况

资料来源：Wind 数据库。

① 鞠建华、黄学雄、薛亚洲等：《新时代我国矿产资源节约与综合利用的几点思考》，《中国矿业》2018 年第 1 期。

② 薛亚洲、王雪峰、王海军等：《全国矿产资源节约与综合利用报告》，地质出版社 2017 年版。

③ 冯聪：《提升我国矿产资源开发利用水平的思考》，《中国国土资源经济》2018 年第 4 期。

5. *矿产资源产业技术进步显著*

中华人民共和国成立以来，特别是改革开放以后，国外的一些先进矿产勘查开发技术方法被广泛引进并应用于地质勘查工作和矿山生产过程之中，采矿设备大型化、机械化、自动化程度显著提高，主要表现在选矿技术的创新、工艺的改造和设备的研发，新方法和先进的技术设备在实际生产中得到了广泛运用，为我国矿业的科技进步和经济效益的提高、矿业的可持续发展发挥了重要作用。

我国矿业技术装备通过引进、消化、吸收到自主创新，极大地推动了我国矿产资源产业技术进步。近年来，我国技术装备自主创新进步明显，自主研制的矿业技术装备不少已达到国际领先水平，例如综采设备、大型破碎研磨机、输送设备、地浸采铀、伴生萤石选矿等，均已迈入世界先进行列①。

以铁矿资源为例，我国铁矿石富矿少、贫矿多，97%的铁矿为30%以下的低品位铁矿，国内尚存大量未被开发利用的难选铁矿。铁矿石“贫、细、杂、散”的特点促进了我国选矿新工艺、新技术、新设备研究工作的开展，一系列高效精选设备在选矿厂得到应用，一些选矿新工艺和技术达到了国际先进水平，如实施“提铁降硅”战略，针对复杂难处理铁矿石研究开发高效节能选矿新技术等。有色金属以钨矿为例，我国钨矿储量居世界首位，钨矿开采历史久远，特别是黑钨矿资源经过近百年的开采储量日渐减少、入选品位逐年下降。近年来，钨矿高效利用的进展主要表现高效节能的重选工艺与设备有所发展，复杂难选的多金属黑、白钨矿混合浮选新工艺不断发展。非金属矿以萤石矿为例，萤石矿高效利用进展主要表现在石英型萤石矿高效抑硅药剂的研制上。

三、矿产资源产业发展存在的突出问题及原因分析

近年来，我国矿产资源大规模开发，有力地促进了能源、原材料工业的发展，使我国进入了矿业大国和能源、原材料生产大国的行列。但是，也应该清醒地认识到，我国矿产资源产业发展还存在一些问题，主要有以下五个方面：

1. *大宗矿产贫矿、伴生矿多，开发利用难度大*

我国矿产资源虽然种类较多，但部分国民经济发展急需的大宗矿产，如铁、锰、铜、铝、硫、磷等在品位、规模、采选条件等方面与国外优质资源相比处于劣势地位，均以贫矿为主。我国铁矿石平均品位比世界平均水平低10%以上，97%的铁矿为30%以下的低品位铁矿，可以直接入炉的富铁矿仅占铁矿总量的2%；锰矿平均品位仅为22%，比国际矿石工业标准低13%，锰矿品位大于或等于30%的仅占总储量的6%，且矿石含磷、硫、铁等杂质多；铜矿平均品位仅为0.87%，低于1%的世界平均品位，含铜量大于2%的富铜矿仅占总储量的6.4%；铝硅比低、开采成本高、能耗大的一水硬铝石型矿石占98%以上，铝硅比小于7%的占80%，优质铝土矿资源匮乏。

同时，我国矿产资源的共伴生矿床约占已探明矿产储量的80%，单一矿种的矿床少，共伴生矿床多。例如，铁矿中15%的矿石为含钒钛磁铁矿，其他还有热液交代型、矽卡岩型和火山岩型铁矿，它们常伴生多金属矿床；又如铜矿常与铁、钼、镍、铅锌等矿石共生，组成铜铁矿石、铜钼矿石、铜镍矿石和铜铅锌矿石等。多种矿物或有用组分相共生或伴生，虽然从理论上讲可以提高矿石的综合利用程度和开发的经济效益，但往往又会增加采矿和选矿加工的难度，使生产成本大幅度提高。

大宗矿产的这种先天不足，给我国的矿产资

---

① 自然资源部：《重要矿产资源开发利用水平通报》，2018年。

源开发利用带来一系列不利的影响。迄今为止，我国还没有发现如澳大利亚、巴西和印度那样大而富的铁矿，如智利、美国、澳大利亚、赞比亚那样大而富的铜矿。

2. 优势资源过度开发，优势地位迅速下降

钨、稀土、锑、锡是我国的优势资源，多年来其储量、产量和出口量均居世界首位，在国际市场上起着举足轻重的作用。但是，一方面，由于过度开采，采富弃贫，尤其是乱采滥挖，造成储量快速消耗和资源严重浪费，资源优势快速下降；另一方面，也由于过度开采，供大于求，竞相压价，导致国际市场优势快速下降。

我国钨矿资源经套改后，储量仍居世界第一位，但品质差异较大，质量不高，平均品位低于0.5%的钨储量约占98%。目前，可供经济开发利用的黑钨矿资源仅占总资源的27%左右，余下的73%是品质差、资源国际竞争力不高的白钨矿；同时，由于过度开采，储采比迅速下降至27%，远低于世界平均水平（62%），已不再具有资源优势。我国是钨生产大国，多年来，钨精矿产量占世界总产量的比例都在75%以上，且大量钨矿产品用于出口，约占国际钨市场供应量的3/4。由于我国钨的过量生产和超量出口，已经引起了国际市场价格大幅下滑和长期低迷。

我国稀土矿资源储量大，分布广，元素齐全，品位高，是一个名副其实的稀土资源大国。但由于过度开采，资源遭到破坏，储量绝对量下降。根据原国土资源部2009年对稀土资源的普查结果，经过这些年的开采利用，我国稀土基础储量已减至1859.1万吨，仅占世界储量的23%，而非美国地质调查局2017年公布的4400万吨。美国芒廷帕斯稀土矿的最新储量调查显示，该矿储量达1840万吨，几乎与我国相当。我国稀土资源优势已迅速减弱。

3. 开发利用方式粗放，资源损失浪费严重

在矿产开发过程中，一些矿山由于资金影响，技术和管理水平低，设备陈旧或为了追求眼前局部利益，法制观念淡薄，而乱采滥挖，采富弃贫，采易弃难。在资源富集地区，大量集体、个体无序进入矿区，管理途径与矿业秩序混乱。这些矿山集约化程度低，技术管理水平落后，致使宝贵的矿产资源遭到严重破坏，在开采过程中损失浪费十分严重，同时造成环境污染和环境破坏，也引发一系列的安全问题。

由于缺乏资金和现有条件的限制，目前尚有许多矿产没有得到开发利用。而已经开采的矿山，绝大部分工矿企业均采用“单打一”的生产方式，利用其高品位的优势矿产，将共生和伴生有用部分以固体废物弃于沟谷、河道，使综合矿变为单一矿，造成了资源浪费，也严重污染了当地的生态环境。此外，矿山的废石、尾矿第二次资源开发利用研究不够，利用率很低，有的矿山根本没有被利用，资源回收率比国外水平低了20%，造成严重的资源浪费。

4. 矿山环境保护和治理不善，环境影响日益严重

虽然我国矿产资源开发整合成效显著，但小型矿山和小矿的占比仍然相当大。部分的许多厂矿与个体矿主并不执行我国颁布的《中华人民共和国矿产资源法》《中华人民共和国环境保护法》等涉及矿产资源开发利用的法规，单纯追求产量和经济效益，采富弃贫，乱采滥挖，“三废”堆放现象严重，不但对矿产资源造成了极大的浪费，而且也严重破坏了矿区生态环境。矿山废渣、尾矿以及金属矿产氰化处理废液排放的开放性，造成有毒的重金属离子汞、铅、镉及氰化物等随着水系广泛散布，污染了土地和河流。

有色金属冶炼过程中排放各种有害物质，矿产资源研发利用给生态环境带来了巨大的压力。其中主要的问题有：①地表裂缝与沉陷。随着采矿业的发展及矿井数量和矿石开采量的不断增加，岩石结构遭到严重破坏，促使原有裂缝、断裂进一步发育，造成顶级岩石断裂、冒落，引起地表裂缝、塌陷的产生和发展。迅速发展的裂缝与沉陷使大片土地沦陷为劣地，导致植物枯萎，动物潜逃，地下水遭到污染，同时也威胁着矿区内人民生命财产的安全，更使矿区农民失去了部分土地，农民生活举步维艰。②“三废”污染。在矿产资源开发过程中，重开发、轻管理和治理，“三废”处理利用率低，造成生态环境日趋恶化。开发过程中大量的废渣、废石、废土，除不到30%的部分被利用外，其余的排入河道、沟谷，占用大量的耕地，不仅污染了周围土地，而且严重污染了地下水和地表水；大量未经过处理

的废水被直接排入河道中，导致河水遭到不同程度的污染，严重威胁着当地农业生产、农民饮水安全；产生的各种废气直接进入大气中，导致矿产开发比较集中的地区大气环境质量较差，酸雨频率增多。③水土流失。由于矿山露天矿采剥，矿井采空区冒落造成的地表裂缝、塌陷，筑路、采石及基建开挖坡面，废石弃土及尾矿排放均严重破坏了土（岩）体结构、地面形态、植被、水文等原始自然景观，引起生态环境急剧恶化，水土流失不断加剧，崩塌、滑坡、泥石流灾害有所增加。

5. 价格形成机制不完善，资源性产品价格扭曲

我国资源性产品的价格形成机制主要有两种：①由竞争或垄断竞争形成均衡价格；②由政府确定价格。随着我国由计划经济体制向市场经济体制的转变，价格改革也不断取得了突破和进展，价格由计划价格为主向市场价格为主转变。但是，由于过去很长一段时间，我国盛行"自然资源没有价值"的观念，资源无偿使用，或者象征性地收取很少的资源税或资源使用费，资源性产品的价格一直偏低。加上资源性产品价格改革尚不到位等因素的影响，部分资源性产品价格形成机制还存在一些缺陷。从全球范围来看，我国资源性产品价格总体偏低，过低的价格并不能真实反映资源的稀缺程度，导致资源性产品价格严重偏离市场均衡水平；从国内市场来看，由于人均占有资源较少、资源供给相对不足，同时资源利用率低甚至资源浪费严重，资源性产品价格面临上涨的压力。但是，一些资源性产品面临着提价障碍重重的局面，另一些资源性产品国内价格明显高于国外，如石油。

随着工业化进程的加快，我国经济发展水平迅速提高，资源性产品的消费量急剧增加，但长期以来资源开采利用过程中仍采用传统的粗放方式，导致资源利用低效和资源浪费，也使生态系统恶化和环境污染加剧，不利于可持续发展。资源性产品消费规模和消费水平的提高，以及消费结构升级都对自然资源和生态环境提出了挑战，资源性产品市场化进程正在加快，以垄断为主的局面必将被打破。

四、促进矿产资源产业可持续发展的政策建议

党的十九大报告指出中国特色社会主义进入了新时代，我国社会主要矛盾已经转化为人民日益增长的美好生活需要和不平衡不充分的发展之间的矛盾，描绘了"两个百年"的奋斗目标，在"基本方略"中又提出了"坚持节约资源和保护环境的基本国策"，推进"资源全面节约和循环利用"，支持"资源型地区经济转型发展"，形成"绿色发展方式和生活方式"，"加快生态文明体制改革，建设美丽中国"等要求和举措。这些目标的实现和举措的实施离不开矿产资源的有力支撑。因此，我国的矿产资源勘查开发利用方向和理念发生了转变，从追求数量和速度转向了提高质量和效益。

面对当前严峻的国际矿业市场形势，针对我国矿产资源开发利用中存在的大宗矿产贫矿、伴生矿多、优势资源过度开发、资源损失浪费严重、管理体制存在弊端、环境影响日益严重等突出问题，我们需要站在战略高度，适应经济发展新常态，重视和推动我国矿产资源可持续开发利用。当前国家积极推进的"一带一路"倡议和支持"两洋铁路"建设，为我国矿企在沿线国家的资源开发创造了有利时机，应充分发挥政府在政策资金和外交途径上的支撑作用，为矿企"走出去"保驾护航。同时，矿企应注意吸取以往经验、教训，注重自身能力的提高，增强国际市场竞争力。

1. 建立国家矿产资源战略储备体系

首先，在矿产资源的战略储备主体方面，应当在借鉴美国和日本做法的基础上，建立一套符合我国资源国情的国家矿产资源特别是战略性矿产的战略储备体系，建议尝试建立以国家储备为主、矿业企业储备为辅的二元储备主体制度。其次，在矿产资源战略储备的资源品种选择上，应对战略性和国内严重稀缺性矿产资源予以重点考

量。再次，基于国家与企业的矿产资源二元储备主体的制度设计，在矿产资源战略储备的资金来源与管理方面，应当建立以政府为核心的层级分散体制，充分调动民间渠道的积极性，对承担国家矿产资源战略储备资金的矿业企业予以一定的政策优惠。最后，应当根据国际资源形势的变化发展以及国内特定地区的自然生态环境状况，建立以梯次动态轮换机制与补偿机制为核心的矿产资源地战略储备制度。

2. 重视资源勘查工作，增加国内有效供给

要进一步加强矿产勘查工作，不断寻找探明新的矿产地，以增加可供开发利用的国内资源储量。要根据国家建设对矿产资源的需求情况，重点加强资源紧缺和国民经济急需矿产的勘查工作，如黑色金属、有色金属及一些重要的非金属矿产。在有色金属和贵金属的勘探方面，要加强金、银、铜、镍、钴等矿产的勘查，要冲破传统观念的束缚，积极采用新理论、新技术，不断探明新矿床，扩大资源供给，保证国家经济建设的需求。

3. 推广先进适用技术，提高综合利用水平

进一步加大矿产资源开发的科技投入，提高矿产资源行业整体技术水平，不断发展采选冶新工艺、新技术，扩大资源开发利用的广度和深度；不断提高矿产资源综合利用水平，一方面要提高共生、伴生矿的综合利用率，提高综合矿床的资源效益和经济效益；另一方面要大力开展二次资源的开发利用，对于在生产过程中产生的尾矿、废渣、废液、废气、余热以及社会生活产生的废弃物，要进行回收再利用和循环使用，使"三废"资源化，二次资源开发产业化。要尽可能地利用质量较差的资源，扩大原材料来源；还要积极开展新能源、新材料、替代能源和替代资源的研究，不断开发矿产代用品，扩大其应用领域，以最小的资源消耗、最轻的环境负担，发挥最大效能并产生最大的经济效益。

4. 适度利用国际矿产资源，建立国外矿产资源供应基地

我国工业化和城市化进程的推进，对矿产资源需求量不断增加，致使国内资源短缺和保证程度下降的趋势日益明显。然而当今世界矿业全球化、市场化的趋势在不断加快。因而，我国必须要转变矿业开发以国内为主、国外为辅的观念，要充分利用两种资源两种市场，在"一带一路"倡议背景下，加快到国外开发利用矿产资源的步伐，逐步建立国外矿产资源基地，以保证我国铁、铜、锰、铬、钾盐等国民经济所需的大宗短缺矿产的稳定供应。为鼓励和促进到国外进行矿产资源的勘查开发，国家有关部门要做好统筹规划，出台有关的鼓励、优惠政策，并组织银行、保险、运输、法律部门等中介机构为矿业开发部门提供服务，配合矿业部门到国外开拓业务。建立国外矿产资源风险勘查开发基金，并在对外融资、信贷和税收方面实行相应的优惠政策，大力扶持我国紧缺矿产资源的勘查和开发。积极研究对接国际矿产资源储量分类标准和信息披露规则，不仅能促进矿业资本市场的建设，而且有助于矿业更好地"走出去"，适应国际市场的需求。

5. 坚定市场化改革方向，推进资源性产品价格改革

资源性产品价格形成机制不合理，要素市场体系不健全，已成为我国经济发展高消耗、高排放、低效率的粗放型模式的症结所在。要从根本上解决这一问题，关键在于加快价格改革，理顺资源性产品价格形成机制，通过发挥市场的基础性作用，推动经济发展方式根本性转变。首先，精心设计资源性产品价格改革方案。坚持我国资源性产品价格改革的市场化方向，对能放开的产品或环节要坚决放开，对尚不具备条件放开的、仍需政府定价的也要进一步引进竞争机制，探索更好地反映市场供求关系的价格制度和价格形式。积极完善阶梯价格、优惠价格等差别价格政策，使尚未放开的资源性产品价格形成机制更具针对性和灵活性。其次，制定资源性产品的成本和利润规则。在成本方面，为体现资源稀缺程度和环境损害成本，应逐步建立资源性产品的"全成本"概念，明确成本核算的范围和方法，确定成本补偿的原则。在利润方面，要确定企业利润率取值依据和标准，在区分煤、电、油、气、水的基本需求和非基本需求的基础上，对基本需求部分实行低利润率，对非基本需求部分实行较高利润率，既满足消费者的基本需求，又保障资源企业的正常经营。最后，把握好资源性产品价格改革的力度和节奏。在改革的力度和节奏上，必须与国家政治、经济体制改革相适应，与国民经

济发展阶段、社会承受能力相适应，把握既积极又稳妥的原则，以渐进方式改革。选择适当时机，精心设计，采用得当举措，分阶段、分步骤地稳步推进。

专栏 19－1

与国同梦

——“中华人民共和国钢铁长子”鞍钢的 70 年

从 1948 年成立至今，鞍钢已走过 70 年的历程。从 70 年前在一片废墟上起步，仅年产铁 50 万吨、钢 58 万吨，能冶炼 25 个钢种，生产 21 个品种、97 个规格的钢材，到现在具备年产 3900 万吨钢的能力，可生产 3000 个品种的钢铁、钒钛精品，成为中华人民共和国国之重器的钢铁脊梁，鞍钢这位“钢铁巨人”在大潮中追逐梦想、阔步前行，成功开创了一条具有中国特色的钢铁企业振兴发展道路，为国家经济发展做出了巨大贡献。

从“百废待兴”到“勇挑重担”

1948 年末，伴着辽沈战役的隆隆炮声，鞍钢回到了人民的怀抱。然而，刚经过战争洗礼的鞍钢，已是满目疮痍。

1949 年春，毛泽东发出电令，鞍山工人阶级要迅速在鞍钢恢复生产。1949 年 7 月 9 日，鞍钢在一片废墟上重建，并举办了盛大的开工典礼。中华人民共和国钢铁工业从此踏上了伟大的历史征程。

在“全国支援鞍钢”的号令下，近两万名干部、技术人员、大中专毕业生和各类技工，从祖国各地奔赴鞍钢。鞍钢人不负众望，无缝钢管厂、大型轧钢厂和 7 号高炉“三大工程”胜利竣工，中华人民共和国第一根无缝钢管、第一根重轨相继诞生，“三大工程”被称为“1953 年我国重工业发展的巨大事件”。

从“呛水者”到“弄潮儿”

1978 年 9 月 18 日，党的十一届三中全会召开前夕，邓小平同志来鞍钢视察，并发表了《用先进技术和管理方法改造企业》的重要讲话，对鞍钢的改革、改造、管理提出具体要求，为鞍钢指明发展方向。此后，鞍钢把工作重点转移到生产建设上来，不断推动管理体制从高度统一的计划经济向市场经济方向转变。

然而，在计划经济巨大惯性影响下的鞍钢，刚一进入浪潮汹涌的市场经济就“呛水”了：产品销路不畅、库存增加，资金流极度紧张。到 20 世纪 90 年代中期，鞍钢不可避免地跌入了发展的低谷。

痛定思痛的鞍钢人，意识到树立市场经济观念是关键，不断将市场理念、市场意识和开放合作思维贯彻到生产经营、企业管理的各项工作和职工的思想观念中，积极稳妥推进主辅分离，按照现代企业制度要求，建立起规范法人治理结构，实施资产重组，进一步焕发了生机与活力。昔日的“呛水者”，逐步成长为融入市场的“弄潮儿”、经济社会的“顶梁柱”。

从“量的积累”到“质的飞跃”

“九五”以来，鞍钢注重引进、吸收、消化国内外先进科学技术，加强原始创新、集成创新和消化吸收再创新，走出了一条依托创新、依靠自己的“重生之路”。2000 年 11 月，我国第一条自主设计、具有国际先进水平的 1700 毫米热轧生产线在鞍钢诞生。2006 年，由鞍钢总包的济南钢铁公司1700毫米中薄板坯连铸连轧工程投产。鞍钢成为中国第一家既输出产品又输出成套技术的钢铁企业，改变了冶金重大成套设备长期依靠国外进口的历史。

1978年以来，鞍钢集团累计获得国家级科技进步奖45项、冶金行业奖119项、省级科技进步奖66项。截至2017年，鞍钢共计拥有有效专利7707件，其中，发明专利3496件。拥有有效国际专利38项。

鞍钢主导或参与制修订国际标准8项，主导制定且现行的国家标准87个，主导制定且现行的行业标准76个。钢铁企业7个国家重点实验室中，鞍钢占了2个。鞍钢成为具有行业发言权、引领行业发展的重要钢铁企业之一。

从“眼睛向内”到“放眼全球”

从计划经济时代的“等、靠、要”，到市场经济时代眼睛向外，鞍钢主动引进国内外先进工艺装备，到如今在全球范围内销售产品和服务。

70年以来，特别是改革开放40多年来，鞍钢集团不断推进开放再深入，以积极的姿态、世界的眼光，加强与国内外先进理念的融合，推动与全球产业资源的互补，不断地融入世界钢铁产业链。

资料来源：根据相关报道整理。

参考文献

［1］自然资源部：《中国矿产资源报告（2011～2018）》。

［2］自然资源部：《中国国土资源公报（2001～2016）》。

［3］自然资源部：《中国土地矿产海洋公报资源》，2017年。

［4］自然资源部：《重要矿产资源开发利用水平通报》，2018年。

［5］金碚：《中国工业化的资源路线与资源供求》，《中国工业经济》2008年第2期。

［6］成金华、汪小英：《工业化与矿产资源消耗：国际经验与中国政策调整》，《中国地质大学学报》（社会科学版）2011年第3期。

［7］陈其慎、王安建、王高尚、李建武、彭颖：《矿产资源需求驱动因素及全球矿业走势分析》，《中国矿业》2011年第1期。

［8］陈建宏、永学艳：《国家工业化与矿产资源消费强度的相关性研究》，《中国矿业》2009年第10期。

［9］杨丹辉、张艳芳、李鹏飞：《供给侧结构性改革与资源型产业转型发展》，《中国人口·资源与环境》2017年第7期。

［10］纪明、纪玉山、刘洋：《中国矿产资源开发利用的问题分析与对策研究》，《社会科学战线》2014年第9期。

［11］朱训：《计划经济时期的中国矿业》，《中国国土资源报》，2009年。

［12］鞠建华、黄学雄、薛亚洲等：《新时代我国矿产资源节约与综合利用的几点思考》，《中国矿业》2018年第1期。

［13］鞠建华、王嫱、陈甲斌：《新时代中国矿业高质量发展研究》，《中国矿业》2019年第1期。

［14］薛亚洲、王雪峰、王海军等：《全国矿产资源节约与综合利用报告》，地质出版社2017年版。

［15］冯聪：《提升我国矿产资源开发利用水平的思考》，《中国国土资源经济》2018年第4期。

第二十章　有色金属工业

提　　要

中华人民共和国成立70年来，我国有色金属工业发展取得了辉煌成绩。有色金属产量快速增长，行业投资规模显著提高，进出口贸易规模不断扩大，利润总额与实现利税屡创新高，主要产品能耗指标持续下降。在取得不可否认的成绩的同时，我国有色金属工业仍存在一些问题。当前，有色金属矿产资源安全面临严峻挑战，劳动生产率增速近年来呈下降态势，能源经济效益与国际水平仍有差距，有色金属产业链仍以中低端为主，土壤污染问题依然不容乐观。在当前全面深化改革的大背景下，有色金属工业未来必须要走向高质量发展之路。在具体推进时，我国应重视建立国家资源安全保障新机制，继续深化供给侧结构性改革，加大研发创新培育国际竞争力，优化营商环境为企业减负增效，全面提高行业绿色制造水平，着力构建现代化的有色金属工业体系。

*　　　　*　　　　*

中华人民共和国成立70周年来，我国有色金属工业在基础设施匮乏、产品种类较少、技术能力较弱的基础上，逐步建立起一大批有色金属矿山开采、冶炼和加工类企业，并配套组建了地质勘察、设计施工、科研教育、污染治理等上下游部门，从而形成了一个具有较大产值规模、行业门类完整、布局较为合理、品种较为齐全的大型工业体系。当前，我国十种有色金属产量已连续多年位居全球第一位，成为名副其实的世界有色金属生产工业大国。本章通过回顾我国有色金属工业的发展历程和成就，分析当前遇到的问题和面临的挑战，并提出相应政策建议。

一、中华人民共和国成立70年来有色金属工业发展历程

中华人民共和国成立后，我国有色金属工业发展历程大致可分为四个阶段：一是全面恢复时期（1949～1977年），二是产量追赶时期（1978～2001年），三是快速扩张时期（2002～2011年），四是转型发展时期（2012年至今）。

1. 全面恢复时期（1949～1976年）

中华人民共和国成立前，我国有色金属企业仅有20余家，只能生产铝、铜、铅、锌、镁、锡、锑、金、银、汞等十余种金属，产量不足两万吨。因此，在中华人民共和国成立后的较长一

段时间内，我国有色金属工业都处于生产恢复阶段。中华人民共和国成立初期，有色金属工业在资金、设备、材料、技术等方面极为缺乏。在广大干部、工人和技术人员的艰苦奋斗下，各主要有色金属产区逐步建立起生产管理机构，为第一个国民经济五年规划的实施打下了基础。随后，“一五”和“二五”期间的大规模开发建设推动了有色金属工业快速发展，通过新建一大批有色金属骨干企业和事业单位，使我国的有色金属工业初具规模。然而，“文化大革命”的爆发对有色金属工业造成了严重冲击和破坏，十种常用有色金属产量从1965年的46.19万吨降至1968年的34万吨。“文化大革命”结束后，随着经济形势的好转，有色金属工业也得到了恢复，1975年十种常用有色金属产量又回升到81.13万吨。

2. 产量追赶时期（1978～2001年）

改革开放后，随着经济发展成为国家战略的重心，我国有色金属工业如何迅速扩大产量，缓解国内产能不足问题，成为这一阶段的主要任务。为解决此问题，有色金属工业技术不断改进装备水平，如通过铜冶炼的反射炉、鼓风炉工艺升级为闪速熔炼、艾萨法和诺兰达工艺装备，电解铝的落后自焙槽改造发展为以大型预焙槽工艺为主，大大提高了技术经济指标。这一阶段，我国十种有色金属产量保持年均9.95%的增长速度，总产量从1978年的不足100万吨上升至2001年的逾1000万吨。到2001年，中国电解铝、锌和镁产量已居世界第一，铅产量位居世界第二，铜产量位居世界第三，并从原先的铝净进口国变为净出口国。

3. 快速扩张时期（2002～2011年）

加入WTO后，我国经济步入高速增长期，有色金属工业产值也呈现出快速扩张态势。自2002年起，我国十种有色金属产量突破千万吨大关，持续保持在世界第一位。2002～2011年间，十种有色金属产量年均增速达14.55%，规模以上企业总资产、主营业务收入、利润总额年均增速分别达到22.02%、31.76%和40.16%，呈现出产值效益双丰收的良好局面。尽管在2008年国际金融危机的冲击下，有色金属产品需求骤减，价格大幅下跌，企业普遍亏损，但在2009年我国大规模产业振兴规划刺激下，有色金属工业快速复苏，并于2009年底重新恢复增长态势。

4. 转型发展时期（2012年至今）

2012年后，我国经济开始由高速增长期步入中高速增长期，结构性失衡问题成为阻碍经济增长的一大障碍。受前期行业盲目扩张影响，有色金属工业产能严重过剩，行业利润下降幅度较大。同时，行业的产品供给体系与需求侧严重不配套，总体上是中低端产品过剩，高端产品供给不足。2012～2015年，规模以上有色金属企业利润总额均为负增长，行业逐步陷入困境。为解决经济结构的供需错位问题，我国于2016年全面实施供给侧结构性改革，深入推进“三去一降一补”，对传统重化工业的“僵尸企业”进行大规模出清。受此影响，2016年后有色金属工业开始扭转利润总额下滑势头，呈现出新一轮增长态势。行业也从原先的粗放型增长模式，转变为更加注重创新和效益的提高，全面进入以高质量发展为目标的转型发展期。

二、中华人民共和国成立70年来有色金属工业主要成就

1. 有色金属产量快速增长

1949年，我国十种有色金属产量仅为1.33万吨，到1979年增长至113.63万吨，到1999年进一步增长至694.71万吨。到2017年时，我国十种有色金属产量已达5378.29万吨，70年内增长逾4000倍，成为全球第一大有色金属产量国（见表20-1）。在十种有色金属产品里，2017年铜产量达到889.18万吨，铝产量达到3227.35万吨，铅产量达到472.03万吨，锌产量达到622.36万吨，镍产量达到20.32万吨，锡产量达

到18.24万吨，锑产量达到19.93万吨，汞产量达到0.36万吨，镁产量达到102.27万吨，钛产量达到6.21万吨，均位居世界第一位。这也充分表明，通过中华人民共和国成立后70年的发展，我国已成为当之无愧的世界有色金属工业大国。在这十种有色金属中，铜、铝、锌、镁、钛的增长速度较为突出，镍、锡、锑、汞的增速则低于平均增速。特别是由于汞开采会对周边环境及人体健康产生不利影响，我国近年来逐步限制汞产量增速。

表20-1　我国十种有色金属历年产量

单位：万吨

年份	合计	铜	铝	铅	锌	镍	锡	锑	汞	镁	钛
1949	1.33	0.29	—	0.26	0.02	—	0.49	0.28	—	—	—
1959	40.05	11.69	7.14	10.09	5.01	0.01	3.68	1.88	0.26	0.28	—
1969	54.59	12.58	18.34	9.95	9.40	0.62	2.30	1.07	0.07	0.23	0.04
1979	113.63	33.71	36.60	16.03	21.67	1.03	1.69	2.2	0.09	0.44	0.16
1989	219.90	56.16	75.83	30.20	45.09	2.66	3.05	6.28	0.12	0.37	0.15
1999	694.71	117.42	280.89	91.84	170.32	4.44	9.08	8.45	0.02	12.07	0.17
2009	2604.43	405.13	1289.05	377.29	428.63	16.48	14.04	16.54	0.14	52.56	4.57
2017	5378.29	889.18	3227.35	472.03	622.36	20.32	18.24	19.93	0.36	102.27	6.21

注："—"为数据缺失。

资料来源：历年《中国有色金属工业年鉴》。

2. 行业投资规模显著提高

在中华人民共和国成立后的国民经济恢复时期，有色金属工业投资主要集中在基本建设投资领域，1949~1952年，共计投资仅为1.55亿元。进入"一五"时期后，固定资产投资提升至17.98亿元，"二五"时期进一步增长至39.90亿元。尽管受到"文化大革命"的冲击，"三五"和"四五"时期有色金属工业的固定资产投资有所下降，但从"五五"时期开始又迅速恢复增长态势，除了基础建设投资外，更新改造投资大幅增长，并推动有色金属工业成为我国固定资产投资的主要领域之一。"十二五"时期，有色金属工业固定资产投资总额达30436.56亿元，占全社会固定资产投资总额比重达1.3%，较"一五"时期增长逾1600倍，充分显示出有色金属工业不断加大的投资力度，为行业产能的不断扩大与生产制造水平的提高提供了有力保障（见图20-1）。

3. 进出口贸易规模不断扩大

1950年我国有色金属工业进出口总额仅为2.87亿美元，其中出口总额达1.62亿美元，进口总额达1.25亿美元，是有色金属产品的净出口国。至1979年时，有色金属工业进出口总额上升至11.57亿元，并成为有色金属产品的净进口国。2000年后，我国有色金属工业进出口贸易额迅猛增长，2009年增长至831.97亿元，2017年达到1348.31亿元（见表20-2）。同时，有色金属工业对外贸易逆差也不断扩大，从1979年的-3.55亿元，增长至2009年的-462.81亿元，2017年达到了-599.12亿元。当前，我国已成为全球最大的铜矿、铝矿、铅矿、锡矿等有色金属矿产原料进口国，行业对外依赖度不断提高。而就工业制成品而言，铝及其制品、铅及其制品以及钨钼、稀土等是主要净出口贸易产品，铜及其制品、镍及其制品、锌及其制品、锡及其制品则是主要的净进口贸易产品。

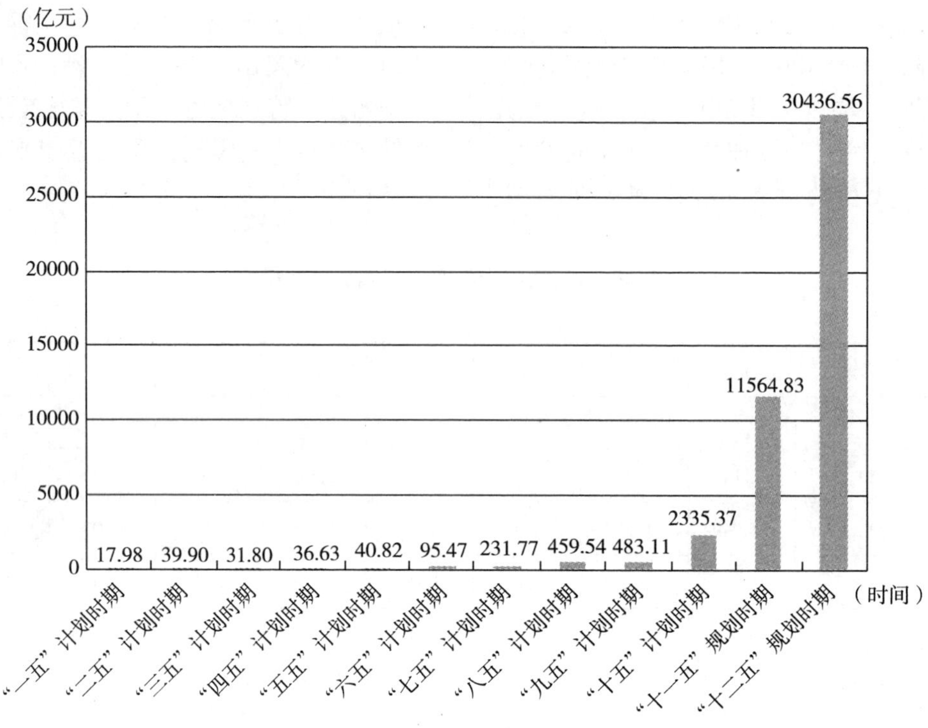

图 20－1　我国有色金属工业各时期固定资产投资情况

资料来源：历年《中国有色金属工业年鉴》。

表 20－2　我国有色金属工业历年进出口贸易统计

单位：亿美元

年份	进出口贸易总额	出口总额	进口总额
1950	2.87	1.62	1.25
1959	3.01	1.99	1.02
1969	3.37	0.74	2.63
1979	11.57	4.01	7.56
1989	16.67	8.94	7.73
1999	95.54	31.32	64.22
2009	831.97	172.58	659.39
2017	1348.31	374.62	973.74

资料来源：历年《中国有色金属工业年鉴》。

4. 利润总额与实现利税屡创新高

1949 年我国有色金属工业利润总额为－19 万元，实现利税总额仅 8 万元，到 2014 年行业利润总额达到 19038547 万元，实现利税 33015054 万元，至 2017 年进一步利润总额上升至 25510348 万元，无论是经营指标与税收贡献都呈现出快速增长势头（见表 20－3）。尤其是在 2000 年后的一段时间内，有色金属工业资产利润率始终保持在 10% 左右的高位。尽管在 2008 年国际金融危机冲击下，有色金属工业盈利能力出现短暂下滑，但很快便恢复增长态势。2011 年后，受国民经济增速下滑与行业产能过剩影响，有色金属工业利润率呈现出不断下降趋势。2011～2015 年间，有色金属规模以上企业总资产利润率从逾 10% 的水平下降至不足 5%。随着供给侧结构性改革的全面实施，2016 年、2017 年有所好转，规模以上企业总资产利润率又恢复到了 5% 以上水平。

表 20－3　我国有色金属工业历年实现利税与利润总额

单位：万元

年份	实现利税总额	利润总额
1949	8	－19
1959	96126	77415
1969	93887	65528
1979	197016	136902
1989	572462	351264
1999	1048900	233100
2009	17665278	10347388
2014	33015054	19038547
2017	—	25510348

注：“—”为数据缺失。

资料来源：历年《中国有色金属工业年鉴》。

5. 主要产品能耗指标持续下降

中华人民共和国成立后的较长一段时间内，为了快速扩大产能，满足国民经济发展所需，我国有色金属工业发展模式较为粗放，对生态环境造成的损害较大。进入21世纪后，随着我国政府开始加大生态环境保护，严控企业工业污染排放，不断完善节能减排机制，有色金属工业进行了大规模技术改造，淘汰落后生产能力，节能降耗成效显著，综合能耗指标不断提高。铜、铅、锡冶炼综合能耗分别从2000年的1277千克/吨、721千克/吨、2680千克/吨下降至2016年的241千克/吨、384千克/吨、1535千克/吨。氧化铝、电解锌综合能耗分别从2000年的1212千克/吨、2307千克/吨下降至2016年的382千克/吨、848千克/吨。铜、铝加工材综合能耗分别从2000年的1107千克/吨、1140千克/吨下降至2015年的211千克/吨、298千克/吨（见表20-4）。此外，有色金属工业通过“十五”时期以来进行以节能降耗为中心的技术改造和产业升级，大力推行清洁生产，加强环境治理，在十种常用有色金属产量持续大幅增长的情况下，主要污染物的排放量得到有效控制，并逐年下降。

表20-4　我国有色金属主要产品历年能耗指标

单位：千克/吨

类别	2000年	2005年	2010年	2015年	2016年
铜冶炼综合能耗	1277	733	399	298	241
铅冶炼综合能耗	721	655	421	400	384
锡冶炼综合能耗	2680	2445	1570	1587	1535
氧化铝综合能耗	1212	998	591	882	382
电解锌综合能耗	2307	1953	999	882	848
铜加工材综合能耗	1107	720	244	211	—
铝加工材综合能耗	1140	746	391	298	—

资料来源：历年《中国有色金属工业年鉴》。

三、近年来有色金属工业发展面临的主要问题

尽管取得的成绩非常耀眼，但也必须看到，我国有色金属工业仍存在一些问题。行业整体“大而不强”的特征十分明显，同时资源安全与环境问题依然突出，距离高质量发展的目标仍有差距。

1. 粗放型发展模式下有色金属矿产资源安全面临严峻挑战

长期以来，我国有色金属工业以要素投入尤其是矿产要素为支撑，发展模式逐步显现出不可持续性。一方面，对于铜矿等中国缺乏资源优势的有色金属矿产资源，进口量在国际矿产品交易量中占比过高，矿产品进口价格波动较大，致使国内众多依赖进口矿产品作为原材料的企业陷入资源争夺的“囚徒困境”，一定程度上提高了企业原材料成本，显著降低了中国工业品的国际竞争力。另一方面，传统发展方式必然带来“有矿快挖”的粗放式开采，进而导致锡矿等原本储量丰富的矿产资源优势明显弱化，一些矿产资源储量快速下降，矿产开发对生态环境的破坏加剧。同时，资源性产品价格形成机制不合理、产业链短而窄、产品附加值低、竞争秩序混乱、低价出口、非法走私等一系列问题，也严重影响中国矿产资源的集约利用。在这两方面影响下，我国部分矿产的供需缺口增大，国家矿产资源安全面临严峻挑战。以铜矿、锡矿为例，我国铜矿储量并不丰富，但却是以铜为重要原料的电器及装备制造大国，铜矿产量从2004年的62万吨上升至2017年的186万吨，同样难以满足需求（见图20-2）。铜矿供需缺口从2004年的286万吨上升至2017年的1735万吨。2017年供需差超过产量的9倍以上，供求矛盾加剧。尽管锡矿曾是中国的优势矿产，但供给能力却止步不前，锡矿产量从2004年的11万吨微降至2017年的10万吨，长期维持在10万吨上下的水平（见图20-3）。然而，中国锡矿需求却一直保持稳步上升的态势，已从2004年的8.56万吨上升至2017年的16.95万吨，供需缺口也从2004年的盈余2.44万吨变为2017年的短缺6.95万吨。

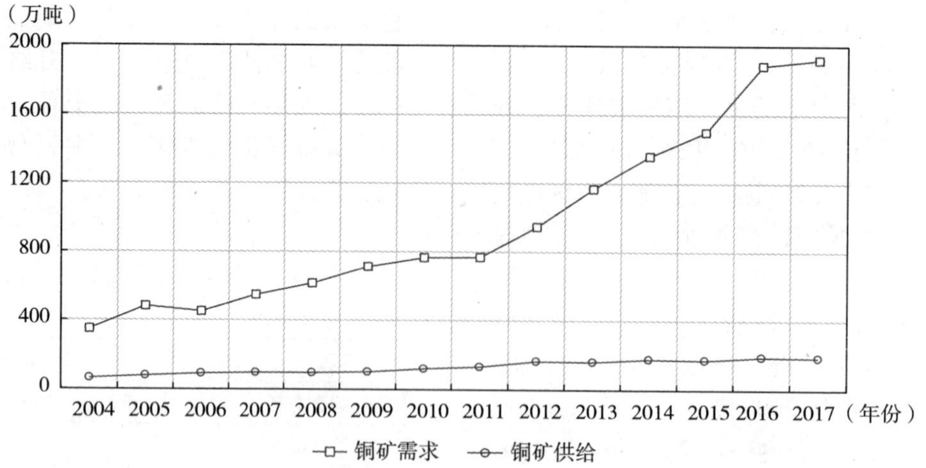

图 20－2 中国铜矿供需情况

资料来源：美国地质调查局、中国海关总署。

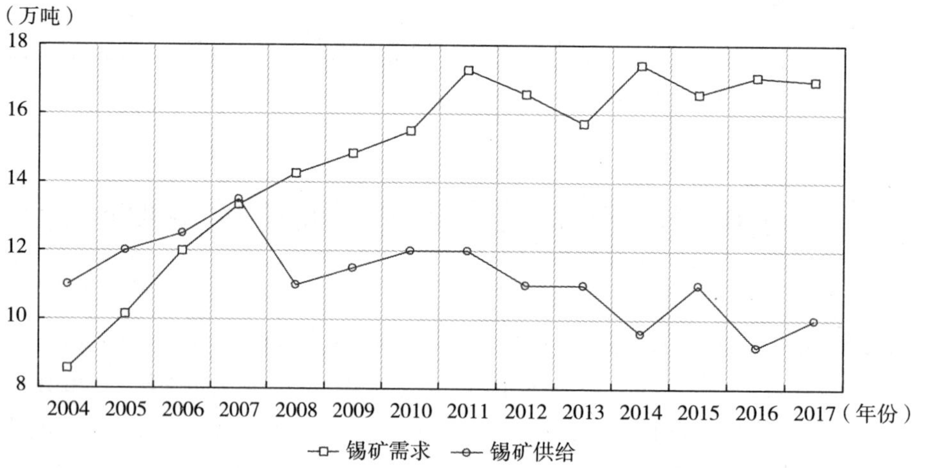

图 20－3 中国锡矿供需情况

资料来源：美国地质调查局、中国金属通报。

2. 劳动生产率增速近年来呈现下降态势

通过测算 2003～2016 年我国有色金属工业劳动生产率，可发现其从 2003 年的 10.85 元/时，增长至 2016 年的 123.36 元/时（见图 20－4）。尽管从绝对数值上看，13 年有色金属工业劳动生产率增长近 12 倍，增速较为可观，但总体而言水平较低，2016 年仅为美国同行业的 1/5。通过进一步测算行业劳动生产率增长率，可发现 2006 年后有色金属工业劳动生产率增速呈现下降态势。作为反映国家经济发展效率和生产力发展水平的核心指标，劳动生产率的提升已成为转变增长方式、提升发展质量的核心举措。然而，有色金属行业劳动生产率增速的减缓表明行业离高质量发展还有差距。造成这种现象的原因在于，2006 年后我国经济增长依靠投资拉动的比重快速上升，从而造成了有色金属工业劳动生产率增速变慢。一方面，过度投资造成有色金属工业产能过剩，不仅导致市场疲软、产品价格下滑、企业盈利能力大幅降低，还使以设备形式投入的资本由于很难转用于其他产业而成为企业的不良资产，严重影响了有色金属工业劳动生产率的提升；另一方面，创新驱动对有色金属工业的增长驱动不足，行业增长主要还是依赖政府主导的规模扩张和投资驱动。然而，资本报酬递减使这种低质量、低效率的增长模式逐渐进入“瓶颈”且无以为继，从而导致有色金属工业劳动生产率增速放缓。

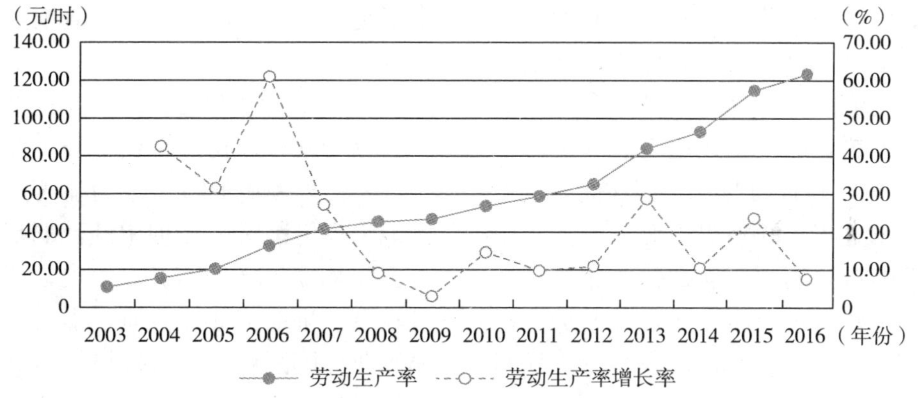

图 20－4　我国有色金属工业近年来劳动生产率变化情况

注：由于国家统计局自 2008 年起不再公布制造业分行业增加值，笔者利用有色金属冶炼及压延加工业月度累计增加值增速对 2008 年后的行业增加值进行估算。而对于行业就业人数这一指标，国家统计局仅公布城镇单位制造业分行业就业人数，并不能反映中国制造业就业结构全貌。因此，笔者利用中国每年有色金属冶炼及压延加工业城镇从业人数，乘以制造业分行业城镇单位就业人数占全部制造业城镇单位就业人数之比，估计得出中国有色金属冶炼及压延加工业就业人数。中国劳动力方面数据主要来自历年《中国劳动统计年鉴》，鉴于城镇单位制造业分行业就业人数数据的完整性与可获得性限制，测算时间序列选取为 2003～2016 年。

资料来源：笔者计算。

3. 能源经济效益与国际水平仍有差距

笔者用有色金属工业能源投入产出比，即有色金属行业增加值与能源消费成本之比这一指标衡量中美有色金属工业的能源投入产出效率。测算结果显示，2002～2014 年，除了 2010 年差距有所缩小外，其余年份美国有色金属工业能源投入产出比均要显著高于中国，2014 年领先幅度达到了 44%（见图 20－5）。这也意味着，美国每创造一单位制造业的增加值所花费的能源成本更低，体现出其巨大的能源经济效益优势。一方面，这是因为在有色金属生产过程中，美国能源利用效率更高，无论是能源的清洁生产、节能减排、循环利用等技术方面，美国均要领先于中国；另一方面，美国的能源使用成本要显著低于中国。当前，在有色金属工业使用的主要能源产品中，除原油成本中美基本相同外，其他主要能

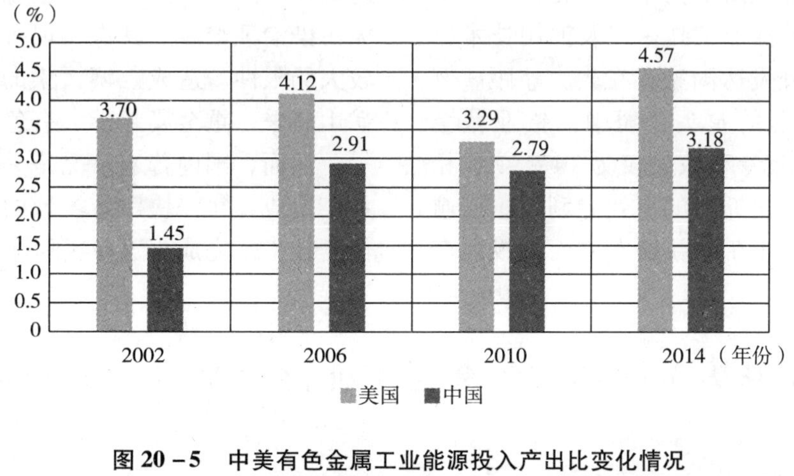

图 20－5　中美有色金属工业能源投入产出比变化情况

注：中美两国有色金属工业的能源成本，由各行业能源消费量乘以当年度的能源价格计算得出。美国有色金属工业能源消费量的统计数据来源于美国能源信息署（EIA）每四年一次的制造业能源消费普查，该普查自 1991 年开始，最近一次为 2014 年。美国有色金属工业能源消费主要包括煤炭、焦炭、电力、天然气、燃料油、天然气、液化天然气等。中国有色金属工业能源消费量来源于历年《中国能源统计年鉴》中的工业分行业终端能源消费量统计（实物量）。中国有色金属工业能源消费主要包括煤炭、焦炭、各类油品、天然气、液化天然气、热力和电力。

资料来源：笔者计算。

源产品，中国的价格都显著高于美国。其中，中国的工业用电成本比美国高60%，电煤价格是美国的1.6倍，焦煤价格是美国的1.44倍，成品油价格是美国的1.5倍左右，工业用天然气价格是美国的2.4～4.7倍。由此可见，美国在能源成本方面对有色金属工业资本的吸引力要显著强于中国，美国制造业能源投资回报全面高于中国。在此影响下，我国一些有色金属企业也开始加大对美国的投资力度，如海亮集团即将在得克萨斯州投资1.56亿美元建立新的铜管生产厂。

4. 有色金属产业链仍以中低端为主

我国有色金属工业虽然看似颇具规模，但总体依然处于国际产业链分工的中低端环节，产品精度、一致性、稳定性较差，部分电子、海洋工程、航空用高端有色金属产品还主要依赖进口。在市场整体需求回落、国外企业开始减产限产的情况下，我国有色金属工业产量仍在持续增长。这也表明，目前国内行业整体以产能为导向，而非以市场为导向的弊病突出，产业链高质量发展前景依然任重道远。尽管有色金属工业在新能源汽车电池制造涉及的钴、锂等新材料方面，以及高速铁路轨道交通、汽车制造设计的高端强化铝材等方面取得了较大的成绩，但这些新材料和高端材料所占市场销售额比重不高，行业新旧动能转换速度较慢。制约新旧动能转换速度的主要因素在于有色金属工业创新能力不足。无论是在基础共性技术，还是精深加工技术以及通用技术研发等方面，均与国外发达国家存在较大差距。例如，我国电解铝行业的龙头公司中国铝业截至2016年底拥有的有效专利数量仅为1472项，相比之下，美国铝业公司拥有的有效专利数量已逾3万项。有色金属工业在创新研发方面的投入产出不足，导致行业向高附加值领域转型升级步伐较慢。

5. 土壤污染问题依然不容乐观

尽管近年来我国有色金属工业在废气、废水等污染治理领域取得了较为显著的成绩，但土地污染治理仍是污染治理中的薄弱环节。当前，我国土壤环境状况总体不容乐观，部分地区土壤污染较重，耕地土壤环境质量堪忧，尤其是有色金属工业厂区废弃地土壤环境问题突出。全国土壤总的点位超标率为16.1%，其中轻微、轻度、中度和重度污染点位比重分别为11.2%、2.3%、1.5%和1.1%。从污染类型看，行业土壤污染以镉、汞、砷、铜、铅、铬、锌、镍等有色金属无机污染物为主，污染物超标点位数占全部超标点位的82.8%。六六六、滴滴涕、多环芳烃等有机污染物次之，复合型污染比重较小。困扰我国有色金属工业土壤污染治理的主要问题在于技术。目前，引进的国外技术大多数并不适合中国市场，国内土壤、气候、水文地质、污染重度及复合程度，施工效率及修复成本与国外大相径庭。首先，国内有色金属工业土壤污染具有滞后性和累积性，土质状况也千差万别。即便土壤遭到了严重污染，也不能明显地表现出来，而是需要通过样品分析、农作物检测等才能确定。同时，污染物在土壤中迁移、扩散、稀释等存在诸多不确定性，时间一长容易在土壤中不断累积，进而加大污染治理难度。其次，现有土壤修复技术存在较大局限性。造成土壤污染的原因有很多种，如矿山开采、重金属超标、有色金属冶炼工厂搬迁等。然而，国内普遍情况是一块污染场地由多种污染造成，每一块污染场地的修复都需要用多种修复技术来完成，这在实际操作中很难实现。

四、新形势下推动有色金属工业高质量发展的政策建议

在当前全面深化改革的大背景下，有色金属工业应配合供给侧结构性改革的主线，加大研发创新投入，加快工业污染治理，牢固树立和践行“绿水青山就是金山银山理念”，坚定不移走生产发展、技术领先、生态良好的高质量发展道路。在具体推进过程中，还需从以下几方面着手：

1. 建立国家资源安全保障新机制

长远来看，作为人口和经济大国，为保障国

家资源安全，我国应建立中国资源保障新机制，缓解中国有色金属矿产资源供需缺口：一方面应设法“开源”，从供给端扩大矿产供应，另一方面应加强“节流”，从需求端引导减量消费。扩大供给方面，应依托找矿突破战略进一步加大国内勘探开发力度，并借助“一带一路”倡议改善外部供给条件，还应逐步开发城市矿产拓展资源边界。引导需求方面，应在工业需求端加快产业结构升级，大力开发减量循环替代技术，提升产业整体绿色化水平，同时还应合理引导居民需求端的消费。在供给端和需求端的发力过程中，重点发挥价格和技术的力量：首先，应充分发挥价格杠杆的作用，对内深化资源性产品价格形成机制，让市场在资源配置中起决定性作用，对外要掌控矿产品定价权，展现出与资源大国地位相匹配的市场控制能力；其次，将科技创新作为改善保障条件、缓解供求矛盾、填补缺口的根本途径和主要抓手，借助技术进步扩大矿产的可开发区域，同时提高生产率节约矿产资源消耗。由此，打造出供给和需求双向发力，价格和技术共同作用的中国资源保障新机制。通过“开源和节流”并举，在技术和制度两个层面上发力，拓展资源供给边界，创新资源供给渠道和开发利用模式。其中，加大城市矿产开发力度，是未来丰富矿产资源供给、保障国家矿产资源安全的有力手段。与日渐枯竭的原生矿相比，随着工业化和城市化进程加快，城市矿产的蓄积量大且持续增加，而且是高品位的富矿。城市矿产开发不仅可作为填补中国矿产供需缺口的重要渠道，而且城市矿产开发过程中研发投入及其产生的溢出效应有望重塑矿产资源产业的技术范式和产业链，并将加快推动矿产资源产业的智能化、绿色化转型。

2. 继续深化供给侧结构性改革

当前，有关部门应配合供给侧改革的推进，继续加大环境监管力度，积极促进淘汰有色金属工业落后产能和化解过剩产能，避免“小乱差”卷土重来。首先，坚决淘汰落后产能。对矿山开采、冶炼、制造等重点领域展开全面排查，对于装备水平低、环保设施差、污染严重的企业，要依据国家有关法规、政策和当地环境质量状况，确定企业名单并全部予以取缔。对于其他行业污染严重、达标无望的企业，也要依法实施取缔。其次，严禁新增低端落后产能。各地在制定产业市场准入负面清单时，要充分考虑当地环境质量状况，严格控制超出本地资源环境承载力的新增产能，防范过剩和落后产能跨地区转移。国家明令禁止审批的项目，各地必须严格执行。同时，鼓励发展优质产能。对于产品升级换代、工艺技术改造、环境综合整治、城乡污染治理、新兴产业等建设项目给予大力支持。最后，促进企业加快升级改造。综合考虑环境质量、发展状况、治理技术、经济成本、管理能力等因素，科学合理制定地方污染物排放标准，充分发挥环境标准引领企业升级改造和倒逼产业结构调整的作用。环境质量超标地区，要根据环境质量改善目标和进程，制定并实施分阶段逐步加严的地方标准。严格实施工业污染源全面达标计划，推动企业升级改造。对于提前达到下阶段更严排放标准的，鼓励各地采取贴息、以奖代补等方式支持企业提标改造。推动有色金属产品标准的制修订，增加有害物质控制和大气环境保护要求，为社会提供更多的环境友好型产品。

3. 加大研发创新培育国际竞争力

本章测算结果表明，我国有色金属工业与国外存在较大差距，发达国家突出的生产率优势让其投资回报效益普遍高于中国。与国外差距的缩小是一个长期的过程，唯有“苦练内功”，加大国内有色金属工业研发和创新投入，努力提高制造环节的劳动生产率，才能在国际竞争中立足站稳。为此，要把握新科技革命和新工业革命的战略机遇，深入研判新一轮科技革命与工业革命主导技术的发展方向以及生产方式变革的趋势，建立完善行业创新体系，激发微观主体的创新活力，引导企业加大对新技术新产业、新业态、新模式的创新投入力度。大力发展给新材料、新能源配套的有色金属高附加值领域，着力突破核心技术和关键技术，加快重大科研成果的产业化进程，创新新产品的商业模式，鼓励国内企业引进实力强的国外投资者共同研发面向工业 4.0 的技术、工艺和产品。同时，以智能化、服务化为引领，以工艺改造、设备更新和节能降耗为导向，加快传统有色金属工业升级改造，引导提升产品设计、品牌运作和渠道营销等向产业链上下游辐射的能力，挖掘传统产业的出口潜力，延长传统产业的优势期。加强知识产权保护，营造全社会尊重知识、鼓励创新的良好氛围，构建开放、合理的专利保护体系，确保企业自主创新的合理合法收益。加大人才引进和培养力度，为自主创新、转变外贸发展方式提供有力的智力支持。学习借鉴日本建设“母工厂”的经验，引导有色金属企业加强管理创新，加强高技能和知识型员工的培养，生产制造发展需求的高素质技术技能人才。着力培育有中国的制造文化，增强有色金属工业投资和就业的黏性和吸引力，不断优化完善制造业的产业生态。

4. 优化营商环境为企业减负增效

为降低有色金属工业经营成本，提高产品竞争力，应深入推进资源性产品价格形成机制改革，降低煤、电、石油、天然气等有色金属工业主要能源原材料价格，改善能源原材料供应条件。进一步落实“放管服”，建设智慧海关，打造数字商贸，以“政务云”实现商务、海关、质检、税收等部门信息连通，优化通关监管模式，提高跨境电子商务的通关管理和服务水平。全面提升各级政府的服务意识和能力，形成矿产原料贸易便利化的长效机制，促进有色金属外贸企业优化成本结构，分类有序地降低外贸企业负担及进出口环节收费。尽快取消涉及政府基本公共服务的第一类收费，由于该项收费属于政府职责且有财政经费保障，故不应再额外征收。对于涉及保障居民身体健康和生命安全的第二类收费，应将其逐步纳入公共财政保障范围，在实践中大幅降低此类费用。而对于由市场主体收取的第三类收费，如停泊费、装卸费、堆存费等，应通过市场竞标等方式推动服务主体提升工作效率、改善服务质量，开展公开听证，制定合理的收费标准，切实减轻企业负担。

5. 全面提高行业绿色制造和环境治理水平

坚持绿色发展，创新环境保护政策，逆向约束和正向激励并重，全面提高有色金属工业绿色制造水平。首先，推进以绿色生产、绿色采购和绿色消费为重点的有色金属工业绿色供应链环境管理。研究制定政策支持措施和标准规范，加快构建绿色供应链产业体系。要以政府、企业绿色采购和公众绿色消费为引导，利用市场杠杆效应，带动产业链上下游采取节能环保措施，从全产业链进行绿色化改造，降低污染排放和环境影响，促进企业绿色转型升级。鼓励各地学习借鉴上海、天津等地工作经验，选择排污量大、产业链长、绿色转型潜力大的行业、工业园区，充分发挥龙头企业牵头作用，组织推行绿色供应链环境管理试点。其次，实施差别化排污收费政策。对于有色金属企业超标或超总量排放污染物的，除依法实施其他处罚外，可加倍征收排污费。企业生产工艺装备或产品属于淘汰类的，同样加倍征收排污费。而企业污染物排放浓度低于排放限值50%以上的，则可适当减量征收排污费。此外，应研究增加排污收费种类，推动对挥发性有机物和施工扬尘等征收排污费。鼓励各地研究制定季节性、区域性排污收费政策。在采暖季适当提高主要大气污染物排污费征收标准，引导有条件的企业“错季”生产。最后，推广先进适用技术和生态化治理技术。定期发布《国家先进污染防治示范技术名录》，建立信息共享平台，及时向社会公布有关技术信息。充分发挥有色金属工业协会作用，组织开展黑臭水体整治、挥发性有机物（VOC）治理、污染地块和土壤修复等领域先进适用技术的经验交流和试点示范，为企业提高治污效率、降低治污成本提供指导。在环保专项资金中，要安排一定的比例支持环保新技术、新工艺、新产品的示范应用。

专栏 20－1

法国如何挖掘“城市矿产”

根据法国环境与能源管理署2014年的粗略估计，法国居民平均每人每年产生20千克的电子垃圾，全国每年产生130万吨的电子垃圾，其中85%得到了有效收集。如何处理好回收的电子垃圾，受到法国政府高度重视。早在2005年，法国就根据欧盟有关处理办法启动了全国性的电子垃圾回收法令，并通过不断完善，形成了以电子产品生产商为回收主力，涉及生产方、销售方与使用者三方，最终由专业人员负责处理的电子垃圾收集再利用的回收链。

在生产端，所有电子电器设备都会印有表示报废后可以回收利用的标志，并标明回收的条件。电子设备制造商有义务保证其产品最终的清除和处理工序，并要帮助当地政府设立电子电器垃圾回收站。在销售端，所有新出售的电子电器设备都要标注回收费用，销售方也可以适度增加一些电子产品的销售价格，作为回收该产品的成本。面积超过400平方米的家电连锁零售企业，都必须免费提供小型回收废旧电子设备的服务，即便消费者没有购买新的设备。而针对那些购买了新设备的消费者，销售商更有义务回收他们带来的同类废旧电子产品。

从消费者的角度来看，无论是台式电脑还是平板电脑、手机、打印机、电视机，抑或是洗衣机、洗碗机、煤气灶、吹风机、吸尘器、搅拌机、孩子的遥控玩具等大小件生活用品，都不能被随意丢弃在没有分类的日常垃圾回收箱中。小型电子设备应置于有黄色盖子的垃圾桶内，它们被运送到分拣中心后将实现废料的再循环使用。一些城市按街区提供定期回收大件电子产品的服务，居民可以在固定回收时间之前将它们搬到街边的垃圾桶旁。在巴黎，针对不同类型的电子产品，居民也可以从几十个提供回收服务的商场、废品处理中心和供应商选择最近的一家，方便又环保地处理电子废弃物。此外，一些地方协会也会负责免费回收，并将仍可使用的设备重新分配给学校和慈善机构。

资料来源：《人民日报》2015年8月26日第22版。

参考文献

［1］史丹：《绿色发展与全球工业化的新阶段：中国的进展与比较》，《中国工业经济》2018年第10期。

［2］史丹：《中国工业绿色发展的理论与实践——兼论十九大深化绿色发展的政策选择》，《当代财经》2018年第1期。

［3］张其仔、郭朝先：《中国工业增长的性质：资本驱动或资源驱动》，《中国工业经济》2008年第3期。

［4］杨丹辉：《资源安全、大国竞争与稀有矿产资源开发利用的国家战略》，《学习与探索》2018年第7期。

［5］杨丹辉、李鹏飞、张艳芳：《供给侧结构性改革与资源型产业转型发展》，《中国人口·资源与环境》2017年第7期。

［6］郭朝先、刘艳红：《改革开放四十年我国有色金属工业发展回顾与未来高质量发展之路》，《经济研究参考》2018年第9期。

［7］有色金属工业发展五十年编写组：《有色金属工业发展50年》，《有色金属工业》1999年第9期。

［8］渠慎宁、杨丹辉：《美国对华关税制裁及对美国在华投资企业的影响》，《国际贸易》2018年第11期。

第二十一章　电力工业

提　要

中华人民共和国成立是中国电力工业发展的重大转折点。70 年来，中国电力工业经历了从小到大、由弱变强、由落后变先进的发展历程，取得举世瞩目的巨大发展成就：第一，发电能力从新中国初期的世界落后水平，进入现在的世界先进行列。发电量和发电装机容量增长上千倍，为中国经济建设提供了可靠、价格可承受的电力供应。第二，电力供应从难以保障进入高可靠性水平阶段，电网规模稳步发展，电压等级不断提升，建成世界上覆盖范围最广、能源资源配置能力最为强大、运行水平最高的电网。第三，电源结构从“一煤独大”到多种能源发电并举，清洁能源装机规模和发电量不断扩大，电源结构持续优化。第四，电力工业技术水平和装备能力大幅提升，从电力装备依靠进口，到特高压输电技术、新能源发电并网技术、核电技术和发电设备生产能力步入世界先进行列。第五，电力国际合作取得重大进展。

然而，电力工业的发展道路并不平坦，制约电力工业发展的体制机制问题还没有得到有效解决，煤与电、电源与电网、煤电与清洁电力、煤电与煤电的矛盾问题仍没解决。电力系统效率还不高；电力工业高质量发展面临大规模清洁转型压力；电力市场化机制尚未真正建立，改革方案和多项政策需要调整：现行输配电定价机制存在诱导电网增加投资和投资过剩的风险，增量配网改革推进缓慢、存量配网改革尚未纳入改革日程，电力现货市场建设困难、电力交易机构规范化仍待解决。为此建议：抓住能源转型的历史机遇，建立高质量的绿色电力体系；深化电力市场化改革，完善电力工业高质量发展的体制机制；科学化解电力工业发展中的各种矛盾。

*　　　　*　　　　*

一、中国电力工业 70 年发展历程

中华人民共和国成立 70 年，电力工业经历了从无到有、从电力严重短缺到电力供应充足、从拉闸限电到高质量电力保障的发展过程，创造了世界电力工业发展的奇迹。实现中华民族伟大复兴，改革开放是中国电力工业持续发展的核心动力。新中国成立，对电力工业提出了全新的要求，国家将电力工业定为国民经济支柱工业，经过 70 年的发展，逐步建成满足我国经济建设和人

民生活需要的电力工业体系。

1. 艰苦卓绝的创业阶段（1949～1977 年）

中华人民共和国的成立为电力工业发展创造了良好的环境。电力工业是先行工业，对国民经济发展和人民生活水平提高至关重要。中华人民共和国成立后对电力工业提出了全新的要求，将电力工业定位为国民经济支柱工业优先发展。1949～1977 年，国家独家垄断经营电力，用电量计划配给制，电价国家统一制定，电力建设由中央政府单一投资，经营管理政企合一，电厂和电网是政府的附属单位。

恢复重建时期的电力工业（1949～1952 年）。在此期间，电力工业的重点任务是保证安全发供电，准备重点建设短期内工业生产所需的电源设备，为将要实施的第一个五年计划做好准备。1949 年，电力工业百废待兴，电力规模小，电力设备残缺，电网运行瘫痪。①建立新的电力工业体制。1949 年 10 月，中央人民政府（国务院）成立燃料工业部，管理全国煤炭、电力和石油工业，部长为陈郁，主管电力的副部长为刘澜波。与燃料工业部同时成立的还有水利部。1950 年，燃料工业部将各地军事管制委员会领导和管理的电力企业逐步接收过来，收管了各大区电业管理局，形成了垂直垄断、政企合一的电力工业体系。②恢复电力，充分挖掘内部潜力。全国电力职工在中国共产党的领导下，组织职工开展生产自救，修复损坏、停机的机组，恢复城市供电。

1949～1952 年，新增发电装机容量 32 万千瓦。在此期间，发电煤耗、线损率、电厂用电率都有较大程度下降。到 1952 年，发电量为 72.6 亿千瓦时，比 1949 年增长了 68.5%；有 22 千伏以上的高压输电线 1.36 万千米，除东北电网外，其他地区的电网电压都在 77 千伏以下，绝大部分是以大城市为中心的电网。电力工业仍处于较低发展水平。

第一个五年计划期间的电力工业（1953～1957 年）。在此期间，电力工业的重点工作是建设苏联援建的发电工程。①电力工业发展目标。1953 年，国民经济发展的第一个五年计划中，为电力工业规定的指标为：1957 年发电量为 159 亿千瓦时，5 年内新增发电容量 205 万千瓦。②成立电力工业部。1955 年 7 月 30 日，国家成立电力工业部，刘澜波为部长。③依托苏联援建的 23 项火力发电工程，在阜新、抚顺、富拉尔基、吉林、西安、郑州、太原、包头、重庆、武汉（青山）、开远等地重建或新建了一批骨干电厂。在火电建设的同时，还开展了水电和电网建设。这些项目，为国家经济建设打下了坚实的电力基础。④开始自行设计制造成套发电设备。1956 年 4 月，我国自行制造的第一台 6000 千瓦火电机组在安徽淮南田家庵电厂投产发电。

“大跃进”后至“文革”前的电力工业（1958～1965 年）。在此期间，电力工业在“大跃进”“浮夸风”影响下“全民办电”，电力建设实现快速发展。在“大跃进”的“二五”期间，年发电量和发电设备容量继续成倍增长，但存在违背科学与客观规律的一些做法和不少问题，连年的运动对电力工业造成很大的冲击，投资效率不高，电力工业的发展成本加大。接下来 3 年，电力工业进入调整期间，开始整顿企业、健全管理制度，做好基建工作，为实施第三个五年计划打下基础。到 1965 年末，发电设备容量 1507.6 万千瓦时，年发电量 676.0 亿千瓦时，其中火电装机容量和发电量分别为 1205.7 万千瓦和 571.9 亿千瓦时，水电装机容量和发电量分别为 301.96 万千瓦和 104.1 亿千瓦时。

“文革”开始后（1966～1977 年）的电力工业。“文革”10 年（1966～1975 年），电力建设受到了严重干扰和破坏，但在“文革”初期电力工业生产依然保持平稳。1966 年发电量高于原计划，完成 825.2 亿千瓦时，较 1965 年增长 149.8 亿千瓦时，年增长率 22.1%；新增发电设备容量 194.1 万千瓦，年增长率 12.8%。“文革”开始后不久，全国就开始出现缺电现象。原来电力生产秩序被打乱，电力工业发展受到较大冲击。到 1970 年，没有完成第三个五年计划发电装机指标，一半以上的电网严重缺电，对国民经济和人民生活的影响严重。1971 年，迫于解决全国缺电的压力，当时的水电部军管会违反电力工业发展规律，推行“一厂变一厂半”，强制提高发电设备出力，连续发生烧毁发电机、汽轮机断叶片生产事故，致使一些电力设备遭到严重破坏。到 1975 年，全国 60% 以上的电网严重缺电。尽管“文革”严重影响了电力工业的发展，但在此时期发电装机仍保持10%左右的增长。1976年"文革"结束，但"文革"对电力工业的影响还延续了两年多。

在这一时期，党和国家十分重视缺电问题，在火电设备国产化、水电建设方面取得不少成绩：火电国产设备方面，10万千瓦、12.5万千瓦、20万千瓦、30万千瓦的火电机组相继投产；水电方面建成了大中型水电站50余座。刘家峡水电站第一台机组发电，洲坝水电站开工建设，330千伏刘家峡水电站至关中全长539千米的第一条超高压线路建成。

回顾1949～1977年的中国电力工业发展历程，不难发现：中国电力工业得到了较大的发展，电力规模不断扩大，电力供应能力不断提高，电力在大中城市普及。第一，电力装机容量从1949年的185万千瓦，增长到1977年的5000万千瓦，年均增长13.0%，增加了26倍；第二，发电量年从43亿千瓦时，发展到1977年的2234亿千瓦时，年均增长15.8%，增加了51倍；第三，电网建设初具规模，到1977年，初步形成了华北、东北、华东、华中、西北五个跨省电网及山东、福建、广东、广西、四川、云南、贵州、蒙西等十多个独立省网，不少省网还分别由几个独立的小电网供电。尽管电力工业迅速发展，规模扩大，但电力工业布局不合理，新增发电装机大多集中在三线地区，远离负荷中心，无法形成有效的供电能力。全国性缺电现象比较严重，供电能力不能满足国民经济需要，人民生活用电得不到高质量保障，工厂生产用电是"停三开四、停二开五"。

2. 电力体制改革滞后阶段（1978～1984年）

如果说中华人民共和国成立之初，垄断经营方式对电力工业发展起到了正向作用的话，那么改革开放以后，电力工业的垄断经营与经济体制改革开放的矛盾日益凸显，垄断经营体制已不能满足改革开放对电力增长需求的要求。1978～1984年，经济体制改革开放，但电力工业体制依然还是政企合一、国家独家垄断经营，从电力投资到电力的"发售配输"各个环节完全由中央政府独家经营，电厂和电网是基本的成本和生产中心。电厂和电网的工作就是完成指定的任务，电力经营实行统收统支政策，即经营收入上缴国家财政、基本建设及维持简单再生产的支出由层层编制生产基本建设计划、逐级进行审批调拨。

缺电给工业生产和人民生活带来了不良影响，给经济建设造成了巨大损失，扭曲了电力运行。改革开放以来，国民经济快速增长带动电力需求特别是工业用电激增，电力供应短缺的问题日益严重。1978年，中国电力供应不能满足国民经济发展的需要（国家统计局，1979），不少工业企业生产能力不能充分发挥。经当时的电力部调查，1978年全国缺电1000万千瓦，缺电原因是缺乏投资。①缺电造成的损失。电力工业无法满足经济发展的需要，工农业及人民生活用电得不到保证，经济上损失很大（刘澜波，1979）。据中国电机工程学会1984年的估计，"年缺电量约400亿度，造成国家产值损失约750亿元，减少财政收入150亿元"。②缺电扭曲了电力运行。一方面，发电设备超负荷使用，甚至有"一厂变一厂半"的提法。1978年我国火电设备利用小时在世界上是最高的；水电站甚至在死水位以下还长时间大量发电，使水库失去了正常调度，破坏了综合效益。另一方面，现有输变电能力严重不足，几十万千瓦电送不出去；同时，由于线路过负荷、电压低，输配线损巨大，年损失几十亿度电。1978年全国送电线路损失和厂用电占发电量的16%～17%。

缺电促使中央政府加大电力管制力度。由于缺电，政府对电力工业管制趋于统一和严格。第一，由于电力供应不足，被迫采取"计划用电、执行轮流停电"干预性政策，出现了"工业挤农业、农业挤工业"，工厂"停三开四"的不正常现象。第二，由于电力供应不足，当时国家计委提出的"跨省区的和一个省区范围内的电网由电力部统一管理，电力由国家统一分配供应的意见"。但加大电力管制并没有解决"源"的问题，电力供应不足的问题更加突出。

电力工业发展速度跟不上经济发展的脚步。1978～1984年，国家采取"因地制宜、水火并举""大力发展水电和煤电"等举措，电力工业取得了一定的发展，但仍然不能弥补电力需求缺口。1978年发电装机容量5712万千瓦，发电量2566亿千瓦时；1984年，发电装机容量8012万千瓦，发电量3770亿千瓦时，发电装机容量和发电量年均增长分别为8.8%和8.4%。从发展速度来看，电力工业的发展速度低于同期两位数的经济发展速度，远远低于同时期的工业发展速度。

3. 打破发电领域垄断的改革发展阶段(1985~2001年)

改革开放带动中国经济极大的发展，随之而来的是电力供应短缺，现有发电能力难以满足经济快速发展的需要。在此背景下，中国电力工业开启了改革之路。按照“政企分开，省为实体联合电网，统一调度，集资办电”和“因地因网制宜”办电原则，打破发电环节垄断，打破政府单一定价模式，对电力体制进行一系列的改革。改革电力投资体制，开展集资办电，对大中型基建项目实行投资包干责任制；改革基建体制，实行招标、投标、工程内部承包；改革供用电和电网的管理体制，使网局、省局成为独立核算企业，实行以省网为独立实体加上大区电网统一调度的新机制。

集资办电发展阶段的电力工业（1985~1996年）。在“电厂大家办、电网国家管”的新政下，电力工业规模迅速扩大，发电装机规模和发电量分别增加了近两倍。为缓解电力供应紧张、解决电力工业投资严重不足的问题，1985年，国务院颁发《关于鼓励集资办电和实行多种电价的暂行规定》（国发〔1985〕72号文），适度放松电力投资管制，放宽了发电领域的准入条件，一改电力建设全部依靠中央政府的做法，鼓励地方、部门和企业使用银行贷款投资建设电厂，进行“集资办电”。通过放松电力定价机制，集资新建电力项目按还本付息的原则核定电价水平，打破了国家单一的电价模式，实行多种电价的办法。

这轮改革从体制上打破了发电环节的垄断，为厂网分开改革打下了坚实的基础。但是，这轮改革最终没能解决电力短缺问题，并产生一些负面作用。“以成本定价”的电价政策，在保障新建电厂投资成本收回的同时，鼓励了低效率企业的盲目扩张。“一厂一价”“一机一价”“成本倒推”“一报一批式”的电价形成机制，造成了电价形成机制复杂和电价体系的混乱。

政企分开阶段的电力工业（1997~2001年）。1997~2001年，以解决政企合一问题作为改革的重点，成立了国家电力公司，同时将政府的行业管理职能移交到经济综合部门。1997，电力行业进行“政企分开”改革。撤销电力工业部，电力行政管理权移交国家经贸委及地方政府；成立国家电力公司，承接原电力部下属的五大区域集团公司、七个省公司和华能、葛洲坝两个直属集团。电力产业终于实现了政企分开，虽然国家在电力产业上仍然采取垂直垄断的政策，但这已经是一大进步了。1998年开始进行厂网分开、竞价上网的改革（国务院办公厅转发《国家经贸委关于深化电力工业体制改革有关问题的意见》），其主要内容和路径是首先进行“厂网分开”改革，以解决独立电厂电网不公平接入问题；再进行“竞价上网”改革，以促进发电企业降低成本，提高发电效率；等到各方面条件成熟后，再进行“输配分离”改革，在售电侧建立零售竞争市场。文件发布后不久，“厂网分开，竞价上网”就在6个省市开展了试点工作。

但是，电力工业的组织结构及其所有制发生了变化，政企分开改革在一定程度上解决了电力行业行政垄断的问题，但改革并不彻底。到2000年底，大部分的省（自治区、直辖市）都完成了电力部门的政企分开改革，地方各级政府均不设立电力专业管理部门，将分散在各专业管理部门、行政性公司等单位的政府管电职能，划入经济贸易委员会。这轮改革也存在一些问题，集中表现为“厂网矛盾、省间壁垒”。厂网分离试点只是将电力公司的直属电厂与电网的经营从核算上分开，而两者之间的资产纽带关系依然存在，导致独立电厂依然难以实现公平的电网接入。地方保护主义泛滥，地方政府滥用行政权力，导致资源配置效率低下。

这一时期，电力工业发展得到了极大的发展，电力工业进入了大电网、大电厂、大机组、高压输电、高度自动化控制的时代。①1985~1996年，通过电力投资体制改革，极大地激发了电力投资积极性，电力工业得到了快速发展。第一，财政以外的投资总量迅速扩大，期间60%以上的电力投资来自非财政资金。电力装机、发电量分别由1984年的8012万千瓦、3770亿千瓦时，迅速增加到1996年的2.4亿千瓦、1.1万亿千瓦时，分别增长了195%、186%，发电装机容量和发电量的年均增长速度分别为 15.6% 和 14.8%。期间，年新增发电装机进入 1000 万千瓦级阶段，共新增装机 1.7 亿千瓦，年增加装机 1339 万千瓦。发电主体多样化。到 1996 年，发电企业数以千计；发电企业股权结构多元化，一些发电企业还在境内外上市。②1997～2001 年，发电领域的松绑效应，电力工业仍然快速增长。电力装机容量和发电量，从 1997 年的 2.5 亿千瓦、1.1 万亿千瓦时，增加到 2001 年的 3.4 亿千瓦、1.5 万亿千瓦时，发电装机容量和发电量的年均增长速度分别为 8.3% 和 7.7%。年新增发电装机进入 2000 万千瓦级阶段，4 年新增装机 8425 万千瓦，年增加装机 2106 万千瓦。电网建设，形成了华北、东北、华东、华中、西北、南方、川渝七个跨省电网及山东、福建、海南三个省网及新疆、拉萨等电网，各电网中 500 千伏（包括 330 千伏）主网架逐步形成和壮大，网络结构不断优化，电力系统运行的稳定性得到改善。

4. “厂网分离”的改革发展阶段（2002～2012 年）

2002 年国务院成立电力体制改革小组，开启了中国电力市场化改革历程。《电力体制改革方案》明确电力改革任务是“厂网分开、主辅分离、输配分开、竞价上网”。为解决发电企业的上网价格问题，2003 年 5 月国务院《厂网价格分离实施办法》明确了原电网直属电厂的上网电价原则，并协调了独立发电厂的上网电价；2003 年 7 月《电价改革方案》出台，确立电价改革总目标为“发售电价由市场形成、输配电价由政府管制”，电价被划分为上网、输电、配电和终端销售电价；2004 年标杆上网电价和煤电价格联动机制出台，对新投产的燃煤机组实施标杆电价原则，统一制定并颁布各省新投产机组上网电价；2005 年 4 月，国家发改委颁布了《上网电价管理暂行办法》《输配电价管理暂行办法》和《销售电价管理暂行办法》，明确规定了上网电价、输配电价、销售电价的定价方法，这些办法构成中国现行电价体制框架。

电力市场化改革的复杂性和艰巨性超出了改革设计者的预判，改革进展不尽如人意：“厂网分开、主辅分离、输配分开、竞价上网”四项改革，仅“厂网分离”得以实现。“主辅分离”改革只进行一半，没有真正得到有效实施，导致电网“辅业”规模越来越大。“输配分开”改革受到来自电网企业的抵制，改革没能进行。“竞价上网”受电煤价格大涨影响，电价传导不畅，改革试点不了了之。

厂网分离，在发电侧引入竞争机制，在电网侧引入了一定的竞争。2002 年 12 月，国家电力公司拆分为两大电网公司和五大发电公司。拆分后，从电力产业组织上保障了发电侧的有效竞争，以及在一定程度上提高了对电网企业的监督效率。

发电侧的市场化改革为电力工业发展注入了极大的动力，电力工业获得前所未有的巨大发展。2002～2014 年，电力装机容量和发电量年平均增长速度分别增长了 283%、235%，年均增长速度分别为 23.9% 和 20.3%。电力装机容量和发电量从 2002 年的 3.6 亿千瓦、1.7 万亿千瓦时，迅速增加到 2014 年的 13.8 亿千瓦、5.7 万亿千瓦时。

5. “放开两头管住中间”的改革发展阶段（2012 年至今）

2012 年以来，电力工业摆脱了供应紧张的局面。但在以解决电力供应紧张主导下的电力工业发展过程中，积累了不少突出矛盾，形成了“重发轻供不管用（户）”的特点。

“放开两头管住中间”的电力市场化改革。2015 年 3 月，《关于进一步深化电力体制改革的若干意见》（中发〔2015〕9 号）（以下简称 9 号文件）的公布展开了新一轮电力体制改革。本轮电力体制改革的主要目标是：输配电价核定、增量配网市场和售电市场放开。为了贯彻落实 9 号文件精神，发改委又一次性发布了《关于推进输配电价改革的实施意见》《关于推进电力市场建设的实施意见》《关于电力交易机构组建和规范运行的实施意见》《关于有序放开发用电计划的实施意见》《关于推进售电侧改革的实施意见》《关于加强和规范燃煤自备电厂监督管理的指导意见》六个配套文件。

电力体制改革取得了一些进展。首先，售电批发市场化改革正在推进。①售电业务市场化改革成效显著，市场化电量不断扩大。2018 年，市场化交易电量 2.1 万亿千瓦时，占全社会用电量比重达到30%，较2017年提高4个百分点。2017年，市场化交易电量1.63万亿千瓦时，占全社会用电量比重达26%左右；2016年，市场化电量为19%。②放开煤炭、钢铁、有色、建材等重点行业用电计划。2018年7月，《关于积极推进电力市场化交易进一步完善交易机制的通知》以及《全面放开部分重点行业电力用户发用电计划实施方案》，以煤炭、钢铁、有色、建材用户为试点，放开用电计划。③交易机构股份制改造积极推进。全国目前已形成2个区域级交易中心和32个省级交易中心。2019年国家电网公司将按照国家发改委有关要求，在完成资产评估备案基础上，规范履行国有资产转让审批程序，尽快完成北京电力交易中心股份制改造；主动配合各省及政府部门落实好省级电力交易机构股份制改造实施方案，探索股份制电力交易机构运行管理新机制，进一步提高交易机构运作水平和服务能力。

其次，输配电改革有所突破。①增量配网改革正在推进。增量配电网原则上指110千伏及以下电压等级电网和220（330）千伏及以下电压等级工业园区（经济开发区）等局域电网，以及除电网企业存量资产外，其他企业投资、建设和运营的存量配电网。2016年10月，《有序放开配电网业务管理办法》出台，可实现配电网的运营权和所有权分离；同年9月，国家发改委、国家能源局下发了《关于请报送增量配电业务试点项目》的通知，鼓励社会资本参与投资增量配电业务。2018年，增量配电改革进一步深化。在局部地区将得到突破，以局部率先突破将带动全国增量配电改革深化发展，以增量配电改革产生的活力带动电力系统存量配电业务效率提升、服务改进。②输配电价独立核定，定价机制从行政定价转变为管制定价。输配电价改革已经完成全国省级电网输配电价的第一轮核价和执行工作，实现省级电网输配电价核定（除西藏外全覆盖），开始进入第二轮的成本监审阶段。《省级电网输配电价定价办法（试行）》（2017年）和《输配电定价成本监审办法（修订征求意见稿）》（2019年4月向公众征求意见），明确了输配电定价成本构成和归集办法，以及输配电定价关键成本指标的核定方法和标准，提高了输配电价制定的科学性、合理性和透明度。

电力工业发展情况。受经济进入新常态，煤电产能过剩、能源转型影响，电力工业发展速度放缓。2012～2018年，电力装机容量和发电量年平均增长速度分别为8.7%和5.7%。到2018年，电力装机容量达到19.0亿千瓦，其中火电装机达11.4亿千瓦，占比60.2%；发电量达到7.0万亿千瓦时，其中火电4.9万亿千瓦时，占比70.4%。

中华人民共和国成立70年电力工业发展的历史经验和教训表明，电力要发展必须遵循市场规律、遵循行业自身发展规律，不忘电力工业发展的"初心"是服务国家经济建设、服务人民群众，坚持打破垄断、放松管制的电力市场化改革，坚持结构调整与优化，坚持技术创新与国际合作。正是通过打破垄断、在发电投资体制和电力价格体制的放权让利改革，通过政企分开、厂网分开、主辅分离改革，通过输配电价核定、放开增量配网市场、放开售电市场和建立电力现货市场等一系列改革，通过技术创新和国际合作，中国电力工业获得了前所未有的发展。

二、中国电力工业70年发展成就

中国电力工业70年，经历了从无到有、从小到大、从弱到强的过程，取得举世瞩目的巨大发展成就：发电能力世界第一，清洁能源发电和煤炭清洁发电能力世界第一，拥有规模最大、技术最先进的高等级电网。中国电力工业发展为中国经济70年快速发展提供了可靠的电力保障。

1. 用电量增长超过1900倍、人均用电量增长630倍

1949年，国家极度贫穷，电力工业极其薄弱。经过70年的发展，特别改革开放40年的发展，中国经济飞速发展，用电水平大幅提高。

70年用电量增长超过1900倍。用电量是衡量一国/地区电力工业发展的重要指标之一，也是衡量一国/地区经济发展水平的重要指标之一。经济越发达，用电量就越多。中华人民共和国成立之初的1949年，全年实际用电量为34.6亿千瓦时；经过70年发展，到2018年，全社会用电量68449亿千瓦时，是1949年的1978倍。2018年，中国全社会用电量是美国终端用户的全年用电量39460亿千瓦时的近两倍，中国工业用电量与OECD（经济合作与发展组织）国家工业用电量总和大体相当。

70年人均用电量增长630倍。人均用电量是衡量一国电力工业发展的重要指标之一，是国际公认的衡量一国发展水平的重要指标，被世界银行等国际组织采用。1949年，中国人均用电量①仅为8千瓦时/人，4口之家年用电量才32千瓦时——大约可供一台传统冰箱工作一个月的电量。这一数据不仅大大低于世界平均水平，甚至低于非洲一些极不发达国家的人均用电量水平。经过中国人民艰苦卓绝的努力，到1978年，中国人均用电量达到268千瓦时/人，是1949年的33.5倍，但依然大幅低于世界平均水平1523千瓦时/人，只有世界人均用电量的17.6%。改革开放以来，到2009年中国人均用电量2775千瓦时/人，接近世界平均水平2791千瓦时/人，到2010年中国人均用电量3153千瓦时/人、超过世界平均水平2955千瓦时/人。到2018年，中国人均用电量达到5012千瓦时/人，大大超过世界平均水平，是中华人民共和国成立之初的630倍，是1978年改革开放之初的19倍。

表21－1 1949～2019年中国人均用电量变化情况

年份或变化	人均用电量（千瓦时/人）	年份	人均用电量（千瓦时/人）
中国70年变化（倍）	630/644*		
改革开放40年变化（倍）	19		
1949	8	1997	917
1978	267	1998	928
2018	5012	1999	980
1950	—	2000	1080
1960	90	2001	1163
1970	140	2002	1288
1980	305	2003	1474
1981	309	2004	1688
1982	322	2005	1910
1983	341	2006	2168
1984	361	2007	2471
1985	388	2008	2599
1986	418	2009	2758
1987	455	2010	3153
1988	491	2011	3511
1989	519	2012	3683
1990	543	2013	3948
1991	585	2014	4153
1992	644	2015	4176
1993	706	2016	4356
1994	774	2017	4642
1995	831	2018	5012
1996	882	2019**	5122

注：*第一个数值为2018年值/1949年值，第二个数值为2019年预测值/1949年值。**2019年为估计值。

资料来源：根据中国电力联合会2018年电力统计基本数据、中国统计年鉴整理计算。

2. 发电装机容量增长超过1000倍、发电能力世界第一

1949年中华人民共和国成立之时，多年战争

① 考虑数据可比较、可获得性，文中我国人均用电量用人均发电量替代。

使中国电力工业遭受重创。电力供应能力远远落后于世界平均发展水平，全国80%以上为无电人口。经过70年发展，电力工业彻底改变了落后面貌，中国发电量和发电装机容量双双位列世界第一。电力工业为中国经济建设、社会发展提供了可靠的电力供应。

发电装机容量规模70年增长1026倍。发电装机规模是衡量一国电力工业产能的重要指标。发电量越多，表明电力工业的规模就越大，提供电力服务的能力也就越强。为满足不断增长的电力需求，中华人民共和国成立以来，投入了巨额资金新建了大量发电基础设施。发电装机容量规模从1949年的185万千瓦，到1978年，电力装机容量5712万千瓦；到2018年，电力装机容量将近19.0亿千瓦，是中华人民共和国成立之初的1027倍，是改革之初的33倍，较1978年增长了18.4亿千瓦。

特别是党的十八大以来，发电装机规模增长惊人，2013～2018年，连续6年，年发电装机容量超过1亿千瓦，年均新增发电装机容量1.25亿千瓦，其中年均增长可再生能源发电装机容量7149万千瓦。而中国发电装机容量实现第一个1亿千瓦是1987年，从中华人民共和国成立算起，整整用了38年。

70年人均发电装机容量增长了近400倍。1949年，中国人均发电装机容量为3瓦/人，不仅大大低于世界平均水平，甚至低于非洲极不发达国家的人均装机量。经过发展，到1978年，人均发电装机容量为59瓦/人；到2018年，中国人均装机容量为1361瓦/人，超过世界平均水平，是新中国成立之初的399倍，是改革之初的23倍。

70年发电量增加超过1600倍。发电量是衡量电力工业产量规模的重要指标。中国发电量从1949年的43亿千瓦时，经过发展，到1978年发电量2566亿千瓦时；到2018年发电量6.99万亿千瓦时，是中华人民共和国成立之初的1623倍、改革之初的27倍。到2019年，发电量将达7.16万亿千瓦时，是1949年的1660倍。

表21-2　1949～2019年中国电力工业发展

年份或变化	装机容量（万千瓦）	人均装机（瓦/人）	发电量（亿千瓦时）	年份或变化	装机容量（万千瓦）	人均装机（瓦/人）	发电量（亿千瓦时）
中国70年变化（倍）*	1027/1057	399/410	1623/1660				
改革开放40年变化（倍）	33	23	27				
1949	185	3	43	1988	11550	104	5451
1978	5712	59	2566	1989	12664	112	5847
2018	189967	1361	69940	1990	13789	121	6213
1950*	210	4	100	1991	15147	131	6775
1960	1192	18	594	1992	16653	142	7542
1970	2377	29	1159	1993	18291	154	8364
1980	6587	67	3006	1994	19990	167	9279
1981	6913	69	3093	1995	21722	179	10069
1982	7236	71	3277	1996	23654	193	10794
1983	7644	74	3514	1997	25424	206	11342
1984	8012	77	3770	1998	27729	222	11577
1985	8705	82	4107	1999	29877	238	12331
1986	9382	87	4496	2000	31932	252	13685
1987	10290	94	4973	2001	33849	265	14839

续表

年份或变化	装机容量（万千瓦）	人均装机（瓦/人）	发电量（亿千瓦时）	年份或变化	装机容量（万千瓦）	人均装机（瓦/人）	发电量（亿千瓦时）
2002	35657	278	16542	2011	106253	789	47306
2003	39141	303	19052	2012	114676	847	49865
2004	44239	340	21944	2013	125768	924	53721
2005	51718	396	24975	2014	137887	1008	56801
2006	62370	474	28499	2015	152527	1110	57400
2007	71822	544	32644	2016	165051	1194	60228
2008	79273	597	34510	2017	178418	1284	64529
2009	87410	655	36812	2018	189967	1361	69940
2010	96641	721	42278	2019*	195476	1410	71548

注：*第一个数值为2018年值/1949年值，第二个数值为2019年预测值/1949年值。**2019年为估计数。

资料来源：根据中国电力联合会2018年电力统计基本数据、中国统计年鉴整理计算。

中国电力工业在世界电力工业的地位发生巨大变化，规模连续8年位居世界第一位。①发电装机容量从1949年的世界第21位，发展到1995年中国超越俄罗斯排名世界第三位，到1996年超越日本为世界第二位，到2011年超过美国为世界第一位。考虑数据可比性，利用IEA最新数据及中电联数据，观察比较1980~2018年中国发电装机容量在世界的变化情况。1980年，美国发电装机总容量为5.8亿千瓦、占世界发电装机总容量的29.2%、位列世界第一位，中国为6587万千瓦、占世界发电装机的3.3%、位列世界第七位。当年装机容量规模排在中国之前的国家还有俄罗斯与独联体（2.7亿千瓦、13.6%）、日本（1.4亿千瓦、7.2%）、德国（1.0亿千瓦、5.2%）、加拿大（7917万千瓦、4.0%）和英国（7360万千瓦、3.7%）。到2011年，中国发电装机容量超过美国（10.5亿千瓦、占世界19.8%）位列世界第一位，发电装机容量为10.9亿千瓦、占世界20.4%。到2018年，中国发电装机容量规模连续8年保持世界第一位，发电装机容量将近19.0亿千瓦；是位列世界第二位美国发电装机容量的1.8倍。②发电量从1949年的世界第25位，到1978年变为世界第七位，到1994年变为世界第二位，到2011年变为世界第一位。考虑数据可比性，利用IEA最新数据及中电联数据，观察比较1980~2018年中国发电量在世界的变化情况。1980年，中国为2854亿千瓦时、占世界发电量的4.0%、位列世界第五位，当年美国发电量位列世界第一位，为22850亿千瓦时、占世界发电量的32.3%。当年发电量排在中国之前的国家还有日本（5480亿千瓦时、7.8%）、德国（4698亿千瓦时、6.6%）和加拿大（3679亿千瓦时、5.2%）。到2011年，中国发电量超越美国列第一位，发电量为47306亿千瓦时、占世界21.2%；美国发电量为43634亿千瓦时、占世界19.6%。到2018年，中国发电量连续8年位列世界第一位，发电量69940亿千瓦时，是位列世界第二位美国发电量43961亿千瓦时的1.6倍，大约是欧盟32822亿千瓦时的2.1倍。

3. 电网线路长度增加超过290倍、通电率100%

中华人民共和国成立70年，中国电网从覆盖率低、联通性低、电压低的零星孤网，发展成为世界上覆盖范围最广、能源资源配置能力最为强大、全世界并网新能源装机规模最大、高压输电线路最多的电网；从安全运行水平低的电网，发展成为世界安全运行水平最高的电网之一，电力供应进入高可靠性水平阶段。

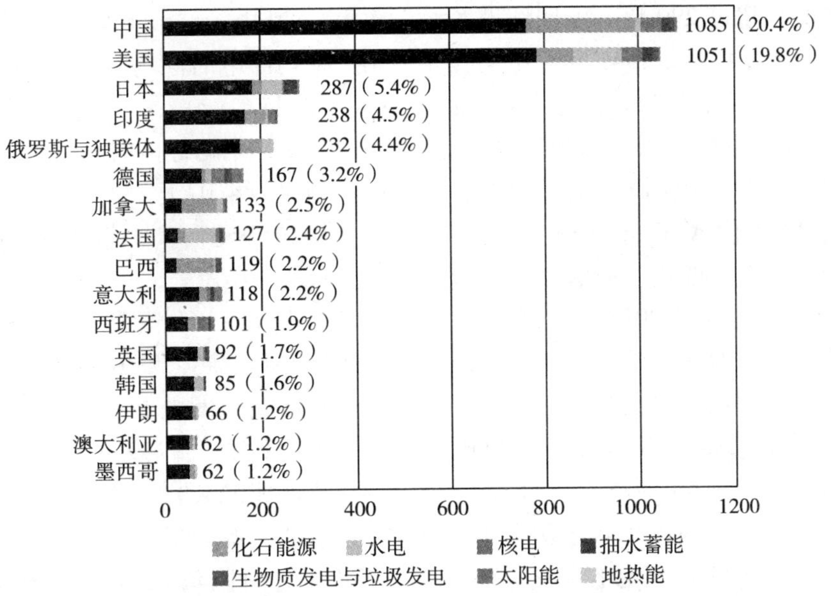

图 21－1　中国发电装机容量首次列第一时（2011 年）主要国家发电装机容量及占比（十万千瓦）

资料来源：IEA 和中电联。

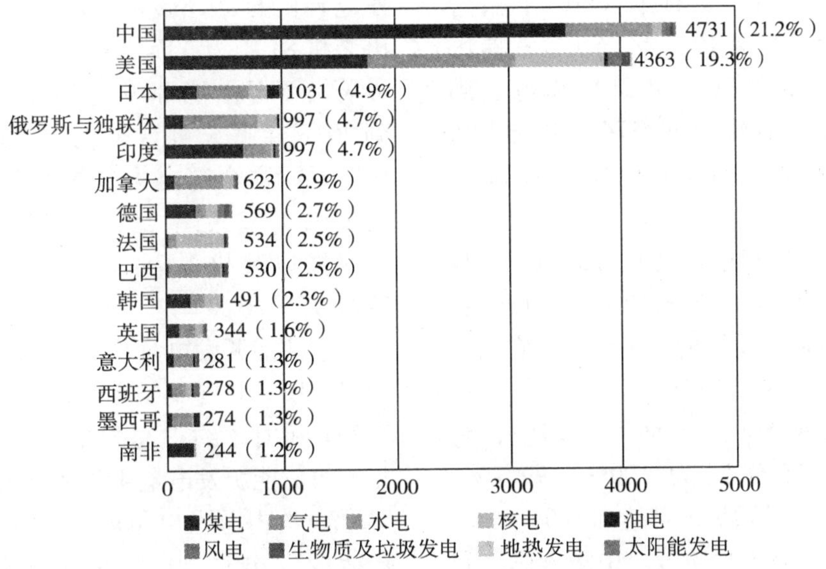

图 21－2　中国发电量首次列第一时（2011 年）主要国家发电量及占比（十亿千瓦时）

资料来源：IEA 和中电联。

世界覆盖范围最广。电网发展经历了从孤网、孤立电厂，发展到区域电网，再到全国电网覆盖至村。电网覆盖率是反映电力普遍供应能力的重要指标。1949 年，中国电网十分薄弱，只覆盖少数大城市，多是以城市为供电中心的孤立电厂和相应的低压供电。经过近 30 年发展，到改革开之初的 1978 年，全国电网覆盖率接近一半，电网主要以相对孤立的省级电网、城市电网为主，省间联系很少。特别是改革开放 40 年的发展，到 2018 年全国已经形成了华北、东北、华中、华东、西北、南方六个大型区域交流同步电网，除西北电网以 750 千伏交流为主架网外，其他电网以 500 千伏交流为主网架，华北电网和华东电网建有 1000 千伏特高压工程。

电网线路长度增长超过290倍。电网线路长度是反映电网规模的重要指标。1949年，电力线路为6474千米，最高电压等级220千伏，除东北地区154～200千伏高压电网、京津唐地区77千伏电网、上海市33千伏供电电网外，在个别地方间或架设有单独的22千伏或33千伏输电线路。到1978年，220千伏及以上输电线路长度2.3万千米，是1949年的3.5倍。到2018年，35千伏及以上输电线路回路长度189万千米，相当于绕地球赤道47圈，是1949年的291倍。

电网电压等级世界最高。电压等级是反映电网技术水平的重要指标。到1978年，最高电压等级330千伏，全国各电网以220千伏和110千伏高压输电线为主要干线，变电容量2528万千伏安。特别是经过40年改革开放，到2018年，电网最高电压等级1100千伏，超过巴西（800千伏）、美国（765千伏）、印度（765千伏）、俄罗斯（750千伏）、日本（500千伏），世界第一；变电设备容量40.3亿千伏安；跨区输电能力不断提高，到2018年跨区输电达到1.36亿千瓦，其中交直流联网跨区输电能力超过1.23亿千瓦，跨区点对网送电能力1344万千瓦。

县、乡、村、户的通电率达百分之百。1949年中华人民共和国刚成立时，农村通电率极低，农村年用电量仅为2000万千瓦时，平均每个农民年用电量仅为0.05千瓦时。1978年，全国县、乡、村通电率分别为94.5%、86.8%、61.1%，到2007年，三项指标分别为100%、99.7%、99.7%，到2016年三项指标全部达到100%。

供电可靠性进入高水平阶段。中华人民共和国成立之初，中国供电可靠性非常低，大多数地区无电供应，城市供电也得不到保障，电力供应处于低可靠性水平阶段。经过70年的发展，中国供电可靠性大幅提升，进入高可靠性、高质阶段。用户平均停电时间、用户平均停电次数等是国际上（IEEE）供电可靠性指标。到2018年，中国平均供电可靠率为99.820%，用户平均停电时间为15.75小时/户，用户平均停电频率3.28次/户。其中，城市平均供电可靠率为99.946%，用户平均停电时间为4.77小时/户，平均停电频率为1.11次/户；农村平均供电可靠率为99.775%，平均停电时间为19.73小时/户，平均停电频率为4.07次/户。

4. 清洁发电装机增长4600倍、清洁能源发电量增长2910倍

中华人民共和国成立70年，中国电力不断向清洁化方向发展，发电装机结构日趋优化。

清洁能源发电装机容量增长4600倍。从电力装机结构看，1949年中华人民共和国刚成立时，清洁能源装机极少，仅有16万千瓦水电装机，清洁能源装机仅占总发电装机的8.8%；到1978年，中国清洁能源装机1726万千瓦、是1949年的100倍，占总发电装机的30.3%；到2018年，清洁能源发电装机容量7.56亿千瓦、是1949年的4636倍、是1978年的44倍，占总发电装机的39.8%。2018年，新增清洁能源发电装机8191万千瓦。可再生能源发展成就更为显著，可再生能源发电装机规模世界第一位。到2018年底，可再生能源发电装机达到7.28亿千瓦，占全部电力装机约38.3%。其中，水电装机3.52亿千瓦、风电装机1.84亿千瓦、光伏发电装机1.74亿千瓦、生物质发电装机1781万千瓦。

清洁能源发电量增长2910倍。从发电量看，中华人民共和国成立之时，清洁能源发电量仅为7亿千瓦时，约占总发电量的16.5%；到1978年，清洁能源发电量447亿千瓦时、是1949年的63倍，约占总发电量的17.4%；到2018年，清洁能源发电量20709亿千瓦时、是1949年的2917倍、是1978年的46倍，约占总发电量的29.6%。可再生能源上网发电增长迅速，可再生能源发电量世界第一位。到2018年，可再生能源发电量达1.9万千瓦时、同比增长约1700亿千瓦时；可再生能源发电量占全部发电量比重为26.7%。其中，水电1.2万亿千瓦时，风电3660亿千瓦时，光伏发电1775亿千瓦时，生物质发电906亿千瓦时。

表 21－3　1949～2019 年发电装机结构与发电量结构

年份或变化	发电装机容量及比重（万千瓦,%）					发电量及比重（亿千瓦时,%）				
	发电装机	火电		清洁能源		发电量	火电		清洁能源	
		装机	比重	装机	比重		发电量	比重	发电量	比重
1949	185	169	91.2	16	8.8	43	36	83.5	7	16.5
1978	5712	3984	69.7	1728	30.3	2566	2119	82.6	447	17.4
2018	189967	114367	60.2	75600	39.8	69940	49231	70.4	20709	29.6
1978/1949	31	24	—	106	—	60	56	—	63	—
2019/1949	1027/1065	618/638	—	4637/4876	—	1623/1167	1367/1397	—	2917/2994	—
1965	1508	1206	80.0	302	20.0	676	572	84.6	104	15.4
1978	5712	3984	69.7	1728	30.3	2566	2119	82.6	447	17.4
1980	6587	4555	69.2	2032	30.8	3006	2424	80.6	582	19.4
1985	8705	6064	69.7	2641	30.3	4107	3183	77.5	924	22.5
1990	13789	10184	73.9	3605	26.1	6213	4950	79.7	1263	20.3
1995	21722	16294	75.0	5428	25	10069	8074	80.2	1995	19.8
2000	31932	23754	74.4	8178	25.6	13685	11079	81.0	2606	19.0
2005	51718	39138	75.7	12580	24.3	24975	20437	81.8	4538	18.2
2010	96641	70967	73.4	25674	26.6	42278	34166	80.8	8111	19.2
2015	152527	100554	65.9	51973	34.1	57400	42307	73.7	15093	26.3
2016	165051	106094	64.3	58956	35.7	60228	43273	71.8	16955	28.2
2017	178418	111009	62.2	67409	37.8	64529	45877	71.1	18652	28.9
2018	189967	114367	60.2	75600	39.8	69940	49231	70.4	20709	29.6
2019*	196975	117478	59.6	79497	40.4	71548	50293	70.3	21256	29.7

注："/" 前数值为 2018 年值/1949 年值，"/" 后数值为 2019 年预测值/1949 年值。

资料来源：根据中国电力联合会 2018 年电力统计基本数据整理计算。

电源投资结构清洁化。从电源投资去向看，结构不断优化。电源投资发生了巨大变化，从 1978 年起集中投资"水电火电"领域，发展目前电源投资"向低碳能源发电倾斜"。2018 年，水电、核电、风电等清洁能源完成投资占电源完成投资的 71.3%；水电、火电、核电和风电的投资分别是 674 亿元、777 亿元、437 亿元、643.14 亿元。

5. 电力工业技术水平大幅提升

70 年中国电力科技取得了巨大进步，在世界电力科技领域占有越来越重要的位置。

电力装备技术水平取得了飞跃式的发展。第一，电力装备经历了从完全依赖进口到逐步国产化、从小容量到大容量的发展过程。新中国成立初期，新装火电机组大多从苏联进口，容量普遍比较小。1956～1977 年，国产 6000 千瓦、1.2 万千瓦、10 万千瓦、20 万千瓦、30 万千瓦火电机组相继投产，但电力关键技术还要依赖发达国家。1965 年，技术装备和技术经济指标，大部分只达到世界先进国家 20 世纪 40 年代末期的水平，小部分也只有 50 年代初期的水平。改革开放以来，特别是党的十八大以来，电力装备水平有了很大提高，大容量、高参数、环保型的发电机组快速增长。第二，燃煤发电技术、污染物控制技术取得新发展，超超临界常规煤粉发电技术达到世界先进水平，空冷技术、循环流化床锅炉技术达到世界领先水平；火电技术全面国产化水平不断提升，火电设备三大主机（锅炉、汽轮机和发电机）实现全面国产化。第三，水电机组的设计与制造能力正全面达到世界先进水平，能够与发达国家的先进技术同台竞技，在特高拱坝安全控制、混凝土防渗墙领域达到世界领先水平。第四，核电技术瞄准世界前沿，突破关键共性技术和现代工程技术，为建设核电强国提供强有力的支撑。核电技术从无到有，取得了很大进步：①全面掌握三代核电技术，自主攻克具有四代特征的高温气冷堆技术；②核电厂的安全性在世界上处于先进水平，核电机组已累计运行超270堆年；③关键设备研制方面取得重大突破，核电设备自主能力不断提高。代表中国核电技术能力的“华龙一号”，其装备国产化率达到85%以上，反应堆压力容器、蒸汽发生器、堆内构件等核心装备都已实现国产；④成功制造钍核电池，成为世界上第一个掌握钍核电池并实际应用的国家。第五，中国燃机技术以上海电气收购意大利安萨尔多能源公司股权开始，共同研发燃气轮机技术。清洁能源发电技术不断创新，风电、太阳能发电技术不断进步。

电网技术在特高压输电、智能电网、大电网安全稳定运行控制、新能源接入等方面，取得了一批具有全球领先水平的科技创新成果。中国主导制定的特高压、新能源并网等国际标准成为全球相关工程建设的重要规范。特高压输电技术和超临界技术进入世界先进行列，拥有世界电压等级最高的正负1100千伏直流输电和1000千伏交流特高压输电；输变电设备制造能力处于世界先进水平。特高压输电技术的发展改变了中国输变电行业长期跟随西方发达国家发展的被动局面，确立了国际领先地位。

电力工业的主要技术经济指标大幅改善。线路损失率和供电煤耗是电力工业的主要技术经济指标。①线路损失率持续大幅下降，电网输电线路损失率由1949年的23.35%下降到1978年的9.64%，较1949年下降了13.71个百分点，再继续下降到2018年的6.21%、较1949年下降了17.14个百分点。②供电煤耗技术指标明显优于世界平均水平，先进的百万千瓦二次再热机组的供电煤耗已经低于270克标准煤/千瓦时。供电煤耗从1949年的1020克标准煤/千瓦时，下降到1978年的471克标准煤/千瓦时，较1949年下降了53.8%，2018年继续下降到308克标准煤/千瓦时，较1949年下降了69.8%（见图21－3）。

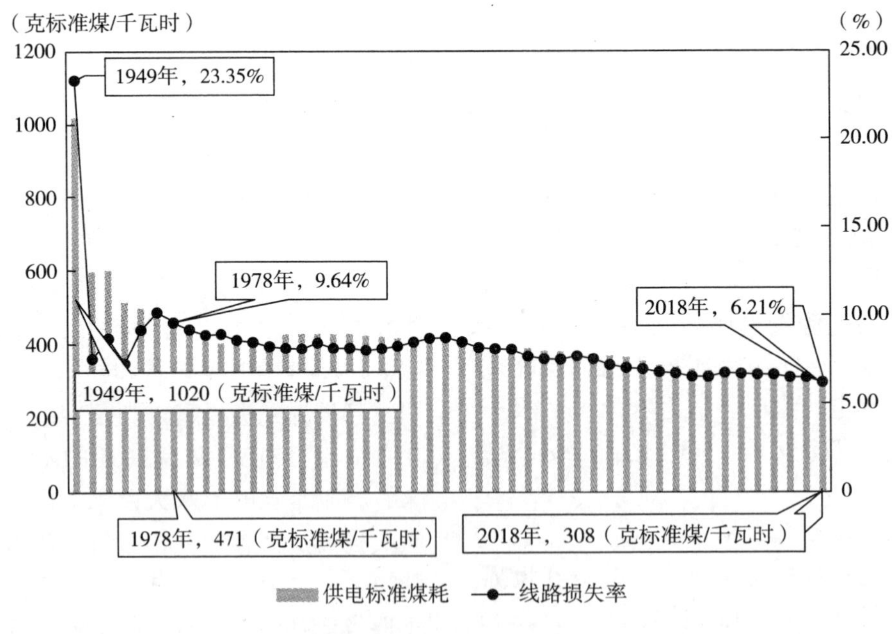

图21－3　1949～2018年电力工业主要经济技术指标变化

资料来源：根据中国电力联合会《2018年电力统计基本数据》绘制。

6. 电力工业对外合作成绩斐然

中华人民共和国成立 70 年，电力国际合作经历从“引进来”到“走出去”的变化过程，从封闭发展走进了全面对外开放的新时代。特别是随着“一带一路”倡议的实施，中国电力对外投资呈现出爆发式的增长态势。电网、发电、电建、电力装备等电力企业依托丰富的水电工程、火电工程、风电场、光伏电站、电网工程的建设经验，不断探索对外合作的方式，通过并购运营、电力工程总包、电力设备输出、电力国际贸易、电力标准制定与电力规划编写等多种方式，使电力对外合作规模不断增大、合作区域更加广泛、合作领域日趋多元。

海外电力建设项目规模不断扩大。以 1964 年启动的几内亚金康水电站项目（首个海外电力援助项目）为开端，中国电力开始海外电力建设项目。通过多年的发展，特别是在“一带一路”倡议下，中国海外电力建设项目不断扩大。其主要特点为：第一，对外电力工程承包以 EPC 为主，也出现了带融资的 EPC 项目，提高中国电力企业对外承包工程的灵活性。第二，清洁能源对外投资成绩显著。中国是世界上跨国水力发电项目投资最多的国家，主要分布在发展中国家，非洲大陆一半以上的水力发电项目都是由中国单独或与他国合作投资建设的。中国是世界上风力发电设备最大的制造国，对外投资风力发电项目正迅速发展。

到 2018 年，中国电力行业企业参与境外电力项目签约 399 个，签约合同总金额 466.8 亿美元，签约发电装机总容量 5013.7 万千瓦，签约发电装机容量较 2017 年（2868.4 万千瓦，444.9 亿美元）、2016 年（2848 万千瓦，414 亿美元）、2013 年（3132 万千瓦，468 亿美元）有所提高，签约合同金额大体相当。

电力对外投资规模不断扩大。中国电力海外投资从 20 世纪 90 年代开始起步，电力对外投资规模不断扩大，投资领域涉及输配电、水电、火电、新能源等多个领域，投资区域遍布东南亚、南亚、俄蒙、中亚、欧洲、美洲、非洲、大洋洲等国家和地区，投资方式有绿地投资、跨国并购、BOT 与 BOOT 等多种形式。①发电企业海外投资规模不断扩大。彭博新能源财经的数据表明，过去 15 年，中国独立发电企业（IPP）的海外投资总规模达 1510 亿美元，海外投资年复合增长率高达 57%。投资范围涉及 52 个国家，“一带一路”国家占 71%，投资领域涉及水电（36%）、煤电（17%）、风电（10%）等。[①] ②电网企业发挥技术优势和运营优势，不断加快“走出去”步伐。国家电网公司已投资运营菲律宾、巴西、葡萄牙、澳大利亚、意大利、希腊等国家和地区的电网、骨干能源网，管理境外资产超过 655 亿美元。南方电网公司以自身内部资源和条件为基础，充分发挥公司的区位及地缘优势，积极布局“一带一路”国家。南方电网和东南亚特别是大湄公河次区域的国家都进行了广泛、深入的合作，已形成 4 条通道、3 回 220 千伏、3 回 110 千伏的送电通道向越南北部八省送电；已形成 1 回 115 千伏的送电向老挝北部四省供电，且通道建设正向高电压等级发展；与缅甸电力联网提速，由缅甸瑞丽江一级水电站和太平江水电站输入电力；目前正在积极推进 500 千伏中老泰联网、500 千伏中缅联网、500 千伏中越联网、中孟联网。南方电网输电到老挝，使老挝北部的 190 万无电人口于 2009 年第一次用上了电[②]。

电力设备国际竞争力不断提升，电力国际贸易开始起步。中华人民共和国成立之时，中国电力设备主要依赖进口。经过多年的发展，中国电力设备国际竞争力不断提升。2013～2017 年，电力设备直接出口总额 62.8 亿美元、技术直接出口总额 22.5 亿美元，境外工程带动电力设备出口总额 177.7 亿美元、带动技术出口总额 51.2 亿美元。2018 年，风电发电机组出口 27406 台，出口金额 5.5 亿美元。

1949 年，中国电力工业极为落后，根本谈不上电力进出口贸易。随着我国电力工业的发展，逐渐开展电力国际贸易，与周边国家或地区电力互联互通，建成中俄、中蒙、中吉、中越、中老、中缅等多条跨国输电线路。到 2018 年，电量

① 彭博新能源财经，Chinese Power Companies，Global Investment Strategies，2018 年 1 月 23 日。

② 南方电网公司，http：//www.csg.cn/。

出口209亿千瓦时，出口金额15.1亿美元，主要向越南（16亿千瓦时）、蒙古国（13亿千瓦时）、缅甸（5亿千瓦时）、老挝、朝鲜等国出口；进口电量57亿千瓦时、电力进口金额为2.5亿美元，主要从俄罗斯（31亿千瓦时）、缅甸（16亿千瓦时）、中国香港（7亿千瓦时）、朝鲜（3亿千瓦时）等国和地区进口。中俄电力贸易相对引人注意，1992年至今，27年来中国累计从俄罗斯购电287.26亿千瓦时。

三、电力工业高质量发展面临的机遇与挑战

我国电力工业发展进入转方式、调结构、换动力的关键时期，市场化改革的攻坚阶段，供需多极化格局越来越清晰，结构低碳化趋势越来越明显，系统智能化特征越来越突出，电力工业发展机遇与挑战并存。人民对美好生活的向往、电气化水平的不断提高、煤炭清洁化利用、能源转型、多能互补、电力体制市场化改革、“一带一路”倡议以及电动汽车电采暖等电能替代政策，都是中国电力工业发展的重大机遇。同时，中国电力工业发展既面临电力需求增长放缓、煤电产能过剩的挑战，还面临电力工业清洁转型的长期压力，以及电力系统自身效率提升、能源体制机制问题等诸多挑战；也存在“发输变配用”各环节发展不平衡、不充分的问题也日益凸显，电网建设和管理存在薄弱环节，主网与配网、农网发展不平衡问题突出，供电服务质量整体有待提升。

1. 电力系统效率还不高

电力工业高质量发展，首先表现为电力系统的高效率。影响电力系统效率的因素有很多，如主网与配网、农网发展是否平衡，电网建设与运营管理能力是否存在短板，输配电定价制度是否合理有效，政府对电网企业监管是否有力等。衡量电力系统效率可以从电网负载率、负荷率等方面进行。

我国电网负载率不高。电网负载率和电量线路比是电力供给侧效率的重要指标。当前，中国输电线路轻载情况较为严重，大部分线路长期处于轻载状态。①中国输电线路的平均负载率只有8%，而保守情况下输电线路合理平均负载率应位于40%左右。②中国的电量线路比为972万千瓦时/千米，大大低于美国（1486万千瓦时/千米）和日本（3008万千瓦时/千米）的电量线路比。

电网负荷率逐年减小，峰谷差越来越大。负荷率是衡量需求侧管理效率的重要指标。负荷率是指年平均负荷与年最大负荷的比值。负荷率越小，说明平均负荷与最大负荷之间的差距越大，峰谷差异较大，电力系统运行效率与经济性也就越差。我国峰谷差仍然较高，除华北电网（32.5%）和西北电网（29.4%）外，其他电网的峰谷差均超过35%。

输电效率还有一定的提升空间。网损率是衡量输电效率的重要指标。2018年中国输电线损是6.21%，居世界同等供电负荷密度条件国家的先进水平，但与网损率最低的国家相比还存在一定差距。

2. 电力工业高质量发展面临大规模清洁转型压力

我国电力大规模清洁转型压力巨大。我国电力结构长期以煤炭为基础能源和主导能源，制约煤电发展，有利于可再生能源发电、核电和天然气发电的发展。近十多年来，全球替代煤炭转型显著。2018年，全球煤炭在一次能源中的份额下降至27.2%，为十五年来的最低水平；经合组织的煤炭需求降至1975年以来的最低水平。

与世界大多数工业化国家相比，中国电力工业的特点是，煤电规模大、比重高，气电核电规模小、比重低。这种电力格局极大地影响了电力清洁化转型的难度。如表29－4所示，2018年，中国燃煤发电依然高达66.5%，远高于世界的平均水平（38.0%），也高于美国（27.9%）、欧盟（21.59%）、俄罗斯（15.9%）；中国天然气电仅有3.1%，不仅低于世界天然气发电水平（23.2%），低于天然气资源丰富的美国

(35.0%)、俄罗斯(46.9%)和英国(39.2%),也大大低于依赖天然气进口的欧盟(18.9%)、德国(12.8%)、日本(36.8%)和印度(4.7%);非水可再生能源发电方面,中国为8.9%,接近世界的平均水平(9.3),略低于美国(10.3%),远远低于英国(31.7%);核电方面中国为4.1%,低于世界平均水平(10.1%),远远低于美国(19.0%)、欧盟(25.2%)、英国(19.5%)和俄罗斯(18.4%),也低于计划弃核的德国(11.7%)。受煤电存量资产、资源条件、电力技术水平等因素影响,在未来较长时期内,煤电还将在中国电力结构中占据主导地位。

表 21－4 2018 年中国与主要经济体发电结构比较

项目	世界发电结构(%)								
	世界	中国	美国	欧盟	德国	英国	日本	俄罗斯	印度
总发电量	100.0	100.0	100.0	100.0	100.0	100.0	100.0	100.0	100.0
燃油发电	3.0	0.2	0.6	1.6	0.8	0.5	5.7	1.0	0.6
燃气发电	23.2	3.1	35.4	18.9	12.8	39.4	36.8	46.9	4.8
煤电	38.0	66.5	27.9	20.0	35.3	5.0	33.0	16.0	75.3
核电	10.2	4.1	19.0	25.2	11.7	19.5	4.7	18.4	2.5
水电	15.8	17.0	6.0	10.5	2.6	1.6	7.7	17.1	8.9
非水可再生能源发电	9.3	8.9	10.3	21.5	32.2	31.6	10.7	0.1	7.8
其他	0.6	0.2	0.3	2.3	4.5	2.3	1.5	0.4	0.0

资料来源:中国数据来自中电联,其他数据根据 BP 电力统计 2019 年整理计算。

造成我国发电结构多煤的局面,与长期的电源增长方式直接相关。与美国相比,中国发电能力扩建,1949～2012 年,大部分(72%)增加的是燃煤电厂;2013～2018 年,新增清洁能源发电占据主导地位(57%),但燃煤机组的增量依然可观。这与美国有所不同:1949～1983 年,美国大部分增加的是燃煤电厂;接下来 4 年,核电是美国发电能力增加的主要因素;此后,天然气发电一直占据主导地位,1990～2005 年,几乎所有增加的美国发电装机都来自天然气发电厂。最近几年,风电成为美国发电能力增长的主要贡献者。根据 2018 年数据,美国天然气发电规模是中国天然气发电规模的 7 倍,美国核电发电的规模是中国的 2.7 倍。其原因既有能源资源禀赋的客观现实,也有我国能源发展战略侧重点、能源转型政策不配套等诸多主观因素。

表 21－5 2018 年中美发电规模比较

项目	发电量(亿千瓦时)及占世界比重(%)					中国/美国(倍)	美国/中国(倍)
	世界发电量	中国发电量	中国占世界	美国发电量	美国占世界		
总发电量	148	69940	26.3	44608	16.8	1.6	0.6
燃油发电	8028	107	1.3	264	3.3	0.4	2.5
燃气发电	61828	2236	3.6	15785	25.5	0.1	7.1
煤电	101005	46888	46.4	12458	12.3	3.8	0.3
核电	27014	2865	10.6	8496	31.4	0.3	3.0

续表

项目	发电量（亿千瓦时）及占世界比重（%）					中国/美国（倍）	美国/中国（倍）
	世界发电量	中国发电量	中国占世界	美国发电量	美国占世界		
水电	41931	11503	27.4	2887	6.9	4.0	0.3
非水可再生能发电	24804	6341	25.6	4585	18.5	1.4	0.7

资料来源：中国数据来自中电联，其他数据根据 BP 电力统计计算。

还有一个问题是大量的弃水、弃风、弃光。2018 年，我国弃水电量约 691 亿千瓦时、弃水率 5%，弃风电量 277 亿千瓦时、弃风率 7%，弃光电量 54.9 亿千瓦时、弃光率 3%。

3. 现行输配电定价机制存在诱导电网增加投资和投资过剩的风险

我国输配电价改革还处于起步阶段，输配电价成本监审存在诸多问题，输配分离尚未触及。

输配电价改革是电力工业高质量发展的重要核心内容，是提高电力系统效率的重要手段。通过提高输配电价定价效率，引导电力投资合理高效。当前，我国输配电价按照“准许收入 = 准许成本 + 准许收益”方法定价，在一定程度上起到了引导电网企业投资向有效投资转变，但同时也诱导电网企业增加投资做大资产规模，导致投资过剩。数据表明，新一轮电力市场化改革以来，电网投资连续处于历史高位。从 2014 年开始，电网投资开始超过电源投资，比重逐年加大，电网投资占电力工业投资比例分别为 52.77%、52.94%、61.44%、64.8% 和 66.4%。电网投资额逐年加大，2018 年全国电网工程建设完成投资 5373 亿元，再创新高。这种高投资增长率的现象反映了当前电力建设中扭曲资源配置问题不但没有得到解决，甚至有加剧的趋势；揭示了现行电价形成机制的内在矛盾，也表明政府对垄断企业监管能力不足、水平不高。

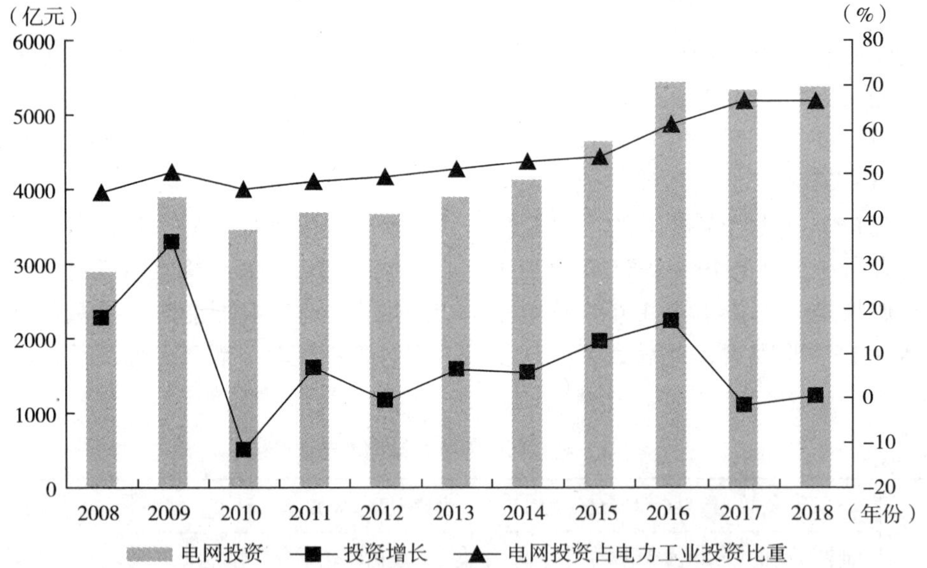

图 21-4 2009~2018 年全国电网投资变化情况

4. 增量配网改革推进缓慢，存量配网改革尚未纳入改革日程

增量配网改革是解决输配电网不平衡发展的关键。增量配网改革举步维艰，社会资本进入增量配网业务面临诸多障碍与困难，存量配电业务改革急需研究。而售电市场化改革是发挥市场机制，有效电力市场，也是电力高质量发展的核心内容。售电批发市场建设推进阻力重重，电力交

易中心股权改造落实不力，售电零售业务的市场化改革尚没有进入日程表。

增量配网改革的根本目的是在配电网领域引入竞争机制，建立多元化投资机制，改变配电网只能由电网公司进行投资建设运营的现状，从而解决配网建设落后于输电网建设、输配电网投资不平衡的问题。通过改革，调整电网投资重点是电力工业发展新阶段的必然要求。但增量改革进展缓慢，既有来自协调电网企业的重重困难，也存在地方政府要价太高、与民争利的现象。尽管有关部门出台了《增量配电业务配电区域划分实施办法（试行）》《关于进一步推进增量配电业务改革的通知》（发改经体〔2019〕27 号），但由于配电网业务触及电网企业核心利益，电网企业在供电区域划分、存量资产处置、配网工程接入等方面设置障碍和壁垒也就不难理解。目前，电网企业控股或参股了几乎所有已建成的增量配电网试点工程，严防新增配网这块“蛋糕”落入他人之手。

我国存量配网亟待改革，存在不合法的“用户投资存量配电网”，以及数量众多的“合表用户”。以往由于电网企业在配电网方面投资不足，客观上形成了用户投资建配电网的不合法现象。“用户投资存量配电网”的问题，主要表现在两方面：一是缺乏统一规划，建设标准不一、运行安全规范不同，存在安全隐患；二是缺乏监管，从事电力业务却无电力业务许可，处于政府监管的真空地带。

5. 电力现货市场建设困难，电力交易机构规范化仍待解决

电力现货市场建立的目的，是依靠科学合理的价格引导机制优化配置资源，是电力工业高质量发展的重要内容。但是，本轮改革以来，既有电网企业抢占成立电力交易机构、阻止区域电网公司设立等现象，也有试点省份电力现货市场试运行的时间推迟、电力交易机构股权改制不利的情况发生，这些都说明推进电力现货市场困难重重。除了电力设计建设的技术和经验等本身原因外，行业垄断设置的障碍也是改革推进缓慢的重要原因。

例如，中共中央、国务院《关于建立更加有效的区域协调发展新机制的意见》（2018 年 11 月）明确“选择条件较好地区建设区域性排污权、碳排放权等交易市场，推进水权、电力市场化交易，进一步完善交易机制”。但电网企业提出了“统一市场、两级运作”的机制，从电力制度设计上阻断了将单个省级调度中心权力归到一区域性调度中心，从而也难以实现资源大范围、高质量的优化配置。

四、对策建议

当前，我国电力工业进入转变发展方式、转换增长动能的新时代，高质量发展是新时代对电力工业发展的核心要求。电力工业高质量发展体现在：一是实现电力工业发展从规模扩张转向以清洁低碳高效为特征的电力体系质量提升转变；二是变要素驱动向创新驱动转变，通过制度创新与技术创新，建立城乡协调发展、输配网平衡发展的高效电力体系；三是电力企业要有利润。高质量发展不仅是电力工业自身发展问题，也是保障中国经济实现高质量发展、实现经济转型升级的重大问题。为了推动电力工业高质量发展，提出以下政策建议：

1. 抓住能源转型的历史机遇，建立高质量的绿色电力体系

生态文明建设和经济转型升级要求电力工业必须加大电源转型力度。两个百年目标是能源电力持续发展的强大动力源泉，能源转型、智能设备和电动汽车的快速发展是电力工业高质量发展的动力。煤电节能机组、可再生能源发电、天然气发电和核电共同发展，以及电力系统效率提高是中国电力工业高质量发展的必然之路。

第一，将能源转型的压力转变为高质量发展电力工业的动力，进一步提高电能在终端能源消费中的比重。电力作为清洁、高效的二次能源，

将处于能源转型的重要位置，电能占终端能源消费的比重持续增长。电能占终端能源消费的比重代表电力替代煤炭、石油、天然气等其他能源的程度，是衡量一个国家终端能源消费结构和电气化程度的重要指标。当前，我国电能在终端能源消费中的比重超过20%，高于世界平均水平，与发达工业国家基本持平①。预计到2035年电能占终端能源消费的比重将接近40%，2050年超过50%。电力工业要抓住能源转型、智能设备大规模应用、电动汽车替代油车的历史发展机遇，解决好能源转型过程中的各种矛盾，建立适应智能设备和电动汽车大规模应用的智能电力供应与服务体系。

第二，持续推动清洁电力体系构建，加紧天然气发电政策研究。以供给侧结构性改革为主线，推进电力工业发展的制度变革、质量变革、动能变革和效率变革，推动构建清洁低碳、开放融合、安全高效的现代能源体系。根据我国的能源要素条件，今后较长时间煤电依然是发电的核心主体。围绕建立高质量电力体系，一要继续抓好煤炭清洁发电工作，加大现有煤电机组清洁化改造力度，大力推广热电联产，严格新建煤电污染物近零排放制；注重对温室气体捕集、贮存、利用技术研究工作。二要加大风电、光伏、水电、核电、天然气发电等清洁电力的建设力度。在风电、光伏、水电的投资建设方面，无论是政策支持力度，还是实际建设成果，中国都走在了世界的前列。在核电建设方面，得到政府极大的重视，但建设速度不能满足清洁电力体系建设对低碳能源的需要。在天然气发电方面，还缺乏必要统一的认识和必要的支持，需要加强相关的政策研究。

第三，着力解决结构性不平衡问题，不断提升电力系统效率和电能质量。着重解决“发输变配用”各环节发展不平衡的结构性问题：在发电环节，合理控制装机规模，优化调整电源结构，提高火电调峰能力。在电网环节，优化网架，提高电网的智能化水平；加强规划、合理评估建设需求，统筹主干电网、配电网、农网建设。在用电环节，改革电价政策，科学制定输配电价，建立合理科学的电力市场化定价机制，充分发挥峰谷分时电价杠杆作用，推广负荷聚合机制等需求侧响应措施等。

2. 深化电力市场化改革，完善电力工业高质量发展的体制机制

电力体制改革是解决电力工业高质发展的重要举措。当前，电力市场化改革进入了攻坚期和深水区，触及垄断企业核心利益，改革异常艰巨，电力垄断部门是改革推进的主要阻力。政府对垄断行业的监管能力成为电力工业发展中的“软肋”。要下决心对电力垄断开刀，加大对电力垄断企业的监管力度，以市场化改革促电力工业的高质量发展。

第一，将输配电价改革进行到底，独立核定输电价格和配电价格。输配电价改革是电力市场化改革最重要的内容，也是电力供给侧结构性改革的重大举措之一。根据垄断行业监管理论与发达国家对电力工业的监管经验，独立核定输电价格和配电价格是有效监管的重要内容。

尽管我国已有了独立的“输配电价”，但输配电价中的各种交叉补贴问题依然没有得到解决，定价机制依然存在重大问题。例如，成本监审办法和定价办法对运维费的监管，仅从存量资产和增量资产的角度进行分类监管，规定了存量资产运维费和增量资产运维费的总量控制上限，但并没有对输电资产和配电资产进行分类监管。再如，由于输配不分，出现输配电价结构不合理的问题，高电压等级（500千伏和220千伏、330千伏）输电价格过高、220千伏以下电压等级间价差过小，也为新增配网改革设下障碍。

建议明确输配电价分离改革任务，独立核定输电价格和配电价格。明确输电定价成本构成与归集办法，输电定价关键成本指标的核定方法和标准；明确配电定价成本构成与归集办法，配电定价关键成本指标的核定方法和标准。

第二，改“准许成本加合理收益”定价方法为“投资回报率”定价方法。根据管制定价理论，当前实行的“准许成本加合理收益”定价方法，其本质是投资回报率管制定价方法。根据管

① 国际能源署的数据表明，电能占终端能源消费的比重超过20%的国家有日本、韩国、法国、美国、英国、德国、加拿大和意大利。

制定价理论和发达国家输配电价实践经验，投资回报率管制定价是一个保证投资者收益率水平、引导有效投资的闭环定价机制，通过准许成本与准许收益的核定确定准许收入→通过准许收入计算价格→通过年度评估进行价格调整。在这一方法运用中，准许成本、合理收益、准许收入只是计算初始价格的重要依据，但关键核心是“准许收益率或投资回报率”。

当前实施的省级电网输配电价的“准许成本加合理收益”定价方法，丢失了“投资回报率”这一关键核心，锁定在“准许成本加合理收益”。在方法运用上是“照猫画虎”，有“挂羊头卖狗肉”失误之嫌；在实际操作中，有难以落实之苦。例如，尽管明确了准许负债收益率和准许权益收益率，但在实际操作中，各省级电网输配电资产的负债收益率和权益收益率各是多少？

建议明确将“准许成本加合理收益”定价方法为“投资回报率”定价方法，通过“投资回报率”这一关键核心，规范管制电网企业的投资行为和运营行为，建立有效的电力投资机制和公平的价格形成机制，避免投资不足和投资过剩两种极端行为。

第三，提高政府对电网企业的监管水平，建立和实施年度评估制度。发达国家监管经验表明，年度评估制度是监管定价政策实施的重要内容，不可或缺，是政府对电网企业监管的具体体现。当前，我国强调的是事前成本监审，缺乏事中与过程的管理，这也就意味着针对实际变化进行评估与调整制度的缺位。政府对电网企业的监管打了折扣。

建议明确对电网企业实施年度评估制度，利用大数据、云计算技术等先进手段，提高事前成本监审质量和效率，加强事中成本管理、事后效率评价工作；明确电网公司和政府的信息公开义务。

3. 科学化解电力工业发展中的各种矛盾

第一，进一步推进电气化水平，科学化解煤电产能过剩。煤电行业经营环境发生重大变化，从“不够用”转为产能过剩。一方面，煤电行业产能过剩已持续多年，从 2008 年至今，除 2011 年外，火电设备利用小时数低于 5100 小时[①]。2018 年，火电利用小时数为 4361 小时，相对于盈亏平衡点，利用率仅为 85.5%。另一方面，纳入规划及核准在建的煤电项目总规模达 3.5 亿千瓦，到 2020 年煤机有可能突破 12 亿千瓦，届时煤电机组设备利用小时会跌至 3600 小时左右，煤电设备利用率大约在 70%。

建议进一步推进电气化水平，加快电能替代步伐。①加快推进交通领域电气化进程，制定电能替代石油的战略与路线图，减少汽车、飞机、船舶的燃油使用。在民用电动汽车领域，完善新能源汽车用电的价格政策，通过价格调节用户购车用电行为，充分发挥新能源汽车的储能作用，提高电网的稳定性和利用效率。目前 1 千瓦时电能，电动汽车平均可运行 5 千米。以自用充电桩为例，按北京市目前居民用电价格 0.488 元/千瓦时计算，运行成本约为 0.1 元/千米。如果对电动汽车实行峰谷电价而不是阶梯电价的话，按北京低谷电价 0.1 元/千瓦时计算，理论上电动汽车的运行成本可降到 0.02 元/千米。如果每辆车的年运行 1 万千米的话，自用充电桩理论上用电费用，当前电价为 1000 元/年，低谷电价只需要 200 元/年。②加大推进工业领域高耗能锅炉、耗能设备和工艺的电能替代力度，实现工业生产过程的电气化和绿色化。③总结电能替代散煤取暖的经验与问题，扩大电能替代规模。

第二，科学制定去煤电产能的标准和时序。按照电力“十三五”规划目标，煤电规模要控制在 11 亿千瓦以内，但目前煤电装机规模已超过 11 亿千瓦，到 2018 年底已超出 4367 万千瓦。目前，煤电机组大多是新机组、大机组，全国 30 万千瓦以下火电机组约 1.1 亿千瓦，其中约 64%、7000 万千瓦为热电联产机组；燃煤自备电厂 1 亿千瓦，涉及民营资本和既得利益，可见煤电去产能非常困难。

建议科学制定淘汰、停建、缓建煤电产能的标准和时序。落实电力规划，淘汰服役年限长、不符合能效、环保、安全、质量等要求的煤电机组。加强环保监督力度，对于符合国家煤电落后产能淘汰标准的小煤电机组，坚决限期予以关停

① 火电企业盈亏平衡点集中区的设备利用率在 5100 小时。

并拆除；对于排放不达标的煤电机组，严禁其运行，推动燃煤发电机组转型升级、提质增效，为清洁高效火电和新能源发电腾出发展空间。淘汰落后产能的燃煤自备电厂。

第三，处理好各种电力领域中的各种矛盾。能源转型、电力市场化改革、电力产能过剩等，不仅原有矛盾（如煤与电的矛盾）需要解决，还会出现许多新矛盾关系需要理顺。能源转型升级，使煤电产能过剩更加突出，一定程度上加剧了弃水、弃风、弃光，从而出现煤电与“水风光”电的竞争关系；电力市场化改革，加剧了发电企业的同行竞争，竞争领域从成本竞争逐步扩大到价格竞争、用户竞争、用电服务竞争等。

建议进一步解放思想，加大改革力度，推出创新举措。严格控制火电投资规模，加大煤电机组环保改造的财政补贴力度，妥善解决可再生能源电价补贴的历史欠账问题；规范电力市场交易行为，完善电力市场交易机制；建立煤电市场化价格机制，完善直接交易电量环保电价制度。

第四，提高煤电企业的盈利能力。煤电企业盈利能力受到三方面制约：一是发展空间受到清洁能源的挤压；二是煤电企业财务成本高居不下，大量财务费用侵蚀着微薄的利润；三是环保成本不断加大，国家已对电力行业开征大气污染物排放、水污染物排放、固体废物排放、噪声等四项环保税。

建议：①促进发电企业在经营理念、发展战略、商业模式、客户服务、提质增效等方面多做文章。②在“僵尸企业”退出、企业并购重组、降杠杆债转股等方面进行有益探索和实践。③充分发挥在电力装备制造、工程建设等方面的领先优势，借助亚洲基础设施投资银行、丝路基金、金砖国家开发银行等金融平台，助力电力企业“走出去”。

专栏 21-1

新中国成立初期的电力工业（1949~1952 年）

新中国成立初期，电力职工在中国共产党的领导下，开始了电力恢复工作。以开封为例（解放初期，开封是河南省的省会城市）。1948 年 10 月 24 日开封解放，战争的硝烟刚刚停止，大街上的弹壳还来不及清理，解放军就派代表进驻开封普临电气公司。组织职工开展生产自救，于 1948 年 12 月底首先修复了 80 千瓦小煤气机，恢复市内路灯供电；于 1949 年 2 月，修复已停机多年的 2000 千瓦发电机组，恢复市内夜间 12 小时供电；于 1950 年 9 月将一待装 1000 千瓦发电机组组装投运，恢复全市 24 小时昼夜供电。

1950 年 2 月，燃料工业部召开了第一次全国电业会议，正式通过决议案，规定 1950 年的基本方针与任务是“保证安全发供电，并准备有重点地建设两三年内工业生产所需的电源设备。在此总方针下，大力改进技术和管理制度，并进一步开展民主改革工作，努力消灭事故与贯彻定额管理，达到质好、量多、效率高与成本低的目标，以帮助其他工业的生产与发展”。这不仅是 1950 年的任务，也是三年恢复时期的总任务。到 1950 年末，修复了受战争创伤的发电设备出力 30 多万千瓦。至 1952 年，残缺设备基本上恢复了出力，电厂经过民主改革与整顿，生产运行逐步正常，各项技术经济指标有所好转。

1949~1952 年，发电标准煤耗率由 1020 克/千瓦时降到 727 克/千瓦时，发电设备年利用小时由 2330 小时提高到 3800 小时，线损率由 23.35% 降到 11.29%。在基本建设战线上，原定两三年内增加发电设备容量 32 万千瓦，至 1953 年也超额完成了任务。

资料来源：陈寒鸣：《新中国电力工业五十年概述（至 2000 年）》，《国家电网报》，“65 年前，毛主席亲自给电力人斟酒碰杯”，2015 年 4 月 21 日。

专栏 21 - 2

把握电力工业发展的新动能

分布式能源、电动汽车、储能技术和能源互联网是未来电力发展的新的动能。

第一，分布式能源发电具备清洁低碳高效的特征，有助于降低并网损失和传输损耗，同时在智慧能源条件下分布式发展项目可以同储能设备、电动汽车、充电设施等综合运用，可以有效地降低综合成本，带来更大的社会效益。最近国家能源局印发开展分布式发电市场化交易试点的文件，为分布式发电市场化运营创造了条件。

第二，电动汽车产业将改变电力生产的消费模式。2017 年全国电动汽车的销量是 70 万辆，保有量超过 100 万辆，预测到 2020 年，年产销量将达到 200 万辆，乐观估计，电动汽车的保有量 2030 年可能要达到和超过 8000 万辆，接近总体汽车保有量的四分之一。国内外生产厂商加速电动汽车战略转型，欧洲部分国家已经陆续出台燃油车淘汰计划和时间表，随着电动汽车保有量的增加和充电设施逐步完善，电动汽车的 V2G、5G 通信和自动驾驶技术的应用，电动汽车在改变终端能源消费格局的同时，将同电网深度融合，作为电能存储和消费终端改变电能生产消费和电网的运营模式。

此外，目前在我国每年的石油消耗量中，有 50% 是用到交通环节，而我国石油对外依存度已达到 70%，因此，大力发展电动汽车，减少对石油的依赖，也是国家的一个战略选择。

第三，储能产业的发展优化系统运行方式。目前，电化学储能成本已实现较大幅度下降，与 2013 年相比已下降一半，预计到 2020 年还将降低 50%。储能参与系统调频在现有政策下已经实现经济效益，部分地区储能项目已取得电量收益，未来市场长期看好。随着可再生能源平价接入系统并参与市场竞争的情况下，将引起调频、备用等辅助服务需求和价格的显著提升，储能电站的电量价格、调频价值，调峰价值将会进一步凸显。

第四，能源互联网技术打造智能电力系统。能源互联网以电力系统为核心，以电能为主要二次能源，将推动从化石能源转向可再生能源，从集中式转向分布式产能，从封闭转向更为开放的电力系统网络。通过互联网信息技术、人工智能技术、大数据、云计算技术同传统电力设施相结合，能源生产、输送和消费模式将更加智能，有利于提升清洁能源的接入和消费水平，提升用户参与电力市场的竞争意愿，并推动广域能源协调优化配置，催生出新的能源交易模式。

资料来源：史玉波：《促进电力转型改革　实现高质量发展》，《中国电力企业管理》2018 年第 10 期。

参考文献

[1] 刘澜波：《电力工业必须变落后为先行》，《人民日报》1979 年 5 月 19 日。

[2] 刘真和：《电力工业如何先行》，《经济管理》1979 年第 10 期。

[3] 付红军、张峰：《电力工业与技术创新》，《水电能源科学》1999 年第 1 期。

[4] 史丹：《能源工业改革开放 30 年回顾与评述》，《中国能源》2008 年第 6 期。

[5] 胡兆光：《改革开放 30 年：电力工业的成就与不足》，《经济参考报》2008 年 10 月 21 日。

[6] 中国电力企业联合会：《改革开放 30 年的中国电力》，中国电力出版社 2008 年版。

[7] 刘兵、汪昕、费赫夫：《我国核电技术的能力演进与追赶路径》，《南华大学学报》（社会科学版）2013 年第 1 期。

[8] 白玫：《新一轮电力体制改革的目标、难点和路径选择》，《价格理论与实践》2014 年第 7 期。

[9] 《65 年前，毛主席亲自给电力人斟酒碰杯》，《国家电网报》2015 年 4 月 21 日。

[10] 连维良：《加大推进力度　加快改革步伐　全面深化认真落实电力体制市场化改革》，《宏观经济管理》

2017 年第 5 期。

［11］王岩：《电力行业市场化改革成效显著》，《中国改革报》2017 年第 22 期。

［12］白玫：《改革开放 40 年电力工业发展历程与成就》，《中国能源》2018 年第 10 期。

［13］史玉波：《促进电力转型改革　实现高质量发展》，《中国电力企业管理》2018 年第 10 期。

［14］董士波、李东伟、王秀娜、韩晓宇：《关于输配电定价成本监审办法实施效果评估——基于对政策后评估方法的分析》，《价格理论与实践》，http：//kns.cnki. net/kcms/detail/11. 1010. F. 20190612. 1202. 002. html。

［15］孙世杰：《岁月有痕　光明无限——辉煌的电力建设 70 年》，《微信公众号·天坛明月》2019 年 7 月 25 日。

［16］李代耕：《新中国电力工业发展史略》，企业管理出版社 1984 年版。

第二十二章　新能源产业

提　　要

中国新能源产业经过70年的发展，尤其是改革开放以来的40年发展，开发建设规模不断壮大、关键技术进步显著、产业国际竞争力增强、对减轻环境污染和碳减排贡献巨大，已经成为世界最大新能源装备制造和新能源利用大国。中国新能源产业已经完成了从无到有、从小到大注重规模发展的阶段，将进入高质量发展新阶段。产业智能化升级、新能源终端消费比重大幅度提升将成为中国新能源产业未来发展的重要方向。与此同时，在全球能源低碳转型趋势下，新能源产业面临的国内外形势也发生了深刻变化，例如，可再生能源电力即将进入平价时代、国际新能源产业分工不断深化，国内能源体制改革稳步推进，中国作为新能源大国，需要清晰识别未来能源转型方向，牢牢抓住新能源产业核心环节，提早布局可能会引起能源体系发生革命性变革技术的研发，成为引领新能源发展，推动世界能源转型的重要力量。

*　　　　*　　　　*

对于“新能源”没有严格的定义，范围不够清晰。什么是新能源，关键是“新”的界定。从“新能源”的概念来看，常用的对新能源界定的标准有三个：一是技术维度。以新技术为基础开发利用的能源属于新能源范畴。例如，1980年，联合国召开的“联合国新能源和可再生能源会议”对新能源的定义为：以新技术和新材料为基础，使传统的可再生能源得到现代化的开发和利用，用取之不尽、周而复始的可再生能源取代资源有限、对环境有污染的化石能源，重点开发太阳能、风能、生物质能、潮汐能、地热能、氢能和核能（原子能）。二是利用方式。即使是传统的化石能源，一旦有了区别于传统利用方式，或改变了利用形态都属于新能源的范畴。按照这一界定，分布式能源、生物质成型燃料属于新能源的范畴。三是按照开发程度。新能源是与常规能源相对的概念，指近年来才被人们重视，还没有大量使用，需要采用新技术开发，有发展前景的能源。

在中国可以形成产业的新能源主要是风能、生物质能、太阳能、分布式能源、小水电、沼气，而诸如地热能、海洋能、潮汐能、氢能等新能源还处在研究阶段，也许未来会出现爆发式增长成为重要能源，但是就目前而言，还不具备商业价值，也没有形成产业。基于此，本章新能源产业的范围主要是光伏发电、风能发电、核能、生物质能、小水电、沼气，而尚未形成一定规模的新能源，我们仅略述其发展历程。

一、中国新能源产业发展历程与特点

早在20世纪50年代，为了解决能源供应不足的问题，我国就开始发展小水电、沼气池、太阳灶、风力提水机、小型风电机、中低温地热利用和小型潮汐电站等新能源。但是当时这些技术还不够成熟，离能够规模化开发的“新”技术还有很长距离，只是在能源供给不足条件下，“就地取材”的小范围、零散式利用。此后，国家相关部委陆续制定了一些新能源发展规划，但是基本属于研发阶段，没有形成商业利用。直到1990年，新能源在终端能源消费中才能够在统计数据中体现。进入21世纪，在环境与大气污染压力以及我国政府大力推动下，包括风光在内的新能源无论是装机容量、终端利用还是装备制造均得到快速增长。特别是2010年以后，新能源占终端消费比重高速增长，对改善能源结构起到了积极的作用。

图30－1显示了1949年以来，我国风电、太阳能发电、核电、地热能、生物质能等新能源装机变化情况，以及新能源消费占终端能源消费比重情况。1990年以前，各地虽然有不少新能源利用的实践，国家也出台了一些规划鼓励新能源相关环节的研发，但是还远远达不到产业范畴，也无法进入商品能源的统计中。1990～2010年，新能源开始真正发展起来，终端能源消费比重从1991年的0.01%迅速增加至2010年的1.62%，尤其是2006年风电、光伏装机规模迅速增加。2010年以后，新能源进入了高速增长期，尤其是以太阳能发电、风力发电为代表的新能源发电装机出现爆发式增长，2018年两者装机比重约占全部电力装机比重达到18.89%。

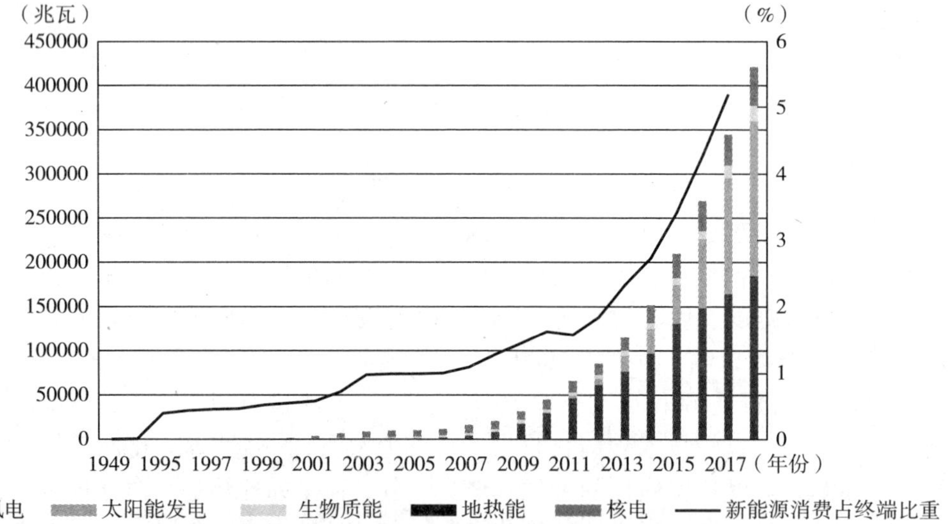

图22－1 1949年以来新能源装机及终端消费比重变化情况

资料来源：装机数据来自IRENA，新能源消费比重数据来自PFU database（Version 0.0.2）。

回顾新能源产业发展历程，我们大致将其划分为三个阶段：

1. *新能源早期发展阶段（1949～1990年）*

20世纪50年代开始，我国农村地区开始发展小水电、沼气池、太阳灶、风力提水机、小型风电机、中低温地热利用和小型潮汐电站等新能源来解决能源短缺问题。60年代，农村地区的沼气池和太阳灶等新能源有了进一步发展。

20世纪70年代开始，从国家层面提出了开展新能源研究开发工作。1974年启动核电站修建，1979 年，当时的国家科学技术委员会制定了太阳能科技发展规划，加强风能、地热、潮汐能的研究开发和试验工作。同年，《国务院转批国家经委、国家科委、国家农委、农业部关于当前农村沼气建设中几个问题的报告的通知》，制定了开发利用沼气的管理体制、财政支持、统筹协作与综合协调等政策。

20 世纪 80 年代，新能源开始纳入国家计划。1980 年，科技部提出了发展小型风力发电机解决西北部偏远地区农牧民供电问题的方案，并列入了国家“六五”科技攻关计划，并于“七五”期间，成功开发 50～200 瓦微型风力发电机。1983 年开始在小水电资源地区建设首批 100 个农村电气化试点县。1984 年，小型风力机投入批量生产。1985 年，引进铜—铝复合板太阳能热水器生产线。1986 年，光伏电池、被动太阳房等技术的研究开发列入国家科技攻关计划。1987 年通过的《中华人民共和国大气污染防治法》中规定国家“鼓励和支持开发、利用太阳能、风能、水能等清洁能源”。

这一阶段特点是新能源开发利用还没有到商业阶段，尚未形成产业，从统计数据来看，商品化新能源占终端能源消费比重为零（见图 22－1）。大多数技术还处在初级研发阶段。

2. 新能源产业快速发展阶段（1990～2010 年）

20 世纪 90 年代，以风、光为代表的新能源发展进入一个新的阶段。这一阶段国家发布了一系列鼓励和支持新能源发展的法律法规、政策文件。在国家产业政策作用下，新能源产业进入快速发展轨道。

1992 年联合国全球环境与发展大会后，国务院提出了中国对环境与发展采取的 10 条对策和措施，明确要“因地制宜地开发和推广太阳能、风能、地热能、潮汐能、生物质能等清洁能源”。同时，中国也是世界上最先完成“中国 21 世纪议程”报告的国家。在科技研究和示范推广方面，国家“八五”“九五”以及“十五”科技攻关中都安排了新能源和可再生能源项目。但在该领域投入资金数量比较少，虽在单项技术的研究示范方面有所进展，但新能源和可再生能源系统技术的发展水平，尚与发达国家有较大的差距，在资金投入力度上甚至还不如一些发展中国家。可再生能源在此阶段仍然作为化石能源的补充能源，用于解决农村用能以及边远地区燃料贫困。

正式提出新能源与可再生能源发展目标的官方文件是 1995 年 1 月颁布的《中国新能源和可再生能源发展纲要（1996～2010）》（以下简称《纲要》）。从《纲要》中的表述可知，国家当时已经意识到化石能源的过度使用对环境的破坏。《纲要》中提出 2010 年新能源与可再生能源发展的总目标：2010 年全国新能源与可再生能源开发利用总量达到 3.9 亿吨标准煤（包括生物质能传统利用方式的利用量）。

2000 年 8 月，当时的国家经贸委组织制定了《2000～2015 年新能源和可再生能源产业发展规划要点》（以下简称《规划要点》），提出了具有导向性的产业发展战略目标，以指导中国新能源和可再生能源产业的发展。《规划要点》提出的发展目标是到 2015 年新能源和可再生能源年开发量达到 4300 万吨标准煤，占中国当时能源消费总量的 2%（不包括传统经济利用方式的生物质和小水电利用量，如果包括小水电，则将达到 3.6%）。

对中国可再生能源等新兴能源发展最具有影响的是 2006 年实施的《中华人民共和国可再生能源法》。该法规定了由国家制定总量发展目标，并且具体授权国务院能源主管部门制定全国可再生能源中长期发展总量目标，这样规定，实际上是把制定可再生能源的总量目标用法律的形式固定下来，同时与实现总量目标的保障措施联系起来，从而明确了政府的责任。在《中华人民共和国可再生能源法》的指导下，国家发改委 2007 年出台了《可再生能源中长期发展规划》，明确提出了到 2020 年可再生能源在中国能源结构中的比例争取达到 15% 的目标。其中也提出了可再生能源发电的具体目标（见表 22－1）。相比之前，该目标反映了可再生能源在能源系统中的地位在上升，也表明国家对可再生能源发展的重视。此后，中国可再生能源高速发展，尤其是可再生能源发电装机容量不断创新高。

表 22－1 1990～2010 年以来国家支持新能源发展的部分规划与政策

政策目标	名称	主要内容
发展规划	1996 年《国民经济和社会发展“九五”计划和 2010 年愿景目标纲要》	大力发展新能源是我国能源产业政策之一
	1995 年《中国新能源和可再生能源发展纲要（1996～2010）》	提出我国 1996～2010 年可再生能源的目标、任务和优先发展项目
	2001 年《新能源和可再生能源产业发展“十五”规划》	提出“十五”期间我国新能源和可再生能源（不含小水电和生物质能传统利用）年开发利用量的具体目标
	2006 年《可再生能源发展“十一五”规划》	提出“十一五”时期可再生能源发展的形势任务、指导思想、发展目标、总体布局、重点领域以及保障措施和激励政策
	2007 年《核电中长期发展规划（2005～2020 年）》	提出了核电发展的指导思想、方法和目标
法律法规	1995 年《中华人民共和国电力法》	明确提出国家鼓励和支持利用可再生能源
	《中华人民共和国节约能源法》	提出各级人民政府应当按照因地制宜、多能互补，综合利用、讲究效益的方针，加强农村能源建设，开发、利用沼气、太阳能、风能、水能、地热能等可再生能源和新能源
	2006 年《中华人民共和国可再生能源法》	
	《可再生能源发电价格和费用分摊管理试行办法》《可再生能源电价附加收入调配暂行办法》及《关于完善风力发电上网电价政策的通知》	从法律规章上建立了促进新能源产业持续发展的利益机制
产业政策	1996 年 3 月“乘风计划”	采取技贸结合，引进、消化、吸收国外先进技术，实现 300 千瓦、600 千瓦大型风力发电机组的国产化，2000 年实现大型风力发电机国产化率 60%，加速风电场建设
	《新能源和可再生能源优先发展项目》（1995）、《国家能源技术政策》（1996）、《中共中央、国务院关于加强创新发展高科技实现产业化的决定》（1999）、《国务院办公厅转发国家计委国家科委关于进一步推动实施中国 21 世纪议程意见的通知》（1996）、《外商投资产业指导目录》（1998）、《国务院关于扩大外商投资企业从事能源、交通基础设施建设项目税收优惠规定适用范围的通知》（1999）、《当前国家重点鼓励发展的产业、产品和技术目录》（2000）、《关于调整部分资源综合利用产品增值税税率政策的请示》（2000）	

一系列政策措施实施之后，新能源产业呈现强劲的发展势头。此阶段，更严格的环保法规，政府的扶贫攻坚计划，市场需求的扩大以及多方位、大规模的国际合作，成为加速发展可再生能源的驱动力（周凤起、王庆一，2002）。新能源产业发展出现三个重要的变化：新能源利用从农村扩展到城镇，设备从小型向大中型发展，从研究开发走向市场化和产业化，从着眼于在增加能源供应转向把改善环境作为主要目标（周凤起、王庆一，2002）。这一阶段我国风力发电、光伏发电装机迅猛增长，成为世界最大的风能、光伏装机市场。新能源开发利用量从 1990 年的 60 万吨标准煤增加到 2010 年的 3260 万吨标准煤。风、光等新能源已经有了较强的产业基础，成为世界最大整机制造、光伏组件制造国家，且在技术领域取得较大进步。据统计，2010 年中国新增装机容量和风机产量均占全球总量的 1/3，2010 年世界光伏电池总产量的 3/8 是中国企业生产。

3. 新能源产业高速发展阶段（2011 年至今）

“十二五”以来，在市场环境、政策环境以及国际气候环境驱动下，我国新能源产业进入高速发展阶段。这一阶段，新能源产业发展的特点主要是：形成了支持新能源快速发展的政策体系；新能源装备制造能力位居世界前列，关键技术取得了突破；虽然一度因发展过快忽略消纳，出现弃风、弃光以及装备制造业产能过剩现象，随后在产业政策作用下，逐步有所改善。

一是出台了支持新能源快速发展的诸多政策。“十二五”以来，国家层面密集出台了促进新能源发展的政策与规划。例如，2013 年，《关于促进光伏产业健康发展的若干意见》发布后，有关部门又陆续出台了近百项涉及产品制造、市场应用、财税、价格、土地管理等产业发展的各个相关方面的支持和规范光伏行业发展的政策性文件；2013 年国家能源局制定《全面解决无电人口用电问题三年行动计划（2013～2015）》，提出推动风电等新能源产业在偏远地区的发展。此后，有关部委又进一步提出目标引导制度、绿证、配额制等制度。为推动新能源利用方式多元化，又先后出台了《进一步落实分布式光伏发电有关政策的通知》《关于推动多能互补集成优化示范工程建设的实施意见》《分散式风电项目开发建设暂行管理办法》《关于促进生物质能供热发展的指导意见》《国家能源局关于开展“百个城镇”生物质热电联产县域清洁供热示范项目建设的通知》等政策（见表 22－2）。

表 22－2　2011 年以来国家支持新能源发展的部分规划与政策

<table>
<tr><th>政策目标</th><th>名称</th><th>主要内容</th></tr>
<tr><td rowspan="4">发展目标</td><td>《“十二五”国家战略性新兴产业发展》</td><td>发展目标至 2020 年新能源产业成为国民经济先导产业。重点加快发展技术成熟、市场竞争力强的核电、风电、太阳能光伏和热利用、页岩气、生物质发电、地热和低温能、沼气等新能源</td></tr>
<tr><td>2012 年《中国可再生能源发展“十二五”规划》</td><td>明确提出了新能源发电装机比重</td></tr>
<tr><td>2014 年《能源发展战略行动计划（2014～2020 年）》</td><td>明确提出了新能源发电装机比重</td></tr>
<tr><td>《能源发展“十三五”规划》</td><td>“十三五”时期非化石能源消费比重提高到 15% 以上</td></tr>
<tr><td rowspan="2">价格政策</td><td>2013 年《国家发展改革委关于调整可再生能源电价附加标准与环保电价有关事项的通知》</td><td>适当调整可再生能源电价附加</td></tr>
<tr><td>2013 年《国家发展改革委关于完善核电上网电价机制有关问题的通知》</td><td>新建核电机组实行标杆上网电价政策，核定全国核电标杆上网电价为每千瓦时 0.43 元</td></tr>
<tr><td rowspan="3">装备制造业产业政策</td><td>2013 年《关于促进光伏产业健康发展的若干意见》</td><td>应对国内光伏发电市场滞后，国外欧美光伏“双反”时遇到的困境</td></tr>
<tr><td>《国家能源局关于规范风电设备市场秩序有关要求的通知》</td><td>加强检测认证确保风电设备质量；规范风电设备质量验收工作；构建公平、公正、开放的招标采购市场；加强风电设备市场的信息披露和监管等</td></tr>
<tr><td>《国家能源局工业和信息化部、国家认监委关于促进先进光伏技术产品应用和产业升级的意见》</td><td>发挥市场对技术进步的引导作用、严格执行光伏产品市场准入标准、实施“领跑者”计划、发挥财政资金和政府采购支持光伏发电技术进步的作用等八条意见</td></tr>
<tr><td rowspan="5">解决弃风弃光</td><td>《国家能源局关于进一步落实分布式光伏发电有关政策的通知》</td><td>进一步落实分布式光伏发电的十五条意见</td></tr>
<tr><td>2015 年《国家能源局关于推进新能源微电网示范项目建设的指导意见》</td><td>加强新能源微电网建设为新能源创造巨大发展空间</td></tr>
<tr><td>2016 年《可再生能源发电全额保障性收购管理办法》</td><td>加强可再生能源发电全额保障性收购管理，保障非化石能源消费比重目标的实现</td></tr>
<tr><td>2017 年《解决弃水弃风弃光问题实施方案》</td><td>完善可再生能源开发利用机制、充分发挥电网关键平台作用、加快优化电源结构与布局、多渠道拓展可再生能源电力本地消纳、加快完善市场机制与政策体系等</td></tr>
<tr><td>《国家发展改革委能源局关于做好风电、光伏发电全额保障性收购管理工作通知》</td><td>可再生能源配额制出台</td></tr>
</table>

二是新能源装机容量快速增长。在此期间，各类新能源发电装机超过两位数增长。新能源发电总装机从2011年的0.66万千瓦迅速增至2018年的4.17亿千瓦。截至2018年，新能源发电2.16万亿千瓦时。其中：①风电装机在经历了连续三年的下滑之后，2014年新增装机容量增速开始反弹，2018年的风电并网装机容量达到1.84亿千瓦，相比2011年增长了两倍。2018年风电发电量3660亿千瓦时，占全部发电量的5.23%。②太阳能发电发电装机由2011年的3110万千瓦左右，快速增至2018年的1.75亿千瓦左右，增长了4.6倍。2018年太阳能发电1775亿千瓦时，占全部发电量的2.54%。③生物质发电由2011年的380.8万千瓦增至2018年的1781万千瓦，年均增速20%。2018年生物质发电906亿千瓦时，占全部发电量的1.3%。④核电装机由2011年的1257万千瓦左右，增至2018年的4466万千瓦，年均增速接近20%。2018年核电2944亿千瓦时，占全部发电量的4.2%。⑤2010年以来浅层地热能利用以年均28%的速度递增。截至2017年底，中国地源热泵装机容量达2万兆瓦，位居世界第一，年利用浅层地热能折合1900万吨标准煤，实现供暖（制冷）建筑面积超过5亿平方米。2017年，中国地热能发电装机容量为27.28兆瓦，排名世界第18位。

三是弃风、弃光问题有所缓解。2011年，在新能源产业高速发展过程中，市场一度出现投资规模持续扩大的同时，“弃风弃光”率保持较高水平的“双高”局面。随后，国家出台一系列消纳政策。如被业内视为可再生能源配额制的《可再生能源发电全额保障性收购管理办法》、国家能源局印发《关于做好2016年度风电消纳工作有关要求的通知》、国家发展改革委国家能源局印发《清洁能源消纳行动计划（2018～2020年）的通知》，这一问题得到改善。如图22－2所示，2015年以后，在新增装机规模大增的情况下，2017年弃光率出现一定下降，说明我国促进可再生能源消纳的一系列政策效果初现。

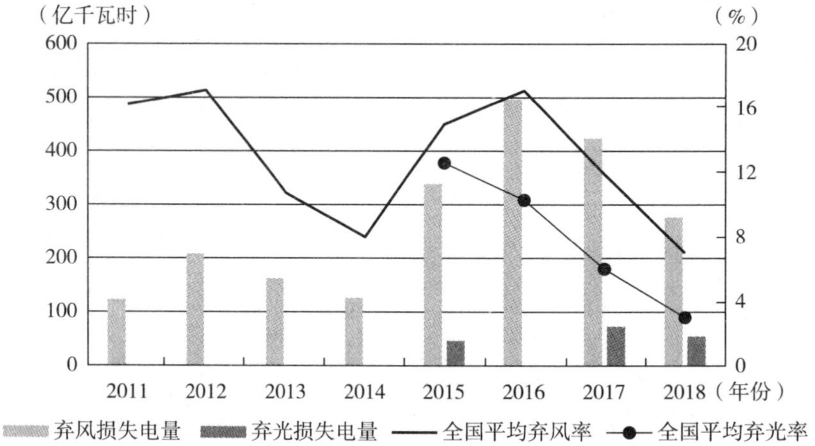

图22－2 2011年以来弃风弃光情况

资料来源：根据公开数据整理。

四是新能源设备出口受到外部环境冲击。从国际市场来看，2012年，欧美等主要出口市场陆续对我国发起光伏“双反”调查，直接影响我国光伏电池出口。我国光伏产品出口在2012～2013年出口同比大幅下降，同比分别下降42%、17%。2014年由于国家应对得力，光伏产品出口触底微弱反弹，至今保持稳定态势。目前我国已经成为世界上最大的光伏电池生产、使用和出口国家。光伏产品出口至欧洲、美洲、亚洲、非洲等，出口的国家和地区超过200个。

2011年之后，随着国内风电市场发展放缓，风电装备制造业开始积极开拓国外市场。2012～2013年风电机组出口同比增长分别为102%、60%。2014～2015年，受标杆电价政策的刺激，国内市场出现抢装潮，风电机组出口则减弱。2017 年，受到中国企业海外合作及直接项目投资增加的拉动，中国风电机组出口量创历史新高（见图 22－3）。

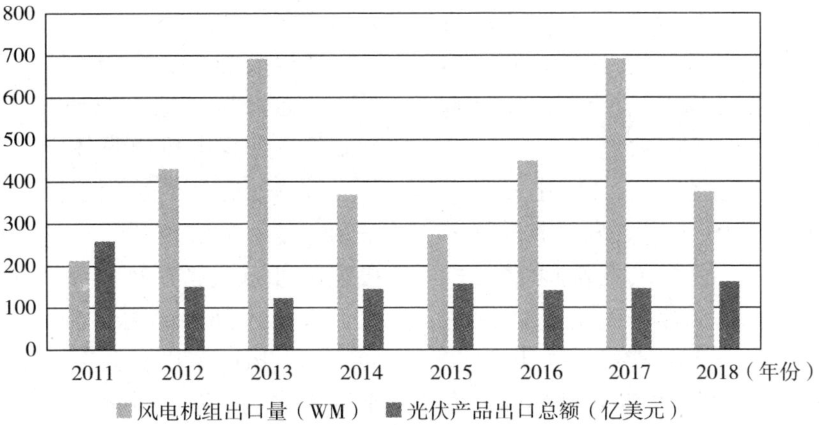

图 22－3　风机和光伏产品出口情况

资料来源：CWEA、海关总署、CPIA。

二、中国新能源产业 70 年发展的成绩与问题

1. 取得的成绩

（1）开发建设规模不断壮大。截至 2018 年底，中国新能源发电装机达到 4.21 亿千瓦，约占总装机容量 22%。新能源发电 0.93 万亿千瓦时，约占全社会发电量的 13%（见图 22－4）。据有关机构统计，2016 年中国新能源利用量首次超越美国居全球第一位，约占全球新能源利用总量的 20%。中国风电、光伏发电装机规模均已经连续多年稳居世界第一位。中国已经成为全球新能源利用规模最大的国家。

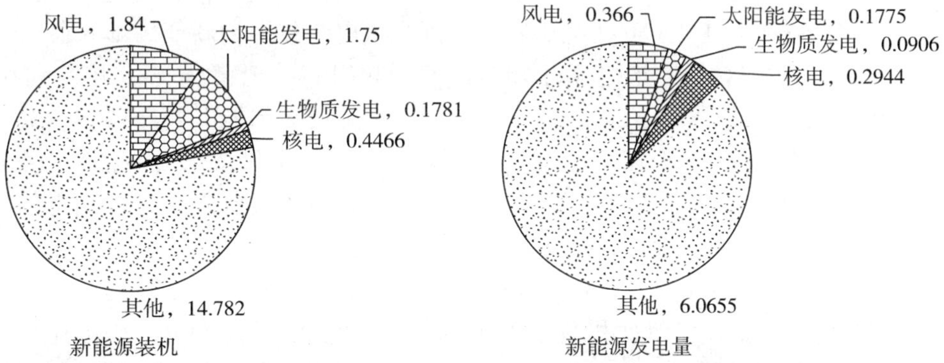

图 22－4　新能源装机（亿千瓦）以及发电量（万亿千瓦时）情况

资料来源：中电联。

2018 年中国风电装机容量 1.84 亿千瓦，累计装机和新增装机连续九年位居世界第一位，年

发电量达到3660亿千瓦时。2008年，建设“千万千瓦级风电基地”上升为“国家层面”的战略共识。2009年，《新能源产业规划》正式颁布，确定了6个省、区的七大千万千瓦级风电基地，包括甘肃、内蒙古（2个基地）、新疆、吉林、河北和江苏。2009年8月8日，甘肃酒泉千万千瓦级风电基地率先开工，拉开了风电大基地的建设序幕，被定义为“我国风电建设进入规模化发展新阶段”的标志性事件。2010年我国第一个百万千瓦级风电基地——张家口坝上风电基地建成投产。2010年，全国风电占全社会用电量比例达1.36%，基本与美国相当。2010年，我国风电装机总容量达到4473.3万千瓦，成功超过美国，成为世界第一。2011年，酒泉千万千瓦级风电基地一期380万千瓦建成投产。2012年，风电年发电量首次超过核电，成为继火电和水电之后我国第三大电源。2015年2月，我国风电装机规模突破1亿千瓦。

2018年中国光伏发电装机容量增加至1.75亿千瓦，连续四年位居世界第一，发电量1775亿千瓦时，占全部发电量的2.54%。2009年，我国第一批光伏特许权招标项目——敦煌光伏电站项目开工建设，单体建设规模提升至万千瓦级。2015年，世界上单体容量最大的“水光互补”项目龙羊峡850兆瓦水光互补光伏电站全部建成并网，我国光伏装机达到4318万千瓦，跃居世界第一；2017年，全国光伏装机规模突破一亿千瓦。

2018年中国生物质发电装机1781万千瓦，规模居全球第二，发电量906亿千瓦时，占全部发电量的1.3%。2011年广东粤电湛江2×50兆瓦生物质发电厂正式投入商业运行，这也是当时世界上单机容量及总装机容量最大的生物质发电厂。

2018年中国核电装机4466万千瓦，发电量2944亿千瓦时，占全部发电量的4.2%。

2017年底，中国地源热泵装机容量达2万兆瓦，位居世界第一，年利用浅层地热能折合1900万吨标准煤，实现供暖（制冷）建筑面积超过5亿平方米。水热型地热能利用以年均10%的速度持续增长，已连续多年位居世界首位。全国水热型地热能供暖建筑面积超过1.5亿平方米。中国地热能发电装机容量为27.28兆瓦，排名世界第18位。

（2）关键技术进步显著。新能源发展的70年里，尤其是改革开放以来，科技创新能力和技术装备自主化水平显著提升，新能源开发利用模式呈现多元化趋势。

风电装备制造技术已经达到了世界先进水平。一是大型风电机组研发应用取得较大进展。现阶段大型风电机组整体上处在发展阶段，但是很多技术研究已经达到了国际一流水平，主要设备制造基本上实现了系列化、标准化。陆上风电机组单机容量已发展到2.2兆瓦、2.5兆瓦和3兆瓦。低风速、高海拔风电技术取得突破性进展。海上风电整机和关键零部件设计制造技术水平逐渐成熟，海上风电装备基本具备国产化，金风科技、上海电气、明阳智能、远景能源、中国海装、华锐风电等整机设备商都已经进行了5兆瓦以上大容量机组的试验示范。2018年，全球首个国际化大功率海上风电试验风场——福建兴化湾海上风电一期项目落成，已安装的14台风电机组来自金风科技、海装风电、太原重工、明阳智能、东方风电、上海电气、湘电风能、GE八家国内外主流整机商，国内整机商提供的海上风电机组成为风场主力。中小型风电技术自主国产化，处于世界领先水平。国内中小型风电的技术中“低风速启动、低风速发电、变桨矩、多重保护等”一系列技术得到国际市场的瞩目和认可，已处于国际领先地位。不仅能单独应用还能与光电组合互补，已被广泛应用于分布式独立供电中。

光伏发电技术世界领先。经过多年发展，我国光伏电池技术创新能力显著提升，光伏转换效率不断提高，规模化光伏开发利用取得重要进展。晶体硅太阳能电池产业技术具备较强的国际竞争力，除个别高效电池生产用PECVD设备、硼扩散设备等设备外，光伏制造的整套生产线均已实现国产化。

生物质能利用技术日趋成熟。生物质发电关键设备均已实现国产化。中温中压、次高温次高压、高温高压和高温超高压机组研制成功，发电效率达到33%；生物质成型燃料压缩转换技术实力达到国际同类先进产品水平；生物质沼气工程转向规模化与高值化开发利用；生物质直燃锅炉、垃圾焚烧锅炉、汽轮发电机组、秸秆燃料成型机等主要设备均已实现国产化，并逐步走向国际市场，装备研发实力进步显著。

地热能勘探技术不断成熟。地热能开发利用技术取得进展。热泵技术快速发展，形成适合中国国情的大型地源热泵、高温热泵和多功能热泵系统，主要技术与装备已基本实现国产化。地热尾水回灌技术取得一定进展，岩溶型热储的尾水同层密闭回灌技术较为成熟。

（3）产业国际竞争力增强。新能源产业实力不断增强，产业体系逐步完善。目前已经形成了涵盖研发、制造、设计、施工、运行等各环节的新能源全产业链。比如，风机设备，多晶硅、硅片、光伏电池生产规模均居世界第一，新能源产业国际竞争力不断增强。

2018 年，全球风机出货量前十位制造企业，中国占 4 家。风电机组出口 30 个国家和地区。归因于多年的研发，目前风电项目经济性下降幅度较大。单体 5 万千瓦的陆上风电项目单位千瓦造价最低已经降至 6600 元左右，风电项目平准化发电成本降至约 0.45 元/千瓦时，经济性显著提升。

2018 年中国多晶硅产量超过 25 万吨，约占全球总产量的 50%，光伏组建产量超 120G，占全球近 70%，出口突破 40G。2018 年全球光伏企业 20 强，中国企业占 16 家。经过多年研发，光伏行业各环节生产效率、经济性不断提升。根据调查数据，2018 年多晶硅生产综合成本已降至 6 万元/吨，行业平均综合电耗已低于 70 千瓦时/千克，领先企业组件生产成本降至 2 元/瓦以下，光伏发电系统投资成本降至 5 元/瓦左右，度电成本降至 0.5～0.7 元/千瓦时，第三批光伏“领跑者”基地项目上网电价降至 0.31 元/千瓦时。

2018 年 4 月，上海电气正式签订全球最大的太阳能光热发电项目——阿联酋迪拜太阳能园区第四期 700 兆瓦光热发电站的总包合同。2018 年 10 月，摩洛哥装机 200 兆瓦的 Noor2 槽式光热发电项目和装机 150 兆瓦的 Noor3 塔式光热发电项目实现全面投运。

（4）对减轻环境污染和碳减排贡献巨大。新能源产业的发展不仅带动了经济增长，推动能源转型，而且在提供清洁电力的同时，为应对国际气候变化，降低碳排放做出了贡献。初步估算有新能源发电的统计数据以来，截至 2018 年，我国风电（1.3）、太阳能发电（0.25）、核电（1.9）、生物质发电以及地热等新能源发电（0.5）累计发电量约为 4 万亿千瓦时，相当于替代 12 亿吨标准煤，减少排放二氧化碳 31 亿吨、二氧化硫 1200 万吨、氮氧化物 1000 万吨，对减少温室气体排放、降低大气污染发挥了巨大作用。

2. 存在的问题

（1）新能源产能过剩问题虽有所缓解但依然存在。近年来，新能源行业产能和装机规模不断扩大，远超过国内应用规模和国外进口需求。光伏组件产量从 2001 年的 4.3 兆瓦飞速增长至 2018 年的 120 吉瓦，增长万倍；中国的风能产业用短短 10 年就走完了欧美国家 20 年的发展历程。2008 年以来，外需低迷、国内市场不成熟、欧盟光伏“双反”等因素，使新能源行业出现供给能力过剩的现象。以新能源产业中的光伏产业为例，从东部到西部、从沿海到内地，大批企业投资多晶硅的生产，如果这些产能全部兑现，将超过全球需求量的 2 倍以上。随着 2018 年欧盟对我国光伏产业长达五年的“双反”结束，我国与欧盟正式恢复光伏正常贸易。在一定程度上缓解了 2016 年以来因国内市场需求低迷而不断加剧的产能过剩问题。但是，之前两年的扩产潮导致产能集中释放，光伏产业产能过剩问题仍然存在。数据显示，2018 年我国的光伏组件建成产能已经达到 120 吉瓦，但是同年全球光伏市场需求（新增装机）却只有 104 吉瓦，我国光伏组件产能在短短 10 年间超过了全世界市场的需求。国内光伏利用市场（新增装机 44.26 吉瓦）更是不足产能的 40%。

（2）局部地区弃风弃光问题仍然严重。随着新能源高速发展，相应配套设施并没有及时跟进，导致 2011 年以来光伏发电、风电投资规模持续扩大的同时，弃风弃光率一度居高不下。虽然 2016 年以后，在国家政策作用下，这一问题得到改善，但是全国平均弃风率还保持在 7%，局部地区如内蒙古风电基地弃风率仍然 10%，吉林弃风率 6.8%。

光伏发电也存在类似情况。2018 年，全国平均弃光率下降至 3%。但局部地区如西北五省（区）弃光率达到 8.91%，弃光电量 47.14 亿千瓦时。其中，新疆 15.84%、甘肃 10.00%、陕西 7.39%、青海 4.76%、宁夏 4.41%。此外，据陕西地电统计，2018 年陕西地电弃光率为 9%。

（3）大型或尖端能源装备制造能力及关键材料与发达国家仍有差距。可再生能源技术在大多数环节处在世界领先水平，尤其是光伏发电、风能发电技术，已经形成了成熟完整的产业体系。从装机增长速度来看，我国风电和光伏发电具有替代大比例燃煤发电的潜力，但是在大型或尖端可再生能源装备及材料、关键的高端设备及工艺技术方面，与发达工业国家相比，仍存在较大差距，国内高端产能尚无法满足国内市场的要求。例如，新型高效光伏技术及装备、大型风电装备、承压或耐高温特种材料等，还需要从国外引进或购买。从光伏发电领域各国专利情况来看，中国向境外专利申请量比重不足 3%，远远小于美国、欧洲向境外专利申请量，中国光伏技术专利处于逆差。而且，国内的专利申请主要分布在光伏组件、光伏应用等技术含量并不高的领域，多数光伏技术申请领域多是创新技术的外围专利，仅少数几种在核心技术领域。比如，H01L31/042、H02N6/00、H01L31/048 三个领域，其中 H02N6/00 和 H01L31/048 的专利申请也并非是太阳能电池技术或核心技术。而国外，在 H01L31/042、H01L31/18、H01L31/052 这三个领域的申请量很高，尤其是 H01L31/042 将光伏领域的核心技术集中到了一起，是光伏领域中先进技术的代表。再如，在地热能发电领域，目前我国热源探查技术落后，钻探技术还不成熟，成井工艺方面也有待提高，综合技术也十分缺乏，缺少既懂地面技术又懂地下勘探的开发企业。

（4）政策法规有待进一步完善。当前，在法律层面，2006 年实施了《中华人民共和国可再生能源法》，但是一些法律条文在实际中没有得到很好的贯彻。比如，规定可再生能源全额收购制，但实际上并没有严格执行。缺乏充分的强制性规则，就无法在化石能源体系下，嵌入有利于新能源的市场制度。对于最初并不具备竞争力的新能源，要想与传统能源进行竞争，离不开赖以存在的诸多外部制度环境的支持。最为重要的是，在现有的体制下，无论是《中华人民共和国可再生能源法》还是其他行业法律，很少强调新能源市场的公平，忽略了对新兴市场主体的保护。

从产业政策来看，在国家新能源产业政策推动下，新能源产业持续高速增长了十多年。总体来看，我国已经形成了比较全面的新能源产业政策体系。但是从能源转型视角来看，以往促进新能源产业发展的政策重点主要集中在规模建设上，尽快形成大而全的新能源装备制造产业以及新能源市场，忽视了新能源应作为国家能源转型进程中的主要能源品种的重要角色。近两年来，在新能源产能过剩的倒逼下，国家开始重视新能源终端利用，出台的促进新能源发电上网的政策使弃风、弃光、弃水等情况有所好转。但改善是对现有能源体系的“内部优化”实现的，空间有限。此外，新能源装备制造产业政策也有待完善，还应从注重产品数量转向提升产品质量。比如，当前没有建立完善的生产技术标准体系和质量标准认证体系，导致新能源市场进入技术门槛较低，大多数产品停留在低中端制造领域；新能源产品制造环节还缺少有效的环境监管体系；等等。

三、新能源产业发展面临的新形势与展望

1949 年以来，尤其是近 10 年来，我国新能源产业从无到有、从弱到强，迅速成为世界新能源制造和新能源利用大国。随着全球能源向低碳方向转型的进程加快，新能源产业将面临新的形势与机遇。中国作为新能源大国，需要清晰识别未来能源转型方向，牢牢抓住新能源产业核心环节，提早布局可能会引起能源体系发生革命性变革技术的研发，成为引领世界能源转型的重要力量。

1. 世界能源转型大趋势

在全球碳减排压力下，世界主要国家把新能源发展与利用作为本国能源转型和产业发展的重要方向。目前世界上超过 100 个国家已经制定了

新能源扶持政策，48 个国家设定了提高可再生能源供热和制冷行业的利用目标，42 个国家设定可再生能源交通目标，146 个国家设定可再生能源电力目标，64 个国家明确设定了可再生能源占终端能源比重目标，如丹麦将这一目标设定为100%。[①] 各国还积极将风、光等可再生能源发展进行立法。近年来，由于技术进步引起的可再生能源价格大幅下降、并网技术保障可再生能源稳定可靠，太阳能发电、风力发电等闲歇性电源迅速成为推动全球许多国家能源转型与经济发展的新动力，同时也成为新一轮国际竞争的制高点。据统计 2018 年，中国、欧洲和美国在全球可再生能源电力和燃料投资中的占比接近 75%。可再生能源在全球终端能源消费中的比例不断上升，值得关注的是，在一些新兴国家如印度、土耳其、南非该比例也在不断上升。2017 年印度太阳能装机容量翻了一番，并将可再生能源发电装机目标提升到 2022 年达到 227GW。此外，2017 年所有新增聚光太阳能热装机发电容量全部来自新兴市场。可再生能源投资在国内生产总值占比最高的国家全为新兴市场。2018 年世界主要新能源发展数据见表 22 - 3。

表 22 - 3　2018 年世界主要新能源发展数据

能源种类	指标	数据
太阳能	光伏装机	480.357 吉瓦
	光热发电	5.469 吉瓦
风电	陆上风电装机	540.370 吉瓦
	海上风电装机	23.356 吉瓦
生物质能	生物质发电装机	115.73 吉瓦
	全球生物燃料产量	1430 亿升
核电	装机	400 吉瓦
地热能	地热发电装机	13.329 吉瓦
海洋能	在运装机	0.532 吉瓦

资料来源：国际可再生能源署。

2. 新能源装备制造业分工逐步深化

在全球气候变化形势加剧以及经济增长乏力的背景下，不少国家将新能源产业作为下一个经济增长的主导产业。当前以欧美、日本为代表的发达国家和地区仍然掌握着新能源装备制造业的关键技术，处在产业国际分工中的主导地位。以中国、印度等为代表的新兴经济体的新能源装备制造业在部分环节虽然取得长足进步，例如，中国在光伏组件与应用领域的技术已经处在世界领先水平，但是总体上仍然处在全球新能源产业价值链中的中低端。随着能源转型进程加快，未来能源市场对新能源装备制造产品的需求将越来越大，新能源产业国际分工会进一步深化，掌握核心环节的国家或企业将重新整合产业价值链。这一过程对中国而言，既是挑战，也是机遇。未来能源转型大方向是低碳转型，但是各个国家的资源禀赋和发展阶段的差异性决定各国转型方向与路径不会完全相同。因此在能源转型背景下，各国都会选择符合本国特点的新能源产业和发展路径。当前中国已经成为光伏产业和风电产业大国，具备了国际竞争力。未来应该抓住产业分工逐步深化的机遇，在强化产业关键性、基础性技术研发的同时，通过整合并购在全球范围内布局光伏产业、风电产业。与此同时，应积极利用物联网、云计算、大数据、智能硬件、移动宽带互联等新一代信息技术，推动新能源产业从自动化向智能化升级。

3. 新能源被赋予更重要的使命

供给不足长期以来是中国能源领域突出矛盾。经过数十年的努力，中国能源供给能力大大提高，基本解决了全局性供求紧张的矛盾。当前能源领域最突出的问题是化石能源比重过高引起的二氧化碳排放以及环境污染。中国承诺 2030 年碳排放达峰以及国内经济高质量增长、生态文明建设，迫切需要能源结构低碳化、清洁化。“十二五”以来，多个国家层面的能源发展、新能源发展中长期规划中明确提出可再生能源要占终端能源消费比重提高到 15%（2020）、20%（2030）的具体目标（如果加上核电，该目标约再提高 3 个百分点）。大力发展新能源，快速提升新能源终端消费比重，成为建设生态文明、美丽中国的重要路径。新能源将在不久的将来扮演重要角色。

---

① REN21《2018 可再生能源全球现在报告》。

4. 能源体制改革提供有利的政策环境

2015年3月，《关于进一步深化电力体制改革的若干意见》（中发〔2015〕9号）开启了新一轮电改。2015年底发布了《关于推进输配电价改革的实施意见》等6个配套文件，后续又陆续发布了《有序放开配电网业务管理办法》《省级电网输配电价定价办法（试行）》《电力中长期交易基本规则》《关于有序放开发用电计划的通知》《关于深化能源行业投融资体制改革的实施意见》等政策文件。2015年4月，国家发展改革委发文推动跨省跨区电力交易，降低受电地区用电成本。跨省跨区电力直接交易，将西部地区“弃风”“弃光”“弃水”的电力以较低的价格送到东部负荷中心，既降低东部地区用电成本，又促进西部地区可再生能源发展。在相关政策的指导下，各项体制改革方案都得到了推进。如输配电价改革取得重要进展，电力市场建设取得了重要进展。2017年5月，中共中央、国务院印发了《关于深化石油天然气体制改革的若干意见》，明确了深化石油天然气体制改革的指导思想、基本原则、总体思路和主要任务。其核心思想是，在维护国家能源安全、保障安全生产、促进节能环保的基础上，坚持问题导向和市场化方向，体现能源商品属性。能源体制改革的不断深化将为推进新能源大规模发展提供有利的政策环境。

5. 可再生能源电力将进入平价时代

随着新能源领域技术进步，以及新的商业模式出现，尤其在光伏发电和风电领域，成本下降非常迅速。根据国际可再生能源机构（IRENA）发布的报告，在全球许多地区达到或低于化石燃料发电成本。IRENA预计到2020年，全球商业化的可再生能源度电成本预计将为3~10美分/千瓦时，进入平价时代。其中：2010~2017年，全球公用事业太阳能光伏发电的加权平准化度电成本大幅下降超过70%，从36美分/千瓦时降至10美分/千瓦时。2017年德国竞标成功的光伏项目的平均价格低于50欧元/兆瓦时（60美元/兆瓦时），较前两年下降近50%。IRENA预计到2020年，光伏发电成本还将再降五成。

太阳能热发电自2010年以来光热电站的平准化度电成本下降了33%，从2010年33美分/千瓦时降至22美分/千瓦时。到2025年，槽式和塔式光热电站发电成本将分别下降至11美分/千瓦时和9美分/千瓦时。

2010~2017年，陆上风电和海上风电的平准化度电成本分别下降25%和17%，即从2010年的8美分/千瓦时和17美分/千瓦时降至6美分/千瓦时和14美分/千瓦时[①]。IRENA预计，到2019年，最好的陆上风电项目平准化度电成本将不超过3美分/千瓦时，届时将比化石燃料发电更低。2020~2022年，海上风电的平准化度电成本将在6~10美分/千瓦时。

生物质发电由于原料禀赋差异，发电平准化度电成本在5~9美分/千瓦时。

6. 新技术的突破有望推动能源系统的革命性变革

能源转型进程中，一些诸如储能、氢能、能源互联网等新技术的突破，有可能重塑能源系统，新的能源系统将更具有柔性、开放性和兼容性。各类能源品种在新的能源系统中有机融合、互补，各尽所能地发挥作用，从而实现能源系统的低碳化转型。

储能。能源系统最终实现低碳、零碳转型，风、光等间歇性能源的大规模利用是当前世界各国的共识。在间歇性能源规模化利用方面，有两种方案：一是基于现有能源体系，通过集中开发，（超）远距离传输，例如，国内风光基地建设，以及全球能源互联。二是基于风、光等间歇性能源特点，分布式利用就地消纳。第一种方案，大规模接入会对大网安全稳定带来冲击。有机构提出，在现有电网结构下，如果要保障安全，风电发电装机比重上限在10%；如果风电装机比例超过20%，就需要更加灵活配套电源来进行干预（这种方式并不低碳与经济，偏离了能源

① 加拿大、印度、墨西哥、摩洛哥等多元化市场，陆上风电竞标的价格出现了低于20美元/兆瓦时的投标价，较2016年的招标降低了40%~50%，创全球新低。德国国内的纪录也降低至38欧元/MWh。2017年德国和荷兰的海上风电竞标结果出现了零补贴中标，这些项目分别将于2024年和2022年开始运行。

转型的初衷)，或者通过大规模储能来减少波动性，避免对电网的冲击。因此，储能技术发展是可再生能源发电大规模并网的必需条件。第二种方案，分布式利用虽然可独立运行，减少了对电网的冲击。不过小型储能系统仍然是这种分散式利用商业化的必要条件之一。目前美国、中国、日本、西班牙、德国、意大利、印度是全球储能市场最大的国家。根据美国能源部全球储能数据库的数据显示，1997～2017 年，全世界储能系统装机增长了 70%，到 170 吉瓦左右。如图 22－5 所示，截至 2018 年 6 月底，全球累计运行的储能项目共 1747 个在运项目。其中，抽水蓄能 353 个在运项目；储热 225 个在运项目；其他机械储能 78 个在运项目；电化学储能 1077 个在运项目；储氢 14 个在运项目。在欧美国家，储能大量参与调频、调峰等电力市场辅助服务，而我国辅助服务市场的占比仅 5%；美国、韩国、印度等多国制定和实施储能采购目标；德国、澳大利亚大力实施风光储补贴计划，用以支撑新能源消纳水平的提高以及智能分布式电网能力的提升；日本通过开展大容量蓄电系统助力集中式可再生能源并网以及智慧城市分布式能源系统等项目。

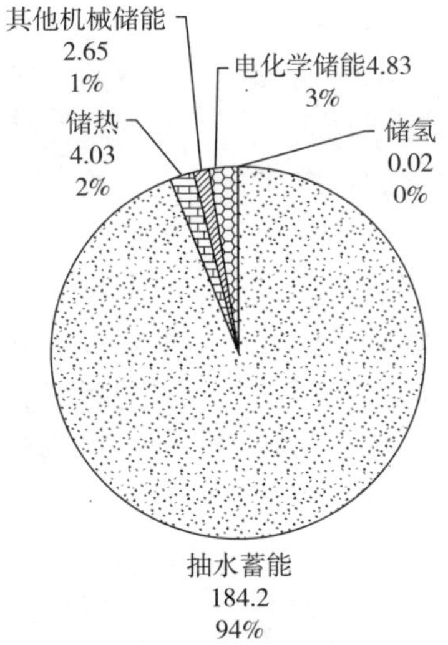

图 22－5　全球累计运行储能项目类型分布（GW）

氢能。氢作为洁净的二次能源载体，能方便地转换成电和热，具有转化效率高、来源途径广、噪声低以及零排放等优点，可广泛应用于汽车、飞机、列车等交通工具以及固定电站等方面。有专家预测，氢能源将颠覆两个领域：一是交通运输行业，技术成熟氢能汽车将取代传统燃油汽车和“传统”电动汽车。二是颠覆能源格局，采用可再生能源实现大规模制氢，通过氢气的桥接作用，既可为燃料电池提供氢源，也可转化为液体燃料，从而有可能实现由化石能源顺利过渡到可再生能源的可持续循环，催生可持续发展的氢能经济。因此，氢能作为洁净能源重要载体，被日本、欧洲等国家看作本国未来能源变革的重要组成部分，甚至将氢能产业提升到战略高度。

目前，日本、欧洲等国家都十分看重氢能的发展。氢燃料电池及氢燃料电池汽车的研发与商业化应用在日本、欧洲等地区迅速发展，在制氢、储氢、加氢等环节持续创新，在一些细分领域初步实现了商业化。截至 2017 年底，全球共有 328 座加氢站，欧洲拥有 139 座正在运行的加氢站，亚洲拥有 118 座，北美拥有 68 座。

此外，数字化、能源互联网、微电网、虚拟电厂、区块链等领域的技术进步，也逐渐渗透至能源系统内部，不仅有利于提高能源系统的包容性，而且更加丰富了新能源利用的商业模式，对新能源产业将是新的机遇。

四、促进新能源产业发展的重点与政策建议

新能源发展即将进入平价时代。新的形势下加强向围绕新能源而构建的能源系统转型的顶层设计，构建有利于新能源发展的制度环境和市场机制是提高新能源占终端比重，实现新能源产业健康发展的关键。

1. 围绕新能源调整能源发展战略

当前，世界大部分国家已经积极推进能源转型实践，向清洁低碳的能源体系转型成为各国能源战略的重要内容。围绕化石能源制定未来能源发展战略，在能源转型不断推进的背景下将逐渐失去现实基础。例如，仅强调能源供给的传统能源安全战略，如果不能对这一大趋势进行及时反应，向更强调能源技术的可再生能源调整，那么将很有可能失去在未来新的世界能源格局下的话语权。同样，如果不能从战略高度确定新能源在未来能源系统中的战略性角色，那么在既定的能源发展战略路径下，传统化石能源的优势将会继续，甚至会因为化石能源行业投资锁定效应得以增强，从而压缩了新能源进一步发展的空间，增加了能源转型的成本。因此，中国能源发展战略需要在能源系统向以风、光为代表的新能源转型背景下进行调整。一是确定新能源在未来能源系统中的战略地位；二是部署新能源领域重大、前沿技术研发；三是调整能源领域重大投资方向，更加鼓励新能源领域的基础设施投资；四是制定新能源发展的长期战略安排、实施路径，以及新能源发展的进展和政策实施效果的科学评估和考核体系。

2. 依靠市场调整新能源发展模式

从世界主要新能源大国的发展经验来看，在新能源发展初期各国政府都通过制定新能源发展的法律体系，以及强制性政策措施，来提高新能源的市场份额，极大地推动了新能源产业的发展。在政策支持与技术进步推动下，以风、光为代表的新能源发电成本不断下降。IRENA2018 年 5 月发布的《2018 可再生能源发电成本》显示，陆上风电和光伏的度电成本从全球各国承诺的到 2020 年新增装机容量来看，超过 77% 的陆上风电项目和 83% 的大规模光伏项目的电价会低于最便宜的火力发电装机（包括煤电、油电和气电）。在我国，预计 2022 年，大部分风电和光伏发电项目将具备发电侧平价上网条件。风电与光伏发电逐渐进入平价时代。这意味着，新能源发展模式应该由政策驱动、国企主导向市场驱动、公平准入转变，政府逐步退出新能源市场，而把重点转向构建平等、开放、有序、健康的适合新能源发展中的市场环境。一是逐步取消可再生能源发电补贴；二是制定针对垄断企业市场势力的监管制度，尤其是禁止垄断企业依靠自有垄断网络延伸诸如电网规划、增量配网等业务领域；三是进一步深化能源价格形成机制改革，构建反映市场供求和资源稀缺程度、体现生态价值和环境损害成本的能源价格体系。

3. 通过体制革命理顺新能源发展机制

当前能源体制脱胎于计划体制，是围绕化石能源而设计的。在这种体制下，政府通常以传统下达指令任务、指标考核的方式对实现能源经济活动进行干预。这一方式的优势是能在较短的时间内迅速地提高风、光等新能源发电装机规模。近十年来，中国风电、光伏发电装机规模已位居世界第一位，成为全球新能源发展的引领者，正是得益于这一体制安排。但是，这一体制忽略了由于新能源发展与传统能源体制（尤其是电力体制）的不完全兼容而导致的新能源发展空间的有限性。例如，在现有体制下，优先保证火力发电利用小时数，没有保证风电等可再生能源的发电小时数，行政计划调度过度干预市场选择；各类补贴政策进一步强化了化石能源的市场竞争力，等等。因此，按照习近平总书记在中央财经领导小组第六次会议提出的推动能源体制革命，构建有效竞争的市场结构和市场体系，形成主要由市场决定能源价格的机制，创新能源科学管理模式，建立健全能源法治体系的战略思想。体制革命要朝着有利于新能源发展的方向调整。一是深化电力体制改革，建设统一、高效、灵活的电力

市场，从制度上提高能源系统的灵活性和新能源发电的发展空间。二是自然垄断环节的无歧视开放，建立严格的可操作的垄断监管机制。三是建立健全能源法治体系，推进不同层级能源管理和监管机构、职能、权限、程序、责任法定化，监管独立性，执法公平化。

专栏 22－1

三问光伏发电竞争规则（政策解读）

2019 年 4 月底，国家发改委发布《关于完善光伏发电上网电价机制有关问题的通知》（以下简称《通知》），2019 年的光伏电价终于尘埃落定。但仅确定了“天花板”电价，实际价格仍待后续出台的年度建设管理工作方案来确定。

集中式电站：年内补贴退坡吗？

根据《通知》，集中式光伏电站标杆上网电价改为指导价。综合考虑技术进步等多方面因素，将纳入国家财政补贴范围的Ⅰ～Ⅲ类资源区新增集中式光伏电站指导价分别确定为每千瓦时 0.40 元（含税，下同）、0.45 元、0.55 元。与 2018 年“5·31”新政中的 0.5 元、0.6 元、0.7 元相比，三类资源区电价均有不同程度下调。

“指导价”确定无疑，对于年内电价补贴是否还会退坡，《通知》中并未提及。如今，《通知》下发已是 4 月底，这是否意味着 2019 年普通的集中式光伏电站电价补贴将不再退坡？

中国光伏行业协会副秘书长刘译阳表示：“今年应该不会再退坡了。一方面，由于政策下发时间较晚，企业申报、施工等时间安排已经被迫后延。剩下的时间可能只有两个季度左右。所以，今年应该不会这样操作了。”另一方面，此前的“标杆电价”已经转变为现在的“指导价”。“这意味着最终执行的电价都是要通过竞争性配置确定的，也不再需要退坡了，‘指导价’只是上限”。

此外，国家能源局在《2019 年光伏发电建设管理工作方案》的最新一轮征求意见稿中已强调，要明确建设期限，凡列入国家补贴范围的光伏发电项目，应在申报的预计投产时间所在的季度末之前全容量建成并网，逾期未建成并网的，每逾期一个季度并网电价补贴降低 0.01 元/千瓦时。在申报投产所在季度后两个季度内仍未建成并网的，取消项目补贴资格。

工商业分布式：余电上网项目竞争吗？

按照《通知》，纳入 2019 年财政补贴规模，采用“自发自用、余量上网”模式的工商业分布式（除户用以外的分布式）光伏发电项目，全发电量补贴标准调整为 0.10 元/千瓦时。

有政策制定过程中参与意见讨论的业内专家指出，《通知》中虽给定的是 0.10 元/千瓦时的固定数字，但并不代表“自发自用、余电上网”的工商业分布式项目可以直接享有电价补贴。“原则上，这部分项目还是要参与竞争性配置。特别是《通知》中给出了一个前提，即纳入 2019 年财政补贴规模，怎么纳入、纳不纳入最终要国家能源局来决定。至少目前来看，按照国家能源局征求意见稿的要求，‘自发自用、余电上网’的工商业分布式项目也需要参与竞争配置”。

户用光伏：先建先得？

自 2019 年开始，户用光伏作为一种单独的项目类型进行管理。而根据《通知》，从今年 7 月 1 日起，无论是“自发自用、余量上网”还是“全额上网”模式，只要纳入 2019 年财政补贴规模的户用分布式项目，全发电量将享受 0.18 元/千瓦时的补贴。

由于户用光伏的单体规模相对较小。同时，符合规定的户用光伏项目要向电网公司提交申请，审核通过才可以享受补贴，所以，国家层面是可控的。但对于参与户用光伏项目的企业或个人业主，是否现在就要行动起来，则取决于对政策的理解与对未来光伏市场风险的评估。

资料来源：根据姚金楠《三问光伏发电竞争规则（政策解读）》整理，原文载于《中国能源报》2019 年 5 月 13 日。

参考文献

［1］德勤（deloitte）：《全球可再生能源趋势》，2018 年。

［2］李洪勋、吴昌伦等：《关于“乘风计划”实施方案的介绍》，《中国能源》1997 年第 3 期。

［3］李平、刘强：《中国新能源产业发展报告（2014）》，社会科学文献出版社 2015 年版。

［4］林伯强、李雪慧：《储能：未来中国光伏大规模发展的关键》，《财经智库》2016 年第 4 期。

［5］REN21：《2018 可再生能源全球现在报告》，2018 年。

［6］宋彪：《论可再生能源法的强制性规则》，《江海学刊》2009 年第 3 期。

［7］邵志刚、衣宝廉：《氢能与燃料电池发展现状及展望》，《中国科学院院刊》，引自中国网·中国发展门户网，http：//cn. chinagate. cn/news/2019 - 04/29/content_ 74708176_ 7. htm。

［8］杨永明：《全球储能行业发展现状及趋势展望》，引自北极星电力网，http：//news. bjx. com. cn/html/201811 13/941358. shtml。

［9］自然资源部等：《中国地热能发展报告（2018）》，中国石化出版社 2018 年版。

［10］周凤起、王庆一：《中国能源五十年》，中国电力出版社 2002 年版。

［11］朱彤、王蕾：《国家能源转型：德美实践与中国选择》，浙江大学出版社 2015 年版。

第二十三章　纺织工业

提　　要

纺织工业是中国工业化的先导产业，重要的民生产业。自中华人民共和国成立以来，纺织工业从小到大、从弱到强，已成为支撑世界纺织工业体系健康平稳运行的关键力量。但是，随着新一轮科技革命和产业变革蓬勃兴起，中国纺织工业的发展不仅面临着贸易环境不确定性增强、要素成本上涨、环保压力加大、综合创新能力较弱、中高端产品供给明显不足等多重困难，传统的纺织工业还面临着各种新技术、新模式、新趋势的冲击。纺织工业作为深度参与全球竞争、市场化程度极高的制造行业，必须积极把握需求增长与消费升级的趋势，利用好新一轮科技革命和产业变革的战略机遇，以高质量发展为核心目标，深化产业创新，实现由纺织大国向纺织强国的迈进。

*　　　　*　　　　*

纺织工业是中国工业化的先导产业、重要的民生产业和国民经济的支柱产业。自中华人民共和国成立以来，在党和政府的高度重视下，我国纺织工业奋起直追，后来居上，不仅是生产规模扩大、生产效率提高，更是彻底转变了纺织工业生产方式和生产理念，重塑了我国纺织工业在国内外的形象和格局，成为世界最大的纺织服装生产国、消费国和出口国。

一、中国纺织工业 70 年的发展历程

中华人民共和国成立后，中国纤维加工量从 1950 年的 88.5 万吨增加到 2018 年的 5460 万吨，增长了 60 多倍，占世界的比重也相应地从 9.4%增长到 50%以上。取得今天这样辉煌的成就来之不易，其发展历程并非一帆风顺，经历了几代人艰苦卓绝的探索、拼搏和创造，其发展历程主要可以分为两大历史时期。

第一时期（从 1949 年中华人民共和国诞生到 1978 年底党的十一届三中全会召开），我国独立自主、艰苦创业，基本建成比较完整的纺织工业体系。中华人民共和国成立之初，工业基础十分薄弱，工业总产值仅占国民经济的 10%左右，且分布极不均衡，主要分布在沪、苏、辽、冀、鲁等东部沿海地区。与其他工业部门相比，纺织工业是规模最大和基础最好的部门，1949 年纺织工业总产值占国内工业总产值的 35.5%。但是，发展程度要远远落后于美、英、法、德、意、俄、日本及印度。1950 年中国人口在全球占比

22%，而当时中国纺织工业的棉纺锭（513万锭）仅占全球的5%，棉纱年产量（43.7万吨）占全球的7.8%。而同年美国的棉纺织工业的总规模是2179万锭，生产棉纱181.4万吨，总体上是中国棉纺织工业的四倍。由于连年战争，中华人民共和国成立初期全国仅有58个纺织厂或加工点，而且设备简陋、工艺落后，原料和设备均需依赖进口，全国纺织行业以棉纺织印染加工为主体，约2/3的产能主要集中在上海、青岛与天津等几个沿海城市。

“一五”期间（1953~1957年），为了满足人民生活的基本需求，在百废待兴、财政十分困难的情况下，国家依然将纺织工业作为我国大规模经济建设的一个重点。在均衡布局战略的总体安排下，以棉纺织为主体的纺织工业依据“适当集中，建立基地”的方针，首先是在原料产区和消费区的内路地区重点建设了大批棉纺织厂和新的棉纺织基地。其次是改造和加强东部沿海老纺织工业基地，在上海、青岛、天津等老基地周围，有计划地扩大了棉田种植面积。纺织工业全国在各地形成了比较均匀的布局，促进了各地区经济的均衡发展。“一五”期间，我国新建棉纺厂增加了200多万棉纺锭，大体上接近原来70余年民族资本建厂的总和。

为了从根本上解决纺织原料问题，50年代我国就确立了天然纤维和化学纤维并举的方针，1957年恢复安东化纤厂（后为丹东化纤厂）和上海安乐人造丝厂（后为上海化纤四厂）的生产，当年成功生产粘胶纤维200吨，实现化学纤维生产零的突破。为了进一步扩大规模，满足我国经济建设中的人造纤维需求，国家还从民主德国引进粘胶长丝技术建设保定化纤厂，引进尼龙长丝技术建设北京合成纤维实验厂，分别于20世纪50年代末和60年代初期先后投产。此后，中共中央、国务院又做出建设一系列大型化学纤维工厂的战略部署。在消化吸收进口设备、技术的基础上，60年代，自力更生在南京、吉林、新乡等地建设了一批粘胶纤维厂。1963年，在与日本没有官方关系的情况下，通过民间多方努力，从日本引进万吨级规模的全套维尼纶生产设备，建设了我国第一家维尼纶厂——北京维尼纶厂，1965年建成投产，之后全国又相继建设了9个维尼纶厂，初步形成了人造纤维工业体系。1970年，我国化纤产量达到10万吨，是1960年的10倍。70年代以后，我国又从日本、法国、联邦德国、意大利等引进成套技术装备，分别在上海金山、辽宁辽阳、天津大港、四川长寿建设了“四大化纤”基地。四大化纤基地的建设不仅使中国化纤产量实现了飞速的发展，而且也使技术装备水平上了新的台阶，取得了突破性进展。

到20世纪70年代末，我国基本建成了门类齐全、产业链完整的纺织工业体系，改善了全国纺织工业布局，为中国纺织工业的长远发展奠定了坚实的基础。但是，1958年以后，由于我国在推动中国工业发展问题上出现了较大的失误，片面追求钢铁等重化工业的发展，使经济结构严重失调，在一定程度上抑制了轻纺工业的发展，按可比价算，1952~1978年重工业和轻工业分别增长了2779.5%和905.2%，前者是后者的3倍多。[①] 另据数据显示，“五五”前三年（1976~1978年）我国纺织加工业的投资占比为6.74%，仅比“一五”时期提高0.64个百分点，如扣除同期化纤原料工业投资，纺织加工业的投资占比仅为1.5%，仅为“一五”时期的1/4。由于投资不足，造成纺织工业特别是棉纺业生产能力严重不足。1976~1978年，棉纺锭平均每年仅增加51万锭；毛纺锭增加不到2万锭，印染能力不足坯布生产能力的60%，其中印花能力只占15%。而且主要设备陈旧落后，技术改造欠账过多，到1978年，我国人均纤维消费量仅有2.6公斤[②]，由于未能从根本上消除供不应求的状况，纺织品市场统购统销、凭票供应、花色品种比较单一的局面一直未能得到改观。

第二个时期（从1978年底党的十一届三中全会至今），1978年12月召开的党的十一届三中全会开启了改革开放历史新时期。在市场机制的作用下，企业主体活力得到激发，我国发展成为世界纺织大国。改革开放以来，我国纺织工业的

① 林毅夫、蔡昉、李周：《中国的奇迹：发展战略以经济改革（增订版）》，上海三联书店、上海人民出版社1999年版。

② 孔令安：《中国纺织工业改革与发展的历程、现状和前景》（上），《改革与战略》1992年第3期。

发展大致可分为三个阶段：

从1978年到20世纪末可以划分为第一阶段。从1978年开始，在国家改革开放政策的指导下，纺织工业开始实施“转轨变型”。改革计划管理体制，缩小指令性计划的范围，扩大指导性计划的范围，逐步增强市场机制的作用。推行经济承包责任制，扩大企业自主权；发展横向经济联合，打破地区界限、行业界限，提高工业的组织程度，探索纺织品出口管理体制的改革。1979～1981年纺织工业生产大幅提高，生产平均年递增速度达到18%以上。随着纺织产量的迅速增长，纺织品供不应求的市场形势得到了根本改变。1983年12月，国家决定停止棉布限量供应办法，取消了实行近30年的布票、实现了敞开供应，纺织工业成为中国社会最先告别“短缺经济”、由卖方市场转向买方市场的工业领域。

20世纪80年代中后期，国家出台了轻纺拉动出口的政策，通过轻纺优先、两头在外、大进大出，促进沿海地区经济发展。1992年社会主义市场经济体制的确立，为非公有制企业的发展创造了良好的制度环境，民营纺织企业依靠机制灵活、人员精简、经营者等优势异军突起，到90年代中期，已形成国有、三资、民营企业三分天下的局面，行业的整体活力大大提高，综合实力和产业竞争力显著增强。1994年我国纺织品服装出口额达355.5亿美元，占全球纺织服装比重的13.2%，成为世界纺织服装第一大出口国。1995年，纺织纤维加工总量为800万吨，人均纤维消费量4.6公斤。1997年化纤产量460.9万吨，超过美国、日本，居世界第一位；棉纱产量561.8万吨；棉布产量248亿米；服装生产80亿件。

然而，由于管理体制僵化、激励机制不到位，以及设备更新落后、冗员过多、债务沉重等多方面的原因，最早进入市场竞争的国有纺织企业逐渐陷入亏损的困境，到1996年，国有纺织企业亏损89亿元，成为全国工业中最困难的行业。1997年秋中央经济工作会议决定，把纺织工业作为国企改革解困的突破口，1998年初，国务院发布《国务院关于纺织工业深化改革调整结构解困扭亏工作有关问题的通知》，正式提出改革目标：从1998年起，用三年左右时间压缩淘汰落后棉纺锭1000万锭，分流安置下岗职工120万人，到2000年实现全行业扭亏为盈。随着坚决“去产能”，1999年国有纺织企业就提前实现了整体扭亏为盈，逐步走出困境，盈利能力不断攀升，进入了产业升级的新阶段。

从21世纪初到2012年中国纺织工业发展进入了第二阶段。2001年，以中国加入世界贸易组织为标志，纺织工业进入了全球化发展、参与国际市场竞争的“快车道”，开启了从纺织大国向纺织强国迈进的新征程。2002～2004年中国纺织工业以每年超过100亿美元的规模递增，分别达到600亿美元、800亿美元和900亿美元，2004年较1994年增长了1.74倍，年均增长率达到15.8%。2005年，全球纺织品配额的取消更给中国纺织品服装出口带来了前所未有的发展机遇，抑制已久的产能得到充分释放，中国纺织工业的国际竞争力不断提升。当年中国纺织品服装出口额突破1000亿美元，达到1150.3亿美元，2005～2007年，中国纺织品服装出口每年以200亿美元以上的规模递增，分别达到1439.7亿美元和1712.1亿美元。2008年以后受全球金融危机的影响，我国纺织品服装出口增幅放缓，2009年甚至出现了负增长，但是随着国际市场的逐步恢复以及我国纺织行业结构调整和产业升级的逐步推进，2010年我国纺织品服装出口再创历史新高，首次突破2000亿美元大关，达2065.30亿美元，同比增长23.59%，占全国货物贸易出口的13.1%。自2011年起，我国纤维加工总量已连续8年占据世界纤维加工总量的一半以上。

自党的十八大以来，支撑我国经济增长的要素条件与市场环境发生明显变化，我国纺织工业进入了增速放缓、动力转换、结构转型升级的高质量增长新阶段。2012年，被誉为中国纺织由大到强“体系标准”的《建设纺织强国纲要（2011～2020年）》的正式发布，为纺织强国建设进一步指明了方向。六年多来，面对错综复杂的国际形势和艰巨繁重的国内改革发展任务，在以习近平总书记为核心的党中央领导下，纺织工业以供给侧结构性改革为主线，深入推进质量变革、效率变革、动力变革，行业发展呈现增长与结构、格局、创新相得益彰的良好局面。2013～2017年，纺织工业规模以上企业主营业务收入由63759.86亿元增长至68935.65亿元，利润额由3506.05亿元增长至3768.81亿元。行业自主创新能力、技术装备水平和产品开发能力整体大幅提升。

二、中国纺织工业70年的主要成就及其现状

中华人民共和国成立70年以来，特别是改革开放40年来，纺织业作为国民经济的传统支柱产业，重要民生产业，从小到大、从弱到强，总产值较1978年增长了140多倍。如今，中国纺织工业不仅全球纺织业占据龙头地位，也是世界上产业链最完整、门类最齐全的国家。

1. 纺织工业生产规模和经济效益持续增长

我国纺织工业抓住改革开放和世界纺织工业格局调整的历史性机遇，实现了跨越式发展。特别是加入WTO以后，在国内外市场需求的强劲推动下，纺织工业生产规模和经济效益持续增长，不仅对我国国民经济的发展起着至关重要的作用，同时也为世界经济的增长贡献了力量。

我国化纤、纱、布、服装等主要产品产量持续增长，已连续多年居世界首位。2018年，中国纺织工业规模以上企业纱、布、化纤、服装产量分别为2976万吨、498.9亿米、5011.1万吨和222.70亿件，分别是1980年的10.2倍、3.0倍、111.1倍和10.3倍，如表23-1所示。1978年，我国纤维加工总量276万吨，占全世界的比重不足10%；人均纤维消费量2.9公斤。2018年，中国纤维加工总量约5460万吨，是1978年的近20倍，并且人均纤维消费量在2015年已达到20公斤，相当于中等发达国家水平。化学纤维对人造纤维的替代明显。1978年中国纤维加工量中，棉花占81%，化纤仅占15%；2016年，棉花占比仅为13.2%，化纤占比达到84.2%。

表23-1 1950~2018年纺织服装工业生产规模

年份	纺织纤维加工量		（表观）人均消费量		纱（万吨）	布（亿米）	化纤（万吨）	服装（亿件）
	数量（万吨）	全球占比（%）	中国（千克/人·年）	全球（千克/人·年）				
1950	88.5	8.9	2.0	4.0	43.7	25.2	0	—
1970	—	—	3.2（1974年）	—	205.2	91.5	10.1	9.8
1978	276.0	10	2.9	—	238.0	110.0	28.5	—
1980	—	19.5	4.1	—	292.6	165	45.1	21.6
1990	—	—	4.8	7.3	462.6	188.8	164.8	46.9
2000	1360.0	23.6	7.8	8.7	660.0（全社会）	277.0	695.4	71.6
2005	2690.0	37.8	15.0（2008年）	—	1451.0（全社会）	484.0	1629.0	148.0
2010	4130.0	51.1	18.0	11.8	2717.0	800.0	3090.0	285.2
2015	5300.0	54.8	18.3		3538.0	892.6	4831.71	308.27
2018	5460	—	—	—	2976.0	498.9	5011.1	222.7

资料来源：1950~2015年的数据来源于《中国纺织工业发展历程研究（1880~2016）》，2016年以后的数据来自国家统计局月度统计数据。除了特殊说明以外，2000年以后的数据均为规模以上企业数据。

行业运行质量稳步提高。2018年，全国3.7万户规模以上纺织企业实现利润总额2766.1亿元，同比增长8.0%，增速较2017年提高1.1个百分点；累计实现主营业务收入53703.5亿元，同比增长2.9%；企业销售利润率为5.2%，较2017年提高0.2个百分点。其中，化纤行业利润

总额和主营业务收入分别同比增长 10.3% 和 12.4%，成为纺织行业经济增长的重要支撑。2018 年，纺织全行业固定资产投资完成额同比增长 5.0%。其中，纺织业固定资产投资完成额同比增长 5.1%；化纤业固定资产投资完成额同比增长 29.0%，连续 8 个月保持高速增长；服装业固定资产投资完成额同比减少 1.5%，但同比降幅呈现整体收窄的态势。

2. 具有明显的国际比较优势，是我国贸易顺差的主要贡献者

纺织工业属于典型的劳动密集型产业，长期以来，在国际上具有较强的比较优势，是我国贸易顺差的主要贡献者（见图 23－1）。2018 年我国纺织服装行业出口额为 2767.3 亿美元，比 2017 年增加 3.52%，占全球 36% 以上。进口 261.4 亿美元，同比增长 6.4%，贸易顺差 2505.9 亿美元，占全国的 71.2%。其中，纺织品出口额为 1191 亿美元，同比增长 8.1%；服装出口额为 1576.3 亿美元，同比微增 0.3%。

尽管受到中美贸易摩擦的影响，但对主要贸易伙伴进出口全面增长，与"一带一路"沿线国家进出口增势良好。2018 年，中国对美国以及日本和欧盟三大传统市场出口依然保持增长，增幅分别为 8%、2.7% 和 1.5%。对"一带一路"沿线国家纺织服装出口连续三年保持增长，2018 年增幅为 5.3%。其中，对东盟出口增长 11.7%，在各主要市场中增长最快。从所有制来看，2018 年，国有企业出口微降 0.2%，外资企业出口增长 1.2%，民营企业出口增长 5.1%，占全部出口总额的 68.3%，成为拉动全年出口增长的主要力量。

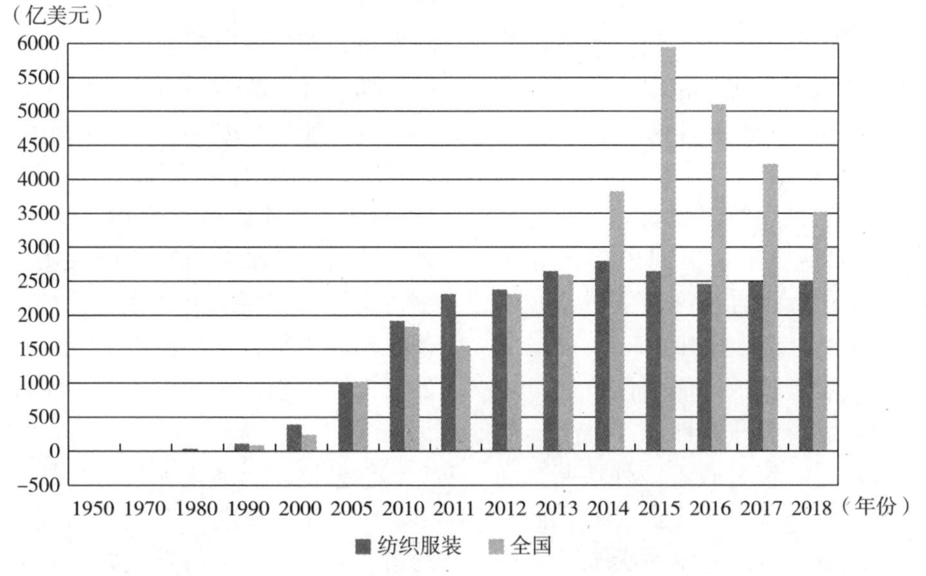

图 23－1　1950～2018 年纺织服装贸易差额与全国贸易差额的变化情况

资料来源：1950～2015 年的数据来源于《中国纺织工业发展历程研究（1880～2016）》，2016 年以后的数据来自海关的统计数据。

3. 产品结构更加多元化，产业用纺织业成为我国纺织工业的新增长极

产业用纺织品也称技术纺织品，既是新材料产业的重要组成部分，也是新能源、节能环保、高端制造等新兴产业不可或缺的配套材料，技术含量高、应用范围广、市场潜力大，其发展水平是衡量一个国家纺织工业综合竞争力的重要标志。

近年来，在国家政策的支持下，我国产业用纺织品行业生产和销售稳步增长，应用领域不断拓展，经济效益持续改善，已成为我国纺织工业的新增长极，我国服装、家纺、产业用三大终端的纤维消费量占比已从 1980 年的 84∶11∶5 调整至 2017 年的 45.5∶27.6∶26.9（见图 23－2）。另据国家统计局数据，2018 年 1～11 月产业用纺织品行业的工业增加值增速为 8.4%，高于制造业平均值，在纺织行业内也处于领先水平。2018 年前三季度，产业用纺织品行业 15 家上市公司的主营业务收入、利润总额分别增长了 12.26%、35.69%，平均利润率达到 16.27%。2018 年 1～11 月，行业规模以上企业的出口交货值增长 5.34%。

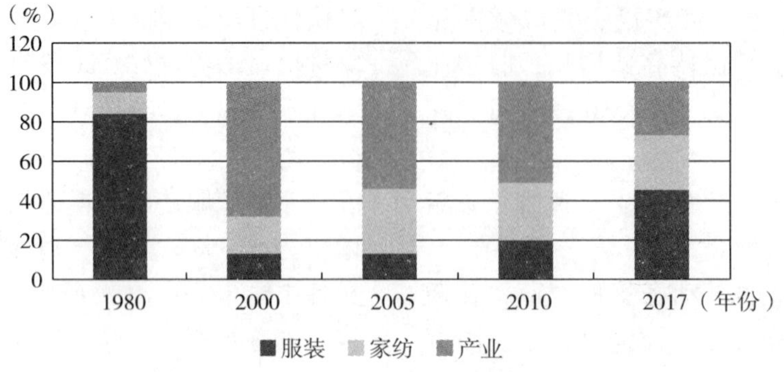

图 23－2　1980～2017 年纺织三大终端结构变化情况

资料来源：中国纺织工业联合会。

4. 科技创新能力大幅提升，全产业链整体制造能力达到国际先进水平

我国纺织科技经历了“跟跑”到“跟跑与并跑并存”再到目前“跟跑、并跑和领跑并存”的三个阶段，通过一系列引进、消化吸收、再创新，自主创新能力不断增强，在纤维材料、纺织、染整、产业用纺织品、纺织装备、信息化各领域取得了一系列创新成果，实现了全行业关键、共性技术的突破，行业自主创新能力、技术装备水平和产品开发能力整体提升。

纤维材料技术发展迅猛，产能规模位居世界前列。目前，我国已成为全球高性能纤维生产品种覆盖面最广的国家，不仅打破了国外垄断，拥有碳纤维、芳纶等一批纤维自主生产技术，而且碳纤维、芳纶和超高分子量聚乙烯三大高性能纤维品种的产量占全球的 1/3。高温过滤材料广泛应用于钢铁、冶金、水泥、燃煤电厂、垃圾焚烧等领域，纺织基结构增强材料也在国防军工、航空航天、轨道交通等轻量化工程中实现了替代。

纺织制造技术快速进步。碳纤维干喷湿纺核心技术取得重大突破，新溶剂法纤维素纤维实现了万吨级产业化；以紧密纺、喷气涡流纺等为代表的新型纺纱技术取得进展；活性染料无盐染色关键技术实现了产业化应用，再生聚酯纤维物理化学法再生关键技术取得较大突破。

资源循环利用技术取得突破。资源循环利用技术是推动纺织工业绿色制造、实现绿色发展的重要技术保障。自党的十八大以来，纺织行业不断发力，在印染节能减排技术上取得了一系列突破，如“十二五”期间，印染行业单位产品水耗、综合能耗分别由 2.5 吨/百米下降到 1.8 吨/百米、由 50 公斤标准煤/百米下降到 41 公斤标准煤/百米；水重复利用率由 15% 提高到 30%。此外，清洁生产技术也在不断突破，从源头上减少了污染物的产生。如替代聚乙烯醇（PVA）的新型改性淀粉浆料及半糊化节能环保上浆技术的开发及推广应用，从源头上减少了印染退浆产生的污染。

信息化、网络化、数字化技术在产业链各环节广泛应用。随着信息技术加速向工业各个领域渗透，纺织工业与信息化融合发展的步伐也进一步加快，纺纱、化纤等成套装备自动化、信息化水平不断提高，数字化率达到 36.06%，数字化生产设备的联网率达到 27.74%，生产管理环节信息化普及率达到 50.49%，实现管控集成的企业比例达到 19.82%。纺纱万锭用工从 300 多人减少到 60 人，一些智能化纺纱生产线甚至可达 10 人，自动络筒机、无梭织机的占比分别达到 95% 和 80% 以上。基于人工智能的质量检测、基于大数据分析的自动优化排产及染料配方管理等智能化技术取得新的突破。纺织工业与互联网融合创新应用不断涌现，以个性化定制为主要特征的服装智能制造快速发展，网络化协同制造、众创众包、精准营销、远程运维服务等基于互联网的新模式、新业态不断涌现，为行业高质量发展提供了新动能。

5. 产业集群成为行业快速发展的重要支撑，区域竞争力的重要源泉

产业集群作为纺织产业组织结构的重要形式，不仅是纺织行业高速成长、稳定发展的重要支撑，也是区域竞争力的重要源泉。据统计，截至2017年底，全国范围内与中纺联建立试点关系的纺织产业集群已达209个。这些集群试点地区的纺织企业总户数约为20万户，工业总产值、主营业务收入和利润总额分别为38912.3亿元、38071.1亿元、2217.6亿元，其中规模以上企业有16814户，工业总产值、主营业务收入和利润总额分别为31228.7亿元、30371.5亿元、1815.1亿元。主营业务收入和利润总额分别占当年纺织行业规模以上企业的44%和48%，几乎占据了纺织产业的半壁江山。从产业布局来看，这些产业集群北至黑龙江兰西县的亚麻，南至广东的服装制造，西至新疆的手工羊毛地毯，东至江苏、浙江的面料和纺织品出口，地域分布广阔，几乎遍及全国。其中，广东、江苏、浙江、福建、山东等东部沿海地区已经出现了一批千亿级的产业集群。这些产业集群在有效配置生产要素资源、提升企业运行效率、促进行业健康可持续发展以及区域经济增长等方面发挥着重要作用。

三、纺织工业发展面临的问题与挑战

1. 纺织工业发展面临的问题

中国纺织工业在取得了举世瞩目的成绩、成为支撑世界纺织工业体系健康平稳运行关键力量的同时，中国纺织工业也面临着贸易环境不确定性增强、要素成本持续上涨、环保压力加大、综合创新能力较弱、中高端产品供给明显不足等多重困境。

（1）贸易环境不确定性增强。纺织服装行业是我国对外依存度很高的行业。美国一直是中国纺织品服装出口的最大单一国家市场，中国也是美纺织类产品的最大进口来源国。中美贸易摩擦波折不断，难以在短期内解决，使纺织服装行业国际贸易环境的不确定性大大增加，不仅直接影响出口订单以及相关生产、就业，也将对国际采购格局以及我国纺织服装行业的国际分工位置、投资布局结构等产生潜在影响。与此同时，我国纺织行业还面临着来自越南、柬埔寨、印度、孟加拉、巴基斯坦等东南亚和南亚国家的低成本竞争。

（2）综合成本上升，削弱了纺织工业的国际比较优势。近十几年来，中国劳动力、原材料、能源、土地等要素成本也在不断上涨。现阶段中国劳动力成本已经远高于东南亚和非洲等国，在2014年时中国劳动力成本已经是越南的三倍。另据全球经济研究和政府企业咨询机构牛津经济研究院（Oxford Economics）2016年发布的研究结果显示，中国的薪酬增长远远超过生产效率的增长，叠加人民币走强的影响，中国单位劳动力成本已经仅比美国低4%并且远高于印度。同时，随着社会转型、教育水平的提高，青年一代较不愿意从事纺织等技术行业，工人也不再是青年人就业的首要选择，纺织工人逐年稀缺，熟练工呈供不应求的态势。

近年来，原材料成本也在不断增长。国内棉价一路走高。虽然国家对棉花政策有所调整，从2016年起，连续三年向市场投放国储棉，有效填补了市场供需缺口，但至2018年底，国储棉库存已由前期的1000余万吨降到目前的265万吨，由于新疆等国内主要棉产区的产量难以出现大幅增长，预计国内产销缺口将长期存在。不仅棉纺行业，印染加工也面临着严峻局面，环保税的征收让印染行业的成本大幅上涨，而印染面料的成本占据了服装成本的一半以上，对下游的服装加工企业带来了新的冲击。另外，我国电价是越南、美国等国家的近两倍，在装备自动化、数字化、智能化水不断提升、用电大量替代用工的情况

下，高电价问题更加凸显。再加上沿海地区土地价格的持续上涨，使纺织企业综合经营成本不断攀升，参与国际竞争压力加大，出现了投资和外贸订单向境外转移、国际市场份额流失，纺织服装出口占国内货物出口的比重也呈下降的趋向（见图 23－3）。

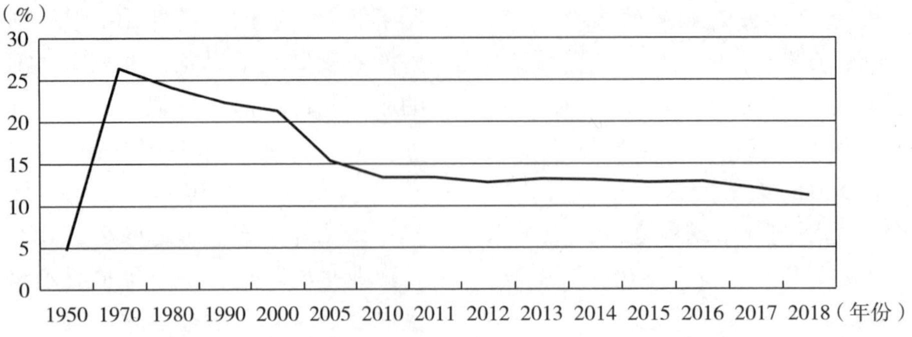

图 23－3　中国纺织业出口额占货物出口总额的比重

资料来源：1950～2015 年的数据来源于《中国纺织工业发展历程研究（1880～2016）》，2016 年以后的数据来自海关的统计数据。

（3）环保压力加大，纺织制造绿色发展水平亟待进一步提升。纺织印染行业是水污染较为严重的行业，随着产业规模的快速扩张，已经成为我国排名第四的高排放行业。2017 年，《国家环境保护标准"十三五"发展规划》《环境保护税法实施条例》《中国化纤工业绿色发展行动方案》等文件相继出台，国家环境治理力度持续加大。由于更新生产设备和处理污水设备投资巨大，再加上保养和维修费用，大大加剧了企业生产成本，大批中小纺织企业无力负担，只能被迫停产。此外，随着《纺织工业发展规划（2016～2020 年）》的深入推进，纺织行业绿色制造、绿色产品标准体系建设进入关键期，企业技术改造和节能减排的投入压力也随之上升。

（4）综合创新能力较弱，同质化竞争严重，中高端产品供给明显不足。经过几十年的努力，虽然中国纺织业已在全球价值链的制造环节上占据中心地位，但纺织科技总体水平与世界纺织科技强国相比仍然相对较弱，跟踪式研究多，领跑、原创的研究少，在一些关键领域成就与短板并存，高端科技产出比例仍然偏低，一些产业核心技术、源头技术受制于人的局面并没有根本改变。此外，在全球优质原料资源掌控、美学原创设计和时尚引领能力、国际性品牌和渠道掌控等这些纺织服装业价值链的高端环节，较世界纺织强国也有相当差距。纺织行业市场集中度低，由于不少中小企业缺乏资金、人才、技术，仍限于以消耗资源、粗放经营、简单加工为特征的传统发展模式，初级产品、来料加工、贴牌生产比重较高，深加工、自主性产品偏少，产品同质化严重，市场竞争仍陷入拼价格，目前行业整体处于全球价值链条的中低端。中高端产品供给尚不能适应消费升级的需求，国内市场附加值高、利润高的高端服装品牌大部分仍为国外企业所占据。

2. 中国纺织工业面临的新挑战

随着大数据、云计算、人工智能、虚拟现实等新一代信息通信技术的快速发展，新科技革命和产业变革蓬勃兴起，制造业变得更加柔性化、智能化和绿色化，传统的纺织服装行业正面临着各种新技术、新模式、新趋势的冲击。

（1）研发周期与时尚周期在缩短，产品迭代在加快。在信息高速发展的时代，全球科学技术飞速发展，使产品更新换代周期缩短，要求产品开发与供应必须更快速、敏捷。目前，国外的快时尚品牌从服装的最初设计到最终上市销售的时间大幅缩短，例如，优衣库仅需 4 个月就能够完成一整套流程，而我国的服装企业最快也要花费半年时间。时间方面的差距导致了我国对时尚潮流反应延迟。

（2）新模式、新业态不断涌现。Dior、Topshop、Moschino 等利用虚拟现实技术在实体店播放时装秀。摩登大道引入 VR、AR、智能眼镜等技术，实现购物社交化、娱乐化。双驰企业与中科院共建虚拟现实技术和鞋业产业实验室，将步态测量与VR技术相结合。博柏利和汤米·希尔费格等尝试即秀即买的新模式。

（3）消费需求多元化、个性化。受消费升级的影响，消费者的消费理念已经发生了极大的转变。麦肯锡2016年、2017年发布的《中国消费者调查报告》显示，随着收入的快速增长，中国消费者对高品质、高价格的产品开始青睐有加，“中国消费者”作为一个整齐划一的群体已经不存在，而是形成了鲜明的多样性。另外，据艾瑞咨询和德勤数据显示，目前中国年轻的消费者更注重过硬的质量、高性价比和个性化设计三个方面，由此可见，个性化消费已经取代价格成为现阶段消费者的主要考量标准。国内的纺织企业只有紧盯市场潮流，开发独特、多样化的产品，打造属于自己的核心竞争力，才能在激烈的纷争中保持竞争优势。

四、促进纺织工业高质量发展的政策建议

纺织工业作为深度参与全球竞争，市场化程度极高的制造行业，面对国际、国内发展环境和形势的深刻变化，必须积极把握需求增长与消费升级的趋势，利用好新一轮科技革命和产业变革的战略机遇，以高质量发展为核心目标，深化产业创新，实现由纺织大国向纺织强国的迈进。

1. 构建科技创新体系，增强产业创新能力与创新质量

当前，物联网、机器人、人工智能、生物科学、新能源、新材料、智能制造等领域技术呈现群体跃进态势，纺织科技创新领域学科多点突破、交叉融合的趋势也日益明显，为此，要紧紧抓住新科技革命和产业变革的“机会窗口”，构建以市场需求为导向，以企业为主体，产学研密切合作的科技创新体系，加强纤维新材料、高技术纺织品、高端纺织装备、智能制造、绿色制造等领域的基础研究，打破国外技术垄断；大力发展绿色印染、废旧纺织品综合利用等环保技术；积极推进高性能、功能性、生态化纤维材料等的研发与产业化，进一步拓展产业用纺织品在医疗与卫生、生态与环保、安全与防护、交通与农业、航天与基建等领域的应用。

2. 推进纺织工业向智能化、服务化和绿色化发展，创造竞争新优势

纺织工业要想由低成本优势向质量效益竞争优势转变，就要着力推进大数据、物联网、人工智能等新一代信息技术与纺织工业的深度融合，不断延伸产业链，提高附加值。一是通过发展智能制造提升劳动生产率与产品品质。企业既可以通过采用机器人等现代化设备来促进纺织品生产效率的提升，又可以通过智能车间的建设来实现生产过程的自动化、控制系统的智能化和在线监测的信息化。借助传感器、物联网、大数据、云计算等新一代信息技术，企业不仅可以大幅节约人力成本，还可以及时发现和改善效率低下的工序和发生异常的设备，使残次品降至最低甚至消失，从而提高生产效率和产品质量。二是推动企业由以产品为中心的传统制造模式向消费者为中心的服务型制造模式转变，创造新的附加价值。引导企业以拓展产品功能、提高交易效率、满足客户深层次需求为重点，为客户提供个性化产品设计、定制的产品。三是以“科技时尚绿色”为内核，以绿色加工技术与生态产品开发为重点推进产业创新，优化生产流程，在全产业链推广节能降耗先进技术，着力打造绿色供应链。建设完善废旧纺织品回收和再利用体系，完善和加强节能减排管理制度、技术体系建设，不断提升资源利用效率与纺织产品服务的环境价值。

3. 深入实施“三品”战略，切实满足人民群众对美好生活的需要

“增品种、提品质、创品牌”的三品战略是实现高质量发展、更好满足人民群众对美好生活需要的重要内容。增品种要以最终需求和应用为导向，适应消费升级的需要，提高创意设计、研发水平，不断开发高性能、多功能、高性价比、生态化的产品；品质是企业的生命线，提品质就

要大力弘扬和培育精益求精的工匠精神，增强全员质量意识，强化研发体系、采购体系、生产体系、物流体系的建设，优化原料和成品制造的供应链管理，提升企业全流程质量管理能力。品牌则是信任和价值的体现，纺织工业产业链长，产业门类多，生产方式多种多样，因此，既要打造一批面向终端消费者的知名品牌，也要打造一批产业链中间环节的优秀供应商品牌，以及一批长期专注于某些特定细分产品市场、生产技术或工艺国际领先、单项产品市场占有率位居世界前列的隐性冠军或单项冠军，不断加强企业品牌创新能力建设。

4. 构建多层次纺织人才培养体系，坚定地走人才强国之路

人才是生产力的第一要素。人才队伍建设是纺织强国建设的重中之重。目前，我国不仅缺乏具有国际视野的高层次的管理人才、掌握先进技术和理念的专业技术人才、顶级的设计人才，还缺乏具有熟练操作技能的一线技术工人，人才匮乏直接拉大了我国与世界纺织强国的差距。为此，要针对行业发展的不同需求，构建多层次人才培养体系。鼓励高等院校培养具有创新精神的应用型、复合型专业人才。中等专业学校重点进行操作技能方面的培训，培养掌握最新纺织服装技术、熟练操作各种新型设备、解决纺织服装生产技术问题的专业技术工人。通过开展工程教育专业认证，创新人才培养机制，提高纺织类专业工程人才质量；大力培养和引进设计人才，为设计师提供出国培训、进修、接触国际顶尖设计师、提升自我的机会，培养一批思想先进、洞察敏锐、走在时尚前沿的储备军，缩小我们与其他国家在时尚潮流方面的差距，让中国风的服装也能走向世界，风靡全球。另外，还应大力发展各种成人教育，提高现有员工素质和职业技能。

5. 抓住“一带一路”倡议机遇，优化纺织工业国际布局，提升全球资源配置和掌控能力

积极引导企业抓住“一带一路”倡议机遇，广泛开展与沿线国家贸易、投资、技术合作，优化纺织工业国际布局。鼓励企业充分利用沿线国家和地区的特色资源和优势，建设原料基地，保证棉花、羊毛、化纤等原料供应。支持行业龙头骨干企业将常规产能向东南亚、南亚、非洲等地区转移，单独或合作建设海外纺织产业园区；支持品牌优势企业通过并购和股权资本合作等方式，在欧、美、日等发达国家地区提高品牌和市场渠道开拓能力。利用互联网、物联网等信息技术，建立与国外品牌配套的快速反应体系，提升全球资源配置和掌控能力。

专栏 23-1

生态光电印染系统诞生　印染废水零排放实现脱胎换骨式大改造

作为传统工业典型代表的纺织印染业，面临着企业成本上升、设备工艺落后、环境污染严重等问题，已经走到了必须进行产业革命的临界点。如何既节约成本，又生态环保，成为众多印染企业科技创新的方向。2018 年初，国内首家生态光电智能印染厂——苏州迪利安环保科技有限公司正式投产，标志着纺织品印染产业一场废水“零排放”的“环保革命”已经开始，占全国工业废水排放总量 10% 的印染废水有望得到有效根治。

针对传统缸染工艺污染大、耗能高、效率低的特点，苏州迪利安环保科技有限公司从 2010 年起开展科技攻关，历经八年砥砺创新，应用自主研发的 DLN 绿色生态光电智能印染系统技术，终于攻克了传统浸泡式印染上浆（退浆）、上油（退油）过程中残余物和废水排放大的痼疾，改变了沿袭 2800 年用缸染布的传统工艺，不需要水印染及清洗，不需要传统排废（污）水处理，不

需要锅炉热（蒸）气供应，真正实现了印染行业废（污）水和废气“零排放”的“环保革命”。目前，生态光电智能印染系统技术已经获得了多项国家专利证书，其印染的数百万米各类成品布经权威机构（SGS/BV/ITTC 等）多次测试，色牢度、色差度、化学助剂安全性等各项质量指标均达到国家和欧盟先进标准。

应用此系统技术的生产线不仅实现了生态环保，而且生产效率也大大提高。据测算，在采用此种工艺技术同比生产时间内，比传统缸染工艺流程产量提高八倍，生产成本降低25%；人工节省50%，占地面积减少80%；传统印染企业八只染缸每天生产约8000米布，而采用此种工艺的生产线日产量可达7.2万米。以公司所在地苏州吴江地区为例，按照此标准计算，生态光电智能印染系统技术如果在当地纺织印染行业中得到全面推广应用，每年可为当地创造的直接经济效益将超过上千亿元，而间接带来的各种生态收益更是不可估量。由于优良的生态环境，苏州迪利安环保科技有限公司已经成为当地生态环境保护的一个典范，给当地印染业脱胎换骨式大改造带来新的生机。

当今世界，科技创新的大趋势正在迅猛地冲击和改变着我们的社会和经济生活。作为推进我国制造强国战略的重要举措，智能制造是建设纺织强国，实现科技、时尚、绿色纺织新定位的重要路径。迪利安公司以消除印染产业废水污染为己任，运用科技创新驱动，强化标准支撑，正朝着纺织染色全流程数字化、自动化、智能化迈进；同时，以智能车间为突破口，形成数字化驱动工厂，促进集成，培育智能制造生态，向“绿水青山就是金山银山”的境界迈进。目前他们正在苏州和河南信阳两地合作筹建新的规模化生态印染样板厂，以进一步提升环保智能制造改造传统印染产业的力度，加快推进示范建设取得实质性进展。

资料来源：《技术创新将推动我国纺织印染行业迎接大变革》，《经济日报》2018年7月4日。

专栏23－2

沿着“一带一路”布局智慧纺织产业链

2018年，是山东如意控股集团（以下简称如意集团）经历诸多严峻考验，并为下一步发展奠定坚实基础的重要一年。这一年来，面对复杂严峻的世界经济环境和国内经济下行的巨大压力，如意坚定不移地围绕“科技纺织、时尚品牌和绿色制造”，超前决策、务实创新，集团公司各方面工作呈现逆势发展的良好态势。

建起13个智能工业基地

如意集团作为民族服装纺织品牌积极活跃在“一带一路”建设最前沿，助力推进沿线国家和地区经济社会发展。近年来，如意集团沿“一带一路”布局智慧纺织产业链，累计投入300亿元，建成了国际领先的规模化科技纺织智能制造基地。

2017年，从山东到宁夏，从北疆到南疆，从中国到巴基斯坦、到非洲，建起13个智能制造工业基地，吸纳国内外约20000名人员就业。智能制造、智慧工厂，根本颠覆了传统纺织工业生产模式，成为国家第一批绿色制造、智能制造示范基地，引领了国际纺织科技制造的发展方向。

通过并购迈向全球化市场

2019年1月31日，山东如意控股集团正式收购美国英威达公司服饰和高级面料业务，包括全球知名的莱卡 LYCRA 品牌。

如意集团取得今日的成绩，在于转型的勇气。当“中国制造”充斥着欧美市场时，摆在中国纺织业面前的却是一种“山雨欲来风满楼”的局面，综合成本上升、利润空间缩小，企业转行或转移主业。然而，形成一个有明显竞争优势的品牌可能需要花费数十年的时间，在强势的国外品牌已占据市场的情况下，如意集团通过并购获取海外品牌与渠道优势，再以此为基础拓展市场，迈向全球化。

截至目前，如意集团完成并购十几起，旗下全资和控股子公司 20 余个，综合竞争力居中国纺织服装企业竞争力 500 强第一位。通过这些并购，如意集团逐渐壮大成为一个以科技纺织为基础的时尚品牌控股集团。

打一场智能化战争

目前，如意集团列全球 100 大高端品牌控股集团第 16 位，稳居中国纺织服装行业综合竞争力榜首。

面对新的发展形势和考验，如意集团要想取得长远发展，必须围绕纺织服装主业，进一步传承专心、专注、专业的工匠精神，坚持高质量发展道路。回归以高端定位、高端品质、高端人才、高端服务、高端价格、高端收益、高技术支撑的技术纺织企业，重塑 40 多年不断强化高质量发展的企业形象和企业文化。

随着互联网的迅速发展，如意集团作为纺织服装行业龙头企业，“打一场数据化、智能化的革命性战争”恰逢其时。2018 年，如意集团与京东、阿里巴巴、寺库等知名互联网企业进行了深入沟通和合作，为如意集团全面进入“互联网 +”的时代奠定了良好的基础。

未来，将坚持“科技纺织 + 时尚品牌 + 互联网”战略，打造智能制造、时尚品牌和新零售三足鼎立的新模式，为建设全球知名的千亿级时尚产业集团努力奋斗。

资料来源：邱亚夫：《沿着“一带一路”布局智慧纺织产业链》，《齐鲁晚报·数字报刊》2019 - 03 - 08。

参考文献

［1］吴鹤松等：《中国纺织工业发展历程研究（1880 ~ 2016）》，中国纺织出版社 2018 年版。

［2］孙瑞哲：《大变局 新格局：趋势与展望》，《纺织导报》2019 年第 1 期。

［3］冯德虎：《纺织工业高质量发展的背景、内涵和路径》，《中国纺织》2018 年第 10 期。

［4］工业和信息化部：《纺织工业发展规划（2016 ~ 2020）》，2016 年 9 月。

［5］中国纺织工业联合会：《纺织工业“十三五”科技进步纲要》，2016 年 9 月。

［6］《纺织科技走向自主创新》，《纺织工业周刊》2018 年第 38 期。

第二十四章　医药工业

提　　要

自中华人民共和国成立70年以来，医药工业实现了从无到有、从小到大、从弱到强的转变。中华人民共和国成立之初，党和人民政府非常重视医药工业的发展，为了尽快满足人民防病治病用药的需要，将医药工业作为一项特殊的福利事业，使医药工业一直保持快速发展。1979年中华人民共和国成立30周年时，药物制剂工业已经具有了一定的规模和较高的水平，已初步建立起可满足人民治病防病一般用药要求的医药工业体系，摆脱了旧中国缺医少药的落后局面。改革开放以来，随着市场经济体制改革的不断深入，医药工业保持了较快的经济增长速度。特别是2011年中国加入世界贸易组织之后，嵌入国际产业链让中国医药工业步入了快速发展阶段。2008年金融危机之后，出口导向型发展模式承压，中国医药工业面临产业结构调整和产业升级的压力，增长放缓。2015年之后，随着国家医疗体制改革步入深水期，医改政策驱动的医药工业发展步入创新发展阶段。

医药工业是关系国计民生的重要产业，是《中国制造2025》和战略性新兴产业的重点领域，是推进健康中国建设的重要保障。“十三五”时期是全面建成小康社会决胜阶段，也是我国医药工业整体跃升的关键时期，如今医药工业的发展面临用药安全形势刻不容缓、政策环境发生重大变化、自主研发能力仍然薄弱、产业集中度需要进一步提升等新的局面，医药工业发展需要新的方向引领，其中，创新是发展的核心。

*　　　　*　　　　*

中华人民共和国成立以来70年的医药工业发展历程，可以划分为两个阶段。一是改革开放前，学习模仿“苏联”模式，建立社会主义计划经济体制走过的30年；二是改革开放至今，进行市场化改革走过的40年。经历了这两个阶段，中国医药工业实现了从无到有、从小到大、从弱到强的转变。改革开放以来，随着市场经济体制改革的不断深入，中国医药工业逐步实现了由计划经济向市场经济阶段的历史性转变，医药工业保持了较快的经济增长速度。特别是“十一五”以来，在国家重大新药创制科技重大专项的组织引领下，我国创新药物研发技术平台体系建设和新药研究实现了前所未有的发展，科技和产业实力进一步增强。全国医药工业总产值增幅领先于国内生产总值增幅，全国医药工业增加值增幅连年高于全国工业增加值增幅，医药产业所占比重越来越大，比其他行业增长得更快。目前，全国医药工业总产值已经达到3万亿元以上，医药行业增长率在全球范围内名列前茅。

一、医药工业70年的发展历程

1. 1949～1965年：新中国医药工业的起步和初步发展阶段

1949年，中华人民共和国成立之后百废待兴，而最为迫切的就是医药工业的振兴。当时，原料药年产量不足百吨，即使经过三年调整后的1952年，全国也仅能生产输液2亿支、片剂49亿片，大部分药品依赖进口。全国只有上海、天津等地有几家规模很小的药厂以及解放区的小药厂，①医药工业的基础非常薄弱。

1950年，全国制药工作会议制定了“原料为主，制剂为辅”的发展医药工业的方针。②1953年，实施发展国民经济的第一个五年计划，针对地方病、传染病多发的实际情况，重点建设了以生产抗生素、磺胺药、解热镇痛药为主的一批大型骨干药品生产企业，③恢复、整顿、发展了上海、天津、广州、重庆等城市原有医药工业，新建和扩建的药厂产值年平均增长速度为66.72%，1955年医药工业总产值比1949年增长13倍；进口药品逐年减少，已从1949年销售总额的80%降为17.8%。④

1960年，制药行业根据中央精神贯彻“调整、巩固、充实、提高”的方针，压缩了基建项目，加强生产和质量管理。1964年8月中国医药工业公司（托拉斯）宣告成立，对全国医药工业实行集中统一管理，制定年度、季度和分品种、规格的制剂生产计划。1965年4月，中国医药工业公司在北京召开了第一次干部会议，提出设立公司和分公司质量监督机构，加强医药质量的管理，全国每年进行一次质量大检查，将每周五设为全国医药工业系统质量活动日，对主要原料药品种开展同品种质量评比活动，制定了高于药典标准的优级品标准。1965年全国质量大检查结果显示，2015种可比产品质量与1964年比较，稳定提高的占97%。⑤

2. 1966～1977年：“文化大革命”期间的医药工业发展阶段

在“文革”期间，尽管医药工业造成严重的干扰破坏，但广大干部、职工克服困难，开展了大量工作。尽管1969年中国医药工业公司（托拉斯）被迫解散，但其对医药工业的贡献却有目共睹。成立5年间，中国医药工业公司（托拉斯）产供销一条龙的模式扭转了我国西南、西北医药工业落后的局面；1965年全国医药工业产值近8.66亿元，到了1970年达到了26.43亿元；12大类原料药产量从成立之初的8000吨，增加到1978年的4万吨；劳动生产率提高了35.7%，出口量增长67%，鉴定投产新品种39个。

尽管经历了“文革”的冲击，但是中国医药工业在一穷二白的基础上，在党和政府的大力领导支持下，中药、化学药和医疗器材生产和销售取得了巨大成绩（见表24－1和表24－2），改变了全国人民缺医少药的局面，医药工业企业达到了一定的数量和规模，实现了从无到有的转变。

表24－1　1952～1979年中西药和医疗器材类零售额

单位：亿元

年份	零售额
1952	6.8
1957	16.7
1965	27.8
1975	57.1
1979	58.5

资料来源：《1981年中国经济年鉴》，经济管理出版社1981年版。

① 方剑春：《55周年回顾与展望》，《中国医药报》2004年9月28日。

② 《药事管理简史（三）新中国药事管理的发展》，医学教育网，2007年10月24日。

③④⑤ 方剑春：《55周年回顾与展望》，《中国医药报》2004年9月28日。

表 24－2　化学药品产量

单位：万吨

1949	1952	1957	1965	1975	1979
—	0.01	0.22	1.05	2.73	4.17

资料来源：《1981 年中国经济年鉴》，经济管理出版社 1981 年版。

3. 1978～1991 年：理顺管理体制和完善市场秩序阶段

党的十一届三中全会以后，党和国家的工作重点转移到经济建设上来，制定了一系列正确的方针政策，确定了“调整、改革、整顿、提高”的八字方针。1978 年 7 月成立了国家医药管理总局（1982 年 5 月更名为国家医药管理局），把中西药品、医疗器械的生产、供应、使用等统一管理起来。1979 年 1 月，国家医药管理总局成立中国药材公司、中国医药工业公司、中国医疗器械公司和中国医药公司。各省、自治区、直辖市也先后成立了医药管理局或医药总公司，地市县也相应地成立了医药管理机构，从中央到地方形成了统一管理的体制，结束了医药管理长期分散的局面。① 1980 年 2 月，为贯彻执行《国务院批转卫生部等单位关于在全国开展整顿药厂工作的报告》，医药工业贯彻国民经济“调整、改革、整顿、提高”八字方针，加强药品质量管理、生产供应合理布局、加速实现医药工业现代化的战略措施。通过整顿，改变乱办药厂、盲目生产的状况，在全国范围内开展了整顿药厂工作，到 1986 年企业整顿工作全面完成，基础工作得到加强。

1981 年 5 月，国务院颁发了《关于加强医药管理的决定》，明确了医药管理的各项政策。1983 年初，国家医药管理局分党组会议确定了医药事业的指导方针是：“团结广大医药职工，调动一切积极因素，以教育为基础，依靠科学技术和经营管理的进步，逐步实现医药事业的现代化，更好地为人民防病治病、康复保健、计划生育服务，为社会主义建设服务”，提出“六五”“七五”计划和后 10 年开创医药工作新局面的设想。1984 年，全国人大常委会审议通过《中华人民共和国药品管理法》，第一次以法律的形式对药品研制、生产、经营和使用环节加以约束。2001 年 12 月 1 日，修订的药品管理法施行，医药企业从此走上更加开放和与世界先进水平接轨的法制化发展轨道。②

1985 年，全国医药管理局长会议，确定在改革中抓好三方面的工作：一是抓好质量、品种，提高技术水平；二是加强中药工作，争取三年大见成效；三是进一步理顺管理体制，加强行业管理。国务院对发展中药在投资、贷款、税收等方面给予很多优惠政策，中药发展出现了历史性的变化。1988 年 5 月，国务院决定将国家医药管理局回复为国务院直属局，同时决定成立国家中医药管理局，把中医药管理职能从国家医药局划归国家中医药管理局。1989 年国家医药管理局下发《关于加强医药批发市场管理的通知》，同年 12 月，国家工商行政管理联合印发《关于集体、私营企业和个体工商户零售药品的规定》，进一步治理整顿医药市场。

1990 年，召开了全国治理整顿医药市场工作会议，认真贯彻治理整顿、深化改革的方针，充分发挥市场在配置资源的作用，完善市场秩序，建立医药市场制度。在药品定价改革中引入了市场竞争机制，实行政府定价基础上的市场调节机制。1992 年，国家药品管理局提出了详细的药品价格管理意见，指出政府将负责管理定价政策、定价原则和定价方法，取代对特定药品价格的直接管理，减少行政干预，扩大企业调节和制定价格的权力。但是，全面放开药品价格导致了药品价格持续快速的上升等很多问题。针对这一问题，依照药品定价由市场供需决定的原则，开始加强对零售价格的控制，先后制定了《药品价格管理暂行办法》（1996）、《药品价格管理暂行办法的补充规定》（1997）、《国家计委关于完善药品价格政策改进药品价格管理的通知》（1998）和《关于改革药品价格管理的意见》（2000）、《关于对部分药品从出厂环节制定价格进行试点的通知》（2005）等一系列规定和意见。规范了医药市场价管制机制和市场调节机制，使医药工

① 《中国医药年鉴》编委会编：《中国医药年鉴》（1991），中国医药科技出版社 1991 年版。

② 胡芳：《阔步迈向制药大国——我国医药工业发展纪实》，《中国医药报》2008 年 12 月 30 日。

业取得快速发展（见表24－3）。①

表24－3 1980～1991年医药工业总产值和工业净产值（当年价格）

单位：亿元

年份	工业总产值	工业净产值
1980	69.78	22.18
1984	113.73	33.47
1985	127.28	36.52
1986	154.39	42.53
1987	207.63	57.88
1988	289.11	80.17
1989	323.09	83.10
1990	356.14	93.80
1991	453.55	131.26

资料来源：《中国工业统计年鉴》相关年份的数据整理。

4. 1992～2000年：企业产权制度改革、激发企业活力阶段

20世纪90年代，以产权制度改革为重点，积极培育医药主导企业，不少业外资本涌进医药工业，通过并购重组等方式盘活了一批医药企业，资源配置得到优化，实现了医药工业的快速发展。1979年，我国医药工业做出允许外资进入医药生产领域的规定。20世纪80年代在以“新产品、新技术和外向型”为基本内容的医药行业利用外资指导三原则的指引下，医药工业开始大规模地引进外资，外商合资企业稳步上升。90年代后，在国家改革开放政策的推动下，非国有经济得到迅速发展并逐步占据主导地位。1990年，国家药品管理局颁布了关于医药工业中产业政策及执行办法的规定，以鼓励合资企业和外商独资企业的发展。1992年后，外商投资和中外医药合资企业迅速增加。一方面，90年代中后期，随着中国非国有经济的发展壮大，国内非国有资本也开始进入医药生产领域，从而使医药生产领域呈现投资主体多元化的格局。另一方面，在国有企业改革的影响下，中国开始积极地探索医药工业中多种公有制经济实现模式，并宣布除国家明令限制或禁止外商投资生产的产品领域以外，允许发展多种所有制经济类型医药企业。通过合作、合资、盘活存量、完全出售国内和国外私人资本等途径，对原有的公有制经济进行了改组重组，从而使医药工业的所有制结构逐步由单一的公有制经济转变为多种经济成分共存的模式（见图24－1）。“八五”期间是改革开放以来发展最快的五年，年均增长率为22%，“九五”期间仍保持了较高的发展速度，年均增长率为17%。我国医药制药业总体规模在国民经济36个行业中排在第18～20位，属于中等水平。2001年，我国医药工业总值为2770亿元，占我国GDP的2.9%。

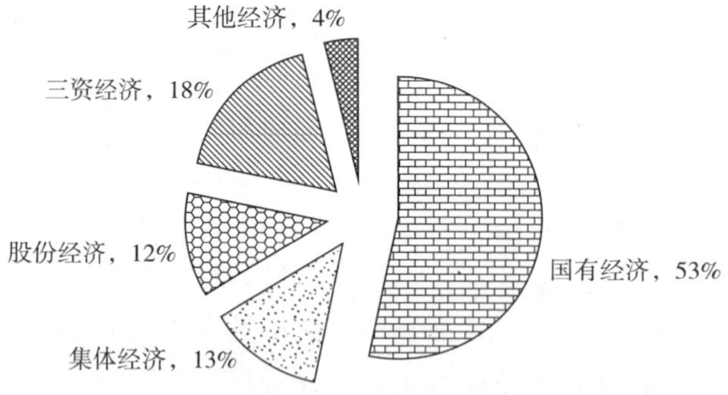

图24－1 1996年不同所有制医药工业总产值比例

资料来源：《2004中国医药统计年鉴》，中国医药企业管理协会2004年版。

进入21世纪，我国医药工业充分体现了发挥优势、特色发展。化学原料药在国际市场上已经

① 《中国医药年鉴》编委会编：《中国医药年鉴》（1991），中国医药科技出版社1991年版。

取得突出优势，中药、生物制药等也有了显著进步，医药企业的创新能力有所增强。截至2008年底，拥有自主知识产权的一类新药已经有几十种，生物制药也取得了长足的发展，医药工业开始融入国际化进程，很多企业都致力于通过美国FDA认证、欧盟COS注册，实施“走出去”战略，进入国际市场参与国际竞争。

5. 2001~2008年：嵌入世界产业链带来的增长爆发阶段

自2001年中国加入WTO之后，医药工业受益于国际开放水平不断提高，积极参与国家产业链分工，以出口导向型经济为发展方向，工业增加值快速增长，进出口贸易金额屡创新高，整体工业出口贸易增速较快，化学原料药进口增速稳定在较高的水平，医药工业的国际化水平逐步提升。

值得注意的是，增长爆发阶段大约持续了十年①，以2002~2011年的数据，从规模上来看，中国医药工业总产值不断攀升，销售收入逐步增加，盈利水平稳步提高，外贸出口持续增长。

第一，医药工业总产值规模不断扩大，并保持了较高增长速度，医药工业生产能力不断提升。从2002年开始，中国七大类医药工业②总产值保持了15%以上的增长速度，年均增速达到了22.4%，在“十一五”期间更是达到了23.5%的较高水平。在这种高速增长的条件下，中国医药工业的总产值从2002年的2419亿元增长到2011年的15707亿元，十年间增长了5倍多，年复合增长率达到了23.1%。

随着中国医药工业规模的扩大，医药行业在整体工业行业中的地位也正在逐步提升。2002年，中国医药工业总产值在整体工业总产值中占比为1.65%，2011年这个数据升至2.18%，医药工业总产值在制造行业中的增速排在中上的水平。

第二，医药工业利润总额不断增长，利润总额增速保持高位水平，利润率不断提升，医药工业经营效益逐步提高。

自2000年以来，中国医药工业的利润总额不断增长，并保持了较高的增长速度。2001年，医药工业利润总额仅为176亿元，此后十年间，这一数值以每年26%的速度增长。2011年，利润总额达到1569亿元，十年间增长了近八倍。在利润总额不断增长的同时，中国医药工业的利润率也逐步提升。比较来看，中国医药工业的利润率水平显著高于同时期中国整体工业利润率的平均水平，并且在该阶段内这种差距在逐步扩大。这说明，该阶段内中国医药工业经营效益逐步提高，并明显地超过了中国整体工业经营效益提升的幅度。

第三，医药工业进出口贸易金额屡创新高，整体工业出口贸易增速较快。2002年中国医药工业出口总额仅有48.2亿美元，之后十年，以年均27%的速度快速增长。2011年，医药工业出口总额达到了445.2亿美元的历史最高水平。2002~2011年，医药工业出口增速总体上高于同时期中国工业货物出口增长速度。

经过2000年之后的快速发展，中国医药经济已经具备了较为雄厚的规模基础，已有4629家原料药和生产企业与1.69万家医疗器械生产企业，可以生产化学原料药近1500种，能生产化学34个剂型4000余个品种，疫苗年产量超过10亿个剂量单位。从规模上来讲，中国已经当之无愧地成为一个制药大国。

不过，此阶段的医药工业也存在不少问题：一是处于国际价值链低端，产业附加值较低。二是企业自主研发能力相对较弱，国际竞争力仍然孱弱，在全球竞争中处于追随者地位。这些因素导致中国医药行业国际竞争力不强，影响了中国医药行业的快速发展。

6. 2009~2014年：产业结构调整伴发的增长减缓阶段

2009年国家确定新医改方案，加上之后的“十二五”规划时期国家出台各种政策，而且国际金融危机之后我国医药工业的外贸出口萎缩，在内外因的共同作用下，医药工业进入了产业结构调整和升级阶段，此阶段增长速度放缓、盈利

① 此后面的阶段在时间上有重合，但是为了划分时间的连续性，我们暂且将此阶段划分为2001~2008年。

② 全国医药工业系指七大子行业的总和，包括化学原料药、化学药品制剂、生物制剂、医疗器械、卫生材料、中成药、中药饮片这七类子行业，基本上涵括了医药工业的全部产品，其总产值与医药工业总产值相差甚微。

能力下降。

第一，生产增速持续放缓。我国七大类医药工业总产值在“十一五”期间复合增长率达到23.31%，进入“十二五”期间仍然保持快速增长势头，2014年达25798亿元，同比增长15.70%，但是增速持续放缓。

第二，医药工业销售收入增速回落。在“十一五”期间，我国七大类医药工业销售收入保持快速增长，复合年增长率为24.40%，进入“十二五”期间增速逐渐下滑，2014年累计完成销售收入24394亿元，同比增长13.06%。

第三，医药工业盈利水平增速回落。“十一五”期间，我国七大类医药工业利润总额的复合年增长率达到36.70%。进入“十二五”期间，增势有所减缓，受上游生产成本上涨和下游终端价格下降双重挤压，我国医药工业的盈利增速有所回落，2011～2013年分别增长20.55%、17.04%和17.56%。2014年我国医药工业的利润总额达2442亿元，同比增长12.31%。

第四，医药出口低速增长。由于国内医药市场的蓬勃发展和国家鼓励进口政策的显效，我国医药贸易顺差逐步缩小，医药外贸得到快速增长，“十五”期间，医药出口额复合增长率达37.77%，“十一五”期间，受国际金融危机影响，外贸需求有所萎靡，复合增长率下降到19.22%，自2012年起，仅有个位数的增长。2014年我国医药产品实现出口550亿美元，同比增长7.38%。

7. 2015年至今：医改政策驱动的创新发展阶段

2015年是“十二五”收官之年，医药工业围绕“稳增长、调结构、促改革、惠民生”的发展目标，积极应对经济转型新常态，整体保持了较快的增长速度，在主要工业大类中保持前列。但主要经济指标增长进一步放缓，医药工业面临换挡调速的挑战。2015年出现了众多历史最低点：一是医药工业增加值增速为9.8%，增速较2014年下降2.5个百分点，为近年最低；二是主营业务收入增长率为9.0%，较2014年降低4.0个百分点，多年来首次低至个位数增长；三是利润增长率为12.2%，较2014年下降0.04个百分点，也为多年来最低；四是出口交货值同比增长3.6%，增速较2014年回落3.0个百分点，创下新低。

2015年之后，一方面，国家的医疗制度改革进入深水期，密集出台的各项政策驱动医疗工业健康有序发展，政策驱动效应凸显。表现为，一是发布主体多样化，包括国务院、卫计委、食品药品监督管理局、人社部、财政部、发改委、商务部、工信部等多部门；二是发布数量多，据不完全统计，不包括各省市发布的细则，2017年仅国家级文件就超过300份；三是涉及领域广泛，不仅包括药品、医疗领域，还包括医保、流通领域。这些政策文件的出台对医药行业的影响深远，可以说是我国医药工业2015年至今实现创新发展的关键外因。另一方面，医药工业经历了上一阶段的积累，转型升级效果初显，从2016年开始，我国的医药工业出现创新性突破，表现为各项经济指标触底反弹，而且出现科技研发活动凸显、百亿级企业数增加、海外投资并购活跃等特点，正式进入创新增长阶段。

以2015～2017年为例，从2015年开始，一是医药工业增速连续3年持续增长，继续位居工业全行业前列。2017年规模以上医药制造业增加值同比增长12.4%，增速较2016年提高1.8个百分点，高于工业整体增速5.8个百分点。二是主营业务收入增长率连续三年持续增长，2017年医药工业规模以上企业实现主营业务收入29826.0亿元，同比增长12.2%，高于全国工业增速5.6个百分点，较2016年提高2.3个百分点，已恢复至两位数增长。三是利润增长率连续三年持续增长。2017年医药工业规模以上企业实现利润总额3519.7亿元，同比增长16.6%，较2016年增长1.0个百分点。四是出口增长率逆市反转。虽然医药工业的出口增长率在2016年出现负增长，但是2017年出口额同比增长9.4%，增幅创近年来新高。

二、医药工业 70 年发展的成就

1. 经济效益显著——中国跃升为全球第二大医药市场

自中华人民共和国成立 70 年，我国的医药工业取得了显著的经济效果，国民经济贡献率始终处于前列。以工业增加值为例，从 1978 年的 72.8 亿元到 2010 年的 1.20 万亿元，整整增长了 165 倍（见表 24－4）。2012 年以后，医药工业的主营业务收入更是跃升到 2 万亿元，2016 年、2017 年更是接近 3 万亿元（见表 24－5）。中国医药工业从此前的一穷二白到如今成为全球第二大医药市场。

表 24－4 1978～2010 年医药工业总产值（当年价格）

单位：亿元

年份	工业总产值
1978	72.8
1980	69.78
1984	113.73
1985	127.28
1986	154.39
1987	207.63
1988	289.11
1989	323.09
1990	356.14
1991	453.55
1995	1151.1
2000	1781.37
2002	2419
2005	4250.45
2006	5018.94
2007	6361.9
2008	8666.8
2009	10048
2010	12072.7

资料来源：1978～1991 年的数据来自《中国工业统计年鉴》相关年份的数据整理。1995～2008 年的数据来自《中国工业经济统计年鉴》相关年份。2009～2017 年的数据来自工信部消费品司。

表 24－5 2011～2018 年医药工业主营业务收入（当年价格）

单位：亿元

年份	主营业务收入
2011	15191.6
2012	18296.9
2013	21681.6
2014	24553.2
2015	26885.2
2016	29635.9
2017	29826
2018 年 1～11 月	22213.80

资料来源：2009～2017 年的数据来自工信部消费品司。2018 年 1～11 月数据来源于国家统计局。

我国医药工业由于在理顺管理体制阶段和产权制度改革阶段在制度和体制方面打好了基础，2001 年中国加入 WTO 我国嵌入国际分工体系之后，特别是在“十一五”期间，当时得益于国际市场开放和国家出口导向型经济的大好形势，我国医药工业迎来了快速增长，“十一五”期间复合增长率达到 23.31%。工业增加值在 2009 年突破了 1 万亿元，在 2013 年突破了 2 万亿元，在 2017 年接近 3 万亿元，对我国国民经济增长做出了显著的贡献。

2. 监管体系不断完善——医药监管体系五年一大变

中华人民共和国成立之后的较长一段时期内，医药工业的管理体制呈现分散权力的特征。从水平层面来看，随着“以经济建设为中心”和市场导向改革的不断深入，国家开始将医药工业作为一个具有较高潜在收益、能够独立发展的工业加以管理。这相应地反映在医药管理体制的变化上。从垂直层面来看，随着权力由统一转向分散，地方政府中管理部门的权力不断扩大；在计划、生产、流通和市场监管等方面逐渐形成了分级管理体系。

自 20 世纪 90 年代后期以来，我国医药管理体系又重新趋于全面统一。由于受市场化导向的影响，医药工业的生产和流通领域呈现秩序混乱的局面，为此，在20世纪90年代中后期，国家对医药管理体系再一次进行了调整。1997年，中共中央、国务院联合发出《关于卫生改革和发展的决定》，明确提出要积极探索医药管理体系改革，逐步形成统一、权威和高效的管理体系。1998年，国务院机构进行改革，批准成立国家药品监督局，直属国务院，负责对药品的研究、生产、流通、使用进行行政监督和技术监督。2003年，在国家药品监督管理局基础上组建了国家食品和药品监督管理局，保留药品监督管理职能不变。原国家经贸委关于制定医药工业产业计划、产业政策、经济运行调节、技术重组和投资管理的职能转交给新成立的国家发改委。2008年，党的十一届全国人大一次会议通过将国家食品药品监督管理局改由卫生部管理，进一步理顺了食品药品监督管理体制。2013年，组建国家食品药品监督管理总局。保留国务院食品安全委员会，具体工作由国家食品药品监督管理总局承担；不再保留国家食品药品监督管理局和单设的国务院食品安全委员会办公室。2018年，党的十三届全国人大一次会议审议国务院机构改革方案，组建国家市场监督管理总局，不再保留国家食品药品监督管理总局。

纵观40年的医药监管体制治革史，1978年、1998年、2003年、2008年、2013年、2018年都有重大调整，我国的医药监管体制基本是“五年一大变”（见表24－6），在不断的变革中，我国的医药监管体系不断完善。

表24－6　我国医药监管体系变革

年份	医药监管体系变革大事件
1978	国家医药管理局成立
1998	国家药品监督管理局成立，为国务院直属机构，是国务院主管药品监督的行政执法机构
2003	在国家药品监督管理局的基础上组建国家食品药品监督管理局，仍作为国务院直属机构
2008	国家食品药品监督管理局改由卫生部管理
2013	国家食品药品监督管理总局成立
2018	单独组建国家药品监管局，由国家市场监管总局管理，不再保留国家食品药品监督管理总局

3. 国家机构改革——国家医疗保障局成立，启动“三医联动”

2018年5月31日，在国家机构改革方案公布之后，新组建的国家医疗保障局正式揭牌。国家医疗保障局属于国务院直属机构，将以下职责整合：原卫计委的新农合，人社部的城镇职工和城镇居民基本医疗保险、生育保险，国家发改委的药品和医疗服务价格管理以及民政部的医疗救助等。国家医疗保障局的成立，进一步理顺了医疗保障制度在“三医联动”中的定位和基本功能，有利于充分释放医疗保障制度对医疗资源配置结构和配置方式的调节作用。

国家医疗保障局成立之后，将在以下方面对医药市场产生影响：

第一，市场准入。对于国内医药行业来说，市场准入可以狭义地理解为招标、进医保目录。药品通过不了招标，就等于丧失整个医院市场；同时药品若进不了医保目录，即使通过招标，对其市场也将有非常巨大的影响。医疗保障局成立之后，招标、进医保目录这两项权力都在医疗保障局的手里，其重要性不言而喻。

第二，严控用药。在如今医保控费的大背景下，对于医药制造企业而言，进医保目录只是个门槛，医院准入和医保支付标准才是重中之重。国家医疗保障局拥有从源头控制费用的权力，对于此前用量大的药品、辅助用药将有直接的控制权。

第三，直接决定药价。此前，对于药品价格，发改委管定价，人保部管医保目录，卫计委管招标采购，最后由医保来支付，“花钱的”谈不了价格、管不了规范使用，结果造成医保压力越来越大。如今，由国家医疗保障局接手药品招标采购，一方面，体现了“谁付费、谁操盘”；另一方面，在现实的医保资金下，将采取药品中标价格与医保支付标准紧密捆绑的方式，以实现各方利益最大化。在这种情况下，医院或医联体可以根据医保支付标准来对药价进行谈判，它们甚至可以委托第三方平台、各地医保局进行药品谈判。最终目的只有一个，在医保支付标准的基础上，降低药价，实现利益的最大化。

4. 企业规模水平和发展质量不断提高——民营企业不断壮大、出现多家千亿级企业

得益于20世纪90年代的产权制度改革，自

进入21世纪以来，医药工业的企业规模和发展质量出现质的飞跃，百亿级规模的企业不断涌现。2017年我国医药工业企业中市值达到或接近1000亿元的公司达到5家，例如，恒瑞医药的市值突破2000亿元，创造行业历史新高。其中2016年销售收入超100亿元的工业企业达到19家。

相比于改革开放初期，我国的医药工业的所有制形式发生翻天覆地的变化，表现为国有企业改革、民营企业壮大。1996年，在我国的医药工业总产值中，国有经济的贡献率居于完全的主导地位，占比为53%，2007年，国有经济所占比例衰退到6%（见表24－7），股份制经济占据主导地位，其后国有经济所占比例继续减小，股份制经济继续独大，此趋势一直延续至今。这其中，股份制企业中有一部分是原有的国有经济改制而来，还有一部分是民营企业通过重组、上市等方式进行股份制改造而来。

表24－7　1996～2011年医药工业不同所有制经济总产值比例变化

单位:%

时间	国有经济	集体经济	股份制经济	外资和港澳台投资经济	其他经济
1996	53	13	12	18	4
2007（1～11月）	6.2	2.1	43.6	28.0	20.0
2011	3.0	1.2	40.3	27.5	28.1

资料来源：1996年数据来自《2004中国医药统计年鉴》，2007年和2011年数据来自中国医药统计网。

正是改革开放后管理体制被理顺、监管制度不断完善、产权制度改革不断深入，才为国有企业的改革和民营企业的壮大提供健康有序的环境，我国医药企业的经营水平、管理水平、科技研发能力等不断迈上新的台阶。

5. 对外开放程度不断加深——从出口导向到跨国并购

从中华人民共和国成立至今，我国医药工业的对外开放程度不断加深，从20世纪初的以单纯出口导向型经济为主，到主动进口高精端设备仪器、引进先进的国际生产技术、积极参与国际研发等，近几年，为了更多元化地参与国际市场，在资本推动下，医药企业开始通过跨国并购等方式进入国际市场，对我国的医药工业发展产生更加深远的影响。

特别是改革开放以来，医药工业产品在我国的进出口产品门类中占据重要地位。以快速增长阶段为例，2002～2011年，我国的医药工业出口金额以年均27%的速度快速增长，医药工业出口增速总体上高于同时期中国工业货物出口增长速度（见图24－2）。

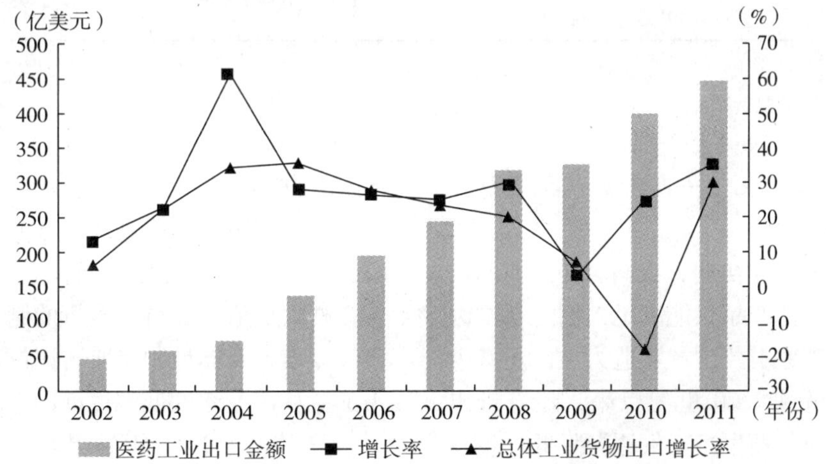

图24－2　中国医药工业出口额及其与整体工业出口额对比情况

资料来源：中国医药经济运行分析系统，中国医药统计网，历年中国统计年鉴。

以1992年为基数，1992～2017年，医药工业进出口总额增长了84倍，进口额增长了116倍，出口额增长了67倍（见表24－8）。

表24－8 1992～2017年部分年份医药工业进出口规模

单位：亿美元

年份	进出口总额	进口	出口
1992	13.71	4.76	8.95
2005	60.87	23.09	37.78
2006（1～11月）	278.11	100.04	178.07
2007	385	140	245.9
2008	486.9	167.2	319.7
2009	531.5	202.36	329.1
2010	601.97	204.64	397.33
2017	1166.8	558.8	608

近年来，我国医药企业逐渐通过资本的推动步入国际市场，境外投资趋热，跨国并购案增多。境外并购是我国医药企业获取产品、技术，进军国际市场的有效途径。以2018年为例，在2018年医药行业并购案例TOP10中，有六起交易实现了中国企业与外资企业的并购（见表24－9），并且并购金额庞大。其中，华西股份与海辰药业联合完成并购海外肿瘤药企。被收购方为意大利公司（Nerviano Medical Sciences Group S. r. l，NMS），海辰药业与华西股份共斥资3.69亿美元收购其90%股权。NMS集团是意大利最大的肿瘤药研发机构，也是全球一流的小分子抗癌药研发平台，此项并购力求让中国能够真正获得全球抗肿瘤药物研发和制药的原始创新资源库。

表24－9 2018年医药行业并购案例TOP10

单位：亿美元

1	华润医药集团6亿美元控股江中集团	药品/生物技术企业	6亿美元	2018/5/17
2	微医筹组财团收购澳洲辅助生殖服务公司Genea 89.5%股份	医疗器械/诊断剂企业	5.1亿美元	2018/8/31
3	华西股份、海辰药业联合完成并购海外肿瘤药企	药品/生物技术企业	3.69亿美元	2018/3/29
4	泰康人寿20.62亿元人民币投资拜博医疗51.56%股权	医院	3.23亿美元	2018/5/20
5	哈药近3亿携手GNC进军保健品市场	药品/生物技术企业	2.9995亿美元	2018/6/5
6	安捷伦2.5亿美元收购艾森生物，扩大细胞分析产品线	医疗器械/诊断试剂企业	2.5亿美元	2018/9/25
7	远大医药斥15.51亿元全资收购上海运佳黄浦制药	药品/生物技术企业	15.51亿元人民币	2018/6/1
8	华东医药1.69亿英镑收购英国Sinclair全部股份	药品/生物技术企业	14.9000亿元人民币	2018/8/28
9	沃森生物逾13亿元转让嘉和生物部分股权	药品/生物技术企业	13.1168亿元人民币	2018/6/25
10	翰宇药业旗下并购基金联合云锋基金对德国“独角兽”AMW GmbH进行战略投资	药品/生物技术企业	2.11亿美元	2018/6/14

注：数据统计截止日期为2018年10月31日。

资料来源：GBI SOURCE数据库。

6. 产业结构不断优化——高附加值、高科技含量产品比例增加

中华人民共和国成立初期，我国医药工业的技术研发能力较弱，医药产品只能满足人们的基本医药卫生需求，以基础原料药生产制造为主，还有少部分的动物药品制造业。20世纪以来，随着进出口市场开放，化学原料药生产比例逐渐降低，生物生化制品业、卫生材料及医药用品制造业开始逐渐兴起，逐渐占据一定比例；2009年以后，在我国新医改方案出台和国际外贸环境急剧变化的多重压力下，我国医药工业进入以产业升级为核心的稳步增长阶段，产业结构不断优化，产业升级效果显著。高附加值、高科技含量的制药机械制造业、医疗仪器设备及器械制造所占比例逐渐增加，我国医药工业从产业链的低端逐渐向上攀升。

以1995～2017年为例，化学药品原药制造业从35.10%降到16.70%，化学药品制剂制造业从31.66%降到28%，中药材及中成药加工业保持

稳定，生物生化药品制造业从4.86%升至11.10%，制药机械制造业和医疗仪器设备及器械制造从无到有，2017年分别为0.6%和9.5%（见表24－10）。

表24－10　1995～2017年部分年份医药工业各个子行业的工业产值占比

单位：%

年份	化学药品原药制造业	化学药品制剂制造业	中药材及中成药加工业	动物药品制造业	生物生化药品制造业	卫生材料及医药用品制造业	制药机械制造业	医疗仪器设备及器械制造
1995	35.10	31.66	24.14	4.24	4.86	0.00	—	—
2005	25.74	30.86	28.29	2.94	8.32	3.85	—	—
2010	19.10	28.40	26.20	—	10.40	5.70	0.70	9.50
2015	17.16	25.35	29.26	—	11.77	6.91	0.68	8.86
2017	16.70	28.00	26.50	—	11.10	7.60	0.60	9.50

注：（1）中药材及中成药加工业包括中药饮片加工业和中成药制造业，此处合计计算；（2）空白处表明因为数量过小而未统计；（3）2010年的统计非全年数据为1～11月的数据。

资料来源：1995年、2005年数据根据《中国工业经济统计年鉴》相关年份的数据计算而来，2010～2017年根据国家统计局、工信部公布的相关数据整理而来。

7. 创新能力不断增强——从引进到自主研发

中华人民共和国成立初期，我国医药工业的技术研发以从外引进为主，经过一段时间的技术摸索阶段，如今我国医药工业的技术研发能力不断增强，创新活力凸显。

从研发投入占比来看，以2005年和2017年为例，2005年我国整体医药行业研发投入占销售收入比重平均仅为1.02%，除个别企业在5%以上以外，大部分企业的研发投入比重处于非常低水平。同时，国内风险投资市场尚未建立，整个技术创新体系中间环节出现严重断裂。2017年，在医药工业百强企业中，有九家企业的研发投入占比大于10%，比2016年增加六家，百强中排名第43位的先声药业以14.3%的比例位居首位，恒瑞医药、康美药业、康弘药业、信立泰、海正药业、长春高新六家上市药企比例也均超过10%。值得注意的是，2017年有大量行业外资本、PE/VC基金将创新型医药企业作为投资重点，一批"双创"企业顺利融资，有效地推动了一些高风险、长周期的创新药研究，如创新药研发企业天境生物于2017年3月一次性获得了超过10亿元的融资。

从研发费用来看，以2001年、2005年和2018年上半年为例，2001年我国医药企业的研发经费为16.2亿元，2005年增长为43.4亿元，2018年上半年A股273家企业的研发费用投入总计约172亿元。在这273家企业中，从有对比数据的266家企业来看，209家企业的研发费用投入出现增长，占比78.57%，总计36家生物医药企业研发费用投入超过亿元。

特别值得注意的是，在"健康中国2030"战略指引下，2018年多项鼓励创新的政策出台，为医药行业中创新药、CRO企业、创新医疗器械带来了结构性机遇，激发企业的研发热情。2019年，药审改革持续发力，有望缩短药品审评周期，加快仿制药和创新药上市时间，激发行业创新动力。另外，随着近年来海外高层次生物医药技术人才归国，为医药行业创新带来强有力的智力支撑。政策的有力引导和人才的强力支撑为企业的技术创新指明了方向，将极大地激发企业的创新活力与创新动力。

在两化融合方面，2018年在国家智能制造专项的带动下，医药企业积极改进技术装备，生产过程自动化和信息化水平明显提高，智能制造示范项目表现突出，共获得智能制造试点示范项目四个，智能制造综合标准化与新模式项目十个。2019年，随着两化融合和清洁生产得到地方政府和企业的普遍重视，以及试点示范、绿色工厂、绿色园区项目的示范带动，行业智能制造和绿色制造水平将进一步提高。

三、医药工业发展面临的新局面

1. 用药安全形势刻不容缓

2018年7月15日，国家药品监督管理局发布通告：国家药监局根据线索组织检查组对长春长生生物科技有限责任公司（以下简称“长春长生”）生产现场进行飞行检查。检查组发现，长春长生在冻干人用狂犬病疫苗生产过程中存在记录造假等严重违反《药品生产质量管理规范》（药品GMP）行为。根据检查结果，国家药监局迅速责成吉林省食品药品监督管理局收回“长春长生”相关《药品GMP证书》。

吉林“长春长生”疫苗案件发生后，党中央、国务院高度重视疫苗质量安全。2018年9月20日，习近平主持召开中央全面深化改革委员会第四次会议，审议通过《关于改革和完善疫苗管理体制的意见》。会议指出，疫苗关系人民群众生命健康，关系公共卫生安全和国家安全。改革和完善疫苗管理体制，必须标本兼治、重在治本，采取强有力举措，严格市场准入，强化市场监管，优化流通配送，规范接种管理，坚决堵塞监管漏洞，严厉打击违法违规，确保疫苗生产和供应安全。

其实，早在2017年2月14日，为保障人民群众的用药安全，国务院印发并实施《“十三五”国家药品安全规划》（以下简称《规划》）。《规划》包括四项原则：维护公众健康，保障公众需求；深化审评审批改革，提升监管水平；鼓励研发创新，提高产品质量；加强全程监管，确保用药安全有效。此外，《规划》还提出，到2020年，我国药品质量安全水平、药品安全治理能力、医药产业发展水平和人民群众满意度明显提升；药品医疗器械标准不断提升；审评审批体系逐步完善；检查能力进一步提升；监测评价水平进一步提高；检验检测和监管执法能力得到增强；执业药师服务水平显著提高。至此，用药安全已经被提升至国家层面，安全应该是所有医药企业在经营发展中首先考虑的因素。

2. 政策环境发生重大变化

医药工业的政策性环境发生变化，这是目前行业面临的最大不确定性因素。目前，我国正在深化医药卫生体制改革，针对医药管理体制和运行机制、医疗卫生保障体制、医药监管等方面存在的问题提出了一系列卓有成效的改革措施，相关政策法规体系也逐步得到完善。特别是2015年以来，国家出台了针对医药行业研发、生产、流通、终端等一系列政策，旨在调整结构，促进产业升级。2016~2018年出台的部分国家级政策文件可参考专栏2。

除此之外，为了解决长期以来存在的医药行业受多部门联合监管，存在“九龙治水”的情况，2018年5月31日，国家医疗保障局挂牌成立。国家医疗保障局综合了原卫计委的新农合，人社部的城镇职工和城镇居民基本医疗保险、生育保险，国家发改委的药品和医疗服务价格管理，以及民政部的医疗救助等多项功能，医疗保障制度在“三医联动”中的定位和基本功能，有利于充分释放医疗保障制度对医疗资源配置结构和配置方式的调节作用。

这些政策法规的出台以及国家机构改革等措施，必将使我国的医药工业发生重大而深远的变化。

3. 自主研发实力薄弱的局面未得到根本改善

目前，我国医药产业的生产能力已位居世界前列，制剂加工能力世界第一，化学原料药产量世界第二，片剂加工能力是美国的三倍[①]。近年来，国家实施“重大新药创制”等专项计划，大量资金投入到医药创新领域新药研发能力得以不断增强，新产品、新技术开发成效显著。在市场扩容、技术进步、兼并重组等因素的推动下，涌现出一批综合实力较强的大型企业集团，抗生

① 汪家宝：《我国医药产业可持续发展路径研究》，《南京财经大学学报》2014年第3期。

素、维生素、解热镇痛药物等传统优势品种市场份额进一步扩大，他汀类、普利类、沙坦类等特色原料药已成为新的出口优势产品。

但与此同时，我国药品领域各产品市场供需关系长期难以实现均衡，“供给侧”矛盾较为突出。一方面，高端好药、新药严重不足，需要大量进口；另一方面，低端仿制药大量过剩，供给远超市场需求。我国的新药大都是在国外专利尚未在国内获批前，通过“抢注”获得一类药身份，并不属于世界范围内的首发新药。目前，我国仿制药的整体水平不高，准入门槛较低，企业在快速发展的同时，产业基础比较薄弱，药品低水平重复现象比较严重。我国药品审评以往仅重视质量一致性评价，而对疗效一致性评价的重视程度较低，且仿制对象为已有国家标准的药品，导致一代代仿制后的药品质量与原研药间的差距越来越大。至今，我国大部分医药企业还没有能力参与国际市场竞争，国际上对我国生产的仿制药认可程度较低，国产仿制药获得美国FDA批准的数量极少，只有个位数。相比之下，印度同样作为仿制药生产大国，制药产业规模虽不如我国庞大，但含金量却较我国高出很多，其仿制药在国际上受认可程度也远高于我国（见表24－11）。

表24－11　中国与印度药品市场的比较

单位:%

国家	2016年药品出口总额（亿美元）	2016年药品市场规模（亿美元）	药品出口占市场总额比例（%）	FDA允许出口药品和有关原材料企业数量（家）	研药品生产企业数量（家）	药品各类（种）
中国	554	2365	23.42	300	4176	7000
印度	164	258	63.57	650	10.563	377

药品研发领域投入不足是导致我国创新药物严重缺乏的主要原因。国际上大型医药跨国公司的研发投入一般都会占销售收入的16%，而在我国该比例仅为4%～5%。此外，从全球范围来看，生物制剂产业的发展已成为趋势，新分子化合物将逐步退出药物研发的热点。随着国际大型药企新药研发向生物制剂转移，研发成本进一步提高，我国创新药物的自主研发将面临更加严峻的挑战。

4. 产业集中度提升仍有很大空间

2016年我国有内资制药企业4100余家，与之前相比明显减少（见图24－3）。国内医药工业总产值占世界行业总产值的比例约为6%，与美国仅有百余家药企就实现将近40%的世界医药行业总产值相比，我国药品生产企业数量明显过多，市场集中度偏低。

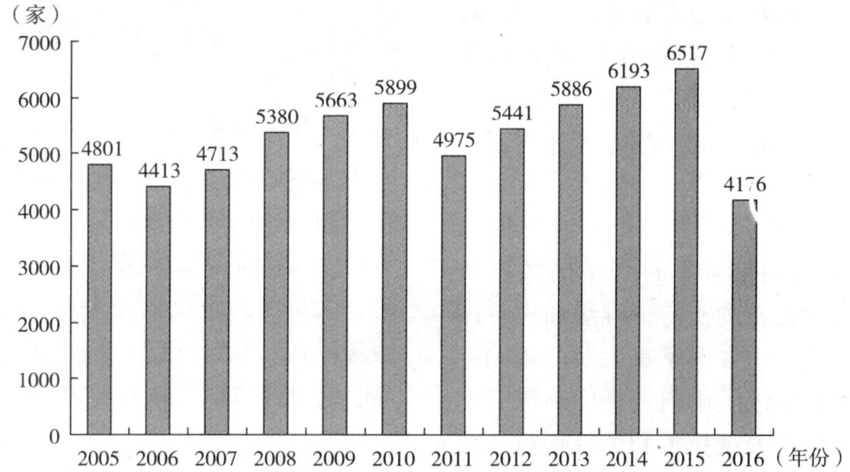

图24－3　2005～2016年内资制药企业数量情况

近年来，经过多轮兼并重组，医药工业集中度有所提高。2016年排名前三位、前五位、前十位制药企业的销售额之和占全国制药企业销售总额的比重分别为6.92%、8.38%、10.86%，较前几年相比均有不同程度的提高。但我国医药制造业起步较晚，绝大多数都是产值较小的中小型医药企业，以生产仿制药为主，低水平重复建设现象严重，造成了过度竞争、资源浪费和环境污染一系列问题。最近几年，政府对医药行业的监管力度明显加大，药品招标政策向创新药倾斜，加强规范仿制药一致性评价，实行新版GMP认证，以及加强对临床试验数据的监管。这些措施在规范中国医药市场的同时，也提高了药企的运营和研发成本，必然使小型仿制药企业最终退出市场。在政策的持续推动下，未来国内的医药工业将面临进一步整合，规模化制药企业将迎来行业发展的大好机遇。

四、医药工业发展的新方向

1. 唯有创新才能发展

我国是全球最大的新兴医药市场。受人口老龄化进程加快、慢性病发病率升高以及国家对医药研发采取政策性支持等各方面因素的影响，未来五年我国医药市场将保持快速增长，预计到2020年市场规模将达到1653亿美元，超过欧盟五国，占据全球医药市场总体份额的11.8%①。

良好的发展前景刺激医疗消费和医药企业的研发投入，国内不断完善的医疗保障体系也有利于医疗行业的健康稳定发展。即使目前政府加强医保控费，但患病总人数增加和保障覆盖人群扩展以及社会保险介入而导致医疗支出的持续增长仍然是未来趋势。面对新的形势，患者、医疗机构等对于我国医药产业发展都有了新的诉求。

近年来，国家围绕提高药物质量、鼓励创新药物研发和增强综合创新能力方面出台了大量政策法规。一方面，通过加大监管力度，提高行业集中度，逐步去掉“多余产能”；另一方面，为“创新”营造良好的氛围环境，着力推进制药行业的转型升级。

医药工业的创新要紧抓“三个关键支持”，一是继续加强对医药制剂和原料药中的关键技术、关键材料和关键设备的支持，继续加大对医药创新基础研究的支持。自国家重大新药创制专项设立以来，极大地推进了国内新药的临床和上市，但目前高端制剂的关键技术和关键辅料往往还是进口的，我国要成为医药强国，医药产品的关键技术、关键材料和关键设备必不能受制于人，要进行培育，形成一个完整的产业链和医药产业生态圈。同时加大对基础研究的支持，为源头创新创造条件。要学习全球最前沿的技术和研究成果，与国外合作创新。

2. 产业链式发展寻求规模效应

目前，产业链拓展成为大型医药企业较为普遍的发展趋势。医药企业在立足主业的基础上，近年来积极探索向上下游产业链的拓展，以发挥产业链协同优势，实现规模效应。

一是向上游拓展。党的十九大报告指出，我国要坚持中西医并重，传承发展中医药事业。在国家政策支持下，中药企业对于原料药材的质量要求不断提高。为降低原料采购成本，保障原材料质量，不少医药企业在全国选址进行原料种植养殖基地的布局和建设。

二是向下游拓展。公立医院药品零加成使公立医院收入下降1/4，促使医院收入结构大幅调整。面对新的发展机遇，不少医药企业正通过自有资金或产业基金等方式募集资金收购医院。同时，大量医药企业依托主业，探索通过兼并医疗服务机构、新设保健品板块等方式向医疗、保健品、健康管理咨询及健康养老等大健康产业扩张。

① IMS Health. IMS Market Prognosis China 2016 - 2020 [EB/OL]. 2016 - 09.

3. 利用资本并购培育行业龙头

统计显示，截至 2017 年底，我国已经有超过 5000 家原料药和制剂药物生产企业，零售药店的门店数更是超过了 50 万家以上，如果单纯地从数据上进行分析，我国已经成功地迈向了医药大国方向，但是如何从医药大国跻身到医药强国？

在研发成本日益增高、研发成果不确定性日益增大的情况下，多数企业通常通过以品种为核心的投资、并购或引入，快速将优质畅销药品或拥有优质畅销药物的公司纳入旗下。在国际市场上，大型药企通过收购获得顶级畅销药品的现象较为普遍，并购已经成为国际上一种补充自身产品品种的重要方式。由于历史制度和政策原因，导致新药在我国上市的时间普遍晚于欧美发达国家很长一段时间。社会资源汇集、政策环境改善促使企业加快转型升级的步伐，在加大自身研发投入的基础上，投资、并购、引入将会是企业快速补充产品线、实现产品升级换代的重点途径，并购是其中最为重要的途径。

同样，在国内市场上，通过资本驱动的并购有利于行业内优势资源整合，使企业能够实现多元化发展，增加企业的抗风险能力。从整个行业来看，资本并购可以进一步提高产业集中度，促进行业转型升级。

4. 生物技术创新将引领药物研发

我国医药产业总体格局为，化学药占主要地位，中成药大约占 1/3，生物医药占近 20%。近年来在我国获批上市的药品中，尽管生物药数量偏少，但发展态势良好。从未来的发展趋势来看，生物医药不仅是当前全球制药行业中增长最快、空间最大的细分领域之一，也是国内研发水平最接近国际的领域之一。未来的生物技术创新将引领药物研发，例如，从个性化药物到精准医学、基因编辑等方面。此外，生物大数据和人工智能、3D 打印技术等也对药物研发起到了重要的推动作用。

当前我国的医药企业应该紧跟世界生物技术前沿，结合国内疾病防治需要，加快新一代生物检测技术、新一代基因操作技术、合成生物技术等新兴领域的研发，加速其产业化进程，开发具有自主知识产权的产品。虽然目前与欧美发达国家相比，国内生物医药的全产业链模式打造还不够成熟，不少上游原料都依赖进口，审批、产业化制造等路径也还在搭建过程中，在终端售价上还难以体现研发的投入产出，但从产业化增速和市场空间来看，国内市场未来的广阔空间，仍吸引了大批海内外研发项目进驻。随着 2017 年中国正式加入人用药品注册技术要求国际协调会议（ICH）以及一系列鼓励政策的推出，生物医药创新被注入了更加强劲的力量。

5. “互联网 + 医药”成为行业新引擎

医药是高技术、高风险、高投入、高回报的产业，一直是政府高度关注的领域。据了解，近年来，各行各业受到了来自新兴互联网的巨大冲击，同时也造就了一大批新生力量军。随着国家“互联网 +”政策的出台，医药行业紧跟时代发展潮流，用“互联网 +”模式来寻求新的突破与创新。传统的医药行业，运用“互联网 +”新模式已成为行业发展的新引擎。

“互联网 + 医药”主要应用在三个方面：

一是生产和流通方面，“互联网 + 医药”并不仅仅是简单的技术上的变革，也不能理解为利用互联网技术简单去替代人力，而是通过将互联网与医药生产、流通领域的深度融合，以实现转型升级。利用互联网和信息化技术，将外部需求信息与内部操作相结合，使企业在药品生产、批发、物流配送、医药电商等方面实现高效率操作，促进产业升格。

二是零售方面，“互联网 + 医药”将推动医药新零售业态的进步。在互联网技术的支持下，未来的医药零售业态将覆盖选择、定制、试用、支付、物流、信息传递、需求寻找、售后服务等所有商业环节，各个环节最终都会被转化为数据保存下来，所有数据的融会贯通，就意味着全面掌握市场需求与变化，因此，通过数据与商业逻辑的深度结合，药品零售行业才能实现药品零售带动营销变革，为传统医药流通业实现优化资源配置、孵化新型零售模式、优化价值链等多种目的。

三是智慧医疗产品或服务方面。例如，开发应用具备云服务和人工智能功能的移动医疗产品、可穿戴设备，各种类型的基于移动互联网的健康管理软件（APP），可实现远程监护、咨询的远程医疗系统；加强对健康医疗大数据的开发和利用，发展电子健康档案、电子病历、电子处方等数据库，实现数据资源互联互通和共享，指导疾病诊治、药物评价和新药开发，发展基于大数据的医疗决策支持系统；等等。

专栏 24－1

我国医疗管理体制沿革图

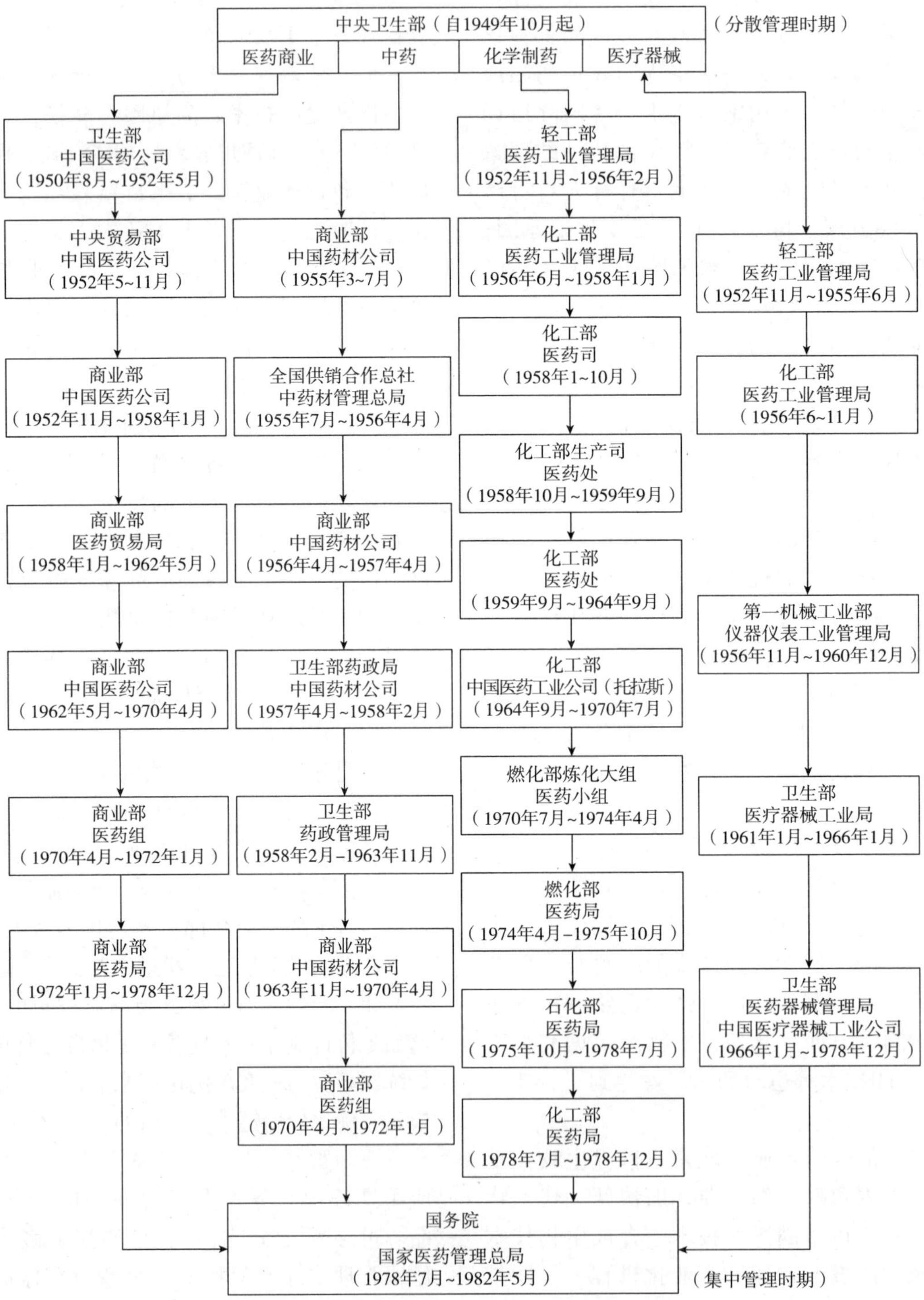

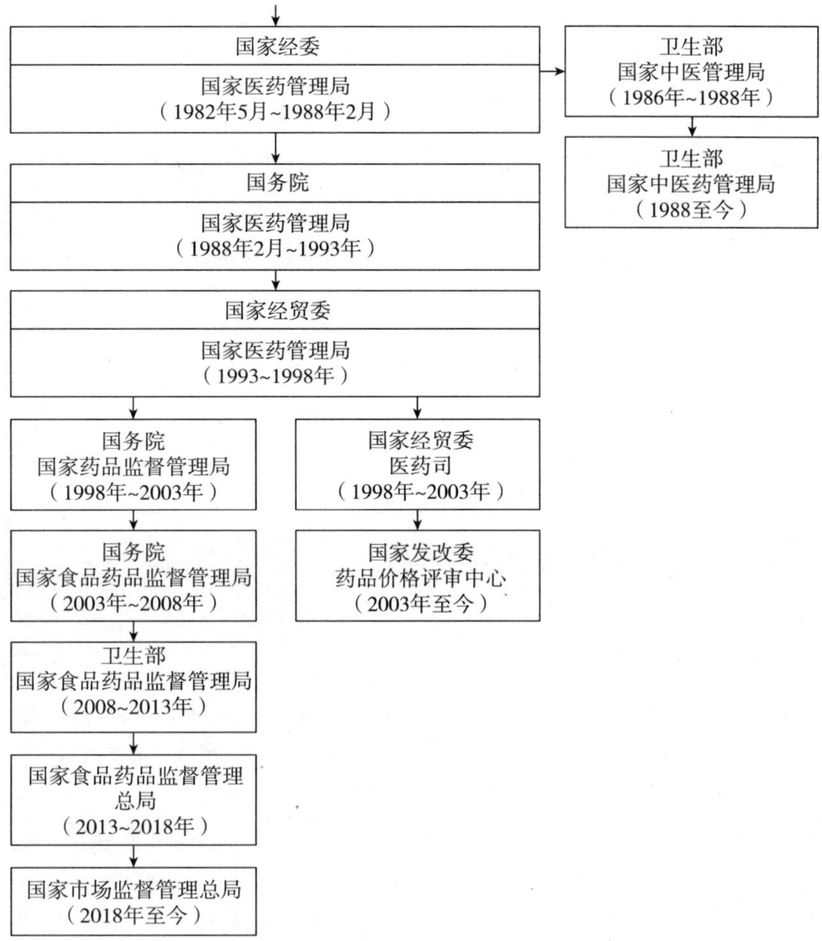

专栏 24－2

2015 年以后出台的国家级医药政策（部分）

时间	医药政策	主要内容
2016 年 2 月	CFDA 发布《关于解决药品注册申请积压实行优先审评审批的意见》	重点支持三大类药物（新药、临床急需或质量疗效明显改进）的优先审批
2016 年 3 月	《国务院办公厅关于开展仿制药质量和疗效一致性评价的意见》	要求制药企业对仿制药与原研药在质量和疗效上的一致性进行评估
2016 年 7 月	国家发展和改革委员会和国家卫生计生委、人力资源和社会保障部、财政部发出《关于印发推进医疗服务价格改革意见的通知》	医疗服务价格实行分类管理，公立医疗机构提供的基本医疗服务实行政府指导价；非公立医疗机构提供的医疗服务，落实市场调节价政策
2016 年 12 月	第十二届全国人民代表大会常务委员会第二十五次会议经表决通过《中华人民共和国中医药法》	该法自 2017 年 7 月 1 日起实施。它是中国首部中医药法，对于中医药行业发展具有里程碑意义

续表

时间	医药政策	主要内容
2017 年 1 月	国务院医改办、国家卫生计生委等八部门联合出台《关于在公立医疗机构药品采购中推行"两票制"的实施意见（试行）的通知》	综合医改试点省（区、市）和公立医院改革试点城市的公立医疗机构要率先推行药品采购"两票制"，鼓励其他地区执行"两票制"，争取到 2018 年在全国全面推开
2017 年 2 月	国务院发布《"十三五"国家药品安全规划》	规划旨在维护公众健康，保障公众需求；深化审评审批改革，提升监管水平；鼓励研发创新，提高产品质量；加强全程监管，确保用药安全有效
2017 年 2 月	《国家基本医疗保险、工伤保险和生育保险药品目录（2017 年版）》发布	这是自医保制度实施以来的第四次目录调整，本次调整新增 339 个品种，增幅约 15.4%，增补品种主要包括化学新药、重大疾病用药、中成药（民族药）和儿童药
2017 年 4 月	CFDA 公布《仿制药质量和疗效一致性评价品种分类指导意见》	对包括原研进口上市品种、原研企业在中国境内生产上市的品种、进口仿制品种、国内仿制品种、改规格、改剂型、改盐基的仿制品种以及国内特有品种等仿制药的一致性评价方法，给出明确意见
2017 年 4 月	国家卫生计生委等七部门下发《关于全面推开公立医院综合改革工作的通知》	要求 2017 年 9 月 30 日前所有公立医院全部取消药品加成，到 2017 年底前 4 批 200 个试点城市公立医院药占比总体下降到 30%，2017 年全国公立医院医疗费用平均增长幅度控制在 10% 以下
2017 年 6 月	国家食品药品监督管理总局审议通过《国家食品药品监督管理总局关于调整进口药品注册管理有关事项的决定》	为鼓励新药上市，满足临床需求，《决定》调整的事项主要有三个方面：一是允许同步研发申报，二是优化注册申报程序，三是取消部分进口药品在境外上市的要求
2017 年 10 月	中共中央办公厅和国务院办公厅联合印发《关于深化审评审批制度改革鼓励药品医疗器械创新的意见》	从改革临床试验管理、加快上市审评审批、促进药品创新和仿制药发展、加强药品医疗器械全生命周期管理、提升技术支撑能力、加强组织实施六方面提出 36 条具体意见
2017 年 11 月	发改委公布《短缺药品和原料药经营者价格行为指南》	切实加强短缺药品和原料药市场价格监管，有效规范短缺药品和原料药经营者价格行为，维护市场价格秩序，建立药品和原料药购销公平竞争的市场环境
2018 年 4 月	国家发布《关于改革完善仿制药供应保障及使用政策的意见》	根据相关政策文件规定，一旦一个药品有一家企业通过一致性评价后，其他企业需要在三年内完成，如果逾期未完成的则不再予以注册，也就意味着这些批文将会成为无用批文或被注销。而我国当前有大量仿制药品种的批文高度重复，这些将是批文消失的重灾区
2018 年 4 月	国务院常务会议决定：从 2018 年 5 月 1 日起，将包括抗癌药在内的所有普通药品、具有抗癌作用的生物碱类药品及有实际进口的中成药进口关税降至零，并较大幅度降低抗癌药生产、进口环节增值税税负	将肿瘤药品进口税率调整为零，一方面，有利于肿瘤药品进入中国市场和降低进口药品价格，减轻患者负担；另一方面，国内的抗肿瘤靶向药市场还不成熟，国内肿瘤药企的发展将进一步承压

续表

时间	医药政策	主要内容
2018 年 5 月	新组建的国家医疗保障局正式揭牌	将国家工商行政管理总局的职责、国家质量监督检验检疫总局的职责、国家食品药品监督管理总局的职责、国家发展和改革委员会的价格监督检查与反垄断执法职责、商务部的经营者集中反垄断执法以及国务院反垄断委员会办公室等职责整合，组建国家市场监督管理总局，作为国务院直属机构
2018 年 9 月	国务院办公厅发布了《国务院办公厅关于完善国家基本药物制度的意见》	要强化基本药物"突出基本、防治必需、保障供应、优先使用、保证质量、降低负担"的功能定位，明确提出要动态调整优化目录，并明确提出动态调整至少三年一次，除少数民族地区可增补少量民族药以外，原则上各地不得增补品种
2018 年 11 月	《国家组织药品集中采购试点方案》正式通过，带量集采"4 +7"试点	确定将在北京、上海、天津、重庆四个直辖市和广州、深圳、西安、大连、成都、厦门七个城市进行带量采购，简称带量集采"4 +7"试点

资料来源：笔者自行整理。

参考文献

［1］历年的《中国工业统计年鉴》。

［2］历年的《中国工业发展报告》，由经济管理出版社出版。

［3］国家发展改革委：《医药行业"十一五"发展指导意见》，国家发展改革委官方网站，2006 年。

［4］工信部：《医药工业"十二五"发展规划》，工信部官方网站。

［5］曾铮：《中国医药产业发展概况及其趋势研究》，《经济研究参考》2014 年第 32 期。

［6］胡江宁等：《2010 年全国医药工业经济运行情况分析》，《中国医药工业杂志》2011 年第 2 期。

［7］米内网：《2015 年度中国医药市场发展蓝皮书——产业经济部分》，《药学进展》2015 年第 6 期。

［8］中国医药统计网，http：//www. yytj. org. cn/。

［9］国家统计联网直报门户，http：//www. lwzb. gov. cn/pub/lwzb/gzdt/201804/t20180428_ 4874. htm。

［10］中华人民共和国工业和信息化部，http：//www. miit. gov. cn/n1146312/n1146904/n1648366/n1648370/c5920776/content. html。

［11］中华人民共和国商务部，http：//search. mofcom. gov. cn/swb/searchList. jsp。

［12］中华人民共和国国家发展和改革委员会，http：//gys. ndrc. gov. cn/gyfz/201803/t20180326 _ 880220. html。

［13］慧聪制药工业网，http：//info. pharmacy. hc360. com/list/info_ qiye_ zcyw. shtml。

［14］国务院发展研究中心信息网，http：//www. drcnet. com. cn/www/Integrated/Channel. aspx？ uid = 0510 &version = integrated&chnid = 1027。

［15］中国制药网，http：//www. zyzhan. com/news/detail/69661. html。

［16］健康网，http：//www. healthoo. com/。

［17］工信部：《医药工业发展规划指南》2016 年第 10 期。

［18］陈凯先：《发挥区域优势　推动医药产业创新发展（上）》，《中国医药报》2019 年 4 月 11 日。

［19］张建忠：《医药产业把握"两会"时间》，《医药经济报》2019 年 3 月 7 日。

［20］肖晗、朱民田、张思文：《基于医药经济运行数据的新医改纵深发展视角下我国医药产业发展现状及趋势分析》，《中国医药导报》2018 年第 12 期。

［21］《"互联网 +"新模式已成为医药行业发展新引擎》，中国制药网，2018 年 5 月 11 日。

［22］《并购大事件，危与机并存》，《医药周报》2019 年第 2 期。

第二十五章　钢铁工业

提　　要

自中华人民共和国成立70年以来，我国钢铁工业经历了1949～1957年的初步发展时期、1958～1977年的曲折发展时期、1978～1992年的体制调整与快速发展时期、1993～2018年的市场体制下收敛增长时期四个主要发展阶段。经过70年的曲折发展，我国钢铁工业产业规模不断扩大，技术装备水平不断提高，产品结构和产品质量明显改善、产业竞争力不断增强，实现了由小到大、由弱渐强的历史性转变，完成了迈向世界第一钢铁生产大国的壮举，为我国国民经济发展和国防建设提供了强有力的材料支撑。但是，与世界钢铁强国相比，与高质量经济发展对钢铁工业的要求相比，我国钢铁工业发展尚需要解决主创新能力不强、发展方式仍然比较粗放、产能过剩的压力较大、铁矿石对外依存度过高等突出矛盾和问题。为解决这些突出矛盾与问题，需要健全钢铁工业科技创新体系，建立健全研发人员的激励约束机制，提高研发投入的产出效率；需要加快钢铁企业特别是行业环保落后钢铁企业的低碳化改造进程，促进钢铁制造流程优化与升级，鼓励产业耦合，提高产业可持续发展能力；需要继续深化改革，建立健全根治产能过剩的体制机制；需要通过产业链整合、进口多元化和“走出去”开发国外资源等多措并举，提高铁矿石资源的保障能力。

*　　　　*　　　　*

钢铁工业是国民经济重要的基础产业，是国民经济建设和国防建设的重要依托产业。没有强大的钢铁工业做支撑，一个国家或地区的工业化与现代化进程就会受阻，也很难建立起强大国防工业体系。自中华人民共和国成立以来，我国钢铁工业已经走过了70年的发展历程。在这70年中，虽然我国钢铁工业走过像“大跃进”这样的弯路，经历过一些波折，但总的发展态势是良好的，是不断前进的。通过70年的不断发展，我国钢铁工业实现了从小到大、从弱渐强的历史性转变，并形成了包括矿山探勘、矿山开采、矿产冶炼、炼铁、炼钢、轧钢、钢材加工等产业链环节在内的、完整的钢铁产业体系。

一、中华人民共和国成立以来钢铁工业的发展历程

自中华人民共和国成立70年以来，我国钢铁工业在曲折中不断前进，完成了迈向世界第一钢

铁生产大国的壮举，为我国国民经济发展和国防建设提供强有力的材料支撑。概括地看，钢铁工业的70年发展历程，大体上可分为以下四个发展阶段：

1. *初步发展时期*（1949～1957年）

中华人民共和国成立之初，由于战争的破坏和旧政权的腐败，我国钢铁工业的底子十分薄弱。当时我国能生产的钢铁企业只有19家，全年钢产量只有15.8万吨，仅相当于历史最高产量的1/6。中华人民共和国成立后，为了尽快恢复并发展钢铁工业，新政府成立重工业部主管钢铁工业，并对钢铁工业的组织机构、员工薪酬福利制度、财务制度、产品和原材料供销及生产投资计划做出了具体安排。通过上述举措，被战争破坏的钢铁工业迅速得到恢复并有了新的发展。到1952年，全国粗钢突破100万吨，超过历史最高水平；钢铁工业实现总产值接近14亿元，比1949年增长6.1倍。从1953年开始，我国进入"一五"计划时期，钢铁工业迎来了大规模投资建设。在苏联的友好援助下，我国钢铁工业重点建设了鞍钢、武钢、包钢、本钢、齐齐哈尔钢厂八个重点钢铁项目（均属于156项重点工程），改扩建了龙烟铁矿、马鞍山铁矿、大冶特殊钢厂、重庆特殊钢厂等八个限额以上的钢铁项目，改扩建了天津钢厂、唐山钢铁厂、北京石景山钢铁厂、上海第一钢厂等23个限额以下钢铁项目。经过"一五"时期的大规模建设，我国钢铁工业初步形成了包括采矿、选矿、烧结、炼铁、炼钢、轧钢及辅助材料生产在内的完整产业体系，初步建成了鞍山（鞍钢）、武汉（武钢）、包头（包钢）等几大钢铁基地。到1957年，钢铁工业的三大主导产品生铁、粗钢、钢材产量分别达到594万吨、535万吨和436万吨，分别比1949年增长22.8倍、32.4倍和30.1倍；实现工业总产值达到68.05亿元，比1949年增长62.6倍，比1952年增长2.8倍。

2. *曲折发展时期*（1958～1977年）

在"一五"时期钢铁工业发展取得较大成效的背景下，盲目乐观和急躁冒进的思想成为我国经济建设的主流，1958年5月，党的八大二次会议提出，钢铁工业要在较短的时期内"赶英超美"，同时提出了"以钢为纲"的工业发展策略，并把1958年的钢产量指标提高到1070万吨，即比1957年翻一番，一场史无前例的全民大炼钢铁运动拉开帷幕。通过"小洋群""小土群"一起上，虽然1958年的钢产量达到了既定的翻番目标，但所生产的1107万吨钢中有1/4以上是废品。1959年又提出了再翻一番的高指标，但当年粗钢产量只有1387万吨。虽然1960年钢产量达到1866万吨，但由于轧钢能力不足，生产的钢不能顺利转化成材，结果造成钢锭积压，经济效益严重下滑。更为严重的是，连续三年的钢铁"大跃进"，造成了农轻重三大部门之间比例关系的严重失调，从1961年开始国家被迫对国民经济进行调整。在调整过程中，钢铁工业调低了产量计划指标，压缩基本建设投资规模，缩短了战线，精简了职工。经过五年的调整，钢铁生产有了恢复性的增长，钢材品种质量有了较大改善，行业经济效益明显改善（见表25－1）。

表25－1　1965年钢铁工业的主要指标与1957年的比较

单位：万吨，亿元

年份	生铁（万吨）	粗钢（万吨）	钢材（万吨）	实现产值（亿元）	实现利税（亿元）
1957	594	535	436	68.05	12.6
1965	1077	1223	895	124.21	32.5
增减（%）	81.3	128.6	105.3	82.5	157.9

资料来源：《中国钢铁工业五十年》编辑委员会：《中国钢铁工业五十年》，冶金工业出版社1999年版。

经过五年的调整，尽管我国钢铁工业发展开始走向正轨，但从1966年下半年开始，史无前例的"文化大革命"爆发了，钢铁工业正常生产秩序完全被打破，钢铁产量连续两年出现倒退。

1967年粗钢产量比1966年减少了1/3，1968年又比1967年减少了11.4%。为了改变这种不利局面，1968年5月，国务院就钢铁、煤炭问题召开全国性会议，要求停止武斗，尽快恢复生产。在这种背景下，钢铁工业开展了恢复和整顿工作，逐步恢复原来的生产指挥组织系统，重新召回了下放的工程技术人员，改善了企业管理制度，重新启动“三线”工程建设。“三线”建设始于1964年，纳入“三线”建设的钢铁项目包括攀枝花钢铁基地、成都无缝钢管厂、重庆钢铁公司、重庆特殊钢厂、昆明钢铁厂、贵阳钢铁厂、遵义铁合金厂等。由于“文化大革命”的冲击和破坏，这些项目大都处于停产停工状态。在这次恢复工作中，被停工的项目开始复工，被延期的项目开始加快进程。1970年7月攀钢建成出铁，同年9月，西北“三线”建设重点工程酒泉钢铁公司的1号高炉建成投产。

通过上述工作，全国钢铁生产止跌回升，1969年生产粗钢1333万吨，比1968年增长47.5%；1970年生产粗钢1779万吨，比1969年增长35.5%，1971年粗钢产量突破了2000万吨，达到2132万吨，比1970年增长19.8%。

1972年，中央决定利用中美、中日关系改善的有利时机，加快引进一批国内急需的技术装备，武钢引进了具有当时世界先进水平的一米七轧机系统项目。项目1978年12月建成投产，形成了300万吨热轧板卷的生产能力，缓解了我国国民经济所急需的热轧带钢、冷轧薄板、镀锌板、镀锡板和冷轧硅钢片等钢材品种短缺的矛盾。这对后来武钢的改造和钢铁工业发展打下了一个比较好的基础，是“文革”时期钢铁工业发展中少有的一个亮点工程。

但是，从总体上来看，由于“四人帮”的干扰破坏，钢铁企业中一批懂生产技术和经营管理的干部受到打压，一些不懂钢铁的外行取得了企业领导权，再加上长期的高指标、长战线、瞎指挥，致使钢铁工业资金、设备浪费严重，行业发展又出现了倒退，1974年以来钢产量出现大幅下降。本来1974～1976年的计划粗钢产量都是2600万吨，而实际上1974年粗钢产量只有2112万吨，1975年只有2390万吨，1976年只有2045万吨，“三打两千六”均以失败而告终。从1966～1977年，我国生铁、粗钢、钢材产量年均增长速度分别只有5.9%、4.1%和4.1%，分别比“一五”时期的年均增速低19.3个、27.6个和26.9个百分点。与产量相比，钢铁效益下滑更为严重，从1966～1977年，钢铁工业实现利税总额从32.5亿元降至20.9亿元，下降了25.7%。

3. 体制调整与快速发展时期（1978～1992年）

粉碎“四人帮”后，钢铁工业与全国各行各业一样进行了拨乱反正，国家将工作重点转移到生产建设上来。1978年12月党的十一届三中全会召开后，钢铁工业与全国其他行业一样，开始了改革开放新征程。事实上，早在1978年10月，重庆钢铁公司和成都无缝钢管厂率先进行扩大企业自主权改革的改革试点。1978年末，上海冶金局实行行业上交利润基数包干、超额分成的办法。1979年4月，国家决定对首都钢铁公司实行利润留成和扩大经营管理自主权试点，允许企业按国家规定的价格政策自行销售补充计划的产品。到1981年，全国已有17个省、自治区、直辖市的冶金厅（局、公司）实行了行业性总承包，80%以上的钢铁企业实行了多种形式的承包。与此同时，钢铁工业开始实行新的调整整顿，一批产品质量差、成本高、效益低的小高炉和小钢铁厂被关停。

1982年，国家对首钢实行“上缴利润递增包干”改革。到“六五”结束的1985年，在冶金系统110个大中型企业中，有37个实行了承包制，其余73个实行了“利改税”。与此同时，钢铁计划体制和价格机制也开始了改革。1984年，国务院作出关于扩大企业自主权的十条规定，钢铁企业被允许自行销售2%的计划内钢材，价格可向上浮动20%。1985年，企业自销产品只能加价20%的限制被取消，钢铁产品开始全面进入价格“双轨制”。到1987年，实行市场定价的钢材占全部钢材的比重已经达到了21.6%。

1987年，国家决定在一些大中型企业中全面推广承包制。到1988年底，87%的县以上国有钢铁企业实行了承包制，其中大型钢铁企业全部实行了承包制。除了企业承包之外，国家还对钢铁工业实行投入产出包干，规定冶金部对国家实行“五包”，国家对钢铁工业实行“三保”。承包制的实施，对钢铁企业扩大自主权、“自主钱”起到了重要的历史性作用。与“六五”期间相比，“七五”期间钢铁企业上缴利税增加了66%，而且企业“自主钱”也增多；钢铁工业固定资产总投资657.9亿元，其中企业自筹资金占50%左右，新增炼铁生产能力567.2万吨，炼钢能力611万吨，轧钢能力847.5万吨。

与此同时，钢铁工业在对外开放也迈出新步伐，1978年，我国做出了引进国外先进技术装备建设上海宝山钢铁厂的战略决策。1980年和1982年，冶金部先后组建了中国冶金进出口公司和中国冶金建设公司。1986年，国务院专门批准成立中国国际钢铁投资公司，负责筹措外资，进行引进国外先进技术的谈判、签约。1987年，我国还同澳大利亚哈默斯利（力拓旗下的子公司）签订合资经营西澳地区恰那铁矿的协议。

随着体制改革的不断深入，这一时期我国钢铁工业获得了长足的发展。到1992年，我国生铁、粗钢和钢材产量分别达到7589万吨、8094万吨和6697万吨，分别比1978年增长了1.2倍、1.4倍和2.0倍；实现工业总产值1999.5亿元，比1978年增长了6.5倍；实现利税总额287.1亿元，比1978年增长了4.7倍（见表25－2）。

表25－2　1978～1992年我国钢铁工业的发展态势

单位：万吨，亿元

年份	生铁（万吨）	粗钢（万吨）	钢材（万吨）	总产值（亿元）	利税总额（亿元）
1978	3479	3178	2208	266.4	50.0
1992	7589	8094	6697	1999.5	287.1
增长倍数	1.2	1.4	2.0	6.5	4.7

资料来源：《中国钢铁工业五十年数字汇编》编辑委员会编：《中国钢铁工业五十年数字汇编》（上卷），冶金工业出版社2003年版。

4. 市场体制下的收敛增长时期（1993～2018年）

1992年中共十四大提出建立社会主义市场经济体制的目标模式后，建立现代企业制度成为钢铁企业改革发展的主要方向，钢铁工业的改革发展进入市场化的新阶段。1993年，12家重点钢铁企业成为国家建立现代企业制度试点单位，63家地方国有钢铁企业成为省（市）和有关部门的现代企业制度改革试点单位。从1994年起，大中型钢铁企业普遍实行了建立现代企业制度的改革。同时，所有钢材均实行市场定价，结束了钢材价格“双轨制”的历史。到1996年，我国粗钢产量历史性地突破1亿吨，跃居世界第一位。在这种背景下，1997年召开的全国冶金工业会议决定，钢铁工业发展的主要任务是优化产品结构、工艺技术装备结构和企业组织结构，提高发展质量。到“九五”末的2000年，我国钢铁工业达到世界先进水平的装备比例提高到了30%，比“八五”末提高20个百分点。

进入21世纪以来，随着我国经济的快速发展，钢铁工业又进入新一轮高速增长期，钢铁产量几乎每年都以5000万吨的规模递增。2003年，生铁、粗钢和钢材产量均突破2亿吨，创世界历史新高。2005年粗钢产量突破3亿吨，2006年突破4亿吨，2009年突破5亿吨，2011年突破6亿吨，2013年突破8亿吨。从2000～2013年，我国粗钢产量增长了3.76倍，年均增长速度高达15.2%。近年来，随着我国经济发展进入新常态，经济增长的钢铁消费强度降低，加之国际金融危机后世界经济恢复乏力，我国钢铁工业增长速度逐步收敛。从2013～2018年，我国粗钢产量仅从81314万吨增长到92801万吨，仅增长了14.1%，五年间的增长幅度尚不及2000～2013年一年的增幅，钢铁工业的发展速度呈明显的收敛之势。

二、钢铁工业70年发展的成就

经过70年的发展，我国钢铁工业实现了由小到大、产业竞争力不断增强的历史性转变，为国民经济持续、稳定、健康发展做出了重要贡献。具体而言，70年来我国钢铁工业发展取得了以下突出成就：

1. 产业规模不断扩大

中华人民共和国成立70年来，我国钢铁工业发展芝麻开花节节高。以1949年为基数，1949～2018年间，在我国钢铁工业的主要产品中，生铁产量从25万吨增加到77105万吨，增长了3083.2倍；粗钢产量从15.8万吨增加到92801万吨，增长了5872.5倍；钢材产量从14万吨增加到110552万吨，增长了7895.6倍；铁矿石产量从59万吨增加到76337万吨，增长了1292.8倍；铁合金产量从0.09万吨增加到3123.4万吨，增长了34703.4倍（见表25－3）。同时，企业规模不断扩大。1952年，我国没有一家钢铁企业粗钢产量超过100万吨，产量最高的鞍钢也只有78.9万吨。1978年，粗钢产量超过100万吨的钢铁企业已有了鞍钢、武钢、首钢三家。2008年，粗钢产量超过1000万吨的钢铁企业已有了宝钢、河北钢铁集团（河钢）、武钢、沙钢、鞍钢、山东钢铁集团（山钢）、首钢、马钢、华菱钢铁等九家。到2018年，粗钢产量超过1000万吨的企业数量达到22家，其中超过2000万吨企业已有宝武集团、河钢、沙钢、鞍钢、建龙重工、首钢、山钢、华菱钢铁八家企业，排名前三的企业年产量均超过4000万吨，其中宝武集团粗钢产量达到6743万吨。

表25－3　我国钢铁工业主要产品产量70年来的增长情况

单位：万吨，倍

类别＼年份	1949	1965	1978	2000	2018	增长倍数
生铁	25	1077	3479	13101	77105	3083.2
粗钢	15.8	1223	3178	12850	92801	5872.5
钢材	14	895	2208	13146	110552	7895.6
铁矿石	59	3149	11779	22256	76337	1292.8
铁合金	0.09	33.88	93.90	402.92	3123.40	34703.4

资料来源：2000年（含）以前数据来源同表25－2，2018年数据来自中国钢铁工业协会。

随着产业规模的不断扩大，钢铁工业在我国经济中的地位不断提高。1949年，我国钢铁工业总产值只有0.8亿元，仅占当年全社会总产值的0.1%，实现利润仅0.1亿元。而到2017年，规模以上钢铁企业总资产达到64252亿元，占规模以上工业企业资产总额的5.7%；实现主营业务收入64572亿元，占规模以上工业企业主营业务收入比重达到5.7%；实现利润总额3442.9亿元，占规模以上工业企业利润总额的4.6%。

与此同时，我国钢铁工业在世界钢铁工业的地位明显上升。1949年，我国粗钢产量占世界钢铁总产量的比重还不到0.1%，居世界第26位。而到1996年，我国钢产量已超过日本上升至世界第一位，占世界的比重也上升至13.4%。此后，我国钢铁产量长期稳居世界第一，而且占比有了明显提高。到2018年，我国粗钢产量占世界的比重已经达到了51.3%，比1996年上升37.9个百分点，比1978年提升46.9个百分点（参见图25－1）。

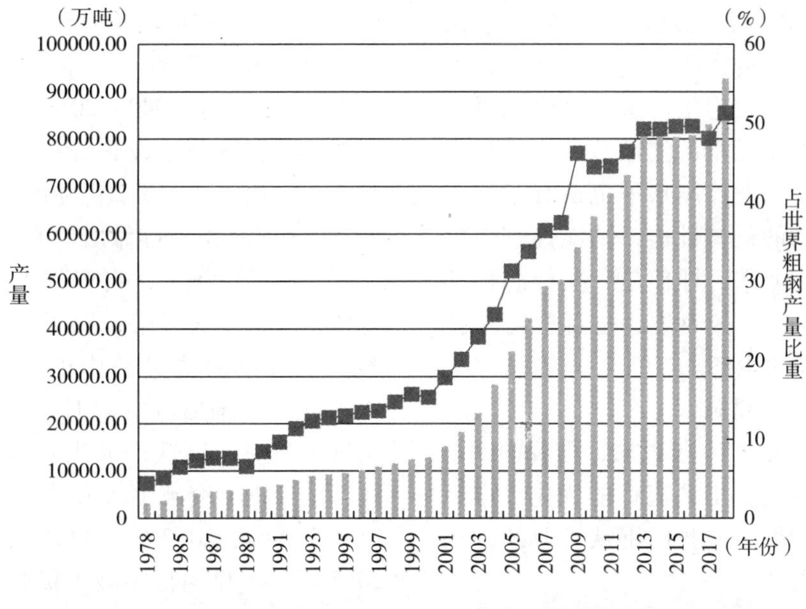

图 25－1　1978 年以来我国粗钢产量及其占世界粗钢产量比重的变化态势

2. 技术装备水平不断提高

中华人民共和国成立前夕，我国钢铁工业生产工艺和技术装备十分落后，最大的高炉，容积为 690 立方米；最大的平炉，公称吨位为 150 吨；最大的电炉，容量只有 5 吨；最大的转炉，容量仅为 4 吨，而且是酸性侧吹；轧钢设备也很陈旧落后；许多生产过程靠手工操作。中华人民共和国成立以来特别是改革开放以来，通过技术设备引进和自主创新的双管齐下，我国钢铁工业的技术装备日趋大型化、高效化、自动化、连续化、紧凑化、长寿化。连铸比已由 1978 年的 3.5% 提高到 2016 年的 99.7%。截至 2016 年底，中钢协会员企业拥有 130 平方米以上烧结机 314 台，生产能力 86418 万吨，占会员企业烧结机产能的 84.1%；1000 立方米以上转炉 328 座，生产能力 53009 万吨，占会员企业高炉产能的 76.4%；100 吨以上的转炉 352 座，生产能力 51531 万吨，占会员企业转炉产能的 72.3%；100 吨以上的电炉 129 座，生产能力 2367 万吨，占会员企业电炉产能的 44.0%。目前，我国钢铁工业已拥有具有世界先进水平的 5500 立方米的高炉、600 吨的顶底复吹转炉，以及世界最大的可年产 150 万吨铁水的 COREX 炉，宝武、鞍钢、首钢、太钢等一大批钢铁企业的工艺装备水平已达到世界先进水平。

3. 产品结构和产品质量明显改善

中华人民共和国成立初期，我国钢铁工业只能冶炼 100 多个钢种，轧制 400 多个规格的钢材，无缝管、厚钢板、大型型钢、镀层钢板等都不能生产。经过 70 年的发展，目前我国已能冶炼 1000 多个钢种，轧制 4 万多个规格钢材。1952 年，我国合金钢产量只有 2.5 万吨，2018 年仅中钢协会员企业合金钢产量就达到 4995.5 万吨；在 1954 年以前，我国无缝钢管产量为 0，1982 年产量突破 100 万吨，2018 年达到 2482.8 万吨；在 1955 年以前，我国硅钢片产量为 0，1986 年产量突破 50 万吨，2000 年突破 100 万吨，2017 年达到 1020.2 万吨。

与此同时，钢铁产品质量明显改善。改革开放初期，我国钢材品种质量问题多，盘条“披头散发”，钢卷“大舌头”“大尾巴”“开天窗”“塔形锈蚀”型材长短不齐（不定尺）等现象很普遍。国产钢材与进口钢材仅从外观上就能分辨出来，根本无须进行化学成分和性能检测。经过多年的发展，我国钢材质量有了质的改变，同时钢铁企业在包装质量、配送服务质量等方面也都取得了较大进步。对绝大部分钢材品种来说，现在无论是从产品质量还是从包装质量上看，国产钢材基本与进口产品无异。

目前，我国主要钢材品种的质量都能够满足相关用钢行业的要求，普通碳素结构钢、优质碳素结构钢、低合金结构钢、轴承钢、不锈钢、齿轮钢、弹簧钢等钢种的实物质量水平都有了较大幅度的提高。钢铁企业无论是对这些主要钢材品种的内在主元素、强化元素的波动范围，还是磷硫及有害元素含量的精准控制水平也都有了较大幅度的提高，使它们的机械性能、功能性都较好地满足了用户的使用要求。即使是一些标志性的钢材品种，如笔尖钢、手撕钢等，也都取得了技术突破，实现了商业化生产。

4. 产业竞争力不断增强

中华人民共和国成立70年以来，随着钢铁工业技术装备水平的提高，工艺流程的优化，产品质量的改善和品种的增多，我国钢铁工业的国内外市场竞争力不断提高。

从国内市场来看，1949年，国产钢材（扣除重复材）的国内市场占有率只有68.8%，1978年也只有72.7%，2000年提高到92.8%，2018年超过99%，基本满足了我国国民经济和社会发展对钢材的需求。仅2018年，我国钢铁企业先后为国家重点建设工程乌德东水电站发电机提供了磁轭钢，为我国首个控制性工程——黑河至长岭段天然气管道工程提供了世界上口径最大、管壁最厚、钢级最高的管线钢，为亚洲最大自航绞吸挖泥船——“天鲲号”提供了BMS1400耐磨蚀钢，为海工市场世界首制的VOC（挥发性有机物）系统模块提供了锰碳低温钢。在“天眼”、天宫、港珠澳大桥等超级工程中，都有国内钢铁工业为其“撑腰壮骨”。从1949～2018年，钢铁工业为我国国民经济和国防建设累计提供了81.5亿吨生铁、90.5亿吨粗钢和115.2亿吨钢材，为我国国民经济的发展和国防的巩固做出了重要贡献。

在国际市场上，自中华人民共和国成立以来特别是改革开放以来，我国钢铁产品出口不断增多，在国际钢铁贸易中的市场份额不断提高。1950年，我国出口生铁12.6万吨、钢材400吨，实现了新中国钢铁产品出口零的突破。1982年，我国出口钢材突破100万吨；1995年，出口钢材突破500吨；2007年，出口钢材突破5000万吨，2015年，出口钢材突破1亿吨，达到11239.9万吨的历史性新高。此后几年，由于国家钢铁发展战略的调整与国际市场环境的变化，钢材出口数量有所回落。从1950～2018年，我国钢材出口量从400吨增加到6934万吨，增长了17.3万倍。与此同时，我国钢铁产品出口占世界市场的份额也稳步提升。据来自国际钢铁协会的数据，从1991～2017年，我国出口的半成品与成品钢材数量从438万吨增加到7481万吨，增长了16.1倍，其中2015年和2016年连续两年突破1亿吨；占全球半成品与成品钢材贸易的份额从2.5%上升至16.2%，提升了13.7个百分点（见图25－2）。

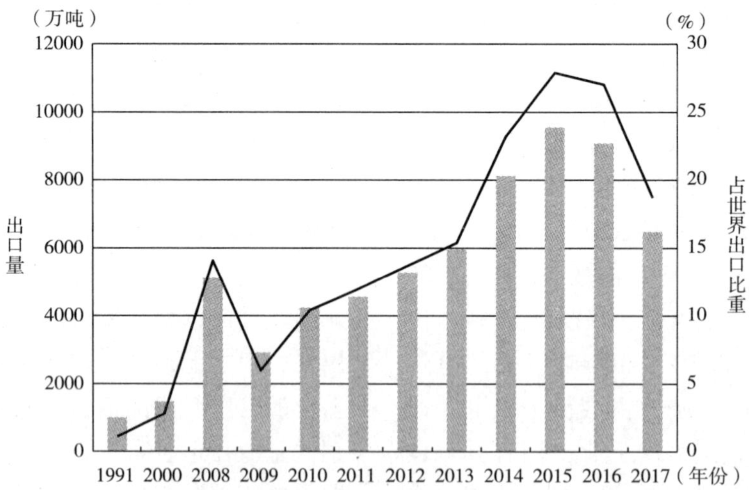

图25－2　1991年以来我国半成品与成品钢材出口量及其世界占比的变化趋势

5. 资源环境载荷不断降低

自中华人民共和国成立以来特别是改革开放以来，我国钢铁工业按照绿色发展要求，加大资金、人才、技术研发等各方面投入，在新一代可循环钢铁制造流程、绿色制造、环境经营等方面进行了有益的探索，钢铁工业的资源环境载荷不断降低，产业的环境友好性明显增强。从 1978 ~ 2017 年，我国吨钢综合能耗从 2520 千克标准煤下降至 570.5 千克标准煤，下降了 77.4%，年均下降 50 千克标准煤，年均下降幅度达 3.7%。2018 年前 11 个月，中钢协会员钢铁企业外排废水总量同比下降 5.17%，外排二氧化硫同比下降 12.32%，烟尘同比下降 9.24%，工业粉尘同比下降 7.88%；吨钢耗新水同比下降 4.65%，吨钢综合能耗同比下降 2.60%。在工信部公布的第一批绿色工厂名单中，河钢股份唐山分公司、河北新金钢铁、河北普阳钢铁、太钢不锈钢、鞍钢股份鲅鱼圈钢铁分公司、江阴兴澄特钢等 17 家钢铁企业入围；在第二批绿色工厂名单中，河钢邯钢、吉林建龙、中天钢铁、江苏永钢、酒钢宏兴、新兴铸管等 11 家钢铁企业榜上有名；在第三批绿色工厂名单中，又有首钢京唐、德龙钢铁、凌钢、南京钢铁、华菱湘钢等 7 家钢铁企业入围。可以说，经过中华人民共和国成立以来特别是近些年来的发展，我国钢铁工业离“超低排放、超净排放”的行业目标越来越近，部分环保领先钢铁企业还在开展环保治理的同时，积极融入社会，利用自身优势和余热余能，发挥其消化处理城市废弃物和服务城市的功能，让企业发展惠及地方绿色发展。

三、中国钢铁工业发展需要解决的突出问题与矛盾

经过中华人民共和国成立以来 70 年的发展，虽然我国钢铁工业取得了上述突出成就，但是也仍然存在一些突出矛盾与问题亟待解决。这些突出矛盾与问题主要有：

1. *自主创新能力不强，产品质量有待提高*

如前所述，中华人民共和国成立 70 年以来，我国钢铁工业创新能力与水平有了很大的提升，但是，与世界钢铁强国相比，我国钢铁工业的自主创新能力特别是原始创新能力还存在明显的短板。众所周知，作为流程性产业，钢铁工业的技术创新能力高低主要体现在技术装备、工艺流程和产品三个主要方面。从技术装备来看，目前我国钢铁工业的一些关键核心装备还需要进口，特别是一些高度集成化、智能化的技术装备对外依赖较大。从工艺流程技术来看，钢铁流程智能控制技术、非高炉炼铁技术等突破性的工艺流程技术创新能力不满足适应产业发展的需要。从产品创新的角度来看，我国钢铁工业产品自主创新能力与国外先进水平仍然存在一定差距，部分高端产品的质量稳定性、一致性亟待提高，在一些高技术、高附加值产品领域，部分产品还不能完全满足用户使用要求，例如，高级别冷轧汽车板在板面质量和产品性能稳定性方面仍有一定差距；在时速 350 千米/小时以上高铁等国家高端重大专项，对关键材料的需求还不能达到完全自给，每年我国仍有 300 万 ~400 万吨的关键高端钢材需依赖进口。

2. *发展方式仍然比较粗放，产业绿色低碳化发展能力有待提高*

自中华人民共和国成立 70 年以来，我国钢铁工业在发展方式转变和绿色发展取得了一定的成绩，但是仍然没有从根本上摆脱高投入、高消耗、高污染、低效益粗放发展状况。一是产业发展效益仍然比较低。从国内比较来看，2016 年，我国规模以上钢铁企业创造的主营业务收入占全国规模以上工业企业主营业务收入的比重只有 5.9%，而消耗的能源总量却占工业能源消费总量的 21.9%，消耗的煤炭占工业耗煤的 8.4%，消耗的电力占工业耗电的 13.0%，消耗的焦炭占工业耗焦的 85.1%，钢铁工业的能源消耗带来的经济效益远远低于工业平均水平。从国际比较来看，我国钢铁企业与国际领先钢铁企业产出效率的差距仍然较大。以吨钢收入为例，宝武集团的吨钢收入只有浦项制铁的五成，新日铁住金的七成；河钢股份吨钢收入更低，分别只是浦项制铁、新日铁住金的 1/4 ~ 1/3①。我国钢铁工业发展的高消耗、低产出状况依旧如故。二是绿色发

① 马淑萍、李寒湜：《怎样建设世界一流大型钢铁企业集团?》，《中国冶金报》2019 年 3 月 27 日。

展两极分化问题急需解决。尽管有宝钢、太钢、唐钢、邯钢等达到国际先进水平的标杆企业十分重视绿色发展，同时由于地区差异、技术装备水平差异、环保理念差异等，仍有企业认识深度不够，钢铁企业间环保水平仍存在不同程度的差距，在环保成本投入上更是参差不齐，致使钢铁工业发展的环境载荷仍然较大。数据显示，2017年，钢铁工业二氧化硫、氮氧化物和颗粒物排放量分别为106万吨、172万吨、281万吨，分别占全国排放总量的7%、10%、20%，主要污染物排放量在所有工业行业中“独占鳌头”，产业的绿色低碳化发展仍然任重道远。

3. 产能过剩的压力较大，根治产能过剩的体制机制有待完善

自中华人民共和国成立以来很长一段时期内，我国钢铁工业发展主题一直在做加法、做增量。增加投资、尽快扩张产量规模以满足快速发展的国民经济需要成为钢铁工业发展的重中之重。在持续快速的固定资产投资推动下，我国钢铁工业生产能力快速扩张。近年来，随着国内外市场环境的变化，我国钢铁工业产能过剩的问题开始显现并越发严峻，行业整体效益大幅度下滑甚至出现全行业亏损。做减法、去产能成为“十三五”以来钢铁工业发展的一个重要课题。在中央强有力的干预下，2016年以来钢铁工业去产能取得一定成效，到2018年底，已提前完成“十三五”确定的钢铁去产能1.4亿~1.5亿吨的上限指标，企业生存环境着实得到改善，行业效益有所回升。2018年，钢铁工业实现主营业务收入7.65万亿元，同比增长13.8%；实现利润4704亿元，同比增长39.3%。但是，应该看到，当前去产能成效的取得是在强烈的行政干预下实现的，而导致钢铁工业产能过剩的、深层的体制机制问题依然没有解决。在这种背景下，行业效益回暖上升的时期，往往是产能扩张的冲动最大的时期，因而也可能成为产能过剩压力最大的时期。因此，在当前我国钢铁工业的暂时性回暖的背景下，更应该警惕产能过剩的死灰复燃，更应该加快改革，建立根治产能过剩的体制机制。

4. 铁矿石对外依存度高，原料保障风险有待化解

由于资源禀赋原因，在我国钢铁工业发展过程中，铁矿石供应的增长跟不上钢铁产量增长的步伐，铁矿石供应缺口不断扩大，铁矿石的对外依存度不断提高。数据显示，近年来我国铁矿石进口量已从2000年的0.7亿吨增加到2017年的10.75亿吨，十几年间猛增14.4倍。2018年铁矿石进口量虽然较2017年有所下降，但仍然达到10.38亿吨。2003年，我国铁矿石进口量首次超过日本，成为世界上第一大铁矿石进口国。2017年，我国铁矿石进口量占全球总贸易量约70%。尤其是近五年来，我国钢铁企业每使用的100吨铁矿石原料就有约80吨是进口原料。2015年，我国铁矿石对外依存度首次突破80%，达到了83.6%，此后逐年递增，2017年比例达到87.5%。未来几年，我国钢铁工业的发展对于进口铁矿石的依赖程度仍将维持在一个比较高的水平。在世界铁矿石贸易结构将更加趋于集中的背景下，如何获得供应有保障、价格相对稳定可控的铁矿石资源，已经成为事关我国钢铁工业可持续发展的一个重大课题，需要尽快研究应对之策，以化解风险。

四、推动中国钢铁工业高质量发展的政策建议

1. 健全钢铁工业科技创新体系，建立健全研发人员的激励约束机制，提高创新效率

改革开放以来特别是近年来，在创新驱动发展战略的引领下，钢铁工业与全国其他行业一样，加大了科技创新的投入力度，R&D经费占比即研发投入强度提升较快。行业龙头企业研发投入强度甚至高于部分国外领先钢铁企业。例如，2017年，宝武钢铁集团的研发投入占销售收入的比重达到1.76%，河钢为1.86%，鞍钢为1.64%，均高于安赛乐米塔尔的0.4%、浦项制

铁的 0.21%、新日铁住金的 1.3%、JFE 的 0.94%和蒂森克虏伯的 0.92%。应该说，我国的骨干钢铁企业的研发投入强度即使在世界范围内来看也已经达到一个比较高的水准。但是，我国钢铁工业的整体创新能力仍然比较弱，原因是多方面的，既有历史的因素，例如，研发创新的经历较短，技术积累和技术储备不足，也有创新体制不顺、激励不足引发的创新效率低下的问题。而且，后一个方面的因素很可能是导致我国钢铁工业自主创新能力弱的主要原因。事实上，改革开放以来，我国钢铁工业的科技创新已经出现了分散化、碎片化、行政化的倾向，官产学研的创新体系异化为政府主导、产学研迎合政府意图的行政化创新体制，研发方向的选择往往带有很大的随意性和主观性，对研发投入的决定性因素——科技研发人员的激励机制没有建立起来，结果创新投入与产出不成比例，研发投入多、研发成果少。要提高我国钢铁的科技创新能力与水平，当务之急不是盲目地加大投入力度，而是应该继续深化钢铁工业科技创新体制改革，理顺钢铁工业的科技创新体系，使钢铁工业科技创新的各个环节、各种要素在顺应市场和产业发展规律的基础性形成整体最大能量，提高研发投入的产出效率。在没有理顺科技创新体系、没有建立有效的研发激励约束机制的情况下，盲目地加大研发投入很可能导致资金与资源的浪费，并不能有效地提高创新能力与水平。

2. 加大低碳化改造，提高产业可持续发展能力

如前所述，中华人民共和国成立 70 年以来，我国钢铁工业绿色发展、循环发展已经取得了较大成效，产业低碳化发展的问题主要在于企业两极分化比较严重，部分落后企业由于节能减排设施不到位、技术跟不上、环保约束不力，企业生产经营过程的资源环境消耗远高于行业平均水平，结果造成整个行业的环境负荷较大。可见，提出钢铁工业的低碳化改造，提高产业可持续发展能力，重点应该紧紧抓住行业环保落后钢铁企业的低碳化改造工程。鼓励这些钢铁企业采用先进清洁生产技术实施升级改造。具体包括鼓励企业采用干熄焦技术、实施焦炉煤气脱硫工程、生化废水深度处理工程、烧结工序脱硫除尘工程、转炉烟（粉）尘深度治理工程等。同时要按照绿色可循环的要求，促进钢铁制造流程优化与升级，鼓励产业耦合，推进钢铁与石化、建材等行业间的耦合发展，带动废弃物资源化利用，实现钢铁制造、能源转换和废弃物消纳的三大功能。

3. 继续深化改革，建立健全根治产能过剩的体制机制

如前所述，当前我国钢铁工业产能过剩状况有所缓解，但产能过剩的潜在压力依然很大，尤其是导致产能过剩的体制机制依然存在。因此，要根治产能过剩的这个顽症，就必须改变导致钢铁产能过剩体制机制。为此，需要进一步深化市场化改革，消除钢铁要素市场的扭曲和政府特别是地方政府对本地钢铁企业甚至“僵尸”钢铁企业的各种显性与隐性补贴，形成市场化的产能调控机制。即要通过继续深化改革把市场机制的作用发挥到最大，让市场在资源配置中起决定性作用，实现钢铁产业的优胜劣汰和市场出清。只有进一步深化体制改革特别是要素市场体制改革和财税体制改革，加快建立市场化、法制化的产能调控机制，使低端过剩产能有序退出市场，才能实现优胜劣汰，提高钢铁工业资源配置的整体效率，从而彻底铲除导致钢铁产能过剩反反复复的体制机制环境，让中央政府为解决钢铁工业产能过剩“操碎了心”的状况成为历史。

4. 多措并举，提高铁矿石资源的保障能力

为了保证我国铁矿资源的供应安全，减轻、预防、规避铁矿石供应高度依赖进口带来的种种风险，需要多措并举。一是要着力加大钢铁工业全产业链的整合力度，提高国际铁矿石谈判的筹码与话语权。尤其是要通过产业链整合，提高钢铁产业集中度，鼓励提高废钢回收利用率、加快矿产采选技术创新。二是要积极实施多元化进口战略。要在巩固与扩大进口澳矿、巴西矿和印度矿的同时，扩大从南非、西非、美洲的委内瑞拉、墨西哥、阿根廷、智利、秘鲁、玻利维亚及我国周边蒙古、越南、柬埔寨、哈萨克斯坦、俄罗斯等铁矿石资源相对比较丰富的国家和地区进口。特别是要借助“一带一路”深入推进的有利条件，加强与“一带一路”沿线铁矿石资源比较丰富的国家，例如，俄罗斯、伊朗、乌克兰、蒙古、哈萨克斯坦等铁矿石资源贸易的战略合作，

尽可能地实现铁矿石进口来源的多元化、多渠道。三是大力实施“走出去”战略，建立稳定的海外铁矿石资源供应基地。借鉴美、日、韩等钢铁强国的经验，我国应该在推动“一带一路”的全球合作过程中，鼓励骨干钢铁企业实施跨国经营战略，鼓励和扶持钢铁企业与矿业龙头企业到国外去参与资源勘探开发，充分利用国外资源，建立长期稳定的海外资源供应基地。当务之急要在外交、外贸及金融政策支持下，鼓励我国企业采取多种方式（包括购买部分股权、控股或收购合资经营开发新矿山；一次性买断生产矿山等），实施境外资源勘探开发战略，在充分市场调研和提高风险控制能力的前提下，鼓励骨干企业以组团形式“走出去”勘探开发和跨国并购海外矿产资源，提高海外权益矿在我国铁矿石消费中的比重，实现铁矿供应多元化，降低铁矿石供应风险。

专栏 25 -1

邢台德龙钢铁绿色发展的主要做法

德龙钢铁有限公司成立于2000年，是一家集烧结、炼铁、炼钢、轧钢为一体的大型钢铁联合企业，年产铁、钢、材各300万吨，也是生态环境部认定的全国环保标杆钢铁企业中唯一的民营钢铁企业。值得一提的是，它还被评定为国家AAA级旅游景区，也是工业和信息化部授牌的全国首批“绿色工厂”之一。德龙钢铁有限公司的成功，与其在环保方面“下大功夫”密不可分。为促进绿色发展，邢台德龙钢铁有限公司从自身环保改造开始，树立绿色发展理念，建立生态绿色钢厂。其主要做法是：

一是企业加大环保投入。几年前，德龙钢铁有限公司还因为“高污染、高能耗、高排放”而处于生死存亡的关头。中共十八大提出新发展理念以后，德龙钢铁明确提出“环保投入不设上限”，设定了“打造世界级洁净钢厂、行业永久性环保标杆企业”的目标。自2012年以来，德龙钢铁有限公司累计投入19.8亿元，按照国家最新、最严环保标准，累计开展了110多项环境深度治理项目。改造后，吨钢环保运行成本达到240元，年可削减二氧化硫1272.8吨、氮氧化物约907吨、颗粒物约2950吨、无组织扬尘5400吨。目前，德龙钢铁有限公司不仅全面实现了达标排放，而且还达到了优于钢铁系列排放标准中的特别排放限值的水平。

二是资源充分再利用。德龙钢铁有限公司自发电率达到70%以上，年发电量达6亿千瓦时，相当于3亿元的经济收入，冬季还可将余热用于供暖。德龙钢铁有限公司还投资2.1亿元建成水渣微粉生产线，废渣加工后得到的微粉作为水泥生产原料，年生产水渣微粉100万吨，创效2.2亿元，实现了减污增收的双赢目标。目前，德龙钢铁的水、气、渣、尘等全部循环再利用，污水治理达到可饮用标准，最大限度提高水的重复利用率，实现污水零排放。

三是以工业旅游促进产业融合。德龙钢铁有限公司依据自身产业特点和邢台市打造文化休闲名城的定位，大力发展工业旅游业，将企业打造成美丽的工业创意园。2017年，德龙钢铁有限公司文化园被评为国家AAA级旅游景区。为了争创国家AAAA级景区，德龙钢铁有限公司大手笔启动实施了包括大门、广场以及炼铁馆、轧钢馆、室外钢铁博物馆等景区提升改造工程288项，厂区生态景观更加亮丽。

资料来源：根据《奏响绿色发展强音》一文改编（载《中国冶金报》2018年2月27日）。

参考文献

[1] 马淑萍、李寒湜：《怎样建设世界一流大型钢铁企业集团?》，《中国冶金报》2019年3月27日。

[2]《中国钢铁工业五十年》编辑委员会编：《中国

钢铁工业五十年》，冶金工业出版社 1999 年版。

［3］李煜：《我国钢铁工业科技创新发展面临的挑战》，《中国钢铁业》2018 年第 3 期。

［4］刘现伟、刘丽华：《钢铁行业去产能成效与高质量发展研究》，《经济纵横》2019 年第 2 期。

［5］周维富：《我国钢铁工业 60 年发展的回顾与展望》，《中国钢铁业》2009 年第 6 期。

［6］王新华：《中国钢铁工业转型发展时期炼钢科技进步的展望》，《炼钢》2019 年第 2 期。

［7］《中国钢铁工业“十五”发展概览》编辑委员会编：《中国钢铁工业“十五”发展概览》，冶金工业出版社 2006 年版。

［8］《中国钢铁工业年鉴》编辑委员会编：《中国钢铁工业年鉴（2018）》。

第二十六章　机械工业

提　　要

中国机械工业70年，计划经济时期，基本建立起门类比较齐全的机械工业生产体系；20世纪八九十年代，在剧烈的体制变革中成长为世界机械大国；21世纪前十年，在全方位对外开放中高速增长；2011年以后，增速放缓，向世界机械强国方向迈出了实质性步伐。目前，中国已经稳居世界第一机械大国的位置；各类型经济主体适应市场经济的能力不断增强；形成了较强的自主创新能力，一些重大技术装备达到国际先进水平；满足国内外市场需求的能力不断提升。中国机械工业正处于“由大变强”的转折时期，突破发展“不平衡”“不充分”、国内外传统市场增长不足的“老问题”，需要抓住内需市场消费升级、“一带一路”建设、新一代信息技术革命等带来的“新机遇”，以深化改革、开拓市场和全面创新推动行业走向高质量发展。

*　　　　*　　　　*

一、机械工业70年发展历程回顾

中华人民共和国成立70年来，机械工业从简陋的修配业起步，目前已经形成世界规模最大的机械制造体系。70年的发展历程可以大致分为四个阶段，计划经济时期，基本建立起门类比较齐全的机械工业生产体系；20世纪八九十年代，实现了生产规模的迅速扩张，成为世界第五位机械制造业大国；21世纪前十年，在全方位对外开放中实现高速增长，成为世界第一的机械大国；2011年以后，增速放缓，向世界机械强国的方向迈出了实质性的步伐。70年的发展跌宕起伏，在产业规模持续增长的背后，受机械产品市场需求变动和企业内外部体制变革的影响，不同时期机械工业的发展呈现出时代特征。

1. 计划经济时代：建立起独立的机械工业生产体系

1949年之前，中国的机械业还没有发展成为独立的制造产业，只有沿海、沿江有少数机械修造厂。大规模的经济建设是从“一五”时期（1953～1957年）开始的，这一时期，机械工业占全国同一时期工业施工建设单位的近1/5，建立起重型矿山设备、发电设备、炼油化工设备、新式机床、汽车、拖拉机等一批新的机械制造行业，使机械工业发生了巨大的变化，从只能进行简单修配的机械修配业，发展为能成批提供大型的、较为先进的生产设备的机械制造业。“一五”期间，我国进行大规模经济建设所需设备的自给率已达62%，156项重点建设工程的国内供应设备比重也相当高，如鞍山钢铁公司的建设工程设备自给率为43%，长春第一汽车制造厂达65.6%。①

从“二五”时期到20世纪70年代末，随着国民经济的大起大落，机械工业也经历了一个曲折的发展历程。1958年开始搞“以钢为纲”，为了适应钢铁工业生产增长的需要，机械工业以年均85%的超高速增长，为仓促上马的小钢铁企业生产了大批土、简冶金设备。1961年起，国民经济执行“调整、巩固、充实、提高”的方针，压缩基建规模，机械工业生产任务大幅减少。其后，经过调整，机械工业得到了稳定发展，质量、品种、成套水平都有较大提高，研制发展了不少新产品、新技术和重大成套设备。在10年中“文革”的，机械工业虽然也受到严重的干扰和破坏，但在若干领域中仍取得了进展。如“九套大型成套设备”的最终完成和为第二汽车厂提供冷加工成套设备等。其中，“九套大型成套设备”是用于研制生产航空、导弹、原子能、电子工业所急需新型材料的特大锻压、轧制设备，达到了当时的国际先进水平，不仅有力地支持了国防建设，使中国重型机械发展进入了自行设计制造高效、大型、精密、尖端成套设备的新阶段，同时也带动了各辅机、电气、仪表制造业同步发展了许多新产品。

在整个计划经济时期，机械工业是国民经济中发展较快的行业。1952年，机械工业总产值39亿元（1952年可比价），占全部工业的比重为11.40%；1958年超过食品、纺织行业成为产值最大的工业行业；1978年，机械工业总产值1155.5亿元（1970年可比价），占全部工业的比重达到27.3%。② 在20世纪60年代中期，已基本建成了具有一定规模和水平、门类比较齐全的机械工业生产体系。这一时期，机械工业产品结构趋于重型化，发展的最重要目标之一就是不断增加新产品，加强缺门、短线产品的生产能力，尤其是装备类产品的生产。

2. 20世纪八九十年代：体制变革时期的粗放式增长

经过“文化大革命”后的短期“洋跃进”（1978～1979年），机械工业开始了调整和初步改革，到1983年机械工业的生产已超过历史最高水平。其后，机械工业进入了市场经济体制逐步取代计划经济体制的剧烈的体制变动时期，大规模的技术引进和机械产品进口也由此展开。这一时期，一方面，改革开放使长期压抑的生产力获得了解放，机械工业的生产规模迅速增长；另一方面，低水平重复建设特征明显，20世纪90年代以后机械工业进入以“过剩”为特征的买方市场状态，机械产品结构与市场需求结构的矛盾日益突出，导致90年代中期以后机械工业由快速增长转向增长放缓，企业效益大幅下滑。体制变革的影响是全方位的，主要表现为以下几方面：

（1）放松了旧体制对经济主体的束缚，解放了生产力。在微观企业层面，国有企业改革的指导思路从放权让利到转向更深层次的产权制度变革。1978年10月，四川省宁江机床厂等六个企业率先进行了扩大企业自主权的试点，机械行业国有企业在20世纪80年代普遍实行承包经营责任制、租赁经营责任制，80年代后期进行股份制试点、组建企业集团试点，90年代以后开始建立现代企业制度，进行国有企业战略性改组。在要素配置方式方面，逐步由计划管理转向市场调节。推进价格体制改革，从80年代中期开始，工业生产资料价格先实行双轨制然后向市场单轨制过渡。1991年，77%的机械产品，其生产组织和材料供应已经基本靠市场调节③；1997年，按市场价格销售的生产资料比重已占90%以上；只有少数产品名义上还是按国家指导价格形式管理；2001年小轿车价格放开，至此所有机械产品的价格全部放开，机械产品价格完全由市场供求和竞争形成。

（2）传统国有企业之外的经济主体形成并快速发展。1982年，上海仪器仪表公司与美国福克

① 国务院工业普查领导小组办公室、国家计委经济研究所：《中国工业现状》，人民出版社1990年版。

② 《中国工业经济统计资料》（1949～1984），中国统计出版社1985年版。

③ 冯有禄：《机械工业积极走向社会主义市场经济》，《管理世界》1993年第8期。

斯波罗公司共同组建了机械工业首家合资企业①，但一直到1992年以后，机械工业的三资企业和民营企业才进入快速发展时期。1993年，机械工业中按销售收入计算的三资企业比重为10%，民营企业为18%；1998年，三资企业比重上升到20%，民营企业30%。机械工业中的外商投资额和投资领域都呈扩大之势，跨国公司表现出希望获得投资企业更多控制力的倾向。

（3）市场开放导致国内机械产品受到进口产品的强烈冲击。从改革开放之初一直到20世纪90年代中期，中国机械产品的贸易逆差一直呈不断扩大之势。1993年，机械产品进出口总额548.19亿美元，其中，出口150.12亿美元，进口398.07亿美元，贸易逆差247.95亿美元。与计划经济时期不同的是，对外开放使国内外机械产品技术水平的差距显性化并直接转化为进口需求，导致这一时期进口机械产品对国内产品的替代作用迅速趋强，国内产品市场占有率急剧下降。当时，基本建设所需机电设备有60%需从国外进口②。

（4）新旧体制交替之际，企业还没有建立起适应市场经济的体制机制。1982年起，机械工业的行业管理部门开始了频繁的机构改革，20世纪80年代后期开始，管理职能向宏观、间接、行业管理方向转变，1998年机械工业部撤销、2001年国家机械工业局撤销，机械工业的管理部门最终取消。以政府主管部门为主体，规划、组织、协调行业发展的机制逐渐弱化直至完全消失。而在这一过程中，大多数国有企业在内部改革、转换经营机制等方面尚处于艰难的转型阶段，面对激烈的市场竞争，由于一批企业负担过重、产品结构调整缓慢、技术创新不足等原因而效益滑坡甚至陷入困境。

这一时期，机械工业增长由快转慢，20世纪90年代后期经济效益大幅下降。1978～1998年，机械工业总产值年均增长14.1%，高于同期GDP（9.7%）和工业总产值（11.9%）的增长速度③。其中，80年代中期是机械工业发展最好的时期，20世纪90年代后期开始，机械工业多数主要产品产量下降，经济效益总体上落后于全国工业。这一时期的买方市场表现为生产结构与需求结构错位，一方面，一般机械产品普遍供过于求，第三次全国工业普查资料显示，60%以上机械产品产能利用率在60%以下，同时出现了严重库存积压；另一方面，市场所需高水平、高质量的机械产品却生产不足。

3. 21世纪前10年：全方位对外开放时期的高速增长

21世纪的前10年是中国开始全方位对外开放和社会主义市场经济逐步完善的时期。2001年底，中国正式加入世界贸易组织。2006年7月1日，“入世”后的过渡期结束。“入世”不仅带来了我国市场的逐步开放，中国制造业日益融入国际分工体系，更推动着商务活动规则与国际惯例的接轨，市场机制在经济运行中发挥越来越重要的基础作用。这一时期中国完成了从机械大国之一到世界第一机械大国的地位转换，机械工业发展表现出以下三个特点：

（1）日益融入国际分工体系，参与国际产业分工的广度和深度不断扩大加深。从对外贸易来看，一方面，在国际贸易规模快速扩大的同时，实现了由贸易逆差向贸易顺差的转变。2006年首次实现贸易顺差，2008年贸易顺差（477亿美元）达到历史最高。另一方面，国际分工地位不断提升。尽管中国机械工业在国际分工中尚处于相对弱势地位，在产品间国际分工中仍以中低档产品生产为主，在产品内国际分工中承担了大量加工组装环节的生产，但中国机械产品出口中加工贸易出口占比已经出现了明显下降。20世纪80年代，当机械行业出口起步时，加工贸易占比约70%，加入世贸组织以后，一般贸易发展很快，2007年机械产品出口总额中一般贸易占比超过了加工贸易，2010年加工贸易出口占机械产品出口总额下降到39.86%④。

从吸引外资和对外投资来看，一方面，在20世纪的前几年，呈现出外资企业快速扩张的态

① 中国机械工业年鉴社：《中国机械工业年鉴》（1993），机械工业出版社1993年版。
② 黄开亮：《如何认识我国机械工业现阶段“买方市场”》，《中国机电工业》1998年第8期。
③ 李健、黄开亮：《中国机械工业技术发展史》，机械工业出版社2001年版。
④ 中国机械工业年鉴社：《中国机械工业年鉴》（2011），机械工业出版社2011年版。

势。外商及港澳台商投资企业在机械工业中的占比保持了20世纪90年代后期快速提升的势头，在2006年达到最高值，企业数、主营业务收入和出口交货值分别占规模以上企业的20%、38%和65%。2003年初实施《外国投资者并购境内企业暂行规定》《利用外资改组国有企业暂行规定》，外资被允许并购国有企业，工程机械、农机、轴承等行业外资并购国有企业“排头兵”的一系列案例甚至引起了社会的广泛关注。另一方面，国内骨干企业也开始以利用国际资源为目的，逐步开展海外并购和海外建厂，并在2008年国际金融危机之后加速了这一步伐。机床行业的海外并购集中于2002~2006年，大连机床、沈阳机床、上海明精机床等国内企业对德国、美国和日本企业进行了10次并购；工程机械行业的海外并购开展稍晚，2008年中联重科收购全球第二大混凝土设备制造商CIFA，三一重工、柳工等在印度、美国、欧洲建立生产基地。

（2）机械产品国内市场需求快速增长。一方面，中国制造业融入国际分工体系，带动了机械产品国内市场需求的增长。2009年，中国工业制成品出口额已经上升到全球第一位，各类工业制成品出口增长带动了规模更大的对国产机械产品的需求。另一方面，中国工业化进程进入工业化中期阶段，与工业化中期伴随的是高涨的全社会固定资产投资需求，尤其是非政府投资需求成为机械工业增长的最主要需求因素。中国机械产品的国内市场占有率，从“九五”末期的70%提高到2010年的85%左右。

（3）产品结构明显升级，自主创新能力大幅提高。国家对装备制造业的支持政策陆续出台并落实，并在重大技术装备领域探索出一条利用重大工程设备招标吸引国际领先企业转让技术、国内企业实现消化吸收创新的道路。效益好转的企业为适应市场需求不断加大技术投入，从整体上推动了机械工业产品迅速升级，带动了机械工业由数量型增长向效益提高、技术进步的效益型增长转变。在发电设备和输变电设备等领域的技术装备国产化方面取得了重大突破。机械产品结构实现了由低端向中高端发展，机床行业正在向数控、精密、高效及大型化发展，汽车、电工装备、工程机械企业的综合竞争力稳步提升，已在全球市场占据了一席之地。①

这一时期是中国机械工业史上继“一五”时期之后又一个发展最好的时期，整体实力和水平大幅提高，结构调整取得显著成效，技术装备的研制中突破性重大进展频现，机械工业进入了从规模型增长向质量型增长转变的关键时期。据机械工业联合会统计，自2002年以来，中国机械工业持续以20%以上的速度增长，2001年工业总产值14756亿元，2010年达到14.16万亿元，增长的持续时间之长、速度之快，是中华人民共和国成立以来前所未见。与行业增长相伴随的是经济效益的提升，2001年实现全行业利润总额748.3亿元，2005年增长到2196.3亿元，2010年接近1万亿元，十年年均增长34%。

4. 自2011年以来：中速增长时期的转型升级

从2011年开始，机械工业行业运行中一个明显的变化就是，高速增长的势头出现了转折，进入了中速的增长阶段。主营业务收入、工业增加值、利润总额、出口额和固定资产投资等主要运行指标的增速均出现了大幅下降，甚至一度出现低于全国工业增速和制造业增速的情况。在行业增速下降的同时，产业转型升级呈现快速推进，国际分工地位不断提升。这一时期的机械工业发展具有以下四个特点：

（1）国际市场需求增长停滞，国内投资与消费需求增长放缓。从国际市场来看，自2008年以来，全球经济一直处于缓慢、脆弱的复苏之中，货物贸易额低速增长。从全球机械及运输设备出口额来看，除了处于恢复性增长的2010年以外，近10年增长十分微弱，2017年为5.86万亿美元，仅比2008年高出0.456万亿美元。中国已经是全球机械及运输设备出口额最大的国家，虽然占全球比重一直处于上升之中，但近年来增速也出现了大幅下降。在国内市场，随着中国经济进入新常态，全社会投资与消费增速也出现了明显下降。2011~2017年全社会固定资产投资名义增速从24.04%下降到7.2%，实际增速从16.36%下降到1.32%，固定资产投资放缓对机械工业的

① 王瑞祥：《下一个10年仍然是机械工业的黄金时期!》，《中国机电工业》2011年第4期。

影响最为直接，近年来与投资密切相关的机械分行业均呈现产出的明显下降。

（2）机械工业的成本费用刚性增长。2011 年 11 月到 2016 年 12 月，机械工业品出厂价格指数连续 62 个月低于 100，即机械产品价格处于下降状态。与价格连续下降相比，燃料动力、原材料的价格波动幅度较大，往往机械工业产品出厂价格指数略有回升时，燃料动力、原材料的价格出现更大幅度地上升，导致企业利润下降。与此同时，工资水平却持续大幅上涨，制造业规模以上单位就业人员平均工资从 2013 年的 4.2 万元上升到 2018 年的 6.5 万元，年均涨幅超过 8%。

（3）实现了结构升级和自主创新的加速发展。从产品结构来看，机械工业涉及的战略性新兴产业和高端装备制造业获得了更快发展，主营业务收入、利润总额增长均高于机械工业平均水平，在机械工业中的比重不断提升；适应消费升级、智能化、绿色环保等需求的分行业实现了更快增长，如医疗仪器设备及器械、食品包装机械，仪器仪表，环保机械等；服务型制造、绿色制造加快发展，融合了互联网、云计算等信息技术，现代传感技术，高精度控制技术和数字化制造技术的智能制造已在部分领域开始起步。

从研发能力和创新能力来看，在国家重大项目、重大科技专项的支持和带动下，高端装备的制造能力大幅提升。在发电设备、特高压输电设备、轨道交通设备等领域已经处于世界领先地位。由于中国机械装备不断向高端产品延伸，导致外资企业的垄断利润逐渐消失，“高端失守”的局面出现了明显扭转。机械企业的研发和创新，已经不再局限于对国外先进技术的引进消化和吸收，而是更为关注原创设计及极限制造等能力的提升。例如，在国家核电“走出去”的主推机型首台华龙 1 号的建设过程中，国内众多机械企业积极参与，实现了产品和技制造技术的升级。

（4）国际分工地位持续提升。加工贸易占外贸比重继续快速下降，2011 年加工贸易进出口总额占机械工业进出口总额的 28.25%，一般贸易进出口总额占机械工业进出口总额的 60.53%；2017 年加工贸易占比下降到 23.17%，一般贸易占比提高到 65.67%，机械工业贸易中加工贸易占比低于全部货物进出口中加工贸易占 4 个百分点左右。但是，中国机械产品进口中零部件占比远高于机械产品出口中零部件占比，2017 年分别为 69.18% 和 39.26%，表明中国机械工业参与国际分工的主体方式虽然已经从低国内增加值的加工贸易转向相对高国内增加值的一般贸易，但对于进口关键零部件仍有较强依赖。

这一时期由于国内外环境的重大改变，中国机械工业发展出现了阶段性转变，从高速增长转为中速增长，主营业务收入、工业增加值、利润总额、出口额增速均出现了大幅下降，分别从“十一五”时期平均 20% 以上，下降到“十二五”时期的 10.48%、9.9%、6.45% 和 8.81%；“十三五”时期进一步下降，出口一度出现负增长。但这一时期的增速下降与 20 世纪末期有所不同，我国经济处在转变发展方式、优化经济结构、转换增长动力的攻关期，机械工业正在通过创新引领培育新增长点、形成新动能，不断践行高质量发展要求，逐步实现产业优化升级。

二、机械工业 70 年发展成就

经历了 70 年，中国机械工业产业规模快速增长，目前已经跃居为世界第一的机械大国；各类型经济主体适应市场经济的能力不断增强，民营企业已经成为产业发展最重要的基础；形成了较强的自主创新能力，一些重大技术装备达到国际先进水平；满足国内外市场需求的能力不断提升。

1. 建立起世界上规模最大、最完整的机械工业生产体系

1952 年，中国机械工业总产值仅为 39.0 亿元（1952 年不变价格）；到党的十一届三中全会召开的 1978 年，增长到 1155.5 亿元（1970 年不

变价格）。[①] 改革开放以后，机械工业的增长速度在绝大多数时期均高于全部工业的整体水平。2008 年达到 90740 亿元（当年价）；2018 年达到 21.38 万亿元（当年价）。中国从无到有逐步建立起了汽车、发电设备、石油化工设备、冶金矿山设备、工程机械设备等制造业，满足国民经济建设对机械装备需求的能力不断提升。目前，中国已经拥有世界各国中规模最为宏大、体系最为完整的机械制造体系。

到 20 世纪 90 年代，部分重要产品的产量就已经跃居世界前列。目前，一些机械产品的产量已经多年稳居世界第一位。例如，发电设备 1952 年产量 196.4 万千瓦；1978 年产量 483.8 万千瓦，居世界第九位；2018 年 10600.5 万千瓦，多年稳居世界首位。汽车 1957 年产量 0.79 万辆，1978 年 14.91 万辆，当年居世界第 22 位；2018 年达到 2781.9 万辆，连续七年位居世界首位。金属切削机床，1989 年产量 16.53 万台，2018 年 48.9 万台，中国机床产值于 2009 年成为世界首位，并一直保持着世界第一机床生产大国的地位。

在节能减排、绿色制造、智能制造等新兴领域，目前已经成为主要制造国和出口国。共向世界提供了约 1/3 的太阳能板，制造了近一半的风力涡轮机。新能源汽车占全球市场保有量 50% 以上，水电、风电、光伏发电装机容量稳居世界首位。[②]

2. 各类型经济主体适应市场经济的能力不断增强

随着改革开放和社会主义市场经济体制的建设和完善，中国机械企业适应市场经济的能力不断增强。目前已经形成国有控股企业、外商及港澳台商投资企业和民营企业共同发展的格局，2017 年机械行业规模以上工业企业中，三者在主营业务收入中的占比分别为 20.86%、27.51% 和 51.63%（见表 26－1）。

表 26－1　机械工业中各所有制企业比重

单位：%

类别＼行业	主营业务收入（2017）	企业数（2017）	出口交货值（2016）
国有控股企业	20.86	3.67	10.02
外商及港澳台商投资企业	27.51	14.77	53.10
民营企业	51.63	81.56	36.88

注：机械工业的范围包括：金属制品业，通用设备制造业，专用设备制造业，汽车制造业，铁路、船舶、航空航天和其他运输设备制造业，电气机械和器材制造业，仪器仪表制造业。

资料来源：根据国家统计局规模以上工业企业统计数据计算。

经历了 20 世纪八九十年代开始的国有企业改革，以及其后的国有经济战略性重组，目前机械工业中的国有企业虽然数量大幅减少，但在全行业中居于十分重要的地位，不仅企业规模更大，而且一些重要装备主要由国有企业承担研制、开发和制造。如发电设备领域的哈尔滨、上海、四川三大动力基地生产；大型、重型装备领域的一重集团、二重集团等。

民营企业已经成为产业发展最重要的基础。目前机械工业中民营企业不仅数量远远超过国有企业和外资企业，而且主营业务收入也超过国有企业和外资企业之和。机械工业中民营企业主要由两部分组成，一部分是由小型国有企业、地方国有企业和广大乡镇集体企业通过改制转变过来的，另一部分是由个体、私营企业发展起来的。目前民营机械企业中已涌现了一批竞争力很强的著名企业，在相关产品市场已占有较大优势。民营企业的迅速发展为机械工业的持续快速增长起

① 资料来源于《中国工业经济统计资料（1949～1984）》，第 35 页。

② 王瑞祥：《以高质量发展铸就机械强国》，《中国工业报》2018 年 12 月 24 日。

到了非常重要的作用。

3. 形成了较强的自主创新能力

自主创新能力集中体现为重大技术装备水平不断提高。中国机械工业在"一五"时期即开始着手研制重大装备，在计划经济时期，先后成功研制了万吨水压机、马鞍山轮箍设备、"两弹一星"专用设备、"九套大型设备"、攀枝花钢铁公司成套设备、第二汽车厂冷加工成套设备等。20世纪80年代，开展了12项重大技术装备专项研制工作，1983～1999年共完成了60多项重大成套设备的研制。进入21世纪以来，重大装备的研制与生产进入黄金时期，有越来越多的产品逼近世界最高水平。①

目前，我国自主设计制造的超超临界火电机组性能指标达到国际先进水平；风电技术已与世界先进水平接轨；自主建设的"华龙一号"三代核电示范工程项目技术水平、特高压输变电领域技术水平处于国际领先地位；百万吨乙烯"三机"、20兆瓦电驱天然气长输管线压缩机组、10万立方米/时大型空分设备等进入国际先进行列；研制出一大批高水平农机具，120～180马力拖拉机替代进口，并远销海外；我国已成为世界上少数能成套生产大型露天矿山设备的国家之一；研制出大型伺服压力机及伺服冲压生产线关键设备，打破了发达国家的技术垄断，并出口到美国等发达国家；起吊重量2000吨及以上的大型履带起重机等一批工程机械产品的整体技术和性能，达到国际先进水平。②

4. 国内外市场竞争力不断提高

整个20世纪80～90年代，中国机械运输设备的进口与出口同时高速增长，并且，进口额一直高于出口额而呈现贸易逆差。尽管如此，由于机械和运输设备出口竞争力的大幅度提升，20世纪90年代，机电产品还是逐步取代纺织服装，成为我国出口第一大类产品。进入21世纪后，从2004年开始的短短几年内，机械产品外贸逆差急剧缩小并迅速转变为大幅顺差。从国际比较来看，中国机械和运输设备出口竞争力与发达国家的差距迅速缩小。1985～2017年，中国的国际市场占有率从0.08%上升到18.48%，2009年出口额超过德国成为世界第一。贸易竞争力指数反映贸易顺差的相对值，1985年中国机械和运输设备出口额仅为4.64亿美元，进口额为110.67亿美元，贸易竞争力指数接近-1.0；2000年出口额为826.00亿美元，进口额为919.31亿美元，相对差距大幅缩小，贸易竞争力指数为-0.0535；2017年出口额为10826亿美元，进口额为7349亿美元，贸易顺差3477亿美元，贸易竞争力指数为0.1913（见表26-2）。

表26-2 机械和运输设备出口竞争力的国际比较

年份	国际市场占有率（%）			贸易竞争力指数		
	日本	德国	中国	日本	德国	中国
1985	21.30	15.11	0.08	0.8370	0.3996	-0.9196
1990	17.56	17.02	0.94	0.6978	0.2787	-0.3302
2000	12.59	10.40	3.16	0.5131	0.2058	-0.0535
2010	8.92	11.39	15.22	0.4788	0.2349	0.1739
2017	7.01	11.96	18.48	0.3620	0.2455	0.1913

注：贸易竞争力指数=（出口额-进口额）/（出口额+进口额）。

资料来源：根据联合国贸易数据库计算。

在贸易之外，我国机械企业还加快了"走出去"步伐。早在刚刚进入21世纪的时候，一批骨干企业就开展了海外并购，以获得国际品牌、技术开发资源、国际市场的销售网络渠道以及有效的经营管理体系；其后开始有更多企业在境外投资建厂、开办研发机构；参与"一带一路"建

① 中国机械工业年鉴社：《中国机械工业年鉴》（2008），机械工业出版社2008年版。

② 王瑞祥：《以高质量发展铸就机械强国》，《中国工业报》2018年12月24日。

设，成为国家对外开放的骨干力量；一批企业从单一产品的输出转向成套设备、资本、技术和服务的输出。

在国内市场上，国产机械设备的市场占有率加速提高。改革开放之初，机械装备进口急剧增长，国产机械产品的市场占有率从20世纪80年代初期的90%以上降到90年代中期的不足60%，“十五”时期以来，这种情况开始有了很大改观，机械产品国内市场占有率逐步提高，到2008年超过80%，目前已超过85%，基本改变了20世纪先进装备主要依靠进口的被动局面。

三、机械工业高质量发展面临的问题与机遇

机械工业是中国最大的制造业部门，机械工业的高质量发展对于中国制造业高质量发展具有基础性和代表性。经过70年的发展，中国已经拥有了世界上规模最大、生产体系最为完整的机械制造业，“大而不强”的问题早在20年前就已经被提出，这是中国机械工业高质量发展面临的最大的“老问题”；此外，国际机械市场规模增长缓慢，贸易摩擦加剧；国内经济增长进入工业化后期，设备投资需求增速缓慢，这些问题也已经出现了近10年，并且还将在可预期的一段时间里持续下去。与“老问题”并存的是“新机遇”。随着国内人均收入水平的提高，国内市场与消费升级、绿色环保相关的新需求正在蓬勃发展；“一带一路”倡议所构建的发展导向型区域合作机制，为中国机械企业对外合作打开了更大的窗口；新技术革命、数字技术发展带来的新制造，将通过产业链重塑和延伸，在机械工业这样的传统产业产生“弯道超车”的效果。

1. 机械工业高质量发展面临的“老问题”

（1）“大而不强”，发展“不平衡”和“不充分”。最突出的表现在于“三基”与核心技术存在“短板”。机械基础件、基础制造工艺及基础材料（“三基”）是装备制造业赖以生存和发展的基础，其水平直接决定着重大装备和主机产品的性能质量和可靠性；核心技术和核心部件则决定了装备的技术水平。近些年在工业强基相关政策的支持下，中国机械行业加大自主创新投入，工业强基重点领域取得局部突破进展，部分领域“卡脖子”问题初步得到解决，产业技术基础体系不断完善。但是，由于“三基”（工信部2013年在《关于开展工业强基专项行动的通知》中，在“三基”基础上增加“产业技术基础”扩充为“四基”）涉及面广，产业基础薄弱，尽管在国家政策支持下已经出现了明显提升，但是与国外先进水平相比，还存在不小的差距，对中国机械产品提高性能、可靠性和使用寿命构成了很大的制约。

（2）国际机械市场需求不振，贸易摩擦加剧。自2008年国际金融危机以来，全球经济一直没有实现阶段性的回暖，货物贸易额低速增长。从全球机械及运输设备出口额来看，除了处于恢复性增长的2010年以外，近年增长十分缓慢，2008年为5.4万亿美元，2014年一度上升到6.2万亿美元，2017年又下降到5.9万亿美元，10年间增长极其微弱（见图26－1）。中国目前已经是全球机械及运输设备出口额最大的国家，虽然占全球比重一直处于上升之中，但出口交货值占销售产值一再下降，此外，近年来国际贸易摩擦不断升级，因此，短期内再现国际市场需求带动中国机械工业增长的可能性不大。

（3）国内设备投资需求增长缓慢。固定资产投资额中有接近20%直接用于设备工具器具的购置，全社会固定资产投资增速放缓对机械工业的影响最为直接。自2009年以来，中国固定资产投资的增速一直处于下降之中。2011年12月全社会固定资产投资完成额累计同比增长23.8%；到2018年12月下降到5.9%；其中，设备工具购置投资完成额累计同比增长率2011年12月为21.0%，2018年12月下降到2.6%，2019年4月为负增长（如图26－2所示）。机械工业增长与全社会固定资产投资增速呈现出直接而紧密的联系，全社会固定资产投资增速的下降或低位徘徊，从需求规模方面不利于机械工业的增长。

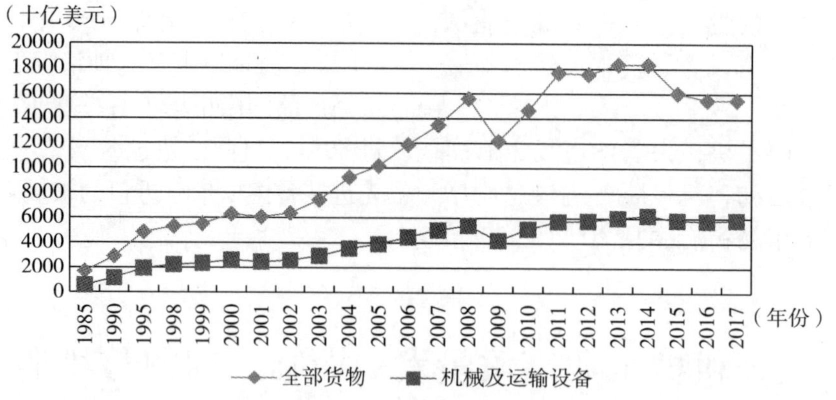

图 26－1 1985～2017 年全球机械及运输设备出口情况

资料来源：根据联合国贸易数据库计算。

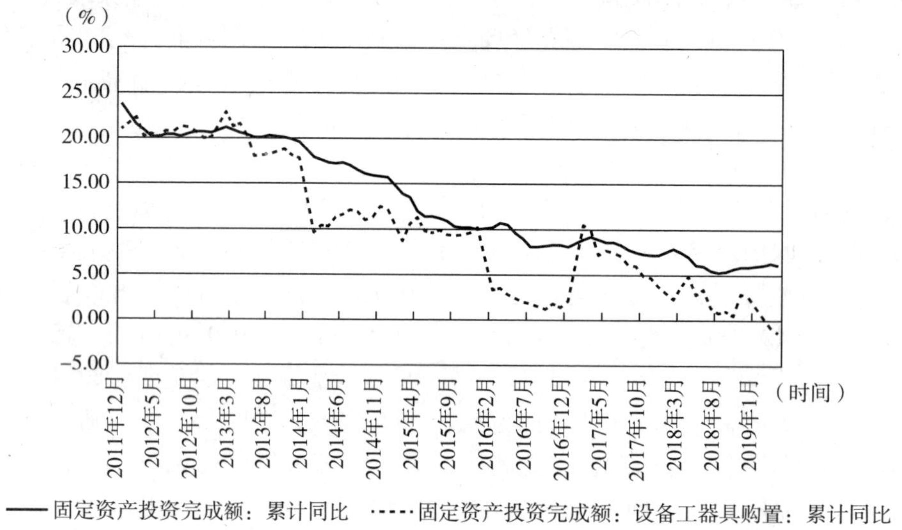

图 26－2 2011 年以来国内固定资产投资增速

资料来源：Wind 数据库。

2. 机械工业高质量发展迎接的“新机遇”

（1）国内市场消费升级创造机械产品“新需求”。经过改革开放 40 多年的发展，中国国内已经形成了拥有强大购买力的内需市场，消费升级以及新的消费增长点都将带动相应设备投资需求的增长。例如，农产品加工设备、包装设备、自动化仪器与设备、环保装备、轨道交通设备、新能源汽车、医疗设备、工业机器人等。这些行业近年产量波动比较大，但总体来看，增长速度高于机械工业的平均水平（见表 26－3），其中对高性能、智能化产品的市场需求增长尤为迅速，进口量也相对较大。

表 26－3 消费升级相关产品的产量累积同比增速

单位：%

时间	工业机器人	大气污染防治设备	包装专用设备	铁路机车	新能源汽车	饲料加工机械
2011 年 12 月	—	7.60	6.80	5.30	—	78.30
2012 年 12 月	—	25.80	14.50	－28.90	—	17.10
2013 年 12 月	—	－3.14	14.17	－11.47	—	－6.10

续表

时间	工业机器人	大气污染防治设备	包装专用设备	铁路机车	新能源汽车	饲料加工机械
2014 年 12 月	—	11.90	8.20	15.50	—	1.00
2015 年 12 月	21.70	5.90	-2.00	6.30	—	-12.30
2016 年 12 月	34.30	29.70	4.20	-43.30	58.50	5.00
2017 年 12 月	68.10	3.50	-0.30	32.20	51.10	5.70
2018 年 12 月	4.60	-4.40	0.60	-2.70	40.10	3.20

资料来源：Wind 数据库。

（2）“一带一路”倡议和国际产能合作提升国际化能力。到 2019 年秋天，共建“一带一路”倡议已经提出六年。共建“一带一路”大幅提升了我国贸易投资自由化便利化水平，中国对外投资成为拉动全球对外直接投资增长的重要引擎。项目建设是共建“一带一路”的重要内容，2015 年 5 月又发布了《国务院关于推进国际产能和装备制造合作的指导意见》，“一带一路”倡议和国际产能合作成为中国机械工业发展的重大机遇。机械工业参与“一带一路”建设已经初显成效，在对外贸易方面，2017 年，机械工业对“一带一路”国家进出口贸易额为 1680.5 亿美元，占当年进出口总额的 24%；在对外投资合作方面，由国机集团主导建设的中白工业园、特变电工（印度）建设的绿色能源产业园等，不仅实现了“抱团取暖”，还带动了整体产业链“走出去”。[①] 共建“一带一路”已经完成了总体布局进入走深走实的深化阶段，其对于中国机械工业的意义不仅是对外市场的扩大，也是通过国际合作提升能力、学习借鉴国外、前沿和新兴技术、促进自身转型升级的重大契机。

（3）数字技术发展催生“新制造”模式。中国在数字技术应用方面已经走在了世界前列。一方面，大数据、人工智能将以“互联网 +”的方式改造制造业的生产过程、营销过程，重构供应链，这是在机械工业许多领域已经发生的改变。近年来，我国机械工业的智能设备应用和信息化建设步伐加快，同时融合了互联网、云计算等信息技术，现代传感技术，高精度控制技术和数字化制造技术的智能制造已在部分领域开始起步[②]。另一方面，数字技术对传统制造业的根本性颠覆则是价值创造模式的改变，制造业与服务业的融合成为“新制造”。“服务化”不再是为了更好地销售产品而延伸制造业产业链，“服务”成为制造业生产的目的。数字技术的深度发展和应用，将突破成本的束缚，迅速扩大机械企业提供服务的领域，不仅改变大企业还将改变更多的中小企业，不仅涉及大型、高端装备还将波及更多一般产品甚至面向消费的产品。

四、发展展望和对策建议

在未来一段时间内，中国机械工业仍将处于持续深度调整区间，规模增速保持中等增长，产业结构、产品结构将出现较大幅度的调整，行业竞争加剧。机械工业企业要顺应产业发展的趋势性变化，抓住新技术革命的契机，以深化改革、开拓市场和创新推动行业走向高质量发展。

1. 机械工业发展展望

（1）产业整体将处于中速增长区间。从国际

① 王瑞祥：《加快推进装备制造国际产能合作开创“一带一路”互利共赢新局面——王瑞祥在“一带一路”装备制造国际产能合作推进会上的讲话》，《机械工业标准化与质量》2019 年第 2 期。

② 《2016 年机械工业经济运行形势分析》，机经网，http：//www. machine. hc360. com。

分工地位来看，中国仍将稳居世界第一机械生产和出口大国地位，但其份额比重提升幅度会放缓；对于进口零部件的依赖不断下降，但零部件在进口中占比高于出口中占比的状况短期内还难以改变；进入世界500强的企业数量及其排名进一步增加和提高；有更多企业进入行业全球排名前列。从产业规模和经济效益增长来看，规模增速基本保持与整体工业增速大体一致，但不会出现20世纪90年代后期行业低谷时期的情况；在多重成本压力下，利润率处于较低水平。

（2）产业结构深度调整。由于市场需求变化程度和竞争力的差异，产业间、产品间、企业间发展状况继续分化。从面对的下游行业来看，服务于传统重工业的分行业，由于其用户钢铁、电力、煤炭、石油化工等领域处于产能调整阶段，产出占比会出现下降；与消费更加接近的行业，如物流、轨道交通、健康等相关设备生产行业会有较快发展。从技术含量来看，战略性新兴产业和高端装备制造业将保持更快发展，中高端产品的发展空间会加速扩展，低端产品的市场空间和盈利空间进一步受到挤压。

（3）市场竞争激烈、企业分化加剧。与行业发展的分化相比，企业间分化更为显著。传统的以规模经济和成本压缩获取竞争优势的空间不断变窄，会有一批不能实现转型的企业在市场和成本的双重挤压下陷入经营困难。应及时适应市场变化调整产品的企业，向应用信息技术、智能制造等新技术转型的企业，以及形成了难以模仿的内部能力和生产更高质产品的企业会较前期获得更快发展。

（4）行业基础能力扎实提升，制造与服务深度融合。实现局部突破的重点领域不断增多，产业技术基础体系不断完善，推动行业整体实力加速提高。在加大技术创新投入、提高技术创新效率之外，大数据、物联网的应用前所未有地推动了制造制造与服务的深度融合，拓展了机械制造企业商业模式创新的广度与深度。一个重要的表现就是服务化发展，涉及企业产品生产中个性化定制的扩大，从单纯提供机械设备到提供“产品+服务”，再到提供多种类型的“服务”；以及收益模式创新，分销渠道由线下转至线上，由出售模式改为出租模式；业务流程创新，基于生产过程的信息化、智能化，对于原有经营过程的重组和资源再配置，等等。

2. 促进机械工业发展的对策建议

中国机械工业发展到今天，已经拥有了庞大的生产能力和世界上最为完整的生产体系，从行业内部来看，要素的配置方式以及企业的运行方式，都表现出很高的市场化程度。但是当体制巨变的红利、融入国际分工体系的红利释放殆尽时，中国机械工业仍然处在由大变强的过程之中，面临着提质增效的艰巨任务。中国机械工业70年尤其是改革开放以来的发展历程表明，制度安排、市场需求、生产要素以及技术进步等因素，对行业发展都具有极其重要的作用，尽管在不同时期表现出的矛盾主要方面会有所不同。面对国内外需求环境的变化和新技术革命赋予的历史机遇，上述影响行业发展的主要因素中仍然可以找到下一步工作的着力点，即转变被动适应体制变革、市场变化的惯性做法，通过深化改革和高水平开放、积极应用新技术、新商业模式，以改革、开拓、创新推动行业迈入高水平发展的道路。

（1）继续推进深化改革。机械工业绝大多数企业处于充分竞争行业和领域，已经形成了多种所有制经济共同发展的格局。民营经济在企业数量和产出规模方面占据绝对优势，国有企业在大型企业和领先企业中占有重要地位。经过20世纪90年代末期的国有经济战略性调整和“抓大放小”，机械工业的国有企业数量大幅减少，保留下来的国有企业规模更大、竞争力更强。在社会主义市场经济体制下，国有企业天生拥有要素获取和市场获取方面的制度优势，因此，通过改革内部经营机制、提高市场反应能力来提质增效的内在动力不足。深化改革最主要的内容是推进机械行业国有企业改革，包括产权层面的混合所有制改革、企业内部经营机制改革。以产权改革促进经营机制改革，在增强国有经济活力、放大国有资本功能的同时，完善企业治理结构和管理方式，以提高经济效益和创新商业模式为导向，激发国有企业内生活力。

（2）积极开拓新市场。一是与国内市场消费升级相关的新领域。中国即将成为全球最大的消费市场，国内市场消费升级带来的设备升级改造需求，将是机械装备企业不可忽视的增长点。二是传统出口市场美国、欧洲、日本之外的新市场，如新兴经济体、金砖国家、上海合作组织、东盟、印度及部分发展中国家。中国“一带一路”建设已经进入全面务实合作新阶段，未来相当长一段时间将是我国机械企业参与“一带一路”建设的一个重要机遇期。

（3）加强创新协同。推动技术创新由重点突破走向全面发展，促进产业链上下游协同。装备制造的许多领域，已经形成了功能单元和关键零部件有独立的专业化研发制造企业，整机制造企业负责产品研发设计和集成、组装的格局，构成上下游配套关系。历史经验证明，在我国发展重大技术装备过程中，凡是制造部门产业链之间以及使用部门能够密切结合的，效果就好，发展就快。20 世纪 80 年代，主要采用行政手段由国家安排解决专业化分工协作和供需结合的问题，21 世纪以来，尽管市场机制成为产业链协调的主要手段，但政府协调仍然发挥重要作用。新时代需要充分利用信息技术发展的条件和国内外资源，考虑采用新模式加强产业链的产学研之间、上下游企业之间、设备供应商和需求方之间的创新协同，发挥行业协会、科研院所等第三方机构作用，打通从关键技术到产品应用的产业链条。

专栏 26－1

中国机床工业的 70 年发展

机床在机械工业中被称为“工作母机”，机床工业的发展和创新行为，不仅决定着机械产品的竞争力，而且对一个国家制造业竞争力的提高也有着战略性意义。70 年来，机床工业在中国工业的发展历程中始终被放在重要的战略高度，从“一五时期”的白手起家到改革开放以来的不断发展壮大，机床工业如同中国机械工业的缩影，也走到了“由大变强”的关键时期。

1949 年之前我国机床工具行业基础十分薄弱，只有上海、沈阳等少数几个城市生产一些皮带车床、刨床、铣床和机械压力机。“一五”时期，属于 156 项重点工程的三个项目（沈阳第一机床厂、武汉重型机床厂和哈尔滨量具刃具厂）建成投产，形成了被称为“十八罗汉”的 18 家行业重点骨干企业。改革开放初期，四川宁江机床厂 1979 年 6 月 25 日在《人民日报》上刊登了“承接国内外订货”的广告，率先冲破了“生产资料不是商品”的束缚。从 1980 年开始，机床企业调整主要服务于重工业的产品结构，对于当时增加社会消费品供给发挥了积极作用。

1993 年 11 月党的十四届三中全会以后，机床工业加快了改革开放步伐，产业规模和竞争力大幅提升。一是市场化程度迅速提高。2008 年民营机床工具企业有 4262 家，工业总产值占全行工业总产值的 68.88%，已起到举足轻重的作用；三资企业工业总产值占全行业工业总产值的 14.96%。二是对外合作方式发生了重要变化。从采用许可证贸易方式引进技术，转变到主要是采取中外合资、中外合作、技贸结合、合作生产等方式；一批优势企业开展了国际化经营，从 2002 年开始一些有实力的企业收购或控股了国外一些知名企业。三是成为世界第一机床生产大国。自 2002 年起，中国已经连续多年保持了世界第一机床消费大国和进口大国的位置，2009 年又成为世界第一机床生产大国，2015 年机床产值 221 亿美元，接近第二位日本和第三位德国的合计产值。

与机械工业整体相比，中国机床工业的国际竞争力还处于较低水平。中国在成为机床生产大国的同时，却没有同样成为出口大国，反而保持了巨额的贸易逆差。2017 年金属加工机床贸易逆差 54.58 亿美元，2016 年数控装置贸易逆差 7.88 亿美元。但是，对于进口的依赖程度正在迅速下降，贸易逆差占进出口总额的比重已经从 20 年前的 80% 以上下降到目前的 40%。这表明，一方面，进入高质量发展阶段的中国经济仍然为机床行业发展提供了全球最广阔的舞台和需求动力；

另一方面，中国机床工业满足国内市场的能力在不断增强。目前，数控机床上包括数控系统和滚动功能部件在内的高附加值部件正在被国内企业所掌握，技术逐步走向成熟，经济成本在下降。在 CIMT 2019 展会上，仅中国多家民营机床制造企业的 W4 馆就有 20 余台五轴数控机床展出，也可以从侧面说明中国机床行业的技术进步。

中国机床行业凸显的短板就是从用户工艺出发的产品定义能力，导致盲目仿制、产品同质化。近些年，行业中开始意识到这个问题，已经有很多企业开始贴近用户工艺。例如，在 3C（Computer，Communication，Consumer Electronic，即计算机、通信和消费电子产品的统称）加工领域，已经有许多机床企业介入 3C 产品研发过程，工艺研发与装备研发同步进行。目前，市场表现良好的企业都是在专注深耕特定领域工艺有自己的建树。

资料来源：郑国伟：《机床工具行业辉煌发展 60 年》，《设备管理与维修》2009 年第 10 期；《不宜妄自菲薄　中国机床将登上广阔舞台》，《中国工业报》2019 年 5 月 28 日。

参考文献

［1］金碚：《工业的使命和价值——中国产业转型升级的理论逻辑》，《中国工业经济》2014 年第 9 期。

［2］郑国伟：《我国机械工业快速发展的十年》，《制造技术与机床》2013 年第 4 期。

［3］杨善林：《工业互联网时代的高端装备智能制造》，《智慧中国》2019 年 Z1 期。

［4］吴军：《智能时代：大数据与智能革命重新定义未来》，中信出版社 2016 年版。

第二十七章　汽车工业

提　　要

中华人民共和国成立70年来，我国汽车工业发展取得了长足的进步，经历了从20世纪50年代从无到有、六七十年代逐渐成长，到八九十年代和21世纪头十几年的迅速发展，目前我国汽车工业产值已突破万亿元，汽车产销量稳居世界第一，汽车保有量全世界第二，进出口竞争优势显著增强，品牌竞争力明显提升。进入新时代，我国汽车产业步入转型升级的重要阶段，面临诸多新环境新问题，挑战与机遇并存。为了促进我国汽车工业平稳健康发展，并在新能源等前沿领域占领技术制高点和高市场份额，国家和行业企业应继续贯彻落实新发展理念，进一步激发创新活力，加快绿色智能发展，深入推进品牌战略，优化营商环境，为"十四五"汽车工业发展创造良好开局。

*　　　　*　　　　*

一、汽车工业70年发展历程

中华人民共和国成立70年来，我国汽车工业经历了70年变革，现已成为世界第一汽车制造大国。这70年大致可以划分为六个阶段。[①] 中华人民共和国成立初期至改革开放前期是前两个阶段，这期间我国汽车工业初具雏形，不少领域实现了零的突破；改革开放之后的四个阶段则是我国汽车工业迅速发展、由大转强的重要时期，民营企业和外商投资规模以及自主研发水平等诸多方面都有了质的飞跃。

1. 20世纪50年代，工业基础从无到有

第一阶段，20世纪50年代，我国汽车工业基础实现了从无到有。中华人民共和国成立不久，国家就提出要建立和发展我国独立自主的汽车工业体系。1950年重工业部组建汽车工业筹备组。1953年第一汽车制造厂（以下简称"一汽"）在吉林长春破土动工。一汽是中国汽车工业的摇篮，中国汽车工业的历史由此拉开。1956年7月我国制造的第一辆汽车开下生产线。同年一汽北京附件厂更名北京汽车制造厂，是继一汽后兴建的国内第二家大型汽车生产企业。1958年3月首辆国产轻型载货卡车NJ130诞生，定名跃进牌。5月一汽试制成功东风牌轿车，国内第一辆越野车"长江牌"46型越野车诞生，但当时的生产技术还很不成熟。8月一汽造出"红旗"轿

① 关于汽车工业大事记的资料参见：http：//auto. ifeng. com/hangye/special/60zhounian/index. shtml。

车，这才是真正具有民族特色、实用性能较好的高级轿车，被载入中国汽车史。紧接着，9 月上海汽车装配厂（后更名为上海汽车制造厂）试制成功第一辆凤凰牌轿车，由此揭开了中国轿车工业生产的历史。

2. 20 世纪 60 ~ 70 年代，初具产业规模

第二阶段，20 世纪 60 ~ 70 年代我国汽车工业逐渐成长起来。这期间两件事情影响颇大。一是 1964 年国营工厂迁入三线建设。二是在湖北十堰于 1969 年开始建设、1975 年建成的第二汽车制造厂（以下简称“二汽”），1976 年出车至 20 世纪 90 年代主要生产“东风牌”卡车，同时也生产“富康牌”轿车以及后来的“爱丽舍”轿车等。二汽原属国务院计划单列管理，90 年代改名东风汽车公司。二汽从项目提出到开始建设前后经历了 17 年“两下三上”的漫长波折。这期间的阶段性事件有：1963 年由上海汽车制造厂生产的上海牌小轿车诞生，这是当时除红旗以外我国大批量生产的轿车；北京汽车制造厂生产出首款轻型越野汽车 BJ－210 型，但这些汽车都没有做规模量产。1964 年一汽成立轿车厂。同年凤凰牌轿车改名为上海牌，在制造设备上做了一系列改进，制成了车身外板成套冲模，告别了车身制造靠手工敲打的落后生产方式，又以此为基础制成各种拼装台，添置点焊机，实现拼装流水线生产，轿车质量得到稳定和提高。1965 年一汽累计销量达 15 万辆。1966 年 5 月国产第一批红旗三排座高级轿车在一汽投产，标志着我国有了自己的国宾车。1968 年 4 月第一台“江淮”牌载货汽车顺利诞生。1969 年 10 月国产第一台 32 吨矿用自卸车在上海试制成功。从技术来看，红旗轿车当时采用的发动机在世界上都非常罕见。但是，从整体上来看，这个阶段我国汽车工业的发展严重受制于技术、资金、人才等多方面制约。

综上两个阶段可见，经过改革之前三十年的从无到有和逐步发展，我国汽车工业产量自 20 世纪 70 年代以后便突破了 10 万辆，1979 年底已经接近 20 万辆。如图 27－1 所示。

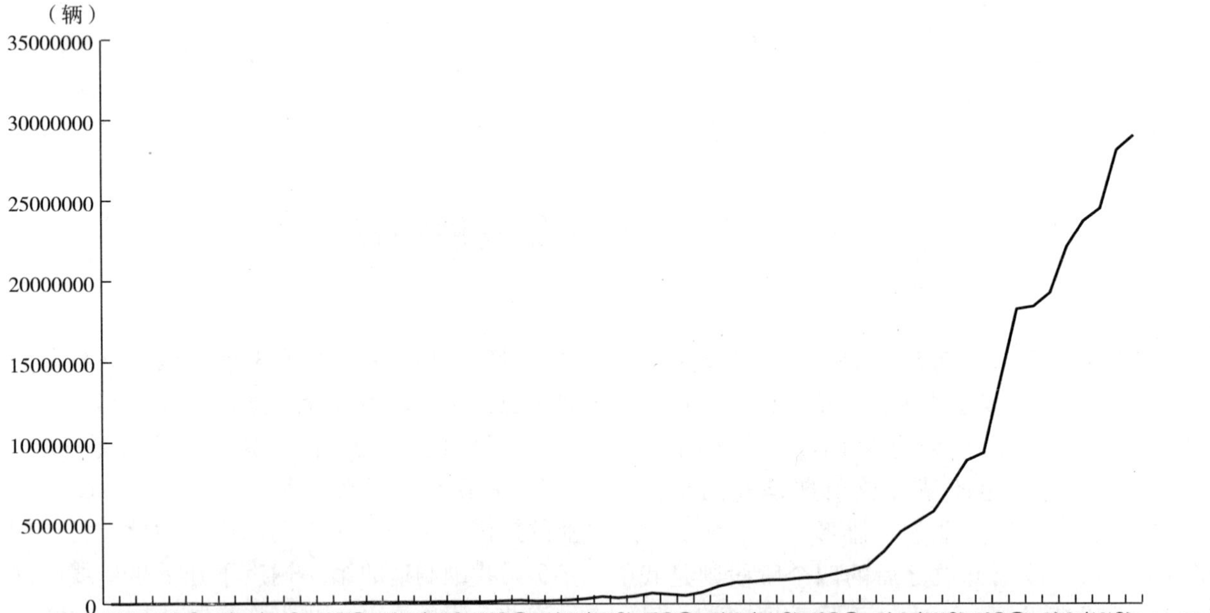

图 27－1　中华人民共和国成立 70 年来我国汽车工业产量

资料来源：历年《中国汽车工业年鉴》。

3. 20 世纪 80 年代，探索开放合作阶段

第三阶段，改革开放初期至 20 世纪 80 年代末，随着改革开放，我国汽车工业迈出了开放合作步伐，开始探索与国外优秀企业的合资生产经

营。1978年美国通用汽车公司代表团访华，提出中外合资经营建议被中央采纳，这为引进外资、学习全球汽车工业先进生产研发技术和管理理念等提供了重要渠道。1982年中国汽车工业公司成立，启动了重型车、轻型车、发动机及轿车生产。1983年北京吉普汽车有限公司作为我国汽车工业第一家中外整车合资企业成立，一种新的经营模式开始在探索中发展，我国汽车工业的改革大幕由此拉开。同年，第一辆上海桑塔纳牌轿车在上海汽车厂组装成功；天津建设微型汽车生产基地，引进日本汽车技术。1984年中德合资轿车企业——上海大众汽车有限公司（以下简称“上海大众”）成立，按照德国大众的高标准，零部件国产化，为开创我国当代轿车、汽车零部件体系与全球同步的局面作出了良好开端，拉开了我国现代汽车工业的序幕。1985年广州标致签约。1986年“七五”计划进一步将汽车制造业列为重要的支柱产业。

4. 20世纪90年代，市场换技术阶段

第四阶段，20世纪80年代末至90年代末，开始“市场换技术”，我国汽车工业迎来第二次引进合资浪潮，迅速用十多年时间达到了世界一流的轿车制造水平，大大地缩短了与发达国家在制造技术领域的差距。1987年8月国务院北戴河会议明确建设上海大众、一汽、二汽三个大型轿车生产基地，加上北京、天津和广州此前已同外商合资合作生产轿车，确立了“三大三小”的格局，结束了当时关于“中国要不要发展轿车工业”的大讨论，我国汽车工业开始战略转移，把轿车工业作为今后的发展重点，这对于我国轿车国产化具有深远的影响。1988年一汽与德国大众签署奥迪轿车产品技术转让协议，我国企业真正意义上开始批量生产国际标准高档轿车。1991年我国汽车工业最大的合资企业——一汽—大众汽车有限公司正式成立，投资额为42亿元。1992年由东风汽车公司、法国雪铁龙汽车公司、巴黎国民银行、法国兴业银行合资组成的神龙汽车有限公司在武汉成立，当年我国汽车年产量超过100万辆。1993年由重庆长安汽车股份有限公司、日本铃木株式会社、日本双日株式会社、铃木（中国）投资有限公司合资组建重庆长安铃木汽车有限公司，投资总额5.55亿美元。1994年国家制定《汽车工业产业政策》，旨在保障汽车生产基本满足国内市场需求，解决汽车行业发展的散乱问题，发展规模经济，促进产业组织合理化，增强企业集团竞争力和产品研发能力。这一政策的出台，对汽车工业的发展作了新的定位，尤其突出培育和发展家庭轿车市场。1995年国产汽车首次符合国家标准和美国汽车安全法规的整车正面碰撞试验取得成功。1997年中美合资成立上海通用汽车有限公司，成为当时最大的汽车合资企业，一次性投入15亿美元，建设通用全球最先进工厂，同步引进泛亚技术研发中心，开创了跨国公司在我国合资建立汽车研发基地的先河。1998年由广州汽车集团与日本本田公司在原广州标致基础上建立全新合资企业——广州本田汽车有限公司。

5. 21世纪00年代，加速全球化阶段

第五阶段，21世纪初期头十年，随着我国加入世界贸易组织，我国民营汽车企业利用全球化所带来的发展机遇，加大海外收购，技术上引进消化吸收再创新，得到了迅猛的发展。2001年刚成立三年的安徽汽车零部件有限公司正式更名为上汽集团奇瑞汽车有限公司，2004年再次更名为奇瑞汽车有限公司。我国在“十五”规划中“鼓励轿车进入家庭”被纳入，2001年吉利汽车成为首家获得轿车生产资格的民营企业。2002年加入世界贸易组织后第一家合资企业“北京现代”成立。2003年长城汽车股份有限公司成为国内首家在中国香港H股上市的民营汽车企业，同年比亚迪通过收购西安秦川，正式进入汽车制造与销售领域，其于2008年整合电动汽车上游产业链，加速了电动车商业化步伐。2004年国家实施《汽车产业发展政策》，目的在于推动汽车产业结构调整和重组，进一步提高行业集中度。国际金融危机后，2009年国务院通过《汽车产业调整和振兴规划》，主要内容涉及支持企业自主创新、实施技术改造专项、推进新能源汽车战略等，关系汽车关键零部件的技术改造和技术进步。同年，通用汽车同意上汽集团通过持有合资企业51%股份获得控股权，以避免自身因金融危机而破产。2010年吉利与美国福特汽车正式达成协议，收购瑞典车企沃尔沃100%的股权。这打开了中国汽车企业收购国外豪华汽车品牌的先例。2011年奇瑞量子公司正式更名为观致汽车有限公司并在上海发布品牌战略，致力于打造第一个源自中国，享誉世界的汽车品牌。从这一阶段的发展来看，2009年我国汽车产销量突破了1000万辆，规模超过美国，位居世界第一，如图27-1所示。

6. 党的十八大以来，迈向高质量发展阶段

第六阶段，2012年党的十八大以来，我国汽车工业逐渐转型升级，步入新时代产业高质量发展的新阶段。这期间我国汽车工业产值一直保持世界第一的地位。国内汽车市场消费潜力被逐渐开发，汽车消费呈快速增长态势。其中，自主品牌汽车企业的国内市场份额不断增长，新能源汽车得到大力发展。2012年红旗品牌战略发布会举行，其第三次复出；广汽集团和奇瑞汽车签署战略合作协议，本土企业首次联手，在整车、核心零部件和新能源等技术研发、体系能力建设等多个领域展开深度合作与共享。同年，由工信部牵头制定的《节能与新能源汽车发展规划（2011~2020年）》正式发布。2017年工信部公布《乘用车企业平均燃料消耗量与新能源汽车积分并行管理办法》，意味着双积分政策的落地和实施，反映出我国新能源汽车发展迈入飞速发展阶段，进一步带动我国汽车工业大力实施节能减排，无疑将成为推动我国经济高质量发展的一大新动能。2018年财政部发布《国务院关税税则委员会关于降低汽车整车及零部件进口关税的公告》，这有利于进一步扩大进口车业务，推动汽车工业实现更高速发展。同年，在博鳌亚洲论坛上，国家发改委正式宣布将于2022年全面取消汽车行业股比限制，在此之前，2018年将取消专用车、新能源汽车的外资股比限制，2020年将取消商用车外资股比限制，2022年将取消乘用车外资股比限制并取消合资企业不超过两家的限制。这意味着我国汽车市场在2020年或将发生巨大的变化。

经过改革开放40年的发展，我国汽车工业取得了可喜的成绩，无论在技术上还是在市场规模上，都实现了多方面的突破和迅猛的发展。2009年我国汽车产量超过1000万辆，四年后的2013年超过2000万辆，自2016年以来已超过2800万辆，如图27-1所示。

二、汽车工业70年发展成就

经过70年的长足发展，汽车工业已成为我国国民经济重要支柱产业，在加快技术引进和自主创新、实施自主品牌培育以及促进居民消费升级等方面发挥着重要贡献。

1. 汽车工业突破万亿元产值

中华人民共和国成立后的30年，我国汽车工业从无到有并逐步建立起产业发展的初步基础，1979年底汽车产量已接近20万辆。然而，行业真正取得飞速发展是在改革开放以后，尤其是加入世界贸易组织后的一二十年间，我国汽车年产量迅猛扩张，2009年生产汽车已超过1000万辆，2012年突破2000万辆，2016年以来已超过2500万辆，接近3000万辆的规模，2017年产量达峰值，2018年稍微有所回落。经过70年发展，我国已经成为全球最大的汽车制造和消费市场，汽车工业已经成为推动我国经济高质量发展的重要行业之一。根据国家信息中心跟踪数据显示，在全球汽车工业的国别比较中，2018年欧洲市场新车销售连续第五年增长，达1954万辆；美国受大规模减税政策影响，其新车销售微增至1782辆；我国汽车销售规模达2808万辆，连续十年保持全球规模最大的汽车制造和消费国地位，全球市场份额已从十年前的20%提高至30%左右（见图27-2）。

中国在新能源汽车生产和消费领域处于世界前列。随着全球新能源汽车研发技术日渐成熟以及产业化应用能力提升，新能源汽车成为近年来全球汽车工业新的增长点。近几年我国加大对该领域前沿技术研发和市场推广的政策支持，取得颇为显著的成效。2014~2018年我国新能源汽车销量连续几年均保持50%以上的高速增长，已从2012年的1.28万辆增至2018年的125.6万辆（见图27-3）。

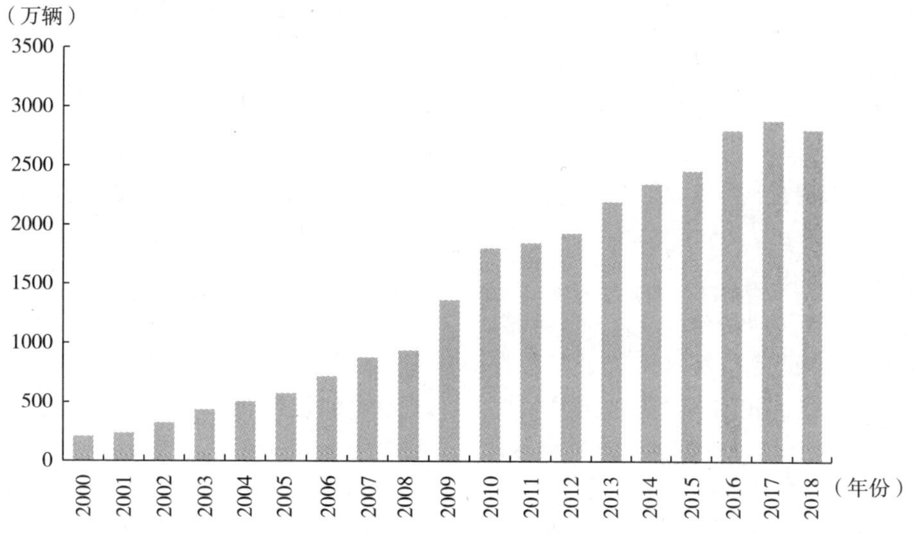

图 27－2　中华人民共和国成立 70 年来我国汽车销量

资料来源：历年《中国汽车工业年鉴》。

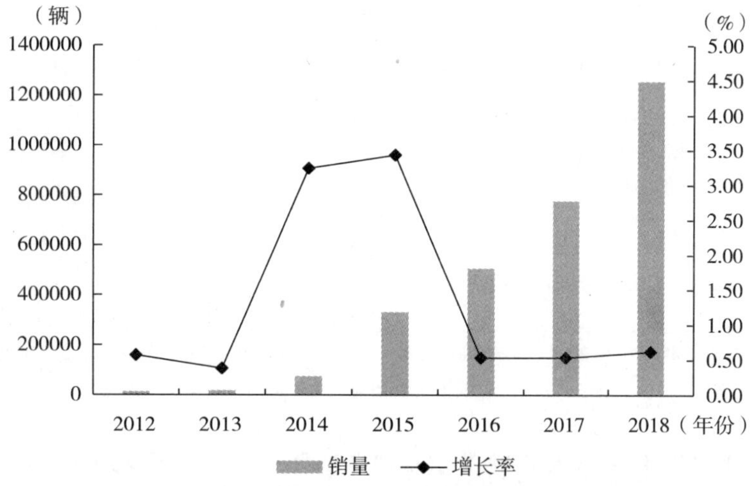

图 27－3　中华人民共和国成立 70 年来我国新能源汽车销量

资料来源：根据中国汽车工业协会数据绘制。

2. 汽车保有量世界第二

国民经济经过 70 年的发展，尤其是近 40 年改革开放的加快推进，我国居民可支配收入有了大幅提高，汽车消费逐渐成为居民改善生活水平和提高消费的重要方面，显示出强劲的增长势头。目前，我国汽车保有量已逼近美国，居世界第二。据公安部网站发布，截至 2018 年底，我国汽车保有量达 2.4 亿辆，较 2017 年增长 10.51%，其中小型载客汽车首次突破 2 亿辆。从全国来看，已有 61 个城市的汽车保有量超过百万辆，27 个城市超 200 万辆，其中北京、成都、重庆、上海、苏州、郑州、深圳和西安八个城市已超 300 万辆。这里面，新能源汽车保有量为 261 万辆，比 2017 年增长 70%，近五年年均增加 50 万辆，呈现出快速增长的势头。

近年来新能源汽车保有量呈现出快速增长的趋势。“十二五”初期尚处于节能环保绿色消费理念的培育阶段，当时新能源汽车销量不足 1 万辆，经过后面几年的技术孵化和转化以及社会对绿色出行方式的倡导，新能源汽车销售出现井喷。进入“十三五”时期，市场进一步扩容，截至 2018 年，新能源汽车保有量达 261 万辆，占汽车总量的 1.1%。目前我国智能驾驶车辆保有量也呈现逐年增长趋势。据中国汽车工业协会统计和预测，2019 年智能驾驶乘用车渗透率将会超过 50%，且高等级水平的智能驾驶汽车比重会显著提高；到 2020 年，智能驾驶汽车的市场规模将超过 1200 亿元。

3. 技术进步和品牌优势显著提升

70 年来，我国汽车工业在做大产量的同时，也一直重视技术创新，研发投入保持着平稳较快增长。尤其进入 21 世纪，我国对外开放加快，国内汽车企业积极参与国际竞争，为突破价值链低端锁定，企业加强技术引进基础上的技术模仿和自主创新，不断加大研发投入力度，技术进步非常明显，国产自给率迅速提高，产品竞争力稳步增强。根据研发数据显示，我国规模以上汽车企业研究与发展经费支出在最近一二十年间基本上都保持着 10% 以上的增长率，研发支出占营业收入比重也逐年增长，2013 年以来比重一直稳定在 2% 水平且呈小幅增长趋势（见图 27 -4）。其中，汽车研发投入规模增长较快，相应的研发支出占营业收入比重近年来已超过 2%。由国内自主零部件厂商主导的新一轮深度国产替代趋势已经出现。近年来，大部分自主品牌汽车的发动机已实现自主研发或合作生产，相关零部件企业在底盘的轮胎、制动系统、动力转向系统、内外饰等产业链各环节不断取得整车厂配套突破，全面提高了国产自给率。

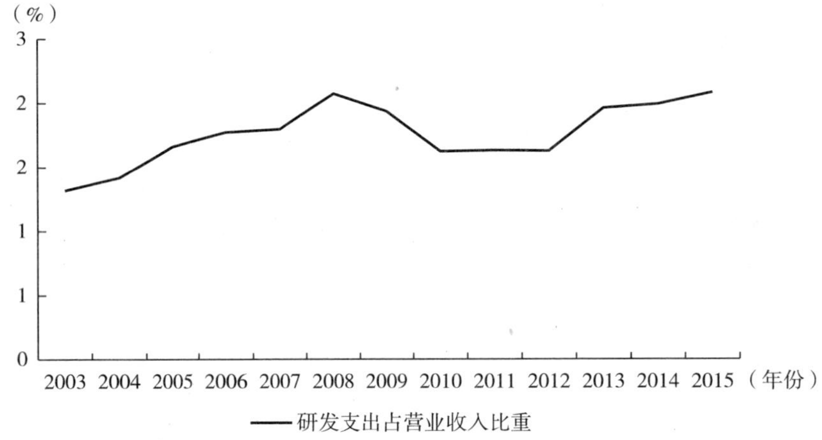

图 27 -4 中华人民共和国成立 70 年来我国汽车工业研发支出比重

资料来源：根据历年《中国汽车工业年鉴》数据绘制。

在最近一二十年间，国家重视汽车本土品牌培育，近年来国产汽车品牌的市场表现稳步提高。我国品牌乘用车销售在 2006 年超过 200 万辆，此后保持年均 15% 左右的增长，2017 年销售突破千万辆，达 1084.7 万辆，较 2016 年增长 3%；2018 年稍有回落，销售 948.7 万辆，下降 7%，降幅稍大于中外合资品牌。进一步细分，我国品牌轿车销量为 239.1 万辆，较 2016 年小幅增长 1.9%，电动轿车的品牌优势较为明显，是拉动我国品牌轿车增长的主要动力；中国品牌 SUV 销售 576.8 万辆，小幅下降 5.9%，相比而言，国产品牌 SUV 竞争力趋强，在销量前 20 的 SUV 品牌中，国产品牌就占据了 1/2，排名前五的都是国产品牌。在国产品牌中，上汽、吉利年销量均已超过百万辆，其中上汽的国产品牌汽车销售高达 208.8 万辆，吉利表现突出，达 152.3 万辆；长城、长安、奇瑞、广汽、东风、北汽、比亚迪都在 50 万辆以上。

4. 汽车进出口竞争优势显著增强

70 年来，我国汽车工业大规模开展国际贸易是在改革开放以后，尤其是加入世界贸易组织之后，对外开放进程加快，进出口规模迅速扩大，特别是经过几十年的技术引进消化吸收再创新，产品的国际竞争力显著增强。据海关总署数据显示，尽管受逆全球化的冲击，2018 年我国汽车整车出口 104.1 万辆，比 2017 年增长 16.8%，依然保持良好的外贸形势。

我国汽车整车出口一直处于稳步上升通道中，这与国产品牌的国际竞争力日渐提升有关。近年来，国产品牌汽车产品质量持续提高，与国际品牌的技术和市场差距在加快缩小。根据J. D. Power中国新车质量报告显示，近年来我国自主品牌新车质量持续提升，每百辆问题数大幅减少，已从2003年的469个锐减至2018年的115个，就质量问题而言，与国际品牌新车相比，每百辆问题数由2003年的191个减少至2018年的15个，质量差距明显缩小（见图27－5）。

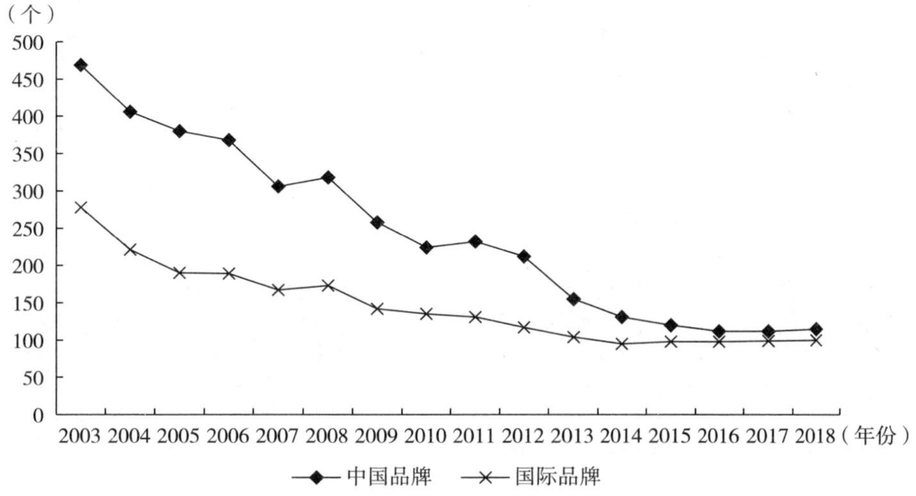

图27－5　中华人民共和国成立70年来我国品牌汽车新车质量问题

资料来源：根据J. D. Power亚太公司数据绘制，数据转引自《2016年中国汽车工业发展报告》。

三、汽车工业发展面临的问题和挑战

随着我国汽车工业飞速发展，国内外汽车企业之间的竞争在加剧，而且在消费市场日渐饱和的趋势下，产能过剩问题越发明显。

1. 产业布局不合理，发展环境亟待改善

虽然我国汽车产销量居世界第一，而且近年来国内汽车工业新经济、新业态迅猛发展，但是行业产能布局过于分散，仍然存在重复建设问题。近年来，在中央提倡绿色发展和加大环保督察的影响下，全国各地加快新能源汽车产能布局，新能源汽车产能迅速扩张，但是其中一些盲目低效的新增产能以及各地项目无序竞争，导致汽车工业的这一新兴产业很快出现了过剩产能的迹象。新能源汽车的产销率总体在90%以上，但产品库存压力有所增加，尤其插电式混合动力汽车产销率回落明显（见图27－6）。这背后揭示出行业面临的发展环境以及政策环境不利于新兴行业的可持续发展，仍然存在很大的改善余地。好在放眼全球汽车产业发展的前沿趋势，新能源汽车无疑是汽车产业重点发展和技术进步的方向，未来仍然有良好的发展空间。

2. 城市道路拥堵严重，城市治理问题亟待解决

伴随着汽车保有量增长的是，我国越来越多的城市尤其是大城市，出现了严重的交通拥堵和较长通勤时间等“城市病”问题，给我国城市治理带来了越来越大的挑战。根据高德地图联合交通运输部科学研究院、阿里云发布的《2017年度中国主要城市交通分析报告》显示，目前我国交通最为拥堵的前十大城市分别是济南、北京、哈尔滨、重庆、呼和浩特、广州、合肥、上海、大连、长春。可以看出，这里面既有特大城市，也有一些二、三线城市，包括非省会城市，表明我国很多城市的汽车保有量增速已经超过了城市建设速度，城市可持续发展日益重要。可喜的是，自党的十八大以来，国家提出了新时代新发展理念，大力倡导和引领绿色发展和生态文明，重点通过绿色出行和节能减排等贯彻和落实绿色生态理念，这一大趋势的转变，随着我国汽车消费有了大的调整，逐渐向绿色消费转型，加大公共交通投入，鼓励乘坐公共交通等绿色出行方式，一些城市的交通拥堵问题逐渐得以遏制甚至有所改善。

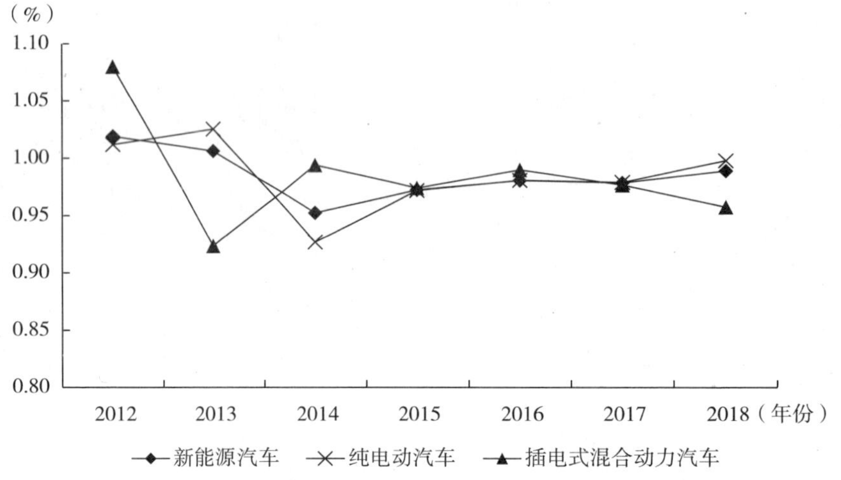

图 27－6　中华人民共和国成立 70 年来我国新能源汽车产销率

资料来源：根据中国汽车工业协会数据绘制。

3. *市场竞争加剧，国内市场主体亟待培育*

随着我国继续加快对外开放，中国市场在全球汽车产业链中的地位日益重要。一些国际大型跨国公司日益重视在华战略布局，诸如加大在中国市场的新车投放力度、实现全球同步发售、加大产品在中国的国产化程度等。如最近大众在中国投入 40 亿元建设研发中心，丰田在常熟建设研发中心，通用投资电池发展中心，奔驰投资 9.3 亿元提升北京设计中心研发能力，宝马在北京、上海、沈阳建设研发中心，等等，重点布局新能源汽车和新型出行模式的研发创新。与此同时，我国汽车企业也加快全球布局，积极参与国际市场竞争，而且国内市场竞争要素发生较大变化，更加趋于流量竞争，重视生态、数据资源、新兴商业模式等竞争要素。这几方面的因素共同叠加，带来了我国汽车企业所面临的国内外市场竞争的加剧。这一方面既有助于国内汽车龙头企业更好的技术交流和市场学习，另一方面又无疑加大了其应对竞争的难度。可以说，这既是通过引入来自境外跨国企业的竞争和积极进入国际市场参与国际竞争而面对更加激烈的市场竞争挑战，也是更好培育国内汽车工业及其市场主体的有利条件。

4. *国际贸易不确定性增加，全球市场开拓能力亟待提升*

近年来出现了逆全球化趋势，贸易保护主义抬头，尤其中美贸易摩擦为国际经贸形势增加了不确定性，这一趋势对我国汽车进出口带来了较大的冲击，2018 年汽车进出口较前几年有所收缩。不过，由于我国品牌汽车无论品质还是服务水平都有了显著提升，而且“一带一路”沿线新兴市场在快速崛起，给我国汽车出口提供了良好的海外新兴市场开拓机会，改变着我国汽车工业全球贸易格局。

四、促进汽车工业发展的对策

经历了中华人民共和国成立以来的70年发展历程，我国汽车工业从无到有，再到后来改革开放40年的迅速增长，已经完成了产业的培育和发展壮大，不仅汽车生产和销售规模位居全球前列，而且在技术创新上取得了明显的进步，国产汽车质量和品牌竞争力有了显著的提升。立足70年的发展成就，进入新时代，我国汽车工业突出创新引领，加快转型升级，在国际经贸形势风云变幻的国际环境下，保持了平稳健康发展。为了促进我国汽车工业抓住发展机遇，加快迈向高质量发展，未来应致力于做好以下三个方面的工作：

1. 加快绿色化智能化发展，运用人工智能等新技术推进汽车工业转型升级

近年来，我国汽车工业中新技术、新产品、新业态进入快速孵化期和成长期，绿色化、智能化成为行业创新驱动的重要方向，特别是在逆全球化趋势下，绿色化、智能化转型将是提高我国汽车企业市场应变能力和国际竞争力的重要突破口。未来应加大在绿色制造和智能制造领域的研发投入和自主创新。在绿色化方面，主要体现在新能源汽车的研发制造上。目前，新能源汽车电池、电机与电子电力、智能化、燃料电池、混合动力系统等方面仍然存在制约我国进一步发展新能源汽车的技术瓶颈，亟待通过行业技术进步和关键核心技术的创新突破，实现汽车工业高质量发展所需的巨大技术飞跃。由于当前国际上关于新能源汽车的多项技术也尚处在创新与突破的阶段，对于许多核心构建的主流技术路线尚未达成一致，这就给我国涉足该市场的汽车企业提供了良好的发展机遇，需要重点探索包括充电设施的技术标准、建设模式等在内的一些重要方向，这是突破产业发展瓶颈，进而可能抢占技术制高点的值得尝试的高效投入领域。在智能化方面，随着大数据产业规模迅速扩张以及人工智能技术的大范围推广应用，跨国公司纷纷加大对人工智能平台的研发投入，以形成下一发展阶段的核心竞争能力。2017年国务院发布《新一代人工智能发展规划》，说明我国智能网联汽车发展将在可期的未来步入快车道。因此，现阶段应该鼓励汽车企业加大对人工智能及其在汽车工业的应用研发，重点突破智能车载终端、车内网、多源交通信息智能感知、智能路测系统、交通大数据处理与分析、信息交互与安全等关键技术，在技术创新和标准制定上争取话语权，借助这一前沿技术，推动我国汽车工业在新时代的高质量发展。

2. 加快实施品牌战略，打造具有国际竞争力的国产自主品牌和合作共享的产业生态

经过70年的发展和积累，我国汽车工业的产业基础渐趋完善，综合发展能力有了显著提升，尤其重视品牌建设，增强了行业竞争优势。未来应继续夯实产业基础，进一步提高产品质量，加快技术创新，继续推进品牌建设，挖掘品牌文化，明确市场定位，打造具有国际竞争力的国产自主品牌，加快新时代汽车产业生态的构建。品牌发展的一个重要方面就是品牌延伸，产品品牌将更加细化。未来网联服务和人工智能计算平台等或将成为最重要的技术和安全品牌。因此，借助于前沿技术突破，在网联、智能、共享的未来发展趋势下，汽车产业供应链、价值链以及创新链等方面将发生变化，应致力于搭建互相合作、互相融通、共享协同的汽车品牌理念和汽车产业生态。

3. 合理实施产业政策，营造行业可持续发展的良好环境

国家在培育和引导汽车工业发展方面，给予了很多有效的产业政策，为行业提供了良好的政策环境。一是深入推进开放发展，在外资进入和关税政策等重要领域实施加快对外开放步伐的政策供给。最近一年来，国家发改委公布了汽车合资股比开放时间表，逐步分类开放，经过五年时间，全部取消股比限制；同时，国务院关税税则委员会发布降低汽车整车及零部件进口关税公告。这些重要举措，无疑将进一步加快我国汽车工业的开放步伐，对未来行业发展产生重要影

响。二是加快生态文明建设，在节能减排、低碳消费等方面强化制度约束。国务院印发《打赢蓝天保卫战三年行动计划》，要求提前实施更严格的排放标准、对老旧车辆加快淘汰、推广新能源汽车等。三是助力新动能培育，在新能源汽车、智能网联汽车等前沿领域实施一系列重要政策措施。这无疑对于汽车工业的新兴领域的发展起到了重要的政策支持。未来在产业政策制定上，在保障政策连续性的基础上，加强政策制定过程中的调研和第三方论证工作，进一步突出问题导向和精准施策，深入推进有利于我国汽车工业开放发展、绿色发展和促进新动能培育等方面的措施保障，在相关标准制定、技术研发和产品创新上更多实施多样精准的政策工具。

专栏 27-1

智能网联汽车发展未来可期

智能网联　连接万物

车联网是指基于移动网络而实现的车辆间彼此“知道”，路面基础设施与车辆相连就能预判信号灯并提前做出响应。提升道路安全和效率只是车联网的初级功能。在5G（第五代移动通信技术）网络环境下，得益于高速的上下行数据传输速度，车联网被赋予了更多可能性。汽车“云服务”，查询天气、了解路况，甚至天寒时通过网络打开车内暖风、酷暑时提前开启空调，这些都可以实现。在车联网时代，汽车会通过智能网联与万物相连，创造轻松安全的驾乘体验，并努力实现“无拥堵、无事故”的行驶环境。在未来，汽车会成为一座连接家庭和工作的“智慧桥”，是能够解放双手和大脑的“移动娱乐基站”。

跨界合作　深度融合

跨界融合，在智能网联汽车为我国汽车产业赢得发展新契机的过程中，扮演着重要角色。近年来，互联网公司与汽车产业的合作不断加强，华为“牵手”东风集团打造智慧汽车、腾讯“联姻”广汽集团、阿里巴巴与上汽集团合作推出RX5等互联网汽车……通过跨行业合作的方式，中国的智能网联汽车正快速发展。在日前举行的CES2019（国际消费类电子产品展览会）上，百度发布了智能驾驶商业化解决方案Apollo（阿波罗）企业版，可以支持复杂城市道路的自动驾驶并提供车联网解决方案。中国互联网公司，正在用技术创新来推动车联网时代的到来。

数据安全　隐忧尚存

想要实现一个“车辆连接万物”的时代，不仅需要所有行驶车辆都搭载车联网终端，道路基础设施也要进行智能化改造、设备间互认以便信息互换。与此同时，车辆要分享内部信息接口，而这关乎车企的核心利益，并不容易打通。当车主车辆数据可以开放获取时，涉及位置数据的敏感、驾乘人员隐私的保护，均成了摆在面前的难题。正确使用数据，兼顾“智能”与“安全”，是车联网相关产业链上所有企业都必须紧绷的一根弦，任重而道远。

无论如何，智能网联汽车的发展势不可当。提升路网效率、为用户提供更舒适安全的驾驶体验和更低的信息交互使用成本，是随着车联网技术发展过程中的核心之一；而统一标准、打通封闭平台、保护隐私数据，构成了功能迈向成熟的道路上另一部分核心内容。解决行业难题需多方合力。企业的技术创新、产业链上其他环节的配套服务、政府监管与对用户权益的保护等，缺一不可。

资料来源：摘自《人民日报》2019年1月14日第8版，标题和内容有所改动。

参考文献

［1］中国汽车工业协会、中国汽车技术研究中心、丰田汽车公司：《中国汽车工业发展年度报告》（2019），社会科学文献出版社2019年版。

［2］孙亚慧：《智行千里　未来已来》，《人民日报》2019年1月14日第8版。

［3］高德地图、交通运输部科学研究院、阿里云：《2017年度中国主要城市交通分析报告》，2017年。

［4］《汽车工业60周年编年史（1953～2013年）》，凤凰网，2013年6月2日。

第二十八章　轨道交通装备行业

提　　要

新中国成立以来，经过 70 多年的发展，轨道交通设备行业实现了从无到有、从模仿到超越的蜕变，中国轨道交通装备行业已经形成了自主研发、配套完整、设备先进、规模经营的集研发、设计、制造、试验和服务于一体的轨道交通装备制造体系，中国轨道交通设备行业在国内国外市场规模不断扩大，产品结构不断优化，技术水平日新月异，取得了举世瞩目的成就。展望未来，中国轨道交通装备行业的发展面临诸多挑战，中国研发机构体系尚不完善，共性技术研发平台定位模糊；中国轨道交通装备行业"走出去"面临中国标准竞争对手多、地缘政治复杂、组织协调难度加大等挑战。本书建议优化科研组织制度，建立多层次技术供给体系；完善高铁标准体系，推动高铁标准国际化；推动资本运作，拓展融资渠道；完善人才培养体系，实施人才培养战略。

*　　　　*　　　　*

一、轨道交通装备行业发展历程

经过 70 多年的发展，轨道交通设备行业实现了从无到有、从模仿到超越的蜕变。新中国成立前，我国没有一辆自己制造的机车，少数工厂只能担当维修任务。经过 70 年的发展，中国轨道交通装备行业已经形成了自主研发、配套完整、设备先进、规模经营的集研发、设计、制造、试验和服务于一体的轨道交通装备制造体系，包括电力机车、内燃机车、动车组、铁道客车、铁道货车、城轨车辆、机车车辆关键部件、信号设备、牵引供电设备、轨道工程机械设备 10 个专业制造系统。

1. 1949 ~ 1977 年：改革开放前的探索

新中国成立前，我国没有一辆自己制造的机车，少数工厂只能担当维修任务。新中国成立后，发挥集中力量办大事的优势，从仿造国外机车着手，培养了中国自己的技术力量，建立了自己的机车车辆制造业：以大连机车车辆厂和四方机车车辆厂、戚墅堰机车车辆厂、北京二七车辆厂、沈阳机车车辆厂、唐山机车车辆厂、牡丹江机车车辆厂以及大同机车厂和长春客车厂为制造基地的蒸汽机车制造业；以大连机车车辆厂、北京二七车辆厂、四方机车车辆厂，戚墅堰机车车辆厂、资阳机车厂为制造基地的内燃机车制造业；株洲电力机车厂、大同电力机车厂、大连机车车辆厂三个电力机车生产基地和株洲所一个电力机车科研基地；以长春客车厂为主的城市轨道交通装备生产基地。20 世纪 60 年代末，国内内燃、电力机车已经批量生产并投入运营，机车车辆工业成功度过了产业发展的幼稚期。

2. 1978～2003 年：自主研发探索期

伴随着我国改革开放，铁路机车车辆工业进入了成长期。进入 20 世纪 80 年代，铁道部抓住扩大开放的机遇，利用技贸结合的方式引进国外机车产品，通过消化吸收，自主创新，在内燃机车的柴油机、电力机车的控制技术、半导体技术等核心技术领域取得了突破，大幅度提高了国产电力、内燃机车的技术水平和工艺水平。

（1）内燃机车。从 1983 年开始，内燃机车在仿制的第一代、第二代内燃机车基础上，引进大量先进技术，通过消化吸收以及国产化工作，推动了内燃机车的重要部件的研制，1989 年开发制造出第三代内燃机车。目前国家非带企划线路上的主要牵引动力依旧是我国研发的二代和三代内燃机车。该阶段形成了以大连机车车辆等六个内燃机车生产基地、永济电机厂等两个主要零部件生产基地和大连机车车辆研究所一个科研基地，集科研和生产为一体的内燃机科研生产体系。

（2）电力机车。1984 年以后，国家政策从“内电并举，以发展内燃机车为主”的政策导向转向“大力发展电力牵引，合理发展内燃牵引”后，电力机车引来了大发展。借助于改革开放的东风，从国外引进电力机车和电力机车技术，引进国外的电力机车主要有 6K、8K、8G 等。株洲电力机车厂和株洲电力机车研究所则通过引进先进技术，消化吸收后自行开发出第三代韶山 4 型、韶山 6 型、韶山 7 型电力机车等 11 种型号的交直流电传动电力机车，以及第四代 AC4000 型和 DJ 型系列的三相交流传动电力机车。

（3）城市轨道交通。长春客车厂则在原有技术积累的基础上，引进国外地铁样车，吸收国外先进技术，开发生产出 DK8～DK16 型等地铁车。2001 年，北京地铁车辆厂生产出新型直流斩波调压宽体客车，并投入运营，随后研发出 VVVF 变频调压地铁客车，产品已达 20 世纪 90 年代的国际先进水平。

随着改革开放的深入，国家对铁道部提出了提速的要求，为此 1990 年铁道部下达了《广深线准高速铁路科研攻关及实验计划的通知》，开始实施广深铁路准高速机车车辆、线路工程、信号系统、速度分级控制及安全评估实验等 15 个重点技术攻关研究计划，其中东风 11 型准高速内燃机车、韶山 8 型准高速电力机车、25Z 型准高速双层客车、25Z 型准高速客车、准高速旅客列车速度分级控制、旅客列车移动电话系统、准高速铁路接触网及收留技术等八项专题列入“八五”国家科技攻关计划。1994 年，广深准高速铁路开通运营，成为中国第一条准高速铁路。随后 1997 年、1998 年、2000 年、2001 年和 2004 年铁路系统实施了五次大提速。为了支持铁路运输业的发展，机车车辆工业着手研制提速机车车辆，取得了重大突破。与此同时，铁路机车车辆工厂通过密集投资，引进和自行研制了先进的工艺装备和生产线，进行了大规模的技术改造，制造工艺和开发能力上了一个新台阶。进入 20 世纪 90 年代中期，我国已经形成了具有很强开发制造能力的机车车辆工业体系。机车车辆在研制生产满足重载需要的机车车辆后，又相继成功开发东风 4D、东风 11、韶山 8、韶山 9 等准高速机车和 25 型提速客车，适应了提速要求。1994 年年底，广深准高速铁路开行了时速 160 千米旅客列车；此后不久，全路进行了五次大规模提速，旅客列车最高时速达到 200 千米，以批量生产重载、提速机车车辆为标志，我国机车车辆工业开始进入产业发展的成熟期。2000 年以来，具有我国自主知识产权的交流传动高速电力机车“奥星”号落成出厂；我国生产的“先锋”号交流传动电动车组在广深线创造了 250 千米/小时的试验速度。

这个阶段，借助于国内交通运输快速发展释放的需求，改革开放的技术引进，中国轨道交通装备制造业得到初步的发展，掌握了铝合金车体和不锈钢车体、转向架、车内装修、基础制动、车钩缓冲装置、车门等设计和制造技术。随着技术含量不断提高，制造工艺日趋成熟。

这期间，随着国有企业制度改革的推进，国家逐渐向企业放权让利，从科研院所和车辆生产厂直接服从国家计划安排进行科研和生产，转向拥有部分自主权的企业化制度，被铁道部下属的公司统一管理，公司几度更名，先后改名为中国铁路机车车辆工业总公司、铁道部机车车辆工业总公司、中国铁路机车车辆工业总公司、中国铁路机车车辆工业总公司。2000 年国有企业改革进入建立现代化企业制度阶段，中国铁路机车车辆工业总公司与铁道部脱钩，改组为中国南方机车车辆工业集团公司和中国北方机车车辆工业集团公司，同其他国有企业一样由国资委统一管理，并按“产权清晰、权责明确、政企分开、科学管理”的原则，建立起现代企业制度。

3. 2004 ~ 2008 年：引进消化吸收期

经过第一阶段的自主研发探索期，中国在桥梁、路基、轨道等工程技术方面积累了很多成果，在运输组织方面总结了很多经验，为第二阶段动车组的引进消化和吸收提供了重要的平台。

2004 年及随后的两年为我国高铁发展的重要转折点。2004 年 1 月《研究铁路机车车辆装备有关问题的会议纪要》，明确了“引进先进技术、联合设计生产、打造中国品牌”的基本原则，重点扶持国内儿家机车车辆制造企业、引进少量原装、国内散件组装和国内生产的项目运作模式。2004 年 7 月，国家发改委与铁道部联合印发《大功率交流传动电力机车技术引进与国产化实施方案》和《时速 200 公里动车组引进与国产化实施方案》。2004 ~ 2005 年，应对中国铁路第六次大提速的要求，铁道部面向国际招标购买动车组，在“以市场换技术”的原则下，中国南车青岛四方机车车辆股份有限公司与加拿大庞巴迪和日本川崎重工，中国北车长春轨道客车股份有限公司和法国阿尔斯通，中国北车唐山轨道客车股份有限公司和德国西门子，联合设计生产高速动车组，分别购买了四个车型及相应的技术转让，具体分为四个 CRH 系列：CRH1、CRH2、CRH5、CRH3。中国三家公司分别掌握关键技术，并通过吸收的方式实现了一定程度的国产化，成了世界第五家拥有高铁生产技术和生产能力的国家，其中中国北车唐山轨道客车股份有限公司引进的是德国西门子基于 ICE3 开发的 Velaro CN 平台技术，代表了当时世界动力分散型动车组的最高水平。

表 28 - 1 中国第一代高铁技术

	代表车型	生产厂商
第一代（2004 ~ 2008 年）引进消化吸收阶段	CRH1 型	四方庞巴迪
	CRH2 型	四方和日本大联合
	CRH3 型	唐山和西门子
	CRH5 型	长客股份和阿尔斯通

资料来源：根据相关资料整理得来。

4. 2009 年至今：重回自主研发期

中国企业和科研院所以自主研发探索期的技术研发经验，在第一代高铁技术的基础上，国内企业以较快的速度进行消化、吸收、再创新，以自己的能力和自主掌握的技术研发出一系列新车型。2010 年 5 月，我国自主研制的新一代动车组 CRH380A 在上海世博会首次亮相，此型号由中国南车青岛四方机车车辆股份有限公司、株洲电力机车研究所等单位联合全新设计，在功率等级、网络拓扑上都采用全新设计，并获得了美国专利授权。目前中国中车在九大关键技术和十项配套技术已经掌握了完全自主知识产权，并开发了以时速 350 千米的中国标准动车为代表的高铁产品。

表 28 - 2 中国第二、三代高铁技术

		代表车型		生产厂商
第二代（2009 ~ 2015 年）	再创新	CRH380 系列	CRH380A（L）型	南车四方股份有限公司
			CRH380B（L）型	唐山公司、长客股份、铁科院和西门子
			CRH380C 型	长客股份
			CRH380D 型	四方庞巴迪

续表

		代表车型		生产厂商
第二代（2009～2015 年）	再创新	其他	CRH6 型城际动车组	—
			cit500 更高速度试验列车	—
			永磁高速动车组	—
			智能化高速动车组	—
			广深港高速动车组	—
			CJ1 型城际动车组	—
			CJ2 型城际动车组	—
第三代（2015 年以后）	正向研发	中国标准动车组		中国中车

资料来源：根据相关资料整理得来。

一般来说，大规模引进国外先进技术会破坏国内原有的工业技术基础，例如以合作组装美国麦道飞机替代自主研发运 10 之后，国内民用航空工业技术能力出现倒退。但是，我国的铁路装备工业却能够吸收国外的先进技术，在本土技术能力的基础上，自主生产出的新一代动车组（CRH380A 已经通过美国的知识产权评估，表明技术完全是自主产权）。主要原因是，我国轨道交通装备工业在技术引进前，便已通过长期的自主研发，积累起较强的技术能力，并在国家建设“创新型国家”战略的推动下，重新回归到自主研发路线上。在国家巨大运力需求的强力推动下，我国高铁技术打通了市场需求和技术，在短短几年内达到世界领先水平。

动车零部件国产化趋势加速。我国高铁技术高速发展，但是在关键零部件上还未实现完全国产化。主要原因是，轨道交通装备的基础零部件、基础工艺和基础材料的发展步伐显著落后于整机的迅猛发展。2011 年 11 月，国家工信部印发《机械基础件、基础制造工艺和基础材料产业“十二五”发展规划》，将我国高端装备中的 20 种机械基础件、15 项基础制造工艺与 12 种基础材料列为发展重点。我国轨道交通装备零部件国产化从此开始寄予厚望，随后高铁零部件生产资质向更多的本土民企颁发，并逐步打破外资供货的垄断。动车组零部件国产化在近年来更是呈现出加速趋势。

高速动车组总共有九大关键技术，包括总成（系统集成）、转向架、车体、牵引传动系统（通常再细分为牵引电机、牵引发压器、牵引发流器、牵引控制）、网络控制系统、制动系统。我国整车制造已经达到世界领先水平，但核心零部件国产化仍有较大提升空间。以刹车片为例，2012 年前高铁刹车片属于技术保护期，使用的产品均来自进口。自 2013 年起，国内以天宜上佳和浦然为代表的民营企业逐步进入高铁刹车片领域。其中，天宜上佳于 2013 年 9 月拿到动车组 7 个车型 5 种型号刹车片 CRCC 铁路产品认证证书，浦然在 2014 年拿到 CRCC 认证证书，均已实现批量供货。博深工具研制的刹车片在 2016 年先后获得了 CRCC、IRIS 认证，目前正在试车，并有望在今年实现量产。

二、轨道交通装备行业发展成就

1. 国内市场需求旺盛，行业规模不断扩大

车辆的需求极大地带动了轨道交通装备行业的发展。2004 年《中长期铁路网规划》和 2008 年修编的《中长期铁路网规划》实施以来，基础网络初步形成，在路网建设的影响和推动下，铁路机车拥有量逐年增加。截至 2017 年底，全国铁

路机车拥有量为 2.1 万台，其中，内燃机车占 40.4%，比 2016 年下降 1.4 个百分点；电力机车占 59.5%，比 2016 年提高 1.4 个百分点。全国铁路客车拥有量为 7.3 万辆，比 2016 年增加 0.2 万辆，其中，动车组 2935 标准组、23480 辆，比 2016 年增加 349 标准组、2792 辆。全国铁路货车拥有量为 79.9 万辆。在规模不断增长的同时，轨道交通装备结构也不断优化，2017 年底，铁路机车中电力机车的比例已经高达 59.50%，较 2016 年提高 1.4 个百分点；而客车增加两千多辆，增量全部为动车组。

表 28－3 全国铁路营业里程和铁路机车车辆拥有量（2013～2017）

		2017 年	2016 年	2015 年	2014 年	2013 年
营业里程（万公里）		12.7	12.4	12.1	11.2	10.3
铁路机车（万台）		2.1	2.1	2.1	2.1	2.08
其中	内燃机车（%）	40.40	41.80	43.20	45	47.80
	电力机车（%）	59.50	58.10	56.80	55	52.10
客车（万辆）		7.3	7.1	6.5	6.06	5.88
其中	动车	2935 标准组	2586 标准组	1883 标准组	1404 标准组	1003 标准组
		23480 辆	20688 辆	17648 辆	13696 辆	10464 辆
货车（万辆）		79.9	76.4	72.3	71.01	68.8

资料来源：根据历年铁道统计公报整理所得。

轨道交通装备规模将进一步增长。2016 年 7 月 13 日发展改革委、交通运输部和铁路总公司正式印发了最新修订的《中长期铁路网规划》，根据此次规划所制定的发展目标：2020 年铁路路网规模达 15 万千米，2025 年达 17.5 万千米，按每公里 0.57 辆客车、6.29 辆货车的标准算，到 2020 年至少需要增加 1.3 万辆客车和 14.47 万辆货车；到 2025 年则需要增加 2.76 万辆客车和 30.20 万辆货车，增长潜力巨大。

与此同时，城市轨道交通也在加速发展，带动了轻轨和地铁等轨道交通装备产品的发展。2015 年 11 月，国家发改委和住建部发布关于《优化完善城市轨道交通建设规划审批程序的通知》（以下简称《通知》），再次下放轨道交通审批权限，预计未来地方轨交项目建设有望提速。截至 2017 年底，轨道交通运营线路 149 条，增加 25 条，运营线路总长度 4484.2 千米，增加 756.7 千米；其中，地铁线路 124 条、3976.9 千米，轻轨线路 6 条、203.0 千米。全国有 32 个城市开通了轨道交通，2017 年新开通 2 个。拥有轨道交通车站 3040 个，增加 572 个；运营车辆 28125 辆，增长 18.2%。

2. 出口规模持续扩大，国际竞争力逐渐提升

自 19 世纪 20 年代，“火车之父”斯蒂芬森设计并商业化运营火车开始，轨道交通已有 300 多年的历史。日本新干线开通运营，标志着世界轨道交通进入高铁时代。随后法国、意大利、德国相继具备了研制高铁的技术。2004 年，中国开始引进高铁技术；经过消化吸收和再创新，中国也具备了高铁的正向设计能力，开始在世界舞台上与上述高铁大国进行角逐。目前中国出口规模不断扩大，一度超过德国成为世界轨道交通装备出口规模最大的国家。

（1）持续扩大的出口规模。受铁路建设周期以及机车生命周期的影响，轨道交通装备出口呈现出较大的波动性，即便如此，中国铁路车辆及有关设备出口额逐年上涨的趋势也清晰可见（见图 28－1）：1997～2003 年，中国铁路车辆及有关设备出口规模在 2 亿美元左右徘徊，年均增速 1.48%；2004 年跃升至 3.70 亿美元，增速高达 105.33%，2008 年扩大至 11.91 亿美元，2004～2008 年年均增速 33.98%；随着全球金融危机的爆发及蔓延，出口增长略有回落，但 2015 年依旧达到 46.56 亿美元的规模，2008～2015 年年均增长 21.49%。

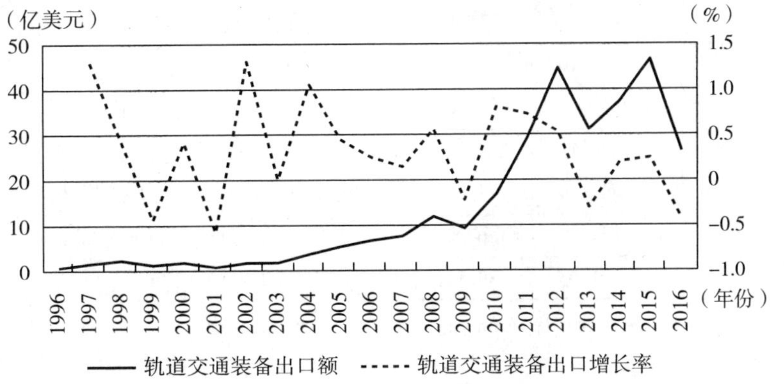

图 28－1　轨道交通装备出口规模（1996～2016）

资料来源：联合国商品贸易统计数据库（https：//comtrade. un. org）中三位 HS 代码中的 791 即铁路车辆及有关设备，不包括铁路轨道。

（2）稳步提高的国际市场占有率。2004 年，中国轨道交通装备的国际市场占有率仅为 2.22%，同期德国、法国、日本分别是 12.33%、8.19% 和 4.50%；2015 年，中国轨道交通装备的国际市场占有率跃升至 17.27%，首次超过德国，成为世界轨道交通装备最大出口国。期间，出口国也在不断扩大中，2004 年主要的出口地集中在亚非拉等 84 个国家，经过十多年的发展，2015 年出口产品覆盖全球 140 多个国家和地区，出口市场实现拓展到欧、美、澳等高端市场。受产业内贸易的影响，中国与德国、日本、法国等高铁强国的贸易额相对较大，产品以配件为主；除此之外，2004 年，中国主要的贸易对象集中在亚洲、非洲和南美洲；2015 年，欧洲国家虽然没有排在前十位，向英国、意大利和西班牙等欧洲大国出口的轨道交通装备及相关产品规模也较大；亚洲经济强国新加坡、韩国等也成为中国轨道交通装备的重要出口地。

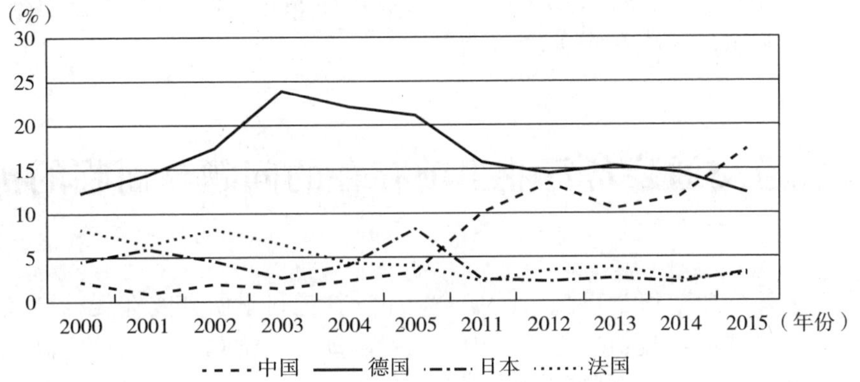

图 28－2　轨道交通装备的国际市场占有率

资料来源：联合国商品贸易统计数据库（https：//comtrade. un. org）中三位 HS 代码中的 791 即铁路车辆及有关设备，不包括铁路轨道。

表 28－4　排名前十的出口地及出口额

（2004 VS 2015）　单位：百万美元

排名	2004 年		2015 年	
1	巴基斯坦	61.65	美国	642.35
2	美国	60.26	阿根廷	547.79

续表

排名	2004 年		2015 年	
3	乌兹别克斯坦	35.12	南非	471.03
4	巴西	32.99	新加坡	388.09
5	伊朗	23.07	澳大利亚	333.56

续表

排名	2004 年		2015 年	
6	越南	22.60	巴西	291.70
7	加拿大	22.54	马来西亚	265.24
8	日本	17.60	埃塞俄比亚	221.20
9	澳大利亚	9.99	伊朗	166.20
10	委内瑞拉	8.82	莫桑比克	139.14

数据来源及说明：联合国商品贸易统计数据库（https://comtrade.un.org）

3. *产品性能不断提高，技术水平比肩世界*

就性能而言，速度是度量高铁技术水平的最主要指标。2007 年法国 V150 试验列车创下了当时 574.8 千米/小时的世界轮轨铁路实验最高速度，而 2011 年中国中车研制的 Cit500 则突破这一世界纪录达到 605 千米/小时，创造了一个新的历史纪录。速度的提升除了机车本身，还需要配套的轮轨，尽管试验速度每小时可达 600 千米以上，但并没有相应的线路供其运营。但就技术复杂度而言，机车是代表高铁技术水平的部分。目前中国中车在九大关键技术和十项配套技术方面已经掌握了完全自主知识产权，并开发了以时速 350 千米的中国标准动车为代表的高铁产品。

2008 年以后，以 CRH380A 系列和 CRHB 系列动车组的投入运营为标志，中国在先进轨道交通装备领域已经取得了正向设计能力。一度中国以逆向工程或称仿制来生产和运营轨道交通装备。这个阶段生产和运营企业不通晓引进车型工作逻辑，自行完成的改进设计和型号衍生并未对原有平台和关键设计进行大幅度改动；部分关键设计（如网络控制系统）依赖国外供应商。不同于逆向工程，正向设计能力是从用户需求出发确立顶层设计要求，自上而下地分解、细化产品功能，确定产品功能结构、子系统和零部件解决方案，形成可批量生产、稳定运行的商业化产品并实现全生命周期支持的能力，完全理解产品工作逻辑以及产品设计与性能之间的关系。随着能力的提升，中国研发出具有完全知识产权自主开发产品时速 350 千米的中国标准动车，其特点是掌握完全自主知识产权，九大关键技术和十项配套技术全部由国内企业主导设计；因需开发出不局限于引进平台的全套工作逻辑，使脱胎于不同平台的车辆实现软件互联互通和硬件统型互换；不同厂家生产的相同速度等级动车组重联运营（重联方式亦改变），不同速度等级的动车组互相救援；不分高寒或沙漠型，两款实验性列车在小幅度改良后成为量产型 CR400AF/BF；未来还将开发不同时速等级的中国标准动车组（国际上尚无运营时速 350 千米等级的动车组标准）。

三、轨道交通装备行业当前存在的问题与面临的挑战

在中国轨道交通装备行业取得举世瞩目的成就的同时，面临的挑战也逐渐浮现：一方面，中国高铁技术已经处在该领域研发体系的前沿，由此也不得不面对拓展技术前沿的挑战；另一方面，海外市场拓展举步维艰。

1. *共性技术研发激励不足，由技术学习向技术引领跃升的支撑不够*

作为我国铁路行业唯一的多学科、多专业综合性科研机构，铁道科学研究院自成立之日起就天然承担着集成性强、复杂度高、学科跨度广的竞争前共性技术开发、储备与扩散任务。2004 年以来，在原铁道部的高强度行政组织和资源支持下，铁道科学研究院在无砟轨道、控制系统、牵引制动、联调联试等领域为高铁技术消化吸收做出了重要贡献。然而，过去为了在最短的时间内实现技术赶超，为了高效率地完成政府下达和企业委托的各类课题，铁道科学研究院应有的共性技术与下一代技术开发储备功能也因过度专注于攻克当前的技术问题而逐渐被削弱。吕铁、江鸿等（2017）认为，未来随着政企分开和竞争性机制的逐步形成，共性技术创新主体和公共服务机制的缺失对我国高铁未来技术发展和国际竞争的不利影响将会逐渐显现。自负盈亏和过度市场化的个人薪酬机制安排是阻碍铁道科学研究院改善

共性技术供给现状的直接原因。由于国家并未根据“既办企业又搞科研”的要求调整其转制后的企业考核标准和税收政策，因此，该院虽在原则上应兼顾市场与公益目标，但在组织属性上其实并无从事共性技术研发的较强动机。近年来，铁道科学研究院的体量与实力不断增长，但主要发生在生产制造而非共性技术和行业服务领域。例如，院属机车车辆研究所的下属企业纵横机电公司2014年利润增长达170%；但与2000年生产制造部门划归该所时相比，全所科研人员占比已由50%降至不足30%。提振商业活动固然可以反哺共性技术研发，但难以避免“一肩双担”的研究人员将决定企业效益和个人收入的产品与工程技术置于共性技术开发之前，还可能因院属生产企业与行内企业的直接竞争而妨碍共性技术扩散。

2. 中国轨道交通装备行业“走出去”迎挑战

《中国制造2025》制定了轨道交通装备“走出去”的具体目标：“2020年轨道交通装备销售产值超过6500亿元，而境外业务占比超过30%，2025年境外业务占比达40%。”这意味着2020年轨道交通装备境外业务销售额需达1950亿元。而联合国贸易数据库显示，2015年中国轨道交通装备出口46.56亿美元，以当年汇率计算，折合人民币293.57亿元，年均增长需要达到46%；2016年则降至26.96亿美元，折合人民币169.99亿元，年均增长84%才能达到预期目标。那么中国轨道交通装备是否能达到此目标？2004年中国轨道交通装备出口额为3.70亿美元，2008年扩大至11.91亿美元，2004～2008年年均增速33.98%；随着全球金融危机的爆发及蔓延，出口增长略有回落，但2015年依旧达到46.56亿美元的规模，2004～2015年年均增长25.89%，所以目前的增长速度显然不能达到预期目标。为了提高增长速度，我们不得不直面“走出去”的挑战。

（1）产业标准不同，进入国际市场难度大。中国轨道交通“走出去”可以分为三个层次：某个产品或某几个产品的“走出去”、全产业链“走出去”和中国标准“走出去”。然而轨道交通行业标准众多，给开拓新兴国家国际市场带来困难，2015年印度尼西亚雅万高铁车辆项目后，中国标准开始走向国际市场。然而北美、欧盟、亚洲、非洲等国家或地区都自成体系或认同某些发达国家或国际组织的标准，如北美铁路协会标准；德国工业标准；中国标准；日本工业标准；国际铁路合作组织标准；欧盟采用国际铁路联盟标准，非洲往往采用欧洲标准；独联体、朝鲜采用俄罗斯标准，等等。在其他条件差不多的前提下，采用相同国际标准的生产单位更容易获得标的，这为中国进入国际市场增加了难度。

（2）地缘政治风险高，中国“高铁外交”。目前中国高铁“走出去”的主要地区是东南亚、中东欧以及非洲，这其中许多国家的政治形势十分复杂，张晓通、陈佳怡（2014）指出，中国在罗马尼亚、匈牙利等中东欧国家开展“高铁外交”已经引起欧盟总部的警惕，担心中国在中东欧的影响力增强会损害自身利益，童舜尧（2016）从中泰高铁由积极变消极的政策实践出发，提出赋予高铁外交太多的政治意义，认为提高了地缘政治风险，由此他建议中国高铁“走出去”应淡化政治意义，注重商业项目合作，政策要因国制宜，推动高铁国际标准与认证体制建立。

（3）组织协调难度大，国际市场拓展难。受我国铁路长期政企合一体制惯性的影响，同时也出于国内高铁快速发展过程中资源高效整合的需要，过去十余年我国高铁部门的治理带有较强的行政协调色彩。这种部门治理方式有效地发挥了社会主义市场经济集中力量办大事的优势，在较短时间内追上老牌高铁强国数十年积累起来的技术水平。行政协调在国内的成功很容易让人延续在高铁“走出去”过程中同样复制国内治理模式的思维。然而，由于国内和国外迥异的市场需求条件和竞争环境，中国高铁“走出去”并不是国内成功模式的简单复制。中国高铁如何在海外市场需求条件和竞争环境都发生了根本性变化的背景下，实现激励相容和有效协调，成为中国高铁“走出去”必须面对的严峻挑战：一方面，如何继续在海外市场实现激励相容？拟建高铁的国家普遍缺乏类似我国的铁路中长期发展规划，而且海外高铁项目具有单一化、零星化的特征，投资规模大、专用性强、回收期长、不确定性大，投资海外市场的“赚钱效应”还没有形成，不少企业实际上持有谨慎观望的态度。另一方面，如何继续在海外市场实现有效协调？即便在国内，过去浓重的行政协调也逐步转向了企业间的市场交易关系，新的产业链协调机制尚处于完善阶段，遑论海外市场的协调（吕铁、黄阳华、贺俊，2017）。

四、轨道交通装备行业未来发展方向与政策建议

1. 优化科研组织体制，建立多层次技术供给体系

伴随着轨道交通装备行业发展起来的还有一套科研体系，除了企业自身的科研队伍外，高校和科研院所在促进轨道交通装备快速发展中起到不可忽略的作用。当前中国铁道科学研究院、株洲电力机车研究所、中南大学等数十所高等院校，为轨道交通装备行业创新人才，然而过度市场化的个人薪酬机制安排导致缺乏共性技术供给主体。为此建议明确铁道科学研究院在高铁共性技术供给方面的非营利性主体地位。从多国经验来看，无论是铁路运输企业完全民营化的日本，还是维持铁路运输国有国营状态的德国和法国，目前具有较强高铁技术能力的国家无一例外地持续设有定位清晰、无盈利压力的共性技术研发机构（如日本铁道综合技术研究所）或协调各界开展共性技术研发的管理服务机构（如法国国铁技术研究服务局、德国国铁铁路系统创新局等），并以准公共事业体制支持其投入研发风险高的超前研究。与此形成对照的是，英国在1989年将主导高速铁路计划研究的铁路技术中心转为自负盈亏机构，继而在1996年将其分拆出售。这个曾经的“全球最大铁路研究综合体”丧失了一流铁路共性技术研究中心的地位，既往的庞大试验、测试设施目前仅空气动力模式测试装置仍用于铁路共性技术研究。英国也不得不先后洽购法国、德国、日本的高铁装备以满足“欧洲之星”的运营需要。相比之下，我国高铁市场规模远超上述国家，尽管有激发企业在市场化改革中发展出竞争性共性技术供给机制的可能性，但在当前阶段，鉴于铁道科学研究院转制后共性技术研发能力与动力下降的现实情况、铁路系统行政性研发协调机制退位带来的共性技术供给困难以及高铁技术体系由追赶转向领先的迫切需要，同时缺少像西门子、阿尔斯通、日立等企业能够将前沿技术应用于多元化业务领域的预期与由此而来的共性技术投入动机，较恰当的安排应是将铁道科学研究院清晰定位为公共性质的共性技术供给主体，推进完善我国铁路的部门创新体系。

2. 完善高铁标准体系，推动高铁标准国际化

中国高铁“走出去”是一个复杂、庞大、长期、渐进的系统工程，标准化工作是其中的基础技术支撑，为此需要建设并完善高铁标准体系；加快与各国高铁标准对比分析；发布高铁标准外文版；建设标准高铁示范项目，综合分析国内外客观实际，采取试点示范工作方式，发挥试点的引导、带动和示范作用应该是一个事半功倍的措施。推进中国与其他铁路发达国家高铁标准互认，目前世界铁路发展已形成了较完善的地区及国家标准，如欧洲标准，其标准体系与技术内容与中国存在差异。可通过共同研制标准分别发布的形式或采取国际标准的互认，为将来深层次的标准互认打下坚实基础。积极推进中国铁路承担国际标准化组织相关技术委员会主席和秘书处工作，目前中国承担的ISO和IEC技术委员会主席39个，秘书处65个，铁路各部门及企业学习其他行业成功经验，抓住我国国际标准化地位提升及ISO/TC269铁路技术应用委员会成立不久的契机，推动参与标准化制定和维护工作；使用好表决权，反映行业诉求在标准制定或修订的各阶段，充分合理运用表决权，及时提出我国行业企业的诉求或建议，对于我国不利的项目或内容提出修改要求。如UIC修订机车车辆限界标准时，我国及时提出将中国机车车辆限界的内容纳入标准，收到了很好的效果（刘春卉等，2015）。

3. 推动资本运作，拓展融资方式

资本在企业成功实施国际化战略中起到重要的支撑作用。我国轨道交通装备企业要想通过兼并方式并购国外成熟的轨道交通企业，获得对方现成的生产线、技术、现有的品牌以及销售渠

道，避开被并购方轨道交通装备市场的贸易壁垒，迅速形成生产能力，提高市场占有率，全面提升海外经营能力和竞争力，通过入驻的方式开拓国际市场业务。进行资本经营，通过资产债务重组、股份转让、收购兼并、发行企业债券等方式有效运营，调整资本结构，达到实现资本价值最大化的目的。其中，收购兼并是我国轨道交通装备制造企业向国家化公司转型的重要通道。

4. 完善人才培养体系，实施人才培养战略

人才是企业发展的核心因素，更是企业走向国际化、进军国际市场的关键，是增强我国轨道交通装备制造企业在国际化中竞争力的有效手段。专业人才的培养包括专业管理人才和专业技术人才的培养。针对我国轨道交通企业在国际化经营人才缺乏、专业技术人才总量少的情况，应该优化经营管理人才的结构，引进国外优秀管理，学习借鉴国外管理经验，另外注重内部人才的培养，进行内部培训，并在国际化战略开展过程中培养既了解企业内部情况又熟悉国际资本市场，具有国际理念的复合型人才和具有实际操作经验的国际化人才队伍。建立一支熟练掌握轨道交通装备技术、具有专业技术技能、富有创新能力和科学研发能力的专业化人才队伍。我国企业应将人力资源开发作为工作重点，加大岗位培训力度，提高技术人员专业知识水平和职业技能，发挥、挖掘专业技术人员的潜能，并且建立研发中心，为有知识、有技能的专业人员创造良好的研发环境。重用懂技术善经营的人才，发挥他们在技术上领先、管理运作上得心应手的优势，积极应对国际市场的激烈竞争，不断开拓新市场，带领企业走上国际化道路，由此整体提升我国轨道交通装备制造业参与国际竞争的水平（林莉等，2014）。

专栏 28－1

中国轨道交通产业海外拓展合作迈上新台阶

柏林国际轨道交通技术展当天举行了“中国馆日”系列活动，174 家中国参展商展示了中国在轨道交通领域的最新技术和产品，获得了主办方和业内人士的称赞。

中车株机公司为德国铁路公司量身定制的混合动力调车机车，红色涂装的车体亮丽鲜艳，巨大的 S Bahn Hamburg（汉堡城市轻轨）标识，引起众人的注意。展示结束后，这台车将会交付德国铁路公司汉堡车辆段投入使用，这是中国铁路机车首次出口德国。在车前的展示板上，详细介绍了这台机车的优势：使用“内燃＋蓄电池”混合动力技术，可减少油耗 30%；可用于德国干线铁路、城市轻轨和泛欧铁路网的作业……“此次调车机车出口订单，标志着中国轨道交通整车产品赢得世界高端市场赞誉。”中车株机副总工程师杨颖对本报记者说，凭借过硬的技术和优质的服务，德国铁路公司为中车株机颁发了最高等级的供应商资质证书（Q1 级），获得了服务德国乃至整个欧盟市场的“许可证”。

德国交通企业协会科技经理马丁·施密茨对记者表示，当中国轨道交通企业可以生产出满足欧洲、德国客户需求的产品时，双方的合作就是理所当然的，中国和德国的企业可以携手推进铁路市场的进一步发展。

来自土耳其的客商埃米尔对本报记者说，整个机车的外观、细节和品质都令人印象深刻，没想到这是中国企业制造的机车。在记者参观的过程中，有很多参观客商都发出了这样的感慨，向中车株机咨询机车技术规格和价格，并寻求业务合作。

中国驻德国大使馆经商处公使衔参赞王卫东致辞说，中国轨道交通企业技术水平和竞争力不断提高，与发达国家相比，中国很多轨道交通产品在技术和成本等方面具有优势，有很强的竞争力。

德国轨道工业协会中国全权首席代表慕尼希对中国轨道交通行业的发展深表认同，认为在过去十几年中，中国轨道交通产业通过国际合作和消化吸收及再研发，实现了跨越式大发展。他代表旗下会员单位表达了开拓中国业务的迫切希望，还与中国城市轨道交通协会签署了合作备忘录。

资料来源：摘自《人民日报》2018 年 9 月 29 日“中国轨道交通赢得世界高端市场赞誉”。

参考文献

［1］杜彦良、牛学勤编著：《现代轨道交通技术与装备》，科学出版社 2012 年版。

［2］高铁见闻：《高铁风云录》，湖南文艺出版社 2015 年版。

［3］林莉、董美霞、葛继平：《中国轨道交通装备制造业发展战略研究》，经济科学出版社 2014 年版。

［4］吕铁、黄阳华、贺俊：《高铁“走出去”战略与政策调整》，《中国发展观察》2017 年第 8 期。

［5］吕铁、江鸿、贺俊、黄娅娜、黄阳华：《从铁科院改革看我国共性技术研发机构的建设发展》，《中国发展观察》2017 年第 4 期。

［6］童舜尧：《论中国高铁“走出去战略”调整的必要性——以中泰铁路的波折为例》，《通化师范学院学报》2016 年第 11 期。

［7］王晶：《中国轨道交通装备制造业的国际竞争力研究》，北京交通大学硕士学位论文，2016 年。

［8］徐飞：《中国高铁“走出去”战略：主旨・方略・举措》，《中国工程科学》2015 年第 4 期。

［9］张晓通、陈佳怡：《中国高铁“走出去”：成绩、问题与对策》，《国际经济合作》2014 年第 11 期。

［10］赵会军、朱克非、唐正霞：《中国铁路“走出去”研究综述》，《经济研究导刊》2016 年第 33 期。

［11］中国中车股份有限公司：《中国中车股份有限公司 2017 年年度报告》，2018 年。

［12］刘春卉、旻苏、汪滨、赵奇、李波、于志勇、滕慧玲、李燕：《我国高铁标准国际化现状与对策研究》，《中国标准化》2015 年第 6 期。

第二十九章　船舶工业

提　要

新中国成立70年来，我国船舶工业大致可以分为改革开放之前的奠基发展和改革开放之后的振兴发展两个阶段。其中，改革开放之前（1949~1978年）大致经历了外部引进奠基发展（1949~1960年）和独立自主初步形成船舶工业体系（1961~1978年）两个阶段，船舶工业实现了从无到有、从外部依赖到自成体系的历史跨越；改革开放之后（1979~2019年）大致经历了改革开放释放市场活力（1978~1998年）、由小到大高速度发展（1999~2008年）、由大到强高质量发展（2009~2018年）三个历史发展阶段，船舶工业实现了由计划经济走向市场经济，由国内市场走向国际市场，由造船小国走向造船大国三个重大历史性跨越。我国船舶工业70年取得了辉煌成就：船舶工业整体规模进入世界大国行列，船舶工业国际竞争力达到世界一流水平，基本形成了船舶工业现代科技创新体系，初步建立了现代高水平的船舶工业体系。当前我国船舶工业存在的深层次问题：外部市场需求长期处于低迷状态，产能过剩矛盾尚没有得到根本解决，协同创新体制机制有待进一步优化，企业内部管理精细化水平有待提高。我国船舶工业70年发展取得的经验与启示：必须顺应产业发展的客观规律顺势而为，必须以创新为第一驱动力追求高质量发展，必须坚持在开放中增强竞争实力和市场活力，必须注重发挥产业政策的促进与引导作用。

*　　　　*　　　　*

船舶工业是中国近代工业中最早建立的五大产业之一，但积贫积弱的旧中国没能实现船舶工业的健康持续发展。新中国成立后，我国船舶工业重新起步，在困难重重和坎坷曲折中经过70年的励精图治，目前已取得了举世瞩目的辉煌成就。总体来看，新中国成立70年来，我国船舶工业历经了从无到有、从小到大、从弱到强的重大历史转变，中国船舶工业当前正处于历史上的最好时期，世界造船大国的历史地位十分巩固，造船强国之梦曙光初现。

一、我国船舶工业70年的主要发展历程

新中国成立以来，我国船舶工业大致可以分为改革开放之前的奠基发展和改革开放之后的振兴发展两个阶段。其中，改革开放之前（1949~1978年）大致经历了外部引进奠基发展（1949~

1960年）和独立自主初步形成造修船工业体系（1961～1978年）两个阶段，船舶工业实现了从无到有、从外部依赖向自成体系的历史跨越；改革开放之后（1979～2019年）大致经历了改革开放释放市场活力（1978～1998年）、由小到大高速度发展（1999～2008年）、由大到强高质量发展（2009～2018年）三个历史发展阶段，船舶工业实现了由计划经济走向市场经济，由国内市场走向国际市场，由造船小国走向造船大国三个重大历史性跨越。经过70年的发展，中国世界船舶工业大国的地位日益稳固，正踏上由造船大国向造船强国转型发展的历史征程。

1. 我国船舶工业改革开放之前的奠基发展阶段（1949～1978年）

1949年新中国成立后到1978年党的十一届三中全会召开之前，是我国船舶工业的奠基发展时期。我国船舶工业这一时期主要是为海军建设、航运交通和海洋开发提供主要装备，是关系国家安全和重大国计民生的战略性产业。这一时期大致又可以分为外部引进奠基发展（1949～1960年）和独立自主初步形成造修船工业体系（1961～1978年）两个阶段。

（1）新中国成立后的外部引进奠基发展阶段（1949～1960年）。从1949年到1960年左右这一时期主要在苏联的技术援助下初步奠定了中国现代船舶工业的基础。新中国成立后，我国政府于1953年6月4日与苏联政府签订海军订货协定（以下简称“六四协定”），通过“转让制造”（购买5型舰艇的全部技术图纸和材料设备装配制造）引进了苏联军用舰艇制造技术，建造了一批较先进的战斗舰艇，由此开启了我国船舶工业的奠基发展之路。在“转让制造”这一过程中，我国对当时江南、沪东、求新、芜湖、武昌、广州等船厂进行了技术改造，新建了船用高速、中速柴油机，仪器仪表，特辅机，水声设备，水中兵器等一批关键配套厂。在新建配套厂中，有6个属于苏联成套技术援助的156项国家重点建设项目。船舶科学研究所、上海船舶工业学校和造船学院等船舶科研设计机构和学校从无到有创建起来，在一些大学还设置了造船系科。苏联曾多次派专家前来指导、协助，我国也选派了近100名干部、工人赴苏联学习，通过请进来、走出去和边干边学的办法，船舶技术管理干部和工人队伍逐步壮大起来。在造船技术方面，焊接普遍替代了传统的铆接工艺，船体分段和总段建造法取代了整船散装法，船舶工艺流程改进，机械化程度提高，造船周期缩短，造船质量有了保证。到1959年，军用舰艇基本完工，共计116艘，4.3万吨。这些舰艇的战斗性能相当于国际上20世纪40年代末50年代初的水平。连同其他军用船舶，10年内我国船舶工业共生产军船484艘。总的说来，新生的中国船舶工业经过10年艰苦创业，整体技术水平有了很大提高。

（2）独立自主初步形成船舶工业体系阶段（1961～1978年）。从1961年到1978年党的十一届三中全会这一时期是中国船舶工业曲折前进的18年，也是中国船舶工业取得突破性进展形成完整工业体系的关键阶段。1960年，苏联政府单方面毁约中苏第二个海军订货协定（以下简称“二四协定”）；1966年，我国发生持续十年的“文化大革命”。在此背景下，我国船舶工业克服重重困难，自力更生，艰苦创业，不但使我国跻身于世界上拥有核潜艇和远洋靶场船队的少数国家的行列，而且基本形成了相对完整的船舶工业体系。这一时期我国船舶工业主要有四个方面的贡献：一是我国船舶工业排除干扰，奋发图强，独立自主地研制出了核动力潜艇、导弹驱逐舰和远洋测量船等第一代战斗舰艇和特种船舶。我国成为当时世界上第5个拥有核潜艇和第3个拥有远洋靶场船队的国家，船舶业的整体技术水平已相当于20世纪60年代初的国际水平。二是批量建造了适应远洋运输发展需要的民用海洋船舶。大连、沪东、江南等船厂新（扩）建了9座万吨级以上的船台，山海关、北海、澄西等船厂新（扩）建了8座万吨级以上的船坞，这些船台和船坞形成了以大连、天津、上海、广州为中心的大型船舶造修基地。据统计，我国1960年到1978年累计建造国内万吨级以上船舶119艘、197万吨，其中批量建造最大的为5万吨级油轮。三是到20世纪70年代末已经形成了比较完整的船舶配套网络体系。船舶工业已经拥有船用动力、船用辅机和特种辅机、精密导航仪表、水声、水中兵器、蓄电池等专业配套设备厂60多个，加上冶金、机械、电子、兵器、化工、核工业等部门和有关省（自治区、直辖市）的船用配套设备厂点，全国共有专业厂160多家、生产点350多个。四是初步建立了专业比较齐全、试验手段比较完备先进的科研设计体系。我国船舶工业现有的科研设计机构绝大部分是该期间创立和建设起来的。如中国舰船研究院1961年正式成立，该院所属中国船舶科学研究中心，拥有先进的齐全配套的试验水池群和风洞、水筒、大型试验平台等试验设施，在亚洲位居第一，在全世界也屈指可数，是当时专业配套齐全的综合性舰船工程设计研究机构。上海船舶研究设计院1964年正式成立，目前仍是中国船舶工业集团公司旗下具有国际影响力的民用船舶设计单位。

2. 我国船舶工业改革开放之后的振兴发展阶段（1979～2019年）

船舶工业是我国改革开放最早的领域之一。1977年12月，邓小平提出“船舶工业要积极地引进国外先进技术，中国的船舶要出口，要打进国际市场”的战略决策，由此开启我国船舶工业振兴之路。改革开放40年来，我国船舶工业经历了改革开放释放市场活力（1978～1998年）、由小到大高速度发展（1999～2008年）、由大到强高质量发展（2009～2018年）三个历史发展阶段；实现了由计划经济走向市场经济，由国内市场走向国际市场，由造船小国走向造船大国三个重大历史性跨越，取得了举世瞩目的辉煌成就。

（1）船舶工业改革开放释放市场活力阶段（1978～1998年）。这一阶段从1977年12月邓小平提出“引进国外先进技术、出口打进国际市场”的船舶工业发展战略开始，到1999年7月船舶工业实施重大改组，中国船舶工业总公司拆分为中国船舶工业集团公司（以下简称中船工业）和中国船舶重工集团公司（以下简称中船重工）两大独立企业为止。在“引进国外先进技术、出口打进国际市场”战略指引下，这一时期我国船舶工业积极开拓国际市场，实现了从封闭到开放，从国内市场到国际市场的重大战略性转变，开启了船舶工业现代化建设的新时代。船舶工业发展战略由传统主要以军品为主转向保军转民、军民融合为主，由国内市场走向国际市场，在基础相对薄弱的情况下，通过高起点引进国外先进技术，引进一批先进的关键生产设备，大规模开展重点船厂的技术改造，很快具备了建造符合国际规范和标准要求的船舶能力，成功实现了船舶出口；在此基础上不断推进在技术、标准、设施、管理、贸易等方面与国际全面接轨，并在消化、吸收、引进技术的基础上，逐步培育自主设计开发能力，造船效率、水平和质量大幅提高，很快在国际市场上占有了一席之地，国际市场份额由小到大，成为世界造船业中一支引人注目的重要力量。到1994年，我国首次超过德国成为世界第三大造船国，船舶工业成为这一时期我国机电产品出口创汇的支柱产业。这一时期，我国舰艇装备研制能力也进一步提升。在完成第一代舰艇研制的基础上，加速了对原有舰艇的现代化改装和更新，成功建成了导弹核潜艇和航天远洋测量船队，有重点地开展了第二代舰艇和武器的研制，军船出口也取得重要突破。在积极扩大开放的同时，船舶工业转变生产经营管理体制机制，经济发展模式由计划经济向市场经济转型，政府计划主导下的企事业单位发展成为充满市场竞争活力的企业法人实体和市场竞争主体，“出口—引进—提高—再出口”的外向型经济发展模式取得巨大成功。

（2）船舶工业由小到大高速度发展阶段（1999～2008年）。这一阶段从1999年7月船舶工业实施重大改组开始，到2008年我国三大指标（造船完工量、新接订单量、手持船舶订单）超越日本跃居世界第二位为止。这一时期，为了在船舶工业中引入竞争机制，1999年7月中国船舶工业总公司拆分为中国船舶工业集团公司（CSSC）和中国船舶重工集团公司（CSIC）两大独立企业。同时，以江苏、山东为代表的地方船舶企业和合资企业也迅速发展起来，造船能力和产量急剧增加，竞争能力和规模效益明显增强，逐渐发展成为与两大造船集团势均力敌的一支重要力量。进入21世纪后，船舶工业抓住了国际船市持续高度兴旺和海军装备转型升级需求紧迫这两大难得的历史机遇，实现了民船产业和海军装备研制的超常规发展。从造船能力来看，这一时期在国内能够建造万吨以上船舶的26家船舶企业中，地方船厂占据了其中的10家。从市场占有率来看，以2002年底数据为例，国内造船业手持订单总数达到1362万吨，其中中船集团公司手持订单461万吨，占33.8%；中船重工集团公司手持订单373万吨，占27.4%；地方系统的船舶企业手持订单528万吨，占38.8%。充分竞争的市场环境，改变了"20世纪90年代中期以前中国主要造船力量和骨干船厂几乎全部集中在中国船舶工业总公司，地方系统造船能力十分弱小"的局面，中国船舶工业这一时期形成了两大造船集团与地方造船力量"三分天下"的竞争格局。长江口地区、珠江口地区、环渤海地区国家三大重点造船区域的建设迅猛推进，地方民营和合资、外资造船企业竞相发展，呈现出前所未有的蓬勃发展势头。2008年，中国在造船产量上成功超越日本，由世界第三造船国跃升为世界第二位，进入了世界造船竞争的"第一方阵"，开始向世界第一发起冲击、向造船强国目标挺进的新征程。

（3）船舶工业由大到强高质量发展阶段（2009～2018年）。这一阶段从2008年国际金融危机爆发开始，一直持续到目前，仍处于船舶工业由大到强高质量发展的阶段。受2008年国际金融危机爆发及其衍生效应影响，船舶工业发展面临的内外部环境发生重大变化，全球经济发展缓慢、航运供求关系未见好转、造船产能过剩问题突出、造船成本控制压力加大、金融机构收紧银根、中美贸易战风险凸显等各种挑战纷至沓来。在此背景下，船舶行业全面深化改革，加快结构调整转型升级追求高质量发展已成行业共识。国家有关部门相继出台了《海洋工程装备制造业中长期发展规划（2011～2020）》《海洋工程装备科研项目指南（2012）》《高技术船舶科研计划2012年度项目指南》《船舶工业加快结构调整促进转型升级实施方案（2013～2015年）》《关于化解产能严重过剩矛盾的指导意见》《船舶行业规范条件》等政策措施，积极引导船舶工业加强行业管理，化解产能过剩矛盾，加快结构调整，提高技术水平，促进转型升级。总体来看，这一时期船舶工业产业转型升级和行业结构调整初步实现，克服了世界金融危机背景下国际船舶市场低迷带来的接单难、交船难、盈利难、融资难等影响，经济运行各项指标占国际市场份额长期位居第一，中国船舶工业无论是基础设施、生产能力，还是产品品种、管理水平等都进入了世界一流行列，船舶工业国际市场竞争力明显增强，世界船舶工业大国地位稳固，产业整体科技创新能力大幅提升，船舶工业实现了健康可持续发展。

二、我国船舶工业70年取得的辉煌成就

中国船舶工业历经70年发展，在新中国一穷二白的基础上，建立了比较完整的船舶工业体系，实现了世界第一造船大国的梦想，走出了一条从无到有、从弱到强、从跟跑到领跑的中国船舶工业发展之路。当前，我国船舶工业无论是基础设施、生产能力，还是产品品种、管理水平等都进入了世界一流行列，创新驱动发展成效明显，产业整体科技创新能力大幅提升，船舶工业国际市场竞争力较强，世界船舶工业大国地位稳固，70年发展取得了举世瞩目的辉煌成就。

1. 船舶工业整体规模进入世界大国行列

新中国成立之初，船舶生产规模极小，大陆船舶工厂大都遭到不同程度的破坏，生产陷入瘫痪状态，可以说是一穷二白、百废待兴。有统计资料可查的1952年，全国在大陆的船厂有20余家，职工人数不足2万，船舶工业的总产值仅1亿元左右，年造船产量为1万吨左右。到20世纪80年代初期，我国年造船产量仅40万吨左右，占世界造船总产量的1%，世界排名第13位，仅为当时世界第一造船大国日本的1/20。1994年，我国造船产量跃居世界第三，但占世界造船总量的份额还只有5%左右（见图29－1），与日本、韩国各占35%以上相比差距十分明显。2006年，我国船舶完工量达到1452万载重吨，占全球船舶完工量的19%（见图29－1）；我国船舶企业新接订单4251万吨，手持订单6872万吨，占全球订单的24%；连续12年成为世界第三造船大国，且与排名前两位的韩国和日本的差距明显缩小。2008年，中国在造船产量上成功超越日本，三大指标均跃居世界第二位。其中：我国造船完工量

达到 2881 万吨，占世界造船完工量的 29.5%；新接订单 5818 万吨，占世界市场份额的 37.7%；手持船舶订单超过 2 亿吨，占世界市场份额的 35.5%。2010 年，中国三大造船指标首次同时跃居世界首位。其中：我国造船完工量 6120.5 万载重吨，占世界总量的比重为 41.9%，韩国和日本分别占 31.9% 和 21.5%；我国新接订单量 5845.9 万载重吨，占世界总量的 48.5%，韩国和日本分别占 38.3% 和 6.1%；截至 2010 年 12 月底，我国手持订单量 19291.5 万载重吨，占世界总量的 40.8%，韩国和日本分别占 33.1% 和 17.6%。2011 年以后，尽管受国际金融危机滞后影响，我国造船完工量、新接订单量、手持订单量三大指标占世界市场份额绝对比重呈逐年下降态势，但上述三个指标占世界比重总体长期保持在 35% 以上的较高水平（见表 29－1）。造船完工量、新接订单量、手持订单量是国际通行的反映船舶行业经济运行的三大重要指标，经过 70 年的发展，我国已经能够自主设计和建造大多数船型，中国船舶工业三大核心指标目前已经持续十多年保持国际领先地位，世界造船大国地位十分稳固。

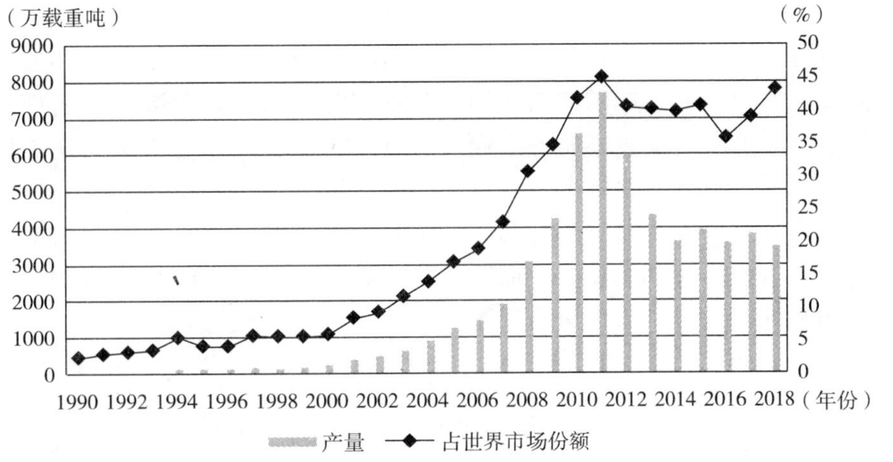

图 29－1　我国船舶工业产量（造船完工量）变化情况（1990～2018 年）

资料来源：笔者根据中国船舶工业行业协会公开披露的统计数据绘制（1990～2018 年）。

表 29－1　我国 2011 年以来船舶工业三大指标占世界比重状况

指标		2011 年	2012 年	2013 年	2014 年	2015 年	2016 年	2017 年	2018 年
造船完工量	万载重吨	7665	6021	4335	3629	3922	3594	3804	3471
	占比（%）	45.1	40.7	40.3	39.9	40.8	35.9	39.1	43.3
	万修正总吨	2141	1901	1288	1153	1286	1103	1142	1090
	占比（%）	42	41.6	35.2	33.2	35.1	32	34.5	36.1
新接订单量	万载重吨	3622	2041	6884	5102	2916	1617	3223	2998
	占比（%）	52.2	43.6	47.6	46.5	30.2	59	44.4	39.0
	万修正总吨	1305	869	1991	1531	1025	403	918	933
	占比（%）	42.9	38	40.9	38.6	30.3	35.8	39.5	32.2
手持订单量	万载重吨	14991	10695	13010	14972	12737	9595	8814	8833
	占比（%）	43.3	41.5	45.8	47.2	42	43	44.8	42.6
	万修正总吨	4816	3600	3995	4565	3987	3049	2871	2865
	占比（%）	41.6	37.6	38.5	39.7	36.5	35.4	37.1	35.9

资料来源：笔者根据中国船舶工业行业协会公开披露的统计数据绘制（2011～2018 年）。

2. *船舶工业国际竞争力达到世界一流水平*

船舶工业出口水平是反映一国船舶工业国际竞争力的重要指标，中国与韩国、日本已是世界公认的三大船舶工业大国。新中国成立时，我国船舶工业主要以军用为主，沿海内河交通民用船舶也主要以内需为主，几乎没有船舶工业产品对外出口。20 世纪 80 年代到 2000 年之前，我国船舶制造仍然主要以国内需求为主，造船量占世界造船总量份额长期维持在 5% 以下，船舶工业仍是以典型的内向型经济为主，船舶出口占比极低。改革开放初期，我国确立了“引进国外先进技术、出口打进国际市场”的船舶工业发展战略，通过高起点引进国外的先进技术和关键生产设备对重点船厂进行技术改造，很快具备了建造符合国际规范和国际标准要求的船舶的能力，初步实现了船舶产品出口。这一时期我国船舶工业在基础相对薄弱的情况下，通过“引进来”在技术、标准、设施、管理、贸易等方面不断与国际全面接轨，逐步培育了自主设计开发能力，造船效率、水平和质量明显提高，产品结构从常规船型逐步发展到了若干高技术、高附加值船舶。到 1994 年，我国首次超过德国成为世界第三大造船国家。进入 21 世纪尤其是 2002 年中国加入世贸组织以来，以 1999 年中国船舶工业总公司改组为两大船舶集团公司为标志，我国船舶工业国际化、市场化进程进一步加快，船舶工业由内需经济向出口经济快速转型，国际市场上的竞争力进一步增强，国际市场占有率明显提高。尤其是党的十八大以来，完工出口船占全国完工量比重、新承接出口船订单占新接订单量比重、手持出口船订单占手持订单量比重三项指标长期处于 80% 以上高位（见表 29 – 2），表明我国船舶工业已成为最具国际竞争力的外向型经济产业。2010 年以来，尽管受国际市场低迷影响，我国完工出口船、新承接出口船订单和手持出口船舶订单三项指标近年来均呈不同程度的下降趋势（见图 29 – 2），但由于日本和韩国上述指标下降幅度更大，使我国船舶出口国际竞争力相对变得更强（见表 29 – 2）。

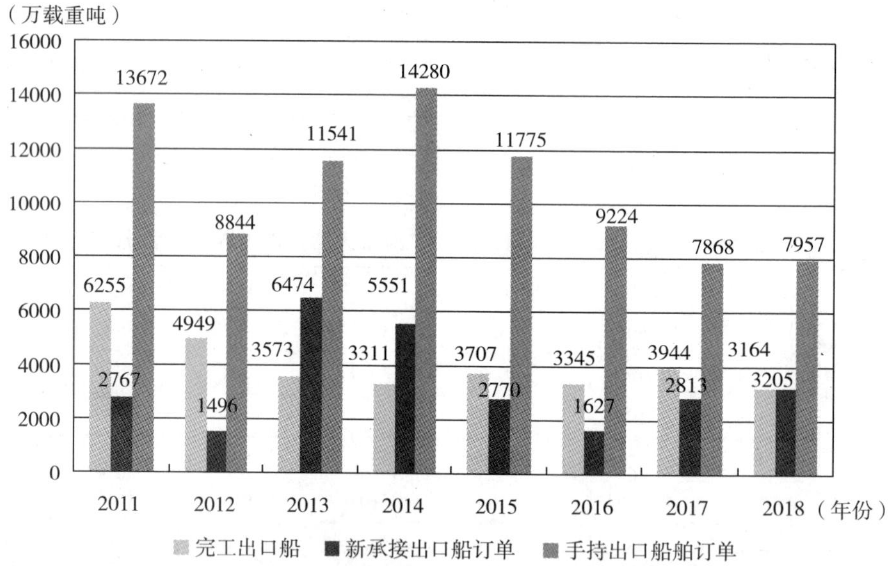

图 29 – 2 我国船舶工业 2011 年以来三大指标出口变化情况

资料来源：笔者根据中国船舶工业行业协会公开披露的统计数据绘制（2011 ~ 2018 年）。

表 29 – 2 显示了我国 2011 年之后出口船舶三大指标占全国的比重情况。可以看出，我国船舶工业出口比重呈逆势上升态势，表明我国船舶工业国际市场竞争力不降反增。完工出口船占全国完工量的比重，由 2011 年的 81. 60% 逐年上升到 2018 年的 91. 50%，在波动中呈逐年上升态势；新承接出口船订单占全国新接订单量的比重，由 2011 年的 76. 40% 波动上升到 2018 年的 87. 40%，

在波动中呈缓慢上升态势；手持出口船订单占手持订单量的比重，由2011年的91.20%快速回落至2012年的82.7%，后逐年上升到2018年的89.10%，在波动中呈基本保持稳定态势。不难发现，我国出口船舶三大指标占全国的比重2011年至2018年呈稳定增长态势，表明在中美贸易摩擦、国际需求趋缓背景下，我国船舶工业出口国际竞争力仍然保持了稳中有升的上行态势。

表29-2　我国出口船舶三大指标占全国比重

单位：%

指标	2011年	2012年	2013年	2014年	2015年	2016年	2017年	2018年
完工出口船/全国完工量	81.60	82.20	78.80	84.80	88.60	94.70	92.4	91.50
新承接出口船订单/新接订单量	76.40	73.30	92.70	92.60	88.60	77.20	83.4	87.40
手持出口船订单/手持订单量	91.20	82.70	88.10	95.90	95.70	92.60	90.2	89.10

资料来源：笔者根据中国船舶工业行业协会公开披露的统计数据绘制（2011~2018年）。

3. 基本形成了船舶工业现代科技创新体系

新中国成立后，我国在第一代新技术舰艇研制工程带动下，基本上形成了科研、设计、试制、生产、试验和维修等配套成形的、具有相当规模和实力的现代船舶工业体系，但当时船舶工业主要以军用船舶为主，民用船舶工业发展严重滞后，仅能修造沿江、沿海中小型船舶，既无科研试验设施，亦无开发设计能力。20世纪60年代之后，我国成立了中国舰船研究院、上海船舶研究设计院等一系列船舶工业科研院所，初步建立了专业比较齐全、试验手段比较完备的先进科研设计体系，但当时我国船舶工业科研工作仍处于引进、消化、吸收阶段，船舶工业科技创新体系建设尚处于起步阶段。从20世纪80年代起，根据党和国家关于“经济建设必须依靠科学技术，科学技术必须面向经济建设”的方针和邓小平同志关于“科学技术是第一生产力”的指示，中国船舶工业从引进消化到自主开发、集成创新，以企业为主体的技术创新体系逐步完善，产学研融合发展的创新生态初步形成，科技创新能力大幅提升。一是船型开发取得新突破，促进产品结构优化升级。主流船型实现了大型化、系列化、批量化，90%以上的出口船舶为自主开发、拥有自主知识产权的品牌船型，进入21世纪以后，我国在高技术船舶和海洋工程领域也取得了重要突破，船舶制造业正朝着设计智能化、产品智能化、管理精细化和信息集成化等方向发展。二是在原有船舶工业科研院所、高等院校等专门研究设计机构的基础上，船舶工业产学研融合取得新进展，行业发展创新生态初步建立。如中国深远海海洋工程装备技术产业联盟，中国海洋材料技术创新联盟等近年来相继组建成立。截至2016年底，船舶工业国家级企业技术中心累计达27家，上海船舶工艺研究所等5家单位成为国家工程实验室的技术依托单位。三是自主研发能力和船用设备配套能力逐年提高，三大主流船型全面升级换代，战略性、前瞻性产品研发稳步推进，一批自主品牌动力装备研发取得突破，常规产品优化、创新能力日益增强，高技术、高附加值产品开发能力不断提升，船用设备制造本土化率进一步提高，船舶工业核心竞争力逐渐增强。四是培养了一批涉及船舶建造、船舶配套、船舶修理和海洋工程专用设备制造等全产业链的高技术研发人才队伍。

4. 初步建立了现代高水平的船舶工业体系

早在20世纪60年代，我国已经基本形成了军民用船、造修船等相对完整的船舶工业体系，产业链上下游的机电、钢铁、化工、航运、海洋资源勘采等产业配套也初步建立。改革开放以后，我国船舶工业体系进一步优化，主要船舶企业逐步建立了现代造船模式，基本实现了规模化、标准化造船，造船效率大幅提升。20世纪80年代初，为满足建造出口船需要，我国开始成套成体系引进、转化国际标准和国外先进标准，初步形成了船舶标准体系。步入21世纪后，船舶工业标准体系建设不断完善，船舶标准化步入高速发展、规模壮大阶段，我国自主制定了《船舶工业标准体系》（2012年版）等大量标准，为主流船型设计建造提供了有力支撑。目前，我国骨干船舶企业已经逐步建立健全从生产策划到生产技术，再到生产计划和生产组织的完整生产管理体系，骨干船厂在典型船型上的建造周期和管理指标已接近世界先进水平，主要船厂造船效率与日本和韩国之间的差距已经大大缩短。党的十八大以来，我国船舶工业进入深化结构调整、加快转型升级、实现高质量发展的全面做强阶段，以《中国造船质量标准》《绿色船舶规范》《智能船舶规范》等为代表的一批重大标准颁布实施，我国船舶设计、建造、修理行业准入标准基本建立，对口国际标准转化率已达到70%左右。经过70年的发展，我国船舶行业产业链进一步完善，船舶工业标准体系逐步建立，涉及船舶制造、船舶修理、船舶配套以及海洋工程装备等产业协调发展、相互支撑的产业体系和规范体系日益成熟，现代高水平的新型船舶工业体系初步形成，船舶企业核心竞争力进一步增强。

三、当前我国船舶工业存在的深层次问题

成就属于过去，未来面临挑战。当前，我国船舶工业面临持续低迷的世界航运市场和严峻的国际竞争形势，船舶产业内部深层次的矛盾较为突出，在外部市场环境、行业生存空间、内部经营管理、科技体制机制等诸多方面还存在较多待解的难题，船舶工业站在新的历史起点实现由大变强的历史跨越形势复杂严峻。

1. 外部市场需求长期处于低迷状态

自2008年国际金融危机爆发以来，我国船舶工业外部市场环境长期低迷，接单难、交船难、融资难、生存难问题长期存在，目前仍旧处于“L”形经济的深度调整期。受国际金融危机、欧债危机、国内经济增速日益放缓、中美“贸易战”和船舶环保新规实施等诸多国际国内形势影响，我国船舶工业外部市场环境一直相对较为恶劣。一方面，世界经济复苏放缓，国际贸易保护主义回潮，航运市场供求矛盾没有根本解决，船舶订单逐步减少；另一方面，国际油价的暴跌降低船东订造节能型船舶的积极性，延缓老旧船舶的拆解，船东提高航速释放运力，降低了对新船需求。尤其是在愈演愈烈的中美“贸易战”背景下，全球经济增速放缓，航运市场持续低迷，我国船舶工业市场有效需求一直不足，金融机构对船舶工业的信贷政策相对偏紧，差异化信贷政策落实不明显，“融资难、融资贵”是船舶工业长期面临的突出问题，严重影响我国船舶工业的健康发展。

2. 产能过剩矛盾尚没有得到根本解决

从供给来看，我国船舶工业产能过剩的矛盾没有得到根本解决。尽管船舶企业通过兼并重组等多种举措，有效缓解了船舶过剩产能带来的不利影响，但面对低迷的市场，我国船舶行业的产能利用率依然处于低位，离行业产能利用率合理水平还有较大差距。同时，受新船价格持续走低、原材料成本大幅上涨、船东频繁改单、船企开工不足、融资成本高企等因素影响，加之近年来劳动力成本、财务费用、物流成本的刚性上涨，给船舶企业经营带来很大压力，船舶行业盈利能力大幅下降，行业整体经济效益不佳，行业平稳健康发展受到巨大挑战，我国船舶工业转型升级的任务多、包袱重。在市场倒逼机制和政策引导的共同作用下，我国船舶工业过剩产能尚需要进一步压减，兼并重组需要加速推进，产业集中度可以进一步提高。

3. 协同创新体制机制有待进一步优化

当前，我国船舶工业创新生态和创新体系尚不成熟，激励持续创新的体制机制不够完善，创新整体水平与世界造船强国相比仍有较大差距。船舶企业普遍面临着创新能力差、产品科技附加值偏低、高端产品自主设计能力偏弱、设计配套对外依存度偏高、科技创新与实业需求脱离严重等诸多问题。随着国际船舶市场竞争日趋激烈，日本、韩国、欧盟等发达国家和地区加强对我国技术封锁，建立独立自主的激励船舶企业持续创新的体制机制的重要性日益突出。从创新的维度来看，目前我国船舶工业对创新引领实体经济的认识还不到位，对创新的内涵理解过于狭窄，更多关注

和偏重技术创新，而忽略了商业模式、企业制度、组织方式、运营模式、生产方式、薪酬激励、管理方法等方面的创新，协同创新能力明显不足。有必要建立和完善激励船舶企业持续创新的体制机制，充分发挥创新在船舶产业转型升级中的全面引领作用，加强船舶产业链上下游联合，深化“产学研用”合作，构建互联互通、全球协同的创新网络，提升船舶工业协同创新能力。

4. 企业内部管理精细化水平有待提高

随着国际竞争愈加激烈，船舶工业内部管理水平亟待提高。国际金融危机以来，我国船舶企业经济效益同比大幅下滑，除外部环境影响外，面对市场竞争的变化，船舶企业内部管理能力不足也是造成利润下滑的主要原因。尽管骨干企业在降本增效方面取得不错的成绩，但部分企业仍难以有效降低研发、制造和人工成本；难以严格执行生产计划，提高管理效率；难以从设计、工艺、采购等方面提升产品质量，降低内外部质量风险；部分船舶企业财务风险管控能力缺乏，导致资金总量缺口问题较为严重，融资成本居高不下，垫付资金显著增多，现金流日趋紧张。在当前激烈的市场竞争中，船舶工业结构调整与转型升级已成行业共识，船舶企业内部精细化管理水平亟须快速提高。

四、我国船舶工业70年发展的经验与启示

回顾我国船舶工业新中国成立70年来由无到有、由小到大、由弱到强的发展历程与辉煌成就，有必要站在新的历史起点，客观、系统地总结船舶工业70年的基本发展经验，客观审视当前我国船舶工业面临的主要困难和挑战，以期为船舶工业“由大转强”高质量发展提供借鉴和奠定基础。

1. 必须顺应产业发展的客观规律顺势而为

世界船舶工业梯度转移的客观规律表明，随着国际贸易和世界经济的发展，世界船舶制造中心经历了多次从先行工业国家向后起工业国家转移更替的历史进程。20世纪50年代以前，世界造船中心在欧洲；20世纪50年代随着日本造船业的崛起和70年代韩国造船业的逐步崛起，东亚成为世界造船中心。世界造船王国的转移交替还呈现出周期成倍递减的规律：英国占据世界船舶霸主地位约100年；日本保持世界造船大国地位近50年，周期缩短一半；韩国作为世界造船大国的时间约为25年，周期再缩短一半。新中国成立70年来，我国船舶工业由封闭走向开放，抓住了世界船舶工业梯度转移的历史机遇，由此确立了我国当前世界船舶大国的历史地位。当前，世界造船业竞争格局总体上呈现出中、日、韩三足鼎立、欧洲逐渐衰退的态势，与日本和韩国等国船舶工业相比，我国国内市场需求潜力巨大，具有“虽不能保证必赢，但肯定不会输”的底气。只要我们顺应世界船舶工业发展的客观规律，保持战略定力和发展耐性，坚持船舶工业的正确发展方向不动摇、不折腾，积极应对我国船舶工业发展壮大过程中必然出现不可回避的阶段性问题和挑战，我国船舶工业就能够实现高质量发展，完成“由大转强”的历史跨越。

2. 必须以创新为第一驱动力追求高质量发展

船舶工业70年的发展历程表明，科技创新是一项长期性的战略任务，绝不仅仅是应对危机或迫于生存压力的一时之举。全行业必须认识到，只有通过持续创新，我国船舶工业才能在激烈的国际竞争中实现基业长青。船舶工业的发展方向，必须从主要依靠生产要素投入、低劳动力成本的粗放型发展，向技术创新驱动、注重质量品牌、效率效益的集约型发展方式转变。只有建立创新驱动长效机制，增强船舶工业自主创新能力，提高管理水平和生产效率，才能实现船舶工业高质量发展。船舶企业应积极发挥创新的主体核心地位，加强科技创新、管理创新、业务模式创新，政府应发挥政策支持和引导促进作用，共同探索适合我国船舶工业振兴的新道路、新模式。应进一步完善创新研发体系和机制，以自主创新推进产业结构调整和发展方式

转变；进一步加强基础共性技术和前沿技术研究，强化创新基础，增强技术储备，打造原始创新能力；利用国内的工程技术研究中心、工程实验室等创新平台，完善产业技术创新体系；利用公共服务平台，提升产业基础共性技术研发能力，完善产业技术基础体系；大力开展节能、减排、低碳、环保等方面的新技术研发，开发环境友好型的绿色船舶，引领市场需求；实施重大创新项目，实现产学研用结合，解决相关领域的技术难题。

3. 必须坚持在开放中增强竞争实力和市场活力

船舶工业是我国开放最早的领域之一，也是充分竞争的国际一体化的综合性产业门类。新中国成立70年来，尤其是改革开放40年来，正是由于我国船舶工业积极融入全球产业分工链和价值链，不断深化对外开放，积极开展国际合作，深度融入全球市场，才促使船舶工业在国际竞争中不断发展壮大，综合实力明显增强，由此成长为世界最主要的造船大国。从我国船舶工业对外开放的发展历程来看，不同发展阶段对外开放的策略也不尽相同。1978年至20世纪末，我国确立了以出口为导向的开放发展道路，对外开放以“引进来”为主，注重加强技术、标准等引进，船舶工业走出国门实现了产品出口，并且在激烈的国际市场竞争中不断发展壮大，走出了一条“出口—引进—提高—再出口”的成功道路。2002年以后国际金融危机爆发以前，我国适时调整了外商准入政策，继续扩大开放，积极吸引外商投资，鼓励外资进入船舶设计修理建造、配套产品设计建造等领域。2008年国际金融危机爆发以后，我国根据造船业发展环境和市场地位变化，在高端船型、船舶配套和常规船舶领域采取了“有收有放”的阶段性政策。党的十八届三中全会文件和国家颁布的有关船舶行业的若干文件，还从对外投资合作，培育国际一流集团，获取先进技术、品牌，优化产业布局等角度，为船舶工业指明了“走出去”的发展方向。2018年7月，新的《外商投资准入特别管理措施（负面清单）（2018年版）》取消了船舶（含分段）设计、制造与修理须由中方控股的要求，意味着船舶工业实现全面对外开放。坚持“引进来”与“走出去”并重的发展战略，有效地发挥国际、国内两个市场的活力，鼓励企业在参与国际竞争中增强实力，是我国船舶工业70年发展的有益经验。

4. 必须注重发挥产业政策的促进与引导作用

从我国船舶工业70年的发展历程可以看出，船舶工业快速发展壮大离不开国家产业政策的有效促进与积极引导。船舶产业政策的影响，在改革开放之前主要表现为党和国家领导人对船舶工业的重视和关心，以及骨干船舶企事业单位的贯彻落实上。这一时期，船舶产业政策往往是党和国家领导人亲临船舶工业企事业单位视察或听取汇报之后，针对船舶工业做出重要批示或具体指示；根据党和国家领导人的批示、指示精神，船舶工业积极贯彻落实，进而推动船舶产业健康可持续发展。改革开放尤其是进入21世纪之后，我国先后出台了《船舶工业中长期发展规划（2006～2015年）》《船舶工业科技发展“十一五”规划纲要》《船舶工业调整和振兴规划》《船舶工业深化结构调整加快转型升级行动计划（2016～2020年）》等涉及船舶工业的专项规划，用以指导船舶工业沿着正确道路健康、可持续发展。国家颁布实施的《中国制造2025》《关于推进国际产能和装备制造合作的指导意见》《关于金融支持船舶工业加快结构调整促进转型升级的指导意见》《关于开展首台（套）重大技术装备保险补偿机制试点工作的通知》《关于实施增强制造业核心竞争力重大工程包的通知》等一系列政策措施，也有利于支持船舶工业健康可持续发展。《关于促进旅游业改革发展的若干意见》《关于促进海运业健康发展的若干意见》《能源发展战略行动计划（2014～2020年》等政策文件，也对我国船舶工业构成重大政策利好。可以看出，船舶工业的健康可持续发展，离不开党和政府的大力支持，产业政策作为国家和政府调控船舶工业的有效手段，必须注重发挥产业政策的促进和引导作用。

专栏 29－1

“智能＋”赋能船舶工业

全船信息在线共享、提供合理航行方向、智能监测船舶能耗、给出维护管理意见……2018 年 11 月，全球首艘智能超大型矿砂船“明远号”正式交付，这艘由我国船企设计并建造的船舶实现了人们对于“智能船舶”的想象，也在我国智能船舶发展进程中立下一座里程碑。

（一）为何要让船舶变得更智能

智能船舶将有效提升船舶企业的竞争力。发展智能船舶，推动从设计、研发、生产、管理到服务的全价值链优化提升，能有效地缩短研制周期，提高造船效率，降低综合应用成本。比如，大连中远海运川崎船舶工程有限公司通过生产线自动化、智能化应用和改造，相应的工序生产效率提高了 40%～400%，产品建造周期缩短了 15%～20%，70% 的订单来自国际市场，二级市场上平均船价高出平均水平 10% 以上。据了解，我国造船效率只有世界先进水平的 1/3～1/2，劳动生产率的差距更大，要改变这一局面，智能制造是一条重要途径。

智能船舶代表船东需求的新方向。近年来，国际海事组织大力推动实施“E－航海”战略，具有安全可靠、节能环保、经济高效等比较优势的智能船舶是未来船舶发展的重要趋势。此外，智能船舶也是我国智能航运的重要组成部分，推进智能船舶技术应用已成为发展智能航运的核心要素，我国未来将建立智能船舶、智能航保等智能航运试点。

（二）当前智能船舶存在哪些发展难题

一是在观念上，一些企业还在长期发展和短期效益之间徘徊不定。当前航运市场持续不景气，很多企业认为智能化转型必将增加企业盈利压力，无法坚定智能化转型决心。二是在技术上，目前面临原有设备系统与网络信息共享之间的矛盾。三是在标准上，目前船级规范对设备定义还停留在单个独立设备系统上，需要完善和修订。

（三）船舶工业智能化转型下一步的着力点

当前，共性技术、基础部件、关键技术供给不足是发展智能船舶的薄弱环节，依靠单个企业解决不了，要注意发挥行业内外力量，以重点项目为牵引进行研发和应用，补齐技术链与产业链短板；智能化的基础是数字化、网络化，接下来要建立互联互通的网络化工业生态，注重积累数据信息资源，提升智能船舶网络和信息安全防护能力；此外，还要在标准规范引领上下功夫，积极参与相关国际标准规范制修订，研究智能船舶标准规范体系建设，建立船舶总装智能制造标准体系。

资料来源：王政、韩鑫：《智能＋赋能船舶工业》，《人民日报》2019 年 4 月 23 日。
http：//scitech. people. com. cn/n1/2019/0423/c1007－31044489. html。

参考文献

［1］中国船舶工业行业协会：《2018 年船舶工业经济运行分析》，《中国船舶报》2019 年 1 月 9 日。

［2］王荣生：《船舶工业几代人的梦想变为现实》，《中国发展观察》2008 年 10 月。

［3］谭作钧：《铸剑卫海疆　跨越创辉煌——中国船舶工业发展 60 年》，《求是》2009 年第 21 期。

［4］吴秀霞：《船舶智能制造技术专项实施进展如何?》，《中国船舶报》2017 年 11 月 23 日。

［5］李毅中：《加快新旧动能转换提供高端供给》，《中国船舶报》2016 年 3 月 15 日。

［6］胡文龙：《2018 工业发展报告——船舶工业》，中国社会科学院工业经济研究所研究报告。

［7］中国船舶工业总公司办公厅政策研究室：《船舶工业的三次飞跃》，《当代中国史研究》1994 年第 4 期。

［8］中国船舶工业行业协会：《船舶工业 60 年》，《中国远洋航务》2009 年第 10 期。

第三十章　家电工业

提　　要

新中国70年发展历程，中国家电工业经历了改革开放前的起步与徘徊阶段，由于计划经济体制的束缚以及重化工业优先的发展策略，中国家电工业发展缓慢，技术水平落后。改革开放为中国家电工业的高速发展提供了难得的历史机遇，20世纪八九十年代，中国家电工业实现了从引进到吸收、从模仿到自主生产的蜕变。进入21世纪，经过价格竞争与市场筛选的中国家电工业更加注重产品的质量提升与技术研发，产业规模与生产效率进一步提升，产业国际化不断推进，目前中国已是全球最大的家电制造基地和出口中心。随着中国进入经济转型发展新阶段，中国家电工业也正面临供给侧结构性改革的调整，创新引领、品牌建设、技术服务、智能互联已成为中国家电工业实现产品结构升级的主要发展方向。未来发展中，人工智能以及5G技术将对家电工业产生深刻影响，家电企业的竞争将在历经价格竞争、技术竞争之后进入服务竞争阶段。家电企业的核心发展方向是为用户构建高品质的产品使用体验以及基于自身品牌的产品服务体系。

*　　　　*　　　　*

历经70年发展，中国家电工业经历了从无到有、从引进到吸收、从模仿到自主生产的蜕变。目前，中国家电工业已经形成庞大的生产能力，出口规模持续增加，品种日趋齐全，产品技术含量显著提升，家电企业积极参与全球市场竞争与跨国合作，产品与企业的国际竞争力进一步提升，中国已成为全球最大的家电制造基地和出口中心。

一、中国家电工业70年发展历程回顾

纵观新中国70年历程，以1978年改革开放为节点，中国工业发展进程可以分为两大阶段：一是传统计划经济体制下工业化道路时期，该阶段奠定了中国工业的基础，形成了比较完整的工业体系；二是改革开放以后的中国特色工业化快速发展时期，该阶段基本实现了中国从农业大国向工业大国的转变①。改革开放前，源于计划经济体制下重工业优先发展思路，以国有企业为主

① 陈佳贵、黄群慧：《工业发展、国情变化与经济现代化战略——中国成为工业大国的国情分析》，《中国社会科学》2005年第4期。

体的重工业成为新中国成立初期工业体系建设及工业生产能力提升的主导力量。改革开放后，经济体制改革与国有企业改革并进，国有工业企业工业总产值在工业总产值中所占比重持续下降，从而使以民营企业为主体的轻工业迅速发展，轻工业总产值占比由 1978 年的 43.1% 逐步上升到 1982 年的 50.2%，并长期维持在 50% 左右，直至 1999 年。作为轻工业的代表部门，家电工业的发展与改革开放前后轻、重工业发展侧重相关。改革开放前的家电工业在重工业优先发展的计划经济体制下缓慢前行，而改革开放带来的市场活力与开放引资为家电行业的发展提供了难得的历史机遇。中国家电行业在短短十几年间便走完了西方国家几十年的发展历程，中国成为世界重要的家电生产基地。

1. 中国家电工业起步阶段（1949～1957 年）

新中国成立初期是工业恢复及重建的关键时期，中国选择了一条与传统工业发展理论先轻工业后重工业所不同的工业化起步模式——重工业优先发展战略。在此背景下，中国家电工业为配合国民经济恢复，积极对旧的落后的经济结构进行调整和改造，其实质是调整公私经济关系，以巩固国营经济的领导地位为前提，公私兼顾，促使私营经济发挥作用。这一时期的家电工业发展主要有三条主线：一是通过国营接管及三大改造实现家电企业的国有化及家电工业的初步建立。接管及改造的企业包括三类：第一类是对国民党军工企业的接管，并在南京分别成立了“国营南京电照厂”“国营南京无线电厂”“国营南京有线电厂”，为中国电子电器工业的发展奠定了基础[①]；第二类是接管国内外民营资本企业，新中国成立以后，原有的家电民营资本逐步融入合作社经济体系，成为集体经济的一部分，并且因其人才及技术优势，成为新中国家电工业起步的重要力量，但随着中国计划经济的深入与“大跃进”的开展，这部分合作社经济逐步退出了历史舞台，外国资本电器厂则收归国有，成为新中国成立后首批家电企业的重要组成部分；第三类是接管国民政府时期引进的国外生产线，并在此基础上继续开展进口部件、国内组装的生产流程，直至家电产品的整机国产化。二是通过计划经济体制及集权式资源配给模式建立起军工厂式的家电生产体系。这一体系的建立既是对当时国内外局势发展的博弈结果，也是顺应计划经济时期重工业优先的必然之举。新中国初建之时，家电市场小，分散经营难成规模，资源、人才难以有效配给，而军工化生产可以在帮助企业实现技术提升的同时逐步推动民用电器的生产。一方面，以民用产品试验军用技术，实现了对国防工业的支持；另一方面，军工成熟的工艺、技术可以应用于民用电器产品生产，促进了家电产品质量的提高。三是通过统一调配，借助政策支持，扶持带动电器周边产业。由于经济相对封闭，生产资源紧缺、技术缺失，家电生产所需配套产业均需“自力更生”地逐步建立，在计划经济体制下，扶持模具产业、材料产业等上游产业的发展对新中国形成家电工业自产能力至关重要。

2. 中国家电工业曲折发展阶段（1958～1978 年）

“一五”计划结束后，国内外环境发生了巨大变化，中国开始独立探索工业化发展道路，期间“大跃进”和“文化大革命”对经济建设工作的冲击给中国家电工业的发展带来了严重影响。1958 年“大跃进”的两次高潮运动给中国家电工业造成了巨大的影响。在“浮夸风”思潮的影响下，家电工业完成了多项“第一”：中国第一台黑白电视、第一台彩电、第一台吸尘器、第一台窗式空调、第一台家用双桶洗衣机、第一台电饭锅、第一台面包炉、第一台电动剃须刀等先后试制成功[②]，电扇年产量达 13 万台，电熨斗年产量达 5 万只。需要指出的是，“大跃进”期间，中国家电工业虽然实现了多次“第一”的突破，但其生产是脱离市场而进行的政绩行为，产品也多难以实现量产，家电产量并未真正提升；相反，以“大炼钢铁”为代表的重工业的扭曲发展对家电工业的正常生产、经营造成了较大的影响，产品质量下降，市场供给难以满足。

“文化大革命”对中国的工业化进程造成了

① 于致田：《中国电子工业地区概览》（广东卷），电子工业出版社 1987 年版。

② 《中国电器工业发展史》，机械工业出版社 1989 年版。

不可忽略的负面影响，新中国的家电工业在“文化大革命”期间偏离了世界电子技术发展的主流轨道。“文化大革命”十年，大量科技工作者和技术研发人员脱离岗位，使家电设计与生产停滞。同时，“以阶级斗争为纲”的基本路线扭曲了家电工业发展的正确路线，家用电器的生产在“文化大革命”之始即被当作“为资产阶级服务”而受到批判与摧残。数据显示，1971 年，全国家用电器企业由 1965 年的 140 家减少到 72 家；品种规格由 300 个减少到 106 个，出口量明显下降。①

虽然受到较大的冲击，但是中国家电工业在这段时期内仍然取得了一定的发展，截至 20 世纪 70 年代末，中国拥有 7500 万台收音机②。电冰箱产量从 1956 年的 300 台增加到 1978 年的 2.8 万台；电视机产量从 1958 年的 200 台增加到 1978 年的 51.73 万台；录音机从 1957 年的 1100 台增加到 1978 年的 4.73 万台；电风扇从 1949 年的 2 万台增加到 1978 年的 137.8 万台。1978 年，家用洗衣机、房间空调器及吸尘器才开始生产，当年产量分别仅为 400 台。

20 世纪 70 年代末期，统收统支、集中管理、集中分配的计划经济生产模式开始松动，曾经一度脱离市场而生产的家电工业开始获得自主决策能力，企业从中央集中管理模式逐步转为地方管理，加之家电工业技术已经趋于成熟，无须国家带动发展，家电企业成为中国轻工业发展的排头兵。随着对外交流不断频繁，技术引进的障碍被打破，生产线及产品技术的不断引进，中国在改革开放前夕迎来了家电工业发展的机遇期。

3. 中国家电工业高速发展阶段（1978 ~ 1999 年）

1978 年改革开放，家电工业迎来发展机遇期。第一，为尽快扭转轻重工业发展过度失衡的问题，国家积极鼓励和推动轻工业建设，加快电子工业发展，为家电工业的快速发展提供了政策支撑。第二，由于国际形势发生转变，中国面临的内外部战争威胁明显减弱，军品需求大幅下降，加之中国巨大的民品市场需求，大量军品企业转向民品市场。由于家电工业的电子产品属性，多数企业在改革开放前属于军品服务企业，面对国家发展的重心向经济建设方面转移，更多的企业开始在国家政策引导及支持下开拓民用市场，形成了一批具备技术基础的家电企业。第三，计划经济体制下家电工业发展的滞后使家电产品市场供给存在巨大缺口，长期的消费抑制在改革开放后得到释放，为家电产业快速规模化提供了机遇。第四，为了保护民族品牌，国家支持自主研发、生产，1985 年 7 月，国务院将彩电和洗衣机、空调器列为第一批暂停进口和引进生产线的项目，电冰箱、洗衣机、空调器和电风扇被列为国家限制进口的机电产品，中国家电工业得以在相对宽松的环境中实现后发赶超。第五，20 世纪 80 年代初，由于国内消费结构的内在升级和国际示范的影响，家电产品开始进入居民家庭消费清单。巨大的潜在市场和前期政策扭曲导致的产出缺口，推动家电工业迅速发展，产量快速提升。

表 30 - 1 1978 ~ 1988 年中国家电产品产量及平均每百户拥有量

家电产品产量	1978 年	1980 年	1985 年	1988 年
家用电冰箱（万台）	2.8	4.9	144.81	757.63
家用洗衣机（万台）	0.04	24.53	887.2	990.2
电风扇（万台）	137.8	723.7	3174.6	3660.7
单相空调器（万台）	0.02	1.32	12.35	25.91
吸尘器（台）	4136	14816	88245	1829276

① 《中国电器工业发展史》编辑委员会编：《中国电器工业发展史（综合卷）》，机械工业出版社 1989 年版。

② 中华人民共和国工业和信息化部：《1949 ~ 2009 中国电子信息产业统计》，电子工业出版社 2011 年版。

续表

家电产品产量	1978 年	1980 年	1985 年	1988 年
电熨斗（万只）	91.11	501.32	1191	2186.60
电饭锅和电热蒸煮器具（万个）	3.64	20.36	511.85	604.97
收音机（万台）	1167.7	3003.8	1600.3	1548.9
电视机（万台）	51.73	249.2	1667.66	2505.07
录放音机（万台）	4.73	74.34	1393.1	2540.40
家电产品每百户拥有量	1981 年	1985 年	1988 年	
电风扇（台）	42.62	73.91	117.51	
洗衣机（台）	6.31	48.29	73.42	
电冰箱（台）	0.22	6.58	28.07	
黑白电视机（架）	57.06	66.86	59.22	
彩色电视机（架）	0.59	17.21	43.93	
录音机（架）	12.97	41.16	64.16	

资料来源：《中国工业经济统计年鉴》（2017）、《中国经济统计年鉴》（1990）。

如表 30－1 所示，各主要家电产品在改革开放之后的十年间实现了指数式的增长，且呈现产品技术深化的趋势。洗衣机和空调这类大家电成为增长最快的产品，而收音机等技术含量较低的产品逐步进入生产稳定期，增速放缓。同时，从需求端看，这一阶段家电产量的快速增长已不再是脱离市场的“虚假繁荣”，而是基于市场需求的经济行为。各类产品的每百户拥有量都显著提升，且居民对于品质的要求也在同步提升，十年间，黑白电视的每百户拥有量几乎不变，而彩电则以年均 71.39% 的增速提升，与电冰箱共同成为居民需求最为迫切的产品。但同时应注意到，放开的市场不仅带来了生产力的释放，也带来了过度的市场竞争和重复生产。需求市场的急速扩张与消费者选择能力有限，为生产厂商提供了卖方市场，过度强调数量扩张的生产企业多是简单引进外国生产线的复制性生产，并从中快速获利，产品趋同性严重。而更为严重的是，高度同质性的企业如雨后春笋般争相进入市场以争取能够抢占市场先机，卖方市场的特性也缺乏对企业行为的甄别与筛选，从而导致家电工业产品产量急剧增加的同时产品质量提升不足与企业发展异质性的缺失。1984 年，全国电冰箱生产厂家已达 116 个，且有 56 个项目在谈，引进生产规模达 1350 万台，超过 1997 年全年产量的 29.26%。1985 年，国家划定了 41 家电冰箱生产企业，但 1988 年再次突破 100 家，其中 51 家从 13 个国家引进 60 多条生产线，年产量可达 1500 万台，超过 1997 年全年产量的 43.62%①。与此同时，行业集中度持续下滑。以冰箱产业为例，业内前四位企业产量占比持续下降，行业集中度从 20 世纪 80 年代初期的 74.5% 下降到 80 年代末的 29.9%，过剩的产量与缺乏甄别性的产品市场为下一阶段家电工业调整与发展模式的转变埋下了伏笔。

20 世纪 80 年代家电产业的高速增长致使市场迅速饱和，供过于求的现象较为严重，自 1988 年长虹掀起第一次价格战到 20 世纪末，家电企业通过简单引进、仿造的生产模式已经无法满足消费者需求，劣质和缺乏个性的产品开始被市场所淘汰，质量的提升、设计的升级逐步成为企业竞争的核心要素。前期过低的市场壁垒必然带来本时期激烈的市场竞争与惨烈的市场淘汰，如表 30－2 所示，20 世纪 80 年代末至 90 年代，除空调行业外，各类主要家电产业生产企业数量均未再有明显增加，洗衣机和电扇行业生产企业数量甚至出现明显下降，中国家电工业进入产业调整期。90 年代开始，厂商进入基本停止。其原因有

① 刘世锦、江小涓：《竞争性行业如何实现生产集中——对中国冰箱行业发展的实证分析》，《管理世界》1996 年第 1 期。

四个：一是随着家电产量的迅速提升，原本巨大的市场空白被迅速填补，家电市场从供不应求变为供过于求，继续扩大规模的经济效益十分有限，新进入厂商已经失去在位厂商早期进入时的利润空间；二是伴随居民收入水平和生活质量的提升，家电产品从奢侈品变为生活必需品，居民家电消费观念发生了根本变化，对产品质量与外观设计要求的提升使家电品种企业间的竞争从生产规模的竞争转向产品质量与产品特性的竞争，企业进入壁垒与产品技术要求不断提升，简单的引进—复制型生产已无利可得；三是经过十年的市场竞争，中国家电工业已形成一批实力较为雄厚的知名企业和名牌产品，产业龙头对市场秩序的稳定起到推动作用，对新进入者的要求随之提升；四是经过价格战的“洗礼”，家电企业都不同程度地受到影响，企业间的优胜劣汰使新企业进入市场的意愿受到抑制。

表 30－2 家电生产企业数量变化

单位：家

	1987 年	1988 年	1989 年	1990 年	1991 年	1992 年	1993 年	1994 年	1995 年	1996 年
洗衣机	154	147	126	112	104	100	89	97	92	94
电冰箱	180	238	256	237	204	215	59	182	191	207
电视机	317	325	364	351	329	314	298	302	310	302
电风扇	525	470	443	442	442	403	180	271	323	307
房间空调器	83	99	128	135	147	177	293	337	433	431

资料来源：据历年《工业统计年报》整理而得。

自改革开放到 20 世纪末，中国家电工业实现了高速增长：1978 年，家电工业年产量分别仅为房间空调器 200 台、家用洗衣机 400 台、吸尘器 4136 台、电冰箱 2.8 万台、录音机 4.73 万台、电视机 51.73 万部（其中彩电仅 3800 部）、电风扇 137.8 万台、收音机 1167.7 万部；到 1999 年，家电工业销售额已突破 1500 亿元，拥有各类家电企业 2675 家，电冰箱、洗衣机、房间空调器、彩电的产量分别占世界产量的 16%、24%、30% 和 29%，仅次于美国、日本，成为世界第三大家电工业国。

4. 中国家电工业提质转型阶段（2000～2010 年）

经历了 20 世纪 80 年代的高速发展和产能的快速扩张以及 90 年代价格战的筛选，进入 21 世纪的中国家电工业选择了更加理性的发展思路，品牌建设与质量升级取代简单的产能扩张，技术竞争取代价格和成本竞争，个性化和精致化产品取代粗线条的产品。21 世纪的前十年，是中国家电深化发展，从数量型扩张到质量型深化转变的十年。由于“家电下乡”“空调器节能惠民”“以旧换新”等政策的推动，中国家电工业经历了“黄金十年”，也顺应时代变化做出调整。

21 世纪，中国家电工业的发展阶段与所处的发展环境都发生了深刻变化。第一，家电工业已经形成规模，产能持续增长。截至 2008 年，全国已经形成 2000 家规模以上家电企业，近 30 种家电产品的产量居于全球首位。其中，电冰箱、洗衣机的产量占全球 40% 以上，空调、微波炉的产量占全球的 70%，小家电的产量已达全球的 90%，中国世界家电制造业中心地位已初步形成。第二，随着中国加入世界贸易组织及关税下降，中国家电企业将直面国外厂商的竞争。一是国外各家电厂商开始向中国战略转移，在华设立研发中心及生产基地；二是国外品牌通过降价开始抢占中国市场，依托自身技术与价格双重优势，对国内家电厂商展开竞争。第三，家电市场需求结构发生深刻变化。一是传统家电市场出现饱和。2000 年，城镇家庭平均每百户拥有彩电、洗衣机、电冰箱、空调和热水器分别为 111.6 台、90.5 台、80.1 台、30.8 台和 49.2 台，出现不同程度的饱和。二是高端产品家电消费与传统产品更新换代促进家电销售规模持续增加。随着居民可支配收入水平的提升，居民对家电产品品质与技术含量的要求不断增强，更加智能、环保、便捷的家电产品受到青睐，加之传统家电产品的更新换代，国内消费市场仍具有较大的上涨空间。三是中小城市、农村乡镇成为家电消费的重要推动力。随着中国城市化进程的加快与中心城市市场逐步饱和，家电市场迅速向中小城市转移，2007 年“家电下乡”政策的实施有效地拉动了农村家电产品的销售。以 2008 年为例，山东、河南、四川三个开展“家电下乡”试点工作的省份的销量提升速度比其他地区快 30% 左右，辐射农民 1.67 亿人，全年销售额超过 40 亿元。第四，家电行业成本较高，企业运行风险增加。作为中国市场化程度最高的行业，成本上升主要缘于以下三个方面：一是伴随 21 世纪前十年中国经济的高速增长，人民币持续升值，提高了家电工业的出口成本；二是家电制造原材料价格上涨提高了家电工业的生产成本；三是中国劳动力价格不断提升，作为劳动力密集型产业，劳动力价格的上涨给家电工业造成了不小的压力，2008 年新劳动合同法的实施使企业劳动力成本进一步上升。第五，2008 年全球金融危机的爆发对中国家电出口产生了较大的影响。如图 30－1 所示，各主要家电出口金额月累计增速在 2008 年末期开始出现了明显的负增长，直至 2010 年初才转为正向增长。

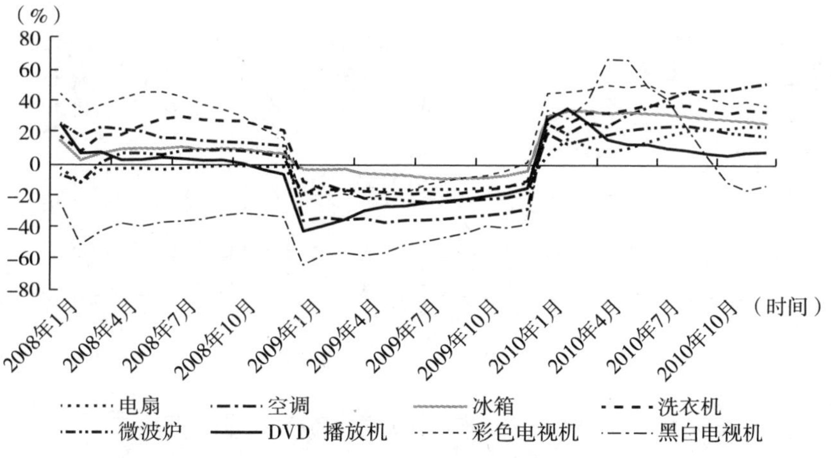

图 30－1　中国家电出口金额月累计增速变动（2008 年 1 月至 2010 年 12 月）

资料来源：Wind 数据库。

为能有效地应对国内外经济环境变化带来的挑战和抓住新的发展机遇，家电企业积极调整发展策略。第一，家电企业逐步重视科技研发能力和产品设计水平的提升。经过价格战和市场淘汰的家电工业，市场集中度不断提升，核心厂商已经意识到只有技术创新才是产品保有成本优势和市场优势的前提，是竞争中谋生存的关键。越来越多的企业加强了产品的研发力度，信息化、智能化、个性化的产品比重不断攀升。第二，持续实现产品结构升级。不打价格战，走高端战略几乎是各企业一致的竞争策略。主要家电行业产品集体提价，依托产品高附加值与高质量满足客户对于中高端产品的需求。第三，产业转移，家电生产企业向内陆及三、四线城市转移。由于生产成本的持续提升及劳动力供给下降，家电业成为中国产业转移的主要领域，第二阶梯省份成为接收产业的重点领域。2007 年，中国主要家电市场的爆发式增长主要缘于三、四线市场的需求拉动。第四，行业内的重组和整合将趋于活跃。为应对市场日趋激烈的竞争，各企业间打破国有、民营与外资的界限，整合与合作不断加强。第五，把控销售环节，整合销售渠道。家电行业大型连锁店的地位与网上销售比重不断提升，有效减少销售环节，节省销售费用，销售形式逐步专业化、定制化与差异化。第六，加强国际合作，由引进转向出口。随着中国家电企业国际竞争力的提升与中国改革开放的深入，中国家电企业不断融入国际市场，加强同国外资本与家电巨头的合作，拓展国际市场，持续提升产品的国际竞争力。第七，抢占农村市场。自 2007 年推行家电下乡政策至2010年的三年间，农村市场对冰、洗产品的需求快速增加，冰箱产品在农村地区的百户拥有量提升了19.1台，是过去农村居民家庭冰箱平均年普及率的4倍。①

5. 中国家电工业进入经济发展新阶段（2011年至今）

随着中国进入经济发展新常态以及家电消费刺激政策的相继取消，中国家电工业也逐步进入转型发展新阶段，技术创新、产品结构升级、智能化、数字化发展以及品牌建设成为中国家电工业发展的主攻方向。这一时期的中国家电工业进入调整周期，呈现出转型发展的特征。

首先，伴随中国经济进入新常态、家电消费刺激政策结束以及居民家电保有量的逐步提升，家电市场需求放缓，中国家电市场进入调整阶段。如图30－2所示，在2011年达到最高值（30.93%）后，中国家电产品零售额增速迅速下滑，常年保持在10%～15%，2018年增速仅为2.08%，家电业进入低速增长期。从分类产品看，传统品类增速下滑，新兴品类不达预期。彩电、洗衣机、空调、热水器受市场饱和经济增速下滑等因素影响均面临较为严峻的市场挑战，生活电器稳健增长，体现品质和改善类需求的小家电产品持续增长，洗碗机、吸尘器等健康电器仍然快速增长，但增速也开始下降。

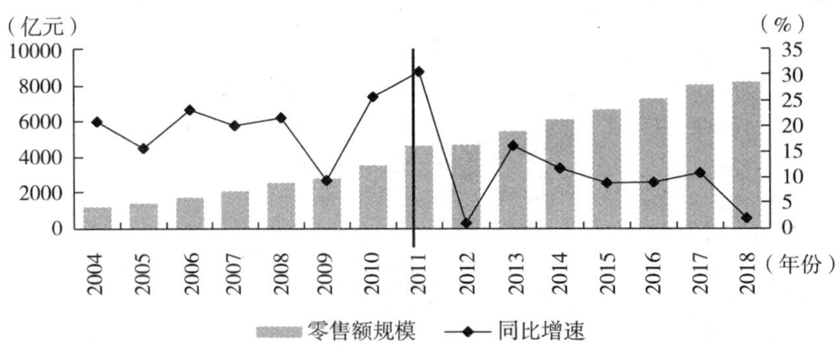

图30－2 中国家电工业零售额及同比情况（2004～2018年）

资料来源：国家统计局。

其次，家电市场产品升级趋势明显。随着人民对于生活质量要求的提升以及市场竞争的加剧，各厂商不断升级产品以期抢占市场，家电产品升级呈现六大特征。一是高端化和品质化，体现在价格产品的渗透率逐渐提高；二是大尺寸化，如55英寸以上彩电、400L以上冰箱、8.1KG以上洗衣机、19m^{3}超大风量抽油烟机等产品的市场占有率不断提升；三是智能化，智能化已经成为家电市场不可逆转的发展趋势，尤其近年来白色家电智能化趋势显著；四是美观化，为赢得用户的青睐，中国家电产品的外观设计也在不断追求美观与典雅；五是节能化，随着节能理念深入人心以及国家新节能政策的推出，家电节能之风持续上扬；六是健康化，健康已经成为家电企业竞争的重要领域，且伴随人们对于自身健康程度的不断关注，未来家电健康化趋势将更加明显。

最后，中国家电业销售渠道发生深刻变革。数据显示，一直作为零售行业风向标的连锁百强近年来市场发展开始驶入“下行道”，增长速度从2010年的21%下滑至2015年的4.3%；同时，电商销售占比不断攀升，截至2018年，电商销售家电产品占市场总规模的33.5%，而十年前，这一比重仅为0.6%（见图30－3）。② 面对电商的挑战，实体渠道开始使用大数据进行库存调配与管理，完善营销、体验、物流、安装、维修、售后等内容，做好“最后一公里”，提升服务质量。

① 何继琼：《2011家电行业理性回归增速放缓属常态，逆境中促转型》，《家用电器》2012年第4期。

② 中怡康：《提升家电产品内力　迎接消费升级时代：2016中国家电市场盘点及2017年预测》，《家用电器》2017年第1期。

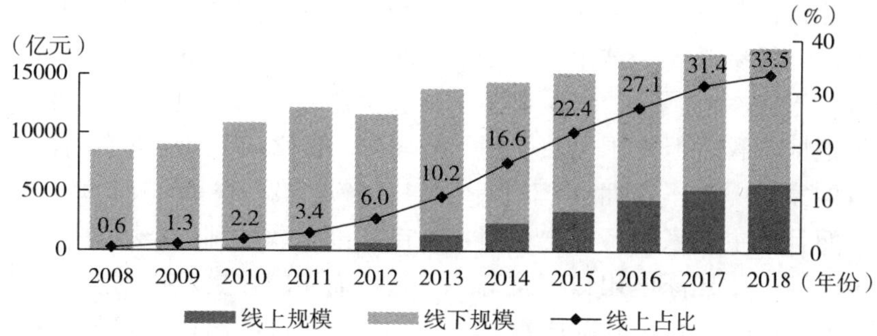

图 30－3　中国家电销售线上线下占比变化

资料来源：转引自中怡康：《提升家电产品内力　迎接消费升级时代：2016 中国家电市场盘点及 2017 年预测》，《家用电器》2017 年第 1 期。

二、中国家电工业的主要成就与经验

1. *中国家电工业发展成就*

经过 70 年的发展历程，中国正逐步从工业大国向工业强国转变，中国家电工业已在全球加工生产与出口贸易中占据重要地位，成为世界最主要的家电制造基地之一，品牌建设与企业竞争力建设初显成效，家电企业积极参与跨国并购、合作与国际竞争，成为世界最主要家电出口国。在改革开放的不断深化中，中国家电工业已融入全球经济，国际竞争力初现。

（1）中国已成为世界最重要的家电制造中心。2001 年加入世界贸易组织后，全球消费电器及消费电子产业链迅速向中国转移，中国已经成为全球生产基地。如图 30－4 所示，2017 年，中国微波炉、空调、冰箱、油烟机的产量均超过世界产量的 50%，分别占到 86%、73%、55% 和 62%，且占比较 2008 年进一步提升，在过去的十年中，中国家电工业作为世界工厂的地位进一步加强。数据显示，2017 年全球主要家电生产规模为 75284 万台，而中国产品多达 42318 万台，占总体的 56.2%。

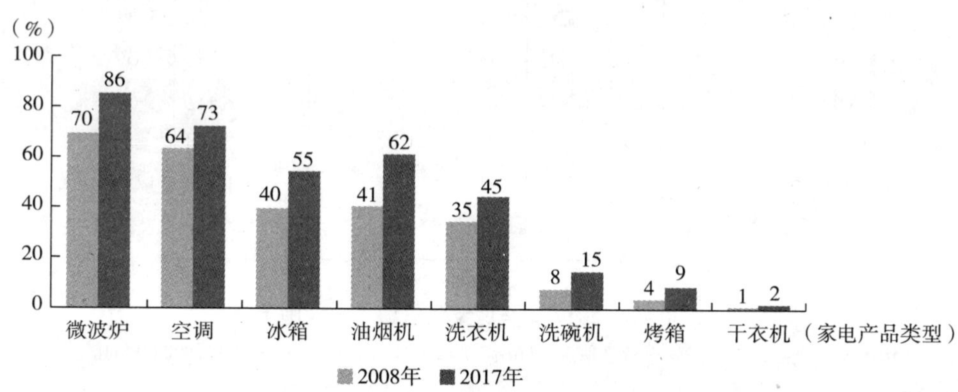

图 30－4　中国家电产品全球占比

资料来源：Euromonitor 数据库。

（2）中国已经成为世界最主要的家电出口国。中国家电从模仿、跟随到自主创新，从简单加工到全品类、全产业链覆盖，从低端代工生产到品牌享誉世界，生产、贸易规模全球第一。如图 30 -5 所示，虽然由于成本的提升，家电制造基地开始向东南亚等地区转移，但中国仍然是世界最主要的家电出口国家，中国不仅拥有全球超过半数的家电产量，而且各主要家电产品出口量均位列世界首位。2017 年，中国家电出口占全球家电出口额比重达 38.0%，小家电出口比重达 46.4%，在大家电市场增长乏力之时，小家电成为拉动中国家电工业发展及出口的主要力量。2017 年中国家电出口增幅最快的 5 类产品分别为吸尘器、电动剃须刀、电动理发器、电暖气和咖啡机/电水壶，增速分别达 18.3%、16.1%、13.1%、12.2%和 11.1%。从产业转移来看，东南亚国家家电业主要集中于大家电的代工与制造，而中国在更具技术含量与更高产品附加值的小家电生产和出口中仍然占据主导地位，这也是中国未来家电工业发展的重要推动力之一。

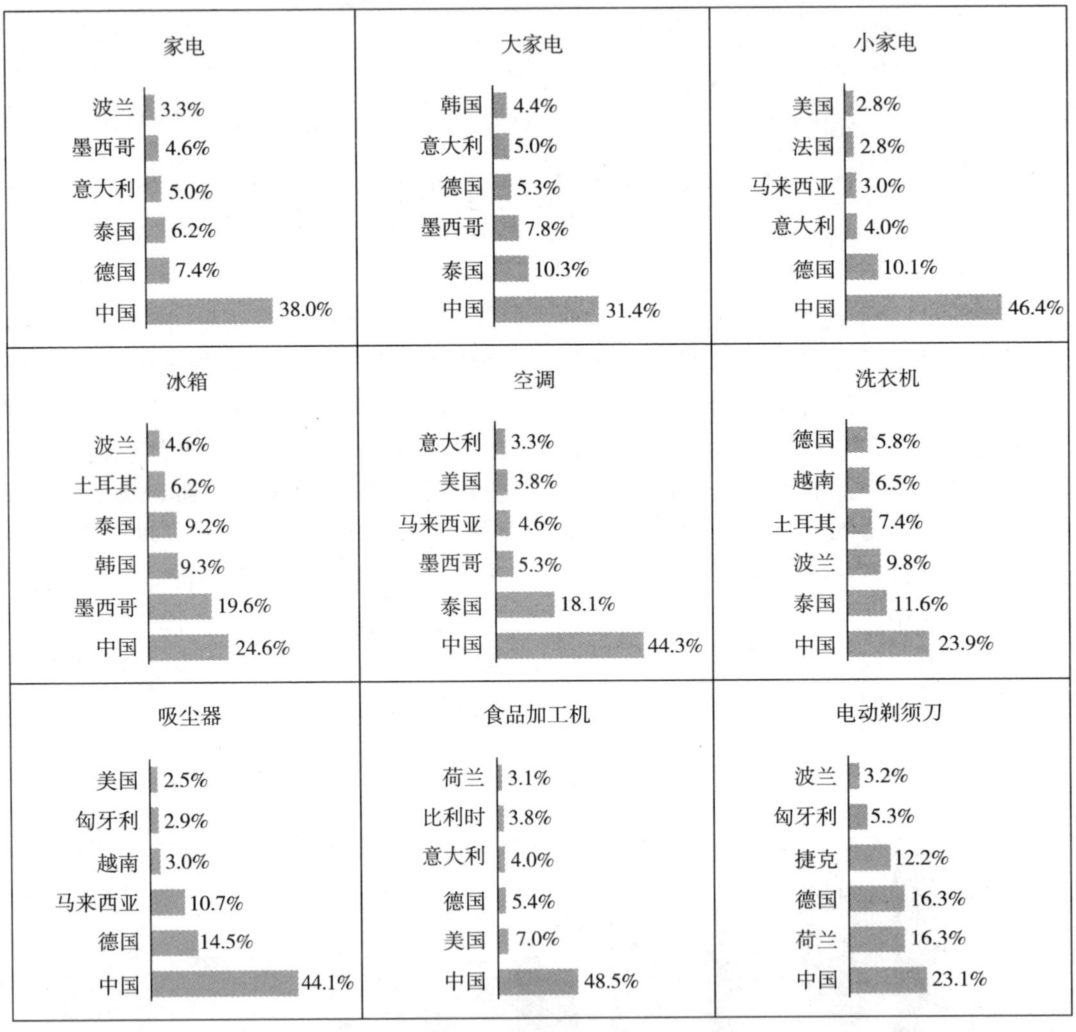

图 30 -5　2017 年全球家电出口 Top 6 国家

资料来源：中国家用电器协会：2017 全球家电贸易情况，http：//www. cheaa. org/contents/116/8024. html。

（3）中国家电企业“走出去”战略成效显著。在改革开放的推动下，中国家电工业成长起一批具有国际竞争力的龙头企业，在龙头企业的带领下，中国家电企业积极融入国际竞争，在吸收—创新的过程中逐渐提升自身研发能力与制造水平，在全球竞争中开始崭露头角，积极参与国际合作，开展跨国并购，形成了一批典型跨国案例，改写了全球家电产业版图。近年来，中国企业掀起了一批海外并购热潮，2018 年 4 月，九阳收购 SharkNinja（Hong Kong）Company Limited 所持有的尚科宁家（中国）科技有限公司 51% 股权，引入美国吸尘器品牌 Shark；8 月，欧盟正式批准中国海信并购欧洲家电巨头 Gorenje；9 月 28 日，海尔集团以 4.75 亿欧元正式收购意大利家电巨头 Candy 100% 股份。[①] 作为品牌“出海”的代表，海尔、海信等企业通过海外建厂、合作以及体育营销等方式，不断提升国际影响力。2017 年，海尔以 10.5% 的市场份额位列全球家电零售量第一，这也是海尔第 9 次蝉联全球第一。[②]

（4）中国是全球最大的家电消费市场。中国人口基数巨大，经济总量位居世界第二，拥有巨大的市场规模及潜在市场空间，随着中国经济的持续发展与居民可支配收入的不断提高，中国已经成为全球最重要的家电消费市场。2017 年，中国市场销售的消费电器及消费电子产品约占全球总销售额的 30%（见图 30－6），而 2008 年这一比例仅为 13%。以空调产业为例，2017 年中国空调的产量约占世界总产量的 73%，中国的内销量约占世界总销量的 57%。对于中国的空调制造商而言，其 2017 年销售的空调中约有 64% 用于满足国内需求，其余的 36% 用于出口。

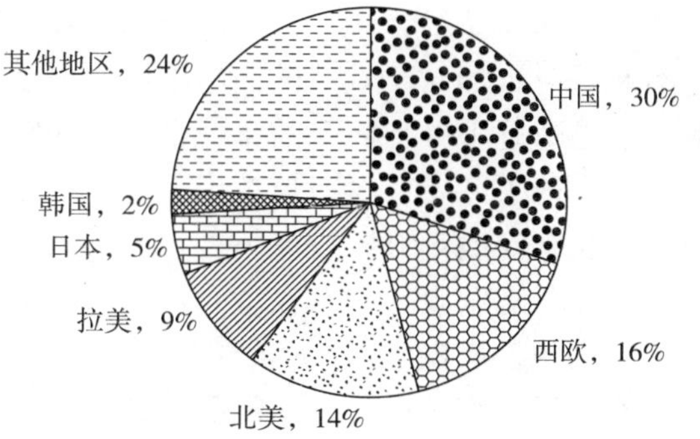

图 30－6　2017 年世界主要地区家电产品销售额占比

资料来源：Euromonitor 数据库。

（5）中国家电工业已形成自主研发能力。近年来，中国家电工业产品与企业的竞争已成为研发能力与技术装备水平的竞争。面对日趋严峻的全球经济环境以及更加激烈的家电市场竞争，中国家电企业——尤其龙头企业——坚持创新变革与产品整合升级，坚持以市场为牵引、以客户为中心、以高技术为依托，不断推动技术创新、产品结构升级与生产效率提升；积极与互联网、移动通信、人工智能、数字技术等产业融合，加大智能产品的开发力度，依托现代信息技术提升管理效率与物流配置效率，推进商业模式变革和全价值链运营模式创新。中国家电工业 2016 年全年研发投入总额为 193.9 亿元，同比增长 5.7%，平均研发投入强度为 3.3% 左右。龙头企业积极进行全球研发资源布局，建立开放机制和平台吸引全球一流资源参与研发。截至目前，海尔在全球已拥有十大开放式研发中心，美的在全球 8 个国家设立了 17 个研发中心。在创新趋势与研发投入的推动下，中国家电产品实现结构升级，变频、大容量、智能等中高端产品市场份额迅猛增长；节能减排、环境保护工作不断实现突破，家电能效水平持续提高，行业整体节能环保水平已达到国际先进水平。技术创新也为中国从家电制造大国向家电制造强国的转变提供了有力保障，更加具备全球竞争力的家电企业积极参与全球产业链资源整合，自主品牌出口规模持续增长。

2. 中国家电工业发展的主要经验

回顾中国家电工业的发展历程，其之所以能

① 凌慧：《2018 中国家电行业年度大事件》，《家用电器》2019 年第 2 期。

② 《家电蝶变折射中国制造崛起》，中国经济网，2018 年 10 月 30 日。

够在如此短的时间内实现令世人瞩目的成就：一是改革给非公经济打开市场准入的大门，以轻工业及私营经济为主体的家电工业在市场化改革进程中摆脱了旧有体制的约束，作为市场化程度最高的领域，家电企业率先成为具有独立法人资格的市场行为主体；二是借助开放的东风，中国家电工业积极融入国际市场、参与国际竞争，从生产线与生产技术的引进，到仿制与自主研发，再到海外并购与积极参与国际家电行业规则制定，中国家电工业的崛起始终遵循国际惯例与市场规则，始终敢于和善于参与国际竞争，从“开门迎客”转向“走出国门”；三是有效利用中国巨大的家电消费市场，中国人口基数巨大，加之长时期的消费抑制，需求强度极其强烈；四是始终重视技术创新与产品结构升级，不断适应市场对于产品要求的升级，使行业技术水平迅速赶上并保持国际领先地位，提升企业的综合竞争力。

（1）乘改革之东风、抓开放之机遇。改革开放后，工作重点转移到社会主义现代化建设上来，“加快发展轻工业”成为主导思想，家电工业借助改革开放之契机，迅速发展并形成完善的研、产、销体系，可以说整个家电工业的发展是伴随着改革开放的深入而实现的，改革开放开启了中国家电工业从赶超到引领世界的征程。第一，改革开放所释放的经济红利使中国家电企业体制、机制得以转换并成功进入市场，家电行业也成为中国市场化程度最高的领域，灵活的市场运行机制增强了家电企业的活力。自 20 世纪 80 年代起，家电企业便摆脱了计划经济体制下的管理和运作模式，市场的开放与私营经济的准入使更多的家电企业进入，并推动家电市场竞争程度的提升，完全竞争的市场为中国家电市场实现优胜劣汰、产业集聚提供了沃土，在竞争中脱颖而出的企业拥有行业领先的技术与产品，具备与国外企业竞争的资本与优势，从而为中国家电工业融入全球竞争、引领行业标准奠定了基础。第二，开放的国门与中国巨大的市场空白吸引国外家电企业投资，也使中国通过承接产业转移与技术引进快速构建起家电工业体系并形成生产规模。20 世纪 80 年代开始，西方主要经济体将产业发展重心向 IT、通信等新兴产业领域转移，适逢中国改革开放与家电工业快速发展，以此为契机，全球家电工业的重心开始由欧美转向中国、韩国、新加坡、印度尼西亚等亚洲国家。中国家电工业借助国际产业转移之契机，通过引进设备、生产线及生产技术，逐步实现了家电零部件组装向整机生产，再向自主研发的发展过程。第三，开放的市场与灵活的经营模式使各类所有制经济得以进入家电市场，多种经济成分共同参与竞争，既有国内民营、国有企业之间的竞争，又有国内家电企业与外商投资企业之间的竞争，极大地增强了家电企业的活力与生机，推动形成了一批知名大企业和知名品牌，为中国企业走出国门打下坚实基础。

（2）尊重市场、建设品牌。中国的家电工业是国内最先尝试市场化运作的行业之一，也是目前国内市场化程度最高的行业之一。市场经济下的家电企业，其发展主要依靠企业自身的市场竞争意识，强化技术、人才、管理、品牌建设和市场拓展，按照市场规律运作，在竞争中求发展。家电企业普遍注重品牌形象的建设与宣传，品牌的维护是基于产品品质与用户体验之上的，无论是产品设计还是产品销售，都需要通过用户体验来达到这一目的，“懂得消费者”的产品才称得上“好产品、好品质”。家电市场集中度的不断提升也反映出市场的名牌趋势，彩电、冰箱、空调、洗衣机等领域，几乎全是 20% 左右的品牌垄断了 80% 左右的市场。在激烈竞争中生存下来的中国家电企业明白，意欲求得生存和发展，就必须在生产、服务、经营等一切企业行为中融入名牌意识；要参与国际竞争，就要以更高的标准树立更良好的形象。品牌价值是产品的核心价值，若无法建立起自主品牌，仅靠贴牌生产、组装加工和代工出口等生产方式，中国的家电工业也只能在产业链的低端徘徊，而高起点、高定位的中国家电工业得以站在家电工业价值链的中高端，也与自身注重品牌建设相关。随着家电市场竞争日趋激烈，获得市场就能赢得用户的青睐，中国家电企业始终以市场需求为导向，以满足消费者对于生活品质的要求为推动力，通过构建“产品 + 服务”的品牌形象吸引消费者，从而赢得市场竞争。

（3）技术引领产业结构升级。中国家电工业在经历前期价格竞争的阵痛后，已经认识到技术竞争是市场竞争的核心，在发展中不仅重视对引进技术的吸收，而且更加注重对自有技术的研发与自主产品的升级。近年来，随着市场竞争的激烈以及消费者对家电产品质量与科技含量要求的提升，各家电企业不断加大研发力度，构建起拥有自主知识产权、自主产品开发、自主研发团队的研发体系，引领市场标准，满足市场消费的升级。面对不断升级的消费市场，以用户为中心，推动技术创新、产品升级与效率提升，加大智能产品开发与电商渠道布局，推进商业模式变革和全价值链运营模式创新，成为行业持续增长的核心动力所在。在技术引领产品、创新决定竞争的发展思路下，中国家电工业不断壮大，家电企业自主研发能力不断提升，家电产品从满足人民生活的必需品逐步向满足人民美好生活与品质享受转型。部分家电企业已经在国际竞争中崭露头角，部分产品已开始引领国际标准，为中国家电工业在国际竞争中赢得主动权提供了技术保障。

（4）产业集群形成规模效应。中国家电工业发展过程中，逐步形成了以山东青岛、广东顺德、宁波慈溪和安徽合肥为主的四大家电产业集群。其中，青岛是依托于国有企业所形成的产业规模和技术优势而逐步建立起以海尔、海信等大企业为主体的家电产业集群，通过技术创新不断扩大核心竞争力，积极参与全球竞争，利用高端产品引领行业趋势；顺德产业集群缘于乡镇企业的发展，目前，企业数量和企业规模均居于全国前列，形成格力、美的等龙头企业，通过对接上下游产业，形成全产业设计、制造基地，并逐步由家电制造基地向家电贸易中心、总部基地和创新中心转型；慈溪家电产业集群的发展更多地源于市场规律、地区经商文化和企业家精神，形成了一大批小家电企业，并积极加强产品创新升级、智能化发展和品牌建设，已从初期的零配件生产转向整机生产，从依靠外贸向内外贸并举转变；合肥家电产业集群得益于承接产业转移，依托要素成本和资源优势，结合本地区优质的科教资源，逐步建立起产业链较为完整的家电产业集群。综观四大家电产业集群，其形成主要受到以下因素的影响：一是地方政府政策支持，并为企业提供服务，依据本地区资源与区位优势组建产业基地，建立技术创新、管理和培训服务平台，引进中介企业及上下游公司进入；二是集群内形成了完整的家电生产配套设施，涵盖原材料、资本、劳动、技术等要素市场；三是集群内成长出一批中介服务公司和机构，为集群内企业提供法律、政策、生产经营活动等的服务，同时具备企业集聚所需的支持机构、大学、科研机构、金融机构等。

三、中国家电工业未来发展趋势

目前，中国已进入经济转型新阶段，中国家电工业升级趋势明显。未来，家电工业发展模式将会有深刻的变化，推动产业转型升级、加快产品质量和效益的提升，引导家电企业既要重视当前应用型技术的研究和利用，又要加大对基础性和前瞻型技术的研究投入，引导家电企业既要满足大众化和中低端市场需求，也要瞄准个性化和中高端市场需求，通过实行供给侧改革，改变过去有供给无需求、供给体系效率低而影响需求和有需求无供给的供需错位局面①。

1. 行业调整由需求侧转向供给侧

中国的社会主要矛盾已经发生根本性转变，人民对于美好生活的向往推动生活质量与消费水平的双提升，进而对产品质量与产品技术含量的要求更加严格。家电工业在市场逐步饱和之后，也已经面临供给侧调整局面，一方面，附加值低的中低端家电品种产能过剩，库存高企；另一方面，高品质的产品供给严重不足。前期中国家电工业激励政策的着力点在需求侧，无论是“家电下乡”“节能惠民”与“以旧换新”政策，还是

① 孙芳：《“供给侧”改革之中国家电产业问题剖析及前景展望》，《家电科技》2018 年第 9 期。

企业主导的促销战、价格战，均以刺激消费为目的。但随着行业市场逐步饱和，人民对于产品需求结构不断升级，家电工业调整的着力点已由消费侧转向供给侧，淘汰落后产能，去除冗余库存，积极应对产业与产品升级，开辟消费市场新需求。第一，中国家电市场将进一步细分，企业根据不同消费市场而确定不同的产品供给。第二，家电市场向二、三线市场及中小城镇转移，产品配置将更加均衡。第三，落后产能和冗余库存逐步淘汰，企业加大对高品质产品的供给力度，不断提升自身产品的核心技术与市场竞争力。第四，产品不断升级，人民对于美好生活的需求与现有家电产品不能有效地满足人民对品质生活追求的矛盾将逐步缓解。第五，家电工业逐步与互联网产业融合，在产品技术与销售渠道上更多依托互联网与大数据技术，实现家电企业定制化的发展模式。第六，家电企业更加注重个性化定制、柔性化生产和工匠精神的培育，增品种、提品质、创品牌，做让消费者信赖的产品，助力中国家电工业智能化的“中国智造”。

2. 智能家居引领家电发展趋势

时下，很多传统家电产品在性能上已触碰到了“天花板”，急需寻找新的市场替代空间。在此情境下，携各种新科技于一身的人工智能便成为行业发展所望和趋势。据测算，到2020年，全球人工智能系统将为家电企业带来超过450亿美元的收入①。未来智能家居的发展趋势将从单品家电的智能化向多品智能互联化转变，由控制单一设备向通过移动终端控制多个不同设备转变。家电领域也必然开启一轮智能设备与控制设备之争，智能家居最终的发展阶段是实现系统自学控制化，智慧系统可以根据用户定制需求或者学习用户使用习惯，为用户控制智能家居设备。整体来看，智能家电的发展趋势形成“点—线—面”发展方向，由独立个体智能向全互联设备智能，最后交由可自学控制的智能系统集成，来综合控制所有智能家居，实现智能化控制。随着人们对于智能产品需要的提升，未来智能家电市场潜力巨大，新一轮的产品设计将推动家电产业的再次升级，智能家电将逐步普及，且通过互联的智能家电将渗透居民生活各方面，未来的几年将是智能家电实现普及和智慧互联的关键时期。

3. 中国家电工业迎来5G时代

信息时代，信息技术的升级与变革给社会和产业带来巨大影响，中国家电工业在4G时代完成了智能化、数据化和网络化的探索与起步，大数据、物联网等概念成为家电行业主流，智能家电以及在此基础之上所形成的智能家居正逐步普及，智能产品也已经成为各家电厂商下一阶段发展的重心。5G时代的到来将推动信息交互速度质的提升，高速率也将成为家电行业的必要条件，如5G技术使高分辨率视频源将不再受速率限制。除了速率的提升，5G也将改变家电智能化，在物联网及大数据技术支持下的智能家电，通过5G技术将使未来家电更准确、快速地获得数据支持，其智能化程度也将大大增加，为用户带来更具人性化的智能服务。数据显示，到2020年，全球将有500亿台智能互联设备，并产生每年44ZB的数据。5G将成为海量数据需求的处理中枢，帮助每一位消费者提供低延时、多场景、家电联动、高效数据交互等相关服务，形成以5G为基带的智能家庭环境，进而带动整个家电产业的高速发展②。

4. 服务消费趋势明显

持续的技术研发与对产品品质的重视，中国家电的产品功能、技术革新、造型设计等都已经有了质的提升。但是，中国消费市场也在持续升级，人们对于家电产品的消费已远不止生活必需品的需求，而是对美好生活的追求。消费市场对于家电产品的品质也有了全新的定义，在技术含量之外，更加倾向于产品给用户带来的体验感官以及产品全销售流程为用户提供的服务质量。在激烈的市场竞争中，中国家电企业分别经历了价格竞争阶段和技术竞争阶段，但家电产品非高新技术产品属性的自身缺陷以及现阶段市场普遍达到饱和的情况下，技术提升的空间并不大，而为产品建立一套完善的消费服务体系，将是下一阶段家电行业竞争的核心——服务竞争。随着

① 吴勇毅：《决战智能家居人工智能成为家电的标配》，《家用电器》2019年第4期。

② 赵阳：《5G未来将对家电行业有什么影响》，《家用电器》2019年第1期。

对美好生活要求的日益提升，消费者会越来越注重消费体验，认同服务的价值，其往往会选择有着较高品牌知名度和信誉度的企业，不仅是对该产品质量的信赖，更看中的是该品牌所建立的完善的用户服务体系。所以，对家电行业而言，“服务”观念将逐步被重视，同时更注重本产品为用户带来的差异化体验，培育用户对品牌服务的依赖。

专栏 30－1

彩电业：压力下寻找破冰之道

一、2018 年，中国彩电产业发展喜忧参半

国家统计局数据显示，2018 年中国彩电产量达到 2.0381 亿台，较 2017 年的 1.7233 亿台同比增长 18.27%，中国彩电整体产销规模实现稳定增长。其中，出口市场表现优异，2018 年中国彩电整机出口 9732 万台，同比增长 21%；出口额为 150 亿美元，同比增长 9.5%。如果包含 SKD 散件出口，中国彩电出口量实际上已经达到 1.25 亿台，覆盖了 70% 的海外市场需求。2018 年全年中国彩电自主品牌出口占整体出口量的两成，达到 2031 万台，同比增长 21.1%，自主品牌出口保持逐年增长态势。内销市场相对低迷，2018 年，中国彩电市场零售量为 4774 万台，同比微增 0.5%；零售额为 1490 亿元，同比下降 8.6%；零售均价为 3121 元，同比下降 9%；零售面积为 3370 万平方米，同比上升 6.8%。内销端面临销量滞涨、销售额下降、产品均价下跌、行业利润偏低、企业经营出现困难、用户使用需求下降等困境。此外，智能微投和 OTT 盒子等新兴替代产品正在崛起。2018 年，智能微投市场规模达到 261 万台，同比增长 102%，两类产品在 3 年内已经合计替代彩电需求超过 1000 万台。

二、彩电产业竞争日趋激烈

中国彩电产业在快速发展的同时，竞争环境日趋激烈。受互联网品牌冲击，2018 年，TOP5 品牌合计占比仅为 59%，市场品牌数达 78 个，激烈的市场竞争给彩电产业的发展带来了改变。首先，内销市场价格战再起，彩电产品尺寸均价已经由 2016 年的 66 元/英寸探底到 2018 年的 63 元/英寸，重点尺寸产品的市场均价持续走低，其中，65 英寸和 75 英寸产品价格的跌幅最深，分别达到 27.5% 和 30.7%。但价格战对彩电市场的刺激效果正在减弱，反而挤压了彩电产业的利润空间，2018 年中国彩电行业的利润率已低于 2%。其次，国内市场竞争日趋激烈也促使家电企业更加注重海外市场布局，以缓解内销市场的巨大压力，进而合力造就了出口市场 2018 年的优异表现。最后，引发中国彩电市场上一轮价格竞争的互联网品牌，在 2018 年偃旗息鼓，不少品牌已经淡出行业视野，“硬件免费”等早期观点正在被修正。

三、家电产业寻求新的发力点

面对压力，2018 年，人工智能（AI）成为众多彩电企业布局的重点。长虹、海信、TCL、创维、康佳等彩电龙头企业都推出了 AI 电视新品。AI 电视线上市场销量占比达 32.8%，同比增长 92.8%；销售额占比达 39.8%，同比增长 87%。国内主流彩电企业都已围绕 AI 电视布子，并建立起颇具力量的技术和产品研发团队。AI 技术正在与物联网技术联手，改变传统形态电视，其不仅提升了电视的使用体验，而且让电视不再仅仅作为显示终端而存在于家居环境中。在这一领域，国内彩电企业的布局速度明显快于外资彩电企业。长虹、TCL、海信等龙头企业都已经在 AI 电视领域取得一定成就，市场份额不断攀升。

显示技术的发展和迭代是各家电企业产品升级的另一主要领域。OLED 电视在 2018 年实现了逆势增长，海信品牌 OLED 在澳大利亚完成上市，三星改建了 LED 面板工厂，2019 年有望迎来更大的发展。激光电视在大尺寸市场持续发力，海信、长虹等企业已经成为中坚力量。此外，国内外彩电企业相继布局 8K 电视，刷新了人们对清晰度的认知，随着 5G 技术的推广，8K 电视有望在 2019 年更多地实现商业化落地。

参考文献

[1] 陈佳贵、黄群慧：《工业发展、国情变化与经济现代化战略——中国成为工业大国的国情分析》，《中国社会科学》2005 年第 4 期。

[2] 于致田：《中国电子工业地区概览》（广东卷），电子工业出版社 1987 年版。

[3]《中国电器工业发展史》，机械工业出版社 1989 年版。

[4]《中国电器工业发展史》编辑委员会编：《中国电器工业发展史（综合卷）》，机械工业出版社 1989 年版。

[5] 中华人民共和国工业和信息化部：《1949～2009 中国电子信息产业统计》，电子工业出版社 2011 年版。

[6] 刘世锦、江小涓：《竞争性行业如何实现生产集中——对中国冰箱行业发展的实证分析》，《管理世界》1996 年第 1 期。

[7] 何继琼：《2011 家电行业理性回归增速放缓属常态，逆境中促转型》，《家用电器》2012 年第 4 期。

[8] 中怡康：《提升家电产品内力　迎接消费升级时代：2016 中国家电市场盘点及 2017 年预测》，《家用电器》2017 年第 1 期。

[9] 凌慧：《2018 中国家电行业年度大事件》，《家用电器》2019 年第 2 期。

[10]《家电蝶变折射中国制造崛起》，中国经济网，2018 年 10 月 30 日。

[11] 孙芳：《“供给侧”改革之中国家电产业问题剖析及前景展望》，家电科技，2018 年第 9 期。

[12] 吴勇毅：《决战智能家居人工智能成为家电的标配》，《家用电器》2019 年第 4 期。

[13] 赵阳：《5G 未来将对家电行业有什么影响》，《家用电器》2019 年第 1 期。

第三十一章　轻工业

提　　要

新中国成立70年来，我国众多轻工产品生产企业完成了从手工操作到“大工厂”流水作业的历史性跨越。今天的中国轻工行业已形成门类齐全的生产体系和较为完整的产业链，并在产品出口、科技进步、自主创新、节能环保等方面成效显著。但尽管如此，我国轻工业仍大而不强，技术基础差、缺乏深入研究和开发的能力、核心技术受制于人（依赖海外）的局面仍未根本改观。同时，轻工业发展将面临国际贸易环境日趋复杂、低成本优势逐步弱化、资源环境约束日益增强等诸多制约因素，以及技术创新能力是否能够快速提升以满足市场竞争和消费结构变化要求的巨大挑战（轻工企业沿用了多年的低成本、大规模标准化产品生产体制赖以存在的内外部环境条件均发生了根本性的改变）。因此，要推动轻工业由大变强，就要从根本上补齐这些长期困扰行业发展的短板，形成企业愿意创新、有能力创新、关键核心技术有所突破的新局面。政策着力点是要采用政府主导型共性技术引导、分担机制，要采用政府引导型关键、核心技术引导机制。

*　　　　*　　　　*

新中国成立70年，我国轻工业整体面貌发生了翻天覆地的变化。从技术装备和主要工业原料大多依靠进口到世界轻工生产大国，从手工操作为主到大规模流水作业……今天的中国轻工行业已形成门类齐全的生产体系和较为完整的产业链，并在科技进步、自主创新、节能环保等方面成效显著。

一、轻工业70年的发展历程

新中国成立70年来，轻工业发展很快，短短的70年，实现了由小到大、由大转强的“惊人一跃”。

1. 1949～1978年：轻工业30年的发展历程

轻工业走过一条不平坦之路，几经曲折起伏。

（1）我国近代轻工业。1948～1978年的30年间，是我国近代轻工业。发展速度相当缓慢，有三个明显的特征。一是以手工操作为主。在轻工业各行业中，除制浆、造纸、制糖、啤酒、卷烟、味精等行业的少数企业机械化程度高外，多数行业企业的机械化程度仅有20%左右。二是技术装备和主要工业原料大多依靠进口。由于我国近代轻工业的发展时间比先进的资本主义国家约晚半个世纪，科学技术力量非常薄弱，再加上重工业缺乏基础，轻工业发展没有配套的后盾，所以轻工业所使用的技术装备和主要工业原料绝大部分是购买国外的。三是当时发展起来的行业仅有三十几个，门类很不齐全。

（2）新中国成立后国家管理机构的变革。国家管理轻工业和手工业的机构，随着国家整个工业管理体制的变化发生过多次变革。1949 年 11 月，中央人民政府决定成立轻工业部、食品工业部和中央合作事业管理局。1950 年 11 月，为了加强集中管理，国家决定撤销食品工业部，其所辖的行业分别划归轻工业部、农业部和粮食部管理。由于生产的发展和实行第一个五年计划的任务很重，国家于 1954 年 11 月决定成立中央手工业管理局和地方工业部。地方工业部管地方轻、重工业，其他工业部管直属企业。为了加快食品工业的发展，1956 年 5 月，国家决定撤销地方工业部，有关地方轻工业划归轻工业部管理，同时将轻工业部管理的食品工业划出，成立食品工业部。但是，在随后的机构改革中，于 1958 年 2 月决定轻工业部与食品工业部再次合并为轻工业部。1958 年 5 月，中央手工业局与轻工业部合并。在国民经济调整中，于 1961 年 10 月，国家决定恢复中央手工业局，成立第二轻工业部，原轻工业部、纺织工业部合并为轻工业部①。

（3）1950 ~ 1952 年：国民经济恢复时期。1950 ~ 1952 年是生产关系社会主义改造和轻工业计划管理体制探索、初建时期。一是我国没收了官僚买办资本的轻工业企业，把它们改造成为社会主义国营企业，对民族资本主义经营私营轻工企业实行利用、限制、改造的政策，引导个体手工业组织生产合作社。二是按不同经济成分进行分类管理。对国有企业实行民主管理和计划管理；对私营工厂通过加工订货和工人代表监督的办法进行管理。三年内，轻工业、手工业生产得到迅速恢复和发展。1952 年，轻工业主要产品产量超过新中国成立前历史最高水平②。

（4）1953 ~ 1957 年：“一五”时期。1953 ~ 1957 年是生产关系大规模社会主义改造和轻工业计划管理体制初步成型时期。一是轻工部门贯彻执行党对资本主义工商业和手工业进行社会主义改造的方针，1956 年实现了轻工企业全行业公私合营和手工业合作化。国家对私营轻工业资本家的生产资料采取逐步赎买的政策，使之成为全民所有。手工业个体户在国家的帮助下，遵循自愿互利原则，在典型示范的启发下，组织起来，成立合作小组、合作社、合作工厂。这样，就确立了生产资料的社会主义公有制，使全民所有制和集体所有制的经济成分占了绝对优势。二是轻工业实行分级计划管理。当时，轻工业部和食品工业部直接管理一批骨干企业，同时，还统管主要行业的发展规划和大中型项目的基本建设工作。当时众多地方企业由各级地方轻工业厅、局管理。三是轻工业部门开始有计划、有重点地进行基本建设。以造纸、制糖、制盐工业为重点、以国家预算投资为主建设了一批（74 个）有关国计民生的大中型项目，改变了旧中国遗留下来的落后面貌，为轻工业的发展奠定了初步基础。这个时期，轻工业部系统工业总产值年均增长 14.3%，出色地完成了第一个五年计划的各项任务。

（5）1958 ~ 1965 年：曲折中前进。1958 ~ 1965 年是轻工业曲折中前行的八年，也是轻工业行业归口分级计划管理职能、机构健全、完善时期。一是 1958 ~ 1960 年，轻工部门一方面重点抓了续建的大中型项目的竣工投产，另一方面又上了大批小型项目。在“左倾”错误的影响下，片面强调五小（小烟厂、小酒厂、小肥皂厂、小皮革厂、小甜菜厂）的作用，不少项目并不具备建设条件，却一哄而上。尤其是有些地区不顾原材料供应的可能，在国家计划外上了许多小项目，结果经济效果很差。20 世纪 60 年代初期，根据党中央和国务院关于坚决缩短基建战线的决定，轻工业部坚决停建了那些原料无保证、产品无销路的项目，对保证重点建设起了积极的作用。同时，针对当时消费品市场供应紧张、原材料不足和技术装备落后的情况，下决心集中部分财力和人力投向轻工专用原材料和轻工机械装备，有力

①② 文强：《中国轻工业发展史》，轻工业出版社 2017 年版。

地推动了生产的发展。二是在这个时期，各级行业归口管理机构、职能已较健全。省级有工业厅，地市级有轻工业局，县级有县工业局。各级分别对各地轻工企业下达生产计划及主要技术经济指标，如产量、产值、品种、利润以及电耗、煤耗等。此时，这种垂直型的分级管理已基本形成运行通畅、协调有效的体系、制度和方法。三是在公有制的基础上，这种刚性强的集权式计划管理体制，在其惰性和僵化机制尚未成型之前，对生产力的促进作用也是显著的：1963～1965 年轻工业部系统工业总产值年均增长 13.1%。

（6）1966～1976 年："文化大革命"期间。在此期间，由于林彪、江青两个反革命集团的干扰破坏以及严重的"左倾"错误，轻工业生产建设的发展再次受到严重的挫折，企业管理混乱，产品质量下降，花色品种减少，生产成本上升，企业亏损面扩大，建设项目周期拖长，投产率降低，经济效益很差。轻工业科技、教育事业也遭到严重破坏。

2. 轻工业改革开放 40 年的发展历程

1978 年以来，轻工业率先开始实施"转轨变型"，也率先由封闭走向开放并推动轻工企业产供销活动从以市场调节为辅走向完全依靠市场机制调节的自主经营。改革释放了被僵化体制束缚的生产力，而开放则使轻工业获得了国外的先进技术、资金和市场，并全面融入全球分工体系。

（1）1978 年～20 世纪 90 年代初期：率先改革、结束产品匮乏。1978～1984 年是中国工业管理体制改革探索和试验时期。一是轻工业率先开始实施"转轨变型"。主要改革计划管理，逐步改变高度集中的传统计划经济模式，"以计划经济为主，市场调节为辅"，逐步增强市场机制的作用。轻工业从供销、定价、投资等多方面进行了探索和突破，逐步打破了计划经济体制下的僵化模式。二是轻工业也率先由封闭走向开放，大量引进先进装备、技术和管理经验。白色家电由无到有、由小到大，可谓是轻工业对外开放的一个缩影。改革开放之初，我国根本没有家用电器的生产线，"高起点起步、走现代化工业之路"成为中国家电业的必然选择：冰箱、洗衣机生产装备线和空调、电风扇、电饭煲等产品的关键设备、主要零配件及相关先进技术陆续被引进、消化、吸收，德国、美国、日本等发达国家的 300 多位专家被聘请为智囊①，以提高轻工业的技术水平和管理水平。

管理体制改革和对外开放，促使轻工业实现了跨越式的发展。轻工业中的塑料、洗涤用品、家电、啤酒和饮料等行业得以迅速兴起和发展，造纸、制糖、皮革、盐业、陶瓷等行业得以迅速改造②。从 1978 年开始经过十多年的发展，主要产品产量呈现几倍、几十倍甚至上百倍的增长，如自行车、洗衣机、冰箱的产量 1990 年比 1978 年分别增长了 3.68 倍、16560 倍、1654 倍；轻工产品匮乏、凭票证限量供应的紧张状态基本结束。

（2）20 世纪 90 年代中后期：实现了由卖方市场向买方市场的转变。轻工业主要是消费品工业，与市场的联系最为紧密。改革开放以来，轻工业始终坚持市场取向的改革。90 年代中后期（社会主义市场体制建设时期）市场化改革的重点：一是进一步增强市场机制的作用。缩小指令性计划的范围，扩大指导性计划的范围。企业产供销活动从以市场调节为主走向完全依靠市场机制调节和自主经营；到 1984 年，只保留纸、糖、盐、轻工机械中的部分设备 4 种为指令性计划产品。二是轻工业在管理体制改革方面，一直在探索和推进从部门管理向行业管理的转变。1988 年，轻工业部下放了大部分直属企业；撤销了部分专业司局，组建了一批行业协会，明确提出要打破部门、地区和所有制的界限，实施轻工业全行业管理。1993 年政府机构改革，决定撤销轻工业部，组建轻工总会，履行"制定行业规划，实施行业政策，进行宏观指导和为企业提供服务"的行业管理职能。轻工业先后共组建了 43 个全国

① 《改革开放 30 年：从"凭票限量"到世界轻工大国》，中央政府门户网站，http://www.gov.cn/jrzg/2008-10/25/content_1130747.htm，2008 年 10 月 25 日。

② 《不断前行的中国轻工业》，中国轻工业网网站，http://www.clii.com.cn/ReDianJuJiao/TouTiaoXinWin/201409/t20140924_3859449.html，2014 年 9 月 14 日。

性的行业协会，逐步承担起行业管理的任务①。三是积极推进国有企业改革，为确立以公有制为主体、多种经济成分共同发展的格局做了许多探索性和建设性的工作。改革开放初期，轻工行业基本是国有经济和集体经济占据主导地位。在经历了“放权让利，促进经济主体自负盈亏、自主经营”“明晰产权，多种所有制经济全面发展”和“股份制改革”三个改革发展过程之后，轻工行业所有制结构发生了很大变化，形成多种经济成分共同发展的格局。2008 年，按在轻工业总产值中所占比例，国有及国有控股企业占 6.7%，集体及集体控股企业占 5.8%，民营企业占 55.4%，港澳台及外商投资企业占 32.1%。轻工很多行业如家电、皮革、五金、家具、陶瓷、羽绒、制笔等民营经济和外资企业开始成为行业的主导力量②。

（3）21 世纪前十年：成为名副其实的轻工业生产大国。在改革开放新阶段，我国进入了相对完善的社会主义市场经济体系，市场配置资源开始起决定性的作用，这为轻工业参与国内外竞争创造了宽松、公平的竞争环境。一是这一时期轻工业的改革开放也以此为重点展开。轻工行业生产要素配置得到进一步优化，更加适应市场经济发展要求。一方面，相关行业之间相互融合，联系更加紧密，机电一体化趋势明显，传统产业应用高新技术改造后发生了巨大的变化，焕发了新的活力。例如，造纸、家用电器、塑料制品、皮革、照明电器、陶瓷、日用化工、电池等行业通过引进国外技术、关键设备和成套装备并进行了消化吸收，形成了集成创新和自主创新能力，使行业发生了巨大变化。另一方面，建设和发展了一批新兴行业，家电、塑料、文教体育用品、羽绒制品、现代化妆品、装饰、礼品等行业产品，从多方面丰富了人民的生活③。二是轻工行业以市场为导向，得到快速发展，大批轻工产业向国际化迈进。家电、皮革、家具、自行车、五金制品、电池、羽绒等行业成为中国在全球具有比较优势、有一定国际竞争力的行业。特别是随着我国开拓多元化出口市场战略，已有越来越多的轻工产品走向世界。空调、冰箱、洗衣机、微波炉、钟表、自行车、缝纫机、家具、塑料加工机械、日用陶瓷、灯具、电池、啤酒、钢琴、塑料农、地膜、羽绒制品及皮鞋等很多产品的出口额名列世界前茅④。三是轻工产业集群发展迅速，成为新的增长点。这一时期，在我国轻工业发展中逐渐呈现出以区域经济为格局的产业集群，这些产业集群逐步形成了从原材料加工生产到销售服务一条龙的生产、销售、配套完整体系，具有同类产业高度集中、专业化强、分工明确、特色突出的特点，具有相当强的竞争优势⑤。截至 2008 年底，轻工行业有近 100 个在全国具有相当影响力的产业集群，涉及 27 个行业，分布在全国 16 个省、市、自治区。进入 21 世纪以来，我国轻工业快速发展，企业规模与实力明显提高，产业竞争力不断增强，吸纳就业和惠农作用显著。

2008 年，我国轻工业实现增加值 26235 亿元，占国内生产总值的 8.7%，家电、皮革、塑料、食品、家具、五金制品等行业 100 多种产品产量居世界第一；出口总额 3092 亿美元，占全国出口总额的 21.7%，产品出口 200 多个国家和地区，家电、皮革、家具、羽绒制品、自行车等产品国际市场占有率超过 50%，成为名副其实的轻工业生产大国。

（4）2011 年以来，向轻工强国迈进。进入“十二五”开局之年的 2011 年，轻工业产销持续高速增长的势头出现了转折，步入中速增长时期，主要原因是轻工产品供求关系出现了大的变化，中低端产品由供不应求转变为供过于求。相应地，轻工业的改革开放也进入了一个新阶段。一是大力加强标准化建设，质量标准检测认证工作取得了显著成效。质量标准工作体系进一步完善，2016 年底，全国轻工业现有标准化技术委员会 49 个，分技术委员会 86 个，委员超过 4000 人。截至 2017 年底，轻工业现行标准 5728 项，

①② 《轻工业 60 年：实现由卖方市场向买方市场的转变》，中国网网站，http：//www.clii.com.cn/ReDianJuJiao/TouTiaoXinWin/201409/t20140924_3859449.html，2009 年 9 月 10 日。

③④ 《不断前行的中国轻工业》，中国轻工业网网站，http：//www.clii.com.cn/ReDianJuJiao/TouTiaoXinWin/201409/t20140924_3859449.html，2014 年 9 月 14 日。

⑤ 《改革开放 30 年：从“凭票限量”到世界轻工大国》，中央政府门户网站，http：//www.gov.cn/jrzg/2008－10/25/content_1130747.htm，2008 年 10 月 25 日。

其中国家标准2423项、行业标准3215项、军用标准90项；现有轻工检测机构87家。标准化工作管理机制更加完善，机构运转更加有效。标准体系建设更加优化，中国轻工业联合会加强了标准顶层设计和规划，组织各行业编制《轻工业“十三五”技术标准体系建设方案》。服务国家战略成果显著，积极落实《中国制造2025》《质量提升规划》《三品专项行动》，服务军民融合卓有成就。保障消费安全效果明显，组织编制了《家用和类似用途电器安全》等300余项强制性国家标准，为保护消费者健康安全提供了坚实保障。标准国际化取得突破，轻工业承担国际标准化组织秘书处6个，担任主席2人、副主席2人、秘书长5人，主导制定国际标准75项，参与制定国际标准300余项，为我国产品顺利进入国际市场提供了有效支撑[①]。二是将科技创新作为轻工业产品质量提升、高质量发展的有力支撑，不断深化科技体制改革，建立了以企业为主体、市场为导向、产学研深度融合的技术创新体系，加强对中小企业创新的支持，促进科技成果转化，促进研发机构建设，不断提高发展中的科技创新贡献率。造纸、皮革、食品、家电、电池、日化、轻工机械、衡器等行业普遍建立了产学研用一大批创新团队，形成了轻工科技创新平台。截至2017年，已创建国家重点实验室14个，国家工程实验室7个，国家工程（技术）研究中心23个，国家级企业技术中心170个，国家技术创新示范企业58个[②]。

二、轻工业70年的发展成就

新中国成立70年的发展，轻工产品不仅在数量上基本满足了消费需求，在品质上也有了大幅跃升，一些“中国制造”的国际知名轻工品牌应运而生，并逐步走向“国际制造”。

1. 轻工业新中国成立30年的发展成就

新中国成立30年，轻工业完成了社会主义改造，新建了大批企业，生产能力不断扩大，配套水平不断提高，奠定了持续发展的物质技术基础。

（1）轻工业生产能力不断扩大。新中国成立30年来，轻工业通过基本建设，新建了各种类型的企业；同时，对老厂进行挖潜、革新、改造，从而使轻工业的生产能力不断扩大。以基建投资为例，30年来，轻工部系统完成基建投资额253.5亿元，约有80%成为固定资产。1982年，固定资产原值456.8亿元中有一半是通过新建、扩建、改造等形成的。这就为轻工业的发展提供了物质技术基础[③]。尤其是为轻工业提供专用技术装备的轻机工业，经过多年建设和快速增长（30年来，轻工机械的产量年均增长23.1%，超过轻工系统总产值年均增长10.4%的速度），形成年产20万吨轻工机械的综合能力（见表31－1）。

表31－1 1952～1982年主要行业新增生产能力与1982年底现有生产能力之比

行业	新增生产能力	占1982年底现有生产能力的比重（%）
机制纸	393（万吨）	90
原盐	1240（万吨）	70
灯泡	1.4（亿只）	12
皮革	1486（万张）	24

（2）引进技术、进口设备收到实效。新中国成立后，我国轻工业在独立自主、自力更生的基础上，有选择地从国外引进了一批适用的先进技术和设备，促进了轻工业的发展和技术水平的提高。“一五”时期，从苏联引进了建设佳木斯造

① 《张崇和会长在全国轻工业科技大会上的讲话》，中国文教体育用品协会网站，http：//www.csg.org.cn/NewsInfo.asp？id＝12738，2016年10月28日。

② 《轻工40年：在改革大潮中砥砺奋进》，中国工业新闻网网站，http：//www.cinn.cn/cyzc/201809/t20180912_198340.html，2018年9月12日。

③ 文强：《中国轻工业发展史》，轻工业出版社2017年版。

纸厂的成套技术设备；从民主德国、波兰、捷克等引进了日处理甜菜、1000～300 吨的制糖设备 7 套。“二五”时期，引进重点转向关键设备和生产线。从芬兰、奥地利等国引进了日产 100～200 吨纸机 6 台；从瑞士进口了相当于 4 个中型手表厂的设备。1965 年，从日本、意大利、苏联、捷克、民主德国等进口各种机床 2000 台，装备了一批轻工机械厂；罐头工业通过以进养出的办法，从日本、联邦德国、意大利、捷克等陆续进口了一批罐头设备。还有塑料制品、皮革、陶瓷、玻璃等工业也陆续进口了一些单机和生产线（料制品工业从国外引进了一批适合加工聚氯乙烯制品的设备，如四辊压延机、薄膜吹塑机、大型板材层压机、人造革涂胶机等）。直至“十年动乱”，技术引进工作才停下来。引进技术、进口设备收到显著实效：大型纸机的引进，形成了年产纸张 30 万吨的生产能力，成为我国造纸业的装备骨干；料制品工业，在消化外国技术的基础上，成批制造了国产的塑料机械，使塑料制品工业的生产能力迅速增加；罐头工业引进的生产线，结合自己创造，在工艺技术、设备、产品包装方面进行了技术改造，提高了机械化水平，建成了一批连续生产线，显著地扩大了产品产量（20 世纪 60 年代末全国罐头产量 19.3 万吨，1982 年产量达到 78.5 万吨，增长了 3 倍）①。

（3）轻工业内部配套能力大大增强。新中国成立 30 年来，轻工部门通过新建和改造充实了许多行业的专用材料、半成品和零部件的生产能力，增强了配套性。例如，皮革工业发展了革用原料和金属配件的生产能力；钟表工业配套建设了钟表材料、元配件（宝石轴承、防震器、游丝、发条）及钟表专用机床的生产能力，使整个行业形成了比较完整的产业体系；电光源工业建立了包括钨丝材料、灯头、荧光粉在内较为完整的生产体系。过去依靠进口的原材料，如造纸工业用铜网，食品工业用柠檬酸，感光材料工业用的明胶，皮革工业用的鞣料、涂饰剂，自来水笔用的铱金等，均通过基建和技改做到了国内自给，有的还自给有余，供应出口②。

（4）轻工产品出口发展迅速。轻工业出口产品为国家换取了大量外汇。1950～1982 年，轻工部系统出口产品换汇额共计 343.8 亿美元，平均年增长 16.2%。在国民经济恢复时期，我国出口产品主要是农副产品和矿产品，轻工产品出口量很少，换汇额仅 1.1 亿美元，只占外贸出口商品总额的 5.1%。随着生产发展，轻工业扩大了对外贸易，到 1982 年，轻工出口产品换汇额 45.3 亿美元，占外贸出口商品总额的 20.8%，成为我国出口贸易的重要支柱。

2. 轻工业改革开放以来的发展成就

改革开放 40 年，我国众多轻工产品生产企业完成了从“小作坊”的单件、小批量生产到“大工厂”流水作业的历史性跨越。许多产品产量全球第一，成为名副其实的轻工生产大国。与此同时，一批新兴行业涌现，家电、塑料、羽绒制品、健身器具、现代化妆品、装饰、礼品等行业产品从多方面丰富了人们的生活。

（1）建立了门类齐全、较为完整的生产体系。改革开放以来，我国轻工业得到了长足发展。到 20 世纪 80 年代末期已建立、形成拥有 22 个大类、40 多个行业、100 多个产品门类的大规模生产体系，涵盖了日用消费品的主要方面，并经过打基础、上规模、抓质量、上水平、调整结构、竞争整合、提升水平的几个发展阶段，到 90 年代中期基本形成由生产、经营、科研、检测、信息交流与人才培育各方面组成的完整体系③，以及配套产品生产、物流、销售的完整产业链和综合配套能力。

（2）产品品种和数量极大丰富，能够有效地满足国内外市场多层次的需求。改革开放初期，轻工产品仍然紧缺，多数产品实行凭票定量供应，甚至连简单的日用小商品如缝衣针、发夹、钉鞋钉、洗衣板、纽扣等都出现紧缺。1978 年，轻工产品中三大件代表之一的手表，全国平均每百人拥有仅为 1.95 只；肥皂等洗涤用品人均年消费量仅为 1.0 千克；全国啤酒产量仅为 40 万吨；牙膏、火柴、电池、灯泡、饭碗等都供应紧张；日用家具、皮鞋等成了很难买到的奢侈品；家用洗衣机和房间空调器分别只有约 370 台和 220 台

①②③ 文强：《中国轻工业发展史》，轻工业出版社 2017 年版。

的生产量①。

改革开放以来，轻工主要产品产量长时间保持两位数的增长（尤其是1978～1998年间按产值计算年均增速15.2%），40年的持续增长，主要产品产量呈现几十倍、上百倍甚至上千倍、上万倍的增长。至2017年底，45个轻工行业的100多种产品的产量居世界第一，2017年全行业规模以上企业的主营业务收入、利润总额、产品出口额较1978年增长了190倍以上（见表31－1、表31－2、表31－3）。与此同时，产品的横向扩展（多样化和系列化）也得到极大发展，到80年代末期产品品种就从改革开放初期的几万种扩展到了20多万种。

表31－2　2018年轻工行业规模以上企业主营业务收入、利润总额、产品出口额较1978年增长倍数

	主营业务收入（万亿元）	利润总额（万亿元）	产品出口额（亿美元）
2018年	19.57	1.28	6561.4
较1978年增长倍数	174.11	161.23	310.52

资料来源：国家统计局年报数据。

表31－3　2018年9种主要轻工产品产量较1978年增长倍数

产品品种	1978年产量	2018年产量	2018年较1978年增长倍数	产品品种	1978年产量	2018年产量	2018年较1978年增长倍数
糖	226.67万吨	1553.98万吨	6.86	塑料制品	92.3万吨	6042.15万吨	65.46
纸浆	418.7万吨	12004.42万吨	28.67	家用电冰箱	16576台	7876.67万台	4751.8
合成洗涤剂	32.4万吨	928.56万吨	28.65	房间空调	223台	2.05亿台	9192825.11
手表	1744万只	13.71亿只	78.61	家用洗衣机	366台	7150.74万台	195375.4
白酒	143.74万吨	8711.96万吨	60.6				

资料来源：中国轻工业联合会。

表31－4　2018年17种产量居世界第一的轻工产品

序号	产品品种	序号	产品品种	序号	产品品种
1	钟表	7	塑料加工机械	13	鞋
2	自行车	8	日用陶瓷	14	本册
3	缝纫机	9	海盐	15	钢琴和提琴
4	电池	10	电光源和灯具	16	工具五金
5	啤酒	11	空调	17	地膜
6	家具	12	微波炉		

资料来源：中国轻工业联合会。

（3）产品质量逐步提升。轻工业是最终消费品生产行业，产品品质的好坏直接关系到企业生存。自20世纪80年代初从国外引进技术和资金开始，轻工行业就深入开展并贯彻实施“标准引领、以质取胜”的战略；行业主管部门出台了一系列扶优限劣的政策措施。一是加快推进标准制、修订工作。二是在用标准的更新速度加快，提高国际标准采用率（家用电器、家具、玩具、鞋类产品等行业的国际标准转化率达到80%以上）②。三是规模以上企业普遍建立了质量管理体

① 文强：《中国轻工业发展史》，轻工业出版社2017年版。

② 张崇和：《推动轻工行业升级创新》，人民网网站，http://jiaju.people.com.cn/n1/2018/0111/c151264－29759284.html，2018年1月11日。

系，产品质量检测方式及质量控制手段逐步同国际接轨。同时，群众性的质量管理创新、小改小革、微创新成果不断涌现，相当一批成果收效显著。尤其是党的十八大以来，多地"一把手"工程效果初显，从省到市，越来越多的地方政府将轻工产品质量提升工作列入"一把手"工程，成为了当地的民生工程、重点工作，写进了政府的文件规划里。总体来看，在较短的时间里，轻工产品质量出现了一个明显改观、提高的局面（飞亚达公司研制的航天手表，填补了国内空白，达到国际先进水平，伴随航天员圆满完成飞行任务，使我国成为继瑞士之后世界上第二个能生产航天表的国家）。特别是针对社会关注的消费热点，如电饭煲、智能马桶盖等，轻工企业经过研发创新，已制造出达到甚至优于国外同类产品水平的"中国产品"，并得到了国内外市场的认同。此外，我国轻工企业生产的家电、家居产品已能够满足中高端消费需求。

（4）自主创新能力提高。一是投入大幅增加。改革开放以来，一批国家重大科技支撑计划项目、攻关技术改造项目顺利实施，造纸、塑料、发酵、酿酒、制糖、陶瓷、皮革、日化、缝制机械、轻机、家电、制笔等行业的多个项目列入国家科技支撑计划。据不完全统计，仅党的十八大以来，国家安排轻工技改项目近3000项，中央预算内专项资金近百亿元①。同时，改革开放以来，一个最为明显的表现是轻工企业十分重视并加大了科研投入，使行业整体有了大的改观。以轻工百强企业为例，科研支出占主营业务收入的3.6%，像海尔、海信、格力等都超过百强的平均值。少数企业，如宁波方太厨具有限公司，持续多年科研支出占主营业务收入的5%以上。二是以企业为主体的技术创新体系进一步健全。大多数行业龙头和骨干企业已设立了技术研发中心（其中国家级企业技术中心144个，以及众多的省市级企业技术研发中心和行业协会牵头的产业技术联盟）。技术创新体系不断壮大和完善，基本覆盖了轻工全行业，对行业技术进步和创新发挥了重要作用。三是很多轻工行业，如造纸、皮革、食品、家电、电池、日化、轻工机械等普遍建立了产学研用创新团队，形成了轻工科技创新平台。经过产学研用的共同努力，一批关键共性技术已取得突破，如制笔行业中性墨水、水性墨水、中油墨水及笔头用不锈钢材料和笔头精密加工设备；基于拉伸流变的塑料高效节能加工成型技术和设备；塑料的超临界 CO_2 微发泡制备技术；制糖行业水封闭循环利用技术等。高性能二次电池新型电极电解质材料及相关技术等17项科研成果获国家技术发明奖，变频空调关键技术研究及应用等26项科研成果获国家科技进步奖②。四是加快了装备升级改造、自主化水平的提升。在酿酒、制鞋、五金等劳动密集型行业大力推进了机械化、自动化、数控化、智能化设备的应用；在造纸、食品加工、塑料加工装备方面着力提升了重点装备自主化水平；在家电、造纸等行业，重视并推广了机器人的应用③。装备升级改造、自主化水平的提升，也直接推动了产业链向中高端延伸和扩展。五是产学研用合作已开始聚焦关键核心技术的基础理论研究和应用开发，如缝纫机械行业基于产品基础理论研究的模块化、参数化、数字设计等核心技术的突破已初见成效。

（5）结构不断优化。技术进步步伐的加快、自主创新能力的提高有力地促进了产业结构调整，尤其是新兴行业和产业集群的不断发展和壮大，结构改进的趋势越来越明显。一是加快建设和发展了一批新兴行业，包括家电、塑料、文教体育用品、羽绒制品、现代化妆品、装饰、礼品等行业，目前家用电器、文教体育用品、羽绒等行业出口额名列世界前茅，也从多方面丰富了人民的生活。二是区域结构趋于协调，1978年东部轻工业产值占全国的70%以上，2017年东部和中西部地区轻工业主营业务收入占全国的比重分别为55.1%、34.9%，中西部地区较2012年提高了10多个百分点。三是产业集中度明显提升，

①③ 《张崇和会长在全国轻工业科技大会上的讲话》，中国文教体育用品协会网站，http：//www.csg.org.cn/NewsInfo.asp？id=12738，2016年10月28日。

② 《轻工40年：在改革大潮中砥砺奋进》，中国工业新闻网网站，http：//www.cinn.cn/cyzc/201809/t20180912_198340.html，2018年9月12日。

2017 年排名前 100 位企业的主营业务收入和利润分别占轻工业的 10% 和 13%。四是轻工相关行业之间相互融合，联系更加紧密，机电一体化趋势明显。传统产业应用高新技术改造后发生了巨大的变化，焕发了新的活力，如缝纫机行业年产各类家用及工业用缝纫机 1800 万台左右，占世界总产量的 75% 以上。常规产品技术及质量水平达到国际先进水平，特种机及机电一体化设备与国际先进水平的差距不断缩小。五是主要行业新产品产值率达到 10% 以上，科技进步贡献率达 50% 左右。

（6）品牌影响力提升。在产品质量不断提高的基础上，轻工行业品牌建设呈现出多层面创建、多行业覆盖、品牌集中度、影响力和附加值快速提升的特点①。中国名牌、著名商标、地理标志、区域品牌等多种创建形式并举，产品品牌、企业品牌、区域品牌有机结合，互动式发展。轻工产品是中国名牌产品中最大的群体，目前，轻工行业拥有中国名牌产品 663 个，占全部中国名牌总数的 34.6%，海尔、茅台、青岛啤酒和中粮集团等一批品牌企业的国际影响力逐步增强。

（7）出口规模不断扩大、国际竞争力增强。我国轻工业产业体系完整，产业规模优势突出，形成了较强的综合竞争优势。2018 年，轻工产品出口额 6561.4 亿美元（皮革、毛皮制品及其鞋类制品业，家用电器业，塑料制品业，文教体育用品业，家具制造业 5 个行业累计出口额均超过 400 亿美元，见表 31 –4），较 1978 年（改革开放以前，轻工产品难满足国内需要，更没有大量出口）增长约 283 倍。出口的轻工产品中，家具、家用电器、日用陶瓷、文体用品、自行车、钟表、缝纫机、皮革、电光源与灯具、制笔、乐器、玩具、眼镜、羽绒等行业的出口额名列世界前茅（见表 31 –5），产品出口到世界 230 多个国家和地区，我国作为轻工产品国际制造中心和采购中心的地位进一步得到巩固。出口贸易方式、市场结构和产品结构不断优化，一般贸易比重增加，新兴市场比重加大。与此同时，我国轻工产品生产逐步从贴牌加工、劳动密集型向自主品牌、技术密集型转变，产品附加值和档次不断提高，集聚了海尔、格力、波司登、茅台等一批享誉全球的名牌产品和制造企业，产业国际竞争力不断提升。

表 31 –5　2018 年我国轻工重点出口产品出口额

产品品种	玩具	家具	鞋	塑料制品	箱包	陶瓷	纸张纸浆	玻璃制品
出口额（亿美元）	250.9	544.3	469.2	460.8	271.1	215.7	192.7	167.4

资料来源：国家统计局快报数据。

表 31 –6　我国轻工产品在世界贸易量中的比重

产品品种	小家电	空调器	微波炉	羽绒服	自行车	日用陶瓷	电冰箱	鞋	洗衣机
在世界贸易量中的比重（%）	80	70	70	70	65	60	50	50	45

资料来源：中国轻工业联合会。

（8）并购、建厂活动频繁，轻工企业不断走出去。近年来，我国轻工行业加快海外收购步伐，并购意愿逐渐增强。在这些海外收购案例中，参与海外收购的企业数量逐渐增加，呈多样化发展趋势，并购涉及领域、区域也逐渐扩大。根据轻工业联合会对部分轻工企业境外投资情况的调查，轻工企业对外投资涉及的领域有家电、糖业、乳制品、厨卫等行业；投资形式有全资、合资、参股、技术转让、设备转让、工业园和工厂建设、对外劳务、成立贸易公司、开设境外工程咨询和设计项目服务等。对外投资的地域范围较广，且比较分散。在欧洲的投资主要集中在俄

① 《不断前行的中国轻工业》，中国轻工业网网站，http://www.clii.com.cn/ReDianJuJiao/TouTiaoXinWin/201409/t20140924_3859449.html，2014 年 9 月 14 日。

罗斯、意大利、法国、荷兰、德国等；在北美的投资主要集中于美国；在非洲投资较多的国家有马里、尼日利亚、突尼斯等。近年来，在非洲投资的数量增长较快。

（9）节能减排成效显著。轻工主要行业多年以来持续不断地坚决淘汰落后产能，加大减排力度。一是对陶瓷、日用玻璃等耗能较多的行业通过采用新技术、新工艺、新材料，延长窑炉炉龄，降低综合能耗（如造纸行业“万元工业产值COD排放强度”、味精吨产品的耗水量等逐渐走低，呈现出良好的态势）。二是通过实施绿色照明工程、能耗标识管理和节能产品认证等措施促使企业生产绿色节能产品。三是发展循环经济，综合利用各种资源。对造纸、皮革、酿造、家用电器、塑料制品、电池、照明电器、玻璃、陶瓷等行业主要制造业生产过程、产品销售使用、废物排放及产品回收过程等不同层面，运用循环经济原理对其生产过程“减量化”、产品使用后“再利用”和废弃物“资源化”。造纸行业废纸回收率和废纸利用率目前已超过日本、美国、加拿大和欧洲主要的造纸国家，达到了50%左右①。

（10）提供了大量就业岗位。多年来轻工业全行业吸纳就业人数均在3000万人以上，尤其是党的十八大以来，轻工业发展新兴行业和劳动密集型行业，保持规模以上企业就业人数占全国就业人数25%～30%的比例，其中产业集群就业人数达1000多万人，众多中小企业为农民工和城市基层劳动人员提供了大量就业岗位。

三、存在的主要问题

我国是轻工产品生产、消费大国，但大多数的产品只能满足中低端的消费需求，主要问题是自主创新支撑作用不强、品牌影响力较弱、资源能源利用效率较低等高质量发展。改革开放以来，以轻工企业为主体、产学研一体化的自主创新体系开始形成，一些大型轻工企业与高等院校、轻工科研机构建立了长期、稳定、广泛的技术合作关系，不少企业组建了围绕企业核心技术开发的研发机构，但与产业发展的要求相比，仍然比较落后，主要表现在以下几方面：

1. 技术基础差

轻工业技术基础差，国家对轻工业的科技投入少，且投资主要侧重于轻工科技的基础研究和重大行业共性技术的研究，针对具体产品品种的技术创新和生产工艺创新则主要依赖于企业的研发投入。然而，轻工行业的企业规模普遍较小，大多数中小型企业资金有限，通常只够维持产品生产，很难挤出一部分从事研发投入。即使挤出了一部分，也因科研实力较弱，难以组织重大科研课题。虽然科研实力相对较强的轻工大型企业组织、承担了一些重大科研课题，但研究进展也往往较慢。

2. 缺乏深入研究和开发的能力

我国轻工业拥有自主知识产权的核心技术太少，核心技术长期依赖进口，很多行业专门技术和精密装备被发达国家所垄断（变频空调压缩机、LED关键部件芯片、高档手表机芯等依赖进口，制浆造纸、乳制品、饮料、肉制品等行业的关键技术装备主要从国外引进）；能源、资源消耗大，如洗衣粉我国平均消耗能源折标准煤267公斤，国际水平仅118公斤，制糖企业每吨甜菜用水我国为5～6吨，国外大多数在1吨以下。

核心问题是缺乏深入研究和开发的能力。一是我国大多数轻工企业长期作为海外跨国公司的“生产车间”，主要从事产品的加工制造，虽然也积累了一些生产技术和经验，但离核心技术环节较远，对核心技术的了解和掌握较差。例如，制鞋中涉及的减震系统、飞织技术可以提高运动鞋的稳定与缓震性能，而目前国内贴牌企业尚无一家突破这一核心技术；同时，制鞋业中的飞织技

① 《轻工40年：在改革大潮中砥砺奋进》，中国工业新闻网网站，http://www.cinn.cn/cyzc/201809/t20180912_198340.html，2018年9月12日。

术，国内大规模的鞋企都在抄袭，仅在款式、图案上有所变化。二是绝大多数轻工企业规模较小，多为中小型企业，难以承担进一步研究和开发所需要的大量资金、人力和物力的投入。

3. 科研管理落后

轻工企业对研发的管理较薄弱，基本上仍处于技术人员自发创造型和投资驱动型相结合的较原始模式（缺乏研发的科学程序、机制、方法和习惯，研发只看成研究与开发部门的职能，而与财务、采购和生产等部门的人员无关；研发的动力单一，主要来源于企业家）。研发投入不足和管理方式落后，致使轻工业关键技术难以实现本质突破，从而造成产品品种少、档次低、技术含量不高。

4. 缺乏专门的共性、关键技术研发组织

在国内，共性、关键技术的研发往往由科研院所或企业独立承担、完成。前者由于事业单位或半事业单位的体制性原因，难免从技术基础、研发能力出发进行具体项目申请和选择。这种情况虽然有利于项目研发的顺利完成以及研发效率的提高，但不利的方面也是明显的：研发出的技术与行业、企业需求难免产生较大偏离，有时甚至严重脱节；此外，中试、末端产业化过程中也往往因激励不足而效率低下。后者因逐利性质难免在项目申请和选择以及研发上急功近利，或者因技术基础、研发能力不足，项目研发事倍功半。

在国外，专门的共性、关键技术研发组织（第三方市场化机构）如专利公司、完全市场化的科研院所等，在这方面发挥了很好的作用。

5. 需求高度细分、定制生产尚处起始阶段

我国城乡居民消费结构正在由生存型消费向发展型消费升级、由物质型消费向服务型消费升级、由传统消费向新型消费升级，并且这一升级的趋势越来越明显，速度也越来越快。同时，“80后”“90后”年轻一族成为国内市场的主流消费人群，追求时尚、彰显个性是“80后”“90后”的一个主要消费特点[①]。总之，消费需求进入了个性化时代，大众化的市场被打碎，需求高度细分，以致成了一个个的个性化需求“碎片”，难能统一化合并、组合。

消费品定制生产如今逐渐成为城市居民个性化消费的新方式，也成为轻工企业市场营销的新手段。而目前，轻工生产企业大多是采用固定的流水线进行批量生产，定制生产所要求的是为某一个性化产品单独开设一条生产线，这对于投资、技术和工艺改革、人员分配、售后及成本控制而言都将面临严苛考验。

四、轻工业向中高端转型升级、高质量发展的建议

我国轻工业主要是劳动密集型传统产业，丰富的劳动力资源和低人工成本与引进国外先进装备技术的结合，推动了我国轻工业追赶型高速发展，形成了较强的比较竞争优势。但随着人工成本的不断上升、欧美国家信贷消费和市场需求下滑、高端制造业回流以及东南亚等低成本国家轻工业的崛起，我国轻工业面临的形势异常严峻。

1. 轻工业创新引领转型升级面临的形势

（1）海外市场需求持续下滑。国际市场环境和治理结构更趋复杂。欧美国家信贷消费和市场需求持续下滑，各种形式的贸易保护主义明显抬头，“再工业化”逐渐加速，轻工高端制造业持续回流。

（2）低端轻工业向低成本国家（尤其东南亚等国家）转移。近年来，东南亚廉价的劳动力成本和日益扩大的市场以及重要的战略位置，对低端轻工业投资、转移的吸引力不断增强。自2013年以来，东盟十国的外国直接投资超过了流入中

① 《应对80、90后个性化消费时代的来临》，《消费日报》2011年5月14日。

国的投资。越来越多的东南亚制造和印度制造出现在全球消费品市场。

（3）内需已成为经济增长的第一驱动力。2015年，我国最终消费对经济增长的贡献率达到66.4%，成为经济增长的第一驱动力。我国经济增长已由以投资和出口拉动为主转向了以内需特别是消费为主。

（4）有效供给不足，境外消费快速增长。长期以来，内需特别是消费需求不足是制约轻工业发展的一大“瓶颈”。一方面，需求总量不足，国内产能过剩严重，很多消费品积压滞销，甚至无论怎么降价也销不出去；另一方面，有效供给不足，消费者在国内买不到价格合适的高品质产品，不惜全球“海淘”。自2009年以来，我国出境旅游消费进入快速增长阶段。2012年，中国境外旅游消费达到1020亿美元，跃居世界第一大国际旅游消费国。2015年，我国出境旅游人数达1.2亿人次，境外消费达1.2万亿元左右。2016年、2017年，我国出境旅游人数及境外消费仍在增长，不仅是奢侈品，连电饭煲、马桶盖等一般消费品也热衷于从境外购买，影响了消费对经济增长拉动作用的充分发挥。

2. 向中高端转型升级、高质量发展的建议

（1）政府对企业的扶持也要转型升级。当前市场竞争的一个显著特点，就是已经从产品竞争、企业竞争发展到全程产业链内协作企业集群的协同竞争，不仅需要有影响力的大型企业通过转型升级提升配套企业的竞争能力，更需要行业龙头企业引领产业链内协作企业集群协同创新、攻坚克难。因此，政府对企业的扶持也要与时俱进、转型升级。政府应出台新的试点政策，支持由大型行业领军企业牵头建设包括科技银行、小额贷款公司、创投公司等在内的创新产业链金融平台；应为中小企业的高新技术和原创性项目设立财政专项基金，作为中小型企业科技创新活动补贴；还应建立和规范中小企业信用担保体系，帮助鼓励中小企业积极参加信用保险和信用担保，降低其融资和交易成本。

（2）建立自主创新的引导、风险分担机制。针对轻工企业创新动力不足的问题，要采用综合或专项性的科技计划，建立自主创新的引导机制，引导、促进企业自主投入，并对自主投入进行利益补偿，让其愿意创新并有利可图。可考虑设立行业专项技术计划，适当安排子项资金用于对企业自主创新与应用开发项目的贴息；行业共性技术、关键性技术（在对轻工产业链关键共性技术进行排查摸底的基础上，政府职能部门列出目前单个企业研发难以突破、对轻工产业升级形成严重制约、获得突破后对产业升级有重大带动作用的关键共性技术清单）的开发与应用，还可允许按销售收入的一定比例提取（子项资金），以弥补科技开发可能造成的损失。引导资金额度可以低些，项目设置多一些，投向也可分散一些；补偿资金额度则可以高些，项目设置少一些，投向也可集中一些，以提高使用绩效。

针对企业风险承担能力不足的问题，需要完善、创新风险分担机制，分担轻工企业的技术创新风险，让企业敢于创新。可考虑在行业专项技术计划资金中适当安排子项资金，用于对企业自主创新与应用开发项目的风险补贴。风险分担资金额度既可以低些，项目设置多一些，投向分散一些；也可以额度高些，项目设置少一些，投向集中一些，可视具体情况和使用绩效而定。

针对企业创新能力弱的问题，需要健全、创新产学研合作机制，以降低轻工企业产学研合作成本，让企业自愿推进开放创新。可考虑在行业专项技术计划资金中适当安排子项资金，用于对企业开放创新项目的补贴。合作补贴资金额度可以低些，项目设置可以多一些，投向也可以分散一些。

（3）分类创新的引导、风险分担机制。一是共性技术引导、分担机制。由于共性技术具有共用性、外部性、基础性和关联性等特点，而轻工企业多数无力或不愿承担共性研发，同时又缺乏专门的共性技术研发组织，因此要采用政府主导型模式（启动引导和分担两种机制），由政府动用行政力量，通过各种计划、政策推动官产学研结合，实现从引进模仿向自主创新转变。二是关键、核心技术引导机制。由于关键技术（包括关键共性技术和关键非共性技术）、核心技术研发需要长期的、雄厚的技术积淀为基础，需要长期、稳定的投入。从国际经验来看，以共性技术为支持平台，助推企业创新能力、促成核心技术是许多发达国家如美

国、欧盟的通行做法与成功经验[1]。因此，要采用政府引导模式（主要启动引导机制），由政府通过各种计划、政策引导官产学研结合，促成共性技术向关键、核心技术突破。

（4）加强工程技术研究中心建设，突破关键薄弱环节。长时间以来，轻工业科技成果转化率低，重要原因是研究开发与应用的中间环节薄弱，中试条件差，工程化水平低。要着力促进和加强科技成果产业化中间环节——工程技术研究中心建设，培养工程技术人才，建设工程化实验条件，提高成果的成熟性、配套化、工程化水平。

（5）加强高层次技术创新人才队伍的建设。一是建立权责明确，评价科学、健全，有利于科技人才创业创新的评价、使用和激励机制；二是制定相应的财政、税收、金融等优惠政策，完善知识产权、技术等作为资本参股的措施，支持拥有自主知识产权项目和技术的青年创业创新，支持和鼓励高层次人才创办科技型企业；三是构建专业技术人才继续教育体系，依靠重大科技项目、重大产业项目，为轻工企业培养和引进研发人才。

（6）发挥行业协会等中介组织的作用。加强质量管理协会、标准化协会、计量测试学会、消费者协会、贸易促进协会、商会等有关专业协会和行业协会建设，建立健全中介服务机构，为企业提供品牌创建、品牌推介、品牌运营、技术开发、质量管理、法律服务、信息咨询、人才培训、商标代理、境外商标注册、打假维权等各个方面服务。

专栏 31－1

轻工业特色区域和产业集群取得的主要成就

轻工业特色区域和产业集群的建设，是我国轻工行业及地方政府在改革开放、发展特色经济中的创新举措，在轻工业发展中发挥了极其重要的作用。轻工业特色区域和产业集群发展所取得的成就主要体现在以下五个方面：

一、成为轻工业转型升级发展的重要支撑

轻工特色区域和产业集群是轻工业发展的一支重要力量，也是我国优势制造业基地、特色产业出口基地的典型代表。在商务部确定的179个“外贸转型升级专业型示范基地”中，涉及轻工行业的有63个；在工信部发布的335个“国家新型工业化产业示范基地”中，涉及轻工行业的共有46个。至“十二五”末期，轻工业特色区域和产业集群的产值占轻工业总产值比重达到40%。轻工业特色区域和产业集群的快速集聚发展，成为轻工业在经济新常态下稳增长、调结构的重要支撑。

二、成为助推地方经济发展的新动能

众多轻工业特色区域和产业集群，根据当地独特自然和人文资源、历史传统和区位优势，在各级政府统筹规划和协调下，一批极具鲜明地域特色和产业优势的特色区域和产业集群不断发展壮大，已成为区域经济发展的重要力量和区域品牌的有力代言，促进和带动了地方经济发展和区位优势的提升，成为助推地方经济发展和转型的新动能，一些产业集群的产值已占当地经济比重的50%以上。

三、成为科技创新和结构调整的先行者

经过多年发展，轻工业特色区域和产业集群逐步建立起了一批食品、日化、家电、皮革、塑

① 杨静：《产业共性技术供给与中小企业创新》，《光明日报》2010年8月17日。

料等面向集群的产学研用创新平台。目前轻工业特色区域和产业集群内拥有国家工程技术研究中心、企业技术中心近100个，国家级中小企业公共服务平台17个，建立了一批面向产业集群的产业创新联盟。经过产学研用的共同努力和协同创新，特别是在特色区域和产业集群龙头骨干企业的参与带动下，一大批关键技术得到了突破，如变频空调关键技术、24工位笔头机、圆珠笔墨水、宽幅高速文化纸机等一批科技成果达到国际先进水平，对推动行业转型升级、优化产业结构，满足消费升级起到了重要作用。

四、成为推动节能减排、发展循环经济的有效途径

塑料、皮革、电池、食品、日化等行业，加快了特色区域和产业集群工业园区建设，通过统一规划、集中治污，大力推进清洁生产和节能减排，实现了绿色发展、循环发展。例如，浙江省丽水市、福建省福鼎市合成革产业园发展水性、无溶剂、超纤及湿法透气PU革；丽水市加快推进合成革DMF废水集中精馏回收项目落地，优化精馏回收工艺，从源头上控制废水氨氮产生量，通过末端治理设施优化，实现有机废气全面达标排放；“中国皮革名城”浙江省桐城市崇福镇，着力推进生态产业园和皮革品牌园建设，加大对投资环保设备的支持力度，鼓励企业采用先进节水设备和工艺，提高污水处理效率，减少污染物排放问题，引导产业向高效、环保、节能方向发展，成为毛皮加工行业发展循环经济的示范区。

五、成为建设特色小（城）镇的重要载体

特色小（城）镇建设是国家推动城镇化、产城联动的重要举措。特色小（城）镇的核心是产业，以产立镇，以产带镇，以产兴镇，实现产镇统筹协调发展，促进从小镇资源到小镇产业，从小镇产业到小镇经济，从小镇经济到小镇发展。众多轻工业特色区域和产业集群为特色小镇的建设及其持续健康发展提供了源源不竭的动力和支撑。

资料来源：中国轻工业网网站，http：//www.clii.com.cn/zhuantixinwen/jq/201707/t20170717_3910128.html，2018年4月17日。

参考文献

［1］辜胜阻：《我国民营企业自主创新对策思路》，中国经济网站，http：//www.ce.cn，2017年1月29日。

［2］李建玲、李纪珍：《产业共性技术与关键技术的比较研究》，《技术经济》2018年第9期。

［3］程敢：《轻工业节能减排成效显著》，中国工业新闻网站，http：//www.cinn.cn/xfp/306473.shtml，2016年12月11日。

［4］《张崇和会长在全国轻工业科技大会上的讲话》，中国文教体育用品协会网站，http：//www.csg.org.cn/NewsInfo.asp？id＝12738，2018年10月28日。

［5］杨静：《产业共性技术供给与中小企业创新》，《光明日报》2018年8月17日。

［6］文强：《中国轻工业发展史》，轻工业出版社2017年版。

第三十二章　建材工业

提　　要

建材工业在国民经济中发挥着重要的作用。新中国成立70年来，我国建材工业的发展分为恢复和初步发展阶段、恢复发展阶段、结构调整部署阶段、结构加快调整阶段和节能环保质量提升阶段。这期间取得的成就是巨大的，基本实现了由弱到强、由小到大的发展历程，加快了建材工业向市场化、国际化、现代化迈进的步伐，实现了建材工业快速发展，为国家经济发展、民族复兴崛起奠定了坚实基础，在产品产量、经济指标、国际贸易、科技创新、节能减排等方面都有突出表现。当前，建材行业面临的问题主要是建材行业产能过剩、传统建材行业转型困难、竞争环境不规范、绿色建材发展滞后、技术创新能力不足、节能减排任重道远。为促进建材工业高水平发展，要求以政策创新引导建材行业发展，以科技创新推动建材行业转型，以标准创新淘汰落后产能，加快建设建材服务业，最终促进我国建材工业的高质量发展。

*　　　　*　　　　*

建筑材料工业（以下简称建材工业）是我国重要的原材料工业，包括建筑材料、非金属矿制品和无机非金属新材料三大类。建材工业在国民经济中发挥着重要的作用，为固定资产投资提供物质基础，为改善人民生活条件提供了物质保障，推动了对外贸易的发展，其广泛应用于建筑、军工、环保、产业和人民生活等重要领域。新中国成立70年来，尤其是改革开放以来，我国建材工业已逐步发展成为门类齐全、品种完善、具有相对独立完整的工业体系。截至2017年底，建材工业共有100余类，1800多个品种和规格的产品，规模以上企业达到35803个（销售收入在100万元以上的），工业总产值达到5.9万亿元①。自1985年起，我国建材工业的水泥、平板玻璃、卫生陶瓷等产量先后位居世界第一，中国已逐步成为名副其实的建材生产、消费和出口大国。同时，我国建材工业也面临产能过剩、行业竞争不规范、传统行业转型困难、自主创新能力不足等问题和挑战，这就要求加快建材工业的转型升级，解决发展中面临的深层次问题，以实现建材工业的高质量发展。

① 来源于2018年《中国建筑材料工业年鉴》。

一、我国建材工业70年的发展历程

新中国成立以来，在几代人的辛勤努力下，我国建材工业取得了举世瞩目的成就。特别是改革开放40年来，建材工业发展尤为迅猛。回顾我国建材工业近70年的发展历史，其大体经历了五个发展阶段。

1. 恢复和初步发展阶段（1949～1978年）

新中国成立初期，我国建材工业起点较低，发展缓慢。以水泥业为例，全国只有35家水泥厂，年产水泥66万吨。通过3年时间的修复设备阶段和逐步恢复生产，到1952年底，全国建材工业得到了全面恢复，水泥产量达到286万吨。1953年，我国步入了第一个五年计划。为了响应国家经济建设发展的号召，我国建材工业从东欧引进一批相对先进的设备，建设新厂以促进建材工业进一步发展壮大。1957年，建材工业根据国家建设需要和地区平衡重点发展水泥产业，当时水泥产量达686万吨，比1952年增长了1.5倍。到"一五"期末，建材行业的各项经济指标已经顺利实现，建材产业规模比1952年扩大了近2倍。"文化大革命"时期，随着各地大办农田水利建设，我国又开启了地方水泥的建设高潮。从1970年起各个地方的水泥产量以平均每年21.8%的增值速度发展。1973年，我国地方性水泥产量第一次超过了国家的统配量，到1978年地方水泥达到4253.3万吨，占全国水泥总产量的65.2%，地方水泥厂也由1970年的875家增加到3400多家。

2. 恢复发展阶段（1979～1995年）

1980年结合了当时国内改革开放初期的发展形势，建材行业总体发展目标与我国经济发展阶段基本相适应。但长期以来主要建筑材料的短缺始终是制约我国经济建设的一个重要因素，建材工业发展仍难以满足国民经济发展的要求。1985年，全国掀起了各行各业投资办建材的热潮，"大家办建材"的方针得到了国务院的肯定。这一方针在当时对调动各方面的积极性、促进生产发展、缓解供需矛盾发挥了重要作用，开创了建材工业发展的繁荣局面。到1990年我国水泥产量达到2.1亿吨，平板玻璃产量达到8067万重量箱。1985～1995年也是我国水泥工业蓬勃发展期，11年间纯增长水泥产量达32996万吨，平均每年纯增加约3000万吨。1995年，全国水泥产量达47591万吨，完全满足了市场需求，从此告别了45年来水泥供不应求的历史。

3. 结构调整部署阶段（1996～2005年）

1996年，中国建材行业进入了结构调整部署阶段，确定了"由大变强、靠新出强"的跨世纪发展方针。国内建材长期供不应求，结构性矛盾较为突出。国家建材局进行新型干法"低投资"和"国产化"的工作，尝试以创新建材技术、设计优化以及采取国产设备等方式，完成项目技术水平不变下的低规模投资，也完成技术水平和经济发展的良好结合。1995年新型干法水泥产量为2853万吨，仅占当年水泥总产量的6%，而2000年上升到7188万吨，占总产量的12%。这一阶段，建材行业在"上大改小"和"限制、淘汰、改造、提高"方针的指引下，为全行业结构大调整做出了部署。

4. 建材工业结构加快调整阶段(2006～2010年)

"十一五"期间，我国进一步强调了需要加快调整经济结构，加快信息化建设，积极发展循环经济，提高我国的自主创新能力和产业竞争力，要将我国的建材工业建成与经济、社会、环境相协调的资源节约型和环境友好型产业，也强调了我国的建材工业需要为建筑业服务，增强建材工业与建筑业的共同发展。虽然2008年爆发的国际金融危机对我国建材行业以及各个行业产生了一定的冲击，但我国的建材工业始终发展良好。

5. 节能环保质量提升阶段（2011～2018年）

"十二五"前三年，我国的建材工业继续保持着快速增长的局面，2013年，我国的建材水泥产量已经上升至24.2亿吨，平板玻璃产量已经上升至7.79亿重量箱，建筑陶瓷产量已经上升至96.9亿平方米，比"十一五"期间的2010年提高了28.7%、23.6%、24.2%，当时我国的建材工业效益比全国的工业平均值高出许多，建材产业结构也逐渐优化。这段时间内，国家强调加快经济发展转型，从市场需求出发，促进节能、环保、低碳的创新型发展，以技术创新和循环经济理念指导我国的建材工业发展，以提升我国的建材工业步入健康发展趋势。“十三五”时期也是我国建材工业的转折期，经济由高速增长逐渐步入稳定的中高速增长，从数量扩张步入了质量提升阶段，这也意味着我国主要的传统建材产品会慢慢进入平台期。

二、我国建材工业 70 年的发展成就

新中国成立 70 年来，建材工业各行业艰苦创业、奋力拼搏，加快了建材工业向市场化、国际化、现代化迈进的步伐，实现了建材工业快速发展，为国家经济发展、民族复兴崛起奠定了坚实基础，取得了万众瞩目的辉煌成就。

1. *主要建材产品产量总体快速增长*

新中国成立以来，我国的建材行业发展迅速，建材产量大幅提升。以水泥产量为例，全国水泥产量从 1978 年的 0.65 亿吨，增长到 2017 年的 23.31 亿吨（见表 32－1）。此外，分析建材行业其他主要产品的产量，从 1978 年到 2017 年，平板玻璃的产量由 0.2 亿重量箱增长到 8.38 亿重量箱；玻璃纤维的产量由 4.08 万吨增长到 814.35 万吨；石膏板的产量从 0.31 亿平方米增长到 56.76 亿平方米；卫生陶瓷产品的产量从 0.23 亿件增长到 63.01 亿件。墙材革新工作取得新的突破，新型

表 32－1　1978～2017 年建材工业主要产品产量

年份	水泥（亿吨）	平板玻璃（亿重量箱）	建材工业玻璃纤维纱（万吨）	石膏板（亿平方米）	卫生陶瓷（亿件）	年份	水泥（亿吨）	平板玻璃（亿重量箱）	建材工业玻璃纤维纱（万吨）	石膏板（亿平方米）	卫生陶瓷（亿件）
1978	0.65	0.20	4.08	0.31	0.23	1998	5.27	1.73	16.00	0.88	11.97
1979	0.74	0.23	4.73	0.37	0.24	1999	5.61	1.75	17.00	0.90	14.97
1980	0.80	0.28	4.63	0.49	0.29	2000	5.97	1.84	45.35	0.96	15.84
1981	0.83	0.31	4.42	0.51	0.37	2001	6.61	2.10	26.36	1.35	19.08
1982	0.95	0.35	4.86	0.51	0.55	2002	7.25	2.34	39.45	1.73	21.96
1983	1.08	0.42	5.64	0.54	0.81	2003	8.62	2.77	48.25	2.15	22.08
1984	1.23	0.42	6.66	0.57	0.73	2004	9.67	3.70	66.26	5.50	30.94
1985	1.46	0.49	7.10	0.64	0.78	2005	10.69	4.02	95.17	5.37	30.93
1986	1.66	0.52	6.69	0.65	0.95	2006	12.37	4.66	130.07	7.14	31.19
1987	1.86	0.58	7.05	0.67	1.05	2007	13.61	5.39	165.37	9.59	31.34
1988	2.06	0.62	6.90	0.69	1.20	2008	14.24	5.99	234.95	11.38	31.55
1989	2.27	0.66	6.88	0.72	1.34	2009	16.44	5.86	292.65	13.60	33.41
1990	2.47	0.70	6.85	0.73	1.47	2010	18.82	6.63	363.90	20.85	37.61
1991	2.53	0.87	9.69	0.74	1.89	2011	20.99	7.91	372.20	18.29	38.81
1992	3.08	0.94	12.08	0.75	2.53	2012	22.10	7.51	430.55	21.21	41.01
1993	3.63	1.09	12.27	0.77	3.34	2013	24.19	7.93	494.26	27.00	43.51
1994	1.16	0.98	7.51	0.79	0.93	2014	24.92	8.31	558.08	34.44	44.57
1995	4.76	1.57	31.30	0.81	5.45	2015	23.59	7.87	622.25	41.88	48.54
1996	4.92	1.60	26.00	0.84	6.87	2016	24.10	8.04	686.19	49.32	58.49
1997	5.13	1.66	21.00	0.86	8.96	2017	23.31	8.38	814.35	56.76	63.01

注：由于主要建材产品数据在 1978 年之前存在大量缺失，这里主要统计 1978 年之后的数据。

资料来源：根据 EPS 数据和前瞻网数据整理。

墙材产量比重由35%提高到45%；水泥制品、建筑陶瓷、卫生陶瓷，复合材料、非金属矿及制品等产业新品迭出，其先进生产力快速发展。

建材行业经济效益连年稳定增长。目前，我国建材工业已发展成为门类齐全、体系完整、产品配套能力较强、具有国际竞争力的重要原材料工业，能够较好地满足国民经济建设和人民生活水平提高对建材产品的需求。

2. 主要经济指标总体增长，但近年来盈利水平下滑

新中国成立以来，我国建材工业主要经济指标总体上保持了快速发展态势。据统计，1982 年建材工业总产值达到37.98 亿元，利润达到9.01 亿元，1982～1995 年我国的建材工业产值迅速上升，短短十几年来从 37.98 亿元增长至 4351 亿元；2017 年，我国建材工业规模以上企业资产总计和利润总额分别达到 59000 亿元和 5173 亿元（见表 32－2）。2000～2011 年建材行业工业总产值持续上升，利润总额增速明显，在 2012 年稍有下降趋势后又开始回落，经历了 2014～2016 年的持续下降后，2017 年建材产品出厂价格结束了持续两年的下降，开始超过工业生产者出厂价格平均增速，2017 年平均比上年同期上涨 8.2%，比同期工业生产者出厂价格上涨幅度高 1.9 个百分点，在工业行业中处于较快增长速度。2017 年，规模以上建材行业主营业务收入 5.2 万亿元，同比增长 8.7%，比上年同期高 3.2 个百分点；利润总额5200 亿元，同比增长 12.7%。

表 32－2 建材工业的历年产值与利润

单位：亿元

年份	总产值	利润	年份	总产值	利润
1982	37.98	9.01	2000	3234	91.34
1983	37	8.05	2001	3475	118.9
1984	41	10.28	2002	3934	101
1985	47	16.12	2003	5072	263
1986	20	9.69	2004	7180	340
1987	21	8.71	2005	10190	409.06
1988	23	7.74	2006	11722	407.48
1989	25	6.24	2007	13975	514.65
1990	136	7.44	2008	16974	650
1991	152	8.64	2009	21111	1013
1992	168	9.84	2010	27211	2043.77
1993	409	76.54	2011	18396	4230
1994	736	65.95	2012	22160	3750
1995	4351	159	2013	29214	4530
1996	3342	12.28	2014	40979	4770
1997	3606	-4.61	2015	40000	4492
1998	2807	-9.26	2016	43000	4051
1999	2976	37.26	2017	59000	5173

资料来源：根据 Wind 资讯和前瞻网数据整理。

回顾 2000～2017 年建材行业的净资产收益率，其基本上保持着先增长后衰减的趋势（见图 32－1），2000～2005 年全行业净资产收益率从 0.8%上升至4.2%，而经历了 2006 年的下降后，2007～2012 年净资产收益率从 3.2%增长至7.9%，表明建材行业上市公司的盈利水平在 2012 年之前呈现增长趋势，而 2012～2017 年行业下行压力较大，净资产收益率表现出降低态势。

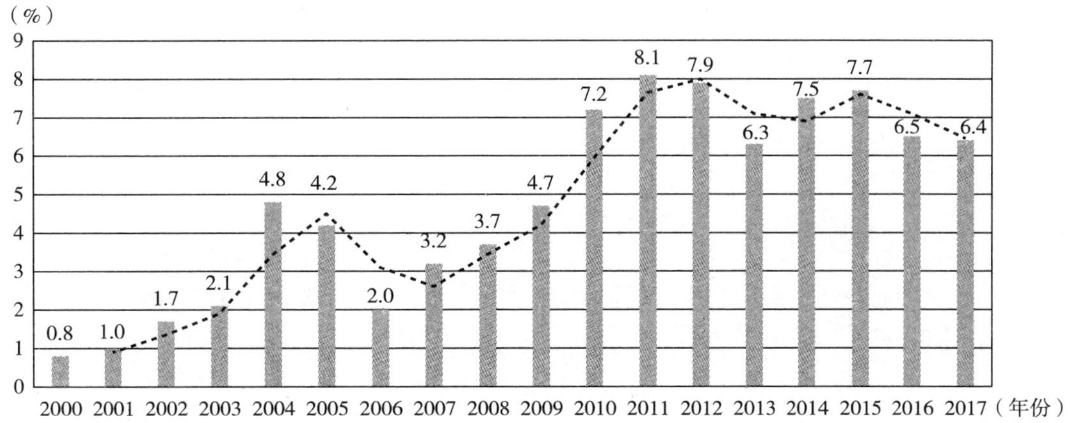

图 32-1　2000~2017 年建材工业净资产收益率（全行业平均）

资料来源：根据 Wind 资讯和前瞻网数据整理。

3. 建材产业的空间布局

建材工业属于资源禀赋型产业，虽然在全国范围内分布比较广泛，但是也有一定的区域性特点：首先，东部沿海地区建材产业集群集中度最高，特别是山东、浙江和广东等地。其形成原因与地方经济发展模式和传统生产方式相关，东部地区人才集聚专业化水平较高，开放型市场环境和相对宽松的产业政策较利于产业集群集聚，从而其配套建筑行业和建材行业的发展前景较为广阔。其次，中部地区集中分布在河北、山西、内蒙古、甘肃等省份。从区域分布构成来看，建材工业主要分布在材料消费需求较大的周边地区。尽管这些区域资源丰富，但缺乏当地政府的政策扶持和市场指导，当地配套产业发展滞后，难以形成专业化分工，更难以进行技术创新，所以中西部产业集群发展缓慢。从时间变化来看，建材产业的企业数量一直在增加，但对比东部的建材产业分布，中西部的建材企业数量迅速增加，这种变化可能与我国的污染密集型行业的空间转移有关。

近年来，由于水泥、陶瓷、玻璃产业集群对自然资源的依赖较强，西部地区矿产资源丰富，因此建材工业分布呈现出从东部转向中西部的趋势。例如，1976 年，我国建材工业分布在东部占比 59.00%、中部占比 30.46%、西部占比 10.54%；每隔十年的变化都较为明显，东部区域建材工业比重明显下降；经过 40 年的发展，2016 年，建材工业分布呈现出向西部转移的趋势，东部占比从 1996 年的 39.38% 下降至 35.70%，中部占比从 1996 年的 38.04% 下降至 30.21%，而西部则从 1996 年的 22.58% 上升至 34.10%（见图 32-2）。中西部地区通过不断完善地方基础配套设施建设，逐步建立起活跃有序的建材市场环境，吸引相关产业进入，加快提高建材产业集群的发展竞争力。

4. 进出口贸易快速增长

多年来，特别是在国内外投资需求的拉动下，我国建材工业一直以较快的速度发展，同时受产业结构调整等产业政策及市场因素的影响，建材行业的生产规模和产品结构都具有非常大程度的提升，这使我国建材产品在国际上存在较强的市场竞争力。受国际国内经济形势的影响，我国建材行业在 2014 年出现了进出口逆差现象（见图 32-3）。2014 年，建材产品进口 463.3 亿美元，同比增长 110.8%，累计出口 361.2 亿美元，同比增长 5.3%，自 2014 年 7 月以来持续保持逆差，这也是自 20 世纪 90 年代以后的第一次。

多年来，我国建材行业一直是生产大国和出口大国，建材产品的海外市场繁荣，海外运货方式主要包括通过经销商向海外出口建材产品和直接在海外建立建材产品销售网点直营销售。例如，我国的水泥行业将建材中的熟料和水泥出口到美国、菲律宾、澳大利亚等国家，也有不少建材出口企业通过在欧洲、东南亚等地建立建材企业子公司进行海外直销。水泥和玻璃是建材行业最具代表性的出口产品，2003~2007 年，水泥和玻璃均表现为出口增速上升趋势；2008 年以后，受

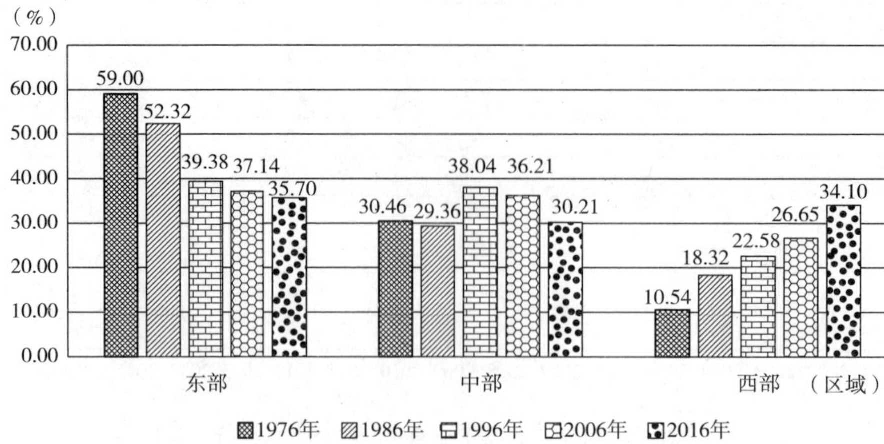

图 32－2　建材产值区域比重变化

注：因为保留两位小数，四舍五入可能导致数据相加不等于100%。

资料来源：历年《中国建筑材料工业年鉴》。

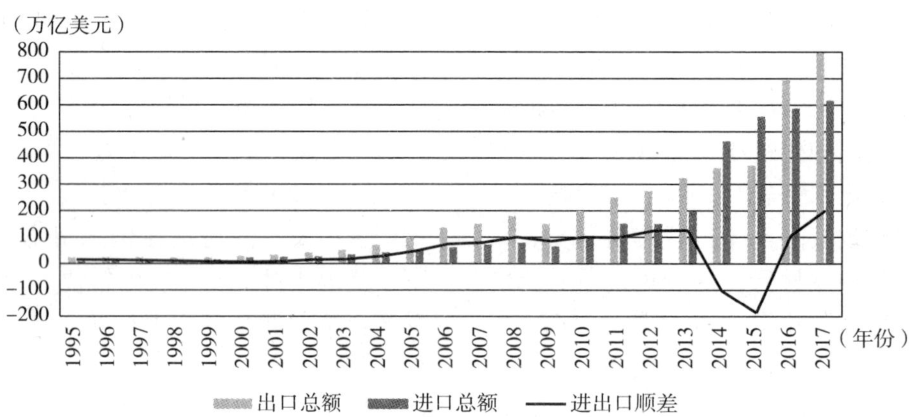

图 32－3　1995～2017 年中国建材产品进出口额

资料来源：根据 Wind 资讯和前瞻网数据整理。

经济危机和国际贸易环境的影响，水泥和玻璃出口在绝对数量和增速上均明显下滑（见图32－4）。

分析我国建材产品的出口结构，家用陶瓷制品、玻璃制品、陶瓷砖是近年来我国出口占优势的三大类建材产品。以2016年为例，三类建材产品出口额约占我国建材产品出口总额的61.85%。2016年，我国建材产品出口份额前10位的产品及其所占的比例分别为：家用陶瓷制品37.71%、玻璃制品12.75%、陶瓷砖11.40%、花岗岩石材及制品8.86%、釉面砖7.75%、卫生陶瓷6.35%、玻纤及制品4.24%、地砖3.64%、平板玻璃3.19%、黏土及其他耐火矿物2.24%、水泥及水泥熟料1.41%、天然石墨0.47%（见表32－3）。通过对比1992年、2000年和2016年的出口产品比例可以发现，我国建材行业的出口产品结构发生了巨大变化。以水泥及水泥熟料为例，1992年，我国水泥及水泥熟料的出口比例是39.27%，比重最大；经过了近十年的出口调整，水泥及水泥熟料的出口比例稍有下降；而到了2016年，水泥及水泥熟料的出口比例明显降低。

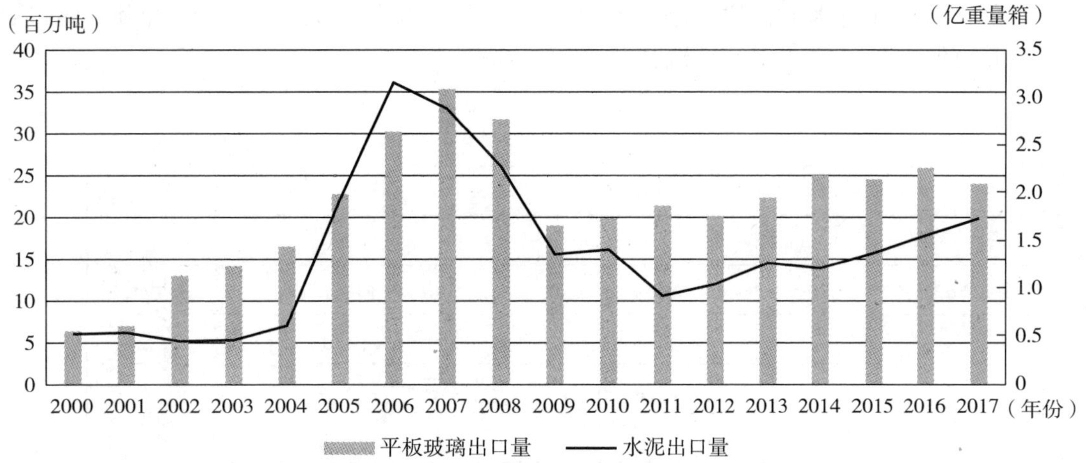

图 32－4　代表性建材产品的出口规模

资料来源：根据 EPS 数据库和历年《中国建筑材料工业年鉴》整理得出。

表 32－3　建材行业主要出口产品结构变化

单位：%

产品	1992 年	2000 年	2016 年
水泥及水泥熟料	39.27	29.37	1.41
平板玻璃	32.81	12.17	3.19
玻璃制品	1.96	7.10	12.75
家用陶瓷制品	0.41	23.07	37.71
玻纤及制品	4.58	4.31	4.24
黏土及其他耐火矿物	0.48	0.28	2.24
天然石墨	3.33	4.79	0.47
花岗岩石材及制品	0.20	4.14	8.86
卫生陶瓷	5.32	0.20	6.35
陶瓷砖	0.43	13.44	11.40
釉面砖	8.70	0.75	7.75
地砖	2.52	0.38	3.64

注：因为保留两位小数，四舍五入可能导致数据相加不等于 100%。

资料来源：根据历年《中国建筑材料工业年鉴》整理得出。

5. 自主创新能力不断增强

目前，我国的建材工业自主创新能力逐渐增强，以企业为主体的建材行业科技创新体系正加快形成，建材行业已经取得了十分明显的成就，不仅有效地加快了水泥、玻璃、玻纤、陶瓷、水泥制品等产业的进步，也为我国的航空航天事业和建筑行业的发展做出了巨大贡献。根据建材工业技术投入率的测算，全行业平均值逐年增长，由 2000 年的 0.1% 逐渐增长至 2017 年的 4.83%（见图 32－5），表明我国的建材工业的研发投入规模日渐扩大，建材业的创新水平日益改善，其中水泥、玻璃、玻璃纤维等建材产品的科技水平逐渐上升。在水泥生产上，新型干法水泥技术在水泥生产的煅烧技术、大型原料均匀化、节能粉磨等方面，从水泥产品设计到水泥装备制造都向世界先进水平靠近。在玻璃生产技术上，洛阳浮法玻璃生产技术渐渐完善，超厚和超薄浮法玻璃的技术革新均取得了较大突破，目前国内玻璃行业市场已经研发制成电子行业用 0.55mm 和 0.70mm 的超薄浮法玻璃，玻璃质量已经达到国际一线水平。在玻璃纤维技术上，超白浮法玻璃和在线低辐射镀膜促进我国的玻璃纤维池窑拉丝生产技术蓬勃发展，玻璃纤维产品质量大幅提升。

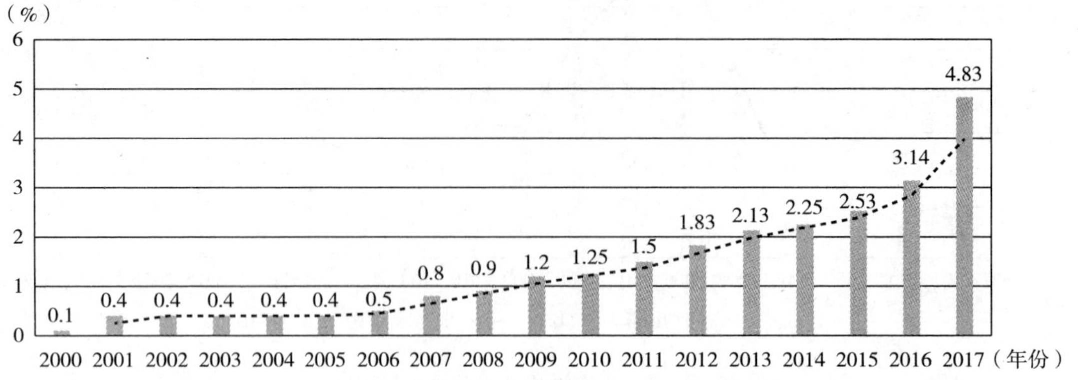

图 32－5 2000～2017 年建材工业技术投入率（行业平均）

资料来源：根据 Wind 资讯和前瞻网数据整理。

6. 节能环保进一步加强

近几年来，按照国家节能减排的总体要求，突出推动以节能环保为中心的产业技术结构调整步伐，大力发展先进生产力，建材节能环保工作取得积极进展。基于数据，我国在 2006 年建材工业万元增加值综合能耗达到 6.14 吨标准煤，相比于 2005 年减少了 7.9%，建材行业的环保治理工作取得重大成就，建材行业的主要污染物的排放量不断减少。部分建材行业的先进企业已积极推广节能技术，国家重点支持的水泥回转窑纯低温余热发电投运量已经达到了 60 多套，建材行业已经率先成功实施了玻纤池窑全氧燃烧技术，大幅度降低了能耗、减少了污染。

按照我国的循环经济发展模式，在节能政策的推动下，我国建材行业的水泥和墙材工业利用粉煤灰等工业固体废弃物的数量与日俱增，具有轻质、节能和装饰功能的新型节能环保墙材产品得到推广应用。2000 年，建材工业固体废弃物利用量近 2 亿吨，而到 2017 年，建材工业固体废弃物利用量已经接近 20 亿吨，建材市场节能效率逐年上升（见图 32－6）。

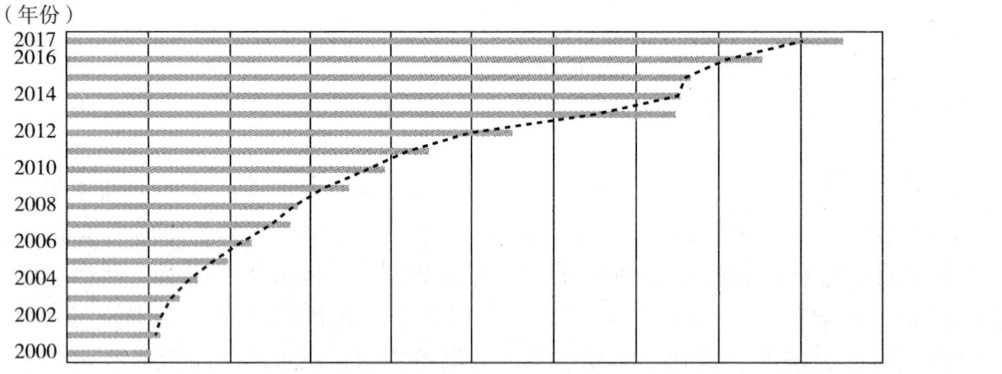

图 32－6 2000～2017 年建材工业固体废弃物利用量

资料来源：根据 Wind 资讯和前瞻网数据整理得出。

三、我国建材工业面临的问题与挑战

新中国成立70年来，我国的建筑材料行业取得了骄人的成绩，然而在辉煌的行业成绩的背后也存在不少隐患，不少建筑材料企业的财务报告指出许多建材企业的业绩是成本高、收益较低，这种企业间的巨大差距也从一定程度上表明我国的建筑材料行业目前面临的改革困境。

1. 三期叠加造成建材行业产能过剩

我国的建筑材料行业正在经历着增长速度“换挡期”、结构调整“阵痛期”和前期刺激政策消化三期叠加的混合状态，部分建筑材料企业已经取得了巨大成就，相当部分的企业已然完成了高质量建材工业的转型，但是必须意识到还有大量企业的发展状态并不乐观。从中国建筑材料产业发展的宏观特征来看，区域差异、企业间差异等问题层出不穷，行业矛盾日渐突出。例如，建材行业的先进技术和绿色专利目前还是集中于部分企业，整体上新专利和新技术的普及力度尚不够充分。在经济结构调整的过程中，建筑材料行业的产量存在大量过剩的情况，落后的产能怎样快速化解成为目前困扰建筑材料行业的重要难题。

2. 传统型建材产业举步维艰

基于目前我国宏观经济市场出现了紧缩的状态，建筑材料行业面临的结构性矛盾也逐渐明显，传统的建筑材料产业不同于新型的建筑材料工业，传统建材工业的产能明显过剩。近年来，我国政府出台了大量政策，加快步伐淘汰过剩的产能和与国家政策发展不相符合的落后产能，针对性治理市场上的“僵尸产业”，却并没有达到满意的效果。基于数据统计，我国的建筑材料行业的利润总额在2014年末就已经出现颓势，在2015年首次出现了利润规模的负向状态，建筑材料行业的投资量也表现出下降趋势。传统型建筑材料行业利润减少已经成为主要趋势。造成传统型建材行业举步维艰的原因除宏观经济环境外，建材市场的资源配置问题也是导致传统建材工业艰难的一大原因。建材行业作为基础性传统产业，资源配置的重复性和惯性是其产业发展的固有“短板”，如何进一步完善建材行业的供给机制和提升建材行业的资源配置效率，也是建材行业化解传统建材困境的重要着力点。

3. 建材市场的竞争环境不规范

目前，我国建材行业处于绿色环保转型的阶段，建筑材料的生产和使用过程中均不可避免地会产生污染，建筑材料行业面临着排污须降污的问题。随着国内环境立法的推进和执法力度的强化，不少建材行业采取先进技术对生产技术进行改造，除尘减排工作依序推进。然而，在完成建材企业减排任务的同时造成了企业成本的扩大，因此，部分中小型建材企业未能对生产技术革新，降污减排工作不到位却没有受到一定环境惩处，因此建材行业内部的竞争不公平现象层出不穷，建材行业发展的市场监管力度仍须进一步加强。

4. 绿色建材发展滞后

目前，我国绿色建筑材料行业的发展步伐较慢，环保技术和环保意识不足可能都是造成我国绿色建材转型滞后的重要原因。首先，我国绿色节能技术在建材行业中的推广不足，绿色建材产品由于成本较高和价格较高尚未得到所有市场消费者以及潜在用户的青睐，因此出现了明显的区域差异；其次，绿色建材行业的技术利用不充分，市场开发缓慢造成建材市场上的环保产品供给量少、种类少和功能不全等问题，并不能达到部分环保型消费者的需求，需求者的选择空间较小。具体而言，我国的建材产品中绿色环保类产品的比例不足1/20，与此相比，西方发达国家的绿色建材产品比例已然达到了近9/10。目前，我国的建材行业规模较大，国内已经存在几千家企业，然而大部分的建材企业的生产技术都是传统的，建材生产设备落后、管理水平不够造成我国建材产品大部分是高能耗、高污染的材料。我国绿色建材产品的质量和数量与西方国家的差距较大。

5. 技术创新能力不足和自主知识产权少

技术创新能力不足和自主知识产权少是未来发展的薄弱点。未来国际竞争主要围绕新的技术革命在信息网络、生物、可再生能源等领域抢占高科技产业与新兴产业的核心技术制高点。科技进步是未来一切产业、一切领域生存发展与竞争的基础，是行业发展的根。要制定主导方向明确的、顶层设计清晰的、核心技术体现国际先进水平的、协调与组织产学研联盟有效运转的、有能动机制的建材行业科技发展规划和保障体系，以集中行业科技优势与比较优势，形成相关资源共享、利益公平、机会均等的系统的建材行业创新体系，以此改变一些产业技术含量低、自主知识产权少、技术贡献率低的状况。同时，一方面要加快新兴产业和新产品的发展，另一方面要提升现有传统产业的整体水平。

6. 节能减排任重道远

建材行业要把节能减排、发展循环经济、建设两型社会作为经济社会发展的重要目标。建材行业在节能减排方面，既有跟随社会进步的紧迫责任感，又存在自身生产力的发挥会受节能减排的约束限制，也存在因排放超量增加纳税和环保处罚的风险。因此，对待节能减排不能以防守与被动地等待被其处罚的态度，而必须主动地从提升技术、强化管理、创新政策，包括与环保部门和地方政府实行包括股份制在内的联姻，或积极创立环保示范项目和共同开发环保工业园区等多轨齐下的办法，有计划、有目标地组织攻坚。

7. 资源配置水平与利用效率必须进一步提高

建材行业在一定程度上仍表现为资源相对分散，同质化重复分散过多，生产集中度低，资源利用缺乏共享机制，生产组织方式和流程缺乏配置创新与优化。在与相关行业合作与竞争中，很多建材企业虽然也能进入与渗透到其他行业，但在其中往往缺乏成为主体与起主导作用的能力；加之一些企业经营粗放、成本缺乏规范，万元资产形成的收入和万元收入带来的利润仍比较低，使建材系统企业之间的差距也越拉越大。从中国建材、中国中材、海螺、金隅四大集团看，同样的收入增长率，它们所获得的效益有明显的技术与规模优势。树立资源合理配置意识，建立科学的优化资源配置体系与方法，这是最现实的生产力，也是成本最低、效益来得最快的途径，每个经营者都必须学会这门科学并善于运用。

8. 国际合作与贸易必须扩展并形成新的格局

总体上建材行业在外投资办实体少，开发矿业和制造业少，贸易总额占建材总量的比例少，高端产品和附加值高的出口贸易少。中材国际在国外做总承包业务是做得很好的企业，即便这样，也要进一步扩大发展领域。作为多个主要产业的产量占到世界总产量50%以上的建材大国，既要在国外有一定的市场份额，又要有多种形式的国际合作与贸易渠道，还要在世界性建材组织中有一定的名额与影响，在世界性的活动中要有话语权，在产品标准制定等方面既要与先进国家对标，又要有一定的发言权，这是建材大国必须有的作为与责任。为此要从多方位去构思，建立新的国际贸易合作的框架与运作机制，为促进我国建材工业成为建材强国奠定国际化发展的基础。

四、促进我国建材工业发展的建议

我国的建材行业目前处于转型期，如何能够化解落后产能、技术革新并且实现建材产品的绿色化发展，是解决建材行业困境的发力点。在此过程中，建材行业应当着力发展新型绿色产业，开发更多的市场需求，丰富建材行业产品的种类，提升产品素质，加快发展建材行业的配套服务业，同时促进建材产品出口，以政策创新、技术创新、标准创新等手段促进建材工业高质量发展。

1. 以政策创新引导建材行业发展

我国建材行业转型落后和市场秩序不规范的重要原因之一就是政策问题，为了推进绿色建材行业更好、更快发展，要切实创新化政策，细化产业政策和环境治理政策为绿色建材行业保驾护航。首先，针对建材行业中的绿色部门和非绿色部门要正确识别，能够针对性奖惩，鼓励环保减排，惩处违规违法行为。其次，要颁布落后产能的淘汰标准，定位落后产能企业位置，短期检查和实时汇报，对传统型、污染型建材企业的处理措施要合理合法。

2. 以科技创新推动建材行业转型

利用技术革新和专利创新推动经济结构转型已经成为我国目前经济建设的重要渠道。针对建材行业的转型问题，同样要将着力点置于科技创新层次，既要努力解决建材行业科技创新缺少总体目标和顶层设计的“短板”，又要重点解决建材行业的科技创新研发投入不足和市场应用投入不足的问题。首先，要形成建材行业发展的顶层设计，系统化、组织化有序推进，全面完善建材行业的创新格局，使建材行业的补“短板”和结构调整出现突破。其次，实现建材行业的科技创新必须要提升创造性思维，使创新思维与时俱进，在新的产能标准定位中改变粗放式和相互重复带来的低质量技术创新模式，改变研发与企业发展相脱节、建材产品的开发与实际应用不相符合的现状。以建材行业的发展目标为指导方向，以建材行业目前存在的问题为发展导向，利用最新的创造性思维和研发方式推进建材行业的科技创新新局面。

3. 以标准创新淘汰落后产能

目前，淘汰建材行业的落后产能，实现传统建材行业过剩产能化解是推进建材产业效益提升的重要手段，要推进建材行业调整，应当充分发挥标准创新的作用。标准化创新是针对结构调整的一种公平且普适性的手段。要以国际标准为参考体系，依据国内产业发展现状因地制宜地制定出合理的产能淘汰标准，并且须公开透明，允许创新标准接受监督和调整。此外，标准创新的实施是需要政府和企业共同配合的，加快标准出台和标准实施的过程中应当对建材企业部分必须淘汰的名单进行准确核对。

4. 突出绿色节能环保理念

如何推广绿色建材产品和进一步加快建设绿色建材行业，首要的也是基本的就是要突出绿色环保理念，在建材市场上要切实贯彻并发扬绿色发展理念，发挥绿色经济建设的主导性，推动建材行业与绿色生态文明建设共同发展。要从顶层设计上确定低能耗和环保的建材产业以及建材产品的名录，必须淘汰掉环保不达标的建材产品生产线；必须在不断提高能耗和环保标准的前提下对相对落后的产能劝退出市场；必须在建材水泥、平板玻璃、卫生陶瓷等建材行业主要产品上首先做出技术革新和质量提升，围绕节能绿色的新标准转型传统建材产业，使环保攻坚工作顺利推进。

5. 加快建设建材服务业

在全面加快发展建材服务业的同时，把“三个一批”的推进与落地作为近期推动行业结构调整转折的主要任务加以突破。要适应我国经济结构调整和社会消费特征深刻变化，推动建材工业的产业链延伸及多元化、智能化和高端发展；注重对大型建材产品交易的引导，推进建材服务业的转型速度，由建材产品的竞价竞争转向渠道竞争，拓展业务空间，引导多元化产品制造企业加快向制造服务业转型，由单一产品生产销售向建材超市、解决方案提供商方向转变；要统筹考虑国内、国际两个市场，充分发挥综合竞争优势，推动产能、技术、标准咨询业共同“走出去”。

专栏 32－1

5G 时代来临，智能家居将走向何方

据预测，到 2025 年，全球将有 28 亿 5G 用户，覆盖全球 58% 的地区。凭借海量数据和万物互联，5G 也势必将在家居行业特别是智能家居领域掀起浪潮。在智能硬件技术逐渐成熟的当下，

5G 会为家居场景带来怎样的创变和革新？智能生活真的即将来临吗？

一、5G 时代到来，对家居行业意味着什么

高速、高稳定、快速响应的智能家居行业对 5G 有极大的需求，如门锁、摄像头、开关、照明等智能硬件。换句话说，智能家居将是 5G 时代有机会实现大力发展的领域之一。

2018 年，智能家居全球市场规模已经达到了 960 亿美元，奥维云数据预计，2020 年中国智能家居产业规模将突破 4000 亿元。然而，现阶段智能家居仍面临许多问题，大部分智能家居产品仍属于“伪智能”。以智能卫浴为例，目前市面上大部分产品的所谓“智能”，要么功能犹如“鸡肋”缺乏使用场景，要么技术不成熟导致体验不佳。所谓智能家居场景，大多也只是停留在基础的“物物互联”的状态。在这种背景下，能够带来更快网速、更少延迟、更多设备接入的 5G 网络，势必成为智能家居发展的新动力。

二、5G 技术加持，智能家居将不再是“孤岛”

在 5G 技术的赋能下，智能家居究竟能够实现怎样的突破？

第一，带来极速体验。智能家居彼此进行数据连接时以互联网为基础，网速的快捷与否直接影响用户的体验。5G 的传输速率基本上可以达到 4G 传输的 10 倍以上。

第二，提高智能家居设备性能。如我们所知，智能家居设备在交换信息时往往需要停顿几秒才能进行反馈，而这样的延迟往往使人机交互体验不佳，这是由于 4G 网络下时延较高，为 10ms。但在 5G 网络中，这个数字会被缩小为 1ms。这 1 毫秒，将彻底颠覆人类未来生活。

第三，在网络标准上提供一致性。目前，因为智能产品大都是以单件存在的，我们与智能家居交互时需使用手机直接控制。而对于智能家庭来说，重要的就是设备之间的配合。通过 5G，连接周围所有智能家用产品将成为可能。

三、闻风而动，5G 时代下的智能家居将走向何方

当然，身处行业前沿的家居企业也开始嗅到了 5G 商用带来的商机。前段时间，国内厨卫品牌九牧宣布与华为在智慧家居领域开展深度合作，协作打造一套 5G 智能化生产系统。据透露，这套生产系统可以实现从消费者个性定制、到工厂生产定制整个过程的智能一体化同步。值得关注的还有小米智能家居，2014 年小米就开始推出了智能家庭 APP，发布米家智能芯，统一所有小米家居设备接入口，实现了多设备互联、多人分享管理。而 2019 年，小米更将家电业务作为未来十年持续发展的核心业务之一，全力发展大家电。

家居企业早已“闻风而动”，但前方的挑战也并不小。5G 时代下的智能家居行业肯定会迎来一轮快速发展。为了抢占先机，企业也势必争先恐后、各自为政。此时，完善的配套法规和标准体系便是当务之急。

新经济时代，家居企业需要不断拥抱新的变化，但也必须看清自己的能力以及适合的商业空间。5G 争夺战已经打响，对家居企业来说，这意味着万亿级的新市场、新机会，企业应该在技术实现的基础上，在有效解决用户体验的问题上下功夫，稳扎稳打地在智能家居领域里走出自己的道路。

资料来源：根据建材网 2019 年 7 月 2 日相关报道整理（网址：https：//www. bmlink. com/news/1076557. html）。

参考文献

［1］崔星太：《真抓实干加快发展建材服务业——学习乔会长在推进建材服务业创新发展大会报告的心得》，《中国水泥》2018 年 7 月。

［2］靳惠怡：《建材产业高质量发展前瞻研讨会暨中国建筑材料工业规划研究院建院 40 周年大会在京召开》，《中国建材》2019 年 2 月。

［3］乔龙德：《瞄准三期叠加时期的攻坚点与突破点

推动行业转型转折向高质量发展——在第二届中国建材行业经济论坛上的讲话》，《中国粉体技术》2019 年 2 月。

[4] 乔龙德：《用辩证逻辑思维认识新业态以问题为导向　转换发展动能为高质量发展开辟前进道路——在 2018 年全国建材行业协会系统秘书长联席会议上的讲话》，《玻璃钢/复合材料》2018 年 12 月。

[5] 魏晋渝：《推进服务创新聚焦发展格局》，《中国水泥》2018 年 7 月。

[6] 张人为：《循环经济与中国建材产业发展》，《中国建材》2005 年 2 月。

[7] 张亚楠：《加大创新驱动打赢攻坚战》，《中国建材报》2018 年 11 月 29 日。

第三十三章　集成电路产业

提　要

中华人民共和国成立70年以来，中国集成电路产业克服艰难险阻不断奋进，走出了一条独具特色的战略性产业发展之路。当前，超级大国悍然通过阻断全球供应链来打压中国领先电子信息企业，意欲扼杀中国集成电路产业于追赶反超途中，中国集成电路产业发展的确面临重大挑战。但从全球集成电路产业发展规律看，未来一段时期中国集成电路产业的创新成长依然可期。持续增长的应用市场、不断完善的创新生态系统、逐渐重构的国际合作网络，是促进中国集成电路产业高质量发展的有利条件和机遇。只要遵循产业发展规律，保持战略定力，进一步加大产业开放力度，持续优化产业发展环境，中国集成电路产业一定会"守得云开见月明"，一定会为中国建设制造强国注入强劲"芯"动力，一定会在全球数字化浪潮中发挥"片"言九鼎之作用。

*　　　　*　　　　*

中华人民共和国成立以来，从技术被严密封锁、全部依靠自力更生，到逐步扩大开放、不断引进外资企业，再到全面深化改革、国内企业奋起直追，中国集成电路产业从零起步，走过了一条布满荆棘的发展道路，走出了一条独具特色的后发国家战略性产业发展之路。在新的历史起点上，在中国集成电路产业攀登行业高峰之际，国内领军企业遭受超级大国的非正当阻击，国内集成电路创新生态系统面临重大冲击。作为数字化时代至关重要的关键共性技术，国内集成电路产业要在支撑引领中国制造强国建设上发挥更加重要的作用，要在推动全球数字化浪潮中发挥更加重要的作用，最重要的是，要遵循产业发展规律，保持战略定力，通过全面深化改革来释放发展活力，通过进一步扩大开放来优化发展环境。

一、集成电路产业的发展历程

中华人民共和国成立70年以来，从20世纪70年代前技术被严密封锁、全部依靠自力更生，到70年代后逐步扩大开放、逐步引进国外技术和外资企业，再到21世纪以来特别是党的十八届三中全会以来全面深化改革、国内企业奋起直追，中国集成电路产业从零起步，逐渐积累技术能力，不断调整激励结构，在解决一个个难题中，逐步向产业链中高端攀升。

1. *以自主开发为特征的初始发展阶段（1956～1980年）*

集成电路的基础是半导体，中华人民共和国在成立后不久就提出要大力发展半导体。在周恩来总理领导下，国务院科学规划委员会组织全国757位科学家和技术专家制定的《1956～1967年科学技术发展远景规划》提出，最重要的是采取四大紧急措施，发展计算技术、半导体技术、自动化技术、无线电技术、核技术和喷气技术，以服务于国家经济建设和国防建设。对于半导体技术发展，规划要求从半导体材料开始，自力更生研究半导体器件。在该规划的指导下，我国半导体行业在面临1957～1960年苏联逐步撤走专家的不利条件下，自力更生、稳步发展。1957年，北京电子管厂通过还原氧化锗，制成了锗单晶；中国科学院应用物理研究所和二机部十局第十一研究所开发出锗晶体管；吉林大学研制出锗点接触二极管和三极管（晶体管）。1958年，中国科学院应用物理研究所制备出锗合金扩散晶体管样品；北京电子管厂制备出硅合金晶体管样品。1963年，北京电子管厂制备出硅台式扩散晶体管样品；中国科学院半导体所制成硅平面型扩散晶体管，并成功应用于109丙计算机上。1964年，北京电子管厂制备出锗台式高频晶体管样品。

半导体领域的持续突破，为我国集成电路行业的发展打下了良好基础。1958年美国得州仪器公司、仙童公司制成世界第一块集成电路，我国科学家、技术人员在完全自主开发的条件下，仅7年后就成功研制出中华人民共和国第一块集成电路。1965年12月，河北半导体研究所研制的采用S_iO_2介质隔离的双极型DTL数字集成电路，经鉴定后定型。紧接着，1966年底，上海元件五厂召开了采用P－N结隔离的双极型TTL数字集成电路产品鉴定会。1968年，主管全国电子工业的四机部抽点北京电子管厂三室固体电路大组的主要技术力量在北京组建了国营东光电工厂（878厂）；上海元件五厂在其五车间的基础上，组建了上无十九厂。尽管在20世纪70年代初期，全国各地建设了40多家集成电路工厂，但在整个计划经济时代，东光电工厂和上无十九厂一直都是我国最主要的集成电路生产厂家。

在20世纪80年代之前，我国集成电路技术一直落后于世界先进水平，这主要是由于下游需求长期不足，导致规模化生产难以实现，并且缺乏新技术应用领域，从而影响各集成电路工厂的规模经济性及技术创新的需求拉动力，由此导致研发投入不足、技术能力提升较慢。在很长一段时期内，除了为军工、电子计算机和仪器仪表提供数字集成电路之外，国内集成电路工厂最大民用商品配套对象是收音机。20世纪70年代在发达国家兴起的电视机、收录机（音响）、无线电通信和程控电话、机电仪器等新兴终端电子产品，国内的产量很少。这是我国集成电路工厂在全球集成电路发展初期错失追赶良机的重要因素之一。另外，集成电路作为重要生产资料，实行统销包购的单一指令性计划。高度集中的价格管理体制，根本不适应技术高速进步的集成电路产业发展，必然会出现限制因生产效率提高而降低产品价格的现象，在很大程度上起到了保护落后的作用。

2. *以引进国外技术和外资企业为特征的扩大开放阶段（1981～1999年）*

随着民用电子产品市场规模的不断扩大，中国集成电路企业的服务方向逐步从“以军为主”，转向“军民结合、以民为主”。为了适应更多受市场调节的下游民用电子产品企业的需要，在实施“六五”计划时，电子工业部以江苏无锡的江南无线电器材厂（742厂）和陕西咸阳的4400显像管厂为依托，从日本全套引进集成电路生产线。与70年代从国外引进单台设备不同，全套引进的生产线，既包括3英寸全新工艺设备的芯片制造、封装及测试设备，还包括单晶、抛光片、外延、制版和工装模具等，以及制造工艺技术。742厂的引进项目于1982年建成验收投产，1984年达产月投10000片3英寸片。

集成电路作为资本密集型产业，发展的基础是持续、高效率的资金投入。但在20世纪80年代，一方面全国整体上资金不足，另一方面在资金使用上又过度分散，绝大多数集成电路生产企业远没有达到开展基础电路规模化生产的投资规模。例如，“六五”时期，国家计划引进33条集成电路生产线，外汇总投资预算2.5亿多美元，但分配到30多家单位后，绝大多数项目都投资不足。结果是，引进的33条生产线，除了少数几条能正常运转外，其余的均未达到设计生产能力，未起或未完全起作用的占投入资金的2/3（宋鲁毅，1990）。

为了增加集成电路行业的资金投入，国家一方面通过重点项目攻坚的方式，确保单个项目的投入力度；另一方面积极引进外资企业。就重点项目攻坚而言，20 世纪 90 年代政府主导实施了“908”工程和“909”工程。尽管前一次不尽如人意，但后一次取得了良好效果。通过实施“909”工程，上海华虹 NEC 与中国华大合作完成的 CPU 卡产品的开发及批量生产，成功地把集成电路设计与制造的两大环节连接在一起，在相当程度上缓解了 CPU 卡芯片设计和制造严重依赖国外企业的情况。在此之后，中国信息化进程中的“金桥”“金卡”“金关”“金税”工程建设，对国外集成电路产品的依赖程度不断降低。但是也要看到，政府主导的重点项目攻关虽然在单点突破上取得了重要进展，但受体制机制的约束，当时中国集成电路产业依然存在投资严重不足、投资结构不合理，技术进步主要依靠引进国外设备、产品自主开发能力弱等痼疾。

在引进外资方面，1988 年，上无十四厂与比利时贝尔公司在上海合资成立上海贝岭微电子制造业有限公司，这是我国集成电路产业首家中外合资企业。该企业建成了国内第一条 4 英寸芯片生产线，市场程控交换机专用 MOS 电路。其后，上海又与荷兰飞利浦公司合资组建上海飞利浦半导体公司，建成国内第一条 5 英寸芯片生产线，生产双极型数字电路。1995 年，北京首钢公司与日本电气公司合资组建的首钢日电公司的国内首条 6 英寸芯片生产线投产。值得一提的是，“909”工程的实施主体——上海华虹 NEC 也是中外合资企业，在一定程度上增强了中国集成电路产业中的市场化力量。

整体而言，1981 ~ 1999 年中国集成电路产业管理部门为了保障国民经济对集成电路的需求，在当时的条件下，通过引进国外技术、实施重点项目攻关、开展中外合资等手段，有效地促进了集成电路产业结构优化，在融入集成电路产业全球化分工方面迈出了第一步。但是，受技术基础较差、人才资源匮乏、体制机制不够灵活等因素制约，中国集成电路企业参与国际市场竞争的程度很低，相对封闭的发展模式让中国集成电路产业与国外先进水平的差距进一步拉大，而且国产集成电路的产量、品种都不能满足下游产业发展的需要。

3. 以国内资本大量投入为主要特征的市场化发展阶段（2000 ~ 2012 年）

尽管 20 世纪 90 年代政府主导的重点项目攻坚，使中国集成电路产业的制造和设计水平有了较大提高，但单点突破仍然无法满足不断增长的国内市场需求。特别是国内集成电路企业的产品研制技术升级速度，明显落后于下游的彩电、电脑、手机和 DVD 等电子产品的技术升级速度，绝大部分中高端集成电路都依赖进口。2000 年，我国集成电路及微电子组件进口额达 133 亿美元，比上年同期增长 76.5%，占当年全国货物进口总额的比重达 6%。显然，如此巨大的市场缺口，不可能继续依靠中央政府加大投资来填补。于是，2000 年 6 月，国务院颁布实施《关于鼓励软件和集成电路产业发展若干政策》（国发〔2000〕18 号）。“18 号文”第一章“政策目标”的第一条，就是“通过政策引导，鼓励资金、人才等资源投向软件产业和集成电路产业……并使我国集成电路产业成为世界主要开发和生产基地之一”。但在 2004 年 3 月，美国政府向世界贸易组织提出上诉，称“18 号文”与财政部和税务总局出台的《关于进一步鼓励软件产业和集成电路产业发展税收政策的通知》中的集成电路增值税退税政策违反了世界贸易组织的国民待遇和最惠国待遇原则。为了让支持集成电路产业发展的政策更符合世界贸易组织规则要求，2011 年 2 月国务院制定实施《进一步鼓励软件产业和集成电路产业发展的若干政策》（国发〔2011〕4 号）。2011 年出台的“4 号文”，在延续了“18 号文”基本思路的基础上，又在兼顾普惠性政策的前提下，加大了对重点行业和重点企业扶优、扶强的力度。“18 号文”和“4 号文”极大地激发了地方政府和民间资本投资集成电路产业的积极性。北京、上海、江苏、深圳等地方政府，以及一些电子系统外的民营企业都斥巨资投身于集成电路产业之中。

澎湃的市场化力量推动了国内集成电路产业快速发展。以集成电路制造生产线为例，从 1968 年中国集成电路工业正式起步到 2000 年，32 年的时间建成了数十条生产线，但 2000 年运营的只有 25 条生产线。在“18 号文”中一系列政策措施的鼓励下，2005 年国内运营的集成电路生产线已达41条，比2000年增加了16条。也就是说，2001～2005年五年时间建成投运的生产线数量是1968～2000年32年间建成投运数量的64%。到"18号文"实施期满的2010年，国内集成电路生产线运营数量已达61条，比2005年又增加了20条。集成电路制造能力的提升，有力地带动了集成电路设计、封装等其他产业链环节的发展。例如，2000年，全国只有98家集成电路设计企业，到2010年则增至582家，在移动通信终端核心芯片、数字电视芯片、电子支付芯片、移动互联网设备（MID）芯片、平板电脑核心芯片和CMOS摄像头芯片等领域，涌现了大量具有较高市场竞争力的集成电路产品。

4. *以市场与政府协同推进为主要特征的创新发展*（2013年至今）

2013年11月，党的十八届三中全会通过的《中共中央关于全面深化改革若干重大问题的决定》明确指出，"使市场在资源配置中起决定性作用和更好发挥政府作用"。在这一重要方针指引下，为加快推进中国集成电路产业发展，国务院于2014年6月颁布实施了《国家集成电路产业发展推进纲要》，并且在2015年制定实施的《中国制造2025》和2017年发布的《信息产业发展指南》中都把"集成电路及专用装备"作为需要突破发展的重点领域。为落实这些重要发展规划，国家发改委、工信部、科技部、财政部等政府部门出台了《关于软件和集成电路产业企业所得税优惠政策有关问题的通知》《关于印发国家鼓励的集成电路企业名单的通知》《关于印发国家规划布局内重点软件和集成电路设计领域的通知》等政策措施，为促进产业发展营造了优良的政策环境。

在市场与政府协同推进下，2014年以来，中国集成电路产业规模持续扩张、技术创新取得积极突破、国际化发展水平迅速提高。根据中国半导体行业协会公布的数据，2018年，中国集成电路产业销售额达6532.0亿元，比上年同期增长了20.7%（见图33－1），占全球集成电路产业总规模的比重已超过20%。在产业规模快速扩张的同时，国内集成电路产业技术水平也在不断提升。在集成电路制造环节，2019年5月，国内龙头企业12纳米制程生产线研发成功并进入客户导入阶段，与国际先进水平的技术代差缩小至1代；在芯片设计领域，国内领先企业的设计水平已达7纳米，基于7纳米制程的商用SoC芯片已于2017年与全球领先芯片设计企业同步投放市场。值得一提的是，近年来，中国集成电路企业在国际化发展上迈出了坚实的步伐。不但完成了多宗重要出境并购交易，而且通过在国外建立研发中心和生产基地的方式，整合全球创新资源。这些举措有效提升了国内集成电路企业的技术能力。

中华人民共和国成立以来，中国集成电路产业战胜一个又一个困难，取得了显著成就，但必须要清醒地认识到，核心设备和软件受制于人、产业链核心环节竞争力不强、原创性技术和产品缺失依然是中国集成电路产业发展亟待破解的难题。此外，尽管中国已成为全球第二大集成电路消费市场，但国内企业的规模和竞争力仍然远远落后于国际领先企业。

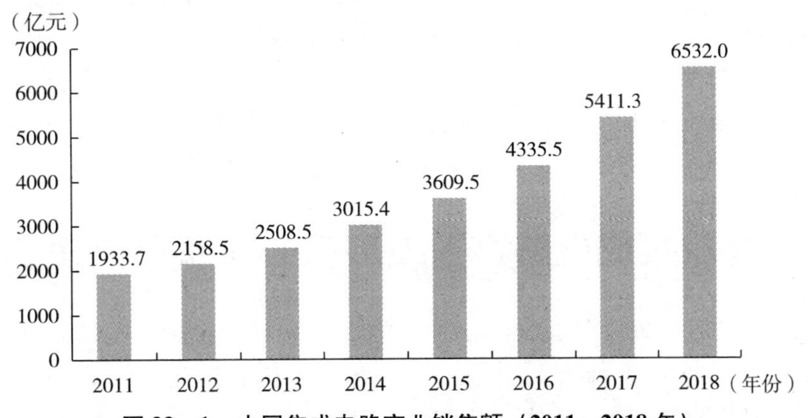

图33－1　中国集成电路产业销售额（2011～2018年）

资料来源：中国半导体行业协会。

二、集成电路产业未来发展面临的主要挑战

近年来，超级大国多次以不正当手段打压中国领先芯片企业。毋庸讳言，当前中国集成电路产业发展面临产业链重构、创新生态被动调整等艰巨挑战，但是，持续增长的应用市场、不断完善的创新生态系统、逐渐重构的国际合作网络，是中国集成电路产业“勇立潮头”的有利条件和战略机遇。

1. 我国集成电路产业的技术创新、国际市场进入面临巨大挑战

集成电路产业是一个高度全球化的产业，产业链各环节之间的关系非常紧密。到目前为止，美国等发达国家在集成电路的 IP 核、设计软件、关键装备和材料、平台型企业等方面的领先优势还很大，中国集成电路产业很难在孤立的状态下实现技术升级和商业模式创新。但近年来国际经济形势复杂多变，对华贸易和投资保护主义思潮在美国等国家愈演愈烈，安全审查泛化，国内集成电路企业通过跨境并购整合全球产业资源的通道被严重堵塞。同时，少数国家的政府把中国集成电路产业的发展视为重大威胁，在贸易、投资、知识产权等方面采取一系列非商业性措施进行围堵。外部环境不确定性的提高和境外资源可获得性的降低，在一段时间内都会对中国集成电路产业创新发展产生一定的负面影响。

2. 国内市场竞争国际化让中国集成电路企业面临更大的市场压力

目前，在中国集成电路企业中，除少数企业的国际化发展开始起步外，绝大多数企业都以国内市场为唯一的依托。近些年来，中国集成电路市场已经成为跨国巨头竞争的焦点。集成电路设计、制造、封装等产业链各环节的全球领军企业都在中国大陆布点设厂，以深度参与中国市场竞争。整体看，国内集成电路企业在新产品研发、生产工艺控制、成本管理、产品可靠性以及品牌溢价能力等方面，与国际领先企业还有较大差距，向产业链高端攀升面临巨大压力。而一些外资巨头近年则通过与国内企业合资的方式进入中低端产品领域，这无疑会对以价格竞争为主的国内企业产生很大压制。与国际巨头在中国市场全面竞争，对国内集成电路企业提出了更高的要求，单凭成本优势可能难以匹敌竞争对手基于技术领先的综合优势。

3. 高素质人才供应不足是妨碍中国集成电路产业发展的重要障碍

集成电路是技术密集型产业，在技术快速进步的背景下，集成电路设计、制造、封装、测试等产业链各环节，以及材料、设备和各种支持服务对专业知识和技能都有很高的要求。特别是，集成电路产业技术既有很强的复合性，又有较高的交叉性。例如，在集成电路的设计中就有器件与整机及系统知识的复合，在制造环节有电子和化学知识的复合等。此外，集成电路技术的快速更新，对人才也提出了更高要求。产品线的每次更新换代，对设计、制造业、管理都会有新的要求。因此，与一般制造业或服务业不同，集成电路产业对复合型人才、具有快速学习能力的人才有较大需求。长期以来，受各种因素的影响，我国微电子学教育发展不够充分，每年从高等院校和科研机构毕业的学生数量，远远不能满足蓬勃发展的集成电路产业的需要。

三、全球集成电路产业发展重心转移的历史启示

回顾全球集成电路产业发展格局的演变历程，可以发现，以不同国家或地区半导体产业销售额占全球比重来衡量，世界集成电路产业发展重心发生了三次明显转移。即美国独领风骚

(1958～1984年)→日本短暂逆袭(1985～1992年)→美国再度领先(1993～2000年)→东亚产业新势力崛起(2001年至今)(见图33-2)。由此可见，30多年来全球集成电路产业重心持续向东亚地区转移的趋势在强化，而不是在弱化。这背后，是东亚地区重要经济体的本土市场规模、创新生态系统、竞争性市场环境、投资激励机制和人力资源保障等多个因素合力形成的“大势”。

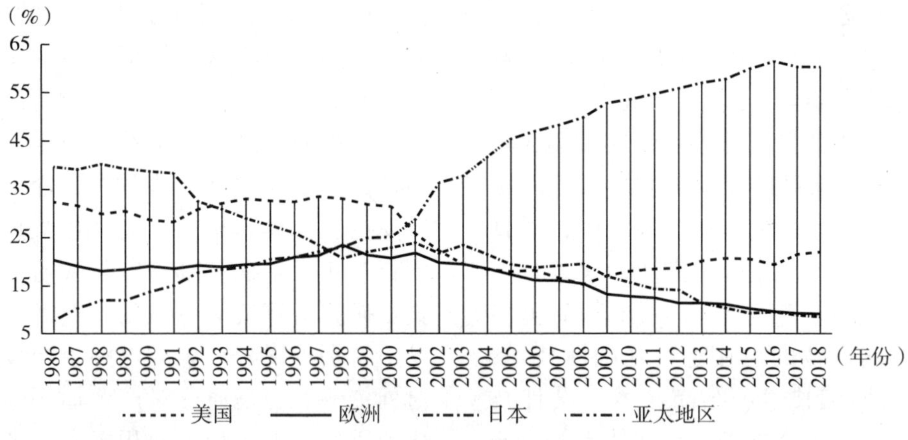

图33-2　全球半导体产业销售额的区域分布（1986～2018年）

注：亚太地区包括中国、韩国、中国台湾地区、新加坡等经济体。

资料来源：世界半导体贸易统计组织（WSTS）。

1. 本土市场大规模前沿需求的拉动作用

不管是在20世纪60年代和70年代美国主导世界集成电路产业发展的过程中，还是在此后发生的全球集成电路产业重心三次转移的背后，本土市场上持续增长的大规模前沿需求都发挥了至关重要的拉动作用。

集成电路发明后，美国联邦政府在20世纪60年代初中期通过实施民兵Ⅱ型（Minuteman Ⅱ）洲际弹道导弹等重大军工项目，以及“阿波罗计划”等大型航天工程，以政府采购的方式形成了对集成电路持续的前沿“市场”需求。产业发展初期来自政府采购的支持，使美国集成电路企业的学习曲线得以迅速下移，从而为集成电路进入计算机、办公自动化设备等民用电子产品领域创造了条件。20世纪60年代和70年代前期，恰好是美国计算机、消费电子产品遥遥领先世界的时代，下游产品市场规模的快速扩张和多样化程度不断提升，让集成电路企业既能获得规模经济效应，又能实现范围经济效应，从而有力地促进了美国集成电路产业迅猛发展，使其在全球集成电路产业占据统治地位。

在20世纪80年代中后期世界集成电路产业重心逐步从美国转向日本的过程中，后者电子产业强大的国际竞争力，有力地带动了动态存储器等新型集成电路产品需求的快速增长。良好的本土需求环境，让日本集成电路企业敢于在动态存储器等新型集成电路产品上持续加大研发和生产投资力度，从而实现对美国同行的赶超。而美国在20世纪90年代再次夺回世界集成电路产业主导权，也离不开当时美国企业在计算机产业从小型机（Minicomputers）向微型机（Microcomputers）转型期间重新建立的竞争优势。美国本土企业在微型机领域的领先优势，为美国集成电路企业的微处理器等新兴产品提供了持续增长的市场需求。进入21世纪后，东亚地区先后在计算机、智能手机、数字电视、通信设备等IT硬件产品领域崛起，为手机处理器、液晶显示器驱动集成电路、移动终端用动态存储器、新一代通信芯片等新兴集成电路产品提供了多元化的、不断增长的市场需求。这是世界集成电路产业重心再次东移的重要驱动因素。

2. 不断进化的创新生态系统的引领作用

在世界集成电路产业发展重心的三次转移过程中，追赶者建立的创新生态系统发挥了重要的引领作用。集成电路产品从实验室创新到规模化生产，既要有新的设计、生产、测试工艺配合，又要有新型设备、元件和材料支撑，因此，追赶者只有建立起能够更有效地组织和运用国内乃至全球创新资源的创新生态系统，才有可能在技术和产品创新上实现反超。

20 世纪 80 年代中后期世界集成电路产业重心之所以会从美国转移至日本，主要是因为70 年代中后期和 80 年代初期，日本在组织实施两大集成电路技术合作研发项目过程中构建的企业间协同创新系统发挥了重要作用。在该系统中，由日本通产省下属的电子技术综合研究所牵头，日本电气、东芝、富士通、三菱、日立五家企业参与，主攻集成电路产业的通用性、基础性技术，具体包括微精细加工技术、结晶技术、设计技术、工艺技术、试验评价技术、元件技术等。研究表明，日本政府以补贴经费为手段建立的以企业为主体的协同创新体系，在促进集成电路产业通用技术和基础技术的知识社会化方面产生了重要影响，从而为日本集成电路产业的长期竞争力奠定了基础。

在 20 世纪 90 年代美国再度把世界集成电路产业重心带回西方的过程中，其独具特色的技术创新体系发挥了重要作用。首先，在联合研究方面，除了前述由 14 家美国企业组成的半导体制造技术研究联盟（Semiconductor Manufacturing Techndogy，SEMATECH）之外，还有主要由封装企业组成的微电子和计算机协会（Microelectronics and Computer Technology Corporation，MCC），以及包含集成电路企业和大学等研究机构的半导体研究公司（Semiconductor Research Corporation，SRC）。这些联合研究机构，都力图在过度垂直分工（Excessive Vertical Disintegration）的集成电路生产设备企业与产品制造企业之间，建立起有效的知识扩散和投资协调机制，以应对生产设备企业与产品制造企业之间存在准一体化（Quasi - integration）关系的日本同行的竞争压力。其次，在计算机产业主导产品从小型机向微型机转变的过程中，美国集成电路企业与软件企业结成技术联盟，硬件和软件企业通过开展标准对接等互补性活动形成了更有活力的创新生态系统，有效满足了微处理器等新兴集成电路产品创新需要的复杂知识基础，从而在计算机用集成电路产品领域形成了强大的竞争优势。

20 世纪 80 年代后期以来，韩国、中国台湾地区在积极融入全球集成电路产业创新网络的同时，也逐步形成了各具特色的创新生态系统，这是促使 21 世纪全球集成电路产业重心又一次向东亚转移的重要因素。韩国在建立集成电路产业创新体系时，在充分借鉴日本经验的基础上做了更有针对性的改进：一是在创新生态网络中引入了高校，形成了“政府引导、大企业主体、知名高校支持”的协作模式，为韩国集成电路产业持续创新夯实了知识基础。二是政府下属的韩国电子技术研究所等机构专注于产业通用性前沿技术研发，特别重视减轻集成电路生产设备和原材料的对外依赖。三是通过对产业通用性技术收取差异化使用费，来激励企业积极参与产业通用性技术合作研发活动。各方创新资源在此系统中结合，为韩国集成电路产业发展注入了澎湃创新动力。与韩国相比，中国台湾地区缺乏像三星集团那样实力雄厚的电子企业集团，因此，难以依托大企业来构建集成电路创新体系。但通过工业技术研究院电子工业研究所等政府研究机构组织开发集成电路产业技术，并积极推动技术扩散，有效构建了产业技术知识基础，降低了投资面临的技术不确定性，从而吸引了大量中小型企业进入。特别是中国台湾地区政府下属的产业技术研究机构，还承担了将技术创新转化为产品创新的孵化器功能，这有效解决了后发经济体中普遍存在的产业界与研究机构结合不够紧密的问题，从而为集成电路产业持续创新创造了良好的制度环境。

3. 竞争性市场环境的推动作用

尽管在不同时期，全球集成电路产业的主要“玩家”几乎都曾用过关税和非关税壁垒来保护其企业在内部市场免受外部企业的竞争压力，但在世界集成电路产业重心三次转移的过程中，后发者都建立了激励内部企业开展市场竞争的环境。以竞争促发展，这是世界集成电路产业后发者成功赶超的重要启示之一。

尽管日本通产省经常被视为 20 世纪 80 年代日本集成电路产业快速崛起的主要推手，但事实上，日本国内集成电路企业之间的竞争十分激烈。正如迈克尔·波特（2002）所说的那样，

“战后的日本，每一个具有国际竞争优势的重要产业，都有几家到数十家的竞争者”。1987 年，日本半导体产业有 34 家相互竞争的企业；在 26 个日本有国际竞争优势的产业中，半导体产业的企业数量仅次于机床产业，排在第二位。国内市场的激烈竞争，为日本集成电路企业的持续创新提供了最根本的原动力。韩国同样如此。尽管韩国政府为鼓励集成电路产业在 20 世纪 80 年代实施了一系列扶持政策，但并没有限制国内企业进入，反而是鼓励国内企业之间相互竞争。1988 年，韩国半导体产业的企业数量就达到 21 家，并且相互之间的竞争异常激烈。迈克尔·波特（2002）形象地指出，“韩国产业竞争常常激烈到政府必须出面干预，以避免走到‘毁灭性’的竞争程度”。

4. 持续高强度投资的激励机制的促进作用

集成电路产业是典型的资本密集型产业，并且随着产品精密程度的不断提升，投资强度也持续提高。从全球集成电路产业重心转移的历程看，20 世纪 80 年代中后期日本反超美国成为世界第一大集成电路生产国，持续高强度的投资发挥了重要促进作用。当时日本企业能够持续多年大手笔投资集成电路产业，主要与其独特的财团体制有关。以集成电路投资额排在日本前五位的企业为例，日本电器（NEC）和东芝属于三井财团，日立、富士通、三菱分别属于富士财团、劝银财团和三菱财团。因此，基于财团体制而形成的日本主银行制度，能够为日本集成电路企业提供低成本的长期资金。这是日本集成电路产业在 20 世纪 80 年代中后期超越美国的重要保障。

进入 21 世纪后，全球集成电路产业分工的深化，使持续高强度的投资已成为参与集成电路制造行业市场竞争的“入场券”。根据 IC Insights 发布的数据，2011 年以来，全球五大芯片代工企业资本支出与销售收入之比最高达 68%，最低为 40%。尤为重要的是，作为后发者在集成电路制造行业的投资，很多都是由产业链上游芯片设计行业的技术进步所推动的。在适应新发展形势的过程中，韩国和中国台湾地区分别形成了具有自身特色的持续高强度集成电路产业投资机制。韩国在借鉴日本财团体制的基础上，以其财阀经济体制为基础，由大企业集团自主决定对集成电路业务的交叉补贴额度，同时开启金融自由化改革使财阀能够从海外金融机构以较低的成本获得融资。在集成电路业务进入收获期后，韩国企业又通过资本市场为新投资项目融资。与韩国相比，中国台湾地区缺乏以大企业集团交叉补贴集成电路投资的体制基础，但它发展出了以资本市场和风险投资为核心的持续高强度投资机制。从 20 世纪 90 年代开始，中国台湾地区许多集成电路企业都通过股票市场融资。截至 2019 年 5 月，在台湾证券交易所公开上市的 74 家集成电路企业的市值，占台湾证券交易所全部上市公司市值总和的比重超过 1/4。此外，中国台湾地区初创期的集成电路企业，还可以从政府引导的风险投资基金获得资金。

5. 丰富的高素质人力资源的保障作用

集成电路是技术密集型产业，对高素质人力资源的需求量大面广。在集成电路产品设计、制造和封装领域，既需要大量微电子专业人才，又需要电子信息、通信工程、机械电子工程、自动化、材料科学与工程等学科的专业人才，还需要掌握多学科知识的复合型人才；前沿集成电路产品的研发，更需要数学、物理、化学等基础学科人才。从世界集成电路产业重心三次转移历程看，科技人才数量和质量是影响一个经济体集成电路产业发展的重要因素之一。

“二战”后，美国从其他国家或地区吸引的大量科技人才为其集成电路产业发展做出了卓越贡献。美国集成电路产业在 20 世纪 80 年代中期之前称霸全球，离不开其雄厚人才资源的支持。进入 21 世纪后，韩国、中国台湾地区培养的大量高素质科技人才，是其集成电路产业高速增长的重要基础。2000～2014 年，韩国、中国台湾地区的科学与工程学专业大学毕业生总人数分别为 187.3 万人和 118.4 万人；按 2014 年年中总人口数计算，中国台湾地区每万人中就有 506 名 2000～2014 年毕业的科学与工程学专业大学生，是美国的 1.8 倍，日本的 1.3 倍；韩国每万人中有 369 名 2000～2014 年毕业的科学与工程学专业大学生，是美国的 1.3 倍（见图 33－3）。值得一提的是，根据美国国家科学基金会发布的《2018 科学与工程指标报告》，在 2000～2014 年科学与工程学专业大学毕业生总人数中，与集成电路产业紧密相关的物理和生物科学、数学与统计学、计算机科学、工程学毕业生所占的比例，中国台湾地区、韩国分别是85.6%、81.1%，而美国、日本分别是46.1%、33.7%。巨大的科技人力资源“蓄水池”，使韩国、中国台湾地区能够以相对较低的人力成本，在集成电路设计、制造及高端封装测试环节形成了强大竞争优势；同时，国际竞争力持续提升的集成电路产业，又为高素质科技人才施展才华提供了广阔天地。于是，在产业发展与人才培育之间形成了良性循环。

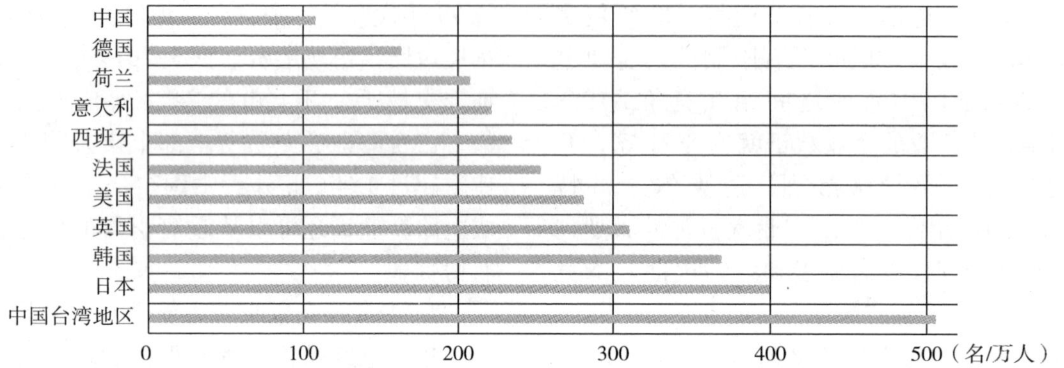

图33－3　2000～2014年科学与工程学专业大学毕业生总人数与2014年总人口数之比

资料来源：科学与工程学专业大学毕业生人数取自美国国家科学基金会（NSF），*Science and Engineering Indicators* 2018；2014年总人口数取自世界银行数据库。

四、促进我国集成电路产业高质量发展的政策建议

站在新的历史起点上，中国集成电路产业要继续攀登行业顶峰，需要遵循产业发展规律，保持战略定力，在用好快速增长且多元化的本土市场优势的基础上，进一步完善创新生态系统、竞争性市场环境、投资激励机制，补齐人力资源保障这块“短板”，在应对重大外部压力中实现高质量发展。

1. 依托国内市场需求优势，构建新型开放发展模式

在新发展阶段，中国要依托成熟型集成电路需求的规模优势，结合前沿集成电路需求的示范效应，积极构建“国内市场需求＋全球创新要素”的开放发展新模式，更有效地促进基于中国市场需求的、对全球集成电路价值链分配有重要影响力的“链主型”创新企业发展。在全球集成电路产业分工体系和供应链体系受到非市场力量的强力冲击时，政府既要在国际舞台合纵连横，为中国集成电路产业争取到尽可能长的平稳发展时间窗口，又要在国内综合施策，尽量延缓电子产品制造业产能向境外转移的步伐，甚至吸引更多境外电子产品制造企业到国内投资，让中国集成电路企业所依附的电子产业这棵“大树”在国内长得根深叶茂。此外，在政府购买服务的智慧城市等新型应用场景示范项目建设过程中，在符合国际规则的前提下，让具有较强国际竞争力的终端电子设备及产品制造与服务提供商在产业标准制定等方面发挥更大作用，从而将新兴集成电路产品市场优势，转化为数字化时代的产业标准优势。

2. 完善体制机制，形成富有活力的创新生态系统

为了形成富有活力的集成电路产业创新生态系统，首先，政府要完善促进产业创新的体制机制，进一步引导并支持建设世界领先水平的产学研联合体，为国内集成电路产业的产品和工艺创新提供坚实的知识基础和前沿的产业共性技术。其次，以集成电路设计领域为重点，加大力度推动集成电路产业创新服务机构。可以先从国家重点支持的九

个集成电路设计产业化基地起步，联合在知识产权审核和评估程序方面具有比较优势的专业机构，为国内中小型集成电路设计企业提供高端测试、产品分析、国外半导体知识产权（Semiconductor Intellectual Property，SIP）核心交易、国内 SIP 全球化等方面的专业服务，降低中小型集成电路设计企业创新成本，为国内集成电路产业创新生态系统增添活力。最后，明确重点领域，加大投入力度，在关键制造装备、基础设计软件、重点材料等领域实现“从有到优”的升级。在总结“核心电子器件、高端通用芯片及基础软件产品专项”和“极大规模集成电路制造装备及成套工艺专项”实施经验的基础上，瞄准未来产业竞争制高点，统筹产学研各方力量，在突破集成电路产业链关键环节的“卡脖子”技术的同时，努力在部分重要领域实现技术领先，通过提高极限环境下的自生能力和竞争环境中的领先优势，来获得平等参与全球集成电路产业分工体系的机会。

3. 加大开放力度，进一步完善竞争性市场环境

在少数国家对集成电路产业进行投资和贸易保护，并妄图以非正当手段强行打破全球集成电路产业分工体系的背景下，我国要加大开放力度，进一步完善竞争性市场环境，以国际一流的营商环境吸引更多国外创新要素、创新企业加入到中国集成电路产业发展中来。第一，不断强化竞争性政策的基础地位，大力推动集成电路产业政策从选择性、差别化向功能型、普惠性转型，持续完善竞争性市场环境。第二，大力完善集成电路产业服务环节的准入管理制度，在全国范围内推动与集成电路产业服务环节有关的负面清单管理制度，以服务创新带动产品和工艺创新。第三，以知识产权保护为重点，进一步优化营商环境，为集成电路产业高质量发展创造良好条件。统筹推进半导体知识产权（SIP）运营综合服务平台建设，为中小型集成电路企业提供专利分析和风险防御服务，从而促进国内集成电路企业构建起基于专利知识产权的综合竞争优势。

4. 深化投融资体制改革，促进持续高强度的有效投资

虽然近些年来我国集成电路产业固定资产投资增速较快，但作为全球集成电路产业的后发者，我国集成电路产业的资本存量与美国、韩国、日本、中国台湾地区相比仍有较大差距。面向未来，我国集成电路要实现以创新驱动为特征的高质量发展，离不开持续高强度的有效投资。首先，在全面评估近些年国家和地方集成电路产业投资基金实施效果的基础上，进行适当调整，以优化存量产业基金的配置效率；同时，根据发展需要，适当增加支持高端集成电路设计和基于产业链合作的研发创新的产业投资基金的增量供给，从而让财政资金更有效地发挥其引导和杠杆作用。其次，借鉴美国硅谷集成电路产业发展中“创新 + 金融”的成功经验，在集成电路企业特别是设计企业聚集度较高的地区，试点组建专门为知识产权密集型创业企业提供低成本风险贷款的科技商业银行。最后，以科创板为重点，充分发挥资本市场融资功能，通过市场渠道为集成电路企业提供直接融资服务；加快完善配套政策与监管体系，引导激励风险投资支持创业型集成电路设计企业发展。

5. 创新人才培养体制，增强人力资源保障能力

与世界集成电路产业中其他主要竞争者相比，人力资源保障能力不足是我国目前亟待解决的问题。考虑到人才培养周期和产业技术创新的不确定性等因素，补齐这一“短板”，既要立足当前，以“新工科”建设为抓手，满足集成电路产业对高素质人才的迫切需求；又要着眼长远，加强数学、物理等基础学科的投入，为提升集成电路产业的原始创新能力奠定基础。第一，通过改革集成电路专业人才培养体制，用好人才培养的存量资源。在“新工科”建设中，统筹多方资源，发挥政府部门在集成电路人才培养中的“资金、资源、信息”保障功能；大力推动集成电路企业与国内高校积极探索产教融合新机制、校企联合培养新载体，努力实现高校理论教学与企业工程培训的有效衔接，提高集成电路人才培养质量。第二，全面提升自然科学与工程科学类专业的中外合作办学水平，以高质量的科技教育增量资源带动存量资源，在国内形成全球集成电路知识创新网络的核心节点。紧紧围绕集成电路等战略性产业发展急需的自然科学与工程科学类专业，加大与境外高水平大学和科研机构合作办学的力度。

专栏 33－1

我国新工科建设中的集成电路人才培养探索与未来改革方向

2017 年 2 月，自教育部召开高等工程教育发展战略研讨会，并发布《关于开展新工科研究与实践的通知》以来，我国高等院校在探索建立工科发展新范式、构建工科专业新结构、创新工程教育方式与手段、打造工程教育开放融合新生态等方面开展了诸多有益探索。其中，南京大学电子科学与工程系提出：以"顶天立地"作为高水平工科类人才培养的目标定位，以"三新五结合"（目标要求新、体系领域新、培育方法新；与综合性大学优势相结合、与专业优势特色相结合、与国家重大战略需求相结合、与创新创业教育相结合、与教学改革相结合）作为电子类新工科建设和人才培养的出发点，建立的"课堂融合、开放实验、竞赛训练、创客空间"一体化的电子类工科人才培养体系，在培育高素质集成电路人才方面产生了良好的示范效应。当然，面向未来，在综合性大学建设高水平的新工科，依然面临不少挑战，需要从以下五个方面入手，进一步完善新工科建设的支撑体系，以便为集成电路产业发展提供强大的人力资源支持：一是以教育实施"卓越工程师教育培养计划"为契机，在复合条件的高校加快建设国家新工科卓越人才教育培养基地，在新工科专业招生规模上给予相关高校更大的自主权；二是打破学校和学科壁垒，以大工程战略为引领，积极推行交叉型新工科人才教育培养方式；三是主动适应国家科技战略的发展需要，全面深化新工科人才培养的教学内容、课程体系、教学方法和实践环节改革，建立既能响应产业界对人才的需求又能储备前瞻性突破型基础研究人才的教育培训体系；四是以工程创新训练基地建设为依托，打通高校与企业间的知识、信息、资源互通渠道，推动高校和企业形成产学研深度融合发展机制；五是进一步完善新工科专业的教师绩效考核机制，适当提升先进工程项目技术攻关及应用成果在新工科专业教师的绩效考核中所占的比重，激励教师面向产业界的工程和工艺难题奋发作为。

资料来源：根据以下材料整理：徐骏、王自强、施毅：《引领未来产业变革的新兴工科建设和人才培养——微电子人才培养的探索与实践》，《高等工程教育研究》2017 年第 2 期。

参考文献

［1］胡启立：《"芯"路历程——"909"超大规模集成电路工程纪实》，电子工业出版社 2006 年版。

［2］朱贻玮：《集成电路产业 50 年回眸》，电子工业出版社 2016 年版。

［3］陈芳、董瑞丰：《"芯"想事成——中国芯片产业的博弈与突围》，人民邮电出版社 2018 年版。

［4］谢志峰、陈大明：《芯事》，上海科学技术出版社 2018 年版。

［5］吴家睿：《新中国主要科技政策纪事（1949～1989）》，《中国科技史料》1989 年第 3 期。

［6］宋鲁毅：《我国集成电路工业发展问题浅议》，《微电子学》1990 年第 1 期。

［7］冯昭奎：《日本半导体产业发展与日美半导体贸易摩擦》，《日本研究》2018 年第 3 期。

［8］傅如荣：《工研院电子所模式和台湾半导体工业的发展》，《亚太经济》2009 年第 1 期。

［9］汪进、金延镐：《韩国半导体产业发展的经验与启示》，《中国工业经济》1996 年第 7 期。

［10］李鹏飞：《改革开放 40 年集成电路产业发展历程和未来的机遇及挑战》，《发展研究》2019 年第 1 期。

［11］［美］迈克尔·波特：《国家竞争优势》，李明轩、邱如美译，华夏出版社 2002 年版。

第三十四章　军工产业

提　　要

中华人民共和国成立后，我国国民经济发展战略经历了从服务于保卫国家安全和重工业优先到以经济建设为中心的转变，军工产业发展的指导思想也经历了集中力量加快国防军工产业、军民结合、军民融合等不同阶段，相应的军工产业管理体制与军工产业的产业组织结构也进行了与发展战略相适应的调整，军工企业的市场化程度不断加深，军民融合持续推进，越来越多的非国有成分和非国有企业参与到军工产业生产协作体系中来，军工产业表现出日益增强的活力，不但成为为军队和国防提供先进武器装备的重要保障，而且在带动国民经济发展、推动科技创新等方面发挥越来越重要的作用。在新一轮科技革命与产业变革在全球兴起、美国对华遏制明面化和长期化的趋势下，未来军工产业一方面要继续增强自身实力，提高技术水平，缩小与世界先进水平的差距，为国防军工提供一流的武器装备，有力地保障国家安全；另一方面，军工企业应发挥在研发、采购等方面的优势，在化解高科技“卡脖子”、前沿技术工程化和产业化以及战略性新兴产业发展方面发挥积极的作用。

*　　　　*　　　　*

军工产业，也称军事工业、国防工业或国防科技工业，是产品或服务主要用于国防的工业部门，是国民经济中为军队或国防安全生产武器装备、国防物资的一系列经济活动的总和。在企业层面，狭义上包括承担武器装备或国防物资研制生产的主承包商，在我国又特指国有特别是属于中央企业的军工企业；广义上还包括武器装备、国防物资的上游原材料企业和下游服务企业。在产业层面，军工产业包括兵器、航空、航天、电子、船舶、核及军需工业等产业中生产武器装备、国防物资的部分（陶琳，1995）。军工产业既是国民经济的重要组成部分，又是国家安全（特别是对于大国）的关键保证，在管理体制、运行机制等方面具有不同于民品产业的特征。中华人民共和国成立70年以来，我国军工产业的发展战略、管理体制、产业组织结构经历了多次重大调整，军工产业也实现了从一穷二白到进入世界领先水平的巨大跨越，不但为保障国家安全提供了雄厚的物质基础，也为国民经济的发展做出了重要的贡献。

一、军工产业发展的历史

1. 中华人民共和国成立至改革开放前的军工产业发展战略和管理体制

（1）军工产业发展战略。1949 年，成立之初的中华人民共和国是一个典型的农业大国，工业基础非常薄弱。以净产值衡量，工农业结构中农业比重高达 84.5%，工业占 15.5%，其中重工业只占 4.5%。① 由于用于发展经济的资本匮乏且人民群众的生活用品短缺，重工业是典型的资本密集型产业，因此先发展轻工业、待资本实现积累后再发展重工业符合经济发展的一般规律。但是随着 1950 年朝鲜战争的爆发以及 1958 年后中苏关系恶化，"巩固国防、抵御外来侵略、捍卫国家主权和领土完整、确保国家安全"成为当时头等紧要的大事。然而，中华人民共和国成立之初，我国军工产业的基础非常薄弱。以兵器工业为例，中华人民共和国成立初建立在解放区 94 个工厂和接收国民党政府遗留下来的 68 个工厂基础之上的兵器工业生产规模小，设备型号杂，技术水平低，产品品种少，精度差（《回顾与展望》编辑委员会，1989）。因此，迫切需要发展重工业特别是军工产业以为战争提供必要的物资准备。

中共中央于 1952 年 12 月发布的《关于编制 1953 年计划及长期计划纲要的指示》指出："我们必须以发展重工业为大规模经济建设的重点"，"首先保证重工业和国防工业的基本建设，特别是确保那些对国家起决定作用的，能迅速增强国家工业基础与国防力量的主要工程的完成"。1953 年底中共中央宣传部编写的"为动员一切力量把我国建设成为一个伟大的社会主义国家而斗争——关于党在过渡时期总路线的学习和宣传提纲"明确提出："现国家的社会主义工业化的中心环节是发展国家的重工业，以建立国家工业化和国防现代化的基础。"1955 年，时任国务院副总理兼国家计划委员会主任的李富春在《关于发展国民经济的第一个五年计划的报告》中提出，"社会主义工业化是我们国家在过渡时期的中心任务，而社会主义工业化的中心环节，则是优先发展重工业"，"只有建立起强大的重工业……我们也才可能制造现代化的武器，来装备保卫祖国的战士，使国防更加巩固"，"优先发展重工业的政策，是使国家富强和人民幸福的唯一正确的政策，实行这个政策，将为我国建立起社会主义的强大的物质基础"。因此，由于国际环境的巨大变化，中华人民共和国成立后的战略重点由经济建设转移到保卫国家安全方面，中国领导人确立了重工业优先发展的目标（林毅夫、蔡昉、李周，1999），而集中力量加快国防军工产业的发展又是其中最为紧迫而艰巨的任务。1952 年，中国与苏联达成全面援助协议，为优先发展重工业、实施赶超战略提供了资金、物资和技术上的可能（刘海飞，2017）。

（2）军工管理体制。中华人民共和国成立之初，我国军工产业的基础非常薄弱，当时的军工企业主要来源于两个部分，一部分是接收的国民党政府遗留下来的兵工厂、造船和飞机修造厂，共有军工企业 72 个，职工 5 万余人，但是只能生产轻武器和数量有限的小口径火炮；另一部分是我党在革命战争时期建立的兵工厂，1949 年有兵工厂 94 个，职工 9 万余人。中华人民共和国成立后，国家对两部分军工企业进行整合，到 1949 年底，军工企业数量为 76 个，职工 11 万余人，但只能从事旧式武器装备的修配和小批量生产，不具备飞机、舰艇、坦克、大口径火炮和军事电子等现代化武器的研制生产能力。② 为加快军工产业发展，国家成立了一系列国防、军工管理机构，一批军工企业也先后建立。

1949 年 10 月中华人民共和国成立伊始，根

① 刘海飞：《"先轻后重"抑或"先重后轻"？——新中国成立初期工业化发展战略的选择》，《北京党史》2017 年第 5 期，第34～39 页。

② 吴远平、赵新力、赵俊杰：《新中国国防科技体系的形成与发展研究》，国防工业出版社 2006 年版，第 7～8 页。

据中国人民政治协商会议第一届全体会议通过的《中华人民共和国中央人民政府组织法》，设立主管钢铁、有色金属、机器、船舶、兵器、航空、化学和建筑材料等工业的重工业部，重工业部在中央人民政府政务院财政经济委员会的指导下展开工作。1950 年，政务院在重工业部设立负责组织武器装备生产和军工企业调整工作的航空工业筹备组、兵工办公室、电信工业局和船舶工业局等机构。1951 年 1 月 4 日，中共中央成立中央军委兵工委员会；4 月 17 日成立航空工业管理委员会；4 月 19 日，重工业部兵工办公室升格为兵工总局，受中央军委兵工委员会领导；重工业部航空工业筹备组改组为重工业部航空工业总局。①1952 年 8 月，中央人民政府委员会第十七次会议决定，从重工业部内分设出新的第一机械工业部和第二机械工业部，一机部接管原重工业部所辖机器工业局、船舶工业局、航空工业局和兵工总局工作，二机部接管原重工业部兵工总局工作。1953 年，将电信工业局划归二机部管理。1955 年成立负责核工业与核武器的第三机械工业部；1958 年 2 月，原第一机械工业部和第二机械工业部合并为新的第一机械工业部，包括机械、电子、船舶、兵器、坦克、航空等；原第三机械工业部改称为第二机械工业部，仍然负责核工业与核武器工作。1958 年成立国防科委。1960 年 9 月，第一机械工业部又拆分为第一机械工业部，负责机械；第三机械工业部，负责航空、兵器、船舶、电子；1963 年 9 月，第三机械工业部进一步拆分为第三、第四、第五、第六机械工业部，其中新的第三机械工业部负责航空，第四机械工业部负责电子，第五机械工业部负责兵器，第六机械工业部负责船舶。1956 年 10 月成立负责导弹与航天工作的国防部第五研究院，1964 年 12 月改称为第七机械工业部，负责航天、洲际导弹工作（见图 34－1）。

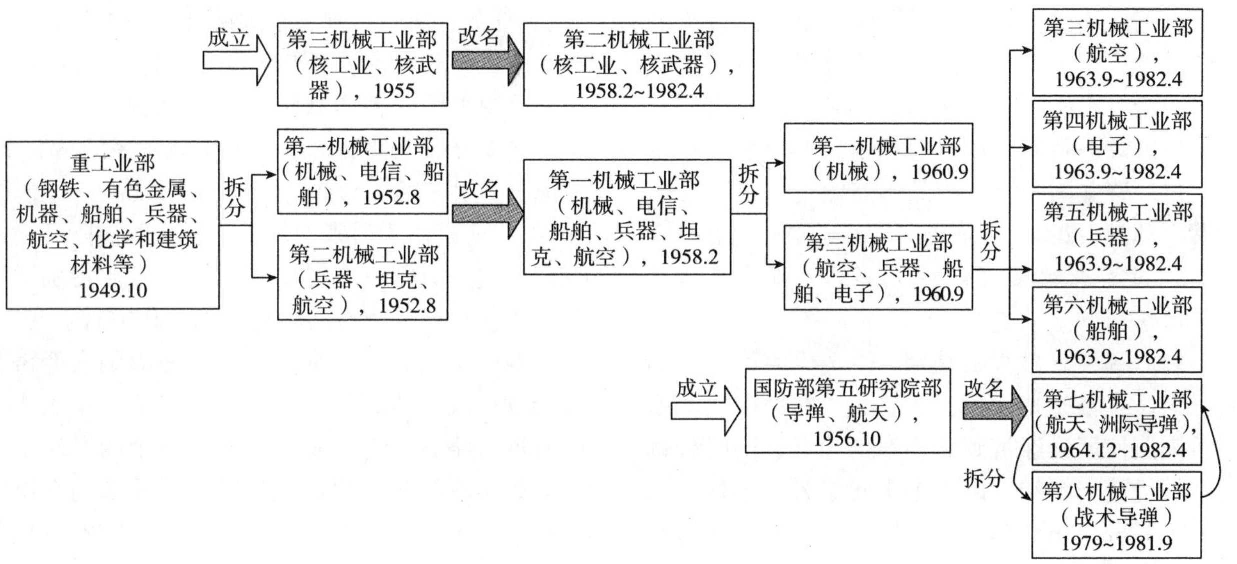

图 34－1　中国军工产业组织结构变化（1949～1977 年）

资料来源：广发证券：《从欧美军工改革史看中国军工改革发展趋势》，《广发军工 · 参军策（卷七）》，http：//www. docin. com/p－1707243394. html。

在中华人民共和国成立之初将部分工厂划归机械、农机、轻工、冶金等部门后，1951～1953 年又将 53 个兵器企业调整为 39 个专业化生产企业。"一五"计划将军工产业列为建设重点，要求五年内初步建立国防工业体系。在 1954 年 10 月中苏两国政府达成的《对于 1953 年 5 月 15 日关于苏联政府援助中华人民共和国中央人民政府发展中国国民经济的协定的议定书》备忘录后，

① 杜人淮：《中国特色军事工业发展壮大的历史经验》，《军事历史研究》2012 年第 3 期，第 80～88 页。

总共确定援助项目162个（至1954年底被确定为156项建设项目）（陈夕，2015），156项工程中，共有军工项目44项，其中兵器工业16项、航空工业12项、电子工业10项、船舶工业4项、航天工业2项。而且156项中的高炉、平炉、机床、汽轮发电机、精密仪表、石油机械等项目是工业的上游，构成军事工业发展的重要基础。“二五”时期国家共安排大型国防工业建设项目44个。面对中苏交恶以及美国在东南沿海的攻势，在“备战备荒为人民”的号召下，1964～1978年贯穿三个“五年计划”，国家在中西部13个省、自治区进行了一场以战备为指导思想的大规模国防、科技、工业和交通基本设施建设。“三线建设”投资规模达到2052.68亿元，占同期全国基本建设总投资的比重超过40%，安排了1100个建设项目，建立了一大批国防科研和生产基地（冀中仁，2016）。

在改革开放之前，我国实行的是计划经济体制，军工产业具有政企一体的特征，七个工业部既是军工产业的主管部门，同时又是武器装备的生产单位，军工企业由国家投资建设，按照上级部门的命令安排武器装备的研制和生产计划、组织生产以及进行工厂布局的调整，形成了“项目国家定，资金国家拿，产品国家收的局面”（苗建军、孙健，2005），缺乏经营活动的自主权。

2. 改革开放至1997年的军工产业发展战略和管理体制

（1）军工产业发展战略。“文化大革命”给我国国民经济造成了巨大损害，“农轻重”关系严重失调使国民经济到了崩溃的边缘，同时外部国际环境趋于缓和。以邓小平同志为主要代表的党中央充分认识到和平与发展成为世界的两大主题，果断结束“以阶级斗争为纲”，作出“把党和国家工作中心转移到经济建设上来、实行改革开放的历史性决策”（习近平，2018）。1978年12月13日在中共中央工作会议闭幕会上的讲话中，邓小平指出：“中央提出了把全党工作的重心转到实现四个现代化上来的根本指导方针，解决了过去遗留下来的一系列重大问题”，“现在我国的经济管理体制权力过于集中，应该有计划地大胆下放，否则不利于充分发挥国家、地方、企业和劳动者个人四个方面的积极性，也不利于实行现代化的经济管理和提高劳动生产率。”（邓小平，1994）1984年10月12日通过的《中共中央关于经济体制改革的决定》进一步明确：“社会主义要消灭贫穷，不能把贫穷当作社会主义。必须下定决心，以最大的毅力，集中力量进行经济建设，实现工业、农业、国防和科学技术的现代化，这是历史的必然和人民的愿望。”

随着国家发展战略重心由国防转向经济建设，调整失衡的产业结构、解决“人民群众日益增长的精神文化需求与落后的生产力之间的矛盾”成为经济工作的中心，国家对军工企业采取了关闭、停产、转型等一系列措施（吴伟，2015）。实际上早在中华人民共和国成立之初，毛泽东就提出国防建设与经济建设“两手抓”，中央兵工委员会在1952年提出“兵器工业要贯彻军需与民用结合的原则”，第二机械工业部在1957年更是提出了“军民结合，平战结合，以军为主，寓军于民”的军工产业发展方针；1957年初，中共中央和国务院又提出，兵器工业要贯彻“两重任务、两套本领、平战结合”的方针；一机部在第二个五年计划初步纲要中明确提出：“必须十分重视军民两种产品结合生产问题，军用工厂中，在充分保证尖端军事技术不断发展的情况下，应充分利用多余能力，转产民用产品”（晏军，1987）。但是由于后来中苏关系恶化等国际环境的变化，这一原则没有得到坚持，重工业特别是国防军工优先成为当时实际实施的工作方针。

党的十一届三中全会之后，适应国家经济和社会发展战略的调整，中央军委调整了军工产业的发展战略。军工产业一方面与整个国民经济一道开始了改革开放的步伐，另一方面部门在继续提供保障国家国防安全的武器装备和物资供应的同时开始加强民品的生产。1978年，邓小平在听取五机部汇报工作时指出：“你们至少要拿出一半人搞民品，要搞军民结合，要搞民用产品。”1982年1月，在邓小平的提议下形成“军民结合，平战结合，军品优先，以民养军”的国防军工产业发展的“十六字方针”；在1985年5月召开的中央军委扩大会议上，邓小平指出：“军队装备真正现代化，只有国民经济建立了比较好的基础才有可能”，“现在就是要硬着头皮把经济搞上去，就这么一个大局，一切都要服从于这个大局”（邓小平，1993）。在这次大会上，中央军委适时把国防和军队建设从临战应急状态转向相对和平时期建设的轨道上来。在上述原则的指导下，中央对军工产业的发展进行了一系列调整，包括大幅度减少国防投入，收缩军工产业规模，对困难较多的三线军工企业调整搬迁改造，探索军工产业新的管理体制和运行机制，实行政企分开和股份制改造（范肇臻，2008），军工产业由主要为国防建设服务转变到为整个“四化”建设服务（范肇臻，2009a）。

（2）军工管理体制。随着军工产业发展思路的调整，中央开始对军工产业的管理体制进行调整，并影响到产业的组织结构（见图 34－2）。1982 年 5 月，国务院、中央军委决定将国防科委、国防工办、军委科装委三家分工管理国防工业的机构合并为国防科工委，隶属中央军委建制，受国务院、中央军委双重领导，改变了过去不同军事部门分头管理军工科研生产的情况，实现了对军工产业供给方和需求方的统一管理。1982 年 5 月，第二、第三、第四、第五、第七机械工业部分别更名为核、航空、电子、兵器、航天工业部，六机部改组为行业总公司——中国船舶工业总公司。1986 年 7 月，国务院、中央军委将核、航空、航天、兵器工业部由过去受国务院、中央军委双重领导改为国务院直接领导、国防科工委归口管理；1986 年 12 月，撤销机械工业部和兵器工业部，成立国家机械工业委员会。1988 年 4 月，先后撤销核工业部、航空工业部、航天工业部、国家机械工业委员会和电子工业部，分别成立中国核工业总公司、航空航天工业部、机械电子工业部；船舶工业总公司由机械电子工业部归口管理；撤销兵器工业部，批准成立中国北方工业（集团）总公司，由机械电子工业部归口管理，1990 年 1 月批准成立中国兵器工业总公司。1993 年 6 月，撤销航空航天工业部，组建中国航空工业总公司和中国航天工业总公司。六个独立军工部门中的五个都改组为国务院直属、国防科工委归口管理的军民结合型专业军工总公司（廖泽略、黄朝峰，2015）。

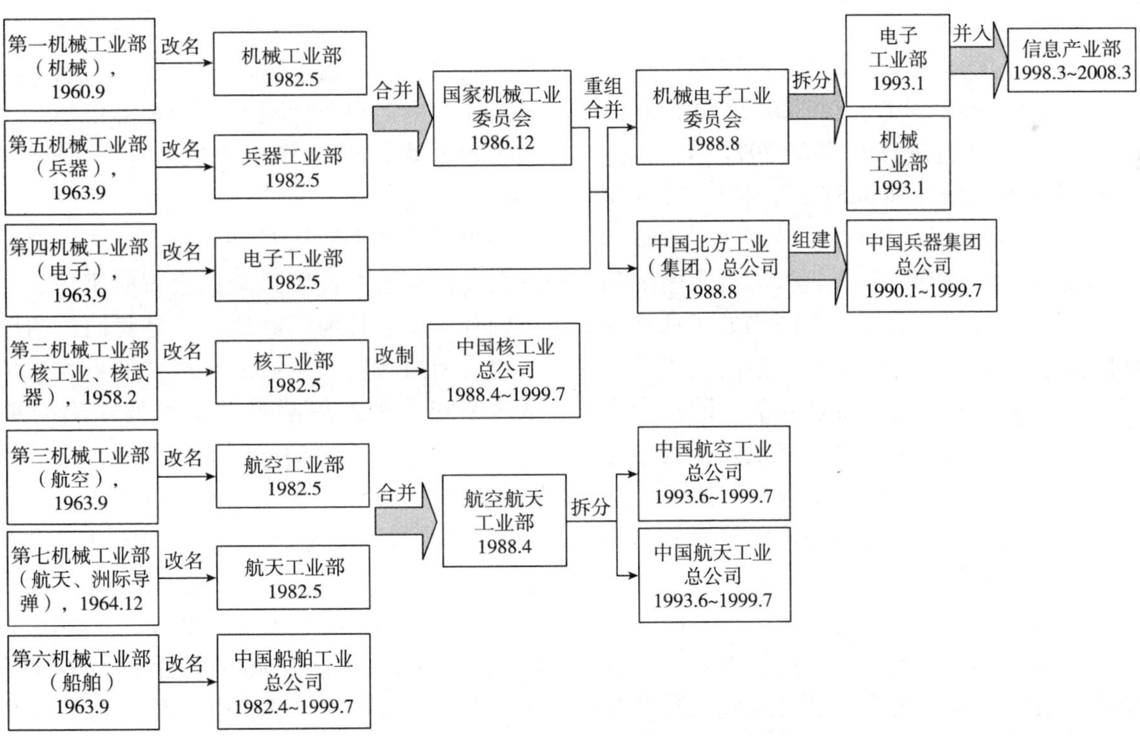

图 34－2　中国军工产业组织结构变化（1978～1997 年）

资料来源：广发证券：《从欧美军工改革史看中国军工改革发展趋势》，《广发军工·参军策（卷七）》，http：//www.docin.com/p－1707243394.html。

从政企合一的工业部向军工行业总公司转变对企业的行为产生几个方面的影响：一是随着我国经济由计划经济向“计划经济为主、市场调节为辅”“公有制基础上的有计划商品经济”“社会主义市场经济体制”的转轨，军工行业总公司作为企业的一面决定了它必须接受市场和价格机制的调节，需要考虑企业的投入、产出与利润。二是在民品生产领域，军工行业总公司要与其他各种所有制的企业共同竞争，使他们明显感受到市场竞争的压力，“军民结合”的发展思路会使市场竞争压力传递到军品部门，使市场竞争意识对军品部门产生潜移默化的影响。三是由于五大军工产业部门的军品生产分别集中于一家专业军工行业总公司，同时行业总公司还承担着政府的行业管理职能，因此在军品部门能够感受到的市场竞争压力非常有限，仍然是按照上级任务和计划进行武器装备的研制开发。

3. 1998 年至今的军工产业发展战略和管理体制

（1）军工产业发展战略。经过中华人民共和国成立近 50 年和改革开放近 20 年的发展，我国社会生产力、综合国力和人民生活水平都上了一个新的台阶（江泽民，1997），GDP 总量从 1978 年的 3678.7 亿元增加到 1997 年的 79715.0 亿元，人均 GDP 从 385 元增加到 6481 元；按照 2010 年不变价美元，GDP 从 2942.7 亿美元增加到 17759.5 亿美元，人均 GDP 从 307.8 美元增加到 1443.8 美元。但从总体上看，中国仍处于社会主义初期阶段和工业化初期阶段，社会的主要矛盾是人民日益增长的物质文化需要同落后的社会生产之间的矛盾，因此“必须把经济建设作为全党全国工作的中心，各项工作都要服从和服务于这个中心”（江泽民，1997），“必须坚持以经济建设为中心，国防建设必须服从国家经济建设的大局”（江泽民，2006）。就国防军工领域而言，1991 年美国主导的海湾战争以及后续的科索沃战争、伊拉克战争等局部战争显示出现代化科技战争的巨大威力和我国军队国防建设与美军的巨大差距。如果不能缩小与发达国家在军事实力方面的差距，不仅我国的国家安全面临巨大潜在威胁，经济建设也缺乏有效的保障。正是在这一背景下，党的十五大报告中特别强调了国防和军队建设，提出“贯彻积极防御的军事战略方针，加强质量建设，走有中国特色的精兵之路”，“要重视科技强军，加强国防科技研究，建立和完善与社会主义市场经济体制相适应的国防工业运行机制，逐步更新武器装备”。相比于党的十四大报告中“重视国防科技研究和国防工业，逐步改善武器装备”的表述，明显突出了“科技强军”的思想。“加强我军质量建设显得愈来愈重要、愈来愈紧迫”，“加强质量建设的关键，是实施科技强军的战略，提高军队现代化建设的各个方面的科学技术含量，增强现代技术特别是高技术条件下的防卫作战能力”（江泽民，2006）。根据新的形势变化，江泽民提出军工产业“军民结合、寓军于民、大力协同、自主创新”的指导思想。2004 年，胡锦涛在对国防科工委有关报告的批示中提出了对国防科技工业“四个坚持”的要求，即“坚持军民结合、寓军于民，促进军民良性互动，协调发展；坚持强化基础，自主创新，努力提高科研和制造水平；坚持深化改革，扩大开放，尽快建立和完善适应武器装备建设需要和市场经济发展要求的体制、机制；坚持以人为本，实施人才战略，培养造就一大批高素质的国防科技人才，为实现全面建设小康社会目标，为实现国防和军队现代化作出更大贡献”（董瑞丰，2007）。

2015 年 3 月，习近平在出席十二届全国人大三次会议解放军代表团全体会议时提出，“把军民融合发展上升为国家战略，是我们长期探索经济建设和国防建设协调发展规律的重大成果，是从国家安全和发展战略全局出发作出的重大决策”，“今后一个时期军民融合发展，总的是要加快形成全要素、多领域、高效益的军民融合深度发展格局”（习近平，2015）。2016 年 3 月 25 日，中共中央政治局召开会议，审议通过《关于经济建设和国防建设融合发展的意见》（2016 年 7 月印发），军民融合发展正式上升为国家战略。2017 年 1 月 22 日，中共中央政治局会议又决定设立中央军民融合发展委员会，统一领导军民融合深度发展。在 2017 年 6 月 20 日召开的中央军民融合发展委员会第一次全体会议上，习近平指出，“把军民融合发展上升为国家战略，是我们长期探索经济建设和国防建设协调发展规律的重大成果，是从国家发展和安全全局出发作出的重大决策，是应对复杂安全威胁、赢得国家战略优势的重大举措"，"当前和今后一个时期是军民融合的战略机遇期，也是军民融合由初步融合向深度融合过渡、进而实现跨越发展的关键期"，强调要"加快形成全要素、多领域、高效益的军民融合深度发展格局，逐步构建军民一体化的国家战略体系和能力"（习近平，2017）。可见，在军工产业与民品产品、军品与民品关系上已经从军民结合进入军民融合阶段，并且已经从军民初步融合阶段向深度融合过渡。

（2）军工管理体制。针对军工行业总公司兼具行业行政管理职能与企业市场行为的弊端，按照党的十五大提出的"建立和完善与社会主义市场经济体制相适应的国防工业运行机制"的战略部署，1998 年开始的国务院机构改革也对国防军工产业管理体制进行了重大调整，撤销 1982 年成立的国防科工委，按照"军政分开""供需分离"的原则，组建新的国防科工委与总装备部，前者统一了原军委建制的国防科工委管理国防工业的职能、国家计委国防司的职能以及各军工总公司承担的政府职能，隶属国务院领导，主要负责制定军工行业的发展规划和法规，实施行业管理，配合总装备部，负责科研计划的制订和组织实施，并负责按照订货合同组织生产，监督订货合同的执行，保障军事装备生产供应；后者由原国防科工委和总参谋装备部为主体改组而成，隶属中央军委领导，负责制定武器装备发展战略和科研规划，并根据武器装备建设需要组织订货（廖泽略、黄朝峰，2015），彻底从权、能、事、则、利等方面将国防采办方与武器装备研制与生产方分开（范肇臻，2009b）。2008 年，按照十一届全国人大会议通过的《关于国务院机构改革方案》成立工业和信息化部，撤销原国防科工委，其组织协调武器装备科研生产的重大事项、保障军工核心能力建设等职责以及原信息产业部军工电子管理职责整合成立为由工信部管理的国家国防科工局，实现了政府对军工产业的集中统一管理（范肇臻，2009）。

1999 年 7 月，我国军工产业实施战略重组，按照"分工协作、发挥优势、各有侧重、有序竞争"的原则，核、船舶、兵器、航空、航天五个军工领域的五家军工总公司改组为十大军工企业集团，2002 年又将信息产业部所属军工研究院（所）改组成立中国电子科技集团公司（范肇臻，2009a；廖泽略、黄朝峰，2015）。目前，我国军工产业体系形成以军工电子、核工业、兵器、船舶、航空和航天六大领域 12 家军工集团为主的格局，每个军工领域包括两家军工集团，分别是军工电子领域的中国电子科技集团与中国电子信息集团，核工业领域的中国核工业集团（中核集团）与中国核工业建设股份有限公司（中国核建，2018 年 1 月并入中核集团），兵器领域的中国兵器工业集团（中国兵器）与中国兵器装备集团（中国兵装），船舶领域的中国船舶工业集团（中船集团）与中国船舶重工集团（中船重工），中国航天科技集团（航天科技）与中国航天科工集团（航天科工），航空领域的中国航空工业集团（中航工业）与中国航空发动机集团（中国航发）。

在所有制方面，2005 年 2 月国务院颁布的《关于鼓励支持和引导个体私营等非公有制经济发展的若干意见》（国发〔2005〕3 号）提出"允许非公有资本进入国防科技工业建设领域"，"允许非公有制企业按有关规定参与军工科研生产任务的竞争以及军工企业的改组改制"，"鼓励非公有制企业参与军民两用高技术开发及其产业化"。为进一步落实上述文件，2007 年国防科工委发布了《关于非公有制经济参与国防科技工业建设的指导意见》（科工法〔2007〕179 号）和《深化国防科技工业投资体制改革的若干意见》。明确提出"鼓励和引导非公有资本进入国防科技工业建设领域"，"鼓励和引导非公有制企业参与军品科研生产任务的竞争和项目合作"，"鼓励和引导非公有制企业参与军工企业改组改制"，"鼓励非公有制企业参与军民两用高技术开发及其产业化"。《深化国防科技工业投资体制改革的若干意见》提出，"在确保国防安全的前提下，尽可能扩大社会对国防科技工业投资的领域"。在一系列政策推动下，军工产业除少数军工骨干企业保持国有独资地位外，其他企业允许实现投资主体的多元化（范肇臻，2018）。

至此，我国军工产业通过管理体制改革，实

现了在管理上的军政分开、政企分开、供需分离；通过组建12大军工产业集团，形成在各个军工产业细分领域的竞争格局。通过管理体制的改革与企业经营机制和治理结构的市场化推进，我国军工企业的行为也随之发生变化。第一，虽然我国每个军工产业主要有两家企业，但是两家企业间的竞争也能够释放出管理者经营管理能力和努力程度的信号，解决委托—代理关系下的信息不对称问题，国资委对央企进行绩效考核的机制会激励军工企业积极参与市场竞争，努力实现相对同行业企业更优的利润。第二，随着军民融合的深入推进，越来越多的民品企业甚至是民营企业进入原本属于国有军工企业自给自足的分工体系，从事分系统、模块、元器件、材料等的生产；甚至还有一些民品企业开始进入传统上由军工企业垄断的整机研发生产领域，如航天领域已有零壹空间、蓝箭空间、星际荣耀等民营火箭公司进入。这就使得国有军工企业面临越来越激烈的市场竞争。第三，国有军工企业大多拥有庞大的民品生产部门。随着我国制造业规模和实力的不断增强，我国已经拥有一批在价格、技术等方面具有国际竞争力的企业。国有军工企业的民品部门要想发展壮大，必须要有足够强的市场竞争力，而且是国际市场竞争力，这就促使军工企业新产品研制、生产线优化、市场营销、内部管理等方面不断进行创新、改进、提升。

二、军工产业发展的成就与问题

1. *发展成就*

一是形成独立自主的完善军工产业体系。1931年10月，中央革命军事委员会在江西省兴国县官田村建立“中央军委兵工厂”，标志着人民军工的诞生。中华人民共和国成立后，在国家一系列优先发展政策的推动下，我国军工产业很快从零散、低技术水平、不成体系的落后状态形成较为完整的体系。到改革开放前后，我国的军工产业虽然在技术、产品与发达国家还存在很大的甚至代际差距，但已经能够给我国的国防和战备需求提供必需的武器装备。改革开放后，在“军民结合，平战结合，军品优先，以民养军”指导思想及一系列配套改革措施的推动下，解决了国民经济结构失衡的问题，使我国的比较优势得到较为充分的发挥，并推动军工产业再上新台阶。经过80多年的发展，我国军工产业实现了从“从无到有、由弱变强”的转变（胡锦涛，2011），从土法制造枪炮弹药发展到独立自主研制生产世界尖端武器装备，由单一兵器工业发展成为包括核、航天、航空、船舶、兵器、军工电子等行业的配套完善的现代化军工产业体系。军工产业基本形成“第三代武器装备自主供给能力、第四代武器装备研发能力和下一代武器装备探索发展能力”（张克俭，2018）。

二是初步形成“小核心、大外围”的军民融合格局。世界上军事技术和装备先进、军工产业发达的国家都具有“小核心、大外围、适度竞争”的产业组织特征，即由主承包商、分系统（部件）转包商和零部件供应商组成的生产组织结构，作为核心的整机企业负责武器装备系统总体、关键分系统和专用配套零部件、特殊元器件和原材料的科研生产，外围广泛引入民品企业从事军民通用分系统、零部件、元器件和原材料的科研生产（吕政，2006；罗仲伟，2003）。Cliff（2001）的研究认为，微电子、计算机、电信设备、核电、生物技术、化工、航空和航天八个民用工业领域的技术最有可能用于军工产业，且中国民品企业在处于成熟期的模块化产品上具有核心竞争力。目前，我国“初步形成以总体设计、总装总成、系统集成和试验验证为龙头，以关键系统和设备专业化研制为支撑，以社会化协作配套为依托的军民融合发展格局”（张克俭，2018）。一方面，军工企业扩大向民品企业的采购规模，目前获得武器装备科研生产许可证的单位中民口单位占比近70%（张克俭，2018）。军工企业得以充分利用国民经济各产业领域不断增强的实力和技术水平，不但引入民品产业的先进技术，而且降低了武器装备的采购制造成本。另一方面，军工企业不但在“四民”（核工业、民用航天、民用飞机、民用船舶）方面具有独到优势，而且在汽车和摩托车、装备制造、化工等领域成为不可忽视的力量（李伯亭，2007）。“十五”期间，军工产业的民品收入年均增长19.5%，船舶、航天、飞机、核能等最能体现军工特色的民品领域的产值年均增长30%；2007年民品收入超过4000亿元，其中军民结合高技术产品销售收入占比达到26%；军工科研能力有2/3转向为国民经济建设服务（邵进进，2009）。民品产品产值占军工企业总产的比重保持在70%的水平，且一半属于高技术产业（张克俭，2018）。民品的生产不但为军品的研制生产提供了稳定的资金支持，而且使军工企业感受到市场竞争的压力，加快市场化转型步伐。

三是成功研制出一大批先进武器装备。近年来，我国军工产业的技术水平取得大幅度提高，研制、生产和列装了一批具有世界先进水平的武器装备，大幅度缩小了与世界军事强国的差距，有力地为捍卫国家安全提供了物质保障。在兵器领域，新一代主战坦克等一大批新型装备列装部队。在航空领域，自主研制的单座单发第四代战斗机J10系列大量列装，成为我国空军的主力战机；具备高隐身性、高态势感知、高机动性等能力的第五代战斗机J20在2016年交付部队试用，我国成为世界上少数几个拥有五代战机的国家；新一代军用大型运输机运-20、预警机、军用大型无人机均已列装部队，太行系列大推力军用涡扇发动机批量生产并装备J11战斗机，技术水平持续改进。在航天领域，新型战术、战略导弹不断涌现，例如，射程12000~14000公里的东风-41导弹成功试射并于2018年入役使用，中国成为继美俄之后拥有此类武器的第三个国家。在船舶领域，基于瓦良格号航母改造而成的辽宁号航母在2012年交付海军，这是我国第一艘服役的航空母舰，此后中国自主建造的国产航母001A型和002型先后下水，003型航母正在建造之中，先后研究制造093、094、095等新型潜艇。

四是一大批先进技术取得重大突破。军工产业在国家重大科技工程中发挥了重要作用，一批高新技术和前沿技术由军工企业承担完成。例如，“天宫二号”空间实验室成功发射并运行，“神舟十一号”载人航天飞船成功发射，“嫦娥三号”“嫦娥四号”实现月球着陆，高分三号、四号雷达遥感卫星投入使用，新一代大型和中型运载火箭成功发射，北斗卫星导航系统实现亚太地区米级、国内亚米级精度服务覆盖并在国防、民用领域获得广泛应用，喷气式支线客机ARJ获得国内适航证并交付客户，国产大型客机C919首飞成功，全面掌握华龙一号等第三代核电技术、具有第四代特征的高温气冷堆核电技术（张克俭，2018）。

五是军工企业经济效益明显改善。通过改革军工企业的经营管理体制和治理机制、深入推进军民结合和军民融合，军工企业活力明显增强，军工产业的经济效益得到明显改善。军工产业曾属于全国最困难的行业之一，但2001~2005年，军工产业企业亏损由5.6亿元转为盈利64.1亿元，工业企业综合经济效益指数由63.7%提高到101.4%（李伯亭，2008），2004~2007年，军工产业的经济总量、工业增加值和利润保持年均近20%的增速，2008年人均收入达到十年前的四倍多（陈求发，2009）。

2. 新的要求与挑战

2010年，中国经济规模超过日本成为世界第二，制造业增加值超过美国成为世界第一。近年来，虽然中国经济从高速增长进入中高速增长的新常态，但是由于这一增速仍然远远高于美国等发达国家，处于增速最快的世界主要国家之列。但与此同时，中国经济大而不强、缺少核心技术、处于全球价值链中低端、绿色发展水平低等问题依然存在。在这一背景下，党的十九大做出中国特色社会主义进入新时代的判断。在新时代，有两个大的技术与国际背景需要引起高度重视，并影响到国家宏观战略、国民经济与军工产业发展战略。一是新一轮科技革命与产业变革在全球范围兴起，不断催生新科技、新产品、新模式、新业态、新产业，并对既有产业的产品形态、业务流程、产业业态、商业模式、生产方式、组织方式、治理机制和劳资关系等方面产生颠覆性影响（李晓华，2018）。在这一过程中，由于先发国家与后发国家处于相似的起跑点，且新科技创新方向具有巨大的不确定性，因此是后发国家或地区实现"换道超车""创道超车"的历史性契机。二是美国对中国经济在科技、经济上的遏制明面化、长期化。尽管中国经济增速由高速增长转入中高速增长的区间，但是由于体量规模大，增长速度平均高于美国四个百分点以上，是典型的增量大国，与美国在经济规模上的差距不断缩小。2008～2017 年，中国 GDP 相对于美国的比重按照现价计算从 31.2% 提高到 62.8%；按照 2010 年不变价美元计算，则从 33.6% 提高到 58.6%。[①] 如果按照两国目前的增长趋势，在 2035 年之前中国的经济规模就能够超越美国。随着中国经济体量与美国差距不断缩小、产业向全球价值链中高端攀升以及在 5G 等新兴技术领域有赶超美国的势头，美国对中国的遏制明面化。美国在 2017 年发起对中兴通讯的禁运制裁，2018 年抛出《对华 301 调查报告》并对中国对美出口商品加征 10% 或 25% 的关税，2019 年美国商务部工业与安全局（BIS）更是进一步将华为等公司列入"实体名单"，禁止这些公司在未经美国政府批准的情况下从美国企业获得元器件和相关技术。中国和平崛起势不可当，与美国在经济规模和技术水平方面的差距不断缩小，特朗普挑起贸易摩擦的目的不仅是减少对华贸易逆差，而且是为了遏制中国快速崛起的势头，捍卫美国在科技、经济等方面的全球领先地位。这注定了中美之间在贸易、科技、经济等方面斗争的长期性。在这两方面的大背景下，军工产业一方面需要继续推进技术升级，研制开发、生产制造出世界一流的武器装备，缩小与世界一流军事强国的差距；另一方面，我国迫切需要实现产业向全球价值链中高端攀升、化解在高科技领域被美国等国家"卡脖子"的状况及潜在风险、抢占战略性新兴产业的国际竞争制高点，军工产业的特点决定了能够在这方面发挥重要的作用。

三、对策建议

针对新工业革命的兴起与美国对华遏制的长期化趋势，未来军工产业一方面要继续增强自身实力，提高技术水平，缩小与世界先进水平的差距，为国防军工提供一流的武器装备，有力地保障国家安全；另一方面，军工产业要通过在供给侧的前沿技术创新、需求侧的市场支持，肩负起攻克"卡脖子"技术难关、形成我国自己的"撒手锏"技术和产品、抢占前沿技术和新兴产业领域的国际竞争制造点的重任，其中的重点在于改变军用关键元器件、关键材料、基础软件、航空动力等大量关键装备、核心技术、高端产品主要依赖进口、受制于人的局面，实现军工核心关键技术和基础产品的自主可控（张克俭，2018）。为了实现这两方面目标，军工产业需要继续坚持并不断深化军民融合战略，军工企业要军品与民品"两手抓，两手都要硬"，同时提高作为主承包商的产品系统架构设计能力、全球供应链管理能力和关键模块及零部件的研制生产能力，广泛吸引民品企业参与到国防军工产品的生产体系中来。对于国家来说，一方面应加强对"卡脖子"技术、高科技与前沿技术的研发布局；另一方面需要通过国防采办为先进技术特别是军民两用技术的工程化、产业化提供市场支持，加快先进技术的成熟和完善。

① 根据世界银行的数据，如果按照购买力平价，无论是用当前价国际元还是 2011 年不变价国际元来衡量，2013 年中国的经济规模已经超过美国。

专栏 34 - 1

美国军工产业的组织结构

美国的军工产业一直走在世界前列，通过一系列产品业务整合、并购与拆分，形成具有市场竞争力的产业组织结构。

一是在产品与业务调整方面，军品与民品业务分离，总装总成与零部件制造分类，有利于分类管理与相互转化；在并购、分拆与整合方面，武器装备总装总成业务主要倾向于不断整合做大，而零部件加工业务则以分散化为主。经过近200年的发展，欧美国家的国防军工行业最终呈现总装业务有效集中与零部件制造分散化的特点，形成了“核心+卫星”式的军工产业格局，即军工集团主要作为技术与总装载体，核心组件与零部件由其他配套企业提供。

二是通过积极推进军工资产整合，美国军工产业已走向“全产业链与全价值链集成经营”模式，并进行跨国合作。美国军工厂商能提供海、陆、空、天、电的五维战场武器装备，涉及研发、制造和维护三大业务，厂商围绕产业链分为三个层次——主承包商、分系统承包商和零部件与原材料供应商。金字塔型集成研发与生产模式。第一层次是主承包商，即现存五大军工集团，主要承担产品的研发和全系统的集成；第二层次是分系统承包商，军民企业均大量参与，主要为主承包商制造专用的部件和子系统；第三层次是众多为主承包商和分系统承包商提供零件、组件和材料的供应商。

三是经历了20世纪90年代的世界军工产业变革后，美国武器装备主承包商数量急剧减少。很多原先的武器装备主承包商面临两种境况，要么退出军工领域，要么被其他军工企业兼并，而剩余存续的军工企业产业规模逐渐扩大。1990年，美国武器制造主承包商为62家；1998年，减少了一半至31家；2000年，剩下21家；2002年，美国武器制造主承包商则仅有5家，即洛克希德—马丁、波音、诺思罗普—格鲁门、雷神和通用动力，一直延续至今。

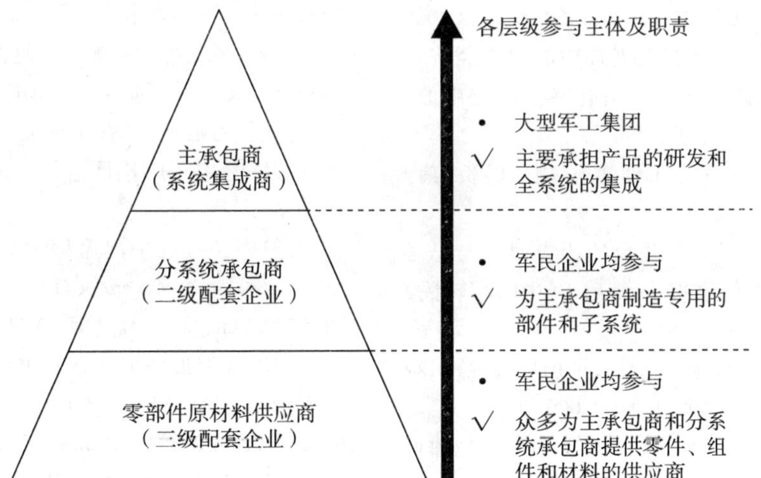

图 34 - 3　美国军工产业采用全产业链与价值链集成模式

资料来源：国金证券：《四大维度解析军工改革系列报告之——拆分与合并：从哪里来，到哪里去》，2017 年 4 月。

参考文献

［1］Cliff，Roger，The Military Potential of China's Commercial Technology，Rand，Santa Monica，CA，2001.

［2］《回顾与展望》编辑委员会：《回顾与展望——新中国的国防科技工业》，国防工业出版社 1989 年版。

［3］陈平、刘国冬、秦文：《新中国的基本建设——国防工业卷》，国防工业出版社 1987 年版。

［4］陈求发：《艰苦创业铸成就　科学发展向未来——国防科技工业六十年回顾与展望》，《求是》2009 年第 21 期。

［5］陈夕总主编：《中国共产党与 156 项目工程》，中共党史出版社 2015 年版。

［6］邓小平：《解放思想，实事求是，团结一致向前看》，载《邓小平文选（第二卷）》，人民出版社 1994 年版。

［7］邓小平：《在军委扩大会议上的讲话》，载《邓小平文选（第三卷）》，人民出版社 1993 年版。

［8］董瑞丰：《国防科技工业十大创新》，《瞭望》2007 年第 20 期。

［9］杜人淮：《中国特色军事工业发展壮大的历史经验》，《军事历史研究》2012 年第 3 期。

［10］范肇臻：《中国国防科技工业探索改革 30 年——一个金融支持的视角》，《中央财经大学学报》2008 年第 9 期。

［11］范肇臻：《技术创新　制度变迁：中国国防科技工业 60 年》，《毛泽东邓小平理论研究》2009 年第 6 期。

［12］范肇臻：《中国国防科技工业 60 年》，《2009 中国国有经济发展论坛——危机与变局中的国有经济学术研讨会论文集》，吉林大学中国国有经济研究中心，2009 年。

［13］胡锦涛：《致人民军工创建 80 周年的贺信》，《人民日报》2011 年 10 月 21 日。

［14］冀中仁：《“三线”建设的历史回顾与思考（上）——纪念人民军工创建 85 周年》，《中国军转民》2016 年第 8 期。

［15］江泽民：《二十年来军队建设的历史经验》，载《江泽民文选（第二卷）》，人民出版社 2006 年版。

［16］江泽民：《高举邓小平理论伟大旗帜，把建设有中国特色社会主义事业全面推向二十一世纪——在中国共产党第十五次全国代表大会上的报告（1997 年 9 月 12 日）》，《求是》1997 年第 18 期。

［17］姜鲁鸣：《新时代中国军民融合发展战略论纲》，《改革》2018 年第 3 期。

［18］李伯亭：《坚定走“军品为本民品兴业”之路——国防科技工业探索和创新成果之三》，《国防科技工业》2007 年第 8 期。

［19］李晓华：《“新经济”与产业的颠覆性变革》，《财经问题研究》2018 年第 3 期。

［20］廖泽略、黄朝峰：《改革开放以来我国国防工业的演进历程——以防科工委到国防科工局的转变为脉络》，《工业设计》2015 年第 9 期。

［21］林毅夫、蔡昉、李周：《中国的奇迹：发展战略与经济改革（增订版）》，上海三联书店、上海人民出版社 1999 年版。

［22］刘海飞：《“先轻后重”抑或“先重后轻”？——新中国成立初期工业化发展战略的选择》，《北京党史》2017 年第 5 期。

［23］吕政：《生产社会化与军事工业组织结构调整》，《中国军转民》2006 年第 Z1 期。

［24］罗仲伟：《军事工业主体的特性与产业组织分析》，《中国工业经济》2003 年第 2 期。

［25］苗建军、孙健：《国防产业的结构分析》，《长治学院学报》2005 年第 22 期。

［26］邵进进：《从封闭走向开放的伟大实践：写在与新中国一同成长的国防科技工业军民融合六十年之际》，《中国军转民》2009 年第 10 期。

［27］陶琳：《我国军事工业产业结构政策研究》，《军事经济研究》1995 年第 2 期。

［28］吴伟：《从国际趋势分析我国军工产业改革路径》，《军民两用技术与产品》2015 年第 4 期。

［29］吴远平、赵新力、赵俊杰：《新中国国防科技体系的形成与发展研究》，国防工业出版社 2006 年版。

［30］习近平：《在庆祝改革开放 40 周年大会上的讲话（2018 年 12 月 18 日）》，《人民日报》2018 年 12 月 19 日。

［31］《习近平出席解放军代表团全体会议》，http：//www. npc. gov. cn/pc/12_ 3/2015 - 03/13/content_ 1925799. htm，2015 年 3 月 13 日。

［32］《习近平主持召开中央军民融合发展委员会第一次全体会议》，http：//politics. people. com. cn/n1/2017/0620/c1024 - 29351811. html，2017 年 6 月 20 日。

［33］晏军：《新中国特色军事工业发展壮大的历史经验》，《科技与企业》2014 年第 21 期。

［34］张克俭：《奋力谱写新时代国防科技工业创新发展新篇章》，《中国科学院院刊》2018 年第 4 期。

区域篇

第三十五章　区域经济发展战略

提　要

新中国成立以来，中国的区域发展战略经历了改革开放前的均衡发展，以及改革开放以来由非均衡发展到协调发展三个阶段的转变，既一脉相承又各有侧重，表现出鲜明的时代特征与阶段性特点，为推动中国区域经济发展积累了宝贵经验。回顾和总结70年来中国区域经济发展的演变历程和历史特征，对新时期推进区域协调发展具有重要的理论和现实意义。总的来说，新中国成立以来，特别是改革开放以后，中国的区域经济发展取得了令人瞩目的成就，各地区发展态势良好，区域协调发展取得明显成效，但区域发展不平衡不充分的问题依然突出。面向新时代，要以习近平中国特色社会主义思想为指导，深入实施区域协调发展战略，推动形成基本公共服务均等化、基础设施通达程度比较均衡、人民生活水平大体相当的区域协调发展新格局。

*　　　*　　　*

新中国成立70年，中国的区域经济发展经历了两个时期。前30年是高度集中的计划经济体制，区域经济发展主要由国家重工业发展战略所推动，采取的是均衡发展战略。国家建设和投资的重点在内陆地区。改革开放以后，在邓小平建设有中国特色的社会主义理论的指导下，中国开始实施向东倾斜的非均衡发展战略，从而促进了沿海经济的高速增长和繁荣。20世纪90年代以来，随着我国区域差距的不断扩大，我国的区域发展战略开始由非均衡转向协调发展阶段，国家相继提出了西部大开发、振兴东北、中部崛起和东部率先发展等战略，区域空间布局趋于均衡。特别是党的十八大以来，国家在全面实施“四大板块”的区域发展总体战略基础上，重点实施了“一带一路”倡议、京津冀协同发展战略和长江经济带建设，取得明显成效，区域发展协调性增强。但与此同时，区域经济发展中不平衡不充分的一些问题也越来越突出，如区域差距依然较大，区域发展分化现象逐渐显现，空间开发无序问题仍较严重，促进区域协调发展的体制机制还不健全等。这些问题的长期存在迫切要求进一步创新和完善区域发展战略，促进区域协调发展仍将是我国区域发展战略的重心。党的十九大报告从我国区域发展新形势和社会主要矛盾变化的新要求出发，首次明确提出要实施区域协调发展战略，不仅具有充分的科学依据，而且也是对区域发展战略，特别是党的十八大以来区域协调发展理论和实践的全面概括和高度提升，是新时代推动我国区域发展的重大战略部署和行动指南。

一、改革开放以前的均衡发展阶段

为了解决旧中国遗留下来的地方经济发展不平衡问题以及出于国防安全的考虑，改革开放以前中国的区域经济发展基本上采取的是均衡发展战略，国家投资建设的重点在内地，这对区域经济布局产生了重要影响，推动了工业、交通布局由沿海向内地拓展。通过两次大规模的战略西移，奠定了中西部地区工业的发展基础，有效地改善了内地与沿海发展不平衡的状况。

1. *发展历程*

1949～1978 年，国家投资的地区布局经历了两次大规模的"西进"：

（1）156 项工程建设时期（1949～1963 年）。经过三年的恢复时期，1953 年开始实施的"一五"计划，确立了以重工业优先发展为主导的新中国工业化的发展方向。由苏联援助建设的"156 项工程"，是我国"一五"时期（1953～1957 年）工业建设的中心。156 项工程主要是重工业项目，这些项目建设的主要目的是为我国建立比较完整的基础工业体系和国防工业体系，以奠定新中国工业化的初步基础。以 156 个建设项目为中心的工业建设到 1957 年取得了前所未有的成就。

在 156 项工程的分布中，中央政府根据区域均衡发展、资源分布、重点发展内地工业及充分考虑国防安全等建设原则，确定了工业化建设的区域布点安排。从全国看，156 项工程宏观上主要配置在东北地区、中部地区和西部地区。根据当时沿海与内地的划分，150 个施工项目中内地安排了 118 项，占全部项目的 79%，沿海地区只占约 21%。

"一五"期间，156 项工程分布虽然比较分散，但这些项目大多配置在原来发展基础较好的大中城市。156 项工程主要成组分布在新兴工业区、核心城市和重要的配套城市中。其中，在 18 个重点城市里布点了 88 项。同期，为 156 项工程配套的 694 个限额工业项目也以城市为基地开工建设。到 1957 年，新中国先后建成了以大中城市为核心的 8 大工业区。

以 156 项工程为中心的大规模经济建设，初步奠定了中国工业化发展的基础。在这个时期，中西部地区迅速建成了一批工业城市，尤其是重型工业城市及综合性工业城市。这些工业城市及工业区在内陆地区形成了若干个具有区域性乃至全国性的"增长极"，这就为未来中西部地区工业化与城市化的持续发展构建了较为坚实的基地和载体。

（2）三线建设时期（1964～1978 年）。根据中共中央的部署，"三线建设的目标，是要采取多快好省的方法，在纵深地区，即在西南和西北地区（包括湘西、鄂西、豫西）建立一个比较完整的工业体系"。三线建设是中国经济史上又一次大规模的工业迁移过程，也是我国中西部地区工业化的重要助推器。

长达十几年的三线建设有两次高潮。1964～1966 年以大西南为重点的三线建设是第一次高潮，是三线建设的初期阶段。1969～1972 年是三线建设的第二次高潮，三线建设的多数项目都是在这一时期投入或建成的。1964～1978 年的三线建设，使中西部地区的经济实力显著增强。许多工业产品的生产能力从无到有，均有不同程度的增长。一大批国家重点建设项目和大小三线建设企业的兴建、迁建，不仅直接带动了中西部地区基础工业的发展，而且使中西部地区的工业结构逐步趋于合理。对于改变中西部地区的工业布局和推动地区社会经济发展具有至关重要的推动作用。由于三线建设奠定了较好的物质技术基础，因而使中西部地区工业生产在"文化大革命"的动乱年代仍然取得了较快的发展。

三线建设时期由于人们认识水平和当时的国内外环境等主、客观原因，使三线建设的布局以国防为原则，取代了经济原则，存在许多片面性。三线建设的新项目、大项目，都要按照"分散、靠山、隐蔽"的原则选址建设，因此当时的项目建设大都远离城市、交通要道、布点分散，造成交通不便、信息闭塞，加之许多项目彼此孤立，互不配套，致使许多项目的生产能力难以正常发挥，出现投资多，效益低；大企业，小社会；军工为主，孤立发展，缺乏联动等不良后果。从“七五”计划开始，中央决定开始对三线企业进行调整和搬迁。由于各种问题的存在，使三线企业在中西部经济发展中的作用大打折扣。

2. 主要成就与特点

由于中国的计划经济不是建立在资本主义经济高度发达基础之上的，因此计划经济体制所面临的主要任务是如何加快工业化，表现为最大限度地动员社会资源，加速工业化步伐，实现赶超战略。计划经济时期，我国工业发展的成就正如叶剑英1979年在代表中共中央的讲话中指出的：“我们在旧中国遗留下来的‘一穷二白’的基础上，建立了独立的比较完整的工业体系和国民经济体系。”“目前，全国工业企业达到三十五万个，（仅）全民所有制企业的固定资产达到三千二百亿元，相当于旧中国近百年积累起来的工业固定资产的二十五倍。从我们完成国民经济恢复任务的一九五二年算起，到一九七八年，我国工业发展尽管有过几次起落，平均每年的增长速度仍然达到百分之十一点二。”①

计划经济体制下，中央政府集人、财、物的调控权和支配权于一身，为国家资源配置的唯一经济主体。中央政府的经济决策和行为主要是为了国家利益，这虽然有利于集中财力，从“全国一盘棋”出发，统筹规划区域发展，但由于其否定地方、企业的利益主体地位，否定市场机制的作用，使地方政府与企业的积极性得不到发挥。因此，区域均衡的战略目标很难最终实现。总的来说，计划经济时期区域发展具有以下特点：

第一，片面追求区域均衡目标。从整个生产力布局来看，片面强调区域平衡发展，国家在投资的地区分配和项目选取上，过分强调缩小地区差距，有时甚至采取“一平二调”的超经济强制措施。应该说，这种均衡战略对于改变中西部的极端落后状况有明显作用，在一定程度上缓解了区域经济的不平衡状况，在内地建立了一批初具规模、行业较为齐全的工业基地，这在当时的历史条件下，具有重要的战略意义和经济意义。但由于忽视了生产力布局的效率原则，抑制了沿海地区既有工业优势的有效发挥，从而影响了整个宏观经济效果。

第二，形成高度垂直的区域分工结构。由于实行高度集中的指令性计划管理模式，区域的一切经济活动都是由国家计划予以安排的，地方没有或基本上没有自主权。因此，区域经济的组织和运行以垂直分工体系为主，各地区自成体系，区域间的横向联系很微弱。由于在全国的总棋盘上，地方没有自己独立的经济利益，地方在经济发展中缺乏积极性。

第三，强调区域发展自成体系。在均衡发展目标的指导下，各地区搞“大而全”“小而全”，形成高度雷同的地区经济产业结构，彼此在低水平上重复生产、重复建设，造成地区优势难以发挥，区域间基本上没有形成合理的、有效率的分工格局。虽然从1958年起，中央曾经以行政区划为基础划分为七个经济协作区：东北、华北、西北、西南、华东、华中和华南，1961年华中和华南合并为中南区，全国形成六大经济区。并设立专门机构负责协调区内各省间的经济联系，组织各种经济协作，在一定程度上推进了我国区域分工与合作的发展。但由于高度集中的计划管理体制以纵向联系为主，横向的区域分工合作难以顺利开展，全国经济发展缓慢。

二、改革开放初期的区域非均衡发展战略

改革开放初期实施的向东倾斜的区域非均衡发展战略具有时代必然性，既是对改革开放以前30年区域均衡发展战略的深刻反思，也是以邓小平为核心的中央提出的“两个大局”战略构想在区域发展中的具体实践。“两个大局”思想是个有机联系的整体，第一个大局的着力点是让条件

① 叶剑英：《在庆祝中华人民共和国成立三十年大会的讲话》，《人民日报》1979年9月30日。

较好的地区先富起来，以便示范、带动和帮助其他地区。第二个大局的着力点是要缩小地区差距，最终实现共同富裕。实践证明，在当时的历史环境下实施区域非均衡发展战略是正确的，具有积极的作用，不仅促进了东部率先发展，带动了整个国民经济发展水平的提高，而且也推动了我国市场化改革的进程和全方位对外开放格局的形成，同时也为实现第二大局的战略目标和实施区域协调发展战略提供了坚实的基础。

1. 理论基础

这一阶段，特别是“七五”时期，中国的区域非均衡发展战略主要以“梯度发展理论”为核心。梯度发展战略以效率优先为基本指导思想，在理论上有两大突破：一是打破了片面强调均衡布局的传统布局模式，承认地区间发展非均衡的现实，强调遵循由非均衡到均衡的客观发展规律，从而使尊重客观规律和实事求是成为制定经济发展战略的首要出发点；二是强调集中资金和资源实行重点发展，同时在地区间形成产业结构转换的连续关系，从而使产业空间分布与地区经济互相联系，产业结构与产业布局相结合，经济发展与产业政策相结合，较好地反映了当时中国特定经济发展阶段的客观发展要求。改革开放初期，在计划经济向市场经济过渡的初始阶段，这种战略对我国经济发展的作用是巨大的。

由于理论本身具有很大的局限性，20 世纪 80 年代末开始到 90 年代初期，梯度发展战略受到严峻挑战。首先，在市场经济条件下，大量资本、技术、人才纷纷流向经济发展基础好、资本回报率高、市场发育程度高的东部地区，而东部地区对中西部地区的技术推移带动效应十分有限。区域差距拉大使落后地区陷入马太效应的恶性循环，地区间冲突日益激化。其次，中西部地区自身条件的不完善对梯度发展战略的实施增加了难度和阻力，中西部地区特别是西部地区的基础设施落后、资源开发严重滞后不仅阻碍了东部地区技术、经济的推移，而且影响了国民经济的发展后劲。因此，区域战略调整势在必行。特别是针对区域总体差距不断扩大的现状，中国区域发展战略开始由非均衡发展转向协调发展。

2. 实践效果

应该说，20 世纪 80 年代以来，中国区域发展的宏观政策演变是与国家改革开放政策的阶段性变化相匹配的。1985 年，国务院召开长江、珠江三角洲和闽南三角地区座谈会，明确提出了倾斜发展战略。在“七五”实施过程中，国家经济和改革政策发生了明显的向东倾斜，使东部地区呈现加速发展态势。“八五”时期虽有所调整，但依靠改革和率先利用市场机制发展起来的沿海经济带再次出现了增长的高潮。

总的来说，这种倾斜政策主要体现在以下四个方面：①在东部地区相继建立了 5 个经济特区、14 个沿海开放城市、260 个沿海经济开发区、26 个经济技术区、13 个保税区及 40 个新技术开发区。这些地区不同程度地享有较大的财政、税收、投资决策权、外贸自主权、利用外资审批权等方面的特殊权限。②加大对东部沿海地区的投资。“六五”期间，国家投向各个地区的基本建设基金中，东部占了 42.71%，中、西部分别占 36.74%和 20.55%。整个“七五”的固定资产投资中，东部占 56.5%，中部占 28.8%，西部占 14.7%。随着投资体制改革的深入，投资主体逐渐多元化，国家在外资外贸政策上，增加了沿海地区的外汇使用额度和外汇贷款。1984 ~ 1990 年，东、中、西三大地带占吸收外资总额的比重分别为 88.2%、6.0%和 5.8%。③财政体制改革也使东部受惠很多。20 世纪 80 年代的财政包干制，“一省一率”，“一省一额”，地方财政上缴比重省际差别较大。1994 年，财政体制确定的中央对地方财政转移支付制度，包括中央对地方税收返还和专项补助两项内容。中央对地方税收返还是根据 1993 年地方财政的既得利益来决定返还基数的，并且与各地区消费税、增值税的增长挂钩，即各地区增值税、消费税每增长 1%，中央对地方税收返还就在基数的基础上增长 0.3%，这意味着中央对地方税收返还并没有改变原有的财政资金在各地区的不公平分配格局[①]。④价格政策上，我国农产品、能源、原材料等基础产品的价格相对于加工产品仍偏低，行业收益的不平衡意味着地区收益差异，因此，价格政策对以加

① 黄肖广：《财政体制改革与地方保护主义》，《经济研究》1996 年第 2 期。

工业为主的沿海地区优惠。不合理的价格体系也造成了事实上的产业倾斜。由于中央政策的倾斜，东部从中得到了巨额的无形投入，1985～1992年，东部仅由于其工业企业享受税收减免等优惠政策，相对于中西部所得的优惠，就由19亿元增加到225亿元，年均增加30亿元，比1992年新疆、青海、宁夏三省（区）工业企业上缴税收的总和（28.1亿元）还要多[①]。

从政策实施的效果来看，区域非均衡战略虽然没有达到预期的目标，但对促进当时区域经济发展发挥了积极作用。改革开放以来，国家简政放权的实施，强化了地区经济的利益和自主机制，各地区经济发展十分活跃，我国东部、中部、西部地区发展速度都很快，使区域经济成为国民经济快速增长的重要带动力量。特别是东部地区，凭借自身的优势和特殊政策优惠等条件，获得了更快的发展，从而进入了经济高速增长的轨道，也带动了全国的经济发展。但同时，这种非均衡发展在客观上也加剧了东西部发展的不平衡。1980～1994年，东部、中部、西部三大地区年均增长率之比为10.69∶8.72∶8.08，东部地区的GDP年增长率为10.09%，比1953～1978年高4.34个百分点[②]。在地区差距日益扩大的背景下，在地方利益推动下，以重复建设、重复引进为特征的地区经济结构趋同趋势明显。同时，改革措施不完善下的地方保护主义与市场分割日益严重，区际利益冲突和贸易摩擦加剧。为此，20世纪90年代开始，中央对区域政策进行了重大调整。

三、20世纪90年代以来的区域协调发展阶段

从国家战略层面来看，我国的区域协调发展战略大体经历了三个阶段，即1991～1998年的区域协调发展战略启动阶段、1999年至党的十八大前的区域协调发展战略全面实施阶段，以及党的十八大以来的区域协调发展战略深化阶段。

自1999年以来，为了促进区域协调发展，我国先后制定和实施了西部大开发、东北地区等老工业基地振兴、促进中部地区崛起、鼓励东部地区率先发展，以及实施主体功能区等区域发展战略，由此我国区域协调发展战略的总体思路基本形成，进入全面实施的新阶段。特别是党的十八大以来，中央从战略和全局的高度，提出在继续深入实施区域发展总体战略的同时，谋划布局并推动实施"一带一路"建设、京津冀协同发展、长江经济带发展三大战略，进一步优化经济发展空间格局。通过"三大战略"引领，实现"四大板块"和"三大战略"融合，推动形成沿海沿江沿线经济带为主的纵向横向经济轴带，促进区域协调发展。党的十九大报告首次明确提出要实施区域协调发展战略，成为新时代推动我国区域发展的重大战略部署和行动指南。

1. 取得的成就

区域协调发展战略的全面实施，使各区域的比较优势得到充分发挥，呈现出增长较快、结构优化、协调性增强的良好态势。特别是党的十八大以来，在"三大战略"的引领带动下，区域协调发展取得显著成效，区域经济发展格局明显优化。

（1）四大区域发展格局呈现新面貌。以"四大板块"为主体的区域经济发展总体战略的实施，对于发挥各地比较优势，解决地区发展的突出矛盾和问题，促进区域协调、共同发展起到了重要作用。根据国家统计局的数据，2017年东部、中部、西部、东北四大区域[③]的地区生产总值分别达到了449681亿元、179412亿元、170955亿元、55431亿元，与1978年相比，四大区域的年均增长率分别为11.4%、10.4%、

① 周述实：《社会主义市场经济条件下我国东部与中西部区域经济关系的重构》，《社科纵横》1995年第6期。

② 厉无畏：《中国区域经济发展政策分析》，《社会科学》1998年第3期。

③ 四大区域按照东部10省市（北京、天津、河北、上海、江苏、浙江、福建、山东、广东、海南）、东北3省（辽宁、吉林、黑龙江）、中部6省（山西、安徽、江西、河南、湖北、湖南）和西部12省市区（内蒙古、广西、重庆、四川、贵州、云南、西藏、陕西、甘肃、青海、宁夏、新疆）来划分。

10.4%和9.0%，呈现出东部地区领跑、各区域均衡发展的良好态势。

一是东部地区实现率先发展。根据国家统计局的数据，东部地区经济发展迅速，成为带动国民经济持续增长的核心区和增长极。东部地区生产总值于2005年首次达到10万亿元量级，并分别于2010年和2016年突破20万亿元和40万亿元整数关口。2017年，东部地区生产总值占全国的比重达到52.6%，生产总值平均增速居四大区域之首，比中部、西部、东北部地区分别高1个、1个和2.4个百分点。2017年，东部地区人均地区生产总值约为11530美元，已经接近世界银行定义的高收入国家12736美元的门槛。东部地区依托沿海优势，在对外开放中发挥了巨大作用。2017年，东部地区进出口总额为33872亿美元，比1978年增长了434.2倍，占全国的比重由37.7%提高到82.5%，高居四区域之首。

二是中部崛起实现跨越发展。自中部崛起战略实施以来，中部地区经济迅速发展，地区经济实力显著增强，工业拉动作用明显。按不变价格计算，2017年地区生产总值比2006年增长了2.1倍，年均增速为10.8%。其中，工业增加值平均增长12.5%，比地区生产总值增速高1.7个百分点，对经济增长发挥了重要的拉动作用。特别是近年来，中部地区现代装备和高技术产业进入改革开放以来最快的发展时期，实现了高速持续发展，自主创新能力和产业技术水平不断提升。中部地区作为重要粮食生产基地、全国能源原材料供应重点地区的地位更加巩固。中部地区粮食产量占全国粮食总产量的比重持续多年稳定在30%。

三是西部大开发拓展经济发展新空间。自西部大开发战略实施以来，西部地区的基础设施和生态环境建设不仅取得重大进展，而且经济保持平稳较快发展，经济实力大幅提升。2000～2017年，西部地区生产总值从17276亿元增加到170955亿元，按不变价格计算，年均增长11.6%，占全国的比重由17.5%提高到20.0%。人均地区生产总值由4948元增加到45522元，从相当于全国平均水平的62.3%提高到76.3%。全社会固定资产投资、社会消费品零售总额、进出口贸易总额等主要经济指标均实现较快增长，占全国比重有所上升。特别是党的十八大以来，西部地区经济社会发展取得了新的历史性成就，主要指标增速连续多年“领跑”全国，经济社会平稳向好势头得到了巩固，对全国经济发展起到了重要的支撑作用。

四是东北振兴引领工业基地转型发展。实施振兴东北战略以来，国企改革取得积极进展。东北地区重点企业进行了大规模技术改造，企业生产面貌大为改观，装备水平显著提升，重大技术装备自主化成果显著，传统优势产业竞争力不断增强。大型核电机组、30万吨油轮、350公里高速动车组、高档数控机床等实现国产化，其中高档数控机床产量占全国的1/3。大部分国有工业企业完成了产权制度改革，百余家大型骨干企业实现了战略性重组，国有资本进一步向重要行业和关键领域集中。同时，东北地区全国粮食生产基地战略地位进一步凸显。2017年，东北地区生产总值增速为5.1%，比2016年提高了2.6个百分点。同时，东北地区合理利用区位优势，开创对外开放新格局。2017年，东北三省进出口总额达到1487.5亿美元，比2003年增长了2.5倍。

（2）区域相对差距趋于缩小。自1999年以来，我国各地区经济持续保持稳定增长的态势，除了东北地区近年来出现严重的下滑以外，四大区域的经济增长速度趋于缩小，区域经济呈现出相对均衡的增长格局。近年来，随着我国经济转向高质量发展阶段，各区域经济增速也由高速转为中高速，东部地区自2012年起结束了1991年以来的持续两位数高速增长阶段，正处于转变发展方式、优化经济结构、转换增长动力的攻关期，经济增长的可持续性明显增强。根据国家统计局的数据，2012～2017年，按不变价格计算，东部、中部、西部、东北地区人均地区生产总值年均增速分别为7.2%、8.0%、8.2%和5.4%，中西部地区的发展速度领先于东部地区，改变了长期以来东部地区在区域经济发展中“唱主角”的传统格局。

随着区域经济格局的变化，我国区域的相对差距也呈现出缩小的趋势。改革开放以来，我国的地区差距经历了一个先减小后持续扩大的历程。2000年以后，随着我国内陆地区经济发展逐步加快，虽然总的地区差距仍然在扩大，但扩大的速度已经逐渐减缓，特别是2004年出现了地区差距减小的迹象。从人均地区生产总值看，各区域经济发展的相对差距有所缩小。根据国家统计局的数据表明，2017年，东部、中部、西部、东北地区人均地区生产总值分别为84595元、48747元、45522元和50890元，人均最高的东部和最低的西部之间的相对差值由2003年的2.5倍缩小到2017年的1.9倍。此外，从城镇化率看，2017年，四区域城镇化率分别为67.0%、54.3%、51.6%和62.0%，最高区域和最低区域之间的差距由2000年的峰值23.4个百分点下降到15.4个百分点，各区域城镇化率差距明显缩小。

（3）区域空间布局趋于均衡。从空间布局来看，我国区域经济呈现出一种有序的均衡态势，由集中走向分散，改变了过去长期以来各种要素和产业高度集中在东部沿海地区的局面。首先，区域投资的空间流向呈现出北上西进的趋势。从四大区域固定资产投资份额来看，由于受区域战略和政策调整的直接影响，“十一五”以来，东北地区和中西部地区的投资增长速度远远大于东部地区，特别是国家加大了对中西部地区在基础设施和民生领域的投资，对于推动中西部地区发展、促进区域经济协调具有重要的现实意义。其次，近年来，我国东南沿海的产业也在加快向中西部转移，且转移的规模和层次也在不断提高。产业转移有利于产业按照内在经济联系进行空间布局，打破行政体制的约束，形成合理的分工格局，这对改善区域布局、促进区域协调发展产生了积极影响。最后，党的十八大以来，“三大战略”和“四大板块”叠加效应日益显现，各种优势区域的增长潜力得到充分发挥，一些重点优势区域和城市群成为新的区域经济增长极。如武汉城市圈、长株潭城市群、皖江城市群、成渝城市群、广西北部湾经济区、中原城市群等中西部地区，近年来在国家区域政策的积极推动下，增长潜力不断释放，辐射带动作用增强，成为区域经济发展的重要支撑。区域经济由此也出现了多元化的竞争格局，不断地推动我国区域协调发展向纵深推进。

（4）区域合作机制逐步完善。目前，区域合作已经成为我国统筹区域发展、解决区域差距、协调区域发展的重要方式之一。特别是近年来，随着京津冀协同发展、长三角一体化以及粤港澳大湾区建设等国家重大战略举措的不断出台，我国区域合作取得了一些实质性的进展。区域合作机制正趋于完善，合作的领域和内容也在不断拓展和深化。长三角、珠三角和京津冀三大经济圈的许多省市也都明确提出加快本经济圈区域经济一体化发展的协作领域和具体措施，并且在交通、能源、金融、环保、科技等领域合作取得了多项成果。长江沿岸中心城市市长联席会、泛珠三角区域经济合作机制、环渤海地区经济市长联席会、武汉经济协作区、中原经济区、淮海经济合作区等各种合作组织不断壮大，在区域合作中日益发挥重要作用。此外，对口支援在区域合作中继续发挥重要作用，如在四川地震灾区恢复重建中，“一省帮一县”政策发挥了巨大作用。2010年，为了加快新疆发展、维护新疆稳定，中央部署了进一步加强和推进对口支援新疆工作，这对于促进民族团结和社会和谐稳定、推进新疆跨越式发展具有重要意义，这也是新时期促进区域协调发展的又一战略举措。

2. 区域发展不平衡的问题

总的来说，在国家政策的有力支持下，近年来，我国区域协调发展取得了历史性的成就。但长期非均衡发展也积累了诸多矛盾和问题，区域协调发展仍然面临着重大的挑战。

一是区域人口分布与经济活动尤其是产业分布失衡，区域发展差距仍然较大。近年来，我国的区域经济向城市群和大都市圈集中的趋势增强。城市群和经济圈等一些重点优势区域在区域经济发展中起到了重要的引领和带动作用。2017年，长三角、珠三角、京津冀三大城市圈的地区生产总值分别占全国的19.3%、8.9%和9.7%，三者合计占比为37.8%。如作为引领我国区域经济发展“三大引擎”之一的长三角城市群聚集着众多以高新技术密集、知识密集为代表的高新技术产业，经济总量占全国的近1/4，而区域面积、人口总量分别仅为全国的1/26、1/6。广大中西部地区人口和劳动力资源充裕，但因缺乏资金支持与产业支撑，就业机会相对较少，尽管近年来在经济增速上进步显著，但地区总量之间的差距仍然明显。例如，西部地区拥有七成以上的国土面积、接近1/3的人口，而经济总量仅为全国的

1/5。人口与经济分布的不均匀，既带来了大规模的人口流动，加剧了全国运力紧张和资源浪费，也造成了不同区域间的人均财政收入、人均占有财富等重要指标继续分化，经济社会发展水平差距明显。2017 年，东部、中部、西部、东北地区人均地区生产总值分别为 84595 元、48747 元、45522 元和 50890 元，人均地区生产总值最高的东部地区是最低的西部地区的近 1.9 倍。

二是区域基础设施建设水平发展不平衡，加快补齐“短板”尤为关键。基础设施建设方面的地区差距还很明显。北京、上海、广州等国家中心城市和东部地区具有较强的财政投资能力，基础设施水平明显高于中西部地区。如在交通方面，我国铁路区域发展不均衡，京津及其周边地区、华北平原、沿海等地区的铁路密度较高，西部及内陆沿边地区密度较低。按省域面积计算，天津、北京、上海的铁路密度最高，分别为 859.2 千米/万平方千米、764.7 千米/万平方千米、738.1 千米/万平方千米；西藏、青海、新疆的铁路密度最低，分别为 6.4 千米/万平方千米、29.4 千米/万平方千米、32.9 千米/万平方千米。在通信方面，截至 2017 年 12 月，我国网民规模达 7.72 亿人，互联网普及率为 55.8%，超过全球平均水平。然而，不同区域的互联网普及率参差不齐，数字鸿沟现象依然存在。北京、上海、广东互联网普及率超过 70%，而中西部一些地区如云南、西藏、甘肃等，互联网普及率还未及 50%。

三是区域基本公共服务不平衡，实现区域均等化任务艰巨。目前，地区间的基本公共服务不均衡问题较突出。在高中阶段入学率、高等教育入学率方面，东西部差距还比较大。以江苏和宁夏为例，当前，江苏全省学前教育毛入园率达 98%，高中阶段教育毛入学率达 99.3%，高等教育毛入学率达 56.7%；而宁夏这几个指标分别为 81.64%、93% 和 43.95%。在每万人拥有的医院床位数、每万人公共图书馆拥有量方面，尽管中西部超过东部地区，但质量和服务水平还比较低。根据中国社会科学院发布的《医院蓝皮书：中国医院竞争力报告（2017 ~ 2018）》，我国医院信息互联互通方面区域分布不均衡，各层级、各类型百强医院主要集中在东部地区，中部、西部地区医院发展水平远远落后于东部地区。

四是区域生态环境保护不平衡，统筹解决难度加大。我国区域生产力布局与自然资源禀赋反差巨大。京津冀及周边六省市国土面积占全国的 7.2%，生产了全国 43% 的钢铁、45% 的焦炭、31% 的平板玻璃、22% 的电解铝，原油加工量占全国的 28%，环境压力持续加大。同时，我国经济与环境的地域梯度特征明显，东部地区总体进入工业化后期，环境治理水平较高，这些城市一般生态环境比较优良，自然景观比较丰富，沿海城市有更好的环境治理；中西部地区正处于工业化中后期阶段，环境压力加大，资源环境、消耗排放、环境治理等指标相对落后，导致这些地区的可持续发展水平排名靠后。当前，已经出现东部地区环境治理取得成效、中西部地区环境有所恶化的趋势。

由于区域发展不充分不平衡问题的长期存在，因此，今后相当长一段时间内，促进区域协调发展仍然是我国区域政策的重心。党的十八大以来取得的经验也表明，只要政府采取适当的政策措施，就可以减缓地区差距扩大的趋势，实现区域经济协调发展的目标。

四、党的十九大以后中国区域经济发展战略与政策走向

区域差异大、发展不平衡是我国的基本国情，促进区域协调发展也一直是我国区域发展长期坚持的目标。从 20 世纪 50 年代提出要处理好沿海和内地的发展，到 20 世纪 80 年代提出“两个大局”的战略构想，再到 21 世纪初开始全面实施区域发展总体战略，经过不同时期的逐步探索，区域协调发展体系不断完善。党的十九大报告明确提出了区域协调发展战略的主要任务和战

略取向，从统筹国际国内两个大局的高度，从理论和实践两个层面为我国区域协调发展描绘了美好蓝图。

1. 以“3+4”的区域发展总体布局框架为核心，推动形成区域协调发展新格局

为继续深入实施“3+4”的区域协调发展总体布局，重点突出“三大战略”的引领带动作用，通过培育新的增长极和增长带，为区域发展扩展新空间，重点建设沿江沿海沿线经济带为主的纵向横向经济轴带，形成区域协调发展的重要支撑。

（1）重点推进京津冀协同发展、长江经济带发展、粤港澳大湾区建设三大战略。以疏解北京非首都功能为“牛鼻子”，推进京津冀协同发展。通过体制机制创新来打破条块分割，消除隐性壁垒，破除制约协同发展的深层次矛盾和问题。重点是推进交通一体化、生态环境保护、产业转型升级三大领域率先突破。高起点规划、高标准建设雄安新区，努力打造贯彻落实新发展理念的创新发展示范区。以共抓大保护、不搞大开发为导向推动长江经济带发展。坚持生态优先、绿色发展，把保护和修复长江生态环境摆在首要位置，提升长江黄金水道功能，加快构建高质量综合立体交通走廊，以城市群为主推进新型城镇化建设，引导产业优化布局和分工协作，培育世界级产业集群，推动长江上中下游地区协同发展、东中西互动合作。科学规划建设粤港澳大湾区，以粤港澳大湾区建设为突破点，深化内地与港澳台合作发展。

（2）统筹协调东中西部和东北四大板块发展。将继续推进“四大板块”与“三大战略”的对接，加强跨区域重要经济轴带与经济区发展布局的统筹协调，促进区域联动发展。新时期，西部大开发的重点是加大开放力度，要结合“一带一路”建设，不断提升基础设施建设和基本公共服务水平，加强生态环境保护，促进生产要素集聚，着力培育新的经济增长点和增长极，提升内生发展能力，加快建设内外通道和区域性枢纽，提高对外开放和外向型经济发展水平。东北等老工业基地振兴的重点是要完善体制机制，优化营商环境，要加快转变政府职能，深入推进重点领域改革，积极推进结构调整，支持资源型地区经济转型发展，培育提升内生发展动力。中部地区要充分发挥区位的独特优势，加强与东部、西部地区合作互动，加快综合交通运输体系建设，有序承接产业转移，加快发展城市群。东部地区要继续发挥引擎和带动作用，率先推动高质量发展，促进产业迈向全球价值链中高端，培育世界级先进制造业集群。积极推进新型城镇化，建设具有国际影响力的城市群。

2. 围绕“一带一路”建设，构建区域开放新格局

党的十九大提出要“优化区域开放布局”，就是要改变长期以来我国对外开放东快西慢、沿海强内陆弱的区域格局，逐步形成沿海内陆沿边分工协作、互动发展的全方位开放新格局。要以“一带一路”建设为重点，扩大统筹空间，“坚持陆海统筹，加快建设海洋强国”“加大西部开放力度”“以粤港澳大湾区建设、粤港澳合作、泛珠三角区域合作为重点，全面推进内地同香港、澳门互利合作”。在深化沿海开放的同时，推动内陆和沿边地区从开放的洼地变为开放的高地，与京津冀协同发展、长江经济带建设、粤港澳大湾区建设等国家战略统筹推进，促进国内各地区开放型经济协同发展，形成“陆海内外联动、东西双向互济的开放格局”。

加强“一带一路”建设与国家重大区域战略的统筹对接。强化东部地区的龙头引领和中西部内陆腹地的战略支撑作用，加快推进“一带一路”核心区、战略支点、开放门户及对外大通道建设。重点建设自贸试验区、国家级开发区、边境经济合作区、跨境经济合作区等开放平台，打造一批贸易投资枢纽城市，扶持特色产业开放发展。赋予自贸试验区更大改革自主权，推进海南全面深化改革开放，着力推动自由贸易试验区建设，探索建设中国特色自由贸易港。

3. 以城市群为主体，构建大中小城市和小城镇协调发展的城镇新格局

提高城市群质量，发挥城市群在区域协调发展中的支撑和引领作用。强化规划引导，建立健全城市群发展协调机制，推进大中小城市网络化建设，优化城镇空间规模结构，增强中心城市辐射带动功能，合理控制超大特大城市规模，加快发展中小城市，引导特色小镇健康发展，促进形成大中小城市和小城镇协调发展的格局。创新体制机制，以人的城镇化为核心，统筹推进户籍制度改革和基本公共服务均等化，加快农业转移人口市民化，促进城乡协调发展。优化提升东部地区城市群，将京津冀、长三角、珠三角三大城市群建成具有国际影响力的世界级城市群。同时，在中西部地区培育一批城市群和区域性中心城市，形成新的区域增长极，促进区域协调发展。

4. 建立更加有效的区域协调发展机制

围绕实现基本公共服务均等化、基础设施程度比较均衡、人民生活水平大体相当的目标，继续全面深化改革，加快破除地区间利益藩篱和政策壁垒，推动形成区域统一市场，促进城乡区域间要素自由流动，建立更加有效的区域协调发展机制。一是要创新区域合作机制。按照优势互补，互利共赢的原则，支持开展多层次、多形式、多领域的区域合作。二是完善区域互助机制。深入实施东西部扶贫协作，完善发达地区对欠发达地区的对口支援制度，创新帮扶方式，加强教育、科技、人才等帮扶力度，增强欠发达地区自身发展能力。三是建立健全区际利益补偿机制。建立健全流域上中下游生态保护补偿机制，依托重点生态功能区开展生态补偿示范区建设，建立粮食主产区与主销区之间利益补偿机制，健全资源开采地区与资源利用地区之间的利益补偿机制，促进区际利益协调平衡。此外，要加快推进区域协调发展立法，健全并完善法律法规体系。

专栏 35－1

2019 年融合发展成区域协调发展重要抓手

国家发改委日前批复了总投资超过 2000 亿元的江苏省沿江城市群城际铁路建设规划，通过形成区域城际铁路主骨架，进一步推动长三角一体化融合发展，这是 2019 年加大区域协调发展支持力度的首个重要内容。记者从国家发改委等部门了解到，2019 年融合将成为推进区域协调发展的主题。

国家发改委表示，2019 年将进一步推动建立更加有效的区域协调发展新机制，统筹推动重大区域发展战略，使发展的协调性、平衡性不断增强。

2018 年以来，京津冀协同发展、长江经济带、粤港澳大湾区等区域战略加速互动融合，区域发展协调性不断增强。但与此同时，我国区域发展差距依然较大，区域分化现象逐渐显现，区域发展不平衡不充分问题依然比较突出，区域发展机制还不完善，难以适应新时代实施区域协调发展战略的需要。

2018 年 11 月，国务院关于建立更加有效的区域协调发展新机制的意见正式公布。随着支持政策的不断加强，国家重大区域战略的融合发展正在成为 2019 年建立区域协调发展新机制的最有力抓手。

在不断推进的政策引导中，融合的理念越来越明确。例如，京津冀协同发展以疏解北京非首都功能为重点，推动京津冀以及周边地区发展。长江经济带发挥横跨东中西三大板块的区位优势，依托长江黄金水道，推动长江上中下游地区协调发展和沿江地区高质量发展。未来，区域经济发展将更加着重建立经济的关联，优化经济发展空间格局，释放区域经济发展的潜能。

资料来源：《经济参考报》2019 年 1 月 4 日。

参考文献

［1］叶剑英：《在庆祝中华人民共和国成立三十年大会的讲话》，《人民日报》1979 年 9 月 30 日。

［2］董志凯、吴江：《新中国工业的奠基石——156 项建设研究》，广东经济出版社 2004 年版。

［3］武力：《中国计划经济的重新审视与评价》，《当

代中国史研究》2003年第4期。

［4］黄肖广：《财政体制改革与地方保护主义》，《经济研究》1996年第2期。

［5］周述实：《社会主义市场经济条件下我国东部与中西部区域经济关系的重构》，《社科纵横》1995年第6期。

［6］历无畏：《中国区域经济发展政策分析》，《社会科学》1998年第3期。

［7］陈秀山、石碧华：《区域经济均衡与非均衡发展理论》，《教学与研究》2000年第10期。

［8］魏后凯：《中国国家区域政策的调整与展望》，《发展研究》2009年第5期。

［9］李平、石碧华：《“十一五”国家区域政策取得的成效及对“十二五”区域规划与政策的建议》，《发展研究》2010年第7期。

［10］石碧华：《区域协调发展战略为区域发展指明方向》，《中国社会科学报》2017年12月13日。

第三十六章 老工业基地振兴

提 要

老工业基地为新中国成立70年辉煌成就做出了重大的历史贡献。新中国成立以来，老工业基地经历过了四个发展阶段，即建设发展阶段（1953～1977年）、体制转型阶段（1978～2002年）、振兴发展阶段（2003～2015年）和全面振兴发展阶段（2016年以来）。老工业基地在转型振兴发展中探索出了一些典型的模式，同时也面临着一些突出的问题，如体制改革不深入不彻底，产业结构调整难度很大，社会包袱剥离不彻底，人口流失严重，老工业基地成为营商环境的“洼地”等。在新时代的背景下，老工业基地振兴发展面临着体制改革全面加快、营商环境进步、新一轮科技革命与产业变革等有利的机遇，下一步要找准找对思路，实施以下政策举措：一是制定差别化、精准高效的援助政策；二是全面深化体制机制改革；三是鼓励民营企业家安心做好实业；四是激发创新创业活力；五是加强城市形象舆论引导；六是强化组织协调。

* * *

老工业基地是指在“一五”“二五”和“三线”建设时期曾接受过国家有计划的大规模集中投资或进行大规模资源开发而形成的国有企业相对集中、对国民经济建设产生过重要贡献的城市连绵带、城市或城区。尽管我国学者对老工业基地的界定略有差异，但本质内涵却是比较一致的。老工业基地的兴起、衰退和振兴并不是我国特有的现象，其他国家也存在。老工业基地振兴发展是一个全球性的难题，许多国家都曾经将衰退的老工业基地视为“问题区域”，纳入国家区域政策体系之中，从国家层面采取必要的援助措施，帮助这类区域复兴崛起。当前，回顾老工业基地发展历程具有重要的现实意义和时代价值，老工业基地为国家经济建设做出的重大贡献是新中国成立70年辉煌成就的重要组成部分。

一、老工业基地发展的阶段历程

我国老工业基地成于计划经济时期，衰于市场经济时期，体制转换既是老工业基地时代变迁的背景，又是造成它们衰落的主要原因。尽管学者们对我国老工业基地的界定有所差异，但老工业基地广泛分布于东部、中部、西部和东北，其中东北地区是我国老工业基地分布相对集中、成片分布的区域。国家在“十一五”“十二五”“十三五”时期相继出台了一系列振兴东北等老工业基地的政策或规划，有力地支持了东北等老工业基地振兴。我国中西部和东部地区老工业基地分布比较分散，但这些老工业基地同样面临着资源枯竭、产业衰退、产业结构单一化或骨干国有企业总部搬迁问题，亟须城市改造调整、产业转型升级、生态环境治理、国有企业改革等，以实现新旧动能转换。纵观新中国成立70年来的发展，老工业基地大致经历了四个不同的发展阶段。

第一阶段是建设发展阶段（1953～1977年）。新中国成立初期，国家为了尽快恢复工业生产，邀请苏联专家参与项目设计，在“一五”时期计划实施156个项目，最后实际开工建设了150个。这些项目主要分布在东北地区以及洛阳、成都、大同、武汉、太原、兰州、西安、包头等城市，这是新中国首次利用国外资金、技术和设备进行大规模建设。受国际形势变化的影响，在“二五”以及后来“三线”建设时期，国家对全国重大生产力布局进行调整，使原先不具备布局条件的地方也发展了工业，如山城十堰成为我国汽车生产制造基地。经过新中国成立以来的发展和积累，我国老工业基地遍布全国各地，在国家经济建设中做出了重大的历史贡献。

第二阶段是体制转型阶段（1978～2002年）。1978年12月底，党的十一届三中全会在北京召开，会议做出了党和国家工作的重心转到经济建设上来，实行改革开放的决定。很快，我国开始建设经济特区和沿海开放城市，随后将对外开放范围继续扩大、辐射到内地。改革开放初期，我国老工业基地处境不尽相同，但相当一批老工业基地的地方政府深受计划经济体制的影响，发展思路十分保守，对商品经济充满畏惧。即使这样，当时我国老工业基地仍是全国工业的重要生产基地，汽车、钢铁、大型装备、飞机、石油、煤炭等行业仍在全国占有举足轻重的地位。然而，到20世纪90年代，我国老工业基地因体制改革滞后和发展思路保守封闭，许多优势产业逐渐丧失了市场竞争力，国有企业经营效益低下，企业冗员现象突出，民营经济发展停滞不前。特别是20世纪90年代末至2002年，我国国有企业经历了一轮空前浩大的体制改革，众多的国有企业被迫改制或选择倒闭，一大批国有企业员工下岗，社会矛盾尖锐。由于这些问题比较突出，我国许多老工业基地陷入发展困境。国家在这一阶段虽然没有明确提出老工业基地振兴发展的构想，但也采取了许多改革举措推动老工业基地体制转型，并为下一阶段提出振兴发展战略创造了条件，打下了基础。

第三阶段是振兴发展阶段（2003～2015年）。2003年，东北地区等老工业基地振兴被国家正式提上议事日程。2003年9月，中央政治局正式通过了《关于实施东北地区等老工业基地振兴战略的若干意见》，该文件便于同年10月印发实施。2003年10月，国务院振兴东北地区等老工业基地领导小组成立，该协调机构的成立标志着东北地区等老工业基地振兴从顶层设计走向实施操作阶段。国务院也决定设立国务院振兴东北地区等老工业基地领导小组办公室作为办事机构，内设综合组、政策体制组、工业组和相关产业组，负责发展战略、具体政策研究制定和承办领导小组交办事项。在第一轮老工业基地振兴发展中，国家经过综合评估和反复论证之后认定了一批老工业基地，其中涉及95个地级市和25个直辖市、计划单列市、省会城市的市辖区。[①] 中央财政设立了专项资金，用于支持老工业基地振兴发展。同时，针对老工业基地面临的突出问题，国家出台了增值税转型试点、棚户区改造试点、资源枯竭型城市转型、保税港区建设、豁免企业历史欠税、农业基础设施建设等特殊政策。这些政策对减缓老工业基地衰退和帮助企业纾困起到了“雪中送炭”的作用。

第四阶段是全面振兴发展阶段（2016年以来）。2012年以后，随着应对国际金融危机的强刺激政策的退出，东北三省和其他一些老工业基地出现经济增速回落，企业经营困难，大量人口外流，营商环境恶化等现象。为此，中央和地方政府都高度重视老工业基地振兴发展问题，2016年9月，《中共中央国务院关于全面振兴东北地

① 《全国老工业基地调整改造规划（2013～2022年）》。

区等老工业基地的若干意见》是以习近平总书记为核心的党中央对东北等老工业基地新一轮振兴发展做出的重大战略部署。在新一轮振兴发展老工业基地中，营商环境建设、国有企业混合所有制改革、新旧动能转换、加强区域协作等方面被列为工作的重点。

目前，我国老工业基地出现了地区分化的态势。在国家确定的95座老工业城市中，有33座城市的户籍人口在2007~2017年出现净减少的现象。也就是说，约1/3的老工业城市可以被列为“收缩城市”，人口收缩最为严重的城市主要集中分布在东北（见表36-1）。根据收缩程度，克拉玛依城市人口收缩最为严重，2017年户籍人口比2007年净减少了12.28%。另外，老工业基地地方财力水平普遍较弱，2017年仅有邯郸、承德、镇江、克拉玛依等17座老工业城市的人均地方公共财政预算支出高于全国平均水平（14610元/人）。从图36-1看出，老工业城市的人均地方公共财政预算支出差距非常大，其中镇江是最高的，为22918元/人，临汾是最低的，为3319元/人，最高是最低的7倍。这么大的差距部分反映了老工业城市转型的效果出现明显的分化，有些城市转型做得较好，有些城市转型失误，进入了衰退的发展状态。

表36-1 2007~2017年老工业城市人口收缩情况

地区	P<1%	1%≤P<5%	5%≤P<10%	P≥10%
中部	十堰、攀枝花、荆州	宜昌、荆门	—	—
西部	绵阳、乐山	内江、铜川、金昌	咸阳	克拉玛依
东北	营口、葫芦岛、大庆	吉林、四平、辽源、通化、鞍山、锦州、阜新、辽阳、铁岭、朝阳	白山、白城、抚顺、本溪、齐齐哈尔、牡丹江、佳木斯、鸡西、伊春	—

注：P表示2017年户籍人口比2007年净减少占比。

资料来源：《中国城市统计年鉴2018》和《中国城市统计年鉴2008》。

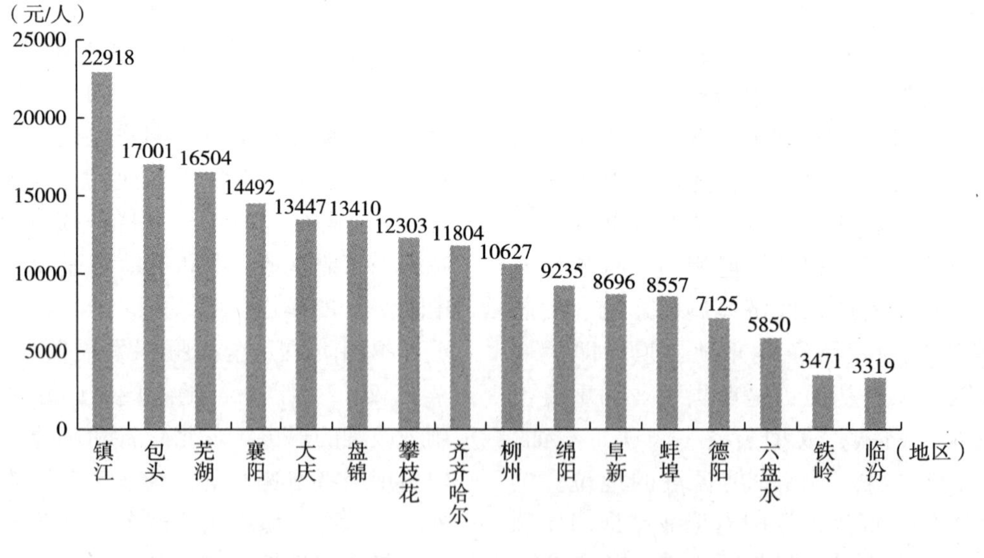

图36-1 2017年我国老工业基地人均地方财政预算支出比较

资料来源：《中国城市统计年鉴2018》。

二、老工业基地振兴发展的典型模式

21 世纪以来，我国老工业基地陆续进入振兴发展的攻坚阶段，无论是在国民经济快速增长的时期还是现阶段经济新常态时期都没有停止城市转型的脚步，在实践探索中出现了一些代表性的振兴发展模式。这些模式是地方创新实践的经验，也是老工业城市在转型阵痛中倒逼出来的做法，这是我国振兴发展老工业基地所取得的成就，对于其他老工业城市振兴发展具有较强的示范意义。

第一，沈阳铁西区模式。铁西区地处沈阳市西部，是新中国成立初期重点建设的工业集中区，是我国老工业基地发展的缩影。20 世纪 90 年代中后期，辖区内绝大多数企业经营陷入困境，处于停产或半停产边缘。在国家振兴东北等老工业基地的政策支持下，沈阳市推动铁西区与沈阳经济技术开发区合署办公，引导铁西区的企业搬迁至经济技术开发区落户，有些企业将原厂址的地块变现筹得转型发展资金，有些企业则将原厂址变更土地用途发展服务业获得更高的收益。同时，铁西区发挥沈阳机床、沈阳鼓风机、沈阳重工等几家龙头企业的作用，鼓励企业通过兼并重组、海外并购等方式整合和延伸产业链，大力发展高端装备制造业。在优势产业规模优势显现出来时，地方政府积极培育产业集群，完善产业发展生态。此外，为了应对更加激烈竞争的市场环境，铁西区龙头企业从国际金融危机中寻找机会，实施了多起海外并购，成功收购了一些具有技术优势或销售渠道优势或两者兼具的同行业企业以及科研团队，从而实现综合实力整体跃升。

第二，徐州模式。徐州地处江苏省北部，是京沪、陇海两大重要铁路干线的交会处，具有承东启西、沟通南北的区位优势。徐州是煤炭资源枯竭型的老工业城市，曾经历过煤炭资源枯竭而导致的资源型产业衰退和国企经营效益下滑而导致的老工业区衰落的过程。由于区位优势明显，产业基础较强，内外开放条件较好，徐州市在新一轮的老工业基地振兴中探索出了一条以融合促升级、以开放促发展、以改造促提升的道路。具体做法包括：一是产业融合发展重塑了产业竞争新优势；二是区位条件转化为开放优势，促进了服务外包、电商物流等新产业发展；三是注重市场化运作与行政手段相结合，解决了老工业区改造和矿区生态环境治理。总之，徐州模式对于那些区位优势明显、产业多元化程度较高、城市规模较大的老工业城市振兴发展具有借鉴价值。

第三，十堰模式。十堰市地处湖北省西北部，鄂豫川陕四省交界，地理位置偏僻，交通不便，是“三线”时期国家重点建设的以汽车产业为主导的工业城市，目前是全球最大的商用车制造基地之一。十堰市工业经济存在汽车产业“一业独大”的特征，2018 年汽车制造业实现增加值 317.2 元，占全市工业增加值的 62%。[①] 但与多数“三线”时期建设的城市一样，十堰市遇到了东风汽车公司总部搬迁带来的产业和人才流失问题，同时也面临着南水北调移民搬迁、水源地保护等巨大压力。十堰市坚持巩固汽车主业和培育新兴产业并举，加大对汽车等传统优势产业改造升级和产业链延伸，培育了一些具有优势的新兴产业，以减少对汽车产业的过度依赖，并推动工业山城向山水园林城市转型。十堰市振兴发展模式做法主要包括：一是通过政企强有力的合作留住甚至扩大既有的支柱产业优势。二是实施产业多元化并提早谋划布局若干个具有接续能力的新支柱产业，以提高区域自主发展能力。三是承接产业转移、鼓励大众创业、对口协作等方式都是培育新兴产业的有效途径。

第四，石嘴山模式。石嘴山是“一五”和“三线”时期国家重点开发建设的煤炭基地，是

① 《2018 年十堰市工业经济运行情况分析》，十堰市统计局网站（http：//tjj. shiyan. gov. cn/）。

典型资源枯竭型老工业城市。煤炭资源趋于枯竭导致了资源型支柱产业衰落萎缩，进而产生了城市经济增速下滑、失业人数增加、生态环境治理投入不足等突出问题。2008 年，石嘴山市被国家确定为首批资源枯竭型城市，在中央和地方政府的共同努力下，围绕产业、民生和生态环境治理三篇文章，着力实施了城市转型发展战略，从培育发展接续主导产业、改造提升传统产业链、发展循环经济等方面入手遏制住了经济下滑趋势，从改善民生事业入手稳住了民心和促进了社会和谐稳定，从整治生态环境入手改善了城市人居环境。经过十年来的努力，石嘴山市逐步从煤炭枯竭型的老工业城市转型为北方特色、山水秀美的新型工业城市。

第五，北京石景山模式。石景山是北京的市辖区，位于北京城的西部，是首钢总公司原所在地，是因钢而设的城区，其产业结构长期具有“一钢独大、一企独大”的特征。随着首钢的搬迁，石景山区经济遭到较大的冲击，陷入了百业待兴的困境。石景山区经过这些年的艰难转型，探索出了一条工业遗产保护性开发、服务业驱动发展、投融资市场化运作的振兴发展模式。具体做法包括：一是通过工业遗产保护性开发与发展新业态相结合的途径培育发展新产业，解决了首钢老工业区多年闲置问题。二是通过土地变现和政府性基金的市场化运作解决了园区改造、产业发展、基础设施建设等方面的资金需求问题。三是通过市政府层面统筹协调与政企对接协作相结合解决了老工业区振兴发展的组织保障问题。当然，石景山区作为北京主城区的组成部分，受益于中心城区的高端产业和优质要素的扩散，以及北京冬奥会等有利的机遇。

三、老工业基地振兴发展面临的主要问题

当前，我国老工业基地振兴发展已取得重要的进展，有些老工业城市或城区老工业区已经实现转型脱困，然而应该看到，还有相当多的老工业城市或城区老工业区仍然处于经济萧条的状态。总的来看，我国老工业基地振兴发展面临的主要问题是：

第一，体制改革不深入不彻底。我国老工业基地国有经济比重高，中央企业和省属国有企业数量较多，行政级别较高，这些企业改革或改制服从于集团总部的安排，当地政府难以介入。并且许多国有企业在改革过程中将历史包袱甩给地方政府解决，使地方政府背负较大的财力负担。在科技创新体制方面，虽然许多老工业城市拥有一批国家级科研机构，但这些机构行政关系不隶属于地方政府，也没有积极意愿将科研成果就近转化，帮助地方发展产业。

第二，产业结构调整难度很大。我国多数的老工业城市或城区老工业区还延续着旧有的产业结构，“一企独大、一业独大”现象突出。企业规模普遍较大，具有“船大不好调头”的特点。“原”字头、“初”字头的工业产品占比较大，产业链较短，产销运距较长，物流成本较高。并且长期受到发展环境的限制，我国老工业城市或城区老工业区民营经济发展缓慢，中小企业出现长不大、长不好的现象。

第三，社会包袱剥离不彻底。由于历史遗留问题长期没有得到根本解决，有些老工业城市或城区老工业区仍然存在企业办社会的现象。有些国有企业经营效益较好，有较强的经济实力“办社会”，不愿意将下属的医院、学校等社会服务功能转交给地方政府。然而有些老工业城市或城区老工业区存在另一种截然相反的现象，地方政府考虑到负担较大，不是全盘接受企业转过来的社会事务，而是只承接优质部分，剩下的一些问题较多、包袱较重的社会事务继续留给企业自己解决。

第四，人口流失严重。我国老工业基地城镇化水平较高，执行计划生育政策比较到位，独生子女家庭占比高，然而随着大量年轻人口流失到外地，当地人口老龄化、少子化问题比较严重。如老工业城市分布比较集中的黑龙江省具有代表性，少年儿童抚养比下降明显下降，而老年人口抚养比则近年来加速上升，并在 2016 年超过了前

者（见图36－2）。另外，近年来，我国许多老工业城市转型非常困难，企业效益下滑，就业环境恶化，导致了一大批青壮年劳动力到外地打工就业。此外，我国老工业基地普遍存在"智力流失"现象，这种现象客观上给老工业基地振兴发展带来"雪上加霜"的不良后果。

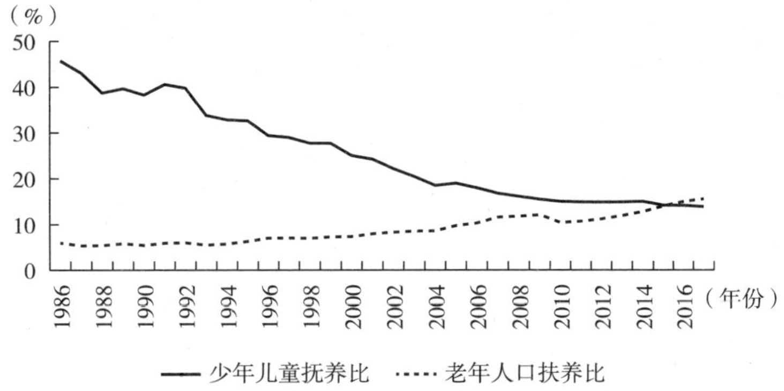

图36－2　黑龙江省少年儿童抚养比和老年人口扶养比变动

资料来源：《黑龙江统计年鉴2018》。

第五，老工业基地成为营商环境的"洼地"。一方面，政治生态恶化导致营商环境长期难以获得实质性改善。有些老工业城市或城区老工业区经常发生地方政府官员"吃里扒外"或"内外勾结"的腐败现象，有些资源型老工业城市的领导同志甚至连续几任落马。另一方面，体制僵化对营商环境产生负面影响。有些老工业基地仍然没有摆脱旧有体制束缚，人为制定歧视性政策对待不同所有制企业在项目、资金、政策等方面予以国有企业特别照顾，由此对民营企业和外资企业产生"挤出效应"。

四、老工业基地全面振兴发展的前瞻

老工业基地是工业化进程中出现的历史产物，为新中国成立70年辉煌成就做出了重大的历史贡献。在新时代的背景下，老工业基地全面振兴发展是深入贯彻习近平中国特色社会主义思想的要求，是2020年实现全国同步建成小康社会的重要任务。当前，老工业基地全面振兴发展面临较好的历史机遇，要创新发展思路，实现新的突破。

1. 老工业基地振兴发展的时代机遇

第一，体制改革全面加快。在庆祝改革开放40周年大会上，党中央国务院向外界郑重承诺继续深化改革和加快全面开放，预示着国家将在新一轮改革开放中出台更有力的举措，其中将有许多改革措施直接针对老工业基地振兴发展。在全面振兴东北等老工业基地中，中央进一步明确了改革的重点任务和突破口，更加注重精准性、持续性和战略性，更加注重振兴发展的质量。由于老工业基地涉及范围比较广，所以各地因地制宜加大体制机制创新，探索适合改革发展的新模式、新经验。

第二，我国营商环境将实现倒逼式进步、突破。当前，我国老工业基地正面临着营商环境脱胎换骨的历史机遇，党中央国务院高度重视营商环境建设，外部环境和内部压力倒逼着全国各地的老工业基地加快提升营商环境，提高城市吸引力。中央将持续加大反腐力度，反腐将继续保持高压的态势，腐败"零容忍"逐渐成为社会生活的共同准则，社会公众对腐败现象的监督常态化，这意味着老工业基地的官员腐败将受到更大力度的打击。即将达成的中美贸易协议将倒逼我国更加深入、彻底地实施营商环境改革，特别是政府与市场的关系将得到进一步厘清。而老工业基地作为带有深刻计划体制烙印的地区，将面临更大的体制机制变革。

第三，新一轮科技革命与产业变革孕育兴起。近年来，全球范围内正在孕育兴起新技术的推广应用浪潮，信息技术迭代创新带动了互联网广泛应用和通信技术进步，5G 更大范围的布局将助推以互联网为基础的新一轮信息技术产业蓬勃发展，使老工业基地产业有机会攀上信息技术革命的“高枝”，实现涅槃重生式的转型升级。人工智能、智慧能源、生物技术等新兴技术开始进入了小规模甚至较大规模的应用阶段，老工业基地将有更多的机会培育发展一些具有引领型的新兴产业。

2. 老工业基地实现全面振兴发展的思路

第一，制定差别化、精准高效的援助政策。由于全国老工业基地地域范围较大、类型复杂多样，支持老工业基地振兴发展的有关政策应具有差别化，否则，采取大水漫灌式的政策将影响老工业基地振兴发展的实际效果。在制定具体政策时，有关部门应将全国各地的老工业基地进行适当分类，针对不同类型的老工业基地予以差别化的政策工具组合，确保政策能够对症下药。对于严重衰退的老工业基地，中央和地方应优先采取先救急、后改革的方式稳妥解决民生社会问题和城市正常运作。对于衰退不明显的老工业基地，应优先引导其提前做好城市转型，重视民营经济发展，支持中小企业发展。

第二，全面深化体制机制改革。老工业基地发展普遍存在“政策性负担”现象，旧体制路径依赖较深，社会包袱较重，单纯依靠自己难以摆脱困境。下一步应着力从以下方面实现突破：一是探索央地协同创新模式。地方政府要设立协同创新基金，引入社会资本共同参与，引导驻地国家级科研院所参与组建新型研发组织，培育发展创新利益共同体。二是培育发展新国企。针对中央和地方国企改革任务重、经营效益不高等共性问题，支持一批设在老工业基地的央企和地方国企率先实施混合所有制改革，剥离业务板块，引入战略投资者，向社会资本转让股权，通过公开招聘等方式引进优秀管理队伍，建立适应市场竞争和市场准则的新国企。三是实施“僵尸企业”分类处理。对于长期经营效益低下、技术设备落后或服务业态低端的企业，原则上限期推进破产清算；对于资金链断裂、产业发展前景较好的企业，原则上通过寻找投资伙伴等形式尽快盘活现有生产能力。

第三，鼓励民营企业家安心做好实业。深入贯彻党中央国务院关于支持民营经济的有关意见精神，深入推进营商环境建设，增强老工业基地民营企业家扎根当地发展的信心，畅通地方政府党委与民营企业家的交流沟通渠道，鼓励民营企业家为当地发展建言献策。同时，地方政府要坚决放弃延续计划经济管理的做法，正确处理好政府与市场的关系，最大限度减少对当地不同所有制企业的干预，积极为民营经济发展创造公平公正的发展环境。此外，地方政府要做好招商引资工作，特别是本地籍贯的在外企业家回乡投资兴业，扩大民营企业家队伍，通过交流培训、异地考察、“传帮带”等途径提高民营企业家的综合素质。

第四，激发创新创业活力。鉴于老工业基地普遍遇到创新创业活力不足的问题，地方政府应多措并举、营造环境，实现更大的突破。具体措施主要包括：一是搭建创新创业平台。地方政府要打造一批适应企业成长需求的各种类型创新空间，吸引一大批创业项目和初创企业入驻，提供成本低、服务好的办公空间和配套的创业服务。同时，地方政府也要建设满足创业年轻人居住需求、性价比高的生活公寓。二是探索创业激励引导机制。设立针对创业企业不同成长阶段的遴选培育奖励机制，针对不同成长周期的成功入围企业实行阶梯奖励，培育一批潜力大、实力强、活力足的“创业金苗”。三是大力开展“回乡创业”行动。深入走访调研，大力邀请本地籍企业家回乡创业，用感情引商，用诚心扶商。四是鼓励再创业。地方政府要找准产业转型升级的机会点，吸引当地企业家二次创业，带动“企业家二代”创业。

第五，加强城市形象舆论引导。鉴于老工业基地主要是以城市或城区的形式存在，地方政府要改变老工业基地给社会留下的老旧、落后的印象，因此需要对城市形象进行重新设计和宣传。一方面，地方政府有必要聘请专业企业或拥有丰富的城市营销经验的“城市导演”对城市形象进行整体策划，并通过央视或新媒体进行宣传推介；另一方面，地方政府也可以举办高水平的全国性会议吸引海内外嘉宾和媒体，通过会议改变旧有的印象。此外，地方政府还可以挖掘一些旅游资源，通过旅游业壮大发展带动城市形象更新。

第六，强化组织协调。当前，我国老工业基地仍处于爬坡过坎的关键阶段，需要继续发挥国务院振兴东北地区等老工业基地领导小组的作用，加强对全国老工业基地振兴工作的统筹领导，进一步细化支持老工业基地振兴发展的政策，提高老工业基地发展活力。国家有关部门应研究论证设立老工业基地振兴发展专项基金，按照耐心资本的定位，与市场资本共同合作，参与全国各地老工业基地产业转型升级、生态环境治理、棚户区改造等重点领域投资。同时，国家有关部门也要深入研究部分老工业基地行政区划撤并，特别是引导部分长期援助效果欠佳的城区老工业区和老工业城市撤掉原有行政单位，并入周边的市辖区（县、市）或地级市。今后，支持我国老工业基地振兴发展的有关政策要统一纳入国家区域政策体系，实现统筹协调和组织领导。

专栏 36 -1

习近平总书记关于老工业基地振兴发展重要讲话的摘编

闯出老工业基地振兴发展新路

黑龙江转方式调结构任务艰巨，要着力优化产业结构，改造升级“老字号”，深度开发“原字号”，培育壮大“新字号”，毫不动摇坚持公有制经济主体地位、国有经济主导作用，同时毫不动摇鼓励资金链对接，把振兴发展的基点放在创新上。要加大人才培养和智力引进力度，完善人才激励机制，吸引更多人才为振兴发展服务。

——2016 年 5 月 23 日至 25 日，习近平到黑龙江考察调研时强调

全面振兴决心不能动摇，工作不能松劲

要瞄准方向、保持定力、一以贯之、久久为功，急躁是不行的，浮躁更不行。要向高新技术成果产业化要发展，向选好用好各方面人才要发展，临渊羡鱼不如退而结网。发展不能守株待兔、故步自封，要在市场环境下、竞争中求发展。要扬长避短、扬长克短、扬长补短，向经济建设这个中心聚焦发力，打好发展组合拳，奋力走出全面振兴新路子。

——2016 年 3 月 7 日，习近平参加十二届全国人大四次会议黑龙江代表团审议时指出

国有企业发展既要“借东风”，也要激发内生动力

现在是市场经济，哪里有优势，哪里要素齐备，哪里就具有集聚的优势。对国有企业发展，政府的作用更多体现在支持、扶持、杠杆作用，但没有现存的“金娃娃”摆在那里。在这种情况下，国有企业要深化改革，要“借东风”，激发内生动力，在竞争中增强实力。要抓好东北老工业基地振兴各项政策的落实。

——2016 年 3 月 7 日，习近平参加十二届全国人大四次会议黑龙江代表团审议时指出

振兴东北老工业基地已到了滚石上山、爬坡过坎的关键阶段

无论从东北地区来看，还是从全国发展来看，实现东北老工业基地振兴都具有重要意义。振兴东北老工业基地已到了滚石上山、爬坡过坎的关键阶段，国家要加大支持力度，东北地区要增强内生发展活力和动力，精准发力，扎实工作，加快老工业基地振兴发展。

要适应经济发展新常态，深入推进东北老工业基地振兴，抓住创新驱动发展和产业优化升级，

努力形成特色新兴产业集群，形成具有持续竞争力和支撑力的产业体系，加强同周边国家和地区交流合作，通过深化改革坚决破除体制性障碍，全面提高对外开放水平，把老工业基地蕴藏的巨大活力激发出来、释放出来。

——2015 年 7 月 16 日至 18 日，习近平在吉林调研时强调

老工业基地振兴发展不能再唱“二人转”

东北等老工业基地振兴发展，不能再唱“工业一柱擎天，结构单一”的“二人转”，要做好加减乘除。加法——投资、需求、创新，减法——淘汰落后产能，乘法——创新驱动，除法——市场化程度。现在加法多、其他少，亟待补课。

经济形势好的时候，往往结构调整、优化升级的内在动力不够。现在看到了问题，应该更早觉悟。如果按照原来的跑道跑，跑得越快可能偏离越远。老工业基地支柱产业要通过创新实现优化升级、脱胎换骨，进行深入改革创新，实现适应经济新常态的战略性调整。

归根结底要靠深化改革，坚决破除体制性障碍，把老工业基地蕴藏的活力激发出来，释放出来。这是东北要做的事情，是吉林要做的事情。

——2015 年 3 月 7 日，习近平参加十二届全国人大三次会议吉林代表团审议时指出

（根据新华社有关报道节选）

参考文献

［1］［美］爱德华·格莱泽：《城市的胜利》，上海社会科学院出版社 2012 年版。

［2］［美］阿西莫格鲁、罗宾逊：《国家为什么失败》，湖南科学技术出版社 2015 年版。

［3］吴敬琏：《当代中国经济改革教程》，上海人民出版社 2016 年版。

［4］叶振宇：《中西部和东部地区老工业城市振兴发展的代表性模式及其特征》，《改革》2017 年第 8 期。

［5］张可云：《区域经济政策》，商务印书馆 2005 年版。

第三十七章　产业空间布局

提　要

产业布局理论形成于19世纪初至20世纪中叶。目前主要有两种理论解释产业空间分布及其变化：一种是以比较优势为理论基础的新古典贸易理论，另一种是以收益递增和不完全竞争为理论基础的新经济地理学。我国近代研究产业布局始于20世纪80年代初，研究热点主要集中在产业集群、区域经济、产业结构、产业发展和区域产业链等方面。梳理新中国产业布局发展战略的历史演进，可以归结为以下四个阶段，一是20世纪50年代至70年代中期，实行公平优先的均衡产业布局战略；二是20世纪70年代末至90年代末，实行效率优先的非均衡产业布局战略；三是21世纪以来，实行区域协调发展的产业布局优化调整战略；四是"十二五"以来，针对区域优势进行产业布局优化调整的实质性阶段。笔者认为未来我国产业空间布局发展趋势：一是东部沿海和长江经济带仍将是中国产业布局重点区域；二是高新技术产业将继续向特色产业园区和重点城市集聚；三是东中西部的产业梯度转移或将被国际经贸格局变化打破；四是"一带一路"倡议将推动国内跨行政区划产业布局协同发展。

*　　　　　*　　　　　*

一、新中国产业布局发展战略的历史演进

长久以来，中国经济空间格局表现出东西部不平衡发展的一般特征，但近年来东部地区暴露出成本攀升、能源困局、环境污染等发展问题，而且外需乏力也影响了经济增长，东西部地区间的产业转移以及中国产业空间格局的变化日益成为关注热点。经济发展必然伴随产业结构的调整与升级，不同发展水平的地区间会表现出一种不均衡发展特征：先进地区先发展某些产业，然后把这些产业让渡给紧随其后的地区，而自身向"高级产业"转移。产业空间格局呈现出适应地区发展水平差异的分工形态。全面认识新中国成立以来我国产业布局的嬗变及其现实效应，将为我国产业布局理论及实践的发展提供丰富的历史素材和理论启示。为体现出与我国经济发展战略一脉相承的原则，拟将新中国成立以来产业布局划分为以下四个时期。

1. 20世纪50年代至70年代中期，公平优先的均衡产业布局战略

新中国成立之前，由于帝国主义列强的侵略、封建买办官僚资本主义的腐败、军阀的混战，旧中国工业化发展水平极低，且布局极不平衡。新中国成立后，为了纠正严重失衡的区域发展格局，改变生产力过于倚重东部沿海地区的不均衡状况，以毛泽东为首的第一代中央领导集体，在处理产业布局的指导思想上，以苏联的均衡配置论为理想模式，提出了产业均衡布局的战略构想。1956年4月，毛泽东在听取34个中央部委经济工作汇报的基础上，发表了《论十大关系》一文，其中专门谈了沿海与内地工业的关系，标志着毛泽东区域经济思想的形成。他认为，我国全部轻工业和重工业，有约70%在沿海，只有30%在内地，这是历史上形成的一种不合理状况，沿海的工业基地必须充分利用，但是，为了平衡工业发展的布局，内地工业必须大力发展。我国改革开放前的产业布局，就是在毛泽东的区域经济均衡发展战略指导下进行的规划。

在"一五"计划（1953～1957年）中，我国重点是优先发展能源、原材料、机械工业等为主的重工业，工业化建设主要围绕苏联援建的156项重点工程和694个投资限额在1000万元以上的项目进行，这些项目包括钢铁、电力、煤炭、石油、有色金属和机械设备制造等产业。这些项目中相当大的一部分设在工业基础相对薄弱的内地。这样，不仅东北、上海、武汉等工业基础建设得到加强，同时还以西部地区的川（成都地区）、渝、陕（关中地区）、甘（兰银地区）为重点，以重化工业优先增长为中心开始了西部地区大规模的工业开发。"一五"执行的结果是，在西部地区形成了以兰州、西安、成都等城市为依托的新工业城市，西部地区工业化发展出现了崭新的形势，极大地改变了西部地区的落后面貌。

"二五"（1958～1962年）至"四五"（1970～1975年）时期，国家在产业布局上更加强调均衡布局的指导思想，产业布局政策的重心开始大规模西移，产业布局跳跃式地向西部地区推进。"二五"时期，中央拟定的发展目标是，对西部地区继续加强重点项目建设，在西南、西北和陕、豫交界的三门峡地区分别进行以钢铁、有色金属和大型水电站为中心的新工业基地建设，在新疆开展石油和有色金属为重点的项目建设，加强了西藏的地质勘探工作，在大力开发攀枝花钢铁工业的同时，新建和扩建了一系列钢铁工业。"二五"实施的结果是，在西部地区的兰州、西宁、乌鲁木齐、银川、贵阳、昆明等地形成了一批机械工业基地；在缺煤的西北和西南地区新建了一些煤炭开采基地。"三五"（1966～1970年）和"四五"期间，产业布局政策的目标是围绕国防和备战而确定的，其重点是开展"大三线"建设，在西南、西北、豫西、鄂西和湘西等地区新开辟了一系列工业基地。在新建的同时，国家又有计划地从东部沿海地区向内陆地区搬迁了一批企业和科研单位，充实了内地的经济实力。"三线"建设对我国产业布局产生了重大的影响，"这时期形成了工业建设在地域上的一次大转移，其时间之长，投资之大，影响之深为中外罕见。"

公平优先的均衡产业布局战略拓展了我国生产力发展空间，其所强调的均衡发展、产业布局向西部地区倾斜政策的着力实施，尤其是"三线"建设，刺激了西北地区和西南地区工业的增长。据有关资料介绍，从1956年到"三线"建设时期，西部地区相继建成近大约2000多个大中型骨干企业（包括国防工业企业）、科研院所，形成45个大型生产科研基地和30多个各具特色的新兴工业城市，修筑了10条总长8000千米的铁路干线。整个西部地区形成了以钢铁、机械、化工、电子、航空航天、建材、能源工业为主要组成部分的一大批装备精良、人才荟萃的工业基地和科研基地。如在西南地区建设了以重庆为中心的常规兵器工业基地、以成都为中心的航空工业基地、以攀枝花钢铁公司为中心的攀西工业基地、以长江上游重庆至万县为中心的造船工业基地，在西北地区建设了航空工业、航天工业、常规兵器、电子和光学仪器等工业基地。这些战略后方基地的形成，客观上改变了我国工业东、西部地区布局长期不合理状况，带动了西部地区工业生产的发展，对于保障国家安全、加强国防建设、促进内地和少数民族地区的发展、使生产力的空间安排趋于均衡等方面发挥了重要的推进

作用。

但是，均衡产业布局战略对产业布局的影响因素缺乏全面的认识，用主观意志代替了客观规律，因此产生了一些不良的后果：第一，这一战略脱离了发展和效率的主题，片面强调公平目标下地区之间的平衡，使该战略最终不可能推动区域走向共同富裕的道路，相反还导致了区域内的共同贫困。第二，“三线”建设按照“进山、分散、隐蔽”方针进行的工业布局，违反了经济发展规律，造成企业效益低下。第三，均衡产业布局还使中国各地区产业结构趋同，缺乏地区间分工协作，没能充分发挥各地区的比较优势，如对发达地区积累起来的生产力的利用重视不够，对落后地区的潜力和优势认识不足。

2. 20世纪70年代末至90年代末，效率优先的非均衡产业布局战略

20世纪70年代末，我国所面临的国际和国内政治社会环境已经发生重大改变，迫切要求经济发展战略和产业布局得到相应的调整，否则将无法适应新形势对我国经济发展的要求。为此，理论界展开了对产业布局的大讨论，专家学者们发表了大量论文和专著，西方区位理论被引入我国，苏联的产业布局理论逐渐被摒弃，最后增长极理论和梯度推移理论得到我国社会各界的认同，成为指导我国产业布局的基础性理论。

1978年，以邓小平为代表的第二代中央领导集体充分吸收了西方产业布局理论的精髓，对我国产业布局做了重大调整，实行了效率优先的非均衡发展战略。非均衡发展战略的核心就是以经济发展规律和价值规律为基本原则，重新考虑我国地区产业布局的结构和先后发展秩序，实施产业布局向东部地区倾斜，然后逐步向中、西部地区梯度推进。

1978年，党的十一届三中全会做出了把党和国家的工作重点转移到社会主义现代化建设上来和实行改革开放的战略决策。1979年，中央决定在深圳、珠海、汕头和厦门试办特区。这是我国实行非均衡发展战略的一个极为重要的标志。经济特区因此成为经济发展的前沿阵地和产业布局的重点区域，在这一方面，尤以深圳特区为代表。

在“六五”（1981~1985年）计划中，产业布局战略充分考虑了利用区域比较优势，进行产业上的区域分工来加速整体经济增长的速度，明确提出了优先发展沿海地区并通过沿海地区的发展带动内地发展的区域发展战略方向。“六五”计划专门列出的“地区经济发展计划”篇，对沿海、内陆和少数民族三类地区产业布局做了具体部署，强调要在发挥东部地区经济技术优势的基础上，推进东部、中部和西部地区之间的横向经济联合，以促进这些地区之间的比较优势互补以及经济发达地区的辐射和扩散效应。“七五”计划（1986~1990年）继承了“六五”计划中通过优先发展沿海地区带动内地发展的战略思想，并依据梯度推移理论，将全国的产业布局和开发顺序遵循先东部地区、后中部地区、再西部地区的顺序，即由高梯度向低梯度推移。在“六五”和“七五”两个计划时期，国家投资大规模向东部地区倾斜，西部地区在国家投资中的份额逐步下降到历史最低点，西部地区在“六五”和“七五”期间工业增长速度逐渐下滑，分别低于全国0.5个、0.6个百分点，而同期东部沿海省份依旧保持两位数以上的增长。另外，随着农村家庭联产承包责任制的推行，农村劳动力逐步从土地的束缚中解放出来，部分农民开始离开土地兴办企业，乡镇企业蓬勃发展，彻底打破了我国工业布局上城乡隔绝的传统格局。

“八五”计划（1991~1995年）恢复了沿海与内陆的划分模式，提出了促进地区经济朝着合理分工、各展所长、优势互补、协调发展的方向前进。1992年10月，党的十四大报告正式提出：我国经济体制改革的目标是建立社会主义市场经济体制，重新明确了东部、中部、西部三地带的划分，并且重申了沿海地区应以更快速度和更好效益发展的要求。从实践中看，“八五”期间成为我国改革开放推进最快的时期，确立了社会主义市场经济目标，形成了由沿海到内地、由一般加工工业到基础工业和基础设施的总体开放格局。

1995年，党的十四届五中全会在《中共中央关于制定国民经济和社会发展“九五”计划和2010年远景目标的建议》中提出，把“坚持区域经济协调发展，逐步缩小地区发展差距”作为今后15年我国经济和社会发展必须贯彻的一条重要

方针，并重点提出了西部大开发的战略措施，为缩小东部、西部地区经济发展差距指明了切实的发展方向。

1996年，八届全国人大四次会议通过的《中华人民共和国国民经济和社会发展“九五”计划和2010年远景目标规划纲要》中，专设了题为“促进区域经济协调发展”一章，较为系统地阐述了此后15年国家的区域经济发展战略。“纲要”进一步提出要按照市场经济规律和经济内在联系及地理自然特点，突破行政界限，在已有经济布局的基础上，以中心城市和交通要道为依托，逐步形成长江三角洲及沿江地区、环渤海地区、东南沿海地区、西南和华南部分省区、东北地区、中部五省区和西北地区七个跨省区市的经济区域；各经济区重点发展适合本地条件的重点和优势产业，避免地区间产业结构趋同，促进区域经济在更高起点上向前发展。

1997年，党的十五大进一步强调要促进地区经济合理布局和协调发展。其中，东部地区要充分利用有利条件，在推进改革开放中实现更高水平的发展，有条件的地方要率先基本实现现代化。中西部地区要加快改革开放和开发，发挥资源优势，发展优势产业。

非均衡发展战略的实施取得了明显的成效，对我国经济发展和产业布局产生了深远的影响。首先，我国对外开放格局全面形成。从全国范围来看，对外开放已形成从经济特区—沿海开放城市—沿海经济开放区—内地这样一个包括不同开放层次、具有不同功能的梯度推进格局。这些开放城市和经济开放区连同特区形成我国对外开放的前沿地带，成为我国产业布局的重点地区。而从一个地区来看，20世纪90年代以来，由于技术进步、新兴产业兴起，产业布局的指向已逐步由传统的资源指向转为技术指向。各地出现了一大批不同级别的经济技术开发区、高新科技园区、保税区、金融贸易区、出口加工区等，成为各地区产业集聚的重点区域。其次，出现产业集聚现象。在市场经济带动下，在市场化程度较高的南方和东部沿海城市，一些产业已经开始依照产业发展的规律逐渐集聚，如在广东、浙江、江苏等省份，形成“一村一品，一乡一业”的经济现象，并由一个产品发展为一个产业集群，如温州的皮鞋产业集群、打火机产业集群、人造革产业集群及锁具产业集群等都是闻名遐迩的产业集群，其产品几乎覆盖同类市场，甚至占领了国际市场。最后，跨地域经济带逐渐形成。由于地区间的合作不断得到加强，一些地理上相近的城市开始出现较为有序的分工。共享的区域市场得到一定程度的培育，一些大型跨地区的城市经济带开始出现。东部沿海地区逐渐形成以上海、广州和北京为核心的“长三角”“珠三角”和“京津唐”三大经济带，并产生了很大的地区产业集聚效益，这些经济带在推动产业经济“高度加工化”和“知识技术密集化”方面发挥了重要作用。

但是，随着非均衡发展战略的全面实施和市场自发作用的逐步增强，存在的问题也日益显现，主要有：一是区域发展差距问题开始凸显并日趋严峻，特别是东、西部地区差距相当悬殊。产业布局呈现出显著的自东向西逐级衰减的梯度分布态势，东部地区与西部地区的人均国内生产总值的绝对值和相对值差距都在迅速扩大。二是区域产业结构不合理，区域之间普遍存在着结构趋同现象。据测算，在“九五”计划期间，我国东部地区产业结构相似率已达94%，中部与东部地区产业结构相似率达93.5%，西部与中部地区产业结构相似率达97.9%。三是区域产业结构偏置与产业结构失衡两种情况同时并存。这些问题的存在，导致区域经济发展的无序，加上地区性经济封锁、市场分割，直接阻碍了生产要素在全国范围内的合理流动。因此，必须构造新的区域产业布局框架。

3.21世纪以来，区域协调发展的产业布局优化调整战略

为了平抑、弥合东、西部地区之间过大的差距，保持国民经济的稳定、协调发展，社会各界对非均衡产业布局战略进行了反思，并催生出以处理好东部地区与中、西部地区发展关系问题为核心内容的区域协调发展战略。其基本出发点在于处理好东部地区与中、西部地区之间的关系；其核心要义是在保持东部地区区域经济和总体国民经济较快发展的基础上，加快中、西部地区经济发展速度以及加强对中、西部地区的支持力度。

区域协调发展战略从20世纪90年代中后期得到中央的确认。经过连续几年的战略部署及战略实施，到1999年，以江泽民为首的党中央做出了实施西部大开发的重大战略决策，从此，我国产业布局战略实现了历史性的转变。实施西部大开发战略的同时，在科学发展观指导下，为统筹区域发展，中央先后实施了振兴东北老工业基地、促进中部崛起、东部率先发展等重大战略举措，并形成了一整套有机结合的统一的区域整体发展战略。

2003年10月，党的十六届三中全会审议通过了《中共中央关于完善社会主义市场经济体制若干问题的决定》，首次提出了“五个统筹”的发展战略方针，在区域关系上，强调因地制宜，各展所长，优势互补，协调发展；在区域协调发展中，既要对战略产业和重点区域有选择地倾斜，又要对区域经济发展过程中的重大比例关系进行协调，促进区域间生产要素合理流动和优化配置，实现各地区共同发展、共同富裕，确保各地区同步进入全面小康社会。

2006年3月“十一五”规划纲要中，将“促进区域协调发展”单独列为一篇，对促进区域协调发展做了“坚持实施推进西部大开发，振兴东北地区等老工业基地，促进中部地区崛起，鼓励东部地区率先发展，健全区域协调互动机制，形成合理的区域发展格局”的战略部署，标志着中国区域协调发展战略基本形成。

在区域协调发展战略指导下，21世纪初我国产业布局举措主要包括：第一，积极培育新的增长极。分别是在中部地区和西部地区培育新的增长极，即2007年6月，国务院批准成渝城乡统筹综合配套改革实验区；2007年底，国务院又批准了武汉城市圈和长株潭配套改革实验区。批准实验区的目的是使其成为引领西部地区和中部地区的增长极，促进我国区域空间结构由单中心向多中心转化。第二，提出新的产业布局模式。打破传统的按行政区划进行产业布局的模式，按优化开发区、重点开发区、限制开发区和禁止开发区四种类型的主体功能区进行产业布局。这种产业布局模式充分考虑到各区域的开发密度、发展潜力等因素，其目的就是使各地区的经济和人类活动与其资源环境承载力相适应，实现人与自然的和谐。第三，引导地方发挥积极性。中央以政府批文的形式，积极引导地方因地制宜进行产业布局。21世纪以来，国务院批复的规划和文件涉及珠江三角洲、长江三角洲、天津滨海新区、海峡西岸经济区、关中—天水经济区、辽宁和江苏沿海地区、黄河三角洲、广西北部湾、安徽等。这些区域将成为当地产业布局的重点，成为引领当地经济发展的增长极。

从目前来看，区域协调发展战略成效显著。第一，初步扭转了区域差距尤其是东、西部地区差距不断扩大的局面。在区域协调互动机制作用下，劳动力、资本等生产要素的流动规模不断扩大，促进了资源在更大区域范围的优化配置，各区域的比较优势得到有效发挥。第二，形成东部、中部、东北和西部四大经济格局，即西部大开发、东北振兴、中部崛起、东部率先发展的区域经济四轮驱动发展格局，并将成为我国今后很长一段历史时期内的区域产业布局和主要区域格局形态。第三，基本形成“珠三角”“长三角”“环渤海”和成渝经济区四大经济增长极。随着成渝经济区规划的实施及试验区地位和作用的显现，将与“珠三角”“长三角”“环渤海”一起成为我国四大经济增长极，在我国东、南、西、北形成的这四个增长极将会发挥其集聚和扩散功能，成为我国区域经济协调发展的重要力量。

4. “十二五”以来，针对区域优势进行产业布局优化调整的实质性阶段

“十二五”以来，东部沿海制造业，特别是传统制造业向中、西部和东北地区转移，而后者将结合自身优势，在承接产业转移的同时形成新的增长点，在结构调整过程中不断优化发展路径。

（1）东部地区：转变增长方式，发展创新型产业。“十二五”期间，东部地区在转变经济发展方式、调整经济结构和自主创新中走在全国前列。长三角、珠三角和环渤海地区是东部三大核心地带，其目标定位和发展路径是增强高技术产业核心竞争力，成为全球高技术产业布局中的重要组成部分，带动我国工业产业由要素驱动向创新驱动转变。长三角地区有望率先成为我国高技术研发和先进制造业基地，建立自主创新的先进制造业体系，为我国战略性新兴产业的发展奠定

坚实基础。珠三角地区将巩固提升电子信息产品制造业，大力发展资金与技术密集型高技术产业，推动区域产业优化升级。环渤海地区具有人才和科研优势，重点在于积极推进科研体制改革，促进区域科技创新、资源优化配置，建设区域自主创新中心。

（2）中部地区：改造传统产业，发展先进制造业。中部地区“十二五”期间发展的重点是产业结构调整和发展以省会城市为中心的增长极，在承接东部地区产业转移的同时提升自主创新能力。“十二五”期间，中部将继续突出农业优势，在巩固粮食生产的基础上，大力发展现代农业体系。工业方面，中部地区将在已有高新技术产业聚集区的基础上，依托科技和人才资源，加快高新技术产业发展，加大产业创新区的带动和辐射力度。同时应合理开发优势突出的能源矿产资源，调整产品结构，大力发展以农副产品为原料的特色轻加工工业，提高自我积累和自我发展能力。

（3）东北地区：老工业基地深入整合。目前，东北地区在基础设施、产业工人、人才储备和重化工基础等方面仍具有较大优势。通过技术创新提升产品的深加工程度并改造传统产业和产品，将是东北地区“十二五”期间以及未来发展的方向。作为重工业基地，东北地区具有发展装备制造业的基础和优势，今后应整合各方面资源，将东北地区打造成为以汽车、机床、航空、造船、发电设备等为主体的重大装备制造业基地；立足能源和原材料工业的现有基础，在石化、煤炭、钢铁、电力、化工等领域发展循环经济，搞好资源综合利用和深度加工，不断延长产业链条，促进上下游产业一体化，加大研究与开发的力度，加快高新技术产业化进程，大力发展高新技术产业。

（4）西部地区：优化发展资源特色产业。“十二五”期间，西部地区的重要任务是产业结构调整。重点发展第二产业，适当发展有一定基础的高科技产业，走新型工业化道路，培育地方特色产业。高载能产业和资源加工业是西部优势产业，按照国家能源局牵头制定的“十二五”能源规划，从“十二五”开始，我国将逐步形成山西、鄂尔多斯盆地、内蒙古东部和西南地区、新疆五个综合能源基地，为西部能源产业发展提供政策支持。西部应延长资源产业链，缩小与中东部地区在产业分工上的差距。除能源基地建设外，西部还将依托西安、成都、重庆、兰州等中心城市，积极发展信息产业和生物、航天航空、新材料、新能源等高新技术产业及新型环保产业，以先进技术实现工业化过程中的节能环保。

专栏 37－1

长江经济带

2016 年 9 月，《长江经济带发展规划纲要》正式印发，确立了长江经济带“一轴、两翼、三极、多点”的发展新格局：“一轴”是以长江黄金水道为依托，发挥上海、武汉、重庆的核心作用，推动经济由沿海溯江而上梯度发展；“两翼”分别指沪瑞和沪蓉南北两大运输通道，这是长江经济带的发展基础；“三极”指的是长江三角洲城市群、长江中游城市群和成渝城市群，充分发挥中心城市的辐射作用，打造长江经济带的三大增长极；“多点”是指发挥三大城市群以外地级城市的支撑作用。

2018 年 11 月，中共中央、国务院明确要求充分发挥长江经济带横跨东中西三大板块的区位优势，以共抓大保护、不搞大开发为导向，以生态优先、绿色发展为引领，依托长江黄金水道，推动长江上中下游地区协调发展和沿江地区高质量发展。

二、未来我国产业空间布局发展趋势

笔者认为，未来我国产业空间布局发展趋势，一是东部沿海和长江经济带仍将是中国产业布局重点区域；二是高新技术产业将继续向特色产业园区和重点城市集聚；三是东中西部的产业梯度转移或将被国际经贸格局变化打破；四是“一带一路”倡议将推动国内跨行政区划产业布局协同发展。

1. 东部沿海和长江经济带仍将是中国产业布局重点区域

近40年来，以东部沿海地带和横贯东西的长江沿岸相结合的“T”字形结构为主轴线的国土空间产业布局，未来仍将是中国产业布局的重点区域。我国的“T”字形国土开发与经济布局的大框架，产生了重要的作用。“T”字形结构战略，科学地反映了我国经济发展潜力的空间分布框架。这个战略使我国的生产力布局与交通运输、水土资源、城市依托和国内外市场实现了最佳的空间组合。长期以来，“T”字形一级轴线地带创造了我国主要部分的经济增长业绩，国家财政越来越集中地来自这个构架，国家参与国际经济循环的高端服务业与有竞争力的中高端制造业也越来越集中于这个架构内。当前和今后一段时期，“T”字形架构仍然是我国经济增长潜力最大的两大地带，是支撑我国经济持续发展的一级轴线。

2. 高新技术产业将继续向特色产业园区和重点城市集聚

从未来的趋势看，由于中国的大多数产业已经处于生产过剩状态，因此高新技术产业的布局会继续在省会城市和高新技术园区集聚，不大可能遍地开花。基于新工业革命技术的加速推广应用，未来的产业园区将打造智能化、柔性化、开放化OEM制造业平台，实现对产业园区内制造业的智能化改造，逐步形成基于新技术的产业园区内部与产业园区间分工协作，进一步吸引高新技术产业和制造业集聚入园。而一般制造业会在省会外的大中城市发展起来。从基础设施和投资环境来看，这些大中城市比小城市要好，又比省会城市的环境容量潜力大，是产业转移的较好选择区域。从小城市来看，它应是农副产品加工和资源加工产业的主要布局区域，城市化离不开产业化，没有产业的支撑，城镇化很难推动，而小城市是联系广大农村和大城市的桥梁，是农业现代化的依托基地。现代服务业布局，则应在大中小城市均衡发展。

3. 东中西部的产业梯度转移或将被国际经贸格局变化打破

长期以来，东西部地区间按照产业梯度进行产业转移承接的趋势或将被新的国际经贸形势打破。贸易争端的持续蔓延背景下，关税将成为制造业产品组装环节选址的重要考虑因素。国际经贸格局的逆全球化态势，将导致以中国为制造中心的企业向他国转移产线，目前，包括日本、中国台湾等在中国大陆设厂的企业，陆续开始转移制造产能，东南亚、南亚等地区成为这些企业的转移方向。但辩证地看，也许会加速中国制造业企业的全球化布局，提升产业全球竞争力。

4. “一带一路”倡议将推动国内跨行政区划产业布局协同发展

与过去的区域发展战略相比，“一带一路”倡议更加注重区域与区域之间的互动，强调跨行政区域的协同发展。2015年3月发布的《推动共建丝绸之路经济带和21世纪海上丝绸之路的愿景与行动》中明确提及了18个省份，还涉及四川、湖北、湖南、江西、安徽、河南等内陆地区的节点城市和沿海城市，基本上涵盖了我国主要经济地带，贯穿了由东向西、由南向北的地区，同时，对各地区的发展方向进行了明确定位。“一带一路”倡议的推进将以基础设施互联互通为先导和突破口，依托国际大通道积极打造国际经济合作走廊，构建安全高效的现代化交通运输网络。中西部地区可以以此为契机，进一步提升交通、通信、电网、管道等基础设施水平，显著增强沿线经济带和城市群的连接性，形成横贯东中西、联结南北方的对外经济走廊，为要素集聚和产业布局优化创造良好条件。

专栏 37 -2

“一带一路”对我国区域产业布局的影响

第一，提高东部区域对外开放水平。一直以来，我国东部省市在亚太经济合作体系中都处于重要的位置，随着“一带一路”倡议的实施，这些东部省市已经成为“海上丝绸之路”的重要窗口，迎来了经济发展的新机遇。通过区位优势，东部各省市能够更加迅速、便捷地与周边各国展开贸易合作，同时也能够为中部、西部地区的发展提供经验。

第二，加速中部区域经济崛起。“一带一路”倡议的实施加速了国内各地区商业资源和市场优势的重组，各种集聚和潜在的经济能量被进一步激活，新常态背景下的区域经济合作与竞争将重新洗牌，并将在新的平台上构建新的经济关系。中部地区的地理位置比较特殊，“一带一路”倡议的实施使之成为我国交通运输和大范围商业贸易的枢纽地带。

第三，推动西部区域快速发展。与东部、中部地区相比，我国西部地区的经济模式以农业生产为主。而“一带一路”倡议的实施使我国与东盟国家间的经济贸易往来更加频繁，这为西部地区农产品的出口打开了更加广阔的空间，促进了西部地区经济增长方式的转变。

三、促进我国产业布局优化的政策建议

1. 引导产业序转移，促进区域梯度、联动、协调发展

未来一段时期，我国产业布局优化调整要顺应经济发展规律，引导东部部分产业向中西部有序转移，对促进区域梯度、联动、协调发展，带动中西部新型城镇化和贫困地区致富，拓展就业和发展新空间，推动经济向中高端水平跃升，具有重大意义。要突出市场在资源配置中的决定性作用，做好政府引导，让调结构和稳增长、惠民生互为助力。一要营造承接产业转移的良好“硬环境”和“软环境”。加大薄弱环节投资力度，加快改善中西部交通、信息、能源等基础设施，强化财税、金融等服务，做好人才开发和产业配套。二要发挥市场主导作用，注重政策引导，促进东部地区产业创新升级和生产性服务业发展，推动劳动密集型产业和加工组装产能向中西部转移。结合“一带一路”和长江经济带等建设，发展特色优势产业。三要发挥资源禀赋和区位优势，强化资源型产业布局导向。有序推进西部煤炭和现代煤化工、西南水电、北方风电、沿海造船等基地建设。京津冀、长三角、珠三角地区，除热电联产外禁止新建燃煤发电等高耗能高污染项目。四要深化产业国际合作。在西部地区建设向西开放产业平台，支持优势企业到境外开拓市场。五要实施差别化区域产业政策，切实保护环境，节约集约用地用水。通过产业转移和布局优化促进中国经济提质升级、行稳致远。

2. 推动产业园区转型升级，带动区域产业布局优化

随着新工业革命爆发和信息技术的发展，大数据、互联网、人工智能等技术深入人们的工作生活，新技术的作用越来越凸显并不可替代，它消除信息不对称的同时还改变着人类工作与生活方式，面对新技术革命的重大变革，产业园区转型升级更为紧迫。新工业革命带来的技术变革可以带动园区人才、信息、资金、数据等各类要素的链接，依托产业园区链接城市、链接创新、链接服务、链接生活，改造传统产业园区，将大数据、互联网、人工智能等技术资源整合到产业园区中，对产业园区内企业进行更优质的服务，让

产业园自身产生裂变，实现本身的升级。同时，新技术与智能制造的应用可以将传统产业园区打造成新式智能、智慧园区，解决产业园区面临的恶性竞争和产业同质化严重问题，将以往的资源招商型产业园区向品牌经营型产业园区转变，将企业集中型产业园区向产业集聚型产业园区转变，从而实现传统园区向智能、绿色、智慧化园区成功转变。新工业革命带来的新技术既是未来产业园区转型升级的支撑，也是指引未来产业园区升级的发展方向。

借助大数据、互联网、人工智能等为代表的新工业革命技术，推动园区产业从传统型转向现代适用型、科技领先型和经济实用型转型主要表现在两个方面。一是基于大数据、互联网、人工智能等技术的发展，通过新技术和模式重新构建产业组织与生态，实现产业价值链的进一步分解和重新组合，依托传统产业园区衍生出平台经济、产业众筹、众包等新的园区发展模式，推进产业园区转型。利用新技术进一步强化产业园区现有的比较优势，巩固制造业基地地位，提升园区产品的高科技含量和附加值。二是基于新工业革命技术的加速推广应用，通过推进产业园区打造智能化、柔性化、开放化 OEM 制造业平台，实现对产业园区内制造业的智能化改造，逐步形成基于新技术的产业园区内部与产业园区间分工协作，进而推进产业园区转型升级。新工业革命以来，工业化和信息化的融合发生了质的变化，由互联网制造、智能工厂、工业机器人、3D 打印、大数据、人工智能等新技术应用推动的产业智能化革命已经到来，必然要求传统工业园区加快推进园区智能化改造，来提升其产业承载能力。从园区间协作来看，依托大数据支撑，进行产能优化重组，整合产业园区原有基础设施与创新孵化器，可以打造智能化、柔性化、开放化的共享制造平台。

3. 继续强化政府保障措施，实现产业链和区域互动发展

一是中央政府加强统筹作用，促进地方政府间协调合作。完善地方政府有效合作机制，突破行政壁垒，制定跨区域投资合作的考核制度、土地等资源共享的税收分享制度；建立和完善具有实质性权力的超行政区划的协调与监督机构；组建区域性行业协会，将区域内的企业按行业组织起来，建立市场与政府间的沟通和对话渠道，推动政府合作向纵深发展。地方政府要转变思路，从单一化的各个区域竞争转向共赢合作，清理各种变相优惠政策，避免盲目投资和恶性竞争，实现产业跨区域的协调发展。

二是加强对中西部地区的政策扶持，引导资源向中西部流入。加大中央政府的转移支付，支持中西部地区在改善民生和基本公共服务上的投入，通过贴息、减免税收或设立专项资金等方式引导投资或产业流向中西部地区。鼓励和引导金融机构对符合条件的产业转移或兼并项目提供信贷、融资、财务顾问等服务支持。根据中西部地区产业发展实际，研究制定差别化产业政策，适当降低中西部地区鼓励类产业门槛。

三是提高公共服务水平，改善营商环境。地方政府尤其是中西部地区政府要加强公共服务体系建设，建立健全公共信息、技术创新、技术评估、产权交易等一系列公共服务平台或中介机构。要顺应市场化需要，整顿和规范市场秩序，促进投资贸易便利化；推进依法行政，加强知识产权保护，完善法制环境，保障投资者权益；进一步简政放权，着力消除行政性体制障碍，推动政府职能向提供优质服务和良好发展环境改变。

参考文献

［1］黄辉：《从我国产业布局政策的演变看西部开发》，《西北工业大学学报》（社会科学版）2001 年第 12 期。

［2］陈栋生：《西部经济崛起之路》，上海远东出版社 1996 年版。

［3］高新才：《“中国改革步入 30 年：回顾与展望”国际论坛会议论文集》，http：//www. chinareform. org. cn/cirdbbs/dispbbs. asp？boardid = 25&ID = 149509。

［4］魏后凯：《21 世纪中西部地区工业化发展战略》，河南人民出版社 2000 年版。

［5］胡鞍钢：《地区与发展——西部开发新战略》，中国计划出版社 2001 年版。

［6］夏大慰、史东辉：《产业政策论》，复旦大学出版社 1995 年版。

［7］匡明：《非均衡发展时期我国产业布局政策及其成效》，《当代经济》2007 年第 18 期。

[8] 陈进：《博弈论与区域经济》，天地出版社 2000 年版。

[9] 张秀生、张平：《中国区域经济发展》，中国地质大学出版社 2009 年版。

[10] 吴敬华：《中国区域经济发展趋势与总体战略》，天津人民出版社 2007 年版。

[11] 陆大道：《论区域的最佳结构与最佳发展——提出“点—轴系统”和“T”型结构以来的回顾与再分析》，《地理学报》2001 年第 2 期。

第三十八章　东部地区工业

提　要

东部是我国工业的集中区，在中华人民共和国成立以来的不同发展阶段，承担了引领中国工业发展的重要作用，是国民经济不可缺少的重要支柱。中华人民共和国成立以来的前30年，东部工业作为国家经济的核心命脉支柱不仅支撑起了国民经济2/3的总量，而且为我国区域均衡发展、现代工业体系的扩散、建立完整的工业体系做出了不可磨灭的贡献。改革开放以来，东部的长江三角洲、珠江三角洲及浙江、福建两省，作为改革开放的先行先试区，在探索体制变革、对外开放等方面取得了举世瞩目的成就，在拉动我国经济增长、转变增长方式、融入世界经济、经济结构调整、科技创新等方面同样起到了关键性的作用。展望未来，在实现“两个一百年”的奋斗目标中，东部新的亮点频出，在以雄安新区为核心的世界级创新中心、以长江三角洲为核心的对外开放、产业升级龙头，以及粤港澳大湾区这一世界级城市群的带领下，东部工业的发展将更加开放、强劲、健康，东部工业将以新的面貌呈现在世界面前，并带领中国工业续写新的辉煌。

*　　　　*　　　　*

中华人民共和国成立以来，东部工业在我国国民经济发展的各个时期始终占有重要地位，起到了重要作用。中华人民共和国成立的前30年，东部工业不仅是我国国民经济的支撑，还为我国现代工业的扩散及建立完整的工业体系做出了重大贡献；改革开放以来，东部作为我国改革开放的前沿，先行先试、勇于探索，为建立具有中国特色的社会主义市场经济做出了不可磨灭的贡献。党的十八大以来，面对新的形势，东部工业又承担起加速对外开放、以创新驱动为核心转变经济增长方式的重任，在实现“两个一百年”的奋斗目标、全面建成小康社会、基本实现社会主义现代化、把我国建设成为富强民主文明和谐美丽的社会主义现代化强国过程中，塑造新的辉煌。

一、中华人民共和国成立前30年——国民经济及工业化进程的支撑

1. 中国工业的核心命脉

1949年以前，全国70%以上的工业集中在沿海，沿海的工业绝大部分聚集于上海、天津、青岛、广州和辽宁中南部、江苏南部的少数城市。1952年，东部工业总产值占全国工业的百分比为67.88%。此时，上海和辽宁集中了全国工业的

1/5 和 1/8，江苏、山东、天津、河北、广东占全国工业的百分比也在 4% 以上（见表38－1）。尽管“一五”时期，国家建设向内地倾斜，但沿海占全国工业的百分比，在 1957 年仍达到 63.87%。此后的三线建设时期，工业投资仍然侧重于内地，沿海工业总量占全国的百分比有所下降，到 1978 年，沿海工业总产值占全国百分比下降到 58.21%①。

在此期间，尽管由于内地工业的持续发展，使东部工业在全国工业中所占百分比持续下降，但由于企业效率较高，因而对国家的贡献是内地省份所不能比拟的。从表 38－1 看到，1978 年东部绝大多数地区全民所有制独立核算工业企业资金利税率远高于全国平均水平，上海达到全国平均水平的 3.13 倍，北京、天津也达到 1.5 倍左右，上海、辽宁、北京、天津、江苏、山东六省市利税之和占全国的百分比达到了 51.2%，而上述地区全部工业总产值占全国的百分比为 43.58%。由此可见，前 30 年中，东部沿海工业是我国国民经济发展的核心命脉，为人民生活提供了必不可少的生活用品，为国家建设提供了物资和资金，担当起了国民经济的重要支撑。

表 38－1 1952～1978 年沿海工业在全国地位

地区	全部工业占全国百分比（%）			全民所有制独立核算工业企业（1978 年）	
	1952 年	1957 年	1978 年	利税占全国百分比（%）	资金利税率同全国平均水平之比
北　京	2.68	3.13	4.00	5.50	1.45
天　津	5.82	5.75	3.71	4.21	1.55
河　北	4.89	3.68	5.16	—	—
辽　宁	13.05	13.42	8.86	10.61	1.11
上　海	19.66	16.90	12.09	19.45	3.13
江　苏	7.54	5.83	7.94	4.96	1.25
浙　江	2.43	2.97	3.11	2.04	1.22
福　建	1.24	1.22	1.48	1.30	.98
山　东	5.93	6.16	6.98	6.47	1.35
广　东	4.64	4.81	4.71	3.30	1.08
海　南	0.00	0.00	0.17	—	—
沿海 11 省市	67.88	63.87	58.21	57.84（9 省市）	

资料来源：《全国各省、自治区、直辖市历史统计资料汇编（1949～1989 年）》。

2. 现代工业及技术的扩散地

（1）内地工业化进程的重要支撑。1964～1978 年的“三线”建设，是一场以战备为指导思想的大规模国防、科技、工业和交通基础设施建设，在这一进程中，沿海工业给予了内地工业无私的支持，从东部沿海相对发达地区内迁了大批企事业单位，遍及我国中西部地区 13 个省份，横贯 3 个五年计划，在中国当代史上是一个规模空前的重大经济建设战略。

“大三线”建设（1964～1980 年）历时 16 年，期间，国家在三线建设上的投入达 2052.68 亿元，占同期全国基建总投资的 39.01%，超过了1953～1964 年 11 年间全国全民企业基建投资的总和。不包括随迁家属和就地参加三线建设的员工，单是从北方和东部沿海内迁到西南和西北的企事业员工就多达 450 万人。②

例如迁入地重庆，仅 1964～1966 年就有中央

① 1978 年之前的沿海（东部）包括辽宁。

② 聂作平：《失落的光荣：三线建设五十周年回眸》，《同舟共进》2014 年第 6 期。

15个部的企事业单位从北京、上海、辽宁、广东等12个省份内迁到重庆地区，这种内迁，不仅仅是硬件设施的搬迁，还包括这些企业的干部和工人，内迁职工达4300多人。①

以迁出地上海为例，从1964年秋至1966年“文化大革命”开始，先后共迁出工厂411个、设备2.6万多台，输送干部、工人9.2万名。负有搬迁任务的工厂都配了领导干部、技术人员和技术工人骨干，保证新建厂能顺利生产。如上海大中华轮胎厂抽调领导干部和各工种工人800多人，配套去贵阳包建贵州轮胎厂；上海电器工业公司组织华通开关厂、人民电器厂职工1000多人，去遵义帮助建设遵义电器开关厂。1970年，国务院在计划工作会议上要求狠抓战备，抓紧大三线建设，1970～1979年，上海又先后动员了14.24万名职工去西南地区和云贵高原，支援三线工厂。②

（2）国家产业进步的支撑。以上海为例，在西方的经济技术封锁、国内经济困难等不利条件下，发挥自力更生、艰苦奋斗的精神，发挥各部门通力协作的精神，在工业、科技、教育等方面确实取得了许多重大成就，上海的科研领域几乎涉及当时各个新兴学科前沿，开拓了生物工程、半导体、集成电路、计算机、激光、原子能技术等当代新兴科学技术领域，取得了一批具有国内先进技术或者接近国际先进水平的科研成果，生产出一批具有高级、精密、尖端技术的工业产品，比如我国第一台万吨水压机、我国第一台高功率激光器、高精度半自动万能外圆磨床、20万倍大型电子显微镜、每秒2.5万次第三代集成电路计算机、10万千瓦双水内冷发电机、6000千瓦燃气轮机、8800匹马力柴油机、代表世界原子能应用先进水平的“甲种分离膜”、人工合成胰岛素等。并且，上海的科技发展对“两弹一星”等重大尖端国防工业项目的研制与发展做出了重大贡献。

二、改革开放40年——经济发展和体制创新的推进器

1. 沿海开放战略为经济发展开辟了新空间和动力

党的十一届三中全会以后，邓小平从中国国情出发，借鉴国际经验，提出沿海先行开放，梯度推进，逐步形成沿海先行开放的战略思想，为中国的全面开放奠定了思想基础、为中国融入世界、加快现代化建设，实现跨越发展构建了理论基石。从1979年深圳、珠海、汕头、厦门四大经济特区的建立，到1984年及时提出了开放大连、天津、上海、广州等14个沿海港口城市，再到1991年的浦东开放开发，形成了东部完整的对外开放体系。沿海开放极大地释放了东部的生产力，沿海地区的江苏、浙江、福建、山东、广东工业占全国的百分比迅速上升，由1978年的7.94%、3.11%、1.48%、6.98%和4.71%迅速上升到1998年的11.08%、9.52%、3.79%、8.89%和11.4%（见表38-2）。

表38-2　改革开放以来东部各地区工业占全国百分比

地区	工业总产值								销售产值
	1978年	1984年	1985年	1988年	1992年	1994年	1998年	2004年	2016年
北　京	4.00	3.83	3.49	3.14	2.90	2.66	1.69	2.84	1.55
天　津	3.71	3.39	3.29	2.86	2.67	2.39	2.15	2.90	2.31
河　北	5.16	4.38	4.49	4.61	4.63	4.81	5.40	4.30	4.07

① 田姝：《三线建设内迁大移民》，《红岩春秋》2006年第3期。

② 谢忠强：《20世纪六七十年代上海市支援国防建设述略——以三线建设为例》，《西北工业大学学报》（社会科学版）2012年第4期。

续表

地区	工业总产值								销售产值
	1978 年	1984 年	1985 年	1988 年	1992 年	1994 年	1998 年	2004 年	2016 年
上 海	12.09	9.54	8.89	7.16	6.49	5.53	4.91	6.92	2.70
江 苏	7.94	9.76	10.50	11.79	12.49	12.78	11.08	13.23	13.53
浙 江	3.11	5.01	5.67	6.26	6.68	7.58	9.52	9.28	5.78
福 建	1.48	1.72	1.78	2.13	2.45	3.22	3.79	3.36	3.76
山 东	6.98	7.01	7.04	7.98	9.50	10.69	8.89	11.16	12.92
广 东	4.71	5.32	5.49	7.23	9.30	9.37	11.40	14.65	11.27
海 南	0.17	0.15	0.17	0.17	0.20	0.21	0.21	0.20	0.15
东部总产值	49.35	50.12	50.82	53.33	57.29	59.24	59.05	68.86	58.05

注：1978～1998 年为全部工业数据。2004 年和 2016 年为规模以上工业数据。

资料来源：1978～1988 年数据来源于《全国各省、自治区、直辖市历史统计资料汇编（1949～1989 年）》，1992 年、1994 年、1998 年、2004 年数据来源于相关年份《中国统计年鉴》，2016 年数据来源于《中国工业统计年报 2017》。

2. 体制变革的推进器

改革开放40 年来，东部非公有制经济迅速发展，形成了多种经济成分共同存在的发展格局，对于构建公平、合理的市场竞争环境，发挥市场规律的作用，引导资源的合理配置，起到了重要作用，非公有制经济从无到有，飞速发展，成为传统体制外的推进器，并刺激和带动了国有企业的改革创新。1992 年邓小平南方谈话吹响第二次思想解放的号角，民营经济发展驶入快车道，并真正融入社会主义现代化建设的进程中。1992 年党的十四大明确提出“以公有制包括全民所有制和集体所有制经济为主体，个体经济、私营经济、外资经济为补充，多种经济成分长期共同存在和发展”。

长三角乡镇企业异军突起。随着农业生产效率的快速提升，大量劳动力从第一产业向第二、第三产业转移，为江苏乡镇企业蓬勃发展提供了重要契机。江苏乡镇企业的迅猛发展，加速了从农业社会到工业社会的历史性跨越，实现了产业、人口向集镇的大规模集聚，率先走出了一条城乡二元格局下城市化发展的新路，并由此形成了具有江苏发展特色的以集体经济为主体、以乡村工业为主导、以中心城市为依托、以市场调节为主要手段、以共同富裕为重要目标的“苏南模式”，为全省工业化、城市化和现代化建设做出了重大的历史性贡献。

浙江民营经济的生机和活力源自改革开放。作为国家投入很少、资源稀缺的沿海省份，浙江各级政府和广大群众解放思想，敢闯敢试，抓住改革开放的历史机遇，充分尊重和发挥人民群众的首创精神，在全国率先发展个体私营经济、乡镇企业，率先创造出股份合作制、混合所有制等经济组织形式，率先向提升素质、打造品牌转变，走出了一条从无到有、从小到大、从弱到强的发展道路。它们是市场化改革的先行者，中国第一家私营企业、第一个专业市场、第一个股份合作社、第一个农村合作社、第一座农民城，都诞生在浙江，是工业化、城市化的生力军。正因为有民营经济的发展，才会使老乡变老板、集市变城市、农民变市民，才会有改革开放以来浙江经济社会走向现代化的今天。

广东民营经济在国民经济中的地位由改革开放初期的“边际的、填补空白的角色”发展到现在的“二分天下有其一”。1979 年广东只有 1.56 万家个体工商户，2017 年末民营经济单位达到 999.82 万个，其中私营企业 381.58 万个、个体工商户 600.96 万个。2017 年广东民营经济增加值 48142.76 亿元，占全省地区生产总值的 53.7%，对全省地区生产总值增长的贡献率为 57.5%，拉动全省地区生产总值增长 4.3 个百分点。民营经济成为吸纳从业人口的主力军，2017 年末全省民营经济就业人员 3462.86 万人，占全省就业人员年末人数的 54.6%。民间投资保持较快增长，混合所有制、私营、个体等为代表的民间投资迅速发展，2013～2017年，广东民间投资年均增长17.9%，占全省固定资产投资总额的比重在五成以上，2017年占比已达61.8%。①

3. 融入世界经济的桥梁

1990年4月，中央决定开发开放浦东，实施以上海浦东为龙头，带动长三角地区经济向更高层次发展，进而促进整个长江流域经济发展的战略。1992年，党的十四大正式确立“我国经济体制改革的目标是建立社会主义市场经济体制”。1997年，党的十五大明确指出“公有制为主体、多种所有制经济共同发展，是我国社会主义初级阶段的一项基本经济制度”。2001年我国加入世界贸易组织（WTO），东部开放力度进一步加大，加强国际交流与合作，对外贸易快速发展，1992～2011年，东部对外开放型经济格局逐步形成。

开放型经济迅猛发展是东部改革开放最为显著的特征之一，东南沿海地区及时抓住开发开放的重大发展机遇，外向型经济取得长足发展。以出口为例，东部出口1998年比1988年增长了3.8倍，而借助加入WTO的东风，东部2008年出口比1998年增长了近7倍。分地区看，江苏、浙江、上海、河北、山东2008年比1998年分别增长了14.39倍、13.48倍、9.62倍、10.15倍和7.62倍。广东虽然同期增长速度相对增长了4.39倍，但2008年出口占全国出口的百分比达到28.74%。国际金融危机以后，东部通过调整产业结构，外向型经济增长速度有所放缓，但外向型经济质量进一步提升，出口依存度有所下降，抵抗风险的能力显著提升（见表38－3）。

表38－3　1988年以来东部出口状况

地区	出口（按货源地）							出口依存度（%）		
	数额（亿美元）				1998/1988年	2008/1998年	2016/2008年	1998年	2008年	2016年
	1988年	1998年	2008年	2016年						
北　京	9.91	64.94	347.19	254.56	6.55	5.35	0.73	26.73	22.99	6.55
天　津	16.83	54.65	415.00	416.57	3.25	7.59	1.00	33.86	45.36	15.35
河　北	15.46	26.12	291.34	439.98	1.69	11.15	1.51	5.08	12.50	9.04
上　海	46.05	156.42	1604.70	1663.81	3.40	10.26	1.04	35.11	81.36	38.96
江　苏	24.18	159.30	2452.08	3309.59	6.59	15.39	1.35	18.32	56.18	28.20
浙　江	14.90	116.06	1680.48	2734.50	7.79	14.48	1.63	19.27	54.32	38.16
福　建	14.16	107.18	559.41	872.30	7.57	5.22	1.56	26.65	35.90	19.96
山　东	30.98	112.10	966.73	1443.13	3.62	8.62	1.49	12.96	21.61	14.00
广　东	148.17	763.02	4112.51	6541.37	5.15	5.39	1.59	79.77	80.01	53.43
海　南	2.95	6.42	16.66	34.69	2.18	2.60	2.08	12.11	7.93	5.64
东部总计	323.59	1566.23	12446.10	17710.49	4.84	7.95	1.42	30.63	48.68	28.49

资料来源：相关年份《中国统计年鉴》。

2013年9月29日中国（上海）自由贸易试验区正式成立，2014年12月28日全国人大常务委员会授权国务院扩展中国（上海）自由贸易试验区区域，将面积扩展到120.72平方公里。建设中国（上海）自由贸易试验区，是顺应全球经贸发展新趋势，实行更加积极主动开放战略的一项重大举措，主要任务是要探索中国对外开放的新路径和新模式，推动加快转变政府职能和行政体制改革，促进转变经济增长方式和优化经济结构，实现以开放促发展、促改革、促创新，形成可复制、可推广的经验，服务全国的发展。

随着上海自贸区建设取得丰硕成果，2015年

① 广东统计信息网：《民营经济飞跃发展贡献突出——改革开放40年广东经济社会发展成就系列报告》2018年12月28日。

4 月 20 日，国务院决定扩展中国（天津）自由贸易试验区实施范围。2015 年 4 月 20 日，国务院批复成立中国（广东）自由贸易试验区、中国（天津）自由贸易试验区、中国（福建）自由贸易试验区三个自贸区。2017 年 3 月 31 日，国务院批复成立中国（辽宁）自由贸易试验区、中国（浙江）自由贸易试验区、中国（河南）自由贸易试验区、中国（湖北）自由贸易试验区、中国（重庆）自由贸易试验区、中国（四川）自由贸易试验区、中国（陕西）自由贸易试验区七个自贸区。2018 年 10 月 16 日，国务院批复同意设立中国（海南）自由贸易试验区。自贸区的建立，显示了我国继续深化对外开放的决心，上海自贸区又一次成为国家改革的先行者。

4. 结构转变的先行者

党的十八大以来，供给侧结构性改革经济我国为结构调整注入了新动力，东部地区工业结构经历了积极的调整和显著的转型，取得了显著成效。

首先，打破了工业增长过度依赖资源产业的局面。2009 ~2012 年，东部能源原材料工业所占百分比虽然相对较小，但也上升显著，从 2008 年的 27.89% 上升到 2012 年的 29.33%，能源原材料工业所占百分比增加的天津、山东、浙江、福建、广东五省份，除天津、福建外，其余三省工业增加值的增长速度均属于增长较慢的地区，这说明，这一时期，东部工业传统的增长思路仍占主导地位，从过分依赖高耗能产业来寻找增长动力，但实际效果较差。2012 年以后，随着中央各项调控措施的实施，以及国内外需求形式的改变，能源原材料工业在全国工业总量中所占百分比有较大幅度下降，从 2012 年的 35.17% 大幅下降到 2016 年的 29.82%，下降了 5.35 个百分点；东部也下降了 3.77 个百分点。

其次，装备制造业成为增长的重要力量。2009 ~2012 年，装备制造业在东部工业中所占百分比从 39.16% 下降到 37.77%，下降了 1.4 个百分点，2012 年以后，装备制造业成为增长的主导因素。东部装备制造业在工业总量中所占百分比从 2012 年的 37.77% 上升到 2016 年的 40.11%，上升了 2.34 个百分点。

在结构调整取得进展的同时，新型产业、高新技术产业快速扩张，产业规模不断做大做强，高新技术产业产值占规模以上工业总产值比重逐年上升，东部结构调整取得了显著成效，为今后的发展创造了良好的基础。

专栏 38 –1

2018 年东部主要地区高技术产业、新型产业发展状况

北京高技术制造业、战略性新兴产业增加值分别增长 13.9% 和 7.8%。

河北规模以上工业战略性新兴产业增加值比上年增长 10%。高新技术产业增加值增长 15.3%，其中高端技术装备制造领域、新材料领域和生物领域分别增长 23.1%、17.7% 和 16%，高新技术产业占规模以上工业增加值的比重为 19.5%。

江苏高技术产业、装备制造业增加值比上年分别增长 11.1% 和 8%，高于规模以上工业 6 个和 2.9 个百分点；对规模以上工业增加值增长的贡献率达 43.4% 和 74.2%。分行业看，电子、医药、汽车、专用设备等先进制造业增加值分别增长 11.3%、10.4%、7.2% 和 12.5%。代表智能制造、新型材料、新型交通运输设备和高端电子信息产品的新产品产量实现较快增长。新能源汽车、城市轨道车辆、3D 打印设备、智能电视、服务器等新产品产量比上年分别增长 139.9%、107.1%、51.4%、36.4% 和 26.2%。

上海全年节能环保、新一代信息技术、生物、高端装备、新能源、新能源汽车、新材料等工业战略性新兴产业完成工业总产值 10659.91 亿元，比上年增长 3.8%，增速快于规模以上工业总产值 2.4 个百分点，占全市规模以上工业总产值比重达 30.6%。

浙江高技术、高新技术、装备制造、战略性新兴产业增加值分别增长13.7%、9.4%、10%、11.5%，占比分别为12.8%、51.3%、40.7%和29.6%。在战略性新兴产业中，新一代信息技术和物联网、海洋新兴产业、生物产业增加值分别增长19.9%、10.1%和11.8%。规模以上工业新产品产值率为36.4%，比上年提高1.9个百分点。碳纤维增强复合材料、光纤、太阳能电池、城市轨道车辆、新能源汽车、智能手机、智能电视、工业机器人等产量快速增长。

福建工业战略性新兴产业增长6.7%，占规模以上工业增加值的比重为21.1%。高技术制造业增长13.9%，占规模以上工业增加值的比重为11.3%。

山东高新技术产业产值占规模以上工业的比重为36.9%，比上年提高2个百分点。新一代信息技术制造业、新能源新材料、高端装备等十强产业增加值分别增长6.7%、6%和5.5%，依次高于规模以上工业1.5个、0.8个和0.3个百分点。工业机器人、城市轨道车辆、服务器等高技术产品产量分别增长71.5%、20.5%和76.3%。

广东高技术制造业增加值比上年增长9.5%，占规模以上工业增加值的比重为31.5%，比上年提高2.7个百分点。

资料来源：相关地区《2018年国民经济和社会发展统计公报》。

三、展望——技术创新和融入世界的“排头兵”

展望未来，东部在引领我国工业发展中仍将起到不可替代的主导作用，尽管工业总量份额在全国工业中的比重仍将有所下降，但新的发展动力将使东部在我国经济中继续承担着不可替代的作用。京津冀协同发展、长三角对外开放及粤港澳大湾区这一世界级城市群的建立，将推进东部技术创新、对外开放走上新的高度，成为我国技术创新的龙头、扩大开放的桥头堡、产业结构升级的先行者和提升工业增长质量的引领者，东部必将以新的面貌呈现在世人面前，续写工业发展新的辉煌。

1. 雄安新区——世界级的创新中心

设立河北雄安新区，是以习近平同志为核心的党中央深入推进京津冀协同发展做出的一项重大决策部署，是继深圳经济特区和上海浦东新区之后又一具有全国意义的新区，是重大的历史性战略选择，是千年大计、国家大事。继改革开放引擎深圳，全面融入世界的引擎浦东之后，雄安作为新发展理念的标杆，是中国重新成为世界领袖的重要引擎。

雄安新区是中国特色社会主义进入新时代，我国经济由高速增长阶段转向高质量发展阶段的重要标志，雄安新区要在推动高质量发展方面成为全国的一个样板。雄安新区作为北京非首都功能疏解集中承载地，与北京城市副中心形成北京发展新的“两翼”，共同承担起解决北京“大城市病”的历史重任，有利于探索人口经济密集地区优化开发新模式；培育建设现代化经济体系的新引擎，与以2022年北京冬奥会和冬残奥会为契机推进张北地区建设形成河北“两翼”，补齐区域发展短板，提升区域经济社会发展质量和水平，有利于形成新的区域增长极；建设高水平社会主义现代化城市，有利于调整优化京津冀城市布局和空间结构，加快构建京津冀世界级城市群；创造“雄安质量”，有利于推动雄安新区实现更高水平、更有效率、更加公平、更可持续发展，打造贯彻落实新发展理念的创新发展示范区，成为新时代高质量发展的全国样板。

建设绿色生态宜居新城区、创新驱动发展引领区、协调发展示范区、开放发展先行区，努力打造贯彻落实新发展理念的创新发展示范区。

（1）绿色生态宜居新城区。坚持把绿色作为高质量发展的普遍形态，充分体现生态文明建设要求，坚持生态优先、绿色发展，贯彻绿水青山就是金山银山的理念，划定生态保护红线、永久基本农田和城镇开发边界，合理确定新区建设规模，完善生态功能，统筹绿色廊道和景观建设，构建蓝绿交织、清新明亮、水城共融、多组团集约紧凑发展的生态城市布局，创造优良人居环境，实现人与自然和谐共生，建设天蓝、地绿、水秀美丽家园。

（2）创新驱动发展引领区。坚持把创新作为高质量发展的第一动力，实施创新驱动发展战略，推进以科技创新为核心的全面创新，积极吸纳和集聚京津及国内外创新要素资源，发展高端高新产业，推动产学研深度融合，建设创新发展引领区和综合改革试验区，布局一批国家级创新平台，打造体制机制新高地和京津冀协同创新重要平台，建设现代化经济体系。

（3）协调发展示范区。坚持把协调作为高质量发展的内生特点，通过集中承接北京非首都功能疏解，有效缓解北京“大城市病”，发挥对河北省乃至京津冀地区的辐射带动作用，推动城乡、区域、经济社会和资源环境协调发展，提升区域公共服务整体水平，打造要素有序自由流动、主体功能约束有效、基本公共服务均等、资源环境可承载的区域协调发展示范区，为建设京津冀世界级城市群提供支撑。

（4）开放发展先行区。坚持把开放作为高质量发展的必由之路，顺应经济全球化潮流，积极融入“一带一路”建设，加快政府职能转变，促进投资贸易便利化，形成与国际投资贸易通行规则相衔接的制度创新体系；主动服务北京国际交往中心功能，培育区域开放合作竞争新优势，加强与京津、境内其他区域及港澳台地区的合作交流，打造扩大开放新高地和对外合作新平台，为提升京津冀开放型经济水平做出重要贡献。

（5）打造雄安新区高端高新产业发展核心区。坚持世界眼光、国际标准、中国特色、高点定位，落实京津冀系统推进全面创新改革试验方案，构建促进创新创业的体制机制，积极吸纳国际国内创新资源，建设一批国家级研发机构，严格限制承接和布局一般性制造业。坚持高端引领，瞄准当前处于国际前沿领域，具有战略性、前瞻性的产业，优先布局人工智能、大数据、云计算、物联网、移动互联网等新一代信息技术产业，生物药研发、基因工程、高端医疗设备研发等生命科学和生物医药产业，先进电子材料、北斗卫星通信导航、信息安全、智能机器人、高端新材料等军民融合产业，工业设计、科技服务、智慧物流等高端服务业。

2. 长三角——对外开放、产业升级龙头

长三角是我国经济发展最活跃、开放程度最高、创新能力最强的区域之一，在全国经济中具有举足轻重的地位，是集世界级的贸易、科技、金融、航运、先进制造业为一体的世界级城市群，长江流域经济带的龙头。要深入推进重点领域一体化建设，强化创新驱动，建设现代化经济体系，提升产业链水平。

上海自贸区的建立将使长三角的中心——上海成为世界新中心和全球城市，也为长三角经济区的进一步扩大起到推动作用。沪苏浙皖地区处于中国陆海空域的中心，依托中国相对发达的经济骨架（沿海地区和长江流域），将促进这一区域顺利发展成为世界超级经济区。同时，对区域内而言，能够优化长江、沿海、海洋三大战略，实现区域经济各大板块的互补互动、互联互通。当前长三角的优势产业主要有：

（1）集成电路。长三角地区是我国集成电路产业发展的龙头，其产业销售规模占全国逾六成，是国内集成电路产业链最完整、综合技术水平最高的地区。

（2）生物医药。长三角地区的生物医药产业规模大、质量高，产值和技术水平都位居全国前列；产业集聚化程度较高，建成了上海生物及新型医药研发与生产中心，并形成了以上海、杭州、泰州三大国家生物产业基地和无锡“太湖药谷”为核心，苏州、连云港、湖州、金华等中医药、化学原料药和生物医药研发生产基地，以及上海临港、盐城、宁波、舟山等海洋生物产业基地为辅的生物医药产业集群。

（3）智能制造。长三角地区加快推动传统产业技术改造和转型升级，大力发展智能制造，通过技术创新和制度创新齐头并进，引领制造业向中高端迈进，成为我国智能制造产业的核心区。

长三角地区智能制造产业的特色主要体现在

硬件制造环节，以上海、南京、杭州、宁波等城市为核心，发挥各自产业优势，培育了一批优势突出、特色鲜明的智能制造装备产业集群。总体来看，长三角地区智能制造主要集中在以南京、上海、宁波三市组成的“三角区域”，苏州、无锡、常州、杭州等智能制造发展较好的城市均在区域覆盖范围。

从发展水平来看，各地区发展虽存在差距，但整体发展水平相对平衡，形成了“多点开花、各具特色”的发展格局。例如，上海集聚了众多国内外智能制造领域的龙头企业，在关键零部件、机器人、航空航天装备等方面均处于国内领先地位，并发展成为中国最大的机器人产业基地；南京则凭借区位优势及雄厚的工业基础，吸引并培育了一批装备制造企业，形成了以轨道交通、汽车零部件、新型电力装备为特色的高端装备集群。

（4）新材料。长三角地区是我国新材料产业基地数量最多的地区，占全国新材料产业基地总量的1/3以上，形成了包括航空航天、新能源、电子信息、新兴化工等领域的新材料产业集群。据不完全统计，长三角地区新材料上市企业约200家。其中，上海是我国新材料科研、开发、生产的重要基地和最大的应用市场之一。新型金属材料、新型有机材料、新型建材已成为上海新材料行业的支柱，产值占全市新材料行业总产值的90%以上。

江苏新材料产业综合实力较强，在全国新材料产业中占有较大比重，在新型功能材料、纳米材料和多晶硅材料等领域处于国内领先地位，初步形成国际竞争力，其产业主要分布在南京、苏州、江阴、南通、常州、扬州、无锡、连云港、徐州等地，拥有南大光电、江苏九鼎、江阴法尔胜、久吾高科等一批产品特色鲜明、知名度高、竞争力强的龙头骨干企业。

浙江则将新材料产业列为本省重点培育发展的战略性新兴产业和七大万亿级产业之一，拥有一批优秀的新材料企业和技术领先产品，尤其在磁性材料、氟硅新材料、高性能纤维等领域集聚优势突出。其中，宁波已跻身中国新材料产业国家高新技术产业七大基地之首，成为华东地区新材料产业集聚的新高地。

（5）新能源汽车。长三角地区是我国新能源汽车产业迅速发展的先导区域，据不完全统计，长三角城市群的30个城市中，有14个城市已拿到或规划有新能源汽车项目，已拿到稀缺的15张“准生证”中的8张，涉及新能源汽车项目20个，累计计划产能279.5万辆，累计计划投资715.2亿元。长三角地区三省一市的新能源汽车所占比例已突破全国能源汽车市场的1/3。

（6）交通、船舶制造。未来将以一体化为基础、高质量为核心，带动整个长江经济带和华东地区发展，形成高质量发展的区域集群。以上海为龙头，服务型、高质量、个性化方向发展。聚焦价值链中高端，深化推进前沿产业布局夯实“总部+技术转移孵化平台+转化应用示范园区”的规划布局，重点发展集成电路及物联网、新能源汽车及汽车智能化、智能制造及机器人等产业集群。巩固提升先进制造业基础地位，着力促进产业新旧动能转换，聚焦突破重点行业、重大装备、关键领域核心技术，提升产品质量和自主品牌。

3. 粤港澳大湾区——“一带一路”建设的重要支撑

粤港澳大湾区是继美国纽约湾区、旧金山湾区、日本东京湾区之后的世界第四大湾区，是国家建设世界级城市群和参与全球竞争的重要空间载体。2017年，粤港澳大湾区上升为国家战略。2018年10月24日，港珠澳大桥正式通车，标志着粤港澳大湾区建设推进取得重大成果。2017年，粤港澳大湾区城市群土地面积5.6万平方公里、地区生产总值约10.22万亿元、常住人口约6957万人，分别约占全国的0.58%、11.6%、5%；人均地区生产总值约14.85万元，单位面积地区生产总值18276万元/平方公里。与世界其他三大湾区相比，粤港澳大湾区城市群的土地面积、常住人口远超三大湾区，经济总量亦远超旧金山湾区（0.78万亿美元），2017年达到1.41万亿美元，与纽约湾区（1.4万亿美元）持平。2017年粤港澳大湾区三大港的总吞吐量6634万标箱，远超纽约湾区、东京湾区和旧金山湾区，是世界三大湾区总和的4倍以上。从经济规模和重要基础设施总量指标数据看，粤港澳大湾区与美国旧金山湾、纽约湾、日本东京湾已处于同一个量级范畴。

目前，粤港澳大湾区已经形成以电子信息制造、先进装备制造为支柱和一般加工制造为基础的现代制造业体系，以商贸（含电商）、金融、物流、文化创意为引领的现代服务体系。2016年，仅珠三角就有约1.5万家高新技术企业，高技术制造业增加值占规模以上工业增加值的比重达43.2%，形成了国内规模最大、在世界具有重要影响的企业集群，企业创新与成果转化能力居全国首位，成为全国的三大科技创新中心之一，并明显区别于以基础研究为主导的京津冀和基础研究与应用转化相结合的长三角。

建设粤港澳大湾区的意义体现为以下四个方面：一是有利于建立与国际接轨的开放型经济体制，构筑更高发展水平的区域参与国际经济合作与竞争；二是有利于推进“一带一路”建设，通过内外并举双向开放，构筑丝绸之路经济带和21世纪海上丝绸之路对接融汇的重要支撑区；三是有利于丰富“一国两制”实践内涵，促进港澳融入国家发展大局，保持港澳长期繁荣稳定；四是有利于提升珠三角的核心带动力，带动粤东西北、泛珠三角地区的发展，优化全国区域发展格局。

2019年2月18日，中共中央、国务院印发了《粤港澳大湾区发展规划纲要》（以下简称《规划纲要》），明确提出粤港澳大湾区五大战略定位：充满活力的世界级城市群、具有全球影响力的国际科技创新中心、“一带一路”建设的重要支撑、内地与港澳深度合作示范区；宜居宜业宜游的优质生活圈。

粤港澳大湾区的未来发展，要响应国家“一带一路”倡议，落实国家区域发展格局优化要求，以“南联西进”为主方向，构筑对内对外“双向”开放的发展格局。对外以“21世纪海上丝绸之路”为纽带，依托大湾区发达的港口航运基础和国际贸易网络，进一步加强与南太平洋、印度洋沿岸国家的商贸与文化交流，努力成为我国面向南方国际市场的主枢纽与重要门户。对内以珠江—西江经济带、粤桂黔高铁经济带、武广高铁经济带、京九铁路及赣深高铁经济为纽带，主动联合“泛珠三角”共同融入“丝绸之路经济带”，对接亚欧板块新兴市场，依托基础设施建设与跨区域合作，拓展“泛珠三角”内陆腹地，提升区域一体化水平。推进佛山粤桂黔高铁经济带合作试验区（广东园）建设，培育强化江门、肇庆等城市的门户功能，将珠江西岸地区打造成为支撑“丝绸之路经济带”的现代装备制造业基地和新型城镇化的示范地区。

专栏38－2

粤港澳大湾区在“一带一路”建设中的新使命

2019年2月18日发布的《粤港澳大湾区发展规划纲要》（以下简称《纲要》）提出，粤港澳大湾区应发展成为“一带一路”建设的重要支撑，明确了粤港澳大湾区在“一带一路”建设中的新使命和新内容。

粤港澳大湾区上升为国家战略，在“一带一路”建设过程将被赋予新的担当和使命，成为“一带一路”建设中的一颗亮丽的明珠。

一是携手推进国际产能合作。扎根粤港澳大湾区，并连接“一带一路”沿线国家和地区开展产能合作，这种合作既可以带动沿线国家和地区的发展，又可以让湾区内企业发展壮大。《纲要》中明确提出要优化粤港澳大湾区的制造业布局。以珠海、佛山为龙头建设珠江西岸先进装备制造产业带，以深圳、东莞为核心在珠江东岸打造具有全球影响力和竞争力的电子信息等世界级先进制造业产业集群。发挥香港、澳门、广州、深圳创新研发能力强、运营总部密集，以及珠海、佛山、惠州、东莞、中山、江门、肇庆等地产业链齐全的优势，加强大湾区产业对接，提高协作发展水平。推动湾区“9+2”城市群的产业升级与合作，实现制造业产业的联动发展，从而推动“一带一路”沿线国家和地区的产能合作，联合打造一批产业链条完善、辐射带动力强、具有国际竞争力的战略性新兴产业集群，增强经济发展新动能。

二是输出中国特区品牌和经验。粤港澳大湾区的建设，很大一个亮点就是把中国特区模式这颗“珍珠”可以镶嵌在“一带一路”的彩带上，这也是粤港澳大湾区新时期承担的新使命。

三是输出“自由港+自贸区+产业园区”的创新制度体系。粤港澳大湾区涵盖了香港自由港、广东自贸区，又有一系列的综合保税区、保税港区、国家新区、国家自主创新示范区、国家经济技术开发区、国家高新技术开发区、海关特殊监管区等多层次创新载体和创新制度体系。这些成果经验是“一带一路”沿线国家完善顶层设计、布局现代产业体系、聚焦产业园区、加快工业化进程、推动经济发展的重要法宝，是粤港澳大湾区输出制度软实力的重要内容。

节选自：中国（深圳）综合开发研究院区域发展规划研究所：《大湾区规划观察粤港澳大湾区成为“一带一路”建设的重要支撑》，2019 年 2 月 23 日，https://www.sohu.com/a/296837901_1001343。

参考文献

[1]《民营经济飞跃发展贡献突出——改革开放 40 年广东经济社会发展成就系列报告》，广东统计信息网，2018 年 12 月 28 日。

[2]《改革开放 40 年——综合篇：锐意改革勇立潮头开拓创新谱写华章》，江苏统计信息网，2018 年 11 月 12 日。

[3] 聂作平：《失落的光荣：三线建设五十周年回眸》，《同舟共进》2014 年第 6 期。

[4] 田姝：《三线建设内迁大移民》，《红岩春秋》2006 年第 3 期。

[5] 新华网：《中共中央国务院关于支持河北雄安新区全面深化改革和扩大开放的指导意见》，www.xinhuanet.com/2019-01/24/c_1124038513.htm。

[6] 谢忠强：《20 世纪六七十年代上海市支援国防建设述略——以三线建设为例》，《西北工业大学学报》（社会科学版）2012 年第 4 期。

[7] 浙江统计信息网：《创新创业氛围浓市场主体活力强——改革开放 40 年系列报告之四》2018 年 11 月 19 日。

第三十九章　东北地区工业

提　要

中华人民共和国成立70年以来，东北工业也像全国其他地区一样，取得了长足发展，工业对东北地区的国民经济与发展发挥了重要支撑作用。但近些年来，与全国其他地区相对较快的增长相比，东北工业增长表现相对平和。在以往服务全国出力多的历史已经翻过的背景下，东北工业面临着行业发展变化波动多、工业竞争突出问题多、工业体制机制"瓶颈"多等诸多矛盾，加大工业振兴的任务艰巨繁重。党的十八大以后，以习近平为核心的党中央高度重视东北振兴问题。党的十九大报告指出，要"深化改革加快东北等老工业基地振兴"。2019年政府工作报告也指出："落实和完善促进东北全面振兴、中部地区崛起、东部率先发展的改革创新举措。"在各种经济矛盾凸显、区域发展差距有新的表现背景下，振兴东北在促进中国区域协调发展中的地位与作用将更加突出。这也需要经济理论工作者借鉴以往的改革开放经验，为新时代东北工业发展提供进一步的理论与政策分析。

*　　　*　　　*

一、七十周年东北工业发展历程

东北全境于1948年底解放，比1949年10月1日中华人民共和国成立早近一年时间。后战争时期的规律通常是，发展经济会被提到重要日程。东北也不例外。但战争给东北造成了巨大破坏。根据1952年东北人民政府发布的《政府工作报告》，"东北全境解放时，东北工业的实际生产能力仅及一九四三年的百分之二十。"在东北人民政府所说的1943年，东北是无可争辩的中国工业高地。1943年，东北生产了全中国87.7%的生铁，93%的钢材，78.2%的电，66%的水泥，95%的机械。"闯关东"一度成为著名区域经济现象。但东北工业并未在日本投降后得到恢复。1945年苏军进入东北后，鞍山、本溪、抚顺、大连的大量钢铁生产设备被拆除运走，东北工业基础受到人为削弱。正因如此，中共中央东北局针对东北原有工业基础雄厚的特点，及时做出积极恢复经济、重点发展工业的决策。1948年11月，东北局在向中共中央提交的《关于九、十两月向中央的综合报告》中指出，为巩固东北根据地和支援全国解放，"经济建设工作提到了压倒一切的中心地位，特别是重工业与军事工业"。1949年1月，中共中央东北局副书记、东北财经委员会主任陈云在《关于沈阳接管经验之补充报告》中指出："接收之工厂，愈快复工愈好，最好是立即复工。"从1948年底到1949年中华人民共和国成立，在陈云等领导下，东北人民政府做了大量工厂复工、机器修复、职工返厂的工作。到中华人民共和国成立初期，在全国各类工业设备生产能力中，东北炼铁占71%，炼钢占91%，轧钢占50%，发电设备容量占30%，"各种主要化工如酸碱等工业以及机器工业，东北占的比重都较大"。可以认为，东北工业生产得到一定程度恢复，为中国人民解放军在全国各个战场的胜利提供了重要的工业基础支持。

由此可见，若把历史回眸点置于过往的70年前，可以认为，1949年中华人民共和国成立之际，东北工业的起跑点要比全国其他地方好得多。

1. 朝鲜战争后方基地建设与"一五"计划时期（1949～1957年）

中华人民共和国成立后紧接着朝鲜战争爆发，东北处于直接后方，发展和安全两个方面的重要性都在上升：一方面，需要增强东北工业基础，以就近支持朝鲜战争；另一方面，需要适度分散东北工业，避免邻近前线的重要工业基地遭受战争摧毁。在征求东北局的意见以后，中共中央提出东北工业布局的任务，"从迁移本身来看，大搬（鞍山、抚顺、本溪等）不可能，小搬可根据实际可能分现在就搬、布置好了再搬、等到非搬不可时再搬三类，以及搬到北满或者搬一部分到关内两方面着手"。就第一个任务完成来说，国家采取措施支持东北工业发展，在1950～1952年的三年中，国家对东北的投资累计占全国基本建设投资总额的一半以上。在后一个任务实施上，从1950年开始实施南厂北迁，主要是从辽宁中南部迁移部分工业企业到黑龙江，从1950年前后由辽宁向沈阳、丹东、营口、瓦房店向黑龙江哈尔滨、齐齐哈尔、佳木斯、牡丹江等地迁移工业企业26家，其中，军工、机械和电力企业在其中居于主导地位。

为实现工业发展的目标，东北人民政府推动了一系列管理制度的建设。据《袁宝华回忆录》记载，1950～1952年，在高岗等同志领导下，东北地区还率先开展了工业统计、搭建工业管理新体制和厂长负责制等工作。

到1952年国民经济恢复期末，在国家支持与东北自身努力下，东北工业已经超过1943年水平。按照工业指数估算，以1943年东北工业为100，1950年为68.5，1952年已经达到129.4。1952年，辽宁工业固定资产原值、净值都居全国第一；辽宁工业职工人数达到95万，占全国工业职工总数533万的17.8%；辽宁一些主要工业品在全国占有较大比重。比如，电力占15.4%，原煤占16.1%，生铁占59.6%，钢占70.1%，硫酸占70%，硝酸占78.1%，水泥占39.4%。与此同时，工业布局也趋于优化，形成辽宁以钢铁、机械制造为主，吉林以化学工业为主，黑龙江以机械、电力和军事工业为主的基本分工格局。

"一五"计划时期，国家重点建设156个重大项目。其中，57个重点项目落户东北，占整个项目建设的1/3以上，投资额占全部投资额的37.3%。其中，吉林安排了11个项目，包括长春汽车制造厂、吉林电极厂、丰满发电厂等；辽宁省安排24个项目，包括鞍山钢铁公司、沈阳第一机床厂、渤海造船厂等；黑龙江安排22个项目，包括哈尔滨电机厂、哈尔滨汽轮机厂、哈尔滨轴承厂、阿城继电器厂等。为推动57个重点项目实施，还安排了多达上千个配套建设项目，仅仅在辽宁的沈阳、大连、抚顺、安东等地就安排了730个重点工程建设项目。到"一五"结束时，东北已经建成具有完整框架、产业基础庞大的重工业体系。

2. 传统计划经济体制形成与发展阶段（1958～1977年）

在"二五"开始后，全国重大的工业发展事件包括有"大跃进"、国民经济调整与三线建设，东北地区也深受影响。按照国家计委提出的设想，因东北工业已经有了较好基础，"二五"时期除了适当补缺外，"不宜再进行更多的建设，而应该大力帮助其他地区，主要是西北和华中两地区的建设"。按照当时提出的工作重点，东北地区建设方针应是"充分发挥潜力，大力支援关内，适当发展自己"。

但是很快，"大跃进"浪潮席卷而来。全国各地不断层层加码，提出了许多超高发展指标，东北也不例外。1958 年，辽宁最初提出 1962 年两个方案工业产值目标，分别为 45 亿元和 48 亿元，在 1957 年基础上分别增长 64.2% 和 74.4%，接着 1958 年 3 月把辽宁省地方工业的指标修改为增长 3 倍以上；1958 年 5 月中共八大二次会议提出总路线后，辽宁把地方工业的增长指标由原来的 3 倍修改为 5.57 倍，吉林、黑龙江也都提出各自的高速发展目标。结果到 1958 年底，辽宁省的工业企业单位数从 1957 年底的 5629 个增长到 42928 个。1957～1960 年，东北各省的钢铁产量大幅度提高。黑龙江省的钢产量从 1957 年的 12.07 万吨增长到 1960 年的 61 万吨；吉林省的钢产量从 1957 年的 0.1 万吨增加到 1960 年的 11.3 万吨，辽宁省的钢产量从 1957 年的 338.18 万吨增加到 1960 年的 744 万吨。但工业品产量的大幅度上升也带来电力供给紧张、运输能力不足等矛盾，环境污染问题也日益突出。

以往许多学者写文章指出，三线建设就是把在东部或者沿海的工业搬到中西部大山深处。但研究发现，东北其实是“三线建设”设备与人员的重要来源。从“二五”计划开始，中苏关系恶化，东北处在中国的前沿位置，产业安全风险上升。中央明确要把一些军工、装备类的产业搬迁到西北和中部地区。按照国家政策统一安排，东北地区援建的项目主要用于支援陕西、四川、湖北、甘肃等位于三线的城市。除了大三线以外，东北各省还依据本地情况，在主要工业城市以外建设了一批本地的小三线城市。

在传统计划经济体制下，东北地区建设了一大批重点资源开发与加工项目，如大庆油田、辽河油田等项目动工上马，对东北工业发展提供了有力支撑。

在此期间，东北的国有工业企业尽管深受传统体制影响，但也探索创造出一些独具特色的发展经验。比如，“鞍钢宪法”就是鞍钢在管理实践中的重大改革探索，其经验被总结为“两参一改三结合”。具体地说就是，干部参加劳动，工人参加管理，改革不合理的规章制度，工人、领导干部和技术员三结合。“鞍钢模式”一度被西方一些学者誉为带有团队精神的企业发展模式。在大庆油田开发建设中，形成了大庆精神和铁人精神。大庆精神和铁人精神强调：科学求实、三老四严；独立自主、自力更生；为国家争光、为民族奉献等。这些努力与探索，对全国的工业企业具有重要激励作用。

3. 改革兴起、双轨制和市场化改革推进阶段（1979～2002 年）

党的十一届三中全会以后，全国开启体制改革与对外开放新征程。东北地区也实行了一系列深化体制改革的行动。国家把大连列入 14 个沿海开放城市之一，实行以开放带动发展的政策。

但是，国家实施沿海发展战略，东北地区在国家中的地位与作用因而明显下降，内地与沿海之间的关系发生了较大转折。“六五”计划在谈及地区发展思路时指出，“积极利用沿海地区的现有经济基础，充分发挥它们的特长，带动内地经济进一步发展”；在谈到内陆地区发展时则指出，“加快能源、交通、原材料工业建设，支持沿海地区经济的发展”。在这其中，东北地区的主要部分位于内陆范围，同时改革初期东北在能源和原材料工业发展上具有相对优势，由原来的支持三线建设角色，转向支持沿海地区发展的角色。“七五”计划、“八五”计划以后，这一政策思路没有发生大的变化。只是从“七五”计划开始，中央政府出台的重大政策强调，把高耗能性产业向中部地区转移，“有计划地接受从东部地带转移过来的消耗能源、原材料多的产业和产品”。

与此同时，相关政策提出，要发挥中部地区连接东西或者承东启西的作用。吉林、黑龙江两省都在这一政策的覆盖范围内。但由于吉林、黑龙江独特的地理区位，一些提出的政策在作用与功能方面大打折扣，适用性较差。比如，“七五”计划在提及中部地区时指出，“大力发展与东部、西部的横向经济联系”“加强由西向东的运输通道建设”，此类政策更加适用于位处中原和长江中游的中部省份，而不大适用于黑龙江和吉林两省。

与此同时，东北地区先后实行了扩大企业自主权、厂长经理负责制、承包制、剩余劳动力分流下岗、股份制等一系列改革，力图通过深化改革激发国有企业活力。但传统计划体制下的国有企业承担了较多的社会职能，东北地区国有企业因而也承担了大量工厂办学校、办医院、办交通甚至管理社区等职能，带来了较多的社会负担。由于改革的阶段性特征和短期目标，改革推动国有企业发展的作用没有很好发挥出来。

4. 东北振兴方略提出与向纵深推进阶段（2003～2011年）

在沿海发展战略实施和市场化改革过程中，区域发展差距扩大化，东北地区的矛盾与问题也日益突出。在2000年中央决定实施西部大开发以后，东北振兴呼声也不断高涨。在2002年11月党的十六大报告中，摆脱了“七五”以后的“三大地带”的划分概念，把东北单独列出并提出要在具体政策上区别对待。党的十六大报告指出：“支持东北老工业基地加快调整和改造，支持资源开采型城市发展接续产业。”2003年11月，《中共中央国务院关于实施东北地区等老工业基地振兴战略的若干意见》正式颁布，标志着中央开始形成独立的东北振兴策略，正式拉开了中央推进东北振兴的大幕。从2003年开始，中央出台了一系列推动东北振兴的文件，大力推进东北工业振兴与东北经济发展（见表39－1）。这些文件都带有一定的全局性、综合性，与国家大政方针保持一致，紧扣东北振兴的问题与要点，体现了政策的有效性与实用性。

表39－1　2003年以来东北振兴主要政策

年份	文件名称
2003	《中共中央、国务院关于实施东北地区等老工业基地振兴战略的若干意见》
2005	《国务院办公厅关于促进东北老工业基地进一步扩大对外开放的实施意见》
2007	《东北地区振兴规划》
2009	《国务院关于进一步实施东北等老工业基地振兴战略的若干意见》
2012	《东北振兴“十二五”规划》
2014	《国务院关于近期支持东北振兴若干重大政策举措的意见》
2016	《中共中央国务院关于全面振兴东北地区等老工业基地的若干意见》
2016	《东北振兴“十三五”规划》
2017	《国务院办公厅印发关于东北地区与东部部分省市对口合作工作方案》

资料来源：根据有关资料整理。

5. 全面深化改革与全面振兴东北阶段（2012年至今）

党的十八大以后，以习近平为核心的党中央十分重视东北振兴，结合重大方针政策方略的调整，进一步细化东北振兴的政策支持。

以《东北振兴“十三五”规划》为例，振兴政策内容就包括：深化改革，构建振兴发展新体制；创新发展，培育振兴发展新动力；夯实基础，提高农业现代化水平；优化结构，构建现代产业体系；协调发展，拓展区域发展新空间；分类施策，促进特殊类型地区转型发展；强化支撑，完善区域基础设施网络；绿色发展，筑牢北方生态安全屏障；开放发展，构建向北开放重要窗口；共享发展，增进人民群众福祉。这些方向，工作方向明确，振兴思路缜密完善，整体上突出了新发展理念主轴，又针对了东北的体制机制、产业发展、资源型地区与生态退化地区等面临的特殊问题，是一个内容全面的规划，符合东北振兴的方向。

2016年，国家发改委还推出《推进东北地区等老工业基地振兴三年滚动实施方案（2016～2018年）》，计划分三年时间，在交通、能源、水利、工业、农业、城乡建设等多个领域，依托137项重点工作和127个重大项目，围绕四大核心任务（完善体制机制、推动结构调整、鼓励创新创业、保障和改善民生），实施高达1.6万亿元左右投资方案，甚至被外界誉为中国版的“除锈计划”。

2017年党的十九大报告和2018年、2019年的《政府工作报告》，都对东北地区在走向上高度关注、在政策上重点强调，反映了党中央、国务院促进东北振兴的决心与信心。

二、东北工业取得明显发展

经过前30年的投资积累和后40年的改革开放，东北工业取得了巨大发展。东北地区拥有较为丰富的自然资源，在较长时期工业化中也积累了丰富的人力资源与工业基础，这些良好的条件在改革开放前后都发挥了重要作用。

第一，工业增长趋势十分明显。1949～2017年，东北工业保持了较快增长速度。与中华人民共和国成立初期相比，东北地区的工业发生了难以想象的增长。1949年，东北地区工业总产值之和只有65亿元左右，到1978年上升到700多亿元，到2017年已经升高到4万亿元（见表39－2）。2018年，东北工业出现新的增长势头。根据各地披露的国民经济与社会发展统计公报，2018年，辽宁、吉林、黑龙江三省规模以上工业增加值分别增长9.8%、5%和3%。东北工业的规模化扩张，构成了建设制造强国的重要支撑。同时，东北工业的发展，也带动了农业与服务业的发展，推动了东北的经济振兴。

表39－2 中华人民共和国成立以来主要年份东北三省工业总产值增长变化 单位：亿元

省份	1949年	1978年	2000年	2017年
辽宁	44.2	376.8	4249.5	22948.8
吉林	3.54	112.87	1687	10358
黑龙江	6.9	212.14	2460.9	11607.9

注：2017年吉林省工业总产值为规模以上数据。

资料来源：国家统计局综合司：《全国各省、自治区、直辖市历史统计资料汇编（1949～1989年）》、《辽宁省统计年鉴》（2018）、《吉林省统计年鉴》（2018）、《黑龙江省统计年鉴》（2018）。

第二，主要工业品产量出现了翻天覆地的增长变化。东北三省的工业增长，同时通过产业增长和产品增长等一系列指标得到反映。在中华人民共和国成立后前30年和改革开放后40年的变化中，东北三省工业鲜明的增长还通过工业产品的增长显示出来。表39－3列举了1958年、1978年与2017年不同时期原油、钢材、发电量、水泥四种产品的数量变化。数据表明，辽宁、吉林、黑龙江这四种产品的数量都出现了数十倍甚至上百倍的惊人增长。在一些地市级，某些工业指标的增长表现更加突出。比如，长春市2017年汽车产量达到282.4万辆，是1978年的47.9倍。

表39－3 1958年、1978年、2017年东北三省原油、钢材、发电量、水泥产量

工业品	省份	1958年	1978年	2017年
原油（万吨）	辽宁	73.83	381.25	1044.2
	吉林	4.3	185.1	420.9
	黑龙江	0.3	5037.5	3420.3
钢材（万吨）	辽宁	325.1	496.02	6392.99
	吉林	0.3	23.6	1028.01
	黑龙江	20.22	41.62	410.6
发电量（亿千瓦时）	辽宁	70.42	278.01	1829.27
	吉林	33.74	93.24	800.13
	黑龙江	16.6	107.7	917.28

续表

工业品	省份	1958 年	1978 年	2017 年
水泥（万吨）	辽宁	303.6	551.85	3796.97
	吉林	0.5	138.3	2715.1
	黑龙江	68.6	212.7	2452.65

资料来源：《全国各省、自治区、直辖市历史统计资料汇编》（1949～1989 年）、《中国统计年鉴》（2018）。

多年来，尽管沿海一些地方工业发展较快，东北增长明显慢于沿海，但是东北地区的一些工业产品依然在全国具有一定影响力。比如，2017 年东北地区的原油产量达到4000 多万吨，达全国总量20%以上；汽车产量达到380 万辆，占全国的13%以上；乙烯产量达到358.51 万吨，接近全国的20%；生铁产量达到7467 万吨以上，占全国的10%以上。

第三，新兴产业从无到有、由小到大发展起来。在东北三省的工业结构性增长中，新兴产业的表现不如东南沿海的省份势头强劲，但是发展趋势依然较好。即使东北以整体经济下行速度快于全国、经济活跃度弱于全国的板块形象出现，还是有一些产业表现突出，值得肯定。比如，辽宁省2018 年新增高新技术企业超过1000 家，高技术产业增加值增长19%。尤其是，辽宁省装备制造业在全国具有一定影响力。2018 年，辽宁省装备制造业增加值增长率达到10%左右。根据2019 年黑龙江省《政府工作报告》，2018 年，黑龙江省高新技术企业总数达 1120 家，增长20.5%。与此同时，高技术制造业增加值预计增长11.2%，医药制造业增长 10.4%。工业机器人、数控机床、新材料等产业产值都实现了较快增长。与辽宁和吉林相对照，吉林省某些制造业的增长也可圈可点。2018 年，吉林省高技术制造业增加值增长率为14.5%。

第四，各地工业普遍采取园区化发展模式。园区化发展模式具有能够节约使用土地资源、管理成本较低、易于构筑产业集群和产业集聚、便于物流运输等集约化优势，是改革开放后各地普遍采取的区域经济发展模式。在多年发展探索中，辽宁、吉林、黑龙江三省建立起上百个高新技术产业开发区、经济技术开发区和各类工业园区、工业小区，成为各省工业的重要集聚地，对聚集各类生产要素、推动各个城市的工业发展具有重要作用。以辽宁省为例，就有沈阳、大连、鞍山、本溪、锦州、营口、阜新、辽阳8 个国家级高新区和抚顺、丹东、铁岭、朝阳、盘锦、葫芦岛、绥中7 个省级高新区，还有一大批经济技术开发区，成为不同分工、不同层次的工业集聚地。

第五，工业企业更加注重按照市场需求配置资源与要素。从中华人民共和国成立以后到现在，东北地区的工业管理体制发生了巨大的变化。改革开放前，东北的工业产品主要为原料或者原材料生产基地，企业的生产更多服从于国家计划安排。改革开放以后，随着市场化改革的推进，企业生产与销售更加注重面向市场。随着改革的不断推进，那些能够适应市场需求变化的企业得到生存和发展的机会，而一些不适应市场变化的企业被淘汰出局。在市场经济的大浪淘沙下，东北地区企业普遍按照市场变化优化资源与要素配置，不断提高企业适应市场变动的能力。根据有关方面的评估，由于深化改革，国有企业的市场化运营意识和能力都有了大幅度提升①。

第六，企业改革曾经取得阶段性成效。东北地区国有企业比重较大，在20 世纪90 年代后推进了一系列以股份制为代表的现代企业制度改革，也曾经取得阶段性成效。根据一些学者的研究数据（王伟光等，2008），到2007 年，东北地区国有大型工业企业有90%完成股份制改造，实现利润增长45.5%。其中，抚顺新钢铁公司完成改制以后，从亏损第二大户变成抚顺市的第一利税大户，2006 年纳税5 亿元。

① 哈尔滨市长：《东北国企虽未全部脱困，但前景乐观》，澎湃新闻，2017 年8 月19 日。

三、积极贯彻实施东北振兴重大方略

在东北发展遭遇到一系列问题，社会各方呼吁正视东北病时，党中央、国务院顺应东北发展现实，从解决东北问题、促进区域经济协调发展的高度，采取一系列重大政策措施支援东北振兴。中央政府各部委也在各自职权范围内出台了一定的配套政策。与此同时，东北各省也注意上下联动，发挥地方积极性，配合中央东北振兴战略实施，出台了不少地方性政策措施。

第一，形成与东北振兴重大战略相一致的配套性政策。在党中央、国务院推进东北振兴的方略出台后，国家相关部委还有针对性地出台了一些配套性政策，配合与支持东北振兴大政方针的实施。比如，2004 年，国务院转发《国资委关于加快东北地区中央企业调整改造指导意见的通知》；2004 年，财政部、国家税务总局印发《东北地区扩大增值税抵扣范围若干问题的规定》，财政部还下发《关于进一步落实东北地区扩大增值税抵扣范围政策的紧急通知》；2004 年，财政部、国家税务总局印发《关于豁免东北老工业基地所得税优惠政策的通知》；同是 2004 年，财政部、国家税务总局还出台了《财政部国家税务总局关于调整东北老工业基地部分矿山油田企业资源税税额的通知》；2004 年，中办、国办印发了《贯彻落实中央关于振兴东北地区等老工业基地战略进一步加强东北地区人才队伍建设的实施意见》，科技部印发《振兴东北老工业基地科技行动方案》的通知。2005 年，国务院办公厅关于《东北地区厂办大集体改革试点工作的指导意见》发布，2006 年，财政部、国家税务总局出台《关于豁免东北老工业基地企业历史欠税有关问题的通知》；2005 年以后，国家发改委、旅游局、建设部、国土资源部、人力资源与社会保障部都出台了相应政策，在各自工作范围内推动东北振兴中的结构升级、转型发展和民生保障。

第二，注重通过体制机制改革营造有利于东北振兴的发展环境。在体制机制改革中，辽宁省推进事业单位改革，事业单位精简 90%，经营性事业单位全部转为企业。吉林省深化放管服体制改革，提高办事效率，“只跑一次”省级事项超过 97%。黑龙江省也注意全方位推进体制改革。与此同时，东北地区都注重营商环境建设，并出台了一系列政策改善投资环境。比如，辽宁省出台了《辽宁省优化营商环境条例》《关于优化投资环境的意见》。在辽宁省内，鞍山市印发了《鞍山市促进民营经济发展的若干政策》；吉林省积极推行企业投资项目“告知承诺制”，并出台了《关于促进民营经济加快发展的实施意见》；黑龙江省出台了《关于促进创业投资持续健康发展的实施意见》等文件。

第三，突出创新驱动东北振兴方向。在东北各省，推动创新驱动发展已经成为普遍共识，各地都出台了鼓励创新创业的一系列政策。比如，沈阳市出台了《沈阳建设创新创业人才高地的若干政策措施》《沈阳市高层次人才创新创业资助办法》《沈阳市海外高层次人才服务工作办法》，以集聚海内外优秀科技人才；黑龙江省出台了《黑龙江科技英才特殊支持计划实施办法》《黑龙江省科技创新券管理办法（试行）》《黑龙江省关于落实〈推进一带一路建设科技创新合作专项规划〉的实施方案》。

第四，在“一带一路”建设背景下推动东北对外开放。在中央明确支持辽宁自贸区建设政策基础上，辽宁省还出台了《“一带一路”综合实验区建设总体方案》，形成了一些新的开放合作思路。东北其他省份分别在对北开放、建设草原丝绸之路等方面提出新的举措。近几年各地实践表明，开放对东北的拉动作用也有所体现。

在东北振兴各项重大政策推进中，各省市也根据自身的发展需要，出台了一些本地化的经济政策，与国家层面的振兴政策相衔接。沈阳市还出台了《沈阳振兴发展战略规划》，设计了区域振兴思路、目标与具体实现措施，与国家大政方针相衔接。

整体上看，中央实行东北振兴战略已经十余年，政府采取的大政方针对于减缓东北经济进一步滑坡发挥了重要作用。但应该说，在实现经济振兴的目标上，振兴政策作用究竟有多大，政策管理部门与学术界存在前所未有的分歧。在决策咨询界，不少代表性人士普遍持有较为乐观的看法，即东北振兴政策发挥了积极作用，甚至有人认为取得了巨大成功；但也有不少人士认为，东北振兴战略取得了一定成效，但没有完全解决东北问题，表现出有乐观也有忧虑的态度；还有一些学者在做了计量分析研究后，得出了较为不同的结论。这些学者认为，振兴东北战略虽然实施了，但基本上没有达到政策设计目标，甚至有人认为东北振兴战略使企业陷入“经营困难—政府‘输血’—企业进一步扩张—利润下降—经营困难”的怪圈。还有一些学者认为，东北振兴政策一段时间有效，一段时间无效。

不过，必须承认的是，政府力推的深化体制机制改革起到立竿见影的作用，对于东北振兴意义重大。比如，由于深化放管服改革和积极改善投资环境，2017 年上半年，东北地区新登记的企业数量同比增长 19.2%。

四、“共和国长子”变“病子”的结构性阵痛

早在2000 年，本章执笔者在计算中国经济重心变动过程中，发现中国经济重心朝南方移动，以此揭示出中国区域经济差距的主要方向是在南北之间而非东西方向展开。在经济重心南移的驱动因素中，主要影响力量来自南方市场经济勃兴与东北经济增长减弱。1978 ~2017 年，东北地区工业占全国的比重下降了 11 个百分点，而整个北方占全国的比重也就下降了 11 个多百分点（见表 39 –4）。由此推算，在北方相对衰落和南方兴盛的工业变迁中，东北地区的贡献率应在 95% 以上。也就是说，东北工业相对衰落对北方地区工业相对衰落起到重要作用。

表 39 –4　我国南北方在全国工业中所占比重

单位:%

	1952 年	1978 年	2017 年
全国工业总量（亿元）	343.72	4291.46	301610.27
南方占全国比重（%）	51.93	50.05	61.82
北方占全国比重（%）	48.07	49.95	38.18
其中：东北占全国比重（%）	21.42	16.84	5.53

注：1952 年、1978 年数据以工业总产值计算，2017 年数据以工业增加值计算。这里，北方包括北京、天津、河北、山西、内蒙古、辽宁、吉林、黑龙江、山东、河南、陕西、甘肃、青海、宁夏、新疆 15 个省份；南方包括上海、江苏、浙江、安徽、江西、福建、湖北、湖南、广东、广西、海南、重庆、四川、贵州、云南、西藏 16 个省份。

资料来源：《全国各省、自治区、直辖市历史统计资料汇编（1949 ~1989）》、《中国统计年鉴》（2018）。

对于东北工业在全国工业中地位的下降及东北工业出现的种种问题，过去一些新闻媒体和学者曾经用“东北现象”或者“东北病”来加以形容，经济学家常修泽甚至把“东北病”概括为三个方面——体制病、结构病、发展方式病，认为“东北病”具有综合成因。

从结构分析角度看，东北地区“工业病”的结构性阵痛突出表现在以下四个方面：

第一，高端产业尤其是战略性新兴产业发展严重不足。东北地区历史上以原料和原材料生产占有较大比重，虽然“一五”时期国家布局了大量装备制造业，但是工业结构中高端制造的比重还较小。表 39 –5 描绘了 2016 年工业行业中技术密集度相对较高行业产业的截面指标。从表 39 –5

看，东北地区工业占全国工业的比重，明显低于国内生产总值占全国国内生产总值的比重。这意味着，东北工业在全国已经不具备明显优势。而在资本密集度和技术密集度较高的医药、通用设备、专用设备、汽车、铁路船舶航空、电器机械与器材、电子计算机、仪器仪表等行业领域，东北地区只有医药、汽车、铁路船舶航空设备三个领域销售产值产业占全国这三个领域销售产值的比重高于东北工业占全国工业的比重。这显示，以区位商计算，东北也只有这三个产业领域在全国具有明显的专业化分工优势。值得指出的是，除了吉林的医药外，吉林的汽车与铁路设备、辽宁的航空与船舶制造都由国家投资的重点大型骨干国有企业做支撑。

表 39－5　2016 年东北地区部分经济指标占全国比重

单位：%

项目	辽宁省	吉林省	黑龙江省	东北合计
国内生产总值	2.85	1.86	1.97	6.68
工业增加值	2.39	2.13	1.28	5.80
医药制造业销售产值	1.33	7.02	1.11	9.46
通用设备制造业销售产值	2.44	1.00	0.70	4.14
专用设备制造业销售产值	1.62	1.82	0.63	3.07
汽车制造业销售产值	3.32	7.40	0.29	11.01
铁路、船舶、航空航天装备销售产值	4.71	1.92	0.34	6.97
电器机械与器材制造业销售产值	0.94	0.56	0.29	1.79
计算机通信和其他电子产业销售产值	0.48	0.01	0.00	0.49
仪器仪表制造业销售产值	1.33	0.55	0.27	2.15

资料来源：根据《中国统计年鉴》（2017）、《中国工业统计年鉴》（2017）计算整理。

尽管东北地区新兴产业发展势头不错，但有研究者发现，2015 年东北地区传统产业占经济总量的 95%，新兴产业只占 5%。与新兴产业发展不足形成对比的是，新产品开发不足。根据中国科学院大学的一项研究，2014 年，东北三省规模以上工业企业研发经费开支仅略高于广东、江苏两省的 1/3。

第二，民营企业与外资企业发展不足。东北工业结构的另一个典型特征是民营企业与外资企业所占比重较低。2016 年，东北地区的国有控股工业企业占全国的比重高达 9% 以上，具有较强影响力。但是，私营企业、港澳台资企业、外商投资企业所占比重都普遍较低（见表39－6）。这三类工业企业占全国比重不仅低于东北国有工业企业占全国的比重，也明显低于整个工业占全国的比重。而民营、港澳台资企业和外商投资企业比重过低，通常反映市场化改革不够深入，营商环境还不够好。

表 39－6　2016 年不同所有制下工业企业销售产值占全国比重

单位：%

项目	辽宁省	吉林省	黑龙江省	东北合计
国有控股工业企业销售产值占全国比重	4.21	3.23	1.88	9.32
私营工业企业销售产值占全国比重	1.03	1.72	0.73	3.48
港澳台资企业占全国比重	1.10	0.49	0.38	1.97
外商投资企业占全国比重	3.18	1.05	0.52	4.75

资料来源：根据《中国工业统计年鉴》（2017）相关表格计算整理。

第三，特殊地区工业发展下行与转型发展矛盾加深。东北地区是我国矿产资源开发程度较高的城市，出现了许多闻名中外以矿兴城的典型案例，比较突出的有大庆、鞍山、鹤岗、伊春等，但相当一部分资源型城市都进入开采中后期，对劳动力的需求大幅度下降。此外，还有政策因素造成资源型城市转型的新问题。比如，国家为保护东北林区的可持续发展，限制对大兴安岭和小兴安岭主要林区的采伐，对过去依赖森工的林业城市如伊春影响深远。东北地区资源型城市的比重要远远高于其他地区城市所占的比重，工业发展与城市社会发展的矛盾更为突出。

与东北地区资源型城市占比高相对应的是资源型城市转型压力大。2017 年，北京大学曾经发布全国资源型城市转型发展指数。在 116 个城市中，有 15 个城市转型预警指数最高，其中双鸭山市（0.611）、七台河市（0.597）、鸡西市（0.594）、鹤岗市（0.565）位列前四，而这四个城市都隶属东北三省①。这四座城市皆为煤矿型城市，都位于黑龙江省，矿产开发役龄平均超过 70 年。

第四，工业慢发展的矛盾激化不仅拖累各地经济，也带来比较突出的负外溢效应。工业从以往的粗放型快发展到今天的粗放型慢发展，对东北社会尤其是民生影响巨大。尤其是，工业是产业关联度较强的产业部门，工业发展速度下降直接影响到农业和服务业发展，进而影响到就业。在工业开发过程中，不注意开发环境维护，会影响到民生；工业开发速度下降，工业产品数量下降，市场萎缩，同样影响到民生。

根据有关方面报道，东北地区采煤沉陷区面积达 954 平方公里，影响人口达 70 万人。在政策援助不足以创造就业和解决诸多社会问题的情况下，东北人口外流已经成为趋势。数字显示，在全国各大区中，东北地区人口外流问题最为突出。其中，黑龙江省人口已经出现负增长，从 2010 年的 3833.3 万人下降到 2018 年的 3773.1 万人，净减少 60 余万人。根据朱振鑫、李畅的研究，东北地区一些城市人口外流严重（见表 39－7）。即使是一些发展基础还不错的城市，不少人也基于对未来城市前景发展的担忧，出现了人口外流现象。根据 2016 年底的数据，大连市有 9% 的年轻人外流，2016 年大连理工大学留大连市的毕业生不到 20%。环顾东北三省还可以发现，一些城市泡沫严重，而另一些城市则因为人员大量流失住房价格维持较低价位。

表 39－7　东北地区一些城市 2015～2017 年人口外流状况

省份	城市	2015～2017 年各年度人口流失数（万人）				人口流失率（%）	2017 年 GDP 增速（%）
		2015 年	2016 年	2017 年	合计		
黑龙江	绥化	－3	－4.7	－5.5	－13.2	－2	5.8
黑龙江	齐齐哈尔	－3.8	－3.81	－5.39	－13	－2	6.1
黑龙江	七台河	－3.8	－5.09	－3.11	－12	－13	6.0
黑龙江	黑河	－1	－2.5	－5	－8.5	－5	6.4
黑龙江	鸡西	－3	－1.9	－0.7	－5.6	－3	6.5
黑龙江	伊春	－1.2	－0.81	－3.19	－5.2	－4	6.3
黑龙江	双鸭山	－0.8	－1.57	－2.43	－4.8	－3	5.0
黑龙江	鹤岗	－0.8	－1.39	－1.61	－3.8	－4	7.3
吉林	吉林	－1.4	－1.46	－4.24	－7.1	－2	2.6
吉林	白城	－1.3	－1.13	－3.67	－6.1	－3	4.7
吉林	白山	－0.8	－0.93	－3.37	－5.1	－4	4.0
吉林	松原	－4.5	－0.43	－0.07	－5	－2	0.8

① 杜丽娟：《资源型城市转型预警，东北转型预警居首位》，中国经营网，2017 年 2 月 25 日。

续表

省份	城市	2015～2017年各年度人口流失数（万人）				人口流失率（%）	2017年GDP增速（%）
		2015年	2016年	2017年	合计		
吉林	四平	-0.3	-1.69	-2.41	-4.4	-1	3.9
吉林	通化	-0.1	-1.1	-1.1	-2.3	-1	-5.7
吉林	辽源	-0.1	-1	-0.8	-1.9	-2	1.7
辽宁	锦州	-0.6	-2.74	-0.56	-3.9	-1	5.0
辽宁	鞍山	-1.6	-2.15	-0.05	-3.8	-1	3.9
辽宁	抚顺	-0.6	-1.64	-0.76	-3	-1	3.9
辽宁	本溪	-0.3	-0.79	-1.21	-2.3	-2	1.2
辽宁	阜新	-0.1	-1.53	-0.47	-2.1	-1	0.4
辽宁	丹东	-0.2	-1.35	-0.15	-1.7	-1	2.8

资料来源：朱振鑫、李畅：《中国四种城市终将消失，最后只剩下这几种超级城市》，政经社公众号，2019年5月19日。

但结构性的矛盾似乎难以快速解决，矛盾与问题还有延续和扩大的可能，表现主要有三：

第一，产业地域组织体系竞争力不强。东北地区国有企业比重较大，国有企业在城市经济、区域经济中的影响巨大，同时国有企业管理的独特性使大部分企业一只眼睛看政府、一只眼睛看市场，好的企业激励不足，差的企业淘汰不了，导致各省区地域经济组织体系缺乏活力，效益较差。根据常修泽教授2016年调查数据，2015年东北三省共有国有企业7076家，净资产1.1万亿元，银行贷款1.7万亿元，资产账面数据合计2.8万亿元，但这些企业2016年亏损52.7亿元。

第二，政府跨地区合作积极性不高。东北各个城市不仅区域产业同构性较强，诸多城市各自为政，而且对外一体化合作意愿不强，缺乏良好的规划引导作用。近年来，东北各地适应东北振兴的需要，重视加强产业发展规划，但许多地方的产业规划存在“拼凑汇总”因素，产业发展差异性注重不够，结果设计的产业发展规划不能有效引导产业发展。中国工程院在组织大城市连绵区相关规划研究时，也发现辽中南大都市连绵区各个城市在开展产业规划时，对未来支柱产业发展选择存在着一定产业重复现象。这种重复不仅在第三产业上有所表现，在工业领域产业重复问题也很突出（见表39-8）。这种状况易造成城市间相互竞争和市场封锁，降低产业竞争效率。

表39-8 辽中南大都市连绵带各城市规划中的支柱工业

	工业产业
沈阳	先进装备制造业、电子信息与软件业、汽车及零部件、家具产业、陶瓷产业、建材产业、仪器仪表
大连	石化产业、现代装备制造业、船舶制造业、服装制造业、精品钢材产业、建材业、家具制造业、环保节能产业
鞍山	精品钢材、先进装备制造业、轻纺工业、矿产品加工业、高新技术产业
营口	冶金产业、石化产业、纺织服装、建材、镁质资料
盘锦	石化产业、先进装备制造业、塑料产业、建材业、食品加工业、造纸业、制药业
抚顺	石化工业、冶金工业、装备制造业
本溪	中药产业、钢铁产业、汽车整车及零部件、机械及机械部件、新型管材建材、新型五金制品
辽阳	化工化纤塑料业、钢铁、有色金属加工、装备制造业及配套、高新技术产业
铁岭	装备制造及配套加工、煤炭、医药、建材、高新技术产业、农产品加工

资料来源：课题组：《中国大城市连绵区规划与建设》，中国建筑工业出版社2014年版。

第三，政府内部组织行政资源的效率不佳。东北振兴政策虽然实行了多年，但是政策实施的组织方式、政策资源的配置方式与结构也存在一定问题，有较大的改进空间。本章笔者近年来也到东北做了一些调研，发现有些地方把来自各部门的政策资源集中打包使用，致使一些立足于政策解决的问题缺乏后续资源而陷入停顿。与此关联的是，服务于发展和招商引资的政策资源得以增强但服务于民生改善方面的资金存在不足。值得注意的是，一些地方存在着这样的现象：各部门因为政策支持差异性导致部门间福利与待遇苦乐不均。有些政府部门下达的政策资源较多，官员日子好过，但是当地解决的问题相对较少，而有些部门下达资源较少，当地面临社会矛盾迟迟得不到解决。一些学者指出，东北地区官气十足、设租寻租、拉关系的问题比较突出。①

五、树立东北工业振兴长期思维

从国家宏观地区政策考虑，任何一个区域存在重大发展问题与障碍，中央政府都有责任协助加以解决，尤其是东北地区长期对国家工业发展起基础性支撑作用。

就东北地区发展历程看，除了中华人民共和国成立初期到“一五”时期的不足十年，国家对东北地区实施了重点建设的策略。但是在此以后到实施东北振兴战略的近半个世纪里，国家对东北地区整体取之较多、与之较少，东北地区一直向全国其他地区“输血”。根据周明才的研究，在三线建设时期，东北地区承担了“最大任务量”，约向三线地区内迁企事业单位 200 家，人员 100 万名，援建项目 300 个。在体制改革进程中，东北地区多为国家原材料重点调出地区，是国家双轨制改革中计划价格的重要承载地区，也自然而然成为改革的利益受损区域。根据黑龙江资源型城市经济转型规划提供的数据，截至 2002 年，黑龙江累计向国家提供原油 17.26 万吨、木材 3.46 万亿立方米，煤炭 22.1 亿吨，分别占全国累计总产量的 48%、33% 和 10%，这些原料较长时期中供给采用政府定价模式，利益转移巨大。1981 年，大庆原油价格仅为国际市场原油价格的 11%。到 1985 年，大庆油田生产原油 5538 万吨，但统配数量 5000 万吨，只有 528 万吨实行国家指导价。这一年大庆原油生产成本上升到每吨 40.98 元，新开发油田的成本上升到每吨 135 元，但是每吨原油的出厂价只有 100 元（石建国，2009）。仅 2002 年，国家就拿走原油价差 4000 亿元（陈秀山，2005）。

从改变东北现状的迫切性看，东北振兴的急迫性也在不断上升。近年来，东北地区较多地在国家经济增长中扮演“吊车尾”角色，经济尤其是工业不振逐渐趋于常态化（见表 39 - 9）。在国家经济整体下行中，已经出现了“东北率先”特征，东北经济指标下滑已经成为国家经济下行的先行指标。这无疑引起决策者的高度关注。决策层不断施策的动因应在于避免发生蝴蝶效应，不使东北的结构性问题冲击全国全局性问题。同时，也要防止出现“国家未衰它先衰，国家将振它未振”现象。

由此可见，进行反危机性政策援助十分必要。而且，由于东北问题积压较久，涉及的问题具有综合性、复杂性、广泛性，非短期可以解决，一些政府实施的政策措施还带有试错性质，政策效率也亟待提高，因而有必要按长期振兴的方略来安排。

2019 年 6 月 6 日，国务院召开全面振兴东北老工业基地会议，振兴东北的重要性不言而喻。

---

① 张恒：《专访王玉霞：关于东北振兴——一个东北经济婉约派经济学家的心声》，《经济观察报》2017 年 7 月 24 日。

表 39－9 2015 年以来东北地区各年度国内生产总值增长速度

单位：%

省份	2015 年	2016 年	2017 年	2018 年
辽宁	3	－2.5	4.2	5.7
吉林	6.5	6.9	5.3	4.5
黑龙江	5.7	6.1	6.4	4.7
全国	6.9	6.7	6.8	6.6

资料来源：各省市统计公报。

但振兴东北的政策取向朝向哪里，学术界还有不同意见。有些学者注意到东北的开放不够，主张扩大开放；有些认为东北的投资环境存在问题，主张深化政府改革；有些认为东北的新兴产业发展不够，主张发展新兴产业。还有某著名大学课题组认为，东北存在产业结构缺陷，主张补轻工业发展短板，一度引起各方关注。只是言者谆谆，应者寥寥。

国务院总理李克强在 2019 年 6 月 6 日召开的振兴东北会议上提出了三个值得关注的政策努力方向。

第一，在东北地区开展营商环境试评价制度。2018 年，国家发改委借鉴世界银行经验，在全国 22 个城市分两批开展营商环境试评价制度，从企业经营周期和办事流程、市场、要素、法治、高质量发展、企业获得感等角度比较当地与国际营商环境对标对象的差距，并提出改进方案。2018 年，这一策略取得了明显成效。在东北地区开展营商环境试评价制度，就是把以往进行的营商环境评价制度从点到面推开，从一系列具体指标分析出发，判断东北地区的营商环境不好的表现形式，并且有针对性地提出未来调整与优化政策方案。鉴于“投资不过山海关”的广泛认识和社会各界对东北投资环境评价较低，国家推开这一政策举措十分及时也很有必要。

第二，推动建立区域间产业转移税收分享新机制。以往的政策操作只在鼓励发展“飞地经济”时采取利益分享机制。建立区域间产业转移税收分享机制，使产业转移税收分享政策有了普适性，可在较大范围促进跨地区产业合作问题，把解决区域产业发展中的区域过密与区域过疏结合起来，推动沿海地区产业向东北地区转移。

第三，切实改善民生。据公开发布的会议新闻稿介绍，此次会议用了较多篇幅谈民生改善问题，重点工作落脚在创业就业上。

当然，在东北振兴整体思路上，应该树立长期、精准、重点、协同四大意识。首先，必须树立振兴东北的长期意识。东北问题成因多样，表现形式不一，不能期待短期解决问题，必须树立长期振兴意识。在具体的振兴举措上，过度下猛药，可能引起虚火上升，也可能会引起严重政策依赖；期待速胜论解决问题，还可能齐头并进地推动所有方向突进，造成政策之间的相互不协调，导致政策运行效率低下。其次，必须树立振兴东北的精准意识。东北振兴要坚持问题导向，认真研究问题、识别成因，有针对性地提出解决问题的办法，使出台政策与所解决的问题更好对应，既不出现政策过多配置造成浪费，又不出现政策不足应付面对问题的现象。再次，必须树立振兴东北的重点意识。就是坚持重点突破方向，把解决事关全局的重点关键性问题放在优先地位，以重点问题突破带动一般性问题解决，突出抓好重点产业、重点区域、重点人群的发展，防止经济问题得不到解决冲击社会，防止重点问题迟迟得不到解决冲击全局问题。最后，必须树立振兴东北的协同意识。坚持上下协同，注重坚持上下协同、左右协同、部门协同，打破地区壁垒、部门壁垒、上下合作设置的壁垒，促进各类生产要素自由流动。

为此，应该明确东北工业振兴的基本原则。一是要把实现有效发展与落实新发展理念结合起来，推动更有效率更高质量的发展。把贯彻落实新发展理念作为推动东北振兴的基本遵循，推动东北在高质量振兴政策实施中实现高质量工业发展。二是要把发挥市场在资源配置中的决定性作用与更好发挥政府作用结合起来，持续增强振兴东北的动力。三是把深化体制机制改革与推进对外对内开放结合起来，坚定不移地推动东北地区的改革开放。四是把建立更有竞争力的区域工业集群与实现人的自由、人的发展与人的进步结合起来，把提升东北竞争力的落脚点放在提升要素竞争力上。

六、进一步优化东北振兴的具体措施

积极推动东北工业振兴，落实好党中央、国务院做出的重大战略决策，需要做好一系列紧要工作，落实好一系列重大举措。

第一，更好地制定《东北振兴“十四五”规划》。在规划制定中，要避免“头痛医头、脚痛医脚”的短期行为，立足于发掘制度性、机制性、关键性因素，从根本上、源头上、重点上增强东北工业活力。要在对《“东北振兴十三五”规划》中期评估的基础上，对规划实施好、实施效果一般、实施效果较差的各类政策加以区分，作为优化《东北振兴“十四五”规划》的重要依据。对已经证明效果较好的政策，可以继续实施。对于被证明实施效果不佳的政策，应该通过优化政策流程、深化政府管理改革、强化政策监管机制进行改进。

第二，根据各省资源禀赋与面临的经济社会发展困难，把中央政策与本省发展政策更好结合起来，形成叠加效应，突出解决结构升级重点地区、就业创造重点地区的问题。在国家层面，可以把黑龙江经济社会发展中的问题单独列举，可以在国务院层面进行政策专项研究，出台针对性政策。在资源枯竭型城市等社会发展问题突出的地区，可以把保就业、保民生放在更加优先的地位，设立政策“防波堤”，尽可能把国家促进产业转移的分税政策与地方政府的招商引资政策结合起来，使产业转移有限资源尽可能不要“撒胡椒面”，引导外来资本密集地向下岗失业问题突出、人口外流形势严重区域转移，减缓东北地区局部社会问题对东北地区全局、东北地区社会矛盾对全国社会发展的影响和冲击。资源枯竭型城市需要更好地加强本地营商环境建设，更好地利用城市基础设施和保持城市的发展活力，争取到更多国内的民营企业、港澳台资企业和跨国公司的直接投资。

第三，围绕重点优势产业配置创新资源，以创新驱动实现优势产业进一步做大做强。一方面，各地优势产业规模大、产品数量多，一旦取得创新突破可以实现规模化的转化效率；另一方面，优势产业的企业管理优势、技术人才优势、一体化合作优势相对更加突出。许多优势产业配套能力强，集群集约发展基础好，甚至拥有专门化的产业园区。应以国际同类行业的领先企业为标杆，加强创新资源的组织，完善激励约束机制，加强对创新成果拥有者的物质和荣誉奖励，促进更多创新成果得以产生和转化。

第四，不断深化国有企业体制机制改革。选择国有企业相对密集的城市，建立国有企业深化改革示范区。应按照国务院对2019年国企改革的要求，积极推进混合所有制改革，规范推进自然垄断行业改革，深化国有资本投资和运营公司改革试点，增量优化国有资本投资结构；依法依规处置“僵尸企业”，深化国有资本存量改革，进一步盘活国有资产。应进一步深化国有企业人事管理制度改革，促进职业经理人、创新型技术人才、高级技能人才和劳动模范更好发挥作用，强化激励机制，使不同类型劳动者的贡献与其个人努力保持一致，发挥各类骨干人才对整个工人队伍的带动作用。

第五，积极建设好东北地区的沿边开放经济带。东北地区政策覆盖区与蒙古、俄罗斯、朝鲜接壤，与韩国、日本隔海相望，对外开放的地理位置十分优越，应充分利用“一带一路”建设机遇，积极建设东北地区沿边对外开放经济带。要积极依托沿边地区的口岸优势，加快各类资源与要素向沿边地区的集中和转化，建设好各类经济技术开发区、边境经济合作区、跨境经济合作区、跨境旅游合作区等，突出发展加工贸易，积极建设好沿边地区的小城市与小城镇，引导边民参与到工业化、城镇化进程中。应大力发展边境小额贸易，引导边民在参与现代市场经济活动中活跃市场、增加收入。

第六，不断深化政府管理体制改革，进一步优化营商环境。要公开政府管理操作与政策操作，明确各个环节的管理责任。各省应在国务院强化营商环境试评价制度的基础上，确定各省省内城市营商环境评价制度。通过列出年度营商环境排名表，找出差距不断改进。还可以采取末位淘汰制或者末位问责制的管理手段，强化对营商环境改善不力城市主要官员的行政制约。要把政府承诺与受政策援助的企业承诺结合起来，硬化政策贯彻责任。对于接受国家政策援助但使用效果好与不好差异较大的企业领导人，应有行政性的调整、奖励或者惩戒办法，促进企业把国家政策援助优势转化为企业竞争力提升的新优势。

第七，学习和对标国际老工业基地振兴典型模式。西方国家如美、日、英、法、德等国家在整个经济发展中经历了比较完整的多次工业化阶段，也经历了不同地区工业发展的周期波动变化，在老工业基地调整、援助、振兴方面制定了大量政策方案，也取得了举世瞩目的成就。作为后来者，中国东北工业振兴理所当然应该借鉴西方老工业基地和衰退地区工业振兴的良好做法与成功经验，加强东北与西方老工业基地的振兴经验交流，并进行对标发展管理，形成自己的振兴特色和振兴道路。

第八，更好发挥智库作用。应该发挥政府智库、高校智库、社会智库等多方面作用，竞争性地提供振兴东北的政策与方案。就东北工业振兴来说，智库研究存在的普遍问题是：公式化明显，针对性不足；人云亦云，个性不足；把脉较准，药方较差；坐而论道，调研不足。东北振兴要取得良好进展，需要深化智库自身改革和智库方案形成机制改革，加大调研力度，因地制宜提出应对措施，更好地加强现状与振兴目标之间方案链接，做好合理化、可实施的政策设计。

专栏 39－1

大连市推出 23 项举措优化营商环境

2018 年，大连市对标上海，以国际最高标准为目标，持续深化“放管服”改革，加快推进政府职能深化转变，把涉企服务放到离市场最近的地方，把便民服务放到离老百姓最近的地方，让企业和群众有更大获得感。

2018 年，大连市推出“放管服”改革 23 项举措，取消调整 487 项行政职权，精简市级管理权限 125 项，办理时限压缩 69.4%。全面实施“双随机、一公开”监管改革，在市场监管领域试点跨层级跨部门联合执法检查，参与检查的各部门需依法依规对同一市场主体完成一次性检查，市政府法制办、审改办对每次联合检查的全过程进行统筹指导和监督。跨部门跨层级联合执法实现了“一次检查，全面体检”，减轻了企业负担，这一经验得到国务院通报表扬。

全面推进“一网、一门、一次”改革，进驻市行政服务大厅的审批事项中，100 项实现“零跑腿”，555 项实现“最多跑一次”，536 项实现网上办，分别占 15%、84% 和 81%。全面实施“证照分离”改革，企业开办审批时间压缩至 3.5 天。社会投资类项目审批不超过 75 个工作日，实现“一个口受理、一事不两询、一事不两跑、全程网上办”。推行行政审批告知承诺制改革，长兴岛探索企业投资项目承诺制审批的经验做法在全国推广。

资料来源：国家发改委网站，http：//dbzxs. ndrc. gov. cn/zywj/201901/t20190131_ 927504. html。

参考文献

［1］习近平：《决胜全面建成小康社会　夺取新时代中国特色社会主义伟大胜利》，新华网，2017－10－27。

［2］李克强：《政府工作报告》，新华网，2019－3－5。

［3］谢伏瞻：《中国经济发展与发展经济学创新》，中国社会科学网，2018－11－30。

［4］中国社会科学院、中央档案馆：《1949～1952中华人民共和国经济档案资料选编：工业卷》，中国物资出版社1996年版。

［5］袁宝华：《东北工业部与新中国工业的起步》，《中国经济导刊》2019年第2期。

［6］史丹：《东北老工业基地制度创新与对策研究》，《经济研究参考》2006年第82期。

［7］杨荫凯、刘羽：《东北地区全面振兴的新特点与基本思路》，《区域经济评论》2016年第5期。

［8］范恒山：《推进新一轮东北振兴要处理好若干重大关系》，《中国经贸导刊》2016年第14期。

［9］董香书、肖羽：《振兴东北老工业基地，有利于产值还是利润?》，《管理世界》2017年第7期。

［10］李振泉：《东北经济区经济地理总论》，东北师范大学出版社1988年版。

［11］彭敏：《当代中国的基本建设》，中国社会科学出版社1989年版。

［12］王东、谢伟：《朝鲜战争与东北工业布局的调整》，《中州学刊》2013年第3期。

［13］盛彦文、马延：《东北三省科技资源产出效率及经济贡献》，《中国科学院大学学报》2016年第5期。

［14］石建国：《浅析“大跃进”对东北工业的影响》，《中国经济史研究》2007年第4期。

［15］石建国：《中国工业化的路径转换和东北工业基地的兴衰》，《中共党史研究》2009年第3期。

［16］陈秀山：《中国区域经济问题研究》，商务印书馆2005年版。

［17］周民良：《经济重心、区域差距与协调发展》，《中国社会科学》2000年第2期。

［18］周民良：《提升东北制造竞争力是建设制造强国的重要内容》，《辽宁日报》2015年12月15日。

［19］周民良：《振兴东北制造业十条政策建议》，《人民论坛》2015年第10期（下）。

［20］周民良：《以结构性改革推进东北持续振兴的八大关键措施》，《经济纵横》2017年第8期。

第四十章　西部地区工业

提　要

西部地区工业经过70年的建设发展，在国家政策引导和战略布局调整下，西部工业从无到有、从小到大，发展规模不断壮大，产业结构逐步优化，产业竞争力不断提高，承接产业转移层次明显提升。2007年，西部地区经济增速首次超过东部地区，到2017年已连续保持11年。2018年，西部地区工业增加值为18.4万亿元，经济总量在全国经济总量的占比上升到20.5%，GDP增速及固定资产投资增速普遍高于全国平均水平，工业结构逐步优化，新兴产业进一步发展，工业技术创新能力逐步增强，工业竞争力有了显著的提升。但是，由于工业发展基础较弱，加上交通设施不完善、技术支持不到位、生态环境脆弱等“瓶颈”的存在，西部与东、中部地区工业经济发展程度依旧存在差距，西部地区仍然存在内生动力不足、产业层次较低、产业竞争力不强等问题，同时还面临着要素成本优势弱化、资源环境代价较高等方面的挑战。“十四五”时期，西部地区应重点围绕提升传统特色优势产业、大力发展现代特色优势产业和现代服务业、积极承接产业转移等重点举措来推动西部地区产业转型升级。

*　　　*　　　*

一、西部地区工业70年发展历程

西部地区工业经过70年的建设发展，现代工业有了一定的规模和水平，具备了较为完整的工业体系，已成为我国经济增长的主要推动力量。回顾其发展历程，不难看出西部地区工业化主要是由国家的总体经济发展战略和工业建设布局战略推动，大致经历了以下几个主要阶段：

抗战时期中国工业经济发展极其不平衡，更迫于战争所逼，为保护民族工业，国民政府应时代所需，发起了工业西迁运动，动员、鼓励、协助东部工厂西迁，奠定了西部地区工业发展的门类和框架，为西部地区工业发展储备了一定的技术人才，它对今天西部的开发和建设具有重要的战略意义。在这一时期，东南沿海和长江中下游地区部分工厂西迁，一度促进西部工业繁荣，但这种繁荣仅是相对的，因为这一时期，西部地区大部分工业产品的生产能力和产量在全国总量中所占份额都不到5%，如钢仅占1%，水泥仅占1.5%，纯碱不到4%，棉纺锭和织机5%，纸产量5%[①]，并且这仅有的工业也主要集中在西安、兰州、重庆、昆明、贵阳等少数工业城市，其他地区工业发展基本是空白的，大多以农牧业为主。

"一五"时期（1953～1957年），我国处于工业化起步的时期，工业发展模式大多参照苏联工业化的模式。1953年开始了以苏联援建的156项工程为重点的大规模建设。这一时期，国家加大对西部地区的工业投资，全国基建投资总额的18.52%投入西部，156项重点工程中近1/3放在西部，其中陕西省24项，甘肃省16项，西南地区11项。航空、兵器、电子、电力设备制造、棉纺织与印染5个系列的数十个企业布局在西安—咸阳及其邻近地区；炼油、化工和石油化工机械等企业则布局于兰州地区；在成都新建了航空、无缝钢管、量具刃具等企业；在新疆克拉玛依和阿尔泰地区分别新建了石油和有色金属采选企业，这些企业的建立为西部地区工业发展奠定了基础，至今仍影响着当地的工业发展路径与工业结构。在同一时期，国家投巨资修建了成渝、宝成、天兰、兰新等铁路以及青藏与川藏等公路，也加强了西部地区的地质普查与勘探，为西部工业发展创造了条件。

"二五"时期（1958～1965年），成为西部地区业发展的调整阶段。国家对西部工业建设原定的部署是"开展西南、西北和陕豫交界的三门峡地区分别以钢铁、有色金属和大型水电站为中心的新基地建设；继续建设新疆的石油和有色金属工业。"[②] 如果沿着这个路线进行下去，西部地区则会形成各具特色的工业基地，但随着1958年开始的"大跃进"，全国掀起了首先保"钢铁元帅升帐"的无数"全民大办"大中小型项目[③]，这些项目遍地开花不结果。在随后贯彻调整、巩固、充实、提高的方针下，绝大部分关、停，从而延误了西部地区工业化的进程。

"三线"建设时期（1966～1977年），全国工业布局从国防及备战考虑，将全国划分为一线、二线和三线地区，"三线"地区成为我国工业集中力量建设的地区，而这一类地区大多位于西部地区，其中西部地区的四川、贵州、陕西、甘肃、云南和青海六省都划入"三线"地区之列，特别是川黔陕三省成为"三线"中投资强度最高的地区。"三线"建设当时采取迁移和新建两种方式壮大地区工业。迁移主要从东部沿海和东北、华北等地区迁入"三线"地区，当时内迁380个项目，投资1300亿元（1965～1980年累计数），主要把东部地区的一些军工企业如兵器、航空、航天、船舶和核武器等迁入"三线"地区，这也是西部地区成为我国军工企业集中布局的原因。新建或续扩建则主要集中在冶金、化工、机械制造、电子、能源等行业。"三线"建设除了持续在"一五"时期或"二五"时期集中布局于重庆、成都、昆明、贵阳、西安、咸阳、兰州、银川、西宁等城市，还在西部一些二线城市[④]发展形成了数十个新兴产业基地和生产科研基地。这一时期，西部地区工业生产能力和工业规模大增，同时，新建了成昆、湘黔、贵昆、襄渝、焦枝、阳安等10条总长8000多万千米的铁路干线，大力改善了西部对外联系的通道，拓展了工业发展空间。"三线"建设是国家生产力布局向内地的一次大调整，其规模也是空前的，西部工业发展平台也进入了新的高度，但其"山、散、洞"的布局特点难以发挥出工业的规模与扩散效应，也给地方工业发展遗留了大量问题。到了20世纪70年代初中期，我国从西方国家引进了一批以石油化工、冶金为主的重大成套项目，全部47个项目中有23个建在西部，对西部地区工业的技术能力和工业结构层次的提高起到了促进作用。总体来说，改革开放以前，西部工业发展主要依靠国家投资，出于产业布局政策的倾斜以及特定时期备战国防的考虑，通过大型工程项目嵌入和行政指令的产业迁移，使工业增长速度高于全国平均值，工业规模也得到壮大，其在全国所占份额由期初的9.6%上升到1978年的13.24%[⑤]。

① 刘再兴：《中国工业布局学》，中国人民大学出版社1981年版。

② 陈栋生等：《西部经济崛起之路》，上海远东出版社1996年版。

③ 边古：《中国西部地区工业化的回顾与前瞻》，《中国工业经济》2000年第4期。

④ 包括攀枝花、绵阳、德阳、江油、内江、自贡、乐山、眉山、宜宾、泸州、南充、遵义、都匀、凯里、安顺、六盘水、东川、易门、会泽、宝鸡、汉中、略阳、渭南、金堆城、天水、酒泉、金昌、白银、陇西、庆阳、连城等。

⑤ 边古：《中国西部地区工业化的回顾与前瞻》，《中国工业经济》2000年第4期。

西部工业化的曲折前进时期（1978～1999年）。改革开放以后，我国工业在快速发展的过程中，地区间不平衡问题越来越突出，东部地区工业占据我国半壁江山，而西部地区工业总量仅占全国15%左右，这一比重持续多年。1978年以后，西部地区的工业化进入调整发展期。“三五”“四五”“五五”期间的西部工业化只表现在国家的三线建设方面，是沿西部主要铁路骨架线散布在临近省区内的三线工业建设点。虽然国家没有停止对西部地区工业发展援助，但投资力度相对减弱（赵曦，2002）。受国家战略转变的影响，西部地区工业建设国家投资比重逐渐下降，主要是对西部地区工业基地和“三线”企业实行调整改造、扩建，促进军工企业由军品转向民品生产，西部地区整体工业增长呈放慢态势。从工业增长速度来看，西部地区改革以来的平均增长速度为10.6%，低于全国平均水平1.2个百分点。其中，“六五”和“七五”期间工业增长速度分别低于全国0.5个、0.6个百分点，“八五”期间西部地区虽然也有较快速的增长，但增长速度仍然低于全国2.6个百分点，与全国平均水平的差距进一步加大。“九五”期间西部地区的工业增长出现大幅度回落，增长速度比“八五”时期下降了5.1个百分点，仍低于全国平均水平0.9个百分点（赵曦，2002）。1978～1999年，西部工业增长速度低于全国平均值，到1999年，西部工业在全国的份额已降到8.82%，比1952年还低0.79个百分点。在资源配置方式及国家宏观政策的取向发生转变后，西部地区的交通条件、区位环境及产业基础、结构和技术创新能力等多种因素造成东西部工业发展差距的扩大。到1998年，西部工业年增长率仅为7.81%，比全国平均增长率低2.89个百分点，其中9个省（市、区）的增长率低于全国平均水平，4个省（市、区）的增长率不足5%。

西部工业化的大发展时期（2001年至今）。在区域差距逐步扩大的背景下，区域协调发展成为我国的重要战略。“把东部沿海地区的剩余经济发展能力，用以提高西部地区的经济和社会发展水平、巩固国防。”1999年9月，中共十五届四中全会通过的《中共中央关于国有企业改革和发展若干重大问题的决定》明确提出：国家要实施西部大开发战略。国家改变了以往重点投资项目建设的西部工业化的发展模式，进而变为以国家主导的西部工业化发展基础设施建设，引导银行和社会资金大量投入西部的基础设施建设中去，为工业提升发展环境。加强西部的通道、路网和信息沟通建设，实现东西道路交通运输能力的增强。西部地区新增公路通车里程22万千米（其中高速公路6853千米），对贵州省公路、水路基础建设投资达到了525亿元（陈佳贵等，2009）；新增铁路营运里程近5000千米，修建了青藏铁路、重庆—怀化铁路、兰武铁路复线、洛湛铁路南段和大理至丽江铁路、郑州至西安客运专线等铁路干线；新增民航运输机场10个。西部地区依靠国家扶持政策和投入资金，立足自身比较优势，重点发展了能源化工、资源开采加工、农副产品加工、装备制造、高技术产业等优势产业，培育形成了特色资源加工工业基地和优势产业发展基地，如西部的重点煤矿工程、西部特色产业发展项目和军工机械生产加工及电子信息改造工程等一系列的工业产业，促使西部地区把资源优势转化为产业优势（陈佳贵等，2006）。在东部地区工业高速发展过程中，其能源和原材料的瓶颈制约愈益显露，西部地区作为我国煤炭、石油、天然气和水能资源的主要蕴藏地，重点扩建了陕西渭北煤田、宁夏的石嘴山、石炭井以及西南六盘水煤田，同时加大西部水能开发力度，不仅促进了西部地区资源型工业的发展，而且向东部地区输送了能源，即西电东送，破解了东部地区工业发展对能源需求的困局，到“十一五”时期，煤电气生产能力大幅提高，其中，发电量占全国比重由29.0%提高到34.1%；天然气生产量占全国比重一直保持在80%以上；焦炭产量占全国比重由2010年的25.3%提高到2013年的31.2%，能源产业投资规模和产值的增速一直高于经济增速，年均增速达到17%左右。与水、火电站建设相伴，西部富藏的有色与稀有金属矿得到了进一步开发，矿产开发与有色金属冶炼得到长足发展。多年来，贵州、青海、甘肃、陕西的铝工业、重庆的铝材加工业，甘肃金川的镍和铂族元素，云南的锡业与铜业，甘肃的有色金属冶炼与材料加工，青海、甘肃、川滇接壤地区和滇西的铅锌矿开采与冶炼都在全国占有举足轻重的地位。西部4个铅锌产区的崛起，将逐步接替辽、湘、粤等衰减中的老基地，成为我国铅锌金属的主产区。同时，西部地区的钢铁工业在这一时期得到了较快发展，攀枝花钢铁、重庆钢铁、重庆特钢和酒泉钢铁成为西部地区重要的钢铁产业基地。通过进一步完善扶持政策，加大资金投入以及项目倾斜，西部地区工业规模、结构及技术水平取得了较大进步，基本形成了现代产业体系，成为我国重要的能源基地、资源深加工基地、装备制造业基地和战略性新兴产业基地，从根本上改变了西部地区工业相对落后的面貌。

回顾西部地区70年的工业发展历程，西部工业全面快速的时期是在“十五”时期以后，这是由于国家区域战略的大调整，从强调效率优先到公平、协调发展，西部大开发上升为国家重要战略，国家加大了对西部工业化发展基础设施建设投资的力度，引导银行和社会资金大量投入西部的基础设施建设中去，为工业发展创造了条件，拓展了西部工业发展的空间。

二、西部工业发展成就

西部工业经过70年的发展，在国家政策引导和战略布局调整下，西部工业从无到有、从小到大，发展规模不断壮大，产业结构逐步优化，产业竞争力不断提高，承接产业转移层次明显提升。2007年，西部地区经济增速首次超过东部地区，到2017年已连续保持11年。2018年，西部地区工业增加值为18.4万亿元，经济总量在全国经济总量的占比上升到20.5%，GDP增速及固定资产投资增速普遍高于全国平均水平。

1. 工业增速保持较高水平，已领先东部地区

2018年，在我国工业增速普遍下滑的趋势下，西部地区大部分省份工业生产仍保持较高水平增速，超过全国平均6.2%的水平，东西部地区工业生产增速呈加剧分化趋势。2018年全国逾半数省份增速领先的省份主要集中在西藏、陕西、贵州等西部地区，而多数东部发达省份工业生产增速较低，天津、上海等地增速仅有2%左右。西藏、云南工业生产增速最高，分别为12.5%、11.8%。此外，四川、宁夏、青海、贵州、陕西等西部省份增速均居前，增速都超过8%。从各地数据来看，东西部地区工业生产走势明显分化，西部地区增速普遍高于东部地区。西部地区还处于工业较快发展时期，导致了东西部工业增长差异。近年来，西部工业一直保持较高速度的增长，对地区经济的带动作用巨大，从而导致西部地区各项主要指标增速持续向好（见表40－1），东西部差距不断缩小。从经济实力来看，2013年到2017年，西部地区生产总值从12.7万亿元增加到17.1万亿元，年均增长8.8%，占全国的比重从19.8%提高到20.0%。

西部地区工业的高速增长得益于国家对基础设施投资的加大和重点项目的政策战略部署。从基础设施来看，西部地区铁路运营里程达到5.4万千米，其中高速铁路7618千米。高速公路通车里程突破5万千米。民用运输机场数量达114个，占全国比重近50%，工业的发展条件进一步完善。此外，西部地区成为我国一些重大项目的战略部署承载区。2013～2017年，西部建成了一批国家重要的能源基地、资源深加工基地、装备制造业基地和战略性新兴产业基地，成为国民经济的重要支撑。

表40－1　2018年西部地区主要工业经济指标增速

指标	增速（%）
规模以上工业企业主营业务收入	9.9
企业实现利润	12.2
规上工业增加值	7.7

资料来源：《2018年各地区统计公报》。

2. 固定资产投资仍处于高增长态势

西部大部分地区正处于加快推进工业化过程中，投资仍是推动增长和发展的第一动力，固定

资产投资在工业发展中处于重要地位。2017 年，西部地区固定资产投资延续上年的高增长态势，全年完成固定资产投资（不含农户）16.7 万亿元，同比增长 8.5%，高于全国平均水平 1.3 个百分点，居各地区首位，对稳定经济增长起到重要支撑作用。其中，西藏、贵州投资增速超过 20%。基础设施、先进制造业及高新技术领域投资增长较多，四川基础设施投资增长 17.2%，高于全部投资增速 7 个百分点，连续四年保持 16% 以上的增速；云南基础设施投资同比增长 32.3%，占固定资产投资的 39.9%；重庆高技术制造业投资增速较制造业平均增速高 5.2 个百分点。总体而言，西部地区固定资产投资增速领跑全国，对稳定经济增长、促进工业发展起到重要支撑作用。

3. 工业结构逐步优化，新兴产业进一步发展

长期以来，西部地区工业发展以煤、电、重化工等能源和资源型产业为主，产业结构比较单一，受市场波动和宏观调控影响比较大，抵抗风险能力较弱。近年来，为优化地区工业结构，国家多次通过倾斜的财政政策、税收政策等方式，推动产业结构高度化的进程。2010～2018 年，西部地区三大产业增加值的构成比例由 13.15∶49.99∶36.86调整到 11.5∶41.8∶46.7。从工业内部来看，西部地区大力推动优势产业、战略性新兴产业和高新技术产业，其中高新技术产业中的航空航天、电子工业、核工业、机械制造、通信设备、激光技术已在全国有很强的竞争力，2018 年，高技术制造企业效益实现较快增长，增速明显高于全国平均水平，其增长贡献率稳步提高。我国在“十二五”规划中明确指出，西部工业发展着重培育 7 大新兴产业——节能环保、新一代信息技术、生物、高端装备制造、新能源、新材料和新能源汽车，这些战略性新兴产业的发展极大地优化了地区产业结构。从投资来看，西部地区新兴产业的投资几乎都保持了两位数以上的增速。以贵州省为例，该省 2017 年装备制造业投资为 476.49 亿元，增长 34.9%，增速比全省固定资产投资高 14.8 个百分点；信息传输、软件和信息技术服务业投资为 180.89 亿元，增长 69.4%，增速比全省固定资产投资高 49.3 个百分点；租赁和商务服务业投资为 298.14 亿元，增长 55.0%，增速比全省固定资产投资高 34.9 个百分点；太阳能发电投资为 55.49 亿元，增长 108.0%，增速比全省固定资产投资高 87.9 个百分点。2018 年前三季度，陕西省新能源汽车、工业机器人、3D 打印设备等产品产量分别增长 78.2%、26.7%、104.8%，高技术产业增长 10.1%，较上半年加快 1.2 个百分点；重庆市前三季度战略性新兴制造业增加值增长 15.8%，对规模以上工业增长的贡献率为 128.1%。

4. 工业技术创新能力逐步增强

国际上通常用 R&D 投入强度来反映一个国家的科技实力和核心竞争力。产、学、研三个创新环节，即高校、科研机构及企业三类不同的创新主体，是推进工业结构高级化的引擎。为了缩小东、西部地区工业结构及发展层次差距，西部地区近年来加大技术创新投入，不断增强工业技术创新能力。2017 年，全国试验与研究发展经费（R&D）达到 17606.13 亿元，其中西部地区实现 2196.64 亿元，占全国的比重达到 12.48%，相比 2013 年增长了 0.49 个百分点，其 R&D 费用投入比例不断增高（见表 40－2）。企业作为研发创新的主体，研发投入成为直接影响工业创新能力的

表 40－2　2013～2017 年我国各大板块 R&D 费用占比

单位：%

地区＼年份	2013	2014	2015	2016	2017
东北地区	6.17	5.59	4.68	4.24	4.00
西部地区	11.99	11.99	12.22	12.40	12.48
中部地区	14.95	15.20	15.15	15.17	16.02
东部地区	66.89	67.23	67.95	68.19	67.50

资料来源：《中国科技统计年鉴》（2014、2015、2016、2017、2018）。

重要载体。2017 年，西部地区制造业技术中心投入经费达到，占全部经费的 75%。此外，高技术产业规模的不断壮大，对工业结构调整和创新能力的提升起到了重要作用。例如，2019 年第一季度，重庆市战略性新兴产业和高技术产业增加值分别增长 6.8%、8%，均高于全国平均水平。

5. 工业发展空间载体进一步整合

西部工业在“三线”建设时期的布局导向为“山、散、洞”，形成了西部地区工业在地理空间上布局分散，使各类工业区不能连成一个有机地整体，再加上西部地区面积广大、交通设施不便等因素，使工业产业集聚效应和扩散效应不明显，严重制约规模经济效益。

但从“四五”以来，西部地区一直调整这种布局模式，逐步形成了以“大中城市及城市群 + 工业园区”为集聚区的工业布局格局。近年来，西部地区工业空间整合的指向为重点城市、重点产业带及工业园区，这些地区集聚了西部地区大部分产业与产能，成为推动工业发展的增长极。西部地区现有自由贸易试验区、内陆开放性经济试验区、国家级新区、沿边重点开发开放试验区、跨境经济合作区等发展平台，仅国家级高新区就有 10 余个，成为西部地区生产要素聚集和高技术产业的集中区，地区经济增长极的来源。产业协作区以川渝经济区、关中经济区及北部湾经济区等发展最为迅速。

6. 工业发展外向空间得到拓展

我国提出的“一带一路”倡议开启了第三轮由开放带动的开发热潮，对西部地区而言意味着再开发，改变了以往的空间开发格局，空间指向西向开放。过去 30 多年长期是依托东部沿海地区通过海上贸易的东向开放，西部地区由过去的开放末梢变为开放前沿，内陆和沿边地区作为开放的“短板”有望得到“补齐”，东向开放和西向开放的相对均衡化，陆海统筹东西互济必将促进国内东西部地区经济协调发展。2017 年，西部地区货物进口总额同比增长 25.0%，比上年提高 19.1 个百分点，是全国进口增长较快的区域；货物出口总额增速由负转正，同比增长 17.4%，居各地区首位，出口额占全国的比重同比上升 0.7 个百分点。分省份来看，西部地区对“一带一路”国家出口额排名前 5 的省区市分别为新疆、四川、重庆、陕西和云南，这些省区市对“一带一路”国家出口额合计占西部地区对“一带一路”国家出口额的 80.8%；有 5 个省区市出口额出现增长，其中四川增幅最大，达到 66.5%。

随着进出口额度的增大，对西部地区工业结构的带动优化作用不断加大。2017 年，2017 年西部地区对“一带一路”国家出口商品主要集中于 HS 商品编码第 85 章（电机、电气设备及其零件；录音机及放声机、电视图像、声音的录制和重放设备及其零件、附件，以下简称“HS85”）、第 84 章（核反应堆、锅炉、机器、机械器具及零件，以下简称“HS84”），两者合计占西部地区对“一带一路”国家出口额的 43.5%。HS85 出口额 167.0 亿美元，较 2016 年增长 52.4%，占西部地区对“一带一路”国家出口额的 24.3%；HS84 出口额 131.9 亿美元，较 2016 年增长 11.2%，占西部地区对“一带一路”国家出口额的 19.2%。其中，四川是西部地区对“一带一路”国家出口 HS85 最主要的省，其 HS85 出口额为 81.7 亿美元，较 2016 年增长 180.4%，占西部地区对“一带一路”国家出口 HS85 总额的 49.0%；重庆是西部地区对“一带一路”国家出口 HS84 最主要的城市，其 HS84 出口额为 56.5 亿美元，较 2016 年增长 14.9%，占西部地区对“一带一路”国家出口 HS84 总额的 42.8%。分省区来看，四川、重庆、贵州等地机电产品、高新技术产品在对外贸易中占比超过六成。

随着“一带一路”倡议深入实施，西部地区与沿线国家贸易合作加强，重庆中欧班列累计开行量占全国的 1/4，四川全年开行蓉欧快铁 1012 班，增长 94.6%，云南积极参与孟中印缅经济走廊、中国—中南半岛国际经济走廊和澜沧江—湄公河合作，强化区域合作，推动形成内外联动、互为支撑的双向开放新格局。第三产业占比显著提高，现代服务业快速发展。2017 年，西部地区三次产业的比重分别为 11.5%、41.8% 和 46.7%，分别较上年下降 0.4 个、下降 1.7 个和提高 2.0 个百分点，第三产业提升幅度在西部地区中高。随着居民消费结构升级，旅游、文化、体育、健康、养老“五大幸福产业”快速发展，在推动民生改善和增进居民幸福感的同时，推动现代服务业蓬勃发展。如云南 2017 年出台“22

条措施”整治旅游市场秩序，启动“一部手机游云南”和旅游大数据平台建设，推进旅游业转型升级，全年旅游业总收入同比增长46.5%。现代新型服务业异军突起，如贵州大数据行业加快发展，“云上贵州”数据共享交换体系整体接入国家平台，贵阳市成为全国大数据及网络安全示范试点城市。

7. *承接产业转移规模不断增大*

从国际国内产业转移规律来看，发达国家向发展中国家产业转移受“再工业化”影响，转移趋势减弱，特别随着中美贸易摩擦的加剧，美国等国家海外投资数额减少，对我国及西部地区产业投资量变弱。但从国内来看，目前东部地区受生产成本及环境控制等因素，不少省份的加工制造业逐渐向外转移，西部地区成为承接的重要地区，承接产业规模不断扩大，产业转移承接速度加快，不断优化地区结构，承接方式不断创新。2009～2013年，重庆市实际利用内资由733.1亿元提高到6007.2亿元，四川省由4063.7亿元提高到约8700亿元。西部承接的产业开始由以纺织、服装为主的低层次劳动密集型产业向以机械、电子信息为主的资本密集型和技术密集型产业转变。2013年，重庆市制造业引资1742.94亿元，占全市比重的29.0%。同时，西部承接产业转移的方式也从自发、零星、分散、小规模的承接转变为产业链式、产业集群式、园区共建式的承接。比如，规划建成了广西桂东、贵州大数据、宁夏沿黄等国家级承接产业转移示范区。随着中央“丝绸之路经济带”和“西南桥头堡”“渝新欧通道”等战略构想的推动，西部地区承接产业转移的步伐加快，这可以使西部地区自身发展融入东部发达地区及世界经济体系之中，促进西部地区提高产业水平、更新产业结构，更好地发挥资源与劳动力优势，加快西部地区工业经济发展。

三、西部工业发展存在的问题

特别是“十五”时期以后，西部地区基础设施逐渐完善，工业科技创新力不断加强，工业布局不断优化，产业结构得到了优化升级，工业竞争力有了显著的提升。但是，由于工业发展基础较弱，加上交通设施不完善、技术支持不到位、生态环境脆弱等“瓶颈”的存在，西部与东、中部地区工业经济发展程度依旧存在差距，与国内其他地区相比，西部地区仍然存在内生动力不足、产业层次较低、产业竞争力不强等问题，同时还面临着要素成本优势弱化、资源环境代价较高等方面的挑战。

1. *产业发展层次较低，自主创新能力相对较弱*

西部工业转型发展虽取得较大成绩，但资源型产业的比重仍较高，经济增长动力主要依赖于固定资产投资。在全社会固定资产投资中，西部地区在全国所占比重由2010年的22.8%增加到2017年的24.1%，所占比重除低于东部地外，历年均高于中部地区和东北地区。2011～2012年，在西部地区各类别项目数占项目总数的比重中，能源产业、资源加工业、承接产业转移分别占项目总数的38.31%、15.71%、14.46%。从产业的价值链来看，西部地区多处于价值链的低端，自主创新和研发投入较低，2013～2017年，西部地区R&D经费全国占比年均仅增加0.49%，西部地区R&D人员全时当量年均仅增加0.34%。企业的技术水平与东部地区相比仍然存在一定差距，虽然近年来西部地区加大了科研投入，吸引与培养了大量的人员，但自主研发的实力仍有限，无法形成产业发展的科技支撑力。

2. *大多处于产业发展链条较低位置，研发设计发展不足*

从产业发展链条来看，能源与资源产业依然是西部地区经济的主要支撑和增长点，现代服务业和高新技术产业发展相对滞后。西部地区产业发展主要是以外部嵌入或植入为主，市场化进程和开放程度较低，与制造业发展相关的服务业规模小、水平低、结构不合理，物流、会展、研发设计等现代服务业发育不足，占服务业的比重仅为30%左右，制约了其他产业特别是第二产业的转型升级。高技术产业发展落后于东部地区，在高技术产业资产、主营业务收入、内部研发经费支出等几类代表性指标中，西部地区均不到东部地区的20%。能源与资源等主导产业发展中以原煤、原油、盐湖简单开采加工以及煤电一体化发展为主，产业链条较短。

3. 产业规模相对较小，产业竞争力不强

过度依赖政府的规模投资、资源配置和输入，工业化内生增长机制缺失，造成西部地区工业化持续发展能力低下（郭克莎，2000）。“十二五”时期以来，受金融危机与宏观刺激性政策影响，全国产能过剩现状加剧，西部地区企业投入产出效率不断下降，产业竞争力显著降低。西部地区规模以上工业企业总资产贡献率在近10年间不断下降，而全国和东部地区规模以上工业企业总资产贡献率虽有下降，但下降幅度相对较小。这一时期，西部地区工业成本费用利润率也有不同程度下降。西部地区工业成本费用利润率下降幅度也远远大于全国和东部地区。经对比，西部地区国有及国有控股工业企业总资产贡献率、工业成本费用利润率下降幅度均大于全国和东部地区。

4. 要素成本不断提高，产业发展优势弱化

在东部沿海地区土地等要素成本大幅提升的同时，我国西部地区的成本优势成为吸引劳动密集型产业的主要动力，但这种优势也在逐渐丧失，特别是随着西部地区发展水平的提高和城镇化进程的加快，劳动力、土地等要素成本将进一步提高。2011～2018年，西部地区工资水平一直高于中部和东北地区，但低于东部地区；工资水平增速也快于中部和东北地区。从土地价格水平来看，2010～2018年，全国东、中、西部地区地价水平差异较大，西部地区除工业用地价格外，综合用地、商业用地和居住用地价格均高于中部地区，其中商业用地价格增速高于中部地区。此外，西部地区距离东部中心市场较远，交通网络连接性较低，收费公路在公路总里程中的占比过高，现代物流业发展相对滞后，相对于东部地区，西部地区物流费用较高且物流效率较低。

5. 重化工业比较高，产业发展能耗较高

西部地区在长期为东部提供资源支撑的基础上，形成了以高耗能工业行业为主的工业发展格局，这使能源消费总量和污染物排放增长量较大。西部地区万元地区生产总值能耗远高于东部、中部和东北地区，是东部地区近2倍。万元地区生产总值能耗、万元工业增加值能耗下降幅度最小，远远低于其他三大区域下降幅度。特别是万元地区生产总值电耗，西部地区大幅上升，而其他三大区域均出现不同程度的下降。特别在西部重化工业高速发展的近10年间，西部地区工业二氧化硫排放量全国占比一直高于其他区域且呈逐渐上升态势，工业废水中化学需氧量排放量全国占比低于东部地区但高于中部和东北地区，工业废水中氨氮排放量全国占比低于东部和中部地区，而且占比同样出现大幅下降。

四、西部地区工业发展思路

“十四五”时期，国家将步入经济增长“新常态”阶段，增长速度、动力和结构将发生较大改变，西部地区应重点围绕提升传统特色优势产业、大力发展现代特色优势产业和现代服务业、积极承接产业转移等重点举措来推动西部地区产业转型升级。

1. 以提高内生发展动力为主线，提升传统特色优势产业

进一步深化优势资源转换，用高新技术和先进适用技术改造提升传统产业，以延伸产业链、增加产品附加值为重点，完善配套产业，提高资源产品精深加工水平。一是要优化传统农牧加工

业。利用西部地区丰富的特色农牧资源优势，以发展有机、绿色、无公害农产品为导向，大力发展农牧业及农副产品加工业，进一步提高西部特色农业产异化发展水平，细化西部地区特色农业的区域布局。二是要加快传统能源产业转型升级发展。按照能源绿色、低碳发展的战略方向，依据区域水资源分布特点和生态环境承载能力，严格煤矿环保和安全准入标准，推广充填、保水等绿色开采技术，积极推进煤炭分级分质梯级利用。三是要以矿产资源开发基地建设带动规模化发展。加快淘汰落后产能，鼓励关联产业、上下游企业联合、兼并重组，加大技术改造力度，提高工艺装备水平和关键材料加工能力，集约、高效开发利用西部地区有色金属、稀土、钾盐等区域优势矿产资源。四是要大力发展生态文化旅游业。以西部地区的特色旅游资源为基础，促进文化、生态、休闲、度假旅游业态的融合发展，推动旅游产业由观光旅游向观光与自然生态旅游共同发展转变。

2. *以增强技术能力创新为支撑，发展现代特色优势产业*

以自主创新能力的提升和优势资源的深度转化为核心，充分发挥西安市、成都市、重庆市等中心城市的科技资源优势，大力发展高端装备制造业、航空航天和电子信息等新兴产业，推进西部地区产业结构转型升级。一是要重点发展高端装备制造业。以大型飞机项目为带动，加快大型飞机、新支线飞机、新型通用飞机的产业化进程，围绕国家特（超）高压输变电及智能电网、储能电站等工程建设，推进特（超）高压输变电设备集成化发展。二是要提升航空、航天和电子信息等高新技术产业竞争力。依托陕西阎良国家航空产业基地、贵州安顺民用航空产业国家高技术产业基地和四川航空高技术产业基地建设，加大技术创新和应用转化力度，加强信息化改造和应用水平，不断提升飞机装配、航空发动机、飞机零部件等相关产业发展。三是要发展壮大新材料和生物技术产业。充分利用西部地区资源优势和产业基础，大力发展新材料和生物产业，充分利用西部地区矿产资源优势，大力发展稀土、钛及钛合金等稀有金属、碳纤维、电子级硅材料、新型生物材料产业，尤其是在生物医药和生物育种两大产业领域，加速基因治疗药物、新型疫苗和诊断试剂、现代中药等创新药物和特色生物医学工程产品产业化生物技术创新和产业开发。

3. *提高产业服务配套能力，提升产业综合竞争力*

以提高产业配套能力与产业结构特征为导向，进一步加快生产性服务业发展，努力提高现代服务业的比重和水平，促进产业发展由生产制造型向生产服务型转变。一是进一步发展壮大各类金融机构，支持国内外商业银行在西部地区的发展，吸引金融机构在重庆市、成都市、西安市等重点城市设立区域总部、职能总部和分支机构，大力发展消费金融公司、基金管理公司，积极稳妥发展小额贷款公司和融资担保公司等机构，加快融资租赁服务业发展，进一步完善县域金融体系。二是以降低物流成本和提高产业配套发展能力为导向，加强物流基础设施网络建设，推动物流业与其他产业联动融合发展，通过优化物流园区空间布局，加强现代物流基础设施建设，建立交通运输、信息交流和仓储配送等物流平台，整合物流资源，形成立体式现代化综合物流体系。三是建设开放式电子商务信息平台，鼓励对现有商业设施、邮政便民服务设施等的整合利用，加强共同配送末端网点建设，推动社区商业电子商务发展。推进农村电子商务发展，积极培育农产品电子商务，鼓励网上购销对接等多种交易方式。支持面向跨境贸易的多语种电子商务平台建设、服务创新和应用推广。

4. *以促进产业升级配套为导向，积极承接有序转移产业*

进一步依托资源优势和各类成本优势，积极加强区域和国际合作，以促进产业升级为导向，选择性地承接国外和东部地区产业转移。一是要合理选择产业承接方向，优化承接产业转移领域和结构，采取补链承接、提升承接、延伸承接等多种方式，高起点、高标准、高环保门槛承接装备制造、现代服务业、农牧产品加工业等，提升西部地区产业发展水平。二是要充分利用西部地区土地、劳动力等要素成本低、具有发展劳动密集型产业的比较优势，积极承接纺织、服装、电子加工等劳动密集型产业，扩大非农就业规模，提升开放型经济水平。三是按照产业发展需要，积极承接引进具有尖端技术水平的先进装备制造业，加大对西部装备制造、航空航天、电子信息、新材料、生物技术等产业改造提升力度，不断提高装备制造业技术研发、成果转化和产业化能力，促进西部地区装备制造业的转型与升级。四是积极承接先进加工制造能力，改造钢铁冶金、化工、农牧产品加工等传统产业，提升加工制造水平和市场竞争力，不断延伸产业链，完善产业配套。发挥广西桂东、重庆沿江、宁夏银川承接产业转移示范区的带动作用，继续推进西部地区承接产业转移示范区建设。同时，鼓励东西部地区共建共管产业园区和产业承接园区，积极支持中新生态产业园、中德生态产业园、中欧合作示范园区等产业园区落户西部。

专栏 40－1

西部地区产业升级步伐加快
——以贵州省工业重点项目为例

我国西部地区推进产业升级步伐加快，以重点项目为依托，优化产业结构，助力地区工业保持较高速增长。2019 年 1 月至 6 月，贵州省共开工亿元以上项目 1013 个，总投资 6662.64 亿元，其中新开工的省重大工程和重点项目 712 个。全省重大工程和重点项目共完成投资 4670.5 亿元，占年度计划的 51.5%；建成项目 104 个，占上半年计划的 116%。全省重大工程和重点项目呈现出“项目建设平稳推进、‘三长三短’持续聚焦、投资结构调整质优”的良好态势，为全省促投资、稳增长、调结构、惠民生提供了有力支撑。

贵州省在产业升级中实行“三大战略”行动、“强长补短”和产业转型升级领域重大工程项目投资力度进一步加大，完成投资 3787 亿元，占全省重大工程和重点项目上半年完成投资计划的 81.1%，其中大数据项目、大旅游项目、大生态项目分别完成投资 66.6 亿元、555.1 亿元和 305.1 亿元，脱贫攻坚项目、教育医疗等社会事业项目、基础设施项目分别完成投资 697.5 亿元、282.2 亿元和 1880.4 亿元。工业方面的省重大项目完成投资 508 亿元，占年度投资目标的 52.3%。贵州省提升政府治理能力大数据应用技术国家工程实验室、贵州双龙航空港经济区国际山地旅游联盟总部建设、红花岗区长征片区棚户区改造项目、贵阳市轨道交通 2 号线一期工程等项目建设进展顺利，威宁自治县小官山 8.5 万千瓦农业光伏电站项目、黔西县黔希煤化工投资有限责任公司黔西县 30 万吨/年煤制乙二醇生产装置异地技术改造建设项目等 22 个项目建成投运。这些重大项目的建设与运营，助力于西部地区未来新动能的培育，从而转化为产业优势。

资料来源：根据 http：//xbkfs. ndrc. gov. cn/mzfz/201809/t20180911_ 898183. html 整理。

参考文献

［1］林建华、任保平：《西部大开发战略 10 年绩效评价：1999 ~2008》，《开发研究》2009 年第 1 期。

［2］王洛林、魏后凯：《我国西部大开发的进展及效果评价》，《财贸经济》2003 年第 10 期。

［3］赵曦：《21 世纪中国西部发展探索》，科学出版社 2002 年版。

［4］周浩然等：《论中国西部工业化发展问题》，《世界经济与政治》1993 年第 9 期。

第四十一章　中部地区工业

提　要

新中国成立70年来，中部地区的工业发展可以分为五个阶段：国民经济恢复时期的中部地区工业经济（1949年10月~1952年）、实行计划经济体制时期的中部地区工业经济（1958~1977年）、实行计划经济体制时期的中部地区工业经济（1958~1977年）、改革开放以来至党的十八大以前的中部地区工业经济（1979~2011年）、党的十八大以来中部地区工业经济（2012年至今）。本章详细探讨了每一阶段中部地区工业经济所取得的成就。并且文章指出了中部地区工业经济发展所面临的诸如产业结构矛盾弱化了产业竞争力、产业结构“虚高”和过早去工业化的矛盾问题、产业结构单一化、基础产业的基础相对薄弱、产业发展外向度偏低、工业同构化等问题。最后本章为解决这问题，促进中部地区工业健康持续发展，提出了大力发展科技要素密集的现代制造业、进一步优化和完善中部地区承接产业转移的政策、引导传统产业转型升级及培育发展战略性新兴产业、优化制造业空间布局与区域分工和全方位扩大对内对外开放的建议。

*　　　　*　　　　*

新中国成立以来，经过几代人的努力，中部地区[①]工业发展取得了较大的成就，中部地区完善的工业体系逐渐形成，工业分工格局逐步优化。2017年中部地区工业增加值为67869.2亿元，中部地区依靠占全国10.7%的国土面积，产生的工业增加值占全国工业增加值的22.5%。2017年中部地区第一产业占国民生产总值的9%、第二产业占45%、第三产业占46%，从产业结构来看，第二产业比重略小于第三产业，中部地区处于后工业化阶段。但是中部地区在工业化的进程中也面临着诸如要素获取能力弱、环境保护与能源节约等方面的问题。因此本章首先回顾了新中国成立70年以来中部地区工业发展历程及成就，其次分析当前中部地区工业发展存在的突出问题，最后提出促进中部地区工业健康发展的对策建议。

① 中部地区：河南、湖北、湖南、安徽、江西、山西。

一、新中国成立70年中部地区工业发展历程及成就

新中国成立以前，我国工业分布极不均衡，70%的工业主要集中于东部沿海地区，中西部的工业产值占全国工业总产值的比重不到10%，为改变这种落后面貌，国家“一五”到“四五”计划时期，实施的是区域平衡发展战略，50%的建设资金都投到了内地，自此，中部地区也形成了以钢铁冶炼、石油化工、煤炭能源、机械制造、运输设备、有色金属、轻工纺织、原材料输出等为主的工业体系。本部分将从历史发展的脉络来分析中部地区工业经济发展阶段。

1. 国民经济恢复时期的中部地区工业经济（1949年10月至1952年）

此时期，面对我国百废待兴的工业经济，国家实行了一系列的措施来恢复国民经济。1949年9月通过临时宪法性质的《中国人民政治协商会议共同纲领》，指导了此阶段的中国工业经济发展，规定了新民主主义社会的经济纲领。主要任务归为两个方面，一是实现新民主主义社会的工业经济，主要包括没收官僚资本主义工业企业，建立社会主义国家所有制工业；保护并有限的发展民族资本主义；保护和发展个体手工业。二是要恢复和发展工业生产。在全国工业发展政策背景下，此时期中部地区工业发展也取得了较大的成就。

（1）工业所有制结构初步形成。1949年，河南省国有工业企业产值占工业总产值比重是8.4%，集体企业占21.8%，到1952年河南省国有工业企业产值占总产值比重上升到24%，集体企业占比下降到12.5%；1949年湖北省国有工业企业数占总工业企业数的2.8%，到1952年上升到19.4%；1949年湖南省国有企业总产值占总产值的3.5%，到1952年这一比重上升到43.7%；1949年安徽省国有企业工业总产值占总产值的8.5%，到1952年上升到33.5%；1949年江西省国有企业工业总产值占总产值的16.3%，到1952年上升到39.5%；1949年山西省国有企业工业总产值占总产值的63.3%，到1952年上升到77.7%。中部六省份无论是国有企业总产值所占比重还是国有企业数量都出现了明显的上升，这是这一阶段贯彻新民主主义社会经济纲领的重要表现，也是经济得到迅速恢复的根本原因。

（2）工业恢复生产，发展速度较快。1949～1952年，中部地区各省份的工业总产值都出现了较大幅度的增加，由于湖北省1949年工业总产值的缺失，我们仅考虑五省份的工业总产值。1949年河南、湖南、安徽、江西、山西的工业总产值分别为2.98亿元、3.18亿元、3.63亿元、2.64亿元、2.07亿元，到1952年分别增加到9.98亿元、8.19亿元、6.5亿元、6.97亿元、5.47亿元，增幅分别达到70%、61%、44%、62%、62%。从主要工业品产量来看，1952年主要工业产品产量大大超越1949年，例如山西省原煤产量从1949年的267万吨上升到1952年的994万吨，钢产量从1949年的1.22万吨上升到1952年的9.22万吨；江西省原煤产量从1949年的32万吨上升到1952年的104.77万吨；河南原煤产量从1949年的90万吨上升到1952年的330万吨；湖北省钢产量从1949年的0.03万吨上升到1952年的4.44万吨，水泥产量从1949年的2.29万吨上升到1952年的25万吨。工业产品的品种也有了很大的增长，以钢为例，新中国成立以前能生产的钢不到100种，到1952年增加到400种。并且还增加了很多新的工业品，冶金设备、大型机床等以往不能生产的工业产品，到1952年也开始生产了。这些都表明在国民经济恢复时期，中部地区工业的恢复和发展都是比较迅速的。

（3）国民经济恢复时期工业经济效率显著提高。由于受数据的限制，本部分只考虑个别省份的个别年份的劳动生产率。以第二产业劳动生产率为例，1949年江西省第二产业劳动生产率为311元，到1952年上升到669元，上升了2倍还要多，到1952年山西省第二产业劳动生产率也达到644元，河南省为1112元，湖南省为435元。

（4）职工生活条件明显改善。以河南省国有

企业为例，包括工业工人在内的国有企业职工平均货币工资达到347元，而这一数字在1949年仅为242元，上升了43%。湖南省1952年包括工业工人在内的所有企业的职工平均货币工资在1950年为288元，到1952年上升到313元。职工工资的提高可以增加广大劳动者的积极性，这对于恢复国民经济具有重要的影响。

（5）国民经济恢复时期工业企业就业人数显著提高。以第二产业为例，山西省第二产业就业人数从1949年的28.4万人上升到1952年的42.7万人，上升了50%；湖南省第二产业从业人数从1950年的54.86万人上升到1952年的76.72万人，上升了40%；江西省从1950年的27.3万人上升到1952年的36.9万人，上升了35%；河南省从1949年的30万人上升到1952年的74万人，上升了147%。从第二产业就业人数来看，国民经济恢复时期工业就业人数明显增加，失业人数逐渐减小。

在国民经济恢复时期，中部地区在恢复与发展生产方面取得了较大的成就，无论是从工业所有制结构、工业发展速度、工业经济效率，还是从职工生活条件与就业人数方面都反映了国民经济恢复时期中部地区工业经济的恢复与发展。

2. 社会主义工业化基础初步建立中部地区工业经济（1952～1957年）

1953～1957年，我国开始进行第一个五年计划，加强以重工业为主的建设，对全国经济布局进行大力调整，“一五”期间开展了以156项建设为中心的经济建设，为我国工业化奠定了基础。在生产力布局方面，重点加强内地建设的同时，注意利用和发展沿海地区的工业，156项项目中“一五”时期实际施工建设的有150项，在这150项项目中民用企业有106个，中部地区29个，仅次于东北地区；150项项目实际完成投资额196.1亿元，中部地区占32.9%。在此阶段新建了以武汉为中心的华中钢铁工业基地，重点对山西大同、安徽淮南这些原料产地进行了扩建和改建，在山西太原进行了以基本化工为主的建设。通过“一五”计划的实施为中部地区工业化奠定了基础。

由于新建企业的投产和原有企业生产的增长，工业总产值和工业产品的产量都有了较大幅度的增长。1952年中部地区工业总产值为43.6亿元，到1957年上升到106.8亿元（按照1952年可比价计算），上升了145%，上升幅度较大，1952年中部地区工业总产值占全国总产值的比重为12.7%，到1957年这一比重上升为13.6%。工业产品产量也出现了较大幅度的增长，1952年山西原煤产量为994万吨，到1957年上升到2368万吨，增加了2倍多；湖北省的钢产量从1952年的4.44万吨，上升到1957年的14.75万吨，增加了3倍多。

3. 实行计划经济体制时期的中部地区工业经济（1958～1977年）

1958～1977年我国经济实行高度集中的计划经济体制，在此阶段中部地区工业经济又可分三个阶段：一是“大跃进”和三年国民经济调整时期的中部地区工业经济（1958～1965年）；二是“三线”建设阶段的中部地区工业经济（1966～1972年）；三是战略调整阶段的中部地区工业经济（1973～1978年）。

（1）“大跃进”和三年国民经济调整时期的中部地区工业经济（1958～1965年）。随着“一五”计划的完成，1958年我国开始实行第二个五年计划，虽然“二五”计划提出了在综合平稳中稳步前进的经济建设方针，但是由于“大跃进”运动的影响，经济发展片面追求高速度，优先发展重工业的国家战略演化为“以钢为纲”，全国上下进入了大炼钢的浪潮中，挤占了轻工业的发展。此时在中部地区也布局了一些重工业项目，比如太原钢铁厂的扩建，新建太原、洛阳、蚌埠大中型玻璃厂，合肥、郑州形成的机械工业集中地，还有在洛阳重点建设的第一拖拉机制造厂等。但是“大跃进”对中部地区工业生产建设也造成了重要的不良影响，但是经过1962年的大幅度调整和三年调整时期，到1965年中部工业生产建设取得了显著成绩。

图41－1描述的是中部地区各省区工业总产值的变动趋势，从图中可以看出，1958～1960年，各省份工业总产值呈现上升趋势，这与这一时期的“大跃进”有很大关系，这一时期的经济纲领成为“以钢为纲”，从而造成这一时期工业总产值上升。但是随着劳动生产率的降低，产品质量下降，并且造成工业与其他部门的比例关系

严重失调，轻重工业的比例也出现严重失调，因此导致从1960年开始出现工业总产值的下降。经过1962年的大幅度调整，国民经济逐渐摆脱困境，从1962年开始出现了回升的趋势，中央决定利用三年时间（1963~1965年）对国民经济进行调整，以此作为国民经济发展的过渡时期。

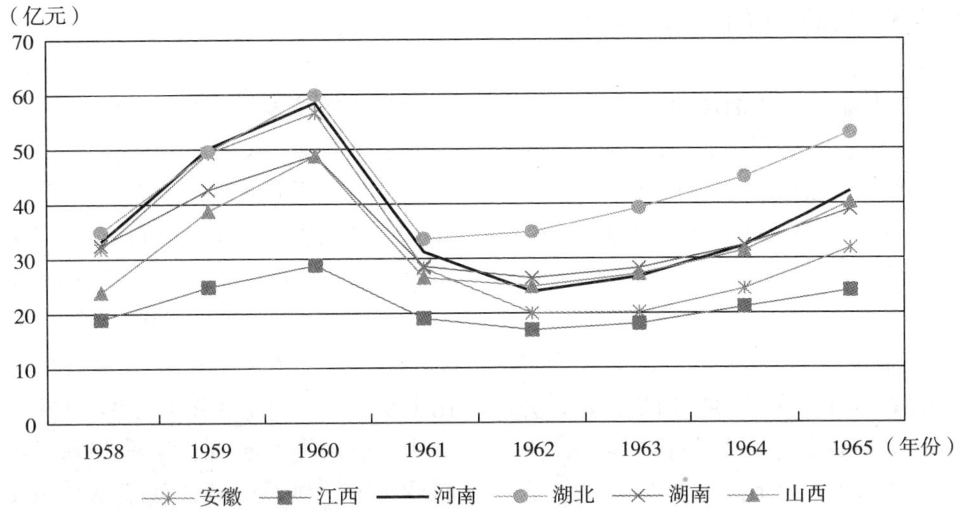

图41－1　中部地区省份工业总产值趋势（1958~1965年）

（2）“三线”建设阶段的中部地区工业经济（1966~1972年）。面对复杂的国际环境，“三五”计划提出了加快“三线”建设，逐渐改变工业布局，40%的左右的投资都集中于“三线”地区，国家累计对“三线”建设投资200亿元，投资各类项目2000多个，建设各类基地45个，新建工业城市30座，其中大部分投资和项目都集中于西部地区，中部地区也有一些投资和项目分部，比如湖北十堰汽车厂，并且也形成了豫西机械工业中心，以机床、轴承制造为特色的汉中工业区。通过“三线”建设，中部地区建立起了相当规模的工业基地。但是从总体上来看，中部地区的工业地位在全国来看呈现下降趋势，工业总产值占全国的比重由1965年的29.72%下降到1978年的25.91%，而西部地区的工业地位有所提升，由1965年的11.59%上升到1978年的13.22%。“三线”建设的划分具有区域性，“一线”“二线”的地域范围和政策差异并有没被强调，中部地区在全国的地位也没有被强调。国家的建设重点从“东中西”到“西中东”，中部地区地位比较尴尬，中部地区的投资份额并没有被强调。

（3）战略调整阶段的中部地区工业经济（1973~1978年）。从1971年开始，中国所处的国际环境发生了较大的变化，随着联合国恢复中国的席位，尼克松总统访华，中国的对外关系进一步改善，国际形势趋于缓和，在这种情况下，工业布局过分强调国防安全已不合时宜。基于此背景，1973年国家展开了以引进项目为中心的经济建设，引进的47个重要成套项目中，东部沿海地区占24个，中部地区占12个，西部地区占11个。在改革开放前30年的经济建设中，西进战略的实施为中部和西部地区的工业化奠定了初步基础，缩小了中部与东部地区的差距。从这一阶段开始强调沿海地区的经济发展，中部地区的人均国民收入水平（1978年为268元）明显低于全国平均水平（312元）和东部地区（422元），但是仍然高于西部地区（217元）。

4. 改革开放以来至党的十八大以前的中部地区工业经济（1979~2011年）

改革开放以来至党的十八大以前，中部地区工业经济发展根据汪海波（2017）的划分方式划分为三个阶段，一是市场取向改革起步阶段的中部地区工业经济（1979~1984年），二是市场取向改革全面展开阶段的中部地区工业经济（1985~1992年），三是市场取向改革继续推进阶段的中部地区工业经济（1993～2011年）。

（1）市场取向改革起步阶段的中部地区工业经济。1978年党的十一届三中全会以来，由于贯彻执行了调整、改革、整顿、提高的方针，1979～1984年中部地区工业经济改革和发展取得了巨大的发展。

①工业结构与产业结构逐渐优化。

以公有制为主体、多种所有制共同发展的格局初步形成。1978年山西省工业总产值中，国有企业产值占比为82%，到1984年下降为80%，集体企业占比由1978年的18%上升到1984年的20%。湖南省工业总产值中，国有企业占比由1978年的75%下降到1984年的72%，集体企业占比由1978年的25%上升到1984年的26%，并且1978年国有和集体企业工业总产值占全部工业总产值的100%，到1984年下降为98%。湖北省工业总产值中，国有企业占比由1978年的77%下降到1984年的71%，集体企业占比由1978年的23%上升到1984年的29%。河南省工业总产值中，国有企业占比由1978年的74%下降到1984年的71%，集体企业由1978年的26%上升到1984年的29%。江西省工业总产值中，国有企业占比由1978年的78%下降到1984年的74%，集体企业占比由1978年的21%上升到1984年的23%，并且1978年国有和集体企业工业总产值占全部工业总产值的99%，到1984年下降为97%。江西省工业总产值中，国有企业占比由1978年的80%下降到1984年的69%，集体企业占比由1978年的17%上升到1984年的31%。在此阶段集体工业特别是乡镇工业有了迅速的发展，这说明中部地区的企业改革和经济体制改革已经开始迈出了重要步伐，市场取向改革已经开始起步。

产业结构趋于优化，主要体现在重工业和轻工业趋于协调发展。1978年河南省轻工业比重占工业总产值的46%，到1984年上升到50%，重工业所占比重从1978年的54%下降到1984年的50%。湖南省轻工业产值比重从1978年的38%上升到1982年的46%，重工业比重从1978年的62%下降到1982年的54%。湖北省轻工业比重从1978年的46%上升到1984年的48%，重工业比重从1978年的54%下降到1984年的52%。这说明这一时期在实现轻工业与重工业协调发展方面取得了明显的成效，从根本上改变了轻工业落后于重工业的局面。

②工业总产值和主要产品产量迅速增长。

图41－2描述的是1978～1984年中部地区工业总产值，从图中可以看出，中部地区工业总产值呈现上升趋势，从1978年的760亿元上升到1984年的1454亿元，上升了2倍左右，并且中部地区工业总产值占全国的比重也从1978年的17.9%上升到1984年的19.1%。工业品中除极少数产品产量下降以外，大多数工业产品产量都出现了很大的增长，以家电差产品最为突出（如电冰箱、洗衣机、录像机、电视机和照相机等）。

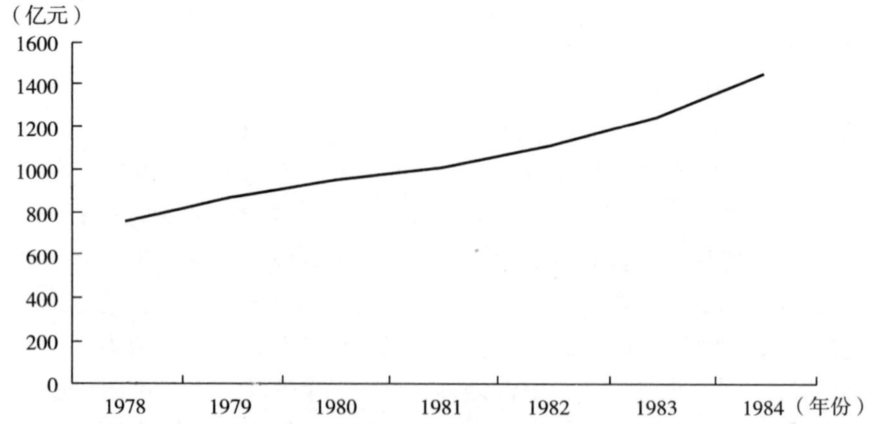

图41－2 中部地区工业总产值

（2）市场取向改革全面展开阶段的中部地区工业经济（1985～1992年）。1984年10月召开党的十二届三中全会总结了我国社会主义建设正反两方面的经验，做出了《关于经济体制改革的决定》（以下简称《决定》），该《决定》全面阐述了经济体制改革的方向、原则和步骤，为全面改革绘制了蓝图。《决定》标志着我国经济体制改革进入以城市为重点的全面展开阶段。

①以社会主义共有制为主体，多种所有制共同发展的格局进一步发展。

湖南省1980年国有工业总产值占总产值的76%，到1992年下降到59%，集体企业工业总产值占总产值比重由1980年的24%上升到1992年的30%，城乡个体企业工业总产值在1980年为0，到1992年上升到9%，其他经济类型从1980年的0.07%上升到1992年的1.36%。河南省国有工业总产值占总产值的比重由1985年的66%下降到1992年的49%，集体企业占比由1985年的31%到1992年的36%，城乡个体企业占比由1985年的3.5%上升到1992年的13.9%，其他经济类型从1985年的0.07%上升到1992年的1.1%。安徽省全面所有制工业总产值占比由1985年的65%下降到1992年的51%，集体所有制企业由1985年的21%上升到1992年的26%，个体企业由1985年的13%上升到1992年的22%。从中部地区的工业总产值的构成来看，国有企业占比呈下降趋势，个体企业开始异军突起，这表明市场取向改革已进入全面开展阶段，以社会主义公有制为主体，多种所有制共同发展的格局进一步形成。

②固定资产投资规模和工业总产值都出现高速增长。

湖南省1985年国有企业的工业资产投资为23.85亿元，到1992年上升到79.3亿元，增加了3倍多。河南省1985年国有企业的工业资产投资为20.72亿元，到1992年上升到59.29亿元，增加了3倍左右。江西省1985年国有企业的工业资产投资为19.2亿元，到1992年上升到50.4亿元。湖北省1985年国有企业的工业资产投资为45.57亿元，到1992年上升到119.03亿元。江西省1988年国有企业的工业资产投资为22.3亿元，到1992年上升到38.4亿元。山西省1985年国有企业的工业资产投资为32.2亿元，到1992年上升到63.3亿元。虽然中部地区各省区都增加了投资额，但是从全国范围来看，由于国家区域发展战略的影响，从1986年到1989年，几乎所有沿海省份的投资份额都有所增加，“七五”时期东部地区的基建投资占51.7%，中部地区为24.4%，西部地区为16.3%。

图41－3描述了该阶段中部地区工业总产值和占全国的比重，从图41－3中可以看出，中部地区工业总产值呈现上升趋势，但是工业总产值占全国的比重却出现了下降趋势，这说明从全国范围来看，中部地区工业总产值处于劣势地位，这很可能与此时沿海发展的区域经济格局有关，国家很多改革方案或者措施大部分都在东部地区试行和实施。

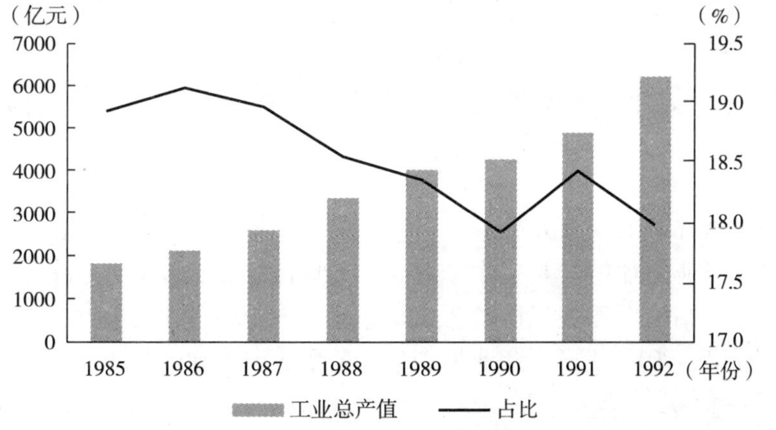

图41－3　中部地区工业总产值及占全国的比重

（3）市场取向改革继续推进阶段的中部地区工业经济（1993～2011 年）。继邓小平南方谈话之后，1992 年 10 月召开的中共十四大做出了建设社会主义市场经济体制的决定，并且中央开始重视区域协调发展。

改革开放以来，虽然中部地区保持了稳定的增长，但是由于沿海地区发展较快，西部大开发以来西部发展成绩显著，中部地区仍然陷入“塌陷”状态，2000 年中部地区人口占全国的 28%，但是地区生产总值仅占全国的 22%，地方财政收入仅占全国的 16%，进出口总额占全国的 4%，从人均指标来看也低于全国的平均水平。此阶段中部地区工业经济也取得了较大的成就，在完善社会主义市场经济体制方面迈出了重要步伐，以国有经济为主体、多种所有制共同发展的格局逐步形成，国有及国有控股企业主营业务收入占比出现下降趋势，私营企业占比逐年上升。产业结构优化升级加快，高新技术产业产值占工业总产值的比重逐年上升。

5. 党的十八大以来中部地区工业经济（2012 年至今）

2012 年党的十八大报告再次为中国特色新型工业化指明了方向，不断促进工业化、信息化、城镇化、农业现代化同步发展。党的十八大以后先后提出，根据我国经济社会发展的实际，在全面建成小康社会目标的基础上努力实现新的要求。

（1）社会主义市场经济体制进一步完善。江西规模以上工业企业主营业务收入中，国有企业占比从 2012 年的 24% 下降到 2017 年的 19%，私营企业占比从 2012 年的 37% 上升到 2017 年的 38%。河南省年规模以上工业企业主营业务收入中，公有制企业营业收入占比从 2012 年的 27% 下降到 2017 年的 16%，非公有制企业占比从 2012 年的 73% 上升到 2017 年的 84%。湖北省工业企业主营业务收入中，国有控股企业占比从 2012 年的 33% 下降到 2017 年的 27.3%，外商投资和港澳台投资企业占比从 2012 年的 15.9% 上升到 2017 年的 16.6%，私营企业从 2012 年的 26.9% 上升到 2017 年的 33%。安徽工业企业主营业务收入中，国有控股企业占比从 2012 年的 32.2% 下降到 2017 年的 25.3%，私营企业从 2012 年的 34.7% 上升到 2017 年的 42.6%。湖南省工业企业主营业务收入中，国有控股企业占比从 2012 年的 24.4% 下降到 2017 年的 19.5%，私营企业占比从 2012 年的 46.4% 上升到 2017 年的 55.6%，外商投资及港澳台投资企业占比从 2012 年的 7.1% 上升到 2017 年的 8.9%。山西工业企业主营业务收入中，国有企业（不包括国有控股）占比从 2012 年的 13.2% 下降到 2017 年的 6.1%，私营企业占比从 2012 年的 24.3% 上升到 2017 年的 28%，港澳台投资占比从 2012 年的 3.2% 上升到 2012 年的 5.5%。

（2）科技创新水平和能力大大提高。中部地区规模以上工业企业 2012 年 R&D 经费占全国经费占比为 16%，到 2017 年上升为 18%，R&D 项目数也从 2012 年的 330105 项上升到 2017 年的 770320 项，专利申请数占全国的比重从 2012 年的 15% 上升到 2017 年的 17%，有效发明专利数占全国的比重从 2012 年的 12% 上升到 2017 年的 15%。

二、当前中部地区工业发展存在的突出问题

1. 产业结构矛盾弱化了产业竞争力

当前中部地区三次产业增加值与其三次产业就业结构偏差过大，二元结构矛盾表现得较为突出。由表 41－1 可以看出，2017 年三次产业增加值分别为 15803.34 亿元、79937.91 亿元、80745.36 亿元，三次产业比为 0.09∶0.45∶0.46，三次产业从业人员结构比为 0.34∶0.28∶0.38。中部地区第一产业增加值占全部增加值的 9%，而从业人员数占比为 34%，中部地区大量劳动力滞留于第一产业，导致第一产业劳动生产率与经济效益低下，进一步分析表明，中部地区的县域工业化、农业产业化和城镇化发展较为缓慢，不能够有

效地吸收和消化农村剩余劳动力，导致中部地区产业集聚程度不高，中部地区产业竞争力不足。

表 41－1　中部地区三次产业增加值与从业人员数

年份	三次产业增加值（亿元）			三次产业从业人员数（万人）		
	第一产业	第二产业	第三产业	第一产业	第二产业	第三产业
2013	15014.76	66363.32	45927.55	8157.54	6160.91	7547.39
2014	15350.65	68770.53	54558.46	8081.33	6206.89	7783.07
2015	15863.85	68784.42	62302.19	7874.48	6274.86	8056.38
2016	16780.94	72951.48	70913.15	7759.57	6303.06	8289.58
2017	15803.34	79937.91	80745.36	7502.74	6368.59	8486.94

资料来源：2018 年中部各省区统计年鉴。

2. 产业结构“虚高”和过早去工业化的矛盾问题

近年来，中部地区呈现第三产业所占比重持续上升，第二产业所占比重不断下降的趋势，第二产业占 GDP 的比重从 2013 年的 52.1% 下降到 2017 年的 45%，工业占 GDP 的比重从 2012 年的 21.2% 下降到 2017 年的 12.9%，第三产业占 GDP 的比重从 2012 年的 36% 上升到 2017 年的 46%。从三次产业结构看，似乎中部地区的产业结构高度化水平已经较高。但是，从欧美日等发达国家的三次产业结构变动的一般规律看，虽然在工业化后期，这些国家的工业比重呈现下降而服务业比重呈现上升趋势，但工业的生产效率却并没有表现出下降的趋势。也就是说，只有高效率制造业支撑的服务业比重上升才是“真实”的产业结构高度化。然而，从统计数据看，第二产业的生产效率低下问题较为突出。2017 年中部地区第二产业劳动生产率仅为 12.6 万元/人。也就是说，中部地区的三次产业结构存在“产业结构虚高”和“过早去工业化”的问题。

3. 产业结构单一化问题严重

改革开放以来，中部地区各类产业都取得了较大发展，但是整体来看，主导行业及具有比价优势的行业主要集中于原料工业、燃料动力工业和农产品加工等领域，并且中部个别城市产业单一结构明显，这些结构单一地区，或严重依赖于当地的自然资源，或仅靠某一项、几项支柱产业支撑。一旦这个行业出现危机，就会造成一个地区的经济增长失速，甚至让一座城市的经济崩溃。以山西省为例，以煤炭为基础展开，形成了高度依赖煤炭资源、原材料工业为主的产业结构，山西省各城市区位商如表 41－2 所示。

表 41－2　山西省各城市区位商

城市	行业	区位商①
太原市	炼焦	10.53204
大同市	锰矿、铬矿采选	32.52502
阳泉市	烟煤和无烟煤开采洗选	32.27756
长治市	烟煤和无烟煤开采洗选	19.09008
晋城市	通用设备修理	39.50692
朔州市	烟煤和无烟煤开采洗选	29.97053
晋中市	炼焦	24.47122
运城市	炼焦	16.33465
忻州市	铁矿采选	21.37008
临汾市	电气设备修理	50.3728
吕梁市	炼焦	22.79197

资料来源：2013 年中国工业企业数据库。

① $LQ_{ij}=\dfrac{x_{ij}/\sum_i x_{ij}}{\sum_i x_{ij}/\sum_j\sum_i x_{ij}}$，式中，$LQ_{ij}$表示区位商；$x_{ij}$表示第 j 地区的第 i 产业的就业人数或产值。LQ_{ij}值越大，区位商越大，意味着该地区该产业的集聚程度越高，比较优势越明显。$LQ_{ij}>1$，表明该地区该产业具有比较优势，一定程度上显示出该产业较强的集聚能力；$LQ_{ij}<1$，表明该地区该产业处于比较劣势，集聚能力弱。

4. 基础产业的基础相对薄弱

中部地区无论是产业的发展速度还是生产效率和经济效益都不如东部地区甚至不如其他地区。表 41－3 描述了反映规模以上工业企业经济效益的两个指标，从成本费用利润率指标来看，2014 年中部地区的成本费用利润率为 5.6%，远低于东部地区、西部地区和东北地区，并且低于全国的平均水平，这从侧面说明了总部地区工业企业的效率较低。从业务收入指标来看，2014 年中部地区业务收入为 104.41 万元/人，远低于东部地区的 128.07 万元/人和全国平均水平，并且也低于西部和东北地区。出现这种现象的主要原因是中部地区基础产业后期投入严重不足。自改革开放以来，国家经济政策和投资重点都向东部地区倾斜，对中部地区的支持和投资都相对较小。由于规模以上工业企业中国有企业占比较大，经济效益普遍较低，更新改造缺乏动力，一些老工业基地设备陈旧、技术老化和资金缺乏，这些都造成了中部地区基础产业投资不足，基础产业的发展基础薄弱，后劲不足。

表 41－3 2014 年中国分区域规模以上工业企业主要指标

	成本费用利润率①（%）	业务收入（万元/人）
全国平均水平	6.59	115.36
东部地区	6.94	128.07
中部地区	5.64	104.41
西部地区	6.79	107.16
东北地区	6.47	127.64

资料来源：钟新桥：《中部地区产业发展研究》，科学出版社 2017 年版。

5. 产业发展外向度偏低

图 41－4 描述了四大板块的产业和经济外向度水平，从图 41－4 中可以看出，中部地区的产业和外向度水平远远低于东部地区的水平，差距较大，并且也低于西部地区，这说明中部地区的产业和经济外向度水平明显偏低，外贸的进出口对经济增长的拉动力有限，这很可能会进一步制约中部地区产业和经济的进一步发展。

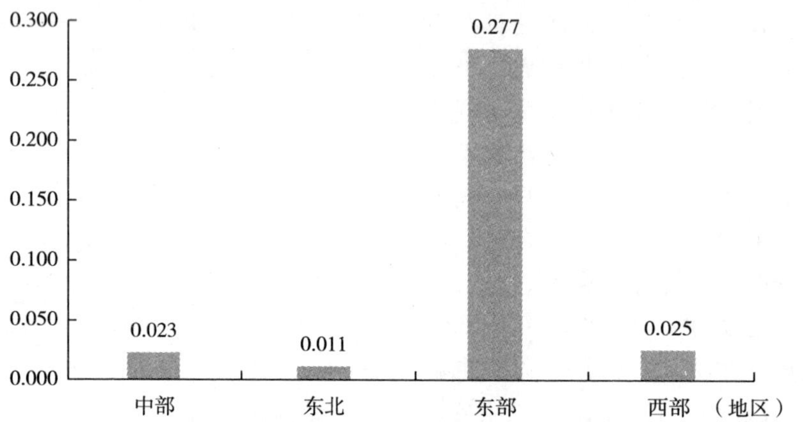

图 41－4 2017 年四大板块产业和经济外向度②

6. 产业分工逐渐显现，但还存在同构现象

表 41－4 描述的是 2016 年中部地区各省区间工业分工指数③，从工业分工指数来看，山西与其他省区的工业分工指数较大，这说明山西和中

① 成本费用利润率是企业一定期间的利润总额与成本、费用总额的比率。成本费用利润率＝利润总额/成本费用总额×100%。

② 产业和经济外向度＝进出口总额占国内生产总值比重。是衡量一个国家或地区开放型经济发展水平和发展规模的宏观指标之一，其数值越大，表明国际市场对该国或地区的产品认可度越高。

③ $S_{jk} = \sum_{i=1}^{n} \left| \frac{q_{ij}}{q_j} - \frac{q_{ik}}{q_k} \right|$，其中，下标 j 和 k 表示不同区域；i 表示产业，n 表示产业个数；q_{ij} 和 q_{ik} 分别表示两地区 i 产业的产值；q_j 和 q_k 分别为两地区工业总产值。指数在 0～2 之间，指数值越高，两地区行业差异度越高，即区域分工程度越高；反之则说明两地产业同构性较强。

部其他省区存在产业同构问题，由于山西围绕煤炭开采而展开的一系列工业以原材料为主，特色不明显，单一结构明显，而中部其他省区也蕴藏着丰富的煤炭资源，因此山西与其他省区可能会存在劳动力、资金等生产要素的争夺，导致大量的低水平重复建设，生产率水平较低。而从其他省份来看，工业分工指数较小，产业互补性较强，产业同构水平较低。

表 41－4　2016 年中部地区各省区间工业①分工指数

省份	地区间分工指数	省份	地区间分工指数
山西—安徽	1.201	安徽—湖南	0.383
山西—江西	1.339	江西—河南	0.440
山西—河南	1.196	江西—湖北	0.586
山西—湖北	1.290	江西—湖南	0.452
山西—湖南	1.236	河南—湖北	0.473
安徽—江西	0.454	河南—湖南	0.277
安徽—河南	0.369	湖北—湖南	0.438
安徽—湖北	0.483		

三、促进中部地区工业持续健康发展的对策建议

尽管经过 70 年的发展，中部地区工业已取得了显著的成就，但是在工业发展中还面临诸如产业结构单一、产业外向度偏低、基础产业薄弱、产业结构虚高等问题，为推进中部地区工业的高质量和健康发展，因此有必要提出促进中部地区工业持续健康发展的对策建议。

1. 中部地区的三次产业结构存在“产业结构虚高”和“过早去工业化”的问题

解决中部地区产业结构偏差的思路，当然不是盲目扩大工业的规模和比重，在人均 GDP 超过 8000～10000 美元阶段以后，中部地区的服务业比重必然呈现长期上涨的趋势；但并不能因此否定工业对发展的根本性作用，即集聚高端生产要素、创造高质量就业和带动现代服务业、特别是生产性服务业发展的引擎作用。制造业是创新的土壤，中部地区解决“过早去工业化”的基本思路就是要大力发展科技要素密集的现代制造业。

2. 进一步优化和完善中部地区承接产业转移的政策

（1）中部地区作为东部沿海产业转移的主要承接地，中部地区要立足自身的比较优势，找准与东部地区的产业对接点，明确承接产业的重点，对中部地区的产业布局进行引导，要根据各自的区位、优势资源和产业基础，结合自身发展的需要，优化区域分工和产业布局，形成格局特色、各有优势的产业布局。充分挖掘自身的优势资源，对优势资源精心包装，引进更多的外商投资来开发优势资源，把资源优势转化为产业优势。

（2）切实解决承接产业过程中存在的问题，努力破除土地、资金、人才、资源等生产要素的约束，帮助外来投资者渡过难关，让企业享受到实实在在的优惠。加强承接产业转移的软环境建

① 包括采矿业，煤炭开采和洗选业，黑色金属矿采选业，非金属矿采选业，农副食品加工业，食品制造业，饮料制造业，烟草制造业，纺织业，纺织服装，鞋，帽制造业，皮革，毛皮，羽毛及其制品业和制鞋业，木材加工，家具制造业，造纸及纸制品业，印刷和记录媒介复制业，文教，工美，体育和娱乐用品制造业，石油加工，炼焦及核燃料加工业，化学原料及化学制品制造业，医药制造业，化学纤维制造业，医药制造业，橡胶和塑料制品业，非金属矿物制品业，黑色金属冶炼及压延加工业，有色金属冶炼和压延加工业，通用设备制造业，专用设备制造业，汽车制造业，铁路，船舶，航空航天和其他运输设备制造业，电气机械及器材制造业，计算机及其他电子设备制造业，仪器仪表及文化，其他制造业，废弃资源综合利用业，金属制品，机械和设备修理业，电力，热力，燃气及水生产和供应业，电力，热力生产和供应业，燃气生产和供应业，水的生产和供应业。

设，加快大物流、大通道建设，建立各部分的协调联动机制，降低企业的综合营运成本。规范行政审批制度，提高服务意识。

（3）完善中部地区承接产业的税收优惠政策，对在鼓励类产业转移项目名单中的，降低转移成本，在土地、厂房和税收方面给予更大的优惠。

（4）加大对产业转移项目的金融支持，建立协调机制，搭建投融资平台，为产业转移项目开辟“绿色通道”，贷款方面给予更多的支持。

3. 引导传统产业转型升级及培育发展战略性新兴产业

（1）引导传统产业转型升级，引导传统产业向中高端发展，着力解决钢铁、建材、家电等传统产业的过剩问题，对一些传统产业关闭，一些效益差的产业合并重组，从供给端着力解决传统产业的过剩问题。实施“智能制造提升工程”，把智能制造作为提升传统产业的主攻方向，通过“智能+制造业”改变传统产业的生产、销售和管理模式，促进传统产业向智能化、高端化和绿色化方向发展。

（2）培育发展战略性新兴产业。中部地区建设成为我国先进制造业中心，要把战略性新兴产业摆在更加突出的位置。大力开展关键共性技术和现代工程技术等技术创新活动，逐渐布局一批重大科技项目和重大产业专项，形成一批具有战略新兴产业集群和高新技术产业基地；大力实施成果转化行动，加强科研机构与企业的合作交流，引导科研成果落地转化；大力实施招商引智，优化产业发展环境。

4. 优化制造业空间布局与区域分工

（1）中部地区是我国重要的原材料供应地和装备制造业中心，应该充分利用这些优势建立原材料供应基地和装制造业基地，并且在其他一些细分领域打造一批工业示范基地。

（2）依托各省区的比较优势，打造一批先进制造业基地，依托产业园区的优势，吸引企业、人才与资金等要素集聚，打造完整的产业链条。各省区打破区域壁垒，发挥自身的比较优势，发挥市场和政府的双重作用，引导优势产业发展，使优势产业优势更加明显。比如，安徽可以打造成为先进汽车制造业基地、武汉可以打造为先进制造业基地等。

（3）依托目前中部地区的中原经济区、长株潭、长江中游城市群等区域发展政策，围绕新一代信息技术、新能源汽车、航空航天、生物医药等重点产业打造先进制造业产业集群。

5. 全方位扩大对内对外开放

（1）主动融入“一带一路”倡议、长江经济带国家重大战略，积极引导国际产能合作和装备制造合作，把区域内产能积极推向国际市场，不仅仅可以实现产能优势互补，还可以为区域内传统产业转型升级提供条件。

（2）坚持“引进来”与“走出去”相结合的策略，大力促进招商引资引智，提高区域内企业利用外资效率。促进区域内企业“走出去”，提高区内企业的国际影响力和竞争力，提高区域内企业的外向度。

（3）加强区域内各省区的产业合作，实现产业优势互补和产业链条的延伸与升级。

专栏 41-1

促进中部地区崛起规划

《促进中部地区崛起规划》是中华人民共和国国务院为促进包括山西（晋）、安徽（皖）、江西（赣）、河南（豫）、湖北（鄂）和湖南（湘）六省在内的中国中部地区的经济社会发展的整体规划，2009年9月23日，国务院总理温家宝主持召开国务院常务会议，讨论并原则通过《促进中部地区崛起规划》。

实施《促进中部地区崛起规划》，争取到2015年，中部地区实现经济发展水平显著提高、发展活力进一步增强、可持续发展能力明显提升、和谐社会建设取得新进展的目标。

一要以加强粮食生产基地建设为重点，积极发展现代农业。加快农业结构调整，大力推进农业产业化经营，加强农业农村基础设施建设，不断提高农业综合生产能力，持续增加农民收入，切实改变农村面貌。二要按照优化布局、集中开发、高效利用、精深加工、安全环保的原则，巩固和提升重要能源原材料基地地位。推进大型煤矿建设，加快电力和电网建设，大力发展原材料精深加工。三要以核心技术、关键技术研发为着力点，建设现代装备制造业及高技术产业基地。增强自主创新能力，提升装备制造业整体实力和水平。加快发展高技术产业，以高新技术和先进适用技术改造传统制造业。四要优化交通资源配置，强化综合交通运输枢纽地位。加快铁路网和机场建设，完善公路干线网络，提高水运、管道运输能力。五要加快形成沿长江、陇海、京广和京九"两横两纵"经济带，积极培育充满活力的城市群；推进老工业基地振兴和资源型城市转型，发展县域经济，加快革命老区、民族地区和贫困地区发展。六要努力发展循环经济，提高资源节约和综合利用水平。加强耕地保护，提高水资源利用综合效益。七要优先发展教育，繁荣文化体育事业，增强基本医疗和公共卫生服务能力，千方百计扩大就业，完善社会保障体系。八要以薄弱环节为突破口，加快改革开放和体制机制创新，不断增强发展动力和活力。进一步完善支持中部崛起的政策体系。

参考文献

［1］钟新桥：《中部地区产业发展研究》，科学出版社2017年版。

［2］张秀山：《中部地区经济发展》，中国地质大学出版社2009年版。

［3］汪海波、刘立峰：《新中国工业经济史（第三版）》，经济管理出版社2017年版。

［4］严鹏：《简明中国工业史（1815～2015）》，电子工业出版社2018年版。

［5］陈晓红：《中部崛起过程中的新型工业化研究》，经济科学出版社2012年版。

［6］孙久文、姚鹏：《京津冀产业空间转移、地区专业化与协同发展——基于新经济地理学的分析框架》，《南开学报》（哲学社会科学版）2015年第1期。

［7］姚鹏：《京津冀区域发展历程、成效及协同路径》，《社会科学辑刊》2019年第2期。

［8］王玉燕、林汉川：《中部地区工业结构：集中、同构及其专业化》，《湖南社会科学》2012年第6期。

企 业 篇

第四十二章 企业组织形态

提 要

没有最佳企业形态，只有时代企业形态。基于这一认知范式，本章以时代变化为主线梳理了新中国成立以来中国企业组织形态的演进路线：①传统企业形态，其本质是实体型组织，在追求内部资源配置效率最大化的前提下，产生了直线职能制、事业部制和矩阵制。②新型企业形态，其本质是虚拟型组织，在追求外部资源能力利用最大化的前提下，产生了内包、外包、众包和“皮包”。③现代企业形态，其本质是智慧型组织，在“颠覆式”变革成为新常态的背景下，产生了平台化企业和模块化企业。④未来企业形态，其本质是共生型组织，生态化企业、个人化企业既是智慧型组织的必然取向，也是共生型组织的基本形态。

* * *

一、引 言

企业形态与时代变化具有很强的契合性，这已是人们的一个基本共识。唯有“跟上时代”“在时代里”，企业才能获得生存与发展。然而，关于企业组织形态变革的具体原因，国内外学者们众说纷纭，总体上可概括为既受企业内部因素，如企业的生命周期、规模与范围、战略、知识水平及功能类型等自身特征的影响；又受企业外部因素，如技术变革和制度环境等的影响（周三多等，2018）；是它们共同作用的结果（Massini 等，2002；曾楚宏和林丹明，2003；刘洪，2004；张海燕等，2017）。其中，较为典型的几种观点如下：①战略观。钱德勒在《战略与结构》中提出的结构追随论，即战略决定结构、结构跟随战略，表明组织结构反映了企业的战略目标与实现途径，企业所采用的特定组织结构是适应管理人员实施所制定战略的需要而设计的，结构是战略的产物，组织结构的变化直接受到战略变化的驱动（王建平，2018）。②权变观。杰伊·洛希提出的权变理论认为不存在一个固定不变的“最佳”企业形态，企业组织结构应该不断与内部和外部环境契合，因时而变、因地制宜、因势而动，从系统性、情境性和动态性三个方面出发，时刻与组织所处环境保持平衡（黄爱华和陆娟，2012），权变因素影响企业组织结构。③技术观。伍德沃德通过对工业生产技术与组织结构关系的研究指出“随着技术复杂程度的提高，企业组织结构复杂程度也相应提高”，组织结构因技术变化而变化（周三多等，2018）。本章认为，当今时代，无论战略观还是权变观，其终极影响均为技术革命引致。因此，技术变革导致企业组织形态变革，技术发展是企业组织形态演变的根本动力。据此，将新中国成立以来的企业组织形态大体划分为实体型组织、虚拟型组织、智慧型组织和共生型组织四大演进阶段，它们分别对应工业经济时代、信息经济时代、数字经济时代和智能经济时代。当今社会，工业经济时代、信息经济时代、数字经济时代和智能经济时代叠加。因此，实体型组织、虚拟型组织、智慧型组织、共生型组织只是代表了某一时代领航企业的前进方向。换句话说，在理论上可将四种企业组织形态分别阐述，但是，在实践中四种企业组织形态大都同时存在而且相互融合。所以，很难给出某一企业组织形态的时间界限。尽管如此，这一划分可以大致反映企业组织形态的演进趋势。最终得出，历史上每一次重大技术革命都会突破企业组织范式中的某些制约和“瓶颈”，形成新的组织范式（胡国栋和王晓杰，2019），企业应紧跟每次技术发展带来的“时代问题”，将自己置身于“时代里”，打造时代组织。

二、传统企业形态：实体型组织

工业经济时代，特别是工业化初期，人与人、物与物、人与物之间的连接主要依靠“有形之桥”——传统基础设施。传统基础设施是经济社会发展的血脉，“通则达，堵则衰”。以铁路、公路、机场、桥梁等为代表的有形基础设施，不仅存在严重的物理空间约束（李海舰等，2018），即时、空成为天然屏障把市场“四分五裂”，同时带来了高成本、低效率的信息传递模式，进而严重遏制经济主体的跨时空市场行为，在总体上导致市场具有很强的封闭性和分散性。这一时代特征，为企业通过市场配置资源带来高昂的交易成本，作为理性经济主体，企业在该历史背景下倾向于以内部为主的资源配置方案，充分释放组织权威协调机制对市场价格机制的“替代优势”，即内部管理成本小于外部交易成本，由此诞生了一种能独立完成价值创造的“原子型”企业形态，其本质上是一种实体型组织。此时，企业尽可能地内化市场交易，用权威关系代替价格机制以便节约某些交易费用（Coase，1937），主要依据权威配置资源，强调权威的层级化、等级化和中心化，通过自建或并购等方式将供应链的上游、中游、下游置于一个组织内部，实现产品全生命周期的自供给、自加工、自销售。最终，每个企业都在从事一个完整的价值链条。

传统企业形态具有封闭式、有边界、纵向化、层级化等特点。这里，可将传统企业形态划分为直线职能制、事业部制和矩阵制三种类型。

1. 直线职能制

直线职能制又称工厂制，是中国工业化初期为匹配计划经济体制而采取的一种企业形态，它以泰勒的（线性）科学管理理论以及韦伯的官僚主义理论为支撑，注重生产规模和效率，是一种高度集权式的科层制。在纵向上，它按职责分工形成高层谋划、中层管理、基层执行的层级链条，权利、决策、信息等均自上而下有序流动。员工一方面附属机器设备，被物管理；另一方面服从等级权威，被人管理（李海舰和朱芳芳，2017）。个体的自主权和创造力受到压抑，由此实现企业的标准化、规模化和效率化。在横向上，它按职能分工形成专业化的参谋部门，充分释放专业化优势，以实现“效率”与“效果”叠加，使企业不仅“做正确的事”，还“正确地做事”。最终，直线职能制成为一个上下、左右精准对接的系统，充分享用分工和集权带来的秩序和效率优势，即在权力高度集中的前提下，企业通过层级制使组织高效、有序运行。

2. 事业部制

直线职能制依赖集权式科层制带来信息高效有序流动，然而当企业规模增加，信息传递链条增长时，信息传递的及时性和精准性面临挑战，这从根本上阻碍了企业发展。为了实现进一步成长，企业探索出事业部制企业形态，从高度集权走向适度分权。事业部制，一方面总部对分部保持适度控制权，分部则对自己具有独立自主权；另一方面总部维持通用职能，分部独立设置业务针对性职能，即分部具有实现业务全生命周期运营的核心完备职能。由此，通过适度分权，总部与分部有效联动、共同发展，突破了企业规模增长瓶颈，使企业兼备规模性和创新性。

依据业务聚焦类型以及设立目的，可将事业部制分为三种类型：①产品事业部。主要聚焦于企业的产品战略，通过产品的多样化经营来实现范围经济，如美的通过设立家用、厨房、洗衣机、电冰箱、热水器等事业部实现了企业产品类型的多样化经营。②地区事业部。主要聚焦于企业的市场扩张及协调战略，通过跨区域、多区域协调经营实现规模经济，如华为通过划小经营单位成立地区公司事业部的方式实现了横向一体化和国际化战略。③顾客事业部。主要聚焦企业的消费者战略，通过集中式、综合化、全方位的服务提供来实现体验经济，如联想转变以往按业务划分事业部的方式，针对不同客户群设立大客户事业群、中小企业事业群和消费事业群，为顾客提供了针对性、个性化、综合化的服务，优化了顾客体验。

3. 矩阵制

事业部制尝试通过适度分权来解决企业规模增加与企业创新效率降低之间的矛盾。与此同时，一方面，资源浪费、协调成本增加等问题，导致资源使用效率存在“帕累托改进”；另一方面，竞争日益激烈、需求日益复杂等问题，使独立设置分部的方式不再是应对市场需求变化的最佳方式。据此，企业在维持科层制的基础上探索出矩阵制企业形态，以实现企业对市场需求高柔性、高效率、低成本的响应。具体来说，在垂直组织系统的基础上增加了一种横向领导系统，由此形成“项目小组 + 职能成员”的基本组织模式。每个项目小组成员均来自现有直线职能部门，他们既受直线职能部门的领导又受所在项目小组的领导；项目小组“即用即组，用完即散”，保障了组织对市场的即时响应。矩阵制在利用既有资源能力的基础上实现了低成本响应，真正做到了突破企业内部纵向和横向边界，跨部门、同级化、系统性协作。

关于传统企业形态，三种类型详见图 42 – 1。

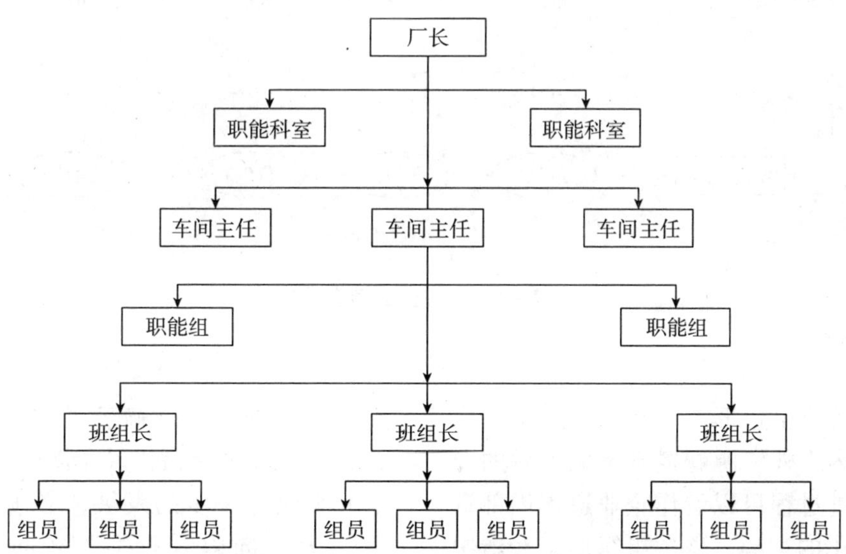

（A）直线职能制

图 42 – 1　传统企业形态

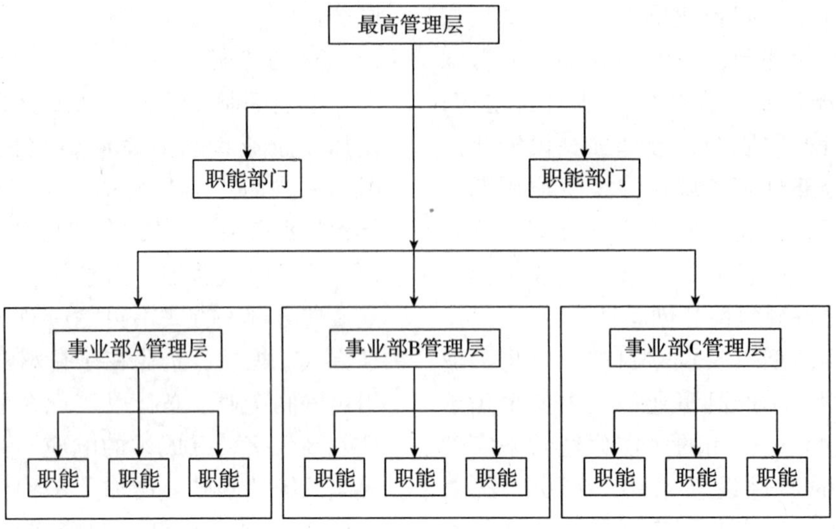

（B）事业部制

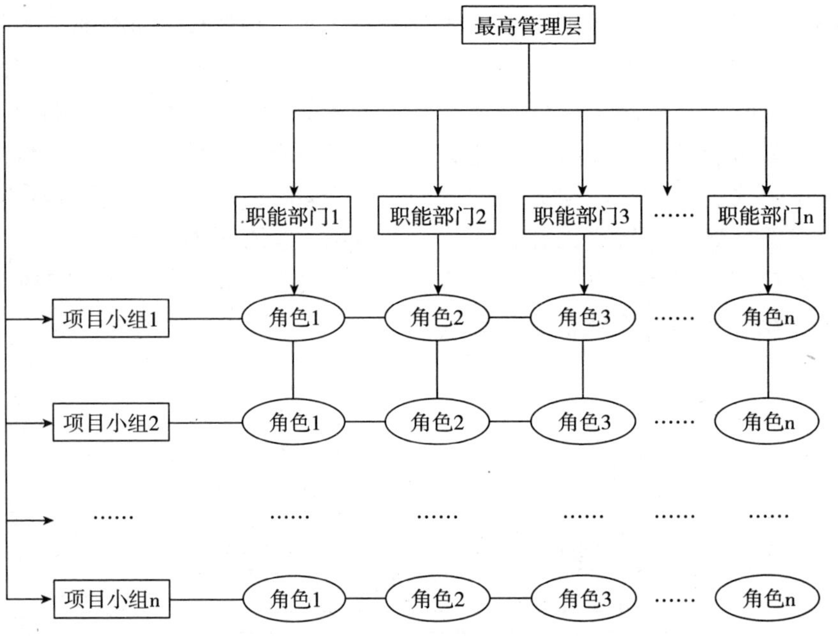

（C）矩阵制

图 42－1　传统企业形态（续）

资料来源：笔者绘制。

总体来看，传统企业形态是在工业经济时代背景下企业权衡内、外资源配置方案成本后的经济性选择，其演进过程可以看作企业追求内部资源配置效率最大化的过程，这一组织形态在新中国成立以来成就了很多规模庞大、影响久远的企业。但是，传统企业形态最大局限在于“就企业做企业”，即发展依赖于“向内要资源”“从内降成本”“由内给利润”（李海舰和郭树民，2008）。为了实现进一步的发展，必须“跳出企业做企业”，从“向内看思维”转向“向外看思维”，调整资源配置方案，重构企业组织形态。

三、新型企业形态：虚拟型组织

信息经济时代，人与人、物与物、人与物之间的连接不仅依靠传统基础设施，更加依靠新型基础设施——从 PC 互联网到移动互联网，从消费互联网到产业互联网。虚拟空间的出现，打破了时空对信息传递的束缚，信息流通具备“零时间、零距离、零成本、无边界”的特征（李海舰等，2018）。对于生产者来说，传统企业形态发挥作用的前提条件在信息经济时代已被完全颠覆，互联网正在用其底层技术重塑企业。①交易成本优势。过去，企业是“原子型”企业，用一体化发展内化市场交易成本，用规模化生产降低平均成本和边际成本；现在，信息技术日益发达，搜索成本、履约成本、监督成本、信任成本即市场交易成本不断降低，企业用可变成本抵消固定成本的资源配置方案优势明显。②风险控制优势。过去，受制于落后的信息技术水平，市场信息不对称性高，个体机会主义动机强，市场“无形之手”无法有效发挥作用，企业通过自己“从头做到尾”的方式来最大化规避经营风险。现在，一方面，信息技术带来了市场的高度透明化使得市场交易风险大大降低；另一方面，动态市场环境增加了传统企业的资产专用性风险。这样一来，通过市场配置资源成为企业在该时期控制风险的最佳选择。

由此可见，信息技术发展带来了传统企业再造，其产生的新型企业形态本质上是一种虚拟型组织。具有如下特点：①价值创造碎片化。区别于传统企业通过“自研发、自供给、自生产、自销售、自运营”来封闭式地完成整个价值创造过程的“脑体合一”模式，虚拟型组织践行“脑体分离与再分离”发展，组织将以往完整的价值链条进行拆分，“脑体分离”“脑再分离”“体再分离”（李海舰和聂辉华，2002），企业只做其中自己最擅长的某些区段或环节，其他区段或环节则在全社会范围内进行优化配置，由市场中具有相同观念的“大家”一起完成，即企业打开组织边界，打破企业与市场对立局面，从“就企业做企业”到“跳出企业做企业”，可用的社会资源在哪里，企业的边界就拓展到哪里。这样一来，分工就从组织内转向组织间，从产业间、行业间转向产品间、部件间甚至区段间、环节间。②价值网络动态化。虚拟型企业是一种网络型组织，最终的价值创造和实现要依赖于与其利益相关者之间的合作（李海舰和郭树民，2008），因此，它用并行、动态、开放的价值网络取代传统企业线性、静态、封闭的价值链条来实现价值创造。一般来说，虚拟型企业作为“网主”依据需求在全社会“织网”，并随时调整“节点”，以保证网络中的“节点”是当下最优的，进而保证外部的最新成果随时可以被企业所用，使企业永远与市场“合拍”。在某种程度上可以说，“动态性”是虚拟型企业能够持久保持竞争优势的主要原因。③企业去管理化。“不求所有，但求所用”，意味着企业要用契约关系和市场关系来替代传统企业中的行政关系和产权关系，这使由强权力关系构筑的金字塔、层级式组织形态受到挑战，而扁平化、网络式的流程型组织结构是将“市场进入企业”落到实处的有效形态（李海舰和聂辉华，2004）。从成本角度看，前者相对于后者只注重结果而无须对过程投入，它降低了企业的固定成本，增强了企业经营的灵活性（李海舰和郭树民，2008）；从风险角度看，对于整个价值网络，节点企业的机会主义行为被网络的动态性所约束，因为每个企业都希望以诚信“入围”，单个“节点”故障对系统整体带来的影响会因存在“节点替补者”被大大降低，所以，传统的企业风险通过融入价值网络被“外部化解决”，经营趋于“零风险”；从激励角度看，契约化、市场化关系让各个“节点”具有很强的自主性，这意味着它们对自己的利益负责，而利益又来源于对“网络”的贡献度，所以它们在契约化、市场化关系下具有很强的“自我激励”，通过更新、强化自己来获得“入围资格”，通过“溢出效应”带动“网络”优化。④运作去物质化。从投入角度看，企业更多地使用制度、品牌、网络等“去物质化”资源创造价值，实体投入规模占比下降；从生产过程看，各价值创造环节依靠网络连接、协调，虚拟化运营能力增强。

相对于传统企业形态，新型企业形态具有开放性、无边界、横向化、扁平化等特点，本质是在信息技术发展带来市场交易成本持续降低的趋势下，企业采用“市场为主”的资源配置方案，实现企业与市场融合发展。这里，可将新型企业形态划分为内包、外包、众包、“皮包”四种具体形式。

1. 内包

企业内部各分部被看作一个个“内部市场”，彼此间以“市场机制”自由竞争或合作：①各分部可就总部的某项任务竞争，“最优者”取胜；②各分部可就某项任务合作，各自负责自己“最擅长”的环节，这就意味着企业内的任务总是委托给“最优者”完成。由此可见，“内包”的本质就是在企业内部进行“市场化”配置资源，即在企业内部引入“市场机制”，哪个部门或者环节做得好就将任务资源投到哪里，在提升部门或者环节收益的同时实现组织内部资源配置效率最高。但是，“内包”局限于企业内部资源的效率优化，不涉及企业与外部单元的联动，没有突破传统企业形态成长“瓶颈”问题。为了实现进一步成长，企业需要找到与外部联动的有效模式。

2. 外包

在内包模式中，企业将经营层次不断地转变为一个个高度自律的模块，进而再将其看成一个个“内部市场”，任务或环节通过挑选“最优市场”以实现最优结果，但“内部市场”有限，企业最终获得的“最优选择”和“最优结果”均是一个“相对概念”。为了追求“绝对最优”，企业将选择范围从内部转移到外部。“外包”的本质是组织的“脑体分离”发展，是与一体化相反的“解体”过程（李晓华，2005）。外包最大的特点是“以专好替代不好”：①“剔除不好”。“外包”致力于将企业内的非核心环节、非优势环节或者低价值增值环节进行委托，仅保留自己的核心环节、优势环节或高价值增值环节。②“用专好”。“外包”的委托对象是市场中的专业机构，旨在用专业知识或技能来弥补自己的“不好”，并最终实现企业的整个价值创造是“好上加好”的结果。依据外包内容不同，可将其划分为业务部门外包和职能部门外包。

（1）业务部门外包。一般来说，价值链条分为上游环节（研发、融资等）、中游环节（生产、制造等）和下游环节（销售、服务等），企业结合自身发展战略以及专业化优势，选取价值链上具有较高竞争优势的环节聚焦发展，而将不具竞争优势的环节委托给市场，以此提高企业获利程度（李海舰和原磊，2005）。例如，传统服装行业美特斯邦威，在聚焦设计、品牌管理等较高价值增值环节的同时，一方面“借鸡生蛋”，利用市场上专业性更强、生产成本更低的外部厂商实现服装的生产和制造，即将价值链中游环节“外包”；另一方面“借网捕鱼”，通过特许经营方式利用全国各地的经营店铺打造销售网络，即将价值链下游环节“外包”。据此，打造“小脑袋大身子”的组织形态，不仅解决了发展过程中资源和能力不足的问题，也通过强强联合的方式提高了企业的市场竞争力。

（2）职能部门外包。传统观点将企业中的职能部门定位于“成本中心”，只在企业内部发挥作用；随着企业与市场边界日益模糊，企业可以在“自建”和“外借”两种方式权衡的基础上，将组织中的劣势职能部门交由外部专业单元完成，同时利用自身的优势职能部门接受外部市场主体的委托，以此开放职能部门边界，将其从“成本中心”转变为“利润中心”。若做得好，实行共享，由此获得全社会的利润；若做不好，进行外包，由此降低整个企业成本（李海舰等，2018）。

3. 众包

信息技术的快速发展加速了“个体价值”的崛起，即个体参与价值创造的渴望越来越强（王姝等，2014），个体在企业价值创造过程中的作用越来越大。此时，企业的注意力逐渐从市场中的专业机构转到市场中的社会大众身上，越发依赖草根个体的能动性和创造性为组织发展创造无限可能（姜奇平，2009），由此诞生了“众包”。总体来看，众包搭建了企业需求与社会闲置资源供给的桥梁（冯小亮等，2017），其核心特点是“以众好实现更好”：①“用众好”。区别于外包模式依赖“专好”进行价值创造，众包则依赖社会大众创造价值，大众的多样化、个性化为组织发展创造无限可能。②“为更好”。区别于外包旨在实现“扬长避短”，众包则是对“更好”的持续追问，它不只满足于将自己的非核心和非优势环节委托于市场，而且将自己的部分核心和优势环节也交给市场，旨在从市场汲取更多的“灵感”和“力量”。同样，众包可进一步分为业务部门众包和职能部门众包。

（1）业务部门众包。业务部门作为企业的“体”，采用众包模式主要是为了利用大众的人力、财力和物力，即从市场吸收更多的“力量”。例如京东到家推出的“众包物流”取代了传统京东自建的物流体系，将传统的本应委托给专业机构的物流功能正式交由全民接管，通过一种就近、非全职、非专业、非固定的委托模式，利用大众“体力”，降低了京东物流成本，并且提高了京东的快递业务响应能力。

（2）职能部门众包。职能部门作为企业的“脑”，利用众包模式主要是为了借助大众的“脑力”，即从市场中获得更多的“灵感”。例如腾讯公司开发了一款基于众包概念的众测平台，旨在将传统的由腾讯技术测评部门执行的专业职能转移到腾讯的大众用户上，通过“人人来找茬”的方式，借助大众脑力，帮助腾讯低成本提升产品品质。

4.“皮包”

当信息技术发展使市场交易成本持续降低时，企业“脑体分离”“脑再分离”“躯再分离”逐渐达到极致，即企业已经“四分五裂”。此时，企业完全暴露在全社会中，通过对内部和外部资源配置经济性的权衡，企业将所有功能在全社会中实行最优配置，最终形成了实物资本趋近于零的“皮包型”企业。例如，一张桌子一个门牌就是一家企业，三两员工一台电脑就是一个部门。其特点是：①实体规模降到极致。在信息技术的支持下，企业可以便捷地、低成本地在市场上获得其所需要的资源，企业无动力进行固定成本投资，此时企业在保证核心能力的基础上，几乎所有成本都可来自可变成本，企业趋近于“零物质”运营，实体规模降低到极致。②无形边界达到极致。在网络技术的支持下，企业的固定成本与可变成本是一种替代关系，具有“此消彼长”的特征。当固定成本投资趋近于0时，企业经营几乎完全依赖于可变成本投资，这意味着其营运整合能力趋近于无穷大，进而带来无形边界达到极致。整体上看，“皮包型”企业是典型的“小规模大网络”“小实体大虚拟”“小脑袋大身子”“小核心大外围”式组织形态。例如，早年的国美电器通过几乎“零物质、零员工、零仓库、零广告、零资金”的运营模式，实现了企业不自建店面、不自付租金、不自建仓库、不自行宣传、不自投资金的极致化轻资产、低成本运营，进而塑造了一个虽具备法人资格但职能和业务几乎全委托于市场的“皮包型”企业组织形态。此时，企业的核心竞争力源于价值网络的构建，通过将供应商、消费者和其他利益相关者纳入价值体系中来最大化利用各价值环节的社会资源。

总体来看，虚拟型组织是企业在信息技术革命下关于“资源最优配置”问题持续“求解”的结果。这里，外部能力几乎全部挖掘到位，企业在全社会配置资源，真正实现了“社会办企业”。然而，互联网技术作为一种公共物品，在为企业带来资源配置绝对优势的同时，也将企业间资源配置相对优势压缩至零，即相同市场上的每个企业都可以在需求的指引下达到相同的帕累托最优，接近完全竞争的市场将企业利润压缩至最小，企业面临利润增长困境。此时，为了打破发展困境，企业需要从关注“资源”转向关注“需求”，从“企业本位主义”转向“用户本位主义”，从挖掘“供给侧配置潜力”转向挖掘“需求侧市场潜力”，从被动“作战”转向主动“出击”，从“他运转”转向“自运转”，转变成长与发展逻辑，实现企业组织形态向智慧化变革。

关于新型企业形态，四种类型详见图42－2。

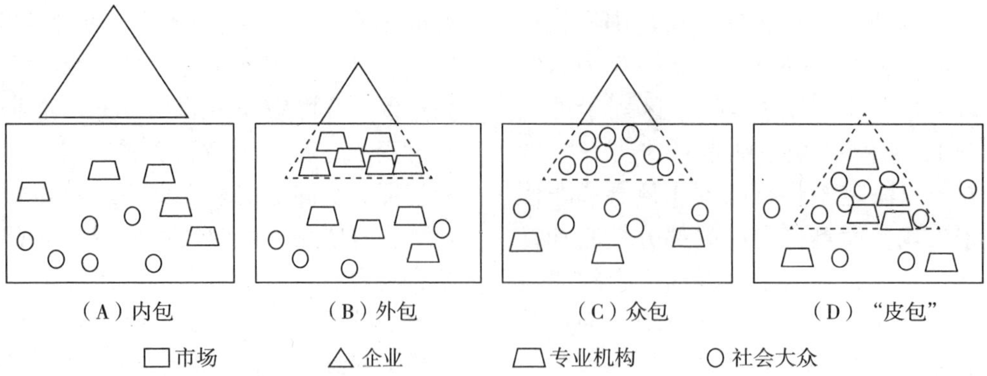

图 42－2 新型企业形态

资料来源：笔者绘制。

四、现代企业形态：智慧型组织

数字经济时代，技术革命继续发生以下重大变化：一是从互联网到物联网，二是从万物互联到万物智能。随着这一变化的不断深化，企业面临的外部环境由此也发生了“颠覆式”变革，这一变革可概括为：从低速状态转向高速状态、从确定性情景转向不确定性情景、从线性变化转向非线性变化、从同道追赶转向换道超车（李海舰等，2018）。这样一来，企业组织形态重塑，现代企业形态的出现成为必然。本质上，现代企业形态是一种响应“颠覆式”变革的智慧型组织。

智慧型组织能够自感知、自协同、自调整、自优化、自循环、自治理，实现柔性、弹性、轻型发展，并且能够与外部环境不稳定性、未来不确定性、环境高度复杂性进行动态匹配和整合创新的经济系统（李海舰等，2014）；是企业以用户需求为中心，在“无序”中寻找“有序”、驾驭“不确定性”的结果；是一种“环境变，我也变”的“变色龙”式组织形态。

概括来说，智慧型组织具有如下特征：①内外一体化。长期以来，由于交易费用的存在，市场和企业被认为是两种完全不同的资源配置方式（李海舰和聂辉华，2004），但当智能化信息技术使交易费用趋近于零时，企业与市场的“隔墙”消除，企业与市场一体化发展。从资源角度看，全世界都是企业的资源库，企业的资源为全世界服务，这意味着智慧型组织是一个开放性系统，企业内外边界模糊，内部外部资源、能量可以不断互动、交换，进而使外部的新技术、新制度及多样化需求无障碍地流入企业内部，不断扰动旧有的平衡状态，为企业创新与发展提供源源不断动力。②虚实一体化。区别于以往企业仅在实体或虚拟某一特定“一维”时空进行经济活动，智慧型组织将实体虚拟空间打通，线上线下结合，实现“实中有虚、虚中有实、虚实结合、融为一体”（李海舰等，2018），以此从“二维”空间角度提升价值创造效率，拓展价值创造空间（李海舰等，2014），最大限度实现便捷化、智能化、经济化和个性化运营。③横纵一体化。区别于传统企业形态用完整的价值链条实现纵向一体化发展，新型企业形态采用动态价值网络实现横向一体化发展，智慧型组织则是一个包罗产业链条各细分价值模块的更大的价值共创网络，它强调内部各要素之间的非线性关系，注重指数级和突变式成长，进而实现跨产品、跨企业、跨行业的纵横一体化发展。④竞协一体化。智慧型组织作为一个开放性的非线性复杂系统，竞争与协作是保证其存在涨落、自动演化的根本机制，是使整个系统从无序到有序、从低级到高级、从单向到复杂演化的根本动力。竞争与协作一体化发展，意味着在竞争中有协作，在协作中有竞争。

这里，基于企业，可将智慧型组织进一步划分为平台化企业和模块化企业。

1. 平台化企业

平台化企业，一般被认为为双方（双边平台）或者多方（多边平台）主体提供交互场所、交易环境，主要承担连接者、匹配者、市场设计者的角色，即平台化企业具备交易功能、聚合功能、撮合功能、连接功能、服务功能，同时具有企业职能、市场职能和“政府”职能（朱芳芳，2018）。从供给角度看，平台化企业致力于最大化地整合内外资源、激发网络效应、促进互利共赢，本质上是一个开放性的价值共创网络；从需求角度看，平台化企业能够对市场个性化需求自感知、自满足，极大地释放了人们的需求潜力。依据企业是否直接参与最终价值创造可以将其分为商贸类和生产类：①商贸类。商贸类平台化企业不直接参与价值创造过程，仅为价值创造提供良好的外部环境，充当“守夜人”的角色，这类企业主要指电子商务、社交、门户网站等一些新兴虚拟领域企业，它们致力于保障交易、信息等行为顺利通过平台并进行交换，它的商业模式主要有 B2C、C2C，如淘宝、滴滴等。②生产类。生产类平台化企业在充当“守夜人”角色的同时直接参与价值创造过程，这类企业主要指电信业、软件业、制造业等一些传统实体领域企业，它们致力于依托自身资源孵化价值创造主体，使信息、资金、原料等生产性资源在企业与价值创造主体之间无障碍流动，它的商业模式主要是 B2C2C，如海尔、华为等。

总体来说，商贸类和生产类平台化企业都是传统企业基于行业“痛点”实施变革的结果，如滴滴出行平台是传统出行行业针对“人车不匹配”做出“车人合一”变革的结果，海尔制造平台是传统制造行业针对“个性化需求与低成本供给”矛盾做出的“人单合一”变革的结果。作为平台化企业，它们的企业形态具备如下特征。

（1）聚合多元主体。过去，企业作为供给方是唯一的价值创造主体，通过生产者规模经济和范围经济获利；现在，平台化企业的价值创造主体呈现多元化趋势：①多主体。平台化企业在价值共创网络中不仅纳入了传统市场中的供需双方，同时也向互补方、分销商等全方位延伸，且基本不存在边界限制（Gawer 和 Cusumanom，2014），各主体各有其职，在“新技术群”去中心化背景下，彼此同步交互，快速匹配出个性化需求满足方案。例如，滴滴出行平台在链接车主与乘客的基础上纳入了支付机构、地图导航等多类价值创造主体，它们在需求“涌现”时快速交互，组建出一个针对乘客个性化出行的“行动小组”，通过全方位功能配置极致化乘客的出行体验。②大众化。平台化企业迎合了智能化信息技术时代“个体价值崛起”的历史趋势，转变用“一个脑”“一双手”实现价值创造的思路，在组织内部进行资源分配机制的变革，致力于实现用“众个脑”“众双手”同时进行价值创造，组织资源逐渐向承担绩效的个人倾斜，向顾客倾斜（陈春花，2018）。平台化企业采用极致化的“阿米巴”模式，尽可能划小经营单位，使资源、信息、权利从整体流向局部、从高层流到一线，从少数人流向多数人；最终，在组织内打造出“一线作战部队”替代以往的“梯形战队”，组织内每个“一线成员”直面市场，通过“新技术群”与用户零距离交互，保障市场的个性化需求被精准感知与匹配。例如滴滴出行平台通过汇聚散落在全社会的众多闲置车主，以保障“车”与附近的“人”在技术的支持下精准匹配，从而使个性化出行需求都能够被快速、精准感知与满足。

（2）用户本位主义。市场在经历了“供给创造需求”之后，目前已然来到“需求创造供给”阶段，这意味着市场由“企业本位主义”转向“用户本位主义”，企业完全以用户为中心开展经营活动，用户需要什么，就研制、生产什么，并且把产品的异质化做到极致，最终实现每个人都获得预期的“个性化”产品或服务。这意味着平台化企业需要进行内外权利分配变革以“逆转”价值链：一方面，通过建立“顾客驱动机制”，扭转企业与顾客的主导关系，使企业“一线”为顾客服务，实现价值链从“由内向外”转变为“由外向内”；另一方面，通过建立“权利倒逼机制”，使高层为基层服务，基层为“一线”服务，实现价值链从“由上到下”转变为“由下到上”。至此，企业由“管控者”转为“服务者”，顾客由“接受者”变为“决定者”。例如海尔在实施“人单合一”、“人”对“单”直接负责的模式下，组织内部原有的等级、部门全部被平台主、小微主和创客取代，从而打造出新型“用户—创客—小微主—平台主”的价值链条，实现了海尔“以最佳用户体验为驱动力，服务小微，助力小微创造价值，实现引爆引领”的愿景。

（3）增值分享机制。以往，企业与员工之间通过行政、产权、契约等“强关系”进行耦合，“剩余权利”无法统一，员工积极性和创造性被压制，员工倾向于在“安排下”只做自己职责范围内的事；智慧型组织则在重塑企业与员工关系的同时进行利益分配变革，从而在员工“受雇于自己”“被市场考核”“主动创造价值”“剩余权利统一”的基础上，使企业与员工通过分享协议等规则“弱关系”耦合，即在既定规则下，企业共享资源和服务，个体共享利润和价值。这种新型的增值分享机制不仅保障了个体的自主经营权，即直面市场、自负盈亏，使个体在利益驱使下“多劳多得”，积极性和创造力被全面激活；而且保障了个体充分的自由权，即自由进入、自由竞争、自由协作、自由创造等，进而使企业的“丛林法则”效应充分释放。增值分享机制作为激活平台化企业“自组织”体系的关键一环，使企业真正做到了“零管理”，个体在此背景下倾向于主动地、更多地做对自己有利的事，进而使企业中的每个员工、环节、部门都能在利益驱使下“自我导向、自我激励、自我约束、自我发展”，每个价值共创网络中的“节点”都能“各安其位、各尽其能、各司其职、各负其责”（李海舰等，2014）。例如海尔对其平台上的“人”下放用人权、决策权和薪酬权，使“人”成为完全自治的独立单元，企业与“人”是市场结算关系，“人”的收益完全来自“单”；在新型利益分配机制下，“人”热衷于主动地抢“单”、做“单”，并且在“优胜劣汰”机制下众多“人”与“单”的涌现与合一，成为企业持续发展的动力。

2. 模块化企业

随着技术发展带动分工从产业层面逐渐向行业、产品、部件、区段以及环节层面持续深化，企业则越来越倾向于聚焦其中某一环节，打造模块化企业（李海舰等，2018）。模块化企业是企业为满足消费者个性化、深层次、复杂性、动态化需求在供给侧努力的必然结果，详见图 42 – 3。

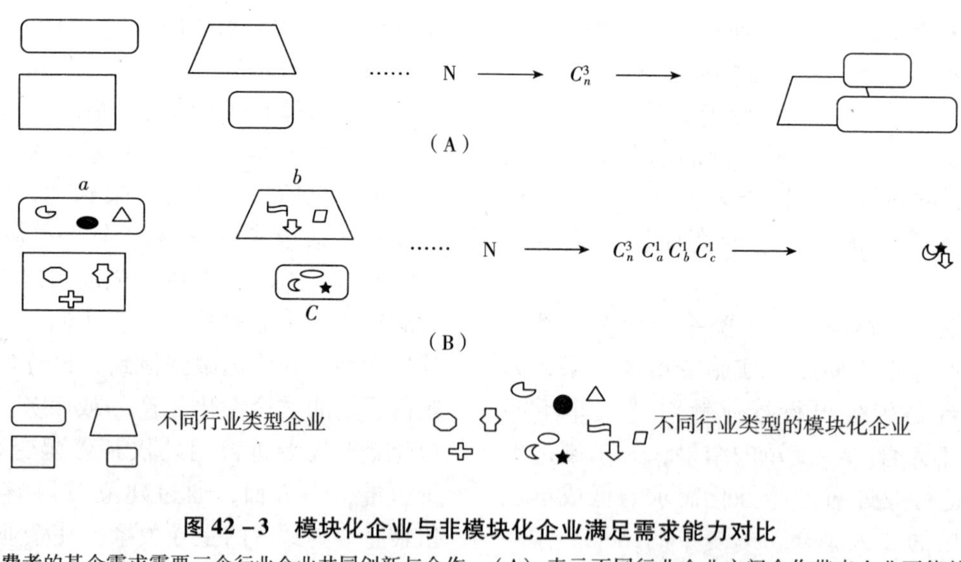

图 42 – 3 模块化企业与非模块化企业满足需求能力对比

注：假设消费者的某个需求需要三个行业企业共同创新与合作，（A）表示不同行业企业之间合作带来企业可能的需求满足能力，（B）则表示实施模块化变革后企业可能的需求满足能力，总体上可以得出，模块化变革后，企业的需求满足能力不仅从数量上得到提升，并且从类型和复杂性上得到提升，“个性化”需求得到更好满足。

资料来源：笔者绘制。

从某种程度上说，模块化企业既是极致分工的结果，也是极致合作的必然。它是一种具备标准化界面接口规则的核心能力模块，这种模块按照标准化界面接口规则可与外部同样具有核心能力的模块自由对接，从而使企业能力可加可减、可合可拆，使整个组织具备“即插即用，用完即拔”的特征（李海舰和陈小勇，2011）。从本质上看，模块化企业采用的是一种“以退为进”的商业战略，在平台化企业追求做大，渴望“赢者通吃”的背景下，回归价值链条中的某一环节，专打一点，“以小做大”，通过业务做小、做细、做精获得更大、更强、更久的竞争力；最终，通过核心能力复制与全球“系统”对接，形成“全球集成企业”（Globally Integrated Enterprise，GIE），实现“小业务大市场”“小业务大帝国”。

目前，关于模块化企业的组织形态特征，学者们尚未统一观点，但大多认为它的内部是由众多更小模块组成，且各模块依靠界面规则实现松散耦合，整个系统在组织内部横向、纵向模块化重构的基础上具备开放性、扁平化和自组织等特征（余东华和芮明杰，2007）。①层级化。模块化企业内部，通过严格的功能划分将以往组织内部的岗位、部门全部用专属模块替代，整个组织由不同层级的模块构成，“功能链条”完全取代了“权利链条”。层级仅代表功能类型，各模块仅涉及职责不涉及权利，各子模块之间不具备产权所属关系，在引入市场机制的背景下，各子模块独立面对市场，受界面规则的指引，依需求“自主聚散”，模块化企业的最高层则主要从战略层面定义模块、确定规则和协调模块（李海舰和聂辉华，2004）。②标准化。“模块”的典型特征就是具备标准化的界面规则，且界面规则一经确定，各子模块可同时独立运作，利用并行的方式极大地提高生产效率，加快组织的反应速度。“标准化”是模块理论超越古典分工理论的重要原因之一，它统一了模块界面语言，使相关模块在既定需求的指引下，具有自动地高识别性和高匹配性，这意味着子模块与子模块、子模块与母模块、母模块与母模块之间可低摩擦、高效率的自匹配、自升级；在某种程度上，“标准化”替代了以往组织内权威机制“有形的手”和组织外市场机制“无形的手”的功能，成为模块化企业“自组织”体系中的关键一环。③动态化。模块化企业作为仅承担部分价值功能的经济系统，与其他组织是共生的关系，在它们共同打造的价值网络中，模块化企业作为“节点”存在，目的是不断做强动态能力：一是不断进行内外资源交互，使内部子模块持续被更新、升级、替换，通过资源的动态性使核心能力得到巩固；二是不断与“系统”对接，依据对接反馈使组织的核心能力得到调整与升级，通过核心能力的动态性保障组织的持续竞争优势，从而保障企业又被纳入新的“系统”，以此形成良性循环，使组织具备与时俱进的动态演化能力。

比较而言，借助于“新技术群”，平台化企业实行的是个体式运行，而模块化企业实行的则是U盘式运行。截至目前，智慧型组织作为当下主流的企业形态，已将企业形态的演进推至里程碑式的颠覆性阶段。因为，与以往企业形态相比，现代企业形态发生了四大重要变革：一是企业的价值创造来源被变革，由以往遵循“企业本位主义”，价值创造源于生产者的供给，转变为遵循“用户本位主义”，价值创造来源于消费者的需求；二是企业的价值创造主体被变革，由以往个体依附组织，组织整体作为价值创造主体，转变为组织依附个体，个体单独作为价值创造主体（陈春花，2018）；三是企业的价值创造方式被变革，由以往单纯的竞争或合作关系转变为更深层次的共生性关系；四是企业的价值实现方式被变革，由以往强耦合关系保证下的“他组织”转变为弱耦合关系保障下的“自组织”。

五、未来企业形态：共生型组织

智能经济时代，技术发展步入加速度阶段，随着从弱人工智能到强人工智能、从物联网到智联网的不断涌现与应用，人工智能技术穿透产品、企业、行业边界使企业面对的外部环境越发“无序”和“混沌”，单打独斗或简单合作无法保障企业能够获得竞争优势，甚至无法保障企业能够获得基本生存（陈春花和赵海然，2018）。市场中任何一个看似简单的产品或价值环节都需要众多价值创造主体智慧的集合，这意味着单个企业甚至单个行业已无法离开“系统”独立完成价值创造。由此可见，未来企业形态必将以生态系统的构建作为其基本任务，通过生态系统的共生逻辑增强企业的生存和成长能力，这意味着平台化企业、模块化企业将进一步演化为生态化企业、个人化企业。这里，生态化企业、个人化企业既是智慧型组织的必然取向，也是共生型组织的基本形态。

1. 生态化企业

生态化企业是一种多方参与、共创共享、动态演化的商业生态系统，通过多价值主体间的共创共享实现从智慧型组织的定制化产品（服务）转向更深层次的定制化场景，并且在技术和规则的保障下，实现了需求的自感知、自满足、自调整、自迭代、自循环，真正做到了产品（服务）全生命周期的“自动化”供给，其特点如下。

（1）平台式运行。生态化企业一个最基本的目标是实现最终产品的“简单化”（指产品代表一种涵盖全方位、多功能实现的场景）和“智能化”（指产品需求自感知，产品生产自组织，产品更新自迭代），这意味着价值链条的各环节需要最大化地“集思广益”，从根源上增加最终产品的技术复杂性，即组织需要围绕顾客需求，更广泛地链接和集合，这要求生态化企业必须是一个具备开放性、不断整合各类资源、促进资源彼此交互特征的复杂性经济系统。例如海尔打造的生态系统以智慧生活为目标，目前已经完成了从用户交互、研发设计、生产制造到产品交付所有环节的平台化，旨在提升产品、价值创造全流程的智能化、智慧化：交互平台实现用户需求信息的实时把控，做到“用户需要的我都懂”；Hope平台遵循“世界就是我的研发部”，吸纳全球各类创新资源，持续产出颠覆性创新成果；COSMOplat平台依托工业互联、用户全流程参与，实现产品定制化制造；产品平台以海尔产品为中心，汇聚各类场景互补品，极致化产品功能；日日顺物流平台开放性资源整合，打造“人车合一”，极致化配送能力；最终，海尔通过将平台作为企业运转的底层基础设施，打造了一个开放性的信息流和产品流闭环，实现了产品单代和多代全流程的自动化和智慧化。详见图42－4。

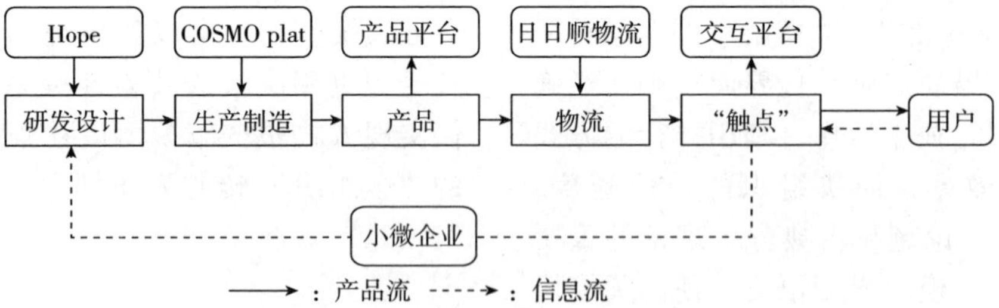

图42－4 海尔产品全生命周期流程

资料来源：笔者绘制。

（2）跨界式融合。以往，每个企业拥有明确的行业归属，企业通过行业壁垒维持自身利润的长期优势；现在，技术穿透每个行业并使企业存在于一个生态系统中，无法定位行业属性，无法建立行业壁垒，“跨界融合”成为组织常态。这一趋势在造成新一波“混沌”局面的同时，也给企业释放了巨大的发展机会，使企业在以往纵向产业模式中的产品已不能获得更多的市场时，可以通过扩大该产品的横向市场创造新的利润体系（陈春花和赵海然，2018）。生态化企业作为组织模仿生态智慧的结果，其典型特征就是多“物种”存在。例如，海尔依据消费者的具体生活场景打造的各类生态圈——智慧用水、智慧洗护、智慧空气、智慧美食等都是企业跨界融合的结果。“跨界”使海尔产品的场景化能力增强；同时让海尔的成长由以往的线性转变为非线性，即提前无法预知，但是一旦成功，效果巨大；因为在海尔的生态系统中，众多“物种”之间交互实时上演，这种交互既存在于单个生态圈的“物种”之间，也存在于不同生态圈的“物种”之间，所以，海尔本身无法准确预知哪组“物种”能够产生“化反”，以及“化反”的具体效果是什么。此时，为了提高“突变”概率，获得持久成长，海尔需要保持较高的“物种吸纳”能力。

（3）共生式发展。生态化企业是一种基于顾客价值创造和跨域价值网络的高效合作形态，在本质上是一个共生系统，即系统中的价值主体彼此“开放边界、相互加持、共创价值、互补发展”（陈春花和赵海然，2018），任何脱离“系统”的单独价值主体都是0，合在一起则能“1 + 1 = N”创造无穷大的价值。对于系统中的价值主体而言，协作不仅是一个发展问题，更是一个生存问题。在“智慧生活”背景下，海尔依托核心产品跨界打造出一系列生态圈，例如食联网、衣联网等，其本质都是多行业多产品融合的结果，在既定场景下，行业间具有很强的功能互补性，如果彼此割裂，场景定制无法实现，每个价值主体都不能获得收入；如果彼此合作，则每个价值主体均能获得超越自身产品价值的额外收入即“生态收入”，并且有形资产“生态收入”与无形资产“生态品牌”之间形成的正向反馈效应，不断地提升各主体间的合作价值，带动各价值主体共生式发展。详见图 42 – 5。这里，作为企业，要么构建一个生态系统去整合别人，要么选择一个生态系统被别人整合。

2. 个人化企业

展望未来，当“新技术群”的内容不断充实且新技术应用日益成熟时，未来企业形态必将在“个人”的基础上探索出更多类型的具体形态。这些企业组织形态的特征可从以下三个层面进行阐述。

（1）个体层面。当以人工智能为代表的智能化技术释放人类体力和部分脑力，以及以物联网、区块链、3D 打印为代表的新技术让每个人都可以获得部分生产资料、提供生产力时，个体价值将得到极致化发展（杰里米·里夫金，2014），“个体”将成为社会中最主要的价值创造者。这意味着“人人都是企业”，“个体”既是价值创造主体又是价值创造客体，既是消费者又是生产者。此时，在“新技术群”的支持下，人们可摆脱基本的生产活动和基本的生活需求，主要从事创造等需要更高脑力要求的活动，知识成为该背景下价值创造的核心资源，而拥有部分和不同类型知识的“个体”则彼此依赖、共生，致力于共同升级已有开源指令或创造尚未有的指令，以此带动社会进步和人类生活改善，即“个体”价值依赖与“个体”合作实现，“个体”需求依赖与“个体”合作满足，“个体”间互相加持、彼此成就、共同发展。

（2）组织层面。共生型组织本质上可以看作是“自由人联合体”或“独立联合体”，前者完全由“个体”构成，后者则既包括“个体”也包括“自由人联合体”。此时，企业成为一种社群模式，是“个体”或“自由人联合体”基于特定目标自发聚散组成的柔性共同体（李海舰和朱芳芳，2018）。在没有固定组织形态的前提下，共生型组织的组织结构简洁，“成员”之间以及内外之间可无障碍、无距离、无边界地沟通与交互（纳兰和卢彦，2016）。组织内无传统意义的“领导者”，只有合作的“发起者”；没有传统的等级概念，所有“成员”平权，且每个“成员”都在不损害组织和其他成员的前提下自驱动、自发展、自管理（李海舰和朱芳芳，2018）。此时，“个体”与组织是一种共生关系，即组织为“个体”能力、需求的施展与满足提供条件，“个体”成长与发展为组织升级提供保障；组织与组织是一种共生关系，即“大组织”与“小组织”彼此依赖共同创造更大价值，且它们均需要依赖其他

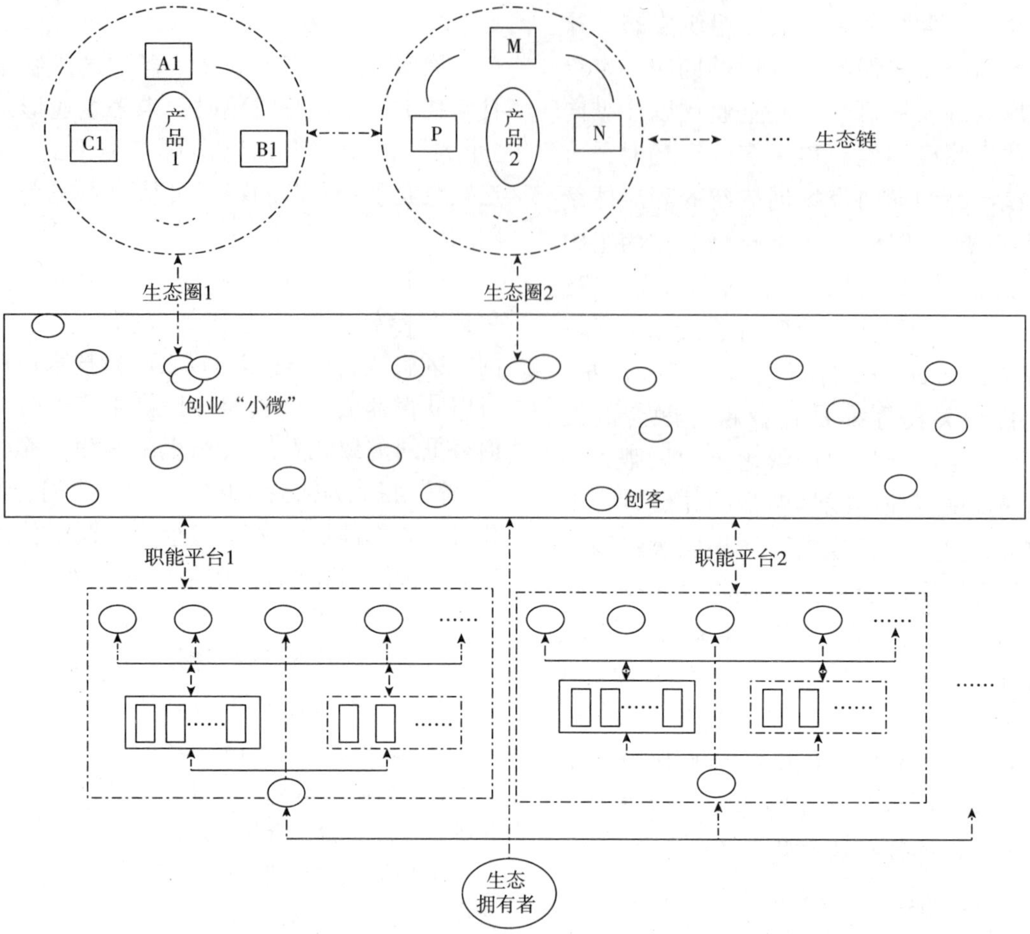

图 42-5 生态化企业

资料来源：笔者绘制。

组织创造的既有价值发挥作用。

（3）系统层面。"个体"聚合形成组织，组织聚合形成系统；"个体"共生，组织共生，由此推动整个人类作为一个系统共生。这意味着，在更加智能化和透明化的未来社会中，系统作为知识收纳袋，在汇集全社会组织创造价值的基础上，能够实现自我更新、迭代、升级，而组织依赖系统的存量价值去创造新的价值，即个体带动组织、组织带动系统进行更新升级；系统赋能组织、组织赋能个体实现价值创造。影响由点到线到面依次晕开，支持由面到线到点依次落实，进而促使整个人类社会成为一个"牵一发而动全身"的共生系统，彼此依赖，互利共生。

关于未来企业形态，部分类型详见图 42-6。

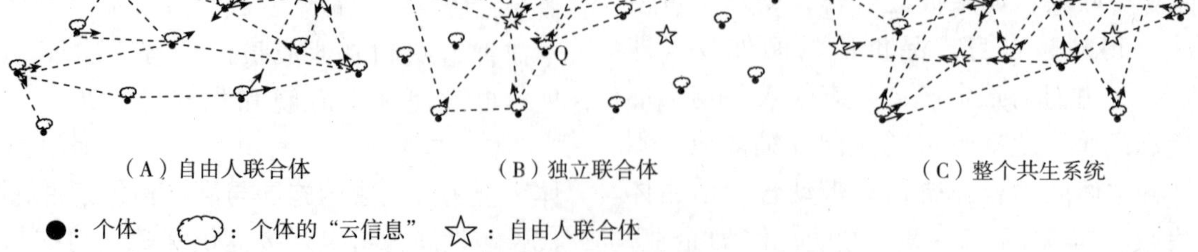

图 42-6 共生型组织

资料来源：笔者绘制。

本章认为，在未来发展中，以人工智能为代表的“新技术群”必然是社会底层的基础设施，正如互联网带给当今社会颠覆性变革一样，它们也必然为未来社会带来新一轮的生活方式、生产方式变革。其中，最为典型的就是实现点对点的价值传递，区别于互联网时代点对点的信息传递，它让每个人的信息都汇集成一片“专属云”，在技术自身具备监督属性时，每个人的信息真实、公开、透明且自动溯源与更新，以此成就了点对点之间的直接价值行为。在未来发展中，“个体”作为在社会中自流动、自对接、自交互的“自由人”，它们既可以是一个“自组织”，也可以是“组织”的发起者，还可以是“组织”的参与者，或者可以同时参与多个“组织”兼具多重角色，按自己或他人的需求自主“聚散”。在这一过程中，“自由人联合体”和“独立联合体”都不再是传统意义上纯粹的“组织”，“组织”与“组织”间由于价值主体的高度叠加，已无法简单地被定义为竞争或合作关系，它们均与外界有着千丝万缕的关系，整体织成一个大的社会网络，形成一个共生系统。在未来发展中，就“个体”而言，总是从一个价值网络跳到另一个价值网络，或者从多个价值网络跳到另外一些价值网络，“人”在网络中生存、成长、发展，进而实现人与人共生，人与组织共生，组织与组织共生，整个系统融为一体。比较而言，借助于“新技术群”，生态化企业实行的是平台式运行，而个人化企业实行的则是网络式运行。

六、结　语

经典理论认为，企业组织形态作为企业实现目标的手段，受到企业内部和外部多种因素共同作用。本章认为，技术发展通过降低企业的市场交易成本、调整企业内外资源配置方案、决定每个历史阶段企业面临的“时代问题”，超越了其他因素成为导致企业组织形态变革的根本动力，并且每次重大技术范式变革都会带来新的企业组织形态以突破既有企业组织形态在发展过程中出现的瓶颈或制约。

具体来说，新中国成立以来，国内企业随时代发展已较为成熟地探索出了传统企业形态、新型企业形态、现代企业形态，并向未来企业形态进一步演化。传统企业形态在工业技术落后带来市场交易费用极高的情况下，处理的是如何最大化地利用内部资源，使内部资源配置效率最佳，但最终受制于内部资源的有限性，企业发展面临增长瓶颈；新型企业形态在信息技术带来外部交易费用持续降低的情况下，拓宽了传统企业的资源利用范围，打破了传统企业的增长“瓶颈”，处理的是如何设计内外资源配置方案，使企业能够高效地利用外部资源，但最终受技术公共物品属性的影响，企业发展面临同质化竞争带来的利润增长困境；现代企业形态在数字技术导致的“颠覆式”变革成为新常态的背景下，将企业关注重点从“资源问题”转向“需求问题”，从需求侧释放“盈利蓝海”打破利润增长困境，处理的是如何从需求侧开拓利润空间，围绕“个性化”需求的满足，不断优化企业供给能力；未来企业形态在智能技术步入加速度发展阶段的前提下，沿袭智慧型组织从价值创造来源、价值创造主体、价值创造方式、价值实现方式四个方面对以往企业组织形态颠覆的趋势，处理的是如何向“以需求为中心”“个体价值崛起”“共生发展”“自组织”方向极致化演进，打造以生态化企业、个人化企业为基本形态的共生型组织。

总之，在企业组织形态的演进中，前一企业组织形态是后一企业组织形态的前提与基础，后一企业组织形态是对前一企业组织形态的突破与发展。也就是说，后者不是对前者的否定，但是，后者包容、涵盖了前者，并超越了前者。

参考文献

[1] 周三多、陈传明、刘子馨、贾良定：《管理学——原理与方法（第七版）》，复旦大学出版社 2018 年版。

[2] Massini S., A. Y. Lewin, T. Numagami, and A. M. Pettigrew, The Evolution of Organizational Routines a-

mong Large Western and Japanese Firm, Research Policy, Vol. 31. No. 8, 2002, pp. 1333 – 1348.

[3] 曾楚宏、林丹明:《国内外关于当前企业组织变革的研究综述》,《经济纵横》2003 年第 5 期。

[4] 刘洪:《组织结构变革的复杂适应系统观》,《南开管理评论》2004 年第 7 期。

[5] 张海燕、张正堂、陈传明:《企业组织结构化的动态闭环整合模型——基于知识逻辑》,《当代财经》2017 年第 7 期。

[6] 王建平:《工业 4.0 战略驱动下企业平台生态圈构建与组织变革》,《科技进步与对策》2018 年第 35 期。

[7] 黄爱华、陆娟:《基于权变理论的战略人力资源管理体系》,《中国人力资源开发》2012 年第 1 期。

[8] 胡国栋、王晓杰:《平台型企业的演化逻辑及自组织机制——基于海尔集团的案例研究》,《中国软科学》2019 年第 3 期。

[9] 李海舰、朱芳芳、李凌霄:《对新经济的新认识》,《企业经济》2018 年第 37 期。

[10] Ronald Coase, The Nature of the Firm, Economica, Vol. 4, 1937, pp. 386 – 405.

[11] 李海舰、朱芳芳:《重新定义员工——从员工 1.0 到员工 4.0 的演进》,《中国工业经济》2017 年第 10 期。

[12] 李海舰、郭树民:《从经营企业到经营社会——从经营社会的视角经营企业》,《中国工业经济》2008 年第 5 期。

[13] 李海舰、聂辉华:《全球化时代的企业运营——从脑体合一走向脑体分离》,《中国工业经济》2002 年第 12 期。

[14] 李海舰、聂辉华:《论企业与市场的相互融合》,《中国工业经济》2004 年第 8 期。

[15] 李晓华:《产业组织的垂直解体与网络化》,《中国工业经济》2005 年第 7 期。

[16] 李海舰、原磊:《基于价值链层面的利润转移研究》,《中国工业经济》2005 年第 6 期。

[17] 李海舰、李文杰、李然:《新时代中国企业管理创新研究——以海尔制管理模式为例》,《经济管理》2018 年第 7 期。

[18] 王姝、陈劲、梁靓:《网络众包模式的协同自组织创新效应分析》,《科研管理》2014 年第 4 期。

[19] 姜奇平:《众包—外包 2.0 版》,《互联网周刊》2009 年第 12 期。

[20] 冯小亮、吴继研、王殿文:《众包模式及其奖金策略研究》,《广东财经大学学报》2018 年第 4 期。

[21] 李海舰、田跃新、李文杰:《互联网思维与传统企业再造》,《中国工业经济》2014 年第 10 期。

[22] 朱芳芳:《平台商业模式研究前沿及展望》,《中国流通经济》2018 年第 5 期。

[23] Gawer A., and M. A. Cusumano, Industry Platforms and Ecosystem Innovation, Journal of Product Innovation Management, Vol. 31, No. 3, 2014, pp. 417 – 433.

[24] 陈春花:《激活个体:互联网时代的组织管理新范式》,机械工业出版社 2018 年版。

[25] 李海舰、陈小勇:《企业无边界发展研究——基于案例的视角》,《中国工业经济》2011 年第 6 期。

[26] 余东华、芮明杰:《基于模块化的企业价值网络及其竞争优势研究》,《中央财经大学学报》2007 年第 7 期。

[27] 陈春花、赵海然:《共生:未来企业组织进化路径》,中信出版社 2018 年版。

[28] 杰里米·里夫金:《零边际成本社会:一个物联网、合作共赢的新经济时代》,中信出版社 2017 年版。

[29] 纳兰、卢彦:《社群 +:互联网 + 企业行动路线图》,机械工业出版社 2016 年版。

第四十三章　中国企业战略

提　　要

理解中国企业的发展，必须置于工业化的情境之下。战略管理领域形成了以产业组织理论为基础的行业定位学派、建立在资源基础上的资源基础观、侧重创新与创业研究的企业家学派，三者共同决定了企业的成长。考察中国企业战略演进，有三个关键值得关注：一是凡是过往，皆为序章。中国企业成长的70年是紧密相连的，但企业需要根据时代的发展不断创新。二是“没有成功的企业，只有时代的企业”。理解“时代”的含义，除了把握历次工业革命的规律，还需把握政策导向的脉搏。三是“非线性增长”。相对于前两次工业革命的通用技术缓慢渗透和企业的线性增长，随着新一轮科技革命的深入，企业可以实现非线性增长。因此，战略具有高度的动态性，企业只有在旷日持久的赛跑中，顺势而为、尊重人性，才能脱颖而出。

*　　　　*　　　　*

战略研究关注企业成长。中国企业的管理实践都是在国家工业化发展的情境下开展的。在工业化时代，基于技术创新实现规模与范围经济是企业成长的主要动力。市场经济中的技术进步是人类有史以来最快的，工业革命带来了新产品和新技术的日新月异。因此，企业战略是要在外部条件约束下确定企业基本长期目标、选择行动途径和为这些目标进行资源分配，以实现长期的成长①。1949 年以来，中国企业经历了从计划经济向市场经济的转型，战略决策的主导权从政府转移到企业，企业家精神得到尊重，生产力得到释放，中国企业快速成长并成为各个行业领域的引领者。

一、中国企业战略的演进阶段

中国企业的战略演进可以置于工业化发展三个阶段的情境下，即计划经济条件下的工业化发展阶段（1949～1978 年）、改革开放背景下的再工业化阶段（1979～2008 年）以及新工业革命背

① 艾尔弗雷德·D. 钱德勒（Alfred D. Chandler Jr.）、盛洪主编：《战略与结构：美国工商企业成长的若干篇章》，云南人民出版社 2002 年版。

景下的创新发展阶段（2008 年至今）。

1. 计划经济条件下的工业化发展阶段（1949～1978 年）

虽然中国自洋务运动起就开始探索工业化发展之路，然而直到1949 年新中国成立之后，通过一个个五年计划的实施，才逐渐建立起完善的工业化体系。与美国和欧洲国家不同，中国选择了“苏联模式”，是在计划经济条件下实现工业化。

（1）战略背景。

①欧美等国家已经实现工业化发展。经过 20 世纪初以“电气化”为代表的第二次工业革命，美国等国家利用冶金技术与炼钢、化学工业等领域的技术突破机会，通过加强有形资产的投入，发展钢铁、电力、铁路等规模依赖特征的产业体系，从而实现对英国经济的超越。虽然英国在第一次工业革命中成为世界强国，但由于新兴产业发展相对缓慢，在此轮技术变革中英国开始全面落后于美国与德国。美国创造出以“福特制”为代表的管理模式，基于广阔的国内市场，企业不断实现规模与范围的扩张[①]。从历史经验看，新工业革命会带来行为规则、组织原理与社会意识的转换，不断产生新的产业、制度和企业家。中国则还是一个典型的农业国家，新中国刚成立的时候，毛泽东主席曾经诙谐地说：“现在我们能造什么？能造桌子椅子，能造茶碗茶壶，能种粮食，还能磨成面粉，还能造纸，但是，一辆汽车、一架飞机、一辆坦克、一辆拖拉机都不能制造。”

②新全球秩序下的中国工业化抉择。第二次世界大战后，美国确立了全球领导者的地位，并主导着新治理体系的构建。由于美国对 1949 年成立的新中国持敌对态度，中国选择了意识形态更加接近的苏联作为学习对象，开启了自己的工业化之路。在第一个五年计划（1953～1957 年）期间，中国的大规模经济建设以“156 工程”为代表，主要选择电力、钢铁、汽车、化工等行业领域，从无到有，逐渐建立起完善的新工业体系。从战略管理的角度看，计划经济条件下战略选择的主导权掌握在政府手中，由于美国和苏联等工业化国家的成功经验在前，选择发展的产业领域又具有较高的确定性，能够迅速提高当时的生产力发展水平。

（2）战略焦点。

①战略管理也强调计划。明茨伯格提出战略是有意识的、正式的、有预计的行动程序[②]。在计划经济阶段，政府在行使战略管理职能。有学者认为，战略管理研究无生存空间，理论研究空白，战略管理甚至整个管理科学受到忽视（如蓝海林等，2010；徐二明，2018）。战略管理研究的缺失并不意味着企业无战略。在此期间，西方的战略管理研究也并未成熟。但是，钱德勒、彭罗斯等学者已经开始关注产业生命周期和企业成长问题的研究。虽然处于市场经济条件下，中国企业并没有决定发展方向的权利，实际上只是一个生产车间，资源的分配要等上级安排计划，靠上级提供生产条件。但是中国企业在全面学习苏联管理模式的同时，也逐渐开始探索适合中国国情的管理方法。长春一汽、鞍山钢铁等是这一发展阶段中国企业的代表。

②学习苏联模式的成绩。学习苏联经验的目的在于管理的科学化和规范化。新的企业管理制度和方法的引入，使我国企业管理开始进入科学管理轨道。在电力工业领域，利用处理 1949 年 9 月北平石景山电厂生产故障的机会，苏联专家不仅在计划检修、管理体制、设备改进等方面提出建议，还为电厂编制了一套运行操作规程，印发全国电厂后，极大地提高了电力企业管理水平。在汽车工业领域，长春第一汽车制造厂引进全套苏联生产设备和管理方法，从产品工艺、技术检查到设备安装、生产调度，苏联专家进行现场指导，直到 1956 年生产出第一辆中国制造的汽车。在造船工业领域，大连造船厂较早实行苏联的企业管理制度，号称“企业管理天书”，全国推行后带动了造船企业的管理现代化发展。在冶金工业领域，苏联专家对鞍钢的管理提出了一整套整编意见。在生产技术领域，苏联专家为中国企业的工艺改进、

① ［美］小艾尔弗雷德·钱德勒：《规模与范围》，张逸人等译，华夏出版社 2006 年版。

② 加拿大麦吉尔大学明茨伯格教授借鉴市场营销学中四要素（4P）的提法，提出企业战略是由五种规范的定义阐述的，即计划（Plan）、计策（Ploy）、模式（Pattern）、定位（Position）和观念（Perspective），这构成了企业战略的“5P”。

效率提升等所做的工作不胜枚举，但是也有一些方法并不适合中国国情。

③中国特色的管理办法。新中国成立以后，中国开始探索建立自己的社会主义企业管理模式，出现了“鞍钢宪法”及《工业七十条》等有代表性的成果。以“鞍钢宪法”提出的“两参一改三结合”为例，企业干部参加劳动、工人参加管理、改革不合理的规章制度，推动领导干部、技术工人、普通工人相结合，这种方法正是应对新兴产业初始发展阶段不确定性的最好办法，是“干中学”，体现了民主管理和科学管理的合理要求。《工业十七条》则是新中国成立以来第一步管理企业管理方面的章程，第一章就是计划管理，以“五定五保”的形式确定了企业与国家的相互关系。1961 年，在马洪同志主持下，中国科学院经济研究所和有关大专院校的同志编写了 60 万字的《中国社会主义国营工业企业管理》，被学者认为是中国社会主义企业管理学的奠基之作，系统提出了适合我国国情的企业管理制度和方法。

（3）战略评价。

①构建生产导向型管理制度。在我国工业化进程中，从 0 到 1，从无到有，边际效用非常明显。全国人民鼓足干劲，力争上游，即便到现在，也不可忽略中国人民在建设社会主义事业过程中所表现出的极大热情。从 1949 年新中国成立到 1978 年党的十一届三中全会之前，中国企业管理学呈现出计划经济条件下生产导向型管理的基本特征，为中国特色社会主义企业管理学从无到有的逐步建立起到了探索奠基作用。由于企业缺乏自主经营权，生产计划是统一部署、统一行动的方式，企业管理活动局限于生产制造环节，战略管理的空间极其有限，于是在高度集中的生产管理体制下形成了生产导向的管理理论。

②计划经济的缺陷在于僵化。因为计划限制了规模与范围的扩张，计划经济时期企业的战略管理无视外部机会的选择，而是聚焦内部管理。造成计划经济僵化的缘由大概有忽视个体价值忽视、忽视技术创新、忽视规模经济的因素三方面。首先是忽视个体价值，不重视企业家精神。在一个稳态的外部环境中，计划是有效的。但历次工业革命证明，经营环境往往是动态变化的，决定企业发展领域的主导权不应该掌握在政府手中，而是应该赋予企业家选择权，让他们在不确定的和充满风险的环境中抉择发展方向，并带领企业实现不断成长。在人类推进工业化的进程中，瓦特、爱迪生、贝尔乃至盖茨和乔布斯等企业家所展现出来的创业精神，不断推动着历次工业革命浪潮的发展，并彻底改变了每个普通人的生活。其次是忽视技术创新，尤其是颠覆性创新。技术创新当然意味着变革，如电话对于电报、手机对于电话的替代等，当传统的技术路线被新的、具有更高效率的技术路线取代后，原有的大规模投资就会成为沉没成本。在变革环境下技术范式的变化给创新管理带来了不确定性，企业需要权衡新旧技术轨道的选择，即在原有技术轨道下的持续创新，还是新技术轨道下的突破性创新。计划经济往往有一劳永逸的思维，难以应对新科技革命带来的种种变化。最后是忽视规模经济，限制了企业的扩张。在计划经济条件下，企业的产能、经营空间等都是事先定好的。而根据德鲁克的《公司的概念》、钱德勒的《大企业和国民财富》等战略理论形成初期著作研究，企业的经营范围和经营地域具有规模经济。规模经济反映的是生产要素的集中程度同经济效益的直接关系，生产规模的扩张以及生产效率的提高，便于采用先进的工艺和装备，可以使产品和生产程序标准化。工业化发展一定是基于标准化的大规模制造，虽然这种规模制造有时会导致产能过剩。

③战略管理重点关注环境变量。20 世纪 70 年代，以波特为代表的定位学派开始出现，战略管理逐渐成为一门管理学科，价值链、五力分析等工具已经成熟。定位学派强调外部环境分析的重要性，企业在考虑竞争战略时，必须将企业与所处的环境相联系。定位学派的观点与当时的行业环境密切相关，新的工业革命正在酝酿，在汽车、电气、半导体、合成材料等领域涌现技术突破，有形资本、规模依赖的技术变革开始消亡，偏向无形生产性资产的技术变革开始出现。以“福特制”为代表的美国企业在 20 世纪 60 年代末开始丧失竞争优势，强调“精益管理”的日本企业开始崛起。对于中国企业而言，计划经济的负面作用不断显现，因为强调即刻收益与短期投

资，企业的新兴业务发展与技术创新投入不断被削弱，政府在产业政策上也对发展新兴产业并不积极。新中国的工业化进程在经过30年的稳态发展后，计划经济体制开始变得僵化和低效，中国企业的生产效率和竞争力不断衰退。

2. 改革开放背景下再工业化发展阶段(1979～2008年)

通过改革开放，企业获得了自主权，真正成为战略管理的主体。在企业家精神、技术创新、规模经济等因素的驱动下，中国企业的生产力得到释放，不断重构新的工业体系。以2000年加入世界贸易组织为契机，“中国制造”成功融入了全球价值链，中国企业纷纷跻身世界500强，中国成长为世界第二大经济体。这一阶段，战略管理的目标主要是围绕“规模与范围”实现企业成长。因此，观察此阶段企业的发展，无论是国有企业还是民营企业，都是一段机会导向的成长史。

（1）战略背景。

①中国面临着和平发展的战略机遇期。中国实施改革开放的一个重要判断便是自1978年以后面临的和平发展的战略机遇期，因此经济建设成为国家发展的中心。自1979年中美建交后，美国对华政策的重点是“促使中国走出来，使中国更加方便地进入世界舞台”①。由于全球价值链的形成与发展，国家间的分工已经从产业内部分工发展到产品内部的分工。日本以及“亚洲四小龙”的崛起，使中国意识到经济发展必须要融入全球市场，广泛参与国际分工体系。随着外国直接投资规模的增加，不但带来了新技术，还帮助中国构建起了出口导向的生产体系，以劳动密集型为特征的“中国制造”逐渐建立了发展优势。

②通过制度改革扩大企业自主权。自主权的扩大意味着企业家精神得到重视，让企业家决定未来的发展方向。在熊彼特看来，竞争与企业家精神是不可分割的。按照德鲁克的说法，创新时代的增长模式是企业家经济，创新和企业家精神作为企业成长的基因，企业和企业家成为经济成长的动力之源。企业家精神的诞生是人类历史上最有意义、最富有希望的事情，之前的美国、欧洲，乃至改革开放的中国等所有现代化国家的发展都与之密切相关②。对于改革开放过程中企业的角色，吴晓波（2010）评价道，在一个拥有近13亿人口的大国里，僵化的计划经济体制日渐瓦解，一群小人物把中国变成了一个巨大的试验场，它在众目睽睽之下，以不可逆转的姿态向商业社会转轨。这其中就包括柳传志、张瑞敏、鲁冠球、李书福等一批优秀的企业家，以及联想、海尔、万向、吉利等一大批优秀企业的代表，在不同的成长阶段采用不同的战略形式，成长为各自行业的佼佼者。

③改革开放是中国的再工业化历程。经历了从计划经济到市场经济的转型，中国的工业化体系得到了重塑，前30年所建立的工业体系不断受到冲击。从整体上看，由于政治环境和产业环境的稳定性，中国企业发展的大势是稳健成长，融入全球价值链。经过再工业化发展，中国成为工业体系最完善的国家之一。但是在汽车工业、装备制造、电子信息等全球价值链高端仍缺乏控制力，普遍认为“中国制造”大而不强。在行业领域发展方面，虽然20世纪90年代互联网作为一个新兴产业开始出现，但是对生产和生活的渗透和影响远未达到现在的程度。

（2）战略焦点。

①从模仿到自主创新。创新是市场竞争的基本手段，创新意味着做与众不同的事情，中国企业的创新能力经历了从模仿到自主的过程。实用主义是改革开放初期中国企业成长的原动力，先模仿再通过合作开发的方式向发达企业学习，再到自主研发和自主创新。改革开放初期，外资进入中国市场意味着发达国家低端产业向国内的转移，中国开始大力发展加工出口工业。中国企业的主要创新手段就是模仿，形成了所谓的“引进、消化、再创新”模式。在相当长的时间里，中国家电、电脑企业一直在“贸易”“制造”“技术”的发展次序上摇摆徘徊。联想、海尔等企业都是依靠贸易、引进生产线起家，逐渐形成工业

① ［美］Robert Zoellick：《中国往何处去？从正式成员到承担责任》，《财经文摘》2006年第1期。

② ［美］彼得·德鲁克（Peter F. Drucker）：《创新与企业家精神》，蔡文燕译，机械工业出版社2018年版。

制造能力，进而在技术上寻求进步，并最终实现了全球领先。然而，这种模式在汽车工业领域并未得到良好的实施，国内的自主品牌在合资浪潮下纷纷被淡化或者消失。在模仿阶段，成本领先成为中国制造企业的主导战略，除了沿海地区的轻工、纺织等行业，最典型的案例是富士康和苹果，苹果公司掌握着芯片、系统等关键技术和营销环节，富士康的分工角色是制造，富士康必须不断追求效率、压低成本。一台苹果手机留在国内的利润只有6美元，两家企业的利润率差了足足3倍还多。

模仿创新是企业发展初期的合理选择，自主创新则是企业在成长过程中的追求目标。自主创新的实现是企业首先从终端产品的组装开始技术学习，然后在掌握了生产过程的基础上进行工艺创新，最后再到产品创新，即引进、吸收和提高的阶段发展过程（韵江和刘立，2006）。许庆瑞和陈劲（1997）指出，自主创新是在引进、消化以改进国外技术的过程中，继技术吸收、技术改进之后的一个特定的技术发展阶段。中国企业通过“干中学”，在形成制造能力的同时也塑造了创新能力，除了传统的航空航天领域，其他如高铁、大飞机、核电等都是创新能力的体现。因此，技术驱动的产业升级换代是企业发展的重要途径，技术进步、制度创新和管理创新以及组织能力的提高是企业发展的潜力所在，这在国防科技企业和战略新兴产业表现得更加突出（巫云仙，2019）。

②企业成长与战略演进。几乎所有的企业都有相似的成长路径。在改革开放初期，所有企业的回忆都是穷困潦倒，哀鸿遍野，“干多干少一个样”。到现在，通过建立现代企业制度和市场化经营，纷纷进入世界500强的名单。2017年，已有117家企业跻身于世界500强企业，如国家电网、中石油、中国银行、华为、联想、京东、万科、大连万达、恒大集团、美的集团、腾讯控股和阿里巴巴等榜上有名。再以海尔为例，秉承“没有成功的企业，只有时代的企业”这一原则，自1984年创业到现在，经历了五个发展战略阶段——名牌战略、多元化战略、国际化战略、全球化品牌战略、网络化战略阶段，每一次战略调整都是对时代要求的回应。海尔首先通过“砸冰箱”建立起“产品质量”这一核心能力，并购“休克鱼”和实施全球化则实现规模与范围的扩张，现在海尔理所当然成为代表国民财富的大企业。在海尔线性成长的过程中，质量金奖代表着用户口碑，1000天流程再造则是为了打通内外信息，日清体系成为海尔的管理工具。到了互联网时代，海尔从产品战略向网络化战略转型，围绕用户需求，力图打通企业与用户信息的隔阂，最终实现“零库存”、用户“零距离”，围绕组织形态、管理工具、流程信息做“变革”。考察中国企业的成长历程，规模和范围的扩张、多元化经营、国际化经营等都是企业战略的共同特征。

③国际化战略与跨国并购。国际并购可以使中国企业迅速进入他国市场并扩大其市场份额、有效利用目标企业的各种现有资源、技术和产业基础等，通过业务重组、资源整合，实现战略协同，对企业、行业提升竞争力意义重大。中国企业的海外并购活动有个从资源型并购向技术性并购转变的过程。2004年，联想宣布收购以12亿美元的价格IBM的个人计算机业务，开启了中国企业跨国技术并购的序幕。此后，联想以更高的价格收购了IBM服务器业务、摩托罗拉手机业务等，但是关注程度并没有此前那么高。在其他领域，中国化工收购了法国安迪苏、意大利倍耐力等。2016年，收购瑞士先正达则是中国企业跨国技术并购的最高潮。虽然，一段时期内以俱乐部、酒店等为标的的跨国并购遭人诟病，但是不可否认的是国际并购方式是快速获取和利用国外先进技术、自然资源、先进管理方法等要素的重要办法。以吉利并购沃尔沃为例，成功跨国技术并购最明显的特点是注重战略协同和互补。即中国企业缺乏核心技术，但拥有巨大的产品市场；目标公司拥有核心技术，但发达国家市场进入成熟期。这是双重的互补性，对跨国并购而言，基于互补性的协同才是协同效应的本质。中国化工、吉利等中国企业正是抓住了这个本质，才取得了跨国并购的成功，不再重蹈中国其他行业发生的“市场换技术”的覆辙。

（3）战略评价。

①机会导向的企业战略。钱德勒的“战略三

部曲"描述了企业的线性成长过程①。战略三部曲即《战略与结构》《看得见的手》《规模与范围》，主要描述了以铁路、石油为代表的美国企业经营规模成长、地域范围扩张的历程。中国企业的成长也是如此，立足于自身的核心能力，实现规模与范围的扩张，所有企业有着相似的成长路径，最终大企业理所当然成为代表国民财富的积累。中国的两次工业化历程是人类历史上最伟大的事件。在整个人类历史中，经济增长都是极为缓慢，工业革命创造出的物质繁荣改变了每一个普通人的生活。从短缺经济到过剩经济，庞大的国内市场需求和市场空间是中国企业发展的重要支撑。在社会主义市场经济体制初步建立环境阶段，中国企业面对日益凸显的市场机会，更多的是对外部环境进行积极的回应，采取了主动出击的做法（王钦，2008）。在经济转型时期，国内市场有巨大的需求未被满足，即使最平淡无奇的企业也面临着多种业务机会的选择，这些企业在业务选择上贯彻着朴素和平实的逻辑：哪里热门往哪儿去，风扇市场火的时候做风扇，空调市场起来的时候进入空调，汽车行业热的时候去造车，房地产热的时候做房地产……这种逻辑让美的、海尔、比亚迪等企业一直在"竞争激烈、利薄如刀刃"的行业里摸爬滚打，也时不时会遭遇失败的挫折。但是，这些企业在捕捉机会的同时，并没有陷入投机主义。改革开放后40年的时间里，广阔市场以及红海的竞争环境，塑造了众多中国企业灵活、机敏、准确、后发制人的经营风格，练就了一批勇猛顽强、能打胜仗的经理人队伍。

②企业家时代的到来。中国企业管理经历了从计划经济体制转变为适应市场经济体制的经营管理模式，绝大多数企业管理知识都被重构或创新（黄群慧，2018）。市场是一个发现和创造的过程，在这个过程中，知识、资源、偏好和技术都不是给定的，而是依赖于企业家精神的利用。因为在真实的市场中，人是无知的，人们拥有的信息和知识是不完全的，想象力和判断力在决策中是至关重要的（张维迎，2018）。因此，在熊彼特经济学的市场中，企业家居于中心地位。由于市场中大部分参与人的无知和循规蹈矩，如果没有企业家，资源不可能得到有效利用，新技术、新产品不可能出现，经济不可能增长。正是通过企业家的创新活动，新产品、新技术才不断出现，经济才有可能持续增长。正如熊彼特所指出的，企业家追求的不仅是利润，而且还有超越利润的目标，包括：建立自己商业王国的梦想；征服欲和战斗的冲动；对创造过程的享受。取得这些成就的可能性发挥着一种更大的激励作用，对于"改革开放40年百名杰出民营企业家名单"中的企业家来说，这种激励更是绝对发挥着重要的作用。事实上，无论是国有企业、私营企业，还是中外独资和合资合作企业，正是由于企业家精神，不断驱动着企业的成长。

3. 新工业革命背景下的创新引领阶段（2009年至今）

中国企业战略演进面临着外部环境的两次重要转变：从计划经济到市场经济的转变和从市场经济到创新经济的转变。改革开放的理论基础是市场经济和交易分工，构建起中国特色社会主义市场经济体系。新科技革命与产业变革自2008年金融危机之后开始蓬勃发展。今天，创新经济的理论基础是熊彼特创新，党的十九大报告提出要构建创新型国家。在计划经济和改革开放这两个阶段，企业的成长都是围绕空间和范围的成长。但是随着数字经济的深入发展，以平台经济为代表，基于信息平台企业可以实现非线性成长。

（1）战略背景。

①金融危机带来的变化。2008年的金融危机为全球经济发展带来了严重的不确定性，中国成为全球经济的"压舱石"，国内市场对全球经济复苏的巨大拉动作用。2008年后，中国的房地产、汽车、家电制造以及电子消费品制造等产业迎来了爆发式的发展时期。尤其是手机等智能终端制造快速成长，即使在金融危机期间，中国、印度、俄罗斯等国家的电子产品市场居然稳步增长，依靠代工为业的富士康，受到的冲击实际上并不大。金融危机会带来发展和改革的双重机

① "战略三部曲"即钱德勒的三部著作——《战略与结构》《看得见的手》《规模与范围》，主要描述了以铁路、石油为代表的美国企业经营规模成长、地域范围扩张的历程。

遇，危机催生新一轮的科技革命和产业变革也会创造新的发展机遇。以信息技术和数字技术为代表的新一轮科技革命引发产业变革，带来“关键生产要素”的变迁，并进一步推动生产方式变革和国际经济格局变化（国务院发展研究中心课题组，2018）。当然，危机具有强烈的再分配效应，它将导致大国实力的转移和国际经济秩序的重大变化。2017 年，美国的国家安全报告正式将中国定义为“战略竞争对手”，中美关系变得既有合作又有竞争，相互之间的博弈将加剧。

②数字经济的深入发展。数字经济的崛起引人注目，将深刻改变国家的比较优势和竞争优势，从而对全球格局产生深刻的影响。近 10 年来，我国互联网产业出现爆发式增长。互联网产业的发展与崛起已经成为中国在世界经济舞台上最引人注目的成就之一，在互联网行业发展的历史过程中，中国企业家把握住一个个新兴的行业机会，创造出新业态、新模式，并不断提升消费者的社会福利水平（赵剑波，2019）。在以互联网经济为代表的数字经济领域，民营资本独领风骚，不但开创了中国的互联网经济时代，并使之能够达到与美国互联网经济相媲美的高度。2007 年，阿里巴巴成立四年时，淘宝全年的交易额不如十年后“双十一”的 1/4。富士康正从苹果接到大批第一代 iPhone 订单，对传统制造的未来充满信心。经过近 20 年的发展，阿里、腾讯等企业不但成长为引领中国甚至全球互联网经济发展的龙头，还通过资本融合孕育出一批新兴的民营企业，互联网经济快速走进我国经济社会的方方面面。

③市场与技术发展的不平衡。中国互联网企业具有市场优势，但是缺乏核心技术。得益于庞大的用户规模和完善的基础设施，中国互联网产业将保持稳定增长，使数据成为新的生产要素，各个行业领域的“独角兽”企业不断涌现。整体来看，中国互联网产业规模大、增速高、潜力足。但也有研究认为，中国在互联网经济领域的原创理论和底层技术创新不足（钟春平，2017）。长期以来，在互联网经济领域一直存在“抄作业”观点，在中国互联网企业身上总能找到美国原创者的影子，结论也往往是美国企业在核心技术和关键领域已经形成专利体系。总之，美国的商业模式创新更多以底层技术创新为基础，超前布局工业互联网、人工智能、能源互联网等领域，我国的互联网创新主要通过对国外商业模式创新的模仿，以营销手段拓展市场，依赖市场规模效应实现快速成长。

（2）战略焦点。

①管理的进阶。伴随企业发展规模壮大、管理层级增加，再加上适应外部环境的约束，战略管理模式需要不断演进。在数字经济时代进行真正意义上的管理创新将不应再建立在传统管理模式的基础上，而应该打破或者颠覆以往的管理模式。尤其在数字经济时代，企业需要结合自身发展实际，积极顺应内外部环境变化，不断从“管理 1.0”向“管理 3.0”迈进，主动推动管理阶梯向更高层次进阶。管理的进阶可以体现在用户中心、网络化、自组织三个方面。例如李海舰（2015）认为，管理创新是用户中心化而非企业中心化，层级化而非网络化，他组织而非自组织。以用户为中心设计业务模式和价值创造模式，价值提供转向价值交互，体验经济、意愿经济、社群经济成为主要的价值呈现模式。组织形态正在由“金字塔”控制向灵活型平台演变，组织形式网络化、扁平化、平台化，“小组织 + 大平台”成为重要组织形式，开放化、社会化、生态化是企业组织发展的新趋势、新特征。自主管理要求企业的决策机制、激励机制、资源分配机制要向“小团队”和“小组织”倾斜，管理的核心是激活个体价值，企业要鼓励创新、授权一线员工担负更多的责任，去释放人的潜能。

②网络化组织。创新活动越来越呈现“去中心化”的趋势，企业必须搭建一个创新平台，在其之上形成多个自主创新主体，它们自下而上地选择创新方向、确定人员、组合资源。企业未来的“平台化 + 分布式小前端 + 生态化”的模式，必须是平台化架构，组织呈现网状关系。企业内部围绕客户需求、围绕任务市场来整合资源、整合人才。传统的层级式、官僚式的组织管理模式成为阻碍与顾客共同创造价值的最大障碍，因为僵化的管理体制限制了组织的灵活性与创造性。新工业革命正在改变企业的生产方式和创新模式，平台正在成为一个种普遍的市场形式或行业组织形式，拥有一个成功的平台也成为企业获得

竞争优势的主要手段。值得注意的是，平台型或者分布式组织并不意味着企业无序发展，包括小微或者内创业组织在内，网络化组织还要平衡科层制的稳定性与自组织的灵活性两者之间的关系。

③生态型企业。企业的经营边界开始模糊，生态型企业的最终目的是协同上下游创造新的价值链。例如，作为生态型公司，小米不仅关注于自身利益，更围绕整个产业吸纳了更多的外部公司，创立了自身的平台，围绕手机周边、可穿戴设备、智能家居等生态链定位，构建整体相互联系的产业生态，以此推动整个行业和自身的发展。现代企业找准自身在生态系统中的定位，把握企业的核心价值，才能使企业在市场竞争中处于优势地位，并带动生态系统中的其他企业发展。因此，生态型企业并不是没有商业逻辑的不相关多元化，基于核心能力打造商业生态才是竞争优势的真正源泉。生态系统的逻辑在于复杂、多元、自组织以及演进与共生，各角色之间的关系是“超链接”和松散耦合的关系，已经不再是管控与命令式的关系。协调比分工更加重要，分工强化了组织内部效率，然而生态系统更加需要协调，外部效率的提升依赖于信息交换与共享。协同发展将是企业间主要的发展模式，数据的共享/交换，极大地提高了消费者之间、消费者与企业之间以及企业之间的协作效率。

（3）战略评价。

①管理动态复杂的环境。战略管理的本质要求就是管理企业外部未来的不确定性。新科技革命和产业变革背景下，新一代信息通信技术加快发展融合渗透，工业互联网、大数据、智能制造、人工智能技术变革，对企业传统经营管理理念、生产方式、组织形式、营销服务等均产生了深刻的影响。当前的、通常意义上的管理原则诞生在百年前，它是“以大工业规模化时代为背景、以泰勒科学管理为灵魂、以精英官僚体制为主要特点”的管理模式。在不同的经济发展阶段和生命周期，企业对管理的需求层次不同。在市场变化、技术冲击和经济危机等多重因素影响下，企业管理若不能进行阶梯式递进，企业衰退就会成为必然趋势（张东向，2019）。数字经济时代，用户需求变化速度加快、技术创新周期和产品生命周期缩短，使确定性预见变得越来越困难，不确定性成为环境新常态。新科技革命带来创新的不确定性，业务选择呈现动态性，颠覆性创新不一定发生在行业之内，很有可能发生在行业之外，企业要利用“边缘创新”塑造新的业务优势。面对这些变化，传统的战略分析工具，如SWOT、五力模型等正在失去作用，企业需要找到更加有效的战略管理方法。

②管理创新的重要性。以往中国企业重技术、轻管理。但没有管理保障的技术创新，也是没有生命力的。技术和管理如同鸟之双翼、车之双轮，企业的成长取决于是否拥有相互协同的技术创新和管理创新体系。例如，华为在不断提升研发投入水平、实现5G技术全球领先的同时，还不断强化“铁三角”“奋斗者协议”等管理创新。底层技术是中国互联网企业的“短板”，但是除了抄袭，中国互联网企业还做了什么？2019年4月，亚马逊宣布关闭中国电商业务。为什么亚马逊不但开创了电商行业，还主宰了美国电子商务发展，但在中国这个全球第一大消费市场，却不敌阿里巴巴、京东等竞争对手。不可否认的是，在互联网领域，从新蛋到优步再到领英等企业，从电商到共享再到社交等领域，几乎没有一个外资巨头能够在中国市场形成广泛的影响力。抛开底层技术创新不足的困境不谈，中国互联网企业在电子商务、共享经济、社交媒体等领域崛起和发展的根本原因在于管理创新，正是这种包括激励个体价值在内的制度性变化，不断激发出处于行业哺育期的创业者们，把他们变成了工作狂和偏执狂，并构建起商业帝国。在技术创新领域，中国互联网企业做得还不够，但是他们充分利用了国内庞大的用户基础优势，针对新科技革命和个体价值崛起的趋势，在管理创新方面不断实现突破。这也是经常被理论界研究所忽略的。

③颠覆性创新的可能。党的十九大报告提出了“高质量发展”的理念，传统经济增长模式已经难以为继，必须在经济结构、经济运行机制等方面进行更为深刻的改革。以往，我们通过以市场换技术、以资金买技术、以挖人才造技术等方式取得了一些技术进步，但今后这些途径恐怕难以行得通。今后，中国经济发展的核心动力唯有自主创新，既有技术领域的创新，更有体制和制度上的创新。技术的跃迁使企业可以切换竞争的

赛道。我国拥有市场规模的显著优势，例如移动互联网用户基础最大，必然成为全球最大的新一代信息技术应用市场，积累大量数据。可以说，很多先进的技术都是在中国市场率先得到应用，虽然在核心技术方面与世界领先还有明显的差距，但在应用场景和用户数据积累方面走在世界前列。通过与其他产业的融合发展，必将能够发挥我国在新一代信息技术应用场景优化以及相关商业布局方面的显著优势。

二、中国企业战略的演进趋势

战略管理的对象是企业。既然管理的核心是让人愉快高效地做正确的事，那么战略管理则要实现三个目的：企业发展方向正确、运作高效和让人心情舒畅。战略管理必须随着生产力的发展而进行不断的调整、变革和创新，进阶并不是对传统管理理论的颠覆，因为每一个阶段的思想理论都是对前一个阶段的发展和完善。

1. 战略管理演进的动力

（1）行业不断发生变迁。定位学派特别强调行业的发展趋势，认为“激水之疾，至于漂石者，势也”。然而，行业却被科技革命和产业变革所塑造。例如，100 年来构成世界财富的产业份额在不断发生变化。美国的产业经历了由传统工业到电子工业再到信息工业的发展过程，产业逐渐从传统的粗放型如钢铁厂、橡胶厂到精细化工业比如自动化机器厂商、电影行业、零售行业再到服务型工业中的科技企业、金融企业。1917 年的钢铁和石油行业、1967 年的石油和电信行业、2017 年的科技和金融行业，才是新进入者“有利可图的市场”，会产生“时代的企业”。正是在不同的时代，企业选择了正确的经营领域，一大批世界一流的企业诞生了。例如，1917 年的美国钢铁和标准石油，1967 年的美国电信和通用汽车，2017 年的苹果和微软等，不同的工业革命阶段产生了不同的伟大企业。行业不断发生变迁，战略管理就需要进化。一个大国实现工业化和经济发展的过程，必然是以自己企业管理创新与发展为基础的（黄群慧，2018）。企业管理创新的能力和水平，不仅关系到单个企业的兴衰成败，更是产业乃至国家的重要组成部分。在新一轮科技革命和产业变革中，新的产业需要新的战略管理模式和方法。

（2）管理模式持续演化。以新东方为例，企业发展初期采用了合伙制的模式，中期为了企业上市和规范发展则转变为公司制。然而，到了数字经济时代，华为、阿里，甚至海尔的小微企业，为了激发员工创新，都纷纷采用了改进的合伙制。即使从管理创新历程看，管理存在各种悖论。以提高效率为目标的泰勒，却又创造出阻碍效率的监督者；以流水线形成引领的通用，却又故步自封；通用汽车因事业部制超越福特，却又诸多委员会束缚。国内企业如海尔和华为等不断推动管理创新，我们姑且认为未来的新管理模式叫作“海尔制”。如果从“管理 1.0”到“管理 3.0”按照“福特制—丰田制—‘海尔制’”的管理发展路径，那么第一个管理创新层级便是学习传统管理思想，进行规范的、合理的、完善的管理；第二个管理创新层级则是学习日本企业如何用好管理，即优化资源配置，更好地达到组织目标和责任；第三个管理创新层级则需要打破以往的管理模式，构建具有生态型特征的组织，即将创意民主化，将底层作为权利的源泉，建立有利于发挥员工积极性和创新潜力的组织体系。这三个阶段分别对应着物本管理、人本管理、能本管理。尤其在第三个阶段，互联网的出现推动管理学进入“能本管理”时代，它最大的特点是关注“人的创造力”，从以人的“动机”为核心转为以“人的创造力”为核心，以激励创造力为核心，让员工进行自我管理。中国企业不断探索逐渐成熟的新管理模式。随着新一轮科技革命和产业变革的深入，新的企业管理模式开始涌现并逐渐成熟。一批来自各行业的标杆企业，已经走在了管理模式变革创新的最前沿。

2. 探索新一代管理模式

中国企业在创造巨大物质财富的同时，并没

有相应地创造出伟大的精神财富和理论思想。进入21世纪以来，中国少数企业在管理创新上由“跟随者”变成了“领航者”，在实践中形成了各具特色的管理模式。战略管理领域的“中国方案”可能要总结出世界企业发展进入数字经济时代所产生的先进管理模式的概念性特征，使之能够代表世界管理理论发展的前沿、方向、趋势乃至未来。新一代管理模式可能有以下五大特征。

（1）企业性质变化。数字经济情境下，企业需要构建能够平衡人力资本和货币资本的治理结构，不断拓展企业的生态边界，最终实现非线性的创新增长。

（2）价值创造范式。以用户为中心设计业务模式和价值创造模式，价值提供转向价值交互，体验经济、意愿经济、社群经济成为主要的价值呈现模式。

（3）组织形态创新。组织形态正在由金字塔控制向灵活型平台演变，网络化、扁平化、平台化，“小组织+大平台”成为企业组织发展的新趋势、新特征。

（4）管理机制创新。企业的决策机制、激励机制、资源分配机制要向“小团队”和“小组织”倾斜。围绕创新和创业合作，契约的重要性凸显，实现从物质激励到赋能激励的转变，寻找新的管理机制。

（5）文化与领导力。创新和组织变革过程要求形成新的管理理念，统一、明确的价值观，开放创新的企业文化，规范员工的优先行为和努力方向，形成纪律和执行力，从而提升战略创新实施的效率。

中国的企业管理能否形成自己的独特模式，这是长期以来企业界和学界的追求。近年来，中国管理学界已经认识到中国管理学发展不能够仅停留在基于西方的理论框架和研究范式在中国开展演绎式研究、用西方理论解释中国管理现象，更要结合中国国情和社会发展趋势，创新出具有中国本土特色的管理学理论，提高中国管理学理论在世界管理学术社区的话语权，增强中国管理学的理论自信（黄群慧，2018）。中国企业的管理实践有自己的环境特征，以及巨大的需求纵深。中国传统管理思想与西方管理理念的不断碰撞，中国企业在吸收美日企业管理方法的同时也在不断创新，中国的管理学者也在探讨战略管理教学的发展阶段能否从“照着讲”，发展到“接着讲”，最后能否“自己讲”？最后，形成独特且有可推广性的管理模式。通过企业和学者的探索，能否将中国企业战略管理创新实践从个别性上升为一般性、从狭义性上升为广义性，乃至从中国特色上升为国际共识，并将其与福特制管理模式、丰田制管理模式对接、并列，明确管理新模式的普适性，最后甚至将这一探索成果纳入世界企业管理理论创新之林。

中国正面临着百年未有之变局。计划经济奠定了中国经济腾飞的基础，改革开放40年取得的辉煌成就，战略前提是世界的和平发展，中国主动融入美国主导的全球市场经济体系，中国崛起的性质是“美元体系内的地位提升” （李晓，2014）。但是发展到今天，中美贸易战已经为中国的发展带来不确定性。在更加不确定发展的未来，构建中国企业管理学，形成具有中国特色、中国风格、中国气派的战略管理理论，更加需要中国企业自己的不断探索和不断创新。

专栏43-1

顺势而为

——美的战略演进

观察中国企业战略演进最好的办法是解剖一家企业案例。美的成立于1968年，50年中，美的不仅实现了规模上的大跨越，在计划经济时代还是一个生产瓶盖的小厂，到了改革开放后期转型为大型家电集团，又抓住新一轮工业革命的契机进入智能制造领域。2017年，美的销售额已达2407亿元。

1. 公司的概念

在1979年前，家电企业美的只是一个生产塑料、金属制品的小工厂。1980～1992年，美的从做电风扇开始，之后又进入空调领域，利用“星期天工程师”“晚上技术员”模式提升企业创新能力。何享健在美的创业过程中表现出来的不凡的创业精神和非凡的领导力，是美的创业成功的关键。1993年，美的上市后，抓住国内消费升级的机遇，开始全产业链扩张，迅速成长为大型企业集团。1997年美的按照冰箱、洗衣机、空调等多品类的业务的要求，开始实施事业部经营，形成了“集权有道、分权有序、授权有章、用权有度”的内部授权模式，形成了“高授权+高绩效+高回报”文化，继解决“分权”问题后又解决了“分钱”问题。

2. 规模与范围

从范围经济角度看，2003年，美的全面进军白色家电，以并购荣事达、华凌、小天鹅等企业的方式在冰洗领域不断扩张。2004～2006年，美的先后收购了云南客车、湖南三湘客车和云南航天神州汽车试图进入汽车制造领域，但是此次多元化尝试并不成功。美的还是回归家电制造业务，构建基于核心能力的业务生态。从规模经济角度看，美的在全国各地布局生产基地，实现多地开花、多层级经营格局。在国际化方面，从2006年开始，美的继续巩固欧美主要客户，同时在中东、拉美开辟新兴市场，在发达国家还是以OEM为主，在新兴市场国家则发展自有品牌。美的的国际化经营路径是制造基地的国际化，到品牌国际化，再到市场的国际化，实现全球营销，实现技术、资金、市场的国际化整合，最后实现管理的国际化，提高整体竞争能力。

3. 激励与控制

在整合制造和营销平台的同时，美的还强化了管控平台，以避免快速扩张带来的系统风险。2002年起建立的财务分析系统、全面预算管理体系等美的的财务系统在美的事业部体制中扮演着极其重要的角色。财务管理是经营的主线，通过不断加强财务、预算、资金、审计、监察和IT信息等各项管理，不断完善组织人事调整后的各项制度与流程，可以及时发现经营风险，并解决经营中存在的问题。为了克服“山头主义”“诸侯文化”，2006年初，美的开始谋划以“强化二级平台（若干个事业部的集合，冠名为产业集团）、总部放权、二级平台收权”为主轴的改革。美的机制的核心被表述为“先相马后赛马”，各职业经理人之间、各事业部的员工之间甚至同一个部门的员工之间，都形成了良好的竞争状态。

4. 创新与创业

2008年后，互联网企业带来了新的威胁。移动互联网的威胁从黑电领域正在延伸到空调、冰箱、洗衣机等白电领域，美的已经感觉到现实的压力。2013年9月，美的集团整体上市成功，为应对互联网带来的新变化，美的通过实施“智能家居+智能制造”战略，正式明确“以机器人为代表的智能化业务将成为美的的‘第二赛道’”。围绕智能制造战略的实施，美的开展系列并购，2016年起并购德国KUKA，并最终持有库卡集团已发行股本的94.55%。2017年4月，美的在美国硅谷成立以人工智能为主要研发方向的未来科技中心。

国内家电行业有众多的著名企业，它们自20世纪80年代、90年代起一直在跑道上旷日持久地赛跑，在大的战略选择上从未出错。到了智能制造时代，美的在不知不觉中脱颖而出。顺势而为、尊重人性……这些都是美的成为“时代的企业”的关键。

资料来源：施炜、苗兆光：《企业成长导航》，机械工业出版社2019年版。

参考文献

［1］国务院发展研究中心课题组：《未来 15 年国际经济格局变化和中国战略选择》，《管理世界》2018 年第 12 期。

［2］黄群慧：《改革开放四十年中国企业管理学的发展——情境、历程、经验与使命》，《管理世界》2018 年第 10 期。

［3］蓝海林、徐梅鑫、欧洁敏：《战略管理在中国：发展历程及未来趋势》，第五届（2010）中国管理学年会——组织与战略分会场论文集。

［4］李海舰、田跃新、李文杰：《中国企业管理创新研究——“十二五”回顾和“十三五”展望》，《经济与管理》第 29 卷第 6 期。

［5］李晓、李俊久：《“美元体系”内的东亚权力转移：性质及前景》，《世界经济与政治》2014 年第 11 期。

［6］巫云仙：《中国企业“四十不惑”的回顾与思考》，《清华管理评论》2019 年 1 ~ 2 月合刊。

［7］韵江、刘立：《创新变迁与能力演化：企业自主创新战略———以中国路明集团为案例》，《管理世界》2006 年第 12 期。

［8］王钦：《改革开放三十年中国企业战略的发展：复杂环境下的“协同演进”》，《清华大学学报》（哲学社会科学版）2008 年第 2 期。

［9］吴晓波：《激荡三十年：中国企业 1978—2008》，中信出版社 2018 年版。

［10］许庆瑞、陈劲：《中国技术创新与技术管理展望》，《管理工程学报》1997 年第 11 卷增刊。

［11］徐二明、李维光：《中国企业战略管理四十年（1978—2018）：回顾、总结与展望》，《经济与管理研究》2018 年第 9 期。

［12］张东向：《管理阶梯理论 传承百年企业》，《清华管理评论》2019 年 3 月刊。

［13］张维迎：《关于市场的两种不同范式》，《经济观察报》2018 年 3 月 30 日。

［14］赵剑波：《数字经济的崛起》，《清华管理评论》2019 年 1 ~ 2 月合刊。

［15］钟春平、刘诚、李勇坚：《中美比较视角下我国数字经济发展的对策建议》，《经济纵横》2017 年第 4 期。

第四十四章　企业管理模式

提　　要

2019 年是中华人民共和国成立 70 周年华诞，也是加大改革开放力度，深入推进供给侧结构性改革和全面建成小康社会的关键之年。在这 70 年的岁月里，中国从高度集中的计划经济体制转向充满活力的社会主义市场经济体制，实现了从封闭、半封闭到全方位开放的成功跨越。如今的中国已是全球第二大经济体、第一大工业国、第一大货物贸易国，为世界所瞩目。中国企业一直与国家“同呼吸、共命运”砥砺前行，在发展中创新，在创新中发展，实现了从“三来一补”的简单加工到“中国制造 2025”的演化升级，积累了宝贵的经验，获得了显著的成效。回顾 70 年的发展历程，中国企业管理扎根本土，面向世界，不断吸收国外先进经验，持续贡献中国管理智慧，完成了从最初的工厂车间管理向现代企业管理体系的管理模式创新和转变，不仅产生了卓越的管理思想，也支撑着中国企业的持续成长。

*　　　　*　　　　*

管理模式是企业在日常运营实践过程中，基于内外部因素的综合考量所形成的适合自身成长与发展与一系列制度、规章、程序和方法的管理体系结构。在以往的企业管理研究中，基于对发达国家的管理经验和实践活动的分析和总结，凝结出一些优秀的管理模式，如泰勒制、福特制、科层制、JIT 等。这些管理模式的演化迭代不仅为社会带来了物质财富，也通过对外传播和扩散，影响着世界范围内企业管理的发展进程。新中国成立 70 年以来，中国企业的管理活动立足于本土情境，从实践提炼出独特的管理经验，同时不断地学习和吸收国外管理经验，并通过有效的融合形成了具有中国特色的企业管理模式。对中国企业管理模式的认识不仅需要从历史脉络进行梳理来明晰其演化过程，同时还要结合时代背景进行系统分析，才能挖掘并辨析企业管理模式的特征和内涵。特别是随着中国经济转型的深化和推进以及国际国内环境的动态变迁，管理模式也会面临新的问题和情境，需要以发展的时代视角来加以观察和认知。

一、企业管理模式塑造的历史背景

企业既是开展社会生产的微观组织体，也是国家经济活动的重要成分，在维持经济稳定增长，提供社会产品和服务，增加劳动就业，增强国际市场竞争力等方面发挥着重要的作用。从某种程度上来说，一个国家的综合国力在很大程度上展现为该国是否有足够优秀的企业。在70年的发展历程中，中国企业先后经历了社会环境的剧烈波动，经营机制的动态调整等，虽然出现了一些挫折和往复，甚至低谷，但是总体来看还是在持续上升发展。在不同的发展阶段中，企业的管理活动与特殊的时代背景特征存在关联，不同时代的管理模式也存在较大的差异。尤其是近40年的改革开放以来，中国企业历经了从计划经济体制向市场经济体制的重大转变，使企业内的制度体系、运营机制、管理思维和工具方法等都发生了深刻的变革。因此，解析企业管理模式的前提在于精准认识管理活动发生的时代背景。

1. *多种经济并存转为单一国有经济*（1949～1978年）

在新中国成立初期，国内社会经济结构呈现出多种经济形态，其中不仅有官僚资本，也有个体工商业等形式。在此阶段，国家通过采取没收官僚资本，实行个体工商业社会主义改造，消灭民营企业，消灭私有财产等强制性措施，将国家经济结构从最初的多种成分并存的状态逐渐转变为单一的国有企业经济成分。经济体制也从自发市场经济转向国家计划经济，即一切生产和需求都是按照预先设定的控制总量来进行，并由国家来进行整体的调节和配置。

2. *重新回归多种经济成分结构体系*（1978～1992年）

经过“十年浩劫”之后，为了实现社会经济的持续发展，国家开始进行体制机制改革。以党的十一届三中全会为契机，国家经济结构开始打破单一国有的局面，国有企业先后经历了从1979～1983年的放权让利、扩大企业自主权阶段；1984～1986年，实行以承包责任制为主要形式的多种经营方式阶段；1987～1992年，推行转换企业经营机制，使企业活力得到了初步解放。与此同时，民营经济、三资企业等新经济成分也在蓬勃发展，国有企业比重逐渐下降。

3. *启动中国特色市场经济体制改革*（1992～2003年）

从1992年开始，国家提出建立社会主义市场经济体制，取消计划经济体制，并强调“保持公有制的主体地位”等。针对前期非经济因素干扰太大，国有企业不是真正经济利益主体，没有真正经营自主权等问题（邓荣霖，2011），1993年全国人大制定了《公司法》，为改革提供了基本法律依据。企业不仅获得了合法性地位，而且也明确了在今后改革方向是公司制。在国家法律、政策的支持和引导下，国有企业改制与民营企业建制同步进行。

4. *国家整体经济结构实现动态调整*（2003～2013年）

进入21世纪后，尤其加入世界贸易组织之后，中国企业不仅在国内面临外资企业的竞争，而且也开始进入国际化市场来寻求新的发展机遇。为了提升企业竞争力，国家开始加快改革步伐，推动体制机制变革，为企业持续发展创造公平、公正、公开的市场竞争环境，使各类企业在市场竞争中求得生存与成长。针对不同所有制性质的企业，国家也先后采取了不同措施，出台了不同的政策文件来加以引导和支持，使市场机制的影响力得到进一步增强。

5. *推动国家经济体制全面深化改革*（2013年至今）

以党的十八届三中全会的深化改革为起点，国家明确提出“经济体制改革是全面深化改革的重点，核心问题是处理好政府和市场的关系”，确立了“让市场在资源配置中起决定性作用”的改革目标，强调依据市场规则、市场价格、市场竞争配置资源，实现效益最大化和效率最优化，同时也高度重视和激发微观主体活力。这样不仅进一步明确了政府与市场间的关系，而且确保了社会主义市场经济良性运转和供给侧结构性改革顺利推进，为实现经济发展方式的根本性转变营造出良好的法治环境和营商环境。

二、企业管理模式的动态演变

不同国家的企业有不同的管理模式，同一企业在不同时期也有不同的管理模式。这是因为管理活动涉及诸多方面，且由于企业在不同的背景下，会根据自身的不同发展阶段追求不同的目的，导致其管理思维、战略目标、方法和手段等都存在较大的差异。例如，中国企业在发展初级阶段注重解决规模、成本、价格、质量等诸多问题；在进入新的发展阶段后，又面临着以客户为中心的激烈市场竞争，为此必须持续推进管理模式创新使其符合时代的要求和自身成长的需要。在经济变革每个阶段，由于管理活动的内核存在不同的着重点，在内部和外部综合因素的作用下，管理模式也完成了一系列的动态演变：从经营自主性来看，从最初的按需生产转为围绕市场开展业务活动；从发展思路来看，从立足国内市场转向进入国际市场。

1. 从生产管理转向组织管理

自从进入“大一统”的全面化国有经济阶段后，企业性质完全局限在生产活动中。在此背景下，国有企业是一个执行单位和机构，没有自主经营权，即一切生产活动都是按照国家计划进行生产。管理模式表现为基于生产管理的工厂制，即管理活动主要针对生产环节来进行，强调在生产车间内对人、设备、物料等进行现场管理，以及如何加强班组管理来提高效率，生产满足人们需求的产品。虽然在此阶段的社会、政治和经济环境较为僵化，但是依然出现了一些比较好的管理方法，极大地推动了传统工厂的效率增长，调动了员工的积极性。例如，“鞍山宪法”提出了管理社会主义企业的原则，即开展技术革命，实行“两参一改三结合”并在全国范围推广，其中的不足在于一切都是基于政治导向来实行的，未能体现出企业管理活动的经济属性。

随着国家经济体制改革的推进，针对企业经营活动中存在的责任性问题，在 1984 年全国人大六届二次会议的《政府工作报告》提出，要逐步实行厂长（经理）负责制，进一步提升企业决策的科学性和有效性。随后企业内部开始采取一系列的变革，逐渐形成了以厂长负责制为内核的新管理模式，即厂长作为企业的主要负责人和法人代表对全部经济活动负责。厂长负责制主要强调理顺企业内部的组织管理结构，在领导体制上明确规定了厂长、党委和工会的权限及关系，表现为厂长全面领导企业的生产经营管理工作，依照国家有关法律、法规来决定企业的生产经营计划、机构设置、人事任免，以及做出各项经营管理中的决策。

2. 从组织管理转向产品管理

在计划经济体制下，一切岗位都是源于统包统分，按照预定的计划来进行人员配置，属于典型的“一个萝卜一个坑”“大锅饭”和“铁饭碗”的思维，基本都是人岗结合终身制，没有人员流行性。在传统的企业组织管理活动中，都是将员工看作生产活动中的一个关键要素来加以对待，并将其与其他的要素进行有效整合，从而实现企业的正常运营，不仅增加了企业经营成本，而且也限制了员工活力。在厂长负责制的推动下，国有企业在组织管理上开始具备一定程度的自主性，例如，对生产车间下放权力，实行权、责、利的统一，联利联产联责进行全浮动，提出打破“铁饭碗”的人事制度改革，随后企业内部也针对员工也先后采取了一系列的变革措施，开始推行企业工资制度、聘用制度等。虽然厂长负责制存在四年任期限制，决策与执行责任的认识不清，不能完全体现企业本质等问题，但是从当时的现实情况来看，已经是解放生产力的一种现实体现，具有特定的时代背景意义和价值。

当时的社会主要矛盾是落后的生产力与社会大众需求之间的矛盾，即企业难以生产出足够的产品来满足社会需求，使最初的企业运营活动主要是将产品生产出来，并不存在销路的问题。随着社会大众生活水平的提高，普通民众对于产品的要求也在增加，生产符合质量要求的产品成为企业日常生产运营管理活动中的基本要求。通过国家层面的体制机制创新，以“企业本体论”为代表的一些管理思想得到确认，并在社会中被广泛接受。一些创新思维开始导入企业的生产经营管理活动中，逐渐形成了以产品管理为内核的管理模式，即如何能够生产出质量合格和成本更低的产品，并围绕创造新的产品、生产过程、组织系统等来展开相应的管理活动。在这种思维的作用下，企业开始加快产品结构调整，实现对低档产品的升级换代，以及将提升产品品类、质量和档次等作为关键任务。在广东等南方省市已经出现了一些小加工企业，采取“三来一补”的生产管理模式，生产国内外比较优质的生活产品并形成了相当的规模。与此同时，一些西方先进的产品管理模式和经验，例如，戴明质量管理等被引入国内，进一步提高了管理活动的效率和效益。

3. 从产品管理转向制度管理

从产品管理的内容上看，企业把产品质量作为管理活动追求的首要目标，实施质量控制技术和全面质量管理方法，从符合性质量再到满意性质量，强调不断为市场提供“优质超前的产品”和“超越客户期望的优质服务”，以适应市场竞争和用户的要求。随着内部产品管理模式的延伸，企业开始强调将市场活动进一步整合到企业内部，即开始重视分析客户的需求变化和购买行为，以期用最短的产品开发时间对市场做出快速反应。企业管理工作也在不断创新，包括以高新技术、新颖产品去开拓新市场，改革了传统中国企业闭门式的单纯生产管理和坐等顾客上门的状况，并开始按照现代公司管理的要求，确立市场第一、用户第一的经营观念，把产品质量作为生命线，贯穿在企业管理的全过程，实现生产与营销的有效结合。

通过强化产品管理活动，企业利用产品和服务拓展市场并获得了初期的快速发展。在进入新的发展阶段后，管理活动的重点开始转向内部管理，即通过制度创新来规范公司原来不规范的运作。一些企业开始积极寻求突破，通过建立现代企业制度，推行现代公司治理，理顺治理关系，不断完善治理结构，坚持市场化选聘和管理经理人，建设规范的法人治理结构，不断提升管控水平等诸多活动来实现制度管理。其中，国有企业改革的目标被设定为：建立“产权明晰、权责明确、政企分开、管理科学”的现代企业制度，通过产权多元化、上市等来推行公司化改制，从名义法人转变为真正法人。同时，通过国有企业民营化，逐步让国有企业逐渐从竞争性领域撤出，民营企业开始在社会中大量出现，并成为我国多种经济所有制结构中的主要成分。在此期间，民营企业不仅承接了大量国有企业退出领域，而且不断在社会需求细分市场寻找到新的机会来获得发展。基于此，管理活动逐渐从传统企业管理转向现代企业管理，并逐步建立现代公司制度体系，在不同程度上提高了企业效益，取得了明显的效果。

4. 从制度管理转向系统管理

随着企业制度建设的进一步规范化，无论是国有企业改制，还是民营企业建制都逐渐形成了规范的现代企业管理制度体系，并为企业持续成长与发展提供了有力支持。面临社会分工体系的逐渐细化，以及部分企业开始参与到国际产业分工的现实情形，对企业而言，如何创造更多的价值成为在成长和发展中的重要目标导向。这也要求以往的简单数量扩张必须让位产品结构、质量、水平、档次的竞争，进而推动企业发展模式由“数量主导型”转向“调结构、上质量、上水平”的新阶段。为此，管理活动开始强调实施价值链条升级，从简单的 OEM 演变为 OBM，不仅调整了企业在产业中的分工，也让企业从过去依靠扩能发展逐步调整到面向市场需求，更加注重市场变化和适应需求结构的变化趋势。

面对这种现实情况，企业内部开始强调系统管理，即制定综合的业务管理机制，包括生产管理、营销管理、科技开发管理、人力资源管理、财务管理、设备管理、定额管理、现场管理以及其他各项业务管理，促进经营管理活动实现规范化、标准化和程序化，进一步激发企业活力，助力竞争力提升。在系统管理的推动和作用下，企业内部不断创造出新的思想、流程、产品和服务来形成新颖而与众不同的价值，并对企业的生产、流程、管理和技术进行持续的开发、优化和改进。这样不仅促进了企业的内生发展，而且还为外部社会发展带来新的激励，成为经济发展的增长点。在此阶段中，一些中国企业引入了国外先进的 ISO 9001 体系、EPR 管理、精细管理等管理方法、工具和手段等，形成了以系统管理为内核的管理模式，并实现了对质量、安全、成本、设备、环境等各项活动的根本性变革，包括全面评估业务流程，根据战略来调整组织变革和业务模式等，使企业综合竞争实力得到进一步提升。

5. 从系统管理转向人本管理

决定企业是否能够取得成功的因素有很多，但是其中最为重要的因素之一就是有一群愿意干事，干实事的人。这些人既有企业家，也有普通的一员，可以将其称为“能人”。很多企业之所以能够在创业、创新方面取得卓越的成绩，在很多情况下还是依靠这些能人，例如，优秀的企业家长期以来对市场机会的觉察和把握，实现了企业的创业和成长。改革开放以来，中国企业的发展也是一个不断发掘、培育和展现“能人”的过程，并涌现出了一批具有创业、创新、务实和担当精神的优秀企业家，将一些合适的经过实践检验的优秀成果和经验在企业内部进行采用。在这些卓越个体的领导下，一些企业实现了高速发展，可以将之归结为“能人管理”。

然而进入新的发展阶段后，为了顺应时代变革，中国企业不仅开始向社会化、市场化、规范化进行转变，而且也高度重视人本管理，逐渐实现从“能人管理”向“人本管理”的转变来重点开发人的内在价值，即将如何“选拔人、培养人、留住人”，实现员工管理的“科学化、规范化、程序化”作为基础管理工作中的核心任务。在人本管理中，人不再被仅仅作为一种生产要素，而是作为一种创造性要素，通过依靠市场机制，结合用工与薪酬制度建立人才通道，做好人才流动和人才储备工作。在人本管理活动中，不仅将提高个人素质，而且让员工在自我管理中充分释放出自己的潜能和优势，同时还注重培养团队精神和协调能力。这样不仅实现了企业内部的人员结构优化，也推动了企业管理水平的进一步提升和发展。

纵观中国经济体制改革发展的阶段性背景，可以看到企业管理活动也遵循了由低到高、由小到大、由弱到强的现代企业管理理论与实践的发展规律。由于社会经济在加速进步，国际市场环境动态加剧，使中国企业在发展历程中遇到了前所未有的困难和挑战，不能像国外企业那样用上百年时间，分阶段地去达到现代企业管理水平，而是要在尽可能短的时间内实现规模效益、成本效益、价格效益和质量效益的综合管理目标。中国企业管理的现实情况也显示，需要立足于现实土壤和环境，在扎扎实实做好管理基础工作的同时，加快管理工作的改革步伐。这样不仅可以为企业管理模式带来管理思想、管理方式等方面的创新，还会从更高的高度来明确今后一段时间内管理模式转变的总体目标和实现途径，为如何应对复杂多变的国际、国内经济形势提供了有效的战略举措，并帮助企业在激烈市场竞争中占领生存和拓展发展空间提供了支持。

三、企业管理模式持续创新的支撑体系

在管理模式的演变过程中，先后经历了从20世纪初期的泰勒“科学管理”到以梅奥、马斯洛、赫茨伯格为代表的“行为科学”提出“经济人”，再到“社会人”的转变，并通过一系列创新部分解决企业所面临的问题。在管理模式创新过程中，既会开展对原有基础的结构性破坏，也会实现对局部或某一点的突破，其最终结果是为企业创造出一种结构和功能上的变革（Drucker，1985）。然而需要注意的是，管理模式创新并不是为了创新而创新，而是一切从企业实际出发，根据自身情况来决定创新的方向、程度和内容。中国企业的管理模式不仅受到宏观层面的时代、经济、社会等外生因素的影响，同样也会受到源于微观层面的组织、产权、治理等内生因素的影响，尤其是中国企业经历着向现代市场经济体制转型的制度变迁的过程。这既是与其他国家显著的不同，也是西方一些研究中所未能解释和探讨的内容。

1. 外部因素

（1）时代因素。“没有成功的企业，只有时代的企业”，不同时代的企业具有不同的管理模式。从历史的进程来看，管理模式都是具有一定的时代性，且每个时代也确实涌现出了能够彰显时代特征、具有代表性的管理模式。例如，“福特制”是工业时代的管理方式变革，提高了生产效率、降低了生产成本和消费成本、实现了大规模生产。中国企业的管理模式创新也需要结合时代性，对其内在的要素进行相应的动态调整和变革以适应时代发展的需要。时代变革会为管理模式创新带来现实的契机，要求企业必须具有较高的劳动生产率和经济增长率，产生更多的效益，例如，引领新一轮的科技革命或新产业的崛起等。在充满不确定性的21世纪，传统市场规模缩小、新兴市场增长加速、生态环境保护要求迫切等现实情形无疑会给一些传统产业带来巨大的冲击，并对管理模式产生不同程度的影响，要求它们必须通过持续创新和改革来形成新的管理模式以支撑企业发展，例如，在核心能力、业务结构和产业链地位等方面进行突破，从而提升市场竞争力、行业领导力和社会影响力。

（2）市场机制。作为市场经济主体的企业，首要目标是以经济利润为导向，为市场提供合适的产品或服务来满足需求，同时做到盈利和持续生存。在中国企业发展的历程中，经济体制改革经历了转型和结构调整，不仅有政府的政策引导，同时也注重发挥市场机制的作用，即在市场竞争中能够独立开展经营管理活动。企业管理活动需要符合经济转型和结构调整的现实要求才是有效地符合经济规律的。随着中国企业进入国际市场，也面临着一些新的挑战，给管理模式创新既带来了挑战，也创造了新的机遇。为了保证管理运营活动的有序开展，企业需要利用自身所拥有的技术、资金、设备、人力、管理经验等来整合全球资源并进行优化配置，实现在不同市场间的协同来提升综合竞争力。为此，很多企业的管理模式也需要基于此进行变革，强调服务全球市场，参与国际行业标准和贸易规则的制定，参加全球治理活动以创造出新的市场机会，努力成为全球价值链引领者。

（3）价值导向。企业不仅需要面向民众、产业、社会、国家乃至世界等不同的主体进行价值创造，同时也要注重多种价值的融合，如将民众福利、社会发展、经济利润、可持续发展等多种价值目标有机协调并达成一致以指引未来发展。不同的价值导向会让管理模式也存在较大的差异。当企业注重内部经济效益时，也先后形成了六西格玛、戴明质量控制、JIT等先进的管理模式。为了实现国家竞争力的整体提升，企业管理模式创新需要将国家创新战略落到实地并产生相应的价值和效益，并对自身的管理理念进行调整和升级，才能形成新的管理体制、管理流程，才能在信息化、全球化、激烈化的市场竞争中获取竞争优势。同时，企业还要把管理模式创新成果融入使命、价值观、业务流程、基础活动等各个方面，例如推动系统、网络、内容和服务等多要素向集成创新、协同创新、系统性创新转变，更好地进行社会资源的配置和整合，才能创造出比以往更大的价值来引领未来发展。

2. 内部因素

（1）产权结构。管理模式创新属于牵一发而动全身的改革活动。其中不可回避的关键问题是产权结构，不仅决定着企业战略活动的制定，也决定着管理运营中的发言权和控制权，还决定着企业整体管理活动的制定、落地和执行。企业管理模式创新必须处理好产权结构问题，做到股权结构合理，即建立一种股东利益协调的机制，处理好股权结构合理与股东利益两者的关系。民营企业在产权结构方面具有灵活性，可以采取在引入外部职业经理人、科技人员的时候给予合适的股权。例如，科技人员可以通过技术入股、股权激励等方式来获得股权，从而推动管理模式创新。相对民营企业的产权结构而言，国有企业会面临更大的障碍，这是因为企业领导人并不是股东，而是代理人，如果涉及个人股权分配问题，必然会面临国有资产流失等现实问题。国有企业经营活动的首要目标是国有资产保值增值，在新的经济形式下可以通过混合所有制、员工持股等方来推动国资管理体制机制层面的变革，继而促进管理模式创新。

（2）组织结构。管理模式创新的一个重要支撑是必须进行组织结构调整，即企业为了适应不断变化的环境，适时调整内部运行机制、经营模式和运作流程等。具体工作包括依据因事设职、因职设人、人事相符、权责相当、责利一致的原则来建立合理的组织结构，形成面向客户、面向市场、面向社会的组织结构，做到关注客户诉求、贴近市场需求和符合社会要求。与此同时，还要确定组织内部的权限、职责划分，处理好集团公司作为母公司与其子公司的组织关系，把“集权”和“分权”结合起来，处理好所有者与经营者之间的分工和协调关系，以及公司内外各种利益相关者之间的利害关系，例如，建立规范的公司法人治理结构，形成股东机构、董事机构、经理机构，并按照公司法人治理结构的原则和要求重点处理好这些组织机构之间的责、权、利关系。只有理顺了组织内的各种关系，才能更好地整合各种资源，优化业务流程，建立起合适的管理机模式来推动储蓄发展。

（3）制度体系。虽然企业会因为行业差异、地域差异、企业规模差异、企业历史和企业家个性等诸多方面存在不同，但都面对着持续完善制度建设的挑战。特别是很多企业一般都是具有庞大的组织规模，难以依靠“人治”，而更加需要依靠“以制度来管理”的发展模式。具有卓越管理创新的企业一般会是采纳某种制度的先行者，倾向于较早采纳或推行制度创新（余菁等，2013）。制度建设存在于宏观的制度环境和微观的企业制度两个层面。前者要求企业需要适应外部制度环境，在日常经营管理中的行为符合法律、法规的要求，能够准确理解行业的技术和产品标准，遵守市场交易活动中“游戏规则”（Dacin，Ventresca & Beal，1999），并按照运作规范、程序规范等方面的要求来执行。后者则要求企业构建和完善其现代企业制度体系，建立和实施有效的科学管理制度，通过制度安排来充分发挥企业内部各要素主体的能动性，实现规范化的运营管理活动。当企业能够在管理体制、企业制度和经营机制等方面实现规范化，有利于在今后通过不断的自我变革来构建新的制度、实现自我提升，从而使现有的管理模式能够得到不断修正与优化。

四、面向未来的管理模式创新与挑战

新中国成立70年以来，中国企业已经获得了较为长足的发展，然而在现实的企业管理活动中“没有最好，适合就好”，每个企业都需要创造性地发展出自己的管理体系，形成了自己的实践体系，才能体现出中国企业的特色管理活动。需要看到的是，中国企业管理活动必然面临一些前所未有的新问题，进而增加管理的复杂性和难度，为此需要利用新的思维方式和新的理念来实现持续提升。中国当前的现实情况是国家层面正在推动深化改革，国内国际市场竞争日趋激烈，科学技术创新日益进步，社会中也涌现出种种新思维、新概念和新做法，这些都会给企业的未来发展带来不确定性。为此，中国企业必须持续推进管理模式创新，针对可能存在的未来可能性，做到未雨绸缪，才能在未来竞争中立于不败之地，实现基业长青。

1. 科技时代造成现实挑战

随着世界经济由工业时代过渡到信息时代，并逐渐向数字时代演进，全球范围内开始了新一轮的竞争与合作并存在的发展模式，企业的未来发展面临着以日新月异的技术变革为中心的信息技术、知识经济的挑战。平台经济是基于信息网络和数字技术的一种微观的商业模式，主要是指在信息网络时代，由一些支持买卖双方在网上寻觅商品或资源，并完成交易的平台企业及其经营活动所构成的一种新的经济现象。以平台企业为主体的平台经济逐渐成为新经济发展的重点。平台企业作为一种新型业务模式，能够有效融合市场交易、技术转化、集成创新、金融服务、内创卵化，并通过挖掘、搜集、筛选、整合和引导信息进行合理匹配，进而影响资源的动态调整与优化配置，实现从价值创造到价值实现的全流程再造。企业如何基于大数据、云计算和互联网等IT技术和实体经济的深度融合，推动企业管理模式创新和业务转型，培育新增长点和形成新动能，已经成为当前社会的重要关注点。传统企业在面对未来科技时代的转型过程中，不可避免地会变革现有的组织结构、打破当前的利益格局等，容易出现一些纠纷或者小利益团队，以及难以确定平台企业的产品和服务的形态和边界，导致企业平台难以构建或者运转困难。如何有针对性采取创新活动来解决业务创新过程中伴随产生的一系列问题，以便更快速适应瞬息万变的市场，就成为今后一段时间内管理模式创新的方向所在。

2. 多元合作产生跨界管理

多元组织间的协同与合作已经成为当前社会经济活动中的普遍现象。为了获得长期的利益和发展，组织间交互合作的基础已经从市场交易转向彼此关联，经济性因素已经不再是彼此间交互的核心。企业之间需要形成高效的市场运作机制来推动资金、资源、能力等要素的匹配。然而在此种情境中，组织间关系依然会面临一些现实问题，如结构错配、资源分散、双头管理、信息壁垒等。随后，以调整企业内部组织结构为主要内容的组织创新和以重组企业内外关系成为企业需要解决的重点管理创新活动。对企业而言，需要重点解决的问题是如何将创新的理念融入彼此的合作中来稳固和提升彼此间的关联关系，不仅要保持良好的人、物、信息等全方面衔接等，而且还要防止机会主义行为并降低隔阂和壁垒，否则很容易出现组织间的结构脱嵌，导致价值活动难以有效执行，并最终阻碍组织间合作。因而，不仅需要重点认识组织间关系存在的结构，而且还要建立合适的管理机制来处理组织间关系，这也成为未来企业管理理论探讨和实践认知的关键所在。为此，需要建立全新的管理模式来处理组织间关系，促使不同主体间建立紧密的互动关系并形成共同利益体，如此才能保证价值创造活动的顺利推进。

3. 实践倒逼管理制度创新

在完善的市场机制作用下可以推动和强化企业制度创新，例如，按照《公司法》建立的股权制企业严格遵循一股一权基本原则的强制性规定，强调股东之间的表决权应该按照股份比例来均匀分布，可以改善企业层面的公司治理结构（黄速建，2014）。然而随着时代的进步，出现了一些新的公司治理情况，其中最为典型的是双层股权结构。作为一种制度安排，双层股权结构是对当前公司治理结构的全面变革，打破了单一股权结构下的“一票一权”的原则。通过设置双层股权结构，其有利之处在于使内部股东的现金流权与投票权分离，让企业的高层领导获得对企业较大的掌控权，防止外部对管理层重大决策的干扰，有利于企业的长期稳定发展，使以较少的现金流权来控制公司变成可能，提升公司长期价值的，从而增加股东收益。但是，现金流权与投票权（控制权）的分离违背了传统的公司治理的标准“一票一权”的原则，也受到了批评。现实情况是，越来越多的科技公司开始采用双层股权的结构模式，例如，Alibaba、Google、Baidu、Facebook、Groupon、LinkedIn、Yelp 和 Zynga 等都是采用双层股权结构。基于现实考虑，2018 年 4 月 24 日，港交所发布 IPO 新规，允许双重股权结构公司上市，使双重股权获得了合法性地位。因而，针对现实情况的困境会倒逼制度创新，但是后续也会要求企业采取一系列的创新活动来形成新的管理模式，也成为未来的一个重要挑战。

专栏 44－1

以制度创新塑造中国企业管理模式

——《华为公司基本法》解析

作为全球领先的信息与通信（ICT）解决方案供应商，华为公司成立于 1987 年，是一家由员工持有全部股份的民营企业。华为公司的成长来自它的核心竞争力，而核心竞争力源自它的核心价值观，即以客户为中心，以奋斗者为本，长期艰苦奋斗。这种管理理念在1996年就被写入了《华为公司基本法》（以下简称《基本法》），目的是塑造公司价值观体系和制度体系，指导华为公司未来发展，探索到一种最有效的管理模式。《基本法》的制定标志着华为公司从企业家型管理向职业型管理的重大转变，其中强调回答三个问题：华为公司为什么成功？华为公司过去的成功能否使华为在未来获得更大的成功？华为公司要取得更大的成功还需要什么？

《基本法》定位为华为公司的价值观体系和管理制度系统，是公司管理当局以及各部门和各级主管的决策指南和行为准则；是调整公司重大关系和矛盾的准则；是对公司全部价值的权威性分配；是对公司文化隐含假设的明确阐述；是公司宗旨的具体化。《基本法》定位为华为公司的价值观体系和制度系统，是公司管理当局以及各部门和各级主管的决策指南和行为准则；是调整公司重大关系和矛盾的准则；是对公司全部价值的权威性分配；是对公司文化隐含假设的明确阐述；是公司宗旨的具体化。《基本法》对华为公司的经营模式概括：为抓住机遇，靠研究开发的高投入获得产品技术和性能价格比的领先优势，通过大规模、席卷式的市场营销，在最短的时间里形成正反馈的良性循环，充分获取"机会窗"的超额利润；不断优化成熟产品，驾驭市场上的价格竞争，扩大和巩固在战略市场上的主导地位。《基本法》还规定：华为公司的管理资源、研究资源、中试资源、认证资源、市场资源、财政资源、人力资源和信息资源等，是公司的公共资源，按职能专业化原则组织，实行集中管理，形成公司组织结构的主体平台。

在《基本法》的引导下，华为公司形成了一套兼具西方理念、东方精神的企业文化，而这无疑是华为公司贡献给中国企业界最有价值的经验所在。在人力资源管理上，其独特的价值分配系统，丰富了中国式企业管理的内涵。在国际化经营中，华为公司高度重视经营管理与国际接轨，推动制度创新和完善，建立适应国际市场规则、合法守规的跨国经营制度体系，完善现代企业制度，构建公司治理结构，降低在国际化经营中的成本和风险。同时，华为公司结合自身实践来开展技术创新，采取一种折中却最具市场效率的方式，即"在产品技术创新上，华为要保持技术领先，但只能是领先竞争对手半步，领先三步就会成为'先烈'，明确将技术导向战略转为客户需求导向战略"。目前，华为公司的业务遍及全球170多个国家和地区，服务全世界1/3以上的人口，致力于为运营商客户、企业客户和消费者创造最大的价值，提供有竞争力的ICT解决方案、产品和服务。

资料来源：华为公司网站。

黄卫伟：《以奋斗者为本》，中信出版社2014年版；黄卫伟：《探索中国的世界级高技术企业之路——〈华为公司基本法〉辅导报告之一》，华夏基石e洞察。

参考文献

［1］邓荣霖：《企业论》，商务印书馆2011年版。

［2］余菁、王欣、常蕊、郭媛媛、方丛颖：《转型中的中国国有企业制度》，经济管理出版社2013年版。

［3］黄卫伟：《以奋斗者为本》，中信出版社2014年版。

［4］黄速建：《中国国有企业混合所有制改革研究》，《经济管理》2014年第7期。

［5］Dacin M. T.，Ventresca M. J. & Beal，B. D. The Embeddedness of Organizations：Dialogue and Directions，Journal of Management，Vol. 25，No. 3，1999，pp. 317－356.

［6］Drucker P. F. Innovation and Entrepreneurship：Practice and Principles，New York：Harper & Row，1985.

第四十五章　三资企业

提　要

三资企业为“中国增长奇迹”的产生立下了汗马功劳。当前，在我国全方位对外开放新格局形成的进程中，三资企业也进入了全新的发展阶段，并在我国经济发展中发挥着越来越重要的作用。主要表现为我国经济发展提供必要的资金支撑，贡献国民收入；与其他所有制企业形成全方面错位竞争格局，在良性竞争中促进彼此效率提升；同时，通过创新溢出、空间集聚等效应的发挥，与其他所有制企业资源共享、优势互补。三资企业作为外商对华直接投资的最主要方式，呈现出明显的独资化趋向，在结构上仍表现为第一、第三产业份额偏少、中西部份额偏少的不平衡状态。在新形势下，国际贸易环境的不稳定、国内条件的变迁等使三资企业发展面临着诸多新的挑战，其利用不当仍会对我国经济产生一定程度上的负面效应。未来我国三资企业发展总体思路应该是：扩大增量，优化存量，内外竞合，加强监管。三资企业的发展需要树立更加包容的竞争合作观念，在不断的摸索中找到与国企、民企的最佳竞合战略，实现共赢。

*　　*　　*

改革开放40年的时代进程里，最为显著的特征之一就是外资企业和国外资本的进入。我国利用外资从无到有、由小到大，取得了举世瞩目的成就。目前，我国吸收外资规模已连续25年位居发展中国家首位。自2013年起，我国FDI流入量跃居全球第二位，仅次于美国。当前，全球经济贸易增长趋缓，跨国直接投资持续低迷，国际引资竞争日益加剧，在这样的背景下，我国不断优化外资营商环境。世界银行《2019年营商环境报告》显示，我国成为营商环境改善最显著的经济体之一，营商环境全球排名从2017年的78位上升至2018年的46位。党的十九大报告也明确提出，中国开放的大门不会关闭，只会越开越大。三资企业是我国利用外资的重要形式，在新形势下，我国需要继续积极发挥三资企业的正面效应，三资企业在我国也同样需要学会“与时俱进”，更好地与我国推动产业结构升级和新旧动能转换的战略相结合。

一、三资企业发展历程

改革开放以前，我国利用外资的思想虽出现较早，但实践推进起来相当曲折，原因也错综复杂。1950年,《中苏友好同盟条约》及"关于贷款给中华人民共和国的协定"的签订,才正式拉开了我国利用外资实践的序幕。受历史条件的制约,当时我国的外资来源国主要为社会主义国家,曾先后与苏联和波兰共同投资创办了5家合营企业,成为新中国成立后的第一批中外合资经营企业,投资行业多为石油、船舶等重工业,但规模有限。由于与苏联的合作受到多方质疑,加之处于被西方国家经济严密封锁的国际环境之下,在之后20多年的时间里,我国利用外资的步伐基本处于停滞状态。

1979~1984年是三资企业初步发展的阶段。1978年,我国开始实施对外开放政策,而利用外资是实现对外开放最重要的一项内容。在政府的一系列优惠政策、措施和待遇下,以松下电器为"领跑者",我国开始引入日本品牌,这拉开了我国持续利用外资的大幕。在这一阶段,为了更好地吸引外资企业,我国先后颁布了《中华人民共和国中外合资经营企业法》(1979年)、《中华人民共和国外国企业所得税法》(1981年)和《关于中外合作经营企业进出口货物的监督和征免税的规定》(1984年),为其提供法律保障。同时,在深圳、珠海、汕头和厦门试办经济特区,进一步开放天津、上海、大连等14个沿海城市和海南行政区。在这样的背景下,1979~1984年,我国实际利用外资171.43亿美元,三资企业成为直接利用外资的主要形式,三资企业中独资企业占0.98亿美元,合资企业4.27亿美元,合作企业12.24亿美元。

1985~1992年三资企业实现了开拓发展。通过我国前期的摸索、外资企业的试探和三资企业在我国经济发展中作用的显现,我国政府进一步采取了系列政策措施来促进三资企业的发展。包括进一步健全涉外立法,先后颁布了《中华人民共和国外资企业法》(1986年)、《中华人民共和国中外合作经营企业法》(1988年)等系列法律法规,基本涵盖了全部三资企业。同时,进一步扩大开放地区,拓宽外商投资领域并减免税收等,这大大改善了我国的投资环境,增强了外商的投资信心。1985~1992年,我国实际利用外资815.02亿美元,外商直接投资占比38%左右。在直接投资中,独资企业投资49.89亿美元,合资企业投资171.81亿美元,合作企业70.90亿美元。但随着三资企业的加速发展,一系列问题也开始暴露,比如重复引进、国有资产流失、劳资关系紧张、环境污染等。

1993~2000年为三资企业高速发展的阶段。1992年邓小平同志南方谈话后,我国加快了对外开放的步伐,在沿海开放的基础上,相继实施了沿江、沿边、沿交通干线及内陆省会等全面开放战略,三资企业的发展获得了更为宽松的政策环境,同时,相关的法律法规也在不断完善,1995年颁布了《指导外商投资方向暂行规定》,并发布了《外商投资产业指导目录》2000年又修改了《中华人民共和国合作经营法》和《中华人民共和国外资企业法》,以更好地利用外商投资。在这种良好的投资环境吸引下,外商在华直接投资呈飞跃式发展。1993~2000年,我国实际利用外资合计数分别为前两个阶段的24.5倍和5.2倍,外商直接投资为407.15美元,其中独资企业投资192.64亿美元,合资企业投资143.43亿美元,合作企业65.96亿美元。但与此同时,三资企业发展的老问题越发严重,新问题也不断显现,如损害民族工业、与国内企业不公平竞争等。

2001~2011年,三资企业发展进入转型时期。2001年我国加入世贸组织,标志着我国对外开放事业发展到全新的阶段,在这一时期,我国将利用外资与产业结构调整、西部大开发、国有经济改革等结合起来,继续贯彻积极、合理、有效利用外资的方针,不断修正和完善相关法律法规,但对引入外资的质量和水平提出了更高的要求,从招商引资逐渐向招商选资转变,并着力解决三资企业发展前期所积攒的各种问题。外商对华投资开始进行项目整合,舍弃没有优势的部分,投资形式除了三资企业之外,开始启用一些新的投资方式,如外商投资股份制企业、兼并、收购等。2000~2011年,外商直接投资由407.15亿美元增长到1160.11亿美元。其中,独资企业912.05亿美元,合资企业214.15亿美元,合作企业有所下降,为17.57亿美元。

自2011年始,三资企业进入了全新的发展阶段。这一阶段是伴随着我国对外开放总体格局步入以构建开放型经济新体制为特征的新阶段而产生的。自2012年以来,我国不仅设立了上海等

12个自贸试验区，而且对外商投资实行了准入前国民待遇加负面清单管理制度。2013年提出的“一带一路”倡议致力于打造全方位开放新格局。2019年，十三届全国人大二次会议上，《中华人民共和国外商投资法》通过，将许多有战略价值的成果纳入法律体系中，成为新时代我国外商投资领域新的基础性法律。2018年我国营商环境的世界排名一次性提升了32位。截至2018年底，我国累计实际使用外资超过2.1万亿美元。在全球外国直接投资持续下滑的背景下，我国吸引外国直接投资总量逆势上扬，继续成为对外资吸引力最强的发展中经济体。

二、三资企业发展现状和特点

1. 三资企业总量规模

2017年，我国利用外资金额为1310.35亿美元。其中，外商独资企业为913.44亿美元，合资企业297.41亿美元，合作企业8.05亿美元。截至2017年12月，外商直接投资方式仍以外商独资企业为主。其中，外商独资企业数量506156家，占全部外商投资企业的56.3%，实际使用外资金额12444.0亿美元，占全部实际使用外资金额的61.9%；中外合资企业331829家，占比36.9%，实际使用外资金额4982.7亿美元，占比24.8%；中外合作企业60912家，占比6.8%，实际使用外资金额1116.4亿美元，占比5.6%（见表45－1）。

表45－1 截至2017年12月外商直接投资分方式统计

方式	企业数（个）		实际使用外资金额（亿美元）	
	数量	比重（%）	金额	比重（%）
总计	900165	100	20109.3	100
中外合资企业	331829	36.9	4982.7	24.8
中外合作企业	60912	6.8	1116.4	5.6
外商独资企业	506156	56.3	12444.0	61.9
股份公司	802	0.1	339.7	1.7
合作开发	193	0.0	86.9	0.4
其他	273	0.0	1139.7	5.7

资料来源：《中国外资统计公报2018》。

2. 三资企业来源地分布

三资企业投资额主要来自亚洲，其次为拉丁美洲和欧洲。从占比来看，2015～2017年，亚洲对华投资额占我国总外资的83%，其中，主要来自港澳台商的投资，其次是新加坡、韩国、日本；2017年欧洲和拉丁美洲的占比分别为7%和6%，其中，欧洲对华投资额主要来自荷兰、德国和英国。2017年荷兰对华投资额快速增长，从2016年的5亿美元增长到2017年的21亿美元，超过了德国和英国，成为欧洲的主要对华投资国家。自2008年起，拉丁美洲对华投资额呈下降趋势，其对华投资主要来自维尔京群岛与开曼群岛；北美洲占3%，北美洲的对华投资主要来自于美国和百慕大，2017年百慕大对华投资金额快速增长，从2016年的4亿美元增长到2017年的13亿美元，年增长9亿美元；另外，增速最快的是欧洲、亚洲和北美洲，2015～2017年，年均增速分别为8%、4%和3%（见图45－1）。

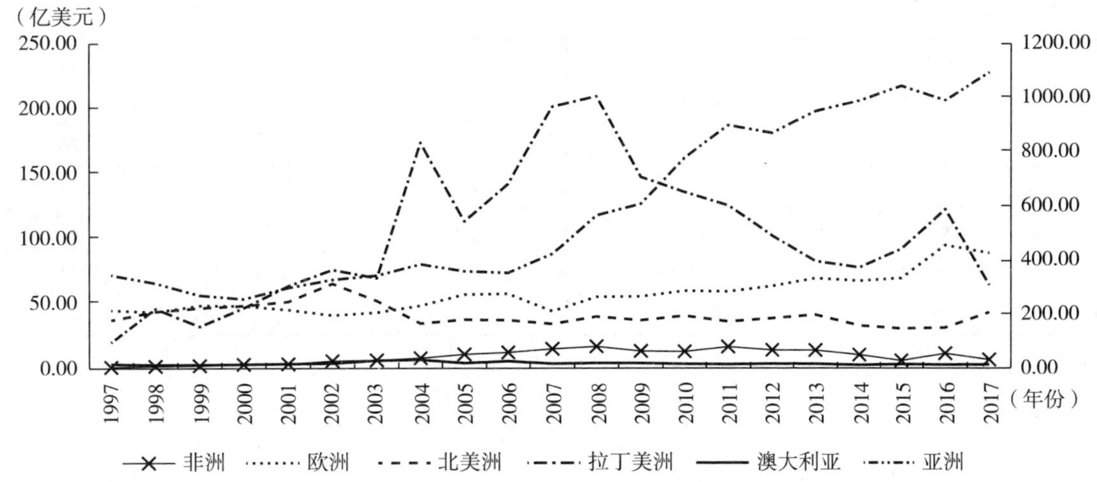

图 45－1　三资企业投资额的来源地对比分析

注：亚洲对华投资额依据右侧坐标轴，其他地区依据左侧坐标轴。

资料来源：Wind 数据库。

3. 三资企业区域发展分布

横向来看，2017 年，“三资”企业主要分布在广州、上海、江苏、浙江等东南沿海城市，西北地区外资企业数量少。其中，西藏和青海外资数量最为稀缺，分别为 252 户和 470 户。“三资”企业投资额分布与企业数量分布相一致，呈现出广州、上海、江苏、浙江等东南沿海城市外资投资额大，西北地区外资投资额小的状态；纵向来看，全国三资企业的数目呈上升趋势，整体变化趋势明显。尤其是 2008 年，全国三资企业的企业数目迅速上升，变动较大的省份有广东、上海、山东、江苏和北京，其中，广东 2008 年较 2007 年新增了 2 万多户。而新疆、宁夏、青海和西藏这些西部偏远省份，新增三资企业数量不多，均在 1000 户以内，西藏仅增加了 3 户。2008 年之后，增量最快的是广东、上海、北京、浙江、江苏。2008～2017 年，广州 10 年增长了 4.5 万户，上海新增了 3.2 万户，北京、浙江、江苏新增了 8000 户，其余省份 10 年新增了不到 5000 户；从增长率来看，2008～2017 年，10 年增速最快的是西藏、上海、山西、湖南和广东，西藏 10 年增速达 90%，这与西藏 2008 年的基数小也有关系。上海增速为 63%，山西增速为 58%，湖南增速为 52%，广东增速为 50%，其余各省市 10 年增速小于 50%（见表 45－2、图 45－2）。

表 45－2　2017 年三资企业区域比较

地区	企业数（户）	投资总额（亿美元）	地区	企业数（户）	投资总额（亿美元）
北京	31442	4864.09	湖北	10962	1151.03
天津	13938	2548.23	湖南	7733	1633.92
河北	7956	958.18	广东	135869	17622.27
山西	3437	497.24	广西	4872	562.00
内蒙古	3453	459.79	海南	2442	760.89
辽宁	16883	3158.50	重庆	5739	945.58
吉林	4044	388.74	四川	11462	1127.97
黑龙江	4444	336.69	贵州	1671	312.51
上海	84007	7982.39	云南	4366	373.82
江苏	58577	9658.19	西藏	252	30.31

续表

地区	企业数（户）	投资总额（亿美元）	地区	企业数（户）	投资总额（亿美元）
浙江	37422	3734.15	陕西	5629	800.40
安徽	6135	866.41	甘肃	2061	201.98
福建	28264	2607.21	青海	470	76.99
江西	6059	807.97	宁夏	738	304.20
山东	29512	3042.18	新疆	1679	133.23
河南	7827	1045.38			

资料来源：Wind 数据库。

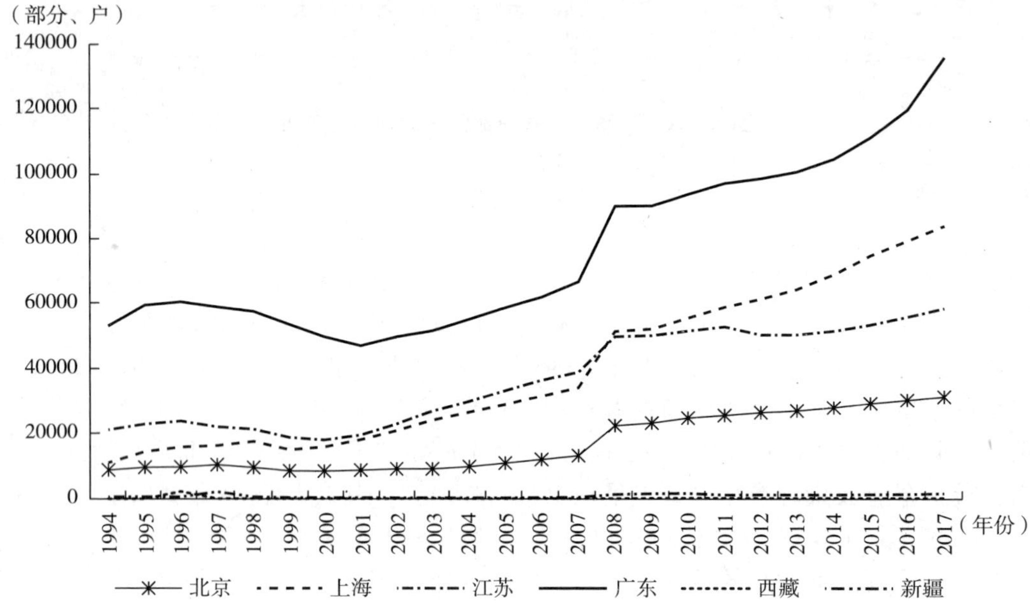

图 45-2 三资企业数量区域比较

资料来源：Wind 数据库。

4. 三资企业行业分布

三资企业投资主要集中于制造业，房地产业，租赁、商务服务业以及科学研究、技术服务和地质勘查业。其中，2015~2017 年制造业三资企业年均投资总额为 2 万亿美元，房地产业以及租赁和商务服务业为 0.6 万亿美元，其余各行业年均投资总额均低于 0.4 万亿美元。从 2015~2017 年的投资总额变化幅度来看，三资企业对农、林、牧、渔以及租赁和商务服务业的投资变化增量大。2015~2017 年年均新增企业数量较多的行业是制造业，科学研究、技术服务和地质勘查业，租赁和商务服务业以及信息传输、计算机服务和软件业。其中，制造业年均新增企业数量达 15 万户，科学研究、技术服务和地质勘查业年均新增企业数量达 12 万户。

批发和零售业，租赁和商务服务业以及制造业领域三资企业非常活跃，合同项目数量高。2015~2017 年，签订了 1 万个批发和零售合同项目，4000 个租赁和商务服务合同项目，4000 个制造业合同项目。这 3 年各行业年均实际使用外资的金额排序依次为制造业、房地产业、租赁和商务服务业，批发和零售业，信息传输、计算机服务和软件业，金融业。其中制造业年均实际使用金额为 361 亿美元，房地产业为 218 亿美元，明显大于其他行业。因此，整体来看，三资企业在制造业的规模不断扩大，但经济活力较差；科学研究、技术服务和地质勘查业规模不断扩大，经济活力亟待提升；租赁和商务服务业规模不断扩大，经济活力也不断上升；房地产业规模不断扩大，但经济活力在下降（见表 45-3、图 45-3）。

表 45-3　2015~2017 年三资企业行业比较

2015~2017 年均值	企业数（户）	投资总额（亿美元）	合同项目（个）	实际使用金额（亿美元）
农、林、牧、渔业	6878	3519.33	624	15.02
采矿业	796	203.04	29	5.47
电力、燃气及水的生产和供应业	4890	2494.66	316	26.39
房地产业	17668	6849.53	501	218.35
公共管理和社会组织	5405	1076.38	3	0.31
建筑业	12268	1760.11	359	22.19
交通运输、仓储和邮政业	543	31.97	464	49.55
教育	14173	2379.67	112	0.67
金融业	4816	195.77	2074	110.60
居民服务和其他服务业	28417	3225.47	270	5.93
科学研究、技术服务和地质勘查业	124201	3587.85	2602	59.64
批发和零售业	316	29.84	10279	131.24
水利、环境和公共设施管理业	1206	361.73	112	4.75
卫生、社会保障和社会福利业	356	135.31	81	2.34
文化、体育和娱乐业	4001	349.18	362	5.85
信息传输、计算机服务和软件业	42538	1749.01	1981	110.66
制造业	153320	20567.58	4502	361.80
住宿和餐饮业	29582	497.47	645	4.06
租赁和商务服务业	57184	6193.68	4728	143.07

资料来源：Wind 数据库。

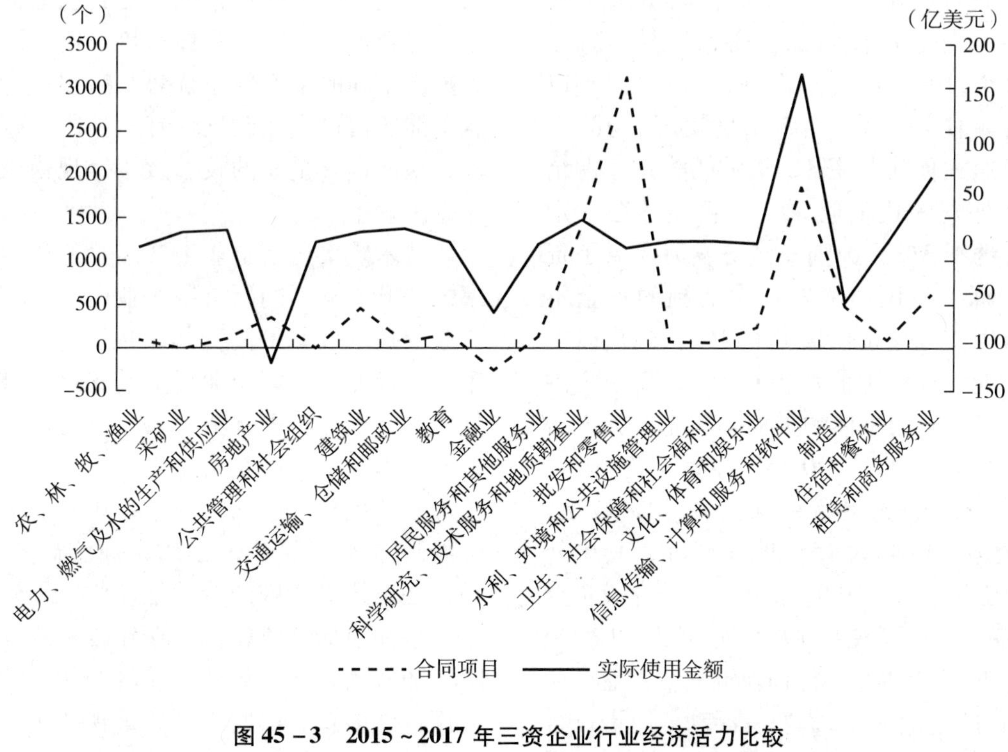

图 45-3　2015~2017 年三资企业行业经济活力比较

资料来源：Wind 数据库。

三、三资企业在我国经济发展中的地位与作用

改革开放以来，三资企业的发展无疑对我国的经济增长和国民收入做出了重大贡献。而与此同时，一种所有制企业的发展不能独立于其他类型企业之外而存在，不同所有制企业在产权性质、产权结构和经营管理模式等方面都存在较大差异，不仅能够在相互竞争过程中得到效率提升，而且也可形成优势互补和合作效应，不同所有制企业在相互制衡中得以快速发展。

1. 三资企业贡献我国经济增长和国民收入

中国经济的高速发展广泛被称为“中国奇迹”（倪国华等，2016）。一些学者将“中国奇迹”的原因归结为“初始经济结构”（Sachs & Woo，1997）、“渐进式转轨”（Dewatripont & Roland，1995）、“双轨制改革”（Stijn et al.，1997），还有学者将其解释为私有企业和三资企业逐步替代国有企业的过程（林毅夫等，1994），足见三资企业对我国经济发展的作用。具体来讲，三资企业对我国国民经济增长的贡献主要体现在投资增加、产值增加、商品贸易、就业增加和上缴税收等方面（李海舰，1999）。2017年，我国实际使用外资1363.2亿美元，其中，以三资企业形式使用外资1218.9亿美元，占全部实际使用外资的比重近90%，占全社会固定资产投资的约1.3%，为国家经济发展提供了资金支持，缓解了我国经济发展中遇到的资金不足问题；全国工业增加值增幅6.4%，规模以上外商投资企业工业增加值增幅6.6%，高于全国水平，以三资企业为主体的外商投资企业大大激发了市场的经济活力；近20年，外商投资企业进出口总值占全国的比重始终保持在40%以上；2017年，全国税收收入155739.3亿元，其中外商投资企业占18.7%，1992~2017年外商投资企业税收总额占全国税收收入比重平均达到18.1%。自2005年以来，外商及港澳台工业企业的利润总额占比基本在20%左右浮动，而资产合计占比在16%左右，这表明外商及港澳台工业企业营利水平较高，对我国内资企业发展，发挥了重要的引导作用。

2. 三资企业促进其他所有制企业运营效率提升

在市场经济下，三资企业与国有企业、民营企业基于各自的比较优势争夺有限的资源和市场份额，以谋求自身利益最大化，并在不断的竞争中，实现技术效率和规模效率的提升，最终形成错位竞争局面。

（1）竞争同时引起效率提升。

随着我国引进外商直接投资规模的逐年增加，许多拥有雄厚资金、先进技术和丰富企业管理经验的大型跨国公司进入中国市场。与国企和民企相比，这些跨国公司依托母国的先进技术进行全球一体化经营，较少受制于当地的要素投入以及消费或需求结构的影响。跨国公司通过企业并购，能够增强自身的市场份额，提高整体竞争实力，以便于实现全球利润最大化和风险最小化目标，这在一定程度上使我国的国企和民企处于较为不利的竞争地位，但也能有效地促进低效国企和民企退出市场。具体来讲，不同所有制企业表现出不同的生产效率优势。激烈的行业和市场竞争能够促进企业改进现有的技术和资源利用效率，从而提升企业的技术效率、规模效率以及整体竞争效率。

技术效率包括企业生产经验的积累和管理效率的提升。从不同所有制企业的对比来看，三资企业的技术效率最高，其次是民企，而国企的技术效率最低。三资企业凭借其先进的技术、资金规模和管理经验等优势，表现出比国企和民企更高的技术效率。民企自主创新能力较强，也具有技术效率优势。但民企通常以中小企业为主，融资渠道狭窄，因此，往往会面临融资困难等问题，缺乏技术改进的持续推动力，导致产品的技术含量和附加价值较低，存在技术路径锁定的风险。随着大数据、移动互联网等新技术的推广和应用，许多企业都逐渐开始重视技术创新和设备升级。除此之外，随着市场机制和企业管理政策

的不断完善，不同所有制企业之间的竞争不断加剧，倒逼企业加强技术研发和提高创新能力以保持足够的竞争优势，三类企业之间的技术效率差异呈现出不断缩小的趋势；规模效率包括企业生产规模的扩大或者企业重组行为。总体来看，不同所有制企业都已经具备了一定的规模集聚效应，但是三资企业的规模效应不如国企和民企的规模效应显著。近年来，随着国企的规模效率不断上升，依靠庞大的企业规模占据市场份额，产生了显著的内部规模经济，为降低生产成本、缩小行业间的差距提供了保障。大多数民企虽然规模较小，但是企业数量众多，能够在一定的空间范围形成产业集群，较容易产生规模集聚效应。尽管三资企业大多是实力雄厚的跨国企业，但是由于数量和企业集聚规模有限，产生的规模效益不如国企和民企显著。在竞争条件下，三类企业之间的规模效率均有所提升，但差距表现出了一定的扩大趋势。未来不同所有制企业的发展不能单纯依靠规模扩张，还要重视研发强度和新产品创新，使企业能够依靠自身的技术和管理水平立足市场。

（2）错位竞争格局呈现。

整体而言，具有不同产权性质的经济主体之间通过相互竞争，逐渐退出其不具有比较优势的行业，不同所有制企业更倾向于选择在各自的优势领域进行错位竞争。企业竞争将朝着趋于理性化的趋势发展，以促进市场资源的优化配置。在产业分布上，国企具有政策支持和规模经济，主要进入基于行政垄断和市场规模的垄断性产业。例如，煤炭采选业、石油和天然气开采业等能源行业、原材料、基础设施和垄断性服务业，日益退出市场分散和控制力较弱的竞争产业。三资企业多分布于资本密集型和技术密集型产业，例如，电子及通信设备制造业、仪器仪表机械制造业等，致力于开辟国内市场和国际市场。由于民企规模较小，可以较为灵活地依据市场需求调整生产规模，而且其具有劳动力等要素成本优势，大部分民企集中于投资少、进入门槛比较低的传统劳动密集型产业，例如，纺织业、家具制造业、食品加工业等。部分拥有资金较多和规模较大的民企也开始在技术密集型和资金密集型行业寻求发展。

3. 三资企业与其他所有制企业资源共享、优势互补

在竞争的同时，三资企业和国企、民企间也逐渐呈现出较强的互补性和融合发展的趋势，从而有利于实现资源共享和优势互补。依据“技术创新依赖”假说，企业间的研发合作和技术关联，使企业的创新行为容易形成路径依赖，因而企业间的要素流动、研发合作和信息共享有利于产生横向的创新溢出效应；通过上下游企业间的纵向联动，亦可以激励不同所有制企业间进行协同创新，进而提高整个价值链上产品的技术含量；企业间合作能够使产业集群的资源配置更加合理，形成集聚规模经济，提升产业集群的整体经济效益。

（1）创新溢出效应。

不同所有制企业的研发投入、创新产出和技术成果之间的转化不同，企业间的技术差距和创新能力不同往往会引起创新溢出，这种创新溢出不仅包括企业间的水平创新溢出，还包括上下游企业之间的垂直创新溢出。就创新效率来说，国企具有创新投入优势，但会受到委托—代理问题、预算软约束以及受到缺乏管理激励约束机制等因素的影响，使其面临着创新效率严重不足、创新投入难以转化为市场优势等问题；三资企业依赖于母公司的技术转移、品牌和管理等优势，研发成本较低，有利于新产品研发和创新效率的提升，特别是在科技成果转化领域则更为成功；民企规模较小，抗风险能力较差，而且融资渠道狭窄，在投融资、税收等方面受到许多限制，无法获得与国企平等的经营环境和竞争地位，从而创新投入严重不足。然而，民营企业可以利用其运营体制的灵活性和效率，通过自主创新或引进外来技术提高企业绩效，以实现具有较低技术含量和附加值的产品的创新突破，因此创新成果的商业化和产业化绩效较高。

三者间的水平创新溢出主要表现在：①知识和技术溢出。通过在东道国投资设厂或合作经营，三资企业能够对国企和民企产生技术转移和技术扩散，提高国企和民企的生产率水平。近年来，三资企业逐渐从劳动密集型产业转移为主，到开始大规模转入技术密集型和资本密集型产业，并在我国设立了研发中心、采购中心和地区

总部，加快先进技术和管理经验的输出。国企和民企通过模仿三资企业的产品生产技术和经营管理方式，并对其进行消化、吸收和再创新，弥补与三资企业之间的技术差距。②人力资本要素流动。具有较高技能的人力资本要素流动带来了大量的知识和技术溢出。三资企业的部分技术人员和管理人员向国企和民企流动，会提高国企和民企的技术水平和管理经验。③研发合作与信息共享。研发合作有助于合作企业之间的资源优势互补、信息共享与风险分摊。与三资企业、民企相比，国企较容易获得政府所提供的重要研发信息和资源，以及相应的财政补贴和技术支持。它们可以掌握大量的创新资源，更加具有创新投资的优势。因此，通过开展深层次研发合作、信息共享和专利转让等多种形式交流，拓宽国企与三资企业、民企的科技创新与技术合作渠道，这样能够提高不同所有制企业之间研发合作的溢出效应。④贸易和投资是技术创新扩散和溢出的重要路径之一。三资企业和国企、民企通过国内区际贸易、投资，以及对外联合贸易、投资合作等方式，如加工贸易、代工生产、产品代销、技术引进等，不仅能够产生降低原有产品生产成本的工艺类技术创新溢出，还能形成有利于新产品研发的产品类技术创新溢出。不同所有制企业之间通过多种形式的贸易和投资互动，可加强生产与销售环节的合作，增强三类企业间的交互作用与前后关联效应，从而提高创新溢出效应。

不同所有制企业往往分布于价值链的不同环节，以合作为主的协同创新始终贯穿三资企业、国企和民企的发展过程。三者间的垂直创新溢出主要表现在：①前向关联效应。前向关联效应是指位于价值链上游的企业向下游企业进行创新溢出。例如，下游的国企和民企通过使用三资企业提供的优质原材料和中间投入品，能够提高产品的生产工艺和质量升级。②后向关联效应。后向关联效应是指位于价值链下游的企业向上游企业进行创新溢出。例如，三资企业由于产品质量较高，往往对生产中使用的中间投入品要求也较高，这会给上游的国有企业和民营企业带来质量压力，促使上游企业增加研发投入，提高新产品创新产出与创新效率的竞争力。③乘数效应。乘数效应是指获取和吸收创新溢出的企业还可以通过上下游关联对其他企业产生溢出效应。三资企业、国企、民企也可以对其上游和下游企业发挥创新溢出作用，这样，不同所有制企业对产品质量升级的影响实际上可以通过产业循环溢出形成乘数效应，持续推动企业创新能力提升和产业链升级。

（2）空间集聚效应。

在市场机制的作用下，具有产业关联性的不同所有制企业依靠集群创新网络协同研发，共享知识、技术、信息、人才等资源，构建紧密相连的空间集聚创新协同系统。空间集聚能够显著降低企业的技术研发成本与风险，其所带来的创新合作、信息共享等综合效益远远大于单个企业的作用。具体而言，不同所有制企业空间集聚效应主要体现在以下几个方面：①空间集聚使得三资企业、国企和民企之间的人力资本流动更加频繁。通常地理距离越近，人员流动壁垒越低。②不同所有制企业的空间集聚能够降低交易成本，减少由于信息不对称所造成的信息搜集成本、调整成本、监管成本以及运输成本，从而有利于三类企业将更多的资金投入产品质量升级。③不同所有制企业的空间集聚增加了信息传播的质量和数量，提高三类企业汲取外部的技术信息流的机会，促进企业固定成本投入效率提升，从而降低企业产品质量升级的固定成本，提升企业的产品技术水平。

综上所述，三资企业与国企、民企在竞争中有合作，合作中有竞争，不同所有制企业在不断的竞合过程中，能更好地创造价值并争取价值。其中，创造价值的过程是合作的过程，而争取价值的过程则是竞争的过程。对于三资企业而言，它的发展需要树立更加包容的竞争合作观念，在不断的摸索中找到最佳竞合战略，实现共赢。

四、三资企业发展存在的问题

1. 三资企业给我国经济发展带来的可能负效应

（1）独资化趋势易挤出国内投资，降低创新溢出效应，形成垄断。

以1997年为“分水岭”，我国外商投资独资化现象开始出现，2000年批准的外商独资企业在实际使用外资额上超过中外合资企业，全面成为外商投资的主导方式（陈霖，2005）。目前独资化已呈现席卷之势，如前所述，2017年，外商独资占比接近76%，是三资企业的主要形式。众多学者的研究表明，外商直接投资方式从合资到独资的转变，在客观上对那些本可以通过合资途径进行投资的国内资本造成了挤出效应（陆建军，2003；高敏雪等，2007）；因其对外部的封闭性及对自身技术的大力保护，独资企业对同行业的水平创新溢出效应和示范效应大大降低，且在生产过程中选择外资企业而非本土企业作为上下游企业，同时减弱垂直创新溢出（许晓娟、智冬晓，2013）；在这种情形下，独资企业发挥其技术、规模、资金等优势，通过逐步打败我国本土企业，在我国形成行业垄断的威胁。国务院发展研究中心的研究报告显示，外商投资企业通过并购控股等形式已经对我国某些行业形成事实上的垄断，尤其是那些已经开放的行业（陈志恒、纪希春，2019）；与此同时，独资企业往往根据母公司全球化经营的需要来安排其生产策略，对其经营目标是否适应我国情况，是否适应我国现阶段的经济发展水平等方面考虑相对较少，这会大大限制跨国公司在我国投资行为对我国国民经济促进作用的发挥；在外商独资企业内部，贸易和转移价格的充分利用又会增加我国政府的监管难度，不仅存在国家税收大量流失的风险，还有可能影响我国外汇管制的实施效果。

（2）放松监管极易引发环境问题，加剧发展的不平衡。

中国外商直接投资与环境的关系，一直是国内学者研究的焦点。从目前的研究结果来看，环境库兹涅茨曲线和污染天堂假说并不一定成立，外商直接投资的环境效应的结论也并不一致，甚至还在一定程度上存在着“污染光环”效应（李金恺等，2017）。[①] 但随着我国对外开放程度的进一步加大，三资企业对环境没有负面影响不代表未来也没有，总体没有负面影响不代表局部没有。相反，不容置疑的事实是，随着不断开放的市场以及愈加活跃的生产活动，我国也付出了严重的生态环境代价；外商直接投资不可能全部都是在高科技、无污染领域，那是一种理想状态。因此，就不能不面对外商在污染密集产业发展的事实。而我国在环境规制实施与监管、企业环境规制方面尚存在一定的缺陷，过低的环境标准往往会使外商选择直接投资在很多城市进入高污染的加工制造业，这种状况在中西部更为明显；国际上，外商通过直接投资向发展中东道国转移污染产业的现象是客观存在的。我国在跨国公司引发的污染问题近年来逐渐浮出水面，环境污染事件经常被推到风口浪尖，2008年初，被我国环保部通报点名批评过的跨国公司的数量已经增加到近300家。另外，优质的三资企业投资往往偏向技术条件好、区位优势突出、交通便利的地区，这也是三资企业主要集中于我国东南沿海地区的原因，相比之下，中西部地区有着吸引外资的强烈愿望，其外资进入门槛可能会适度放低，引入外资的质量值得关注，如若缺乏政府监督，极易成为下一个环境污染重灾区。我国经济发展在地区分布上本来就不平衡，如此一来，便更加剧了这种不平衡状态。

2. 三资企业健康发展所面临的阻力

（1）国际贸易环境不稳定加大三资企业经营

① “污染光环”假说认为，跨国公司拥有先进的管理经验和环保技术，对外投资带动的技术输出有助于发展中国家改善环境治理。跨国公司同东道国企业竞争，加剧了后者的技术升级改造，有利于减少当地的环境污染。

成本。

当前，我国仍然是全球贸易救济调查的最大目标国，据商务部统计，2017 年全年我国在 21 个国家（地区）只发起贸易救济调查 75 起，涉案金额 110 亿美元，尤其是始终悬而未决的中美贸易争端。从贸易摩擦的时间跨度来看，其负面影响往往持续多年，这种贸易环境的不稳定，加大了三资企业的经营成本压力，减弱三资企业对我国的信任，相当一部分三资企业经营困难程度加剧。加之东南亚、南亚等一些新兴市场国家大力改善基础设施，不断加大税收、金融等政策优惠力度，意图成为全球跨国公司新的投资目的地，与我国形成了激烈的竞争，分散了三资企业在华投资的注意力，外资企业向东南亚、南亚、非洲等地转移的趋势明显上升。据南京市最新的一份调查结果显示，2018 年下半年以来，受调查的 143 家企业中有 13 家企业已经计划向其他经济体转移，且全部为外资企业（李大伟，2019）。外资企业的大面积转移，不仅会对我国经济产生严重的负面影响，也会影响新兴产业的外资流入。

（2）国内条件变迁给三资企业发展提出了新的挑战。

在新的历史节点上，三资企业在我国的发展也进入了全新的阶段，面临着全新的环境。中国进入经济“新常态”阶段，经济由高速增长转向高质量发展，在这个过程中，产能过剩逐渐取代了短缺经济，中国市场的竞争日趋激烈，绝大多数行业出现了供过于求的局面，供给侧结构性改革逐步实施，吸引外资不再仅仅关注数量和规模，而是更多地注重质量和结构（桑百川、钊阳，2019）；与此同时，中国的比较优势悄然发生转变，集中体现在中国人口红利的进一步消退。从总人口来看，据中国社会科学院预测，如果中国总和生育率一直保持在 1.6%（一个妇女一生生育的孩子数量）的水平，人口负增长将提前到 2027 年出现。从人口结构来看，目前虽然总人口仍在增长，但我国劳动人口规模却早在 2014 年已开始负增长。另外，还体现在环境与能源资源方面，虽然三资企业与内资企业相比更具有环境效率，但并没有在生产阶段使用更清洁的生产技术，而是利用我国的廉价资源进行粗放式生产，产生较多的污染物，在治理阶段加大治污力度达到环保标准（王兵、刘亚，2016）。随着能源、资源类产品成本的提高，以及我国不断加大环境保护治理力度，提高对资源合理利用的要求，都将增加三资企业的生产成本。这使三资企业原先所面对的廉价生产要素逐步向高企的要素成本转变，三资企业发展将面对更多挑战。

五、进一步推进三资企业发展的政策建议

2018 年是我国改革开放 40 周年，习近平总书记先后在博鳌亚洲论坛、中国进口博览会上作出重要讲话，明确提出了要大幅度放宽市场准入、建设国际一流的营商环境等重大开放措施，这些措施必将有力促进高质量外资来华直接投资。但与对外贸易不同的是，利用外资既要看增量，更要看存量。面对国内经济发展环境的新变化，我国利用外商直接投资的总体思路应该是：扩大增量，优化存量，内外竞合，加强监管。

1. 借力“一带一路”建设，进一步引入国外优质资本

以“一带一路”建设为契机，进一步扩大开放，积极与相关国家签订双边投资协定，努力完善区域制度。在扩大开放中，坚决反对单边主义、贸易投资保护主义等思想，推动建立开放、包容的世界经济体系，鼓励拥有先进环保技术和生产技术的外资企业来华投资，释放三资企业的创新溢出效应；在国内，不断改善三资企业营商环境，贯彻落实好《外商投资法》，探索更加适应三资企业新发展阶段的法律、法规建设，通过一系列政策措施降低三资企业经营成本，重建吸引外商直接投资优势，提升外资进入的信心，与东南亚、南亚等新兴市场国家错位竞争，并进一步放宽市场准入、拓宽外商投资领域，加速探索

推进教育、医疗、电信、金融等领域的开放进程，吸引更多国外优质资本。同时，也要改进并加强知识产权保护系列措施，包括加强外资企业知识产权保护工作，充分利用我国自贸区、经济技术开发区、边境合作区、综合保税区、高新技术产业园区等平台优势，在总结国际经济区成功经验的基础上，总结中国特色，加速三资企业的产业集聚，最大限度地发挥其空间集聚效应。

2. 加强对三资企业的结构性引导，助力发展不平衡问题的缓解

当前，我国经济发展不平衡、不充分的问题仍然突出，而对三资企业的结构性引导，有助于该问题的有效缓解。相较于制造业，三资企业在第一、第三产业的投资明显偏少，而相较于东南沿海地区，三资企业在中西部地区的投资明显偏少。究其原因，一方面，第一、第三产业的准入程度较低；另一方面，我国东南部沿海地区在基础设施建设和营商环境具有中西部地区无法比拟的优势，即使中西部地区实施了一定的政策优惠，对于外资的吸引力也是有限的。因此，应当加大税收政策、产业政策和区域政策等对于外资的引导力度，并且这种引导和支持的力度要超过东南沿海地区，鼓励外资投向第一、第三产业和中西部地区、边境地区；同时，分门别类，突出重点，对东南沿海地区，吸收外资的重点需要从引资向引智、引量向引质转变，即需要更多吸引研发中心、结算中心等，而中西部、边境地区吸收外资的重点则应偏向从引资向选资的逐步转变，同时要避免引污；另外，还应完善引进外资的配套产业政策，使三资企业发展结构和产业结构、地区结构调整相配合，更好地为我国产业、结构不平衡发展问题的缓解服务。

3. 探索行之有效的三资企业与国企、民企的竞合战略，实现共赢

三类企业各自都有自身的优势，也存在不足，探索行之有效的竞合战略是三资企业和国企、民企稳定发展和效率提升的必由之路。长期竞合关系是一种“双赢”的关系，这种关系不是简单的竞争抑或简单的合作就可以实现的，需要的是竞合双方的相互信任和尊重。因此，三者在后续发展的过程中要打破企业所有制歧视的观念束缚、相互学习、相互借鉴，并相互补充。改革开放以来，为了弥补经济建设上的资金不足，我国对外商直接投资一直实施“内外有别”的超国民待遇，这使其他类型企业的发展被置于不公平竞争的市场环境下，影响不同所有制企业优势的最大限度发挥。因此，国家在引导过程中，首先，需要建立公平的竞争环境，进一步增强市场活力，将不同所有制企业之间的竞争置于全球化的发展框架之下。其次，还需要建立创新共享平台，发挥不同所有制企业在创新方面的优势，实现多种所有制企业间的协同创新，探索创新共享平台的运行机制和管理管理办法，并积极引导创新人才在不同类型企业间的自由流动；最后，还需克服不同所有制企业在创新方面的“短板”，制定不同的创新激励政策。例如，继续深化国有企业改革，提升国有企业的创新效率，提高创新决策正确性，改善民营企业的创新环境，让三资企业更多地参与研发基地和中心的建设等，使各自的创新环境更易于协同创新的发生。

4. 加强对三资企业的监督管理，严格打击不规范行为

有效的监管措施是缓解三资企业对我国经济发展所产生的负效应的必然选择，也是更好利用三资企业发展我国经济的前提。针对三资企业易基于自身优势形成垄断的问题，我国政府需要在不断完善《反垄断法》的基础上，设立明确的监管部门来负责管理，并积极选调业务、政策水平较高的人员来胜任这项工作。同时，还需要制定有利于三资企业发展的系列制度和政策，及时了解和掌握三资企业的生产经营状况，有针对性地进行指导和服务；针对一些三资企业的发展并不适应我国现阶段经济发展水平的问题，需要在三资企业的审批阶段予以重点关注，加强三资企业发展与我国经济发展的适配性，避免低水平、简单项目的重复上马，同时要积极研究制定发展三资企业的中、长期规划，对三资企业在我国的发展予以正确引导；针对三资企业有可能产生的环境问题，应当加强关于外资企业在东道国履行企业社会责任的宣传，强化三资企业环境管理意识，把污染消灭在引进前和生产过程中。制定和完善相关的法律、法规，增加对造成环境问题的三资企业的惩罚力度，提高其违法成本。同时，还需要建立健全环境测评和预警制度，增强信息透明

度，及时报道相关环境污染事件，对其形成一定的公众舆论压力。而更需重视的是，我国政府部门和企业也应加大对环保事业的科研投入，提高生产的环保水平，改进我国的污染治理技术。

专栏 45－1

《外商投资法》通过并于 2020 年施行

2019 年 3 月 15 日，十三届全国人大二次会议表决通过了《中华人民共和国外商投资法》，取代原来的《中外合资经营企业法》《外资企业法》《中外合作经营企业法》（“外资三法”），从 2020 年 1 月 1 日起施行。近年来，保护主义和单边主义大行其道，全球化遭遇了前所未有的波折。在此背景下，中国颁布《外商投资法》不仅开辟了国家治理现代化的新境界，而且也为全球治理贡献了“中国智慧”。

首先，《外商投资法》再一次体现了中国全面推进依法治国的决心。改革开放初期制定的“外资三法”，为中国利用外资、设立外商投资企业提供了法律保障，打开了中国引进外资的大门。当前“外资三法”已难以适应构建开放型经济新体制、推动形成全面开放新格局的需要，亟须制定统一的外资基础性法律。习近平总书记提出，“中国将加快出台外商投资法规，完善公开、透明的涉外法律体系”。中国利用外资从探索起步到蓬勃发展，都是立法先行，这践行了全面依法治国的要求。

其次，《外商投资法》颁布过程经历了长时间的审定和公开征求意见，具有广泛的民意基础。事实上，早在 2011 年外商投资法草案就启动修法研究，2015 年第一次在商务部官网公开征求意见，2018 年 12 月提请全国人大常委会初次审议。2019 年 1 月，全国人大常委会专门召开会议再度审议，而在人大初次审议之前，外商投资法草案已经留出了 2 个月的时间向社会公开征求意见。至二审前夕，全国人大宪法和法律委员会、财政经济委员会、全国人大常委会法制工作委员会联合召开了座谈会，听取有关部门、专家、协会和企业的意见。同时，全国人大常委会法制工作委员又召开专题会议，悉心听取了外国在华商会、协会和部分外商投资企业的意见。

再次，《外商投资法》的制定体现了中国从地方治理经验上升到国家治理层面的立法过程。为推进新形势下改革开放，党中央、国务院先后设立上海等 12 个自贸试验区，按照习近平总书记提出的“大胆闯、大胆试、自主改”的要求，自贸试验区积极探索外商投资管理模式创新。2013 年，上海自贸试验区发布中国首份外商投资准入特别管理措施（负面清单）之后，经过四次修订，2018 年版的条目已经由 2013 年版的 190 条减少到 45 条。2016 年 10 月起，自贸试验区的负面清单管理模式在全国推广。基于此，《外商投资法》将许多有战略价值的成果纳入法律体系中，在实践上将地方治理经验复制、推广并上升为国家法律，形成了新的导向与指引。

最后，《外商投资法》反映了中国探索发展中国家如何利用外资实现自主发展的雄心。优化营商环境、吸引外资是所有发展中国家共同面临的难题。尽管据世界银行《2019 年营商环境报告》排名，中国营商环境有了较大改善，但中国政府并没有回避问题，而是勇于通过法律内容的调整与更新进行负面性纠偏与正向性固化，形成吸引与扩大外资进入的全新引力。该法律的出台预示着中国这一最大的发展中国家将以更大力度、更积极的姿态融入到全球化发展进程中，为推动发展中国家的群体性崛起贡献智慧和力量。

资料来源：根据宋徽的《观察：读解〈外商投资法〉的四个角度》（人民网）摘编。

参考文献

［1］Dewatripont, M., Roland, G.. (1995). The Design of Reform Packages under Uncertainty. *American Economic Review*, 85 (5), 1207－1223.

［2］Sachs, J. D., Woo, W. T.. (1997). Understanding China's Economic Performance. *NBER Working Paper Series*, No. 5935.

［3］Stijn, C., Simeon, D., and Gerhard, P.. (1997). Ownership Structure and Corporate Performance: Evidence from the Czech Republic. Mimeo, World Bank, 1997.

［4］陈霖:《警惕独资化——冷静对待利用外资独资化趋势》,《国际贸易》2005 年第 6 期。

［5］陈志恒、纪希春:《全球价值链重构视角下吸引外商直接投资的国际经验与国内对策》,《理论探讨》2019 年第 2 期。

［6］高敏雪、许晓娟:《中国外资经济的独资化程度分析》,《经济理论与经济管理》2007 年第 12 期。

［7］李海舰:《我国"三资"企业发展状况分析》,《中国工业经济》1999 年第 4 期。

［8］李金凯、程立燕、张同斌:《外商直接投资是否具有"污染光环"效应?》,《中国人口·资源与环境》2017 年第 27 卷第 10 期。

［9］林毅夫、蔡昉、李周:《中国的奇迹:发展战略和经济改革》,上海人民出版社、上海三联出版社 1994 年版。

［10］陆建军:《FDI 对中国国内投资影响的实证分析》,《财经问题研究》2003 年第 9 期。

［11］倪国华、张贤贤、徐丹丹、谢志华:《国有企业、三资企业及私有企业对中国起飞阶段的贡献比较研究》,《中国软科学》2016 年第 8 期。

［12］桑百川、钊阳:《中国利用外资的历史经验与前景展望》,《经济问题》2019 年第 3 期。

［13］王兵、刘亚:《外资企业具有更高的环境效率吗——以东莞市为例》,《暨南学报》(哲学社会科学版) 2016 年第 12 期。

第四十六章　民营企业

提　要

以 1978 年改革开放为分界，新中国成立 70 年以来，我国民营企业发展可以分为两大历史时期，进一步分为四个发展阶段：复苏与消亡阶段（1949 ~ 1977 年）、再生与成长阶段（1978 ~ 1991 年）、快速增长阶段（1992 ~ 2011 年）和转型发展阶段（2012 ~ 2019 年）。改革开放后的民营企业并不是改革开放前民营企业的简单延续，而是全新的生命体。新中国成立 70 年来，民营企业发展成就主要有：总体规模快速增长，部分民营企业已成长为国内外具有影响力的大企业；以实体经济为本，成为制造业领域的主力军；民营企业成为就业主渠道，“稳就业”作用十分明显；成为科技进步重要驱动力量，在战略性新兴产业中作用更加突出；社会贡献持续加大，有力促进国家发展战略和计划的实施；民营企业发展推动经济体制改革，促进社会主义市场经济体制建立和完善。新中国成立 70 年以来民营企业发展的基本经验是：坚持社会主义基本经济制度，坚持“两个毫不动摇”；保护私有产权，激发民营企业活力和创造力；不断优化营商环境，营造公平竞争的市场环境；尊重民营企业家的创造精神，促进非公有制经济人士健康成长。针对当前民营企业发展存在的突出问题，如企业转型升级困难、融资难融资贵、民营企业投资下滑、人才与人力资源、营商环境等问题，文章最后提出了促进民营企业高质量发展的若干对策建议。

*　　*　　*

新中国成立 70 年来，我国民营企业经历了风风雨雨，经历社会主义改造建立“一大二公”所有制模式，民营企业几乎荡然无存，而改革开放后民营企业从无到有，从少到多，现已占据“半壁江山”。习近平总书记在民营企业座谈会上指出，民营经济已经成为推动我国发展不可或缺的力量，成为创业就业的主要领域、技术创新的重要主体、国家税收的重要来源，为我国社会主义市场经济发展、政府职能转变、农村富余劳动力转移、国际市场开拓等发挥了重要作用。本章对新中国 70 年民营企业发展历程进行回顾，总结民营企业发展成就和基本经验，分析当前民营企业存在的突出问题，最后提出促进民营企业高质量发展的对策建议。

一、新中国 70 年民营企业发展历程

新中国成立以来民营经济的历史，包括至改革开放前以资本主义工商业为主的各种私人经

济的历史和改革开放后新产生的以个体私营经济为主的非公有制经济的历史。新中国70年民营企业发展历程总体上呈现了一个“U”形发展轨迹：以1978年改革开放为分界点，前30年以民族资本为代表的工商业和其他个体私营经济逐渐走向衰落并最终消亡；后40年随着中国改革开放的不断深入，民营经济在由计划经济体制向市场经济体制转轨过程中脱胎而生并成长壮大。这是一个凤凰涅槃的过程：后者并不是前者的延续，而是全新的生命体。① 后者又可以细分为“再生与成长”“快速增长”和“转型发展”三个阶段。

1. 民营企业复苏与消亡（1949～1977年）

新中国成立前夕，中国共产党领导制定了《共同纲领》，并将其作为中华人民共和国成立初期的施政纲领。《共同纲领》规定了新民主主义社会的经济体制是五种经济成分并存的体制分别是：国营经济、合作社经济、农民和手工业者的个体经济、私人资本主义经济、国家资本主义经济。在国营经济的领导下分工合作、各得其所，以促进整个社会经济的发展。由此，旧中国凋敝的私营工商业很快复苏，并经历了一个短暂的繁荣时期。但是，新中国成立初期，党确立的对民族工商业“利用、限制、改造”的政策，同时也是对工商业者的政策。三大改造的完成，也就是原资本主义工商业作为经营主体的消亡。

1951年开始的“三反”和“五反”运动，其目的是打击少数不法资本家的“五毒”行为，但在运动中，相当一批工商业者遭到处理，严重影响了私营工商业的持续繁荣。1953～1956年，仅仅用了四年时间就完成了对农业、手工业和资本主义工商业的社会主义改造，实现了生产资料私有制向社会主义公有制的转变。此后，私营经济和其他各类非公有制经济基本成为历史。在这一过程中，广大工商业者给予了极大的配合，从而实现了一次经济领域“不流血的革命”。在“大跃进”和后来的“文化大革命”运动中，受极“左”思潮和政策影响，非公有制经济的最后遗迹基本上也被一扫而光，国民经济成为纯而又纯的公有制经济。然而，在这种纯而又纯的公有制经济制度下，整个国民经济发展也出现低效和停滞。

2. 民营企业再生与成长（1978～1991年）

尽管在计划经济时期，中国消灭了非公有制经济，但不容否认在计划经济时期我国在工业化方面所取得的初步成绩，却为后来的民营企业再生和成长准备物质基础条件和储备了人员和人才。

1978年底召开的党的十一届三中全会拉开了改革开放的大幕，党破除所有制问题上的传统观念束缚，为非公有制经济发展打开了大门。一方面，党和政府积极落实工商业者政策，为他们“脱帽”；另一方面，随着政策的逐渐放宽，个体私营经济和各类非公经济重新发育。然而，在这一生事物产生和发展过程中，始终存在激烈争论，从关于雇工的争论，到姓“公”姓“私”的争论，再到民营企业家“原罪”的争论，一刻都没有停息过，尤其是1987～1991年还出现了较大的重复。在这个过程中，党的政策不断与时俱进，为民营企业发展解除“枷锁”，争取到生存空间：1982年党的十二大提出，个体经济是“公有制经济的必要的、有益的补充”；1988年4月通过宪法修正案，规定“国家允许和营经济在法律规定的范围内存在和发展”，“国家保护私营经济的合法的权利和利益”；1988年6月，国务院发布《中华人民共和国私营企业暂行条例》，将私营企业发展和管理首次纳入法制轨道。

一般地，民营企业包括两大类：一类是私营企业，另一类是个体工商户。两者之间的差别是雇工人数的差别，8人及以上的为私营企业企业，8人以下的是个体工商户。但是，在1988年6月颁布《中华人民共和国私营企业暂行条例》之前，私营企业并没有取得合法地位，因而，并没有相应统计数据，而是隐藏在“专业大户”“个体大户”“雇工企业”“新经济联合体”等统计中，甚至有的私营企业戴上了乡镇企业、集体企业“红帽子”。截至1991年底，全国登记注册的私营企业共有10.8万户，从业人员183.9万人，注册资金123.2亿元；全国登记的个体工商户共

① 黄孟复：《中国民营经济史·纪事本末》，中华工商联合出版社2010年版。前言部分。

有 1416.8 万户，从业人员 2258 万人，注册资金 488.2 亿元。①

3. 民营企业快速增长（1992～2011 年）

1992 年初，邓小平同志发表了著名的“南方谈话”，党的十四大召开，正式确定了我国社会主义经济体制改革的方向是社会主义市场经济体制，民营企业迎来了更好的舆论环境和获得更大发展的体制空间，开始进入快速增长通道。1997 年党的十五大把“公有制为主体、多种所有制经济共同发展”确立为我国的基本经济制度，明确提出“非公有制经济是我国社会主义市场经济的重要组成部分”；2002 年党的十六大提出，“必须毫不动摇地巩固和发展公有制经济”“必须毫不动摇地鼓励、支持和引导非公有制经济发展”；2007 年党的十七大提出，“要坚持和完善公有制为主体、多种所有制经济共同发展的基本经济制度，毫不动摇地巩固和发展公有制经济，毫不动摇地鼓励、支持、引导非公有制经济发展”，坚持平等保护物权，形成各种所有制平等竞争，共同发展的新格局。此外，2004 年，宪法修正案规定，“公民合法的私有财产不受侵犯”，历经长达 13 年的广泛讨论和两届人大常委会五年八次的审议，2007 年通过的《中华人民共和国物权法》，第一次以国家法律的形式明确规定对公有财产和私有财产给予平等保护。在这个过程中，中国的民营经济“痛并成长着”，从小小幼苗成长为参天大树，与公有制经济共同成为国民经济的重要支柱。

4. 民营企业转型发展（2012～2019 年）

从 2012 年开始，中国经济遭遇“三期叠加”期（增长速度换挡期、结构调整阵痛期、前期刺激政策消化期），经济增长速度明显趋缓，从过去的高速增长转向中高速增长，我国经济进入转型发展时期，民营企业要求转变经济发展方式更加凸显。2017 年，党的十九大做出了“我国社会主要矛盾已经转化为人民日益增长的美好生活需要和不平衡、不充分的发展之间的矛盾”重要判断，新时代追求经济高质量发展成为必然，民营企业转型发展方向进一步明确为高质量发展。

这一时期在政策上进一步表明要坚持“两个毫不动摇”、促进公平竞争和保护私有产权等。2012 年党的十八大进一步提出“毫不动摇鼓励、支持、引导非公有制经济发展，保证各种所有制经济依法平等使用生产要素、公平参与市场竞争、同等受到法律保护”。党的十八届三中全会提出，公有制经济和非公有制经济都是社会主义市场经济的重要组成部分，都是我国经济社会发展的重要基础；公有制经济财产权不可侵犯，非公有制经济财产权同样不可侵犯；国家保护各种所有制经济产权和合法利益，坚持权利平等、机会平等、规则平等，废除对非公有制经济各种形式的不合理规定，消除各种隐性壁垒，激发非公有制经济活力和创造力。党的十八届四中全会提出要“健全以公平为核心原则的产权保护制度，加强对各种所有制经济组织和自然人财产权的保护，清理有违公平的法律法规条款”。党的十八届五中全会强调要“鼓励民营企业依法进入更多领域，引入非国有资本参与国有企业改革，更好激发非公有制经济活力和创造力”。2017 年党的十九大把“两个毫不动摇”写入新时代坚持和发展中国特色社会主义的基本方略，作为党和国家一项大政方针进一步确定下来。

2018 年 11 月，习近平总书记在民营企业座谈会上的讲话高度肯定了民营企业发展成就，概括了民营经济“五六七八九”特征，即贡献了 50% 以上的税收，60% 以上的国内生产总值，70% 以上的技术创新成果，80% 以上的城镇劳动就业，90% 以上的企业数量。针对一段时间以来社会上一些否定、怀疑民营经济的言论，比如，所谓的“民营经济离场论”“新公私合营论”等，习近平总书记在民营企业座谈会上再次强调，“非公有制经济在我国经济社会发展中的地位和作用没有变！我们毫不动摇鼓励、支持、引导非公有制经济发展的方针政策没有变！我们致力于为非公有制经济发展营造良好环境和提供更多机会的方针政策没有变！”习近平总书记的重要讲话，为当前一些关于民营经济的模糊认识敲下“定音鼓”，为企业家吃下“定心丸”，为民营经济走向更加广阔的舞台注入坚定信心。

---

① 黄孟复：《中国民营经济史 · 大事记》，第 204 页。

二、新中国70年民营企业发展主要成就

新中国成立70年以来，民营企业发展成就主要表现在以下几个方面：

1. 民营企业总体规模快速增长，部分民营企业已成长为国内外具有影响力的大企业

我国民营企业已经成为国民经济重要组成部分，企业数量持续增多，总体规模持续增长。目前私营企业已经占到企业总数的近八成，据统计，2017年我国私营企业总数已达1436.89万家，而2010年还只有468.39万家，增长了2.07倍，年均增长企业户数17.37%。私营企业占全部企业数量比重已从2010年的71.86%上升到2017年的79.40%，上升了7.53百分点。[①] 另外，截至2018年底，我国共有个体工商户7328.6万户，其中1456.4户为当年新注册用户。[②]

尽管95%以上的民营企业都属于中小企业，但是，我国民营企业正在快速成长，个别民营企业已成长为在国际上具有影响力的大企业。据统计，在世界500强企业中，我国民营企业由2010年的1家增加到2018年的28家[③]。根据全国工商联发布的中国民营企业500强榜单，历年500强企业入围门槛年年攀升、资产规模快速扩张、利润水平稳步增长、社会贡献持续加大，在最新发布的民营企业500强榜单中，入围门槛继续增长，达156.84亿元，比上年超出36万元还多，比2011年多出90多万元；2017年营业收入突破1000亿元的共有61家，比2016年增加11家；其中，有9家企业营业收入超过3000亿元。[④]

2. 民营企业以实体经济为本，成为制造业领域的主力军

长期以来，我国民营企业以制造业和实体经济为本。统计数据表明，制造业领域民营企业数量占比已达90%以上，民间投资的比重超过85%，制造业领域民营企业是实实在在的“主力军和突击队”[⑤]。据统计，2017年我国规模以上私营工业企业为215138家，资产总计达到242636.74亿元，主营业务收入为381034.44亿元，利润总额为23043亿元，比1998年分别增长19.2倍、162.2倍、205.4倍和341.6倍，年均增长17.13%、30.75%、32.38%和35.96%（按现价计算）。其中，私营工业企业数量在2010年达到峰值，为273259家，2011年企业数量有一个显著的减少现象（只有2010年的约2/3），这主要是因为从2011年开始“规模以上工业企业”的标准由年主营业务收入500万元及以上提高到2000万元及以上引起的，而其他几个指标虽然也因此而受影响，但并不明显（见图46－1）。

3. 民营企业成为就业主渠道，“稳就业”作用十分明显

据统计，1990年在民营企业就业人数只有2000万人左右，2005年已经超过1亿人，2013年超过2亿人，2017年我国在民营企业就业人数达到3.4亿人。2019年，民营企业提供八成城镇劳动就业岗位，民营企业发展对于促进就业和“稳就业”发挥着十分重要的作用。

从就业结构来看，第三产业始终是民营企业就业主渠道。但是，在2008年以前，民营企业第二产业就业比重呈上升趋势，而2008年之后，民营企业第二产业就业所占比重呈下降趋势。这是受国际金融危机的影响，我国出口订单减少，进

① 根据《中国统计年鉴》“企业法人单位数”统计计算而来。

② 国家市场监督管理总局综合规划司：“2018年全国市场主体发展基本情况”，2019年2月28日，http：//www.saic.gov.cn/zh-ghs/tjsj/201902/t20190228_ 291539.html。

③ 习近平：《在民营企业座谈会上的讲话》，《人民日报》2018年11月2日。

④ 黄荣、刘保林：《2018中国民营企业500强发布报告》，《中国产经》2018年第9期。

⑤ 郭朝先：《发挥民营企业在制造业领域主力军作用》，《中国党政干部论坛》2017年第12期。

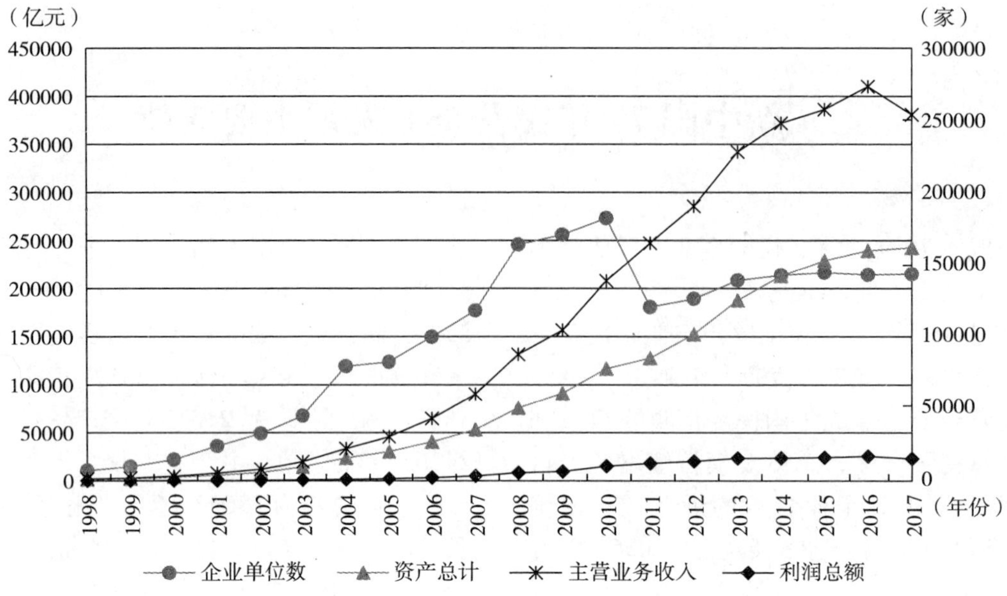

图 46－1　私营工业企业规模增长情况

而影响到民营企业制造业就业；另外一个重要原因是随着新常态下传统工业行业产能过剩越发严重，产品销售变得困难，民营工业企业不得不减少生产和从业人员（见图 46－2）。

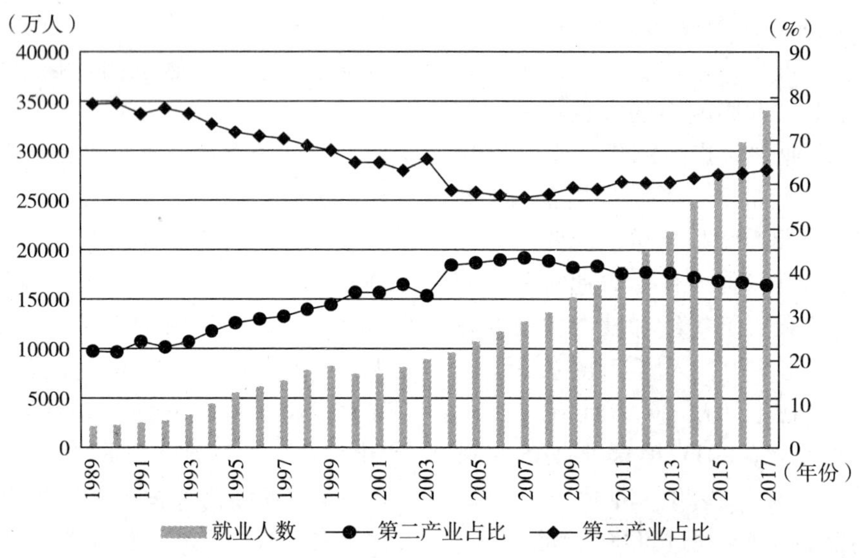

图 46－2　民营企业就业人数与就业结构

资料来源：根据历年《中国统计年鉴》整理。

4. 民营企业是科技进步重要驱动力量，在战略性新兴产业中作用更加突出

习近平总书记在民营企业座谈会上指出，民营经济贡献了 70% 以上的技术创新成果。一批如华为、百度、腾讯、阿里、京东的民营企业等进入战略性新兴产业和新经济领域，它们的快速崛起，推动了中国科技创新。调研显示，2017 年民营企业 500 强的研发投入力度增强，研发人员占比在 10% 以上的企业数量达到 189 家，比 2016 年增加 12 家，占 47.85%。2017 年，500 强企业申请国内外专利 242013 项，较 2016 年增长 15.93%，研发人员占比在 10% 以上的企业达到

189家，涌现出了一批以华为为代表的在关键领域掌握核心技术的高科技企业。① 比如，华为是一家100%由员工持有的民营企业，现已成为全球最大的专利持有企业之一。截至2018年12月31日，华为在全球累计获得授权专利87805件，其中中国授权专利累计43371件，中国以外国家授权专利累计44434件，90%以上专利为发明专利。华为坚持每年将10%以上的销售收入投入研究与开发。2018年，从事研究与开发的人员有8万多名，约占公司总人数的45%；研发费用支出为人民币1015亿元，约占全年收入的14.1%。近十年累计投入的研发费用超过人民币4800亿元。持续的研发投入，使华为成为网络信息基础设施、智能终端产品、芯—端—云协同系统解决方案，乃至在信息通信基础研究领域的全球领先企业。②

调研显示，2017年民营企业500强中，有453家企业结合自身产业特点与互联网相结合开展创新。其中274家开展智能化生产，推动智能制造，比2016年增加33家，占60.49%；246家通过网络化协同创新，实现低成本制造，占54.30%；181家开展个性化定制，推动服务型制造发展，占39.96%；168家实施工业企业服务化转型，占37.09%；166家开发智能化产品，占36.64%；89家建立双创服务平台，占19.65%。③

5. 民营企业社会贡献持续加大，有力地促进了国家发展战略和计划的实施

据统计，在固定资产投资方面，2007年私营和个体全社会固定资产投资仅为3.3万亿元，2017年则达到21.5万亿元，增加了5.5倍，占整个全社会固定资产投资的比重由2007年的24.1%上升到2017年的33.6%，年均上升0.95%，对于“稳增长”“稳投资”发挥了积极作用。

习近平总书记在民营企业座谈会上指出，民营经济贡献了50%以上的税收。据统计，仅民营企业500强2017年纳税总额就达10254.10亿元，突破万亿元大关，占全国总税收的比重为7.6%，比上一年提高了1.47个百分点，比2013年提高3.31个百分点。④

民营经济在快速发展的同时，民营企业家坚持“先富帮后富、最终实现共同富裕”伟大理想，智力支边、扶贫开发、定点扶贫、光彩事业、公益慈善、新农村建设等扶贫事业，每一步都烙下了民营企业家的印记。此外，始于2016年的“万企帮万村”行动，是民营企业参与精准扶贫的又一社会贡献。截至2018年6月底进入“万企帮万村”精准扶贫行动台账管理的民营企业有5.54万家，精准帮扶6.28万个村（其中建档立卡贫困村3.99万个），帮助755.98万建档立卡贫困人口；产业投入597.52亿元，公益投入115.65亿元，安置就业54.92万人，技能培训58.31万人。⑤

调研显示，2017年民营企业500强中，共有446家企业参与了各类国家发展战略，占比达89.20%，其中，181家企业参与“一带一路”建设，占比44.69%；227家企业参与乡村振兴战略，占比50.67%；94家企业参与东北振兴战略，占比21.56%。民营企业500强积极响应中央关于打赢三大攻坚战的号召，有446家企业参与防范化解重大风险攻坚战，占比89.2%；227家企业参与精准脱贫攻坚战，占比45.4%；341家企业参与污染防治攻坚战，占比超过68.2%。⑥

6. 民营企业发展推动经济体制改革，促进社会主义市场经济体制建立和完善

民营企业是天然的市场经济主体，改革开放以来的市场化取向的经济体制改革为民营企业提供了适宜的生存发展条件，而民营企业的进一步发展又驱动市场化取向的改革稳步向前迈进，两

---

① 徐乐江：《在2018中国民营企业500强峰会上的演讲》，《中国产经》2018年第9期。

② 华为网站：https：//www. huawei. com/cn/about－huawei/corporate－information/research－development。

③⑥ 黄荣、刘保林：《2018中国民营企业500强发布报告》，《中国产经》2018年第9期。

④ 全国工商联经济部：《2018中国民营企业500强调研分析报告》，2018年8月，www. acfic. org. cn/zzjg_ 327/nsjg/jjb/jjbgzhdzt/2018my5bq/2018my5bq_ bgbd/201808/t20180820_ 55528. html。

⑤ 高云龙：《在全国“万企帮万村”精准扶贫行动先进民营企业表彰大会暨扶贫日论坛上的讲话》，2018年10月16日，www. acfic. org. cn/wqbwc/ldjh/201811/t20181107_ 69523. html。

者相互促进、良性互动，最终促进中国特色社会主义制度和社会主义市场经济体制的确立和完善。

在改革开放进程中，国有企业改革与包括民营企业在内的非公有制经济发展是同时进行的，民营企业直接参与了国有企业改革，包括民营企业兼并、收购国有企业，一些国有企业改制成民营企业，国有企业与民营企业形成混合所有制企业等，形式多样，不一而足。事实上，民营企业发展还为国有企业改革提供了良好的外部条件，国有企业因改革而分流的职工大多数流向民营企业就业或者创办了民营企业，或者成为个体工商户自谋职业。民营企业（社会资本、民间资金）还与其他所有制企业包括集体经济、乡镇企业、外商投资企业、港澳台商企业等形成形式多样的混合所有制企业如联营企业、股份合作制企业、公司制企业等，共同促进我国社会主义市场经济的繁荣发展。

三、民营企业发展的基本经验

新中国成立70年以来我国民营企业曲折发展历程，从正反两个方面揭示出未来民营企业持续健康发展所必须坚持的基本原则、基本经验。

1. 坚持社会主义基本经济制度，坚持“两个毫不动摇”

党的十一届三中全会以后，我们党破除在所有制问题上的传统观念束缚，为非公有制经济发展打开了大门，才有了民营企业蓬勃发展的今天。党的十五大把“公有制为主体、多种所有制经济共同发展”确立为我国的基本经济制度。同时，提升了个体私营等非公有制经济在国民经济中的地位，从社会主义经济的必要有益的补充到社会主义市场经济重要组成部分。党的十六大提出“毫不动摇地巩固和发展公有制经济”“毫不动摇地鼓励、支持和引导非公有制经济发展”。党的十九大把“两个毫不动摇”写入新时代坚持和发展中国特色社会主义的基本方略，作为党和国家一项大政方针进一步确定下来。不断重申的社会主义基本经济制度和坚持“两个毫不动摇”原则，为民营企业发展确立了法理基础，也为澄清形形色色针对民营企业发展“杂音”提供了遵循，为民营企业发展“保驾护航”。

2. 保护私有产权，激发民营企业活力和创造力

现代经济学解释产权制度对于经济发展的重要性，合理的产权制度有利于形成稳定的发展预期，由产权形成的收益权、控制权有利于刺激经营主体的活力和创造力。改革开放初期，我国对个体私营企业等非公有制经济主体的产权保护力度是比较弱的，随着经济发展，民营企业主要求加强产权呼声日益高涨，党和国家为了适应时代需要、社会发展的需要，不断强化私有产权的保护，从1988年宪法修正案规定“国家允许和营经济在法律规定的范围内存在和发展”“国家保护私营经济的合法的权利和利益”到2004年宪法修正案规定“公民合法的私有财产不受侵犯”；从2007年党的十七大提出“进一步加强了对个体私营企业财产权的保护力度”到2013年党的十八届三中全会提出“公有制经济财产权不可侵犯，非公有制经济财产权同样不可侵犯”。不断强化的私有产权保护制度，有利于民营企业形成稳定的发展预期，激发民营企业活力和创造力。

3. 不断优化营商环境，营造公平竞争的市场环境

民营企业一开始是在计划经济的“夹缝”中生存的，在成长伊始就遇到了政策允许不允许的问题，在成长的过程中一再出现许多政策“禁区”。与此同时，在计划经济还没有褪去，市场经济还没有完善之时，民营企业在成长过程中遇到了诸多市场方面的问题，如原材料有没有保障，产品能不能销售出去，资金、土地、雇工如何取得等问题。因此，破除法律和体制机制障碍，不断优化营商环境，是民营企业能否生存发展的关键。

一是不断打破民营企业进入壁垒。2005年2月国务院发布《关于鼓励支持和引导个体私营等非公有制经济发展的若干意见》（“非公经济36

条”），就提出“非禁即入”的精神，即“允许非公有资本进入法律法规未禁入的行业和领域。允许外资进入的行业和领域，也允许国内非公有资本进入，并放宽股权比例限制等方面的条件。”2010 年 5 月国务院再次发布《关于鼓励和引导民间投资健康发展的若干意见》（非公经济“新 36 条”）。2017 年 10 月工信部、发改委等 16 个部门发布了《关于发挥民间投资作用推进实施制造强国战略的指导意见》，对破除民营企业进入壁垒，促进民营企业投资进行了规定。

二是主张竞争中性，营造公平竞争的市场环境。党的十八届三中全会对此进行了归纳，也就是国家保护各种所有制经济产权和合法利益，坚持权利平等、机会平等、规则平等，废除对非公有制经济各种形式的不合理规定，消除各种隐性壁垒，激发非公有制经济活力和创造力。

三是构建市场化法制化营商环境。今后要更加注重用法治手段，而不是行政手段来优化民营企业营商环境，为民营企业发展营造一个公平的、可预期的、市场化法治化的营商环境。

4. 尊重民营企业家的创造精神，促进非公有制经济人士健康成长

民营经济发展有许多成功的经验和模式，而这些成功的经验和模式并不是从政府官员的“办公室”或学者的“书斋”中产生的，而是来源于广大民营企业的社会实践、民营企业家的创造精神，比如，有名的“苏南模式”“温州模式”“晋江模式”等，这些都是当地民营企业发展实践创造的结果。党和国家正确的政策来源于充分汲取基层群众的实践创造，肯定他们的成功之处，再结合国际和国内的形势，使之上升为指导全国民营企业发展的政策和法律，也就是贯彻“从群众中来，到群众中去”的群众路线。这是我们政策具有生命力的法宝。

民营经济的发展，始终离不开广大民营企业家的努力。为了最大限度地发挥民营企业家的作用和促进非公有制经济人士健康成长，早在 20 世纪 80 年代中期，我国就明确肯定私营企业主群体不是社会主义异己力量，而是社会主义建设者。随后，我国不断加强对民营企业家的统战工作，使民营企业家能够参与到国家政治生活中来，使他们的声音和利益诉求能够传递到中央决策中来。民营企业家群体逐步完成了从社会边缘群体到重要的参政议政群体的转变。特别是，2001 年“七一讲话”指出，“不能简单地把有没有财产、有多少财产当作人民政治上先进与落后的标准，而是应该看他们的思想政治状况和现实表现，看他们的财产是怎样得来的以及怎样分配和使用，看他们以自己的劳动对建设有中国特色社会主义事业所作的贡献”。[①] 这样，私营企业主中的优秀分子也可以加入中国共产党组织，肯定了民营企业家的社会地位和社会贡献，极大地调动了民营企业家的积极性。党的十六大新通过的党章明确规定：“包括私营企业主在内的其他社会阶层的先进分子都可以入党”。

非公有制经济要健康发展，前提是非公有制经济人士要健康成长。2016 年“两会”期间习近平总书记第一次用“亲”和“清”两个字概括新型政商关系。党的十九大报告提出，“构建亲清新型政商关系，促进非公有制经济健康发展和非公有制经济人士健康成长”。2018 年“两会”期间习近平总书记进一步强调“构建亲清政商关系才是阳关大道”，这既是明确的要求更是殷切的希望，其中蕴藏着领导干部与企业正确相处的秘籍和深意。

四、当前民营企业发展存在的突出问题

1. 企业转型升级困难

当前我国经济发展进入经济转型时期和高质量发展阶段，民营企业也进入转型升级发展阶段，但是民营企业转型升级进行得并不顺利，一

① 江泽民：《在庆祝中国共产党成立八十周年大会上的讲话》，人民出版社 2001 年版。

些企业因无法适应这个转变过程而趋于消亡，部分企业则表现为经济效益滑坡。

民营企业绝大多数是中小企业，它们在市场上本来就“新陈代谢”快，而在经济转型时期问题更加突出。比如，有统计表明，我国民营企业的生存周期平均仅为2.5年。[①] 而据国家市场监督管理总局网站资料，2017年新登记个体工商户1289.8万户，注销640.4万户，期末实有6579.4万户；2018年新登记个体工商户1456.4万户，注销707.2万户，期末实有7328.6万户。[②] 这表明近年来每年大约有一成的个体商户无法成活。民营企业生存周期短、淘汰率高，不仅表明民营企业生产经营困难，而且也不利于民营企业整体社会信用的积累。

产业转型升级困难表现在经济效益滑坡，比如，2017年规模以上私营工业企业利润总额为23043亿元，比2016年减少2452亿元；在资产利润率方面，下降就更为明显，2011年之后出现了持续下降趋势：2011年为14.21%、2012年为13.24%、2013年为12.43%、2014年为11.05%、2015年为10.59%、2016年为10.64%、2017年为9.50%，2017年比2011年下降4.71个百分点。[③] 即使对民营企业500强来说，2017年也有5个行业的资产净利率不足2%，分别为零售业，金属制品、机械和设备修理业，保险业以及货币金融服务业。[④]

2. 融资难、融资贵问题

融资难、融资贵的问题始终是民营企业，尤其是民营中小企业面临的一个主要问题。造成融资难、融资贵的原因是多方面的，既有民营企业先天性信用缺乏、可担保的抵押物少等企业内部原因，也有我国金融制度不健全、银行体系不合理、银行竞争不充分等外部原因。而我国以民营中小企业为服务对象的信用担保机构发展并不充分，一般实力较弱、抵御风险能力有限，且服务意识和能力有待提高，对解决民营企业融资难融资贵问题作用有限。

长期以来，我们的金融服务以间接融资为主，在间接融资中又以国有大中型银行为主体，这种金融制度安排很容易对民营中小企业形成所有制和规模上的“双重歧视”。另外，在防范金融风险战役中，非标融资和“影子银行”空间被极大压缩，使民营企业融资难度进一步加大。2018年，受金融去杠杆、资管新规影响，表外融资大幅萎缩，全年新增人民币贷款同比多增1.46万亿元，但表外融资同比少增6.5万亿元，表内信贷增长幅度不及表外萎缩程度，融资形势紧张。民营企业融资高度依赖非标和“影子银行”，表外转表内增加民营中小企业融资难度。2015～2017年，民营企业非标融资占比分别为43.9%、38.3%和15.4%。随着资管新规的出台，债券、股票市场不景气，影子银行快速萎缩，民企融资渠道进一步收窄，民企融资难、融资贵问题在2018年显著突出。[⑤]

3. 民营企业投资下滑问题

近年来，随着中国经济下行趋势持续，民营企业投资意愿下降，部分行业民营企业投资增速下降或者出现负增长态势，如在采矿业、建筑业、部分制造行业（如有色金属、黑色金属冶炼与压延加工业等）、部分服务行业（如住宿餐饮业、批发零售业、交通运输业等）民营企业都出现了投资下降现象。

造成民营企业投资下滑问题是多方面的，可以概括为：一是民营企业不敢去投。在当前经济下行的情势下，民营企业投资更加谨慎和理性。二是民营企业无钱可投。主要是民营企业融资困难造成的。三是民营企业无处可投。当前正在进行结构调整，一些传统产业产能过剩严重，民营企业不敢去触碰这些产业。四是民营企业无资格投。一些垄断性行业如石油、电信等主营业务没

① 中国企业改革与发展研究会：《中国企业改革发展2018蓝皮书》，中国商务出版社2019年版，第79页。

② 根据国家市场监督管理总局网站提供的数据整理计算而成。

③ 徐乐江：《在2018中国民营企业500强峰会上的演讲》，《中国产经》2018年第9期。

④ 全国工商联经济部：《2018中国民营企业500强调研分析报告》，2018年8月，www.acfic.org.cn/zzjg_327/nsjg/jjb/jjbgzhdzt/2018my5bq/2018my5bq_bgbd/201808/t20180820_55528.html。

⑤ 任泽平：《2018年12月金融数据点评：从宽货币到宽信用》，2019年1月16日，http://finance.sina.com.cn/zl/china/2019-01-16/zl-ihqhqcis6651650.shtml?cre=zl&r=user&pos=5_4。

有开放，面向社会资本开放有限，民营企业要想以控股身份参与其中，几乎不可能。五是有能力的民营企业更愿意到海外去投。①

4. 人才与人力资源问题

人力资源，尤其是人才问题是影响民营企业持续发展的一个重要问题。近年来的“用工荒”问题在很多地方都有出现。据一项对苏浙皖民企调查，存在的问题主要有：一是缺乏高层次复合型技术带头人、企业高级管理人才，而且来了的也因种种原因难以留下来；二是缺乏技能型人才和一线工人，早年曾在长三角工作的外来务工人员，近年来多数选择离开长三角，回到家乡重新就业或创业；三是劳动用工成本高企。

民营企业人才问题产生的原因是多方面的，除了近年来我国“劳动力红利”逐步消失外，一些民营企业管理不规范，甚至家族化管理使外来务工人员感觉晋升无望，也是重要原因，因此，如何完善民营企业公司治理结构、吸引更多优秀人才投身民营企业发展也是一个重要课题。

5. 营商环境问题

虽然目前各地营商环境较两年前有了较大改进，但民营企业仍面临的一些不容忽视的营商环境问题，主要有以下几点：

一是市场准入方面仍有歧视。据调查，有超过62%的民营企业认为自己遭遇过“玻璃门”“弹簧门”“旋转门”问题。在招投标方面，由于民营企业身份或者规模偏小等原因，一些中小民营企业直接被取消参与资格，或成为事实上的“陪标人”。②

二是审批许可改革不到位。一方面，一些部门仅将非核心业务下放或简化审批，而对含金量高的审批事项继续保留或变相保留；另一方面，上级政府对下级政府的简政放权，因下级政府的行政能力或资源不足，形成审批许可“最后一公里”问题，产生新的阻滞或混乱。

三是要素市场仍有制约。民营企业在融资、用工、用地存在一定的困难。以用地为例，民营企业往往规模有限和资本有机构成偏低，建设项目又多为中小项目和制造业项目，其用地限制和审批程序明显严于国有企业和外资企业，土地制约发展和转型问题越来越突出。有些已投产多年的民营企业仍然拿不到土地证，办不下来房产证，造成企业无法以土地或房产进行抵押融资。

五、促进民营企业高质量发展的对策建议

1. 进一步推进“放管服”改革，优化民营企业营商环境

着力打造更加公平的市场环境、政策环境、法治环境、社会环境，帮助民营企业融化市场的“冰山”、削平融资的“高山”、跨越转型的“火山”，全力推动民营经济持续健康发展。着力在市场准入、审批许可、经营运行、招投标、资源要素配置等方面打破各种“卷帘门”“玻璃门”“弹簧门”“旋转门”，使各种类型企业在同等的市场环境里同台竞技，实现资源的最优配置具体有以下几点：

一是进一步简政放权，推进“放管服”改革。切实放开一批“含金量”高的审批权限，让企业实实在在感受改革的成效。同时，要解决取消和下放行政审批项目及各流程之间的衔接问题。地方政府在承接各种下放的权力时，需要加强自身建设，切实做好承接各项任务的工作，完善规范各项程序。

二是落实放管结合，做好“宽进严管”。坚持公正监管，避免选择性执法。积极探索监管新模式，持续推进“双随机、一公开”的监管机制。加快建设智能化监管体系，充分运用互联网、云计算、大数据等先进的信息化监管手段，共享信息资源，让违规企业的信息在各个监管部

① 中国企业改革与发展研究会：《中国企业改革发展2018蓝皮书》，中国商务出版社2019年版，第81页。

② 中国企业改革与发展研究会：《中国企业改革发展2018蓝皮书》，中国商务出版社2019年版，第89页。

门之间互联互通。同时，建立第三方事后评估制度，引入第三方力量，对改革成效进行评估，形成调整和优化的方案。

三是规范政府决策机制。依法行使政府治理和管制，减少政府决策、监管和管制过程中的不透明性和随意性，减少政府对微观主体市场经营行为的随意干预，降低制度性交易成本；政策的制定和调整要有行业和全业代表参与，充分尊重并听取他们的意见，防止走形式或形式走样；政策出台后，要有相应的标准、细则等配套政策，提高政策的可操作性；各地方政府之间的政策要建立相应的协调和监督机制。

四是提高政务服务效率。推进政府权责优化配置和统筹整合，减少部门职能交叉和多头管理，解决制度“碎片化”问题。简化优化服务流程、创新服务方式，积极推进“互联网 + 政务服务”模式，通过把实体政务大厅、网上政务平台、移动客户端、自助终端、服务热线结合起来，实行线上线下一体化运行，并建立网上政务服务评价体系，督促各部门不断提高服务质量和效率。

2. 推进融资体系建设，缓解融资难、融资贵问题

民企融资难、融资贵的根本原因在于体制性的问题导致的信贷供需不平衡，缺少能与民企、小微企业相匹配的“下沉式”金融机构。所以，货币政策需要配合改善营商环境、政商关系的相关措施实行普惠金融，平衡好总量指标和结构指标，推动宽货币转向宽信用，切实疏通货币政策传导机制。

提高直接融资比重，特别是股权融资比例，从源头上减少民企对债务融资的依赖。抓住科创板机遇，助推创新型民营企业进入资本市场；发展 PE（私募股权投资）、VC（风险投资）、天使基金等新金融业态以提供相匹配的金融服务，他们对风险的包容度与银行放贷注重的偿债能力截然不同。

充分利用大数据、云计算以及人工智能等现代化手段，推动“金融 + 科技”的深层次融合，通过发展数字普惠金融增加金融服务的覆盖面、可获得性和便利性。金融科技可以提升传统金融服务水平、创新和丰富金融产品、拓宽服务领域，使金融朝着个性化、多元化和服务精细化方向发展，同时提升资源配置效率和金融风险的防控能力。

落实中办国办印发的《关于加强金融服务民营企业的若干意见》，建立对民营企业“敢贷、愿贷、能贷”的长效机制，并做好为民营中小企业贷款服务一些细节上的补充工作。如在完善融资政策方面，应进一步落实普惠金融定向降准政策，将单户授信 1000 万元及以下的小微企业贷款纳入中期借贷便利的合格担保品范围。建立分类监管考核机制，指导银行业金融机构夯实对小微业务的内部激励传导机制等。

落实进一步降低小微企业融资成本的措施，加大金融对实体经济的支持。中国工商银行、中国民生银行、中国银行、中国建设银行、交通银行 5 家国有大型商业银行要带头，确保 2019 年小微企业贷款余额增长 30% 以上、小微企业信贷综合融资成本在 2018 年基础上再降低 1%。降低民营小微企业降低融资成本，不是简单地降利率，而是降低融资的综合成本。国家相关部门要采取措施降低小微企业融资的各种附加费用，引导银行业提高信用贷款比重；在没有其他实质性服务的前提下，只收息不收费；推动担保贷款的担保费下降，要求政府性融资担保机构对 500 万元以下小微企业贷款的担保费原则上控制在 1% 以内，500 万元以上的控制在 1.5% 以内；对于小微企业融资过程中评估费、公证费等，要求减免或由地方政府给予相应补贴；进一步降低小贷公司、典当行等银行之外机构的定价收费。

3. 深化供给侧结构性改革，增加民营企业进入机会并降低成本

继续推进混合所有制改革，为民营企业创造更多市场准入机会。大力推进石油、电力、军工、通信等垄断行业混合所有制改革，积极吸引社会资本进入，打破垄断，逐步形成全产业链开放竞争的新格局。

切实降低民营企业税费负担。近期我国通过综合性“一揽子”减税降费政策，要加强协同，系统推进降低增值税率、加大研发费用加计扣除、小微企业所得税优惠、个人所得税改革和降低企业社保费率等各项政策，不仅要确保明显降低制造业税负，而且要高度关注带动就业较多的建筑业和服务行业税负情况、确保有所降低，做到确保所有行业税负只减不增，同时还要确保企业特别是小微企业缴费负担有实质性下降。坚决

防止借各种名目乱收费，绝不能让减税降费红利变成“唐僧肉”被蚕食。

要高度重视三角债问题，纠正一些政府、国企拖欠民营企业款项的行为，以此提高民营企业资金利用效率，进一步推进市场征信体系的建设。

4. 创新体制机制，保障民营企业发展要素供给

进一步深化改革，提高人力资源配置效率，促进人力资源向民营经济集聚。最大限度削弱户籍制度对劳动力市场分割的负面影响，鼓励人才跨地区跨所有制流动。进一步完善激励机制，鼓励高等院校和科研院所的科技人员一定期限内在不脱离原单位编制的情况下创办和领办企业。民营企业从小到大的发展过程也是企业治理结构不断完善的过程，要促进民营企业完善企业治理结构，鼓励民营企业采用利润分享、股权激励和技术入股等方式吸引优秀人才，促进企业做大做强。以产业发展和企业需求为导向，支持企业与高等院校、科研院所加强合作，建立企业与高校和科研单位的双向柔性人才流动机制，完善人才部门与实体企业的联动。

创新土地供给机制，解决民营企业用地紧张和成本偏高问题。借鉴一些地区做法，如采取长期租赁、先租后让、租让结合、弹性出让等土地供给方式，允许长期租赁方式，供地一定年限后转为出让供地，弹性出让的项目用地可以申请续期，以长期租赁和弹性年期出让等方式取得土地使用权的民营企业，在使用年期内允许转租和抵押；一些地区对民营企业投资非营利性项目用地按划拨方式供地等。这些做法可能突破了目前的用地管制，但对解决民营经济用地难问题提供了改革方向和创新思路，可推广试行。

5. 鼓励民营企业“走出去”，积极参与“一带一路”建设

我国已形成国有企业、民营企业等多种主体参与“一带一路”建设的局面，民营企业“走出去”要将个别企业的“单打独斗”产业转移行为向“抱团出海”集群式发展转变，大力推进境外产业园区和经贸合作区建设，有利于提高“走出去”的成功率。对于国家级境外经贸合作区，应建立政府及企业间的磋商机制。可借鉴中国与新加坡合作推进苏州工业园的管理模式，引入多级政府协调工作机制，从政府高层就优惠政策、资源整合等难点问题通过协商机制达成共识，并由执行层落实相关具体工作，企业跟进落实，提高园区开发建设效率。民营企业要注重与国有企业、国际产能合作联盟建立密切合作关系，充分利用后者资源和信息优势，提高“一带一路”产能合作成功率，形成合力共同开发国际市场。

进一步做好顶层设计。相关国家部委要进一步做好“一带一路”倡议与相关国家发展战略的对接工作。进一步完善境外投资管理制度，健全投资政策服务体系，鼓励民营企业参与“一带一路”建设和国际产能合作的同时，着力抓好对外投资真实性审核、事中事后监管等工作，严防对部分领域非理性对外投资的风险，使企业的对外投资更趋理性。

专栏 46 - 1

我国民营企业融资和税费负担现状

由中央统战部、全国工商联等单位主持的第 13 次中国民营企业调查已于 2018 年 12 月完成。其中，对商业融资、税费负担环境评估结果如下：

第一，民营企业日常运营和扩大再生产过度依赖于自给资金流，商业贷款比例较低。

调查显示，全国民营企业的日常流动资金中，平均 21.15% 的流动资金来自商业贷款，73.39% 的流动资金来源于企业自有资金。在扩大再生产资金中，有约 1/5 来自商业贷款，超过六成的扩大投资资金来源于企业自有资金。这表明现阶段我国民营企业依然面临较为严重的外部融资困境。

第二，国有和股份制银行商业贷款是民营企业外部融资的重要途径，小微金融对民营企业发展的贡献力度较小，中西部地区的民营企业面临更高的融资成本。

调查显示，在民营企业所借贷的资金中，从国有和股份制商业银行贷款份额最大，约占企业净资产总额的41.68%，小型金融机构（如村镇银行、小额贷款公司等）约占3.34%，而从民间借贷渠道所获取的资金规模最小，约占2.54%。在融资成本方面，民营企业的国有和股份制银行贷款的平均利息率为4.53%，其中，东北地区利息成本最低，为3.42%，西部地区最高，为5.16%。

第三，政府和国企拖欠民营企业款项现象并不普遍，但应高度重视民营企业“三角债”的款项拖欠行为。

调查显示，我国政府拖欠民营企业款项、国有企业拖欠民营企业款项等现象并不普遍，仅分别有5.96%、6.04%的民营企业存在政府拖欠款项、国有企业拖欠款项的现象。但是，有23.54%的民营企业存在其他私营、外资企业拖欠企业款项的现象。与此同时，仅有14.02%的民营企业存在拖欠其他企业款项的现象。总体而言，相对民营企业本身拖欠其他企业款项而言，其他外部合作者拖欠民营企业的额度明显更大，这间接表明我国民营企业在账面上存在诸多应收账款和其他应收款债权，这将直接影响到企业现金流储备和使用效率状况。因此，要高度重视三角债问题，纠正一些政府部门、大企业利用优势地位以大欺小、拖欠民营企业款项的行为。

第四，民营企业除了承担较高的税费负担外，还承受不菲的“摊派”和“社会责任”方面的支出。

在纳税方面，我国民营企业的平均纳税规模占据主营业务收入的27.86%。在缴纳规费方面，民营企业的平均规费缴纳规模占据主营业务收入的10.40%。在摊派方面，从全国层面来看，我国民营企业的平均摊派规模占据主营业务收入的6.27%。在企业公关支出方面，全国民营企业的平均公关招待费占据主营业务收入的4.42%。在社会捐赠方面，全国民营企业的平均慈善捐赠额占据主营业务收入的4.75%。

资料来源：黄送钦：《减轻民企融资困境税费负担的三项建议》，《中华工商时报》2019年5月16日第3版整理。

参考文献

［1］习近平：《在民营企业座谈会上的讲话》，《人民日报》2018年11月2日。

［2］江泽民：《在庆祝中国共产党成立八十周年大会上的讲话》，人民出版社2001年版。

［3］黄孟复：《中国民营经济史·纪事本末》，中华工商联合出版社2010年版。

［4］黄孟复：《中国民营经济史·大事记》，社会科学文献出版社2009年版。

［5］徐乐江：《在2018中国民营企业500强峰会上的演讲》，《中国产经》2018年第9期。

［6］黄荣、刘保林：《2018中国民营企业500强发布报告》，《中国产经》2018年第9期。

［7］中国企业改革与发展研究会：《中国企业改革发展2018蓝皮书》，中国商务出版社2019年版。

［8］郭朝先：《民营经济发展30年》，《经济研究参考》2008年第49期。

［9］郭朝先：《发挥民营企业在制造业领域主力军作用》，《中国党政干部论坛》2017年第12期。

［10］张诗雨、杨良敏、林欣、杜悦英：《苏浙皖民企：多方聚力发展可期》，《中国发展观察》2019年第2期。

［11］刘戒骄：《增强要素流动促进民营经济高质量发展》，《经济纵横》2019年第4期。

［12］许泽玮：《发展民间金融平衡民企需求》，《中华工商时报》2019年3月21日。

第四十七章　中小企业

提　　要

中华人民共和国成立以来，我国国民经济发展走过由社会主义改造、计划经济到具有中国特色的社会主义市场经济的曲折发展历程，在不同的发展阶段，国家关于中小企业的定位、发展政策、发展理念都有较大的变化和调整，强烈地影响了我国中小企业在国民经济发展中的地位、作用以及发展态势。我国中小企业政策经历了政策抑制阶段—政策允许阶段—政策鼓励阶段—政策提速阶段。随着我国经济的快速发展，我国对中小企业的认识逐渐加深，中小企业政策也在不断完善中走向成熟。为促进中小企业更快更好发展，建议政府推动政策重心从特惠型政策向普惠型政策倾斜，进一步创新政策工具，完善政策工具组合，并通过推进政策评价制度的建立和完善，提高政府治理能力。

*　　　　*　　　　*

一、我国中小企业70年发展历程

新中国成立以来，我国国民经济发展走过由社会主义改造、计划经济到具有中国特色的社会主义市场经济的曲折发展历程，在不同的发展阶段，国家关于中小企业的定位、发展政策、发展理念都有较大的变化和调整，强烈地影响了我国中小企业在国民经济发展中的地位、作用以及发展态势。回顾新中国成立70年来我国中小企业的发展历程，基本上可以1978年改革开放为界，分为两个大的发展时期，每个发展时期又可以细分为若干发展阶段。

1. 1978年改革开放之前我国中小企业的发展情况

（1）国民经济恢复期及社会主义改造期（1949～1957）。

在新中国成立初期，我国的工业体系主要由官僚资本、买办资本、民族资本以及少量的国有企业构成，企业的所有制成分比较复杂。个体经济产值占国内工农业总产值的90%，现代工业占10%左右。民族资本在整个现代工业中占20%，从规模上统计，全国的民族资本主义工业企业12.3万家、职工164万人、资本20多亿元，平均每个企业有职工13人、资本1.6万元，绝大多数是中小微型企业。除了城市经济之外，在农村，为了弥补国家工业产品的严重不足，与农民生活息息相关的行业也得到了恢复和发展。

在新中国成立初期的几年间，为了恢复和发展经济，私营中小企业一度受到扶持。1949年9月29日中国人民政治协商会议通过的《中国人民政治协商会议共同纲领》中规定："中华人民共和国经济建设的根本方针，是以公私兼顾，劳资两利，内外交流的政策，达到发展生产、繁荣经济之目的。""使各种社会经济成分在国营经济领导之下，分工合作，各得其所，以促进整个社会经济的发展。”这个具有临时宪法性质的纲领对私营中小企业的发展无疑起到了稳定作用。1950年6月，党的七届三中全会确定的调整工商业的具体措施主要包括以下六点：第一，政府扩大对私营企业的加工订货和产品收购，帮助其恢复和维持生产；第二，适当收缩部分国营商业企业，国营商业企业主要经营粮食、食用油等几种居民主要生活必需品，给私营企业较大的发展空间；第三，在保证财政合理负担的情况下，适当地调整和减低私营企业的税收；第四，银行给予私营企业资金支持，改进和扩大对私营企业的贷款额度；第五，适当放宽对私营企业经营范围的限制；第六，调整劳资关系，纠正劳方某些过高的要求，以保证私营企业生产和经营的成本控制在较为合理的范围之内。1950年12月，政府发布了新中国第一个《私营企业暂行条例》，进一步表明了国家对私营企业的鼓励态度。

这一时期，私营中小企业生存环境较为宽松。经过近三年的休养生息，调整工商业的各项措施收到了明显的效果，私营中小企业得到了较快的发展，中小企业进入工业、商业、手工业等多个行业。据统计，1949年全国城镇约有1000万人专门从事手工业，创造产值32.4亿元。1952年中小私营工业企业户数较1949年增长了116%；中小私营商业企业户数较1950年增加了2.8万户；手工业产值增长了125.9%，达到71.1亿元（林民书，2001）。

与中小企业恢复和发展同步的是，大型企业也得到了相当发展，国家用于重工业投资21.6亿元，恢复、改造原有官僚资本企业和新建企业3300个，其中大型企业占4%。

为了加速建立新中国的工业体系，经过短时间的经济恢复和调整，中央提出和实施了向社会主义时期过渡的总路线，提出私营中小企业实行公私合营、手工业实行合作化、发展国有中小企业。从1953年起，国家开始对不同性质的企业进行社会主义改造，多种成分的中小企业成为被改造对象。一方面，国家对官僚资本和买办资本所属的中小企业实行无条件没收；另一方面，对民族资本所属的中小企业循序渐进地进行公私合营。将个体手工业和小商小贩等个体经济改造为社会主义集体经济，并引导其走合作化道路，建立公私合营的小型工业企业、商业企业等。此时，国家政策已经非常明确，就是要将多种成分的中小企业改造为单一的公有制性质的企业。这个变化意味着国家对私营中小企业实施抑制政策的开始，我国私营中小企业的发展被中断。

到1956年上半年，全国实行公司合营的工业企业占原来私营工业企业的97.3%，从业人员占97.7%，产值占99.1%。根据行业特点和国家计划经济的需要，各地、各行业陆续成立了一些专业公司，这些公司把同行业系统的中小企业串联起来，形成相对紧密的联合体，中小工业企业的比重相应有所降低。

农村手工业的改造也在1956年底全面完成，全国手工业合作社发展到10万多个。经过上述工商业的改造，我国中小工业企业的所有制结构发生了深刻的变化，中小企业的国有化程度达到了73%以上，公私合营占26%左右。社会主义改造之后，专门从事手工业和兼营手工业的农民陆续参加了农业合作社，成为当时农村工业的主要力量。

与此同时，出现了一批由地方政府投资建设的国有中小企业。在“一五”期间，国家投资达271.62亿元，90%以上的项目是中小企业，通过改造，私营中小企业占全部企业的比例进一步降低，所有制结构以国有为主（佚名，2017）。

（2）改革开放前计划经济时期（1958～1978年）。

1958～1960年是“大跃进”时期，由于忽视经济发展的客观规律，急功近利的冒进思想开始萌芽。在“超英赶美”“左”倾思潮影响下，政府盲目主张全党、全民办工业，不顾实际地在城乡掀起了“全民大办企业”的群众性运动，中小企业数量急剧膨胀。1959年底，全国工业企业达到31.8万个，比1957年增加了14.85万个，增加部分主要是以“五小”① 为主的地方中小企业。在全民炼钢铁狂热的驱动下，许多中小企业的诞生完全脱离了经济发展的实际，浪费资源、技术落后、质量低劣、污染严重，显著的规模不经

① “五小”是指小煤矿、小炼油、小水泥、小玻璃、小火电。

济，使工业结构出现严重失调，效益大幅度下降。1958～1960年，工业劳动生产率降低7.8%，严重破坏了国民经济正常、平稳发展。

针对陷入的困境，1961年中央提出“调整、巩固、充实、提高”八字方针，对中小企业发展政策进行调整，推行“关、停、并、转”等全面削减政策，关掉一批省辖市、专区所属和大部分县办的中小企业，原则上停办农村和城市公社的中小企业，清理城市手工业企业，全面提高中小企业素质。到1964年为止，全国工业企业总数由1960年的25.4万个减少到16.1万个，集体所有制企业由15.8万个减少到11.6万个。1964年以后，中小企业基本没有增加。

1966～1978年是我国国民经济复苏期，经济发展较为缓慢，全国企业数只增加了3.73万户。此外，为了到1980年全国基本上实现农业机械化，国家从20世纪60年代开始实施以县、社、队为基本单位的“三级”农业机械修造网，建立了一大批为农业机械化服务的小机械厂。同时针对60年代末凸显出来的城市职工家属就业问题出台了鼓励街道和工厂创办“五七”工厂政策等。

“文化大革命”使以国营企业为主的城市企业处于半停产或停产状态，市场供应不足，城镇就业压力日益增重。出于解决就业压力的考虑，70年代中后期，政府支持许多企业自筹资金创办劳动服务公司和家属工厂，解决返城知识青年、城镇职工家属的安置和子女的就业问题。同时鼓励兴办社队企业，全国的小企业数量有所恢复，特别是城镇集体和社队企业迅速发展。到1976年，全国社队工业企业达到10.6万个，较1965年增加7.8倍；社办创造工业总产值比重上升了3.4%，达到3.8%；队办工业总产值达到了119.6亿元，较1971年增长了83.8亿元①。

在这一时期，中央政府提出鼓励地区和县创办“自成体系”的小煤炭、小机械、小钢铁、小水泥和小化肥，在从1970年开始的五年内，中央安排80亿元的专项财政资金扶持“五小”工业的发展，逐步形成“小而全”的自给自足封闭式国民经济体系。

2.1978年改革开放之后我国中小企业的发展情况

（1）多种所有制中小企业全面发展阶段（1978～1998年）。

1978年，党的十一届三中全会召开，拉开了中国经济改革开放的序幕。在改革前，我国的所有制是社会主义公有制，包括国有经济（全民所有制经济）和集体经济，公有制经济一统天下。1978年，在全国3.48万个工业企业中，国有企业8.4万个、集体企业26.4万个，城镇个体工商业者则所剩无几。

1978年以后，随着农村经济体制的改革，中小企业首先以社队企业（1984年后改称乡镇企业）的形式开始大幅度增加。1979年中共中央十一届四中全会通过《关于加快农村发展若干问题的决定》，提出社队企业要有大发展，要逐步提高社队企业占三级经济收入的比重。1979年国务院颁发了《关于发展社队企业若干问题的规定（试行草案）》，推出了一系列扶持社队企业发展的措施，从客观上看，它是我国改革开放以来第一个促进中小企业发展的政策文件。1984年，中共中央国务院转批农牧渔业部《关于开创社队企业新局面的报告》，要求把社队企业改为乡镇企业，随后在中央4号文件和《关于进一步活跃农村经济的十项政策》的指引下，政府各部门都先后制定了鼓励乡镇企业发展的各项政策措施，引发了乡镇企业1984～1988年的大发展。1984～1988年，乡镇企业总产值由1709.89亿元增加到6495.66亿元，年均增长率约为39.9%，乡镇企业在岗职工人总数由5208万人增加到9545万人，年均增长率为16.77%（《中国乡镇企业统计年鉴》，2003），乡镇企业在国家资金投入和银行贷款都很少的情况下，创造了全国1/5的工业总产值。

改革开放也为私营经济的恢复和发展创造了条件。经过社会主义改造以后，“文化大革命”以前，我国大型的私营企业已经消失。与同是中小企业的乡镇企业不同，个体私营经济的政治地位在改革开放后经过了逐步合法的变化过程。1981年10月17日，中共中央、国务院发布《关

① 陈亚荣：《中小企业生存与发展的系统分析与控制研究》，东华大学博士学位论文，2005年。

于广开就业门路，搞活经济，解决城镇就业问题的若干决定》，提出“在社会主义公有制经济占优势的根本前提下，实行多种经济形式和多种经营方式长期并存，是我党的一项战略决策，绝不是一种权宜之计”。决议还提到，“对个体工商户，应当允许经营者请两个以内的帮手，有特殊技艺的可以带五个以内的学徒”。1983 年初，中央发出《关于当前农村经济政策的若干问题》文件，对超规定雇工问题做出了“不宜提倡，不要公开宣传，也不要急于取缔”的“三不”决定。该政策针对私营小企业引发的种种争议给予了低调的回应，形成了对初露端倪的私营小企业的一种保护。1987 年 10 月，中共十三大明确提出，“目前全民所有制以外的其他经济成分，不是发展得太多了，而是还很不够。对于城乡合作经济、个体经济和私营经济，都要继续鼓励它们发展”。这是1978 年改革开放以来中央在政策性报告中首次提到私营经济，并给予充分肯定，它意味着我国私营中小企业开始步入名正言顺的发展时期。1988 年6 月国务院出台了《中华人民共和国私营企业暂行条例》，在法律上对私营中小企业的存在给予了肯定。1990 年1 月国务院又颁布了《关于个体和私营经济进一步健康发展的若干政策规定》，规定了中小企业的准入范围。随着这些政策的出台，私营经济开始发展、壮大起来，从社会主义经济的补充地位上升到社会主义经济的有机组成部分。

此外，在不断引进外资的背景下产生了一种新型组织形式——合资中小企业。它开始于 1979 年广东、福建两省及我国首批的四个经济特区的对外经济活动之中。合资中小企业的产生改善了我国中小企业经营困难的局面，为推行现代管理制度、加快技术改造等方面创造了有利的条件。

20 世纪八九十年代，国有中小企业改革持续推进。国有小企业改制中采取的多种多样的改革形式基本上可以分为两大类：第一类是不涉及企业产权变更的改制，如承包经营、租赁经营、委托经营；第二类是涉及企业产权主体变更的改制，如股份合作制、合资嫁接、兼并、出售、破产等。根据国家有关部门对 11 个省（区、市）的统计调查，截至1998 年底，独立核算国有中小企业已实行改制的有 1727 户，改制面为 71.7%。其中，改制为股份合作制的4451 户，占已改制企业的25.8%；股份制 2276 户，占 13.1%；租赁 2519 户，占 14.6%；承包经营 1925 户，占 11.1%；兼并1272 户，占7.4%；破产 1504 户，占8.7%；出售 1072 户，占 6.2%；合资嫁接、风险抵押、委托经营等形式改制的有2258 户，占 13.1%（王华彬、张自栖，1998）。

随着我国中小企业迅速发展，形成了包括国有经济、集体经济、私营经济、个体经济、联营经济、股份制经济、外商投资经济、港澳台投资经济、其他经济等在内的多元化所有制构成。其中，非国有中小企业占中小企业的绝大部分。根据原国家经贸委中小企业司 1999 年6 月的统计，在小型企业数量方面，个体和私营企业占 77.7%、集体企业占 20.1%、国有企业占 1.4%、三资企业占 0.6%。在产值方面，集体企业占 51%、个体私营企业占 23%、国有和三资企业各占 13%（廖蔚，2004）。

从不同所有制工业的增长情况看，1981～1998 年按现价计算的国有工业平均增长 12.78%，其中集体工业为 22.45%、城乡个体工业平均增幅 80.14%、其他所有制工业为 46.86%，国有工业增长率最低，集体工业次之，远远低于非公有制经济的增长（见表 47－1）。

表 47－1　1981～1998 年不同所有制工业增长速度

工业经济类型	1981～1998 年均增长（%）	1981～1990 年均增长（%）	1991～1998 年均增长（%）
国有工业	12.78	12.80	12.76
集体工业	22.45	21.52	23.61
城乡个体工业	80.14	109.30	43.68
其他经济类型工业	46.86	45.58	48.46

资料来源：根据《中国统计年鉴》（1998）、《中国统计摘要》（1999）有关资料计算。

另外，由“1978～1998年我国工业总产值构成”一组统计资料来看，国有及国有控股工业在工业总产值中的比重大幅下降，而集体工业平稳上升，非公有制企业所有制所占比重上升势头强劲（见表47－2）。

表47－2　1978～1998年我国工业总产值构成

单位:%

年份	国有及国有控股工业	集体工业	城乡个体工业	其他经济类型
1978	77.6	22.4	—	—
1980	76.0	23.5	—	0.5
1985	64.9	32.1	1.8	1.2
1990	54.6	35.6	5.4	4.4
1995	34.0	36.6	12.9	16.5
1998	28.5	38.3	18.9	19.9

资料来源：国家统计局：《中国统计摘要》，中国统计出版社1999年版，第100页。

这一时期我国中小企业发展的特征是：出现市场竞争并参与竞争；由“小而全”向“小而专”的转变；在非国有中小企业快速发展的同时，多种所有制形式并存发展。

（2）作为统一市场主体快速发展阶段（1999年至今）。

社会主义改造、计划经济时代以及改革开放初期，我国政府主要按所有制形式给企业分类，根据不同所有制类型制定不同的发展政策。在1998年政府机构改革中，原国家经贸委成立中小企业司，负责统一实行对各种所有制成分中小企业的宏观管理和指导，标志着中小企业开始作为统一的市场主体纳入国家政策的指导范围。

1999年以来，我国中小企业经历了2001年加入WTO、2008年世界金融危机以及国家经济发展进入新常态、“一带一路”倡议等国内外社会经济环境的巨大变化，在不断加剧的市场竞争中，经历不断的淘汰选择，始终保持着顽强的生命力，成为推动我国经济体制改革和国民经济发展的重要力量，成为21世纪我国社会经济发展中最具活力的组织要素，也是经济增长的新亮点。

二、我国中小企业政策的回顾

新中国成立以来，我国政府对中小企业的态度和政策始终左右着中小企业的发展进程。70年来，我国中小企业政策基本沿着这样一个轨迹发生着重大变化：政策抑制阶段—政策允许阶段—政策鼓励阶段—政策提速阶段。随着我国经济的快速发展，我国对中小企业的认识逐渐加深，中小企业政策也在不断完善中走向成熟。

1. 改革开放前中小企业政策的发展变化

1978年改革开放之前，我国并未将中小企业视为统一的市场主体，中小企业政策零散多变。40年来，我国中小企业政策的主基调是以抑制为主，主要是对非公性质的中小企业实行抑制，政策的指导思想是发展单一的公有制经济。但在新中国成立初期的几年里，私营中小企业并未接受社会主义改造，政策的抑制信号还没有出现，生存环境还比较宽松。私营中小企业与新组建的国有中小企业一起，为国民经济的恢复发展做出了巨大贡献。

但从1953年起，国家对不同性质的企业全面展开社会主义改造，政策目标是将多种成分的中小企业改造为单一的公有制性质的企业。这个变化意味着国家对私营中小企业实施抑制政策的开始。1956年，对非公企业的社会主义改造基本完成，随着非公有制经济的消灭，私营中小企业也基本上不复存在。1958年以后，国家在“超英赶美”的经济战略指导下，在重工业领域快速建立了大批“五小”企业，政策的扭曲导致了严重的资源浪费。1966年以后，我国国民经济受政治运动的严重干扰，处于崩溃边缘。大割资本主义尾巴等运动使多成分的中小企业无法更好地发展。这一时期，既是确立我国国有大企业主导地位的时期，也是最具创新力和经济活力的私营中小企业从国民经济中逐渐消失的时期。

2. 改革开放之后我国中小企业政策的发展变化

1978年中国经济出现了伟大的转折，十一届三中全会的召开吹响了经济体制改革和对外开放的号角。这是中国共产党执政以来重大的思想解放和经济政策的转折，其最重要的成果就是确立了社会主义初级阶段的理论。这个时期，随着一系列重大经济政策的出台，我国中小企业政策也出现了积极的变化。

1979年2月，国家工商行政管理局召开局长会议，在向中共中央、国务院的汇报中提出“各地可以根据当地市场需要，在取得有关业务主管部门同意后批准一些有正式户口的闲散劳动力从事修理、服务和手工业者个体劳动，但不准雇工”。这个决定可视为国家个体经济政策松动的信号。1979年7月3日，《国务院关于发展社队企业若干问题的规定（试行草案）》颁布，对集体经济做了有条件的松绑。至此，国家发展多种经济的政策倾向越来越明显。1981年10月17日，中共中央、国务院发布《关于广开就业门路，搞活经济，解决城镇就业问题的若干决定》，允许个体工商户有限雇工。接着，1983年初，中央发出《关于当前农村经济政策的若干问题》文件，对超规定雇工问题做出了“不宜提倡，不要公开宣传，也不要急于取缔”的“三不”决定。

1987年10月，党的十三大明确提出，“目前全民所有制以外的其他经济成分，不是发展得太多了，而是还很不够。对于城乡合作经济、个体经济和私营经济，都要继续鼓励它们发展”。这是1978年改革开放以来中央在政策性报告中首次提到私营经济，并给予充分肯定，它意味着我国私营中小企业开始步入名正言顺的发展时期。1988年6月，国务院出台了《中华人民共和国私营企业暂行条例》，在法律上对私营中小企业的存在给予肯定。1990年1月，国务院又颁布《关于个体和私营经济进一步健康发展的若干政策规定》，规定了中小企业的准入范围，逐步形成多种成分中小企业并存的格局。

至此，国家对中小企业的政策态度已经发生了根本性变化——从“政策抑制”转变为“政策允许”，从“单一成分”转变为“多种成分”。但这一时期，变化还主要表现在“观念层面”，“行动层面”的变化并不明显，即国家虽允许多种成分中小企业的存在，但并没发出大力扶持的信号。甚至在大企业和中小企业发展问题上，政策还流露出明显的“扶大限小”的态度偏好，对中小企业设置了明确的行业准入限制。例如，1979年7月3日颁布的《国务院关于发展社队企业若干问题的规定（试行草案）》明确指出，“社队企业只能在远离城市的农村经营国营企业无法经营的短线产品，以及从事农产品贸易加工，在不与国营企业争原料的前提下，对国营企业起‘拾遗补阙、加工配套’的作用”。1984年10月，党的十二届三中全会通过了《关于经济体制改革的决定》，提出增强全民所有制大中型企业活力是经济体制改革的中心环节，流露出明显的“重大轻小”倾向。1988年的《私营企业暂行条例》指出，“私营企业不得从事军工、金融业的生产经营”。1990年颁布的《关于个体和私营经济进一步健康发展的若干政策规定》中规定，“国家不准个体工商户和私营企业从事金融业、对外贸易业、轻工业、房地产开发业、铁路运输业、远洋运输业等重要行业”。这些政策表明，国家在多种成分中小企业发展问题上仍持保守态度，以公有制为主的思维惯性仍对多种成分中小企业的发展起着无形的制约作用（龚秀敏，2009）。

1992年邓小平南方谈话后，所有制改革中一系列的思想障碍得以清除，我国中小企业也迎来了放下“包袱”、快速发展的历史契机，国家在中小企业政策上又向前迈了一大步。中共十四大提出“在所有制结构上，以公有制包括全民所有制和集体所有制经济为主体，个体经济、私营经济、外资经济为补充，多种经济成分长期共同发展，不同经济成分还可以自愿实行多种形式的联合经营。国有企业、集体企业和其他企业都进入市场，通过平等竞争发挥国有企业的主导作用。”在政策层面大大提升了非公有制企业的市场地位，标志着我国中小企业全面恢复活力时期的到来。1995 年中共十四届五中全会提出了“搞好大的，放活小的”方针，对国有企业实施战略性改组，通过联合、兼并、股份合作制、租赁、承包经营和出售等形式，完成国有小企业的改革。“抓大放小”政策反映出国家开始把中小企作为一个经济整体看待，鼓励和支持中小企业发展的政策相继出台，中小企业政策框架开始逐步形成。1998 年原国家经贸委出台了《关于建立中小企业信用担保体系试点的指导意见》，政策开始关注中小企业的融资担保问题。1999 年 5 月，国务院批准设立科技型中小企业技术创新基金，逐步着手建立支持中小企业技术创新的投资机制。2000 年 7 月，原国家经贸委发布了《关于鼓励和促进中小企业发展的若干政策意见》，加大对高新技术类中小企业的扶持力度。2002 年科技部发布《关于大力发展科技中介机构的意见》，为小企业技术创新构建全方位的社会化服务体系。

2003 年是我国中小企业发展重要的一年，也可以看作我国中小企业政策提速发展的开端，一系列扶持中小企业的具体措施陆续登台。2003 年 1 月 1 日《中华人民共和国中小企业促进法》正式实施。这是我国首部关于中小企业的专门立法。该法案针对中小企业发展中的困境和问题，在资金支持、创业扶持、技术创新、市场开拓、社会服务等方面做出了规定，为我国中小企业开辟了一个公平竞争的环境。紧接着，2003 年 2 月 19 日，国家经贸委等四部门联合发布了《中小企业标准暂行规定》，对相关行业中小企业的标准进行了规范，提高了《中小企业促进法》的可操作性。

2005 年 2 月，国务院发布了《国务院关于鼓励支持和引导个体私营等非公有制经济发展的若干意见》，放宽非公经济的市场准入，允许非公资本进入垄断行业、金融服务业、国防科技等重要领域，加大对非公经济的财税金融支持，扩充中小企业专项资金规模，引导金融机构提高对中小企业的贷款比例，积极推进创业板市场建设，提出完善对非公经济的社会服务，在社会中介、创业、科技创新、企业培训、开拓国内外市场以及信用制度建设等多方面给予中小企业以更大力度的支持和促进。2005 年 3 月，科技部、财政部发布了《科技型中小企业技术创新基金项目管理暂行办法》，为科技型中小企业的技术创新开辟了新的资金渠道。2005 年 4 月，国资委出台了《关于中小企业国有产权向管理层转让有关问题的暂行规定》，促使一大批国有中小企业进行改制，通过合法渠道转变为民营企业。2008 年 12 月，银监会发出了《中国银监会关于银行建立小企业金融服务专营机构的指导意见》，要求金融服务机构给予小企业更多的支持。2009 年 4 月，工业和信息化部、国家税务总局联合发出了《关于中小企业信用担保机构免征营业税有关问题的通知》，引导中小企业信用担保机构为中小企业提供贷款担保和融资服务，帮助中小企业应对国际金融危机，摆脱经营困境。

1998 年至今，国务院及中央各相关部门依法发布的与中小企业、民营企业相关的重大政策法规有 60 多项，形成了包括财政税收政策、融资担保政策、技术创新政策、服务组织机构支持在内的多维度较为系统的促进中小企业发展的政策法规体系，为促进中小企业、民营企业长期发展和解决现实问题创造了良好的政策环境。

3. 目前我国的中小企业政策体系特点

（1）较为系统完善。既有系统支持中小企业发展的综合性政策，也有从某个方面促进、扶持中小企业发展的专项政策，如针对中小企业解决融资问题、财税优惠、提供公共服务、帮助开拓市场、政府采购、信息化建设等，还包括与中小企业相关的政策，如金融政策、投资政策、产业政策等。这些政策在《中小企业促进法》的统领下构筑了促进中小企业发展的政策体系。从现有促进、扶持中小企业发展的政策情况来看，目前已形成以《中小企业促进法》为总纲，以综合性政策为核心，以专项政策为主体，以相关政策为辅助的较为完整的政策体系，形成对中小企业发展的全方位政策支持。

（2）指导性意见占比大。随着政府服务理念和对政策认识的不断深化，对促进、扶持中小企业发展的相关政策理念也在发生变化。当前中央政府及相关部门支持中小企业发展的政策主要以“若干意见”“指导意见”“实施意见”为主，将政策的具体细化和执行权力下放到地方政府，对于政策的实施也是以构建服务平台和中介机构实施为手段。并通过间接的、指导性的和激励性组织保障措施，促进相关政策更加有效地落地和实施。

（3）多方共同促进政策制定和实施。从中小企业重大政策法规的制定和发布情况来看，国务院和国务院有关部门、各地政府制订和下发了多项中小企业发展政策措施，工业和信息化部作为国家主管中小企业事务的部门，除单独制订和出台了中小企业政策外，主要是协调其他相关部门联合制定、出台有关政策，国家发改委、财政部、中国人民银行、科技部、税务总局、工商总局、银监会、证监会等相关部门也单独或者联合出台了一些转型政策和配套政策，形成从中央政府层面到各部门的多方政策主体。从政策的制定和出台部门情况来看，国务院和国务院办公厅代表着国家的意志，扮演着从国家层面确定基本方向、进行顶层设计、实施综合指导的角色，在推动政府各个部门共同促进中小企业发展中发挥领导作用。作为中小企业的主管部门，工业和信息化部起着主导者和协调者的重要作用，积极努力推动中小企业相关政策的制定和实施，并系统协调解决中小企业相关政策执行过程中出现的重大问题。由于中小企业覆盖面广，涉及的相关扶持和配套政策复杂，仅靠工信部推进存在困难。国家发改委、财政部、人民银行、科技部、银保监会、证监会、市场监管总局、税务总局、国家统计局等也在自己的主管领域和职责范围关注中小企业发展，在财政支持、融资支持、企业创新、减税降费等方面积极行动，成为扶持和促进中小企业发展的重要政策主体。

（4）对中小企业发展全面关注和重点支持。结合近年促进、扶持中小企业发展的相关政策来看，涵盖了融资促进、创新发展、产业发展、人才支持、经营改善、消除壁垒、市场开拓、公共服务等多个方面，形成了较为全面的中小企业发展政策支持和促进体系。从政策的关注点来看，解决中小企业发展的融资难、融资贵问题一直是政策的核心。通过制定一系列融资担保、融资租赁、金融租赁、应收账款融资、创业投资等专项政策以及鼓励金融创新政策，加上设立中小企业发展基金，为中小企业正常运营、快速成长、发展转型提供金融支持，反映了政府对中小企业融资难、融资贵问题的极大关注。此外，扶持中小企业的政策取向发生了巨大变化，从对中小企业的关注朝着更加注重小微企业的关注演化。最为突出的是税收优惠政策方面的变化：从2013年起，对小微企业实施税收优惠政策，此后逐年持续扩大优惠范围和内容，延长优惠年限；2017年7月，国务院常务会议再次做出决定，出台针对小微企业等方面的系列减税政策。与此同时，基于中小企业作为重要创新主体的基本前提，结合“大众创业、万众创新”的整体政策背景，中小企业创新创业也被置于极高的地位，相关的支持和政策也表现出不断增多和强化的特征。

（5）注重服务国家战略。技术、市场的日新月异，迫切要求政府不断调整和创新中小企业政策，推动政策精准对接中小企业的现实需求。从2012年至今中小企业政策主题的演化情况来看，中小企业政策表现出与经济社会发展的高度匹配和相容性。“互联网+”“双创”“一带一路”等成为经济社会发展新的增长点，中央政府、工信部及相关部门及时对中小企业政策予以调整和完善，既有利于中小企业在新情景下的新发展，也有利于促进相关战略目标的实现，形成了中小企业与经济社会共生共赢的发展局面。

总体来看，党的十八大以来，党中央、国务院和各地政府制定了一系列支持中小企业发展的政策，形成了较为完善的政策体系，多方主体共同促进确保政策的系统性、协调性和精准性，并在此过程中根据国家战略和国民经济、社会发展形势不断创新，形成中小企业政策的持续深化和系统化态势，相互配套，形成合力。

三、我国中小企业发展的现状及存在问题

1. 我国中小企业发展现状

（1）中小企业市场主体稳步上升。自2013年商事制度改革以来，新设市场主体的持续大量涌现激发了市场活力和创造力，对促进就业、促进经济健康发展发挥了重要作用。2018年，全国新设市场主体2149.6万户，同比增长11.7%，平均每天新设5.89万户。其中，新设企业670.0万户，增长10.3%，平均每天新设1.84万户。2018年底，全国实有市场主体1.10亿户，其中企业3474.2万户，占31.5%，市场主体保持较快增长势头，新创立的市场主体成为主力军。（见图47－1、表47－3）

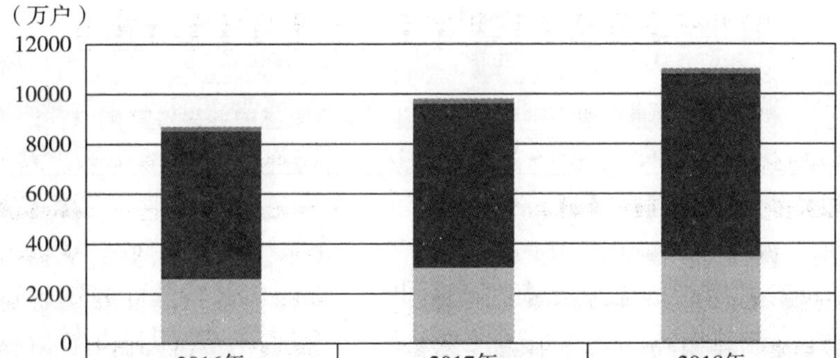

	2016年	2017年	2018年
■农民专业合作社	179.4	201.7	217.3
■个体工商户	5930	6579.4	7328.6
■企业	2596.1	3033.7	3474.2

图47－1　全国市场主体发展基本情况

表47－3　2016～2018年全国市场主体基本情况　　单位：万户

项目		2016年		2017年		2018年	
		期末实有	新登记	期末实有	新登记	期末实有	新登记
市场主体		8705.4	1651.3	9814.8	1924.9	11020.0	2149.6
其中	企业	2596.1	552.8	3033.7	607.4	3474.2	670.0
	个体工商户	5930.0	1068.9	6579.4	1289.8	7328.6	1456.4
	农民专业合作社	179.4	29.6	201.7	27.8	217.3	23.1

资料来源：市场管理总局综合规划司。

（2）中小企业对国民经济发展作用突出。中小企业用近40%的资源，创造了我国60%以上的GDP，缴纳了50%以上的税收，贡献了70%以上的技术创新和新产品开发，提供了85%以上的就业岗位。

（3）规模以上工业企业发展平稳。2016年，全国共有规模以上工业中小企业317161家，占规模以上工业企业的87.33%；资产规模为584494.2亿元，比上年增长6.78%，资产规模持续增长；实现利润总额44593.56亿元，比上年增长4.66%，中小企业效益总体较好；从业人员6250.3万人，占规模以上工业企业从业人员的64.7%，吸纳了大量劳动力（见表47－4）。

表 47-4 2003~2016 年全国规模以上中小工业企业主要经济指标

年份	企业单位数（家）	工业总产值（亿元）	资产合计（亿元）	主营业务收入（亿元）	利润总额（亿元）	全部就业人员（万人）
2003	194238	93357	102530.5	90619.2	4501.3	4441.9
2004	274340	132348.5	136819.2	127867.6	6392	5244.6
2005	269332	160355.1	149705.9	154855.4	8001.1	5313.5
2006	299276	204249.6	177437.9	197290.7	10900.3	5636.2
2007	333858	264319.1	214306.2	254621.1	15743.3	6052.1
2008	422925	337981.1	267019.4	327282.4	20043.6	6867.1
2009	431110	372498.9	300568.9	361821.7	23644，6	6787.7
2010	449130	468643.3	356624.9	459727.2	35419.3	7236.9
2011	316498	492761.5	332798	482937.1	34962.6	5935.7
2012	334321	—	388802.8	544627	36740.2	6129
2013	343000	—	442657.5	619277.2	38154.8	6376.3
2014	367995	675597.8	506410.3	670286.8	41804.1	6572.7
2015	319445	691768.9	547369.9	688265.6	42604.6	6481.5
2016	317161	720613.4	584494.2	722500	44593.4	6250.3

资料来源：《中国工业统计年鉴（2017）》。

（4）成为带动专利增长的主要力量。工业和信息化部资料显示，我国中小企业完成了80%的新产品开放、75%的技术创新和65%的发明专利。2018年1~9月，我国商标注册申请量550.7万件，增长39.8%。马德里国际商标注册申请4395件。至9月底，有效注册商标量1798.1万件，新批准保护地理标志产品67个，新核准使用地理标志产品专用标志企业223家。至9月底累计批准地理标志产品2380个（含国外61个），核准专用标志使用企业8179家，相关产值逾1亿元，申请量119.1万件，授权量32.8万件，增长7.3%。发明专利审查周期稳定在22个月。PCT（《专利合作条约》）国际专利申请受理量3.8万件，增长8.4%。至9月底，国内（含港澳台）发明专利拥有量达到160.7万件，增长20.1%；每万人口发明专利拥有量达到11.1件，较第二季度提高0.5件。①

（5）创业主体年轻化。随着“双创”工作的倡导与推进，政府引导高校建立创业生态系统，以高校为核心，辐射涵盖政府、企业、创业园区等创业创新生态系统，与平台型企业联合孵化，通过创业大赛、教学方法改革、课程体系建设等方面深入加强创业教育，有效提升高校人才的创新创业能力。中小微企业创业主体愈加年轻化，年龄层在26~35岁的比例最大。青年创业者的创业动机和创新能力较强，大学生成为青年创业者的生力军。青年创业者比例的提升对中小企业创新转型升级起到了重要作用。

2. 我国中小企业发展存在的问题

（1）市场需求不足和要素成本上升影响中小企业发展空间。近年来，小型企业采购经理指数PMI长期在50%荣枯线以下，小企业生产指数、新订单指数长期走低，显示中小企业市场需求总体不足。同时，用地、用工、原材料等要素成本持续上升，直接挤压了中小企业利润空间。

（2）区域发展不平衡不充分的矛盾仍很突出。中国中小企业景气指数显示（池仁勇，2018），东部地区中小企业发展活跃，中西部地区发展相对滞后。尽管区域差异有所缓和，但2017年全国省际中小企业景气指数最高的江苏与最低的青海相差仍近4倍。此外，七大地区中只有华东地区超过全国平均指数，其他多数地区在

① 国家市场监督管理总局规划司：《2018年前三季度市场环境形势分析报告》，http：//www. samr. gov. cn/zhghs/schjxsfx/201902/t20190227_ 291491. html。

平均值以下。

（3）中小企业转型升级任重道远。与大企业相比，中小企业人员缺乏长期有效的人才激励与培养制度，很难招留高端管理及技术创新人才，加之中小企业知识产权保护体系不完善，不利于技术积累与创新发展。大部分中小企业产品定位低端，因缺乏核心竞争力，导致产高利低、生产集中度低、结构雷同，提质增效任务艰巨，转型升级困难重重。

（4）"工匠精神"普遍不足。中国中小企业"作坊式""短期经营行为"现象没有得到根本改变，低技术、欠熟练、流动性大的外来务工者成为一线主力，缺乏"工匠精神"培育和传承的企业土壤。同时，"专精特新"企业行业分布多集中在产业链高端，行业分布较窄，也阻碍了中小企业技术创新能力的内部传承与提升。

（5）融资难等问题依旧阻碍发展。虽然国家近年来不断深化金融体制改革，出台了一系列缓解中小企业融资难的政策，为中小企业获取资金提供了更方便的通道，但受资本市场结构的制约，中小企业融资难问题依然存在，特别是金融"脱实向虚"严重影响中小实体经济发展。

（6）政策实施效果尚未充分显现。虽然国家出台了大量鼓励扶持中小企业发展的政策措施，但企业获得感不充分、不均衡。仍保留有大量行政事业性、经营服务性等收费项目，阻碍中小企业创新发展的体制机制因素没有根本消除。

四、关于促进我国中小企业发展政策建议

1. 从特惠政策向普惠政策倾斜

随着国家对中小企业发展重视度的提高，国家用于支持中小企业的资金规模越来越大。中小企业政策资源的供给为各级政府各部门分割垄断。政策资源的部门垄断实质上是被政府部门中起支配和决定作用的关键人物垄断，他们直接掌握政策资源分配和督检，容易形成政策资源支配中的潜规则，带来腐败。此外，各行业扶持中小企业发展的政策和资金会落实到具体企业，一个行业中只有少数企业能够获得政策资源，这必然出现政策资源供给的有限性与企业需求的无限性矛盾，这个矛盾的结果就是政策普惠转化成为政策特惠。政策特惠虽然也可能对特定企业发展发挥促进和引导作用，取得一定积极成效，但倘若政府干预代替市场选择过程进行胜者的选择，导致产生自发的发现过程的竞争的消失，其结果必然是促使被选择的经济主体不需要经历竞争对手对自身生存和盈利所带来的威胁，失去积极探寻、发现和获得依靠市场过程的展开所逐渐显示和暴露出来的满足消费者的需求和产品知识的动力，失去追求以较低成本实现消费者偏好的创新激励，进而失去动态竞争的市场效率，而整个市场必然失去甄别、发现、利用和创造新知识的动力，行动主体对利润机会所保持的警觉也会消失（江飞涛、李晓萍，2010）。同时，政府对胜者的选择也使经济主体通过非市场手段俘获政策制定者的不良现象更为严重和普遍，普遍带来设租与"寻租"，会损害市场公平竞争的原则，扭曲了市场过程的有效运行。不应以政府的判断、选择来代替市场机制，政府不宜介入资源配置的微观经济领域，面向具体的中小企业配置政策资源，而应逐步减少中小企业政策特惠，设计好政策普惠，着力营造公平竞争的市场环境，通过完善市场机制实现各类资源的合理搭配和组合。

2. 进一步创新政策工具，完善政策组合

中小企业政策工具大致可分为供给面政策工具、环境面政策工具与需求面政策工具。环境面政策工具指政府通过财务金融、税收制度、法规管制等政策为中小企业发展提供有利的发展环境；环境面政策工具细分为财务金融、税收优惠、法规管制、策略性措施等几个方面。供给面政策工具是指政府通过人才、信息、技术、资金等支持，改善要素供给，从而推动企业发展；供给面政策工具细分为人才培养、信息支持、基础设施建设、资金投入、公共服务等。需求面政策

工具是指政府通过采购与贸易管制等措施减少市场的不确定性，积极开拓并稳定市场需求，需求面政策工具可分为政府采购、服务外包、贸易管制、海外机构等方面。

表 47-5 中小企业政策工具类型

政策类型	政策工具
环境型	财务金融、税收优惠、法规管制、策略性措施
供给型	人才培养、信息支持、基础设施建设、资金投入、公共服务
需求型	政府采购、服务外包、贸易管制、海外机构

有研究表明，目前我国中小企业政策工具半数以上为环境型政策工具，一方面，说明我国中小企业环境建设欠账较多，有大量的工作要做；另一方面显示出我国政府营造良好的发展环境的价值取向。供给型政策也占 1/3 以上，其中使用最频繁的是公共服务政策工具。但需求型政策工具比重远低于发达国家。今后，我国中小企业政策应适当降低环境型政策工具的使用频率，有效加大其他相关政策工具的实施力度，建立起一个由中央到地方的分级体系，在涉及中小企业发展的各个层面全方位运用政策工具，构建一个包含国家政策层面、产业政策层面、市场组织层面、企业层面的多层次的，涵盖政府、企业、金融机构、高校科研单位和中介组织的系统性的中小企业政府扶持体系。

3. 推进政策评价，提升政策效果

从政府职能范围来看，公共服务和社会管理意味着一系列公共政策的实施。当前，我国人均国内生产总值已达到中上等收入国家水平，公共政策的制定和实施对改善民生、实现经济持续健康发展具有重要的意义。有效的公共政策在很大程度上取决于制定和实施过程中的科学化水平，在世界银行的支持下，财政部预算评审中心于 2015 年 6 月启动了对财政支出政策绩效评价框架体系的研究，完成《中国财政支出政策绩效评价框架体系》和《财政支出政策绩效评价操作指南》，为财政支出政策绩效评价提供“量尺”。这意味着财政支出绩效评价已从项目绩效、专项绩效和部门整体绩效，向更高层面的支出政策绩效评价迈进，财政支出政策制定的规范性、科学性、公平性和效率效果将更加凸显。

中小企业政策制定部门应高度重视中小企业政策评价工作的意义，推动建立独立的评价组织，明确政策服务目标，精选评价对象，建设公共政策评价信息系统，避免以研究取代服务，以形式取代实绩，以好恶取代科学，形成公共政策评价的制度化常态化运行机制，为公共政策的调整提供重要依据，为更好地发挥政府作用提供保障，促进政府治理能力的进一步提高。

专栏 47-1

深市中小企业板 2018 年度业绩回顾

1. 营收稳步增长、八成公司盈利

2018 年度，所有中小板企业营收同比增长 15.5%。其中，787 家公司实现盈利，占比 85%。其中有 258 家公司净利润同比增长超过 30%。但相较于 2017 年度有 94.78% 的企业均实现盈利，整体盈利情况有所下滑。

2. 扶贫、环保投入加大

国家大力倡导企业投身扶贫、环保等公共事业，企业方也积极响应。2018 年度，中小板企业直接投入扶贫资金为 54 亿元，同比增长了 19.73%；环保投入 216 亿元，同比增长了 38%。

3. 加大研发投入

研发是高新技术企业的“生命线”。2018 年度，中小板企业研发投入合计 1463 亿元，同比增长了 24.8%，其中 162 家公司研发投入超过 2 亿元。相比 2017 年研发投入的 1172 亿元，同比增长了 24.83%。

4. 转型期间，亏损增加

受到供给侧结构性改革、经济结构转型等影响，部分公司亏损进一步增加，其中 142 家公司亏损、14 家公司亏损超过 20 亿元。

资料来源：于东炜：《深市中小企业板 2018 年度业绩回顾》，https：//www. iyiou. com/p/99255. html。

参考文献

［1］林民书：《中小企业的生存及其发展问题研究》，博士学位论文，厦门大学，2001 年。

［2］佚名：《建国以来中国中小企业的发展历程》，《中国中小企业》2017 年第 7 期。

［3］陈亚荣：《中小企业生存与发展的系统分析与控制研究》，东华大学博士学位论文，2005 年。

［4］《中国乡镇企业统计年鉴（2003）》，中国农业出版社 2003 年版。

［5］王华彬、张自栖：《股份制与股份合作制基础知识与实务》，东北财经大学出版社 1998 年版。

［6］廖蔚：《我国中小企业发展现状分析》，《财政研究》2004 年第 4 期。

［7］龚秀敏：《建国以来我国中小企业政策回顾与总结》，《特区经济》2009 年第 10 期。

［8］池仁勇等：《中国中小企业景气指数研究报告（2018）》，中国社会科学出版社 2018 年版。

［9］江飞涛、李晓萍：《直接干预市场与限制竞争：中国产业政策的取向与根本缺陷》，《中国工业经济》2010 年第 10 期。

第四十八章　新中国企业家

提　　要

新中国成立至今，中国的企业管理者从遵循国家经济计划的国营企业生产组织者逐渐转变为以企业经济管理为唯一职业的专职企业家，在2008年国际金融危机之后，他们更加重视市场导向与创新创业，成为推动本土创新活动的关键主体。当前，企业家群体的持续成长面临着多方面制约，主要表现为市场环境中竞争公平欠缺、要素成本攀高，政策环境中制度成本高企、国企激励不强，法律环境中权益保护有失、退出机制不畅，以及文化环境中创新氛围不足、政商关系隐忧。为激发和保护企业家精神，应从上述方面入手，优化企业家成长环境：一是建设规则公正、竞争公平的市场环境；二是建设预期稳定、激励有效的政策环境；三是建设保护有效、规范有序的法治环境；四是建设鼓励创新、支持有为的文化氛围。

*　　　　*　　　　*

熊彼特指出，企业家的"创造性破坏"是创新和发展的源泉。数十年来，中国经济发展的成就也离不开不断开拓、勇于创新的本土企业家群体。党的十九大报告指出，我国经济发展已经进入高中速、高质量发展阶段。随着经济发展进入新阶段，技术创新需求提高，全球竞争压力增大，制度与文化要素对企业发展的影响愈加显现，企业家群体的成长也面临着新的挑战。进一步优化企业家成长环境，是促进中国企业家群体与企业成长的必然要求。

一、新中国企业家群体的成长历程

新中国的企业家群体既是随着经济体制改革成长起来的社会阶层，也是市场经济改革的微观行为基础。1949年至今，中国企业管理者的主体从早期遵循国家经济计划的国营企业生产组织者，逐渐转变为以企业经济管理作为唯一职业、受市场导向与创新精神引领的专职企业家。从企业管理者和企业家群体的最显著特点出发，其成长历程可以划分为以下六个阶段。

1. 作为生产组织者的国企管理者（1949～1978年）

1978年经济体制改革之前，尤其是1956年公私合营改造完成后，原有的、以民族资本家为代表的本土企业家阶层近于消亡。国营企业和大型集体企业的领导具有企业管理者和政府官员的双重身份，只是经济计划的执行者和企业内部生产的组织者，而不是“具备竞争意识、效益意识和风险意识的企业家”（郑海航，2006）。一方面，他们在实施生产计划的实践中积累了专业的生产组织能力，但不掌握人事任免、收入分配等激励权力，生产组织能力极大受限；另一方面，由于只需按计划生产指定产品，他们无须就原材料采购、产品组合、技术创新等重要事项进行决策，完全不具备市场意识，主动创新完全取决于个体责任感。

为提高企业生产效率，政府曾在1958年尝试“放权让利”，最终反而固化了生产计划的限制作用。由于这次“放权让利”改革的根本目标是刺激企业超额完成计划产值，而不是赋予企业管理者自主决策权，很快出现了“鞭打快牛”等不良现象。国营企业和大型集体企业的管理者将主要精力用于争取计划内资源支持，用高投入完成高产出。为了消除乱象，1961年政府出台了《工业七十条》，实施厂长负责制，全面整顿企业。企业管理很快回到了以“四严”（严格的要求、严密的组织、严肃的态度、严明的纪律）管理为代表的、高度计划的体制下，厂长负责人和其他管理者仍然以实施生产计划为己任。

不过，在计划内企业之外，基层政府兴办了许多以“五小企业”为主的集体企业，兼任企业管理者的基层政府领导则表现出更高的企业家特征。1958～1971年，中央政府曾多次短期下放计划管理、物资调配、固定资产投资等权力，地方政府抓住机会，根据本地需求创办集体企业。由于这些企业合法性不足，只能在经济计划的夹缝中图存，其管理者在连接市场需求、创新体制机制方面表现出企业家特质。在产品选择上，管理者重视开拓市场，生产紧缺物资，弥补计划生产与分配的不足。在资源配置上，管理者积极寻求制度创新，以突破原材料采购、技术人员引进等各种歧视。

2. 作为承包经营者的国企管理者（1979～1984年）

经济体制改革启动之后，“放权让利”和“包干责任制”使国营企业与大型集体企业管理者向直面市场的企业经营者发展，更加重视产品开发与市场开拓，以承包者为代表的企业家群体略见雏形。同时，个体工商业从业者增加，成为此后民营企业家的前身。

第一，扩大经营自主权使计划内企业必须直面市场需求，管理者的市场经营能力得到发展。1979～1984年，国务院颁布了多项“放权让利”文件，政府剥离国营企业经营权的趋势显现。企业管理者开始改变此前“重生产、轻经营”的惯例，发育出面向市场需求、开展自主经营的企业家行为特征。对内，为了提高生产效率，管理者改革制度、激励职工、使组织能力大为提高。对外，为了获取预算外收入，管理者寻找并生产适销产品，市场经营和产品开发能力得以提高。不过，“放权让利”改革没有触动基于行政命令的资源配置方式和基于生产计划完成情况的考核制度，计划经济思维仍是国营企业管理者的工作主线。

第二，国营企业引入承包责任制，管理者签订承包合同，获得了短期经营者的法律地位，有了发挥企业家才能的动力和空间。1981年，国务院批转《关于实行工业企业经济责任制若干问题的意见》，将“盈亏包干责任制”作为国营企业经济责任制的主要形式，国营企业承包者在承包期内拥有对企业的实际控制权和剩余索取权。尽管改革中的政府创制造成承包经营者的权力缺少稳定性，但这已经为国营企业管理者转变身份创造了条件。各界开始从企业家的角度看待国企管理者，社会主义的“企业家”问题浮出水面（张维迎，1984）。

随着政府放松对个体工商业的管制，个体工商业从业者群体快速成长。这一阶段，政府陆续对个人开放了非农活动（1979年）、长途贩运（1980年）、生产资料投资（1983年）、创办个体资本（1983年）、进城经商（1984年）等经营领域，并默许了雇工八人以上的个体工商业（私人企业）的存在。个体工商业合法地位的确立，为从业者洞察市场机会、解决传统计划经济体制掩盖的商品短缺问题创造了机会。尽管个体工商业从业者缺少资金与技术，但他们通过进入门槛较低、拾遗补阙的服务流通行业，在短缺经济中相对轻易地获取利润，实现粗放的快速增长。这为其向第一代民营企业家转变奠定了资源基础。

3. 早期企业家群体的兴起与集聚（1985～1991 年）

20 世纪 80 年代中后期，计划经济体制逐步弱化，催生出众多具有进取精神和生产要素再组合能力的农民企业家、科技企业家和国有企业家，新中国首次出现了背景多元、规模较大的企业家群体。值得注意的是，知识分子进入企业家群体，改善了这一群体的整体素质水平。

第一，乡镇个体户和社队企业管理者成为新兴农民企业家的主力，表现出明显的地域集聚性。1985 年前，个体经营者数量虽多，但出于对政策稳定性的担忧，经营活动具有很强的短期性，没有意愿也没有能力进入资金密集的生产制造领域。1987 年，商品经济被写入《宪法修正案》，已有先期资金积累的个体户和社队企业管理干部开始投资生产型企业，浙江、江苏、广东等省尤为普遍，不少地区形成了以村、镇为单位的乡镇企业家集群。

第二，科技人员由学入商，改变了企业家群体的人员结构。20 世纪 80 年代中期，科技体制改革促使科技工作者利用知识积累与社会网络，创办个体企业或集体企业，典型代表就是中关村电子一条街。1980 年，北京等离子体学会先进技术发展服务部成立，成为首家民办科技企业。1983 年 1 月，中央政治局领导肯定了这一做法。1988 年 3 月，《人民日报》头版头条报道也肯定了“自筹经费、自由组合、自主经营、自负盈亏”的“四自原则”。根据该报道，1983 年，中关村地区仅有 11 家科技企业；到 1987 年底，中关村已有 148 家科技企业，其中全民所有制企业 33 家、集体所有制企业 111 家、个体企业 2 家、中外合资企业 2 家。

第三，随着股份制试点等改革举措的实施，“半官半商”的国有企业管理者分化形成了国有企业家群体。一方面，在新旧体制交替之际，出色的国企管理者常被调任，造成优秀企业家流失。在 1987 年首届 20 位优秀企业家中，有 25% 离开企业，提拔为上级政府官员（郑海航，2003）。另一方面，1986 年 12 月，国务院颁布《关于深化企业改革增强企业活力的若干规定》，明确提出有条件的全民所有制大中型企业进行股份制试点，转变为具有独立法人地位的国有企业。由于国有股股东缺位，股份制改造后，国有企业管理者事实上获得了企业控制权。不少管理者大胆推进制度创新和市场创新，形成了国有企业家群体。

4. 职业化的企业家阶层初步形成（1992～1997 年）

社会主义市场经济体制改革目标确立后，民营经济进入高速发展期，专职的企业家阶层首先在民营经济部门形成。国有企业管理者的职业化也有进展，但由于“官商”双重身份始终存在，且缺乏有效的激励约束机制，职业化进程相对缓慢。

在高素质人才“下海”创业的环境中，多数民营企业管理者已经形成了企业家的角色意识，且对这一职业产生了高度认同感。党的十四大明确了民营企业的法律地位，民营企业家的创业积极性大增。此前，体制内人员离职创业多属被动，主要是因为难以与传统的体制机制相融，到体制外寻求发展机会。此后，大批来自政府机关、国有企业、高等院校、科研院所的知识分子受到市场经济的吸引，主动离职创业。1996 年的中国企业家成长与发展专题调查（中国企业家调查系统，1996）显示，在接受调查的私营企业经营者中，33.3% 原为党政干部、13.3% 原为企业技术人员、6.7% 原为科研人员（见表 48－1）。

表 48－1　民营企业管理者任现职前的职业（1996 年）

单位：%

职业	集体企业	私营企业
党政干部	25.0	33.3
企业基层管理人员	44.0	20.0
企业技术人员	14.9	13.3
科研人员	0.9	6.7
农民	7.1	26.7

资料来源：中国企业家调查系统：《现阶段我国企业经营者的职业流动与职业化取向——1996 年中国企业家成长与发展专题调查报告》，《管理世界》1996 年第 3 期。

与此相比，本阶段国有企业家阶层的职业化还很不充分。尽管他们的职业化发展意愿强烈，且公司制改造的深入为其职业化发展提供了法律依据，但"亦官亦商"的双重身份以及激励约束机制的缺失限制了其职业化发展的空间。1992年，党的十四大将建设现代企业制度作为国有企业改革的方向。企业管理者的决策权和经营责任随之逐步明晰，对专业化企业管理人才的需求提高了社会对企业家职业价值的认识，国有企业家职业化发展的意愿大增。1997 年中国企业家调查系统的调查结果显示，71.2% 的被调查国企管理者希望持续从事企业经营管理，只有 15.8% 希望进入政府部门或党政机构工作。不过，由于国有企业公司化改造刚刚起步，任命方式仍以主管部门委派为主。1993～1997 年，由主管部门任命的企业管理者比重从 85.8% 下降到 75.1%，由董事会任命的比重则从 3.8% 增加到 17.4%（中国企业家调查系统，2008）。由于激励机制不健全，国有企业家对职业发展前途和职业角色终止后的境遇存在后顾之忧，造成了"59 岁现象"等诸多不尽职甚至渎职的问题。

5. 社会资本支持的创业型企业家（1998～2007 年）

金融工具和创业孵化的发展降低了个体创业者特别是这一阶段处于行业发展高潮的互联网创业者的资源获取难度，由风险投资支持的高科技创业者成为中国企业家群体中引人注目的新生力量。与此同时，随着股份制改造的全面铺开和现代企业制度的逐步完善，国有企业家群体也成为和民营企业家群体相类似的职业化阶层。

本阶段民营企业家成长的最大亮点是风险投资推动的创业热潮。1998 年，人大常委会副委员长成思危提出"一号提案"，推动中国风险投资行业的发展，带来了创业高潮。中国企业家成长与发展专题调查结果（中国企业家调查系统，2008b）显示，2000～2007 年，"自己创业"的企业经营者占受调查企业经营者的比例由 16.1% 增至 31.5%。新创企业的企业家背景更加多样化：一是高校毕业生利用在校时的科研成果创办科技型企业；二是海外留学生回国落户高科技创业园创业；三是外企职业经理人离职创业。回溯历史，目前最重要的中国互联网企业几乎都诞生在 1998～1999 年（见表 48－2）。

表 48－2　中国主要互联网企业的创立时间

创立时间	企业	创始人
1998 年 4 月	搜狐	张朝阳
1998 年 10 月	新浪	王志东
1998 年 10 月	3721	周鸿祎
1999 年 3 月	阿里巴巴	马云
1999 年 11 月	盛大	陈天桥
1999 年 11 月	腾讯	马化腾
1999 年 12 月	百度	李彦宏

资料来源：笔者整理。

中国企业家的创新追求也随着市场竞争的加剧和个体创业的活跃而提高。企业家调查表明（中国企业家调查系统，2008a），受调查企业家对企业家精神的理解在 1998 年后发生了较大变化，"勇于创新"和"敢于承担风险"的比重从 1997 年的 31.1% 和 13% 分别上升到 40.1% 和 25.1%，"追求最大利润"的比重则从 35.4% 下降到 18%。但是，对于创新对企业持续发展的意义，企业家的认识水平还有待提高。多数企业家注重产品模仿和设备引进，忽视自主产品研发。1997 年的企业家调查（中国企业家调查系统，1997）表明，即使是在引进技术设备方面，多数企业也没有能够做到引进先进设备；而 2000 年的调查（中国企业家调查系统，2000）显示，只有 33.7% 的企业经营者认为研发能力是企业核心竞争力之一。不过，企业研究开发费用占销售收入的比重还是从 1997 年的 3.37% 提高到 2006 年的 4.2%。

在国有企业中，党的十六大把管理才能作为一种生产要素，为国有企业家职业化奠定了理论基础。1999 年《关于国有企业改革和发展若干重大问题的决定》明确指出，要建立和健全国有企业经营管理者的激励和约束机制。当年，上海、深圳、武汉、北京等地政府陆续出台了国有企业高级管理人员的股权激励办法。年薪制、股权、期权等以提高劳动报酬为核心的激励形式相继出现，与激励相对称的约束机制开始建立，缓和了国企管理者动力不足、贪污腐化等问题，国有企业家的职业化程度（任命的市场化程度）明显提高（见表 48－3）。2003 年，根据企业家调查数据（2008b），国有企业家和非国有企业家对自身角色的定位非常接近，行为方式趋同（见表48-4）。这是现代企业制度建设的直接结果。

表48-3 企业管理者任职方式（2000~2007年）

年份	主管部门任命（%）	自己创业（%）
2000	56.4	16.1
2001	49.2	19.6
2002	45.8	24.5
2003	38.3	15.7
2004	32.9	20.9
2005	25.7	26.3
2006	19.9	31.3
2007	18.0	31.5

资料来源：中国企业家调查系统：《市场化改革与中国企业家成长——2008中国企业家队伍成长与发展十五年调查综合报告》（下），《管理世界》2008年第12期。

表48-4 企业经营者对自身角色的定位（2003年）

角色定位	国有企业（%）	非国有企业（%）
主力球员	4.6	5.6
队长	26.7	24.6
教练	32.0	32.5
俱乐部经理	35.4	36.2
其他	1.3	1.1

资料来源：中国企业家调查系统：《市场化改革与中国企业家成长——2008中国企业家队伍成长与发展十五年调查综合报告》（下），《管理世界》2008年第12期。

6. 具备全球视野的创新型企业家（2008~2018年）

金融危机造成全球经济衰退，成本上升、资金紧张、产能过剩、缺乏人才、出口退坡对中国企业经营造成了重大影响。在“后危机时代”，转型升级成为企业家群体面临的共同挑战。为了应对这一挑战，中国企业家群体的创新积极性极大提高。2009年3月，中国企业家调查系统（2009）对千户企业经营状况的快速调查显示，增加创新投入（63.7%）是企业家应对危机的重要举措。此后，企业家群体对创新导向的认同始终保持在较高水平。2010年（中国企业家调查系统，2010）至2012年（中国企业家调查系统，2013），受调查企业家选择通过增加创新投入、开发国内市场、转变经营模式来实现企业发展的比例变化不大（见表48-5）。值得注意的是，2014年9月李克强总理提出“大众创业、万众创新”，鼓励以众创空间、网络创业形式扩大就业。“大众创业、万众创新”热潮催生了一批互联网经济下创新商业模式的企业家，商业模式创新与互联网创业成为本阶段新兴企业家群体的主题。

表48-5 企业在未来一年将采取的主要经营措施

主要措施	2010年	2011年	2012年
加强管理降低成本	72.2%	74.4%	72.8%
增加创新投入	64.7%	59.5%	60.8%
开发中国国内市场	42.9%	44.0%	45.9%
改变经营模式	23.7%	22.8%	26.4%

资料来源：《中国企业家成长与发展专题调查报告》2010~2012年。

在企业家创新意识的推动下，企业成为中国本土创新活动的关键主体，企业研发经费支出总额占全国研发投入总额的比重攀升。企业家的创新行动也得到了相应的回报。与非专利密集型企业相比，中国专利密集型企业的经济效益更高，2012~2014年在资产贡献率、成本费用利润率、出口交货值、资产负债率上的表现始终优于非专利密集型产业。2018年，中国企业家调查系统对比企业创新研发的高投入组和低投入组，发现企业家的创新投入决策加剧了企业绩效分化。2012年积极转型创新的企业家，在2018年带领企业创造了更多的创新产出，也拥有更多资源可以投入到创新中。

二、当前企业家成长面临的突出问题

经济体制改革推动了中国经济发展，也改变了中国社会的阶层结构。重新出现并迅速成长的企业家群体就是新兴的重要阶层，他们既是改革的重要受益者，也是改革的积极推动者。为进一步发挥企业家群体的积极作用，中共中央国务院于2017年9月发布了《关于营造企业家健康成长环境，弘扬优秀企业家精神，更好发挥企业家作用的意见》（以下简称《意见》）。这是“企业家”问题首次被写入中央文件，引起了社会各界的广泛关注。但是，企业家群体的持续成长仍然面临着市场、政策、法律、文化等方面的一些突出障碍。

1. 市场障碍：诚信经营欠缺、要素成本攀高

第一，民营企业与民营企业家仍然面临诸多市场准入限制。首先，随着竞争政策的改善，市场准入门槛有所降低，但相关政策实施有所滞后，不少地区并没有根本消除长期存在的“玻璃门”“弹簧门”“旋转门”现象。其次，不少鼓励新兴行业发展的政策往往随着对传统产业和在位企业公平竞争权利的压制，如政府采购强制用新能源汽车取代传统能源汽车等。出于上述原因，民营资本家可投资的领域受到严重挤压。例如，政府招投标项目表面上对企业一视同仁，但在企业规模、企业资质、经营年限、人员构成等方面设置多种针对民营企业的歧视性条款。在电信、交通、石油勘探等尚未完全开放的产业部门中，民营企业家更难以与国有企业平等竞争。在这种情况下，为了争取较好的市场机会，民营企业不得不压缩利润空间，降低产品或服务售价；或是借助社会网络关系，依附于有限的政府项目和国有企业采购链条求存，因而丧失了企业家的创新精神和公平追求。

第二，诚信经营环境营造不力，企业间信用、企业对顾客信用以及政府信用缺失。首先，2016年以来，受国内外经济形势影响，企业间债务信用关系恶化，突出表现为信用债违约、“僵尸企业”和“去产能”企业债务追溯等企业债务违约问题。其次，部分企业质量责任意识低下，机会主义行为严重，出现不同程度的质量失信。这不仅出现在中小企业之中，在“同仁堂”等知名企业之中也并不少见。对此，《意见》要求利用国家信用信息共享交换平台和企业信用信息公示系统整合信息，建立企业家个人信用记录和诚信档案，加强对企业家诚信经营的激励约束，但迄今为止相关工作进展缓慢。最后，地方政府出于招商引资目的对企业家做出的政策承诺缺少严肃性和稳定性，造成政府信用缺失。2018年“中诚信董事长喊话亚布力”事件就是这一矛盾的集中反映。

第三，制度因素与竞争因素共同推高要素成本，给实体经济的企业家经营带来了很大压力。近年来，国内要素成本进入集中上升期，而制度性因素又进一步推高了要素成本。就土地而言，缺少用地指标、审批程序复杂、审批时间较长等因素造成企业无法及时新增工业用地，项目推进和生产扩张受限。就资本而言，政府加大了解决中小企业融资政策力度，取得了一定效果，但融资贵问题依然突出。清华大学中国金融研究中心公布的中国社会融资成本指数显示，2018年中国企业平均融资成本为7.6%、银行贷款平均融资成本为6.6%、小额贷款公司平均融资成本为21.9%、互联网金融（网贷）平均融资成本为21.0%（刘志强和陈言，2018）。与大型企业相比，中小企业更多利用了小额贷款公司和互联网金融等新型融资渠道，但也面临着更高的融资成本。就能源而言，地方性制度规定进一步推高了企业成本，如部分地区要求企业必须预购电量或预交用电保证金，挤占了企业的经营资金。

2. 政策障碍：制度成本高企、个人激励不强

第一，政府监管方式大有改善，但监管强化带来的制度成本仍然高企。首先，工商登记的“多证合一”改革已在各地推进，但新创企业在取得营业执照之后，仍需完成许可、备案、开户、涉税等级的多个程序，耗时较长，客观上形成了“准入不准营”的局面。其次，政府多次出台税收改革和减税措施，但不少企业税费负担上升。“营改增”避免了重复纳税，但由于税务部门存在税收随意性和自由裁量权，一些企业在适用税率调整后，税负不降反升。而在收入增长乏力的情况下，“放水养鱼”做法难以持续，地方政府税收征管力度加强，造成企业实际税收负担增加。最后，各地政府加强了污染治理、食药质量、安全生产等领域的执法力度，前期经营不规范的企业（以中小企业为主）面临着很高的合法合规成本。

第二，企业支持政策的稳定性、一致性、社

会参与度不强，降低了企业家的政策获得感。首先，政府监管标准、财政资金投入、税费政策优惠等地方政策因社会经济形势变化、领导人变更、产业扶持方向调整等因素而大起大落，导致企业难以根据稳定、一致的政策环境预期做出战略性的决策安排。德勤与中国美国商会联合发布的《2019 中国商务环境调查报告》显示，在华外普遍把“对监管的解读不一致，法律法规不清晰和执法不一致”视为最严重的商业挑战。其次，政企之间虽有多种沟通渠道，但政府掌握的企业信息缺乏整合，共享不畅，造成涉企政策、地方法规和产业规划没有充分吸纳企业家意见。一方面，涉企政策信息不够公开透明，向企业宣传不力，导致企业（尤其是中小企业）对相关优惠政策缺乏全面了解；另一方面，政策兑现门槛较高或手续烦琐，企业参与意愿低，需要政策支持的企业却很难真正享受到政策，企业家获得感不强。

第三，涉企政府部门的对企服务效率不高、协调不足，致使企业在寻求政府部门支持时无所适从。首先，尽管集中行政许可权的试点工作已在浙江等省展开，但不少地区仍然存在行政审批规则复杂、流程烦琐的问题。以企业开办所需的行政审批环节而言，即使是在以“小政府、大市场”闻名的广东省，审批效率（开办企业平均环节5个，审批时间平均15.7天）也明显低于发达国家和地区（开发企业平均环节3个以下，审批时间在10天以内）（广东省政府研究室调研组，2018）。其次，很多审批事项中政府办事人员具有自由裁量权，企业在办理相同业务时面临着时限不明、要求不同、标准不一的困扰。即使避免了个体寻租，这些困扰也分散了企业家创新、创业、经营的有限资源和精力。

第四，国有企业家的选拔与激励受到政策体系制约，职业化水平仍有提高的空间。从任用方式来看，2013 年党的十八大和 2015 年中央文件提出按市场化方式选聘和管理职业经理人，但当前市场化选聘人员数占国有企业管理层的比重并不高。企业高层“能上不能下、能进不能出”等现象依旧普遍。从薪酬激励来看，2013 年我国上市公司高管薪酬被统计披露后，舆论普遍认为国有上市公司高管的薪酬水平过高，要求央企高管限薪。但是，不合理的央企高管薪酬只是表象，其深层原因在于国有企业长效激励约束机制的缺失。即使是在国有上市公司，高管人员薪酬仍然是基本工资加奖金的单一模式，极少实施股权激励计划。由于企业家的薪酬构成与其个人经营贡献关联度不高，容错纠错机制不够健全，加之“半官半商”“商而优则仕”的职业发展途径并未改变，国有企业家不可避免地存在“求稳怕错”心理，经营管理行为存在短期化倾向，未能充分发挥创新、开拓的企业家精神。

3. 法律障碍：权益保护有失、退出机制不畅

第一，对企业家合法权益的司法保障不到位，导致企业家难以安心投资。近二十年的三轮司法改革加强了对企业家人身和财产安全的司法保障，但现行的部分法律法规在企业家合法权益保护方面仍不完善，因政府干预、执行不当等造成企业家权益受损的事件时有发生。不合理的羁押、查封、扣押、冻结制度就是其中的典型代表。一些政府机构在处置企业家犯罪案件、重大财产纠纷案件时，对民事纠纷与刑事案件、个人财产和企业法人财产、投资者个人犯罪和企业经营实际的边界划分不清，动辄对企业家采取强制措施，造成企业经营停滞。在政策变化造成企业家合法权益受损时，一些地方政府未能及时给予补偿；部分政府官员利用公权力严重侵害企业家合法权益，对正常经济活动造成了严重的负面影响。

第二，知识产权保护不到位，对知识产权侵权违法的打击不够有力。首先，知识产权保护的政策体系仍不完善，行政执法资源不足，对链条式、产业化侵犯知识产权的行为以及反复侵权、网络侵权、有组织侵权等缺乏威慑力，伤害了企业家的创新积极性。其次，企业家对知识产权保护重要性的认识有了很大提高，但知识产权保护能力落后于知识产权保护意识，不善于利用法律手段保护自身合法权益。由于涉及新兴知识产权的侵权事件增多，特别是以互联网知识产权、新商业模式及不正当竞争为代表的侵权事件增多，企业在知识产权维权过程中面临着周期长、成本高、赔偿低、效果差、举证难等突出问题。

第三，企业退出的法律法规不健全，执行不到位，阻碍了企业家转行、转型或再创业。一方

面，地方政府往往将企业退出视为倒退，同时考虑到企业退出对当地就业的影响，并不支持企业通过注销等手段自主退出。另一方面，现有企业退出程序复杂，涉及工商、税务、质检等众多部门。例如，有限责任公司的一般注销流程包括解散决议、成立清算组、登记机关备案、登报公告、清算、提交清税证明、注销后公告等环节，全部完成少则两三个月，多则半年甚至一年以上。烦琐的注销手续造成一般注销程序时限较长，影响企业退出市场。此外，相关部门的法律法规衔接不够，进一步拉长了企业退出周期，如工商部门关于吊销营业执照的规定与税务部门注销税务登记的规定就并不一致。

4. 文化障碍：创新氛围不足、政商关系隐忧

第一，缺少宽容失误与失败的创新氛围，不利于发挥企业家创新开拓的精神。习近平总书记强调指出："我们全面深化改革，就要激发市场蕴藏的活力。市场活力来自于人，特别是来自于企业家，来自于企业家精神。"但是，当前鼓励创新、宽容失败的社会整体氛围还不够浓厚。特别值得注意的是，转型升级要求企业必须在开创性研发、业务模式创新、国际经营拓展等方面大胆试错；而国企改革中缺少保护企业领导者改革担当的环境，国有企业家对改革顾虑较多。2017年5月发布的《国务院办公厅关于进一步完善国有企业法人治理结构的指导意见》指出，充分发挥企业家作用，建立必要的改革容错纠错机制。一些省市陆续出台了相关文件，为改革创新者松绑减压；但从全国范围看，容错机制建设总体仍处于宣传阶段，既有的制度文件则规定宽泛，操作难度大。

第二，政商关系不够融洽，"亲""清"新型政商关系尚未形成。党的十八大以来，得益于全面从严治党、全面深化改革的共同作用，政商关系积极变化，但清而不亲、亲而不清等问题仍然存在。一是"新衙门作风"凸显，出现了"门好进、脸好看、事不办"的新情况，政府官员对企业的合理诉求和合法权益不关心、不回应、不作为，使企业得不到正当的支持和服务。二是政商沟通渠道单一。一些政府部门没有建立与企业、特别是中小微企业的有效沟通联络机制。企业家很难将面临的困难和问题及时、有效、精准地传递给主管部门并获取帮助。三是政府干扰企业经营，政企深度互信不足。政府部门重监管轻服务、重检查轻支持，企业面临多部门、多频次、多项目的检查，正常生产经营活动受到影响。四是政商关系异化，官商勾结、权钱交易等违法违纪行为持续存在，通过长期投资交易牟取期权利益等新的违纪形式开始增多。

三、优化企业家成长环境的政策建议

党的十九大报告明确提出，要激发和保护企业家精神，充分体现了党中央、国务院对壮大企业家群体、发挥企业家作用的高度重视。未来中国经济的高质量发展离不开企业家群体的持续成长和积极作为。各级政府应当围绕供给侧结构性改革，从深化"放管服"改革、加强企业家创新权益和产权保护等关键领域入手，切实改善企业家成长环境。

1. 建设规则公正、竞争公平的市场环境

一是减少政府对资源配置的干预，进一步弱化非市场因素对企业家群体特别是非公企业家群体成长的干扰。第一，加快完善以负面清单为主的市场准入制度，确保不同所有制企业、不同规模企业能够有法可依地平等进入负面清单之外的行业。第二，地方政府应当真正落实放开不同所有制企业、不同规模企业市场准入的负面清单政策和各项配套措施，重点清理对非公企业的多种不合理的准入规定，消除"准入不准营"的现象。第三，纠正各类政府采购、科研补贴、PPP项目中在企业资质、金融信贷、招标采购、财政支持等方面的歧视性政策，使非公企业能够与国有企业展开公平竞争。第四，加强《反垄断法》

以及相关竞争政策的执行力度，落实公平竞争审查制度，强化企业家公平竞争权益保障。

二是改革传统监管模式，提高市场监管效能，减轻监管造成的社会成本和企业负担。在明确监管规则、落实部门监管责任的前提下，推动简约监管、综合监管、协同监管、智慧监管。第一，明确企业主体责任，规范市场监管执法行为，强化市场监管执法力度，加强涉企监管信息的社会公示力度，实现“有责必问、追责必严”。对于依法行政、勇于担当尽职的监管部门和人员要有容错纠错和尽职免责机制。第二，改革传统监管模式，推动“互联网＋监管”，一方面减轻企业负担，另一方面将有限的行政资源集中到关键的监管执法行为上，加强跨部门跨地区的市场协同监管，提高执法力度和监管效果。

三是通过先行先试探索新兴产业的监管方式，在政策和立法上对企业家在新兴产业的创新举措持开放、宽容的态度。先行先试、总结典型经验再逐渐扩展，是改革成功的关键。例如，我国经历了多年互联网商业探索，才初步形成了互联网金融监管制度，出现了物联网法院。对新兴领域乃至未知商业领域的探索是企业家经营的常态。与企业家相比，政府对技术与产业发展的市场敏感度相对较低，坚定支持企业家探索性经营活动、通过“沙盒监管”等方式为企业家创新活动打开空间是必要且有益的。企业家在政府监管政策出台之前的探索行为，即使在事后判断为不宜或错误，也不应对企业家追溯定罪。

四是加快社会信用体系建设和政务诚信建设，推动公共信用机制与市场信用机制协同融合，引导市场信用机制良性发展。第一，提高各级政府的政务诚信水平，带动全社会诚信意识和诚信水平提高。将依法行政贯穿于决策、执行、监督和服务的全过程，全面推进政务公开；严格履行政府承诺，把政务履约和守诺服务纳入政府绩效评价体系。第二，加强公务员诚信管理和教育。建立公务员诚信档案，将公务员诚信记录作为干部考核、任用和奖惩的重要依据。第三，整合经信、商务、财税、金融、环保、工商、质监、安监、司法等部门和行业协会商会等社会组织的企业及企业家信息，加快完善统一的企业信用信息共享平台，建立企业家个人信用记录和诚信档案。在保护国家信息安全、商业秘密和个人隐私的前提下，依法公开在行政管理中掌握的信用信息，建立有效的企业和企业家信用信息公示系统，实施守信联合激励和失信联合惩戒措施，督促企业家自觉诚信守法，依法依规生产经营。

2. 建设预期稳定、激励有效的政策环境

一是根据企业家经营需要，出台精准扶持政策，保持必要的政策连续性，给予企业家稳定的回报预期。一方面，各级政府部门有必要系统梳理涉企政策，及时清除过时、过期、不当政策，对适用政策进行归并简化，形成简练、清晰的分类政策体系，及时向企业宣传推介，推动形成政策的叠加放大效应。另一方面，面对国内外经营环境变动，企业家对金融财税、创新创业、用地用工、用水用电等政策措施均有强烈的改善诉求。有关部门应充分听取企业家、专家智库的意见建议，出台针对性强、可操作性强、能切实解决企业诉求的新政策、新措施，同时加强对政策实施效果的论证评估，确保政策可预见性和政策可执行性的平衡。

二是摸清政策不能落实的原因和问题，限期整改，确保精准扶持政策落地。第一，对涉企政策落实情况进行督察，制定政策落实整改的台账和清单，增强企业的获得感。第二，运用信息化手段打通部门之间的涉企服务渠道，以简化手续、务实高效为原则，深化行政审批制度和商事制度改革，推动“一站式”“一网式”政务服务。第三，加强行政事项的事中、事后管理，简化企业退出程序，优化退出机制，从根本上解决企业普遍面临的“退出难”问题。

三是建设新型亲清政商关系，在此基础上优化涉企服务，降低企业在获取政务服务过程中的制度成本。首先，明确政商关系边界和政商交往规范，建立政府联系企业、服务企业的常态化沟通工作机制。其次，监督整改对企业合理诉求不关心、不回应、不作为的“新衙门作风”，对发现问题的人员和机构一抓到底。最后，加强中介服务监管，减少其中的利益输送和“寻租”行为，建设网上行政审批的中介服务透明化平台，降低企业的交易成本。

四是完善国有企业家的考核激励机制，提高企业家的创新意愿，扩大企业家创新的活动空间。一方面，在完善监督监管体系的前提下，根据《改革国有资本授权经营体制方案》，对不同类型的国有企业给予不同范围、不同程度的授权放权。加大收益分红、股权激励、股票期权等收入分配改革力度，推进国有上市公司股权激励，使国有企业家个人能够合法享有部分经营收益。另一方面，提高监督机制对创业失败的包容性，促进国有企业家和管理政府投资的风险投资企业家更加积极地支持创新创业活动。各地政府需要根据自身财力状况以及国有企业经营状况，研究制定恰当的失败率考核指标。

3. 建设产权保护有效、有序的法治环境

一是继续完善涉企法律法规，在法规规章制定过程中充分吸收企业家和行业协会的意见。严格贯彻最高人民法院《关于充分发挥审判职能作用为企业家创新创业营造良好法治环境的通知》和最高人民检察院《关于充分发挥职能作用营造保护企业家合法权益的法治环境支持企业家创新创业的通知》的精神，结合新时代要求，加强企业家合法权益保护的地方立法和部门立法。涉企法规规章和规范性文件起着法律实施细则或法律落实方案的作用，是政府对接企业权利义务关系的“最后一公里”。各地区、各部门在制定涉企法规、规章和行政规范时，应当认真听取企业意见，全面了解企业的困难和需求，充分考量企业主体的多样性、复杂性，以及不同企业的承受能力、执行力，从根本上提高法规规章和行政规范的可操作性。

二是加大对企业家个人财产权、自主经营权、知识产权等合法权益的保护力度。在财产权保护方面，严格区分企业家违法所得和合法财产，不在缺乏证据的情况下判决追缴个人财产；严格区分企业家个人财产和企业法人财产，在处理企业犯罪时不牵连企业家个人合法财产和家庭成员财产。在最高人民法院再审三起重大涉产权案的示范引导下，建立重大产权纠纷审判台账和纠正涉企业家产权冤错案件的常态化救济机制，以具体的救济措施，让企业家感受到政府保护企业家个人财产安全的决心与力量。

专栏 48－1

企业家产权保护需要建设常态化机制

2016 年，中央深改委会议通过《关于完善产权保护制度依法保护产权的意见》，对产权保护提出了三点原则：一是废除对非公经济不合理规定，完善平等保护产权的法律制度；二是政府不得以换届为由违约毁约；三是严格遵循法不溯及既往、罪刑法定、在新旧法之间从旧兼从轻等原则处理民营企业的历史问题。最高人民法院随即发文，提出依法处理历史形成的产权申诉案件，确有错误的坚决依法纠正。

顾雏军案、张文中案与李美兰案是最高人民法院 2017 年底首次公布的三起重大涉产权案再审的主角。迄今为止，在这三起案件中，张文中案再审被改判无罪，李美兰案还未宣判，顾雏军案则撤销了原判的部分罪名量刑。除这三起重大涉产权案再审外，外界期待更多侵害产权的案例得到纠正，提振企业家信心，增强企业家安全感。实现这种期盼的关键在于，是否能建立涉产权错案甄别纠正的常态机制，以及完善产权制度和产权保护法律体系，防止公权力滥用。

《中央产权保护意见》发布以来，一些省级法院层面成立涉产权错案冤案甄别纠正工作领导小组，开展涉产权错案冤案的收集、甄别和纠正工作，建立重大产权纠纷审判台账。但也有不少地方并未公开是否已成立相关的甄别纠正机构，也未见涉产权错案纠正的信息。此外，目前出台的文件缺乏可操作性，没有建立有效的机制。“大量诉求无处释放，司法难以实现吸收社会不满的功能。因投诉无门，一些企业家仍然通过寻求公权力，找领导批示解决。通过权力寻求人治的方式解决法治的问题，又可能产生腐败和新的司法不公。”不少省级及以下法院的涉产权错案冤案甄别纠正工作还处于停滞状态，不敢纠错，动力不足，权威不够。地方法院纠正错案会面临各方压力：首先，涉及先前的办案人员、官员，这存在责任追查问题；其次，如果在刑事诉讼中资产被违法处置，还有公权力滥用的问题，甚至可能涉及其他的党政机关等。“地方解决不了企业家的这类诉求”，“很多当事人投告无门”。

完善对企业的产权保护，既需要以重要案件、典型案件为抓手，雷厉风行、纠错纠偏，更需要司法上的常态化机制作日常的保证，这一机制包括两方面：一是健全涉产权错案甄别纠正的常态化机制，做到错案都能得到纠正且纠正速度比较快；二要大力提高基础司法水平，排除干扰，从一开始就最大限度地杜绝错案发生。做到了这两点，良好的法治环境才能形成，才有助于改善和提高民营企业、民营企业家乃至社会公众的预期和信心。

资料来源：《涉产权错案纠正如何常态化》，《财经》2019 年 4 月 15 日。

在自主经营权保护方面，首先应妥善认定政府与企业依法签订的各类合同效力，不得以政府换届、领导人员更替等理由违约毁约，依法支持企业家持续经营的合理诉求。其次要规范司法行为，加强对经济犯罪侦查权等公权力的监督，严防将民事纠纷作为刑事案件审办，严防党政干部介入司法纠纷和具体案件，减少对涉嫌犯罪的企业家采取剥夺人身自由的强制措施，减少办案活动对企业正常经营的负面影响。

在知识产权保护方面，探索在现有法律法规框架下以知识产权的市场价值为参照确定损害赔偿额度，研究制定商业模式、文化创意等创新成果的知识产权保护办法，让企业家能够安享创新活动的收益。充分发挥国家级知识产权快速维权中心和维权援助中心的作用，畅通知识产权公共维权援助服务渠道，加强对企业知识产权案件的指导与援助。

4. 建设鼓励创新、支持有为的文化氛围

一是加快建立健全容错机制，鼓励企业家特别是国有企业家大胆创新、敢于担当，对一定范围内的创新试错进行责任豁免。习近平总书记在 2016 年省部级主要领导干部贯彻党的十八届五中全会精神专题研讨班上的讲话中提出的“三个区分开来”，为容错范围的界定提供了科学的标准，即“把干部在推进改革中因缺乏经验、先行先试出现的失误和错误，同明知故犯的违纪违法行为区分开来；把上级尚无明确限制的探索性试验中的失误和错误，同上级明令禁止后依然我行我素的违纪违法行为区分开来；把为推动发展的无意过失，同为谋取私利的违纪违法行为区分开来”。

二是弘扬企业家精神，凝聚全社会崇尚创新创业、鼓励奋发有为的正能量。认真贯彻习近平总书记对激发和保护企业家精神的系列政策部署，大力弘扬企业家创新发展、专注品质、追求卓越的精神。加强对优秀企业家先进事迹和突出贡献的宣传报道，推动促成企业家成为受欢迎、受尊重的职业之一，让企业家真正感受到个人价值和社会尊重。

三是畅通并拓展企业家参政议政渠道，提高青年企业家和创新型企业家的政治参与度。首先，加大民营企业家政治安排力度。习近平总书记在全国政协十二届四次会议民建、工商联界委员联组会时曾经指出，对有贡献的非公有制经济人士做适当的政治安排是一项重要工作，要坚持标准、严格程序、认真考察，真正把思想政治强、行业代表性强、参政议政能力强、社会信誉好的非公有制经济代表人士推荐出来。其次，引导创新型的青年企业家参与社会治理，推动新形势下的科学执政、依法执政、民主执政。当前，早期民营企业群体逐步启动新老交替程序，进入接班换代高峰期；新的市场竞争范式又催生出新一代具有更强创新导向和广阔全球视野的青年民营企业家群体。应将培育创新型的青年企业家作为企业家人才政策的重点，进一步增加青年企业家和创新型企业家的参政议政机会。

参考文献

[1] 郑海航：《中国企业家成长问题研究》，经济管理出版社 2006 年版。

[2] 郑海航：《论中国企业家的成长》，《经济与管理研究》2003 年第 5 期。

[3] 张维迎：《时代需要具有创新精神的企业家》，《读书》1984 年第 5 期。

[4] 中国企业家调查系统：《现阶段我国企业经营者的职业流动与职业化取向——1996 年中国企业家成长与发展专题调查报告》，《管理世界》1996 年第 3 期。

[5] 中国企业家调查系统：《新使命　新素质　新期望——2008 · 中国企业家队伍成长与发展 15 年调查综合报告（上）》，《管理世界》2008 年第 9 期。

[6] 中国企业家调查系统：《市场化改革与中国企业家成长——2008 · 中国企业家队伍成长与发展 15 年调查综合报告》（下），《管理世界》2008 年第 12 期。

[7] 中国企业家调查系统：《企业经营者对一季度企业经营状况和宏观经济形势的判断、评价和建议——2009 · 千户企业经营状况快速问卷调查报告》，《经济界》2009 年第 3 期。

[8] 中国企业家调查系统：《中国企业战略：现状、问题及建议——2010 年中国企业经营者成长与发展专题调查报告》，《管理世界》2010 年第 6 期。

[9] 中国企业家调查系统：《经济转型与创新：认识、问题与对策——2013 · 中国企业家成长与发展专题调查报告》，《管理世界》2013 年第 9 期。

[10] 《希望的火光——中关村电子一条街调查报告》，《人民日报》1988 年 3 月 12 日。

[11] 刘志强、陈言：《我国中小企业融资困境及对策》，《学习与探索》2018 年第 8 期。

[12] 广东省政府研究室调研组：《关于弘扬企业家精神发挥企业家作用构建新型营商环境的对策建议》，《广东经济》2018 年第 5 期。

第四十九章　企业扶贫

提　要

在计划经济时期，企业在促进中国经济恢复的进程中自然地改善了民众的贫困状态，表现为一种间接的扶贫方式，且为改革开放后中国经济社会发展积蓄了力量。随着改革开放的不断深化，以社队企业和乡镇企业为开端，以当前日益活跃的农村农民创业为趋势，在企业主动性行为和政策引导下，中国企业以多元化的方式有力地促进了农民收入的提高和农村农业的发展，成为推动中国工业化和城镇化的重要力量，也在我国70年的发展历程中探索出一条企业"双轨制"发展道路和企业参与扶贫的有效路径。但不可回避的是，尽管企业扶贫是一种既成事实且已取得卓越的成效，但其合法性问题尚存较大的争论，企业扶贫在把握好参与度以及可拓展性和复制性等方面有待进一步改善。需要客观地认识企业在扶贫工作中的作用，强化政府的公共服务能力，发挥企业在扶贫工作的优势，进一步发挥企业在乡村振兴和全面建成小康社会中的积极作用。

*　　　　*　　　　*

回溯新中国成立70年来中国企业扶贫的历程，帮助我们更好地理解企业在中国农村发展中的独特贡献以及其在促进城乡二元分割后融合发展中的角色，是理解中国扶贫成就的重要内容。同时，通过对新中国成立70年来企业扶贫取得的成果和经验的研究，为发现可能存在的问题，进一步推进企业扶贫工作具有重要的现实意义。

一、中国企业扶贫70年历程回顾

从时间和历史发展的逻辑来看，新中国成立后企业参与扶贫可分为四个阶段。在不同发展阶段，不同类型的企业以适应性的方式参与到扶贫工作中，直接或者间接地促进了贫困民众收入的改善和农村经济社会的发展。

1. 企业的间接减贫功能发挥阶段（1949～1977年）

新中国成立后，为巩固社会主义政权，党和政府组织生产，国民经济得以快速恢复，农村和城市沿着两条不同的路径发展。在城市主导下的发展模式和重工业化的产业发展方式，企业在改善民生方面的作用难以发挥，农村居民家庭平均每人纯收入从 1957 年的 73 元增加到 1978 年的 133. 6 元，城镇居民家庭平均每人可支配收入在 1978 年增加到 343. 4 元，尽管收入得到一定的改善，但远远落后于整体经济的增长速度。在农村，受当时对社会主义本质认识的局限，大力发展集体经济和合作经济成为农村发展的主导思想，加大基础设施建设成为这一时期农村建设的重点。例如，1952 年主要大中型拖拉机 1307 台、联合收割机 284 台，这一数量在 1978 年分别达到 55. 74 万台和 1. 90 万台，基础设施的改善为农村提高生产率和农民增加收入创造了条件，1984 年粮食产量达到 4. 07 亿吨，是新中国成立前历史最高产量 1. 5 亿吨（1936 年）的 2. 71 倍；棉花产量达到 625. 7 万吨，是新中国成立前历史最高产量 85 万吨（1936 年）的 7. 36 倍，农村发展的整体物质基础不断改善。

新中国成立前夕，整个国家基本上处于全面贫困的状态。党和政府通过发展生产，国民经济得以恢复，尽管未能实现大部分民众的脱贫①，但为中国发展创造了稳定的环境，解决了中国社会无法解决的机会不均等问题，为改革开放后的快速发展蓄积了力量。企业作为经济体系中最重要的主体，尽管未能直接开展大规模的对口帮扶工作，但正是企业的生产经营活动间接地促进了民众温饱问题的缓解。企业主要是通过间接地方式推动贫困和落后地区的脱贫，即企业创造的价值服务于国民经济的发展，为增加人民收入进而有利于脱贫提供了物质基础。

2. 乡镇企业为主参与下的“开发式扶贫”探索阶段（1978～1993 年）

发源于农村的改革开放开启了中国经济社会发展的新征程，经济社会发展活力得以迅速释放，民众生活水平得以大幅度提升。但与此同时，改革开放后城市尤其是东部城市的快速发展拉开了城乡发展差距，贫困人口进一步在农村集中，这一现实情境也决定了中国扶贫工作将以农村和西部为重点的基本思路。1986 年，国家成立了专门的扶贫机构——国务院贫困地区经济开发领导小组（1993 年改名为国务院扶贫开发领导小组），决定在全国范围内有计划、有组织地开展大规模的扶贫开发工作，确立了贫困地区经济开发方针，制定了专门针对贫困地区和贫困人口的政策措施，对 18 个集中连片贫困地区实施重点扶贫开发，确定了对贫困县的扶持标准，将 70% 的扶贫资金用于贫困县，并核定了贫困县，分中央政府和省（自治区）两级重点扶持。在此背景下，乡镇企业以其在创造价值、提供就业、贡献税收等方面形成了巨大的辐射效应，成为中国“开发式扶贫”的重要力量。

农村家庭联产承包责任制促进了农村经济的恢复，在此背景下，农民收入显著改善，农村劳动生产率大幅提升，农村劳动力出现了剩余，在集体经济的政治制度和文化惯性影响下，社队企业应运而生。它有效地适应了城市重工业化灵活性不足以及无法满足居民生活消费多样化需求的现实，在改革开放后快速发展。1984 年 3 月，中央下发《关于开创社队企业新局面的报告》，明确提出发展乡镇企业，但直到 1997 年《乡镇企业法》的颁布施行才以法律的形式明晰和理顺了乡镇企业的产权关系。邓小平对乡镇企业给予高度评价：“农村改革中，我们完全没有预料到的最大的收获，就是乡镇企业发展起来了，突然冒出来搞多种行业，搞商品经济，搞各种小型企业，异军突起。”如图 49 - 1 所示，1978 年，乡镇企业产值占农村社会总产值的比重不到 1/4，到 1987 年则首次超过了农业总产值达 52. 4%；1993 年，乡镇企业个数发展到 2452. 93 万个，企业职工数达到 12345. 31 万人，企业总产值达到 32132. 32 亿元，乡镇企业通过解决农村就业、促进农村经济发展和增进农民收入直接促进了农村的脱贫。1993 年，农村居民家庭平均每人纯收入达到 921. 6 元，较 1978 年增加了 5. 90 倍，增速略低于同期城镇居民家庭平均每人可支配收入（6. 51 倍），农民生活水平得以显著改善。此外，乡镇企业的发展，也为中国民营经济发展奠定了坚实的物质基础，成为“让一部分人先富起来”的先决条件。

① 按照 100 元的标准，1978 年全国贫困人口的规模为 2. 5 亿人，占全国人口总数的 25. 97%，占当时农村人口总数的 30. 7%（资料来源：国家统计局）。

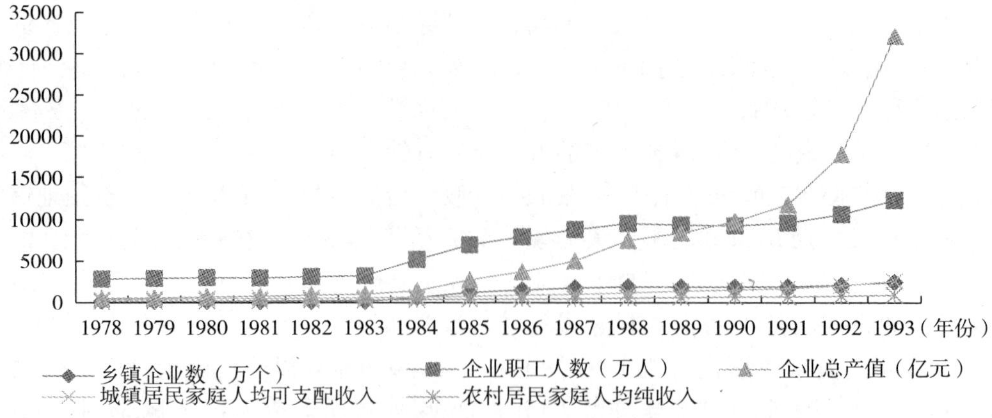

图 49－1 1978～1993 年乡镇企业发展情况与居民人均收入变化情况

注：1978～1983 年只包括乡办和村办两级企业，1984 年后还包括组办、联户办及个体企业。

资料来源：①中华人民共和国农业部计划司：《中国农村经济统计大全（1949～1986）》，中国农业出版社 1989 年版，第 286～289 页。②农业部乡镇企业局组：《中国乡镇企业统计资料：1978～2002 年》，中国农业出版社 2003 年版，第 3～11 页。

在乡镇企业发展带来的自然扶贫功能之外，改革开放后的城市企业也开展了形式多样的对口扶贫工作，如邯郸市对邯郸县和武安县两个贫困县开展了一些对口帮扶工作，总结了以下八种对口扶贫活动：城市企业与贫困乡村联合兴办生产摊点；向贫苦乡村扩散产品；组织产销联营；招收临时工、合同工和轮换工；派出技术人员到贫困乡村进行技术服务；进行技术教育和培训；提供经济、技术信息；帮助解决特殊困难。为解决农村脱贫中的资金问题，金融机构也开展对口的贷款扶贫工作，如农业银行万县地区中心支行通过对万县烟草公司承贷扶贫贴息贷款，促进了当地烟农收入的显著提升。这一阶段城市企业主要针对邻近的农村或者贫困地区，利用自身的技术、人才和资本优势对口企业开展相关的帮扶工作，属于从城市中心向外围的辐射。

在此阶段，中国的扶贫工作取得了突出成效。截至 1993 年底，尚未完全解决温饱问题的贫困人口[①]由 1978 年的 2.5 亿人减少到 8000 万人。但是，这部分贫困人口主要集中在国家重点扶持的 592 个贫困县，分布在中西部的深山区、石山区、荒漠区、高寒山区、黄土高原区、地方病高发区以及水库区，而且多为革命老区和少数民族地区。这些地区的共同特征是，地域偏远、交通不便、生态失调、经济发展缓慢、文化教育落后、人畜饮水困难、生产生活条件极为恶劣。

3. 企业的有效支持与参与下的开发式扶贫阶段（1994～2010 年）

针对上一阶段扶贫工作遗留下来的现实难题，1994 年 4 月 15 日，国务院印发了《国家八七扶贫攻坚计划》[②]。它是新中国历史上第一次有明确目标、明确对象、明确措施和明确期限的扶贫开发行动纲领，标志着中国的扶贫开发工作由此进入了攻坚阶段。扶贫工作表现为以贫困县为重点对象，以开发式扶贫为重点，辅之以劳务输出和易地搬迁扶贫的整体扶贫思路。进入 21 世纪，“八七扶贫攻坚计划”目标基本实现，为进一步巩固扶贫成果，国家于 2001 年制定了《中国农村扶贫开发纲要（2001～2010 年）》，扶贫工作进入巩固扶贫成果、提高发展能力、缩小发展差距的综合开发阶段，并把贫困人口集中的中西部少数民族地区、革命老区、边疆地区和特困地区作为扶贫开发的重点。西部地区成为脱贫的主要对象，西部大开发战略提出后，东西部对口帮扶不断深化，东部企业的对口帮扶成为支持西部贫困地区发展的重要抓手。在此阶段，企业以其

① 贫困标准线是一个动态的概念，1978 年贫困线标准为人均收入 100 元/年，到 1985 年调整为 206 元/年，之后持续调整，截至 2015 年的贫困线标准为 2855 元/年，文中所指的贫困人口数量依据统计时点的贫困线标准来测算。后同。

② 《国家八七扶贫攻坚计划》明确了从 1994 年到 2000 年，集中人力、物力、财力，动员社会各界力量，力争用 7 年左右的时间，基本解决全国农村 8000 万贫困人口的温饱问题。

灵活性和适应性在政府主导的开发式扶贫阶段发挥重要作用，尤其是东部沿海地区和发达城市吸附了大量的农村剩余劳动力转移，不仅改变了中国农民的收入结构，也为推动农村从封闭状态向开放状态转型创造了条件。

在“离土不离乡，进厂不进城”这一严格的户籍管制背景下，乡镇企业的发展是农业剩余劳动力在农村内部产业转化的结果，这是一种封闭式的内生发展方式，这也导致乡镇企业在后来的发展中面临转型和转制的压力。随着改革开放的进一步深化，国家放宽了对农民进城的限制，沿海发达企业和大城市极具优势的收入溢价吸引了大量农民进城，规模庞大的农民工群体得以形成。农民工的进城是农村劳动力再调整和优化的必然结果，也是增加农民收入的渠道，有助于真正实现农民从“土地依赖”向“能力依赖”的转型。与之相对应的是，企业在城市和东部地区的集聚吸引了农民涌入城市，在获得收入溢价的同时推动了中国城镇化的加速。从从事农业的人口和农民的收入构成来看，1996 年末从事农业人员为 42441.19 万人，到 2016 年农业生产经营人员减少至 31422 万人，与之形成鲜明对比的是，截至 2006 年末农村外出从业劳动力为 13181 万人①，大量涌向城市的农民工就业群体改变了中国传统的城乡分割的“稳态”，农民工群体成为打破中国贫困这一稳态均衡的重要力量；从收入构成来看，自 20 世纪 90 年代以来，工资性收入开始成为农户收入特别是现金收入的主体部分，1990 年工资性收入占农村居民纯收入的比重仅为 20.22%，到 2003 年已增长到 35.02%，并保持持续的增长态势②。尽管受制于封闭式的内生发展方式以及产权不明晰、经营管理粗放等一系列问题，乡镇企业趋于衰落，但产权更清晰、更具活力与效率的民营经济和个体私营经济快速发展，农民工进城大潮热情不减，这本质上是中国农村与现代市场经济更紧密交汇的新方式，是中国农民镶嵌于城市企业发展的一条路径，是中国市场化、城镇化和工业化进程的重要构成部分，企业利用自身的资本优势与中国廉价的农民工群体的合作，不仅实现了自身的成长和利润目标，也为解决就业、增加收入以及缴纳税收创造了途径，进而促进了中国社会整体贫困问题的解决。农民大量涌入城市形成了有效的知识积累效应，且农民的进城进一步推动了中国城镇化的发展尤其是中小城镇的发展。

与此同时，农业现代化发展的现实需要也催生了以农业龙头企业和农民专业合作社为代表的农业产业化发展，它是对家庭联产承包责任制这一家户形式的有效补充和完善。一方面，龙头企业以其规模、资本、市场、技术、管理等方面的优势，成为联系农民、合作社与市场的重要纽带，为农民增加收入创造了条件。截至 2016 年底，我国农业产业化组织数量达 41.7 万个，其中农业产业化龙头企业达 13.03 万个，年销售收入约为 9.73 万亿元，固定资产约为 4.23 万亿元（高鸣、高芸芸，2018）。农民专业合作社也得以快速发展，截至 2018 年底，农民专业合作社达 217.3 万户③；2017 年，全国合作社实现经营收入 5890 亿元，可分配盈余 1100 亿元，为每个成员平均分配 1644 元；为成员提供统供统销、统防统治、统耕统种统收等经营服务总值达到 1.17 万亿元。截至 2017 年底，全国有 237.5 万个建档立卡贫困户加入合作社，约 10% 的国家示范社位于国家级贫困县中，带动成员 22.8 万户。④ 另一方面，尽管对于龙头企业与合作社在农民进入市场过程中是否是一种公平的合作关系存在争论，但不可否认的是，作为对中国“三农”问题现代化的一种探讨，新型农村组织的发展带动了一大批农民先富起来，有效地解决了大批农民工进城后的土地耕种问题，也为农民进入市场积累了经验

① 资料来源：分别来自《第一次全国农业普查》（1996 年）、《第二次全国农业普查》（2006 年）和《第三次全国农业普查》（2016 年）。

② 资料来源：《中国农村统计年鉴 2016》，2013 年调整统计口径，农村居民纯收入指标被农村人均可支配收入取代，2013 年这一指标发生下降，但 2013～2015 年依然保持增长。

③ 资料来源：国家市场监督管理总局网站，http://www.saic.gov.cn/sj/tjsj/201902/t20190228_291539.html，2019 年 2 月 28 日。

④ 资料来源：韩俊：《强单体促联合 整县推进农民专业合作社质量提升》，新华社新媒体，https://baijiahao.baidu.com/s?id=1614555851206111475&wfr=spider&for=pc，2018 年 10 月 17 日。

和知识，为农民更加广泛地参与市场创造了条件。农业产业化开发扶贫，将贫困地区的农业与市场对接，使农业产业化，同时改善基础设施，促进了物质资本、人力资本和社会资本的有效改善，真正有利于农村地区的根本脱贫。

在《国家八七扶贫攻坚计划》这一系统扶贫框架下，区域对口帮扶作为推动西部贫困地区脱贫的重要工具，在西部大开发战略提出后得到进一步深化，这既是对“八七扶贫攻坚计划”的进一步延续，也是21世纪重点做好西部贫困地区脱贫的重要战略部署。企业的发展对于帮助西部贫困地区打破贫困恶性循环起到极为重要的推动作用，到2010年，按低收入贫困线衡量的农村贫困人口为2688万人，贫困发生率为2.8%，中国基本上解决了困扰中国农村几千年的温饱问题，“底线”脱贫目标基本实现。

4. 政策激励下企业参与的大规模精准扶贫阶段（2011～2016年）

解决基本温饱问题这一“底线”目标与共同富裕的目标存在巨大的差距。为此，2011年，《中国农村扶贫开发纲要（2011～2020年）》提出通过专项扶贫、行业扶贫、社会扶贫、国际合作等多种方式，推动中国农村贫困地区脱贫。2013年，习近平总书记在湖南考察时首次提出了“精准扶贫”这一概念，同年国务院制定出台了《建立精准扶贫工作机制实施方案》，由此在全国范围内拉开了精准扶贫工作的序幕。在此框架指导下，开展了中华人民共和国成立以来史无前例的“精准扶贫行动”，对贫困地区加大了基础设施投资、资金支持、人才支持等。进入这一阶段，扶贫开发已经从以解决温饱为主要任务的阶段转入巩固温饱成果、加快脱贫致富、改善生态环境、提高发展能力、缩小发展差距的新阶段。截至2018年末，全国农村贫困人口从2012年末的9899万人减少至1660万人，累计减少8239万人；贫困发生率从2012年的10.2%下降到2018年的1.7%。① 在此轮精准扶贫工作开展过程中，立足中国当前经济社会的发展现实，从政府主导的精准扶贫工作过渡到多元主体共同参与的模式演化。企业作为对口帮扶的重要实施载体，在推动精准扶贫方面发挥了重要作用。

作为承担重要社会使命的国有企业，在全面建成小康社会的目标指引下，积极参与扶贫工作并取得了卓越的成效。《中国企业扶贫研究报告（2018）》显示，在参与定点扶贫的300多家中央单位中，中央企业占了将近1/3。中央企业结对帮扶的246个国家扶贫开发工作重点县占全国592个扶贫开发工作重点县的42%，分布于全国21个省（区、市）。此外，中央企业还对口支援西藏21个县和青海省藏区16个县。据不完全统计，党的十八大以来，中央企业投入定点扶贫资金超过了75亿元。国资委聚合中央企业扶贫力量，设立了“中央企业贫困地区产业投资基金”，股东达到104家，两期募集资金规模达到154亿元。财政部、国家开发投资公司和中国烟草总公司共同发起“贫困地区产业发展基金”，基金总规模达到182亿元，吸引社会资本超过1000亿元（王翔，2018）。

与此同时，得益于改革开放迅速发展起来的民营企业，也在精准扶贫总体政策的号召下积极投入资金、人才、技术等参与扶贫工作。1995年开始的“光彩事业”是联系民营企业参与中西部贫困地区经济社会发展的重要支撑平台，也成为PPP模式促进贫困地区发展的典范。仅2010～2014年，全国共实施光彩项目39559个，公益捐赠427亿元，培训463万人，安排就业654万人，带动脱贫826万人。2015年10月，全国工商联、国务院扶贫办、中国光彩事业促进会等联合启动了“万企帮万村”精准扶贫行动，已有6万多家民营企业参与其中。截至2018年6月底，进入“万企帮万村”精准扶贫行动台账管理的民营企业有5.54万家，精准帮扶6.28万个村（其中建档立卡贫困村3.99万个），帮助755.98万建档立卡贫困人口；产业投入597.52亿元，公益投入115.65亿元，安置就业54.92万人，技能培训58.31万人。另外，根据《中国企业扶贫研究报告（2018）》发布的数据，在A股1892家主板上市公司在脱贫工作中共投入64.62亿元，有305家A股主板公司披露了2017年度帮助655961名

① 资料来源：国家统计局。

建档立卡贫困人口脱贫，平均每家企业帮助脱贫人数为2334.38人。

进入这一阶段后，企业从间接地提供就业、增加收入、促进生产生活方式转变发展到直接参与到扶贫工作中，甚至是主导部分地区和贫困民众的脱贫工作。这既是对当前党和政府号召的回应，也是现阶段企业发展到一定水平后履行社会责任和创造社会价值的主动选择。但是，企业依然是外生于农村发展系统的，企业与贫困农村发展面临不可避免的价值和目标冲突。

5. 新时代农村企业内生发展参与乡村振兴阶段（2017年至今）

党的十九大进一步提出实施乡村振兴战略和区域协调发展战略，提出“要动员全党全国全社会力量，坚持精准扶贫、精准脱贫”。2018年8月，中共中央和国务院下发《关于打赢脱贫攻坚战三年行动的指导意见》，激励各类企业、社会组织参与脱贫攻坚战。2019年政府工作报告也明确要求“大力扶持贫困地区特色优势产业发展”。这既是新时代对扶贫工作的新要求，也凸显了当前企业在参与扶贫工作中的新变化，在这一阶段，企业扶贫凸显了企业价值与扶贫工作的有机融合，企业扶贫项目和农村创业成为促进农村脱贫的内生驱动力量。

经过改革开放后40年的高速发展，中国的市场状态发展了根本变化，供给过剩已成为常态，城市市场的增速有限，结构调整更为迫切，全球贸易紧张局势的持续升级，而农村市场尚存在较大的成长潜力，这为企业市场转移、开辟蓝海市场提供了良好的契机，外部资本的进入开辟了企业支持农村发展的新局面。大量企业在农村布局，利用农村在基础设施建设方面的缺口以及有待开发的市场优势和资源优势，形成了对农村发展的有效渗透，不仅有利于农村整体基础设施的改善，也有利于农民收入的提升和生活方式的变迁。在这一阶段，企业在扶贫时往往倾向于与企业本身的战略和发展目标相匹配的投资，在履行相关社会责任的同时实现企业自身价值的增长。例如，随着中国城镇化进程的推进，房地产市场从一、二线中心城市逐步向三、四线城市和小城镇扩散，中国大量的房地产企业，利用自身在行业的领先优势，积极响应搬迁扶贫的政策要求，不仅有效地解决了贫困民众的居住问题，也在此过程中在当地树立了良好的社会形象和社会声誉，为其未来的发展积淀了有效的“关系资本”和“声誉价值”，在投资过程中既实现了自身价值的提升，也实现了对贫困地区的投资支持。

大企业所具有的规模优势有效地解决了农村发展的效率问题，但在解决农村发展的异质性和精细化方面乏善可陈。随着农村基础设施的不断改善，农村市场的交易成本有效下降，移动互联网时代的到来则为农村孕育的创业机会提供了“破土萌芽”的机会，在“双创”政策的支持下，以电子商务为代表的新商业模式成为“双创”背景下农民创业的重要选择。在此背景下，农村市场从大企业主导、农民参与的模式朝着农民内生驱动的主导模式转型，企业真正成为农村发展的重要驱动力量。截至2018年，各类返乡下乡创新创业人员累计达780万，“田秀才”“土专家”“乡创客”等本乡创新创业人员达3100多万。农民创业领域不断拓宽，由种养向纵向延伸、横向拓展，创办的实体企业中87%在乡镇以下地区，80%以上发展产业融合项目。农村创业载体不断增多，认定农村创新创业园区和实训孵化基地1096个，益农信息社覆盖1/3以上行政村。[①] 农民自主创业改变了农村发展中企业外生和封闭式内生发展的历史现实，企业真正成为农村发展的内在驱动力量，这为从根本上推动中国农村的市场化，从根本上改变农村经济社会相对落后的面貌提供了新的路径，也为未来乡村振兴的推进提供了新的路径。

① 资料来源：韩长赋：《国务院关于乡村产业发展情况的报告》，2019年4月21日在第十三届全国人民代表大会常务委员会第十次会议上，中国人大网，http://www.npc.gov.cn/npc/xinwen/2019-04/21/content_2085626.htm，2019年4月21日。

二、中国企业扶贫取得的主要成就与经验

新中国成立70年来，中国实现了史无前例的全面脱贫目标，这一目标的实现，根本源于党的坚强领导、政府的强力推动和民众的积极参与与主导地位的形成，而企业积极在扶贫工作中发挥联结者、促发者和行动者的角色，有力地推动了中国贫困地区的脱贫和持续发展，既为乡村振兴提供了可延续和复制的发展路径，也为欠发达国家和地区脱贫致富提供了借鉴，对企业未来发展具有重要的启示价值。

1. 企业扶贫本质上是中国扶贫系统的重要构成

从扶贫的方式来看，西方的扶贫主要依靠二次分配来实现，重视工会、社团以及各种慈善基金会的力量，企业更多被视为纯粹的经济主体和纳税主体，企业扶贫主要体现在近年来兴盛起来的社会企业，这是受其经济社会发展理念和发展阶段所决定的。与西方不同，中国的扶贫表现为政府推动、贫困民众主导、多元主体共同参与的模式，企业在中国的扶贫工作中扮演着不可忽略的角色和作用。

从中国企业参与扶贫的过程来看，中国渐进式的改革开放决定了中国企业发展沿着城乡“双轨道”的发展道路，这与西方企业发展源于贸易扩大和工业化形成的企业在城市的集聚不同。一方面，改革开放前集中在城市的全民所有制企业和集体企业被纳入国民经济计划体系，一部分在改革开放后得以快速发展成长为当前具有极强影响力的大型企业，另一部分则衰落消失在历史进程中。同时，城市优势的发挥导致改革开放后孕育出一大批个体和私营企业。另一方面，中国农民的创新和冒险精神在改革开放后得以释放，乡镇企业和个体户成为农民摆脱贫困桎梏的自然选择，早期是为了改善自身的生活状况，先天具有扶贫的自然属性，在改制和成长过程中向城市迈进并融入其中，成为中国民营经济的重要力量。城市企业和农村企业“双轨道”的发展模式成为中国经济40余年高速成长的重要力量来源，也在此过程中间接地促进了农村的发展，是中国特色农村发展模式的重要内容，不仅对于贫困地区和国家脱贫具有重要的参照意义，也对于欠发达地区经济社会发展具有重要的借鉴意义。

从不同属性企业在参与扶贫过程中的角色来看，它们也表现出鲜明的差异。中国的国有企业不仅需要实现作为市场主体的经济目标，也具有重要的政治使命和社会使命，参与扶贫工作、促进落后地区经济社会发展是国有企业的重要责任，也是其维护品牌形象、促进企业价值提升的重要方式。民营企业作为私营部门的核心力量参与社会扶贫工作，这是企业发挥其信息优势、效益优势和效率优势的结果。中国企业参与扶贫工作，不仅是对企业使命、价值的再定义，也是对减贫、扶贫工作的重要创新，是中国扶贫系统的重要内容，具有重要的推广和借鉴意义。

2. 企业扶贫是中国工业化和城镇化的重要推动力量

企业在扶贫工作中的有效参与，不仅为贫困民众带来了收入，而且以经济手段改变着农民的生产生活方式和乡村面貌，推动了农村整体经济社会发展的变迁，也是工业化和城镇化在农村的另一条发展道路。具体来看，企业扶贫吸收了大量的农村劳动力，为农民增收创造了新的机会，改善了农村经济落后的面貌，不断形塑农民对市场的认知，促进了贫困状态的“跃迁”。正如邓海弟（1986）所阐释的“乡镇企业打破农村落后自然经济的樊篱，实现自然经济向商品经济转化上起到催化作用”，企业在农村的发展从另一条路径上推动了整体中国的工业化并加速了中国农村的市场经济进程。从新中国成立至今我国GDP中工业增加值和农林牧渔业增加值的变化情况来看（见图49－2），前者从1952年的119.6亿元（占GDP的17.61%）增加到2018年的3.05万亿元（占GDP的33.90%）；而后者在GDP中的比重从50.94%下降到7.50%，工业和农业在经济结构中的地位发生了逆转。与此同时，企业扶贫

的过程中改变了城乡分离的发展路径，促进了城乡的融合，加速了中国城镇化的发展进程。1978年之前，城镇年均增加人口保持在500万人以内；1979～1995年，城镇年均增加人口保持在1000万人左右；1996年之后则保持年均增加人口超过2000万人的规模（见图49－3），这一数据与实施开发式扶贫后年均脱贫人口数据较为接近，中国的城镇化与农村脱贫进程高度协同。

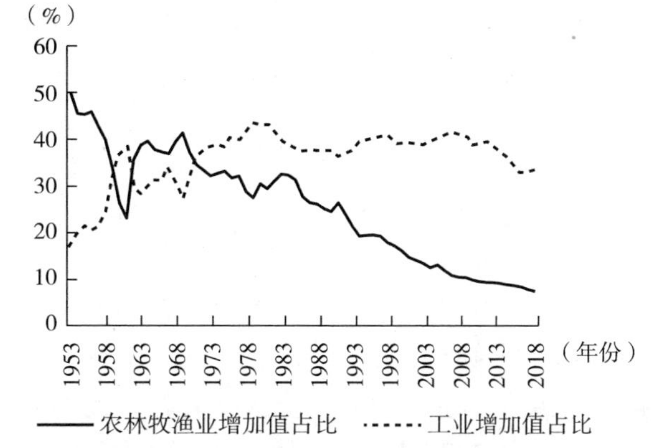

图49－2　1952～2018年工业增加值和农林牧渔业增加值在GDP中的占比变化

资料来源：国家统计局。

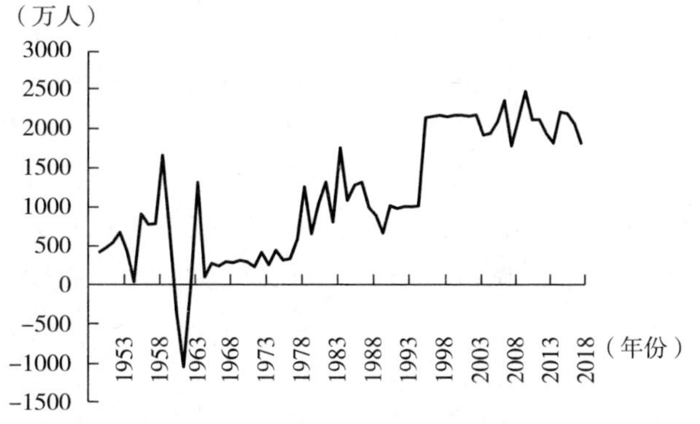

图49－3　1949～2018年中国每年新增的城镇人口情况

资料来源：国家统计局。

3. 企业扶贫是价值驱动和政策促动双重力量的结果

企业作为一种经济组织，无论是在改革开放前的间接式扶贫，以及改革开放初期的社队和乡镇企业阶段，还是农民进城的城市企业发展阶段，抑或是当前的“大创业”阶段，其核心目标依然是创造收入和获取利润，这是企业本质属性所决定的。这一目标与扶贫的核心功能目标是一致的，正是因为核心目标的一致性，企业具有与贫困民众一道发展的可能性，企业扶贫表现出强烈的自主性特征。发源于中国农村的乡镇企业，其本身是农民为摆脱自身贫困状态融入改革开放后计划经济“缝隙”的一种短期之举，其直接目的是增加收入，但由于其能够直接有效地吸收农村富余劳动力以及快速获取收益，进而实现了自身的富裕；农业产业化龙头企业进入农村的首要目的是提升在农产品和农资产品市场的控制力，但在此过程中带动了当地农业的发展，直接改善了农村的生产方式和农民的生活水平；以乡村旅游为主的文化企业进入农村，本身是为了利用农村特有的自然风光和资源，但乡村旅游的发展吸引了大量农民的参与，增加了农民的收入，成为促进农村发展的重要方式；以大量房地产公司为代表的企业参与易地搬迁扶贫，这不仅与其自身的产业布局和核心优势高度协同，同时有效地解决了自然条件恶劣的贫困地区的脱贫问题；“双创”背景下的农民创业和农村创业，本质上是农民利用本地资源优势的过程，但这个过程中形成强大的辐射和带动效应，使其成为脱贫的重要工具。总体来看，企业参与扶贫首先是价值驱动，其有效地驱动了企业自主参与扶贫工作。

企业扶贫除了直接的经济动机之外，还体现出强烈的责任动机和情感动机。一大批企业主和其背后的企业从农村地区“走出去”并快速成长起来，这些企业会将资本从城市向农村地区转移，表现出本地化投资的倾向。尽管从动机来看，本地化的投资更有利于维护其与当地政府的良好关系，获取信贷支持、税收优惠、政府救助等，但其中也蕴含着这些企业主对“生于斯，长于斯”的故土的眷恋，表现出对农村地区市场发育滞后的巨大促动作用，他们在其中积极发挥关键作用、示范作用和带动作用，在形式上表现出强烈的“关系化”倾向。他们很多成为农村贫困地区获取经济起飞的“带头人”，为农村发展提供有效的资本支持以及商业知识支持，促进农村落后地区观念脱贫、经济脱贫、能力脱贫和全面脱贫，并为乡村振兴创造条件。

与此同时，企业扶贫在很大程度上表现出政策激励特征。早在20世纪七八十年代，中国政府就意识到农村企业家精神对解决“三农”问题的重要性，给予农村充分的自由度，从《国家八七扶贫攻坚计划》，到“西部大开发战略”，再到《中国农村扶贫开发纲要（2001～2010年）》《中国农村扶贫开发纲要（2011～2020年）》《建立精准扶贫工作机制实施方案》《关于打赢脱贫攻坚战三年行动的指导意见》，其中包含着对口帮扶、企业帮扶、产业扶贫、多方参与、企业承担等方面的倡议和要求，并对于参与扶贫的企业提供了相关的优惠政策和支持，成为推动企业参与扶贫工作的重要驱动力量。

4. 企业扶贫表现出多元的方式与路径

有观点认为，企业扶贫主要应当通过慈善捐助的行为来实现，这更多是出于对企业应当承担有限社会责任和防范企业权利扩散的考虑。从中国的现实来看，企业扶贫表现出多元化的模式，从慈善捐助到产业投资再到价值投资，形成了具有中国特色的多元化扶贫方式。

中国一部分“先富起来”的民众和企业主主要采用直接捐助的方式履行企业和个人的社会责任，主要集中在灾难捐款、对贫困落后地区的教育援助、医疗和生活资助等方面。中国慈善联合会发布的《2016年度中国慈善捐助报告》显示，2016年全年接收国内外款物捐赠共计1392.94亿元，其中教育、医疗健康、扶贫与发展分别占捐赠总量的30.44%、26.05%和21.01%；企业捐赠总额达到908.20亿元，占捐赠总额的65.20%，其中民营企业贡献近50%。与此同时，企业直接参与农村贫困地区脱贫也表现出多元化的方式：一是产业投资，如农业企业、乡村旅游企业等，利用农村的资源禀赋直接进行产业投资，不仅实现了自身的发展，也促进了农民收入的增加和农村的发展；二是价值投资，如随着农村基础设施条件的不断改善，农村出现新的发展机会，如城镇化、土地流转等，企业主投资农村获取收益；三是责任投资，这类企业往往是一些从农村地区“走出去”并快速成长起来的企业，企业主对故土有“生于斯，长于斯”的眷恋，通常表现出关系投资的倾向。

三、中国企业扶贫存在的问题和面临的挑战

从新中国成立70年来企业参与扶贫的历史进程来看，其中尚存一些需要进一步明确和规范的问题。

1. 企业扶贫的合理性有待进一步深化认识和明确

从中国企业开展扶贫的现实来看，企业一方

面是自发地利用已有的资源和能力支持贫困地区和民众的发展，表现出一种自觉性的行为；另一方面是响应党和政府的号召参与一些扶贫工作，表现出一种外推式的行为。无论是自觉性的行为还是外推式的行为，企业在扶贫过程中都面临合理性的问题。现实中，企业扶贫的价值得到了普遍认可，其在扶贫中的有效性尤其是可持续性方面得到广泛的认可，但对于企业是否应该去扶贫，以及其是否偏离企业本质目标方面存在较大的争论。广泛接受的一个观点是，企业在扶贫中应该更多的是一个参与者而非主导者的角色，扶贫工作应该与企业的经营工作有机协同，在实现自身经济目标的同时实现其社会目标，且社会目标的实现应该进一步强化其经济目标，如有利于品牌建设、营造良好的社区关系和公共关系，甚至是获取供应商等合作伙伴的价值认同。这一观点实际上是企业社会责任的具体表现，即企业在实现经济目标的同时实现与利益相关方目标的协同。

此外，企业扶贫在现实中出现一些失当的行为，引发社会和政府对企业扶贫合理性的质疑。例如，史金善（2005）以广东省扶贫龙头企业为例，分析了扶贫龙头企业发展中存在的诸如政企不分、损害农户利益、政府投入是否其当等问题；闫东东和付华（2015）的研究发现龙头企业的行为偏离了政府扶贫的初衷，它们存在“利用政府的扶贫资金、低利率贷款政策或是税收优惠等政策，为其进行扶贫之外的经营活动”的问题；文丰安（2018）认为，很多企业尤其是公有制企业，在扶贫工作城中重投入而轻产出，“扶贫行为本质上还是‘输血液’模式”，无法实现真正意义上的可持续扶贫；田雄和刘丹（2019）以宁夏启河县乡土企业发展的现实为例进行了分析，认为非正式的政企关系“削弱了作为正式规则的扶贫政策执行成效，增加了乡土企业的经营成本”；等等。现实中企业扶贫过程中出现的问题进一步加剧了社会对企业扶贫合理性和有效性的担忧，这在很大程度上会影响企业未来参与扶贫和乡村振兴的积极性。

2. 需要稳妥处理好企业“给”和农民“参与”的问题

扶贫的可持续性根本在于能否激发贫困民众脱贫的内在意愿。与政府主导的救济式扶贫和开发式扶贫一样，在企业扶贫过程中，企业在资本、人才、技术、市场等方面具有显著的优势，这种优势是企业开展扶贫工作的基本条件，但会形成企业在扶贫过程中的主导性思维和支配性地位，导致贫困民众在企业的扶贫过程中丧失主体地位，进而导致企业扶贫的行为大打折扣。从当前企业扶贫的实践来看，为保证短期内扶贫工作的效率，往往高规格地配备驻村干部、扶贫专职负责人，这对于充分调动企业内部和获取政府的相关投入十分重要。但是，扶贫工作的发起者和主导者依然是企业，企业往往从自身诉求出发，满足当地政府和上级政府的脱贫目标，但这往往是眼前和短期的脱贫，或者说是从平均水平上实现了脱贫，贫困民众的真实诉求往往难以得到满足甚至被“粉饰”，精准扶贫的真正目的难以实现，脱贫后返贫的风险较高。

3. 企业扶贫的拓展性和可复制性较差

尽管政府对于企业扶贫的倡议和号召力度较大，但企业扶贫更多的是作为一种“自然涌现”的现象，其可复制性较差，且现有企业在扶贫工作的进一步拓展方面也存在较大的困难。一方面，扶贫从本质上应该属于政府的责任，是政府履行公共职能和获取民意的重要来源，以企业为代表的社会主体参与扶贫工作的合法性还有待进一步提高，对于未参与扶贫的企业来说，不可采用行政命令的方式“强迫”其参与，否则就是对企业作为独立市场主体的“侵犯”，这是依法治国的基本要求。而采用激励性和诱导性的方式鼓励和引导企业参与扶贫工作，面临监管难度大、评价成本高、绩效风险高等一系列问题。另一方面，受制于当前整体经济增速放缓的影响，企业普遍面临较为严峻的生存压力，企业用于扶贫的资源投入受到极大的限制，企业进一步加大扶贫投入的积极性较低。

四、推进企业参与扶贫的对策建议

针对企业扶贫存在的问题，需要进一步深化对贫穷和企业本质的认识，明确政府在支持企业扶贫中的服务地位并提升服务质量，同时注意引导企业在扶贫工作上的重点工作。

1. 深化对贫穷和企业本质的认识，以开放包容的心态促进企业参与扶贫

贫困本质上不仅仅是物质上的匮乏，还表现为机会的不均等、能力的劣势等，扶贫不仅仅是经济扶贫，更重要的是应该创造公平的环境和对贫困民众能力提高的支持，激发贫困民众的内生动力。作为市场竞争的产物，企业的本质是高效率地提供高质量的产品，企业是能力集合和成长的重要主体，对于扶贫具有重要的示范意义，这是企业扶贫合法性的核心之所在。但与此同时，也要充分认识到，扶贫工作仅仅是企业的一项附属工作，不能对企业的核心经营业务造成冲击，这是各级政府和部分管理者需要充分认识到的问题。要划清企业与政府的界限，政府作为公共服务的提供者，不仅要做好扶贫工作，也要服务好企业，杜绝为实现政治目标而对企业“摊派”扶贫任务，对企业造成侵害。

要以开放包容的心态认识和支持企业参与扶贫工作，尤其是对当前涌现出来的社会企业、公益企业等，要以包容性的心态来看待其发展，给予新生事物宽容的成长空间。同时，对于企业在扶贫工作中的一些探索性行为予以高度包容，如介于交易型投资和慈善捐助之间的“关系投资”给予成长的空间，帮助企业通过“关系投资”来帮助农村贫困地区实现理念脱贫、经济脱贫、能力脱贫和全面脱贫，既要认识到其合理性，也要接纳其局限性，为这类行为的涌现培育良好的发育和成长土壤，尤其是为企业成长和企业家成长提供良好的土壤。

2. 提升政府公共服务能力，为企业扶贫提供相关支持

企业扶贫是企业参与扶贫工作但不是包办脱贫工作，在不断推进“放管服”改革的背景下，政府需要增强服务意识，为企业扶贫提供相关支持，既有利于激发企业参与扶贫的积极性，也有利于企业发挥其专长高效率地开展扶贫工作。第一，着力创新农村资本供给，解决贫困地区农村发展的“资本门槛”。优化农村金融供给，进一步壮大农村发展基金，既要加大对农村基础设施投资，也要加大对农村产业发展的投资；创新农村发展融资方式，鼓励属地大企业牵头中小微企业、外部投资方等组建农村投资主体，以不断壮大的民间资本供给补充农村发展基金的限制；设立农村投资的“缓冲机制”和“缓冲域”，对农村投资计提较高的坏账准备，更加注重农村投资的社会效益，防范农村投资的短期倾向。第二，优化精准扶贫人才队伍，解决贫困地区农村发展的“知识门槛”。优化农村对口扶贫的人员结构，重点是增加懂产业、懂经营、懂资本、懂市场、懂技术的专业人员，并鼓励其与属地企业的专业技术和管理人员合作，共同指导和帮助贫困民众；创新扶贫人员考核和晋升机制，鼓励扶贫人员在基层工作，给予其更多、更优的晋升机会，并允许其参股农村企业；鼓励外出务工人员回乡创业，鼓励其带动身边民众共同创业，在农村形成良好的创业氛围；加强农村创业和知识培训，尤其是鼓励大企业为配套企业提供管理及技术培训，由政府提供相关的资源支持。第三，完善农村企业服务体系，降低农村创业和经营的“制度门槛”。在商事制度改革的大背景下，进一步完善企业服务体系建设，简化农村企业注册、变更等相关手续，设立“巡回”服务机制，定期为农村企业提供相关的服务；鼓励民间资本进入农村企业服务体系，由政府采购并支付相关费用；探索农村企业服务体系的远程操作和移动互联网模式，适应互联网时代下的技术经济环境。

3. 强化企业扶贫工作重点，突出产业扶贫和教育扶贫

企业作为经济组织，其扶贫的工作重点应该是结合自身优势，在经济领域以及围绕经济活动开展的相关知识和技能支持。企业在扶贫工作

中，应该将重点集中在产业扶贫和教育扶贫上，利用产业扶贫，帮助贫苦地区挖掘资源优势，实现资源向产品进而向资本的转化，促进资源优势转变为经济优势。

"扶贫先扶志，扶贫重扶智"，这是世界各国扶贫工作中总结的重要经验之一。企业不仅要在经济活动中发挥"带头人"的角色，为贫困民众树立脱贫致富的信心，还要考虑扶贫工作的可持续性和长远性，弥补政府在基础教育投入之外的教育投入不足和精准性不足的问题，支持职业教育发展，将企业作为知识管理和创造的平台，创造和扩散市场知识，真正帮助贫困民众融入现代市场经济系统。

参考文献

[1] Huang Y. "China's Other Path", *The Wilson Quarterly* (1976 –), Vol. 34, No. 2, 2010, pp. 58 – 64.

[2] Suchman M C. "Managing Legitimacy: Strategic and Institutional Approaches", *Academy of Management Review*, Vol. 20, No. 3, 1995, pp. 571 – 610.

[3] 陈晓旭、王翔宇、刘建晓：《博弈视角下电商扶贫对农村生产企业发展的影响》，《经济问题》2019 年第 1 期。

[4] 邓海弟：《在致富路上迈出可喜的一步——记兰州市乡镇企业扶贫致富现场会》，《兰州学刊》1986 年第 2 期。

[5] 郭沛源、于永达：《公私合作实践企业社会责任——以中国光彩事业扶贫项目为案例》，《管理世界》2006 年第 3 期。

[6] 国家统计局国民经济综合统计司：《新中国 60 年统计资料汇编》，中国统计出版社 2010 年版。

[7] 和丕禅、郭红东、许莹、张哲：《企业对口扶贫模式比较与政策建议》，《浙江学刊》2001 年第 2 期。

[8] 孔祥智、刘同山：《论我国农村基本经营制度：历史、挑战与选择》，《政治经济学评论》2013 年第 4 期。

[9] 李风华：《中国农村工业的起源：基于制度的视角》，《湖南师范大学社会科学学报》2014 年第 4 期。

[10] 农业部乡镇企业局：《中国乡镇企业统计资料：1978～2002 年》，中国农业出版社 2003 年版。

[11] 史金善：《关于发展扶贫农业龙头企业的调查——以广东省为例》，《农业经济问题》2005 年第 5 期。

[12] 宋征、贾燕：《我国可持续发展进程中企业扶贫状况及对策研究》，《中国人口·资源与环境》2008 年第 1 期。

[13] 苏琳：《中国光彩事业五年发展纪实：以义行善以利惠民》，《经济日报》2015 年 10 月 19 日。

[14] 田雄、刘丹：《泥淖之上科层之下：产业扶贫中乡土企业与基层政府的关系研究》，《中国农业大学学报》（社会科学版）2019 年第 2 期。

[15] 王书斌：《国家扶贫开发政策对工业企业全要素生产率存在溢出效应吗?》，《数量经济技术经济研究》2018 年第 3 期。

[16] 王素洁、李想：《基于社会网络视角的可持续乡村旅游决策探究——以山东省潍坊市杨家埠村为例》，《中国农村经济》2011 年第 3 期。

[17] 王兴国、王新志：《农业龙头企业扶贫的理论阐释与案例剖析》，《东岳论丛》2017 年第 1 期。

[18] 魏后凯、刘长全：《中国农村改革的基本脉络、经验与展望》，《中国农村经济》2019 年第 2 期。

[19] 文丰安：《新时代社会力量参与深度扶贫的价值及创新》，《农业经济问题》2018 年第 8 期。

[20] 吴甫：《企业承贷扶贫效果显著》，《四川金融》1988 年第 9 期。

[21] 闫东东、付华：《龙头企业参与产业扶贫的进化博弈分析》，《农村经济》2015 年第 2 期。

[22] 张红宇：《乡村振兴战略与企业家责任》，《中国农业大学学报》（社会科学版）2018 年第 1 期。

[23] 张强、韩莹莹：《中国慈善捐赠的现状与发展路径——基于中国慈善捐助报告的分析》，《中国行政管理》2015 年第 5 期。

[24] 张晓山、韩俊、魏后凯、何秀荣、朱玲：《改革开放 40 年与农业农村经济发展》，《经济学动态》2018 年第 12 期。

[25] 张晓山：《理想与现实的碰撞：〈农民专业合作社法〉修订引发的思考》，《求索》2017 年第 8 期。

[26] 赵昌文、郭晓鸣：《贫困地区扶贫模式：比较与选择》，《中国农村观察》2000 年第 6 期。

[27] 中国宏观经济研究院产业所课题组：《改革开放 40 年中国工农关系演变：从缓和走向融合》，《改革》2018 年第 10 期。

[28] 中华人民共和国农业部计划司：《中国农村经济统计大全（1949～1986）》，农业出版社 1989 年版。

[29] 钟宏武、汪杰、黄晓娟等：《中国企业扶贫研究报告（2018）》，经济管理出版社 2018 年版。

[30] 周大鸣：《农民企业家的文化社会学分析》，《中南民族学院学报》（人文社会科学版）2002 年第 2 期。

[31] 高鸣、郭芸芸：《2018 中国新型农业经营主体发展分析报告（一）》，《农民日报》2018 年 2 月 22 日。

[32] 王翔：《改革开放 40 年——中央精准扶贫备忘录》，《中国报道》2018 年第 10 期。

第五十章 企业与社会关系

提 要

新中国成立70年以来，我国实现了计划经济向社会主义市场经济的体制转轨。随着宏观层面经济体制改革的总体进程以及微观层面国有企业改革与民营企业发展的历史进程，企业与社会的关系也发生了渐进性演变。企业与社会关系的70年演变实质上是“单位制社会”逐步瓦解，并转向“企社分离”“企业嵌入社会”的渐变过程。企业与社会关系变迁的背后，实质上体现着制度逻辑由社会逻辑、市场逻辑向双元混合逻辑转变，企业社会责任实践组织载体也由国有企业、民营企业向混合型组织转变；企业社会责任实践也逐步成为企业参与社会治理的主要方式；在企业与社会之间的经济纽带层面，共享经济成为新时代情景下推进企业与社会关系融合的新纽带。但是，在企业与社会关系的共生融合过程中，企业仍然广泛存在基于市场逻辑支配下的社会责任缺失与异化行为；在企业参与社会治理的过程中，企业社会责任整体发展水平仍然偏低，对于企业社会责任管理与实践的推进意愿与力度仍然不足，政府、企业与社会三者之间的社会责任治理能力仍然薄弱。本章基于制度层面、组织层面以及治理层面三大层面，就新时代情景下推进企业与社会之间进一步深度融合提出了前景展望。

* * *

新中国成立以来，从企业与社会关系来看，其70年的演变实质上是围绕着国有企业与民营企业的组织形态变迁史、制度逻辑变迁史、企业社会责任实践变迁史以及经济形态变迁的过程，体现为制度逻辑、组织形态以及企业在参与社会治理中的功能、机制与方式逐步演变。

一、企业与社会关系的演变历程

从经济体制改革的过程来看，新中国成立以来企业与社会关系的总体演进可以分为五个阶段，即计划经济体制时期（1949～1977年）、改革开放探索时期（1978～1992年）、市场体系形成时期（1993～2005年）、现代企业制度建构时期（2006～2012年）以及新时代情景下（2013年至今）的企社关系，表现出企社合一向企社分离、企社共融的演变过程。

1. 计划经济体制时期（1949～1977年）：企社合一的“单位制社会”

新中国成立后，国民经济经过战后的三年恢复逐步进入了一个“过渡时期”，随着社会主义三大改造的完成，在国家政治权利层面实现了对社会公共领域以及私人经济领域的逐步覆盖，我国逐步确立了单一公有制经济为主体的经济体制，在单一公有制经济体制之下，国有单位（包括国有企业）成为经济社会中资源配置的唯一性组织载体，这一时期，社会总体状况呈现出人均资源极度匮乏和社会整合配置机制相对薄弱的双重状态（刘平、王汉生、张笑会，2008）。政府、国有单位（国有部门）与社会形成统一体，即通过政府直接管理与国家政治权威下的国有单位（国有部门）完成资源配置（资源初次分配与再分配），国家政府成为国民经济与社会中的直接管理者、经营者与控制者，由此带来的后果是政府与市场、政府与社会，以及市场与社会之间的边界关系缺乏界定，基本处于市场缺失与社会孱弱的双重局面（唐兴军、刘永泽，2017）。在这一三者合一的经济社会体制之下，形成了传统意义上的单位制社会。

在单位制社会体制之下，形成了传统的单位制组织，包括国家行政机关、国有事业单位以及国有企业三种形式，无论是在农村社会还是城市社会，企业与社会之间并没有进行严格区分，即国有单位（国有部门包括国有企业）就是社会，社会也被压缩，如国有单位（国有企业）之中，且个人的经济需求与社会需求的满足需要通过基于单位制组织予以实现，形成“国家—单位（社会）—个人”的社会资源运转与配置的构架体系。国有企业在这一时期不仅表现为国民经济体系中的政治附属物与资源配置机器，更成为社会管理与社会生活的依托组织单位，即依托于单位制形成政治、经济与社会的全方位全过程与全能式社会管理体制。因此，单位制下的国有企业组织肩负着政治权威与政治动员、社会资源整合、经济增长的多种责任。从这一时期的国民经济结构来看，至1978年，整个国民经济处于单一公有制经济主导下的计划经济时代，其中国家所有制与集体所有制企业产值占工业总产值比重分别为77.6%和22.4%（钱伟刚，2018）。总体来看，基于“单位制”下的国有企业员工的吃、穿、住、行等社会生活被国有单位（国有企业）的“统包”制度全方位覆盖，其背后的理论逻辑符合这一时期的经济与社会资源情境。但存在的问题是，基于国有企业为单位的社会实现经济与社会资源的配置尽管一定程度上解决了个人的经济与社会需求，但是在资源配置的过程中却呈现出单位的封闭主义、单位行政主义、单位身份主义以及单位关系主义（肖红军，2018）。

2. 改革开放探索时期（1978～1992年）：企业与社会初步分离的“小社会”

1978年，党的十一届三中全会吹响了改革开放的号角，决定将整个中央工作逐步转移到经济建设这一中心任务上来。1987年，党的十三大明确指出“以指令性计划为主的直接管理方式，不能适应社会主义商品经济发展的要求”，由此我国的国民经济也进入了一个以计划经济为主、市场调节为辅的经济体制调整与改革期。在这一调整期，经济体制改革表现为打破传统单一的计划经济体制，通过引入适当的市场经济机制推进计划经济下企业与社会关系之间的初步分离，逐步开始由新中国成立以来的国家（政府）、市场与社会的统一体逐步实现政府与市场的二元分离。调整“政府—市场—社会”的具体方式则立足于市场中的微观主体——国有企业作为改革主线，主要通过以“放权让利”为核心特征的国有企业管理体制改革重塑市场主体活力，让传统计划经济体制下的“政企合一”“政社合一”逐步分离为具有自主经营管理与自负盈亏的社会主义商品生产者与经营者。具体实现方式通过国有企业“利改税”对政府与国有企业的关系予以调整。1984年10月开始，将国有企业原有的上缴国家财政的税利转变为国家税收，进而重塑了政府与企业之间的分配关系，确立了企业在市场经营活动中一定的自主权。总体而言，这一时期主要是通过放权让利为中心的改革措施促进国有企业与政府原有的绑定式关系逐步分离，促进国有企业成为市场中独立意义上的经济实体组织，大大增强了国有企业创造经济价值与社会价值的弹性空间。

同时，这一时期政企分离、利改税、两权分离等一系列国有企业经营与管理制度改革以及从1982年开始的政府通过精简机构的体制改革逐步解决计划经济时期以来的党政机构臃肿、职责不清与效率低下的问题，使政府与企业之间的关系得到一定程度的分离。从企业与社会关系状态来看，在计划经济向市场经济的逐步过渡之中自有竞争机制也开始向社会领域延伸，由此社会资源的市场调节与分配能力逐步开始显现，基于单一计划经济体制下的“单位制”社会体制也开始有所松动（唐兴军、刘永泽，2017）。企业与社会的关系由此得到初步分离（见图 50－1）。但是这一时期，国有企业仍然存在较为普遍的企社不分的现象，国有企业与社会之间的关系依然沿袭计划经济体制下的“单位制”体制，在整个社会运转体制之中仍然呈现“国家（政府）—单位（国有单位与集体组织）—个人”的构架体系，并形成以单位为元点的“小社会”，在“小社会”中，个人严重依赖于单位生活，在个人的社会参与、社会利益表达、社会资源整合与社会利益分配都基于“单位”这一实体予以实现。

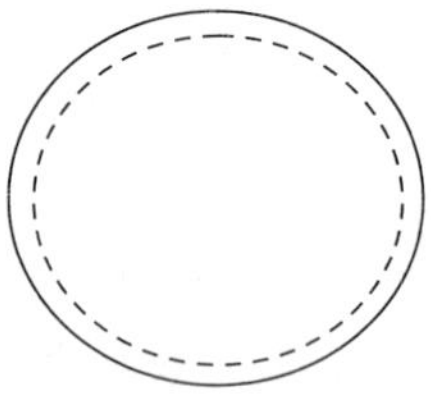

图 50－1 企业与社会之间关系逐步分离

3. 市场体系形成时期（1993～2005 年）：企业与社会隔离下的“脱耦体”

在 1992 年党的十四大提出了我国建立社会主义市场经济体制的改革目标后，我国逐步进入了改革开放的深化期。这一时期对于非公有制经济的认识逐步加深，在 1997 年党的十五大上提出非公有制经济是我国社会主义市场经济的重要组成部分，由此逐步将探索时期的计划经济向社会主义市场经济的转轨的过程实现纵深推进。在经济体制改革的微观领域，1993 年党的十四届三中全会提出了国有企业改革向建立现代企业制度迈进，以产权制度改革作为迈向社会主义市场经济体制下的制度型构，推进国有企业彻底摆脱计划经济时代的政治附属物以及企业办社会的弊端，推进国有企业在功能使命上转变为具有独立意义上的法人实体以及市场经济中的微观市场主体（肖红军，2018）。尤其是 1993 年 12 月《公司法》的出台为国有企业成为真正意义上的微观市场经济主体提供了法律依据，国有企业的市场合法性地位逐步得到确立。同时，民营经济改革在这一时期也开始逐步深化，1982 年党的十二大与 1987 年党的十三大明确提出私营经济是“公有制经济必要的和有益的补充”，在 1997 年与 1999 年非公有制经济下民营经济的市场合法性由此得到逐步确立，民营经济下的个体经济、私营经济的发展信心得到进一步增强，进入了有序发展的快车道。这一阶段，民营企业在市场中的力量不断壮大，成为履行经济责任创造经济价值的主导性力量。截至 2005 年底，全国民营企业数已达 430 万户，内资民营经济在 GDP 中的比重为 50%（全国工商联，2006）。

从企业与社会关系来看，随着国有企业的产权制度改革与民营企业的市场合法性地位得到确立，基于计划经济体制下的“单位制社会”逐步瓦解，企业与社会的关系在制度重构的过程中彻底分离。国家对单位、单位对个人的控制程度以及个人对单位的依赖能力逐步弱化，与此伴随的现象是传统计划经济体制下的单位制内的组织成员逐步向单位外脱离，逐步流向体制外的各行业中，单位制下的原有的经济、政治与社会资源整合的功能也逐步分离。同时，一部分非单位组织开始取代原单位组织的职能，在社会之中也开始存在相对独立的民间社会组织与行业组织如行业商会等，呈现出社会结构与社会利益的多元化趋势（唐兴军、刘永泽，2017）。总体来看，如图 50－2 所示，这一时期无论是民营企业还是国有企业，企业与社会的关系都呈现出“脱耦”状态，意味着企业与社会之间形成了弱关联关系，国有企业与社会之间的联结变得简单、脆弱甚至缺失。“后单位社会”的另一个显著特征是对市场主义的崇尚导致波兰尼所说的“市场社会”逐渐显现，因为市场对经济体制的控制会对社会整体产生决定性的影响，企业与社会性利益相关方的关系呈现出基于市场利益与市场交易下的经济性关系，企业对于社会职能与社会功能的发挥处于缺失状态，即视社会成为市场的附属品，而将社会关系嵌含于经济体制中，并非将企业的经济行为嵌含与耦合在社会关系中。因此，在企业对社会的利益相关方主体界定层面，企业的社会性利益相关方主体如社会公众对包括国有企业在内的企业更多的是市场经济下的一般性经济期望，社会性期望相对较弱，呈现出企业对社会的履责意识缺失、履责动力不足与社会对企业的履责期望孱弱的双重局面。

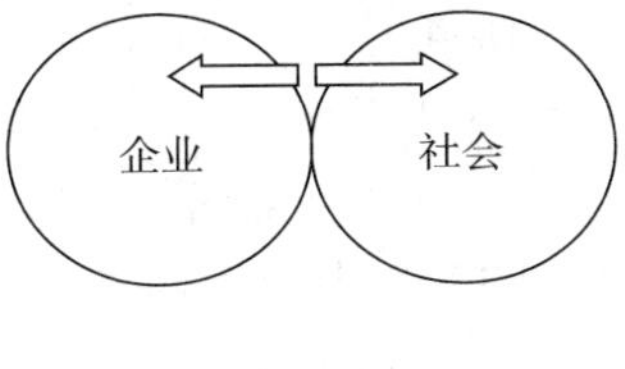

图 50－2　企业与社会关系呈现“脱耦”

4. 现代企业制度建构时期（2006～2012 年）：企业与社会的再嵌入下的“内嵌体”

这一时期，基于科学发展观的新的发展理念与社会主义和谐社会的建设新要求，社会主义市场经济体制不断完善，市场在资源配置过程中发挥基础性作用。此后，一方面基于科学发展观，市场在社会中的功能定位进一步深化，需要在制度层面对市场在资源配置中起到基础性作用予以保障。从具体的微观企业来看，《公司法》于 2006 年修订后正式实施，意味着国有企业也进步到一个新的发展阶段。国有企业的使命功能定位由独立竞争的经济组织转变为具有现代意义上的经济与社会功能兼具的复合型组织，并进一步成为解决企业市场失灵与弥补社会失灵的重要微观组织，具体体现为一方面推动国有资本向关系国家安全和国民经济命脉的重要行业和关键领域集中，进而推进国有企业在市场经济中弥补市场失灵的重要机器。另一方面，基于建设社会主义和谐社会的新的社会发展观也赋予了国有企业参与社会建设的机会，通过企业发挥社会功能解决社会失灵问题。

从企业与社会的关系来看，基于 2008 年国务院国资委在《关于中央企业履行社会责任的指导意见》与 2011 年在《中央企业“十二五”和谐发展战略实施纲要》中进一步明确为五个方面议题下的社会责任实践议题与内容边界的确定使国有企业这一历经“放权让利”“两权分离”以及现代公司制度下的经济组织转变为内嵌于社会结构之中的社会组织（肖红军，2018）。通过企业社会责任制度化予以推进国有企业积极承担对涵盖企业社会环境维度的利益相关方的社会责任，国有企业得以重新内嵌于社会性利益相关方网络与社会结构之中（见图 50－3）。同时，在民营企业社会责任实践中，尽管民营企业中社会责任实践也出现了一定的曲折，如民营企业中的社会责任缺失事件——“三聚氰胺事件”与“瘦肉精事件”等给民营企业的社会责任发展进程带来了阻碍，但是总体上民营企业也成为参与社会主义和谐社会建设的重要力量。在 2008 年入选中国慈善排行榜的 100 家企业中，民营企业占据主要地位，并积极参与地震救灾、教育扶贫等社会责任议题实践，展现了民营企业良好的社会责任形象。更为重要的是，上一阶段中由企业与社会之间的“脱耦”关系而衍生或加剧的一些社会问题如收入差距拉大、贫富阶层分化以及社会不平等现象得到逐步缓解。

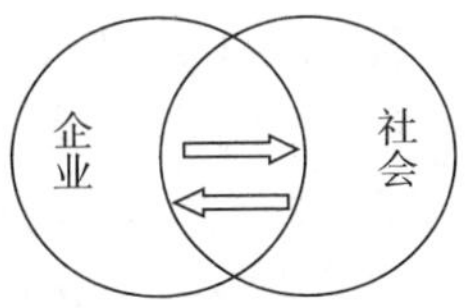

图 50－3　企业与社会的“再嵌入”

5. 新时代情景下（2013 年以来）：企业与社会共融下的“共生融合体”

2013 年党的十八届三中全会开启了全面深化改革的历史进程，习近平总书记在《中共中央关于全面深化改革若干重大问题的决定》中提出“经济体制改革是全面深化改革的重点，核心问题是处理好政府和市场的关系，使市场在资源配置中起决定性作用和更好发挥政府作用”，市场在社会资源配置过程中由过去的“基础性作用”转变为“决定性作用”，市场、政府与社会三者之间的关系由此得到进一步重塑。在微观企业组织层面，2013 年党的十八届三中全会要求“准确界定不同国有企业功能”。由此，国有企业改革的制度逻辑转变为基于国有企业的经济属性与社会属性的结合程度的异质性，分类分层推进国有企业更好地发挥市场功能与社会功能。更进一步地，随着党的十九大以来中国特色社会主义进入新时代，主要社会矛盾转变为“人民日益增长的美好生活需要和不平衡不充分的发展之间的矛盾”。在微观企业层面，在新时代下国有企业改革的战略目标应该自觉向高质量发展阶段的企业产品与服务高质量、企业管理高质量、企业综合价值创造高质量等核心特质转变（黄速建、肖红军、王欣，2018）。

这一时期，从企业与社会关系来看，在国有企业分类改革的制度设计之下，其背后的逻辑在于国有企业尽管都是现代意义上的市场组织，但是基于社会逻辑与市场逻辑的异质性其使命具有差异，进而形成不同类型的混合型组织（肖红军、阳镇，2018）。例如，公益类国有企业主要在关系社会公共服务供给与公共产品生产的行业领域，其对于矫正市场失灵与弥补社会失灵具有重要作用，在混合组织组织场域之中偏向于以社会价值与公共价值为主的社会组织场域（王涛、陈金亮，2018）；商业一类国有企业处于充分竞争的行业或领域之中，对于商业一类的国有企业根据强调其市场逻辑下的市场使命以实现国有资产的保值增值（黄群慧、余菁，2013）。因此，商业一类的国有企业其受市场逻辑的支配，偏向较高市场经济的组织场域；而商业二类国有企业介于公益类国有企业和商业一类国有企业之间，在组织场域之中处于公共价值创造下的社会逻辑与市场利润创造下的市场逻辑之间的叠加型组织，在承载国家市场经济下的国民经济安全与控制力使命的同时，也是政府参与和干预经济的重要手段，以弥补市场失灵与社会失灵（黄速建、余菁，2006）。在基于混合型组织的国有企业分类改革背景之下，国有企业与社会之间形成共生系统，意味着对原有的国有企业与社会的“单位制合一体”“脱耦分离体”“嵌入影响体”转变为企业与社会的共同体组织，意味着企业与社会形成互惠共生、协同共演、动态调适、逻辑多元的共生共演关系（见图 50－4）。与此同时，2014年我国的政府工作报告针对推进社会治理创新提出“注重运用法治方式，实行多元主体共同治理”的新要求，民营企业成为推进社会治理的重要组织载体，进一步推进了企业与社会之间的深度融合，在社会扶贫、教育医疗、社区捐赠以及社会共享等社会责任议题领域参与的广度与深度都得到前所未有的扩大（武力、张林鹏，2018）。总之，新时代背景下，企业与社会之间形成相互调适、共生共演的高阶经济社会生态系统，企业也朝着趋向于经济价值与社会价值更加均衡化的高阶组织共益企业（Benefit Corporation）迈进（肖红军、阳镇、焦豪，2019）。

图 50－4 企业与社会的“共生共融”

二、企业与社会关系的演变逻辑与特征

回顾新中国成立以来企业与社会关系70年演变的历史进程，企业与社会之间的关系演变逻辑主要体现为制度逻辑实现了由单一社会逻辑导向市场逻辑导向以及双元混合逻辑导向转变；企业在参与社会治理中的功能与机制也逐步发生演化，企业社会责任实践也逐步成为企业参与社会治理的主要方式；在企业与社会之间的经济纽带层面，共享经济成为新时代情景下推进企业与社会关系融合的新纽带。

1. 制度逻辑：由社会逻辑、市场逻辑对立割裂向双元制度逻辑转变

从新中国成立以来企业与社会的关系演变历程可以看出，企业与社会的“企社不分”“脱耦分离”“再嵌入”以及“共生融合”的历史过程实质上是我国自计划经济体制向社会主义市场经济体制转变过程中的制度逻辑的变迁过程（见表

50－1）。在计划经济时期（1949～1977年），企业处于被社会逻辑完全支配的境地，本质上就是"小社会"，企业完全丧失其基本经济功能，在单位制的企业运营模式之下，在国家包办社会的模式之下，企业成为国家（政府）管理与控制社会的一种工具，可以说企业的日常行为完全受到社会逻辑的支配，造成了企业与社会关系极度扭曲的局面，企业对于非经济责任下的社会功能发挥有所弱化甚至处于缺失状态。1978年改革开放以来企业与社会的关系进入改革开放的探索期与深化期（1978～1992年、1993～2006年），以"放权让利""利改税""股份制"等一系列促进国有企业逐步成为真正意义上的市场主体，企业的市场逻辑开始显现，在市场逻辑的影响之下，企业与社会之间得到逐步分离，国有企业逐步转变为基于市场逻辑导向下追逐市场利润的经济组织。与此相伴的是，计划经济体制下的社会逻辑处于支配地位的"单位制社会"逐步瓦解，企业逐步成为社会的经济活动区域，越来越多的单位个体流向体制之外的其他组织如民营企业之中。但是，这一时期国有企业由于受到市场逻辑的嵌入以及社会逻辑逐步淡化的影响，对于非经济责任下的社会功能发挥有所弱化甚至处于严重缺失状态，国有企业由"单位制社会"向"利益制单位"转变，呈现出"甩包袱"的现象，在这种情况下国有企业既无暇顾及也缺乏动力关注和参与社会性议题，而是秉承Friedman（1962）所倡导的"唯赚钱论"。在市场逻辑主导下，企业以创造经济价值为主要目标，社会环境价值对其的重要性则相对较弱（肖红军，2018）。与此同时，民营企业在市场逻辑的影响下逐步得到成长。党的十六大报告第一次明确提出，"必须毫不动摇地鼓励、支持和引导非公有制经济共同发展"，使市场逻辑逐步在社会之中深化与嵌入，民营企业的企业数量、从业人员数以及注册资金都得到前所未有的增长（王海兵、杨蕙馨，2018）。

表50－1　企业与社会关系70年变迁的制度逻辑及特征

特征	计划经济时期（1949～1977年）	改革开放探索期（1978～1992年）	市场体系形成期（1993～2005年）	现代企业制度建构期（2006～2012年）	新时代情景下（2013年至今）
主导制度逻辑	社会逻辑	社会逻辑为主导 市场逻辑为辅	市场逻辑为主导 社会逻辑为辅	市场逻辑与社会逻辑之间相互嵌入	多元制度逻辑混合共融
政府角色发挥	政府管控企业与社会	政府主导企业与社会	政府扶助企业与社会	政府调控企业与社会	政府扶助社会与调控市场
企业组织载体支撑	国有企业（国营单位与集体组织）	国有企业	国有企业为主导 民营企业为辅	国有企业与民营企业共同支撑	基于国有企业与民营企业为组织载体的混合型组织
企业组织功能特征	政治功能社会生活功能	政治功能与社会生活功能为主导 经济功能开始显现	经济功能为主导 社会功能为辅	经济功能与社会功能	多元功能逐步混合化
组织中的人性假设	"社会人"	"社会人"为主导 "经济人"为辅	"经济人"为主导 "社会人"为辅	"经济人"与"社会人"逐步混合	"共享人"
企业主导使命	政治使命与社会使命	政治使命与社会使命为主 市场使命为辅	市场使命为主导 社会使命为辅	市场逻辑与社会逻辑逐步混合	混合使命
企业价值创造结果	社会与公共价值	社会价值 经济价值	经济价值创造为主 社会与环境价值创造为辅	涵盖经济、社会与环境的综合价值	涵盖经济、社会与环境的综合价值与共享价值创造

资料来源：笔者整理。

2006 年以来，随着社会主义市场经济体制不断完善以及建设社会主义和谐社会提出了新的要求，无论是国有企业还是民营企业其市场逻辑逐步与社会逻辑“再嵌入”。2006 年正式实施的《公司法》要求，公司从事经营活动必须承担社会责任，标志着在企业制度层面推进企业市场逻辑与社会逻辑之间的相互嵌入，以打造具有现代意义上的公司制度，由国有企业的“社会脱耦”向“社会逻辑再嵌入”转变。党的十八届三中全会通过的《中共中央关于全面深化改革若干重大问题的决定》首次提出“社会责任”，社会责任在国家战略层面上得到广泛重视，推进了企业与社会之间的深入融合。尤其是 2015 年国务院发布《关于深化国有企业改革的指导意见》明确提出分类推进国有企业改革，在国有企业的分类改革的制度设计之下，国有企业逐步向组织形态各异的混合型组织（Hybrid Organizations）转变。

2. 融合方式：企业社会责任实践成为参与社会治理的新方式

自新中国成立以来，我国的社会治理模式也由政府一元化的治理模式逐步转变为多元化的治理模式，在计划经济时期（1949～1977 年）及改革开放的探索初期（1978～1992 年），政府在整个社会资源配置中处于主导地位，社会公共政策制度与社会公共服务提供、社会矛盾解决都完全依赖于政府，企业在政府直接管理与直接经营的模式下形成“单位制社会”，“社会”混合于国家政治经济的承载载体国营单位之中（李培林，2014），因此在单位制社会下严重缺乏社会治理。而在市场体系形成期（1993～2005 年），特别是 1999 年民政部印发的《全国社区建设实验区工作方案》，逐步探索基于“社区制”的社会体制改革，逐步实现由计划经济主导时期下的“单位人”转变为真正意义上的“社会人”，国有企业与民营企业也逐步成为真正意义上参与社会治理的重要主体。此后，2004 年党的十六届四中全会提出“建立健全党委领导、政府负责、社会协同、公众参与”的社会治理格局。伴随着新中国成立以来的社会治理主体与社会治理格局的逐步转变，企业在参与社会治理中的功能与机制逐步发生演化，企业社会责任实践也逐步成为企业参与社会治理的重要方式。

党的十八大以来，中国特色社会主义进入新时代，党的十八届三中全会明确提出创新社会治理体制，着力推进社会治理的现代化，建设共享型社会（陈鹏，2018）。从国有企业来看，国有企业在由计划经济向市场经济转轨的过程中，在市场逻辑导向下具有经济使命的同时，也具有社会逻辑下的社会使命的要求，一直在企业社会责任绩效表现中扮演着“排头兵”的角色。2015 年 8 月，《中共中央、国务院关于深化国有企业改革的指导意见》要求，国有企业要成为自觉履行社会责任的表率，一大批国有企业如国家电网、中国核电不断探索企业社会责任，融入企业运营管理过程之中，通过创新企业与利益相关方的参与决策机制，增强企业对于社会的治理能力与创造企业综合价值的潜力。从民营企业来看，20 世纪 90 年代以来，我国民营企业比重由 1989 年的 3.86% 上升到党的十九大所披露的超过 60%，民营企业在税收贡献、社区就业、科技创新、公共教育、社区捐赠和社会扶贫与共享中的参与程度越来越高[①]。由此，企业社会责任实践的基本逻辑导向由单纯的经济利润驱动下的工具竞争观转向了基于企业社会责任内生性认知的综合价值创造观与共享价值创新观，逐步形成了基于新时代下的制度情景与社会情景的、结合宏观时代战略导向下与微观企业差异下的企业社会责任实践新范式、新模式、新议题与新趋势。

3. 经济纽带：共享经济成为企业与社会关系融合的新纽带

随着人类进入基于互联网下的共享经济与平台经济时代，消费模式也发生了新的改变，传统经济下的消费模式是与商品产权合一的“占有型消费”。在占有型的消费模式下，一方面，即使个体拥有多余、闲置或使用程度较低的商品，仍然难以与他人分享使用权；另一方面，消费奢侈

① 在党的十九大召开期间，统战部答记者问时提到，我国民营企业近 2500 万户，它的作用和贡献可以用五个数字来概括，就是“56789”，“5”就是民营企业对国家的税收贡献超过 50%；“6”就是国内民营企业的国内生产总值、固定资产投资以及对外直接投资均超过 60%；“7”就是高新技术企业占比超过了 70%，“8”就是城镇就业超过 80%；“9”就是民营企业对新增就业贡献率达到了 90%。

主义、浪费主义与过度消费广泛存在，甚至有学者认为基于私有产权排他性的占有型消费模式给市场与社会带来了严重的负外部性，如过度消费造成的资源浪费、贫富分化带来的某些商品的过度购买而某些产品则完全闲置，以及由此带来的负外部性如社会环境问题日益严重、社会消费阶层的社会割裂以及社会关系的两极分化等。基于商品使用权与所有权分离的共享经济则实现了传统消费模式的再次超越，在不颠覆商品所有权关系的背景之下，通过所有权与使用权的分离实现消费的可持续。也正是共享经济下的消费模式与商业模式的进一步变革，为企业与社会、社会与企业之间的再度深入融合提供了经济纽带。具体来看，共享经济或平台经济的支撑载体是互联网平台，通过互联网平台能够实现资源的跨时空与跨区域的配置，大大提高了资源供给方与需求方的匹配效率，同时为增加消费者的福利与效用提供了更大的可能性（Richardson，2015）。更为重要的是，基于商品使用权的交易有助于大大提高社会闲置资源的利用效率，并由此遏制过度消费所带来的社会环境问题（Bardhi，Eckhardt，2012）。在一定意义上，共享经济是蕴含经济目标与社会目标的市场交易行为，不同逻辑导向的共享主体带来的结果也存在差异（王宁，2018）（见图 50－5）。在共享经济的运行过程中，市场交易主体交易的基本前提是社会信任，进一步驱动了市场逻辑与社会逻辑之间的相互融合。

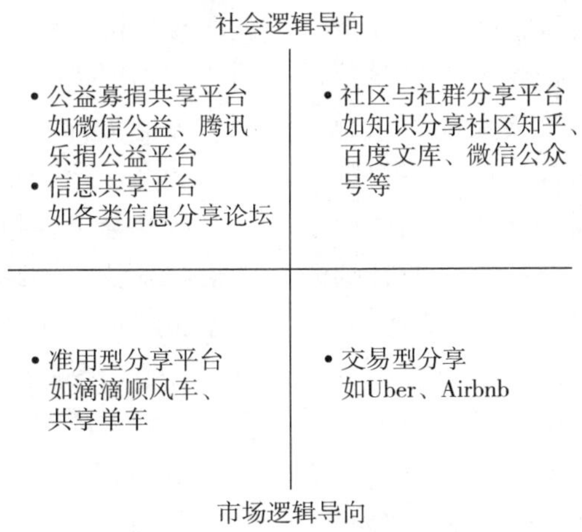

图 50－5　基于不同逻辑（市场逻辑与社会逻辑）导向的共享经济类型

三、企业与社会关系演变中的现实问题

在新时代情境下企业参与社会治理以及企业的运营管理过程中，企业经济性行为的负外部性问题仍然广泛存在，突出地体现为企业社会责任缺失与异化现象频频出现。总体来看，企业社会责任管理模式的内生动力仍然不足，社会责任整体发展水平仍然处于起步阶段。尤其是一系列企业社会责任缺失与异化行为频频发生，在一定程度上使企业与社会之间的融合进程受阻；同时，受制于我国“强政府—弱社会”的社会孱弱格局，与西方尤其是欧美发达国家相比我国社会组织与社会公众对企业、政府的约束与激励力度仍然薄弱，社会协同参与企业社会责任缺失与异化行为的治理能力仍然欠缺，新时代、新经济情境下的企业社会责任缺失与异化行为亟须进一步治理。

1. 企业基于市场逻辑支配下的社会责任缺失与异化行为仍然广泛存在

在企业运营与管理过程中，企业基于市场逻

辑支配的企业社会责任缺失与异化行为仍然广泛存在，主要表现为企业的社会责任缺失行为、伪社会责任行为以及企业社会责任“寻租”行为（肖红军、阳镇，2018）。从企业社会责任缺失行为来看，无论是国有企业还是民营企业近年来都不同程度地出现企业社会责任缺失现象，如2019年长春长生“疫苗门”事件，给国有企业的社会责任行为造成了极大程度的负面影响，国有企业在市场逻辑支配下丧失了基本的社会使命，由此给社会消费者带来了严重的负外部性。民营企业近年来企业社会责任缺失事件更是集中爆发，典型的体现是各类互联网平台型企业社会责任缺失事件层出不穷（肖红军、李平，2019）。从企业社会责任“寻租”行为来看，一些企业基于高管政治关联寻求企业社会责任政治租金，获取相应的政府补贴或政策优惠，更有甚者，一些企业通过践行虚假的社会责任项目、社会责任实践议题，获得政府、社会行业机构的社会关注，由此导致虚假的企业社会外部评价绩效。由此不仅破坏了企业、政府与社会三者之间的边界，同时会导致社会责任实践“劣币驱逐良币”下企业社会责任运动的整体倒退（肖红军、张哲，2016）。同时，随着第三次工业革命下的人工智能等新兴技术范式在经济社会层面的广泛运用，基于人工智能的企业社会伦理问题也引发了较大的理论争议，人工智能的伦理性引发的社会性问题逐步被学界所广泛关注，因而新一轮技术范式的科技人员的社会责任认知与行为也就越发重要。基于人工智能技术范式的责任型治理（包括技术维、经济维、伦理维和社会维）成为推进人工智能技术创新实现可持续发展的关键。

2. 企业社会责任整体发展水平仍然偏低，参与社会治理的动力不足

2013年以来，受到中国宏观经济下行以及企业整体上处于转型期等因素的影响，企业社会责任的总体发展水平仍然较低，与社会预期相比仍然存在明显差距。从新中国成立70年以来企业与社会关系的变迁过程来看，不同制度逻辑主导下的企业社会责任实践意愿、动力与机制不尽一致。总体而言，我国民营企业社会责任整体能力仍然较低，对于企业社会责任管理与实践的推进意愿与力度仍然不足，在市场逻辑的支配之下产生了大量企业社会责任缺失与行为异化事件，在市场逻辑支配下，民营企业的整体社会责任发展水平仍然低于国有企业（黄群慧等，2017）。中国企业管理研究会社会责任专业委员会和北京融智企业社会责任研究院共同发布的《中国上市公司社会责任能力成熟度报告（2017～2018）》研究发现，制造业上市公司绿色发展能力严重不足，81%的企业得分低于30分。其中，民营企业中绿色发展能力成熟度得分超过60分（本能级）的仅有17家，足以说明民营企业绿色价值创造能力亟待提升（肖红军、王晓光、李伟阳，2018）。此外，根据中国社会科学院经济学部企业社会责任研究中心发布的《中国企业社会责任研究报告（2018）》，2018年中国企业300强社会责任发展指数为34.4分，整体上仍处于起步阶段（黄群慧、彭华岗、钟宏武、张蒽，2018）。从上市公司的ESG体系建设进展来看，中国A股上市公司ESG关键指标平均披露率为9.4%，整体表现较差；从企业社会责任披露体系来看，《金蜜蜂中国企业社会责任报告研究（2018）》（殷格非、于志宏、管竹笋，2018）显示，2001～2018年，中国发布的社会责任报告数量逐年增长。由此可以看出，上市公司、国有及国有控股企业是发布社会责任报告的主要组织载体，民营企业发布社会责任报告的意愿与动力普遍较低。

3. 社会的推进社会责任动力不足，社会责任治理能力亟须提升

基于外部主体视角来看，企业社会责任的推进主体一般包括企业的外部经济性利益相关方的价值期望推动与以政府、社会组织和社会公众为主体构成的社会制度推进。但是，由于政府参与推进企业社会责任的意愿、资源与动力的差异，基于政府能力与社会能力的相对强弱，推进企业社会责任的模式主要存在“强政府—强社会”“弱政府—强社会”与“强政府—弱社会”下的企业社会责任推进模式。但从我国的“政府—社会”发展格局来看，与西方发达国家的“强政府—强社会”或“弱政府—强社会”的主要模式相比，我国形成了“强政府—弱社会”的发展格局，在这一模式下，政府作为推进企业社会责任的主导者，在制度供给、评价监督与社会参与中仍然扮演着主导性角色，但从社会推进的角度来

看，受制于我国社会发展程度不完善，与发达国家相比，社会组织的发育不成熟使企业在社会责任治理过程中社会公众的参与意愿与途径相对缺失。更有甚者，一些行业组织、非政府组织、非营利组织或商业机构为了纯粹性地扩大自身的社会影响力，或者为了从企业获得商业服务的业务，往往开展一些并不科学且具有明显偏向性的社会责任评价或设立相关奖项，甚至评价结果或奖项发放与企业是否给予自身好处相关联，其结果是社会机构得到“好处”却将企业社会责任发展引入歧途，引发企业社会责任行为实践进程整体倒退（肖红军、张哲，2017）。在企业社会责任治理过程中，企业社会责任行为实践的过程涉及一系列的组织内部成员与组织外部的各类组织，且企业产生社会责任行为缺失与异化也与企业所处的宏观制度环境及市场环境紧密相连。在这一过程中，企业需要一系列的组织内成员与外部组织协同参与以及相互合作，从而产生相互嵌入的社会责任治理共同体，推进企业社会责任行为的可持续发展。

四、企业与社会关系演变的未来趋势

步入中国特色社会主义新时代，在全新的历史方位与时代情景下，面对新时代的新的发展矛盾、发展理念、发展要求与发展方式，在新时代情境下，企业在与社会融合的过程中仍然需要进一步聚焦推进企业社会责任缺失与异化行为的社会责任制度供给，探索建立混合型组织成长的社会支持机制以及打造企业、政府与社会三者之间的企业社会责任治理共同体，进而共创未来中国企业与社会深入融合的新局面。

1. 制度前景：深化推进企业社会责任缺失与异化行为的制度供给

制度作为驱动企业微观行为变迁的重要抓手，对于引领微观组织的市场行为与社会行为具有基础性作用。未来要推进企业与社会的进一步深入融合，应更好地推进企业社会责任管理与实践，规避企业社会责任缺失与异化行为需要在制度层面予以重点治理。一方面，政府需要进一步增强企业社会责任制度的供给水平，尽管自党的十八届三中全会以来，企业社会责任已经逐步上升为国家战略，但是在顶层设计层面，近年来对于社会责任的制度供给的关注力有所下降，未来需要进一步提高企业社会责任的制度供给水平，如在企业社会责任国家立法、企业社会责任国家标准设计与企业社会责任推进落实方案方面都需要进一步增强顶层制度的设计能力，尤其是对于新经济、共享经济与平台经济等新业态下的企业社会责任制度供给空白予以着重填补，重塑政府在面向新经济下的企业社会责任的制度供给能力，规避由于新经济、新业态与新行业所带来的社会责任制度漏洞而产生的企业社会责任缺失与异化行为异化空间。另一方面，针对微观层面的企业具体运营制度逻辑，在国有企业分类改革推进过程中，考虑到国有企业作为混合组织场域内的组织制度逻辑异质性，如对商业类企业与公益类企业的社会责任制度、企业社会责任内容边界、社会责任动力机制予以差别化，分类分层探索强制性社会责任制度供给与诱导性制度供给，推进企业社会责任实践体系、社会责任制度推进体系、社会责任评价监督体系差别化，以使不同类型国有企业的社会责任发展步入合意的轨道。

2. 组织前景：探索建立混合型组织成长的社会支持机制

共益企业（Benefit Corporation）作为市场逻辑与社会逻辑之间共生共融的新型企业社会责任内生性组织，探索推进我国企业向共益企业转化显得尤为必要，尤其是推进由市场逻辑主导下的创业企业家精神、社会逻辑主导下的社会企业家精神向基于共享、共赢与共益的共益型企业家精神转变（肖红军、阳镇、焦豪，2019）。探索推动我国共益企业的成长以实现企业与社会的共生融合需要从以下方面重点推进：首先，共益企业家精神的形成很大程度上依赖于一定社会结构下的社会运行方式，因而宏观市场运行过程中需要政府创新社会调控的方式与手段，在政策层面鼓励与支持共益企业家精神，为具有共益精神的企业家提供社会服务与社会平台支持。其次，在社会认知层面需要增进我国不同类型企业对于共益企业的认知。其作为除传统的三大部门即商业组织、社会企业与非营利性组织以外的第四类组织形式，已经在发达国家引起了社会公众的广泛关注；其作为一种企业社会责任内生型组织，对于推进经济与社会环境共生融合具有前所未有的社会环境价值创造效应。尤其是在当前经济运行层面的共享经济、社会层面的共享价值创造与整体层面的共享发展的实践背景之下，共益企业的出现很大程度上适应并回应了社会价值共创与企业与社会之间形成价值共享生态圈的现实要求，因而亟须社会公众增进对共益企业的企业使命、运营逻辑、商业模式与社会责任实践范式的理解，使社会群体能够了解共益企业，从而促进并支持共益企业的成长，从而为共益企业搭筑社会性利益相关方网络，实现企业价值创造结果的共享与共赢奠定群体基础，最终实现由单纯的工具性制度支持共益企业成长走向认知性主体支持共益企业成长。

3. 治理前景：推进社会多元主体形成“企业社会责任治理共同体”

企业社会责任治理共同体是一定组织范围内以共同的社会责任愿景为目标，基于各类行为主体（组织与成员）之间的社会责任知识、社会责任实践资源整合与资源共享形成相互依赖、相互协同与相互耦合的共生型结构，共同推动社会责任实践组织成员的履责意愿、履责知识技能以及履责绩效的提升，最终推动企业社会责任实践的可持续。具体来看，在企业社会责任治理理念层面，企业社会责任治理共同体强调社会责任行为治理共同体下的共同治理，对一定组织范围内如供应链组织、集群组织、企业联盟组织载体范围内的企业社会责任共同治理的理念强调治理的社会化，实现社会责任治理共同体内的治理主体整体式、合作式、共赢式及共益式治理的局面，最终实现治理共同体的结构稳态；在治理主体层面，既包括实体性的治理主体如企业个体社会责任行为治理主体、政府社会责任治理主体，也包括虚拟性的网络空间治理主体，如网络平台经济范式下的虚拟经济组织的交易空间，对于虚拟网络平台的社会责任行为治理在需要借助实体性组织治理的同时也需要嵌入虚拟性的网络治理组织以及虚拟信息技术单元，实现共同体治理主体的包容性及网络化（阳镇，2018）；在治理过程中，在治理共同体的同一场域内，各治理主体能够充分共享治理要素资源，针对解决相应的社会责任缺失与异化问题共享各自优势治理资源和能力，包括基于价值偏好和优势贡献的多元资源要素相互交叉、相互嵌入实现治理共同体内的跨层次、跨领域下的跨主体、跨领域与跨界合作，最终推动企业社会责任行为治理的知识创新和要素共享的充分性，从而实现共同体内治理资源的互补效应、耦合效应及共享效应。

专栏 50－1

2018 年中国企业社会责任十大事件

事件一：2018 年 1 月 15 日，深圳市国资委发布《2017 年度深圳市属国资国企社会责任报告》，在全国国资系统内以国资委为主体发布整体性社会责任报告尚属首次。

事件二：2018 年 4 月 11 日，商务部推动有关协会和流通企业成立了“绿色采购联盟”，促进相关参与企业在供应商管理、可追溯系统、消费者教育、认证产品采购、服务采购等方面的合作，推动企业构建绿色供应链，促进绿色消费。

事件三：2018 年 9 月 3 日，习近平主席倡议支持成立中国在非企业社会责任联盟，是中非友好合作和在非中企积极履责的结果，也将是"一带一路"在非洲可持续推进、中非携手可持续发展的重要手段。

事件四：2018 年 9 月 30 日，证监会发布新版上市公司治理准则，确立环境、社会责任和公司治理（ESG）信息披露的基本框架，进一步规范上市公司运作、提升公司治理水平、保护投资者合法权益。

事件五：2018 年 11 月 7 日，第五届世界互联网大会聚焦"构建可持续的数字世界"，着眼于全球与我国互联网经济蓬勃发展的现实背景，有助于各国在争议中求共识、在合作中创共赢，真正实现网络空间的责任共同体和命运共同体建设。

事件六：2018 年 11 月 18 日，中国伊利全球首发生物多样性保护年报，推动联合国可持续发展目标的实现。这既是新时代中国企业成长为响应全球倡议、担负全球责任的全球企业的伊利样本，同样也是中国以负责任大国形象参与全球治理的表征。

事件七：2018 年 11 月 26 日，"基因编辑婴儿"引法律和伦理争议。科学的边界与伦理的底线再次唤醒科研人员、政府与社会公众的重新反思，科学的最后底线，必定是不违背人性与人伦的底线。

事件八：2018 年 12 月 5 日，首届企业社会责任学术国际研讨会推动产学研企多方合作，共同搭建社会责任实践案例、学术研究与社会沟通平台，为推进和发展中国企业社会责任提供学术支撑和实践动力。

事件九：2018 年 12 月 12 日，《中国外商投资企业社会责任发展报告（1978～2018）》发布，系统展现了外资企业责任根植中国、不断寻求与利益相关方合作共赢的 40 年。

事件十：2018 年 12 月 12 日，国家电网发布《国家电网有限公司海外社会责任指南》，从规范、理性视角系统地呈现企业海外履责的基本要求、管理思路和运营行为，有助于中央企业向世界积极贡献可持续发展和包容性增长的举措与经验，为中国企业海外履责提供了可资借鉴的行动路径，具有划时代的理论创新和实践示范的效应。

资料来源：《WTO 经济导刊》：《2018 中国企业社会责任十大事件》。

参考文献

［1］黄群慧、彭华岗、钟宏武、张蒽：《中国企业社会责任研究报告（2018）》，社会科学文献出版社 2018 年版。

［2］肖红军、王晓光、李伟阳：《中国上市公司社会责任能力成熟度报告（2017～2018）》，社会科学文献出版社 2018 年版。

［3］肖红军、李平：《平台型企业社会责任的生态化治理》，《管理世界》2019 年第 4 期。

［4］肖红军、阳镇：《共益企业：社会责任实践的合意性组织范式》，《中国工业经济》2018 年第 7 期。

［5］刘平、王汉生、张笑会：《变动的单位制与体制内的分化——以限制介入性大型国有企业为例》，《社会学研究》2008 年第 3 期。

［6］唐兴军、刘永泽：《国家与社会关系调适：行业组织变迁发展的动因论析》，《社会主义研究》2017 年第 5 期。

［7］钱伟刚：《论中国特色社会主义市场经济资源配置方式——从政府和市场的统分视角批判新自由主义》，《经济社会体制比较》2018 年第 3 期。

［8］肖红军：《国有企业社会责任的发展与演进：40 年回顾和深度透视》，《经济管理》2018 年第 4 期。

［9］全国工商联：《2006 年中国民营经济发展蓝皮书》，《中华工商时报》2006 年 11 月 15 日。

［10］黄速建、肖红军、王欣：《论国有企业高质量发展》，《中国工业经济》2018 年第 10 期。

［11］王涛、陈金亮：《双元制度逻辑与多中心融合情境的组织合法性——兼论国有企业分类改革》，《经济管理》2018 年第 8 期。

［12］黄群慧、余菁：《新时期的新思路：国有企业

分类改革与治理》,《中国工业经济》2013 年第 11 期。

［13］黄速建、余菁:《国有企业的性质、目标与社会责任》,《中国工业经济》2006 年第 2 期。

［14］武力、张林鹏:《改革开放 40 年政府、市场、社会关系的演变》,《国家行政学院学报》2018 年第 5 期。

［15］肖红军、阳镇、焦豪:《共益企业:研究述评与未来展望》,《外国经济与管理》2019 年第 4 期。

［16］王海兵、杨蕙馨:《中国民营经济改革与发展 40 年:回顾与展望》,《经济与管理研究》2018 年第 39 卷第 4 期。

［17］陈鹏:《中国社会治理 40 年:回顾与前瞻》,《北京师范大学学报》(社会科学版) 2018 年第 6 期。

［18］Richardson L., "Performing the Sharing Economy", *Geoforum*, Vol. 67, 2015, pp. 121 – 129.

［19］Bardhi F., Eckhardt G. M., "Access – based Consumption: The Case of Car Sharing", *Journal of Consumer Research*, Vol. 39, No. 4, 2012, pp. 881 – 898.

［20］王宁:《分享经济是一种改良运动—— 一个"市场与社会"的分析框架》,《广东社会科学》2018 年第 2 期。

［21］肖红军、张哲:《企业社会责任寻租行为研究》,《经济管理》2016 年第 38 卷第 2 期。

［22］黄群慧等:《中国企业社会责任研究报告(2017)》,社会科学文献出版社 2017 年版。

［23］肖红军、王晓光、李伟阳:《中国上市公司社会责任能力成熟度报告(2017 ~ 2018)》,社会科学文献出版社 2018 年版。

［24］殷格非、于志宏、管竹笋:《金蜜蜂中国企业社会责任报告研究(2018)》,社会科学文献出版社 2018 年版。

［25］肖红军、张哲:《企业社会责任悲观论的反思》,《管理学报》2017 年第 14 卷第 5 期。

［26］阳镇:《平台型企业社会责任:边界、治理与评价》,《经济学家》2018 年第 5 期。

第五十一章　国有企业治理

提　要

公司治理是一组规范各利益相关者的、有关权责利关系的制度安排，是现代企业最重要的制度框架。公司治理涉及股东、董事会、经理层以及其他利益相关者之间的相互制衡关系。通过合理的治理结构和有效的治理机制，能够激励董事会和经理层去实现那些符合股东、经营者和其他利益相关者的目标，也可以实现对参与治理的各类主体进行有效的监督，确保企业运营效率的提升。相对于其他企业而言，国有企业的公司治理具有一些特殊性。纵观新中国成立70年来的演变历程，国有企业的公司治理变革是与国有企业的改革历程紧密联系在一起的。概括而言，国有企业从改革开放之前的行政型治理模式，向市场化改革初期的自主型治理模式转变，再向以现代化企业制度为目标的公司制转型，然后逐步建立以董事会为核心的规范治理结构，最后在新一轮国资国企改革引领下推行差异化治理模式。在此过程中，国有企业的公司治理水平得到显著提升，从而促进了国有企业的竞争力和影响力不断提升。本章基于公司治理国际准则和世界一流企业最佳实践，分别从价值导向、治理结构、治理机制和利益相关者参与四个维度，总结中国国有企业公司治理的演变规律和特征。与此同时，梳理当前国有企业公司治理面临的主要问题与障碍，提出进一步完善国有企业公司治理的方向与路径。

*　　　*　　　*

当以“两权分离”为核心特征的公司制成为现代企业最典型的组织形式时，公司治理就成为企业实现可持续发展的重要议题。有效制衡的公司治理结构以及健全高效的公司治理机制，是企业塑造核心竞争力不可或缺的重要前提和保障。新中国成立70年来，伴随经济体制和制度环境的变迁，中国国有企业治理模式经历了多次转型，治理结构和治理机制也逐步得以完善。当前，在建设具有国际竞争力的世界一流企业目标指引下，国有企业的公司治理体系仍然有待进一步健全，应加快完善既具有中国特色又能与国际规则接轨的国有企业公司治理体系。

一、新中国成立以来国有企业治理模式的演变历程

经过70年的发展尤其是40年的改革，我国国有企业已经从传统的计划经济体制下的附属物，逐步向市场经济体制下的现代企业转变（黄群慧，2018）。在国有企业公司治理制度变迁的

过程中，并不存在可以借鉴的经验，更多的是采取"摸着石头过河"——探索式渐进改革的思路。基于黄群慧（2018）提出的"新型国有企业"演变路径，根据国有企业在推动公司治理制度改革中出现的拐点事件，可以将国有企业公司治理变革的过程划分为五个主要阶段：

1. 计划经济体制下的行政型治理时期（1949～1977年）

中国国有企业的建立是与中华人民共和国的成立同时起步的。通过没收官僚资本和外国在华资本，改造民族私人资本，以及国家大规模的投资兴建，中国国有经济发展有了自己的队伍，形成了国有经济发展的主力军。在当时的时代背景下，苏联高度集中的计划经济体制和企业管理模式成为中国唯一的选择，这种国有企业的公司治理模式可以被称为行政型治理模式。这种治理模式最大的特点是政企不分导致的企业治理行为的行政化。一方面，国有企业的管理人员具有行政级别，属于国家干部，根据级别高低由党组织或政府任命（或批准任命）；另一方面，国有企业内部实行的是生产车间式管理，由上级国家机关对国有企业的生产、计划、投资、财务、人事、劳动、工资、物资、销售以及员工福利等方面进行集中管理。这种模式下的国有企业也被称为"国营企业"，不但企业的资本归国家所有，而且企业还由国家直接经营，国有企业的控制权高度集中于中央政府手中。概括而言，在传统的计划经济体制下，国有企业更多地体现为完全的国家意志，在经营活动中实行的也是"统收、统支和统配"，并没有成为真正意义上的独立市场主体。这种治理模式的直接后果是，国有企业治理边界模糊和责任主体的缺位，使国有企业失去了应有的活力，并产生了高昂的治理成本。

2. 确立市场地位后的自主型治理时期（1978～1993年）

1978年召开的党的十一届三中全会，开启了真正意义上的国有企业改革历程，也标志着我国国有企业的公司治理模式进入了一个全新的阶段。在改革初期，最重要的是确立国有企业独立的市场竞争主体地位，这是促使国有企业公司治理模式变革的前提和基础。为此，我国推行了放权让利、利改税、承包经营责任制等一系列改革举措，核心目的就是让国有企业逐渐从政府的附属物中解放出来，企业的经营自主权逐步扩大。与此同时，在国有企业领导体制改革的背景下，国有企业的内部治理结构也相应发生了变化，从党政领导下的负责制逐步演变为厂长（经理）负责制。在这一阶段，随着国有企业内部治理结构的不断完善，国有企业内部的监督与指挥职能以及相互之间的制衡机制也初步建立。国有企业内部已经按照有关法规建立了内部组织机构，一方面，坚持和完善厂长（经理）负责制，保证厂长（经理）依法行使职权；另一方面，企业中的党组织发挥了政治核心作用，保证监督党和国家方针政策的贯彻执行；此外，工会与职工代表大会也积极组织职工参加企业的民主管理，维护职工的合法权益。这种三权制衡的机制形成了我国国有企业内部权责分明、团结合作、相互制约的机制，在很大程度上调动了各方的积极性，激发了国有企业的发展活力。

3. 现代企业制度导向的公司化改制时期（1994～2002年）

1993年《公司法》的颁布，是国有企业公司治理转型的一个关键转折点。由此开始，我国国有企业进入了建立现代企业制度的重要时期。这一时期国有企业改革的目标被设定为建立"产权明晰、权责明确、政企分开、管理科学"的现代企业制度，通过产权多元化、上市等来推行公司化改制，从名义法人转变为真正法人，同时推进了国有企业民营化、使国有企业逐渐从竞争性领域退出等多种措施。伴随经济体制改革和国有企业改革的不断深化，我国国有企业的治理模式也逐步从计划经济体制下的行政型治理向市场经济体制下的公司制治理转变。国有企业的治理结构也发生了显著变化，在传统的国有企业中，党委会、厂长（经理）、职工代表大会分头负责的横向分权模式，转变成由股东会、董事会、经理层和监事会组成的相互制约的纵向授权模式。然而，现代企业制度的建立并不是一蹴而就的，国有企业在经理治理模式转型的过程中，面临着内部责、权、利配置，"新三会"与"老三会"关系等诸多复杂的现实问题。与此同时，随着经济体制改革的逐步深入，国有企业所面临的外部市场逐步规范化，国有企业发展的融资市场、股票市场、经理人市场以及产品市场等外部治理环境逐步成熟，对国有企业形成了有效的外部治理机制。此外，尽管国有企业初步建立了相互制衡的治理结构，但是由于改革尚不彻底且行政干预仍然存在，使国有企业普遍存在委托—代理问题，并产生了较为严重的内部人控制问题。国有企业公司治理的进一步规范，需要国有企业管理体制和政企关系的深刻变革。

4. 国资体制改革推动的规范化治理时期（2003～2012 年）

2003 年国务院国有资产监督管理委员会（简称“国资委”）正式成立，标志着新的国有资产管理体制的建立，这也促使国有企业的公司治理模式得到进一步规范和完善。与此前的治理模式不同，由国资委统一行使国有企业出资人的职责，实现了政府与企业相分离。政府不再直接干预企业的微观运行，而是通过市场进行宏观调控，间接引导企业行为。在新的治理框架下，国资委以企业出资人和股东的身份，依法行使出资人和股东的权力，通过委派董事、监事对国有企业进行管理和监督。国资委的成立改变了我国国有资产多头分散管理的状况，突破了国有资产管理体制相对滞后的体制性障碍，促使国有企业改革进入了由出资人依法推进的新阶段。在这个阶段，国有企业按照现代企业制度的要求，规范了公司股东会、董事会、监事会和经营管理者的权责，进一步完善了企业领导人的聘任制度。同时，国有企业积极探索市场化选聘企业经营管理者的机制，以及现代企业制度下职工民主管理的有效途径，深入推进企业转变经营机制，深化劳动用工、人事和收入分配制度改革，分流安置富余人员，分离企业办社会职能，创造企业改革发展的良好环境。在一系列的改革举措推动下，国有企业逐步走上了规范化的公司治理轨道。

5. 深化改革背景下的差异化治理时期（2013 年至今）

2013 年召开的党的十八届三中全会，成为新时期深化国资国企改革的又一个重要里程碑。国家层面明确提出“经济体制改革是全面深化改革的重点，核心问题是处理好政府和市场的关系”，确立了“让市场在资源配置中起决定性作用”的改革目标，稳妥地从广度和深度上推进市场化改革，推动资源配置依据市场规则、市场价格、市场竞争实现效益最大化和效率最优化。在前期国有企业改革取得显著成效的基础上，新一轮改革以国有企业分类改革为基本思路，着力推进三级国资管理体制、混合所有制改革、职业经理人制度、员工持股制度等多个领域的改革。按照分类改革原则，根据国有企业承担的使命和功能定位，将其划分为公益类和商业类，其中商业类又细分为商业一类和商业二类。针对不同类型的国有企业，采取差异化的监督管理体制和考核评价体系，同时形成了与企业分类相匹配的差异化的公司治理模式。在新时期国有企业公司治理转型中，主要的改革举措包括：改组组建国有资本投资、运营公司，改革国有资本授权经营体制，建立以“管资本”为主的国有资产管理体制。为此，2018 年出台了《关于推进国有资本投资、运营公司改革试点的实施意见》；2019 年印发了《改革国有资本授权经营体制方案》，明确提出分类开展授权放权等改革要求；同年又发布了《国务院国资委授权放权清单（2019 年版）》。其中，国有资本投资、运营公司是国家授权经营国有资本的公司制企业，是国有资产的直接出资人代表，持有现有国有企业股权，代表国家行使出资人的职责。这两类公司的发展，必将促使国有企业公司治理步入一个新的阶段，也将最大限度地激发国有企业的发展活力，使其向具有国际竞争力的世界一流企业迈进。

二、国有企业治理模式变革的规律与特征

回顾70 年的历程可以发现，国有企业推动公司治理变革始终以“市场化”为逻辑主线，以

“产权清晰、权责明确、政企分开、管理科学”的现代企业制度建设为核心内容。现阶段，伴随现代企业制度的逐步完善和国资体制改革的深入推进，我国国有企业的公司治理水平总体呈上升态势，尤其是在股权多元化、董事会建设和激励机制等方面都有了突破性进展。国有企业的公司治理制度和行为，正在向国际准则和治理规范的方向趋同，突出表现在更加注重综合价值创造以及规范的治理结构、有效的治理机制，倡导透明运营以及促进利益相关者参与等方面。

1. 价值导向：从单纯追求经济利益向追求经济社会价值平衡转变

新中国成立后很长一段时间内，经济建设都是作为我国的首要任务，而国有企业的建立主要是基于国家大规模投资建设的需要，在国民经济中发挥了主力军的重要角色。在新中国成立初期，由中央政府统一领导、集中控制是从实际出发的必然选择。国有企业作为一种类政府部门，承担着政府下达的政治任务和经济任务，并且具有很强的社会属性。改革开放之后，国有企业逐渐从政府部门中独立出来，变成了真正意义上的独立市场主体，实行自主经营、自负盈亏、自我发展、自我约束，成为具有法人资格的经济组织。此后，国有企业在市场经济体制改革的大潮中不断探索和成长。按照市场经济规律，国有企业作为一个独立市场主体，面临的首要问题是如何在市场中生存下来，其最核心的职责是追求自身经济利益的最大化。实际上，在当时的制度环境下，国有企业在追求经济利益的同时，仍然承担了相当重的政治任务和社会职能。随着公司制股份制改革的不断深入，国有企业规范公司治理体系逐步建立和完善，尤其是出现了越来越多的国有控股上市公司，经济利益和股东价值最大化成为企业成长阶段的首要目标。进入21世纪，中国融入国际化的步伐明显加快，国有企业一方面要应对来自外资企业的市场竞争，另一方面也开始“走出去”拓展国际市场。此时，国际社会所倡导的可持续发展与社会责任理念影响着国有企业，促使它们在东道国运营中更加注重与利益相关者进行沟通，保护利益相关者的合法利益不受侵害。从我国成长起来的一批大型国有企业看，单纯关注经济利益的价值观已经成为过去，注重经济、社会和环境综合价值创造的理念正在成为主流。越来越多的国有企业在制定中长期发展战略时，主动将自身融入国家、融入社会、融入环境，在保障自身可持续发展的同时，更加侧重经济、社会和环境的平衡发展。

2. 治理结构：从单一化的行政治理向多元化的规范治理转变

中华人民共和国成立初期，国有企业实行的是行政化治理模式，政府是行政职能和经济职能的结合体。一方面，政府作为治理主体代表全体人民行使所有者的职责，拥有对国有资产的所有权；另一方面，政府委派官员担任企业的经营者，掌握着国有资产的经营权。政府对国有企业所有权和经营权的“两权不分”强化了政企不分，使国家管理的行政职能与企业治理的经济职能合一，导致了企业治理行为的行政化。1994年以后，国有企业按照现代企业制度的要求重新构建公司治理体系，现代公司最核心的特征就是所有者与经营者相分离，这也意味着要真正实现政企分开。由此，国有企业不再是一个单纯的生产车间，而是开始具备自主经营的权力。随着产权制度改革的推进，国有企业产权明晰逐渐得以实现。而公司制、股份制改革的深化，促使国有企业进一步优化产权结构，走上了产权多元化的发展道路。这种产权关系的变化，加快了符合现代企业制度的规范的公司治理体系建设。新一轮国资国企改革中推进的混合所有制改革，又进一步促使国有企业的股权结构更加多元化，混合所有制企业的比重日益提升，国有资本与非国有资本混合的程度也逐步加深。在国有企业董事会建设中，非国有资本代表和独立董事的比重不断提升，为国有企业的科学决策和规范治理奠定了重要的基础。从我国经济体制改革和国有企业改革的实践看，国有企业行政型治理模式向规范的公司治理模式转变的过程，实际上就是国有企业治理从单一的政府治理向与公司有利害关系的利益相关者共同治理的转换过程，同时也是政府对企业的控制力不断削弱、公司其他利益相关者对企业的制衡力量不断增强的过程。

3. 治理机制：从平均主义和短期绩效向长效激励约束机制转变

长期以来，受到多方面因素的限制，国有企

业实际上并没有建立起有效的激励约束机制。“平均主义”“吃大锅饭”的分配机制，势必无法激发职工的工作热情。国有企业的主要领导全部由政府委派，并保留行政职位，核心职责就是完成政府下达的生产任务。改革开放之后，尽管国有企业逐渐具备了自主经营的权力，但是优先平等的分配制度、注重短期经济效益的做法持续了很长一段时间。我国国有企业也曾经尝试过职工持股，但是当时的背景下主要是为了解决企业资金不足的问题，加上当时国有企业经营效益普遍较差，也很少有分红，所以职工持股并不是一种激励手段，而是一种被动的选择。在建立现代企业制度之后，国有企业逐渐尝试对三项制度实施改革，尤其是促进分配制度更加合理、有效。与此同时，一批中央企业和地方国有企业，大力推行市场化的职业经理人制度，对公开招聘的职业经理人全部实行聘任制和契约化管理，并对其实行股权激励、期权激励等中长期激励机制。从试点企业的实际情况看，市场化职业经理人制度的推行，对进一步完善公司治理发挥了关键性作用。在健全职业经理人制度的同时，长期股权激励机制已经为更多国有企业所应用，激励的对象不仅包括公司高管，还包括骨干员工。员工持股制度已成为现代公司完善公司治理、建立激励与约束机制的重要手段。从企业实践看，员工持股对于金融领域、科技型、创新型公司的推动比较明显，这一机制对调动员工积极性、提升企业业绩发挥了重要作用。

4. 治理主体：从大股东单边治理向利益相关者共同治理转变

随着利益相关方理论、企业与社会关系理论的兴起，现代公司治理呈现出由传统的股东单边治理模式向利益相关方共同治理模式转变的趋势。从世界一流企业的做法看，它们普遍高度重视利益相关者沟通和参与，尤其是注意保护员工、债权人、投资者和当地社区居民的利益，并在跨国经营中严格遵守东道国的行为规范，从而获得合法性。由此，提供准确、及时的信息披露，保持高度的透明运营，成为世界一流企业必备的成功要素之一。伴随我国企业国际化程度的不断提升，这种趋势也逐渐影响到了开展跨国经营的国有企业，并进一步影响到所有的国有企业，成为大家共同认可并一致倡导的行为守则。国有企业治理主体和治理结构趋向多元化，除股东、董事会、监事会以外，内部的员工、运营所在地的政府和社区、各种非政府组织，都作为利益相关者的身份或多或少地参与到治理中。国有企业特别注重培育员工的归属感和参与感，在有限的条件下不断创新考核激励机制，激发员工的创造力，从而增强企业的活力。为回应这些利益相关者的期望和诉求，国有企业纷纷发布社会责任报告、可持续发展报告等，加强了对内外部信息的披露，积极践行透明运营。近年来，越来越多的中央企业发布了国别社会责任报告，或者面向全球发布多种语言的可持续发展报告，在全球化环境中积极践行透明运营，主动加强与当地政府、社区等利益相关者的沟通。国有企业公司治理正在进行顺应性的变革，逐步由单边治理模式转向多边共同治理模式，形成更加有效的多元共享共商的权利配置机制。

三、当前国有企业公司治理面临的问题与障碍

近年来，我国相关政府部门针对公司治理领域的信息披露、股权激励、员工持股等问题，出台了一系列的政策引导和制度要求，对于规范公司经营行为、提升公司治理水平、促进公司履行社会责任，均产生了积极的促进作用。但是，国有企业公司治理结构和治理机制中仍然存在一些“短板”，导致国有企业公司治理仍然存在较多制约和困惑。当前国有企业公司治理面临的问题与障碍突出体现在以下方面：

1. 国有企业公司治理水平普遍低于民营企业

改革开放40年来，随着现代企业制度的建立，公司治理理念日益深入，公司治理水平逐步提升。总体而言，中国企业公司治理水平呈现明显的分化趋势，上市公司治理水平普遍高于非上市公司，民营企业公司治理水平普遍高于国有企业。与非上市企业相比，在外部监管日益严格的环境下，上市公司群体的公司治理结构和机制更加健全。尤其是近年来，证监会、上海证券交易所和深圳证券交易所出台了一系列制度规范，对于加强上市公司信息披露、规范上市公司行为、保护中小投资者、探索退市制度等方面，起到了非常重要的引导和监督作用。根据南开大学中国公司治理研究院发布的“中国公司治理指数”显示，从2003年到2018年中国上市公司治理水平总体上不断提高，经历了2009年的短暂回调之后，趋于逐年上升态势，并在2018年达到新高。同时，控股股东性质不同，治理水平也表现出较大的差异，继2011年之后，2018年民营控股上市公司治理指数连续8年超过国有控股上市公司。反观实践层面，伴随近40年的改革历程，我国国有企业“一股独大”“产权不清晰”等问题有了明显改善，但是在信息披露、透明运营、商业化运作、股票分红、管理层长效激励等方面，与民营企业相比仍然有较多的限制和不足，需要在当前的深化改革阶段进一步加以完善。

2. 三层次国资监管体制改革有待进一步深化

党的十八届三中全会提出的“完善国有资产管理体制，以管资本为主加强国有资产监管”，也提出了改组国有资本投资公司和组建国有资本运营公司。在这一指导思想下，我国已经分批推出了多家试点企业，重点探索从“管资产”向“管资本”为主的转变路径和具体措施。主流观点认为，应该构建一个“三层三类全覆盖”的国有经济管理新体制，第一层次为国有经济管理委员会，第二层次为国有资本投资运营公司，第三层次为履行不同类型功能的国有企业。该体制有利于国有企业从一系列的政府监管活动中独立出来，成为更加适应市场经济的经济主体。从实践层面看，尽管本轮国资国企改革的顶层设计基本完成，但如何将这些改革措施落地并产生实效，还有很多不够清晰和不够明了的地方。其中最为核心的问题是，在向三层级管理架构转变的过程中，如何重新定位国资监管部门与国有资本投资公司或国有资本运营公司之间的关系，如何确定国有资本投资公司或国有资本运营公司的职能和投资运营权限，仍然是处于探索阶段的重点和难点问题。国有资本授权经营体制改革正在探索推进阶段，如何在短期内落地执行并处理好与其他制度的融合，仍然是一个颇具挑战性的尝试。新一轮体制机制改革能够留给国有企业的制度创新空间，将直接影响国有企业的公司治理水平和市场竞争力。

3. 董事会建设中独立董事作用未能充分发挥

近年来，我国国有企业着力推进规范董事会建设，也取得了明显的成效。其中，独立董事制度作为一项重要的公司治理制度安排，得到了我国公司越来越多的重视和应用。作为公司的独立董事，应当具备较强的专业性和丰富的知识面，能够凭自己的专业知识和经验对公司的重大问题独立地做出判断并发表有价值的意见。独立董事若能真正发挥作用，将有助于公司的稳健运营和长期发展。然而，独立董事制度在我国企业中陷入了“有名无实”的尴尬境地。当前大部分公司普遍遇到了“合格独立董事严重匮乏、在位独立董事流于形式”的问题。同时，如何确保独立董事的独立性，也成为令公司担忧的话题，“独立董事不独立”的问题已经引起各方的重视。但是，由于符合条件的独立董事人才比较匮乏，我国的独立董事制度尚不完善，独立董事始终难以真正称职和独立。

4. 长效治理机制和配套制度环境仍需健全

从目前来看，国有企业内外部长效治理机制有待进一步健全，市场环境和配套制度体系应尽快完善。一是外部治理机制不健全。我国公司控制权市场尚未形成，同时也缺乏有效的经理人市场。我国大多数公司的董事和高级经理的选聘是在控股股东和公司内部进行的，普遍缺乏明确的选聘和考核标准。银行和债权人等利益相关者对公司治理的参与也非常有限，机构投资者也未能发挥应有的作用。二是内部监督和控制机制不健全。我国公司董事会独立性不强的问题较为明显，董事会由大股东操纵或由内部人控制，难以形成独立的董事会来保证正常的经营与决策过程。公司监事会的作用也很有限，没有控制权和战略决策权，没有任免董事会成员的权力，没有参与公司高层决策的权力。三是缺乏有效的激励机制。总体而言，我国公司的薪酬结构仍然比较单一，尤其是国有企业在现有的薪酬总额限制下，不能对董事和高级经理人员给予足够的激励，与治理机制更为灵活的民营企业相比，在日益激烈的市场竞争和人才竞争中处于劣势地位。与此同时，由于长期激励机制的应用不到位，使得员工个人收入和公司业绩之间未建立起规范合理的联系，激励效果不理想。

四、进一步完善国有企业公司治理的方向与路径

展望未来，我国国有企业应对标世界一流企业，进一步健全公司治理体系，重点从价值导向、治理结构、治理机制和利益相关者参与四个维度进行转变（见表 51 - 1）。具体到实践层面，应在以下几个方面加以改善：

表 51 - 1　中国国有企业公司治理的发展趋向

关键维度	核心特征
价值导向	从追求单一价值向综合价值转变 从单纯追求经济价值向兼顾社会价值转变 从追求短期价值向追求长期价值转变 从追求政治价值为主向追求市场价值为主转变
治理结构	责、权、利明晰的治理结构 治理主体之间相互制衡 外部董事占绝大多数 注重监事胜任能力 市场化选聘职业经理人
治理机制	对高管实施中长期激励机制 事前的、战略高度的风险管控 透明运营，信息披露全面及时 以股东身份参与子公司治理
利益相关者参与	建立利益相关者沟通机制 采取多种形式的员工参与 形成有效的外部监督和约束机制 切实保护运营地社区居民的利益

资料来源：笔者整理。

1. 坚持分类改革原则，继续深化国有企业治理模式转型

党的十八届三中全会之后的新一轮国资国企改革，将国有企业分类改革作为总体方向和基本原则。分类改革的前提和依据是对国有企业使命和功能定位的重新审视，不同类型的国有企业应具有与之相适应的治理结构，并设计相匹配的治理机制。国有企业在我国经济社会发展中扮演着十分关键的作用，对于国有经济控制力等问题应该采用分行业、分领域的分类视角，国有企业公

司治理制度建设既要处理好中国情境下的政企关系，又要尽可能在治理机制和商业行为上向市场化靠近。因此，下一阶段国有企业公司治理模式转型，也应以分类治理作为重要的出发点。具体而言，深化国有企业公司治理改革应当依据细化的国有企业分类、不同所有权安排相机确定改革方向与重点，针对纯粹公益类、纯粹商业一类、纯粹商业二类、混合业务型国有企业和国有独资、国有控股企业分别设计选择匹配性的公司治理模式。与此同时，针对处于绝大多数的商业二类国有企业，应加快完善产权交易市场、职业经理人市场、信用评价体系等外部市场环境和制度环境，为继续深化国有企业公司治理模式转型扫清障碍。

2. 以混合所有制改革促进股权结构和公司治理优化

尽管经过了长期的改革，我国国有企业股权集中度有所下降，尤其是竞争性领域大多从国有绝对控股变为相对控股甚至参股。但是，从国有控股上市公司的数据来看，国有企业“一股独大”问题仍然存在。当前阶段正在推进的混合所有制改革，是促进国有企业股权结构与公司治理优化的有效途径。混合所有制能够发挥不同所有制资本的制度优势和互补效应：一方面是非公有资本的引入能够将灵活的经营机制移植到国有企业，推动国有企业提升效率；另一方面是非国有企业通过资本介入能够享受垄断性国有企业部分市场支配势力或融资优势（杨瑞龙，2018），改变自己在市场竞争中所处的劣势地位。从实践看，混合所有制改革实施的主要路径，就是通过国有资本和非国有资本的“混合”，实现企业产权层面的多元化、制衡化，改变国有企业“一股独大”导致的多重治理弊端，建立与市场经济相配套的现代化治理体系和市场化经营机制。进一步深化混合所有制改革，应当重点从三个方面着手：一是以分类为基础，扩展“混改”领域，涵盖除公益类以外的全部国有企业，并加大商业二类国有企业的改革力度；二是以集团为重点，拓展“混改”层次，将国有企业集团总部层次作为新重点，鼓励民营资本的进入，推动集团公司向股权多元化或混合所有制模式转变；三是以“混”促“改”为主线，深化“混改”内涵，深化混合所有制改革需要重视“混合”之后的“改革”，以产权安排的变化促进国有企业进行全方位的适应性变革，提升混合所有制改革的质量与效果。

3. 健全责、权、利、能相匹配的规范治理结构

长期以来，现代企业制度建设是国有企业公司治理变革的核心内容。基于现阶段已经取得的进展与成效，下一阶段应着重从三个方面进一步健全规范的公司治理结构：一是建立健全董事会、监事会或监事、经理层三大治理主体，特别是要加强董事会建设，深化外部董事制度改革，规范董事来源与构成，健全董事会内设机构。完善董事会、监事会或监事、经理层的运行规程并加以落实，切实形成协调有效的运转机制。二是以清单形式明确董事会、监事会或监事、经理层的权利与责任边界，实现不同治理主体的权责匹配。重点应当加快推进董事会授权改革，让董事会真正拥有并能够行使重大决策、选人用人、薪酬分配等权力。构建、规范与优化经理层授权管理制度，让经理层真正享有并实际行使经营自主权。进一步提升监事会或监事的独立性与权威性，使其对董事会和经理层的监督职能得到充分履行。此外，应全面加强董事会、监事会或监事、经理层的队伍能力建设，使其能够与各自所行使的权利、承担的责任相适配。三是切实加快推行职业经理人制度，既要规范和完善经营管理者的市场化选聘操作，扩大市场化选聘范围和比例，又要为现有经营管理者构建向职业经理人转换的畅通通道，推动现有经营管理者的职业化转型，同时还应当对经营管理者实行契约化管理和任期制，建立市场退出机制。

4. 建立有效的中长期激励和约束机制

在日益激烈的全球化竞争环境中，人力资本在企业运营发展中占据着相当重要的地位。尤其是掌握重要技术和能力、承担重要职责的核心管理团队，已经成为一家企业获得竞争力的主要来源。如何有效激励和约束这些关键人才，是公司治理机制需要解决的核心问题。在很长一段时期内，国有企业的薪酬机制相比民营企业受到更多限制，因而在激励和留住人才方面处于劣势地位。展望未来，国有企业建立有效的中长期激励和约束机制，应重点从两个方面切入：一是稳妥

推行员工持股制度。必须高度尊重并充分认可企业内部的员工在价值创造中的贡献和作用。就企业自身可持续发展而言，需要加快完善有效的激励机制，从短期激励为主向长期激励为主转变，适当运用股权激励、期权激励等多种手段，将企业发展与员工成长紧密联系在一起，促使企业与员工形成“利益共同体”和“命运共同体”。二是切实加快职业经理人制度。既要规范和完善经营者的市场化选聘操作，扩大市场化选聘范围和比例，又要为现有经营者构建向职业经理人转换的畅通通道，推动现有经营管理者的职业化转型，同时还应当对经营者实行契约化管理和任期制，建立市场退出机制。推动落实差别化的激励约束制度，针对企业领导人实行差异化薪酬制度，特别是薪酬水平应当与经理人才市场接轨、与企业经营业绩挂钩。

5. 强化信息披露和透明运营，促进利益相关者参与

越来越多的中国国有企业开展国际化运营，并努力融合公司治理国际标准和规则体系。其中，透明运营是世界一流企业遵守的重要准则之一，在经济合作与发展组织（OECD）、国际标准化组织（ISO）等提出的公司治理国际准则和社会责任国际标准中，均将透明运营作为核心议题。近年来，我国国有企业对信息披露的重视程度不断提高，除上市公司按照监管机构要求定期发布报告外，越来越多的企业开始主动向社会发布年度报告和社会责任报告，并通过多媒体手段增强信息披露的时效性。但是，仍然存在非财务信息披露不足、选择性信息披露等各种问题。中国企业要参与国际化竞争，就必须关注利益相关方的期望和诉求，进一步提升运营透明度，成为广受尊重的企业。从国有企业透明运营来看，国有资本的公共性质和公平竞争的透明要求，都意味着国有企业应当像上市公司一样透明，实行高标准、高质量的信息披露和透明度政策（鲁桐和党印，2015）。具体到实践层面，深化国有企业改革需要加快完善国有企业信息披露制度，推动国有企业遵从全面性、真实性、有效性、及时性的信息披露原则，解决信息披露不充分、不健全问题，主动回应社会关切问题，自觉接受利益相关方和社会的监督。特别是国有企业应着重披露与竞争中性相关的议题信息，涵盖治理机构、财政预算、社会责任、重大事件、税收优惠、补贴、贷款利率等，并确保信息的真实有效性。

参考文献

［1］黄群慧：《“新国企”是怎样炼成的——中国国有企业改革 40 年回顾》，《中国经济学人》（英文版）2018 年第 1 期。

［2］鲁桐、党印：《改善国有企业公司治理：国际经验及其启示》，《国际经济评论》2015 年第 4 期。

［3］吕政、黄速建：《中国国有企业改革 30 年研究》，经济管理出版社 2008 年版。

［4］徐海根：《论国有企业管理机制的改革——政府与国企关系的界定以及公司治理》，《改革》2002 年第 2 期。

［5］杨瑞龙：《国有企业改革逻辑与实践的演变及反思》，《中国人民大学学报》2018 年第 5 期。

第五十二章　工业企业经济效益

提　　要

新中国成立70年以来我国工业企业经济效益波动较大，在社会主义改造时期的1952～1957年和加入世界贸易组织之后的2002～2010年，我国工业企业获得了多、快、好、省的发展，实现了良好的经济效益，在这两个时期企业经济效益、资产规模、营业收入等指标均获得了快速增长。而经济效益较差的时期是受“文化大革命”影响的年代（1966～1978），其次是1979～1992年经济转轨时期。总体来看，我国工业企业经济效益较好的主要动因是固定资产投资拉动，这在各个时期均比较明显。令人意外的是，我国工业企业经济效益最差的时期却是2010年之后的2011～2018年，在这个时期工业企业各项经济效益指标均处于新中国成立以来最差水平，并且这个时期固定资产投资的增长并没有出现其他各个时期所出现的经济拉动效应，应当引起高度关注。

*　　　　*　　　　*

我国工业企业的发展可以分为改革开放前和改革开放后两个阶段，在这两个阶段有关企业经济效益统计的指标、口径、核算方式、决定因素都有所变化。但从企业经济效益角度来看，两个阶段的统计数据还是可比的，这主要表现在以下几个方面：一是揭示企业经济效益好坏的最重要指标——利润，相关数据从1952年以来国家统计局一直是对外公布的，并且也是可比的，都是企业收入减去企业成本费用之后的余额；二是企业的资产，在改革开放之前主要统计固定资产和流动资金，改革开放之后主要统计两者的合计数资产总额；三是揭示企业经营业绩的最重要指标——收入，一直是有统计数据公布的，只是改革开放之前称为企业收入或销售收入，之后称为营业收入或主营业务收入；四是企业的产值指标，改革开放之前主要统计工业总产值，最近几年主要公布工业增加值，这两个指标均是揭示企业产出效益的综合性指标，尽管统计口径差异较大但增长率指标是可比的；五是企业的投资，改革开放前称为基本建设投资，之后逐渐使用固定资产投资，揭示的都是企业的长期投资活动规模；六是税收指标，这些指标基本上是可比的。

本章主要使用这些指标来分析新中国成立以来我国工业企业经济效益。为了分析和比较的方便，也为了尊重历史事实，我们将改革开放前和改革开放后根据重大事件均划分为三个阶段。改革开放前可以划分为1958年之前的社会主义改造时期（有可比统计数据的年份为1952～1957年）、1966年之前的社会主义建设时期（1958～1965年）、1978年之前的“文化大革命”影响时期（1966～1978年）三个阶段。改革开放后划分为1992年邓小平南方谈话之前的转轨时期（从计划经济向市场经济体制转轨）、（1978～1992年）南方谈话之后及《中共中央关于建立社会主义市场经济体制若干问题的决定》发布之后的社会主义市场经济体制建设时期（1993～2001年）和加入 WTO 之后的有中国特色社会主义市场经济体制建设时期（2002～2018 年）三个阶段。

一、改革开放前我国工业企业经济效益

从工业发展角度来看，改革开放前可以分为 1949～1957 年社会主义改造和工业化时期①，1958～1965 年以重工业为中心的工业体系建设时期②，1966～1978 年独立、比较完整的工业体系建设时期三个阶段③。在社会主义改造及工业化时期，1952～1957 年（1952 年之前受解放战争和朝鲜战争的影响缺失可比数）增长最快的是基本建设投资，5 年累计增长了 3.61 倍，年均增长 37.8%，如表 52－1 所示。这说明，在新中国成立初期，百废待兴，国家大力发展基础设施建设。在这期间，利润也获得了较快增长，5 年累计增长了 2.76 倍，年均增长 28.9%。并且这个时期的利润的增加是建立在固定资产投资转化成为收入所带来的经济效益基础之上，因为企业收入在这期间增长了 2.52 倍，年均增长 26.0%，资产值增长 2.17 倍，年均增长 21.4%。与此同时，工业总产值增长 2.29 倍，年均增长 23.0%；税收增长了 1.84 倍，年均增长 16.5%。不难看出，在这个时期，企业利润的增长速度仅次于基本建设投资的增长速度，税收的增长速度是这几个经济运行指标中最慢的。这表明，在社会主义工业化建设初期，企业经济效益的实现，既得益于国家固定资产投资的拉动，又得益于固定资产投资带来的收入和增加值，还得益于国家让利于企业。

表 52－1　改革开放前不同时期工业企业经济效益比较

项目		利润	资产	收入	工业总产值	基本建设投资	税收
各阶段增长	1952～1957 年	2.76	2.17	2.52	2.29	3.61	1.84
	5 年均增速（%）	28.9	21.4	26.0	23.0	37.8	16.5
	1958～1965 年	3.65	2.76	1.83	1.78	1.38	1.46
	8 年均增速（%）	20	16	9	8.6	5	6
	1966～1978 年	2.04	3.1	2.16	3.04	2.74	2.73
	13 年均增速（%）	6.1	9.9	6.6	9.7	8.8	8.7
总体	增长倍数（%）	20.5	18.65	9.98	12.34	13.6	7.34
	年均增速（%）	12.8	12.4	9.6	10.6	10.1	8.3

资料来源：根据国家统计局网站公布的工业企业经济效益数据计算所得。增长倍数为期末数与期初数之比，年均增速为复合（几何）增长率，各时期数据均换算成不变价格数据，1978 年之前的数据以 1952 年为不变价格换算，1978 年之后的数据以 1978 年为不变价格换算，价格指数使用国家统计局公布的价格指数数据（下同）。

① 李富春：《关于发展国民经济的第一个五年计划的报告》，时任国务院副总理兼国家计划委员会主任李富春在一九五五年七月五日至六日的第一届全国人民代表大会第二次会议上的报告。

② 周恩来：《关于发展国民经济的第二个五年计划的建议的报告》，周恩来同志在一九五六年九月十六日党的第八次全国代表大会上作的报告。

③ 1963 年 9 月，中央工作会议在讨论国民经济发展的长远规划时，提出了两步走的发展步骤：第一步，建立一个独立的、比较完整的工业体系和国民经济体系；第二步，全面实现农业、工业、国防和科学技术的现代化，使我国经济走在世界前列。1964 年 12 月 21 日周恩来在第四届全国人民代表大会《政府工作报告》中正式提出，遵照毛主席的指示，在 1980 年以前建成一个独立的比较完整的工业体系和国民经济体系。

在以重工业为中心的工业体系建设时期（1958～1965年），资产增长2.76倍，年均增长16%；企业收入增长1.83倍，年均增长9%；工业总产值增长1.78倍，年均增长8.6%；基本建设投资增长1.38倍，年均增长5%，工业企业利润增长3.65倍，年均增长20%；工商税金增长1.46倍，年均增长6%。可以看出，这个时期的各项经济效益指标均出现了明显下滑。最为明显的是基本建设投资年均增速仅为5%，这主要是因为在1958～1959年，由于不遵循经济发展内在规律，执行“大跃进”、大炼钢铁的错误路线，使国民经济出现了严重的比例失衡所致①。追求不切实际的大炼钢铁指标，使许多生产设备重新回炉以完成炼钢炼铁目标，直接影响了固定资产投资，影响了企业收入和产值的形成，导致企业的资产增长、收入增长、产值增长不成比例。幸运的是，从1960年开始，国家提出了调整、充实、巩固、提高的“八字方针”②，执行放权让利、鼓励企业追求经济效益的政策，使这个时期的工业企业的利润年均增长速度达到20%，尽管低于上一时期的28.9%，但明显快于其他各项经济效益指标。

在独立、比较完整的工业体系建设时期（1966～1978年），受“文化大革命”影响③，经济各部门按比例协调发展的规律遭到破坏，企业的固定资产原值、企业收入、工业利润等指标的增速均明显低于前两个时期。所幸的是，在这个时期周恩来总理主持经济工作，坚持追求处理好革命与生产、农业和工业的关系，处理好农、轻、重的关系，使基本建设投资、税收的增速明显提高④。但从经济效益指标的表现来看，这个时期国家税收增速高于企业利润，基本建设投资增速高于企业收入，这个时期是改革开放之前企业经济效益最差的时期，也是70年来企业经济效益最差的时期。

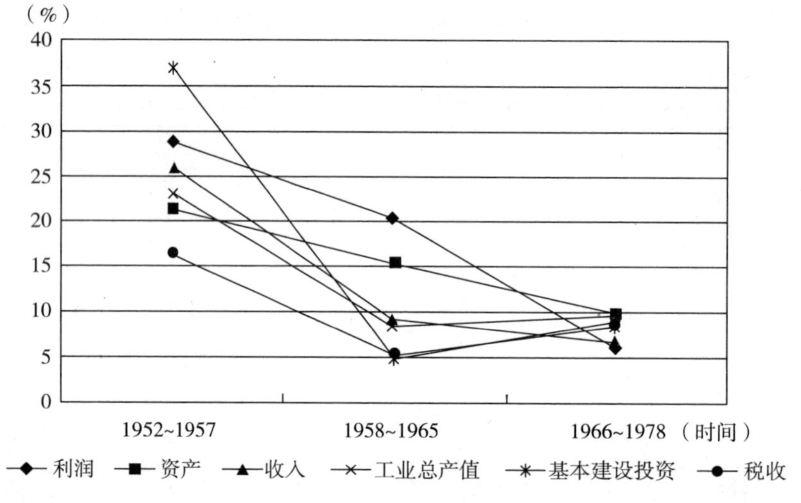

图52－1 改革开放前三个时期工业企业经济效益相关指标的增长率变化

总体来讲，改革开放前我国工业企业经济效益最好的时期是1958年之前的社会主义工业化建

① 1958年5月5日至23日在北京市召开中国共产党第八次全国代表大会第二次会议上刘少奇代表中共中央作的《工作报告》中提出中国要在主要工业产品产量方面“15年内超过英国”。报告为“二五”计划设定了一系列高指标，包括钢产量达到3000万吨，粮食达到7000亿斤等。同时，还提出豪情满怀的口号，“苦干数年，幸福千年”。

② 1960年9月30日，中共中央批转国家计委党组《关于1961年国民经济计划控制数字的报告》。《报告》中首次提出对国民经济实行“调整、巩固、充实、提高”的方针。

③ “文化大革命”运动，使1967年工农业总产值比1966年下降9.6%，1968年又比1967年下降4.1%。

④ 1968年5月17日，周恩来会见尼泊尔副首相比斯塔时说，经济发展的一般途径是先从农业着手，再发展重工业。1969年3月24日他在全国计划座谈会上指出，贯彻毛主席“备战、备荒、为人民”的战略思想，就必须以农业为基础、工业为主导，人不能不吃粮，工业要支援农业。1973年3月周恩来指出，发展经济首先是把农业摆在第一位，其次是轻工业，第三是重工业。

设时期，基本建设投资、工业总产值、利润、税收等各项指标均好于其他两个时期（见图 52－1）。这个时期的成功经验是投资拉动国民就各产业、各部门持续、协调、按比例发展，固定资产投资形成企业收入，带来企业利润和产值的增长，实现了“多、快、好、省”地建设社会主义新中国的伟大目标。而经济效益较差的时期是受“政治挂帅”和“文化大革命”影响的比较完整的工业体系建设时期，在这个时期的基本建设投资并没有带来企业经济效益的明显增长，而国家税收增长又明显快于工业利润的增长，导致这个时期的企业经济效益是三个时期中最低的，年均增长 6.1%，企业收入的增长也是三个时期中最低的。

二、改革开放以来我国工业企业经济效益

改革开放之后，我国经济发展阶段可以划分为计划经济向市场经济的转轨时期（1979～1992 年）、社会主义市场经济体制的建设时期（1993～2001 年）[①]、加入 WTO 之后的有中国特色社会主义经济建设时期（2002～2018 年）[②] 三个阶段。在 1979～1992 年的转轨时期，城镇固定资产投资增长 5.32 倍（以 1978 年不变价格计算，下同），年均增长 13.7%；资产总额增长 2.41 倍，年均增长 7.0%；营业收入增长 2.93 倍，年均增长 8.6%；工业增加值增长 2.68 倍，年均增长 7.9%；企业实现利润增长 1.47 倍，年均增长 3.0%；国家税收增长 2.67 倍，年均增长 7.8%。由表 52－2 可以看出，固定资产投资增长指标在这个时期的经济效益指标中是增长最快的，并且每 2 个百分点的固定资产投资增长能够带来 1 个百分点的企业资产的增长。资产增长会拉动企业收入的增长。而企业实现利润在这个时期的增长是最慢的，国家税收、工业增加值年均增长约 8%，但企业利润年均增长 3%。这主要受以下因素的影响：一是转轨时期价格双轨制，物价频繁波动，对企业经济效益的影响较大；二是受是否鼓励私营经济发展等发展道路的争论的影响，国家政策导向在这个时期摇摆不定，影响了企业的投资决策和经营；三是政治事件较多[③]也影响了企业的正常运转，对企业经济效益的提高带来负面影响。

表 52－2　改革开放后不同时期工业企业经济效益比较

项目		利润	资产	收入	工业增加值	固定资产投资	税收
各阶段增长	1979～1992 年增长倍数	1.47	2.41	2.93	2.68	5.32	2.67
	14 年均增速（%）	3.0	7.0	8.6	7.9	13.7	7.8
	1993～2001 年增长倍数	2.65	2.08	1.97	2.31	2.69	2.56
	9 年均增速（%）	13.0	9.6	8.9	11.0	13.2	12.5
	2002～2018 年增长倍数	7.64	5.17	6.22	4.13	11.93	6.26
	16 年均增速（%）	14.5	11.6	13.0	9.9	18.0	13.0
总体	增长倍数	17.01	28.17	42.41	28.04	203.63	48.96
	年均增速（%）	7.5	8.9	10.1	8.9	14.6	10.5

资料来源：根据国家统计局网站公布的工业企业经济效益数据计算所得。数据计算原则同表 52－1。

① 中国共产党第十四届中央委员会第三次全体会议于 1993 年 11 月 14 日通过《中共中央关于建立社会主义市场经济体制若干问题的决定》，标志着市场经济理论体系已经成熟并在全国宣传推广。

② 中国于 2001 年 12 月 11 日正式加入世界贸易组织，成为其第 143 个成员。

③ 1986 年 12 月 30 日邓小平同志提出要旗帜鲜明地反对资产阶级自由。

1992年邓小平南方谈话[①]之后，特别是1993年《中共中央关于建立社会主义市场经济体制若干问题的决定》发布之后[②]，建立社会主义市场经济体制的目标得以确立，我国的经济发展和各项改革举措进入了建设市场经济体制新阶段（1993～2001年）。在这个阶段企业的实现利润增长了2.65倍，年均增长13.0%；城镇固定资产投资增长了2.69倍，年均增长13.2%；国家税收增长了2.56倍，年均增长12.5%；工业增加值增长了2.31倍，年均增长11.0%；资产总额增长了2.08倍，年均增长9.6%。表明在这个时期工业企业的固定资产投资、工业增加值均获得了超过10%的增长，也带来了国家税收和企业利润的同步增长。这个时期的显著特点是国家宏观调控在持续发挥作用，市场微观调节也较为全面和充分地发挥作用，国家调控投资、税收、信贷融资，企业和居民根据市场价格信号自主决策生产、消费和分配。从历史数据来看，在这个时期，无论是国有企业还是民营企业，都获得了快速发展。

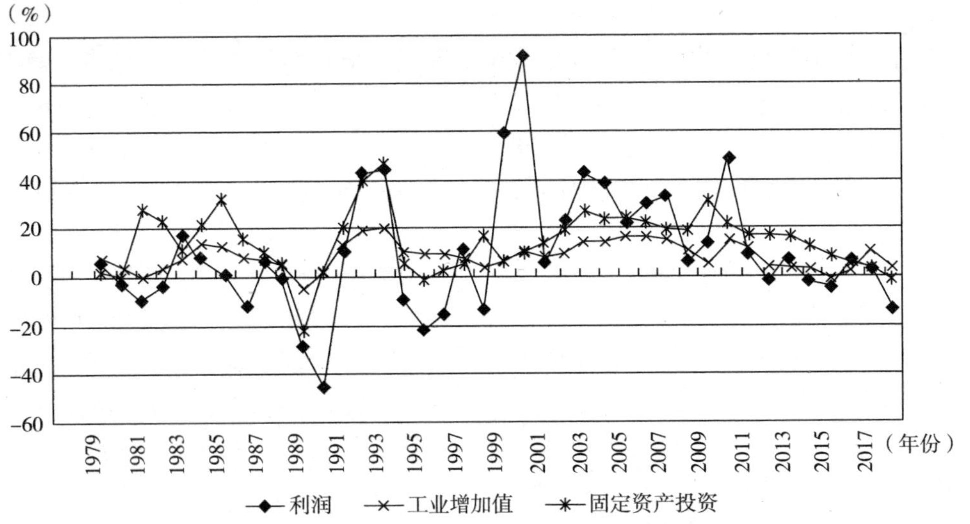

图52－2 改革开放后工业企业经济效益相关指标的增长率变化

加入世界贸易组织之后一直到2018年（2002～2018年）中国经济获得了一个较长时期的持续平稳发展。在这一发展阶段，市场调节在经济活动中发挥着基础性作用，城镇固定资产投资增长11.93倍，年均增长18.0%，工业企业实现利润增长7.64倍，年均增长14.5%，收入增长6.22倍，年均增长13.0%，国家税收增长6.26倍，年均增长13.0%，工业增加值增长4.13倍，年均增长9.9%，资产增长5.17倍，年均增长11.6%。这个时期在固定资产投资较快增长的拉动下，企业收入、国家税收、企业利润均获得了快速增长，各项指标增速均在10%以上。从历史数据来看，这是改革开放之后企业各项经济效益指标增长最快的时期。

可以看出，在改革之后的40年，在工业企业六个主要经济效益指标中，增速最快的是固定资产投资，其次为国家税收，再次为企业收入，又次为企业资产，增长最慢的是企业利润。这说明改革开放之后，各阶段一个共同的特点是通过固定资产投资拉动企业收入增长、推动资产形成和经济效益提高，各阶段有所不同的是在1979～1992年经济转型时期企业利润的增

① 1992年1月18日～2月21日邓小平发表南方谈话，强调计划和市场都是经济手段，通过改革解放生产力，发展生产力。要求不争论，坚决地去试，由此推动了建设社会主义市场经济体制的实践。

② 《中共中央关于完善社会主义市场经济体制若干问题的决定》，2003年10月14日中国共产党第十六届中央委员会第三次全体会议通过。

长低于其他指标，在加入 WTO 之后的市场调节时期企业利润的增长高于除固定资产投资增速之外的其他指标，这说明依靠市场调节机制能够给企业带来良好的经济效益，市场机制和投资机制一起形成了我国企业发展的主要推动力量。

三、70 年来不同时期工业企业经济效益比较分析

从 70 年来工业企业经济效益的数据（见图 52－3）来看，改革开放前我国工业企业发展最好的阶段是 1952～1957 年社会主义工业化建设初期，各项指标年均增速均超过了 16%；发展最差的阶段是受“文化大革命”影响的时期，各项指标的年均增速均没有超过 10%。改革开放之后工业企业发展最好的时期是加入 WTO 之后的阶段，各项指标年均增速超过或接近 10%（工业增加值为 9.9%，接近 10%）；发展最差的时期是1979～1992 年的转型时期，该时期年均 13.7% 的固定资产投资增长只带来了企业利润 3.0% 的增长，其他各项指标增长也均低于 9%。从改革开放前后两个时期、六个阶段工业企业经济效益指标的比较来看，可以得出以下结论：

1. 固定资产投资对我国经济发展的拉动作用非常巨大

从 70 年来经济效益最好的两个历史数据来看，固定资产投资均是当期增长最快的指标，并且均带来了较好的经济效益。在改革开放前的 1952～1957 年，固定资产投资年均增长 33.0%，相伴而生的是企业利润年均 28.9% 的增长和国家税收年均 16.5% 的增长。在改革开放之后的 2002～2018 年，固定资产投资年均增长 18.0%，与之同步的是企业利润年均 14.5% 的增长和国家税收 13.0% 的增长。这两个时期依靠投资拉动来实现企业利润和国家税收增长的效应比较明显，说明固定资产投资是推动我国经济持续快速发展的主导力量。

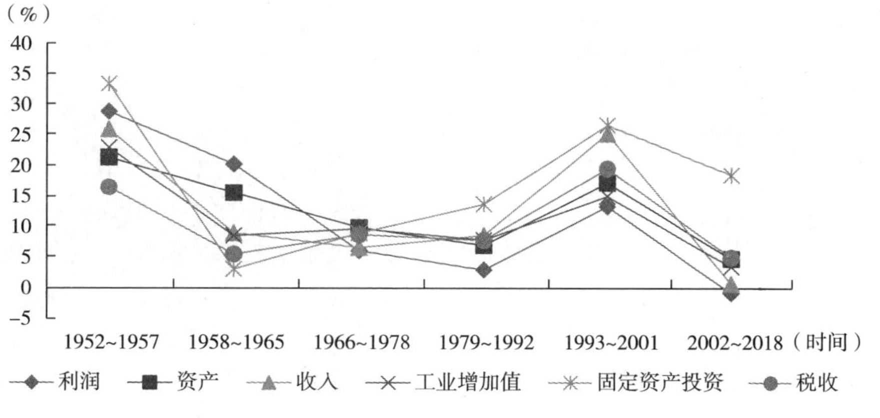

图 52－3 70 年来各个阶段经济效益指标比较

2. 改革开放前的几代人为新中国工业企业的发展做出了巨大贡献

从两期历史数据来看，改革开放前的基本建设投资的经济效果总体上要好于改革开放之后。从表 52－3 数据可以看出，改革开放前基本建设投资 1 个百分点的增长会带来企业利润 1.27 个百分点、资产 1.23 个百分点、收入 0.95 个百分点、工业总产值 1.05 个百分点、税收 0.82 个百分点

的增长；而改革开放之后的固定资产投资 1 个百分点的增长，会带来企业利润 0. 52 个百分点、资产 0. 61 个百分点、收入 0. 69 个百分点、工业增加值 0. 61 个百分点、税收 0. 72 个百分点的增长。出现这一现象的第一个原因是在改革开放前国家主要重视的是生产建设而轻视人民生活水平的提高，“重生产轻生活”的价值取向贯彻改革开放前的各个阶段。第二个原因是国家实现的是公有制，所有生产资料和生产设备几乎全部归国家或集体所有，企业和居民个人并无多少私产。换句话说，改革开放前企业生产所形成的资产、收入、利润主要归国家所有，而分配到企业和个人自有的非常少。这说明，改革开放前的劳动者为我国经济基础的形成、为比较完整的工业体系的形成做出了巨大贡献，他们在比较艰苦的生活环境下不计个人得失地建设社会主义新中国，为改革开放之后我国经济的发展打下了坚实的基础。

表 52 -3 单位固定资产投资带来的经济效益

		指标名称	利润	资产	收入	工业总产值	基本建设投资	税收
改革开放前	26 年	增长倍数	20. 5	18. 65	9. 98	12. 34	13. 6	7. 34
		年均增速（%）	12. 8	12. 4	9. 6	10. 6	10. 1	8. 3
	投资效果	1952 ~ 1957 年	0. 86	0. 64	0. 78	0. 69	1. 00	0. 49
		1958 ~ 1965 年	6. 51	5. 00	2. 89	2. 75	1. 00	1. 78
		1966 ~ 1978 年	0. 68	1. 10	0. 74	1. 08	1. 00	0. 97
		26 年平均	1. 27	1. 23	0. 95	1. 05	1. 00	0. 82
改革开放后		指标名称	利润	资产	收入	工业增加值	固定资产投资	税收
	40 年	增长倍数	17. 01	28. 17	42. 41	28. 04	203. 63	48. 96
		年均增速（%）	7. 5	8. 9	10. 1	8. 9	14. 6	10. 5
	投资效果	1979 ~ 1992 年	0. 22	0. 51	1. 84	0. 57	1. 00	0. 57
		1993 ~ 2001 年	0. 99	0. 73	0. 67	0. 84	1. 00	0. 95
		2002 ~ 2018 年	0. 81	0. 64	0. 72	0. 55	1. 00	0. 72
		40 年平均	0. 52	0. 61	0. 69	0. 61	1. 00	0. 72

资料来源：根据国家统计局网站公布的工业企业经济效益数据计算所得。投资效果为其他指标增长率与固定资产投资增长率的比值。增长倍数和年均增速计算原则同表 52 -1。

3. *企业经济效益最好的时期是宏观调控和市场机制有效结合的时期*

1993 ~2001 年是建立社会主义市场经济体制和宏观调控相结合的时期。在这个时期，固定资产投资 1 个百分点的增长会带来企业资产 0. 73 个百分点、收入 0. 67 个百分点、工业增加值 0. 84 个百分点、利润 0. 99 个百分点、税收 0. 95 个百分点的增长，表明在这个时期的固定资产投资，使企业的利润和国家的税收均获得了快速增长。从固定资产投资与企业利润的关系来看，最差的时期是 1979 ~1992 年转型时期，固定资产投资 1 个百分点的增长，带来企业资产 0. 51 个百分点、收入 1. 84 个百分点、工业增加值 0. 57 个百分点、利润 0. 22 个百分点、税收 0. 57 个百分点的增长。在这个时期，企业收入增长最快，但企业利润和国家税收增长均不是很快。说明在转型时期市场调节机制还没有发挥应有的作用，而计划调节机制又受到了冲击，两者结合得不好。

4. *改革开放带来了企业效益增加的同时也带来了国家税收和居民财富快速增加*

从表 52 -4 中可以看出，在 1993 ~2001 年资产每增长 1% 会带来增加值 1. 15% 的增长，这一增长超过表中其他任何阶段。增加值指标既包含了企业利润也包含了国家税收和个人工资等财富，说明在这一时期工业企业经济效益的取得兼顾了国家、企业和个人收益的提高。排在第二位的是 1979 ~1992 年，资产每增加 1% 会带来增加值 1. 12% 的增长。而改革开放前的三个阶段，增加值增长最好的时期是1952～1957年，资产每增长1%会带来增加值1.07%的增长，说明在改革开放前的最好时期企业给社会带来的综合经济效益不如改革开放之后最好的两个阶段。这从国家税收的增长会看得更加清晰一些，在改革开放之后的1979～2018年资产每增长1%会带来税收1.18%的增长，但在改革开放之前的1952～1978年资产每增长1%只带来税收0.67%的增长。再从资产转化为收入的角度来看，在1979～2018年资产每增长1%会带来企业收入1.13%的增长，而在改革开放以前只带来0.77%的增长，这说明改革开放之后资产转换成为收入的速度明显快于改革开放之前。不过，从表52－4数据也可以看出，一个不能忽略的事实是在加入WTO之后的2002～2018年，资产每增长1%却只带来增加值0.86%的增长，这一表现值得进一步研究。

表52－4　资产每增长1%所带来的其他指标的增长幅度

单位：倍

年份	利润	资产	收入	增加值	税收
1952～1957	1.35	1.00	1.21	1.07	0.77
1958～1965	1.30	1.00	0.58	0.55	0.36
1966～1978	0.62	1.00	0.67	0.98	0.88
1952～1978合计	1.03	1.00	0.77	0.85	0.67
1979～1992	0.43	1.00	1.23	1.12	1.12
1993～2001	1.35	1.00	0.93	1.15	1.30
2002～2018	1.25	1.00	1.12	0.86	1.12
1978～2018合计	0.84	1.00	1.13	1.00	1.18

资料来源：根据国家统计局网站公布的工业企业经济效益数据计算所得。表中增幅为各指标增长率与资产增长率之比。

四、当前我国工业企业经济效益不理想的原因及解决对策

为什么在2002～2018年资产每增长1%却只带来增加值0.86%的增长？如果我们将加入WTO之后的时期划分为2002～2010年和2011～2018年两个时期，就会发现问题所在。从表52－5数据来看，2002～2010年是70年来工业企业经济效益最好的时期，这个时期企业利润、国家税收的年均增长幅度均超过了其他时期（包括1952～1957年）。在2002～2010年，企业利润年均增长31.9%，国家税收年均增长19.6%，这种经济效益的增长是在固定资产投资增速和企业资产增速均不及1952～1957年时期的条件下取得的，说明其单位投资的经济效益高于其他各个时期。问题出在2011～2018年，在这9年期间我国工业企业经济效益并没有出现明显增长，相反却出现了下降，如表52－6所示。企业利润年均增速为－0.8%，企业收入年均增速为0.7%，工业增加值年均增速为3.5%，企业资产年均增速为4.8%，国家税收年均增速为5%，这五个指标的年均增速均变成了70年来的最差水平，只有固定资产投资这一个指标不是70年来的最差值（为7.8%），高于1958～1965年的5%。这说明，2010年之后我国工业企业的经济效益发生了逆转，已经从70年来的最好水平过渡到70年来的最差水平。这一结论是令人震惊的，需要进一步研究并给予解释。

为什么2010年之后我国工业企业的经济效益出现了逆转、成为70年来最差水平？从客观上讲，有以下几个原因：一是中国人口结构发生了较大变化，人口总抚养比从2010年的历史最低值34.2开始上升，说明人口红利已经结束。到2017年已上升到39.2，人口老龄化是制约经济效益提高的因素之一。二是随着人口结构的变化，我国工业企业的成本结构发生了较大变化，制造业人均工资增长幅度已经从2010年开始超过了工业增加值的增长幅度，年均高出3个百分点；社会保险支出年均增幅也超过了15%，说明随着用工成本的上涨，过去依靠劳动密集型产业、低附加价值产业的发展来推动我国经济快速发展的时期也已经结束。三是中国居民的收入分配结构发生了

根本性改变，我国的基尼系数自1998年超过0.4之后在2017年已达0.467，说明我国早已步入收入差距较大国家行列，过去依靠个人发家致富动机来推动经济增长的阶段也已结束，经济发展已受到了收入分配不均的制约。这三个因素使过去依靠投资拉动来促进经济增长的效应降低，也使过去行之有效的通过改革开放来调节居民收入差距以推动经济增长的作用受到限制。

表52-5 70年来两个最好时期经济效益比较

项目	利润	资产	收入	增加值	固定资产投资	税收
1952~1957年增长倍数	2.76	2.17	2.52	2.29	3.61	1.84
5年均增速（%）	28.9	21.4	26.0	23.0	37.8	16.5
2002~2010年增长倍数	9.14	3.57	6.07	3.07	6.62	4.18
9年均增速（%）	31.90	17.20	25.30	15.00	26.70	19.60

资料来源：根据国家统计局公布的工业企业经济效益原始数据计算所得。计算原则同表52-1。

表52-6 70年来经济效益较差时期的比较

项目	利润	资产	收入	增加值	固定资产投资	税收
1965~1978年增长倍数	2.04	3.1	2.16	3.04	2.81	2.73
13年均增速（%）	6.1	9.9	6.6	9.7	9.0	8.7
1979~1992年增长倍数	1.47	2.41	2.93	2.68	5.32	2.67
14年均增速（%）	3.0	7.0	8.6	7.9	13.7	7.8
2011~2018年增长倍数	0.93	1.46	1.05	1.32	1.82	1.48
9年均增速（%）	-0.80	4.80	0.70	3.50	7.80	5.00

资料来源：根据国家统计局公布的工业企业经济效益原始数据计算所得。计算原则同表52-1。

从70年历史发展来看，制约当前我国工业企业经济效益提高的三个因素均与国家过去执行的战略决策有关。人口结构的变化与计划生育国策、独生子女政策有关，居民收入差距拉大与1998年货币化分房带来的居民财富差距拉大有关，成本结构的变化与2008年之后执行的《劳动合同法》和《职工带薪年休假条例》相关。这些政策性、战略决策性因素造就了我国企业当前经济效益较差的局面。自2014年开始，国家已经开始采取一系列政策措施来扭转这种局面。一是国家已经放开了“二胎”生育政策，有望在未来30年扭转我国人口结构恶化局面；二是抑制房价过快上涨政策已执行多年、缩小居民收入差距的扶贫攻坚战已打响，有望扭转居民收入差距过大局面；三是国家已经采取一系列降低企业税负、降低企业社保缴费负担的政策，正在改变企业成本结构恶化的现状。但从统计数据来看，我国工业企业的经济效益不高的状况在过去的五年还没有从根本上改变，还需要我们共同努力。

首先，要进一步降低企业税收负担，给企业以较大生存空间。建议进一步降低增值税税率3~5个百分点，使国家的税收结构由过去的主要依靠增值税向依靠所得税和财产税转变，给企业以休养生息的机会。增值税在本质上是一种抑制企业发展的税种，它是不考虑企业盈亏、只要有经营收入就必须按照收入的一定比例缴纳的税种，这种税对企业不产生负面影响的条件是企业经营业务的盈利空间（利润率）必须大于增值税的征税空间（税率），否则缴纳完增值税之后企业就会亏损，企业亏损将难以生存。为了使更多的企业有生存机会，建议逐步降低增值税税率。这样在企业有利润的时候征税，对企业是没有伤害的，也是不会阻碍企业发展的。

其次，要改善企业经营环境，使企业对发展实业保有热情和信心。一是要阻止商品价格被期货市场过度操作，防止因为市场价格的大起大落而使企业经济效益大起大落，使实力稍差的中小企业被市场淘汰；这一问题在原材料工业和加工工业领域尤其突出，其表现是使实业企业越来越难以生存。二是要防止资金市场出现流动性枯竭或过度宽松，防止出现资金成本的大起大落，使实业企业能够在一个可预期的资金环境下从事投资和经营活动。资金市场利率大起大落、资金供求大起大落的结果，是使金融领域的套利空间大增，促使实体经济脱实向虚发展。三是要阻止汇率的频繁波动，给从事进出口的企业一个可预期的经营环境，使它们的盈利计划能够有时间得到执行和落实。

最后，要取消对中小企业的各种不利要求和

限制，让中小企业活起来。中小企业有活力国民经济才会整体有活力。当前中小企业缺乏活力的主要原因有以下几点：一是当前企业用工成本上升，企业创业难、经营难、维持难，需要大幅度降低用工成本，可以考虑取消国家在用工制度上的部分规定，让企业和职工能够在一个平等的制度框架下、以平等协商劳动条件、劳动待遇。二是企业知识产权保护不力，专利、软件著作权侵权案例缺乏有能力的裁判机构，导致这方面的诉讼困难、执法困难、执法成本较高，应当要求专利、著作权登记机关发挥把关职能，不给侵权产品发放专利或著作权保护证书，让企业真正有动力去发明创造、从事科技创新。三是各单位对招标对企业规模、企业注册资金、员工人数、资质证书的要求要尽可能减少，特别是要明令禁止将中国企业和外国企业区别对待的做法。例如，在软件企业招标采购，要求中国企业拥有外国民间机构的认证（如 CMMI 证书）是不合理的，给外国企业提供劳务的劳务费标准是每人月 30 万元而给中国企业提供劳务的劳务费标准为每人月 3 万元则更加不合理。这种歧视在中国四大银行和央企中广泛存在，应当取消。

专栏 52 -1

中国制造业成本结构的变化

从 1998 ~2017 年我国上市企业公告的数据来看，我国制造业上市企业整体的成本结构发生了以下变化：一是中间消耗成本略有上升，企业用于购买商品、接受劳务支付的现金占经营收入的比值在 20 年间上涨约 3. 52%；人工成本占经营收入的比值上涨了 2. 69%；税费成本占经营收入的比值下降了 5. 73%；其他支出占经营收入的比值下降了 1. 05%；经营利润占经营收入的比值仅上涨了 0. 38%。

从中间消耗的变化情况来看，以下四个行业的中间消耗占比显著提升：石油加工、炼焦及核燃料加工业、橡胶和塑料制品业、黑色金属冶炼及压延加工和其他制造业上升幅度超过 10 个百分点，这四个上升的行业均是传统制造业；以下三个行业的中间消耗占比有所下降：仪器仪表制造业、电气机械及器材制造业和专用设备制造业下降幅度超过 4 个百分点，这三个下降的行业均是技术密集型行业。

从人工成本的变化情况来看，以下四个行业的人工成本占比大幅度上升：皮革、毛皮、羽毛及其制品和制鞋业，电气机械及器材制造业，铁路、船舶、航空航天和其他运输设备制造业，计算机、通信和其他电子设备制造业，上升幅度超过 6 个百分点；以下七个行业的人工成本占比有所下降：有色非金属矿物制品业、石油加工、炼焦及核燃料加工业、废弃资源综合利用业、化学原料及化学制品制造业、黑色金属冶炼及压延加工、化学纤维制造业和其他制造业，下降幅度超过 3 个百分点。

从税负成本来看，在 29 个细分制造业行业中，只有纺织服装服饰业和文教、工美、体育和娱乐用品制造业的税负成本上升，其他 27 个行业均呈下降趋势。这与大家的感受并不一致，但与用国家统计局公布的规模以上工业企业的纳税额与营业收入之比指标揭示的税负水平变化趋势基本一致，根据中国社会科学院“创新工程”工业企业税负研究课题组的研究结果，从 2001 年的 7. 47% 下降到 2016 年的 5. 25%。

总体来看，根据我国制造业上市企业公告的财务数据计算，我们发现中间消耗成本、税负成本以及其他成本均呈现下降趋势，人工成本呈现上升趋势。其中，劳动密集型行业人工成本占经营收入的比值有所上升，税费成本占比有所下降，经营利润占比有所下降。资本密集型行业中间消耗成本占比上升，人工成本占比下降，税费成本占也下降。技术密集型行业中间消耗成本占比下降，人工成本占比上升，税费成本占比下降。

资料来源：赵思洋：《中国制造业细分行业成本结构研究》，中国社会科学院研究生院硕士学位论文，2019 年 5 月。

参考文献

［1］李富春：《关于发展国民经济的第一个五年计划的报告》，《经济研究》1955 年第 3 期。

［2］周恩来：《关于发展国民经济的第二个五年计划的建议的报告》，人民网，2012 年 8 月 29 日。

第五十三章　工业企业会计制度变革

提　要

新中国的会计制度演进轨迹是随着新中国工业化进程展开的，宏观而言，服从于我国财政体制的变革，微观而言，与企业的发展相适应。在工业化、市场化和全球化不同发展阶段，具有鲜明的时代特点。随着技术进步和发展环境的变化，我国未来的会计制度的演进，需要从技术、组织、制度以及理论基础等多方面展开，从而对我国的工业化进程起到更加积极的促进作用。

*　*　*

马克思在《资本论》第二卷中将会计概括为过程的控制和观念的总结，也就是说，会计不仅是一种记账的技术，而更多的是一种管理活动。进入工业社会以后，会计制度作为一种生产关系的体现，是服从于工业化变革的。中国工业企业会计制度变革也与中国工业化进程密切相关。新中国工业化是在一个传统落后的农业国的基础上开展的。工业化进程初期建设财政为主的体制，显然不能简单地用贸易与商品交换的逻辑来管理和协调，会计核算和反应监督的内容以工业为主。在计划经济体制下，货币发挥价格信号的作用受到抑制，会计作为以货币计量经济活动的基本制度，其功能更多地反映在成本计算方面，这也是新中国工业会计制度建立之初的基本目的。

一、工业化进程与企业会计核算制度的确立

新中国成立之初的工业化进程，标志性事件是“156 项”重点项目。围绕“156 项”展开了三大改造，其中对于资本主义工商业的改造对会计制度的影响尤其深刻，工业会计核算反应和监督的对象从传统的商品交换关系转变为成本和数量关系，在国家宏观方面会计制度服从于税收制度，在微观方面会计制度作为企业内部的一种统计制度而存在。由于商品经济的基础不存在了，借贷记账法等也没有存在的必要。会计制度的核心是围绕着成本展开的，因此在新中国工业化进程中没有制定专门的会计法律，会计工作的主要规范或者会计制度的主要内容是国务院制定的会计行政法规，它是以部门会计为主的会计制度，由财政部制定并颁布执行。在这一时期比较重要的会计制度有以下几项：

1. 新中国工业化初期会计制度的宏观基础——《预算决算暂行条例》

1951年7月，在朝鲜战争期间，服从于战争或者是战时经济（也就是计划经济）的需要，新中国政务院发布《预算决算暂行条例》。这是新中国第一部全国统一的预算管理法规，也是新中国第一部和会计相关的制度性文件。甚至可以不夸张地说，该文件基本确立了新中国未来会计的方向是以国家会计制度为主的会计制度体系，它与市场经济国家，尤其是以英美为代表的以会计准则为主的会计制度体系有明显的不同，到今天为止，两种制度仍旧经渭分明。《预算决算暂行条例》确定了总预算会计制度、单位预算会计制度、金库会计制度、税收会计制度以及会计管理体制，并为这些会计制度提供了相应的法律依据。

2. 新中国工业化初期会计制度的微观支点——《国营企业决算报告编送暂行办法》和《国营企业决算报告编送办法》

1952年1月，我国工业化就快进入新的发展阶段，国家政务院财政经济委员会根据《预算决算暂行条例》有关规定制定了《国营企业决算报告编送暂行办法》。对国营企业及其主管机构，中央与大行政区主管国营企业的部、会、行、署、局等决算报告的报送审核程序，决算程序编制依据以及资产估价原则等内容作了详细的规定。1955年1月，在新中国基本确立了以计划经济为主导的工业化进程之后，国务院在原《国营企业决算报告编送暂行办法》的基础上，发布了《国营企业决算报告编送办法》，对企业决算报告编制和上报程序、决算报告和财务情况说明书的内容、会计报表的种类、名称格式和项目的制定方法等内容作了详细的规定。

不难发现，在新中国工业化进程中建立的会计制度，并不是一个商品经济环境产生的制度，而是在推动国家工业化迅速发展过程中、在计划经济环境下产生的以实物的生产量核算为核心的制度，它没有价格信号的痕迹。会计报表的格式、会计方法以及会计科目的设置都与当时的工业化进程密切相关。

二、改革开放与企业会计制度转型

1972年以后我国走上了改革开放的发展道路，新中国的工业化进程也逐渐从计划经济向有计划的商品经济和实现社会主义市场经济转变。作为经济制度的一部分，会计制度也相应地随着工业化及进程的变化而发生了变化。尤其1978年开始对内发展商品经济和对外开放的新环境下，过去传统的、以成本为核心的会计制度开展逐渐转变，价格对商品供求的调节作用和调节信号开展逐渐发挥，会计制度逐渐与统计制度相分离。

1. 会计制度的宏观制度基础——《中华人民共和国会计法》的制定

1980年8月，五届全国人大三次会议上人大代表正式提出会计立法议案。1984年7月至1985年1月，六届全国人大常委会在第七次和第九次会议上对《会计法（草案)》进行了审议修改，最后一致通过，于1985年1月21日第21号中华人民共和国主席令公布了《中华人民共和国会计法》（以下简称《会计法》），要求于1985年5月1日起施行。

1985年《会计法》共6章31条，对会计工作的地位，作用基本职能，会计核算和会计监督的方法程序，会计机构和会计人员的基本职能，会计管理体制，会计工作的组织领导，以及违反《会计法》应负的法律责任等内容作了详细的规定。

《会计法》是新中国第一部会计专门法律，其颁布实施标志着我国财政和财务制度发生了新的转变，使我国的会计工作走向了法制化的轨道，为我国商品经济和市场经济的最终建立奠定了会计制度基础。

2. 会计制度的法规体系的建设

随着我国工业化进程发展和经济市场化、商品化以及对外开放的推进，国务院先后发布了一系列会计行政规章，进一步发展和完善了在新的工业化条件下的会计法规体系，比较重要的有以下三项内容：

（1）《国营企业成本管理条例》。新中国成立以来，由于我国的工业化进程一波三折，而且发展阶段各有不同，国营企业一直没有全国统一的成本管理制度；改革开放后，为加强成本管理，提升经济效益，国务院于1984年3月发布了《国营企业成本管理条例》，该条例规定了成本管理的基本任务，成本开支范围，成本核算的原则和方法，成本控制和管理权限及责任监督与仲裁措施等。

（2）《国营企业固定资产折旧试行条例》。新中国的工业化进程伴随不同的发展阶段，无论是"156项"，还是"大三线"建设以及打开国门之后的"四三方案"，在建设财政的背景下，由于投入主体的不同，会计制度偏重于实物核算。国营企业分属于不同的管理层级，条块分割比较明显，因此没有制定统一的折旧管理制度。在新的历史发展阶段，我国的工业化进程要逐渐走向商品经济的发展阶段，建立国营企业统一的固定资产折旧制度就十分有必要，国务院于1985年4月发布了《国营企业固定资产折旧试行条例》（以下简称《试行条例》）。《试行条例》的内容主要有：明确提取折旧的范围，规定计算提取折旧的方法和依据，规定折旧率和单位折旧额的计算方法，明确折旧基金的使用范围，明确违反试行条例规定的处罚措施等。

（3）《注册会计师条例》。在对外开放进程中，我国原有的会计制度缺乏注册会计师的鉴证，成为我国对外开放吸引外资的一个"瓶颈"。为了适应会计查证验证业务的需要，我国恢复了注册会计师制度，1980年12月，财政部发布《关于成立会计顾问处的暂行规定》。对会计顾问处（后来的会计师事务所性质的机构）的业务范围、组织机构、业务委托人以及注册会计师的任职条件、独立性、职业道德、业务收费等做了原则性的规定。在总结该规定实施经验的基础上，国务院于1986年7月颁发了《注册会计师条例》，这是新中国第一部面向市场经济的会计法规，该条例共6章30条，对注册会计师的性质、业务范围、职业道德纪律、法律责任及会计师事务所的有关问题做出了比较明确的规定。《注册会计师条例》的颁布，标志着我国会计制度不仅走向了法制化轨道，而且迈入了国际化进程。

三、市场经济与会计制度建设

1992年，随着邓小平南方谈话的发布、党的十四大的召开标志着我国工业化进程走入发展市场经济时期，就会计制度而言，要更加充分地发挥价格信号的作用。在相应的新的市场经济发展阶段，我国的会计制度必须适应市场经济的发展，需要初步建立社会主义市场经济体制下的会计法律制度体系。

1. 充分发挥价格信号作用的会计法律体系

市场经济必然要求价格在资源配置中发挥决定性作用，工业化的进程从计划经济跨越到了市场经济，整个工业化进程中的资产、负债、权益、收入和费用需要进行重新的定义，包括会计方法也需要采用借贷记账法，会计信息披露也有了新的要求。1993年12月29日，八届全国人大常委会做出《关于修改〈中华人民共和国会计法〉的决定》，由中华人民共和国主席以第17号令予以公布，自公布之日起实行。具体而言，修订的内容有以下几个方面：一是立法宗旨上强调会计工作对于社会主义市场经济的基本作用，并在修改的内容上体现社会主义市场经济的要求；二是扩大了《会计法》的适用范围，使《会计法》成为全社会会计工作的基本规范；三是明确单位领导人、负责人对会计资料合法真实、准确完整以及核对会计监督应负的责任；四是对会计人员的任命规定进行了修改，规定了主管单位，对国有企业事业单位会计人员任免的适用制度进行管理。初步建立了面向市场经济的、统一的会计制度。

随着我国工业化进程全面进入市场经济发展阶段，价格成为调节经济资源的主要手段，过去的以计划经济为基础的、以成本核算为核心的《会计法》越来越难以适应我国工业化进程。更重要的是，随着《公司法》的颁布，过去的《会计法》已经不能适应新的法律体系的需要，新的发展需要修订《会计法》。1999 年 10 月 31 日，新《会计法》经九届全国人大常委会十二次会议全体通过，由中华人民共和国主席第 17 号令予以公布，自 2000 年 7 月 1 日起施行。新的《会计法》在以下方面作了修订：一是突出了《会计法》的立法宗旨是规范会计行为、保证会计资料真实完整、加强经济管理和财务管理、提高经济效益、维护社会主义市场经济秩序，核心是要建立统一的社会主义市场经济秩序制度基础；二是强调了会计主体负责人对于会计工作和会计资料的真实性、完整性的责任；三是进一步完善了会计核算规则，逐渐向市场经济会计核算规则靠近；四是对公司企业会计核算做出了特别规定，这是与新颁布的《公司法》相适应的；五是加强了会计监督制度；六是明确规定国有和国有资产占控股地位或者主要地位的大中型企业，必须设置总会计师；七是增加了会计从业资格管理的规定；八是加大了违反《会计法》的法律惩罚力度。

2. 适应对外开放需要的《中华人民共和国注册会计师法》的制定颁布

进入 20 世纪 90 年代中后期以后，随着我国对外开放的进一步深入，尤其是应加入关贸总协定的需要，原有的《注册会计师法》已经不能适应新的要求，1993 年 10 月历经 12 次修改形成的《中华人民共和国注册会计师法》（以下简称《注册会计师法》），经八届全国人大常委会四次会议审议通过，由中华人民共和国主席第 13 号令予以公布，自 1994 年 1 月 1 日起实施。《注册会计师法》共 7 章，46 条对注册会计师和会计师事务所的性质、业务范围、注册会计师资格认定、会计师事务所设立的要求、注册会计师的执业规则、注册会计师协会以及法律责任等方面做出了明确规定。

3. 适合社会主义市场经济需要的《企业财务报告条例》

《企业财务报告条例》由国务院 2000 年 6 月 21 日第 287 号国务院令发布，自 2001 年 1 月 1 日起施行。《企业财务报告条例》的颁布和施行标志着我国会计制度逐渐摆脱了财政制度的附庸地位，成为在市场经济发展中独立的法律制度。从此我国的会计制度走向了工业化驱动与市场经济驱动双轮驱动的发展新阶段。《企业财务报告条例》共 6 章、46 条，系统规范了各项会计要素的定义以及企业财务会计报告的性质等事项。《企业财务报告条例》是《会计法》有关财务报告要求的具体化。

4. 《企业会计准则》和《企业财务通则》的发布

在改革开放的进程中，要发挥企业在市场经济中的主体作用，也就是推动工业化进程从计划经济走向市场经济的转变，相应的法律法规要做出大的调整，尤其是和市场经济相关的民法和商法体系需要调整。但是，由于我国的民法和商法体系的转变是一个庞大的系统工程，在此基础上再推进企业会计制度的变革，对于解决现实的需要而言，缓不济急。我国的改革开放进程是一个“摸着石头过河”从下而上的进程，因此在会计制度变革方面也体现了这个特点。1991 年 11 月财政部颁布《企业会计基本准则（草案）》，并广泛征求意见。1992 年 11 月，随着我国正式宣布进入社会主义市场经济发展阶段，经国务院批准财政部以第 5 号部长令发布了《企业会计准则》和《企业财务通则》，自 1993 年 7 月 1 日起实行。《企业会计准则》共 10 章 66 条，对企业资产负债、所有者权益、收入费用、利润等各项会计要素的核算，以及财务报告的编制做出了规定，《企业会计准则》的发布标志着我国的会计模式逐渐从计划经济向市场经济做出根本转变。《企业财务通则》共 12 章 45 条，对企业资金筹集、流动资产固定资产、无形资产递延资产和其他资产、对外投资成本和费用、营业收入、利润及其分配、外币业务等方面管理做出了具体规定，同时还规定了企业清算、财务报告与财务评价方面的内容。

1992 年颁布实施的企业会计准则是我国的基本准则，标志着我国会计制度基础向普通法系的转变。这对于我国未来加入关贸总协定和世界贸易组织奠定了会计制度基础，也推动了我国工业化进程中会计制度、核算体系的演化，逐渐从以商品经济为主导的会计制度转变为能够体现全球化进程要求的会计制度。在基本准则的基础上，财政部于1994年2月先后公布了6批、32份具体会计准则征求意见稿，广泛征求各方面的意见，1997年5月，财政部公布了第1项具体会计准则——企业会计准则关联方及其交易的披露，截至2001年底，我国已正式公布了16项、修订5项具体会计准则，我国的会计准则体系初步形成，标志着我国适应市场经济要求、与民法和商法相适应的会计制度基本建立起来了。

四、加入世界贸易组织之后的会计制度变革

20世纪90年代中后期，随着我国加入关贸总协定和世界贸易组织谈判的推进，对外开放进入了一个新的发展阶段，我国的工业化进程也面临着一个新的发展环境，即全球化发展的大环境。在全球化发展的环境下，会计制度受制于全球的治理制度。国际贸易和国际投资需要按照国际会计准则为支撑，因此为了进一步扩大对外开放的力度推动我国工业化进程，走向全球化的发展阶段，需要对我国的会计制度再次进行变革。

1. 着眼于平等地位的企业会计制度的建设

全球化进程要求给所有的企业以平等的财产主体地位，不能强调某一方面的财产主体地位高于另外一方面的财产主体地位。这对于我国会计制度的变革提出了更高的要求，在这样的背景下，我国财政部于2000年12月颁布了《企业会计制度》。规定自2001年1月1日起，暂时在股份有限公司范围内实行，在2005年之后在所有的企业里实行。这一制度最突出的特点是彻底代替了以前各行业的会计制度，实现了统一的企业会计制度。同时取代了1992年颁布的"两则"以及相应行业会计制度，实现了各个企业主体之间平等对待。具体而言，《企业会计制度》在内容上有以下几个突出变化：

第一，对资产负债、收入费用等会计要素进行了重新定义，保证了会计信息与经济事务之间的一致性；第二，首次将法律上实质重于形式的原则纳入了会计制度，并与《公司法》相衔接，保证了会计信息能够体现公司的活动；第三，进一步扩大了稳健性原则的适用范围，避免了企业资产虚增，利润虚增的假象，提高了会计信息的可靠性；第四，首次将非货币交易、或有事项、会计调整、关联方关系及其交易等较为成熟的商业上的惯例以具体准则的形式纳入会计制度的规范，体现了会计制度与会计准则的协调；第五，对于国际商业惯例中不符合中国国情的部分做出了适度的修订，例如对于我国债务重组的会计处理，不运用公允价值方法；第六，针对一些新发生的会计事项，如委托贷款、利润归还投资等做出了新的规定；第七，重新规范了企业会计报表体系与国际会计准则相衔接；第八，专门针对会计报表附注，做出了具体规定。

2. 确立国际商业惯例相衔接的新会计准则体系

随着我国成为国际贸易组织的正式成员，要求我国的会计准则体系要与国际商业惯例相衔接，在这样的背景下，我国颁布了新的企业会计准则体系。2006年2月，我国财政部在借鉴国际会计准则并结合中国国情的基础上正式发布了新的企业会计准则体系，采用了国际会计准则主要的原则和标准，进一步协调了我国会计规范中准则和制度相应的关系。

新会计准则体系包括基本准则、具体准则和应用指南三个层次，与国际商法基本上是一致的。基本准则处于第1层次，是整个会计准则体系的基本原则和指导思想。具体准则处于第2层次，共有38项，是根据基本准则的原则和定义来制定的，用于规范企业各项经济业务的会计处理，具体而言，具体准则又包括一般业务准则、特殊行业的特殊业务准则以及报告准则三类。应用指南处于第3层次，是依据基本准则和具体准则制定的，用于指导准则运用中所涉及的会计科目账务处理、会计报表格式等实务问题的操作性指南，包括非金融企业的会计科目和会计报表、金融企业的会计科目和会计报表两个部分，比较

接近于国际商法中的案例应用。

随着我国工业化进程从计划经济走向市场经济转变并进入全球化的进程，我国的会计制度也经历了从以建设财政为主导的会计统计制度演变为发挥价格信号为主导的市场经济会计制度，再次演变为在全球化进程中引入国际商业惯例的会计准则体系的转变。

五、中国工业企业会计制度变革的基本经验

纵观新中国70年以来的演变方向和规律可以发现，新中国会计制度的变革是与中国工业化进程密不可分的，作为一项经济制度，它离不开所依赖的经济基础。在中国工业化发展的不同阶段，我国会计制度的变革具有不同的特点，也有不同的基本经验。具体而言包括以下几个方面：

1. 企业会计制度的变革需要与工业发展的基础相匹配

“二战”以后，我国作为一个落后的农业国家，在推进工业化进程中有两条道路选择，第一条道路是以市场化带动工业化，相应地要以商业惯例作为会计制度制定的基础来逐渐实现工业化道路，但是“二战”以后随着全球市场的分割，以及两大阵营的形成，这条道路显然已经不现实，因此我国的工业化进程采用另外一条道路，也就是以建设财政为主，采用战时经济的办法也就是计划经济办法来推动工业化进程发展。在这样的环境背景下，我国的会计制度显然无法发挥价格的作用，无法体现价格在会计信息中的作用，只能以成本为中心，并且由于我国的工业化进程经历了各个发展阶段，即使是在以成本为中心的会计制度建设中，也主要以实物为主，而不是以核算为主。当时的会计制度服从于国家财政制度，或者是附属于国家各级财政制度。随着改革开放，我国逐渐走上了有计划的商品经济和市场经济的发展道路，工业化进程中也要逐渐发挥价格在资源配置中的信号作用，我国的会计制度需要由分行业的制度向统一的制度大幅度迈进。随着21世纪我国成为世界贸易组织的正式成员，我国的会计制度要与国际商业惯例相衔接，在此基础上，我国的工业化进程面临着全球化的挑战，在我国的会计制度建设上出现了会计准则与会计制度并存的局面，并且持续到今天，但总体而言我国的会计制度是与我国的工业化进程相一致的。

2. 企业会计制度与法律环境相一致

会计制度作为国家的基本的经济制度组成部分，是服从于国家的法律体系的，具体而言，在计划经济时代是服从于国家的财政法律体系的。在市场经济阶段，除了服从于国家财政法律体系以外，还要与市场经济、基础的民商法律体系相一致。市场经济本质上来说就是法治经济，会计制度的演进与完善，无论是会计要素的定义，还是会计交易行为的规范，都与民商法律体系的演进与完善密不可分。在全球化发展阶段，国际商法对于我国的会计制度提出了新的要求，因此我国的会计制度中又引入了会计准则。国家财政制度、市场经济法律基础与国际国外的准则三个要素推动我国会计制度演变至今，为我国企业会计制度的不断完善提供了广阔的发展空间。

3. 会计制度演进需要因势利导

纵观新中国会计制度演进的70年发展历程，有三个基本的特点，一是我国会计制度的演进始终是由国家财政部门推动的；二是我国会计制度的演进始终是与我国的经济基础，也就是工业化进程相匹配的；三是我国会计制度的演进始终是与我国经济制度的变化相匹配的。总体而言是一种因势利导的会计制度的演进，换句话说，并不是超前的制度安排。这对于全球化进程之前的我国工业化进程而言，会计制度的演进起到了积极的促进作用，但是这种因势利导的会计制度演进也有它的问题所在，比如在全球化的进程中如何把本国的发展基础，也就是工业化基础与国际商法的环境相结合，支撑我国工业化体系进一步向前发展。

六、中国工业企业会计制度变革的未来发展方向

进入新时代，我国工业发展的外部环境已经发生了显著的变化，也就是开始于20世纪90年代的近30年的全球化进程在制度方面的红利似乎已经用到了尽头，我国会计制度的演进面临着新的挑战，这方面挑战在于会计制度的技术挑战、国际商业环境挑战、理论基础挑战三个方面。

1. 会计制度的技术挑战

现代会计制度诞生于第二次工业革命时期，主要是在大生产的环境下对实物生产、资本与货币的核算。但随着近年来第三次工业革命所带来的信息技术产业导致信息逐渐成为一项新的生产要素，会计制度如何把信息技术的发展纳入其中成为一项重要挑战。例如随着区块链技术的推广，金字塔式的会计组织体系还有没有必要存在？会计上的总账、分类账、会计报表体系面临着瓦解的趋势。会计信息会产生新的组织方式和模式，在这样的环境下，会计制度面临新的信息技术的挑战，需要在某些方面应对，例如对资产定义的改变，以及对负债定义的改变等。目前国际上无论是学术界还是产业界，对于技术方面，仅仅局限于自动处理数据，而没有从制度层面上予以考虑，随着会计组织去中心化的逐渐实现，会计制度如何适应这方面的变化，目前尚没有一个明晰的方向。

2. 会计制度所面临的国际商业环境变化带来的挑战

会计制度诞生于某种商业制度之中，是随着商业制度和商业环境的变化而变化的，近30年来的商业环境主要是全球化所带来的贸易环境和资本环境，由此诞生了相应的会计制度和会计准则，也就是所谓的国际会计准则。30年来的全球化进程有着不同的分工或不同的分工层面，对于资产的定义，负债的定义，收入和费用的定义有所不同。随着全球化进程的不断深入，尤其是制度的不同，这种由于处于不同分工层面而导致的会计制度的差异，会面临越来越多的挑战。例如对于关联方的定义，对于国有企业的定义，对于政府补贴的定义，对于资产的定义，对于无形资产的定义，对于专利的定义等，发达国家和发展中国家有着明显的不同，相应的制度支撑体系也不同，如何进行会计层面、制度层面的协调，成为一项越来越艰难的任务。虽然向国际接轨成为我国2006年之后制定会计准则的原则之一，但是由于国际会计准则的细微差别，还有金融危机之后相关事件对于会计准则的冲击，导致我国会计制度和会计准则向国际会计接轨的进程中面临标准失衡的挑战。这需要实务界和实业界密切协调配合，政府在制度设计方面做出有针对性的变革，尤其是要考虑到本国的工业化发展阶段，使会计制度能够对本国的工业化发展起到积极作用。

3. 会计制度的理论基础面临重构

新中国成立70年来，总体而言，会计制度演进的特点是会计实践、会计制度演进要远远超过会计理论的演进。这是由于以下几个方面原因造成的：第一，我国会计制度演进的推动者并不是理论界，而是政府部门，政府根据实际的经济基础也就是工业化进程的需要，变革相应的会计制度，而这种变革主要体现为借鉴为主的强制性制度变迁，相应的理论研究并没有支撑这种制度变迁，或者说对这种制度变迁研究不够充分。例如会计制度是诞生于商业环境之中的，但是如果在一个以计划经济为主导的环境下，会计制度该做什么样的变革？并且为下一步变革做什么样的准备？这方面的研究几乎没有。最典型的例子是对于苏联和我国计划经济体制转变中会计制度演进的理论解释和理论支撑研究相当缺乏。第二，在全球化进程中，会计制度的演进受制于国际商法环境的变化而产生了国际会计准则，怎么引进国际会计准则和发达国家的会计准则来对本国的会计制度进行改进，而不是盲目地生吞活剥导致的水土不服？这在理论界的讨论是非常匮乏的。第三，转轨时期会计理论研究不足，从计划经济到市场经济理论研究的缺乏，从市场经济到全球化进程理论研究的缺乏，究其根本而言是把会计

理论基础建立在经济学理论基础上，而没有从制度角度加以解释。一般公认会计学诞生于1492年，而经济学诞生于1776年，以300年后的经济理论解释300年前的会计理论显然是逻辑上的混乱。

在新的历史时期，我们更应该注重会计历史与逻辑，重新对会计理论进行界定和定义，正本清源，促进我国会计制度不断完善，使其对我国工业化进程起到积极作用。这是下一步会计学界所要担负的历史使命。

专栏53-1

"四大"财务机器人全面上市，财务人的淘汰危机真的来了!

2017年财务行业的大事件一波接着一波，有两方面的消息显得尤为重磅，一方面是财会证书，会计证的取消以及初级职称的变革；而另一方面是以机器人为代表的人工智能逐渐进入人们的视野，并且侵占财务人的岗位。

以德勤、普华永道、安永、毕马威为代表的国际四大会计师事务所已经相继上市财务机器人以及财务机器人解决方案，一场对于传统财务行业的变革正在进行中，一个"机器人流程自动化"的时代正悄悄来临!

从5月开始，德勤率先推出财务机器人产品，瞬间引爆财务圈。同属国际四大会计师事务所的毕马威、普华永道、安永也相继推出自己的财务机器人以及财务机器人解决方案。

资料来源：360百科，http：//www.360kuai.com/pc/960b9c90193038c59？cota = 4&tj_ url = so_ rec&sign = 360_ 57c3bbd1&refer_ scene = so_ 1。

参考文献

［1］时杰：《中国工业供给侧结构性改革的全球视角》，《现代国企研究》2016年第9期。

［2］时杰：《中期财务报告信息披露若干问题探讨》，《经济管理》2003年第20期。

［3］高培勇：《中国财税改革40年：基本轨迹、基本经验和基本规律》，《经济研究》2018年第3期。

［4］王北军：《试论改革开放30年企业会计规范发展》，《财会通讯》2010年第6期。

［5］艾文国、高嵩、唐思思：《改革开放30年会计信息化发展回顾与展望》，《财会通讯（综合版）》2008年第12期。

第五十四章　工业企业技术进步

提　要

新中国成立70年，工业企业技术随着国内外环境的变化不断进步，走过了从起步探索，到初步发展，再到快速发展阶段，目前正快步进入自主创新发展阶段。在管理体制上，实现了从中央集中管理向分级管理的转变；在技术引进来源上，实现了从单一来源向多元化的转变；在技术引进主体上，实现了从政府到企业的转变；在技术引进方式上，实现了从以硬件设备为主向以软件技术为主的转变；在技术引进目标上，实现了从产业移植向自主创新的转变。总体上看，中国工业企业竞争力和创新能力得到显著提升。中国工业企业技术引进与创新所要解决的核心命题就是实现中国工业发展从比较优势向竞争优势的转化。在这一转化过程中，核心技术亟须突破，技术创新体系的协同性亟须提升，知识产权保护的制度环境亟须进一步完善。

*　　　*　　　*

新中国工业企业技术进步70年的发展历程同国内外环境的变化密切相关。从西方国家封锁，到封锁缓解，再到局部开放和加入世界贸易组织后的全面开放；从计划经济体制，到从计划向市场过渡，再到建立和完善社会主义市场经济体制，中国工业技术引进和创新就是在这样的环境下不断发展前行的。

一、新中国工业企业技术进步70年发展历程的回顾

70年来，中国工业企业的国内外发展环境、管理体制以及发展水平都发生了较大变化。就中国工业企业技术进步的发展历程而言，根据不同时期的特点，基本上可以划分为四个阶段：一是起步、探索阶段（1949～1978年）；二是初步发展阶段（1979～1991年）；三是快速发展阶段（1992～2005年）；四是自主创新发展阶段（2006年至今）。

1. 起步阶段（1949～1978年）：通过全面学习，初步具备生产能力

在这一阶段，中国工业技术引进与创新基本上是一个“高—低—高”的发展历程，经历了两个高潮期和一个低潮期。1949～1959年是第一个工业企业技术引进的高潮期；1960～1971年是低潮期；1972～1978年是第二个高潮期。

（1）第一个高潮期：重工业企业先行，奠定

工业基础。① 1949年，新中国的工业经济突出表现为依附性和落后性。一方面中国工业的原材料和技术装备依赖于国外；另一方面中国工业总量和结构水平都较低。1949年中国工业总产值仅为140亿元，其中机器大工业产值仅占17%，基本工业产品生产能力非常低，与同期美国相比，重工业产品的产量差距在二位数到三位数。

在一定程度上，落后的工业企业生产水平就意味着落后的技术水平。面对这样一个现实，中国工业企业技术引进主要围绕发展重工业的思路展开。从技术来源来看，主要来源是苏联和东欧国家，同时也有少量同西方国家的技术贸易。例如，"156项工程"② 成为这一时期从苏联技术引进的重要内容，加上1955年、1958年、1959年先后签订的一批合同，累计从苏联引进的成套设备项目总数达到304项。从技术引进方式来看，主要是以成套设备引进为主。从技术引进的行业分布看，主要集中在电力、冶金和机电行业，如表54－1所示。

表54－1 1950～1959年成套设备引进项目部门分布情况

单位：个

	从苏联引进	从东欧引进	从西方国家引进	合计
煤炭工业	25	12	—	37
电力工业	66	40	1	107
石油工业	10	2	—	12
冶金工业	47	7	—	54
化学工业	17	5	—	22
建材工业	4	17	1	22
林业工业	2	7	1	10
机电工业	126	6	—	132
纺织工业	1	6	—	7
轻工业	3	8	—	11
邮电、广播、电影	3	6	—	9
合计	304	116	3	423

注：按签订合同的情况。

资料来源：陈慧琴：《技术引进与技术进步研究》，经济管理出版社1997年版。

这一阶段中国工业企业技术引进的突出特点是产业移植和全面学习。在这一段时期，新中国迅速建立起一批重型机械、矿山机械、化工、炼油、采油设备、机床等制造企业，建立起一批铜冶炼加工、铝电解加工、钢铁、硬质合金加工企业。通过大规模技术引进，中国工业企业的机械设备和钢材的自给率得到提高，技术能力得到了较快积累，为新中国基本完整工业体系的建立奠定了基础。同时值得强调的是，这一次技术引进不仅是物质基础的建立，同时还是技术与管理人才基础的建立。其中，人才流动和"干中学"是人才快速成长的重要方式。以人才流动为例，20世纪50年代约有2万人被派到苏联和东欧国家学习和培训；同时又有大批国外专家来华，还有一批留学欧美的人才回来报效祖国。

（2）第一个低潮期：轻工业企业技术引进得到重视。就国际环境而言，一方面是1960年中苏关系出现了变化，当时苏联撤走了全部在华专家，撕毁了合同，停止了重要设备的供应；另一方面是中国与西方国家关系逐步缓和，贸易关系有了一定程度的发展。从技术来源看，这一阶段的技术主要来自西方国家。1963～1966年，中国

① 此部分主要参考了陈慧琴：《技术引进与技术进步研究》，经济管理出版社1997年版。

② 1950年，中国同苏联签订了50项工程，1953年签订了91项，加上1954年签订的15项，统称"156项工程"。

先后与日本、西德、英、法、意等11个国家签订了82项技术引进合同，消耗外汇约3亿美元。按照实际结汇情况看，日本、西德和英国占了全部的50%以上。从技术引进方式上看，该阶段主要是以中小型成套设备为主，并用于原有企业的技术改造。从技术引进的行业分布看，化学工业、冶金工业、纺织工业是主要的技术引进部门。

这一阶段的企业技术引进是与当时的工业结构调整密不可分的。为了解决“吃穿用”的问题，纺织工业和化学工业得到较大的重视。同时，通过技术引进填补了一些行业空白。纺织工业企业引进的重点是建立多品种的合成纤维生产能力，如北京维尼纶项目；化学工业企业引进了以合成材料和石油化工为中心的技术，如兰州石油化工和合成纤维项目。再有就是冶金工业企业对金属冶炼技术的引进，如太原钢铁公司扩建项目。

（3）第二个高潮期：“轻”“重”并举，仍以大规模成套设备引进为主。就国际环境而言，中国同西方国家的交往不断恢复和扩大范围，同时20世纪70年代西方发达国家还面临严重的经济危机，急于消化过剩的生产能力，急于同中国发生经贸往来。就国内环境而言，国内政治气候也发生了变化，政策也得了一定程度的调整。同时，从国内需求看，吃饭和穿衣的问题依然十分突出，因此支援农业发展和改善人们基本生活又被放在经济调整的突出位置，加之国内石油生产的突破，使石油化工业发展有了可能。面对这样的现实条件，中国开始了第二次大规模成套技术设备引进，1972年确定了26个大型项目约合43亿美元方案的出台①，1978年对外共签订1230多项引进合同，总金额78亿美元。从技术引进来源看，主要来自日本、西德等，美国的对华技术转让规模仍然相对较低。从技术引进方式看，仍以成套设备引进为主，并已经开始探索合作生产与开发、利用出口信贷延期付款等国际上通用的方式。从技术引进的行业分布看，主要集中在石油化工、化纤、化肥、钢铁等行业。在“四三方案”成套引进的26项中，化纤4套，石化3套，大化肥13套，烷基苯项目1套，大型电站3套，钢铁项目2套。

这一次大规模的技术引进，在技术水平上基本体现了20世纪60年代国际技术变革的发展方向。通过这次大规模的引进，不仅使“吃穿”的问题有所改善，为在20世纪80年代解决温饱问题奠定了基础，而且还促进了企业的技术改造，引进了先进的管理理念，为企业培养了人才，锻炼了对外交流队伍。虽然在技术引进中也通过配套设计、“按单点菜”的方式引进技术，在一定程度上提升了设计能力，但整体上看，引进的重点还是主要放在了拥有现代设备的“生产能力”，而对“设计与设备制造能力”重视不够，没有系统地考虑如何有效消化吸收引进技术的问题。

2. 初步发展阶段（1979～1991年）：生产能力快速提升，开始重视技术消化吸收

党的十一届三中全会后，中国确立了改革和开放两项基本国策。在这一阶段，经济体制处于从计划经济向社会主义市场经济过渡的特定阶段。同时，对外开放工作有序推进。一系列有关科学技术发展重大部署、强调科技促进经济发展、加快科技体制改革的政策文件发布。1978年3月，《1978～1985年全国科学技术发展规划纲要》发布，对农业、工业、自然资源等27个领域以及基础科学和技术科学的科研任务进行了规划，确定了108个重点研究项目。1982年9月，党的十二大报告中明确科学技术作为国家经济发展的战略重点之一，强调其对促进经济发展的重大作用。1985年，中央下发《中共中央关于科技体制改革的决定》，开始对我国的科技体制进行改革。

如表54－2所示，从时间维度分析，这一时期工业企业技术引进工作经历了“高—低—高—低”的波动过程。在改革开放的刺激和中央政策指引下，1978年出现了技术引进的高潮，技术引进的签约金额达到45亿美元。1979年进入经济调整时期，1979～1982年技术引进的合同金额有所下降，1982年为3.6亿美元。此后开始回升，

① 因计划用外汇43亿美元，故称“四三方案”。“四三方案”遵循的六条原则：一是坚持独立自主，自力更生的方针；二是学习与独创相结合；三是有进有出，进出平衡；四是新旧结合，节约外汇；五是当前与长远兼顾；六是进口设备大部分放在沿海，小部分放在内地。

到1986年达到44.8亿美元，为20世纪80年代的最高水平。自1988年下半年至1992年初，宏观经济管理全面紧缩，中国经济进入整顿期，这一时期的技术引进活动在项目规模和签约金额方面都出现了较明显的下降。

从技术引进的方式看，该阶段工业技术引进方式也日益灵活多样。在技术引进项目中成套设备和关键设备的合同金额比重逐步下降，以技术为主的合同金额有所上升。陈慧琴根据原国家计委的统计数据研究发现，1979～1990年，以技术为主的合同项目数比重为56.0%，合同金额比重为20.3%（见表54－3）。同新中国前30年成套设备和关键设备合同金额占90%以上的情况相比，有了较大的改进。从技术引进的行业分布看，主要分布在能源、机电、石油化工和冶金等行业。按照签约金额计算，能源工业占28%（电力工业占24%），机械、电器和电子工业占24%，石化和化工业占20%，冶金工业占18%（钢铁工业占16%）。

表54－2 1979～1991年技术引进情况 单位：项、万美元

年份	总计		关键设备和成套设备		技术许可		顾问咨询和技术服务		合作生产	
	合同	金额	合同	金额	合同	金额	合同	金额	合同	金额
1979	95	248485	60	242647	26	2064	8	3554	1	220
1982	102	36232	46	24599	34	2777	10	7877	4	915
1985	826	319855	419	243762	314	24176	54	2248	38	49669
1986	748	448312	312	352108	306	42024	77	24836	34	13640
1987	581	298489	264	209733	235	35087	54	2619	25	50994
1988	437	354826	208	301928	169	47657	46	4175	10	1005
1989	328	292320	190	271534	96	14845	27	4463	11	658
1990	232	127399	103	49765	100	22636	14	795	12	53822
1991	359	345923	208	290341	116	47808	18	1757	8	5276

资料来源：《中国科技统计年鉴》（1993）。

表54－3 1979～1991年技术引进方式的结构状况 单位：%

年份	以设备为主的合同		以技术为主的合同	
	合同数目	成交额	合同数目	成交额
1979	63.8	98.5	36.2	1.5
1980	34.9	87.9	65.1	12.1
1981	34.2	44.8	65.8	55.2
1982	43.3	67.8	56.7	32.2
1983	36.3	41.7	63.7	58.3
1984	41.3	69.3	58.7	30.7
1985	43.3	72.9	56.7	27.1
1986	36.2	75.5	63.8	24.5
1987	44.3	72.2	55.7	27.8
1988	46.2	86	53.8	14

续表

年份	以设备为主的合同		以技术为主的合同	
	合同数目	成交额	合同数目	成交额
1989	59.2	93.8	40.8	6.2
1990	56.9	60.4	43.1	39.6
1979～1990	44.0	79.7	56.0	20.3
1991	60.4	84.2	39.6	15.8

资料来源：陈慧琴：《技术引进与技术进步研究》，经济管理出版社 1997 年版。

这一阶段我国工业企业技术引进活动呈现出技术引进的体制改革，开始重视消化吸收以及企业地位提升三个特点。一是技术引进管理机制和模式发生了变化，即由过去管理权限高度集中于中央的模式逐步转变为向地方和企业放权的分级管理模式，逐步实现以法律法规的方式对技术引进进行管理。二是这一阶段企业技术引进工作开始重视消化吸收问题，国务院在 1985 年强调"要转到以消化吸收引进技术和国产化为主的工作上来"，国家经济委员会于 1986 年提出了"引进技术消化吸收重大计划"，即"12 条龙"重大消化吸收项目计划。三是虽然在这一阶段以行政指令方式推动技术引进、消化吸收和扩散的方式仍然占据主导地位，但企业在技术引进活动中的地位有所提升。特别是伴随科技体制改革的启动，企业得以自发选择、分散引进先进技术。

总的来说，这一阶段的技术引进工作对国民经济的发展做出了巨大贡献，大批国有企业在这一阶段进行了设备更新和技术升级，我国产业结构得到了优化，工业技术水平上升到一个新的台阶，"实现了新中国成立以来的第二次技术能力飞跃"。例如，通过对 400 多个机械工业企业进行系统改造，提高了大型设备的制造能力；通过对 40% 以上的重点电子工业企业进行技术改造，不仅在某些领域取得突破，而且还使彩电、收录机等行业得到迅速发展。大规模的技术引进增加了对外交流和学习，培养了一批技术人员，在对引进技术的研究消化过程中提升了科研人员的水平。

3. 快速发展阶段（1992～2005 年）：初步具备研发设计能力

党的十四大进一步明确了建立社会主义市场经济体制的改革方向，从而使中国工业技术引进进入了一个新阶段。在这一阶段，国内外经济环境都发生很大变化。随着中国社会主义市场经济体制改革的深化以及中国加入世界贸易组织，国家开放的领域不断扩大，外国直接投资在中国迅速发展，对中国工业技术引进产生了新的影响。同时，随着中国工业企业实力的增强，中国企业通过"走出去"不断寻求新的技术来源和合作方式。

从技术引进的来源看，来源国别和地区更趋多元化，欧盟、日本和美国等发达国家和地区仍是中国技术引进的主要来源地。2005 年，中国同欧盟签订技术引进合同 90.7 亿美元，占技术引进合同总金额的 47.6%，超过同日本和美国签订的技术引进合同金额的总和。排名前三位的分别是德国、日本和美国，引进技术的金额分别为 50.0 亿美元、38.5 亿美元和 34 亿美元。①

从技术引进的方式看，中国技术引进逐步从以成套设备和生产线为主转向以技术为主，这种趋势在中国加入世界贸组织后更加明显。2001～2005 年，技术引进合同中的技术费从 43.9 亿美元增加到 118.3 亿美元，年均增长 21.9%，所占比重也从 48.3% 增长到 68.7%。2005 年成套设备和关键设备进口占比为 28%，远低于专有技术、专利技术和技术咨询、技术服务占比之和，这表明软技术已经处于中国技术引进的主导地位，引进技术的质量有了明显提高。但需要说明的是，1992～2000 年，中国技术引进还是主要以设备为主，这期间技术引进合同总金额为 1174.29 亿美元，其中设备费为 798.10 亿美元，

① 数据来源于商务部科技司。

占总金额的67.96%。

从技术引进的主体看，企业成为技术引进的主体，主要以国有企业和外资企业为主，民营企业所占比重相对较低。2005年，国有企业技术引进合同金额92.2亿美元，占比48.4%，外资企业技术引进合同金额82.7亿美元，占比43.4%。集体所有制企业和民营企业占比仍然很小，分别为1.3%和1.8%。

从技术引进的行业分布看，主要集中在电子和通信设备制造、交通运输设备制造、黑色金属冶炼及压延加工业、电力等行业。

从技术引进的渠道看，外商直接投资成为这一阶段的重要渠道，并形成了引进—产业发展—出口的技术引进循环。

同时值得注意的是，这一阶段中国工业企业在技术引进的同时，积极进行各种形式的创新活动。有相当数量的大型企业通过多种方式整合企业内外部资源，不断提高自身的技术创新能力和水平，缩短与世界先进水平的差距，并逐步同国际接轨。例如，海尔在世界范围内建立了科技协作网，同时，还在美国硅谷建立了研究开发中心，充分利用当地科技资源。又如，秦川机床在美国收购了联合美国工业公司60%的股份；大连机床集团并购了美国英格索尔专机生产厂和在镗铣加工机床领域国际知名的德国兹默曼公司（F. Zimmermann）；沈阳机床集团并购了在国际上知名的制造大型数控立式车床、数控龙门铣床和数控落地镗铣床的德国希斯公司（Schiess AG）；济南二机集团也与美国威尔森进行合作；上海明精机床公司并购了制造数控镗铣床的日本池贝公司；等等。通过跨国并购，中国企业不仅提高了技术和产品水平，同时利用并购企业的海外销售网络迅速有效地开拓国外市场。例如，中国石化在引进国外先进技术和设备的同时，还扩大了同欧美发达国家有关大石油石化公司、工程技术公司和科研机构的科技合作，陆续签订了一批炼油化工技术合作协议，并谋求加强在上游领域的国际合作，如与美国Lummus公司在乙烯裂解技术方面的合作，同时还与香港电信盈科公司合资成立了石化盈科信息技术公司，已承担企业生产过程控制与优化、企业管理系统集成等方面的多项重大信息化项目。

4. 自主创新发展阶段（2006年至今）：研发设计能力快速提升

2006年1月全国科技大会召开，会议明确提出用15年时间把我国建设成为创新型国家的战略目标。2007年党的十七大提出，提高自主创新能力，努力建设创新型国家，是国家发展战略的核心，是提高综合国力的关键。因此，提高自主创新能力就成为中国工业企业发展的核心主题。党的十八大报告指出："科技创新是提高社会生产力和综合国力的战略支撑，必须摆在国家发展全局的核心位置"，要"加快完善社会主义市场经济体制和加快转变经济发展方式"，实施创新驱动发展战略。《中共中央国务院关于深化体制机制改革加快实施创新驱动发展战略的若干意见》（2015）、《中国制造2025》（2015）和《国家创新驱动发展纲要》（2016）等一系列相关政策文件发布。党的十九大报告再次强调："创新是引领发展的第一动力，是建设现代化经济体系的战略支撑"。

在自主创新阶段，中国工业企业技术创新呈现三方面特点：一是创新投入不断增加。如图54-1所示，在创新活动的投入上，工业企业用于R&D活动的经费支出和投入强度在不断增加，2015年R&D经费支出首次超过了万亿规模，投入强度从2012年的0.77%进一步上升到2017年的1.06%。

二是企业在技术创新活动中的主体地位进一步加强。2012~2017年规模以上工业企业在全国R&D经费支出中的平均占比超过了70%，而在2006~2011年这一比重仅为56.6%。

三是核心技术突破的任务依然很重。虽然技术依存度总体上有所下降，但在一些决定产业核心竞争力的关键基础材料、核心零部件和元器件以及高端装备技术方面依然严重依赖外部技术来源。根据工业和信息化部对全国30多家大型企业130多种关键基础材料调研结果显示，32%的关键材料在中国仍为空白，52%依赖进口，绝大多数计算机和服务器通用处理器95%的高端专用芯片，70%以上智能终端处理器以及绝大多数存储芯片依赖进口。在装备制造领域，高档数控机床、高档装备仪器、运载火箭、大飞机、航空发动机、汽车等关键件精加工生产线上逾95%制造及检测设备依赖进口。这说明中国工业在核心技术的突破上任务依然艰巨。

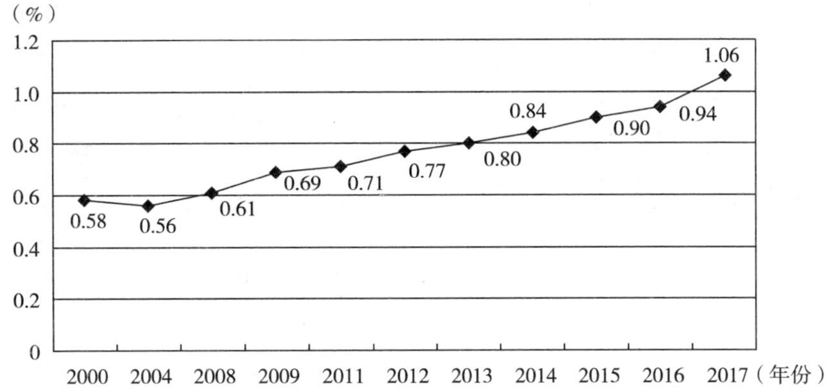

图 54－1　工业企业研发强度

资料来源：根据 2001 ~2018 年各年《中国科技统计年鉴》整理。

新中国 70 年，中国工业企业技术创新体系初步建立，技术创新能力不断提升。70 年来，中国工业企业技术创新的政策目标非常清晰准确，从促进技术引进、消化吸收，到强调自主创新能力建设。在技术创新的投入上实现了从以设备为主的引进向以技术为主的引进转变，尤其从自主创新阶段开始，研发投入显著增加。在技术创新主体上，实现了从行政指令推动向以企业为主体的转变，企业作为创新主体的地位持续强化，企业创新活力得到进一步激发。此外，从总体上看，中国工业企业的技术依存度不断降低，但一些制约产业发展的核心技术的突破任务依然很重。

二、新中国工业企业技术进步 70 年的经验

中国工业企业技术引进和创新走过了从起步，到初步发展，再到快速发展阶段，目前正快步进入自主创新发展阶段。纵观中国工业企业技术引进与创新 70 年，制度环境与工业企业技术创新活动之间的良性互动是一条重要的经验。工业企业技术创新制度环境的变迁，主要是通过将企业确立为创新主体，为创新资源配置创造有利条件，进而影响到企业技术创新行为。具体来说，以工业经济管理体制改革促进企业技术创新主体地位的确立、以科技体制改革促进企业技术创新资源的有效配置、以对外开放促进企业技术创新资源的全球流动，这三方面的制度改革促进了我国工业企业技术水平和创新能力较快提升。

1. 以工业经济管理体制改革促进企业技术创新主体地位的确立

在新中国成立后的30 年间，中央政府作为计划经济体制下唯一的经济主体，对全国各行业、各部门的技术引进和推广工作进行统一的规划安排。但国有国营、政企不分的工业管理体制也使得企业没有使用新技术、开发新产品的动力。1984 年，党的十二届三中全会明确指出要增强企业活力。1978 ~1991 年，工业经济管理体制改革的主要工作是通过推进“放权让利”“两权分离”调整政府和企业关系，通过减少政府干预、降低政企关联程度，提升企业参与技术创新的积极性和参与市场竞争的动力。这一时期，国家部署实施了“3000 项计划”和“12 条龙计划”，虽然依然以行政力量推动技术引进和消化吸收（如“12 条龙计划”就组织了全国近千家企业、事业单位和科研院所进行横向协作，共布置了超过 800 个课题），但消化吸收的主体已不再是政府，而是变为了企业。

1992 年，党的十四大明确提出要让企业成为真正意义上的市场竞争主体，工业管理体制改革进入了实质性阶段，核心任务是解决政企不分、政社不分、政资不分、过度集权的问题。如表 54－4 所示，通过一系列推进政企分开、转变政府职能的改革措施，变部门管理为行业管理，取消了企业的上级主管部门，企业成为真正的市场竞争主体和创新主体。企业面对的制度环境的特征开始由以关系为基础向以规则为基础转变。一方面，我国企业开始向真正意义上的市场经营主体转变；另一方面，建立政治关联带来的收益开始降低。总体上看，我国开始逐渐建立起以企业为主体的技术创新体系。

表 54－4　企业在创新活动中的占比情况　　单位:%

年份	R&D 经费占比		国内外三种专利申请量占比
	来源	支出	
2005	67.0	68.3	27.6
2006	69.1	54.3	28.5
2007	70.4	56.9	30.9
2008	71.7	58.1	33.6
2009	71.7	55.3	37.5
2010	71.7	56.9	44.1
2011	73.9	57.9	49.4
2012	74.0	69.9	54.6
2013	74.6	70.2	57.3
2014	75.4	71.1	59.1
2015	74.6	70.7	57.5

资料来源：根据 2006～2016 年各年《中国科技统计年鉴》整理计算。

2. 以科技体制改革促进企业技术创新资源的有效配置

企业技术创新资源的配置有赖于科技体制的制度安排。在改革开放之初，我国实行的是以计划方式配置资源、高度集中和垂直封闭的科技管理体制，缺乏知识产权的认证和保护体系，也没有建立科研成果的有偿转让机制，技术创新资源和成果的供给者（科研部门）和需求者（企业）之间处于割裂的状态。同时，由于国家对科研机构采取行政手段进行直接管理，科研部门吃“大锅饭”的现象普遍存在，缺乏主动性与积极性。在这种科技管理体制下，一方面是创新效率较低的科研部门拥有大量的技术创新资源，另一方面创新动力强和效率高的企业部门却无法获得所需资源。中国进行科技体制改革就是要解决这一问题，优化科技资源配置，促进科技和经济的紧密结合。

1985 年《中共中央关于科学技术体制改革的决定》颁布，中国开始以“面向”“依靠”为方针改革科技体制，鼓励科研机构与企业结合，推动科研机构转制，减少对科研人员的束缚。在政策鼓励下，科研人员开始从科研机构向企业流动，企业研发支出迅速增长，在投入规模方面超过了科研部门。此外，技术交易活动更加活跃，技术转移收入在科研机构资金来源中占比超过 20%。1988 年，为促进高新技术商品化、产业化和国际化，鼓励科研人员创业，国家启动了“火炬计划”，涌现出联想、北大方正、清华同方、中兴通讯等一大批高新技术企业。

1999 年，中共中央国务院发布《关于加强技术创新、发展高科技、实现产业化的决定》，科技体制改革进入新的阶段。针对前一阶段科研院所改制动力不强、与企业联合效果不佳的情况，国家开始强制推进科研机构转制改革，将科研机构划分为技术开发型和社会化公益型两类进行分类改革。在政策驱动下，科技资源更多地流向了企业，尤其是创新能力强的科技企业。科研机构改制提升了企业内部创新能力，大幅降低了新技术转移和产品化的成本，企业自主创新的动力越来越强。到2005年，转制基本完成，近六成科研院所转制为中小企业，三成左右的科研院所并入大企业和企业集团。

2006年，国务院发布了《国家中长期科学和技术发展规划纲要（2006～2020）》，强调自主创新，建立以企业为主体、产学研结合的技术创新体系。例如，科技部、国资委和中华全国总工会实施的“技术创新引导工程”。该工程在2006年7月和2008年1月先后确立了两批创新型企业共287家，进一步激发了企业的技术创新动力。党的十八届三中全会进一步明确提出要深化科技体制改革，将实现创新驱动发展作为重要的战略目标。

对科技体制的改革释放了大量创新资源，创新资源的配置机制由行政权力转向了价格机制，技术创新成果得以通过市场的方式获得回报。随着科技体制改革的深入，企业进行创新活动的成本不断下降，技术创新带来的收益不断提升，企业投入技术创新的动力不断增强。总的来说，通过40年的改革，促进了技术创新要素的市场化配置，为工业企业技术创新创造了良好环境。

3. 以对外开放促进企业技术创新资源的全球流动

跨国公司的对华直接投资，促进了先进技术进入中国。1992年开始，我国正式提出“以市场换技术”战略，不断扩大市场开放，外商来华投资开始快速增长，以流量计直接利用外资金额已从1985年的19.56亿美元增长到2016年的1260亿美元①。尤其是中国加入世界贸易组织之后，跨国公司对华投资出现了一个高潮，2002年中国实际吸引利用外资达到520亿美元，成为全球最大的引资国。大量跨国公司通过设立子公司、合资等形式进入中国的汽车制造、家电、通信设备、化工制药等技术、资金密集型行业，并开始在中国设立独立的研发机构。跨国公司在中国市场使用的技术普遍领先于国内同类企业的水平，且相当比例的外资企业和合资企业将母公司的先进技术引入国内，填补了我国的技术空白（江小涓和李蕊，2002）。

中国企业通过对外直接投资，积极同国外技术资源整合，提升创新能力。近年来，中国企业对外投资（OFDI）规模迅速上涨，2016年OFDI总额已经达到1961.5亿美元②。由于OFDI具有逆向技术溢出效应，海外收购、建厂、设立研发中心等对外投资方式已经成为中国企业获得技术、提升研发和创新能力的主要手段之一。例如，从21世纪初开始，海尔集团陆续在全球建立起德国纽伦堡、美国埃文斯维尔等10大研发中心、108个工厂，并分别于2012年和2016年收购了新西兰斐雪派克和美国通用电气的家电部门，构建起了“研发中心—创新中心—创新社群”的研发体系。华为集团、联想集团、吉利汽车集团、长安汽车股份有限公司等一批企业，都通过国际并购、设立海外研发中心等方式实现了自身创新能力和国际竞争力的提升。

总体上看，通过对外开放，降低了中国企业在全球范围内获取技术创新资源的成本。开放的市场环境和来自跨国企业的竞争压力，增强了企业进行技术创新活动的动力，中国工业企业的技术创新能力在市场竞争中不断提升。

三、中国工业企业创新中存在的主要问题

70年来，中国工业企业初步建立了技术创新体系，形成了一定的技术创新能力。但依然存在核心技术受制于人、企业自主创新能力不足、技术创新体系运行效率较低等方面的问题。

① 数据来源：国家统计局发布的历年《国民经济和社会发展统计公报》。

② 资料来源：国家统计局2017年《国民经济和社会发展统计公报》。

1. 核心技术亟须突破

核心技术是保障制造业产业安全、以创新驱动发展的关键因素之一。由于我国企业长期处于追赶地位，在发展核心技术以及取得突破之后的市场应用上面临着无法避免的“后发劣势”，企业从核心技术的研发中能够获得的收益相对有限。我国企业取得的核心技术突破不仅难以获得国际市场的认可，即使在国内市场也很难获得认可。国内企业已实现的核心技术突破，大多是企业在解决内部应用问题、在市场风险较低的情况下取得的，因此，我国企业普遍缺乏自主开发核心技术的信心和动力，相应的资源投入也较少。

虽然近年来我国在提升制造业创新能力方面成果显著，但原始创新少，核心技术落后，高端装备、关键元器件依然主要依靠从国外进口等仍然是我国制造业长期存在的问题。整体来看，我国制造业依然具有产业技术水平偏低，基础和前沿研究较为薄弱，大量企业依然以引进技术为主，劳动力专业素质低，企业研发创新动力不足的特点。企业在核心技术方面取得突破需要基础研究能力的长期积累，虽然我国在研发人员和经费的投入上逐年增加，研发支出占 GDP 的比重也正在接近欧美发达国家的水准，但我国在核心技术、专利的创新程度和科研成果转化等方面与欧美发达国家还存在着不小的差距。以科研人员占就业人员比例为例，我国每万人就业人员中从事 R&D 活动的人员只有 49 人·年，而发达国家这一指标普遍超过 100 人·年。

此外，我国在基础研究上的投资比例与发达国家间存在较大差距，而基础研究与领先技术之间的比值一直是对国家技术原创能力进行比较的重要指标，美、日、德等发达国家这一指标长期稳定在 1 以上，我国距离这一水平还有一定差距。此外，我国企业还存在技术创新能力和核心技术自主率不高、对外国先进技术仍较为依赖的问题。长期以来，我国企业用于技术引进的经费支出远高于消化吸收的经费支出。

长期以来，我国制造业核心技术“突而不破”的困局，很大程度上在于创新逻辑的选择。到底是“由点到面”，还是“由面到点”，十分值得思考。我国大多数制造业企业，长期坚持“大而全”或“小而全”的发展思路，希望以单个企业或单一核心技术的突破实现“由点到面”的带动作用，提升全产业的技术水平和创新水平。仅仅从“单点”进行突破，一方面可能出现突破的速度赶不上技术发展的速度，始终处于落后境地的问题；另一方面工艺环节突破了，但材料和装备环节跟不上，单个企业的突破未能带动全产业链的突破。因此，目光不能只集中于“点”的突破，更要从“面”的角度思考问题，构建创新体系和协调创新活动，实现“点”与“面”的结合和共同突破。在实现点面结合的过程中，政府需要重新思考自身定位，不仅需要引导创新要素的流动和集聚，还需要搭建加强创新交流合作的平台，促进核心技术突破的“生态系统”的形成。

2. 技术创新体系的协同性亟须提升

新一代信息网络技术的加速应用正在推动企业的竞争环境发生根本性的变化，消费者的个性化需求越来越明确、产品的生命周期越来越短、行业界限日益模糊、产业融合趋势渐显。在这种日趋动态的竞争环境中，传统的技术创新模式和路径已经难以适应市场竞争强度，无法满足消费者需求。对于我国企业而言，在提升对创新的重视程度、不断加强创新投入的基础上，应充分认识到创新绝不是一项孤立的企业活动，而是一项需要方方面面共同配合、协同推进的系统工程。具体到我国而言，存在科研投资比例不合理、研发主体缺乏配合等问题，国家技术创新体系的协同程度还比较低。

近年来，一方面在国家大力推进制造业转型升级的政策背景下，基础研究的受重视程度有所增加；但另一方面，与欧美发达国家的基金研究资金投入比例常年维持在 10% 以上相比，我国在基础研究领域的资金投入明显不足，这从根本上制约了我国科技进步的步伐。政府需要合理协调、引导在基础研究、应用研究与试验发展上的投资规模，保证三类研发活动的协同发展，才能提高研发活动的整体效率。

另外，各类研发主体之间协同配合不足。例如，由于投资大、风险高，各类研发主体都不愿承担中试环节的研发工作。要解决这一问题，一方面，要提高各类创新主体直接的协同能力，更要提高各主体之间的协同意愿，要以需求引导科研，在科研开发的各环节建立起多方参与的机制。另一方面，新一代信息网络技术的加速应用，意味着可用于技术创新的资源范围得到了极大的扩展，能够为企业等创新主体提供信息与技术资源的来源不再只局限于专业的研发机构。例如，传统意义上作为创新成果的接收者而存在的消费者群体，通过新一代信息网络技术的普及应用，将能够全面参与到技术创新流程中来，不仅能提供需求信息以指引创新方向，更能极大地提升创新主体知识结构的多样性和差异化，从而提升研发活动的创新性。

3. 知识产权保护制度环境亟须进一步完善

研发投入是提升创新能力的原动力，知识产权保护机制通过激励、保护等机制，直接刺激研发投入，从而促进创新能力的提升。创新成果具有一定的公共性和非排他性，创新企业如果不能从创新活动中获得足够的收益，其创新积极性就会降低。知识产权保护制度的核心作用在于降低企业的创新成果被他人或政府掠夺的风险，能够激励企业从长期利益最大化的角度制定经营策略。通过授予创新者在一定时期内的技术垄断权，保证了创新者能够从创新活动中获得合理的回报，从而有动力对创新活动进行持续的投入。另外，知识产权保护力度的增强，会提高企业从外部获得先进技术的成本，从而促进企业对自主研发的重视，努力提高自身的创新能力。有研究表明，知识产权保护水平与中国研发企业的生存风险存在显著的负相关关系，与企业的生存时间存在着正相关关系。

近年来我国对《著作权法》《专利法》《商标法》等进行了修订，目前已形成了包括保护专利、著作权、商标、软件等在内的较为完整的知识产权保护的法律体系。根据国家知识产权局公布的数据，近年来我国发明专利申请量、受理量均不断增长。但是，我国在知识产权管理和保护方面还存在一些比较明显的问题。首先，我国企业的知识产权保护意识较为薄弱，民众对知识产权保护缺乏较为清晰的认识。其次，知识产权保护的立法与执法水平都有待提升，尤其是知识产权执法难度较大，已经成为制约我国知识产权保护的重要因素。最后，在对外贸易中，我国知识产权保护体系对企业的支持力度不够，我国企业的产品缺乏自主知识产权的支撑，在国际竞争中处于劣势。

四、中国工业企业技术创新能力提升的建议

中国工业企业技术创新要解决的核心命题就是实现中国工业发展从比较优势向竞争优势的转化。而实现这一转化的关键环节就是创新，是基于本土需求、基于民生的创新，创新的基础又在于中国工业技术能力的持续培育和提升。实际上，“自主创新”主题的提出就是强调中国主导的技术引进和创新，强调对创新活动的控制力，强调持续创新，彻底打破“有技术而无技术能力”的怪圈，打破重复引进的恶性循环。

1. 加快在核心技术领域取得突破

对于工业技术创新而言，存在两种形式的创新，一种是在既有技术轨道上的创新，另一种是在新技术轨道上的创新。从创新的空间和带动性上看，后者具有更大的创新空间和较强的产业带动性。中国作为一个有着较完整工业体系的大国，要想实现“赶超”的目标，就必须加强在新技术轨道上的探索，加强在前沿技术领域的突破。前沿技术是指高技术领域中具有前瞻性、先导性和探索性的重大技术，是未来高技术更新换代和新兴产业发展的重要基础，是国家高技术创新能力的综合体现。近年来，世界前沿技术领域不断取得新的进展，生命科学、纳米技术、环境科学领域的突破性进展层出不穷，空间技术、海洋技术、能源技术领域的应用广泛开展，推动了产业结构的调整和升级。

2. 加快提升技术创新体系的协同性

在新工业革命的背景下，产业竞争模式正在改变，产业技术往往呈现链式和网络式形态，以

创新为基础的产业竞争超越了单个企业的能力边界，越来越多地体现为技术标准和技术平台之间的竞争。共性技术平台缺失是我国技术创新体系的一个重要缺陷。共性技术是基础研究成果与产业技术创新之间的衔接环节，能够被应用于多个产业。由于共性技术具有较强的公共物品特性，世界各国的通用做法是由政府主导或引导建立共性技术平台，推动共性技术的研发和研究成果的转化，如美国的半导体制造技术联合体（SEMATECH）、欧盟的创新驿站（IRC）、德国的弗劳恩霍夫应用研究促进协会等。

目前，中国有相当数量的产业，尤其是传统制造产业，尚未形成创新网络，更没有形成产业技术创新生态系统。因此，促进各类创新主体就位，形成创新群落和创新网络，以核心技术和基础平台型技术的进步带动生态系统建设将是技术创新工作的重要内容。同时，要认识到传统的直接干预式的产业创新政策对于产业技术创新生态系统的有效性将大大降低，政府要转向通过基础研究、共性技术平台和公共服务平台等间接手段，构建起一套支撑产业技术创新、引导企业转型升级的基础机制。

此外，长期以来，我国企业并没有成为产业化过程中技术创新的主体，许多产业化的技术创新任务都是由科研院所承担的。即使有企业参加，企业也只是处于辅助的角色，或是项目主持方出于项目最终验收通过的考虑，而被动地拉企业参加。这些情况客观上就形成了形式上有企业参与，而实质上无知识共享和技术交流，也就更谈不上以企业为主体了。目前，在科技成果转化过程中，除了风险问题、融资问题之外，参与方普遍担心知识产权被盗用和影响预期收益的问题。自然，在涉及多家单位合作时，也就会出现对阶段性的技术成果的相互封锁，难以开展合作并形成合力，结果导致科技成果转化步伐缓慢。可以说，很多科技成果在转化过程都面临着“不愿合作”又“不得不合作”的两难困境。因此，有必要从利益共享的角度去思考问题，建立科技成果转化的利益共享机制，推进产业化进程。

3. 加快技术创新和商业模式创新的有机结合

商业模式创新与技术创新的协同发展具有重要意义，两者的协同能够增强企业与外部环境的交换，促进创新系统向更加有序的方向发展，提升创新的持续性。技术创新支撑并驱动商业模式创新的出现，拥有核心技术是商业模式创新的前提。商业模式创新则通过降低成本、定位顾客需求，促进新技术的转化应用和新的市场空间的开发。因此，提升制造业的创新能力，不仅要从技术创新入手，还要加强商业模式创新，并将两者有机结合起来。

目前，我国制造业企业的商业模式创新能力存在三方面不足。首先，对商业模式创新的重视不足，对国外成功的商业模式的模仿多于创新。其次，商业模式创新与技术创新不平衡，且缺乏有效的互动和结合。商业模式创新的核心是更好地满足用户需求，用户知识是最重要的创新资源。在我国，大量的技术创新资源集中于大企业，而用户知识则集中于与用户距离较近的中小企业。技术创新与商业模式创新的割裂，阻碍了两者的互动，使创新收益无法最大化。最后，我国出台了大量政策以促进、引导技术创新活动，但与商业模式创新相关的政策相对较少。

我们可以从三个方面加强对商业模式创新的支持和促进。首先，要在政策层面增加对商业模式创新的重视，为商业模式创新提供更多的政策支持。以更多的优惠政策引导、鼓励企业进行商业模式创新，尤其要鼓励技术创新和商业模式创新的结合。其次，构建支撑商业模式创新的平台，形成商业模式的创新网络体系。最后，需要强调的是，要加强对商业模式的知识产权保护。美国从1998年开始对商业方法进行专利授权，以保护和鼓励商业模式创新。我国也应尽快完善商业模式专利评审、保护体系的构建，从法律法规层面为商业模式创新提供良好环境。

专栏 54－1

华为的研发创新战略

长期持续以客户为中心的研发创新，是华为生存和发展的根本。华为经过三十多年的发展，在产业领域的多个方向做到了技术和解决方案世界领先，这是华为多年以来坚持战略投入、厚积薄发的必然结果。

1. 像跑马拉松一样长期投入研发

2018 年华为在世界 500 强中排名第 72 位。从 30 年前一个小的民营企业发展成为世界 500 强，成功的因素有多种，但关键一条是：长期重视研发投入。

华为高度重视技术创新与研发，坚持将每年收入的 10% 以上，近年约 15% 投入到研发。2018 年，华为在研发方面投入了 1000 多亿元人民币，在《2018 年欧盟工业研发投资排名》中位列全球第五。近十年华为累计投入的研发费用超过 4800 亿人民币（约 730 亿美元）。研发不是短跑，而是马拉松，身在跑道就必须一直跑下去。未来几年，华为每年的研发经费会逐步提升到 150 亿～200 亿美元。相应地，华为每年的专利申请数量和授权数量也持续增长。

2. 重视基础研究

在信息通信领域，随着逐步逼近香农定理、摩尔定律的极限，而对大流量、低时延的理论还未创造出来，华为已进入“无人区”，加大了面向未来的前沿技术探索和基础研究投入。

2011 年，华为整合全球研发资源成立了“2012 实验室”，作为创新、研究和平台开发的主体。“2012 实验室”是华为面向未来，将不断增强的前沿性创新投资转换为竞争优势的重要场所。它主要面向中长期的 ICT 网络架构、标准、材料等前沿技术，并不针对产品和版本以短期回报为目标，主要面向的是未来 5～10 年的发展方向。“2012 实验室”旗下有无线技术实验室、玻普实验室、诺亚方舟实验室、网络技术实验室等众多的研究机构，进行相关领域的基础研究。

3. 坚持开放创新

华为充分利用全球创新资源，走开放式创新道路，不固守所谓自主创新，而是吸纳世界范围内的专业人才共同开展研究工作，支持科学家成为灯塔，照亮世界，也照亮华为。华为与全球 300 多所高校、900 多家研究机构和公司合作，实施 7840 个项目，已投资 18 亿美元，签署的对外付费的研发合作合同达 1000 多份。今后每年投入 3 亿美元，主要用于向世界各地的大学和研究机构支付合作费用、购买合作研发成果或使用权。

持续的投入使华为成为全球最大的专利持有企业之一。截至 2018 年底，华为累计获得授权专利 87805 项，其中有 11152 项是美国专利，欧洲专利超过 6600 项。华为在中、美、欧等主要国家和地区的专利申请量和授权量长期名列前茅。2018 年，华为在美国当年获得的专利授权数量排名第 16 位，在欧洲专利局当年专利授权数量排名第 2 位。华为同时也是拥有中国授权专利最多的公司。

资料来源：摘编自《华为创新和知识产权白皮书》。

参考文献

[1] 陈锦华：《国事忆述》，中共党史出版社 2005 年版。

[2] 周传典等：《从技术引进走向技术创新》，北京师范大学出版社 1998 年版。

[3] 陈慧琴：《技术引进与技术进步研究》，经济管理出版社 1997 年版。

[4] 商务部科技司：《2005 年我国技术引进创历史新高》，商务部网站，2006 年 1 月 23 日。

[5] 胡景岩：《提高技术引进水平，促进外贸增长方

式的转变》，中国服务贸易指南网，2007 年 7 月 8 日。

[6] 宋西林：《国有企业技术创新能力增强》，《中国企业报》2002 年 10 月 15 日。

[7] 吴柏林：《2005 年中国机床工业增长预计在 10% ~15% 之间》，《中国工业报》2005 年 1 月 10 日。

[8] 刘跃：《中国石化技术创新战略和管理模式的变化》，《中国科技论坛》2003 年第 5 期。

[9] 方新、柳卸林：《我国科技体制改革的回顾及展望》，《求是》2004 年第 5 期。

[10] 李平、王宏伟、张静：《改革开放 40 年中国科技体制改革和全要素生产率》，《China Economist》2018 年第 1 期。

[11] 王天骄：《中国科技体制改革、科技资源配置与创新效率》，《经济问题》2014 年第 2 期。

[12] 邵安菊：《我国核心技术创新能力增强的对策》，《企业经济》2016 年第 2 期。

[13] 科技部办公厅、国研中心国际技术经济研究所：《世界前沿技术发展报告》，科学出版社 2007 年版。

[14] 李志强、赵卫军：《企业技术创新与商业模式创新的协同研究》，《中国软科学》2012 年第 10 期。

[15] 何颖、任海峰：《商业模式创新与技术创新融合互动研究》，《科技日报》2013 年 10 月 14 日。

附录　中国工业大事记

一、2019 年中国工业十件大事（2019 年 1 ~ 9 月）

1. 1 月 4 日，嫦娥四号探测器成功着陆在月球背面东经 177.6 度、南纬 45.5 度附近的预选着陆区，并通过“鹊桥”中继星传回了世界第一张近距离拍摄的月背影像图，揭开了古老月背的神秘面纱。此次任务实现了人类探测器首次月背软着陆、首次月背与地球的中继通信，开启了人类月球探测新篇章。

2. 3 月 15 日，第十三届全国人民代表大会第二次会议通过《中华人民共和国外商投资法》。《中华人民共和国外商投资法》是为了进一步扩大对外开放，积极促进外商投资，保护外商投资合法权益，规范外商投资管理，推动形成全面开放新格局，促进社会主义市场经济健康发展。

3. 4 月 1 日，首个行政区域 5G 网络在上海建成并开始试用。“双千兆第一区”开通仪式在上海市虹口区举行，并拨通了首个 5G 手机通话，标志着上海成为全国首个中国移动 5G 试用城市。目前虹口区已建成 5G 基站 228 个，实现了千兆固定宽带网络和 5G 网络全区覆盖，成为首个固定宽带和移动通信网络双双实现千兆覆盖的地区。

4. 5 月 14 日，针对美国政府宣布自 2019 年 5 月 10 日起对从中国进口的 2000 亿美元清单商品加征的关税税率由 10% 提高到 25%，为捍卫多边贸易体制，捍卫自身合法权益，中方不得不采取对原产于美国的部分进口商品调整加征关税措施。

5. 5 月 24 日，中国时速 600 公里高速磁浮试验样车在青岛下线。这标志着中国在高速磁浮技术领域实现重大突破。作为一种新兴高速交通模式，高速磁浮具有速度高、噪声低、震动小、载客量大、安全可靠、耐候准点等优点，可以填补高铁和航空运输之间的速度空白。

6. 6 月 27 日，“超级镜子电站”——甘肃敦煌 100 兆瓦熔盐塔式光热电站实现满负荷发电，夏季工况下 24 小时连续发电突破 180 万千瓦时。这标志着我国成为世界上少数掌握大规模熔盐塔式光热电站成套核心技术的国家。

7. 7 月 8 日，2019 年中国工业信息安全大会召开。会上，国家工业信息安全漏洞库正式上线，来自有色、钢铁、装备制造、石油石化等 10 个关键领域的行业龙头共建重点实验室行业分中心，加快对工业信息安全监测、态势感知、检查评估、攻防演练等一批核心技术攻关。

8. 7 月 26 日，酒泉卫星发射中心成功发射双曲线一号运载火箭，将两颗卫星送入预定轨道，这是中国民营商业运载火箭成功实施首次入轨发射。

9. 8 月 21 日，中国（上海）自由贸易试验区临港新片区正式揭牌。临港新片区将对标国际公认的竞争力最强的自由贸易园区，打造更具国际市场影响力和竞争力的特殊经济功能区。我国开放的大门越开越大，致力于推动贸易和投资自由化、便利化，维护和建设开放型世界经济。目前，我国已成为货物贸易第一大国、外资流入第二大国。

10. 9 月 11 日，国务院关税税则委员会发布公告，公布第一批对美加征关税商品第一次排除清单。第一批对美加征关税商品第一次排除清单自 2019 年 9 月 17 日起实施。

二、2019 年中国工业大事记（截至 2019 年 9 月 19 日）

1 月

1 日，四川雅安至康定高速全线建成试通车运营。这条“云端天路”的建成，结束了甘孜藏族自治州康定市不通高速的历史。泸定大渡河大桥是雅康高速全线重点控制性工程之一，全桥长 1411 米，主跨 1100 米。

2 日，“学习强国”学习平台上线仪式在京举行，中共中央政治局常委、中央书记处书记王沪宁出席仪式并宣布平台正式上线。中共中央政治局委员、中宣部部长黄坤明出席上线仪式并讲话。他指出，建设“学习强国”学习平台，是贯彻落实习近平总书记关于加强学习、建设学习大国重要指示精神，是推动全党大学习的有力抓手，是新形势下强化理论武装和思想教育的创新探索，是推动习近平新时代中国特色社会主义思想学习、宣传贯彻不断深入的重要举措。

3 日，海南自由贸易账户体系于 2019 年在中国银行海南省分行和浦发银行海口分行正式上线运行。其他商业银行正在进行人员培训、系统测试和制度建设等准备工作，将在上半年陆续上线自由贸易账户。各类市场主体可按规定通过自由贸易账户体系开展适用于海南自贸区（港）的投融资汇兑及相关业务。

4 日，嫦娥四号探测器成功着陆在月球背面东经 177. 6 度、南纬 45. 5 度附近的预选着陆区，并通过“鹊桥”中继星传回了世界第一张近距离拍摄的月背影像图，揭开了古老月背的神秘面纱。此次任务实现了人类探测器首次月背软着陆、首次月背与地球的中继通信，开启了人类月球探测新篇章。

7 日，国内货物吞吐量排名前十的两大港口集团——大连港集团和营口港务集团近日实现整合，辽宁港口集团在大连挂牌成立。整合后，对辽宁港口统一经营，将消除无序竞争，降低综合物流成本，提升港口综合效益，助力东北等腹地经济实现高质量发展。

7 日，中国第三十五次南极科考队昆仑队在抵达南极昆仑站后，全面展开天文、冰川和测绘等项目的科研工作。本次科考将维护南极巡天望远镜，回收往年观测数据，利用天文观测保障平台维护和安装台址监测设备，并开展日间观测。维护和保养深冰芯场地和钻探设备，并采集雪冰样品。

10 日，我国自主研发的亚洲最大重型自航绞吸船“天鲲号”经过近 3 个月的挖泥、挖岩试验后顺利返航。这标志着其完成全部测试，正式具备投产能力。

12 日，嫦娥四号着陆器与“玉兔二号”巡视器工作正常，在“鹊桥”中继星支持下顺利完成互拍，地面接收图像清晰完好，中外科学载荷工作正常，探测数据有效下传，搭载科学实验项目顺利开展，达到工程既定目标，标志着嫦娥四号任务圆满成功。探月工程取得“五战五捷，连战连捷”。

12 日，我国在西昌卫星发射中心用长征三号乙运载火箭，成功将“中星 2D”卫星发射升空，卫星进入预定轨道。“中星 2D”卫星是我国最新研制的通信广播卫星，可为全国广播电台、电视台、无线发射台和有线电视网等机构提供广播电视及宽带多媒体等传输任务。

13 日，由中国驻法国大使馆和法国国际关系与战略研究院共同主办的“一带一路”巴黎论坛第二届会议在位于巴黎的联合国教科文组织总部举行。来自两国政府、商界、智库、媒体等各界 500 余人出席会议。法国参议员、前国防部长阿兰 · 里夏尔在开幕致辞中表示，“一带一路”倡议所提倡的开放合作可以促进资源流动、刺激生产、防止冲突，有利于创造互相理解、互相信任的政治环境，从而促进世界和平与共同繁荣。

17 日，浙江沿海高速公路象山至乐清段正式通车，总里程225公里。浙江沿海高速公路全长376公里，投资千亿元，工程起于宁波绕城高速公路，途经象山、宁海等14个县、区，止于温州苍南浙闽交界处，与福建省福鼎市的高速公路网相接，建设工期约4年。其中象山至乐清段，建有三门湾、台州湾、乐清湾3座跨海大桥，成为贯通该省五大海湾、连接沿海各市的重要通道。

22日，我国在酒泉卫星发射中心用长征十一号运载火箭，成功将“吉林一号”光谱01/02星和搭载的灵鹊-1A星、潇湘一号03星发射升空，卫星均进入预定轨道。这是长征系列运载火箭的第299次飞行。

23日，一架“奖状680”校验飞机平稳地降落在北京大兴国际机场西一跑道上，留下了第一道飞机轮胎印迹。第一场校验任务的圆满完成，标志着大兴国际机场工程建设即将进入验收移交阶段。此次飞行校验使用的校验台是我国拥有自主知识产权的校验台，它的研制和成功使用使我国成为世界上第六个能独立研制飞行校验系统的国家。为确保如期通航，大兴国际机场正积极推进各项工作。

23日，中国驻埃及大使馆消息，埃及二号卫星实施协议签约仪式在埃及首都开罗举行，中国驻埃及大使馆公使衔商务参赞韩兵和埃及国家遥感空间科学局主席马哈茂德分别代表中埃合作单位签署协议。埃及二号卫星是继埃及卫星总装集成测试中心项目后，中埃在航天领域开展的又一重大合作项目。

24日，由中国地调局组织实施、31个省级自然资源主管部门和地质环境监测机构配合，自然资源部门国家地下水监测工程建设完成，建成国家级地下水专业监测站点10168个，实现了全国主要平原盆地和人类活动经济区的地下水水位、水温监测数据自动采集、实时传输和数据接收，可与水利部门地下水监测数据实时共享。

31日，五核国正式会议在京召开。中国、法国、俄罗斯、英国、美国五核国与会代表就共担国际和平与安全责任等方面达成共识。此次会议主题为“加强五核国协作，维护《不扩散核武器条约》机制”。中国代表团团长、外交部部长助理张军说，作为联合国安理会常任理事国和《不扩散核武器条约》承认的核武器国家，五核国在维护核不扩散体系和全球战略稳定方面发挥重要作用。

2月

2日，我国新一代远洋综合科考船“科学”号于今年1月完成西太平洋综合考察航次后返回青岛西海岸新区的母港。我国科学家在本航次维护升级了我国的西太平洋实时科学观测网，实现了多项重大突破。该项自主研发的技术成果克服了深海潜标载荷容积小、供电少和数据量大等困难，改变了以往依赖国外通信卫星的历史，提高了深海数据实时传输的安全性、自主性和可靠性。

9日，中国南极科学考察队内陆队队员在距离中山站100公里处的南极冰盖上架设了一套自动气象站，以获取南极地区的温度、相对湿度、风向和风速等相关资料，提升极地气象服务和对极地大气的了解。

14日，南极长城站地震台完成改建，新一代长城站地震台正式运行。据介绍，改建任务由中国地震局地球物理研究所承担。改建后的地震台具有远程实时监控能力和数据传输功能，具备长期无人值守情况下正常运行的能力。新一代长城站地震台将提升我国在南极地区的地震监测能力，有助于加深对南极地区地震活动的认知和研究，探明南极大陆地壳和地幔的深部结构，为我国实现全球地震观测网络建设提供了支撑。

3月

1日，中国长城资产管理股份有限公司（以下简称长城资产）与中国民生投资股份有限公司（以下简称中民投）在北京签署业务合作协议，探索建立国有企业资源优势与民营企业机制优势良性互动的商业模式。根据合作协议，长城资产将为中民投提供一揽子、综合性的金融服务，帮助中民投缓解流动性压力，优化资产负债结构，并支持中民投进一步优化资产结构、聚焦战略方向、加快转型发展。此外，双方将基于各自的业务布局，实现优势互补，积极推进集团及子公司之间的业务合作。

3 日，全国政协十三届二次会议于下午 3 时在北京人民大会堂开幕。开幕会上，2000 多名全国政协委员将听取和审议政协全国委员会常务委员会工作报告和政协全国委员会常务委员会关于政协十三届一次会议以来提案工作情况的报告。

4 日，随着“菜鸟号”从中铁联集郑州中心站驶出，中欧班列（郑州）首条跨境电商专线正式开通，这条专线将由郑州驶向比利时列日。

5 日，中国第三十五次南极科考队队员由东经 107 度 01 分穿越赤道，返回北半球。“雪龙”号自 2018 年 11 月 2 日从上海起航赴南极考察，2019 年 2 月 14 日自中山站附近海域启程回国。本次科考期间，考察队克服南极严酷自然环境和各种挑战，积极应对“雪龙”号意外触碰冰山突发事件，取得了一些重大科考进展和考察成果。

5 日，十三届全国人大二次会议上午 9 时在人民大会堂开幕。会议听取国务院总理李克强关于政府工作的报告，审查国务院关于 2018 年国民经济和社会发展计划执行情况与 2019 年国民经济和社会发展计划草案的报告，审查国务院关于 2018 年中央和地方预算执行情况与 2019 年中央和地方预算草案的报告。

8 日，十三届全国人大二次会议举行代表小组会议，审查预算报告；财政经济委员会审查计划报告和预算报告，分别提出关于计划报告和预算报告的审查结果报告。下午 3 时，十三届全国人大二次会议在人民大会堂举行第二次全体会议，听取全国人大常委会委员长栗战书关于全国人民代表大会常务委员会工作的报告，听取全国人大常委会副委员长王晨关于外商投资法草案的说明。

9 日，十三届全国人大财政经济委员会召开全体会议，在初步审查的基础上，根据各代表团和有关专门委员会的审查意见，对 2019 年计划报告和计划草案、预算报告和预算草案作进一步审查。在充分讨论的基础上，会议通过了财政经济委员会《关于 2018 年国民经济和社会发展计划执行情况与 2019 年国民经济和社会发展计划草案的审查结果报告》和《关于 2018 年中央和地方预算执行情况与 2019 年中央和地方预算草案的审查结果报告》，并决定将这两份报告提交大会主席团。

10 日，我国在西昌卫星发射中心用长征三号乙运载火箭，成功将“中星 6C”卫星发射升空，卫星进入预定轨道。此次发射的我国广电专用传输卫星“中星 6C”卫星和用于发射的长征三号乙运载火箭由中国航天科技集团有限公司研制生产，发射、测控任务由中国卫星发射测控系统部负责。这是长征系列运载火箭的第 300 次飞行，自此，中国长征系列运载火箭的发射次数正式刷新为“300”。

14 日，中国人民政治协商会议第十三届全国委员会第二次会议在圆满完成各项议程后，在人民大会堂闭幕。会议号召人民政协各级组织、各参加单位和广大政协委员，要更加紧密地团结在以习近平同志为核心的中共中央周围，高举中国特色社会主义伟大旗帜，继续奋斗，切实把中共中央的决策部署和对人民政协工作的要求落实下去，把海内外中华儿女实现中华民族伟大复兴中国梦的智慧和力量凝聚起来，为把我国建设成为富强民主文明和谐美丽的社会主义现代化强国做出新的更大贡献。

15 日，十三届全国人民代表大会第二次会议在圆满完成各项议程后，在人民大会堂闭幕。大会批准政府工作报告、全国人大常委会工作报告等。大会通过外商投资法，国家主席习近平签署第 26 号主席令公布这部法律。会议经表决，通过了十三届全国人大二次会议关于政府工作报告的决议。会议充分肯定国务院过去一年的工作，同意报告提出的 2019 年经济社会发展总体要求、政策取向、目标任务和重点工作，决定批准这个报告。

17 日，由中国电力建设集团有限公司（中国电建）承建的北马其顿基切沃—奥赫里德高速公路隧道段继去年 11 月右洞贯通后，左洞也已贯通。这标志着该项目施工难度最大的隧道段顺利全线贯通。该高速公路项目全面建成后，将大大地改善北马其顿境内交通状况。这也是“一带一路”倡议在巴尔干半岛落地的重要项目。

19 日，由中企承建的斯里兰卡两条道路升级项目在两条道路交会的萨伯勒格穆沃省马沃内勒镇举行竣工仪式，改建后的两条公路于当天投入使用。斯里兰卡总理维克勒马辛哈当天在竣工仪式上表示，感谢中方对斯里兰卡道路升级计划提供支持。此次升级的 B385、B278 道路全长 26 公里，道路升级项目由中国国家开发银行融资，由中航国际工程公司承建。

22 日，我国高分辨率对地观测系统的高分五号和六号两颗卫星正式投入使用。这将大幅提升我国对地观测水平，也标志着高分专项打造的高空间分辨率、高时间分辨率、高光谱分辨率的天基对地观测能力中最有应用特色的高光谱能力的形成。这有效弥补了国内外已有中高空间分辨率多光谱卫星资源的不足，提升了国产遥感卫星数据自给率和应用范围。

22 日，由中国中铁五局负责施工的中老铁路（中国—老挝）磨丁隧道胜利贯通。这是中老铁路全线首座贯通的长大隧道。磨丁隧道全长 6453.5 米，是全线 10 座长度超过 5 公里的长大隧道之一。中老铁路是中国“一带一路”倡议与老挝“变陆锁国为陆联国”战略对接项目，北起老中边境口岸磨丁，南至老挝首都万象，全长 414 公里。该铁路全部采用中国管理标准和技术标准建设，设计时速 160 公里，为电气化客货混运铁路。

23 日，随着最后一根缆绳的系紧，在太平洋预定海域圆满完成“中星 6C”卫星海上测控任务的远望 5 号船，海上作业 29 天，安全航行近万海里，顺利停靠中国卫星海上测控部码头。长征三号乙运载火箭托举“中星 6C”卫星如期发射，远望 5 号船作为任务中唯一海上测控点，顺利接过陆上测控接力棒，各系统发现目标及时、捕获目标快速准确、发送数据完整有效，为任务全局成功做出贡献。

28 日，博鳌亚洲论坛 2019 年年会举行“一带一路：为全球化‘修路’”分论坛。与会嘉宾围绕如何将全球化软硬基础设施提升到新水平、如何更好地共同打造作为公共产品的“一带一路”等话题进行了深入而广泛的讨论。中国倡导共商共建共享“一带一路”，实际上是启动了一项为全球化修路的基础工程。

30 日，浙江首个海上风电场——舟山六横海上风电场海底电缆敷设工程完成，全部 63 台风机机组实现联网发电。整个风电场规划海域面积约为 50 平方公里，规划装机容量 252 兆瓦。利用巨大的海上风能提供清洁能源，解决海岛供电，这是舟山市多年的梦想。未来，将有更多的风能、潮汐能等清洁能源供应舟山。

4 月

1 日，首个行政区域 5G 网络在上海建成并开始试用。“双千兆第一区”开通仪式在上海市虹口区举行，并拨通了首个 5G 手机通话，标志着上海成为全国首个中国移动 5G 试用城市。目前虹口区已建成 5G 基站 228 个，实现了千兆固定宽带网络和 5G 网络全区覆盖，成为首个固定宽带和移动通信网络双双实现千兆覆盖的地区。

1 日，我国在西昌卫星发射中心用长征三号乙运载火箭，将天链二号 01 星送入太空，卫星成功进入地球同步轨道。这次任务是长征系列运载火箭的第 301 次飞行。天链二号 01 星是我国第二代数据中继卫星系统的第一颗卫星，将为载人航天器、卫星、运载火箭以及非航天器用户提供数据中继、测控和传输等服务。

3 日，在粤港澳大湾区，跨越珠江口两岸的又一座大桥——南沙大桥正式开通。大桥全长 12.89 公里，双向八车道，设计行车速度为每小时 100 公里，设计使用寿命 100 年。路线起于广州市南沙区东涌镇，顺接广州绕城高速公路南环段，同时与广珠北线高速公路连接，终点与广深沿江高速公路相接。南沙大桥由两座超千米悬索桥组成。其中一座是主跨 1688 米的钢箱梁悬索桥，自主研发应用 1960 兆帕高强度钢丝新技术。南沙大桥的建成有利于促进区域间生产要素的快速流动。

4 日，据报道，蜘蛛丝是一种拉伸强度惊人的天然材料，安徽农业大学教授汪钟凯团队受其启发，近期以蓖麻油为原材料，研发出一种抗拉强度超过 200 兆帕的超强荧光弹性材料，实现了农林生物质的高价值转化与利用。国际权威学术期刊《自然·通讯》日前发表了该成果。

10 日，由中国企业承建的斯里兰卡南部铁路延长线一期项目正式通车，并在斯南部城市贝利亚塔举行了通车仪式。斯里兰卡交通运输和民航部长阿尔朱纳·拉纳通加在仪式上说，南部铁路是斯里兰卡 1948 年独立以来首条新建铁路，感谢中方为修建这条铁路提供的帮助。期待新建铁路今后为当地带来更多游客，推动斯里兰卡南部与首都科伦坡之间的商贸往来和人员交流。

11 日，5G 智能制造生产线在武汉启动，这也意味着由中国移动湖北公司与中国信科集团联合打造的基于 5G 的工业互联网应用“5G 智慧工厂”正式进入生产阶段。5G 工业互联网联合创新实验室也于当天成立。作为中国首批 5G 规模试验网试点城市，武汉已建成 5G 百站规模试验网，该试验网率先完成的 5G 网络技术和组网方式全场景测试，为后续 5G 大规模建网提供了关键数据参考，也为中国移动 5G 试商用做出了重要技术贡献。

16 日，由东航喷绘的全新“人民网号”飞机完成首航，该航班为 MU564，由上海浦东国际机场飞抵北京首都国际机场。在“人民网号”首航航班上，旅客通过手机等电子设备打开人民视频客户端 AR 扫描人民网标识，即可观看精彩视频。这是人民网推进全媒体传播，发展全息媒体、全程媒体的新尝试，展示出人民网推动媒体融合向纵深发展的决心和行动。

17 日，由华人企业投资兴建的巴布亚新几内亚最大综合建设项目“中国城”开工仪式在首都莫尔兹比港举行，巴新总理奥尼尔和中国驻巴新大使薛冰出席。奥尼尔表示，“中国城”项目的开工标志着两国在投资领域的合作水平得到进一步提升，他和巴新政府鼓励并欢迎更多的中资企业赴巴新投资兴业，在“一带一路”倡议的框架下，为两国友好务实合作作出更大贡献。

19 日，以“共建一带一路：加强税收合作，改善营商环境”为主题的首届“一带一路”税收征管合作论坛在浙江乌镇召开，“一带一路”税收征管合作机制正式成立。国家税务总局局长王军主持开幕式并致辞，他表示随着“一带一路”建设深入推进，税收在优化生产要素配置、推动国际经贸合作等方面发挥着日益重要的作用，加强“一带一路”沿线国家在税收领域的协调与合作具有重要意义。

21 日，我国在西昌卫星发射中心用长征三号乙运载火箭，成功发射第四十四颗北斗导航卫星。这是北斗三号系统的首颗倾斜地球同步轨道卫星，卫星进入工作轨道并进行一系列在轨测试后，将与此前发射的 18 颗中圆地球轨道卫星和 1 颗地球同步轨道卫星进行组网。

21 日，中国企业承建的乌克兰大型太阳能光伏电站在乌中部第聂伯罗彼得罗夫斯克州尼科波尔市附近正式并网发电。这座电站由乌克兰顿巴斯燃料和能源公司与中国机械设备工程股份有限公司联合建造，设计装机容量 200 兆瓦，每年发电量预计可满足 14 万个家庭的用电需求，并可减少 30 万吨二氧化碳排放。

23 日，在第二届“一带一路”国际合作高峰论坛到来之际，“一带一路”5G＋4K 传播创新国际论坛在北京举行。来自全球 25 个国家和地区 50 多家媒体机构的 150 多位代表出席。其中包括丝绸之路电视国际合作共同体各成员单位负责人，“一带一路”参与国家和地区主要媒体机构、视频生产机构、电信运营商以及相关研发生产企业的代表等。

24 日，“一带一路”新闻合作联盟首届理事会议在北京开幕。国家主席习近平向会议致贺信。习近平指出，“一带一路”倡议源于中国，机遇和成果属于世界。参与各方秉持和平合作、开放包容、互学互鉴、互利共赢的丝路精神，努力把“一带一路”建设成为和平之路、繁荣之路、开放之路、绿色之路、创新之路、文明之路。为共建“一带一路”营造良好舆论氛围，让共建“一带一路”更好、更多地惠及沿线国家民众。

30 日，2019 年中国北京世界园艺博览会开园。即日起到 10 月 7 日，长达 162 天的国际园艺盛会正式向国内外游客开放。100 多个异彩纷呈、各具特色的展园，1200 多种植物和 2500 多场活动，将让人感知“绿色生活，美丽家园”的真谛。开园仪式上，7 位世园人代表，包括园区设计者代表、工程建设者代表、国际参展者代表、国内参展者代表、延庆市民代表、志愿者代表、世园会形象代言人共同见证北京世园会向全世界敞开大门。

5 月

1 日，纪念五四运动 100 周年大会在北京人民大会堂隆重举行。中共中央总书记、国家主席、中央军委主席习近平在会上发表重要讲话，强调五四运动以来的100年，是中国青年一代又一代接续奋斗、凯歌前行的100年，是中国青年用青春之我创造青春之中国、青春之民族的100年。新时代中国青年运动的主题，新时代中国青年运动的方向，新时代中国青年的使命，就是坚持中国共产党领导，同人民一道，为实现“两个一百年”奋斗目标、实现中华民族伟大复兴的中国梦而奋斗。

2日，经过14个月的紧张施工，中企如期完成中国援白俄罗斯中白工业园乌沙河改造项目，项目举行竣工仪式。该项目有利于改善中白工业园及周边地区基础设施条件，助力中白工业园发展，对促进白俄罗斯经济社会发展具有积极意义。

2日，2019北京世园会“北京日”活动在世园会妫汭剧场举行开幕式。活动重点展示北京生态文明建设成果、北京历史文化名城形象以及现代国际大都市发展和对外交往成就。以“美丽北京绽放世园”为主题，通过举办近50场多姿多彩的活动，提升城市国际影响力，促进北京与世界各国友好交往，进一步宣传北京市服务业扩大开放综合试点工作，推动经贸文化交流合作。

6日，第二届数字中国建设峰会在福建福州举行。本届展览会的展区总面积达5.6万平方米，设立了综合应用、数字政府、数字经济、智慧社会、数字生活、数字福建、主宾省七大展区，涵盖了电子政务、智慧城市、大数据、物联网、人工智能等领域，凸显了“互联网+”“智能+”等最新应用成果，以及数字经济发展的最新动向。

9日，国内首家5G安全协同创新中心在成都宣布成立。该中心由亚信安全与中国信息通信研究院共同发起，联合中国移动、中国电信、中国联通、中国网安和北京邮电大学等企业单位，旨在以“产学研用协同创新”模式，面向5G安全共性关键技术、产品以及成果转化搭建创新平台，引领行业发展。

12日，第四届丝绸之路国际博览会暨中国东西部合作与投资贸易洽谈会在西安开幕。本届丝博会以“新时代、新格局、新发展”为主题，俄罗斯、柬埔寨担任主宾国，吉林省、重庆市担任主宾省（市），陕西省汉中市担任主题市。围绕落实第二届“一带一路”国际合作高峰论坛成果，为全球减贫事业提供中国经验、贡献中国力量。

14日，国务院关税税则委员会发布公告，美国政府宣布，2019年5月10日起，对从中国进口的2000亿美元清单商品加征的关税税率由10%提高到25%。美方上述措施导致中美经贸摩擦升级，违背中美双方通过磋商解决贸易分歧的共识，损害双方利益，不符合国际社会的普遍期待。为捍卫多边贸易体制，捍卫自身合法权益，中方不得不对原产于美国的部分进口商品调整加征关税措施。

14日，记者跟随东方航空公司空客A350—900飞机，从首都国际机场起飞。20多分钟后，如凤凰展翅般的北京大兴国际机场跃入眼帘，金色外壳在阳光下闪耀。9时35分，紧随南方航空公司空客A380飞机之后，这架飞机稳稳降落，机舱里响起了《我和我的祖国》的歌声。随后国际航空公司波音B747—8飞机、厦门航空公司波音B787—9飞机也先后成功降落。北京大兴国际机场首场真机验证试飞成功。

14日，首届粤港澳大湾区媒体峰会在广州举行。峰会以“一流湾区、媒体担当——媒连粤港澳，融通大湾区”为主题，设置了开幕式、主题论坛、平行分论坛三个主要环节。与会嘉宾将围绕“湾区建设与媒体融合创新”“湾区建设与人文精神”“湾区建设与‘一带一路’”等议题进行深入讨论，分析粤港澳大湾区媒体转型发展面临的机遇与挑战，探讨新时代实现媒体融合创新的方向与路径，明确媒体推动世界一流湾区建设的使命与行动。

16日，习近平主席在亚洲文明对话大会开幕式上发表主旨演讲，来自亚洲47个国家和五大洲的各方嘉宾，出席亚洲文明对话大会，共商亚洲文明发展之道，共话亚洲合作共赢大计，致力深化文明交流互鉴，致力夯实共建亚洲命运共同体、人类命运共同体的人文基础。这是亚洲文明交流互鉴的重要历史节点，是人类文明发展的重要历史时刻。

18日，我国一次性建设规模最大的炼化一体化项目——恒力2000万吨/年炼化一体化项目在辽宁大连长兴岛全面投产。这对石化产业结构转型升级具有提升作用，对地方经济发展也将起到拉动作用。长期以来，我国深入推进能源生产和消费革命，相关工业领域投资持续加大，有力地推动了能源结构向高效、清洁、低碳方向转型。

18 日，我国在西昌卫星发射中心用长征三号丙运载火箭，成功发射了第四十五颗北斗导航卫星。该卫星属地球静止轨道卫星，是我国北斗二号工程的第四颗备份卫星，入轨并完成在轨测试后，将接入北斗卫星导航系统，为用户提供更可靠服务，并增强星座稳定性。这是长征系列运载火箭的第 304 次飞行，也是中国运载火箭技术研究院抓总研制火箭的第 200 次发射。

19 日，国内首台 80 吨液氧甲烷火箭发动机——“天鹊”发动机（TQ—12）日前试车成功，这意味着我国民营航天力量首次掌握了百吨级液体火箭发动机关键技术并具备发动机研制所需的保障能力。本轮试验成功验证了我国民营商业航天大推力发动机从设计、研发、制造、生产、装配到试验的完整流程。

19 日，广东省湛江市通明海畔，随着定向钻穿越通明海峡主管的回拖完成，标志着我国大陆最长的海底成品油管道定向钻穿越成功。中科炼化配套成品油管道全长 248 公里，建成后将推动我国西南省份成品油管道高效运行，破解管输油品资源不足、沿海资源难以调入的瓶颈，保障广东和西南地区成品油供应。

20 日，我国在西昌卫星发射中心用长征三号丙运载火箭，以一箭一星间接入轨方式，将第 45 颗北斗导航卫星发射升空。在距离祖国万里之遥的南太平洋预定海域，远望 7 号船单船精准测控，圆满完成卫星海上测控任务。

22 日，中国政府援老挝工贸部信息系统改造项目开工仪式在老挝首都万象举行。中国驻老挝大使馆经商参赞王其辉出席并致辞，老挝工贸部副部长宋吉等中老各界代表约 100 人参加仪式。该项目由中徽建技术有限公司承建，信息产业电子第十一设计研究院科技工程股份有限公司和四川华凯工程项目管理有限公司联合体承担管理任务。

24 日，我国时速 600 公里高速磁浮试验样车在青岛下线。这标志着我国在高速磁浮技术领域实现重大突破，对于完善我国立体高速客运交通网具有重大的技术意义和经济意义。试验样车作为高速磁浮项目的重要环节，是高速磁浮的“实车级”试验验证平台，可对高速磁浮关键技术及核心系统部件进行验证和优化。作为一种新兴高速交通模式，高速磁浮具有速度高、噪声低、震动小、载客量大、安全可靠、耐候准点等优点，可以填补高铁和航空运输之间的速度空白。

28 日，我国远洋综合科考船“科学”号正式展开对马里亚纳海沟南侧系列海山的精细调查，主要利用“发现”号遥控无人潜水器等设备探秘生物多样性和生态系统。新中国成立后，我国科学事业取得长足发展，特别是进入 21 世纪以来全国研究与试验发展经费投入快速增加，为一系列重大科技成果的诞生奠定了坚实基础。

29 日，沪通长江大桥主航道桥首个钢梁段进行合龙施工。沪通长江大桥是我国沿海铁路大通道中沪（上海）通（南通）铁路段的跨长江控制性工程，连接江苏省南通市和张家港市，建成后将成为沿海重要的铁路、公路过江通道，对促进长三角一体化等具有重要意义。

30 日，全国钒钛磁铁矿综合利用标准化技术委员会在四川省攀枝花市成立，标志着我国组建国家队填补钒钛磁铁矿综合利用领域标准体系空白，迈出争夺国际钒钛市场标准话语权的关键一步。新成立的全国钒钛磁铁矿综合利用标准化技术委员会，主要负责国家钒钛磁铁矿综合利用领域标准归口管理，对标准实施情况进行评估、研究分析，组织开展国内外标准一致性比对分析，跟踪、研究国际标准化发展趋势和工作动态。

31 日，由哈电集团哈尔滨电机厂有限责任公司（以下简称哈电电机）研制的世界单机容量最大 100 万千瓦水电机组首台长短叶片转轮，在位于云南与四川交界的白鹤滩水电站工地的哈电电机转轮加工厂制造成功，并顺利通过验收。白鹤滩水电站是中国长江三峡集团公司开发的金沙江下游河段梯级的第二级电站，电站装机 16 台，总计 1600 万千瓦水轮发电机组。哈电电机为其提供右岸电站全部 8 台水轮发电机组及其附属设备。

6 月

3 日，由中建二局投资建设的河北省石家庄市鹿泉区山前大道通车。山前大道是石家庄西部山前区域主要干道，全长约50公里，连接京昆高速与石家庄南绕城高速。通车后的山前大道，将沿途的封龙山、龙泉湖湿地公园、抱犊寨等十余个景点串联起来，绘就出一幅绿色发展、绚丽多姿的“百里画廊”。

4日，最后一根500千伏海底电缆成功登陆浙江舟山大鹏山岛，标志着500千伏舟山联网输电线路工程全面完工。据了解，该海缆在世界同类海底电缆中耐压等级最高，输送容量领先。长期以来，我国不断创新技术、改革机制，推动能源产业朝高效、清洁、低碳方向转型，能源转换效率稳步提升。

8日，第二十三届圣彼得堡国际经济论坛全会在圣彼得堡举行。中国国家主席习近平、俄罗斯总统普京、保加利亚总统拉德夫、亚美尼亚总理帕希尼扬、斯洛伐克总理佩列格里尼、联合国秘书长古特雷斯等出席。习近平发表了题为《坚持可持续发展　共创繁荣美好世界》的致辞，强调面对世界百年未有之大变局，中方愿同国际社会一道，合力打造开放多元的世界经济，努力建设普惠包容的幸福社会，致力于构建人与自然和谐共处的美丽家园，携手开辟崭新的可持续发展之路。

11日，川藏铁路拉萨至林芝段第三长隧、全长13.59公里的贡多顶隧道实现安全贯通。这是拉林铁路又一座海拔3000米以上的隧道贯通，标志着全线重难点控制性工程取得阶段性突破。据介绍，施工过程中主要面对岩爆、高地温、涌水三大挑战性难题，项目推行衬砌质量二维码实名制管理，采用二维码进行技术培训交底，确保施工安全和质量。

12日，第二届中国—南亚合作论坛在云南玉溪举行，来自南亚国家、东南亚国家、印度洋地区国家、欧洲和大洋洲地区国家及相关国际组织的嘉宾相聚抚仙湖畔，交流互鉴、携手前行，共同描绘中国—南亚地方合作美好蓝图。本次论坛以“深化地方合作，实现互利共赢”为主题，设置了经贸、减贫、省市长对话、文化、传媒、孟中印缅地区合作等多项议题；同时平行举办中国—南亚省市长论坛、中国—南亚经贸合作会议、中国—南亚减贫地方合作论坛、中国—南亚媒体论坛、孟中印缅地区合作论坛第十三次会议。

13日，京张高铁全线铺轨完成，为9月联调联试和年底开通运营奠定了重要基础。京张高铁实现了智能建造、智能装备和智能运营。其智能动车组将实现350公里时速的自动驾驶，并首次采用我国自主研发的北斗卫星导航系统保驾护航。

17日，成贵铁路乐山至宜宾段正式开通运营。这是我国《铁路工程绿色通道建设指南》颁布后，首段按照指南建成开通的绿色山区高速铁路。成贵铁路乐山至宜宾段起于四川乐山，经犍为、屏山，到达宜宾西站，全长141公里，设计时速每小时250公里。成贵铁路从四川盆地向东南穿行乌蒙山区，对乌蒙山连片特殊困难地区的脱贫攻坚和经济发展具有重要意义。

18日，据中国铁路昆明局集团有限公司消息，中老铁路国内段——玉（溪）磨（憨）铁路新平隧道4个辅助坑道同步实现贯通，标志着中老铁路国内段控制性工程建设取得重要进展，这对改善全隧道施工环境、攻克隧道后续难关创造了有利条件。

18日，上海证券交易所今天发布消息称，沪伦通已正式开通。中国资本市场开放又迎大动作。中国证监会和英国金融行为监管局发布了联合公告，原则批准上海证券交易所和伦敦证券交易所开展沪伦通业务。同日，上交所上市公司华泰证券股份有限公司发行的沪伦通下首只全球存托凭证（GDR）产品在伦交所挂牌交易。

19日，贯彻党中央关于加快推动中国铁路总公司股份制改造的决策部署经国务院批准同意，中国铁路总公司改制成立中国国家铁路集团有限公司，在北京挂牌。

20日，2019世界工业互联网大会在成都开幕。大会上，航天科工、中国电科等多家央企共同启动了央企工业互联网融通平台。该平台建成后，将具有跨要素、跨领域、跨平台的综合能力，实现资源融通、应用融通、数据融通，为提升国资监管水平、促进央企资源共享提供支撑。

23日，全球首艘30.8万吨超大型智能原油船——“凯征”轮由中船重工大船集团成功交付。这意味着我国开启了全球超大型油轮智能航运的新篇章。“凯征”轮通过构建服务智能系统的网络信息平台，实现了船舶航行辅助自动驾驶、智能液货管理、综合能效管理、设备运行维护、船岸一体通信五大智能功能。

24 日，甘肃省兰州市轨道交通 1 号线一期工程全线开通运营，成为国内首条下穿黄河的轨道交通线路。建设者们先后攻克了盾构下穿黄河、在红砂岩地质条件下车站与隧道施工等诸多技术难题，创新了多种工艺工法，取得了多项发明专利。该线路的开通试运营对于缓解城市交通拥堵、丰富市民出行方式具有重要意义。

27 日，“超级镜子电站”——甘肃敦煌 100 兆瓦熔盐塔式光热电站实现满负荷发电，夏季工况下 24 小时连续发电突破 180 万千瓦时。这标志着我国成为世界上少数掌握大规模熔盐塔式光热电站成套核心技术的国家。

27 日，中央广播电视总台成功实现我国首次 8K 超高清内容的 5G 远程传输，并为参加 2019 世界移动大会的嘉宾现场呈现出极致流畅的传输速度以及色彩鲜艳、纤毫毕现的画质体验。这次传输实践充分验证了 5G 网络在传输方面的优势，它的低时延、高速率以及大接入还有切片技术的专网技术，为超高清电视的应用提供了极好的技术支撑。

28 日，全球 30 多家机构共同发起的“一带一路”经济信息共享网络在北京宣告成立。这是落实第二届“一带一路”国际合作高峰论坛成果清单的重要举措，对深化中外媒体和研究机构在经济信息领域的交流合作有着积极意义。

29 日，江西鄱阳湖二桥举行正式通车仪式，标志着环鄱阳湖地区的又一重要交通控制性工程投入使用。鄱阳湖二桥全长 5.589 公里，是中国第一大淡水湖鄱阳湖上建成的第二座大桥。

7 月

3 日，2019 世界新能源汽车大会在海南博鳌召开。国家主席习近平致贺信，习近平指出，当前随着新一轮科技革命和产业变革孕育兴起，新能源汽车产业正进入加速发展的新阶段，不仅为各国经济增长注入强劲新动能，也有助于减少温室气体排放，应对气候变化挑战，改善全球生态环境。中国坚持走绿色、低碳、可持续发展道路，愿同国际社会一道，加速推进新能源汽车科技创新和相关产业发展，为建设清洁美丽世界、推动构建人类命运共同体做出更大贡献。

4 日，海南省海口市正式开通运营国内首条利用高铁开行的市郊列车。这是海口市盘活铁路闲置资源，利用环岛高铁海口段富余运力和老旧站点，缓解城区交通压力的重大惠民工程。

8 日，位于川滇黔三省交界处的鸡鸣三省大桥主拱圈合龙，为年底建成通车奠定了基础。鸡鸣三省大桥是四川省渡改公路桥项目之一，它的建成将结束四川叙永县、云南镇雄县隔河相望不相连的历史，两岸通行时间将从现在的开车绕行两个半小时，缩短到开车一分钟或步行几分钟。

8 日，2019 年中国工业信息安全大会召开，会上，国家工业信息安全漏洞库正式上线，来自有色、钢铁、装备制造、石油石化等 10 个关键领域的行业龙头共建重点实验室行业分中心，加快对工业信息安全监测、态势感知、检查评估、攻防演练等一批核心技术攻关。

11 日，由中国政府提供优惠贷款、中国中铁四局集团承建的蒙古国新机场高速公路顺利移交蒙古国政府。这条完全采用中国标准、中国技术建设的高速公路，为中蒙建交 70 周年献上一份厚礼，成为中蒙友谊的又一标志性工程。

26 日，酒泉卫星发射中心成功发射双曲线一号运载火箭，将两颗卫星送入预定轨道，这是我国民营商业运载火箭成功实施首次入轨发射。

8 月

2 日，C919 大型客机 104 架机于 5 时 32 分从上海浦东国际机场第四跑道起飞，经过 1 小时 25 分钟的飞行，在完成了多个试验点、对飞机各系统进行了初始操纵检查后，于 6 时 57 分返航并平稳降落，顺利完成其首次试验飞行任务。104 架机是 C919 大型客机第四架试飞飞机，主要承担航电系统、起飞着陆性能、自动飞行系统和自然结冰等相关科目的试飞任务。

15 日，GA20 飞机在浙江金华完成 3000 米高空试飞，这是其第五十次试飞，也是第二次对公众展示各项技术性能。GA20 飞机是由民企自主研发、具备完全自主知识产权的通用飞机，实现从设计、制造到试验试飞由自有团队全流程研制，目前已签署100架意向订单。

20日，国产喷气支线客机ARJ21飞机进行首次高原示范飞行，圆满完成昆明—丽江—西双版纳—昆明航线运行。ARJ21飞机具有良好的适应高原性能和抗侧风能力，特别适应我国西南地区机场起降条件和复杂航路越障要求。我国民航事业从小到大、由弱变强，经历了不平凡的发展历程。

21日，中国（上海）自由贸易试验区临港新片区正式揭牌。临港新片区将对标国际公认的竞争力最强的自由贸易园区，打造更具国际市场影响力和竞争力的特殊经济功能区。我国开放的大门越开越大，致力于推动贸易和投资自由化便利化，维护和建设开放型世界经济。目前，我国已成为货物贸易第一大国、外资流入第二大国。

22日，“大湾区5G产业联盟”成立典礼在中国香港举行。“大湾区5G产业联盟”由中国移动香港、中国移动广东、澳门电讯和广东省通信行业协会共同倡导成立，以“战略引领、协同创新、产业推动、开放共用、合作共赢”为宗旨，通过建立资源共享平台，推动粤港澳大湾区技术及产品研发，从而促进大湾区智慧城市群发展。

9月

3日，中国企业联合会、中国企业家协会发布2019中国企业500强榜单及报告，中国石化、中国石油和国家电网分列前三名，入围门槛、资产规模、参与国际标准制定数量等指标再创新纪录。

8日，三峡枢纽2019年累计货运通过量已突破1亿吨。其中，三峡船闸货运量为9937.7万吨，三峡升船机货运量为97.8万吨。

11日，国务院关税税则委员会发布公告，公布第一批对美加征关税商品第一次排除清单。第一批对美加征关税商品第一次排除清单自2019年9月17日起实施。

11日，中国石油西南管道公司成都分控中心监控数据显示，途经甘陕川渝4省市的兰成渝成品油管道，向沿线西北、西南地区输送成品油正式突破1亿吨。兰成渝管道于2002年9月投产，是我国首条大口径、高压力、长距离成品油输送管道，起于兰州，止于重庆，全长1250公里，被誉为西北西南地区“能源大动脉”。

2019 China's Industrial Development Report

—70 Years of New China's Industry

Overview The Strategy and Quality of New China's 70 Years of Industrial Development

This paper takes stock of changes in the inherent quality of China's industrial development and its manifestations across different stages over the past seven decades since the founding of the People's Republic of China in 1949. Development quality is a dynamic concept. In the planned economy era, the shortage of industrial goods highlighted the priority for China to develop a complete industrial system to manufacture products in dire need. As the economy was no longer in scarcity and market competition intensified after the reform and opening – up in 1978, the priority of industrial development shifted from quantity to quality. The branding and quality of industrial goods have a direct impact on the profitability of industrial enterprises. China's WTO entry boosted the quality of industrial development and further improved the quality of its industrial development.

Since the 18th CPC National Congress, the green development concept and ecological civilization have profoundly influenced China's industrial development quality on all dimensions, as manifested in the constantly enriched quality and improved level of industrial development. Since the reform and opening – up in 1978, China has introduced policy measures to improve the quality of its industrial development, but still falls behind internationally advanced levels in terms of resource efficiency, labor productivity, innovation, industrial structure, and product quality. To address these problems, this paper puts forward policy recommendations on various issues, including innovation, structural improvement, opening – up, industrial coordination, and green development.

Chapter 1 Change in China's International Industrial Competitiveness

International competitiveness may be evaluated from many dimensions. From a market share perspective, this chapter reviews the changes in China's international industrial competitiveness over the past seven decades. From the founding of the People's Republic of China in 1949 to the reform and opening – up in 1978, China's industrial products accounted for a paltry international market share due to institutional and geopolitical limitations. After the reform and opening – up, China represented a rising international market share of industrial goods. Growth of China's market share accelerated after its WTO entry. The trend of China's rising market share was not interrupted even by the global financial crisis.

In 2015, China entered into a new stage of international industrial competitiveness. Despite a general decline in its international market share, China entered into a new stage of quality – oriented improvement of international industrial competitiveness. Change in China's international industrial competitiveness over the past seven decades offers the following implications for the new era: China should keep opening – up to the rest of the world, and bolster its competitiveness by integrating into the global industrial chain, innovation chain, and value chain. China should keep releasing the creative potentials of enterprises, give play to their initiative, and encourage its enterprises to compete globally on a broader scale.

China should leverage its large – country advantage, and increase the resilience and diversity of its industrial development.

Chapter 2 Evolution and Development of Industrialization Policy

Since the founding of the People's Republic of China in 1949, China started to embark upon an arduous path of socialist industrialization under the leadership of the Communist Party of China. After an industrial recovery in the neo – democratism era, China started to follow Soviet – style industrialization, and later blazed its own trail of industrial development. In this stage, China created a relatively complete industrial system, laying the groundwork for further industrial development. From 1966 to 1978, China's industrial development suffered huge setbacks due to disruptions of the continuity of its industrialization policy.

In 1978, China unveiled its epoch – making reform and opening – up program, breathing life into its industrial development process. At the inception of reform and opening – up, the CPC Central Committee revamped its industrial policy to prioritize the manufacturing of consumer goods, and adopted an industrialization strategy through opening – up and development. At a microscopic level, the central government devolved power to large and medium – sized state – owned industrial enterprises, and implemented a contract responsibility system.

In November 1993, China brought its socialist economic reform into full swing, opening a new chapter of industrial development under the principle of keeping public ownership as the mainstay and allowing diverse forms of ownership to develop side – by – side. From 1992 to 2001, China's rapid industrial growth helped close the gaps of infrastructure and basic industries. Following China's WTO entry in 2001, China's industrialization process became embedded in the global value chain. Trade growth and rising foreign investment propelled China's industrial upgrade. By vowing to embark upon a "new – type industrialization path with Chinese characteristics", China attached great importance to transitioning the mode of its industrial developments and propelling industrial transition. As China became the world's largest industrial powerhouse after the 18th CPC National Congress in 2012, China's industrialization policy is putting a greater premium on transforming China from a large industrial nation into a strong and competitive one that derives industrial capabilities from innovation.

Chapter 3 Industrial Organization Policy

Over the past seven decades since 1949, the People's Republic of China has successively implemented the planned economic system and the socialist market economic system respectively, and both economic systems faced the question of industrial organization. In the seven years from 1949 to the completion of the joint public – private operation of capitalist industry and commerce in 1956, China adopted an industrial organization policy to prohibit monopoly and speculation and promote economic competition, developed private industry and commerce that benefited the nation and people's livelihood, and coordinated the "five economic elements", including the state – economy, cooperative economy, individual economy, national capitalist economy, and state capitalist economy. This industrial organization policy helped stabilize the economy.

From 1957 to 1978, China implemented an industrial organization policy characterized by inter – sectoral division of labor, specialization, and coordination. It tentatively created trust organizations and specialized companies for industrial and transportation sectors, and large enterprises to spearhead industry development. It also worked proactively to balance government – enterprise relationship, and address barriers between various levels of government. Through these efforts, a relatively complete industrial system took shape in China.

Over the past four decades of the reform and opening – up, China vigorously fostered various market entities, promoted market competition, and re – prioritized its industrial organization policy from supporting horizontal economic alliance and market concentration at the inception of the reform and opening – up to curbing monopoly and promoting competition in a later stage. China's future industrial organization policy should aim to levelling the playing field, shift the priority from market access and regulation on market structure to post – entry corporate behavior and impact on market performance, encourage the growth of emerging industries, foster an industrial ecosystem conducive to the development of core technologies, and promote the positive role of competition policy in fostering world – class enterprises, emerging industries, and core technologies.

Chapter 4 Structural Transition of Industrial Economy

Over the past seven decades since 1949, China's industrial structure has evolved in various stages of development. Consistent with the general patterns of industrialization, China's industrial transition has been influenced by domestic and international situations in various stages, as well as the socialist market economic reforms undertaken by the Chinese government and industrial enterprises. The seven – decade history of China's industrial transition marks the success of China's efforts to reform its economic system and follow the changes in its factor structure and demand structure, commitment to independent technology innovation, access to global resources and markets, and appropriate policy – making in various stages of industrial development. Despite challenges in its industrial structure, China is poised to move towards innovation – driven development, diversifying growth drivers, deepening opening – up, regional coordination, and improving industrial structure congruous with its industrial prowess.

Chapter 5 Change in Industrial Ownership Structure

Since the founding of the People's Republic of China in 1949, China's ownership structure has experienced great transformations, shifting from the dominance of the state – economy with the coexistence of the "five economic elements" to the single ownership system, and then the dominance of public ownership with the coexistence of diverse forms of ownership. An array of adjustments to the ownership structure encouraged entities of all ownership forms to participate in economic activity, thus optimizing industrial structure and boosting productivity with remarkable achievements. The restructuring of industrial ownership has significantly boosted China's industrial productivity, laying a solid foundation for the further development of socialism with Chinese characteristics. Nevertheless, some problems remain. For instance, the state sector of the economy is yet to improve its regional structure and narrow down its currently broad and scattered distribution across various economic sectors to gain a better focus.

Except for industries of natural monopoly and those of vital importance to national economic security, the state sector of economy still accounts for an outsize share of ordinary competitive industries. In the future, China should adjust its industrial ownership structure towards the following directions: (1) strive to create an ownership structure congruous with its national conditions based on the lessons and experiences of domestic and overseas ownership structure adjustments. (2) Improve the legal foundation for various forms of ownership to develop side – by – side, and create a favorable environment for the non – public sector of economy. (3) Review and further improve the layout of the state sector of economy based on its national conditions. (4) Prevent various risks arising from ownership restructuring, and improve the social security alongside with improving ownership structure.

Chapter 6 Evolution of Industrial Organizational Structure

Both in terms of the trend and intrinsic momentum, the evolution of China's industrial organization structure over the past seven decades since the founding of the People's Republic of China in 1949 can be divided into two stages by the initiation of the reform and opening – up program in 1978. Before the reform and opening – up, China adopted a planned economic system, and change in its industrial organization structure mainly resulted from government intervention. In this stage, change in China's industrial organization structure experienced two waves of concentration and decentralization with swerving government economic policy. Overall, China's industrial structure was scattered and decentralized. Enterprises, no matter big or small, built a complete industrial chain instead of pursuing specialization, which resulted in poor efficiency.

After the reform and opening – up in 1978, China introduced the socialist market economic system, removed market access barriers, and embraced a mass inflow of multinational companies into its domestic market. Market competition replaced government decrees in driving change in China's industrial organization structure. Post – 1978 evolution of industrial organization structure experienced decentralization in the 1990s followed by centralization after the 1990s. Overall, a U – shaped pattern stands out. As China opened wider to the rest of the world and saw its market expand, industrial concentration has nudged down in recent years. Since 1978, China's industrial organization structure has been moving toward higher concentration, professionalization, and efficiency. Amid a new round of technology revolution spearheaded by digitalization and smart applications, China's industrial organization is poised to move toward higher concentration and efficiency driven by technology and competition.

Chapter 7 Review and Prospects of China's Industrial Administration System

Since the founding of the People's Republic of China in 1949, China's industrial administration system has experienced huge transformations, contributing to the rapid development of its industrial economy. This paper takes stock of the evolution of China's industrial administration system over the past seven decades from various dimensions, including the means of regulating the industrial economy, the relationship between government and enterprises, and change in government agencies responsible for economic and industrial administration. Continuous improvement in the industrial administration system through gradualist pilot programs under the Party's leadership has always played a pivotal role, constituting an important experience in the successful reform of China's industrial administration system. Lastly, this chapter forecasts the basic trends in the future transformations of China's industrial administration system.

Chapter 8 Change in Industrial Workforce

The size and structure of China's industrial workforce have undergone significant changes over the past seven decades since the founding of the People's Republic of China in 1949. Working population steadily increased. Industrial workforce as a share of total workforce kept on the rise. Labor demand initially increased in heavy and light industries, then in the heavy and chemical industries, and more recently in high – tech industries such as information technology. Production and processing of natural resources and raw materials gave way to equipment manufacturing as the dominant sector of employment. There have been significant improvements in workforce competence and productivity. These achievements have paved the way for China to develop into a major – increasingly competitive – industrial powerhouse on the world stage.

Chapter 9 Trends and Characteristics of Change in Manufacturing Labor Productivity

Since the founding of the People's Republic of China in 1949, China has embarked on a journey of industrial development underpinned by industrialization. Throughout the history of China's industrial development since 1949, productivity improvements have undergirded China's manufacturing transformations. Judging by the speed and magnitude of productivity growth, China has experienced three stages of industrial productivity growth: Stage 1: volatility in growth rate with limited increment; Stage 2: increasing growth rate and increment; Stage 3: slowing growth rate with unleashed increment. While labor - intensive industries have served as a fundamental driver of productivity improvement in China over the past seven decades, capital and technology - intensive industries have contributed to steady productivity improvement and workforce upgrade respectively. In terms of regional layout, China's most productive manufacturing workforce is increasingly distributed across broader regions instead of concentrated in a few places as it initially was. Regions that previously focused on developing a complete industry chain are increasingly specialized in advantageous local sectors.

While typical developed countries have been committed to ensuring growth in manufacturing productivity, China's gaps with developed countries in manufacturing productivity have narrowed, but remain significant. China's efforts to improve manufacturing productivity are hamstrung by the lack of medium and high - end workforce, innovation, and tightening energy and resource constraints. To address these challenges, China must: Create a favorable business environment by deepening institutional reform; improve the labor market by creating a multitier system of professionals; ramp up investment on indigenous innovation; develop strategic emerging industries to improve investment structure, facilitate the transition of growth drivers, and foster a more effective mode of manufacturing operation and development.

Chapter 10 Progress of Industrial Technology

Over the past seven decades, China has embarked upon a splendid journey of industrial technology innovation. After the founding of the People's Republic of China in 1949, China relied on overseas technology assistance almost entirely. Later, it created a relatively independent industrial innovation system with the help of overseas returned scientists and through its own endeavors. After China started to import foreign technology with the implementation of the reform and opening - up program, local Chinese enterprises fostered re - innovation and original design capabilities through technology importation, assimilation, and application, giving rise to original corporate innovation capacity under the independent innovation strategy. In this manner, China's industry has explored a unique technology catch - up path as a late - moving country.

Rising innovation prowess of China's industrial enterprises stemmed from institutional improvements. Before the reform and opening - up in 1978, universities and research institutes played a dominant role, but afterwards, enterprises started to undertake most research programs. In the early stage after the the founding of the People's Republic of China in 1949, state - owned enterprises dominated research and development. After the reform and opening - up, multinational companies became the primary source of technology transfers. Subsequently, enterprises with diverse forms of ownership competed for innovation. In particular, private enterprises made great progress in frontier technology and fundamental research. Over time, China fostered an endogenous and independent innovation system and capacity. Yet China has a long way to go to catch up with leading countries in terms of industrial technology innovation. Currently, China still looks to other countries for technical standards, fundamental software, core components, and complex manufacturing equipment. Such dependence not only hampers China's industrial competitiveness, but undermines its national security as well.

Chapter 11 Industrial Carbon Emissions Abatement

Over the past seven decades since the founding of the People's Republic of China in 1949, China has evolved from a negligible carbon emitter to the largest in the world. Rapidly growing energy - intensive and polluting industries have become key contributors to carbon emissions in China. Historically, China's policy on industrial emissions evolved from a hands - off approach to an energy efficiency concept, carbon emissions abatement, and a priority on low - carbon development. After years of relentless efforts, China has made positive progress in curbing industrial carbon emissions with the enactment of laws and regulations. These efforts have led to falling intensity of industrial CO_2 emissions measured at 2015 constant price. Total industrial carbon emissions have been decreasing since 2014.

China's industrial carbon emissions abatement has been achieved by optimizing the energy mix, adopting industrial carbon emissions abatement technologies, phasing out obsolete capacity, decarbonizing the industrial structure through the development of high - tech industries, and creating a carbon trading market. Yet challenges to China's future carbon emissions abatement remain, including the priorities of maintaining economic growth and social stability, the arduous shift of energy mix away from coal, and the currently inadequate technology. In the future, China should continue the low - carbon renovations of traditional industries, attach importance to the low - carbon planning of new industries, optimize its energy mix, enhance low - carbon technology R&D and application, adopt market mechanisms for emissions abatement, and foster a complete carbon tax and carbon trading market.

Chapter 12 Transforming the Supply - Demand Relationship of Industrial Goods

Over the past seven decades since the founding of the People's Republic of China in 1949, the extreme shortage of industrial goods in the first three decades has turned into an extreme abundance today. This transition has been underpinned by a shift in China's national policy priority from ideological class struggle in the first three decades to pragmatic economic development after 1978. Through the reform and opening - up, China has embraced foreign technology, and in particular, seized the opportunity of international industrial relocation in the 1990s after its WTO entry. Under the synergy between industrialization and urbanization, China has transformed from an agrarian nation into an industrial powerhouse with growing competitiveness and strength.

Yet the rapid expansion of industrial capacity resulted in overcapacity. Since 2012, China's producer price index (PPI) has posted negative growth for 54 consecutive months, taking a toll on long - term industrial growth. Introduced in 2016, China's supply - side structural reforms, including the reduction of overcapacity, have uplifted industrial utilization rate, commodity price and profit margin, improved the quality and efficiency of industrial supply, and propelled industrial restructuring. Against the backdrop of an upgrading consumption structure, key consumer goods remain in oversupply. When it comes to industrial branding and value chain upgrade, China still has a long way to go. In addressing the imbalances in the industrial goods market, China must introduce additional measures of reform and opening - up. These measures include: relaxing factor market regulation, transforming local government functions, lowering industry entry and exit costs, further reforming state - owned Enterprises (SOEs), developing science and technology, and improving the quality of economic development.

Chapter 13 Transformation and Development of Industrial Investment

China' s miraculous industrial achievements over the past seven decades since 1949 could not have been achieved without industrial investment. Before the reform and opening – up in 1978, the Chinese nation concentrated all resources to independently develop a complete industrial system that laid the groundwork for the industrialization process. After the Third Plenum of the 11th CPC Central Committee, market – oriented reforms and opening – up have transformed the size and structure of industrial investment and underpinned China' s rapid economic rise. In the supply – side structural reforms, China experienced further improvements in the structure of its industrial investment, which increasingly supported industrial transition and upgrade.

Overall, industrial investment in China exhibits the following characteristics: rising investment growth rate; improving investment structure; increasing capacity utilization with serious overcapacity still plaguing certain sectors; polarizing regional investment structure; improving pro – investment institutional and policy environment. Meanwhile, problems and challenges remain. For instance, enterprises lack the motivation to invest and the capacity to innovate. Market – oriented reform of factor allocation is yet to make significant progress.

In the new era, China must steadfastly follow supply – side structural reforms to promote industrial investment. Regarding issues that investors are the most concerned with and wish to address, China should give play to the decisive role of market in resource allocation, increase the investment capacity of enterprises, encourage the financial industry to extend greater support to industrial transition and upgrade, improve investment and market environments, and ramp up fundamental research and the supply of generic technologies. These initiatives will invigorate investors – especially private investments, and galvanize private capital to support key industrial sectors and weak links and contribute to the quality and efficiency of industrial development.

Chapter 14 Foreign Capital Inflows into Industrial Sectors

This paper identifies eight stages of China' s foreign capital utilization in industrial sectors after 1949: Arduous start – up period from 1949 to 1957, independent explorations from 1958 to 1965, progress amid twists and turns from 1966 to 1977, restoration from 1978 to 1991, gradualist reform from 1992 to 2000, accelerated growth from 2001 to 2007, adjustment and improvement from 2008 to 2012, transition and upgrade from 2013 to present. China' s use of foreign capital in its industrial sectors exhibits the following characteristics: foreign capital inflows into China' s industrial sectors have experienced volatility. Most foreign capital inflows are direct investments. Asia is the main source of foreign capital inflows. Foreign – invested enterprises represent the main vehicle of investment, most of which went to the processing and manufacturing sectors. The eastern region accounts for the bulk of foreign investment.

The following achievements and problems exist in China' s foreign capital attraction: while foreign capital makes up for the shortage of capital in propelling economic growth, it accounts for a dwindling share of total capital. While foreign capital helps improve industrial structure through its spillover effect, it also exerts a crowding – out effect. In expanding foreign trade, foreign capital facilitates China' s participation in the international division of labor, but such an effect has diminished. The share of jobs created by foreign capital has also started to fall. When it comes to innovation, foreign capital brings R&D results to China' s industrial sectors, but core technologies are still controlled by foreign countries. In the future, China should seek to further improve its legal system, open wider to the outside world, carry out reforms to devolve power, streamline administration and optimize government services, create a world – class business environment, enhance the role of important platforms, and optimize the regional industrial layout.

Chapter 15 Outward Direct Investment (ODI)

China's outward direct investment (ODI) started in earnest from the reform and opening – up. From the founding of the People's Republic of China in 1949 to the eve of reform and opening – up in 1978, China's economic ties with the rest of the world were dominated by international trade and foreign aid. Based on the international environment and its development conditions, China provided overseas aid to its brother countries, creating favorable conditions for China to receive support from the international community and invest overseas. After the reform and opening – up in 1978, Chinese enterprises started to invest abroad. China's foreign investment policy evolved in tandem with corporate organization capacity. With ODI developing from scratch, China increasingly became a major source of ODI capital in the world.

By investment volume and the critical event method, China's ODI development journey can be divided into the following five stages. Currently, China's ODI is shifting from rapid growth to quality – oriented development. High – tech industries have made new progress in going global. There will be an increase in the investment that exports advantageous technology. Investment in the "Belt and Road" (BRI) countries is on the rise. Investment risks stemming from noneconomic factors have surfaced, causing ODI to slow in some areas. We suggest improving the regulatory and policy system, boosting international exchange and cooperation, creating a complete foreign investment service system, and improving the quality and efficiency of ODI from Chinese companies. These measures aim to promote China's sound and steady ODI development.

Chapter 16 Foreign Trade

Over the past seven decades since the founding of the People's Republic of China in 1949, China has steadfastly adhered to the principles of independence and cooperation based on mutual interest for win – win results. It has continuously explored a path of opening – up with Chinese characteristics, and transformed seclusion to a modern and open society. Under the historical conditions, China's foreign trade had been hamstrung by numerous limitations before 1978. The role of foreign trade in the economy was underappreciated. From the post – 1978 gradualist reform to comprehensive opening – up, China has deepened its reform of foreign economic and trade system with remarkable achievements of foreign trade development. As a result, China became the first largest trading nation in goods as a developing country.

Facing the complex external environment and changing domestic primary contradiction, China must transform from the open flow of goods and factors to rules – based institutional openness. It should strive to enhance global governance, safeguard an open world economy, create a policy environment conducive to high – quality and sustainable foreign trade development, open up on all fronts, and transform from a large trading nation into a strong and competitive one.

Chapter 17 Coal Industry

Since the founding of the People's Republic of China in 1949, great transformations have taken place in China's coal production and consumption, pushing forward the coal industry's reform. The coal industry has shifted from quantitative production expansion to industrial transition, and from a crude pattern of consumption driven by the priority of economic growth rate to a new type of consumption that puts a premium on efficiency and green development. Before entering the new era, China's coal industry had made numerous brilliant achievements. For instance, the industry has developed growing capabilities for the use of coal as a feedstock and clean coal, developed extended and systematic coal industry chain, deepened market – oriented core price reform, and enhanced the security of coal supply.

Guided by the "Five Development Concepts" (the development concepts of innovation, harmonization, green, openness and sharing), China's coal industry has embraced numerous opportunities in the new era, such as the international industrial capacity cooperation, transition towards clean and efficient coal consumption, and opportunities from supply – side structural reforms and digital transition. Yet challenges remain. The industry is yet to increase resource recovery ratio, bring order to the chaotic price system, increase the clean use of coal, make up for the inadequate cross – regional transportation of coal resources, and increase the currently low market concentration. Regarding the prospects of China's coal industry development, this report calls for: reforming the coal royalty system to ensure the rights and interests of national coal mine owners; promote clean coal consumption and the green development of coal industry as a whole; advancing the market – oriented reform of coal industry and electric power industry throughout the industrial chain to form a price mechanism that reflects change in market supply and demand; increasing market concentration for the coal industry, consolidating and phasing out small coal mines, and boosting the industry's efficiency and international competitiveness.

Chapter 18 Oil and Natural Gas Industry

Over the past seven decades, China has evolved from a net importer to a net exporter and back to a net importer of crude oil. The oil and gas system also transformed from a planned system without government – enterprise separation to a contract responsibility system for SOEs, administrative monopoly of central oil and gas enterprises, and the "integrated government and regulation" for oil and gas industry. After seven decades, China's oil and gas industry has developed by leaps and bounds, turning the country into a major oil and gas producer in the world. China has achieved plentiful results in its international oil and gas cooperation, and transformed technology innovation from sporadic breakthroughs to systematic development.

Yet many challenges stand in the way of the industry's sustainable development. For instance, the oil and gas market is yet to achieve effective competition, diversify the ownership structure, foster an effective regulatory system, and curb the rising dependence on oil and gas imports. To address these challenges and develop the industry with high quality, China must expedite the industry and SOE reforms, and improve its oil and gas regulatory mechanism. Since China's institutional reform is overlapped with energy transition, China should balance the reform of oil and gas system with its energy transition policy.

Chapter 19 Mineral Resources Industry

Since 1949, China has made great achievements in the exploration and development of mineral resources vital to its sustained and sound economic development. China has continuously ramped up mineral resource development, increased the verified reserves of key mineral resources, and enhanced the supply, development and utilization of mineral resources. With these developments, the mineral resources industry has made significant contributions to China's socio – economic development and modern industrial system.

Nevertheless, the industry is yet to address persistent problems such as excessive lean and associated ores, exploitative development and waste of advantageous resources, as well as the negative environmental impact. In the new normal, we must make use of our mineral resources in a sustainable manner, and promote international cooperation under the Belt and Road Initiative (BRI) and other national strategies.

We should: (1) create a strategic reserve system for national mineral resources; (2) increase domestic supply through resource exploration and survey; (3) adopt advanced technology and promote integrated resource utilization; (4) utilize international mineral resources by creating overseas mineral resource supply centers; (5) adhere to market – oriented reform, and advance the price reform of resource products.

Chapter 20 Non – ferrous Metal Industry

Over the past seven decades since 1949, China's non – ferrous metal industry has scored brilliant achievements, including the rapid growth in the output of non – ferrous metals, rising industry investment, growing trade volume, total profit and tax payment, as well as falling energy intensity of major products. Yet problems remain. China is yet to address challenges to the security in the supply of non – ferrous metal resources, bolster the falling growth of labor productivity, narrow the profit gaps with the international level, upgrade its non – ferrous metal industry that currently focuses on the medium and low – end links, and reverse soil degradation.

In the context of comprehensively deepening reforms, China's non – ferrous metal industry must pursue a path of high – quality development. Specifically, China should create a new national resource security mechanism, continue deepening supply – side structural reforms, enhance R&D to foster international competitiveness, improve the business climate to reduce the burden and raise the efficiency of firms, promote industry – wide green manufacturing, and strive to modernize the non – ferrous metal industrial system.

Chapter 21 Electric Power Industry

The founding of the People's Republic of China in 1949 was a key turning point for China's electric power industry. Over the past seven decades since 1949, China's electric power industry has developed from scratch and made remarkable achievements. (1) China has evolved from one of the least developed countries in terms of power generation to one of the most advanced. (2) China's initially unstable power supply has become highly reliable today. China has steadily expanded its power grid, increase transmission voltage, and constructed a power grid with the broadest coverage, the strongest energy distribution capacity, and the highest level of operation. (3) Energy mix has shifted from the dominance of coal to diverse sources of energy. Growing installed capacity and generation of clean energy have continuously improved the energy mix. (4) The electric power industry substantially improved its technology and equipment. From a country that used to rely on imported power equipment, China has joined the rank as the most advanced countries for ultra – high voltage power transmission, new energy power generation and grid integration, nuclear power, and power generation equipment manufacturing. (5) International power cooperation made significant headway.

Yet the power industry faces a bumpy road of development. Institutional constraints to the power industry's development remain. China is yet to address the contradictions between coal and electric power, energy source and power grid, coal and clean energy, and within the coal – fired power industry itself. China's power system remains inefficient. The electric power industry is facing pressures for clean transition on a mass scale. The market – based mechanism for the electric power industry is yet to take shape. Reform programs and policies require adjustments. For instance, existing power transmission, distribution and pricing mechanisms run the risk of inducing additional and excessive investment in the power grid. China is yet to expedite the currently slow reform to build a new power distribution network, put the reform of existing power distribution network on the agenda, overcome difficulties in creating a power spot market, and standardize power trading institutions. We suggest seizing the historic opportunity of the energy transition to create a high – quality green power system; deepening the market – oriented reform of the electric power market, and improving the institutional systems for the high – quality development of the electric power industry; addressing various contradictions confronting the electric power industry through science – based solutions.

Chapter 22 New Energy Industry

After the past seven decades of development, particularly four decades since the reform and opening – up, China's new energy industry has developed from strength to strength with significant progress in key technologies and growing international industrial competitiveness. The industry has made huge contributions to reducing pollution and carbon emissions. China has become the world's largest new energy equipment manufacturer and new energy consumer. China's new energy industry has developed from scratch, and is poised to enter a new stage of high – quality development that puts a premium on economies of scale. Smart industrial upgrade and rising share of new energy consumption represent key directions for the future development of China's new energy industry. Under the trend of global low – carbon transition, profound changes have taken place in the domestic and international situations for the new energy industry. For instance, renewable energy will soon enter the era of grid parity. Specialization in the international new energy industry is deepening. China's reform of the energy system is making steady progress. As a large new energy producer, China must identify the future directions of the energy transition, focus on the critical links of the new energy industry, develop game – changing technologies for the energy system, and become a key driver of the global energy transition.

Chapter 23 Textiles Industry

China's industrialization started with the textiles industry – an industry of vital importance to people's livelihood. Since the founding of the People's Republic of China in 1949, China's textiles industry has developed from a weak and small industry into a strong and competitive one. With a leading position in the global textiles industry, China boasts the most complete industry chain in the world, and has become a major contributor to the sound and stable operation of the global textiles industry.

However, numerous challenges exist in the development of China's textiles industry, such as an increasingly uncertain trade environment, rising factor cost, growing environmental pressures, inadequate innovation, and an undersupply of medium and high – end products. The new round of technology and industrial revolution presents shocks to traditional textiles industry with new technologies, business models, and trends. As a highly market – based manufacturing industry that takes part in global competition, the textiles industry must follow the trend of demand growth and consumption upgrade, increase the strategic opportunities of a new round of technology and industrial revolution, deepen industrial innovation for high – quality development and transition from a large textiles producer to a strong and competitive one.

Chapter 24 Pharmaceutical Industry

Over the past seven decades, China's pharmaceutical industry has developed into a large and competitive industry from scratch. After the founding of the People's Republic of China in 1949, the Party and the people's government attached great importance to the development of the pharmaceutical industry. To meet people's demand for healthcare services and pharmaceutical products, the Chinese government defined the pharmaceutical industry as a special welfare undertaking, and maintained its rapid growth. At the 30th anniversary of the founding of the People's Republic of China in 1979, China's pharmaceutical industry reached a certain scale with a fairly high level. A pharmaceutical industrial system that could meet the general demand of the people for drugs of disease prevention and treatment was initially in place, putting an end to the lack of physicians and drugs in the Old China. With deepening market – oriented economic reforms since the reform and opening – up, China's pharmaceutical industry has maintained rapid economic growth. The WTO entry in 2001 unveiled a new stage of rapid development for China's pharmaceutical industry. After the global financial crisis in 2008, China's export – oriented development model came under pressures for industrial restructuring and upgrade amid slowing growth. As China's medical reform deepened after 2015, the pharmaceutical industry driven by the medical reform policy entered into a new stage of innovation – driven development.

The pharmaceutical industry is of vital importance to national development and people's livelihood. It is a key area of Made in China 2025 and strategic emerging industries, underpinning the "healthy China" program. The 13th five – year plan period is a decisive stage for China to complete building a moderately prosperous society and upgrade its pharmaceutical industry. China's pharmaceutical industry is confronted with an array of challenges, such as drug safety, changing policy environment, insufficient homegrown R&D, and lack of industry concentration. The pharmaceutical industry should move towards a new direction, and innovation is the key to development.

Chapter 25 Iron and Steel Industry

Over the past seven decades since the founding of the People's Republic of China in 1949, China's iron and steel industry underwent four major development stages, including preliminary development from 1949 to 1957, development amid twists and turns from 1958 to 1977, institutional adjustment and rapid development from 1978 to 1992, and converging growth from 1993 to 2018 under the market – based system. After seven decades of development and setbacks, China's iron and steel industry has continuously expanded in size with improving technology equipment, product structure and quality, and industrial competitiveness. It has achieved the historic transition from a small and weak industry to a large and competitive one. China has become the world's largest iron and steel producer—a feat that guarantees the support of the much – needed materials for China's economic development and national defense.

Yet compared with leading nations for iron and steel and under the requirements of high – quality economic development, China's iron and steel industry has yet to address numerous contradictions and problems, such as the lack of homegrown innovation, a crude pattern of development, excess capacity, and dependence on the imports of iron ores. Solving these contradictions and problems requires improving the technology innovation system of iron and steel industry, improving incentives and restraints for R&D personnel, raising efficiency and productivity, and accelerating the low – carbon transformations of iron and steel firms, especially those with poor environmental performance. Moreover, the industry must optimize and upgrade the iron and steel manufacturing process, encourage industry integration, and promote industrial sustainability. China should deepen reform, put into place a mechanism to fundamentally address overcapacity, and increase the security of iron ore resources through industrial chain integration, import diversification, and development of overseas resources.

Chapter 26 Machinery Industry

During the planned economy era (1949 – 1978), China created a relatively complete machinery manufacturing system. In the 1980s and 1990s, China became a major machinery manufacturer in the world amid intense institutional change. In the first decade of the 21st century, China's machinery industry experienced medium – high growth by opening – up on all fronts. As growth slowed after 2011, China made solid steps toward a strong and competitive machinery manufacturer. Today, China is steadily the world's largest machinery manufacturer. Market entities are increasingly adaptive to the market economy. They have developed strong homegrown innovation capacity, and reached internationally advanced levels for some major equipment. Their ability to meet domestic and international market demand has been rising. China's machinery industry is experiencing a transition from quantitative expansion to a focus on quality and competitiveness. To overcome imbalanced and insufficient development and bolster growth in traditional domestic and overseas markets, the industry needs to seize the "new opportunities" of consumption upgrade at home, the Belt and Road Initiative abroad, and the new – generation information technology. Deepening reforms, market expansion, and all – round innovation will promote the industry's high – quality development.

Chapter 27 Automobile Industry

Over the past seven decades since the founding of the People's Republic of China in 1949, China's automobile industry has developed by leaps and bounds. It began to develop from scratch in the 1950s, and grew in the 1960s and 1970s. From the 1980s and 1990s to the first decade after the new century, China's automobile industry developed rapidly, and now exceeds one trillion yuan in output value with the largest production and sales of automobiles and the second largest car parc in the world. The industry boasts growing import and export strength and brand competitiveness. In the New Era, China's automotive industry has entered into an important stage of transition and upgrade, facing a brand – new environment with new problems, challenges, and opportunities.

To promote the industry's steady and healthy development and seize the vantage point of technology and market share in frontier areas such as new energy, the government and industry players should continue implementing the new development concept, further unleash innovation dynamism, speed up green and smart development, follow a brand strategy, and improve business environment, so as to open up a favorable start for the automobile industry in the 14th Five – Year Plan period.

Chapter 28 Rail Transportation Equipment

After seven decades of development, China's rail transportation equipment industry has developed from scratch and transformed from an imitator to a world leader. China's rail transportation equipment industry has developed a complete manufacturing system encompassing indigenous R&D, complete auxiliary systems, advanced equipment, and large – scale operations integrating R&D, design, manufacturing, testing, and services. The industry is snapping up market share in China and abroad with improving product structure, advancing technology performance, and remarkable achievements.

In the future, many challenges still lie ahead for the industry. China's system of R&D institutions is incomplete without a clearly defined R&D platform for generic technologies. China's rail transportation equipment industry faces numerous competitors in exploring overseas markets involving complex geopolitics and difficulties for organization and coordination. This paper calls for improving the R&D organization system by creating a multi – tiered technology supply system; improving the system of high – speed railway standards and promoting the internationalization of high – speed railway standards; promoting capital operations to expand financing channels; improving a talent development system and strategy.

Chapter 29 Shipbuilding Industry

Over the past seven decades after the founding of the People's Republic of China in 1949, China's shipbuilding industry can be divided into two stages. The industry built its foundation for development before the reform and opening – up in 1978, and pursued rejuvenation after 1978. Before the reform and opening – up (1949 – 1978), China's shipbuilding industry introduced foreign technology to lay the groundwork for its development (1949 – 1960), and initially formed a shipbuilding industry system with its own efforts (1961 – 1978). The shipbuilding industry completed a historical leap from non – existence to dependence on external technology and then independent creation of an industrial system. After the reform and opening – up (1979 – 2019), China experienced three stages of development from reform and opening – up that unleashed market dynamism (1978 – 1998) to rapid development (1999 – 2008) and high – quality development (2000 – 2018). The shipbuilding industry has completed three historic leaps from the planned economy to the market – based economy, from the domestic market to the international market, and from a small shipbuilding nation to a major shipbuilding nation.

China's shipbuilding industry has made the following achievements over the past seven decades: it has ranked among leading nations for the shipbuilding industry, reached world – class international competitiveness, fostered a system of modern technology innovation, and initially created a modern shipbuilding industry system. Currently, the industry faces the following deep – seated problems: sluggish external market demand, persistent overcapacity, imperfect coordinated innovation system, and the need to refine corporate internal management. The seven – decade development of China's shipbuilding industry offers the following experience: the industry must follow the laws of development, pursue high – quality development driven by innovation, strive to increase competitiveness and market dynamism, and adopt an industrial policy to guide industry development.

Chapter 30 Home Appliances Industry

Over the past seven decades since the founding of the People's Republic of China in 1949, China's home appliances industry experienced a stage of start – up and hesitation before the reform and opening – up in 1978. Due to the shackles of the planned economy and the priority on developing heavy and chemical industries, China's home appliances industry developed slowly with a poor level of technology. Reform and opening – up brought unprecedented historic opportunities for the emergence of China's home appliances industry. In the 1980s and 1990s, the industry transformed from imitation to assimilation, emulation, and indigenous manufacturing. In the 21st century, China's home appliances industry has attached greater importance to quality and R&D amid price competition and market screening, resulting in greater economies of scale and higher efficiency. With the industry's continuous internationalization, China has become the world's largest home appliances manufacturer and exporter.

As China unveiled a new stage of economic transition and development, China's home appliances industry is also facing the adjustment of supply – side structural reforms. In upgrading product structure, the industry is moving toward innovation – driven development, branding, technical services, and internet – based smart features. In the future, artificial intelligence (AI) and 5G technology will transform China's home appliances industry. After price competition and technology competition, the industry will enter into a new stage of the service – based competition. For home appliances manufacturers, their goal is to create a satisfactory product experience and service system.

Chapter 31 Light Industries

Over the past seven decades since the founding of the People's Republic of China in 1949, China's numerous light industry products and manufacturers completed the historic transition from manual operations to mechanized mass manufacturing. China's light industry sectors have formed a complete manufacturing system and a relatively complete industrial chain, and made significant progress in product export, technology advancement, indigenous innovation, energy efficiency, and environmental performance. Despite their heft, China's light industries lack competitiveness, and have yet to improve the currently inadequate level of technology, carry out in-depth research and development, and reduce their dependence on overseas core technologies. The development of light industries is subject to numerous constraints, such as an increasingly complex international trade environment, diminishing low-cost advantage, and tightening resource and environmental constraints. Their innovation capacity must keep up to meet daunting challenges from market competition and changing consumption structure as fundamental changes take place in the internal and external environment for the low-cost, standardized mass manufacturing system that they relied on over the past decades. For light industries to increase their competitiveness and strength, they must make up for the weaknesses that plagued the industry's development over the years. Enterprises must be willing and capable to innovate, and achieve breakthroughs in critical technologies. The government should guide the development and cost-sharing of generic technologies, as well as the importation of critical technologies.

Chapter 32 Building Materials Industry

Building materials industry plays an important role in China's economy. Over the past seven decades after the founding of the People's Republic of China in 1949, China's building materials industry underwent five stages, including preliminary development, recovery, economic adjustment, accelerated adjustment, as well as energy efficiency, environmental protection, and quality improvement. With remarkable achievements, China's building materials industry has developed from scratch and grown into a large industry. The industry has made rapid strides toward market-based, international and modern operations, laying a solid groundwork for national economic development and national rejuvenation. It has made outstanding performance in manufacturing output, economic indicators, international trade, innovation, energy efficiency, and emissions abatement. The building materials industry has yet to address overcapacity, transform the traditional industry, regulate the competitive environment, promote the development of green building materials, ramp up innovation, conserve energy, and cut emissions. The industry calls for innovative policies, technologies, and standards to phase out obsolete capacity and facilitate the transition toward quality-oriented development.

Chapter 33 Integrated Circuit (IC) Industry

Over the past seven decades after the founding of the People's Republic of China in 1949, China's integrated circuit (IC) industry has braved all hardships and explored a unique path of development as a strategic industry. Currently, China's IC industry is facing severe challenges as the superpower blocks leading Chinese IT firms by cutting their global supply chain to throttle the industry's rise. Judging by the development of the global IC industry, however, China's IC industry still holds great promise for innovation and growth. Expanding application market, improving innovation ecosystem, and reshaping international cooperation network create favorable conditions and opportunities for quality-oriented development of China's IC industry. As long as the industry follows the trend of development, keeps strategic composure, further increases industrial openness, and continuously improves the industrial development environment, the uncertainties will finally be cast away. The industry will provide much-needed chips for China's development as a strong manufacturing nation, and spearhead the tide of global digitalization.

Chapter 34 Defense Industry

After the founding of the People's Republic of China in 1949, China's national economic strategy has experienced various stages of change, including the shift of priority from national security and heavy industry to economic development. The guiding philosophy for the defense industry's development also shifted from the focus on the defense industry to civil – military integration. Administrative system for the defense industry and the structure of industrial organization also transformed in tandem with national development strategy. Defense enterprises adopted increasingly market – based operations, and civil – military integration made continuous progress. More and more private enterprises joined the manufacturing ecosystem of the defense industry. With growing dynamism, the defense industry not only provides advanced weapons and equipment for national defense, but plays an increasingly important role in national economic development and technology innovation as well.

Today, a new round of technology and industrial revolution is sweeping across the world. The United States is taking an aggressive stance to contain China. In this context, China's defense industry should continue beefing up its strength, narrow its gaps with advanced international level, and provide first – rate defense weapons and equipment to safeguard national security. Defense enterprises should leverage their advantages in R&D and procurement to reduce dependence on foreign technology, apply and commercialize frontier technology, and contribute to the development of strategic emerging industries.

Chapter 35 Evolution of Regional Economic Development Strategy

Since 1949, China's regional development strategy underwent three stages of transition, including balanced development before the reform and opening – up, imbalanced development since the reform and opening – up, and the current priority on balanced development. Reviewing China's seven – decade regional economic development is of great theoretical and practical significance to balancing regional development in the new era.

Overall, China has made remarkable achievements in its regional economic development since the founding of the People's Republic of China in 1949, particularly after the reform and opening – up in 1978. Various localities have maintained a favorable tendency of development, and made significant achievements in coordinated regional development. However, imbalanced and insufficient regional development continues to present significant problems. In the new era, we should follow Xi Jinping's thought on socialism with Chinese characteristics, and implement the coordinated regional development strategy by promoting equal access to basic public services, equal infrastructure accessibility, and similar living standards across regions.

Chapter 36 Rejuvenation and Development of the Old Industrial Bases

The Old Industrial Bases have made indelible historic contributions to China's splendid achievements over the past seven decades since the founding of the People's Republic of China in 1949. After 1949, the Old Industrial Bases have experienced four development stages, i. e. construction and development (1953 – 1977), institutional transition (1978 – 2002), rejuvenation and development (2003 – 2005), and all – round rejuvenation and development (2006 onwards). The Old Industrial Bases have explored typical development models, yet some problems stand out. These problems include: insufficient institutional reform, difficulties in industrial restructuring, incomplete carve – out of social burdens, population outflow, and poor business climate.

In the new era, the Old Industrial Bases are embracing opportunities from accelerating institutional reform, improving business climate, and a new round of technology and industrial revolution. In the future, the Old Industrial Bases should identify a correct approach and implement the following policy measures: (1) develop a differentiated, targeted and efficient assistance policy; (2) deepen institutional reforms on all fronts; (3) encourage private entrepreneurs to focus on the development of real industries; (4) unleash the dynamism of innovation and entrepreneurship; (5) advertise city image; (6) enhance organizational coordination.

Chapter 37 Historic Evolution and Trend of Industrial Layout

The theory of industrial layout came into shape from the mid - 19th century to the 20th century. Currently, there are two theoretical explanations on industrial layout and its change: (1) the neo - classical trade theory based on comparative advantage; (2) the neo - economic geography theory based on the theories of increasing return and imperfect competition. In China, contemporary research on industrial layout started in the early 1980s, focusing on industrial agglomeration, regional economy, industrial structure, industrial development, and regional industrial chain.

The industrial layout development strategy of the People's Republic of China can be divided in the following four stages: (1) from the 1950s to mid - 1970s, China adopted a balanced industrial layout strategy, giving priority to the fair regional layout. (2) From the late 1970s to the 1990s, China adopted an "efficiency first" non - balanced industrial layout strategy. (3) Since the 21st century, China has adopted a strategy to improve and adjust the industrial layout for balanced regional development. (4) Since the 12th Five - year Plan period, China has optimized industrial layout based on regional advantages.

We consider that China's future industrial layout will exhibit the following trends: (1) the coastal regions in eastern China and the Yangtze River Economic Belt will continue to be the key areas in China's industrial layout. (2) High - tech industries will continue clustering in feature industrial parks and major cities. (3) Industrial relocation between eastern, central and western regions is likely to be disrupted by changing international economic and trade landscapes. (4) The Belt and Road Initiative will promote coordinated industrial layout across administrative regions in China.

Chapter 38 Industries in the Eastern Region

The eastern region has a high concentration of industrial activity, and spearheaded China's industrial development in various stages after the founding of the People's Republic of China in 1949. It is a key pillar of China's economy. In the first three decades after 1949, industries in the eastern region accounted for two - thirds of China's economy, and made an indelible contribution to China's regional development and the creation and diffusion of a complete modern industrial system. After the reform and opening - up in 1978, the Yangtze River Delta Region, the Pearl River Delta Region, and Zhejiang and Fujian provinces have played a pivotal role in supporting China's economic growth, transforming growth pattern, integrating into the world economy, and promoting economic restructuring and innovation.

In achieving the "Two Centennial Goals", the eastern region stands out with many highlights. Industrial development in the eastern region will become more open, robust and healthy driven by the world - class innovation Center with Xiong' an New Area at the core and the world - class city cluster of the Guangdong - Hong Kong - Macau Greater Bay Area underpinned by the Yangtze River Delta. China's eastern region is poised to present a brand - new industrial outlook, and compose a new brilliant chapter of China's industrial development.

Chapter 39 Industries in the Northeast

Over the past seven decades since 1949, industries in the northeast have developed by leaps and bounds like elsewhere in China. Industrial activity has undergirded economic development in the northeast. In recent years, however, industrial growth in the northeast has been relatively modest compared with fast - growing regions elsewhere. In the past, the northeast had served as China's industrial powerhouse. But today, industries in the northeast have come under numerous challenges, such as volatility in industrial development, industrial competition, and bottlenecks in industrial systems and mechanisms. These problems have made industrial rejuvenation in the northeast an arduous task.

After the 18th CPC National Congress, the CPC Central Committee with President Xi Jinping as the core has attached great importance to rejuvenating the northeast. The Report of the 19th CPC National Congress calls for "deepening reforms and accelerating the rejuvenation of old industrial bases such as the northeast". The Government Work Report of 2019 also calls for "implementing and improving new measures of reform and innovation for the comprehensive rejuvenation of the northeast, the rise of the central region, and the pioneering development of the eastern region". Given China's economic contradictions and new manifestations of regional development gaps, it becomes increasingly relevant to rejuvenate the northeast as a way to balance regional development. This requires economic researchers to draw upon previous reform and development experience and provide further theoretical and policy analysis on industrial development in the northeast in the new era.

Chapter 40 Industries in the Western Region

After seven decades of development, industries in the western region have developed from scratch and expanded in size. With improving industrial structure and competitiveness, the western region has significantly improved its attraction as a destination for industrial relocation. Since 2007, the western region has been growing at a faster pace than the eastern region for 11 years in a row by 2017. In 2018, industrial value - added in the western region reached 18.4 trillion yuan. The western region as a share of China's economic aggregate rose to 20.5%, and outpaced national average GDP growth and fixed asset investment growth. With improving industrial structure and developing emerging industries, the western region is becoming stronger at industrial innovation capacity and competitiveness.

However, the western region still has gaps compared with central and eastern regions due to weaknesses in the industrial foundation, transportation infrastructure, technology support, and environmental fragility. The western region has yet to enhance its endogenous momentum, industrial development level, and competitiveness. Moreover, it also faces challenges arising from falling factor cost advantage and rising resource and environmental costs. In the 14th Five - Year Plan period, the western region should focus on upgrading traditional industries, develop modern industries and modern services, and attract industrial relocation to propel industrial transition and upgrade.

Chapter 41 Industries in the Central Region

Over the past seven decades since 1949, industrial development in the central region can be divided into five stages: national economic recovery (October 1949 to 1952), the planned economy era (1958 - 1977), the period from the reform and opening - up to the eve of the 18th CPC National Congress (1979 - 2011), and after the 18th CPC National Congress (2012 - present).

This chapter elaborates the achievements of the industrial economy in China's central region in each stage. It identifies the problems facing industry economy in the central region. For instance, industrial competitiveness has suffered as a result of contradictions in the industrial structure, which has shifted hastily from primary to secondary and tertiary industries. The central region needs to overcome the problems of premature deindustrialization, lack of diversity in the industrial structure, and weak foundation of basic industries. It has yet to promote export - oriented industrial development and diversify the homogeneous industrial structure.

Lastly, this paper puts forward the following recommendations for addressing these problems. They include: promoting sound and sustained industrial development in the central region, developing technology – intensive manufacturing, further improving policies for the central region to attract industrial relocation, guide the transition and upgrade of traditional industries, foster strategic emerging industries, optimize manufacturing layout and regional division of work, and broadening domestic and international openness on all fronts.

Chapter 42 Evolution of Corporate Organization

There is no best form of businesses. The optimal form of businesses varies across times. Based on such a cognitive paradigm, this chapter takes stock of the evolving organizational form of Chinese enterprises since the founding of the People's Republic of China in 1949: (1) traditional form: firms are real organizations that create the linear function system, business division system, and matrix system to maximize internal resource allocation efficiency. (2) New form: firms are virtual organizations that rely on internal sourcing, outsourcing and crowdsourcing. (3) Modern form: firms are essentially intelligent organizations, and their disruptive change gives rise to platform – based and modularized firms in the new normal. (4) Future form: firms are symbiotic and exist in an ecosystem. Individual businesses represent a natural trend of smart organizations, as well as the basic form of symbiotic and organizations.

Chapter 43 Strategic Evolution of Corporations

Chinese enterprises developed in the context of the nation's industrialization. In the sphere of strategic management, there are varies schools of thought, including the positioning school based on the theory of industrial organization, the resource – based view, and the entrepreneurial school that underscores innovation and entrepreneurship. The three schools of thought jointly determine the growth of enterprises. In taking stock of the strategic evolution of Chinese enterprises, we should bear in mind the following three key messages: (1) the seven – decade journey of development is a continuous process for Chinese enterprises, which must keep pace with the times through constant innovation. (2) No enterprise may succeed in isolation from its times. To unravel what "times" means, we should identify the patterns of industrial revolutions and policy – making trends. (3) Non – linear growth: compared with the slow penetration of generic technologies in the first two industrial revolutions and linear corporate growth, the new round of technology revolution may enable firms to achieve non – linear growth. Therefore, the corporate strategy should be highly dynamic. Firms must follow the trend and respect human nature to stand out in the long – term competition.

Chapter 44 Innovation of Corporate Management Model

2019 marks the 70th anniversary of the founding of the People's Republic of China in 1949. It is a critical year for further reform, opening – up and supply – side structural reforms, as well as completing the building of a moderately prosperous society. In the seven decades, China transformed from a highly centralized planned economy to a dynamic socialist market economy, and from seclusion and semi – seclusion to opening – up on all fronts. Today, China has become the world's second – largest economy, the largest industrial country, and the biggest trading nation in goods. These achievements have drawn attention from around the world. Chinese enterprises have always shared the same destiny with their home country. They have pursued mutually reinforcing development and innovation, evolved from simple processing with materials or given samples and assembling supplied components to the grand vision of "Made in China 2025", gained precious experience, and scored significant achievements.

In retrospect of their seven - decade journey, Chinese enterprises have taken root in their homeland and opened up to the rest of the world. They have continuously drawn upon advanced overseas experience, and transitioned from workshop management to modern corporate management. Their superior management philosophies have supported the development of Chinese enterprises as a whole.

Chapter 45 Foreign - Funded Enterprises

Foreign - funded enterprises have contributed to China's growth miracle. As China's new pattern of opening - up unfolds, foreign - funded enterprises have unveiled a brand - new development stage. Their significance to China's economy is growing. Specifically, foreign - funded enterprises provide much - needed capital for China's economic development, contributing to its national income. They compete with enterprises of other ownership forms at different levels, contributing to efficiency improvement amid benign competition. Through the spillover effect of innovation and spatial agglomeration, they share resources with enterprises of other ownership forms and complement advantages with each other. As the dominant form of FDI to China, foreign - funded enterprises show a significant tendency toward sole investment. Structurally, foreign - funded enterprises account for a small share of China's primary and tertiary industries, as well as central and western regions.

In the new situation, unstable international trade environment and changing domestic conditions present many new challenges to foreign - funded enterprises. If mismanaged, they may cause a negative impact on China's economy. In the future, China should attract more foreign - funded enterprises, optimize existing enterprises, promote competition and cooperation between domestic and foreign - funded enterprises, and step up regulation. Foreign - funded enterprises should adopt a more inclusive concept of competition and cooperation, and explore the optimal strategy of competition and cooperation with SOEs and private enterprises for win - win results.

Chapter 46 Development of Private Enterprises

Divided by the boundary of the reform and opening - up in 1978, the development of China's private enterprises over the past seven decades since the founding of the People's Republic of China in 1949 can be divided into the following two historical periods with four development stages: recovery and elimination (1949 - 1977), rebirth and growth (1978 - 1991), rapid growth (1992 - 2011), and transition and further development (2012 - present). After the reform and opening - up, private enterprises represent a brand - new form of enterprise unlike those before the reform and opening - up.

Over the past seven decades since 1949, private enterprises have made the following achievements: their overall size has grown rapidly, and some private enterprises have become large enterprises with influence in China and overseas. They have become leading manufacturers focused on developing the real economy. Private enterprises have become a major source of jobs and contributed to technology progress, particularly in strategic emerging industries. Their growing social contribution has vigorously supported the implementation of national development strategies and plans. Private enterprises have propelled economic reform and underpinned the socialist market economic system.

The development of private enterprises over the past seven decades since 1949 offers the following experiences: we should adhere to socialism as our basic economic system, steadfastly develop the state sector of economy while promoting the private sector, protect private property and inspire the dynamism and creativity of private firms, improve business environment to create a level playing field, and respect the initiative of entrepreneurs. Finally, this chapter puts forward policy recommendations on promoting high -

quality development of private enterprises by facilitating enterprise transition and upgrade, delivering affordable access to financing, curbing the falling investment of private enterprises, and addressing the issues of human resources and business climate.

Chapter 47 Small and Medium – Sized Enterprises (SMEs)

Since the founding of the People's Republic of China in 1949, China's economy has experienced various stages of development, including the socialist transformation and the transition from the planned economy to the socialist market economy with Chinese characteristics. In various stages, the government had adjusted the positioning, policies and development concepts for SMEs. These policy shifts profoundly influenced the status, role and development tendencies of SMEs in China's economy. In the early stage, China restricted SMEs. After the reform and opening – up, China started to permit and encourage the development of SMEs, which experienced rapid growth as the policy became increasingly favorable.

Amid rapid economic growth, China's policymakers have deepened their understanding of the role of SMEs, and increase improved the SME policy. To promote SME development, we suggest that the government shift its policy focus from specific policy preferences to universal policy préferences, adopt more innovative policy instruments, improve the portfolio of policy instruments, and enhance governance by creating and improving a policy evaluation system.

Chapter 48 Entrepreneurs

Since the founding of the People's Republic of China in 1949, China's corporate managers have transformed from organizers of SOE production under the state economic planning into professional entrepreneurs specialized in corporate economic management. After the global financial crisis in 2008, Chinese entrepreneurs have spearheaded homegrown innovation in China, putting premium on a market – oriented approach. Currently, entrepreneurs face many hurdles in their career development, including the lack of fair competition and exorbitant factor cost in the market environment, rising institutional cost and lack of SOE motivation in the policy environment, inadequate protection of rights and interests and exit mechanism in the legal environment, and lack of a pro – innovation environment and problems in government – business relationship in the cultural environment. China should foster an entrepreneurial environment by taking the following steps: (1) create a market environment based on fair rules and fair competition; (2) develop a policy environment with stable expectations and effective incentives; (3) create a legal environment that offers effective protection and regulation; (4) foster a cultural environment that encourages innovation and entrepreneurship.

Chapter 49 Participation of Enterprises in Poverty Reduction

Abstract: In the planned economy era, enterprises indirectly contributed to poverty reduction amid China's economic recovery through their own development. Early – stage development of enterprises gathered strength for China's economic and social development after the reform and opening – up. As reform and opening – up deepened, commune and brigade enterprises (CBEs) and township and village enterprises (TVEs) flourished. Many farmers started their own businesses. With their initiative and policy guidance, Chinese enterprises contributed to farmers' rising income and rural development in diverse ways, spearheading industrial and urban development. Over the past seven decades, China explored a "double track system" for enterprises and an effective way for enterprises to contribute to poverty reduction.

Despite the undeniably brilliant achievements, there are many controversies on legal issues regarding the participation of enterprises in poverty reduction. We should further improve the participation of enterprises in poverty reduction, and make their poverty reduction programs more extendable and replicable. We should fairly view the role of enterprises in poverty reduction, enhance public services, promote the advantages of enterprises in reducing poverty, and give play to the active role of enterprises in promoting countryside rejuvenation and completing the building of a moderately prosperous society.

Chapter 50 Evolving Enterprise – Society Relationship

Over the past seven decades since the founding of the People's Republic of China in 1949, China has completed the institutional transition from the planned economy to a socialist market – based one. Economic reforms at a broader level and the reforms of SOEs and private enterprises at a microscopic level have gradually transformed the enterprise – society relationship. In the early stages of China's seven – decade development, enterprises used to be responsible for providing social functions. However, this system started to collapse, and enterprises became separated from social functions and embedded into the society themselves. Behind the transformation of enterprise – society relationship is the shift from institutional rationale to social rationale and from market rationale to dual rationale. Entities with corporate social responsibilities evolved from SOEs to private enterprises and then mixed organizations. The performance of corporate social responsibilities became an important way for enterprises to take part in social governance. Sharing economy has become a new bond for integrating enterprise – society relationship.

In the symbiotic enterprise – society relationship, many enterprises failed to perform their social responsibilities since they lacked market – based incentives to participate in social governance. The government, enterprises and society are yet to ramp up their governance and performance of social responsibilities. Finally, this paper calls for deepening enterprise – society integration in the new era at institutional, organizational and governance levels.

Chapter 51 Evolution of SOE Governance

Corporate governance is a set of institutional arrangements that define the rights and responsibilities of stakeholders. It is the most important institutional framework for modern enterprises. Corporate governance entails the checks and balances between shareholders, the board of directors, the management, and other stakeholders. Effective governance will incentivize the board and management to achieve the goals that shareholders, operators and other stakeholders expects. Effective governance will also ensure proper supervision over stakeholders and increase corporate efficiency. Compared with other enterprises, SOEs boast uniqueness in their corporate governance. Judging by the seven – decade development after the founding of the People's Republic of China in 1949, change in the corporate governance of SOEs has been closely related to the reform of SOEs.

In summary, China's SOEs transformed from administrative governance before the reform and opening – up in 1978 to autonomous governance in the early stage after market – oriented reform. Then, SOEs headed toward the goal of creating a modern enterprise system, and took steps to develop a standard governance structure with the board of directors as the core. The new round of SOE reform introduced a differentiated governance model. In this process, SOEs significantly improved their corporate governance with growing competitiveness and influence. Based on the international norms of corporate governance and best practices for world – class enterprises, this paper identifies the evolving pattern and characteristics of China's SOE governance from the four dimensions of value orientation, governance structure, governance mechanism and stakeholders. Meanwhile, this paper takes stock of the problems and barriers facing SOE governance, and puts forward the direction and pathway for further improving SOE governance.

Chapter 52 Economic Performance of Industrial Enterprises

China's industrial enterprises saw a great deal of volatility in their economic performance over the past seven decades since 1949. During the socialist transformation from 1952 to 1957 and the period from 2002 and 2010 following China's WTO entry, China's industrial enterprises achieve rapid, sound and efficient development with favorable economic performance. In these two periods, enterprises saw rapid growth in their economic performance, total assets, and business revenue. However, their economic performance suffered during the Cultural Revolution (1966 – 1978). Another period of rising economic performance is the transition from 1979 to 1992. On the whole, China's industrial enterprises primarily relied on fixed asset investment as a driver of the economic performance, which is evident in all periods. Surprisingly, China's industrial enterprises performed fairly the worst from 2011 to 2018, when various economic indicators dropped to the lowest levels since 1949. In this period, fixed asset investment growth did not boost their economic performance as it once did in other periods.

Chapter 53 Accounting System Transformation for Industrial Enterprises

The accounting system of the People's Republic of China evolved with the nation's industrialization process. Overall, it was subject to change in China's fiscal system. At a microscopic level, it kept pace with enterprise development. In different stages of industrialization, market – based operation and globalization, China's accounting system exhibited distinctive characteristics. With technology progress and changing development environment, China's accounting system should evolve on many fronts, including technology, organization, system and theories, so as to more proactively support China's industrialization process.

Chapter 54 Technology Progress of Industrial Enterprises

In the past seven decades since the founding of the People's Republic of China in 1949, China's industrial enterprises developed their technology from scratch and have started to pursue homegrown innovation. In terms of management system, industrial enterprises have shifted from centralized management to decentralized management. In terms of the sources of technology importation, they have shifted from a single source to diverse sources of technology. The government gave way to enterprises as technology importers. Software and technology replaced hardware equipment as main imports. The goal of technology importation shifted from "industrial implantation" to "indigenous innovation."

Overall, China's industrial enterprises saw a significant improvement in their competitiveness and innovation capacity. The key issue for their technology importation and innovation is to transform from comparative advantage to competitive advantage. In this transformative process, industrial enterprises must seek to acquire core technology, increase the coordination of innovation system, and improve the regulatory environment for protecting intellectual property rights.

后 记

《中国工业发展报告（2019）》的主题为“新中国工业70年”。全书的策划、编写和审定由史丹、李雪松、李海舰、张其仔主持，史丹、李海舰、蒙娃负责日常的组织、协调和编务工作。蔡昉、高培勇、李扬、吕政、金碚担任本书学术顾问。

本书的作者有：总论：史丹。综合篇：第一章：张其仔；第二章：江飞涛；第三章：刘戒骄、张小筠、王文娜、李伟；第四章：邓洲、于畅；第五章：张航燕；第六章：李伟；第七章：梁泳梅；第八章：刘湘丽；第九章：吕铁、刘丹；第十章：贺俊、陶思宇；第十一章：陈素梅；第十二章：曹建海、孙亚红；第十三章：刘勇；第十四章：王海兵；第十五章：刘建丽；第十六章：杨丹辉。产业篇：第十七章：袁惊柱；第十八章：朱彤；第十九章：张艳芳；第二十章：渠慎宁；第二十一章：白玫；第二十二章：王蕾；第二十三章：方晓霞；第二十四章：杨世伟、杨雪；第二十五章：周维富；第二十六章：王燕梅；第二十七章：覃毅；第二十八章：王秀丽；第二十九章：胡文龙；第三十章：秦宇；第三十一章：彭绍仲；第三十二章：许明；第三十三章：李鹏飞；第三十四章：李晓华。区域篇：第三十五章：石碧华；第三十六章：叶振宇；第三十七章：刘佳骏；第三十八章：刘楷；第三十九章：周民良；第四十章：孙承平；第四十一章：姚鹏。企业篇：第四十二章：李海舰、李燕；第四十三章：赵剑波；第四十四章：王涛；第四十五章：邵婧婷；第四十六章：郭朝先；第四十七章：丁毅；第四十八章：江鸿；第四十九章：李先军；第五十章：肖红军；第五十一章：王欣；第五十二章：张金昌；第五十三章：时杰；第五十四章：王钦。

王磊、陈凤娟提供了“2019年中国工业大事记”资料。蒙娃承担全书英文提要的翻译工作。

全书书稿完成后，由史丹、李雪松、李海舰、张其仔等进行了初审。一些章节由作者根据初审意见进行了修改和增补。然后，由史丹、李雪松、李海舰、张其仔、刘戒骄、刘勇、杨丹辉、朱彤、李晓华、肖红军、贺俊、张金昌、王燕梅、刘建丽、李钢、邓洲、江飞涛、郭朝先、李鹏飞、白玫、叶振宇、周民良、杨世伟组成的编审组集中进行了复审、修改、增删和定稿。责任编辑勇生参加了复审工作，并对全书的编撰工作提出了重要修改意见。

“2019年中国工业10件大事”由中国社会科学院工业经济研究所的专家评选确定。

本书从2019年1月开始策划、设计、确定主题、制定写作计划，2019年7月10日完成初稿，9月30日定稿。在本书的编写过程中，中国社会科学院工业经济研究所科研处、办公室、信息网络室以及经济管理出版社提供了各个方面的帮助和支持，我们在此向他们表示衷心的谢忱。

编 者

2019年9月30日

《中国工业发展报告（2019）》审读分工

《中国工业发展报告（2019）》审稿任务重、质量要求高、编辑时间紧，六个编辑部和社领导均承担了本书的审读工作，具体任务分工如下：

本书一审由六个编辑部承担。第一编辑部杨国强承担第一章至第三章，郭飞承担第四章至第六章，张巧梅承担第七章至第九章，王洋承担第十章至第十二章；第二编辑部乔倩颖承担第十三章、第十四章，韩峰承担第十五章至第十七章及英文提要，张广花承担第十八章至第二十章，张莉琼承担第二十一章、第二十二章；第三编辑部任爱清承担第二十三章至第二十七章，王光艳承担第二十八章、第二十九章，李红贤承担第三十章至第三十二章；第四编辑部梁植睿承担第三十三章、第三十四章，高娅承担第三十五章至第三十七章，赵亚荣承担第三十八章、第三十九章；第五编辑部郭丽娟承担第四十章，王格格承担第四十一章、第四十二章，魏晨红承担第四十三章、第四十四章，胡茜承担序、总论、附录、后记；第六编辑部张馨予承担第四十五章、第四十六章，张昕承担第四十七章至第五十章，杨雪承担第五十一章至第五十四章。

本书二审由勇生承担。

本书三审由杨世伟承担。

本书的整个编辑、出版事宜由勇生、陈力、胡茜全面负责。